Blue Book Publications Inc.

Blue Book of Gun Values

2025 Edition Price Guide
Edited by Karl Ebert
Updated 16 April, 2025

Copyright 2025, Blue Book Publishing
P.O. Box 184, Eva, AL 35621

ISBN13: 979-8-9986469-0-4

A new team, a new format, a new Blue Book

Many changes have happened since the release of the 44th Edition of the Blue Book of Gun Values. We have overhauled our website and continue to update it to provide a better experience, we launched a mobile app so you can carry our database in your pocket wherever you go, and we also launched an online marketplace.

When we purchased the business two years ago, we knew that changes needed to be made in order to keep everything going, and with these changes, we are excited to present a new era of the Blue Book of Gun Values!

With a fresh determination to release a new book and a desire to support American businesses, we decided to work with an American publishing company, but with sweeping changes in the economy, Blue Book's classic encyclopedic format was no longer feasible; the projected cost of a 45th Edition would have more than doubled the release price of a 44th Edition. Instead, we chose a new format that would offer the best possible information at less than half of the price of classic Blue Book editions.

We believe that this new book format will provide the same benefits integrating seamlessly with our other resources to provide you up-to-date real-world pricing. We recognize that the old way of gathering this data could be improved, and we have worked day-and-night to correct this in order to provide you with accurate, honest and up-to-date gun values. Our team has developed and deployed new data collection methods that give you the most current gun prices ensuring that you are making an informed and confident decision the next time you buy, sell or trade a firearm.

It is our hope that this new format will continue to provide valuable information to help you improve your firearms collection.

A simplified grading scale

With this new format, we decided to improve upon our existing grading system to include more condition factors than just how much of the original finish remains on the gun. As internal condition, bore health and other factors are just as important as the outside condition of a gun, we decided to carry over our old Percentage Grading scale with refined definitions.

New-In-Box (NIB, 100%): Whether it's sitting on the shelf at a gun shop, or it has been sitting in your gun safe, a new-in-box condition is reflected when a gun remains unfired, immaculately maintained, and has no damage to it inside or out aside from factory test-firing. The NIB value is also a likely price that you would see on the gun in this condition from the big box stores.

Excellent (EXC, 98%): Firearms in excellent condition have been properly maintained and show an extremely light amount of wear or damage. They've been fired, they might have some scratches, and the finish on the contacting surfaces may be starting to wear, but none of the finish has been worn through to the material below.

Very Good (VG, 95%): These firearms show some use and wear. The sharper corners of metal pieces may have been worn through to bare metal, there could be holster and handling wear, and the contacting surfaces are nearly in the white and small scratches and dings can be seen both in and on the gun, but there's no rust or corrosion anywhere.

Good (G, 90%): On these guns, the finish has begun to wear and fade, the contacting surfaces are completely in the white, the scratches are easy to see at arms-length, and the bore might have some very light pitting, but the gun still operates just as well as one fresh out of the box. You might see some other types of light damage from rust that has been removed or corrosion from carbon buildups in those hard-to-reach places, but nothing is stopping the gun from working.

Fair (F, 80%): A common condition for Pre-WWII and Wartime Production firearms, guns in this condition often show light to moderate rust and corrosion on top of excessive wear. Reliability and accuracy may be noticeably impacted, but the damage isn't enough to risk user safety.

How to use this book

In similar fashion to the previous Blue Book of Gun Values editions, this price guide carries over its organization. Manufacturers are listed in alphabetical order, and models are organized by category. Models within categories can be organized alphabetically or by production start-date. PARENT MODELS are noted in all-capital letters while preceding versions of that model which we call "Variants" are capitalized more traditionally.

What this book does not have, in order to reduce the size and more importantly the cost of this book, is model descriptions. Instead, we have added QR codes with every manufacturer that you can scan with your phone to take you to our database. Whether it's on your computer's or phone's internet browser or on our app, you will be able to see all descriptions for free.

If you need descriptions and prefer the feel of a physical book in your hand, you will need a reference guide. For this, you can use any previous copy of the Blue Book of Gun Values from the 1st to the 44th edition granted the firearm you are searching for is included in that book.

All of the category titles from the old books have been carried over to the price guide except in the two specific cases of a manufacturer only producing firearms in one single category or a manufacturer producing 5 guns or fewer.

This book does not contain a glossary nor any appendices, so if you need to consult those, please refer to your reference materials such as a previous edition of Blue Book of Gun Values, our mobile app or our website where all of this information is free to view. These sections have not been included in this book specifically to reduce the overall size of the book to keep the cost low.

A new way of gathering value info…

Over the last two years, we have worked tirelessly to improve the way we gather gun values. Our old method involved a three-pronged approach where we would consult with big-name auction houses, attend both big and small gun shows, and rely on input from a long list of contributing editors who do more of the same. Once we were all done, we would work together to update all of the values across the entire database, and then compile it all into a new edition of the Blue Book of Gun Values for the upcoming year.

While this used to be the only way of conducting business, it left us publishing gun values that were inherently and immediately stale as soon as the first book shipped. With the ever-increasing growth of the internet we decided to launch a new system.

With hundreds of gun sales and gun auction websites, thousands upon thousands of listings and classifieds, and a brilliant team of developers, we were able to launch a new values tracking system. Gathering millions of data points, our database updates in real-time to now offer the most current gun values within the largest firearms database in the industry.

With thousands of firearms models now set up with live pricing, the work doesn't end. Some guns are only ever seen at gun shows and auctions, so our values team are sure to check auction houses and gun shows while continuously verifying our live pricing for accuracy.

There are plenty of things that can affect the value of a gun. Ammo availability, recent politics, the current economy, upcoming holidays, various market trends…all of this is now accounted for in our new system.

This new Price Guide takes advantage of this new values system. By printing a smaller book published in smaller batches, we can update the values each time instead of once every year, and combining this with its lower cost, periodically buying new, updated copies of this Price Guide would likely cost you less than what you would have spent on one giant book, and it would likely also save you from overpaying on your next gun!

	NIB	EXC	VG	G	F
2 VETS ARMS CO., LLC					
.300 BLACKOUT	1250	1065	905	770	655
5.56mm RIFLE	900	765	650	555	470
6.8 SPC II	1250	1065	905	770	655
2VA 5.56 ALPHA	1400	1190	1010	860	730
2VA 5.56 BRAVO	975	830	705	600	510
2VA 6.8 DMR	1375	1170	995	845	720
2VA LRRP	955	810	690	585	495
2VA SOPMOD	1125	955	815	690	585
2VA 308 SPECIAL PURPOSE RIFLE	1400	1190	1010	860	730
21ST-TECH PRECISION RIFLES					
BELLATOR	4250	3615	3070	2610	2220
TEC47	1190	1010	860	730	620
2A ARMAMENT LLC					
PISTOLS					
BALIOS LITE AR PISTOL	2025	1720	1465	1245	1060
BALIOS LITE .300 BLK AR	2025	1720	1465	1245	1060
BALIOS LITE GEN 2 PISTOL	1875	1595	1355	1150	980
PALOUSE LITE PISTOL	1299	1105	940	800	680
RIFLES					
ALR-16	1800	1530	1300	1105	940
AETHON/BALIOS LITE AR	1500	1275	1085	920	780
AR 22LR RIFLE	1500	1275	1085	920	780
BLR-14	Rarity precludes pricing for this model				
BLR-16 CARBON RIFLE	3250	2765	2350	1995	1695
BLR-16 GEN 2	1850	1575	1335	1135	965
BLR-16 GEN 2 CARBON RIFLE	3250	2765	2350	1995	1695
BLR-16 RIFLE	2130	1810	1540	1310	1115
PALOUSE-LITE	1365	1160	985	840	715
PLR-16 RIFLE	1150	980	830	705	600
XLR-18 RIFLE	2350	2000	1700	1445	1230
XLR-18 COBALT GREY RIFLE	2400	2040	1735	1475	1255
XLR-20 RIFLE	2400	2040	1735	1475	1255
51FIFTY RIFLES					
PISTOLS					
EVOLVE SERIES					
Evolve-9	1400	1190	1010	860	730
Evolve-10	1700	1445	1230	1045	890
Evolve-15	1375	1170	995	845	720
Evolve-45	1475	1255	1065	905	770
Evolve-380	1425	1210	1030	875	745
RIFLES					
EVOLVE SERIES RIFLE					
Evolve-9	1425	1210	1030	875	745
Evolve-9 Comp	3075	2615	2220	1890	1605
Evolve-10	1700	1445	1230	1045	890
Evolve-15	1870	1590	1350	1150	980
Evolve-15 Comp	3000	2550	2170	1840	1565
Evolve-45	1500	1275	1085	920	780
556 TACTICAL					
556 TACTICAL SPR (SPECIAL PURPOSE RIFLE)	1225	1040	885	750	640
ATAT ZOUAVE CARBINE	1750	1490	1265	1075	915
RESOLUTE-15 CARBINE	1650	1405	1190	1015	865
STRYKE SERIES 18 IN.	1025	870	740	630	535
Stryke Lite Evo/Lite SKR Series	1025	870	740	630	535

	NIB	EXC	VG	G	F
84 GUN CO.					
CLASSIC RIFLE GRADE 1	700	595	505	430	365
CLASSIC RIFLE GRADE 2	1000	850	725	615	525
CLASSIC RIFLE GRADE 3	1250	1065	905	770	655
CLASSIC RIFLE GRADE 4	1800	1530	1300	1105	940
LOBO RIFLE GRADE 1	650	555	470	400	340
LOBO RIFLE GRADE 2	800	680	580	490	415
LOBO RIFLE GRADE 3	1250	1065	905	770	655
LOBO RIFLE GRADE 4	1600	1360	1155	985	835
LOBO RIFLE GRADE 5	2350	2000	1700	1445	1230
PENNSYLVANIA RIFLE GRADE 1	650	555	470	400	340
PENNSYLVANIA RIFLE GRADE 2	800	680	580	490	415
PENNSYLVANIA RIFLE GRADE 3	1250	1065	905	770	655
PENNSYLVANIA RIFLE GRADE 4	1600	1360	1155	985	835
PENNSYLVANIA RIFLE GRADE 5	2350	2000	1700	1445	1230
A & B HIGH PERFORMANCE FIREARMS					
LIMITED CLASS			1600	1375	1170
OPEN CLASS			2300	1875	1595
A. J. ORDNANCE					
THOMAS	1150	980	830	705	600
A.A.					
A.A.	265	225	190	165	140
REIMS	370	315	265	225	190
A.A. ARMS INC.					
AP9 MINI-SERIES PISTOL	700	595	505	430	365
AR9 CARBINE	850	725	615	520	440
A.A.A.					
M1919		250	215	180	0
A.R. SALES					
HANDGUN		500	425	360	0
MARK IV SPORTER RIFLE		3085	2620	2230	0
AO6 ARMS					
AO6 ALPHA18	1800	1530	1300	1105	940
AO6 ALPHA24	1875	1595	1355	1150	980
AO6 HOG	2100	1785	1515	1290	1095
AO6 MIL16	1125	955	815	690	585
AO6 ONE16	1625	1380	1175	1000	850
ABADIE					
MODEL 1878 (OFFICER'S MODEL)		500	425	360	0
MODEL 1886 (TROOPER'S MODEL)		600	510	435	0
ACCU-MATCH INTERNATIONAL INC.					
ACCU-MATCH PISTOL	1000	850	725	615	525
ACCU-TEK					
AT-9SS	260	220	190	160	135
AT-25	150	130	110	90	75
AT-32SS	190	160	135	115	100

	NIB	EXC	VG	G	F
AT-40SS	260	220	190	160	135
AT-45SS	265	225	190	165	140
AT-380II (SS/SSB)	240	205	175	145	125
BL-9	235	200	170	145	125
BL-380	260	220	190	160	135
CP-9SS	220	185	160	135	115
CP-40SS	220	185	160	135	115
CP-45SS	220	185	160	135	115
HC-380 (SS)	330	280	240	205	175
LT-380	325	275	235	200	170
XL-9SS	265	225	190	165	140

ACCURACY INTERNATIONAL LTD.

	NIB	EXC	VG	G	F
AE MODEL	3325	2825	2400	2040	1735
AT308/AT 6.5	4035	3430	2915	2480	2110
AW MODEL	5500	4675	3975	3380	2875
AWP MODEL	4250	3615	3070	2610	2220
AW50	12500	10625	9030	7675	6525
AWM MODEL (SUPER MAGNUM)	5600	4760	4045	3440	2925
AX MODEL	7250	6165	5240	4450	3785
AXMC (MULTI CALIBER)	10500	8925	7585	6450	5485
AX308	4700	3995	3395	2885	2450
AX50	13125	11155	9485	8060	6850
PALMAMASTER	2600	2210	1880	1595	1355
CISMMASTER	3175	2700	2295	1950	1660
VARMINT RIFLE	3200	2720	2310	1965	1670

ACCURATE TOOL & MFG. CO.

PISTOLS

	NIB	EXC	VG	G	F
AR PISTOL	1000	850	725	615	525

RIFLES/CARBINES

	NIB	EXC	VG	G	F
AR-10	2250	1915	1625	1380	1175
CLASSIC CARBINE	775	660	560	475	405
LE CARBINE	975	830	705	600	510
LE MIDDY	1200	1020	865	735	625

ACCURATE-MAG

	NIB	EXC	VG	G	F
AM 40-A6 RPA	4500	3825	3250	2765	2350
AM 40-A6 308	4450	3785	3215	2735	2325
SPECIAL SERVICE RIFLE	3500	2975	2530	2150	1830

ACHA

	NIB	EXC	VG	G	F
MODEL 1916	325	275	235	200	170
ATLAS	275	235	200	170	145
LOOKING GLASS	325	275	235	200	170

ACTION ARMS LTD.

	NIB	EXC	VG	G	F
MODEL B SPORTER	750	640	540	460	390
AT-84S	1050	895	760	645	550
AT-88S	1000	850	725	615	525
TIMBERWOLF	Search "Timberwolf" in T section				

ACTION LEGENDS MFG., INC.

	NIB	EXC	VG	G	F
MODEL 888 M1 CARBINE	675	575	490	415	355
MODEL 1903 SPRINGFIELD	Rarity precludes pricing on this model.				

ADAMS

	NIB	EXC	VG	G	F
MODEL 1851 .31 CAL.	N/A	N/A	3300	3000	2550
MODEL 1851 .44 CAL.	N/A	N/A	3000	2700	2295

	NIB	EXC	VG	G	F
MODEL 1851 .50 CAL.	N/A	N/A	4500	4000	3400

ADAMS ARMS

PISTOLS

	NIB	EXC	VG	G	F
AA19	850	725	615	520	440
P1 5.56 PISTOL	900	765	650	555	470
P2 5.56 PISTOL	1350	1150	975	830	705
P2 .300 BLACKOUT PISTOL	1425	1210	1030	875	745
P2 .308 PISTOL	1450	1235	1050	890	755
P2 9MM PCC PISTOL	1525	1295	1100	935	795
P3 .300 BLACKOUT PISTOL	2575	2190	1860	1580	1345
PZ 5.56 PISTOL	775	660	560	475	405
TACTICAL EVO BASE PISTOL	975	830	705	600	510
TACTICAL EVO UPGRADED PISTOL	975	830	705	600	510
XLP EVO UPGRADED PISTOL	1450	1235	1050	890	755

RIFLES/CARBINES

	NIB	EXC	VG	G	F
CARBINE BASE	900	765	650	555	470
Limited Edition Carbine Base Model	825	700	595	505	430
CARBINE TACTICAL ELITE	1125	955	815	690	585
CARBINE TACTICAL EVO	1200	1020	865	735	625
C.O.R. ULTRA LITE RIFLE	1625	1380	1175	1000	850
MID BASE (CURRENT MFG.)	725	615	525	445	380
MID BASE (RECENT MFG.)	900	765	650	555	470
MID EVO ULTRA LITE	1575	1340	1140	965	820
MID TACTICAL ELITE	1125	955	815	690	585
MID TACTICAL EVO	1200	1020	865	735	625
Mid Tactical Evo XLP	1150	980	830	705	600
P1 5.56 (CURRENT MFG.) (PZ 5.56)	875	745	630	535	455
P1 5.56 (RECENT MFG.)	850	725	615	520	440
P1 .308	1300	1105	940	800	680
P1 MOE 5.56 RIFLE	1000	850	725	615	525
P2 (P2 5.56/P2 .300 BLACKOUT/P2 .308)	1300	1105	940	800	680
P2 6.5 CREEDMOOR	1750	1490	1265	1075	915
P2 PCC 9MM RIFLE	1475	1255	1065	905	770
P3 5.56	1800	1530	1300	1105	940
P3 .223 WYLDE / P3 .224 VALKYRIE	2250	1915	1625	1380	1175
P3 .308	1575	1340	1140	965	820
P3 .308 PROOF	2525	2145	1825	1550	1320
P3 6.5 CREEDMOOR	2975	2530	2150	1825	1550
PZ .308	1075	915	775	660	560
SMALL FRAME .308 ALPHA-S RIFLE	2025	1720	1465	1245	1060
SMALL FRAME .308 PATROL BATTLE RIFLE	1600	1360	1155	985	835
SMALL FRAME .308 PATROL ENHANCED	1325	1125	955	815	695
ULTRA LITE ADVANCED DISSIPATOR RIFLE	1200	1020	865	735	625

ADAMS, JOSEPH

	NIB	EXC	VG	G	F
OFFICER MODEL	2850	2425	2060	1750	1490

ADCOR DEFENSE

	NIB	EXC	VG	G	F
ADCOR ELITE CARBINE/RIFLE (A-556 ELITE)	2050	1745	1480	1260	1070
ADCOR ELITE GI (A-556 ELITE GI)	1800	1530	1300	1105	940
B.E.A.R.	1675	1425	1210	1030	875
B.E.A.R. Elite	2600	2210	1880	1595	1355
B.E.A.R. GI	1795	1525	1295	1100	935
B.E.A.R. LIMITED EDITION SIGNATURE SERIES	1875	1595	1355	1150	980

ADLER

	NIB	EXC	VG	G	F
SEMI-AUTO PISTOL	5000	4250	3615	3070	2610

ADRENALINE FIREARMS

	NIB	EXC	VG	G	F
SHOTGUNS: LEVER ACTION					
SPL-412	340	290	245	210	180
SHOTGUNS: SEMI-AUTO					
TAC-M3	665	565	480	410	350
TAC-M4	425	360	305	260	220
ADVANCED ARMAMENT CORP.					
MODEL 7	775	660	560	475	405
MPW	1350	1150	975	830	705
HANDI-RIFLE	325	275	235	200	170
ADVANTAGE ARMS USA, INC.					
MODEL 422	375	320	270	230	195
AERO PRECISION USA					
AC-15 RIFLE	550	470	395	340	290
AC-15M MID-LENGTH RIFLE	600	510	435	370	315
AR15 BLACKHAWK	975	830	705	600	510
AR15 BLACKHAWK ELITE	1050	895	760	645	550
AR15 RIFLE W/QUANTUM HANDGUARD	650	555	470	400	340
AR15 M4E1 RIFLE	800	680	580	490	415
AR15 M4E1 RIFLE (RIFLE-LENGTH)	825	700	595	505	430
C.O.P. (CONTINUOUS OPTICS PLATFORM)	975	830	705	600	510
C.O.P. M4 RIFLE	800	680	580	490	415
M5 .308 RIFLE 16 IN.	1000	850	725	615	525
M5 .308 Rifle 18 or 20 In.	1175	1000	850	720	610
M5E1 RIFLE	1125	955	815	690	585
M5E1 Rifle 6.5 Creedmoor	1325	1125	955	815	695
M16A4 SPECIAL EDITION RIFLE	800	680	580	490	415
AGNER					
MODEL M 80	1600	1360	1155	985	835
AIR MATCH					
AIR MATCH 500	750	640	540	460	390
AIRBORNE ARMS					
"TORCH" WWII AIRBORNE LIMITED EDITION COMMEMORATIVE RIFLE	2600	2210	1880	1595	1355
HERJA 224 VALKYRIE RIFLE	2095	1780	1515	1285	1090
AAM4-LW	1450	1235	1050	890	755
AKRILL, E.					
FLINTLOCK RIFLE	3300	2805	2385	2025	1720
ALAMO RANGER					
REVOLVER	375	320	270	230	195
ALAN & WILLIAM ARMS, INC.					
AR-15	1575	1340	1140	965	820
ALASKA MAGNUM AR'S					
GRIZZLY	3600	3060	2600	2210	1880
KODIAK	3600	3060	2600	2210	1880
WOLVERINE	2700	2295	1950	1660	1410
ALCHEMY ARMS COMPANY					

	NIB	EXC	VG	G	F
SPECTRE STANDARD ISSUE (SI)	1000	850	725	615	525
SPECTRE SERVICE GRADE (SG & SGC)	1000	850	725	615	525
SPECTRE TITANIUM EDITION (TI/TIC)	1250	1065	905	770	655

ALCHEMY CUSTOM WEAPONRY

	NIB	EXC	VG	G	F
ANOMALY	2620	2225	1895	1610	1370
PRIME	3520	2990	2545	2160	1835
PRIME CLASSIC CARRY	3350	2850	2420	2055	1745
PRIME COMPACT (BRIMSTONE)	2900	2465	2095	1780	1515
PRIME ELITE SERIES (PRIME ELITE/PRIME ELITE	3250	2765	2350	1995	1695
PRIME HERITAGE SERIES	4950	4210	3575	3040	2585
PRIME TARGET	3150	2680	2275	1935	1645
PRODIGY	2950	2510	2130	1810	1540
QUANTICO	3965	3370	2865	2435	2070
Quantico HiCap	4200	3570	3035	2580	2195

ALDAZABAL

	NIB	EXC	VG	G	F
SEMI-AUTOMATIC PISTOL	375	320	270	230	195

ALEX PRO FIREARMS

PISTOLS

	NIB	EXC	VG	G	F
APF PISTOL (PISTOL CALIBERS)	1240	1055	895	760	645
APF PISTOL 300 BLACKOUT	775	660	560	475	405
APF .300 Blackout Econo	560	475	405	345	295
APF PISTOL 308 WIN	1075	915	775	660	560
APF PISTOL 350 LEGEND	825	700	595	505	430
APF PISTOL 5.56 (223 PISTOL)	840	715	605	515	440
APF PISTOL 6.5 GRENDEL	875	745	630	535	455
GUARDIAN MINI/GUARDIAN PISTOL	735	625	530	450	385
SENTRY	650	555	470	400	340

RIFLES/CARBINES

	NIB	EXC	VG	G	F
204 VARMINT	1050	895	760	645	550
22-250 FIELD	1275	1085	920	785	665
22-250 TARGET	1400	1190	1010	860	730
243 FIELD	950	810	685	585	495
243 HUNTER	1100	935	795	675	575
243 TARGET	1400	1190	1010	860	730
243 VARMINT	1175	1000	850	720	610
300 WIN. MAG. CARBON FIBER RIFLE	3000	2550	2170	1840	1565
308 CARBINE	900	765	650	555	470
308 HUNTER	1025	870	740	630	535
308 MATCH CARBINE	1125	955	815	690	585
308 TARGET	1400	1190	1010	860	730
450 BUSHMASTER CARBINE	1195	1015	865	735	625
450 BUSHMASTER HUNTER	975	830	705	600	510
6ARC CARBON FIBER RIFLE	1500	1275	1085	920	780
6.5 CREEDMOOR HUNTER	1075	915	775	660	560
6.5 CREEDMOOR TARGET	1400	1190	1010	860	730
ALPHA	825	700	595	505	430
APF ARCTIC 223 WYLDE RIFLE	750	640	540	460	390
AR10 VARMINT 2.0	1375	1170	995	845	720
AR15 VARMINT 2.0	1375	1170	995	845	720
CARBINE	1450	1235	1050	890	755
CARBINE 5.56 NATO	850	725	615	520	440
CARBINE 300 BLACKOUT	850	725	615	520	440
DMR (DESIGNATED MARKSMAN RIFLE)	1075	915	775	660	560
ECONO CARBINE	525	445	380	320	270
ECONO CARBINE 300 BLACKOUT	600	510	435	370	315
MATCH CARBINE	1290	1095	930	790	670
MILITARY RIFLE	825	700	595	505	430
MLR (MAGNUM LONG RIFLE)	2595	2205	1875	1595	1355

	NIB	EXC	VG	G	F
TARGET	1050	895	760	645	550
TARGET 204 (APF 204 RIFLE)	1275	1085	920	785	665
TEXAS EDITION 6.8 HUNTER	1500	1275	1085	920	780
VARMINT	975	830	705	600	510

ALEXANDER ARMS LLC

PISTOLS

	NIB	EXC	VG	G	F
HIGHLANDER .17 HMR PISTOL	1495	1270	1080	920	780
HIGHLANDER .50 BEOWULF PISTOL	1225	1040	885	750	640
HIGHLANDER .300 AAC BLACKOUT PISTOL	1575	1340	1140	965	820
HIGHLANDER 6.5 GRENDEL PISTOL	1300	1105	940	800	680

RIFLES

	NIB	EXC	VG	G	F
.17 HMR COMPLETE RIFLE	1025	870	740	630	535
.17 HMR STANDARD	1375	1170	995	845	720
.17 HMR TACTICAL RIFLE	1525	1295	1100	935	795
.17 HMR VARMINT PREDATOR	2260	1920	1635	1390	1180
.17 HMR VP	1350	1150	975	830	705
.50 BEOWULF AWS 16 (ADVANCED WEAPONS	2100	1785	1515	1290	1095
.50 BEOWULF CLASSIC HUNTER PEPPER LAMINATE	1600	1360	1155	985	835
.50 BEOWULF CLASSIC HUNTER WALNUT	1650	1405	1190	1015	865
.50 BEOWULF ENTRY 16.5	1150	980	830	705	600
.50 BEOWULF HUNTER (MFG. 2015-2019)	1500	1275	1085	920	780
.50 BEOWULF HUNTER (MFG. 2020-2021)	1400	1190	1010	860	730
.50 BEOWULF HUNTER CAMO	2150	1830	1555	1320	1120
.50 BEOWULF OVERMATCH PLUS	1200	1020	865	735	625
.50 BEOWULF OVERWATCH	1475	1255	1065	905	770
.50 Beowulf Overwatch 24	1475	1255	1065	905	770
.50 BEOWULF PISTON RIFLE	1675	1425	1210	1030	875
.50 BEOWULF PRECISION 16	1325	1125	955	815	695
.50 BEOWULF TACTICAL	1225	1040	885	750	640
.300 AAC BLACKOUT ELITE RIFLE	2150	1830	1555	1320	1120
.300 AAC BLACKOUT RIFLE	1275	1085	920	785	665
.300 AAC TACTICAL RIFLE	1500	1275	1085	920	780
5.56 NATO RIFLE (INCURSION RIFLE)	1025	870	740	630	535
5.56 NATO TACTICAL RIFLE	1500	1275	1085	920	780
GRENDEL 20 (19.5) ENTRY	1220	1035	880	750	640
GRENDEL AWS	1225	1040	885	750	640
GRENDEL BLITZ 18/GRENDEL BLITZ 20	2280	1940	1645	1400	1190
GRENDEL GDMR	2600	2210	1880	1595	1355
Grendel GDMR Camo	2425	2060	1750	1490	1265
GRENDEL HUNTER	1225	1040	885	750	640
Grendel Hunter 18	1500	1275	1085	920	780
Grendel Hunter 18 (Recent Production)	1400	1190	1010	860	730
Grendel Hunter 18 Camo	2170	1845	1570	1335	1135
GRENDEL HUNTER CLASSIC WALNUT	1400	1190	1010	860	730
GRENDEL INCURSION RIFLE	1025	870	740	630	535
LITE 16/LITE 18 (GRENDEL LIGHTWEIGHT RIFLE)	1375	1170	995	845	720
GRENDEL MK3 GAS PISTON	1050	895	760	645	550
GRENDEL OVERWATCH 6.5	1250	1065	905	770	655
GRENDEL OVERWATCH 24	1225	1040	885	750	640
GRENDEL SIDE-CHARGING HUNTER	1275	1085	920	785	665
GRENDEL SNIPER RIFLE (GSR SERIES)	2875	2445	2075	1765	1500
GRENDEL TACTICAL 16	1560	1325	1125	960	815
GRENDEL TACTICAL 16 (CURRENT PRODUCTION)	1350	1150	975	830	705
GRENDEL ULTRALIGHT	1725	1465	1245	1060	900
GRENDEL VP 20	1350	1150	975	830	705
ULFBERHT	6325	5375	4570	3885	3300

ALEXIA

	NIB	EXC	VG	G	F
.22 RIMFIRE	350	300	255	215	185
.32 SHORT RIMFIRE	250	215	180	155	130
SINGLE ACTION .38 SHORT RIMFIRE	275	235	200	170	145

	NIB	EXC	VG	G	F
.41 SHORT RIMFIRE	300	255	215	185	155
EARLY MODEL	250	215	180	155	130
LATE MODEL	275	235	200	170	145

ALKARTASUNA FABRICA DE ARMAS, S.A.

	NIB	EXC	VG	G	F
ALKARTASUNA CARTRIDGE COUNTER	300	255	215	185	155
ALKARTASUNA RUBY AUTOMATIC	300	255	215	185	155

ALLTERRA ARMS (AXIAL PRECISION)

	NIB	EXC	VG	G	F
ALLTERRA STEEL/CARBON	4450	3785	3215	2735	2325
ARID	4850	4125	3505	2980	2535
ARID 1760	5450	4635	3940	3345	2845
HIMALAYAN	4950	4210	3575	3040	2585
MOUNTAIN SHADOW STEEL/CARBON	4900	4165	3540	3010	2560
OBSKURA NOX RIFLE	6600	5610	4770	4055	3445

ALTOR CORP.

	NIB	EXC	VG	G	F
ALTOR PISTOL	115	100	85	70	60

AM-TAC PRECISION

	NIB	EXC	VG	G	F
LTC RIFLE	1650	1405	1190	1015	865
PREDITOR ELITE RIFLE	1675	1425	1210	1030	875

AMBUSH FIREARMS

	NIB	EXC	VG	G	F
AMBUSH A11 6.8/5.56	1475	1255	1065	905	770
AMBUSH 300 AAC BLACKOUT	1475	1255	1065	905	770
AMBUSH 5.56/AMBUSH 300/AMBUSH 6.8 (KRYPTEK	1725	1465	1245	1060	900
DD5 AMBUSH	2450	2085	1770	1505	1280
DDM4 AMBUSH	1575	1340	1140	965	820

AMERICAN ARMS

	NIB	EXC	VG	G	F
EAGLE 380	350	300	255	215	185

AMERICAN ARMS, INC.

COMBINATION GUNS

	NIB	EXC	VG	G	F
RS COMBO	675	575	490	415	355

PISTOLS: SEMI-AUTO

	NIB	EXC	VG	G	F
MODEL TT-9MM TOKAREV	500	425	360	305	260
MODEL EP-380	450	385	325	275	235
MODEL PK-22 CLASSIC	250	215	180	155	130
MODEL CX-22 CLASSIC	225	190	165	140	120
Model CXC-22	250	215	180	155	130
MODEL PX-22/25 CLASSIC	250	215	180	155	130
MODEL P-98 CLASSIC	250	215	180	155	130
ESCORT	400	340	290	245	210
SPECTRE	2100	1785	1515	1290	1095
AUSSIE SEMI-AUTO	525	445	380	320	270

REVOLVERS: SAA

	NIB	EXC	VG	G	F
REGULATOR MODEL	375	320	270	230	195
Regulator Model Deluxe	425	360	305	260	220
Regulator Model Buckhorn	450	385	325	275	235
Regulator Model Storekeeper	450	385	325	275	235
UBERTI BISLEY	475	405	345	290	245
UBERTI .454 SAA	825	700	595	505	430
SILVERADO	375	320	270	230	195

RIFLES: O/U

	NIB	EXC	VG	G	F
SILVER EXPRESS	1800	1530	1300	1105	940

RIFLES/CARBINES: REPRODUCTIONS

	NIB	EXC	VG	G	F
MODEL 1860 HENRY REPLICA	1000	850	725	615	525

	NIB	EXC	VG	G	F
Model 1860 Henry Trapper Replica	1000	850	725	615	525
MODEL 1866 WINCHESTER REPLICA	725	615	525	445	380
MODEL 1873 WINCHESTER REPLICA	850	725	615	520	440
Model 1873 Deluxe Winchester Replica	1200	1020	865	735	625
MODEL 1885 SINGLE SHOT HIGH WALL	775	660	560	475	405
SHARPS CAVALRY CARBINE	675	575	490	415	355
SHARPS FRONTIER CARBINE	675	575	490	415	355
SHARPS 1874 SPORTING RIFLE	700	595	505	430	365
Sharps 1874 Deluxe Sporting Rifle	725	615	525	445	380

RIFLES: SEMI-AUTO

	NIB	EXC	VG	G	F
MODEL ZCY 308	775	660	560	475	405
MODEL AKY 39	650	555	470	400	340
Model AKF 39 Folding Stock	725	615	525	445	380
EXP-64 SURVIVAL RIFLE	150	130	110	90	75
MINI-MAX	85	70	60	50	45
SM 64 TD SPORTER	130	110	95	80	70

SHOTGUNS: O/U

	NIB	EXC	VG	G	F
LINCE	510	435	370	315	270
SILVER MODEL	495	420	360	305	260
SILVER I	610	520	440	375	320
SILVER II	660	560	475	405	345
Silver II Lite (Silver Upland Lite)	800	680	580	490	415
Silver II Small Gauge Combo	1080	920	780	665	565
SILVER LITE	625	530	450	385	325
SILVER HUNTER	550	470	395	340	290
SILVER SPORTING	835	710	605	515	440
SILVER SKEET	790	670	570	485	410
SILVER TRAP	790	670	570	485	410
STERLING/BRISTOL	695	590	500	425	360
SIR	1100	935	795	675	575
ROYAL	1595	1355	1150	980	835
EXCELSIOR	1775	1510	1280	1090	925
WS/WT - O/U (SILVER) 12 WATERFOWL/TURKEY	650	555	470	400	340
WS/WT O/U 10 ga. Waterfowl	750	640	540	460	390
WT-O/U10 TURKEY SPECIAL	865	735	625	530	450
F.S. 200	690	585	500	425	360
F.S. 300	825	700	595	505	430
F.S. 400	1175	1000	850	720	610
F.S. 500	1175	1000	850	720	610

SHOTGUNS: SxS

	NIB	EXC	VG	G	F
GENTRY/YORK	1000	850	725	615	525
BRITTANY	900	765	650	555	470
SHOGUN	750	640	540	460	390
DERBY	1150	980	830	705	600
GRULLA NO. 2	Custom orders, no pricing				
Grulla No. 2 Small Gauge Set	3600	3060	2600	2210	1880
WS/SS 10 WATERFOWL SPECIAL	560	475	405	345	295
WT/SS 10	775	660	560	475	405
TS/SS 10/12 TURKEY SPECIAL	665	565	480	410	350

SHOTGUNS: SEMI-AUTO

	NIB	EXC	VG	G	F
PHANTOM FIELD	395	335	285	245	210
Phantom HP	400	340	290	245	210

SHOTGUNS: SINGLE SHOT

	NIB	EXC	VG	G	F
SINGLE SHOT MODEL	90	75	65	55	45
Single Shot Model Camper Special	95	80	70	60	50
Single Shot Model Slugger	100	85	70	60	50
Single Shot Model Youth	100	85	70	60	50
Single Shot Model Combo	195	165	140	120	100
Single Shot Model 10 Ga.	135	115	100	85	70

AMERICAN BUILT ARMS CO.

	NIB	EXC	VG	G	F
.22 CHASSIS RIFLE	510	435	370	315	270

	NIB	EXC	VG	G	F
KEYSTONE PT (PRECISION TRAINER)	475	405	345	290	245
MOD X GEN III MODULAR RIFLE SYSTEM	1025	870	740	630	535

AMERICAN CLASSIC

	NIB	EXC	VG	G	F
AMIGO MODEL	610	520	440	375	320
BOBCUT	785	665	565	480	410
BULLSEYE	1055	895	760	650	555
COMMANDER MODEL (RECENT MFG.)	645	550	465	395	335
Compact Commander	635	540	460	390	330
COMMANDER MODEL (CURRENT MFG.)	680	580	490	420	355
CUSTOM	910	775	655	560	475
GOVERNMENT MODEL (RECENT MFG.)	510	435	370	315	270
GOVERNMENT MODEL (CURRENT MFG.)	625	530	450	385	325
GOVERNMENT II MODEL (RECENT MFG.)	550	470	395	340	290
GOVERNMENT II MODEL (CURRENT MFG.)	665	565	480	410	350
OFFICER	635	540	460	390	330
RAPIDO SHORT/RAPIDO LONG	2025	1720	1465	1245	1060
TROPHY MODEL	865	735	625	530	450
22 MODEL	325	275	235	200	170
3011 SLD TACTICAL	1625	1380	1175	1000	850
XB MODEL	665	565	480	410	350

AMERICAN DEFENSE MFG. LLC

PISTOLS: SEMI-AUTO

	NIB	EXC	VG	G	F
AAARGO JAY BRAVO OSCAR ADM4 MOD2 LIMITED	1625	1380	1175	1000	850
ADM4 MOD2/UIC MOD2 M81 (UIC 15)	1775	1510	1280	1090	925
FGG UIC AR	2100	1785	1515	1290	1095
UIC 9	1675	1425	1210	1030	875
UIC COMPACT HUNTER	1900	1615	1375	1165	990
UIC MOD1	1475	1255	1065	905	770
UIC MOD2	1950	1660	1410	1200	1020
UIC MOD2 CORE DEFENDER	2150	1830	1555	1320	1120
UIC CORE Mod2	1950	1660	1410	1200	1020

RIFLES/CARBINES: SEMI-AUTO

	NIB	EXC	VG	G	F
AAARGO JAY BRAVO OSCAR ADM4 MOD2 LIMITED	1625	1380	1175	1000	850
ADM4 MOD2 M81 WOODLAND	2225	1890	1610	1365	1160
ADM4 LIGHTWEIGHT COMPETITION RIFLE (UIC	2150	1830	1555	1320	1120
UIC Lightweight Tactical Competition Carbine	2000	1700	1445	1230	1045
CAPTAIN QUINT UIC PATROL RIFLE	2125	1805	1535	1305	1110
UIC (UNIVERSAL IMPROVED CARBINE) MOD 1	1325	1125	955	815	695
UIC MOD1 LE	1625	1380	1175	1000	850
UIC (UNIVERSAL IMPROVED CARBINE) MOD 2 (OLDER MFG.)	1625	1380	1175	1000	850
UIC (UNIVERSAL IMPROVED CARBINE) MOD 2 (CURRENT MFG.)	2095	1780	1515	1285	1090
UIC ADM4 MOD 2	1950	1660	1410	1200	1020
UIC MOD 2 .224 Valkyrie	2025	1720	1465	1245	1060
UIC MOD 2 American Patriot	2275	1935	1645	1395	1185
UIC MOD 2 Patrol Rifle	1950	1660	1410	1200	1020
UIC MOD 2 SPR	2275	1935	1645	1395	1185
UIC MOD 2 Special Edition	2300	1955	1660	1410	1200
UIC MOD 2 Special Edition Package	2200	1870	1590	1350	1150
UIC (UNIVERSAL IMPROVED CARBINE) MOD 3 (OLDER MFG.)	1775	1510	1280	1090	925
UIC (UNIVERSAL IMPROVED CARBINE) MOD 3 (RECENT MFG.)	1775	1510	1280	1090	925
UIC-9 CARBINE (UIC 9)	2000	1700	1445	1230	1045
UIC 10A 308 WINCHESTER	2825	2400	2040	1735	1475
UIC 10A 6.5 Creedmoor	3100	2635	2240	1905	1620
UIC 10A CSASS	2475	2105	1790	1520	1290
UIC 10A DMR	2125	1805	1535	1305	1110

	NIB	EXC	VG	G	F
UIC 10A HEAVY RECON	2025	1720	1465	1245	1060
UIC 15 LIMITED	1940	1650	1400	1190	1010

AMERICAN DERRINGER CORPORATION

MODEL 1
	NIB	EXC	VG	G	F
Model 1 Rimfire Cals.	550	470	395	340	290
Model 1 Centerfire Cals.	635	540	460	390	330
MODEL 1 ENGRAVED					
Model 1 Millennium 2000 Series	700	595	505	430	365
Model 1 United We Stand Commemorative	355	300	255	220	185
LADY DERRINGER	675	575	490	415	355
Lady Derringer Deluxe Engraved	650	555	470	400	340
Lady Derringer 14Kt. Gold Engraved					
Millenium Lady Derringer	390	330	280	240	205
LADY DERRINGER II	395	335	285	245	210
MODEL 1 TEXAS COMMEMORATIVE, .44-40	440	375	320	270	230
MODEL 1 TEXAS COMMEMORATIVE, .45LC	470	400	340	290	245
MODEL 1 TEXAS COMMEMORATIVE, .32 Mag	255	215	185	155	130
MODEL 1 TEXAS COMMEMORATIVE, .38 SPL	385	325	280	235	200
MODEL 1 TEXAS COMMEMORATIVE, .22LR	238	200	170	145	125
MODEL 1 TEXAS COMMEMORATIVE, .41 RF	295	250	215	180	155
MODEL 1 TEXAS COMMEMORATIVE, Engraved	750	640	540	460	390
Model 1 Texas Commemorative (Current Mfg.)	700	595	505	430	365
125TH ANNIVERSARY, .44-40 or .45LC	320	270	230	195	165
125TH ANNIVERSARY, .38 SPL	225	190	165	140	120
125TH ANNIVERSARY, Engraved	750	640	540	460	390
MODEL 3	635	540	460	390	330
MODEL 4	665	565	480	410	350
Model 4 Engraved					
Model 4 Alaskan Survival Model	725	615	525	445	380
MODEL 6	740	630	535	455	385
Model 6 Engraved					
MODEL 7	575	490	415	355	300
MODEL 8	725	615	525	445	380
Model 8 Engraved	1675	1425	1210	1030	875
MODEL 10	525	445	380	320	270
MODEL 11	525	445	380	320	270
RIMFIRE DOUBLE ACTION	145	125	105	90	75
DS22	Call Manufacturer for Pricing.				
DA 38 DOUBLE ACTION	575	490	415	355	300
MINI-COP	250	215	180	155	130
4-BARREL DERRINGER	Rarity precludes pricing.				
CUSTOM TARGET MODELS	695	590	500	425	360
PISTOLS: PEN DESIGN					
MODEL 2 PEN PISTOL	550	470	395	340	290
PISTOLS: SEMI-AUTO					
Standard Model .25 Mag. Cal., Blued	500	425	360	305	260
Standard Model .25 ACP Cal., Statinless Steel	400	340	290	245	210
Standard Model .25 ACP Cal., Polished Blue	550	470	395	340	290
LM-5	600	510	435	370	315
LM-5 .380 ACP	365	310	265	225	190
PISTOLS: SLIDE ACTION					
LM-4 (SEMMERLING)	3825	3250	2765	2350	2000

AMERICAN FIREARMS MANUFACTURING CO., INC.

DERRINGERS	NIB	EXC	VG	G	F
AMERICAN .38 SPL.	200	170	145	125	105
AMERICAN .380 AUTOMATIC	700	595	505	430	365
PISTOLS: SEMI-AUTO					
AMERICAN .25 AUTOMATIC, Stainless	150	130	110	90	75
AMERICAN .25 AUTOMATIC, Blue	150	130	110	90	75

	NIB	EXC	VG	G	F

AMERICAN FRONTIER FIREARMS MFG., INC.

	NIB	EXC	VG	G	F
1851 NAVY RICHARDS CONVERSION	695	590	500	425	360
1851 NAVY RICHARDS & MASON CONVERSION	695	590	500	425	360
1858 REMINGTON NEW ARMY CAVALRY MODEL	685	580	495	420	355
1858 REMINGTON NEW ARMY ARTILLERY MODEL	715	610	515	440	375
1858 REMINGTON ORIGINAL FACTORY-TYPE	715	610	515	440	375
POCKET REMINGTON	425	360	305	260	220
1860 ARMY RICHARDS CONVERSION	695	590	500	425	360
1861 NAVY RICHARDS CONVERSION	695	590	500	425	360
POCKET NAVY RICHARDS & MASON CONVERSION	465	395	335	285	240
1871-72 OPEN-TOP FRONTIER MODEL	695	590	500	425	360
1871-72 Open-Top Tiffany Model	995	845	720	610	520

AMERICAN HUNTING RIFLES (AHR)

	NIB	EXC	VG	G	F
600 OVERKILL	5525	4695	3990	3395	2885
AHR BIG GAME	2675	2275	1935	1645	1400
CLASSIC 550	1725	1465	1245	1060	900
SAFARI 550	1500	1275	1085	920	780
SAFARI 550 DGR	6200	5270	4480	3810	3240
VARMINT 550 PRO	1650	1405	1190	1015	865

AMERICAN INTERNATIONAL CORP.

	NIB	EXC	VG	G	F
AMERICAN 180 AUTO CARBINE (M-1)	725	615	525	445	380

AMERICAN RIFLE COMPANY

	NIB	EXC	VG	G	F
ARCHIMEDES RIFLE	2625	2230	1895	1610	1370
M2	Rarity precludes pricing.				
MAUSINGFIELD RIFLE	3050	2595	2205	1875	1595
NUCLEUS GEN2 RIFLE	2125	1805	1535	1305	1110

AMERICAN SPIRIT ARMS

PISTOLS: SEMI-AUTO

	NIB	EXC	VG	G	F
9mm PISTOL	750	640	540	460	390
9MM PISTOL A2	800	680	580	490	415
A2 PISTOL	1050	895	760	645	550
AR-15 PISTOL WITH HANDGUARD	1025	870	740	630	535
AR-15 PISTOL WITH QUAD RAIL	1050	895	760	645	550
ASA 300 BLACKOUT PISTOL	825	700	595	505	430
SIDE CHARGING 9MM PISTOL (FLAT-TOP 9MM PISTOL)	1300	1105	940	800	680

RIFLES/CARBINES: SEMI-AUTO

	NIB	EXC	VG	G	F
ASA-A2 RIFLE	975	830	705	600	510
ASA-A320(G) SIDE CHARGING RIFLE	975	830	705	600	510
ASA-DISSIPATOR A2 CARBINE	1050	895	760	645	550
ASA-M4A2 CARBINE	975	830	705	600	510
ASA-M4A3 SIDE CHARGING CARBINE	975	830	705	600	510
ASA-M4CS1 SIDE CHARGING CARBINE	1100	935	795	675	575
ASA-M4CS2 SIDE CHARGING CARBINE	1100	935	795	675	575
ASA-MID-LENGTH SIDE CHARGING RIFLE (A3 M16	975	830	705	600	510
ASA PATROL	825	700	595	505	430
ASA-SIDE CHARGING DISSIPATOR (A3G CARBINE)	1050	895	760	645	550
ASA-SPR SIDE CHARGING RIFLE (ASA-SPR)	2100	1785	1515	1290	1095
ASA-9MM AR-15 RIFLE M4/A2 CARBINE	900	765	650	555	470
ASA-9MM SIDE CHARGING RIFLE M4 CARBINE (A3G	975	830	705	600	510
ASA SIDE CHARGING BULL BARREL CARBINE	1200	1020	865	735	625
ASA-BULL A3 RIFLE	1100	935	795	675	575
ASA-BULL BARREL FLAT-TOP RIFLE	1350	1150	975	830	705
ASA-BULL SIDE CHARGER CARBINE	1300	1105	940	800	680
ASA-BULL SIDE CHARGER CARBINE/RIFLE	1300	1105	940	800	680
ASA-308 SIDE CHARGER CARBINE/RIFLE	1950	1660	1410	1200	1020

	NIB	EXC	VG	G	F
ASA 20 INCH 308 SIDE CHARGER RIFLE	2300	1955	1660	1410	1200
9MM COMPETITION OEM RIFLE "NAKED"	825	700	595	505	430
9MM COMPETITION RIFLE BASIC	1025	870	740	630	535
9MM G9 GLOCK MAG COMPATIBLE AR15	1025	870	740	630	535
.45 ACP CAL. GLOCK MAG. COMPATIBLE AR15	1050	895	760	645	550
.308 SIDE CHARGING RIFLE	1600	1360	1155	985	835
.308 SPR 18 In. SIDE CHARGING RIFLE	1800	1530	1300	1105	940
CS1 SIDE CHARGING CARBINE	900	765	650	555	470
M4ML SIDE CHARGING MID-LENGTH RIFLE	895	760	645	550	470
M4 OEM SIDE CHARGING CARBINE	675	575	490	415	355
PCC PRO	1500	1275	1085	920	780
SPR 18 IN. SIDE CHARGING RIFLE	1125	955	815	690	585

AMERICAN SPIRIT ARMS CORP.

	NIB	EXC	VG	G	F
ASA 9MM A2 CAR CARBINE	990	840	715	610	520
ASA 9mm Flat-Top CAR Rifle	950	810	685	585	495
ASA 16 IN. BULL BARREL A2 INVADER	1000	850	725	615	525
ASA 16 IN. M4 RIFLE	890	755	645	545	465
ASA 16 IN. TACTICAL RIFLE	1700	1445	1230	1045	890
ASA 20 IN. A2 RIFLE	850	725	615	520	440
ASA 24 IN. BULL BARREL FLAT-TOP RIFLE	800	680	580	490	415
ASA 24 IN. BULL BARREL A2 RIFLE	980	835	710	600	510
ASA 24 IN. MATCH RIFLE	1650	1405	1190	1015	865
ASA CARBINE WITH SIDE CHARGING RECEIVER	970	825	700	595	505
C.A.R. POST-BAN 16 IN. CARBINE	870	740	630	535	455
DCM SERVICE RIFLE	1360	1155	985	835	710
LIMITED MATCH RIFLE	1365	1160	985	840	715
OPEN MATCH RIFLE	1575	1340	1140	965	820

AMERICAN TACTICAL

PISTOLS: SEMI-AUTO

	NIB	EXC	VG	G	F
AT C45 SERIES	315	270	230	195	165
AT CS9 SERIES	310	265	225	190	160
AT CS40 SERIES	140	120	100	85	70
AT FS9 SERIES	375	320	270	230	195
AT FS40 SERIES	360	305	260	220	185
AT HP9 SERIES	395	335	285	245	210
AT MS380 SERIES	330	280	240	205	175
BB6	625	530	450	385	325
FIREPOWER XTREME 1911 (FX MILITARY)	410	350	295	250	215
FX 45K	625	530	450	385	325
FX 45 TITAN	410	350	295	250	215
FX Titan Lightweight	525	445	380	320	270
FX FAT BOY	610	520	440	375	320
FX G.I.	410	350	295	250	215
FX G.I. Enhanced	500	425	360	305	260
FX THUNDERBOLT	725	615	525	445	380
FXH-9	635	540	460	390	330
FXH-9C (FXH-9 COMMANDER)	635	540	460	390	330
FXS-9	315	270	230	195	165
FXH-45 DOUBLE STACK	425	360	305	260	220
FXH-45 HYBRID (FXH-45)	420	355	305	260	220
FXH-45C (FXH COMMANDER)	425	360	305	260	220
FXH-45D	525	445	380	320	270
FXH-45M MOXIE	390	330	280	240	205
GALEO PISTOL	1150	980	830	705	600
MILSPORT PISTOL	445	380	320	275	235
MILSPORT 9MM PISTOL	700	595	505	430	365
OMNI HYBRID	450	385	325	275	235
OMNI HYBRID 300	470	400	340	290	245
OMNI HYBRID AR-15	430	365	310	265	225
OMNI HYBRID MAXX	410	350	295	250	215

	NIB	EXC	VG	G	F
OMNI HYBRID MAXX 300	400	340	290	245	210
OMNI HYBRID MAXX ADAPTER PISTOL	450	385	325	275	235
OMNI HYBRID MAXX MP4/MP4B	425	360	305	260	220
OMNI HYBRID MAXX MXPM	475	405	345	290	245
OMNI HYBRID MAXX P4/P4B	300	255	215	185	155

RIFLES/CARBINES: SEMI-AUTO

	NIB	EXC	VG	G	F
.300 AAC CARBINE	850	725	615	520	440
AT-15	615	525	445	380	325
AT-47	840	715	605	515	440
AT-47 MILLED	685	580	495	420	355
AT-47 STAMPED	525	445	380	320	270
ALPHA-15	425	360	305	260	220
GALEO	1250	1065	905	770	655
HDH16 CARBINE	645	550	465	395	335
MILSPORT .223 WYLDE	410	350	295	250	215
MILSPORT 3 GUN	725	615	525	445	380
MILSPORT 9MM AR-15 CARBINE	675	575	490	415	355
MILSPORT 9MM AR-15 RIFLE	815	695	590	500	425
MILSPORT 5.56 AR-15 CARBINE	450	385	325	275	235
MILSPORT AR-15 MLTS	510	435	370	315	270
MILSPORT AR-15 P3 RIFLE	550	470	395	340	290
MILSPORT AR-15 P3P	450	385	325	275	235
MILSPORT AR-15 RIA (OLDER MFG.)	435	370	315	265	225
MILSPORT AR-15 RIA (RECENT MFG.)	725	615	525	445	380
MILSPORT AR-15 RIA ALUMINUM	550	470	395	340	290
MILSPORT AR-15 TRUMP SPECIAL	475	405	345	290	245
MILSPORT AR-15 CUSTOM SHOP	500	425	360	305	260
MILSPORT AR 450 BUSHMASTER	680	580	490	420	355
MILSPORT M4 CARBINE	575	490	415	355	300
OMNI 22 (VK22 STANDARD)	400	340	290	245	210
OMNI 22 OPS (VK22 TACTICAL)	460	390	330	280	240
OMNI 556	580	495	420	355	300
OMNI HYBRID M4	475	405	345	290	245
OMNI HYBRID 22 COMBO	375	320	270	230	195
OMNI HYBRID 300 AAC BLACKOUT	400	340	290	245	210
OMNI HYBRID MAXX	500	425	360	305	260
OMNI HYBRID MAXX 5.56	495	420	360	305	260
OMNI HYBRID MAXX 22 COMBO	575	400	415	355	300
OMNI HYBRID MAXX 300 CARBINE	525	445	380	320	270
OMNI HYBRID MAXX 6MM ARC	810	690	585	495	420
OMNI HYBRID MAXX MP3	470	400	340	290	245
OMNI HYBRID MAXX MTS	510	435	370	315	270
OMNI HYBRID MAXX P3	495	420	360	305	260
OMNI HYBRID MAXX P3P	425	360	305	260	220
OMNI HYBRID MAXX TSI	400	340	290	245	210
OMNI HYBRID MAXX TRANSLUCENT	700	595	505	430	365
V916/VX916 CARBINE	765	650	555	470	400

SHOTGUNS: O/U

	NIB	EXC	VG	G	F
CAVALRY SPORT	560	475	405	345	295
CAVALRY SV W/EXTRACTOR	560	475	405	345	295
CAVALRY SVE W/EJECTOR	570	485	410	350	300
CAVALRY SX	520	440	375	320	270
Cavalry SX Youth	480	410	345	295	250
CAVALRY SXE	600	510	435	370	315
CAVALRY TURKEY FOWL	575	490	415	355	300
CRUSADER FIELD	415	355	300	255	215
CRUSADER SPORT	490	415	355	300	255

SHOTGUNS: SEMI-AUTO

	NIB	EXC	VG	G	F
ALPHA FIELD	400	340	290	245	210
ALPHA HD	410	350	295	250	215
ALPHA SPORT	360	305	260	220	185
AMTAC-S (TAC-S)	225	190	165	140	120
TAC-S Combo	370	315	265	225	190

	NIB	EXC	VG	G	F
BULL-DOG	330	280	240	205	175
MIL-SPORT AR .410 SHOTGUN	680	580	490	420	355
OMNI HYBRID MAXX	700	595	505	430	365
OMNI HYBRID MAXX LIMITED .410 SHOTGUN	535	455	385	330	280

SHOTGUNS: SINGLE SHOT

	NIB	EXC	VG	G	F
NOMAD	115	100	85	70	60
Nomad Grand Slam	135	115	100	85	70
SCOUT	250	215	180	155	130
Scout SC	160	135	115	100	85
Scout Wood	310	265	225	190	160
Scout Youth	100	85	70	60	50

SHOTGUNS: SLIDE ACTION

	NIB	EXC	VG	G	F
DF-12 STANDARD GRIP	165	140	120	100	85
DF-12 Pistol Grip/DF-12 Pistol Grip Marine	175	150	125	105	90
TAC-PX2 (TAC-P)	215	185	155	130	110
TAC-PX2 Combo (TAC-P Combo)	335	285	240	205	175
S-BEAM MB3/MB3-R	220	185	160	135	115
S-BEAM MB3-28/MB3-DW	225	190	165	140	120
SCOUT P-SERIES	250	215	180	155	130

SHOTGUNS: SxS

	NIB	EXC	VG	G	F
CAVALRY ROAD AGENT	510	435	370	315	270
CAVALRY ROAD AGENT PRIME	540	460	390	330	280

AMP TECHNICAL SERVICE GmbH

	NIB	EXC	VG	G	F
DSR-1	8200	6970	5925	5035	4280

AMT (ARCADIA MACHINE & TOOL)

PISTOLS: SEMI-AUTO

	NIB	EXC	VG	G	F
LIGHTNING	675	575	490	415	355
Lightning Bull's Eye Regulation Target	675	575	490	415	355
BABY AUTOMAG	2500	2125	1805	1535	1305
AUTOMAG II	775	660	560	475	405
AUTOMAG III	2300	1955	1660	1410	1200
AUTOMAG IV	2000	1700	1445	1230	1045
AUTOMAG V	2495	2120	1805	1530	1300
AUTOMAG 440	1600	1360	1155	985	835
JAVELINA	1475	1255	1065	905	770
BACKUP PISTOL SMALL FRAME	380	325	275	235	200
BACKUP PISTOL LARGE FRAME	400	340	290	245	210
BACKUP PISTOL II	275	235	200	170	145
.45 ACP STANDARD GOVERNMENT MODEL	625	530	450	385	325
HARDBALLER LONGSLIDE	1350	1150	975	830	705
HARDBALLER II	750	640	540	460	390
COMMANDO	800	680	580	490	415
SKIPPER	600	510	435	370	315
COMBAT SKIPPER	625	530	450	385	325
BULL'S EYE TARGET MODEL	450	385	325	275	235
"ON DUTY" DOUBLE ACTION	650	555	470	400	340

RIFLES: BOLT ACTION

	NIB	EXC	VG	G	F
BOLT ACTION STANDARD SINGLE SHOT	850	725	615	520	440
BOLT ACTION DELUXE SINGLE SHOT	1025	870	740	630	535
BOLT ACTION STANDARD REPEATER	900	765	650	555	470
BOLT ACTION DELUXE REPEATER	1100	935	795	675	575

RIFLES: SEMI-AUTO

	NIB	EXC	VG	G	F
LIGHTNING (25/22)	595	505	430	365	310
SMALL GAME HUNTER (SGH)	550	470	395	340	290
SMALL GAME HUNTER II	575	490	415	355	300
CHALLENGE EDITION (I, II, III)	925	785	670	570	485
Challenge Edition Elite With Bloop Tube	1050	895	760	645	550
SPORTER EDITION	680	580	490	420	355
HUNTER EDITION I	550	470	395	340	290
HUNTER EDITION II	750	640	540	460	390

	NIB	EXC	VG	G	F
FLY SWATTER I	575	490	415	355	300
FLY SWATTER II	675	575	490	415	355
BR-50 ACCELERATOR EDITION	925	785	670	570	485
ACCULITE EDITION RIFLE	825	700	595	505	430
INTIMIDATOR EDITION RIFLE	1000	850	725	615	525
MAGNUM HUNTER	450	385	325	275	235
TARGET RIFLE SEMI-AUTO	500	425	360	305	260

ANATOLIA MANUFACTURING COMPANY LLC

	NIB	EXC	VG	G	F
ARMAGON G12	450	385	325	275	235

ANDERSON MANUFACTURING

	NIB	EXC	VG	G	F
AM-9 9MM PISTOL	650	555	470	400	340
AM-10 .308 BREACHER PISTOL	700	595	505	430	365
AM-15 PISTOL	475	405	345	290	245
AM-15 .300 BLACKOUT PISTOL	450	385	325	275	235
AM-15 .300 Blackout Pistol Vortex Crossfire Red Dot	575	490	415	355	300
AM-15 .300 Blackout Sylvan Arms Side-Folding	450	385	325	275	235
AM-15 A4 CARBINE PISTOL	425	360	305	260	220
A4 PISTOL WITH QUAD RAILS	670	570	485	410	350
KIGER 9C	365	310	265	225	190
KIGER 9C PRO	460	390	330	280	240

RIFLES/CARBINES: SEMI-AUTO

	NIB	EXC	VG	G	F
A4 RIFLE WITH QUAD RAILS	475	405	345	290	245
AM-9	550	470	395	340	290
AM-10 BD (BIG DOG .308)	1025	870	740	630	535
AM-10 COMPLETE RIFLE 18 INCH	1050	895	760	645	550
AM-10 EXTSP-RT2 RIFLE	775	660	560	475	405
AM-10 HUNTER (.308 HUNTER)	825	700	595	505	430
AM-10 RF85 Treated Hunter 18 in.	1075	915	775	660	560
AM-10 MSR	1000	850	725	615	525
AM-10 SNIPER 24	1425	1210	1030	875	745
AM-15 3 GUN ELITE	1325	1125	955	815	695
AM-15 .450 BUSHMASTER	675	575	490	415	355
AM-15 5.56 NATO 16 IN. RIFLE	700	595	505	430	365
AM-15 5.56 NATO A4 RIFLE	425	360	305	260	220
AM-15 5.56 NATO A4 Mid-Length Rifle	425	300	305	200	220
AM-15 5.56 NATO CARBINE M-LOK	475	405	345	290	245
AM-15 5.56 NATO MID-LENGTH M-LOK	475	405	345	290	245
AM-15 5.56 NATO RIFLE M-LOK	475	405	345	290	245
AM-15 5.56 NATO 16 in. Magpul MOE	500	425	360	305	260
AM-15 6.5 GRENDEL	425	360	305	260	220
AM-15 7.62x39	425	360	305	260	220
AM-15-BR	400	340	290	245	210
AM-15 CARBINE 300 BLACKOUT KEYMOD	550	470	395	340	290
AM-15 CARBINE KEYMOD	525	445	380	320	270
AM-15 EXT 300 BLACKOUT (300 BLACKOUT)	525	445	380	320	270
AM-15 DISSIPATOR	425	360	305	260	220
AM-15-EXT LE FRONT SIGHT BASE	500	425	360	305	260
AM-15 EXT-M4 (AM-15 M4-15)	550	470	395	340	290
AM-15 HBOR16/AM-15 HBOR20	1000	850	725	615	525
AM-15 KEYMOD RIFLE	575	490	415	355	300
AM-15 M416 (M4 CARBINE)	725	615	525	445	380
AM-15 M416 Camo	825	700	595	505	430
M4 Tiger (AM-15 M416 Tiger)	800	680	580	490	415
AM-15 M416 ZE	775	660	560	475	405
AM-15 M4 LE (AM-15 M416 LE)	475	405	345	290	245
AM-15 M4 (RECENT MFG.)	500	425	360	305	260
AM-15 M4-TAC	850	725	615	520	440
AM-15 MOD03-CT1	650	555	470	400	340
AM-15 OPTIC READY (AM15-AOR/HEAVY BARREL	425	360	305	260	220
AM-15 PATRIOT RIFLE	725	615	525	445	380

	NIB	EXC	VG	G	F
AM-15 PATRIOT ROUND HANDGUARD (AM-15 5.56 NATO)	550	470	395	340	290
A					
AM-15 Competitor	650	555	470	400	340
AM-15 Marksman	625	530	450	385	325
AM-15 Sharpshooter	625	530	450	385	325
AM-15 Varminter	675	575	490	415	355
AM-15 SNIPER	1150	980	830	705	600
AM-15 VS24 (HEAVY BARREL VARMINTER)	1200	1020	865	735	625

ANGSTADT ARMS

PISTOLS: SEMI-AUTO

	NIB	EXC	VG	G	F
JACK9 PISTOL w/SBA3 BRACE	1350	1150	975	830	705
MDP-9	2300	1955	1660	1410	1200
UDP-9	1160	985	840	710	605
UDP-9 CUSTOM LIMITED EDITION	1650	1405	1190	1015	865
UDP-9 W/SBA3 BRACE	1275	1085	920	785	665
UDP-9 w/Maxim CQB Brace	1650	1405	1190	1015	865
UDP-45 W/SBA3 BRACE	1360	1155	985	835	710
UDP-300 W/SBA3 BRACE	1360	1155	985	835	710
UDP-556 W/SBA3 BRACE	1360	1155	985	835	710

RIFLES: SEMI-AUTO

	NIB	EXC	VG	G	F
UDP-9 PDW (PERSONAL DEFENSE WEAPON)	1390	1180	1005	855	725
UDP-9 RIFLE	1320	1120	955	810	690
UDP-556 RIFLE	1500	1275	1085	920	780
UDP-556 First Edition Rifle	1650	1405	1190	1015	865

ANSCHÜTZ

PISTOLS: BOLT ACTION

	NIB	EXC	VG	G	F
MODEL 17LP	650	555	470	400	340
MODEL 64P	575	490	415	355	300
Model 64LP	625	530	450	385	325
MODEL 1416P/1451P (EXEMPLAR)	600	510	435	370	315
Exemplar Hornet	835	710	605	515	440
Exemplar Magnum	No pricing available, only 1 made.				
Exemplar XIV	650	555	470	400	340
MODEL 1416 MSPR/MSPE	895	760	645	550	470
MODEL 1416 PISTOL KV	1100	935	795	675	575
MODEL 1730 MSPE FIELD	1295	1100	935	795	675

RIFLES: BOLT ACTION, DISC.

	NIB	EXC	VG	G	F
MARK 10 TARGET RIFLE	495	420	360	305	260
MODEL 54 SPORTER	850	725	615	520	440
MODEL 54M	950	810	685	585	495
MODEL MATCH 64	700	595	505	430	365
MODEL 141	550	470	395	340	290
Model 141M (Mag.)	650	555	470	400	340
MODEL 153	950	810	685	585	495
MODEL 153-S	1050	895	760	645	550
MODEL 164	520	440	375	320	270
Model 164M	650	555	470	400	340
MODEL 184	575	490	415	355	300
MODEL 1400	450	385	325	275	235
MODEL 1407 I.S.U. MATCH 54	775	660	560	475	405
MODEL 1408	650	555	470	400	340
MODEL 1411 MATCH 54	650	555	470	400	340
MODEL 1413 SUPER MATCH 54	950	810	685	585	495
MODEL 1418	495	420	360	305	260
MODEL 1418 MANNLICHER	925	785	670	570	485
MODEL 1450	525	445	380	320	270
MODEL 1518 MANNLICHER	1075	915	775	660	560
MODEL 1574 SPORTER	825	700	595	505	430
MODEL 1807	700	595	505	430	365

	NIB	EXC	VG	G	F
RIFLES: BOLT ACTION, BIATHLON					
MODEL 64R BIATHLON SPRINT	2295	1950	1660	1410	1200
MODEL 1403B	850	725	615	520	440
MODEL 1450B	650	555	470	400	340
MODEL 1827B	1875	1595	1355	1150	980
MODEL 1827 F 160TH ANNIVERSARY	8500	7225	6140	5220	4435
MODEL 1827 F BIONIC	4675	3975	3380	2870	2440
MODEL 1827 F (BT) FORTNER/MODEL 1827 F JUNIOR	3910	3325	2825	2400	2040
RIFLES: BOLT ACTION MATCH, CURRENT / RECENT MFG.					
MODEL 1403D	700	595	505	430	365
MODEL 1803D	850	725	615	520	440
MODEL 1808D RT/1808MS R (RUNNING TARGET)	1900	1615	1375	1165	990
MODEL 1813 SUPER MATCH	1850	1575	1335	1135	965
MODEL 1903	1440	1225	1040	885	750
MODEL 1903D	1100	935	795	675	575
MODEL 1903 MS R	1275	1085	920	785	665
MODEL 1907	2725	2315	1970	1675	1425
MODEL 1909	1925	1635	1390	1180	1005
MODEL 1910 SUPER MATCH II	2150	1830	1555	1320	1120
MODEL 1911 PRONE MATCH	1865	1585	1345	1145	975
MODEL 1912 LADIES SPORT RIFLE	2690	2285	1945	1650	1405
MODEL 1913A BENCHREST	2800	2380	2025	1720	1460
MODEL 1913 TARGET (SUPER MATCH FREE RIFLE)	4250	3615	3070	2610	2220
MODEL 1918	2200	1870	1590	1350	1150
MODEL 1927 CISM	4250	3615	3070	2610	2220
MODEL 2000 MK	340	290	245	210	180
MODEL 2007 ISSF STANDARD	2525	2145	1825	1550	1320
MODEL 2012 LADIES SPORT RIFLE	3295	2800	2380	2025	1720
MODEL 2013 TARGET (SUPER MATCH "SPECIAL")	5185	4405	3745	3185	2705
Model 2013 BR-50 (Benchrest)	3000	2550	2170	1840	1565
RIFLES: BOLT ACTION, SILHOUETTE					
MODEL 54.18MS	1295	1100	935	795	675
Model 54.18MS ED	1075	915	775	660	560
MODEL 54.18MS REP	2049	1740	1480	1260	1070
Model 54.18MS REP Deluxe	2035	1730	1470	1250	1065
MODEL 54.30 160TH ANNIVERSARY MODEL	11050	9395	7985	6785	5765
MODEL 54.30 TARGET	3740	3180	2700	2295	1950
MODEL 64MS/MS R	925	785	670	570	485
Model 64MS - FWT	550	470	395	340	290
MODEL 64S RIFLE	475	405	345	290	245
MODEL 1808MS R	1695	1440	1225	1040	885
MODEL 2013 SUPER-MATCH FREE RIFLE (BR-50)	2225	1890	1610	1365	1160
RIFLES: BOLT ACTION, SPORTER					
MODEL 64 F	1125	955	815	690	585
MODEL 64 MP R	1215	1035	880	745	635
Model 64R Sporter Target	1100	935	795	675	575
Model 64 S BR	1350	1150	975	830	705
MODEL 1416 AV MANNERS STOCK	1450	1235	1050	890	755
MODEL 1416 AV WALNUT	1150	980	830	705	600
MODEL 1416D CLASSIC	945	805	685	580	495
1416D Classic Heavy Barrel	1025	870	740	630	535
1416D Heavy Barrel Threaded	1155	980	835	710	605
MODEL 1416D CUSTOM (LUXUS)	715	610	515	440	375
Model 1416D Fiberglass	755	640	545	465	395
MODEL 1416 HB	1075	915	775	660	560
Model 1416 D/KL	1120	950	810	690	585
MODEL 1418D	1350	1150	975	830	705
MODEL 1433D	995	845	720	610	520
MODEL 1448D	450	385	325	275	235
MODEL 1449D YOUTH	210	180	150	130	110
MODEL 1451 E/R SPORTER/TARGET	400	340	290	245	210
Model 1451D Classic (Super)	335	285	240	205	175

Model	NIB	EXC	VG	G	F
Model 1451D Custom	430	365	310	265	225
Model 1451R Sporter Target Prisma	455	385	330	280	240
Model 1451ST-R	435	370	315	265	225
MODEL 1466D REPEATER	660	560	475	405	345
MODEL 1502D HB CLASSIC	695	590	500	425	360
MODEL 1516D CUSTOM (LUXUS)	630	535	455	385	325
Model 1516D/DCL KL Classic	1170	995	845	720	610
Model 1516D HB Classic	1075	915	775	660	560
Model 1516 D HB Thumbhole	1400	1190	1010	860	730
MODEL 1517 AV MANNERS	1580	1345	1140	970	825
MODEL 1517D CLASSIC	925	785	670	570	485
Model 1517 D HB	910	775	655	560	475
MODEL 1517 HB AMERICAN VARMINTER	1150	980	830	705	600
MODEL 1517 HB CLASSIC	1050	895	760	645	550
MODEL 1517 MP R MULTI-PURPOSE	1250	1065	905	770	655
MODEL 1517 S-BR (SPORTER BENCHREST)	1450	1235	1050	890	755
MODEL 1518D (LUXUS)	1495	1270	1080	920	780
MODEL 1532	895	760	645	550	470
MODEL 1533	1070	910	775	655	555
MODEL 1700D BAVARIAN	1165	990	840	715	610
MODEL 1700D FEATHERWEIGHT (FWT)	1075	915	775	660	560
Model 1700D Featherweight Deluxe	1235	1050	890	760	645
MODEL 1702D HB CLASSIC	1300	1105	940	800	680
MODEL 1710 AV GRS SPORTER/VARMINT	2300	1955	1660	1410	1200
Model 1710 AV GRS Stainless Competition	2550	2170	1840	1565	1330
MODEL 1710 AV HB CLASSIC	2200	1870	1590	1350	1150
MODEL 1710 AV HYBRID COMPETITION STAINLESS	2795	2375	2020	1715	1460
MODEL 1710 CLASSIC HIGH GRADE	2495	2120	1805	1530	1300
MODEL 1710 HB NUSS CLASSIC	2495	2120	1805	1530	1300
MODEL 1710D HB CLASSIC	2050	1745	1480	1260	1070
Model 1710 HB Classic Competition	2590	2200	1870	1590	1350
MODEL 1710D KL CUSTOM (1700D)	2295	1950	1660	1410	1200
Model 1710D KL Euro Luxus	2495	2120	1805	1530	1300
MODEL 1710 HB 150TH ANNIVERSARY	1195	1015	865	735	625
MODEL 1710 HB GRS HYBRID	5600	4760	4045	3440	2925
Model 1710 HB GRS Hybrid Competition	2495	2120	1805	1530	1300
Model 1710D HB GRS Hybrid	2595	2205	1875	1595	
MODEL 1710 HB GRS SPORTER/VARMINT	2495	2120	1805	1530	
Model 1710 HB GRS Sporter Competition	2595	2205	1875	1595	
Model 1710D HB GRS Sporter/Varmint	2495	2120	1805	1530	
MODEL 1710 HB KELBLY TRAINER /1710 HB AV KELBLY TRAINER	2380	2025	1720	1460	
Model 1710 HB Kelbly Competition	2800	2380	2025	1720	
MODEL 1710 HB XLR CHASSIS SYSTEM RIFLE	2200	1870	1590	1350	
MODEL 1710 HB XLR ELEMENT COMPETITION	2725	2315	1970	1675	
MODEL 1710 MDT ACC CHASSIS SYSTEM RIFLE	3050	2595	2205	1875	
Model 1710 MDT ACC Chassis System Competition	3450	2935	2495	2120	
MODEL 1712 AV GRS SPORTER/VARMINT	2495	2120	1805	1530	
MODEL 1712 AV SILHOUETTE SPORTER	2985	2535	2155	1835	
MODEL 1712D	1300	1105	940	800	
MODEL 1712 SILHOUETTE SPORTER	2050	1745	1480	1260	
MODEL 1712 VARMINT 160TH ANNIVERSARY	3550	3020	2565	2180	
MODEL 1713 SILHOUETTE	1775	1510	1280	1090	
MODEL 1717D CLASSIC	1645	1400	1190	1010	
MODEL 1717D KL (CUSTOM)	1775	1510	1280	1090	
Model 1717 S-BR	1095	930	790	670	
MODEL 1717 SILHOUETTE SPORTER	1825	1550	1320	1120	
MODEL 1700D/1720D CLASSIC	900	765	650	555	
MODEL 1720D CUSTOM (1700D)	995	845	720	610	
Model 1700D Graphite	1130	960	815	695	
MODEL 1727F	3575	3040	2585	2195	
MODEL 1727F HB GRS	3650	3105	2635	2240	

	NIB	EXC	VG	G	F
MODEL 1730D CLASSIC (1700D)	1325	1125	955	815	
MODEL 1730D KL CUSTOM (1700D)	1575	1340	1140	965	
MODEL 1733D	1595	1355	1150	980	
MODEL 1740D CLASSIC (1700D)	1375	1170	995	845	
MODEL 1740D CUSTOM (1700D)	1450	1235	1050	890	
MODEL 1743D	1225	1040	885	750	
MODEL 1761	1515	1290	1095	930	
MODEL 1761 HB G-28	1575	1340	1140	965	
MODEL 1761 HB MPR	1840	1565	1330	1130	
MODEL 1761 HB MSR	1875	1595	1355	1150	
MODEL 1770 D SPORTER	2000	1700	1445	1230	
MODEL 1771 D SPORTER	2125	1805	1535	1305	
MODEL 1771 160TH ANNIVERSARY	3575	3040	2585	2195	
MODEL 1780 D-FL (SPORTER)	2530	2150	1830	1555	
MODEL 1781 D CLASSIC	No pricing, special order only				
MODEL 1781 HUNTER 160TH ANNIVERSARY	3910	3325	2825	2400	
MODEL 1782	2300	1955	1660	1410	
ACHIEVER	340	290	245	210	
Achiever ST	435	370	315	265	
DIE MEISTERMACHER	2750	2340	1985	1690	
KADETT	235	200	170	145	
WOODCHUCKER	210	180	150	130	
RIFLES/CARBINES: SEMI-AUTO					
MODEL 520/61	355	300	255	220	
MARK 525 SPORTER RIFLE	550	470	395	340	
Mark 525 Carbine	600	510	435	370	
MSR RX 22	495	420	360	305	
MSR RX PRECISION	630	535	455	385	

APACHE

	NIB	EXC	VG	G	F
SEMI-AUTO	225	190	165	140	120

AR 57 LLC

	NIB	EXC	VG	G	F
AR57A1 - PDW	1200	1020	865	735	625
AR57 GEN II/LEM	975	830	705	600	510
AR57-SLC	975	830	705	600	510

AR-7 INDUSTRIES, LLC

	NIB	EXC	VG	G	F
AR-7 EXPLORER RIFLE	450	385	325	275	235
AR-7 SPORTER (AR-20)	250	215	180	155	130
AR-7 TARGET	275	235	200	170	145

ARCHER MANUFACTURING

PISTOLS: SEMI-AUTO

	NIB	EXC	VG	G	F
AM-15 PISTOL	1200	1020	865	735	625

RIFLES/CARBINES: SEMI-AUTO

	NIB	EXC	VG	G	F
AM-10	1575	1340	1140	965	820
AM-10 PREMIUM	1875	1595	1355	1150	980
AM-15/AM-15F	1200	1020	865	735	625
ARCHER MOUNTAIN CARBINE	1275	1085	920	785	665
CLOSE QUARTERS COMBAT	1725	1465	1245	1060	900
DESIGNATED MARKSMAN RIFLE (DMR)	1725	1465	1245	1060	900
ENHANCED PATROL RIFLE	1275	1085	920	785	665
LIGHT TRUCK GUN	1050	895	760	645	550
RECCE	1275	1085	920	785	665

ARCUS CO.

	NIB	EXC	VG	G	F
MODEL 94/94 COMPACT	470	400	340	290	245
MODEL 98DA/98DAC	425	360	305	260	220

	NIB	EXC	VG	G	F
## AREX					
REX ALPHA	925	785	670	570	485
REX DELTA	450	385	325	275	235
REX DELTA GEN.2	400	340	290	245	210
Rex Delta Gen.2 Tactical	550	470	395	340	290
REX ZERO 1S (STANDARD)	575	490	415	355	300
REX ZERO 1 CP (COMPACT)	575	490	415	355	300
REX ZERO 1T /1TC (TACTICAL/TACTICAL COMPACT)	750	640	540	460	390
ABC MODEL 1	1840	1565	1330	1130	960
## ARIZONA ARMORY					
AA-15 9MM	725	615	525	445	380
AA-15 18 SPR	800	680	580	490	415
AA-15 20M	No pricing, special order only				
AA-15 20V/T	775	660	560	475	405
AA-15 CARBINE	575	490	415	355	300
AA-15 M4A3 BASIC	650	555	470	400	340
AA-15 M4A3 OPERATOR	750	640	540	460	390
## ARLINGTON ORDNANCE					
M1 GARAND RIFLE	1600	1360	1155	985	835
Arsenal Restored M1 Garand Rifle	850	725	615	520	440
TROPHY GARAND	925	785	670	570	485
T26 TANKER	850	725	615	520	440
.30 CAL. CARBINE	725	615	525	445	380
## ARMALITE					
RIFLES: SEMI-AUTO					
AR-7 EXPLORER	400	340	290	245	210
AR-7 EXPLORER	550	470	395	340	290
AR-7 CUSTOM	325	275	235	200	170
AR-10	2000	1700	1445	1230	1045
AR-15	No data - inconsistent resale				
AR-180, Sterling MFG	1795	1525	1295	1100	935
AR-180, Howa MFG	2125	1805	1535	1305	1110
AR-180, Costa Mesa MFG	2125	1805	1535	1305	1110
SHOTGUNS: SEMI-AUTO					
AR-17	975	830	705	600	510
## ARMALITE, INC.					
PISTOLS: SEMI-AUTO					
AR-10 PISTOL	2425	2060	1750	1490	1265
AR-19 PISTOL	1175	1000	850	720	610
AR-24 (ULTIMATE)	550	470	395	340	290
AR-24-15	550	470	395	340	290
AR-24-15C Combat Custom	590	500	425	360	305
AR-24K-13 COMPACT	585	495	425	360	305
AR-24K-13C Combat Custom Compact	590	500	425	360	305
M-15 PISTOL (PREVIOUS MFG.)	1875	1595	1355	1150	980
M-15 PISTOL (CURRENT MFG.)	1100	935	795	675	575
RIFLES: BOLT ACTION					
AR-30(M)	1850	1575	1335	1135	965
AR-30A1 STANDARD	2900	2465	2095	1780	1515
AR-30A1 Target	3125	2655	2260	1920	1630
AR-31	1875	1595	1355	1150	980
AR-31 Target	3125	2655	2260	1920	1630
AR-50A1 (AR-50)	4000	3400	2890	2455	2085
AR-50A1 NATIONAL MATCH	3800	3230	2745	2335	1985
RIFLES/CARBINES: SEMI-AUTO					

	NIB	EXC	VG	G	F
AR-10 SERIES					
AR-10A Carbine (A10A4CBF/CF)	12000	10200	8670	7370	6265
AR-10A2 Carbine	1600	1360	1155	985	835
AR-10A2 Carbine (AR-10A4 Tactical Carbine)	1680	1430	1215	1030	875
AR-10A2 Rifle (Infantry)	1425	1210	1030	875	745
AR-10A4 Carbine	1595	1355	1150	980	835
AR-10A4 SPR - (Special Purpose Rifle)	1425	1210	1030	875	745
AR-10A4243BF	1425	1210	1030	875	745
AR-10B Rifle	2500	2125	1805	1535	1305
AR-10B Series Carbine	1400	1190	1010	860	730
AR-10 National Match	2125	1805	1535	1305	1110
AR-10SOF (SPECIAL OPERATION FORCES) CARBINE	1350	1150	975	830	705
AR-10T Carbine (10TCBNF, Navy Model)	1725	1465	1245	1060	900
AR-10T Rifle	1475	1255	1065	905	770
AR-10B Target (10TBNF/NF)	1475	1255	1065	905	770
AR-10 SASS	3150	2680	2275	1935	1645
AR-10 A-SERIES SUPERSASS RIFLE (SUPERSASS	2999	2550	2165	1840	1565
AR-10A SuperSASS Rifle (A10SBF)	2800	2380	2025	1720	1460
AR-10 CSASS (AR-10A Super SASS Carbine - A10SCBF)	2775	2360	2005	1705	1450
AR-10 A-SERIES SUPERSASS GEN II RIFLE	3400	2890	2455	2090	1775
AR-10 A SERIES TACTICAL CARBINE	1850	1575	1335	1135	965
AR-10 COMPETITION RIFLE (3-GUN COMPETITION RIFLE)	2000	1700	1445	1230	1045
AR-10 DEFENSIVE SPORTING RIFLE (DSR10)	1165	990	840	715	610
AR-10 PRC 260	3200	2720	2310	1965	1670
AR-10 QUAD-RAIL (AR-10A4 LOW PROFILE CARBINE)	1650	1405	1190	1015	865
AR-10 TACTICAL RIFLE	2250	1915	1625	1380	1175
AR-10 VSR (VERSATILE SPORTING RIFLE)	1700	1445	1230	1045	890
AR-180B	1250	1065	905	770	655
M4A1C CARBINE	850	725	615	520	440
M4C Carbine	775	660	560	475	405
M-15 RIFLE/CARBINE VARIATIONS					
M-15 22 LR Carbine	675	575	490	415	355
M-15A4 SPR Mod 1 (15SPR1CB)	1425	1210	1030	875	745
M-15A2/A4 National Match Rifle	1275	1085	920	785	665
M-15A2 Golden Eagle	1200	1020	865	735	625
M-15A2 Service Rifle	1050	895	760	645	550
M-15A2 Carbine	1050	895	760	645	550
M-15A4 National Match SPR	1105	940	800	680	580
M-15A4 SPR (Special Purpose Rifle, 15A4/15A4B)	975	830	705	600	510
M-15A4 SPR II National Match (Special Purpose Rifle)	1325	1125	955	815	695
M-15A4 Carbine	1030	875	745	635	540
M-15A4 CBA2K	1025	870	740	630	535
M-15ARTN	1175	1000	850	720	610
M-15T Target (15A4TBN Rifle Eagle Eye)	1175	1000	850	720	610
M-15 Target (15TBN)	1195	1015	865	735	625
M-15A4T Carbine (Eagle Eye)	1250	1065	905	770	655
M-15A4 Predator	1200	1020	865	735	625
M-15A4 Action Master	1050	895	760	645	550
M-15SOF (Special Operation Forces) Carbine	975	830	705	600	510
M-15 BATTALION RIFLE	800	680	580	490	415
M-15 DEFENSIVE SPORTING RIFLE (DSR15/DSR15F)	800	680	580	490	415
M-15 LIGHT TACTICAL CARBINE	975	830	705	600	510
M-15 PISTON	1800	1530	1300	1105	940
M-15 TACTICAL	1675	1425	1210	1030	875
M-15 VSR (VERSATILE SPORTING RIFLE)	995	845	720	610	520
M-15 3-GUN COMPETITION RIFLE	1615	1375	1165	990	840
M-15 13 IN. COMPETITION RIFLE	1495	1270	1080	920	780
LEC15A4CBK (LAW ENFORCEMENT CARBINE)	895	760	645	550	470

ARMAMENT TECHNOLOGY

	NIB	EXC	VG	G	F
AT1-C24 TACTICAL RIFLE	4095	3480	2960	2515	2140
AT1-C24B TACTICAL RIFLE	4250	3615	3070	2610	2220
AT1-M24 TACTICAL RIFLE	4350	3700	3145	2670	2270

ARMAMENT TECHNOLOGY CORP.

	NIB	EXC	VG	G	F
MODEL 4 POCKET RIFLE	350	300	255	215	185
MODEL 6	125	105	90	75	65
M-2 FIREFLY	695	590	500	425	360

ARMES DE CHASSE LLC

	NIB	EXC	VG	G	F
ALBEMARLE GAME GUN SIDELOCK	3100	2635	2240	1905	1620
ALBEMARLE GAME GUN BOXLOCK	2350	2000	1700	1445	1230

ARMI JAGER

	NIB	EXC	VG	G	F
AP 74	350	300	255	215	185
AP74 Sporter Carbine	375	320	270	230	195
AP74 Paramilitary Paratrooper Carbine	395	335	285	245	210
AP74 "Dressed" Military Model	395	335	285	245	210
AP-80 (AK-22, KALASHNIKOV AK-47)	325	275	235	200	170
AP-84 (GALIL)	275	235	200	170	145
AP-85 (MAS, FRENCH FAMAS)	1400	1190	1010	860	730

ARMINEX LTD.

	NIB	EXC	VG	G	F
TRI-FIRE	765	650	555	470	400
Tri-Fire Target Model	1200	1020	865	735	625

ARMINIUS

	NIB	EXC	VG	G	F
MODEL 1	1500	1275	1085	920	780
MODEL 2	1650	1405	1190	1015	865
HW 3	225	190	165	140	120
HW 4	200	170	145	125	105
HW 5	225	190	165	140	120
HW 7	260	220	190	160	135
HW 9	275	235	200	170	145
HW 22	225	190	165	140	120
HW 38	225	190	165	140	120

ARMITAGE INTERNATIONAL, LTD.

	NIB	EXC	VG	G	F
SCARAB SKORPION	630	535	455	385	325

ARMS RESEARCH ASSOCIATES

	NIB	EXC	VG	G	F
KF SYSTEM	395	335	285	245	210

ARMSCOR

PISTOLS: SEMI-AUTO

	NIB	EXC	VG	G	F
M-1911-A1 FS (FULL SIZE STANDARD)	435	370	315	265	225
M-1911-A1 MS (COMMANDER)	360	305	260	220	185
M-1911-A1 CS (OFFICER)	340	290	245	210	180
M-1911-A1 MEDALLION SERIES	540	460	390	330	280

REVOLVERS

	NIB	EXC	VG	G	F
MODEL 200 (DC)	225	190	165	140	120
MODEL 202	175	150	125	105	90
MODEL 206	240	205	175	145	125
MODEL 210	190	160	135	115	100

RIFLES: BOLT ACTION

	NIB	EXC	VG	G	F
M-12Y/12-TY	95	80	70	60	50
M-14P	95	80	70	60	50
M-14-D	105	90	75	65	55
M-1400LW	185	155	135	115	100

	NIB	EXC	VG	G	F
M-1400S	175	150	125	105	90
M-1400 (SC-Super Classic)	200	170	145	125	105
M-1500S	145	125	105	90	75
M-1500LW (Lightweight)	190	160	135	115	100
M-1500 (SC-Super Classic)	215	185	155	130	110
M-1800S (CLASSIC)	250	215	180	155	130
M-1800SC (Super Classic)	285	240	205	175	150

RIFLES: SEMI-AUTO

	NIB	EXC	VG	G	F
M-1600	175	150	125	105	90
M-1600R	155	130	110	95	80
M-20	200	170	145	125	105
M-20P	150	130	110	90	75
M-20C	130	110	95	80	70
M-20D	200	170	145	125	105
M-2000(S)	140	120	100	85	70
M-2000SC (Super Classic)	270	230	195	165	140
M-50S	155	130	110	95	80
M-AK22(S)	185	155	135	115	100
M-AK22(F)	260	220	190	160	135
MIG 22 STANDARD	310	265	225	190	160
MIG 22 TARGET	400	340	290	245	210

SHOTGUNS: SLIDE ACTION

	NIB	EXC	VG	G	F
M-5	240	205	175	145	125
M-30 F (INTERCHANGEABLE CHOKES)	225	190	165	140	120
M-30 D/IC (Deluxe)	180	155	130	110	95
M-30 DG (DEER GUN)	165	140	120	100	85
M-30SAS1	180	155	130	110	95
M-30 R6/R8 (RIOT)	155	130	110	95	80
M-30F/FS	180	155	130	110	95
M30 C (COMBO)	210	180	150	130	110
M30 RP (COMBO)	210	180	150	130	110

ARMSCORP USA, INC.

PISTOLS: SEMI-AUTO

	NIB	EXC	VG	G	F
HI POWER	395	335	285	245	210
Hi Power Compact Detective HP	395	335	285	245	210
SD-9	350	300	255	215	185
P22	190	160	135	115	100

RIFLES: SEMI-AUTO

	NIB	EXC	VG	G	F
M-14 RIFLE (NORINCO PARTS)	1225	1040	885	750	640
M-14R RIFLE (USGI PARTS)	1925	1635	1390	1180	1005
M-14 BEGINNING NATIONAL MATCH	2050	1745	1480	1260	1070
M-14 NMR (NATIONAL MATCH)	2675	2275	1935	1645	1400
M-21 MATCH RIFLE	3475	2955	2510	2135	1815
T-48 FAL ISRAELI PATTERN RIFLE	1650	1405	1190	1015	865
T-48 FAL L1A1 Pattern	1675	1425	1210	1030	875
T-48 Bush Model	1625	1380	1175	1000	850
FRHB	2175	1850	1570	1335	1135
FAL	1800	1530	1300	1105	940
FAL Bush Model	2200	1870	1590	1350	1150
FAL Para Model	2400	2040	1735	1475	1255
FAL Factory Rebuilt	1675	1425	1210	1030	875
M36 ISRAELI SNIPER RIFLE	3050	2595	2205	1875	1595
EXPERT MODEL	195	165	140	120	100

RIFLES: SxS

	NIB	EXC	VG	G	F
R-1	19000	16150	13730	11670	9920
R-2	Rarity precludes pricing				
R-3	Rarity precludes pricing				
R-4	Rarity precludes pricing				
R-5	Rarity precludes pricing				

SHOTGUNS: SxS

	NIB	EXC	VG	G	F
6	15250	12965	11020	9365	7960

	NIB	EXC	VG	G	F
557	6500	5525	4695	3990	3390
570	6950	5910	5020	4270	3630
578	11000	9350	7950	6755	5740
581	12500	10625	9030	7675	6525
600 IMPERIAL	13250	11265	9575	8135	6915
601 IMPERIAL TIRO	6280	5340	4535	3855	3275
801	12750	10840	9210	7830	6655
802	12750	10840	9210	7830	6655
803	15500	13175	11200	9520	8090
871	6000	5100	4335	3685	3130
872	16000	13600	11560	9825	8350
873	16750	14240	12100	10285	8740
874	12950	11010	9355	7955	6760
875	18750	15940	13545	11515	9790
931	36000	30600	26010	22110	18795
UPLANDER	6000	5100	4335	3685	3130
ARRIETA SPECIAL	5600	4760	4045	3440	2925
"BOSS" ROUND BODY	N/A	8250	7150	5950	5060

ASAI AG (ADVANCED SMALL ARMS INDUSTRIES)

ONE PRO .45	950	810	685	585	495

ASP

ASP	3750	3190	2710	2305	1960
ASP Quest For Excellence	4500	3825	3250	2765	2350
ASP REVOLVER	2500	2125	1805	1535	1305

ASTRA

PISTOLS: SEMI-AUTO

MODEL 1911	425	360	305	260	220
MODEL 1915/1916	500	425	360	305	260
CAMPO GIRO 1913	5500	4675	3975	3380	2875
CAMPO GIRO 1913-1916	3500	2975	2530	2150	1830
CAMPO GIRO 1913-1916	11000	9350	7950	6755	5740
MODEL 200 FIRECAT AUTOMATIC PISTOL	295	250	215	180	155
MODEL 300	900	765	650	555	470
MODEL 300	2250	1915	1625	1380	1175
MODEL 300	3950	3360	2855	2425	2060
MODEL 400 AUTOMATIC PISTOL	700	595	505	430	365
MODEL 400 AUTOMATIC PISTOL	2950	2510	2130	1810	1540
MODEL 400 AUTOMATIC PISTOL	1750	1490	1265	1075	915
Model 400 Copies Marked "F. Ascaso"	1500	1275	1085	920	780
Model 400 Copies Marked R.E. (Republica Espagnola)	1250	1065	905	770	655
MODEL 600 MOD. AUTOMATIC	750	640	540	460	390
Nazi Waffenamt Proofing	1500	1275	1085	920	780
MODEL 700 SPECIAL	1500	1275	1085	920	780
MODEL 800 CONDOR AUTOMATIC	1950	1660	1410	1200	1020
MODEL 900	3800	3230	2745	2335	1985
MODEL 902	20000	17000	14450	12285	10440
MACHINE PISTOLS	10000	8500	7225	6140	5220
MODEL 3000 POCKET AUTOMATIC	950	810	685	585	495
MODEL 1000 OR 1000 SPECIAL	1500	1275	1085	920	780
MODEL 2000 CUB	300	255	215	185	155
MODEL 2000 CAMPER	450	385	325	275	235
CONSTABLE	450	385	325	275	235
Constable Stainless	650	555	470	400	340
Constable Sport	500	425	360	305	260
Constable Blue Engraved	600	510	435	370	315
Constable Chrome Engraved	500	425	360	305	260
CONSTABLE A-60	425	360	305	260	220
MODEL A-70	425	360	305	260	220

	NIB	EXC	VG	G	F
Model A-70 Stainless	525	445	380	320	270
MODEL A-75					
Model A-75 9mm Para or .40 S&W	425	360	305	260	220
Model A-75 .45 ACP	400	340	290	245	210
Model A-75 Stainless	450	385	325	275	235
MODEL A-80	525	445	380	320	270
MODEL A-90	500	425	360	305	260
MODEL A-100	475	405	345	290	245
MODEL 4000 FALCON	750	640	540	460	390
Model 4000 Tri-cal. Kit	2250	1915	1625	1380	1175
MODEL 4002 FALCON	1500	1275	1085	920	780
MODEL 4003 FALCON	2500	2125	1805	1535	1305
REVOLVERS					
CADIX DOUBLE ACTION REVOLVER	295	250	215	180	155
.357 D/A REVOLVER	450	385	325	275	235
.357 D/A Revolver Stainless Steel	500	425	360	305	260
LARGE CAL. D/A REVOLVER	550	470	395	340	290
Large Cal. D/A Revolver Stainless Steel	450	385	325	275	235
CONVERTIBLE REVOLVER	795	675	575	490	415
TERMINATOR	695	590	500	425	360
TERMINATOR	795	675	575	490	415

ATAC DEFENSE

	NIB	EXC	VG	G	F
PISTOLS: SEMI-AUTO					
AR9 ADEP (ATAC DEFENSE ENHANCED PISTOL)	1175	1000	850	720	610
AR15 ADBP (ATAC DEFENSE BASIC PISTOL)/ADBPP (ATAC DEFENSE BASIC PLUS PISTOL)	850	725	615	520	440
AR15 ADEP (ATAC DEFENSE ENHANCED PISTOL)	1325	1125	955	815	695
RIFLES: SEMI-AUTO					
AR10 ATAC DEFENSE ADLRR (ATAC DEFENSE LONG	1425	1210	1030	875	745
AR15 ADBR (ATAC DEFENSE BASIC RIFLE)/ADBP	985	835	710	605	515
AR15 ATAC ADER (ATAC DEFENSE ENHANCED RIFLE)	1050	895	760	645	550
AR15 ATAC DEFENSE ELITE RIFLE	1650	1405	1190	1015	865
AR15 ATAC DEFENSE M4-M	825	700	595	505	430
AR15 ATAC DEFENSE PATROL	900	765	650	555	470

ATCSA

	NIB	EXC	VG	G	F
COLT POCKET PISTOL COPY	275	235	200	170	145
SINGLE SHOT REVOLVER	325	275	235	200	170

ATKIN, HENRY

BOXLOCK MODEL	Custom order only	
SIDELOCK MODEL	Custom order only	

ATLAS GUNWORKS

	NIB	EXC	VG	G	F
ARTEMIS v2	5900	5015	4265	3625	3080
ATHENA	5100	4335	3685	3130	2660
ATHENA v2	6000	5100	4335	3685	3130
CHAOS	6500	5525	4695	3990	3390
CHAOS V2	8095	6880	5850	4970	4225
EREBUS	6250	5315	4515	3840	3265
EREBUS v2	7900	6715	5710	4850	4125
HELIOS	5000	4250	3615	3070	2610
HYPERION	5200	4420	3755	3195	2715
HYPERION v2 PERFECT ZERO	5300	4505	3830	3255	2765
NEMESIS	5500	4675	3975	3380	2875
NEMESIS v2	7160	6085	5175	4395	3735
NYX	5500	4675	3975	3380	2875
NYX v2/NYX OPTICS v2	5800	4930	4190	3560	3025
TITAN	4100	3485	2960	2520	2140

	NIB	EXC	VG	G	F

AUSTRALIAN AUTOMATIC ARMS PTY. LTD.

PISTOLS: SEMI-AUTO

	NIB	EXC	VG	G	F
SAP	795	675	575	490	415

RIFLES: SEMI-AUTO

	NIB	EXC	VG	G	F
SAR	1250	1065	905	770	655
SP	850	725	615	520	440

AUSTRALIAN INTERNATIONAL ARMS

RIFLES: BOLT ACTION, ENFIELD SERIES

	NIB	EXC	VG	G	F
M10-A1	This model never entered production.				
M10-A2	695	590	500	425	360
M10-B1	1500	1275	1085	920	780
M10-B2	650	555	470	400	340
M10-B3	900	765	650	555	470
NO.4 MK IV	575	490	415	355	300
M 42	1125	955	815	690	585

SHOTGUNS: LEVER ACTION

	NIB	EXC	VG	G	F
MODEL 1887	995	845	720	610	520

AUTAUGA RIFLES, INC.

	NIB	EXC	VG	G	F
AUTAUGA MKII 32	325	275	235	200	170

AUTO MAG

	NIB	EXC	VG	G	F
ORIGINAL PASADENA	3160	2685	2285	1940	1650
TDE NORTH HOLLYWOOD	2635	2240	1905	1620	1375
TDE North Hollywood .44 AMP	2010	1710	1450	1235	1050
TDE North Hollywood .357 AMP	1575	1340	1140	965	820
TDE EL MONTE	2610	2220	1885	1605	1365
TDE El Monte .44 AMP	2615	2225	1890	1605	1365
TDE El Monte .357 AMP	2465	2095	1780	1515	1290
HIGH STANDARD	410	350	295	250	215
LEE JURRAS STANDARD MODELS	4985	4235	3600	3060	2600
LEJ Standard Automag	3540	3010	2560	2175	1850
LEE JURRAS CUSTOM MODELS	2255	1915	1630	1385	1175
LEJ Custom Model 100	3160	2685	2285	1940	1650
TDE/OMC "B" SERIES	2610	2220	1885	1605	1365
AMT "C" SERIES	1355	1150	980	830	705
HARRY SANFORD COMMEMORATIVE AUTO MAG	2450	2085	1770	1505	1280

AUTO MAG LTD. CORP

	NIB	EXC	VG	G	F
AUTO MAG CLASSIC EDITION .44	3320	2820	2400	2040	1735
Auto Mag Classic Edition Raven	3325	2825	2400	2040	1735
FOUNDER'S EDITION .44	3400	2890	2455	2090	1775

AUTO-ORDNANCE CORP.

PISTOLS: SEMI-AUTO

	NIB	EXC	VG	G	F
1911 A.O. STAINLESS	915	780	660	560	475
1911 BOOTLEGGER	780	665	565	480	410
1911 COMPETITION	850	725	615	520	440
1911 A1 100TH ANNIVERSARY	710	605	515	435	370
1911 A1 CUSTOM HIGH POLISH	715	610	515	440	375
1911 A1 DELUXE 80	585	495	425	360	305
1911 A1 GENERAL	900	765	650	555	470
1911 A1 GI SPECS	780	665	565	480	410
1911 A1 GI SPECS COMMANDER MODEL	840	715	605	515	440
1911 A1 SPECIAL EDITION	710	605	515	435	370
1911 A1 STANDARD 80	565	480	410	345	295
1911 A1 STANDARD/COMPACT STANDARD	500	425	360	305	260

	NIB	EXC	VG	G	F
1911 A1 WWII PARKERIZED	705	600	510	435	370
75TH ANNIVERSARY IWO JIMA 1911	1355	1150	980	830	705
2021 BOOTLEGGER SPECIAL EDITION 1911	1220	1035	880	750	640
"AMERICA FIRST" 1911	1280	1090	925	785	665
CASE HARDENED 1911	1075	915	775	660	560
"FLY GIRLS" SPECIAL EDITION 1911	1035	880	750	635	540
"I STAND" 1911	1250	1065	905	770	655
LIBERTY 1911 "DON'T TREAD ON ME"	1190	1010	860	730	620
MODEL ZG-51 "PIT BULL"	310	265	225	190	160
"OLD GLORY" SPECIAL EDITION 1911	1245	1060	900	765	650
REVOLUTION SPECIAL EDITION 1911	1140	970	825	700	595
"SQUADRON" SPECIAL EDITION 1911	1050	895	760	645	550
"VICTORY GIRLS" SPECIAL EDITION 1911	1025	870	740	630	535
"THE GENERAL 1911" 75TH ANNIVERSARY	1075	915	775	660	560
"TRUMP 45" CUSTOM 1911	1425	1210	1030	875	745
TRUMP "RALLY CRY" 1911	1670	1420	1205	1025	870
"UNITED WE STAND" CUSTOM 1911	1455	1235	1050	895	760

CARBINES: SEMI-AUTO

	NIB	EXC	VG	G	F
75TH ANNIVERSARY IWO JIMA M1 CARBINE TRIBUTE ED.	1320	1120	955	810	690
1927 A-1 STANDARD CARBINE	1450	1235	1050	890	755
2021 BOOTLEGGER SPECIAL EDITION THOMPSON	2897.5	2465	2095	1780	1515
M1-CARBINE (.30 CAL.)	1165	990	840	715	610
M1 Carbine Paratrooper (AOM150)	1015	865	735	625	530
M1 Carbine Tactical	1625	1380	1175	1000	850
Special Edition 1927-A1 Deluxe Carbine	2165	1840	1565	1330	1130
"AIRBORNE" WWII CUSTOM M1 CARBINE LIMITED ED.	1295	1100	935	795	675
"COMMANDER IN CHIEF" LIMITED ED.	2710	2305	1960	1665	1415
"THE RANGER THOMPSON" 75TH ANNIVERSARY	1790	1520	1295	1100	935
"THE SOLDIER M1 CARBINE"	1045	890	755	640	545
"VENGEANCE" WWII CUSTOM M1 CARBINE	1320	1120	955	810	690

AUTO-POINTER

	NIB	EXC	VG	G	F
SEMI-AUTO SHOTGUN	275	235	200	170	145

AVIDITY ARMS

	NIB	EXC	VG	G	F
PD10	595	505	430	365	310

AWA USA INC.

HANDGUNS

	NIB	EXC	VG	G	F
1873 CLASSIC SAA	425	360	305	260	220
1873 ULTIMATE SAA	435	375	295	225	190
1884 BISLEY	425	360	305	260	220
LIGHTNING BOLT SLIDE ACTION	950	810	685	585	495

RIFLES: SLIDE ACTION

	NIB	EXC	VG	G	F
LIGHTNING RIFLE	775	660	560	475	405

AXTELL RIFLE CO.

RIFLES: REPRODUCTIONS

	NIB	EXC	VG	G	F
NUMBER ONE CREEDMOOR	3000	2550	2170	1840	1565
CUSTOM EXPRESS	4035	3430	2915	2480	2110
NUMBER TWO LONG RANGE	2610	2220	1885	1605	1365
OVERBAUGH SCHUETZEN	4715	4010	3405	2895	2460
LOWER SPORTER	5695	4840	4115	3495	2970
LOWER BUSINESS	4285	3640	3095	2630	2235

AYA (AGUIRRE Y ARANZABAL)

SHOTGUNS: O/U

	NIB	EXC	VG	G	F
ARRATE	5950	5060	4300	3655	3105
AUGUSTA	10290	8745	7435	6320	5370

	NIB	EXC	VG	G	F
CLASSIC	4450	3785	3215	2735	2325
CORAL "A"	3430	2915	2480	2105	1790
CORAL "B"	1395	1185	1010	855	725
EXCELSIOR	3999	3400	2890	2455	2085
LEGEND	10000	8500	7225	6140	5220
Legend de Luxe	8550	7270	6175	5250	4465
MODEL 37 SUPER (DISC.), 12 Gauge	3200	2720	2310	1965	1670
MODEL 37 SUPER (DISC.), 16 Gauge	3200	2720	2310	1965	1670
MODEL 37 SUPER (DISC.), 20 Gauge	3750	3190	2710	2305	1960
NEW MODEL 37 A/B/C (CURRENT MFG.)					
Model 37 A	18550	15770	13400	11390	9680
Model 37 B	18550	15770	13400	11390	9680
Model 37 C	24050	20445	17375	14770	12555
MODEL 77	3100	2635	2240	1905	1620
MODEL 79 "A"	1275	1085	920	785	665
MODEL 79 "B"	1395	1185	1010	855	725
MODEL 79 "C"	5145	4375	3715	3160	2685
SENATOR CLASSIC	12400	10540	8960	7615	6475
Senator Deluxe	14350	12200	10370	8815	7495
TOLEDO (MD6)	15750	13390	11380	9670	8220

SHOTGUNS: SxS

	NIB	EXC	VG	G	F
BILL HANUS BIRDGUN	2650	2255	1915	1625	1380
BOLERO	450	385	325	275	235
CLASSIC	4650	3955	3360	2855	2425
COUNTRYMAN GAME GUN	2050	1745	1480	1260	1070
IBERIA	600	510	435	370	315
IBERIA II	6005	5105	4340	3690	3135
MATADOR, 10, 12, 16 or 20 Gauge	550	470	395	340	290
MATADOR, 28 Gauge	1100	935	795	675	575
MATADOR, .410 Bore	1650	1405	1190	1015	865
MATADOR NO. 2	2055	1745	1485	1260	1070
MATADOR NO. 3A	795	675	575	490	415
SENIOR	16500	14025	11920	10135	8615
SUPREMA	34335	29185	24805	21085	17920
IMPERIAL	19300	16405	13945	11855	10075
ADARRA	6000	5100	4335	3685	3130
PREMIUM	9645	8200	6970	5925	5035
CENTENARY	26020	22115	18800	15980	13585
ANNIVERSARY HAMMER	26575	22590	19200	16320	13870
NO. 1	10785	9165	7790	6625	5630
No. 1 DeLuxe	17060	14500	12325	10475	8905
NO. 2	6005	5105	4340	3690	3135
No. 2 Bill Hanus Dreamgun Sidelock	5500	4675	3975	3380	2875
No. 2 Deluxe	9020	7665	6515	5540	4710
NO. 3-A	13250	11265	9575	8135	6915
NO. 4	5695	4840	4115	3495	2970
No. 4/25 Special Edition	3395	2885	2455	2085	1770
No. 4/53	9020	7665	6515	5540	4710
NO. 4 DELUXE	8730	7420	6305	5360	4555
NO. 4 RA	5985	5085	4325	3675	3125
XXV BOXLOCK (BL)	10935	9295	7900	6715	5710
XXV SIDELOCK (SL)	8100	6885	5850	4975	4230
NO. 53	14963	12720	10810	9190	7810
NO. 56	10160	8635	7340	6240	5305
NO. 106	520	440	375	320	270
107-LI	775	660	560	475	405
MODEL 116	1500	1275	1085	920	780
MODEL 117	11160	9485	8065	6855	5825
MODEL 117 QUAIL UNLIMITED	1650	1405	1190	1015	865
MODEL 210	795	675	575	490	415
MODEL 711 SIDELOCK	1450	1235	1050	890	755
SFERA	9850	8375	7115	6050	5145

	NIB	EXC	VG	G	F
BAFORD ARMS, INC.					
THUNDER DERRINGER	170	145	125	105	90
MODEL 35 FIRE POWER	1325	1125	955	815	695
BAIKAL					
COMBINATION GUNS					
MP94 (IZH-94) O/U	890	755	645	545	465
MP94 (IZH-94) .410 Bore/Rimfire	840	715	605	515	440
PISTOLS: SEMI-AUTO					
IZH-35M	775	660	560	475	405
IZH-70 (IJ-70)	300	255	215	185	155
RIFLES: O/U					
IZH-94 EXPRESS	520	440	375	320	270
RIFLES: SxS					
MP221	1060	900	765	650	555
RIFLES: SEMI-AUTO					
MP161K	370	315	265	225	190
RIFLES: SINGLE BARREL					
IZH-18MN	350	300	255	215	185
MP18MN	240	205	175	145	125
SHOTGUNS: O/U					
IZH-27	755	640	545	465	395
IZH-27 Sporting	695	590	500	425	360
MP 233 SPORTING	875	745	630	535	455
MP310	550	470	395	340	290
MP310 Sporting	680	580	490	420	355
SHOTGUNS: SxS					
IZH-43 FIELD MODEL	530	450	385	325	275
IZH-43 TRADITIONAL HUNTING MODEL	400	340	290	245	210
IZH-43 2 Barrel Set	550	470	395	340	290
IZH-43 Traditional Bounty Hunter	495	420	360	305	260
IZH-43K EXTERNAL HAMMERS	430	365	310	265	225
IZH-43K External Hammer 2 Barrel Set	650	555	470	400	340
IZH-43K Bounty Hunter Traditional	350	300	255	215	185
IZH-43KH External Hammers	525	445	380	320	270
MP210	325	275	235	200	170
MP213	795	675	575	490	415
MP220	545	465	395	335	285
MP220F	520	440	375	320	270
SHOTGUNS: SEMI-AUTO					
MP151	180	155	130	110	95
MP153	390	330	280	240	205
SHOTGUNS: SINGLE SHOT					
MP18 (IZH-18M-M)	240	205	175	145	125
IZH-18 Sporting	300	255	215	185	155
SHOTGUNS: SLIDE ACTION					
IZH-81	330	280	240	205	175
MP133	345	295	250	210	180
BAILONS GUNMAKERS LIMITED					
HUNTING RIFLE	1310	1115	945	805	685
BALLESTER MOLINA/RIGAUD (HAFDASA)					
BALLESTER-MOLINA/RIGAUD .45 ACP	1250	1065	905	770	655
BALLESTER-MOLINA/RIGAUD .22LR	1800	1530	1300	1105	940
BALTIMORE ARMS COMPANY					
STYLE 1	1500	1275	1085	920	780
STYLE 2	2000	1700	1445	1230	1045

	NIB	EXC	VG	G	F
BANSNER'S ULTIMATE RIFLES, L.L.C.					
ULTIMATE ONE	4400	3740	3180	2700	2295
ULTIMATE SAFARI HUNTER	5700	4845	4120	3500	2975
SAFARI HUNTER	5300	4505	3830	3255	2765
BIG FIVE	7150	6080	5165	4390	3730
CLASSIC HUNTER	3550	3020	2565	2180	1855
SHARPSHOOTER	7900	6715	5710	4850	4125
SHARPSHOOTER (RECENT MFG.)	4995	4245	3610	3070	2610
ULTIMATE OVIS SHEEP HUNTER	5850	4975	4225	3595	3055
ULTIMATE VARMINT HUNTER	4550	3870	3285	2795	2375
ALPINE HUNTER	2495	2120	1805	1530	1300
ALASKAN HUNTER	3525	2995	2545	2165	1840
ULTIMATE RIFLE	2995	2545	2165	1840	1565
HIGH TECH SERIES	965	820	695	595	505
ULTIMATE/TRADITIONAL CLASSIC	4450	3785	3215	2735	2325
LIMITED EDITION SERIES	Custom Order Only				
25TH ANNIVERSARY MODEL	Custom Order Only				
BAR-STO					
BAR-STO .25 ACP PISTOL	325	275	235	200	170
BARNES PRECISION MACHINE, INC.					
PISTOLS: SEMI-AUTO					
CQB PISTOL	875	745	630	535	455
RIFLES/CARBINES: SEMI-AUTO					
BPM BASIC PATROL CARBINE	785	665	565	480	410
BPM CQB-10 .308 RIFLE	2300	1955	1660	1410	1200
BPM LONG RANGE .308 RIFLE	2850	2425	2060	1750	1490
BPM LR-10	2550	2170	1840	1565	1330
CQB MODERN BATTLE RIFLE	2125	1805	1535	1305	1110
CQB MOE 16	1500	1275	1085	920	780
CQB PATROLMAN'S CARBINE	1200	1020	865	735	625
CQB Patrolman's Carbine .300 Blackout	1475	1255	1065	905	770
CQB Patrolman's Carbine MOE Package	1300	1105	940	800	680
DESIGNATED MARKSMAN RIFLE	1775	1510	1280	1090	925
MARITIME/MARINE CQB/MOE 16 PATROLMAN'S	1925	1635	1390	1180	1005
SASS/CSASS DEPLOYMENT KIT	7875	6695	5690	4835	4110
THREE GUN MATCH CARBINE	1700	1445	1230	1045	890
BARRETT FIREARMS MANUFACTURING, INC.					
PISTOLS: SEMI-AUTO					
REC7 DI PISTOL	1900	1615	1375	1165	990
RIFLES: BOLT ACTION					
MODEL 90	3520	2990	2545	2160	1835
MODEL 95(M)	6990	5940	5050	4295	3650
MODEL 98B	4720	4010	3410	2900	2465
MODEL 98B LIGHTWEIGHT (MODEL 98B FIELDCRAFT)	4040	3435	2920	2480	2110
MODEL 98B LEGACY	3070	2610	2220	1885	1600
MODEL 98B TACTICAL	4400	3740	3180	2700	2295
MODEL 99	4200	3570	3035	2580	2195
FIELDCRAFT LIGHTWEIGHT HUNTING RIFLE	1585	1345	1145	975	830
MRAD	4995	4245	3610	3070	2610
MRAD Mark22	16800	14280	12140	10315	8770
MRAD SMR (MRAD Fixed Stock)	4995	4245	3610	3070	2610
RIFLES/CARBINES: SEMI-AUTO					
MODEL 82 RIFLE	8300	7055	5995	5095	4330
MODEL 82A1	8050	6845	5815	4945	4205
MODEL 82A1 LEGACY	9270	7880	6700	5695	4840
MODEL 107A1	13510	11485	9760	8295	7050

	NIB	EXC	VG	G	F
MODEL M468	2700	2295	1950	1660	1410
MODEL REC7	1950	1660	1410	1200	1020
MODEL REC7 DI	2095	1780	1515	1285	1090
MODEL REC7 GEN II	2265	1925	1635	1390	1180
MODEL REC7 GEN II DMR	1785	1515	1290	1095	930
MODEL REC7 GEN II FLYWEIGHT	1895	1610	1370	1165	990
MODEL REC 10 (MODEL REC10 CARBINE)	2565	2180	1855	1575	1340

SHOTGUNS: O/U

	NIB	EXC	VG	G	F
SOVEREIGN SERIES ALBANY	5250	4465	3795	3225	2740
SOVEREIGN SERIES BxPRO	2795	2375	2020	1715	1460
SOVEREIGN SERIES RUTHERFORD	2000	1700	1445	1230	1045
SOVEREIGN SERIES BELTRAMI	5490	4665	3965	3370	2865

BATTLE ARMS DEVELOPMENT, INC. (B.A.D., INC.)

PISTOLS: SEMI-AUTO

	NIB	EXC	VG	G	F
AUTHORITY ELITE PISTOL	1340	1140	970	825	700
BAD556-LW PISTOL	1795	1525	1295	1100	935
BAD-GS PISTOL	2100	1785	1515	1290	1095
BATTLE ARMS RIFLE DYNAMICS T-34 TANKER PISTOL	3005	2555	2170	1845	1570
SILENT PROFESSIONAL PISTOL	2105	1790	1520	1295	1100
TANKER PISTOL	2960	2515	2140	1820	1545
WORKHORSE DEFENSE PISTOL	1495	1270	1080	920	780
WORKHORSE/WORKHORSE SHOCKWAVE 2.0	1200	1020	865	735	625
XIPHOS 9P	1595	1355	1150	980	835

RIFLES/CARBINES: SEMI-AUTO

	NIB	EXC	VG	G	F
AUTHORITY ELITE RIFLE	1595	1355	1150	980	835
BAD556-LW AUTHORITY 001/002	1395	1185	1010	855	725
BAD556-LW AUTHORITY 007	2950	2510	2130	1810	1540
BAD556-LW RIFLE	1595	1355	1150	980	835
BAD556-LW THE 300 SPARTAN RIFLE	2725	2315	1970	1675	1425
BAD556-LW VADER RIFLE	2950	2510	2130	1810	1540
BATTLEARMS OIP 002 ULTRA LIGHTWEIGHT GEN 2 (BAD556 OIP-002)	2670	2270	1930	1640	1395
BATTLES OIP 003 ULTRA LIGHTWEIGHT GEN 3	3060	2600	2210	1880	1600
BAD762	2695	2290	1945	1655	1405
BAD-GS 002/003 PCC RIFLE	2175	1850	1570	1335	1135
BAD GS 004 PCC RIFLE	2095	1780	1515	1285	1090
WORKHORSE 001/002	1295	1100	935	795	675
WORKHORSE PATROL CARBINE	1265	1075	915	775	660
WORKHORSE RIFLE	1050	895	760	645	550
XIPHOS 9	1500	1275	1085	920	780
XYSTON COMBAT LIGHT BATTLE RIFLE	2475	2105	1790	1520	1290
XYSTON DMR	2825	2400	2040	1735	1475

COMBINATION GUNS

	NIB	EXC	VG	G	F
THE RABBIT	325	275	235	200	170

PISTOLS: SEMI-AUTO

	NIB	EXC	VG	G	F
BAUER .25 ACP	350	300	255	215	185
Pi Bauer .25 ACP Bicentennial Model	400	340	290	245	210

BAYARD

	NIB	EXC	VG	G	F
BAYARD MODEL 1908 POCKET AUTOMATIC	650	555	470	400	340
BAYARD MODEL 1908 POCKET AUTOMATIC	3500	2975	2530	2150	1830
BAYARD MODEL 1923 & MODEL 1930 .25 POCKET	675	575	490	415	355
BAYARD MODEL 1923 & MODEL 1930 POCKET	875	745	630	535	455
BAYARD OR PIEPER NEW MODEL .25 AUTOMATIC	475	405	345	290	245

REVOLVERS

	NIB	EXC	VG	G	F
AEP BAYARD MODEL 1926	1200	1020	865	735	625
PIEPER GAS SEAL MODELS	3900	3315	2820	2395	2035

RIFLES

	NIB	EXC	VG	G	F
AEP SELF-EJECTING MODEL 1921 RIMFIRE RIFLE	650	555	470	400	340
PIEPER OR AEP ROLLING BLOCK SINGLE SHOT	650	555	470	400	340
PIEPER OR AEP SINGLE SHOT BOYS' RIFLE	300	255	215	185	155
PIEPER VOLLEY GUNS (CANARDIERE - GOOSE GUN)	7000	5950	5060	4300	3655
SHOTGUNS: SxS					
BOXLOCK BASIC MODELS	500	425	360	305	260
BOXLOCK FINE GRADE MODELS	2100	1785	1515	1290	1095
BOXLOCK LUXURY GRADE MODELS	4000	3400	2890	2455	2085
DIANA MODEL	2100	1785	1515	1290	1095
MODIFIED DIANA MODEL	1200	1020	865	735	625
SIDELOCK FINE GRADE MODELS	1950	1660	1410	1200	1020
SIDELOCK LUXURY GRADE MODELS	4800	4080	3470	2950	2510

BAZOOKA BROTHERS MFG.

	NIB	EXC	VG	G	F
B-AR45 HYBRID CARBINE (MODEL B-AR45 CARBINE)	925	785	670	570	485

BCI DEFENSE LLC

	NIB	EXC	VG	G	F
PISTOLS: SEMI-AUTO					
THE AMERICAN SERIES	975	830	705	600	510
BCI DEFENSE PISTOL	725	615	525	445	380
LIL' DAGGER	975	830	705	600	510
PROFESSIONAL SERIES	750	640	540	460	390
RIFLES: SEMI-AUTO					
THE AMERICAN SERIES	695	590	500	425	360
DAGGER SERIES	1200	1020	865	735	625
DOMESTIC DEFENSE	550	470	395	340	290
DOMESTIC DEFENSE 2.0	475	405	345	290	245
PROFESSIONAL SERIES	1050	895	760	645	550
SENTRY	560	475	405	345	295

BEAR CREEK ARSENAL

	NIB	EXC	VG	G	F
PISTOLS: SEMI-AUTO					
7.5 COMPLETE PISTOL	380	325	275	235	200
10.5 COMPLETE PISTOL	375	320	270	230	195
10.5 COMPLETE PISTOL .300 BLACKOUT	400	340	290	245	210
10.5 COMPLETE SIDE CHARGING PISTOL	460	390	330	280	240
BC-9	480	410	345	295	250
BC-10mm	600	510	435	370	315
BC-15	380	325	275	235	200
BC-45	500	425	360	305	260
BCA 1911 GOVERNMENT SS	1100	935	795	675	575
RIFLES: SEMI-AUTO					
6.5 GRENDEL RIFLE	425	360	305	260	220
6.5 GRENDEL SIDE CHARGING RIFLE	420	355	305	260	220
.458 SOCOM RIFLE (BCA COMPLETE RIFLE)	275	235	200	170	145
BC-9	475	405	345	290	245
BC-10	550	470	395	340	290
BC-15 DUAL CHARGING	600	510	435	370	315
BC-15 REAR CHARGING	350	300	255	215	185
BC-15 SIDE CHARGING	400	340	290	245	210
BC-45	450	385	325	275	235
THE ENDURE	720	610	520	440	375

BEEMAN OUTDOOR SPORTS

	NIB	EXC	VG	G	F
PISTOLS: SEMI-AUTO					
BEEMAN MP-08	500	425	360	305	260
BEEMAN P-08	500	425	360	305	260
PISTOLS: SINGLE SHOT					
MODEL SP/SPX	600	510	435	370	315
Model SPX Deluxe	750	640	540	460	390

	NIB	EXC	VG	G	F
SP STANDARD	325	275	235	200	170
SP DELUXE	350	300	255	215	185

BEHOLLA PISTOL

BEHOLLA POCKET AUTOMATIC	525	445	380	320	270

BENELLI

PISTOLS: SEMI-AUTO

MODEL B-76	1125	955	815	690	585
MODEL B-76S TARGET	4000	3400	2890	2455	2085
MODEL B-77	1700	1445	1230	1045	890
MODEL B-80	1650	1405	1190	1015	865
MODEL B-80S TARGET	2200	1870	1590	1350	1150
MODEL B82	2100	1785	1515	1290	1095
MODEL MP3S .32 Long	2250	1915	1625	1380	1175
MODEL MP3S 9mm	4500	3825	3250	2765	2350
MODEL MP90S (WORLD CUP)	1650	1405	1190	1015	865
MODEL MP95E (ATLANTA)	1000	850	725	615	525

RIFLES: BOLT ACTION

LUPO	1490	1265	1075	915	780
Lupo B.E.S.T.	1615	1375	1165	990	840

RIFLES/CARBINES: SEMI-AUTO

R1 STANDARD CARBINE/RIFLE	1275	1085	920	785	665
R1 Limited Edition Rifle	2475	2105	1790	1520	1290
R1 PRO RIFLE	1500	1275	1085	920	780
MR1 CARBINE/RIFLE	1700	1445	1230	1045	890
MR1 ComforTech Carbine	1430	1215	1035	880	750

SHOTGUNS: O/U

828 U	2500	2125	1805	1535	1305
Performance Shop 828U Upland	3100	2635	2240	1905	1620
828 U SPORT	4000	3400	2890	2455	2085
828 U STEEL	3000	2550	2170	1840	1565

SHOTGUNS: SEMI-AUTO, 1985-OLDER

SL-80 SERIES MODEL SL-121V	750	640	540	460	390
SL-80 SERIES MODEL SL-121/SL-122 SLUG	750	640	540	460	390
SL-80 SERIES MODEL SL-123V	830	705	600	510	435
SL-80 SERIES MODEL 121 M1 POLICE/MILITARY	1200	1020	865	735	625
MODEL 80 SPECIAL SKEET/TRAP	895	760	645	550	470
SL-80 SERIES MODEL SL201 FIELD GRADE	825	700	595	505	430
BRI-BENELLI SL-80 123 SLUG GUN	1895	1610	1370	1165	990

SHOTGUNS: SEMI-AUTO, 1986-NEWER

CORDOBA	1285	1090	930	790	670
Cordoba Performance Shop Edition	2700	2295	1950	1660	1410
ETHOS	2000	1700	1445	1230	1045
Ethos Sport	2100	1785	1515	1290	1095
Performance Shop Ethos Upland	2850	2425	2060	1750	1490
ETHOS SUPERSPORT	1875	1595	1355	1150	980
Performance Shop Ethos Supersport	3000	2550	2170	1840	1565
B.E.S.T. ETHOS	2000	1700	1445	1230	1045
B.E.S.T. Ethos Cordoba	2100	1785	1515	1290	1095
LEGACY MODEL	1300	1105	940	800	680
Legacy Limited Edition	2775	2360	2005	1705	1450
Legacy Sport	2440	2075	1765	1500	1275
M1 FIELD (SUPER 90)	1330	1130	960	815	695
M1 FIELD SLUG (SUPER 90)	775	660	560	475	405
M1 DEFENSE (SUPER 90)	850	725	615	520	440
M1 PRACTICAL (SUPER 90)	925	785	670	570	485
M1 TACTICAL (SUPER 90)	1400	1190	1010	860	730
M1 Tactical M	900	765	650	555	470
M1 ENTRY (SUPER 90)	795	675	575	490	415
M1 SPORTING SPECIAL (SUPER 90)	750	640	540	460	390
M2	1300	1105	940	800	680

Model	NIB	EXC	VG	G	F
M2 FIELD (MFG. 2004-2022)	1265	1075	915	775	660
M2 Field Compact	1265	1075	915	775	660
M2 Field Rifled Slug	1325	1125	955	815	695
M2 Field Turkey	1100	935	795	675	575
M2 Performance Shop Turkey	2600	2210	1880	1595	1355
M2 Performance Shop Waterfowl	2490	2115	1800	1530	1300
M2 FIELD (CURRENT MFG.)	1200	1020	865	735	625
M2 Field Compact (Current Mfg.)	1200	1020	865	735	625
M2 THREE GUN	2290	1945	1655	1405	1195
PERFORMANCE SHOP M2 3-GUN EDITION	2300	1955	1660	1410	1200
M2 PRACTICAL	2070	1760	1495	1270	1080
M2 TACTICAL	1300	1105	940	800	680
M2 AMERICAN SERIES	995	845	720	610	520
M3 CONVERTIBLE AUTO/PUMP (SUPER 90)	1575	1340	1140	965	820
M3 TACTICAL	1945	1655	1405	1195	1015
M4 TACTICAL	1900	1615	1375	1165	990
M4 Cerakote Tactical	2395	2035	1730	1470	1250
M4 H20 Tactical	2000	1700	1445	1230	1045
M1014 LIMITED EDITION (CURRENT MFG.)	1900	1615	1375	1165	990
M1014 LIMITED EDITION	2000	1700	1445	1230	1045
MONTEFELTRO STANDARD HUNTER (SUPER 90)	1795	1525	1295	1100	935
Montefeltro Grade II	995	845	720	610	520
Montefeltro Silver	1600	1360	1155	985	835
Montefeltro Silver Featherweight	1800	1530	1300	1105	940
Montefeltro Limited Edition (Super 90)	1825	1550	1320	1120	950
Montefeltro Turkey Gun	575	490	415	355	300
Montefeltro Uplander	650	555	470	400	340
Montefeltro Slug Gun	650	555	470	400	340
MONTEFELTRO	1395	1185	1010	855	725
Montefeltro Compact	1395	1185	1010	855	725
Montefeltro Synthetic Stock	1515	1290	1095	930	790
Montefeltro Sporting	1625	1380	1175	1000	850
SPORT MODEL	1125	955	815	690	585
SPORT II	1875	1595	1355	1150	980
SUPERSPORT	1950	1660	1410	1200	1020
Supersport Performance Shop	2475	2105	1790	1520	1290
ULTRA LIGHT	1500	1275	1085	920	780
Performance Shop Ultralight Upland	2450	2085	1770	1505	1280
VINCI	1450	1235	1050	890	755
Vinci Turkey	1295	1100	935	795	675
VINCI SPEED BOLT	1425	1210	1030	875	745
VINCI SUPERSPORT	1550	1320	1120	950	810
VINCI CORDOBA	1450	1235	1050	890	755
SUPER VINCI	1640	1395	1185	1005	855
Super Vinci Turkey	1675	1425	1210	1030	875
Super Vinci Crow	1675	1425	1210	1030	875
VINCI TACTICAL	1300	1105	940	800	680
RAFFAELLO SERIES					
Raffaello Standard	1625	1380	1175	1000	850
Raffaello Deluxe	1995	1695	1440	1225	1040
Raffaello Limited Edition Deluxe Legacy	2475	2105	1790	1520	1290
RAFFAELLO CRIO 28	1750	1490	1265	1075	915
RAFFAELLO EXCLUSIVE LIMITED EDITION	2475	2105	1790	1520	1290
ELITE TWO-GUN SET	4450	3785	3215	2735	2325
CURATOR LIMITED EDITION TWO-GUN SET	5000	4250	3615	3070	2610
BIMILLIONAIRE	2475	2105	1790	1520	1290
EXECUTIVE SERIES					
Executive Grade I (Type I)	6500	5525	4695	3990	3390
Executive Grade II (Type II)	7350	6250	5310	4515	3840
Executive Grade III (Type III)	8500	7225	6140	5220	4435
BLACK EAGLE	700	595	505	430	365
Black Eagle Competition Model	875	745	630	535	455

	NIB	EXC	VG	G	F
Black Eagle 1994 Limited Edition	1900	1615	1375	1165	990
Black Eagle Slug Gun	735	625	530	450	385
SUPER BLACK EAGLE	900	765	650	555	470
Super Black Eagle Limited Edition	2400	2040	1735	1475	1255
Super Black Eagle Limited Edition 10th Anniversary	2250	1915	1625	1380	1175
Super Black Eagle Slug Gun	900	765	650	555	470
SUPER BLACK EAGLE I	900	765	650	555	470
Super Black Eagle I Slug	1225	1040	885	750	640
SUPER BLACK EAGLE II	1050	895	760	645	550
Super Black Eagle II Slug	1050	895	760	645	550
Super Black Eagle II SteadyGrip Turkey	1100	935	795	675	575
Super Black Eagle II Performance Shop Turkey Edition	2650	2255	1915	1625	1380
Super Black Eagle II Performance Shop Waterfowl	2000	1700	1445	1230	1045
Super Black Eagle II Flyway Limited Edition	2875	2445	2075	1765	1500
Super Black Eagle II 25th Anniversary	1350	1150	975	830	705
Super Black Eagle II 25th Flyway Annivesary	2675	2275	1935	1645	1400
SUPER BLACK EAGLE 3 (III)	1900	1615	1375	1165	990
Super Black Eagle 3 Rifled Slug	1900	1615	1375	1165	990
Super Black Eagle 3 SteadyGrip	2000	1700	1445	1230	1045
Performance Shop SBE 3 Turkey	3000	2550	2170	1840	1565
Performance Shop SBE 3 Waterfowl	2900	2465	2095	1780	1515
B.E.S.T. SUPER BLACK EAGLE 3	1900	1615	1375	1165	990

SHOTGUNS: SLIDE ACTION

	NIB	EXC	VG	G	F
NOVA	450	385	325	275	235
Nova Tactical (Special Purpose Smooth Bore)	430	365	310	265	225
Nova H20	600	510	435	370	315
Nova Slug	445	380	320	275	235
Nova Slug & Field Combo	460	390	330	280	240
SUPERNOVA	550	470	395	340	290
SuperNova SteadyGrip Turkey	600	510	435	370	315
SuperNova Tactical	530	450	385	325	275
SuperNova Slug	700	595	505	430	365

BENTON & BROWN FIREARMS, INC.

	NIB	EXC	VG	G	F
MODEL 93	1875	1595	1355	1150	980

BERETTA

PISTOLS: SEMI-AUTO, PRE-WWII MFG.

	NIB	EXC	VG	G	F
MODEL 1915	1695	1440	1225	1040	885
MODEL 1915-1917 Standard	750	640	540	460	390
MODEL 1915-1917, Navy Issue	1500	1275	1085	920	780
MODEL 1922 Standard	800	680	580	490	415
MODEL 1922, Navy Issue	1400	1190	1010	860	730
MODEL 1923	2750	2340	1985	1690	1435
MODEL 1919	500	425	360	305	260
MODEL 1926	500	425	360	305	260
MODEL 1931	450	385	325	275	235
MODEL 318/319/320/321	350	300	255	215	185
MODEL 418/419/420/421	300	255	215	185	155
MODEL 1932	2750	2340	1985	1690	1435
MODEL 1934	495	420	360	305	260
MODEL 1934, Dlx. post-war compl.	3500	2975	2530	2150	1830
MODEL 1935	575	490	415	355	300
MODEL 1935, Dlx. post-war compl.	3500	2975	2530	2150	1830
MODEL 1935, Alloy Frame, 1937-1939 mfg.	10000	8500	7225	6140	5220

PISTOLS: SEMI-AUTO, POST WWII MFG. MISC. MODELS

	NIB	EXC	VG	G	F
PMXS	1250	1065	905	770	655
MODEL 90 DOUBLE ACTION AUTOMATIC	400	340	290	245	210
MODEL 9000S TYPE F/D	350	300	255	215	185
ARX 160	575	490	415	355	300
BU-9 NANO	375	320	270	230	195
PICO INOX	250	215	180	155	130

	NIB	EXC	VG	G	F
Pistols: Semi-Auto, Model 20/21 "Bobcat" Series					
MODEL 20	350	300	255	215	185
MODEL 21(A)-W BOBCAT	425	360	305	260	220
Model 21(A)-W Bobcat Nickel Finish	350	300	255	215	185
Model 21(A)-W Bobcat Matte Finish	325	275	235	200	170
Model 21(A)-W Bobcat Stainless Steel (Inox)	550	470	395	340	290
Model 21(A)-W Bobcat Lady Beretta	400	340	290	245	210
MODEL 21A BOBCAT COVERT	550	470	395	340	290
MODEL 21A BOBCAT KALE SLUSHY/GHOST BUSTER/SILVER-BLACK GORILLA	550	470	395	340	290
Pistols: Semi-Auto, Model 70 & 100 Series					
MODEL 70 (PUMA OR COUGAR)	350	300	255	215	185
MODEL 70S	500	425	360	305	260
MODEL 70T	350	300	255	215	185
MODEL 71 JAGUAR	400	340	290	245	210
MODEL 72 JAGUAR	450	385	325	275	235
MODEL 73	400	340	290	245	210
MODEL 74	425	360	305	260	220
MODEL 75 JAGUAR	400	340	290	245	210
MODEL 76P/76W TARGET PISTOL	600	510	435	370	315
MODEL 100	350	300	255	215	185
MODEL 101	400	340	290	245	210
MODEL 102	600	510	435	370	315
Pistols: Semi-Auto, Model 80 "Cheetah" Series					
MODEL 80	2000	1700	1445	1230	1045
MODEL 80X CHEETAH	680	580	490	420	355
MODEL 81P/81W	600	510	435	370	315
MODEL 81FS CHEETAH	750	640	540	460	390
MODEL 82W	600	510	435	370	315
MODEL 84B	600	510	435	370	315
MODEL 84BB	600	510	435	370	315
MODEL 84W-EL	900	765	650	555	470
MODEL 84P/84W (CHEETAH)	700	595	505	430	365
Model 84F	750	640	540	460	390
MODEL 84 FS CHEETAH	900	765	650	555	470
MODEL 85BB	600	510	435	370	315
MODEL 85F/FS (MODEL 85 P/W)	750	640	540	460	390
Model 85F	600	510	435	370	315
MODEL 86 CHEETAH	1200	1020	865	735	625
MODEL 87BB	950	810	685	585	495
MODEL 87 CHEETAH	850	725	615	520	440
Model 87 Target	950	810	685	585	495
MODEL 89 GOLD STANDARD	850	725	615	520	440
Pistols: Semi-Auto, Model 92 & Variations - 5.9 in. barrel					
MODEL 92 COMBAT	2800	2380	2025	1720	1460
Pistols: Semi-Auto, Model 92, M9, & Variations - 4.9 or 5.1 in. barrel					
MODEL 92 (FIRST SERIES)	2200	1870	1590	1350	1150
MODEL 92S (SECOND SERIES)	700	595	505	430	365
MODEL 92SB-P (THIRD SERIES)	700	595	505	430	365
Model 92SB-W	750	640	540	460	390
MODEL 92D	550	470	395	340	290
MODEL 90-TWO TYPE F	600	510	435	370	315
MODEL 92FS & 92F	680	580	490	420	355
Model 92FS & 92F Stainless (Inox)	700	595	505	430	365
MODEL 92FSR	415	355	300	255	215
MODEL 92FS BRIGADIER	700	595	505	430	365
Model 92FS Brigadier Stainless (Inox)	755	640	545	465	395
MODEL 92FS B.A.T.S.	700	595	505	430	365
MODEL 92FS VERTEC	635	540	460	390	330
Model 92FS Vertec Stainless (Inox)	670	570	485	410	350
MODEL 92 BLACK INOX	610	520	440	375	320
MODEL 92 BILLENIUM	3000	2550	2170	1840	1565
MODEL 92 STEEL I	2000	1700	1445	1230	1045

Model	NIB	EXC	VG	G	F
MODEL 92FS YEAR 2000	615	525	445	380	325
MODEL 92F-ELS	685	580	495	420	355
MODEL 92F/FS "UNITED WE STAND" LIMITED EDITION	625	530	450	385	325
MODEL 92FS 470th ANNIVERSARY LIMITED EDITION	2000	1700	1445	1230	1045
MODEL 92F/FS "DESERT STORM" SPECIAL EDITION	625	530	450	385	325
MODEL 92F DELUXE	5750	4890	4155	3530	3000
MODEL 92G					
MODEL 92G BRIGADIER VOLUNTEER	765	650	555	470	400
MODEL 92G-SD	955	810	690	585	495
MODEL 92F WITH U.S. M9 MARKED SLIDE/FRAME	1750	1490	1265	1075	915
MODEL 92FS OPERATION ENDURING FREEDOM	625	530	450	385	325
MODEL 92A1	640	545	460	395	335
MODEL 92X PERFORMANCE	1385	1175	1000	850	725
Model 92X Performance Carry Optic	1660	1410	1200	1020	865
Model 92X Performance Defensive	1560	1325	1125	960	815
M9	455	385	330	280	240
M9 LIMITED STANDARD EDITION	1800	1530	1300	1105	940
M9 Limited Deluxe Edition	710	605	515	435	370
M9 SPECIAL EDITION	950	810	685	585	495
M9 20TH ANNIVERSARY	1425	1210	1030	875	745
M9 (25TH ANNIVERSARY)	1330	1130	960	815	695
M9 .22 LR	455	385	330	280	240
M9A1	575	490	415	355	300
M9A1 .22 LR	385	325	280	235	200
M9A3/M9A3-G	875	745	630	535	455
M9A3 /M9A3-G Limited Edition Models	1045	890	755	640	545
M9A4	1165	990	840	715	610
M9A4 Centurion	1160	985	840	710	605

Pistols: Semi-Auto, Model 92 & Variations - 4.3 and 4.7 in. barrels

Model	NIB	EXC	VG	G	F
MODEL 92D CENTURION	710	605	515	435	370
MODEL 92F & 92FS CENTURION	945	805	685	580	495
MODEL 92F/92FS COMPACT	915	780	660	560	475
Model 92F Compact "M"	710	605	515	435	370
MODEL 92FS BORDER MARSHAL	975	830	705	600	510
MODEL 92FS COMPACT	665	565	480	410	350
Model 92FS Compact Stainless (Inox)	655	555	475	400	340
Model 92FS Custom Carry	1180	1005	855	725	615
Model 92FS Custom Carry II (Type M)	1040	885	750	640	545
MODEL 92FS COMPACT BRUNITON	735	625	530	450	385
MODEL 92FS COMPACT RAIL STAINLESS (INOX)	855	725	620	525	445
MODEL 92FS COMPACT WITH RAIL (RECENT MFG.)	760	645	550	465	395
MODEL 92FS INOX TACTICAL	755	640	545	465	395
MODEL 92G ELITE IA (BRIGADIER)	1195	1015	865	735	625
Model 92G Elite II (Brigadier)	1215	1035	880	745	635
MODEL 92G ELITE LTT	1640	1395	1185	1005	855
MODEL 92G ELITE LTT CENTURION	1640	1395	1185	1005	855
MODEL 92G ELITE LTT COMPACT	1565	1330	1130	960	815
MODEL 92SB-P COMPACT	1255	1065	905	770	655
Model 92SB-W Compact	995	845	720	610	520
MODEL 92 TYPE M COMPACT	950	810	685	585	495
Model 92 Type M Compact Stainless (Inox)	670	570	485	410	350
MODEL 92X CENTURION	755	640	545	465	395
MODEL 92X FULL SIZE	625	530	450	385	325
Model 92X Compact	615	525	445	380	325
MODEL 92XI	825	700	595	505	430
Model 92XI Launch Edition	1140	970	825	700	595
MODEL 92X RDO	760	645	550	465	395
Model 92X RDO Centurion	735	625	530	450	385
Model 92X RDO Compact	760	645	550	465	395

Pistols: Semi-Auto, Model 96 & Variations, Recent Mfg.

Model	NIB	EXC	VG	G	F
MODEL 96D	765	650	555	470	400
Model 96D Centurion	665	565	480	410	350

	NIB	EXC	VG	G	F
MODEL 96, 96F, & 96FS	750	640	540	460	390
Model 96, 96FS Stainless (Inox)	960	815	695	590	500
Model 96F Compact	750	640	540	460	390
Model 96F Compact Stainless (Inox)	960	815	695	590	500
Model 96F Centurion	710	605	515	435	370
Model 96 Stainless (Inox) "United We Stand" Limited Edition	855	725	620	525	445
Model 96FS B.A.T.S.	675	575	490	415	355
MODEL 96G ELITE IA (BRIGADIER)	890	755	645	545	465
Model 96G Elite II (Brigadier)	860	730	620	530	450
MODEL 96G-SD	775	660	560	475	405
MODEL 96 STEEL I	1370	1165	990	840	715
MODEL 96 COMBAT	2135	1815	1545	1310	1115
MODEL 96 VERTEC	875	745	630	535	455
Model 96 Vertec Stainless (Inox)	960	815	695	590	500
MODEL 96 BLACK INOX	555	470	400	340	290
MODEL 96 BORDER MARSHAL	575	490	415	355	300
MODEL 96 BRIGADIER	520	440	375	320	270
Model 96 Brigadier Stainless (Inox)	755	640	545	465	395
MODEL 96 STOCK	850	725	615	520	440
MODEL 96 CUSTOM CARRY	550	470	395	340	290
MODEL 96A1	730	620	525	450	385
Pistols: Semi-Auto, Model 948/949/950/951 Series					
MODEL 948	520	440	375	320	270
MODEL 949 OLYMPIC TARGET	695	590	500	425	360
MODEL 950CC MINX M2	340	290	245	210	180
MODEL 950CC SPECIAL MINX M4	340	290	245	210	180
MODEL 950B JETFIRE	440	375	320	270	230
MODEL 950 JETFIRE (BS)	380	325	275	235	200
Model 950 Jetfire Stainless (Inox)	420	355	305	260	220
Model 950 EL	525	445	380	320	270
MODEL 1951 (951 BRIGADIER)	550	470	395	340	290
Pistols: Semi-Auto, Model 3032 "Tomcat" Series					
MODEL 3032 TOMCAT	395	335	285	245	210
Model 3032 Tomcat Inox	655	555	475	400	340
Model 3032 Tomcat Stainless (inox)	655	555	475	400	340
Model 3032 Tomcat Titanium	585	495	425	360	305
MODEL 3032 TOMCAT COVERT	550	470	395	340	290
MODEL 3032 TOMCAT KALE SLUSHY/GHOST BUSTER/SILVER-BLACK GORILLA	550	470	395	340	290
Pistols: Semi-Auto, Model 8000 "Cougar" Series					
MODEL 8000 COUGAR F/D	530	450	385	325	275
Model 8000 Mini Cougar	470	400	340	290	245
Model 8000L Cougar	495	420	360	305	260
Model 8000 Cougar (Inox)	535	455	385	330	280
MODEL 8040 COUGAR F/D	415	355	300	255	215
Model 8040 Cougar (Inox)	600	510	435	370	315
Model 8040 Mini Cougar	475	405	345	290	245
MODEL 8045 COUGAR F/D	600	510	435	370	315
Model 8045 Mini Cougar D/F	490	415	355	300	255
MODEL 8357 COUGAR F	750	640	540	460	390
Pistols: Semi-Auto, APX Series					
APX A1 Compact	365	310	265	225	190
APX	350	300	255	215	185
APX CARRY	415	355	300	255	215
APX A1 CARRY	405	345	295	250	215
APX A1 FS (FULL SIZE)	425	360	305	260	220
APX A1 FULL SIZE TACTICAL	545	465	395	335	285
APX CENTURION	455	385	330	280	240
APX Centurion Combat	575	490	415	355	300
APX Centurion RDO	495	420	360	305	260
APX COMBAT	785	665	565	480	410
APX COMPACT	340	290	245	210	180

	NIB	EXC	VG	G	F
APX RDO	725	615	525	445	380
APX TARGET	620	525	450	380	325
Pistols: Semi-Auto, PX4 "Storm" Series					
PX4 STORM	615	525	445	380	325
PX4 Storm Compact	625	530	450	385	325
PX4 Storm Compact Carry	795	675	575	490	415
PX4 Storm Compact Inox	605	515	435	370	315
PX4 Storm Sub-Compact	650	555	470	400	340
PX4 Storm Inox	445	380	320	275	235
PX4 Storm Special Duty	1025	870	740	630	535
Pistols: Semi-Auto, U22 Neos Series					
MODEL U22 NEOS	295	250	215	180	155
Model U22 Neos Inox	350	300	255	215	185
MODEL U22 NEOS DLX	375	320	270	230	195
Model U22 Neos DLX Inox	360	305	260	220	185
REVOLVERS: DOUBLE ACTION					
MANURHIN MR73 GENDARMERIE/MR73 SPORT	3750	3190	2710	2305	1960
REVOLVERS: SINGLE ACTION					
LARAMIE	1075	915	775	660	560
STAMPEDE SAA					
Stampede SAA Blue	645	550	465	395	335
Stampede SAA Brushed Nickel	625	530	450	385	325
Stampede SAA Old West	755	640	545	465	395
Stampede SAA Bisley	545	465	395	335	285
Stampede Buntline Carbine	710	605	515	435	370
Stampede SAA Stainless (Inox)	755	640	545	465	395
Stampede SAA Marshal	600	510	435	370	315
Stampede SAA Deluxe	510	435	370	315	270
Stampede SAA Patton	745	635	540	460	390
Stamped SAA Matched Pairs					
Stampede Gemini Matched Pair	1175	1000	850	720	610
Stampede Philadelphia Centennial Matched Pair	1775	1510	1280	1090	925
RIFLES: BOLT ACTION, RECENT MFG.					
MODEL 500 CUSTOM	595	505	430	365	310
Model 500 S	615	525	445	380	325
Model 500 DL	1395	1185	1010	855	725
Model 500 DLS	1420	1205	1025	870	740
Model 500 EELL	1550	1320	1120	950	810
Model 500 EELLS	1575	1340	1140	965	820
MODEL 501	520	440	375	320	270
Model 501 S	655	555	475	400	340
Model 501 DL	1555	1320	1125	955	810
Model 501 DLS	1560	1325	1125	960	815
Model 501 EELL	1450	1235	1050	890	755
Model 501 EELLS	1545	1315	1115	950	810
MODEL 502	595	505	430	365	310
Model 502 S	785	665	565	480	410
Model 502 DL	1475	1255	1065	905	770
Model 502 DLS	1560	1325	1125	960	815
Model 502 EELL	1735	1475	1255	1065	905
Model 502 EELLS	1740	1480	1255	1070	910
MATO SYNTHETIC	1700	1445	1230	1045	890
Mato Deluxe	2200	1870	1590	1350	1150
Mato Deluxe Safari Grade	12600	10710	9105	7740	6580
RIFLES: LEVER ACTION					
1873 RENEGADE SHORT RIFLE	1075	915	775	660	560
MODEL 1876 RIFLE	1500	1275	1085	920	780
RIFLES/CARBINES: SEMI-AUTO, RECENT MFG.					
BM-59 M-1 GARAND	3500	2975	2530	2150	1830
BM-62	3000	2550	2170	1840	1565
AR-70	4000	3400	2890	2455	2085
ARX 100	1225	1040	885	750	640

Model	NIB	EXC	VG	G	F
ARX 160	545	465	395	335	285
CX4 STORM CARBINE	795	675	575	490	415
RX4 STORM CARBINE	950	810	685	585	495

RIFLES: O/U, CUSTOM

Model	NIB	EXC	VG	G	F
S686/S689 SILVER SABLE	2975	2530	2150	1825	1550
S689 GOLD SABLE	6495	5520	4695	3990	3390
S686/S689 EELL DIAMOND SABLE	Custom Order Only				
SSO EXPRESS	25000	21250	18065	15355	13050
SSO5 EXPRESS	25000	21250	18065	15355	13050
SSO6 EXPRESS CUSTOM SIDELOCK	Custom Order Only				
SS06 EELL Gold Custom	Custom Order Only				
455 SIDE-BY-SIDE	Custom Order Only				
455 EELL	Custom Order Only				

RIFLES/CARBINES: SLIDE ACTION

Model	NIB	EXC	VG	G	F
GOLD RUSH CARBINE/RIFLE	1295	1100	935	795	675

SHOTGUNS: O/U, DISC.

Model	NIB	EXC	VG	G	F
BL-1	420	355	305	260	220
BL-2	600	510	435	370	315
BL-2 STAKE-OUT	575	490	415	355	300
BL-2/S	685	580	495	420	355
BL-3	585	495	425	360	305
BL-3 SKEET	590	500	425	360	305
BL-3 TRAP	1000	850	725	615	525
BL-4	1185	1005	855	730	620
BL-4 SKEET	1190	1010	860	730	620
BL-4 TRAP	700	595	505	430	365
BL-5	1050	895	760	645	550
BL-5 SKEET	925	785	670	570	485
BL-5 TRAP	950	810	685	585	495
BL-6	1230	1045	890	755	640
BL-6 SKEET	1100	935	795	675	575
BL-6 TRAP	1560	1325	1125	960	815
MODEL S55 B	625	530	450	385	325
MODEL S56 E	865	735	625	530	450
MODEL S58 SKEET	895	760	645	550	470
MODEL S58 TRAP	795	675	575	490	415
SILVER SNIPE	665	565	480	410	350
Silver Snipe SST	765	650	555	470	400
GOLDEN SNIPE	920	780	665	565	480
Golden Snipe SST	1400	1190	1010	860	730
MODEL (S)57 E	960	815	695	590	500
Model (S)57 E SST	1050	895	760	645	550
ASE MODEL	2025	1720	1465	1245	1060
ASE MODEL	2975	2530	2150	1825	1550
ASEL MODEL	3600	3060	2600	2210	1880
ASEL MODEL	5300	4505	3830	3255	2765
ASEELL MODEL	5750	4890	4155	3530	3000
ASEELL MODEL	8975	7630	6485	5510	4685
GRADE 100	1550	1320	1120	950	810
MODEL 200	2000	1700	1445	1230	1045
MODEL 680	900	765	650	555	470

SHOTGUNS: O/U, FIELD - CURRENT / RECENT MFG.

Model	NIB	EXC	VG	G	F
MODEL 685	600	510	435	370	315
MODEL 686 ONYX	Renamed - See Ultralight 687				
MODEL 686 WHITE ONYX FIELD (ONYX)	1850	1575	1335	1135	965
Model 686 White Onyx Waterfowler Magnum	1400	1190	1010	860	730
Model 686 Onyx Essential	835	710	605	515	440
Model S686 Onyx Silver Essential	835	710	605	515	440
Model 686 Onyx Quail Unlimited Covey Limited Edition	1600	1360	1155	985	835
Model 686 Onyx Ringneck Pheasants Forever Limited Edition	1600	1360	1155	985	835
MODEL 686 ONYX PRO FIELD	2800	2380	2025	1720	1460

Model	NIB	EXC	VG	G	F
Model 686 Onyx Pro Field Small Ga. Combo	3950	3360	2855	2425	2060
ULTRALIGHT 687 (686/ONYX)	1850	1575	1335	1135	965
Ultralight Deluxe (Onyx)	2290	1945	1655	1405	1195
ONYX PRO	1100	935	795	675	575
Onyx Pro 3.5	1150	980	830	705	600
WHITEWING	1450	1235	1050	890	755
BLACKWING	1200	1020	865	735	625
MODEL 686(L) SILVER PERDIZ	1200	1020	865	735	625
MODEL 686 SILVER PIGEON S & SILVER PIGEON (SILVER PERDIZ)	1850	1575	1335	1135	965
Model 686 Silver Pigeon S King Ranch	2500	2125	1805	1535	1305
Model 686 Silver Pigeon S (Silver Perdiz) and 686 Silver Pigeon Combo	2775	2360	2005	1705	1450
MODEL 686 SILVER PIGEON I	2800	2380	2025	1720	1460
Model S686 Silver Pigeon I Combo	3400	2890	2455	2090	1775
MODEL S686 EL GOLD PERDIZ	1600	1360	1155	985	835
MODEL 687 EELL DIAMOND PIGEON	7050	5995	5095	4330	3680
MODEL S687 EELL DIAMOND PIGEON	3475	2955	2510	2135	1815
Model S687 EELL Combo	8350	7100	6035	5130	4360
Model S687 EELL Gallery Edition	Custom Order Only				
MODEL S687(L) SILVER PIGEON	1600	1360	1155	985	835
MODEL S687 SILVER PIGEON II	2130	1810	1540	1310	1115
Model S687 Silver Pigeon II Combo	3400	2890	2455	2090	1775
MODEL 687 SILVER PIGEON III	2675	2275	1935	1645	1400
MODEL 687 SILVER PIGEON III (CURRENT MFG.)	2475	2105	1790	1520	1290
MODEL 687 SILVER PIGEON IV	3150	2680	2275	1935	1645
Model 687 Silver Pigeon IV King Ranch	3375	2870	2440	2075	1765
MODEL 687 SILVER PIGEON V	3325	2825	2400	2040	1735
MODEL 687 DU	1200	1020	865	735	625
MODEL 687 BLACK & GOLD TERCENTENNIAL	2150	1830	1555	1320	1120
MODEL 687 TERCENTENNIAL COMMEMORATIVE	2150	1830	1555	1320	1120
MODEL 687 L ONYX	1150	980	830	705	600
MODEL 687 GOLDEN ONYX	1375	1170	995	845	720
MODEL S687 EL GOLD PIGEON	2600	2210	1880	1595	1355
Model 687 EL DU	2300	1955	1660	1410	1200
MODEL S687 EL GOLD PIGEON II	4325	3675	3125	2655	2255
S687 Gold Pigeon II Combo	5475	4655	3955	3360	2855
MODEL 687 EL ONYX	1895	1610	1370	1165	990
MODEL S687 EXTRA	Custom Order Only				
MODEL 690 FIELD I	2335	1985	1685	1435	1220
MODEL 690 FIELD III	2800	2380	2025	1720	1460
MODEL 690 FIELD I VITTORIA	2335	1985	1685	1435	1220
MODEL 695	3625	3080	2620	2225	1890
MODEL ASE 90 PIGEON	3650	3105	2635	2240	1905
SV10 PERENNIA I	2400	2040	1735	1475	1255
SV10 PERENNIA III	3200	2720	2310	1965	1670
ULTRALEGGERO	2825	2400	2040	1735	1475

SHOTGUNS: O/U, SKEET - RECENT MFG.

Model	NIB	EXC	VG	G	F
MODEL S682 GOLD SKEET	1595	1355	1150	980	835
Model S682 Gold Skeet With Adj. Stock	1750	1490	1265	1075	915
Model S682 Gold E Skeet	3850	3275	2780	2365	2010
Model 682 Super Skeet	1500	1275	1085	920	780
Model 682 Skeet Deluxe	1850	1575	1335	1135	965
Model 682 2-Barrel Skeet Set	2650	2255	1915	1625	1380
Model 682 4-Ga. Skeet Set	3300	2805	2385	2025	1720
MODEL S686 SKEET SILVER PERDIZ/SILVER PIGEON	825	700	595	505	430
MODEL S687 EELL SKEET DIAMOND PIGEON	3300	2805	2385	2025	1720
Model S687 EELL Skeet Diamond Pigeon With Adj. Stock	4600	3910	3325	2825	2400
Model S687 EELL 4-Ga. Skeet Set	6000	5100	4335	3685	3130
MODEL 692 SKEET	3450	2935	2495	2120	1800
DT10 TRIDENT SKEET	5000	4250	3615	3070	2610

Model	NIB	EXC	VG	G	F
DT11 SKEET	10500	8925	7585	6450	5485
DT11 BLACK PRO SKEET	13770	11705	9950	8455	7185
MODEL ASE 90 GOLD SKEET	3600	3060	2600	2210	1880
SHOTGUNS: O/U, SPORTING CLAYS - CURRENT / RECENT MFG.					
MODEL S682 CONTINENTAL COURSE	1750	1490	1265	1075	915
MODEL S682 GOLD SPORTING	2300	1955	1660	1410	1200
Model S682 Gold E Sporting	3100	2635	2240	1905	1620
MODEL 682 SUPER SPORTING	1650	1405	1190	1015	865
MODEL 682 LTD	3750	3190	2710	2305	1960
MODEL 686 SPORTING/SPECIAL SPORTING	1200	1020	865	735	625
Model S686 Silver Pigeon (Silver Perdiz) Sporting	1425	1210	1030	875	745
Model 686 E Sporting	1475	1255	1065	905	770
Model 686 Silver Perdiz/S686 Silver Pigeon Sporting Combo	1925	1635	1390	1180	1005
MODEL S686 SILVER PIGEON I SPORTING	2200	1870	1590	1350	1150
MODEL 686 COLLECTION SPORT	995	845	720	610	520
MODEL 686 ONYX SPORTING	995	845	720	610	520
Model 686 Onyx Sporting w/Multi-chokes	1325	1125	955	815	695
Model 686 English Course	995	845	720	610	520
MODEL 686 WHITE ONYX SPORTING	2050	1745	1480	1260	1070
MODEL 686 ONYX PRO SPORTING	3000	2550	2170	1840	1565
MODEL 687 EELL DIAMOND PIGEON SPORTING	8300	7055	5995	5095	4330
MODEL S687(L) SILVER PIGEON (SILVER PERDIZ) SPORTING	1600	1360	1155	985	835
Model 687 Silver Pigeon Sporting Combo	2100	1785	1515	1290	1095
Model 687 English Course	1650	1405	1190	1015	865
MODEL S687 SILVER PIGEON II SPORTING	2100	1785	1515	1290	1095
MODEL S687 SILVER PIGEON III SPORTING	2795	2375	2020	1715	1460
MODEL S687 EL GOLD PIGEON SPORTING	2900	2465	2095	1780	1515
MODEL S687 EL GOLD PIGEON II SPORTING	4575	3890	3305	2810	2390
Model 687 EL Gold Pigeon II Sporting 20 ga./.410 Bore	4850	4125	3505	2980	2535
Model 687 EL Gold Pigeon II Sporting Combo	5600	4760	4045	3440	2925
MODEL S687 EELL DIAMOND PIGEON SPORTING	6785	5765	4900	4165	3540
MODEL 690 SPORTING	2575	2190	1860	1580	1345
MODEL 692 SPORTING	3885	3300	2805	2385	2025
MODEL 692 SPORTING BLACK EDITION	3500	2975	2530	2150	1830
MODEL 694 SPORTING (COMPETITION)	4590	3900	3315	2820	2395
DT10 TRIDENT SPORTING	5000	4250	3615	3070	2610
DT10 Trident L Sporting	6500	5525	4695	3990	3390
DT10 Trident EELL Sporting	14500	12325	10475	8905	7570
DT11	7650	6505	5525	4700	3995
DT11 BLACK EDITION	11880	10100	8585	7295	6200
DT11 BLACK PRO SPORTING	13770	11705	9950	8455	7185
DT11 EELL	20120	17100	14535	12355	10500
DT11 L	13575	11540	9810	8335	7085
MODEL ASE 90 GOLD SPORTING CLAYS	4500	3825	3250	2765	2350
SV10 PREVAIL I SPORTING	2750	2340	1985	1690	1435
SV10 PREVAIL III SPORTING	2975	2530	2150	1825	1550
SHOTGUNS: O/U, TRAP - RECENT MFG.					
MODEL S682 GOLD TRAP (GOLD X)	1650	1405	1190	1015	865
Model S682 Mono/Top Combo Trap (Gold X)	2000	1700	1445	1230	1045
Model S682 Gold Trap Adjustable Stock	1700	1445	1230	1045	890
Model 682 Mono	1250	1065	905	770	655
Model S682 Gold Trap Live Bird (Pigeon Trap)	1700	1445	1230	1045	890
Model 682 Gold X Trap Mono (Top Single)	1400	1190	1010	860	730
Model 682 Unsingle Trap	1495	1270	1080	920	780
MODEL S682 (GOLD X) SUPER TRAP	1800	1530	1300	1105	940
Model S682 Top Mono Super Trap (Gold X)	1550	1320	1120	950	810
Model S682 Gold Super Trap Top Combo (Gold X)	2200	1870	1590	1350	1150
MODEL S682 GOLD E TRAP	3400	2890	2455	2090	1775
Model S682 Gold E Trap Combo Top/Bottom	4300	3655	3105	2640	2245
Model S682 Gold E Trap Bottom Single	3600	3060	2600	2210	1880

	NIB	EXC	VG	G	F
MODEL S682 LTD.	5400	4590	3900	3315	2820
MODEL S686 SILVER PIGEON TRAP	1095	930	790	670	570
Model S686 Silver Pigeon Trap Top Mono	1000	850	725	615	525
MODEL 686 INTERNATIONAL TRAP	900	765	650	555	470
MODEL 686 ONYX PRO XTRAP	3350	2850	2420	2055	1745
Model 686 Onyx Pro XTrap Combo	4750	4040	3430	2915	2480
MODEL S687 EELL DIAMOND PIGEON TRAP (X TRAP)	3600	3060	2600	2210	1880
Model S687 EELL Diamond Pigeon Trap Top Mono	3300	2805	2385	2025	1720
Model S687 EELL Diamond Pigeon X Bottom Mono Trap Combo	4600	3910	3325	2825	2400
Model S687 EELL Diamond Pigeon X Top Mono Trap Combo	4975	4230	3595	3055	2595
MODEL 692 US TRAP	3650	3105	2635	2240	1905
MODEL ASE 90 GOLD TRAP	4675	3975	3380	2870	2440
DT10 TRIDENT TRAP	5000	4250	3615	3070	2610
DT10 Trident Trap Top Single	5000	4250	3615	3070	2610
DT10 Trident Trap Bottom Single	5500	4675	3975	3380	2875
DT10 Trident Trap Combo	6000	5100	4335	3685	3130
DT10 Trident Trap Bottom Single Combo	6500	5525	4695	3990	3390
DT11 BLACK PRO TRAP	10375	8820	7495	6370	5415
DT11 INTERNATIONAL TRAP	7395	6285	5345	4540	3860
DT11 X-TRAP	8400	7140	6070	5160	4385
SV10 PREVAIL I TRAP	2500	2125	1805	1535	1305

SHOTGUNS: O/U, CUSTOM GRADE - CURRENT / RECENT MFG.

	NIB	EXC	VG	G	F
ROYAL PIGEON (GALLERY SPECIAL)	5250	4465	3795	3225	2740
ASEL, 12 Gauge	22250	18915	16075	13665	11615
ASEL, 20 Gauge	12500	10625	9030	7675	6525
ASE GOLD SERIES MODELS					
ASE 90 DE LUXE	20500	17425	14810	12590	10700
JUBILEE	14995	12745	10835	9210	7830
Jubilee Matched Pair	35000	29750	25290	21495	18270
SL3	18325	15575	13240	11255	9565
SO-1	3995	3395	2885	2455	2085
SO-2	3995	3395	2885	2455	2085
SO-3	4500	3825	3250	2765	2350
SO-3 EL	10000	8500	7225	6140	5220
SO-3 EELL	14750	12540	10655	9060	7700
SO-4	6500	5525	4695	3990	3390
SO-5 COMPETITION	22000	18700	15895	13510	11485
SO-5 EELL	32000	27200	23120	19650	16705
SO-6 COMPETITION	16650	14155	12030	10225	8690
SO-6 EL FIELD GRADE	24250	20615	17520	14895	12660
SO-6 EELL	68000	57800	49130	41760	35495
SO-6 EESS	Last MSRP $110,000				
SO-9	35000	29750	25290	21495	18270
SO-9 EELL Special	Custom Order Only				
SO-10	120500				
SO-10 EELL	145,000				
SO-10 EELL Special	245,000 to 215,000				
GIUBILEO SPORTING	15500	13175	11200	9520	8090
DT10 EELL SPORTING	13950	11860	10080	8565	7280
DT11 GALLERY	12750	10840	9210	7830	6655
SPARVIERE	89,500				

SHOTGUNS: SxS, CURRENT / RECENT MFG.

	NIB	EXC	VG	G	F
MODEL 409 PB, 12 or 16 gauge	1250	1065	905	770	655
MODEL 409 PB, 20 Gauge	1250	1065	905	770	655
MODEL 409 PB, 28 Gauge	2575	2190	1860	1580	1345
MODEL 410 E, 12 Gauge	1575	1340	1140	965	820
MODEL 410 E, 20 Gauge	2100	1785	1515	1290	1095
MODEL 410 E, 28 Gauge	4100	3485	2960	2520	2140
MODEL 410	2445	2080	1765	1500	1275
MODEL 411 E, 12 Gauge	2500	2125	1805	1535	1305

Model	NIB	EXC	VG	G	F
MODEL 411 E, 20 Gauge	3150	2680	2275	1935	1645
MODEL 411 E, 28 Gauge	4650	3955	3360	2855	2425
MODEL 424-426	1225	1040	885	750	640
MODEL 426 E	1595	1355	1150	980	835
MODEL 470 SILVER HAWK (RECENT MFG.)	4770	4055	3445	2930	2490
MODEL 470 EL	4500	3825	3250	2765	2350
MODEL 471 SILVER HAWK	2895	2460	2090	1780	1515
MODEL 471 EL	8450	7185	6105	5190	4410
MODEL 486	6095	5180	4405	3745	3185
MODEL 486 PARALLELO	6605	5615	4770	4055	3445
MODEL 625	1400	1190	1010	860	730
MODEL 626/626E FIELD	1500	1275	1085	920	780
MODEL 626 ONYX	1650	1405	1190	1015	865
Model 626 Onyx Magnum	1650	1405	1190	1015	865
MODEL 627 EL FIELD	2250	1915	1625	1380	1175
Model 627 EL Sport	2500	2125	1805	1535	1305
MODEL 627 EELL	4700	3995	3395	2885	2450
MODEL GR-2	900	765	650	555	470
MODEL GR-3	1100	935	795	675	575
MODEL GR-4	1355	1150	980	830	705
SILVER HAWK	695	590	500	425	360
SILVER HAWK FEATHERWEIGHT, DT	1275	1085	920	785	665
SILVER HAWK FEATHERWEIGHT, ST	1275	1085	920	785	665

SHOTGUNS: SxS, CUSTOM GRADE

Model	NIB	EXC	VG	G	F
MODEL 450 SERIES					
Model 450 EL	8750	7440	6320	5375	4570
Model 450 EELL	11455	9735	8275	7035	5980
SO-1	4750	4040	3430	2915	2480
SO-2	6000	5100	4335	3685	3130
SO-3	12000	10200	8670	7370	6265
SO-3 EL	13500	11475	9755	8290	7045
SO-3 EELL	15000	12750	10840	9210	7830
SO-4	7000	5950	5060	4300	3655
SO-6	17500	14875	12645	10745	9135
SO-6 EELL	39950	33960	28865	24535	20855
SO-6 SPARVIERE	110,000 to 175,000				
SO-7	45000	38250	32515	27635	23490
MODEL 451 SERIES					
Model 451	6850	5825	4950	4205	3575
Model 451 E	7500	6375	5420	4605	3915
Model 451 EL	16000	13600	11560	9825	8350
Model 451 EELL	18500	15725	13365	11360	9655
MODEL 452 CUSTOM	31500	26775	22760	19345	16445
Model 452 EELL Custom	42850	36425	30960	26315	22370
MODEL 470 EL CUSTOM	8250	7015	5960	5065	4305
MODEL JUBILEE II (MODEL 470 EELL)	15950	13560	11525	9795	8325
GIUBILEO II	15950	13560	11525	9795	8325
IMPERIALE MONTE CARLO	131,000 to 156,000				
DIANA	150,000 to 200,000				

SHOTGUNS: SINGLE BARREL, DISC.

Model	NIB	EXC	VG	G	F
MARK II TRAP	800	680	580	490	415
MODEL FS-1 SINGLE BARREL	175	150	125	105	90
TR-1 TRAP	275	235	200	170	145
TR-2 TRAP	295	250	215	180	155
MODEL 412	195	165	140	120	100
VANDALIA SPECIAL TRAP	9975	8480	7205	6125	5205

SHOTGUNS: SLIDE ACTION, MFG. 1960-1996

Model	NIB	EXC	VG	G	F
MODEL SL-2	300	255	215	185	155
SILVER PIGEON	250	215	180	155	130
GOLD PIGEON	475	405	345	290	245
RUBY PIGEON	600	510	435	370	315

SHOTGUNS: SEMI-AUTO

Model	NIB	EXC	VG	G	F
MODEL 60	295	250	215	180	155

Model	NIB	EXC	VG	G	F
MODEL 61	335	285	240	205	175
SILVER LARK	295	250	215	180	155
GOLD LARK	480	410	345	295	250
RUBY LARK	675	575	490	415	355
MODEL AL-1	385	325	280	235	200
MODEL AL-2	330	280	240	205	175
MODEL AL-2 SKEET	395	335	285	245	210
MODEL AL-2 TRAP	375	320	270	230	195
MODEL AL-2 MAGNUM	415	355	300	255	215
MODEL AL-3, Field Grade	395	335	285	245	210
MODEL AL-3, Magnum Grade	395	335	285	245	210
MODEL AL-3, Skeet Grade	400	340	290	245	210
MODEL AL-3, Trap Grade	385	325	280	235	200
MODEL AL-3 DELUXE TRAP	600	510	435	370	315
MODEL UGB25 XCEL TRAP	3625	3080	2620	2225	1890
Model UGB25 Xcel Gold Sporting	3575	3040	2585	2195	1865
MODEL PINTAIL/ES100 PINTAIL (VITORIA)	720	610	520	440	375
Model ES100 Camouflage	850	725	615	520	440
Model ES100 Rifled Slug (Pintail Rifled Slug)	825	700	595	505	430
Model ES100 Pintail Slug (Vitoria)	695	590	500	425	360
Model ES100 NWTF Special Camouflage (Pintail)	900	765	650	555	470
MODEL 300/301, Field Grade	525	445	380	320	270
MODEL 300/301, Magnum Grade	575	490	415	355	300
MODEL 300/301, Skeet Grade	550	470	395	340	290
MODEL 300/301, Trap Grade	550	470	395	340	290
MODEL A300 OUTLANDER	675	575	490	415	355
Model A300 Outlander Camo True Timber DRT Limited Edition	795	675	575	490	415
Model A300 Outlander Sporting	950	810	685	585	495
MODEL A300 OUTLANDER TURKEY CAMO	795	675	575	490	415
MODEL A300 ULTIMA	810	690	585	495	420
A300 Ultima Patrol	935	795	675	575	490
A300 Ultima Sporting	975	830	705	600	510
MODEL A300 XTREMA	1195	1015	865	735	625
MODEL 301 SLUG GUN	395	335	285	245	210
MODEL 302	395	335	285	245	210
Model 302 Super Lusso	1700	1445	1230	1045	890
MODEL A-303 FIELD	450	385	325	275	235
Model A-303 Upland	450	385	325	275	235
Model A-303 Waterfowl/Turkey	450	385	325	275	235
Model A-303 Sporting	495	420	360	305	260
Model A-303 Skeet	400	340	290	245	210
Model A-303 Super Skeet	425	360	305	260	220
Model A-303 Trap	450	385	325	275	235
Model A-303 Super Trap	550	470	395	340	290
Model A-303 Slug	395	335	285	245	210
Model A-303 Youth	400	340	290	245	210
MODEL A304 LARK	450	385	325	275	235
MODEL A350 EXTREMA	900	765	650	555	470
Model A350 Extrema Turkey	1200	1020	865	735	625
MODEL AL390 FIELD SILVER MALLARD	725	615	525	445	380
Model AL390 Field Deluxe Gold Mallard	850	725	615	520	440
Model AL390 Lioness Limited Edition	2450	2085	1770	1505	1280
Model AL390 Silver Mallard Synthetic	725	615	525	445	380
Model AL390 Silver Mallard Camouflage	750	640	540	460	390
Model AL390 Silver Mallard Slug	600	510	435	370	315
Model AL390 Silver Mallard Youth	725	615	525	445	380
Model AL390 NWTF Special Camouflage	900	765	650	555	470
Model AL390 NWTF Special Synthetic	800	680	580	490	415
Model AL390 NWTF Special Youth	750	640	540	460	390
MODEL AL390 SPORT SPORTING	775	660	560	475	405
Model AL390 Sport Sporting Collection	800	680	580	490	415

Model	NIB	EXC	VG	G	F
Model AL390 Sport Sporting Gold	950	810	685	585	495
Model AL390 Sport Sporting Diamond	2000	1700	1445	1230	1045
Model AL390 Sport Sporting Youth	750	640	540	460	390
MODEL AL390 SPORT SKEET	725	615	525	445	380
Model AL390 Sport Super Skeet	975	830	705	600	510
MODEL AL390 SPORT TRAP	725	615	525	445	380
Model AL390 Sport Trap Super	600	510	435	370	315
Model AL391 URIKA MODELS					
Model AL391 Urika Standard	960	815	695	590	500
Model AL391 Urika Synthetic Optima	735	625	530	450	385
Model AL391 Urika Camouflage	925	785	670	570	485
Model AL391 Urika Youth	1250	1065	905	770	655
Model AL391 Urika Gold	1525	1295	1100	935	795
Model AL391 Urika Covey Quail Unlimited	1000	850	725	615	525
Model AL391 Urika Ringneck Pheasants Forever	1265	1075	915	775	660
MODEL AL391 URIKA SPORTING	1750	1490	1265	1075	915
Model AL391 Urika Gold Sporting	1595	1355	1150	980	835
Model AL391 Urika Diamond Sporting	2000	1700	1445	1230	1045
MODEL AL391 URIKA TRAP OPTIMA	950	810	685	585	495
Model AL391 Urika Trap Gold	995	845	720	610	520
MODEL AL391 URIKA PARALLEL TARGET RL/SL	995	845	720	610	520
MODEL AL391 TEKNYS	1550	1320	1120	950	810
Model AL391 Teknys Gold	2000	1700	1445	1230	1045
Model AL391 Teknys Gold King Ranch	1775	1510	1280	1090	925
Model AL391 Teknys Gold Sporting	1895	1610	1370	1165	990
Model AL391 Teknys Gold Trap	1600	1360	1155	985	835
Model AL391 Teknys Gold Target	2540	2160	1835	1560	1325
MODEL AL391 XTREMA2 3.5 (AL 391 XTREMA 3.5)	1140	970	825	700	595
Model AL391 Xtrema2 Camouflage (AL391 Extreme Camouflage)	1260	1070	910	775	660
Model AL391 Xtrema2 Slug	900	765	650	555	470
MODEL AL391 URIKA 2 MODELS					
Model AL391 Urika 2 Standard	1500	1275	1085	920	780
Model AL391 Urika 2 Youth	1565	1330	1130	960	815
Model AL391 Urika 2 Synthetic	1505	1280	1085	925	785
Model AL391 Urika 2 Camo	1050	895	760	645	550
Model AL391 Urika 2 Gold	1610	1370	1165	990	840
Model AL391 Urika 2 Sporting	1400	1190	1010	860	730
Model AL391 Urika 2 Parallel	1450	1235	1050	890	755
A400 EXTREME PLUS	1650	1405	1190	1015	865
A400 LITE KO	1530	1300	1105	940	800
A400 Lite MAX-5 KO	1365	1160	985	840	715
A400 LITE SYNTHETIC	1395	1185	1010	855	725
A400 LITE COMPACT SYNTHETIC	1345	1145	970	825	700
A400 UPLAND	1985	1685	1435	1220	1035
A400 XCEL MULTI-TARGET	3175	2700	2295	1950	1660
A400 XCEL SPORTING	2195	1865	1585	1350	1150
A400 Xcel Sporting Black Edition	2115	1800	1530	1300	1105
A400 XCEL PARALLEL TARGET KO	1715	1460	1240	1055	895
A400 XPLOR ACTION	1525	1295	1100	935	795
A400 XPLOR ACTION W/GUNPOD	1405	1195	1015	865	735
A400 XPLOR LIGHT	1500	1275	1085	920	780
A400 XPLOR UNICO	1850	1575	1335	1135	965
A400 XTREME KICK-OFF	1845	1570	1335	1135	965
A400 Xtreme Kick-Off Camo	1945	1655	1405	1195	1015
MODEL 1200 FIELD	545	465	395	335	285
Model 1200 Riot	600	510	435	370	315
MODEL 1201 FIELD MAGNUM	500	425	360	305	260
Model 1201 FP (Riot)	775	660	560	475	405
MODEL 1301 COMPETITION	1475	1255	1065	905	770
MODEL 1301 COMP PRO	1755	1490	1270	1080	920
MODEL 1301 TACTICAL	1720	1460	1245	1055	895

	NIB	EXC	VG	G	F
MODEL 1301 TACTICAL ENHANCED	1695	1440	1225	1040	885
MODEL AL3901	450	385	325	275	235
MODEL 3901 SERIES	775	660	560	475	405
MODEL 3901 STANDARD SYNTHETIC	700	595	505	430	365
TX4 STORM	1350	1150	975	830	705
COMMEMORATIVES					
MODEL A-303 DUCKS UNLIMITED 12 ga.	960	815	695	590	500
MODEL A-303 DUCKS UNLIMITED 20 ga.	940	800	680	575	490
MODEL 687 O/U SHOTGUN TERCENTENNIAL	2511	2135	1815	1540	1310
MODEL 84 PISTOL TERCENTENNIAL	1895	1610	1370	1165	990

BERETTA, DR. FRANCO

SHOTGUNS: O/U, BLACK DIAMOND SERIES

	NIB	EXC	VG	G	F
FIELD MODEL	750	640	540	460	390
GRADE ONE	1250	1065	905	770	655
GRADE TWO	1500	1275	1085	920	780
GRADE THREE	2250	1915	1625	1380	1175
GRADE FOUR	3000	2550	2170	1840	1565
SKEET SET	Add 275% to Grades 1-4				

SHOTGUNS: O/U, SxS, & SINGLE BARREL, RECENT MFG.

	NIB	EXC	VG	G	F
GAMMA STANDARD O & U	750	640	540	460	390
Gamma Standard	900	765	650	555	470
GAMMA DELUXE O & U	900	765	650	555	470
Gamma Deluxe	1000	850	725	615	525
GAMMA TARGET O & U	1000	850	725	615	525
ALPHA STANDARD O & U	700	595	505	430	365
ALPHA DELUXE O & U	750	640	540	460	390
AMERICA STANDARD O & U	600	510	435	370	315
EUROPA O & U	500	425	360	305	260
FRANCIA STANDARD SxS	450	385	325	275	235
OMEGA STANDARD SxS	1195	1015	865	735	625
MILANO O/U	450	385	325	275	235
VERONA/BERGAMO SxS	400	340	290	245	210
BRESCIA SINGLE BARREL	540	460	390	330	280
BETA SINGLE BARREL	300	255	215	185	155

SHOTGUNS: SEMI-AUTO

	NIB	EXC	VG	G	F
ARIETE STANDARD	1250	1065	905	770	655

SHOTGUNS: SLIDE ACTION

	NIB	EXC	VG	G	F
ARIETE	1000	850	725	615	525

BERGMANN

PISTOLS: SEMI-AUTO

	NIB	EXC	VG	G	F
MODEL 1894 (ANTIQUE)			29500	25000	21250
MODEL 1896-NO. 2	5000	4250	3615	3070	2610
MODEL 1896-NO. 3	3750	3190	2710	2305	1960
Model 1896-No. 3 Target	9950	8460	7190	6110	5195
MODEL 1896-NO. 4	8500	7225	6140	5220	4435
MODEL 1897-NO. 5	7530	6400	5440	4625	3930
Model 1897-No. 5 w/Shoulder Stock	17500	14875	12645	10745	9135
Model 1897-No. 5 Long Barrel Carbine	30000	25500	21675	18425	15660
BERGMANN SIMPLEX					
Bergmann Simplex First Variation	2200	1870	1590	1350	1150
Bergmann Simplex Second Variation	4000	3400	2890	2455	2085
BERGMANN MARS MODEL 1903	9995	8495	7220	6140	5220
MODEL 2	400	340	290	245	210
MODEL 3	450	385	325	275	235
ERBEN	500	425	360	305	260

PISTOLS: SEMI-AUTO - BERGMANN-BAYARD

	NIB	EXC	VG	G	F
MODEL 1908 STANDARD COMMERCIAL	3450	2935	2495	2120	1800
MODEL 1908 SPANISH CONTRACT	4250	3615	3070	2610	2220
MODEL 1910 STANDARD COMMERCIAL	3295	2800	2380	2025	1720

	NIB	EXC	VG	G	F
MODEL 1910 DANISH GOVERNMENT CONTRACT	3495	2970	2525	2145	1825
MODEL 1910/21 TOJHUS	2510	2135	1815	1540	1310
MODEL 1910/21 RUSTKAMMER	2650	2255	1915	1625	1380

BERSA

EXCLUSIVES

	NIB	EXC	VG	G	F
ACADEMY THUNDER 380	320	270	230	195	165
BILL HICKS & CO. THUNDER 380	310	265	225	190	160
DAVIDSONS THUNDER 380	340	290	245	210	180
ELLETT BROTHERS THUNDER 380	Contact Manufacturer for pricing.				
GANDER OUTDOORS THUNDER 380	220	185	160	135	115
LIPSEYS THUNDER 22	255	215	185	155	130
LIPSEYS THUNDER 380	250	215	180	155	130
LIPSEYS THUNDER 380 CONCEALED CARRY	285	240	205	175	150
ZANDERS THUNDER 380	306	260	220	190	160

PISTOLS: SEMI-AUTO

	NIB	EXC	VG	G	F
THUNDER 9	385	325	280	235	200
THUNDER 22 (DISC. MODEL 23)	260	220	190	160	135
THUNDER 22 (CURRENT MFG.)	290	245	210	180	155
THUNDER 32	275	235	200	170	145
THUNDER 380	290	245	210	180	155
Thunder 380 Deluxe	265	225	190	165	140
Thunder 380 Plus	340	290	245	210	180
THUNDER 380 (95)	265	225	190	165	140
Thunder 380 CC	270	230	195	165	140
Thunder 380 Combat	300	255	215	185	155
Thunder 380 Plus (Current Mfg.)	340	290	245	210	180
TPRC 9 (THUNDER PRO 9MM ULTRA-COMPACT)	390	330	280	240	205
TPRC 40 (THUNDER PRO 40 ULTRA-COMPACT)	410	350	295	250	215
TPRC 45 (THUNDER PRO 45 ULTRA-COMPACT)	430	365	310	265	225
TPR (THUNDER PRO HC 9/40)	390	330	280	240	205
TPR 380/TPR 380 PLUS	300	255	215	185	155
TPR 9 XT (THUNDER PRO XT)	750	640	540	460	390
FIRESTORM 380	290	245	210	180	155
Firestorm 22	Prototype Only - No Production				
BPCC	270	230	195	165	140
MODEL 38BA	325	275	235	200	170
MODEL 83	250	215	180	155	130
MODEL 85	340	290	245	210	180
MODEL 86	345	295	250	210	180
MODEL 90	375	320	270	230	195
MODEL 97	400	340	290	245	210
MODEL 223	200	170	145	125	105
MODEL 224	240	205	175	145	125
MODEL 225	215	185	155	130	110
MODEL 226	125	105	90	75	65
MODEL 323	230	195	165	140	120
MODEL 383	225	190	165	140	120

REVOLVERS

	NIB	EXC	VG	G	F
FIRESTORM 38	360	305	260	220	185

BESCHI, MARIO

SHOTGUNS: O/U

	NIB	EXC	VG	G	F
BOXLOCK MODEL	3300	2805	2385	2025	1720

SHOTGUNS: SxS

	NIB	EXC	VG	G	F
EXTRA LUSSO SIDELOCK	12000	10200	8670	7370	6265
BOXLOCK MODEL	1825	1550	1320	1120	950

BG DEFENSE

PISTOLS: SEMI-AUTO

2011	Contact Manufacturer for pricing.

	NIB	EXC	VG	G	F
Contractor Mk2	1795	1525	1295	1100	935
Contractor SPR	1800	1530	1300	1105	940
MICRO G9 PDW	Pricing Unavailable				
PRO PISTOL	Pricing Unavailable				
Pro Mk2	2125	1805	1535	1305	1110
Pro SPR	1795	1525	1295	1100	935
Pro SPR .308 Win.	1795	1525	1295	1100	935
SPR A3 PISTOL	1425	1210	1030	875	745
SPR C9/SPR G9 A3	1475	1255	1065	905	770
SMG-10.5 9MM SUBMACHINE GUN CLONE	1575	1340	1140	965	820

RIFLES: BOLT ACTION

	NIB	EXC	VG	G	F
BG BOLT ACTION	Contact Manufacturer for pricing.				

RIFLES/CARBINES: SEMI-AUTO

	NIB	EXC	VG	G	F
CONTRACTOR CARBINE	1695	1440	1225	1040	885
PRO RIFLE/CARBINE	1700	1445	1230	1045	890
Pro 14.5 C9 9mm/G9 9mm Carbine Rifle	1475	1255	1065	905	770
Pro 14.5 SPR .308 Win.	2600	2210	1880	1595	1355
Pro 16 SPR Carbine/Pro 18 SPR Rifle	1595	1355	1150	980	835
Pro 18S Long Rifle	2095	1780	1515	1285	1090
Pro 18S SPR Rifle/18S SPR Long Rifle	1875	1595	1355	1150	980
Pro 20S/22S Long Rifle	2525	2145	1825	1550	1320
STANDARD + SERIES (SPR)					
SPR 18/18L Long Rifle	1425	1210	1030	875	745
SPR 18 .223 Wylde Long Rifle	1425	1210	1030	875	745
SPR 18L .450 Bushmaster Long Rifle	1600	1360	1155	985	835
SPR Gen 2/SPR Gen 3 Carbine Rifle	1425	1210	1030	875	745
SPR C9/G9 Carbine Rifle	1475	1255	1065	905	770
RESTO-MOD	Contact Manufacturer for pricing.				
Classic Delta Carbine	Contact Manufacturer for pricing.				
CQRB Block II	2095	1780	1515	1285	1090
Modern Seal Recce/Seal Recce Special Purpose Rifle	Contact Manufacturer for pricing.				
Mk12 Modern/Mk12 Mod 1 Special Purpose Rifle	Contact Manufacturer for pricing.				

BIG BEAR ARMS & SPORTING GOODS INC.

PISTOLS: SEMI-AUTO

	NIB	EXC	VG	G	F
IZH-70 MAKAROV	400	340	290	245	210

RIFLES: SEMI-AUTO

	NIB	EXC	VG	G	F
SAIGA SPORTER RIFLE	575	490	415	355	300

SHOTGUNS

	NIB	EXC	VG	G	F
SAIGA SEMI-AUTO	425	360	305	260	220
IJ-27 O/U	425	360	305	260	220
IJ-39E O/U	760	645	550	465	395
IJ-43 SxS	325	275	235	200	170

BIG HORN ARMORY INC.

PISTOLS: SEMI-AUTO

	NIB	EXC	VG	G	F
AR500 PISTOL	2335	1985	1685	1435	1220

RIFLES/CARBINES: LEVER ACTION

	NIB	EXC	VG	G	F
MODEL 89 RIFLE/CARBINE	2500	2125	1805	1535	1305
Model 89 Black Thunder Tactical (Model 89BT)	2475	2105	1790	1520	1290
MODEL 89 TRAPPER	2375	2020	1715	1460	1240
MODEL 90 RIFLE/CARBINE	2635	2240	1905	1620	1375

RIFLES: SEMI-AUTO

	NIB	EXC	VG	G	F
AR500	1800	1530	1300	1105	940

SHOTGUNS: O/U

	NIB	EXC	VG	G	F
STERLING FIELD	2750	2340	1985	1690	1435
STERLING TARGET	3150	2680	2275	1935	1645

BIG HORN ARMS CORP.

	NIB	EXC	VG	G	F
TARGET PISTOL	300	255	215	185	155
LIL' MAGNUM SHOTGUN	120	100	85	75	65

	NIB	EXC	VG	G	F

BIGHORN RIFLE CO.

BIGHORN PISTOL
Rarity Precludes Pricing

BIGHORN RIFLE
	2100	1785	1515	1290	1095

BITTNER

BITTNER MODEL 1893
	12000	10200	8670	7370	6265

BJT (BELLMORE JOHNSON TOOL CO.)

O/U DERRINGER
	425	360	305	260	220

BLACK COLLAR ARMS

PORK SWORD PISTOL
	900	765	650	555	470

BLACK CREEK LABS

	NIB	EXC	VG	G	F
TRX/MRX BISON	725	615	525	445	380
TRX/MRX JACKAL	675	575	490	415	355

BLACK CREEK PRECISION

PISTOLS: SEMI-AUTO

	NIB	EXC	VG	G	F
BCP 6.75	1100	935	795	675	575
BCP 10	1175	1000	850	720	610

RIFLES/CARBINES: SEMI-AUTO

	NIB	EXC	VG	G	F
AR15 PATROL SERIES RIFLE	675	575	490	415	355
AR15 Patrol Series 7.62x39mm	925	785	670	570	485
BCP .308 BATTLE RIFLE	1725	1465	1245	1060	900
ENHANCED ENTRY LEVEL CARBINE	775	660	560	475	405
STANDARD 9MM WITH ODIN RAIL	975	830	705	600	510

BLACK DAWN ARMORY

PISTOLS: SEMI-AUTO

	NIB	EXC	VG	G	F
BDP-556-10DMM	Pricing unavailable for this model.				
BDP-300-8SFC	Pricing unavailable for this model.				

RIFLES: SEMI-AUTO

	NIB	EXC	VG	G	F
BDR-10	Pricing unavailable for this model.				
BDR-15A	925	785	670	570	485
BDR-15B	950	810	685	585	495
BDR-50B-16LMR	1125	955	815	690	585
BDR-243 22W	1500	1275	1085	920	780
BDR-556 3GLW (3 GUN LIGHTWEIGHT)	1050	895	760	645	550
BDR-556-16AFC	950	810	685	585	495
BDR-556-16APFC-BLK (BDR-15AP)	1150	980	830	705	600
BDR-556-16BMR	950	810	685	585	495
BDR-556-16BPFM (BDR-15BP)	1150	980	830	705	600
BDR-556-16M (BDR-15M)	900	765	650	555	470
BDR-556-16MP (BDR-15MP)	1150	980	830	705	600
BDR-556-20EML (BDR-15E)	950	810	685	585	495
BDR-300-16FFM (BDR-15BLK)	975	830	705	600	510
BDR-16A/BDR-16AP	925	785	670	570	485
BDR-16 BLK	950	810	685	585	495
BDR-16M/BDR-16MP	900	765	650	555	470
300 AAC BLACKOUT	975	830	705	600	510
ALPHA	Pricing unavailable for this model.				
BRAVO	Pricing unavailable for this model.				
CHARLIE EDITION	Pricing unavailable for this model.				
DELTA EDITION	Pricing unavailable for this model.				
ECHO EDITION	Pricing unavailable for this model.				
MOE EDITION	Pricing unavailable for this model.				
ZOMBIE SLAYER	Pricing unavailable for this model.				

BLACK RAIN ORDNANCE, INC.

	NIB	EXC	VG	G	F
PISTOLS: SEMI-AUTO					
CUSTOM BILLET PISTOL	1855	1575	1340	1140	970
ION9	1650	1405	1190	1015	865
ION9-SI (STANDARD ISSUE)	1325	1125	955	815	695
PG5	1700	1445	1230	1045	890
PG9	1700	1445	1230	1045	890
RECON-ATOMIC	1850	1575	1335	1135	965
RECON-ESCORT	1350	1150	975	830	705
RECON-SUBATOMIC	1750	1490	1265	1075	915
SPEC SERIES - SPEC15	715	610	515	440	375
SPEC SERIES - FALLOUT 15 .458 SOCOM PISTOL	1615	1375	1165	990	840
SPEC SERIES - FALLOUTCQB 9MM SI	975	830	705	600	510
SPEC SERIES - SPEC15 SOCOM PLUS PISTOL	1115	950	805	685	580
SPEC+ SERIES - CRYPT	1365	1160	985	840	715
SPEC+ SERIES - FUSION	1370	1165	990	840	715
SPEC+ SERIES - PATRIOT	1325	1125	955	815	695
SPEC+ SERIES - SSP	1250	1065	905	770	655
RIFLES: BOLT ACTION					
BRO-CONTOUR	2200	1870	1590	1350	1150
BRO-MATCH	3825	3250	2765	2350	2000
RIFLES/CARBINES: SEMI-AUTO					
COMPETITION SERIES - COMP3G	2000	1700	1445	1230	1045
Competition Series - Spec3G	1285	1090	930	790	670
HUNTING SERIES - CARDIAC	1425	1210	1030	875	745
HUNTING SERIES - CARNIVORE	1350	1150	975	830	705
HUNTING SERIES - PREDATOR .22-250	Pricing unavailable for this model.				
HUNTING SERIES - PREDATOR .308/5.56 NATO/6.5 CM	2075	1765	1500	1275	1085
HUNTING SERIES - PREDATOR 5.56	1640	1395	1185	1005	855
LIMITED EDITION NRA RIFLE	1875	1595	1355	1150	980
PG1	1675	1425	1210	1030	875
PG2	1975	1680	1425	1215	1035
PG3	1875	1595	1355	1150	980
PG4	1345	1145	970	825	700
PG5	1745	1485	1260	1070	910
PG6	1725	1465	1245	1060	900
PG7	1650	1405	1190	1015	865
PG8	1650	1405	1190	1015	865
PG9	1585	1345	1145	975	830
PG11	2125	1805	1535	1305	1110
PG12	2025	1720	1465	1245	1060
PG13	1700	1445	1230	1045	890
PG14	2130	1810	1540	1310	1115
PG15	2295	1950	1660	1410	1200
PG16	2295	1950	1660	1410	1200
PG17	1875	1595	1355	1150	980
RECON SERIES - FORCE	2045	1740	1480	1255	1065
RECON SERIES - SCOUT	1855	1575	1340	1140	970
RECON SERIES - URBAN	1875	1595	1355	1150	980
SPEC SERIES - A2	725	615	525	445	380
SPEC SERIES - FALLOUT10-SI (STANDARD ISSUE)	1425	1210	1030	875	745
SPEC SERIES - SPEC15 6.5 GRENDEL	1350	1150	975	830	705
SPEC SERIES - SPEC15 .224 VALKYRIE	1510	1285	1090	925	785
SPEC SERIES - SPEC15 .450 BUSHMASTER	1185	1005	855	730	620
SPEC SERIES - SPEC15 .458 SOCOM	1330	1130	960	815	695
SPEC SERIES - SPEC15 AMERICAN FLAG RIFLE	1340	1140	970	825	700
SPEC SERIES - SPEC15 BLT CARBINE	975	830	705	600	510
SPEC SERIES - SPEC15 CARBINE	900	765	650	555	470
SPEC SERIES - SPEC15 SOCOM PLUS	1180	1005	855	725	615
SPEC SERIES - SPEC15-SSP	1350	1150	975	830	705
SPEC SERIES - SPEC15 (BLACK & TAN) CARBINE	950	810	685	585	495

	NIB	EXC	VG	G	F
SPEC SERIES - TYRANT	1200	1020	865	735	625
SPEC+ SERIES - CRYPT	1325	1125	955	815	695
SPEC+ SERIES - FUSION	1150	980	830	705	600
SPEC+ SERIES - PATRIOT	1265	1075	915	775	660
SPEC+ SERIES - SSP	1250	1065	905	770	655
BRC FORGED RECEIVER MOE CARBINE	1525	1295	1100	935	795
BRC Forged Receiver Mid-Length Carbine	1525	1295	1100	935	795
BRC Billet Mid-Length Carbine	1525	1295	1100	935	795
BRC SASS RIFLE	1650	1405	1190	1015	865

BLACKOUT DEFENSE

	NIB	EXC	VG	G	F
QUANTUM MARK 1	1900	1615	1375	1165	990
QUANTUM MARK 2	1700	1445	1230	1045	890

BLACKWATER WORLDWIDE

	NIB	EXC	VG	G	F
BLACKWATER BW-15 PISTOL	1175	1000	850	720	610
BLACKWATER BW-15 CIVILIAN WARRIOR RIFLE	1175	1000	850	720	610
SENTRY 12 SHOTGUN	650	555	470	400	340

BLASER

PISTOLS: BOLT ACTION

	NIB	EXC	VG	G	F
R-93 HHS (HUNTING HANDGUN SYSTEM)	3750	3190	2710	2305	1960

RIFLES: BOLT ACTION

	NIB	EXC	VG	G	F
R-8 PROFESSIONAL	4030	3425	2910	2475	2105
R-8 Professional Hunter	5315	4520	3840	3265	2775
R-8 Kilombero (Big Bore Edition)	9230	7845	6670	5670	4820
R-8 Selous (Big Bore Edition)	15760	13395	11385	9680	8230
R-8 PROFESSIONAL SUCCESS	4200	3570	3035	2580	2195
R-8 Professional Success Monza	6150	5230	4445	3775	3210
R-8 Professional Success Stutzen	3500	2975	2530	2150	1830
R-8 SUCCESS (SUCCESS MONO)/R-8 SUCCESS	6970	5925	5035	4280	3640
R-8 SUCCESS BLACK EDITION	6635	5640	4795	4075	3465
R-8 ULTIMATE/R-8 ULTIMATE CARBON	4495	3820	3250	2760	2345
R-8 ULTIMATE LEATHER	4870	4140	3520	2990	2540
R-84	1800	1530	1300	1105	940
R-84 Deluxe	2375	2020	1715	1460	1240
R-84 Super Deluxe	2675	2275	1935	1645	1400
R-93 CLASSIC	2995	2545	2165	1840	1565
R-93 Classic Safari	3575	3040	2585	2195	1865
R-93 LUXUS	2980	2535	2155	1830	1555
R-93 Luxus Safari	4875	4145	3520	2995	2545
R-93 SUPER LUXUS	Last MSRP $10,643				
R-93 ATTACHE	3675	3125	2655	2255	1915
R-93 OCTAGON	7100	6035	5130	4360	3705
R-93 GRAND LUXE	7950	6760	5745	4880	4150
R-93 SELOUS	15750	13390	11380	9670	8220
R-93 PROFESSIONAL	2000	1700	1445	1230	1045
R-93 LRS 2 (LONG RANGE SPORTER 2)	3000	2550	2170	1840	1565
R-93 SYNTHETIC	1385	1175	1000	850	725
R-93 TACTICAL 2	See listing under SIG Sauer				
R-93 VARMINT	4675	3975	3380	2870	2440
R-93 Varmint Success	6375	5420	4605	3915	3330
R-93 LX	2000	1700	1445	1230	1045
R-93 PRESTIGE	2500	2125	1805	1535	1305
R-93 EXCLUSIVE	Last MSRP $15,448				
R-93 SUPER EXCLUSIVE	Last MSRP $23,264				
R-93 IMPERIAL	Last MSRP $32,615				
R-93 STUTZEN	5990	5090	4330	3680	3130
ULTIMATE BOLT ACTION	1350	1150	975	830	705
ULTIMATE BOLT ACTION - SPECIAL ORDER	Custom Order Only				
Ultimate Deluxe	1425	1210	1030	875	745

	NIB	EXC	VG	G	F
Ultimate Deluxe Carbine	1600	1360	1155	985	835
Ultimate Super Deluxe	3750	3190	2710	2305	1960
Ultimate Exclusive	4850	4125	3505	2980	2535
Ultimate Super Exclusive	7700	6545	5565	4730	4020
Ultimate Royal	9000	7650	6505	5525	4695

RIFLES: SxS

	NIB	EXC	VG	G	F
S2	7350	6250	5310	4515	3840
S2 Safari	10150	8630	7335	6235	5300

RIFLES: SINGLE SHOT

	NIB	EXC	VG	G	F
MODEL BL 820	1550	1320	1120	950	810
MODEL K77 A	2250	1915	1625	1380	1175
K95 JAEGER (PRESTIGE)	6685	5680	4830	4105	3490
K95 LUXUS	6950	5910	5020	4270	3630
K95 STUTZEN LUXUS	7110	6045	5135	4365	3710
K95 ULTIMATE/K95 ULTIMATE LEATHER	4470	3800	3230	2745	2335
K95 ULTIMATE CARBON	10480	8910	7570	6435	5470

SHOTGUNS: O/U

	NIB	EXC	VG	G	F
F3 GAME STANDARD	6585	5595	4760	4045	3440
F3 COMPETITION SPORTING STANDARD	7695	6540	5560	4725	4015
F3 Sporting Ladies	7995	6795	5775	4910	4175
F3 Sporting Youth	4500	3825	3250	2765	2350
F3 SKEET	6875	5845	4965	4220	3585
F3 SUPERSKEET STANDARD	9455	8035	6830	5805	4935
F3 SUPERSPORT STANDARD	10295	8750	7440	6320	5370
F3 AMERICAN SUPER TRAP STANDARD	10520	8940	7600	6460	5490
F3 VANTAGE	7800	6630	5635	4790	4070
F16 GAME	3535	3005	2555	2170	1845
F16 GAME INTUITION	4400	3740	3180	2700	2295
F16 SPORTING	4255	3615	3075	2615	2225
F16 SPORTING INTUITION	4515	3840	3260	2775	2360

BLEIKER, HEINRICH

CHALLENGER SERIES	9,500 to 9,900
MATCH 300 M FREE/STANDARD RIFLE SERIES	9,200 to 10,200

BNTI ARMS

.308 BATTLE RIFLE	Contact Manufacturer for pricing.
THE BEAST	Contact Manufacturer for pricing.
WARRIOR SERIES	Contact Manufacturer for pricing.

BOBERG ARMS CORPORATION

	NIB	EXC	VG	G	F
XR9 SERIES	1065	905	770	655	555
XR45-S	950	810	685	585	495

BOHICA

	NIB	EXC	VG	G	F
M16-SA	1450	1235	1050	890	755

BOND ARMS, INC.

DERRINGERS: O/U

	NIB	EXC	VG	G	F
BACKUP	455	385	330	280	240
BLACKJACK SPECIAL EDITION	600	510	435	370	315
BOND MINI	395	335	285	245	210
Bond Girl Mini	450	385	325	275	235
BP22	230	195	165	140	120
CENTURY 2000 DEFENDER (C2K)/COWBOY CENTURY 200	420	355	305	260	220
COWBOY DEFENDER	390	330	280	240	205
CUB	440	375	320	270	230
GRIZZLY	340	290	245	210	180
HONEY B	250	215	180	155	130

	NIB	EXC	VG	G	F
MAMA BEAR	460	390	330	280	240
NICKEL BORON GUN	600	510	435	370	315
OLD GLORY	580	495	420	355	300
PAPA BEAR	410	350	295	250	215
PATRIOT	500	425	360	305	260
PROTECT THE 2ND AMENDMENT (PT2A45/410	740	630	535	455	385
RANGER	525	445	380	320	270
RANGER II	525	445	380	320	270
RAWHIDE	240	205	175	145	125
Rawhide 22LR	230	195	165	140	120
RUSTIC RANGER SPECIAL EDITION	615	525	445	380	325
ROUGHNECK	225	190	165	140	120
ROWDY (ROUGH N ROWDY)	240	205	175	145	125
Rowdy XL	290	245	210	180	155
SNAKE SLAYER	460	390	330	280	240
SNAKE SLAYER IV	500	425	360	305	260
STINGER	280	240	200	170	145
Stinger 22LR	290	245	210	180	155
STINGER RS	230	195	165	140	120
Stinger RS 22LR	220	185	160	135	115
STUBBY	240	205	175	145	125
SUPER DEFENDER	325	275	235	200	170
TEXAN	555	470	400	340	290
TEXAS DEFENDER	410	350	295	250	215
TEXAS RANGER SPECIAL EDITION	1070	910	775	655	555
USA DEFENDER	450	385	325	275	235
WICKED	540	460	390	330	280
Z-SLAYER	550	470	395	340	290

PISTOLS: SEMI-AUTO

	NIB	EXC	VG	G	F
BULLPUP 9 (BOND BULLPUP)	940	800	680	575	490
CYCLOPS	460	390	330	280	240

BORCHARDT

MODEL 1893

Model 1893 Ludwig Loewe Mfg.	26250	22315	18965	16120	13700
Model 1893 Ludwig Loewe Mfg. Cased With Accessories	75000	63750	54190	46060	39150
Model 1893 DWM Mfg.	22950	19510	16580	14095	11980
Model 1893 DWM Mfg. Cased With Accessories	55000	46750	39740	33775	28710

BOSWELL, CHARLES

RIFLES: BOLT ACTION

BOLT ACTION RIFLE
Last MSRP 35,000

RIFLES: SxS

SIDELOCK DOUBLE RIFLE
Base model MSRP 125,000

BOXLOCK RIFLE
	18950	16110	13690	11640	9895

Boxlock Rifle .600 Nitro Express — Last MSRP 123,000

SIDELOCK RIFLE
	35000	29750	25290	21495	18270
Sidelock Rifle .600 Nitro Express	65000	55250	46965	39920	33930

SHOTGUNS: O/U, SIDELOCK

MERLIN
Special Order Only

PENDRAGON
Special Order Only

SHOTGUNS: SxS

MERLIN SIDELOCK MODEL
Special Order Only

BOXLOCK MODEL
Special Order Only

Boxlock Model Best Quality	6355	5400	4590	3905	3320
Boxlock Model Deluxe Grade	7450	6335	5385	4575	3890

FEATHERWEIGHT MONARCH GRADE
Special Order Only

Featherweight Monarch Grade Boxlock Model	10500	8925	7585	6450	5485
Featherweight Monarch Grade Sidelock Model	18000	15300	13005	11055	9395
SIDELOCK MODEL	12950	11010	9355	7955	6760

	NIB	EXC	VG	G	F

BOWEN, BRUCE & COMPANY

BOWEN TRAP GUN
Contact Manufacturer for Pricing

BRAVO COMPANY MFG., INC. (BCM)

PISTOLS: SEMI-AUTO

Model	NIB	EXC	VG	G	F
BCM GUNFIGHTER 1911 LIMITED EDITION	2950	2510	2130	1810	1540
RECCE-9 KMR-A PISTOL	1350	1150	975	830	705
RECCE-9 MCMR PISTOL	1350	1150	975	830	705
RECCE-9 QRF PISTOL	1425	1210	1030	875	745
RECCE-11 KMR-A/RECCE-11 KMR-A ELW PISTOL	1250	1065	905	770	655
RECCE-11 MCMR/RECCE-11 MCMR ELW PISTOL	1250	1065	905	770	655
RECCE-11 QRF PISTOL	1350	1150	975	830	705
RECCE-12 KMR-A PISTOL	1350	1150	975	830	705
RECCE-12 MCMR PISTOL	1350	1150	975	830	705
RECCE-12 QRF PISTOL	1425	1210	1030	875	745

RIFLES/CARBINES: SEMI-AUTO

Model	NIB	EXC	VG	G	F
A4 RIFLE	1100	935	795	675	575
BCM PRECISION 18 RIFLE	1860	1580	1345	1140	970
BCM SAM-RIFLE	975	830	705	600	510
CAR-16LW MOD 0 CARBINE	975	830	705	600	510
CAR-16LW MOD 1 CARBINE	1100	935	795	675	575
EAG TACTICAL CARBINE	1789	1520	1295	1100	935
HALEY STRATEGIC JACK CARBINE	2095	1780	1515	1285	1090
M4 MOD 0 CARBINE	1110	945	800	680	580
M4 MOD 1 CARBINE	1235	1050	890	760	645
M4 MOD 2 CARBINE	1255	1065	905	770	655
M4 MOD 3 CARBINE	Pricing Unavailable for this model				
MID-16 MOD 0 CARBINE	1125	955	815	690	585
MID-16 MOD 2 CARBINE	1270	1080	920	780	665
MID-16 MOD 3 CARBINE	Pricing Unavailable for this model				
MID-16LW MOD 0 CARBINE	1000	850	725	615	525
MK12 MOD 0/MK12 MOD 0-A5 PRECISION RIFLE	2590	2200	1870	1590	1350
RECCE-14 CARBINE	1350	1150	975	830	705
RECCE-14 KMR-A CARBINE	1350	1150	975	830	705
RECCE-14 KMR-LW CARBINE	1350	1150	975	830	705
RECCE-14 MCMR CARBINE	1350	1150	975	830	705
RECCE-14 MCMR-LW CARBINE	1270	1080	920	780	665
RECCE-16 CARBINE	1110	945	800	680	580
RECCE-16 KMR-A .300 BLACKOUT	1350	1150	975	830	705
RECCE-16 KMR-A CARBINE	1250	1065	905	770	655
RECCE-16 KMR-A PRECISION RIFLE	1485	1260	1075	910	775
RECCE-16 KMR-LW (LIGHTWEIGHT) CARBINE	1250	1065	905	770	655
RECCE-16 MCMR CARBINE	1250	1065	905	770	655
RECCE-16 MCMR CARBINE .300 BLACKOUT	1350	1150	975	830	705
RECCE-16 MCMR-LW CARBINE	1250	1065	905	770	655
RECCE-16 MCMR PRECISION RIFLE	1475	1255	1065	905	770
RECCE-16 PRECISION CARBINE	1250	1065	905	770	655
RECCE-18 KMR-A PRECISION RIFLE/ RECCE-18 MCMR	1020	865	735	625	530

BREDA FUCILI (BREDA MECCANICA BRESCIANA)

SHOTGUNS: O/U

Model	NIB	EXC	VG	G	F
PEGASO HUNTER	2650	2255	1915	1625	1380
PEGASO HUNTING	2650	2255	1915	1625	1380
PEGASO SPORTING	3400	2890	2455	2090	1775
PEGASO SPORTING CLAYS	3600	3060	2600	2210	1880
PEGASO TRAP	3400	2890	2455	2090	1775
SIRIO STANDARD	2200	1870	1590	1350	1150
VEGA LUSSO	1875	1595	1355	1150	980
VEGA SPECIAL	400	340	290	245	210
VEGA SPECIAL TRAP	835	710	605	515	440

	NIB	EXC	VG	G	F
ZENITH (ZENITH BLACK/ZENITH NICKEL)	No U.S. Importation for this model.				
Zenith L	No U.S. Importation for this model.				
SHOTGUNS: SxS					
ANDROMEDA SPECIAL	940	800	680	575	490
SHOTGUNS: SEMI-AUTO					
930I SPORTING	2145	1825	1550	1315	1120
ALTAIR	800	680	580	490	415
ALTAIR SPECIAL	365	310	265	225	190
ARIES 2	575	490	415	355	300
ASTRO	550	470	395	340	290
ASTROLUX	850	725	615	520	440
B12I COMPETITION/TACTICAL	1230	1045	890	755	640
B12IS "SPORT"	1090	925	790	670	570
B3.5 SM	940	800	680	575	490
CHIRON	650	555	470	400	340
ECHO	1295	1100	935	795	675
ECHO T9	1345	1145	970	825	700
ERMES SERIES (2000/2000 L)	1250	1065	905	770	655
Ermes Silver	1550	1320	1120	950	810
Ermes Gold	1700	1445	1230	1045	890
GOLD SERIES MODELS					
Antares Standard	205	175	150	125	105
Argus	365	310	265	225	190
Aries	380	325	275	235	200
GLD (SALIENT GLD)	2895	2460	2090	1780	1515
GRADE 1	625	530	450	385	325
GRADE 2	750	640	540	460	390
GRADE 3	925	785	670	570	485
GRIZZLY	1425	1210	1030	875	745
ICARO	1250	1065	905	770	655
MAGNUM MODEL	525	445	380	320	270
MIRA	645	550	465	395	335
STANDARD	350	300	255	215	185
TITANO	Contact Manufacturer For Pricing				
Titano L	Contact Manufacturer For Pricing				
XANTHOS	1520	1290	1100	935	795
XANTHOS DAMASCO/XANTHOS GOLD	2600	2210	1880	1595	1355

BREN 10 (PREVIOUS MFG.)

	NIB	EXC	VG	G	F
BREN 10 STANDARD MODEL	2360	2005	1705	1450	1235
BREN 10 MILITARY/POLICE MODEL	3450	2935	2495	2120	1800
BREN 10 SPECIAL FORCES MODEL, Dark Finish	2950	2510	2130	1810	1540
BREN 10 SPECIAL FORCES MODEL, Light Finish	2950	2510	2130	1810	1540
BREN 10 DUAL-MASTER PRESENTATION MODEL	2000	1700	1445	1230	1045
BREN 10 JEFF COOPER COMMEMORATIVE	Rarity precludes pricing.				
MARKSMAN MODEL	1895	1610	1370	1165	990

BREN 10 (RECENT MFG.)

	NIB	EXC	VG	G	F
SM SERIES	1095	930	790	670	570
SMV SERIES	1175	1000	850	720	610
SFD45	995	845	720	610	520
SFL45	1095	930	790	670	570

BRENTON USA (BARTZ MANUFACTURING)

	NIB	EXC	VG	G	F
GUIDE	1800	1530	1300	1105	940
RANGER/STALKER CARBON HUNTER	1925	1635	1390	1180	1005
SCOUT	1830	1555	1320	1125	955
TRACKER	1995	1695	1440	1225	1040

BRETTON-GAUCHER (GAUCHER)

All Models and Pricing are free to view online.

	NIB	EXC	VG	G	F

BRG

	NIB	EXC	VG	G	F
BRG9 ELITE	220	185	160	135	115
BRG9 Elite Gen 2	290	245	210	180	155
BRG9 TACTICAL	415	355	300	255	215

BRIGADE FIREARMS

PISTOLS: SEMI-AUTO

	NIB	EXC	VG	G	F
BATTLE PISTOL	550	470	395	340	290
BRIGADE PISTOL	595	505	430	365	310
FOSTECH ECHO EDITION	1040	885	750	640	545

RIFLES: SEMI-AUTO

	NIB	EXC	VG	G	F
BATTLE RIFLE	690	585	500	425	360
BATTLE RIFLE 9MM	620	525	450	380	325
BRIGADE AR-15 5.56 RIFLE	765	650	555	470	400
BRIGADE RIFLE 9MM	725	615	525	445	380

BRITARMS

	NIB	EXC	VG	G	F
MODEL 2000 (MK II)	800	680	580	490	415

BRITISH ORDNANCE COMPANY

O/U BOXLOCK	30,000 to 35,000

BRIXIA SHOTGUNS Srl

RAVEN	Pricing unavailable for this model

BRNO ARMS (ZBROJOVKA BRNO)

REVOLVERS

	NIB	EXC	VG	G	F
ZKR 551	1000	850	725	615	525

RIFLES: BOLT ACTION

	NIB	EXC	VG	G	F
HORNET SPORTER (MODEL ZKW 465)	1000	850	725	615	525
MODEL ZG-47	795	675	575	490	415
MODEL G 33-40	3200	2720	2310	1965	1670
MODEL 21	1340	1140	970	825	700
MODEL 22	895	700	045	550	470
MODEL 1	550	470	395	340	290
ZKM 468	175	150	125	105	90
MODEL 2	400	340	290	245	210
MODEL 3	420	355	305	260	220
MODEL 4	515	440	370	315	270
MODEL 5 (ZKM 573)	450	385	325	275	235
BRNO 98 STANDARD	525	445	380	320	270
Brno 98 Mannlicher	625	530	450	385	325
Brno 98 Damask		1950	1750	1500	1275
MODEL ZOM-451	200	170	145	125	105
MODEL ZKM-451	445	380	320	275	235
MODEL ZKM-456 LUX SPORTER	280	240	200	170	145
Model 456 L/LK Target	305	260	220	185	155
Model 456 Match Single Shot	375	320	270	230	195
ZKK 600	See listing in CZ Section				
ZKK 601	See listing in CZ Section				
ZKK 602	See listing in CZ Section				
ZKB 680 (FOX/FOX II)	See listing in CZ Section				

RIFLES: O/U

	NIB	EXC	VG	G	F
MODEL 803	605	515	435	370	315
SUPER EXPRESS	3150	2680	2275	1935	1645
SUPER SAFARI	2500	2125	1805	1535	1305
ZH-344, 348, & 349	1200	1020	865	735	625

RIFLES: SEMI-AUTO

	NIB	EXC	VG	G	F
ZKM-611	680	580	490	420	355

	NIB	EXC	VG	G	F
MODEL 581	500	425	360	305	260
RIFLES: SINGLE SHOT					
ZK-05	575	490	415	355	300
ZK 99	730	620	525	450	385
MODEL ZKB-110	205	175	150	125	105
EFFECT	1100	935	795	675	575
SHOTGUNS/COMBINATION GUNS: O/U					
ZH-300 SHOTGUN	500	425	360	305	260
ZH-301 FIELD SHOTGUN	445	380	320	275	235
ZH-302 SKEET SHOTGUN	500	425	360	305	260
ZH-303 TRAP SHOTGUN	250	215	180	155	130
ZH-300 SERIES COMBINATION GUNS	525	445	380	320	270
M6 SCOUT COMBINATION GUN	See Listing under Springfield Armory				
MODEL ZH-300 COMBO SET	2950	2510	2130	1810	1540
MODEL 500/501 SHOTGUN	845	720	610	520	440
Model 500 Combo Set	1925	1635	1390	1180	1005
MODEL 502 SERIES COMBINATION GUN	1050	895	760	645	550
BS-571/572 SHOTGUN/COMBINATION GUN	825	700	595	505	430
MODEL 571 SUPER SERIES	800	680	580	490	415
Model 571 Super Combo	1925	1635	1390	1180	1005
MODEL 801 SERIES SHOTGUN	875	745	630	535	455
MODEL 802 COMBINATION GUN	1000	850	725	615	525
COMBO RIFLE/SHOTGUN	1800	1530	1300	1105	940
SHOTGUNS: SxS					
ZP-49	680	580	490	420	355
ZP-149	725	615	525	445	380
ZP-349	635	540	460	390	330
SHOTGUNS: SINGLE SHOT					
ZBK 100	215	185	155	130	110

BRONCO (PISTOLS)

	NIB	EXC	VG	G	F
MODEL 1918 POCKET AUTOMATIC	200	170	145	125	105
VEST POCKET AUTOMATIC	175	150	125	105	90

BROWN PRECISION, INC.

PISTOLS: BOLT ACTION

	NIB	EXC	VG	G	F
CUSTOM XP-100 HIGH COUNTRY	1550	1320	1120	950	810
RIFLES: BOLT ACTION					
BLASER BOLT ACTION RIFLE	1395	1185	1010	855	725
BROWN PRECISION WINCHESTER 70	650	555	470	400	340
CUSTOM HIGH COUNTRY	5625	4780	4065	3455	2935
Custom High Country ES II	3400	2890	2455	2090	1775
HIGH COUNTRY YOUTH RIFLE	1250	1065	905	770	655
LAW ENFORCEMENT SELECTIVE TARGET	995	845	720	610	520
MODEL 7 SUPER LIGHT	995	845	720	610	520
PRO HUNTER	5675	4825	4100	3485	2960
Pro Hunter Elite	7050	5995	5095	4330	3680
PRO/LIGHT VARMINTER	4675	3975	3380	2870	2440
SUPER BOLT RIMFIRE	1600	1360	1155	985	835
TACTICAL ELITE	5975	5080	4315	3670	3120
THE UNIT	3225	2740	2330	1980	1685
RIFLES: SEMI-AUTO					
CUSTOM TEAM CHALLENGER	1350	1150	975	830	705

BROWNELLS, INC.

PISTOLS: SEMI-AUTO

	NIB	EXC	VG	G	F
BRN-1911	2200	1870	1590	1350	1150
RIFLES/CARBINES: SEMI-AUTO					
BRN-10A	1125	955	815	690	585
BRN-10B	1300	1105	940	800	680
BRN-16A1	1200	1020	865	735	625

	NIB	EXC	VG	G	F
BRN-601	900	765	650	555	470
BRN-605	875	745	630	535	455
BRN-PROTO	950	810	685	585	495
GEN II FM-15 ZHUKOV	950	810	685	585	495
SUPER DUTY AR-15	2150	1830	1555	1320	1120
XBRN16E1	1000	850	725	615	525
XBRN 177E2 CARBINE	800	680	580	490	415

BROWNING

PISTOLS: SEMI-AUTO, CENTERFIRE, F.N. PRODUCTION UNLESS OTHERWISE NOTED

	NIB	EXC	VG	G	F
MODEL 1899-FN STANDARD (PRODUCTION MODEL)	3900	3315	2820	2395	2035
MODEL 1899-FN LARGE (MILITARY TRIALS MODEL)	30000	25500	21675	18425	15660
MODEL 1900-FN	1600	1360	1155	985	835
MODEL 1903-FN	3500	2975	2530	2150	1830
MODEL 1905-FN FIRST VARIATION (VEST POCKET)	650	555	470	400	340
MODEL 1905-FN SECOND VARIATION (VEST POCKET)	600	510	435	370	315
MODEL 1907 HUSQVARNA MFG.	1000	850	725	615	525
MODEL 1910-FN (MODEL 1955)	800	680	580	490	415
Model 1955 Renaissance	2500	2125	1805	1535	1305
MODEL 1922 OR 10/22 FN	650	555	470	400	340
FN "BABY" MODEL					
FN "Baby" Model: FN Marked	775	660	560	475	405
FN "Baby" Model: BAC Marked	700	595	505	430	365
FN "Baby" Model: Lightweight Model	1750	1490	1265	1075	915
FN "Baby" Model: Renaissance Model	1995	1695	1440	1225	1040
FN/BROWNING MODEL 10/71	725	615	525	445	380
FN/Browning Model 10/71 Renaissance Model	3250	2765	2350	1995	1695
MODEL 1935 HI-POWER (HP)	See listings in FN for pre-'54 models.				
HI-POWER: POST-1954 TO 2017 MODELS					
Hi-Power Standard - Polished Blue Finish (1954-1988)	1325	1125	955	815	695
Hi-Power Standard Fixed Sights - Polished Blue Finish (1989-2017 Mfg., Assembled in Portugal)	1150	980	830	705	600
Hi-Power Standard with Adj. Rear Sight (1989-2017 Mfg.)	1175	1000	850	720	610
Hi-Power Standard - Polished Blue Finish 75th Anniversary Edition	1150	980	830	705	600
Hi-Power Mark III (1989-2017 Mfg.)	1000	850	725	615	525
Hi-Power Mark III 75th Anniversary Edition	1000	850	725	615	525
Hi-Power Silver Chrome Finish	1495	1270	1080	920	780
Hi-Power Practical Model	1495	1270	1080	920	780
Hi-Power Nickel	1850	1575	1335	1135	965
1974 Hi-Power Nickel	2250	1915	1625	1380	1175
Hi-Power .30 Luger cal.	1500	1275	1085	920	780
Hi-Power GP Competition	1750	1490	1265	1075	915
Hi-Power Tangent Rear Sight	2150	1830	1555	1320	1120
Hi-Power Tangent Capitan Polished Blue Finish	1200	1020	865	735	625
Hi-Power Tangent Rear Sight & Slotted	2995	2545	2165	1840	1565
BCA EDITION HI-POWER	1750	1490	1265	1075	915
GOLD LINE HI-POWER	7500	6375	5420	4605	3915
RENAISSANCE HI-POWER, Round Hammer	4250	3615	3070	2610	2220
RENAISSANCE HI-POWER, Spur Hammer	3850	3275	2780	2365	2010
HI-POWER: CUSTOM SHOP MODELS	Custom Order Only				
CASED RENAISSANCE SET	9600	8160	6935	5895	5010
CASED GRADE I (BLUE) SET	3650	3105	2635	2240	1905
CENTENNIAL MODEL HI-POWER	2350	2000	1700	1445	1230
CENTENAIRRE MODEL HI-POWER 1 OF 100	7500	6375	5420	4605	3915
LOUIS XVI MODEL	2500	2125	1805	1535	1305
CLASSIC HI-POWER	2600	2210	1880	1595	1355
Gold Classic Hi-Power	4800	4080	3470	2950	2510
125th ANNIVERSARY HI-POWER	2600	2210	1880	1595	1355
D-DAY COMMEMORATIVE (1 of 150)	2600	2210	1880	1595	1355

	NIB	EXC	VG	G	F
BROWNING DOUBLE ACTION	Refer to "BDA Model" listings.				
BDM/BPM/BRM SINGLE/DOUBLE ACTION	675	575	490	415	355
BDM Practical	625	530	450	385	325
BDM Silver Chrome	700	595	505	430	365
FN DA/DAO	800	680	580	490	415
FN DAc/DAOc Compact	825	700	595	505	430
PRO-9/PRO-40	650	555	470	400	340
BDA MODEL, 9mm Para.	1345	1145	970	825	700
BDA MODEL, .38 Super	1350	1150	975	830	705
BDA MODEL, .45 ACP	1200	1020	865	735	625
BDA-380, Blue finish	815	695	590	500	425
BDA-380, Nickel finish	900	765	650	555	470
BLACK LABEL 1911-380	700	595	505	430	365
Black Label 1911-380 Compact	700	595	505	430	365
Black Label 1911-380 Medallion Laser	935	795	675	575	490
BLACK LABEL 1911-380 PRO/BLACK LABEL 1911-380 PRO STAINLESS	675	575	490	415	355
BLACK LABEL 1911-380 PRO COMPACT/ BLACK LABEL 1911-380 PRO COMPACT STAINLESS	650	555	470	400	340
BLACK LABEL 1911-380 MEDALLION PRO/PRO COMPACT	830	705	600	510	435
1911-380 HIGH GRADE/HIGH GRADE COMPACT	880	750	635	540	460
1911-380 MEDALLION STAINLESS ENGRAVED/COMPACT	850	725	615	520	440
1911-380 SPEED/SPEED COMPACT	720	610	520	440	375
PISTOLS: SEMI-AUTO, .22 CAL. RIMFIRE					
NOMAD MODEL	700	595	505	430	365
CHALLENGER MODEL	850	725	615	520	440
Challenger Renaissance	3400	2890	2455	2090	1775
Challenger Gold Line	3500	2975	2530	2150	1830
CHALLENGER II	550	470	395	340	290
CHALLENGER III	800	680	580	490	415
Challenger III BCA Commemorative	625	530	450	385	325
CHALLENGER III SPORTER	525	445	380	320	270
MEDALIST MODEL	1850	1575	1335	1135	965
Medalist Gold Line	4600	3910	3325	2825	2400
Medalist Renaissance Model	5650	4805	4080	3470	2950
Medalist BCA Engraved Edition	8000	6800	5780	4915	4180
INTERNATIONAL MEDALIST, Early Model	1300	1105	940	800	680
INTERNATIONAL MEDALIST, Late Model	1100	935	795	675	575
BUCK MARK STANDARD URX	500	425	360	305	260
Buck Mark Standard Stainless URX	550	470	395	340	290
BUCK MARK MICRO STANDARD URX	500	425	360	305	260
Buck Mark Micro Standard Stainless URX	550	470	395	340	290
Buck Mark Micro Plus	325	275	235	200	170
BUCK MARK STANDARD MICRO URX	400	340	290	245	210
Buck Mark Micro Challenge	295	250	215	180	155
BUCK MARK BULLSEYE TARGET	600	510	435	370	315
Buck Mark Bullseye Target Stainless	595	505	430	365	310
Buck Mark Bullseye Standard	465	395	335	285	240
BUCK MARK BULLSEYE URX	460	390	330	280	240
BUCK MARK CAMPER	295	250	215	180	155
Buck Mark Camper Stainless	315	270	230	195	165
Buck Mark Camper Stainless URX Field	325	275	235	200	170
BUCK MARK CAMPER UFX	410	350	295	250	215
Buck Mark Camper Stainless UFX	450	385	325	275	235
BUCK MARK CAMPER STAINLESS URX	500	425	360	305	260
BUCK MARK CHALLENGE	350	300	255	215	185
BUCK MARK CHALLENGE ROSEWOOD	495	420	360	305	260
BUCK MARK COMMEMORATIVE	395	335	285	245	210
BUCK MARK CONTOUR URX	590	500	425	360	305
Buck Mark Contour Stainless URX	600	510	435	370	315

	NIB	EXC	VG	G	F
BUCK MARK CONTOUR GRAY URX	600	510	435	370	315
BUCK MARK 5.5 FIELD	550	470	395	340	290
BUCK MARK FIELD TARGET/FIELD TARGET SUPPRESSOR READY	760	645	550	465	395
BUCK MARK HUNTER	535	455	385	330	280
Buck Mark Hunter Red Dot	765	650	555	470	400
BUCK MARK LITE UFX	515	440	370	315	270
BUCK MARK LITE FLUTE UFX	485	410	350	300	255
BUCK MARK LITE GREEN URX	580	495	420	355	300
BUCK MARK LITE SPLASH URX	430	365	310	265	225
BUCK MARK MEDALLION ROSEWOOD/MEDALLION	580	495	420	355	300
BUCK MARK PLUS CAMPER UFX SUPPRESSOR	560	475	405	345	295
BUCK MARK PLUS LITE FLUTE UFX SUPPRESSOR	560	475	405	345	295
BUCK MARK PLUS LITE GRAY URX	500	425	360	305	260
BUCK MARK PLUS PRACTICAL URX	600	510	435	370	315
BUCK MARK PLUS UDX	475	405	345	290	245
Buck Mark Field Plus UDX (Classic Plus)	395	335	285	245	210
Buck Mark Plus Rosewood UDX	600	510	435	370	315
Buck Mark Plus Stainless UDX	635	540	460	390	330
BUCK MARK PLUS VISION AMERICANA SR	700	595	505	430	365
BUCK MARK PLUS VISION BLACK/GOLD SR	680	580	490	420	355
BUCK MARK PLUS VISION UFX	700	595	505	430	365
BUCK MARK PRACTICAL URX	325	275	235	200	170
BUCK MARK SILHOUETTE	395	335	285	245	210
Buck Mark Unlimited Silhouette (Match)	495	420	360	305	260
DOE MARK SILHOUETTE	395	335	285	245	210
BUCK MARK 5.5 TARGET	550	470	395	340	290
Buck Mark 5.5 Gold Target	435	370	315	265	225
BUCK MARK VARMINT	580	495	420	355	300
BUCK MARK VISION UFX RED DOT	915	780	660	560	475
1911-22 A1 FULL SIZE ALLOY	635	540	460	390	330
1911-22 A1 COMPACT ALLOY	635	540	460	390	330
1911-22 A1 FULL SIZE COMPOSITE	500	425	360	305	260
1911-22 A1 COMPACT COMPOSITE	500	425	360	305	260
1911-22 BCA EDITION	925	785	670	570	485
1911-22 BLACK LABEL FULL SIZE COMPOSITE	740	630	535	455	385
1911-22 BLACK LABEL COMPACT COMPOSITE	740	630	535	455	385
1911-22 BLACK LABEL FULL SIZE SUPPRESSOR	750	640	540	460	390
1911-22 BLACK LABEL COMPACT SUPPRESSOR	750	640	540	460	390
1911-22 BLACK LABEL MEDALLION FULL SIZE ALLOY	680	580	490	420	355
1911-22 BLACK LABEL MEDALLION COMPACT ALLOY	720	610	520	440	375
1911-22 BLACK LABEL SUPPRESSOR READY MUZZLE BRAKE LASER	830	705	600	510	435
1911-22 BLACK LABEL TUNGSTEN	650	555	470	400	340
1911-22 SPEED	540	460	390	330	280

RIFLES: BOLT ACTION

	NIB	EXC	VG	G	F
MODEL 52 LIMITED EDITION	950	810	685	585	495
AB3 COMPOSITE STALKER	600	510	435	370	315
AB3 MICRO STALKER	600	510	435	370	315
AB3 HUNTER	665	565	480	410	350
ACERA MODEL	895	760	645	550	470
BBR	695	590	500	425	360
BBR RIFLE ELK ISSUE	1800	1530	1300	1105	940
T-BOLT SPORTER (CURRENT MFG.)	750	640	540	460	390
T-BOLT TARGET/VARMINT (CURRENT MFG.)	725	615	525	445	380
T-BOLT GRAY LAMINATED TARGET/VARMINT STAINLESS	880	750	635	540	460
T-BOLT T-1	665	565	480	410	350
T-BOLT T-2	875	745	630	535	455
T-Bolt T-2 Late Production	600	510	435	370	315
T-BOLT TARGET WITH MUZZLE BRAKE	630	535	455	385	325
FN HIGH-POWER MODEL					

	NIB	EXC	VG	G	F
FN High-Power Safari Grade Basic Model, Standard cals.	1675	1425	1210	1030	875
FN High-Power Safari Grade Basic Model, Mag. cals.	1850	1575	1335	1135	965
FN High-Power Safari Grade Basic Model, .257 Roberts	2825	2400	2040	1735	1475
FN High-Power Safari Grade Basic Model, .308 Norma Mag.	2250	1915	1625	1380	1175
FN High-Power Safari Grade Basic Model, .338 Win. Mag.	2195	1865	1585	1350	1150
FN High-Power Safari Grade Basic Model, .375 H&H	1995	1695	1440	1225	1040
FN High-Power Safari Grade Short Sako Action	1675	1425	1210	1030	875
FN High-Power Safari Grade Medium Sako Action	1595	1355	1150	980	835
FN High-Power Medallion Grade	3250	2765	2350	1995	1695
FN High-Power Olympian Grade	9250	7865	6685	5680	4830
RIFLES: BOLT ACTION, CENTERFIRE A-BOLT I SERIES					
A-BOLT HUNTER MODEL I	495	420	360	305	260
A-Bolt Hunter Medallion Model	625	530	450	385	325
A-Bolt Hunter Micro Medallion Model	625	530	450	385	325
A-Bolt Hunter Gold Medallion Model	895	760	645	550	470
A-Bolt Hunter Euro-Bolt	675	575	490	415	355
A-Bolt Hunter Stainless Stalker	625	530	450	385	325
A-Bolt Hunter Camo Stalker	475	405	345	290	245
A-Bolt Hunter Composite Stalker	600	510	435	370	315
A-BOLT BIGHORN SHEEP ISSUE	1450	1235	1050	890	755
A-BOLT PRONGHORN ISSUE	1450	1235	1050	890	755
A-BOLT HUNTER MODEL II	825	700	595	505	430
A-Bolt Hunter Model II WSSM	650	555	470	400	340
A-Bolt Hunter Model II with BOSS	595	505	430	365	310
A-BOLT HUNTER FIELD II (CLASSIC HUNTER)	695	590	500	425	360
A-Bolt Hunter Field II WSSM (Classic Hunter)	725	615	525	445	380
A-BOLT RMEF SPECIAL HUNTER	725	615	525	445	380
A-BOLT NRA WILDLIFE CONSERVATION COLLECTION	725	615	525	445	380
A-BOLT MICRO HUNTER II	675	575	490	415	355
A-BOLT MEDALLION MODEL II	775	660	560	475	405
A-Bolt Medallion Model II WSSM	695	590	500	425	360
A-Bolt Medallion Model II with BOSS	885	750	640	545	465
A-Bolt Micro Medallion Model II	525	445	380	320	270
A-BOLT CUSTOM TROPHY II	1150	980	830	705	600
A-BOLT GOLD MEDALLION MODEL II	695	590	500	425	360
A-Bolt Gold Medallion Model II with BOSS	750	640	540	460	390
A-BOLT WHITE GOLD MEDALLION MODEL II	1025	870	740	630	535
A-Bolt White Gold Medallion II RMEF	1045	890	755	640	545
A-Bolt White Gold Medallion II with BOSS	985	835	710	605	515
A-BOLT ECLIPSE HUNTER II WITH BOSS	1430	1215	1035	880	750
A-Bolt Eclipse Varmint II with BOSS	810	690	585	495	420
A-BOLT ECLIPSE M-1000 II	1050	895	760	645	550
A-Bolt Eclipse M-1000 II with BOSS	1150	980	830	705	600
A-Bolt Eclipse M-1000 II Stainless	1600	1360	1155	985	835
A-BOLT VARMINT II WITH BOSS	995	845	720	610	520
A-BOLT EURO-BOLT II	625	530	450	385	325
A-Bolt Euro-Bolt II with BOSS	725	615	525	445	380
A-BOLT STAINLESS STALKER II	885	750	640	545	465
A-Bolt Stainless Stalker II WSSM	790	670	570	485	410
A-Bolt Stainless Stalker II with BOSS	1100	935	795	675	575
A-BOLT CARBON FIBER STAINLESS STALKER II	1475	1255	1065	905	770
A-BOLT COMPOSITE STALKER II	595	505	430	365	310
A-Bolt Composite Stalker II WSSM	650	555	470	400	340
A-Bolt Composite Stalker II with BOSS	815	695	590	500	425
A-BOLT VARMINT STALKER II	715	610	515	440	375
A-Bolt Varmint Stalker II WSSM	745	635	540	460	390
A-BOLT II MOUNTAIN TI	1565	1330	1130	960	815
A-BOLT II GREYWOLF	850	725	615	520	440

Model	NIB	EXC	VG	G	F
A-BOLT TARGET II	1490	1265	1075	915	780
A-Bolt Target Stainless II	1425	1210	1030	875	745

RIFLES: BOLT ACTION, CENTERFIRE X-BOLT SERIES

Model	NIB	EXC	VG	G	F
X-BOLT COMPOSITE STALKER	850	725	615	520	440
X-BOLT ECLIPSE HUNTER	1020	865	735	625	530
X-BOLT ECLIPSE HUNTER STAINLESS	1100	935	795	675	575
X-BOLT ECLIPSE TARGET	900	765	650	555	470
X-BOLT ECLIPSE TARGET STAINLESS	1215	1035	880	745	635
X-BOLT ECLIPSE VARMINT	900	765	650	555	470
X-BOLT ECLIPSE VARMINT STAINLESS	1215	1035	880	745	635
X-BOLT HELL'S CANYON LONG RANGE	1280	1090	925	785	665
X-BOLT HELL'S CANYON LONG RANGE MCMILLAN	1950	1660	1410	1200	1020
X-BOLT HELL'S CANYON MAX LONG RANGE	1385	1175	1000	850	725
X-BOLT HELL'S CANYON MCMILLAN LONG RANGE	2200	1870	1590	1350	1150
X-BOLT HELL'S CANYON SPEED A-TACS AU CAMO	1225	1040	885	750	640
X-BOLT HELL'S CANYON SPEED A-TACS TD-X CAMO	1200	1020	865	735	625
X-BOLT HUNTER	935	795	675	575	490
X-Bolt Hunter Full Line Dealer	875	745	630	535	455
X-Bolt High Grade Hunter Full Line Dealer	1250	1065	905	770	655
X-BOLT HUNTER LONG RANGE	1150	980	830	705	600
X-BOLT LONG RANGE HUNTER	1215	1035	880	745	635
X-BOLT MAX LONG RANGE	1460	1240	1055	895	760
X-BOLT MAX VARMINT/TARGET	1340	1140	970	825	700
X-BOLT MEDALLION	1050	895	760	645	550
X-BOLT MEDALLION SAFARI GRADE	2000	1700	1445	1230	1045
X-BOLT MICRO COMPOSITE	1125	955	815	690	585
X-BOLT MICRO HUNTER	900	765	650	555	470
X-BOLT MICRO MIDAS	850	725	615	520	440
X-BOLT MOUNTAIN PRO	2250	1915	1625	1380	1175
X-BOLT MOUNTAIN PRO LR (LONG RANGE)	2630	2235	1900	1615	1375
X-BOLT PRO BURNT BRONZE	1940	1650	1400	1190	1010
X-BOLT PRO LONG RANGE BURNT BRONZE	2080	1770	1505	1275	1085
X-BOLT PRO CARBON GRAY/PRO LONG RANGE CARBON GRAY	2025	1720	1465	1245	1060
X-BOLT PRO MCMILLAN	2450	2085	1770	1505	1280
X-BOLT PRO MCMILLAN LONG RANGE	2475	2105	1790	1520	1290
X-BOLT PRO TUNGSTEN	1940	1650	1400	1190	1010
X-BOLT RMEF SPECIAL HUNTER	1110	945	800	680	580
X-BOLT RMEF WHITE GOLD MEDALLION	1780	1515	1285	1095	930
X-BOLT SPEED	1175	1000	850	720	610
X-Bolt Speed Long Range	1310	1115	945	805	685
X-Bolt Speed Suppressor Ready	1215	1035	880	745	635
X-BOLT STAINLESS STALKER	1130	960	815	695	590
X-BOLT TARGET MAX/X-BOLT TARGET LITE MAX	1470	1250	1060	905	770
X-BOLT TARGET MCMILLAN A3-5 AMBUSH	3300	2805	2385	2025	1720
X-BOLT TARGET PRO MCMILLAN	3700	3145	2675	2270	1930
X-BOLT VARMINT STALKER	1070	910	775	655	555
X-BOLT VARMINT STALKER CAMO	800	680	580	490	415
X-BOLT WESTERN HUNTER	1030	875	745	635	540
X-BOLT WESTERN HUNTER LONG RANGE	1065	905	770	655	555
X-BOLT WESTERN HUNTER LONG RANGE FIBER FUSION	1735	1475	1255	1065	905
X-BOLT WHITE GOLD MEDALLION	1460	1240	1055	895	760

RIFLES: BOLT ACTION, RIMFIRE A-BOLT SERIES

Model	NIB	EXC	VG	G	F
A-BOLT GRADE I RIMFIRE					
A-Bolt Grade I .22 LR cal.	575	490	415	355	300
A-Bolt Grade I .22 WMR cal.	650	555	470	400	340
A-BOLT GOLD MEDALLION RIMFIRE	625	530	450	385	325

RIFLES/CARBINES: LEVER ACTION

Model	NIB	EXC	VG	G	F
BL-17					
BL-17 Grade I	480	410	345	295	250
BL-17 Grade II	545	465	395	335	285

Model	NIB	EXC	VG	G	F
BL-17 Grade II Field Octagon	750	640	540	460	390
BL-22 GRADE I	880	750	635	540	460
BL-22 Grade I (Classic)	725	615	525	445	380
BL-22 Grade I Field Full Line Dealer	900	765	650	555	470
BL-22 Grade I Micro Midas	800	680	580	490	415
BL-22 Grade I NRA	485	410	350	300	255
BL-22 GRADE II	1000	850	725	615	525
BL-22 Grade II (Classic)	1000	850	725	615	525
BL-22 Grade II Classic/Field Octagon Full Line Dealer	1360	1155	985	835	710
BL-22 Grade II Field Full Line Dealer	895	760	645	550	470
MODEL 53 DELUXE LIMITED EDITION	925	785	670	570	485
MODEL 65 GRADE I LIMITED EDITION	725	615	525	445	380
Model 65 High Grade	1050	895	760	645	550
MODEL 71 LIMITED EDITION CARBINE	Pricing Unavailable for this model				
Model 71 Limited Edition Carbine Grade I	950	810	685	585	495
Model 71 Limited Edition Carbine High Grade	1425	1210	1030	875	745
MODEL 71 LIMITED EDITION RIFLE	Pricing Unavailable for this model				
Model 71 Grade I Rifle	1025	870	740	630	535
Model 71 High Grade Rifle	1595	1355	1150	980	835
BLR USA	995	845	720	610	520
BLR BELGIAN	925	785	670	570	485
BLR JAPAN	775	660	560	475	405
BLR SHORT ACTION					
BLR '81 SHORT ACTION (MIROKU), Standard Calibers	1100	935	795	675	575
BLR '81 SHORT ACTION (MIROKU), .284 WIN	700	595	505	430	365
BLR '81 SHORT ACTION (MIROKU), .257 Roberts	900	765	650	555	470
BLR '81 SHORT ACTION (MIROKU), .222 REM	1650	1405	1190	1015	865
BLR '81 LONG ACTION	750	640	540	460	390
LIGHTNING BLR (SHORT ACTION)	800	680	580	490	415
LIGHTNING BLR (LONG ACTION)	650	555	470	400	340
BLR LIGHTWEIGHT '81 (LONG ACTION)	1300	1105	940	800	680
BLR Lightweight Pistol Grip Long Action	1320	1120	955	810	690
BLR Lightweight Stainless Long Action	1420	1205	1025	870	740
BLR LIGHTWEIGHT '81 (SHORT ACTION)	1230	1045	890	755	640
BLR Lightweight Stainless Short Action	1230	1045	890	755	640
BLR Lightweight With Pistol Grip Short Action	1100	935	795	675	575
BLR LIGHTWEIGHT '81 STAINLESS TAKEDOWN	1300	1105	940	800	680
MODEL 1886 LIMITED EDITION GRADE I RIFLE	2150	1830	1555	1320	1120
Model 1886 Limited Edition High Grade Rifle	2400	2040	1735	1475	1255
Model 1886 Montana Centennial Rifle	2250	1915	1625	1380	1175
MODEL 1886 LIMITED EDITION GRADE I CARBINE	2760	2345	1995	1695	1440
Model 1886 Limited Edition High Grade Carbine	2400	2040	1735	1475	1255
B-92 CARBINE	600	510	435	370	315
B-92 Centennial	685	580	495	420	355
B-92 BCA Commemorative	750	640	540	460	390
MODEL 1895 LIMITED EDITION GRADE I, .30-40 Krag	925	785	670	570	485
MODEL 1895 LIMITED EDITION GRADE I, .30-06	875	745	630	535	455
Model 1895 Limited Edition High Grade	1625	1380	1175	1000	850

RIFLES: O/U

Model	NIB	EXC	VG	G	F
EXPRESS RIFLE	6000	5100	4335	3685	3130
GRADE I CONTINENTAL SET	7500	6375	5420	4605	3915

RIFLES: SEMI-AUTO, .22 LR

Model	NIB	EXC	VG	G	F
AUTO RIFLE GRADES I - VI					
Auto Rifle Grade I - FN (Belgian Mfg.)	1000	850	725	615	525
Auto Rifle Grade I - FN Custom Shop	1200	1020	865	735	625
SA-22 Grade I (Auto Rifle Grade I - Miroku (Japan Mfg.)	820	695	590	505	430
Auto Rifle Grade II - FN (Belgian Mfg.)	2100	1785	1515	1290	1095
Auto Rifle Grade II - FN Custom Shop	2250	1915	1625	1380	1175
Auto Rifle Grade II - Miroku (Japan Mfg.)	895	760	645	550	470
Auto Rifle Grade III - FN (Belgian Mfg.)	4000	3400	2890	2455	2085
Auto Rifle Grade III - FN Custom Shop	3600	3060	2600	2210	1880
Auto Rifle Grade III "Transition" (Japan Mfg.)	2800	2380	2025	1720	1460

	NIB	EXC	VG	G	F
Auto Rifle Grade III - Miroku (Japan Mfg.)	3000	2550	2170	1840	1565
SA-22 GRADE II OCTAGON	1160	985	840	710	605
SA-22 Grade VI (Auto Rifle Grade VI - Miroku (Japan Mfg.)	1850	1575	1335	1135	965
Auto Rifle Grade VI 125th Anniversary Miroku	1350	1150	975	830	705
SA-22 CHALLENGE	840	715	605	515	440
BUCK MARK RIFLE	850	725	615	520	440
Buck Mark Target Fluted Gray Laminate	740	630	535	455	385

RIFLES: SEMI-AUTO, BAR SERIES

	NIB	EXC	VG	G	F
BROWNING PATENT 1900	See listing under F.N.				
BAR SEMI-AUTO					
BAR Grade I	775	660	560	475	405
BAR Grade I Magnum	875	745	630	535	455
BAR Grade II	1250	1065	905	770	655
BAR Grade II Magnum	1350	1150	975	830	705
BAR Grade III	1750	1490	1265	1075	915
BAR Grade III Magnum	1850	1575	1335	1135	965
BAR Grade IV	2800	2380	2025	1720	1460
BAR Grade IV Magnum	2950	2510	2130	1810	1540
BAR Grade V	6500	5525	4695	3990	3390
BAR Grade V Magnum	6850	5825	4950	4205	3575
BAR NORTH AMERICAN DEER RIFLE ISSUE	4500	3825	3250	2765	2350
BAR SAFARI 100TH ANNIVERSARY	2700	2295	1950	1660	1410
BAR MK II ONE MILLIONTH COMMEMORATIVE	2250	1915	1625	1380	1175
BAR MK II SAFARI	1425	1210	1030	875	745
BAR Classic Mk II Safari	775	660	560	475	405
BAR MK II Safari with BOSS	1500	1275	1085	920	780
BAR MK II LIGHTWEIGHT	825	700	595	505	430
BAR MK II Lightweight with BOSS	875	745	630	535	455
BAR MK II Lightweight Stalker	995	845	720	610	520
BAR MK II Lightweight Stalker with BOSS	875	745	630	535	455
BAR MK II High Grade	1475	1255	1065	905	770
BAR MK II Grade III	3400	2890	2455	2090	1775
BAR MK II Grade IV	3500	2975	2530	2150	1830
BAR MK III	1440	1225	1040	885	750
BAR MK 3 HELL'S CANYON SPEED	1410	1200	1020	865	735
BAR MK 3 CAMO	1330	1130	960	815	695
BAR MK 3 DBM	1820	1545	1315	1120	950
BAR MK 3 DBM WOOD	1820	1545	1315	1120	950
BAR MK 3 SPEED	1800	1530	1300	1105	940
BAR SHORTTRAC	1500	1275	1085	920	780
BAR MK 3 STALKER	1390	1180	1005	855	725
BAR Shorttrac Stalker	1050	895	760	645	550
BAR Shorttrac Camo	1175	1000	850	720	610
BAR LONGTRAC	1500	1275	1085	920	780
BAR Longtrac Stalker	1260	1070	910	775	660
BAR Longtrac Camo	1360	1155	985	835	710
BAR ZENITH	No U.S. Importation				
BAR-22	795	675	575	490	415
BAR-22 GRADE II	1300	1105	940	800	680

RIFLES: SINGLE SHOT

	NIB	EXC	VG	G	F
MODEL 1878 STANDARD	View information online				
B-78	1495	1270	1080	920	780
B-78 Sporter	1325	1125	955	815	695
MODEL 1885 HIGH WALL	1600	1360	1155	985	835
MODEL 1885 LOW WALL	1225	1040	885	750	640
MODEL 1885 HIGH WALL TRADITIONAL HUNTER	1325	1125	955	815	695
Model 1885 High Wall Traditional Hunter 125th Anniversary	1750	1490	1265	1075	915
MODEL 1885 LOW WALL TRADITIONAL HUNTER	1375	1170	995	845	720
MODEL 1885 BPCR (BLACK POWDER CARTRIDGE RIFLE)	1900	1615	1375	1165	990

	NIB	EXC	VG	G	F
Model 1885 BPCR Creedmoor	1900	1615	1375	1165	990

RIFLES: SLIDE ACTION

	NIB	EXC	VG	G	F
BPR	750	640	540	460	390
BPR-22	1050	895	760	645	550
BPR-22 Grade II	1500	1275	1085	920	780
TROMBONE MODEL					
Trombone Model w/FN Barrel Address	2300	1955	1660	1410	1200
Trombone Model w/BAC Barrel Markings	2700	2295	1950	1660	1410
Trombone Model Grade I	2400	2040	1735	1475	1255
Trombone Grades I & II 2 Gun Set	5500	4675	3975	3380	2875
Trombone Grades I, II, & III 3 Gun Set	12000	10200	8670	7370	6265
Trombone Custom Shop Models	Custom Order Only				

SHOTGUNS: BOLT ACTION, A-BOLT SERIES

	NIB	EXC	VG	G	F
A-Bolt Stalker Model Shotgun	625	530	450	385	325
A-Bolt Hunter Model Shotgun	625	530	450	385	325
A-BOLT SHOTGUN HUNTER	985	835	710	605	515
A-Bolt Shotgun Camo	985	835	710	605	515
A-Bolt Shotgun Stalker	900	765	650	555	470

SHOTGUNS: O/U, CYNERGY SERIES

	NIB	EXC	VG	G	F
CYNERGY SERIES					
Cynergy Field (Current Mfg.)	1850	1575	1335	1135	965
Cynergy Field (Mfg. 2010-2014)	2375	2020	1715	1460	1240
Cynergy Field (Mfg. 2004-2007)	1575	1340	1140	965	820
Cynergy Classic Field	2150	1830	1555	1320	1120
Cynergy Classic Field Grade III	3400	2890	2455	2090	1775
Cynergy Classic Field Grade VI	5185	4405	3745	3185	2705
Cynergy Composite Ultimate Turkey Camo	2250	1915	1625	1380	1175
Cynergy Euro Field	2125	1805	1535	1305	1110
Cynergy Feather (Recent Mfg.)	1795	1525	1295	1100	935
Cynergy Feather Composite	1750	1490	1265	1075	915
Cynergy Feather (Mfg. 2007-2014)	2525	2145	1825	1550	1320
Cynergy Micro Midas	1915	1630	1385	1175	1000
Cynergy Sporting (Recent Mfg.)	1995	1695	1440	1225	1040
Cynergy Sporting (Mfg. 2004-2007)	1875	1595	1355	1150	980
Cynergy Classic Sporting	3100	2635	2240	1905	1620
Cynergy Sporting (Euro Sporting)	3525	2995	2545	2165	1840
Cynergy Classic Trap	3340	2840	2415	2050	1745
Cynergy Classic Trap Unsingle Combo (Current Mfg.)	4035	3430	2915	2480	2110
Cynergy Classic Trap Unsingle Combo (Disc.)	5180	4405	3745	3180	2705
Cynergy CX	1775	1510	1280	1090	925
Cynergy CX Composite	1685	1430	1215	1035	880
Cynergy Wicked Wing Camo	2200	1870	1590	1350	1150

SHOTGUNS: O/U, CITORI HUNTING SERIES

	NIB	EXC	VG	G	F
CITORI CX	2100	1785	1515	1290	1095
CITORI CX MICRO WITH ADJUSTABLE LOP	2450	2085	1770	1505	1280
CITORI CXS	2150	1830	1555	1320	1120
CITORI CXS MICRO	2170	1845	1570	1335	1135
CITORI FIELD SPORTING GRADE VII	5680	4830	4105	3490	2965
CITORI HUNTER MODELS					
Citori Hunter Grade I 12 or 20 ga.					
Citori Hunter Grade I Earlier Mfg. without Invector Choking	950	810	685	585	495
Citori Grade I Hunter Model w/Invector Choking	1150	980	830	705	600
Citori Hunter Grade I Smaller Gauges					
Citori Hunter Grade I 28 ga. or .410 bore	1000	850	725	615	525
Citori Hunter Grade II	1400	1190	1010	860	730
Citori Hunter Grade III	1500	1275	1085	920	780
Citori Hunter Grade V	4950	4210	3575	3040	2585
Citori Hunter Grade VI	5150	4380	3720	3165	2690
Citori Hunter Grade VI	3000	2550	2170	1840	1565
Citori Hunter 3 1/2 in. Magnum Model	1000	850	725	615	525
Citori Sporting Hunter	1000	850	725	615	525

Model	NIB	EXC	VG	G	F
Citori Satin Hunter	1000	850	725	615	525
Citori Upland Special	1195	1015	865	735	625
Citori White Upland Special	1250	1065	905	770	655
CITORI HUNTER GRADE I (CURRENT MFG.)	1850	1575	1335	1135	965
CITORI HUNTER GRADE II (CURRENT MFG.)	2040	1735	1475	1255	1065
CITORI SATIN HUNTER MICRO MIDAS	1425	1210	1030	875	745
CITORI SUPERLIGHT MODELS					
Citori Superlight Grade I 12, 16, or 20 ga.					
Citori Superlight Grade I Earlier Mfg. without Invector Choking	1150	980	830	705	600
Citori Superlight Grade I w/Invector Choking	1800	1530	1300	1105	940
Citori Superlight Grade I 28 ga. or .410 bore	1500	1275	1085	920	780
Citori Superlight Feather	1500	1275	1085	920	780
Citori Superlight Grade III	2100	1785	1515	1290	1095
Citori Superlight Grade V	2950	2510	2130	1810	1540
Citori Superlight Grade VI	2950	2510	2130	1810	1540
Citori Superlight Grade VI Sideplate	3500	2975	2530	2150	1830
CITORI SPORTER MODELS	1250	1065	905	770	655
Citori Sporter Grade II	1600	1360	1155	985	835
Citori Sporter Grade V	5895	5010	4260	3620	3075
CITORI LIGHTNING MODELS					
Citori Lightning Grade I 12, 16, or 20 ga.					
Citori Lightning Grade I Earlier Mfg. w/o Invector Choking	1100	935	795	675	575
Citori Lightning Grade I w/Invector Choking	1200	1020	865	735	625
Citori Lightning Grade I Smaller Gauges	1425	1210	1030	875	745
Citori Lightning Grade III	2650	2255	1915	1625	1380
Citori Lightning Grade III 28 ga. or .410 bore	2150	1830	1555	1320	1120
Citori Lightning Grade IV	3030	2575	2190	1860	1580
Citori Lightning Grade IV 28 ga. or .410 bore	3095	2630	2235	1900	1615
Citori Lightning Grade VI	3195	2715	2310	1960	1665
Citori Lightning Grade VI 28 ga. or .410 bore	3075	2615	2220	1890	1605
Citori Lightning Grade VII	4800	4080	3470	2950	2510
Citori Lightning Grade VII 28 ga. or .410 bore	4875	4145	3520	2995	2545
CITORI GRADE III	4150	3530	3000	2550	2170
CITORI GRADE VI	6500	5525	4695	3990	3390
CITORI HIGH GRADE 50TH ANNIVERSARY	7150	6080	5165	4390	3730
CITORI LIGHTNING FEATHER	3250	2765	2350	1995	1695
Citori Lightning Feather Combo	3150	2680	2275	1935	1645
CITORI FEATHER LIGHTNING	1875	1595	1355	1150	980
CITORI FEATHER LIGHTNING (CURRENT MFG.)	2700	2295	1950	1660	1410
CITORI GRAN LIGHTNING (GL) MODEL	2000	1700	1445	1230	1045
CITORI GRAN LIGHTNING (CURRENT MFG.)	3125	2655	2260	1920	1630
CITORI WHITE LIGHTNING	1785	1515	1290	1095	930
CITORI WHITE LIGHTNING (CURRENT MFG.)	2510	2135	1815	1540	1310
CITORI MICRO LIGHTNING					
Citori Micro Lightning Grade I	1250	1065	905	770	655
Citori Micro Lightning Grade III	1600	1360	1155	985	835
Citori Micro Lightning Grade VI	2025	1720	1465	1245	1060
CITORI CLASSIC LIGHTNING GRADE I	1600	1360	1155	985	835
CITORI CLASSIC LIGHTNING FEATHER GRADE I	1990	1690	1440	1220	1035
CITORI SUPER LIGHTNING GRADE I	1600	1360	1155	985	835
CITORI 525 FIELD	2450	2085	1770	1505	1280
CITORI 525 FIELD GRADE III	1950	1660	1410	1200	1020
CITORI 525 FEATHER	1750	1490	1265	1075	915
CITORI ESPRIT	2125	1805	1535	1305	1110
CITORI PRIVILEGE	4235	3600	3060	2600	2210
CITORI 625 FIELD	2275	1935	1645	1395	1185
CITORI 625 FEATHER	2425	2060	1750	1490	1265
CITORI 725 FIELD	2500	2125	1805	1535	1305
CITORI 725 FIELD GRADE VI	5100	4335	3685	3130	2660
CITORI 725 FEATHER	3100	2635	2240	1905	1620

	NIB	EXC	VG	G	F
CITORI 725 FEATHER SUPERLIGHT	3020	2565	2180	1855	1575
CITORI 725 GRADE III	3250	2765	2350	1995	1695
CITORI 725 GRADE V	5340	4540	3860	3280	2790
CITORI 725 GRADE VII SMALL GAUGE	6270	5330	4530	3850	3275
CITORI 725 HIGH GRADE SIDE PLATE FOUR GAUGE COMBO	9625	8180	6955	5910	5025

SHOTGUNS: O/U, CITORI SKEET

CITORI SKEET/SPECIAL SKEET MODELS

	NIB	EXC	VG	G	F
Citori Skeet Grade I					
Citori Skeet Grade I 12 or 20 Ga.	1295	1100	935	795	675
Citori Skeet Grade I Smaller Gauges	1400	1190	1010	860	730
Citori Skeet Grade II	1600	1360	1155	985	835
Citori Skeet Grade III	1700	1445	1230	1045	890
Citori Skeet Grade III Smaller Gauges	1800	1530	1300	1105	940
Citori Skeet Grade V	2200	1870	1590	1350	1150
Citori Skeet Grade VI	2300	1955	1660	1410	1200
Citori Skeet Grade VI Smaller Gauges	3000	2550	2170	1840	1565
Citori Skeet Golden Clays (GC)	2725	2315	1970	1675	1425
Citori Skeet Golden Clays Smaller Gauges	3000	2550	2170	1840	1565
CITORI XS SKEET (ULTRA XS SKEET)	2750	2340	1985	1690	1435
CITORI 725 SKEET	2725	2315	1970	1675	1425
CITORI 3-GAUGE SKEET SETS					
Citori 3-Gauge Skeet Set Grade I	2650	2255	1915	1625	1380
Citori 3-Gauge Skeet Set Grade III	3400	2890	2455	2090	1775
Citori 3-Gauge Skeet Set Grade VI	3600	3060	2600	2210	1880
Citori 3-Gauge Skeet Set Golden Clays	5800	4930	4190	3560	3025
CITORI 4-GAUGE SKEET SETS					
Citori 4-Gauge Skeet Set Grade I	7170	6095	5180	4405	3745
Citori 4-Gauge Skeet Set Grade III	4250	3615	3070	2610	2220
Citori 4-Gauge Skeet Set Grade VI	5000	4250	3615	3070	2610
Citori 4-Gauge Skeet Set Golden Clays	5650	4805	4080	3470	2950

SHOTGUNS: O/U, CITORI SPORTING CLAYS

	NIB	EXC	VG	G	F
CITORI 325 GRADE II	1300	1105	940	800	680
CITORI 325 GOLDEN CLAYS	2100	1785	1515	1290	1095
CITORI 425 SPORTING CLAYS GRADE I	1825	1550	1320	1120	950
CITORI 425 GOLDEN CLAYS	2100	1785	1515	1290	1095
CITORI 425 WSSF	1400	1190	1010	860	730
CITORI 525 SPORTING	2000	1700	1445	1230	1045
Citori 525 Sporting Grade I	2460	2090	1775	1510	1285
CITORI 525 GOLDEN CLAYS	2500	2125	1805	1535	1305
CITORI 625 SPORTING	2150	1830	1555	1320	1120
CITORI 725 SPORTING	3680	3130	2660	2260	1920
CITORI 725 SPORTING GOLDEN CLAYS	5150	4380	3720	3165	2690
CITORI 725 SPORTING GRADE V	4500	3825	3250	2765	2350
CITORI 725 SPORTING GRADE VII	5500	4675	3975	3380	2875
CITORI 725 SPORTING MEDALLION HIGH GRADE	7350	6250	5310	4515	3840
CITORI 725 PRO SPORTING WITH ADJ. COMB	4500	3825	3250	2765	2350
CITORI 802 EXTENDED SWING (ES) SPORTING	1395	1185	1010	855	725
CITORI GTI GRADE I	1400	1190	1010	860	730
CITORI GTI GOLDEN CLAYS	2350	2000	1700	1445	1230
CITORI GRADE I SPECIAL SPORTING	1295	1100	935	795	675
CITORI SPECIAL SPORTING GOLDEN CLAYS (GC)	2250	1915	1625	1380	1175
CITORI GRADE I SPECIAL SPORTING PIGEON GRADE	1395	1185	1010	855	725
CITORI ULTRA SPORTER	1795	1525	1295	1100	935
Citori Ultra Sporter Golden Clays (GC)	2250	1915	1625	1380	1175
CITORI FEATHER XS SPORTING	1700	1445	1230	1045	890
CITORI XS GOLDEN CLAYS	3150	2680	2275	1935	1645
CITORI XS SPORTING (ULTRA)	1900	1615	1375	1165	990
CITORI GRAND PRIX SPORTER	1600	1360	1155	985	835
CITORI LIGHTNING SPORTING (GRADE I)	1995	1695	1440	1225	1040
Citori Lightning Sporting Golden Clays (GC)	2600	2210	1880	1595	1355
CITORI GRADE I LIGHTNING SPORTING PIGEON GRADE	1500	1275	1085	920	780

SHOTGUNS: O/U, CITORI TARGET

Model	NIB	EXC	VG	G	F
CITORI XS SPECIAL	2250	1915	1625	1380	1175
CITORI GTS GRADE I	1950	1660	1410	1200	1020
CITORI GTS HIGH GRADE	3475	2955	2510	2135	1815
CITORI ULTRA XS PRESTIGE	4000	3400	2890	2455	2085

SHOTGUNS: O/U, CITORI TRAP

Model	NIB	EXC	VG	G	F
CITORI TRAP MODELS					
Citori Trap Grade I, Without Choke Tube	1000	850	725	615	525
Citori Trap Grade I, With Choke Tube	1150	980	830	705	600
Citori Grade I Special Trap	1395	1185	1010	855	725
Citori Trap Combination Set	1500	1275	1085	920	780
Citori Grade I Plus Trap	1900	1615	1375	1165	990
Citori Grade I Plus Trap Combo	2775	2360	2005	1705	1450
Citori Plus Trap Golden Clays	3000	2550	2170	1840	1565
Citori Plus Trap Golden Clays Combo	4425	3760	3195	2720	2310
Citori XT Trap (Older Mfg.)	2300	1955	1660	1410	1200
Citori XT Trap, Grade I (Recent Mfg.)	2275	1935	1645	1395	1185
Citori XT Trap Gold	4950	4210	3575	3040	2585
Citori Trap Pigeon Grade	1715	1460	1240	1055	895
Citori Trap Signature Painted	1595	1355	1150	980	835
Citori Trap Grade II	1200	1020	865	735	625
Citori Trap Grade III	1500	1275	1085	920	780
Citori Trap Grade V	1750	1490	1265	1075	915
Citori Trap Grade VI	1995	1695	1440	1225	1040
Citori Trap Golden Clays (GC)	2750	2340	1985	1690	1435
CITORI CXT	2660	2260	1920	1635	1390
CITORI CXT MICRO WITH ADJUSTABLE LOP	2880	2450	2080	1770	1505
CITORI XS PRO-COMP	2750	2340	1985	1690	1435
CITORI 725 PRO TRAP WITH ADJ. COMB	3825	3250	2765	2350	2000
CITORI 725 TRAP	3020	2565	2180	1855	1575
CITORI 725 TRAP GOLDEN CLAYS	5500	4675	3975	3380	2875
CITORI 725 TRAP GRADE V (RECENT MFG.)	4650	3955	3360	2855	2425
CITORI 725 TRAP GRADE VII	5450	4635	3940	3345	2845
CITORI 725 TRAP MAX	5500	4675	3975	3380	2875

SHOTGUNS: O/U, JOHN M. BROWNING COLLECTION

Model	NIB	EXC	VG	G	F
B15 BEAUCHAMP					
B15 Beauchamp Grade B	12750	10840	9210	7830	6655
B15 Beauchamp Grade C	14875	12645	10745	9135	7765
B15 Beauchamp Grade D	17000	14450	12285	10440	8875
B15 Beauchamp Grade E	19125	16255	13820	11745	9985
CLASSIC B25	Custom Order Only.				
B25 Sporter New Generation	Contact Browning for pricing.				

SUPERPOSED: 1931-1940 MFG. (PRE-WWII)

Model	EXC	VG	G	F
SUPERPOSED STANDARD GRADE/GRADE	2900	2200	1800	1530
SUPERPOSED PIGEON GRADE	5050	4100	3350	2850
SUPERPOSED DIANA GRADE	7650	5750	4450	3785
SUPERPOSED MIDAS GRADE	10625	7225	5750	4890

SUPERPOSED: 1948-1960 MFG. (POST-WWII)

Model	EXC	VG	G	F
SUPERPOSED GRADE I STANDARD WEIGHT 12ga.	1450	1250	1100	935
SUPERPOSED GRADE I STANDARD WEIGHT 20ga.	2525	2375	1900	1615
Superposed Grade I Lightning Hunting Model 12ga	1450	1250	1100	935
Superposed Grade I Lightning Hunting Model 20ga	2525	2375	1900	1615
Superposed Grade I Magnum	1550	1350	1150	980
Superposed Grade I Trap Standard Weight Model	1550	1350	1150	980
SUPERPOSED GRADE II 12ga.	3575	3150	2800	2380
SUPERPOSED GRADE II 20ga.	6200	5450	4900	4165
SUPERPOSED GRADE III 12ga.	4100	3575	3225	2740
SUPERPOSED GRADE III 20ga.	9000	7875	7100	6035
SUPERPOSED GRADE IV 12ga.	6800	5950	5350	4550
SUPERPOSED GRADE IV 20ga.	11875	10400	9400	7990
SUPERPOSED GRADE V 12ga.	5950	5200	4695	3990
SUPERPOSED GRADE V 20ga.	10800	9450	8500	7225

Model	NIB	EXC	VG	G	F
SUPERPOSED GRADE VI 12ga.		10200	8300	7450	6335
SUPERPOSED GRADE VI 20ga.		17500	15000	12900	10965
SUPERPOSED: 1960-1976 MFG.					
SUPERPOSED WITH EXTRA BARREL(S) OR SUPER-TUBES	See online listing for pricing info.				
SUPERPOSED VARIATIONS	See online listing for pricing info.				
SUPERPOSED GRADE I STANDARD WEIGHT & LIGHTNING, 12ga.		2750	2340	1985	1690	1435
SUPERPOSED GRADE I STANDARD WEIGHT & LIGHTNING, 20 ga.		3500	2975	2530	2150	1830
SUPERPOSED GRADE I STANDARD WEIGHT & LIGHTNING, 28 ga.		8500	7225	6140	5220	4435
SUPERPOSED GRADE I STANDARD WEIGHT & LIGHTNING, .410 bore		6500	5525	4695	3990	3390
Superposed Grade I Magnum		2500	2125	1805	1535	1305
Superposed Grade I Superlight, 12 Gauge		3250	2765	2350	1995	1695
Superposed Grade I Superlight, 20 Gauge		5500	4675	3975	3380	2875
Superposed Grade I Superlight, 28 Gauge		17500	14875	12645	10745	9135
Superposed Grade I Superlight, .410 Bore		9500	8075	6865	5835	4960
Superposed Grade I Skeet/New Model Skeet, 12 Gauge		1675	1425	1210	1030	875
Superposed Grade I Skeet/New Model Skeet, 20 Gauge		2450	2085	1770	1505	1280
Superposed Grade I Skeet/New Model Skeet, 28 Gauge		4950	4210	3575	3040	2585
Superposed Grade I Skeet/New Model Skeet, .410 Bore		2800	2380	2025	1720	1460
Superposed Grade I Four Gauge Skeet Set		5250	4465	3795	3225	2740
Superposed Grade I Trap Model (Lightning and		1950	1660	1410	1200	1020
SUPERPOSED PIGEON GRADE, 12 Gauge		6000	5100	4335	3685	3130
SUPERPOSED PIGEON GRADE, 20 Gauge		10000	8500	7225	6140	5220
SUPERPOSED PIGEON GRADE, 28 Gauge		15500	13175	11200	9520	8090
SUPERPOSED PIGEON GRADE, .410 Bore		11000	9350	7950	6755	5740
Superposed Pigeon Grade Superlight, 12 Gauge		7225	6140	5220	4435	3770
Superposed Pigeon Grade Superlight, 20 Gauge		12500	10625	9030	7675	6525
Superposed Pigeon Grade Superlight, 28 Gauge		35000	29750	25290	21495	18270
Superposed Pigeon Grade Superlight, .410 Bore		15000	12750	10840	9210	7830
SUPERPOSED POINTER GRADE, 12 Gauge		8700	7395	6285	5345	4545
SUPERPOSED POINTER GRADE, 20 Gauge		15000	12750	10840	9210	7830
SUPERPOSED POINTER GRADE, 28 Gauge		21500	18275	15535	13205	11225
SUPERPOSED POINTER GRADE, .410 Bore		17500	14875	12645	10745	9135
Superposed Pointer Grade Superlight, 12 Gauge		10400	8840	7515	6385	5425
Superposed Pointer Grade Superlight, 20 Gauge		21000	17850	15175	12895	10960
Superposed Pointer Grade Superlight, 28 Gauge		30000	25500	21675	18425	15660
Superposed Pointer Grade Superlight, .410 Bore		25000	21250	18065	15355	13050
SUPERPOSED DIANA GRADE, 12 Gauge		8500	7225	6140	5220	4435
SUPERPOSED DIANA GRADE, 20 Gauge		14000	11900	10115	8600	7310
SUPERPOSED DIANA GRADE, 28 Gauge		24000	20400	17340	14740	12530
SUPERPOSED DIANA GRADE, .410 Bore		18000	15300	13005	11055	9395
Superposed Diana Grade Superlight, 12 Gauge		9900	8415	7155	6080	5170
Superposed Diana Grade Superlight, 20 Gauge		18000	15300	13005	11055	9395
Superposed Diana Grade Superlight, 28 Gauge		40000	34000	28900	24565	20880
Superposed Diana Grade Superlight, .410 Bore		27500	23375	19870	16890	14355
SUPERPOSED MIDAS GRADE, 12 Gauge		10625	9030	7675	6525	5545
SUPERPOSED MIDAS GRADE, 20 Gauge		21000	17850	15175	12895	10960
SUPERPOSED MIDAS GRADE, 28 Gauge		27500	23375	19870	16890	14355
SUPERPOSED MIDAS GRADE, .410 Bore		21000	17850	15175	12895	10960
Superposed Midas Grade Superlight, 12 Gauge		15625	13280	11290	9595	8155
Superposed Midas Grade Superlight, 20 Gauge		24375	20720	17610	14970	12725
Superposed Midas Grade Superlight, 28 Gauge		45000	38250	32515	27635	23490
Superposed Midas Grade Superlight, .410 Bore		27500	23375	19870	16890	14355
SUPERPOSED BICENTENNIAL SUPERLIGHT		13000	11050	9395	7985	6785
Superposed Presentation 1		3500	2975	2530	2150	1830
Superposed Presentation 1 w/Gold Inlays		7500	6375	5420	4605	3915
Superposed Presentation 2		8000	6800	5780	4915	4180
Superposed Presentation 2 w/Gold Inlays		10000	8500	7225	6140	5220

	NIB	EXC	VG	G	F
Superposed Presentation 3	11500	9775	8310	7060	6000
Superposed Presentation 4	12500	10625	9030	7675	6525
Superposed Presentation 4 w/Gold Inlays	17000	14450	12285	10440	8875
SUPERPOSED PRESENTATION SERIES SUPERLITE (Pl	Custom Order Only				
Superposed Presentation I Superlite w/Gold, 12 Gauge	6750	5740	4875	4145	3525
Superposed Presentation I Superlite w/Gold, 20 Gauge	9500	8075	6865	5835	4960
Superposed Presentation I Superlite w/Gold, 28 Gauge	15000	12750	10840	9210	7830
Superposed Presentation I Superlite w/Gold, .410 Bore	12000	10200	8670	7370	6265
Superposed Presentation II Superlite, 12 Gauge	9500	8075	6865	5835	4960
Superposed Presentation II Superlite, 20 Gauge	14000	11900	10115	8600	7310
Superposed Presentation II Superlite, 28 Gauge	17500	14875	12645	10745	9135
Superposed Presentation II Superlite, .410 Bore	14000	11900	10115	8600	7310
Superposed Presentation III Superlite, 12 gauge	13000	11050	9395	7985	6785
Superposed Presentation III Superlite, 20 gauge	18500	15725	13365	11360	9655
Superposed Presentation III Superlite, 28 Gauge	24000	20400	17340	14740	12530
Superposed Presentation III Superlite, .410 Bore	19000	16150	13730	11670	9920
Superposed Presentation IV Superlite w/Gold, 12	21000	17850	15175	12895	10960
Superposed Presentation IV Superlite w/Gold, 20	25000	21250	18065	15355	13050
Superposed Presentation IV Superlite w/Gold, 28	32000	27200	23120	19650	16705
Superposed Presentation IV Superlite w/Gold, .410	25000	21250	18065	15355	13050
LIEGE (FN B-26)	1600	1360	1155	985	835
GRAND LIEGE	1850	1575	1335	1135	965
B-26	1600	1360	1155	985	835
B-27					
B-27 Standard Game	1395	1185	1010	855	725
B-27 Deluxe Game (Grade II)	1500	1275	1085	920	780
B-27 Grand Deluxe Game	1650	1405	1190	1015	865
B-27 Deluxe Skeet	1325	1125	955	815	695
B-27 Deluxe Trap	1395	1185	1010	855	725
B-27 City of Liege Commemorative	1875	1595	1355	1150	980
ST-100	4000	3400	2890	2455	2085
SUPERPOSED WATERFOWL SERIES					
Superposed Waterfowl 1981 Mallard Issue	8500	7225	6140	5220	4435
Superposed Waterfowl 1982 Pintail Issue	8500	7225	6140	5220	4435
Superposed Waterfowl 1983 Black Duck Issue	8500	7225	6140	5220	4435
SUPERPOSED SHOTGUN: 1983-86 MFG.					
Superposed Shotgun Grade I (1983-86 Mfg.)	2800	2380	2025	1720	1460
Superposed Shotgun Grade I (1983-86 Mfg.)	3750	3190	2710	2305	1060
SUPERPOSED CLASSIC SERIES	5000	4250	3615	3070	2610
Superposed Gold Classic	8500	7225	6140	5220	4435
Superposed: Custom Shop Current Pricing & Models					
B-25					
B-25 Grade I Traditional	10500	8925	7585	6450	5485
B-25 Pigeon Grade	13500	11475	9755	8290	7045
B-25 Pointer C Grade	14750	12540	10655	9060	7700
B-25 Diana C Grade	16000	13600	11560	9825	8350
B-25 Midas D Grade	18150	15430	13115	11145	9475
B-25 125th ANNIVERSARY	9500	8075	6865	5835	4960
B-125					
B-125 Hunting Models					
B-125 Hunting Model w/"A" Style Engraving	4000	3400	2890	2455	2085
B-125 Hunting Model w/"B" Style Engraving	4250	3615	3070	2610	2220
B-125 Hunting Model w/"C" Style Engraving	4500	3825	3250	2765	2350
B-125 Sporting Clays Models					
B-125 Sporting Clays Model w/"A" Style Engraving	4000	3400	2890	2455	2085
B-125 Sporting Clays Model w/"B" Style Engraving	4250	3615	3070	2610	2220
B-125 Sporting Clays Model w/"C" Style Engraving	4500	3825	3250	2765	2350
B-125 Trap Model	5200	4420	3755	3195	2715
SHOTGUNS: SxS					
B-SS, 12 Gauge	1450	1235	1050	890	755
B-SS, 20 Gauge	2200	1870	1590	1350	1150
B-SS Grade II	3250	2765	2350	1995	1695
B-SS SPORTER	2500	2125	1805	1535	1305

	NIB	EXC	VG	G	F
B-SS Sporter Grade II	3150	2680	2275	1935	1645
B-SS "Bottle" Sporter Set, 12 and 20 Gauges	10000	8500	7225	6140	5220
B-SS "Bottle" Sporter Set, 12 Gauge	3250	2765	2350	1995	1695
B-SS "Bottle" Sporter Set, 20 Gauge	4000	3400	2890	2455	2085
B-SS SIDELOCK, 12 Gauge	3750	3190	2710	2305	1960
B-SS SIDELOCK, 20 Gauge	6000	5100	4335	3685	3130

SHOTGUNS: SEMI-AUTO, AUTO-5 1903-1998, 2012-CURRENT MFG.

Be sure to consult our app, website, or previous *Blue Book of Gun Values* for model clarification.

AUTO-5 STANDARD MODELS - 1903 -1940 MFG.

	NIB	EXC	VG	G	F
AUTO-5 Grade 1, Plain Barrel	925	785	670	570	485
AUTO-5 Grade 1, Solid Rib	1200	1020	865	735	625
AUTO-5 Grade 1, Vented Rib	1075	915	775	660	560
AUTO-5 Grade 2, Plain Barrel	1625	1380	1175	1000	850
AUTO-5, Grade 2, Solid Matte Rib	2150	1830	1555	1320	1120
AUTO-5, Grade 2, Vented Rib	2050	1745	1480	1260	1070
AUTO-5, Grade 3, Plain Barrel	3050	2595	2205	1875	1595
AUTO-5, Grade 3, Solid Matte Rib	3700	3145	2675	2270	1930
AUTO-5, Grade 3, Vented Rib	3600	3060	2600	2210	1880
AUTO-5, Grade 4, Plain Barrel	4500	3825	3250	2765	2350
AUTO-5, Grade 4, Solid Matte Rib	5250	4465	3795	3225	2740
AUTO-5, Grade 4, Vented Rib	5150	4380	3720	3165	2690
"AMERICAN BROWNING" AUTO-5	695	590	500	425	360
AUTO-5 STANDARDWEIGHT, Plain Barrel	1150	980	830	705	600
AUTO-5 STANDARDWEIGHT, Solid Matte Rib	1450	1235	1050	890	755
AUTO-5 STANDARDWEIGHT, Vented Rib	1350	1150	975	830	705
AUTO-5 LIGHTWEIGHT (LIGHT 12 & LIGHT 20)	1300	1105	940	800	680
AUTO-5 LIGHTWEIGHT (LIGHT 12 & LIGHT 20)	1525	1295	1100	935	795
Auto-5 Light 12 Miroku	1050	895	760	645	550
Auto-5 Light 20 Miroku	1350	1150	975	830	705
SUPER LIGHTWEIGHT AUTO-5, Matte Black	2175	1850	1570	1335	1135
SUPER LIGHTWEIGHT AUTO-5, Matte Gray	2200	1870	1590	1350	1150
SUPER LIGHTWEIGHT AUTO-5, Pattern 1	2400	2040	1735	1475	1255
SUPER LIGHTWEIGHT AUTO-5, Pattern 2	2625	2230	1895	1610	1370
SUPER LIGHTWEIGHT AUTO-5, Pattern 3	2800	2380	2025	1720	1460
AUTO-5 MAGNUM, FN Model, Plain Barrel	1800	1530	1300	1105	940
AUTO-5 MAGNUM, FN Model, Vented Rib	1350	1150	975	830	705
Auto-5 Mag. Miroku	1025	870	740	630	535
AUTO-5 STALKER	1540	1310	1115	945	805
AUTO-5 BUCK SPECIAL MODELS					
Auto-5 Buck Special FN Mfg. 12 Ga.	1375	1170	995	845	720
Auto-5 Buck Special Miroku Model	1050	895	760	645	550
AUTO-5 SKEET MODELS					
Auto-5 Skeet FN Mfg.	1325	1125	955	815	695
Auto-5 Skeet Miroku Model	1000	850	725	615	525
AUTO-5 TRAP MODEL	1300	1105	940	800	680
AUTO-5 SWEET 16, Plain Barrel	2020	1715	1460	1240	1055
AUTO-5 SWEET 16, Solid Matte Rib	2500	2125	1805	1535	1305
AUTO-5 SWEET 16, Vented Rib	4250	3615	3070	2610	2220
Auto-5 Sweet 16 Miroku	1625	1380	1175	1000	850
AUTO-5 TWO MILLIONTH COMMEMORATIVE	2950	2510	2130	1810	1540
AUTO-5 POLICE CONTRACT, 5rd Magazine		700	650	625	530
AUTO-5 POLICE CONTRACT, 8rd Magazine		1300	1095	995	845
AUTO-5 CLASSIC SERIES					
Auto-5 Gold Classic Model	9950	8460	7190	6110	5195
Auto-5 Classic Model	2950	2510	2130	1810	1540
FN CENTENARY EDITION					0
FN Centenary Edition 12 ga.	2900	2465	2095	1780	1515
FN Centenary Edition 16 ga.	8000	6800	5780	4915	4180
AUTO-5 BCA COMMEMORATIVE	1550	1320	1120	950	810
AUTO-5 DU 50TH ANNIVERSARY	See Ducks Unlimited listing.				
Auto-5 DU Light 12	2950	2510	2130	1810	1540
Auto-5 DU Sweet 16	2450	2085	1770	1505	1280
Auto-5 DU Light 20	2200	1870	1590	1350	1150

	NIB	EXC	VG	G	F
AUTO-5 FINAL TRIBUTE	3200	2720	2310	1965	1670
A5 CAMO	2100	1785	1515	1290	1095
A5 HUNTER	2050	1745	1480	1260	1070
A5 HUNTER HIGH GRADE	1850	1575	1335	1135	965
A5 SWEET SIXTEEN	2020	1715	1460	1240	1055
A5 Sweet Sixteen Camo	1800	1530	1300	1105	940
A5 Sweet Sixteen Lightning	1630	1385	1180	1000	850
A5 Sweet Sixteen Ultimate	2025	1720	1465	1245	1060
A5 Sweet Sixteen Upland	1825	1550	1320	1120	950
A5 Sweet Sixteen Wicked Wing	2430	2065	1755	1490	1265
A5 STALKER	1950	1660	1410	1200	1020
A5 ULTIMATE	2380	2025	1720	1460	1240
A5 WICKED WING (CURRENT MFG.)	2430	2065	1755	1490	1265
A5 WICKED WING (RECENT MFG.)	1590	1350	1150	975	830
BROWNING SPECIAL AUTO-5	2250	1915	1625	1380	1175
BROWNING SPECIAL AUTO-5	2150	1830	1555	1320	1120
AUTO-5 THREE SHOT, Grade 1	1025	870	740	630	535
AUTO-5 THREE SHOT, Solid Matte Rib	1275	1085	920	785	665
AUTO-5 THREE SHOT, Vented Rib	1175	1000	850	720	610

SHOTGUNS: SEMI-AUTO, DOUBLE AUTO MODELS

	NIB	EXC	VG	G	F
STANDARD DOUBLE AUTO, Plain Barrel	1150	980	830	705	600
STANDARD DOUBLE AUTO, Ribbed Barrel	1475	1255	1065	905	770
LIGHTWEIGHT DOUBLE AUTO, Plain Barrel	1500	1275	1085	920	780
LIGHTWEIGHT DOUBLE AUTO, Ribbed Barrel	1700	1445	1230	1045	890
TWELVETTE DOUBLE AUTO, Plain Barrel	1350	1150	975	830	705
TWELVETTE DOUBLE AUTO, Ribbed barrel	1750	1490	1265	1075	915
TWENTYWEIGHT DOUBLE AUTO, Plain Barrel	1450	1235	1050	890	755
TWENTYWEIGHT DOUBLE AUTO, Ribbed Barrel	1825	1550	1320	1120	950

SHOTGUNS: SEMI-AUTO, MISC. - CURRENT / RECENT MFG.

	NIB	EXC	VG	G	F
B/2000 STANDARD	650	555	470	400	340
B/2000 MAGNUM	750	640	540	460	390
B/2000 SKEET	600	510	435	370	315
B/2000 TRAP	600	510	435	370	315
B/2000 BUCK SPECIAL	600	510	435	370	315
1976 CANADIAN OLYMPICS B2000	1650	1405	1190	1015	865
MODEL B-80	600	510	435	370	315
Model B-80 Upland Special	650	555	470	400	340
MODEL D 00 DU COMMEMORATIVE	995	045	720	010	520
A-500 (R) HUNTING	600	510	435	370	315
A-500G HUNTING	650	555	470	400	340
A-500G Sporting Clays	650	555	470	400	340
GOLD 3 IN. HUNTER	825	700	595	505	430
Gold Superlite Hunter	975	830	705	600	510
GOLD 3 1/2 IN. HUNTER	985	835	710	605	515
Gold 3 1/2 In. Superlite Hunter	1075	915	775	660	560
Gold 3 1/2 In. Turkey/Waterfowl Hunter	875	745	630	535	455
Gold 3 1/2 In. NWTF Mossy Oak Break-Up	875	745	630	535	455
Gold 3 1/2 In. Mossy Oak New Break-Up/New Shadow Grass	1750	1490	1265	1075	915
Gold 3 1/2 In. Mossy Oak Duck Blind	1740	1480	1255	1070	910
Gold 3 1/2 In. NWTF Ultimate Turkey Gun	1515	1290	1095	930	790
GOLD FIELD HUNTER (CLASSIC)	800	680	580	490	415
Gold Superlite Field Hunter	1025	870	740	630	535
Gold Turkey/Waterfowl Hunter Camo	750	640	540	460	390
Gold Mossy Oak New Break-Up/Shadow Grass	1200	1020	865	735	625
Gold Mossy Oak Duck Blind	1740	1480	1255	1070	910
Gold NWTF Mossy Oak New Break-Up	850	725	615	520	440
Gold Classic High Grade Hunter	1575	1340	1140	965	820
GOLD MICRO	775	660	560	475	405
Gold Superlite Micro	850	725	615	520	440
GOLD UPLAND SPECIAL	775	660	560	475	405
GOLD FUSION	900	765	650	555	470
Gold Fusion High Grade	1825	1550	1320	1120	950

Model	NIB	EXC	VG	G	F
GOLD EVOLVE	1255	1065	905	770	655
Gold Evolve Sporting	1325	1125	955	815	695
GOLD DEER HUNTER	1000	850	725	615	525
Gold Deer Hunter with Mossy Oak Break-Up Camo	950	810	685	585	495
GOLD 3 IN. STALKER	900	765	650	555	470
Gold 3 In. Stalker Field (Classic)	800	680	580	490	415
Gold 3 In. Turkey/Waterfowl Stalker	650	555	470	400	340
Gold 3 In. NWTF Stalker	635	540	460	390	330
Gold 3 In. Rifled Deer Stalker	1190	1010	860	730	620
GOLD 3 1/2 IN. STALKER	985	835	710	605	515
Gold 3 1/2 In. Turkey/Waterfowl Stalker	800	680	580	490	415
GOLD SPORTING CLAYS	1000	850	725	615	525
Gold Golden Clays	1940	1650	1400	1190	1010
Gold Sporting Ladies/Youth	1000	850	725	615	525
Gold Golden Clays Ladies/Youth	1575	1340	1140	965	820
GOLD NRA SPORTING	950	810	685	585	495
BSA 10	Re-named to Gold 10 Gauge.				
GOLD LIGHT 10 GA. 3 1/2 IN. (HUNTER/STALKER)	1585	1345	1145	975	830
GOLD LIGHT 10 CAMO	2000	1700	1445	1230	1045
MAXUS ALL PURPOSE	1425	1210	1030	875	745
MAXUS ALL PURPOSE HUNTER	2190	1860	1580	1345	1145
MAXUS CAMO	1450	1235	1050	890	755
MAXUS HUNTER	1700	1445	1230	1045	890
MAXUS RIFLED DEER CAMO	1395	1185	1010	855	725
MAXUS RIFLED DEER STALKER	1300	1105	940	800	680
MAXUS SPORTING	1595	1355	1150	980	835
MAXUS SPORTING CARBON FIBER	1350	1150	975	830	705
MAXUS SPORTING GOLDEN CLAYS	1785	1515	1290	1095	930
MAXUS STALKER	1190	1010	860	730	620
MAXUS ULTIMATE	1725	1465	1245	1060	900
MAXUS WICKED WING	1495	1270	1080	920	780
MAXUS II CAMO	2100	1785	1515	1290	1095
MAXUS II HUNTER	1780	1515	1285	1095	930
MAXUS II SPORTING CARBON FIBER	2050	1745	1480	1260	1070
MAXUS II STALKER	1780	1515	1285	1095	930
MAXUS II ULTIMATE	2180	1855	1575	1340	1140
MAXUS II WICKED WING CAMO	2300	1955	1660	1410	1200
SILVER 3 1/2 IN. CAMO	1165	990	840	715	610
SILVER BLACK LIGHTNING	1070	910	775	655	555
SILVER FIELD	1320	1120	955	810	690
SILVER FIELD CAMO	1350	1150	975	830	705
SILVER FIELD COMPOSITE	1320	1120	955	810	690
SILVER FIELD MICRO MIDAS	1360	1155	985	835	710
SILVER HUNTER	1040	885	750	640	545
SILVER HUNTER MICRO MIDAS	1200	1020	865	735	625
SILVER MATTE HUNTER	1250	1065	905	770	655
SILVER MATTE HUNTER MICRO MIDAS	1070	910	775	655	555
SILVER LIGHTNING	1040	885	750	640	545
SILVER 3 1/2 IN. LIGHTNING	1125	955	815	690	585
SILVER MICRO	1180	1005	855	725	615
SILVER NWTF CAMO	1360	1155	985	835	710
SILVER 3 1/2 IN. NWTF CAMO	1350	1150	975	830	705
SILVER RIFLED DEER CAMO	1500	1275	1085	920	780
SILVER RIFLED DEER MATTE	1420	1205	1025	870	740
SILVER RIFLED DEER SATIN	1165	990	840	715	610
SILVER RIFLED DEER STALKER	1125	955	815	690	585
SILVER SPORTING	1115	950	805	685	580
SILVER SPORTING MICRO	1340	1140	970	825	700
SILVER STALKER	1075	915	775	660	560

SHOTGUNS: SINGLE BARREL, BT-99 & BT-100

Model	NIB	EXC	VG	G	F
BT-99 STANDARD TRAP GUN	1720	1460	1245	1055	895
BT-99 2 Barrel Set	2000	1700	1445	1230	1045

	NIB	EXC	VG	G	F
BT-99 Pigeon Grade	1395	1185	1010	855	725
BT-99 Pigeon Grade	1700	1445	1230	1045	890
BT-99 Signature Painted	1350	1150	975	830	705
BT-99 Stainless	2800	2380	2025	1720	1460
BT-99 (CURRENT MFG.)	1425	1210	1030	875	745
BT-99 GOLDEN CLAYS	4340	3690	3135	2665	2265
BT-99 GRADE III	2830	2405	2045	1740	1480
BT-99 MICRO	1720	1460	1245	1055	895
BT-99 Micro with Adjustable LOP	1900	1615	1375	1165	990
BT-99 MICRO MIDAS	1295	1100	935	795	675
BT-99 PLUS GRADE I	1775	1510	1280	1090	925
BT-99 Plus Stainless Grade I	1950	1660	1410	1200	1020
BT-99 Plus Pigeon Grade Grade I	1875	1595	1355	1150	980
BT-99 Plus Signature Painted Grade I	1750	1490	1265	1075	915
BT-99 Plus Golden Clays Grade I	2700	2295	1950	1660	1410
BT-99 PLUS (CURRENT MFG.)	3450	2935	2495	2120	1800
BT-99 MAX	1300	1105	940	800	680
BT-99 MAX HIGH GRADE	6100	5185	4405	3745	3185
BT-100 STANDARD TRAP GUN	2350	2000	1700	1445	1230
BT-100 Stainless	2600	2210	1880	1595	1355
BT-100 SATIN (LOW LUSTER)	1850	1575	1335	1135	965

SHOTGUNS: SINGLE BARREL, RECOILLESS TRAP

	NIB	EXC	VG	G	F
RECOILLESS SINGLE BARREL TRAP	1200	1020	865	735	625
Recoilless Single Barrel Trap Signature Painted	1250	1065	905	770	655

SHOTGUNS: SLIDE ACTION

	NIB	EXC	VG	G	F
BPS FIELD	680	580	490	420	355
BPS FIELD COMPOSITE	780	665	565	480	410
BPS FIELD COMPOSITE CAMO	900	765	650	555	470
BPS HUNTER/FIELD MODEL	825	700	595	505	430
BPS Stalker Model	595	505	430	365	310
BPS Camo 3 In.	700	595	505	430	365
BPS NWTF Camo	800	680	580	490	415
BPS Pigeon Grade	550	470	395	340	290
BPS Upland Special	595	505	430	365	310
BPS Turkey Special	400	340	290	245	210
BPS Micro	565	480	410	345	295
BPS Micro Midas	840	715	605	515	440
BPS Micro - Youth and Ladies Model	385	325	280	235	200
BPS Rifled Deer Hunter/Special (DG, DS or DH)	700	595	505	430	365
BPS Rifled Deer Camo	740	630	535	455	385
BPS Buck Special	335	285	240	205	175
BPS All Purpose	795	675	575	490	415
BPS MAGNUM HUNTER 12 GA. 3 1/2 IN.	675	575	490	415	355
BPS Camo 3 1/2 In. (Magnum Hunter)	800	680	580	490	415
BPS Magnum Hunter Waterfowl	615	525	445	380	325
BPS Magnum 3 1/2 In. Buck Special	500	425	360	305	260
BPS MAGNUM STALKER 10 GA. (HUNTER MODEL)	1300	1105	940	800	680
BPS 10 GA. CAMO	795	675	575	490	415
BPS 10 GA. NWTF	875	745	630	535	455
BPS TRAP MODEL	360	305	260	220	185
BPS TRAP (RECENT MFG.)	750	640	540	460	390
BPS Micro Trap	750	640	540	460	390
BPS WILD TURKEY FEDERATION COMMEMORATIVE	550	470	395	340	290
BPS PACIFIC EDITION DU	595	505	430	365	310
BPS COASTAL DU	595	505	430	365	310
BPS WATERFOWL DELUXE	625	530	450	385	325
Model 12 Limited Edition Grade I 20 Ga.	800	680	580	490	415
Model 12 Limited Edition Grade V 20 Ga.	1890	1605	1365	1160	985
Model 12 Limited Edition Grade I 28 Ga.	1150	980	830	705	600
Model 12 Limited Edition Grade V 28 ga.	1850	1575	1335	1135	965
Model 42 Limited Edition Grade I	1800	1530	1300	1105	940
Model 42 Limited Edition Grade V	1850	1575	1335	1135	965

	NIB	EXC	VG	G	F
SPECIAL EDITIONS, COMMEMORATIVES, & LIMITED MFG.					
BICENTENNIAL 1876-1976 SET	1975	1680	1425	1215	1035
CENTENNIAL O/U RIFLE/SHOTGUN	6750	5740	4875	4145	3525
CENTENNIAL SET	8750	7440	6320	5375	4570
BUCK MARK COMMEMORATIVE PISTOL	335	285	240	205	175
SHOT Show Specials					
ALL SHOT SHOW SPECIAL values are free to view on our website					

BRUCHET

Pricing info for all models is available free online.

BRYCO ARMS

	NIB	EXC	VG	G	F
MODEL T-22	No Production of this model.				
MODEL J-25	110	95	80	70	60
MODEL M-32/M-38	110	95	80	70	60
MODEL M-48	125	105	90	75	65
MODEL M-5	130	110	95	80	70
MODEL M-59	140	120	100	85	70
JENNINGS NINE	180	155	130	110	95

BSA GUNS LIMITED

	NIB	EXC	VG	G	F
RIFLES/CARBINES: BOLT ACTION					
MAJESTIC FEATHERWEIGHT DELUXE	1200	1020	865	735	625
MAJESTIC FEATHERWEIGHT DELUXE, .458 WinMag	700	595	505	430	365
MAJESTIC DELUXE	550	470	395	340	290
MAJESTIC DELUXE, .22 Hornet	950	810	685	585	495
MONARCH DELUXE	575	490	415	355	300
MONARCH DELUXE VARMINT	800	680	580	490	415
MARTINI ISU MATCH .22	825	700	595	505	430
CF-2 MODELS					
CF-2 Action Sporter/Classic	550	470	395	340	290
CF-2 Action Classic Varminter	550	470	395	340	290
CF-2 Action Heavy Barrel Model	550	470	395	340	290
CF-2 Action Carbine Model	625	530	450	385	325
CF-2 Action Stutzen Rifle	800	680	580	490	415
CF-2 Action Regal Custom	1000	850	725	615	525
CFT TARGET RIFLE	750	640	540	460	390
RIFLES: SINGLE SHOT					
NO. 12 MARTINI	995	845	720	610	520
MILITARY MARTINI HENRY (MODELS 1871 & 1885), Post-1900 mfg.	900	765	650	555	470
MILITARY MARTINI HENRY (MODELS 1871 & 1885), Pre-1900 mfg.	650	555	470	400	340
MARTINI CADET	1000	850	725	615	525
Martini Cadet Australian Junior	600	510	435	370	315
MODEL 15	795	675	575	490	415
CENTURION MATCH RIFLE	800	680	580	490	415
MODEL 12/15	725	615	525	445	380
MODEL 13	725	615	525	445	380
MODEL 13 SPORTER	725	615	525	445	380
MODEL 13 SPORTER, .22 Hornet	950	810	685	585	495
MARTINI INTERNATIONAL MATCH	1200	1020	865	735	625
INTERNATIONAL LIGHT	775	660	560	475	405
INTERNATIONAL MKII	1500	1275	1085	920	780
INTERNATIONAL MKIII	995	845	720	610	520
INTERNATIONAL ISU	1000	850	725	615	525
INTERNATIONAL MARK V	1000	850	725	615	525
SHOTGUNS					
200/300 SERIES SEMI-AUTO	400	340	290	245	210
CLASSIC SxS	1250	1065	905	770	655
FALCON O/U	1150	980	830	705	600

	NIB	EXC	VG	G	F
ROYAL SxS	1500	1275	1085	920	780
SILVER EAGLE O/U	500	425	360	305	260
SPORTING O/U	1250	1065	905	770	655

BUDISCHOWSKY

PISTOLS: SEMI-AUTO

	NIB	EXC	VG	G	F
TP-70	500	425	360	305	260
SEMI-AUTO PISTOL	470	400	340	290	245

RIFLES: SEMI-AUTO

	NIB	EXC	VG	G	F
TACTICAL DESIGN RIFLE	500	425	360	305	260
TACTICAL DESIGN RIFLE W/FOLDING STOCK	575	490	415	355	300

BUFFALO ARMS

	NIB	EXC	VG	G	F
MODEL 1	250	215	180	155	130

BULA DEFENSE SYSTEMS

	NIB	EXC	VG	G	F
M14 (BATTLE RIFLE)	2650	2255	1915	1625	1380
M21 DMR (DESIGNATED MARKSMAN RIFLE)	2050	1745	1480	1260	1070
M21 DMR BUSHMASTER/XTREME M21 DMR	2050	1745	1480	1260	1070
XM21 BUSHMASTER/XTREME XM21	2050	1745	1480	1260	1070
XM21 CBR (CARBON FIBER BATTLE RIFLE)	2550	2170	1840	1565	1330
XM21 LAW ENFORCEMENT MODEL	2250	1915	1625	1380	1175

BULLARD REPEATING ARMS COMPANY

RIFLES: CARTRIDGE LEVER ACTION

LEVER ACTION REPEATER

	NIB	EXC	VG	G	F
Lever Action Large Frame		5000	4400	3800	3230
Lever Action Small Frame		4500	4000	3400	2890

RIFLES: CARTRIDGE SINGLE SHOT

SINGLE SHOT MODEL

	NIB	EXC	VG	G	F
Single Shot Solid Frame		4500	4000	3500	2975
Single Shot Detachable-interchangeable Barrel Model		4500	4000	3500	2975

BUSHMASTER FIREARMS

PISTOLS: SEMI-AUTO

	NIB	EXC	VG	G	F
ACR PISTOL	1750	1490	1265	1075	915
BUSHMASTER ARM PISTOL		3500	3000	2560	2175
CARBON-15 TYPE P21S/TYPE 21	775	660	560	475	405
CARBON-15 TYPE 97/TYPE P97S	1130	960	815	695	590
CARBON-15 9MM	850	725	615	520	440
PIT VIPER AP-21	775	660	560	475	405
SQUAREDROP PISTOL	1250	1065	905	770	655
XM-15 PATROLMAN'S AR PISTOL	875	745	630	535	455
XM-15 ENHANCED PATROLMAN'S AR PISTOL	1100	935	795	675	575

RIFLES: BOLT ACTION

	NIB	EXC	VG	G	F
BA50 CARBINE/RIFLE	5985	5085	4325	3675	3125
VARMINTER	4250	3615	3070	2610	2220

RIFLES: SEMI-AUTO (MFG. 1989-2020)

	NIB	EXC	VG	G	F
.300 AAC BLACKOUT	1350	1150	975	830	705
.450 CARBINE/RIFLE	1075	915	775	660	560
450 BM SD CARBINE	1175	1000	850	720	610
6.8MM SPC/7.62x39MM CARBINE	1250	1065	905	770	655
ORIGINAL BUSHMASTER TACTICAL RIFLE - EARLY GWINN MFG.		2500	2150	1850	1575
TARGET/COMPETITION A-2/A-3 RIFLE (XM15-E2S)	875	745	630	535	455
HEAVY BARREL CARBINE A-2/A-3 (XM15-E2S,	800	680	580	490	415
M4 Post-Ban Carbine (XM15-E2S)	1200	1020	865	735	625
XM-15 Limited Edition 20th Anniversary Rifle	1385	1175	1000	850	725
XM-15 Limited Edition 25th Anniversary Carbine	1385	1175	1000	850	725
E2 Carbine	775	660	560	475	405

	NIB	EXC	VG	G	F
AK CARBINE	1100	935	795	675	575
DISSIPATOR CARBINE	1200	1020	865	735	625
MOE DISSIPATOR CARBINE	975	830	705	600	510
MOE .223 MID-LENGTH	975	830	705	600	510
MOE .308 MID-LENGTH	1400	1190	1010	860	730
MOE M4-TYPE CARBINE/A-TACS CARBINE	975	830	705	600	510
M4 A.R.M.S. CARBINE	1125	955	815	690	585
PATROLMAN'S CARBINE	1150	980	830	705	600
M4 PATROLMAN'S CARBINE	985	835	710	605	515
M4 A3 PATROLMAN'S CARBINE CERAKOTE	1175	1000	850	720	610
M4 A3 PATROLMAN'S CARBINE W/QUAD RAIL	975	830	705	600	510
M17S BULLPUP	1000	850	725	615	525
MINIMALIST-SD	1050	895	760	645	550
MINIMALIST-SD M-LOK	1050	895	760	645	550
MODULAR CARBINE	1600	1360	1155	985	835
SUPERLIGHT CARBINE	1150	980	830	705	600
ACR (RECENT PRODUCTION)	1890	1605	1365	1160	985
ACR BASIC A-TACS CARBINE	2125	1805	1535	1305	1110
ACR BASIC FOLDER	1725	1465	1245	1060	900
ACR BASIC ORC CARBINE	1875	1595	1355	1150	980
ACR BASIC FOLDER ORC	1975	1680	1425	1215	1035
ACR DMR	2225	1890	1610	1365	1160
ACR DMR (RECENT MFG.)	2050	1745	1480	1260	1070
ACR ENHANCED	1795	1525	1295	1100	935
ACR ORC BULLET BUTTON	1795	1525	1295	1100	935
ACR PATROL CARBINE	2250	1915	1625	1380	1175
ACR SPECIAL PURPOSE CARBINE	2225	1890	1610	1365	1160
ORC (OPTICS READY CARBINE)	1030	875	745	635	540
ORC 5.56	975	830	705	600	510
MOE/ORC GAS PISTON CARBINE	1125	955	815	690	585
GAS PISTON CARBINE	1650	1405	1190	1015	865
HUNTER	1525	1295	1100	935	795
PREDATOR	1160	985	840	710	605
DCM COMPETITION RIFLE	1350	1150	975	830	705
DCM-XR COMPETITION RIFLE	1060	900	765	650	555
CARBINE-15 COMPETITION	1000	850	725	615	525
CARBON-15 R21	900	765	650	555	470
Carbon-15 Lady	900	765	650	555	470
CARBON-15 (R97/97S)	1175	1000	850	720	610
CARBON-15 .22 LR	700	595	505	430	365
CARBON-15 9MM	990	840	715	610	520
CARBON-15 TOP LOADING RIFLE	1000	850	725	615	525
CARBON-15 MODEL 4 CARBINE	850	725	615	520	440
CARBON-15 FLAT-TOP CARBINE	850	725	615	520	440
CARBON-15 SUPERLIGHT ORC W/RED DOT	775	660	560	475	405
CARBON-15 M4 QUAD RAIL	775	660	560	475	405
CARBON-15 C22 COMBO	1100	935	795	675	575
CARBON 22	450	385	325	275	235
V-MATCH COMPETITION RIFLE	1000	850	725	615	525
V-Match Commando Carbine	1000	850	725	615	525
VARMINTER	1100	935	795	675	575
VARMINTER W/2020 OPTICS	4000	3400	2890	2455	2085
BUSHMASTER .308 SERIES	1575	1340	1140	965	820
XM-10 .308 ENHANCED ORC	1425	1210	1030	875	745
XM-10 DMR	1800	1530	1300	1105	940
XM-10 ORC GEN 1 (ORC .308)	1125	955	815	690	585
XM-15 ORC	825	700	595	505	430
XM-15 TACTICAL ORC (BASIC TACTICAL CARBINE)	1200	1020	865	735	625
XM-15 QRC (QUICK RESPONSE CARBINE)	815	695	590	500	425
XM-15 3-GUN ENHANCED CARBINE	1575	1340	1140	965	820

RIFLES: SEMI-AUTO (MFG. 2021-PRESENT)

	NIB	EXC	VG	G	F
450 BUSHMASTER	950	810	685	585	495

	NIB	EXC	VG	G	F
450 BRAVO ZULU	1295	1100	935	795	675
BRAVO ZULU RIFLE	955	810	690	585	495
BRAVO ZULU 350 LEGEND	1010	860	730	620	525
M4 PATROLMAN'S CARBINE	805	685	580	495	420
M4 PATROLMAN'S FLAT-TOP CARBINE	880	750	635	540	460
M4 PATROLMAN'S MOE/M4 PATROLMAN'S MOE FLAT-TOP	1040	885	750	640	545
QRC (QUICK RESPONSE CARBINE)	800	680	580	490	415
QRC Pro	850	725	615	520	440
QRC II	Contact Manufacturer for pricing.				
QRC II Pro	Contact Manufacturer for pricing.				

BUTLER ARMS USA

	NIB	EXC	VG	G	F
BUTLER XX12	6875	5845	4965	4220	3585

BUTLER ASSOC., INC.

	NIB	EXC	VG	G	F
SINGLE SHOT	250	215	180	155	130
SINGLE SHOT, Cased Set	400	340	290	245	210

C-MORE COMPETITION

	NIB	EXC	VG	G	F
M26-CMC-M1	1530	1300	1105	940	800

C. SHARPS ARMS, INC.

	NIB	EXC	VG	G	F
NEW MODEL 1874 BRIDGEPORT SPORTING RIFLE	2700	2295	1950	1660	1410
NEW MODEL 1874 HARTFORD SPORTING RIFLE	3000	2550	2170	1840	1565
1874 SEMI-CUSTOM CLASSIC HARTFORD SPORTING	3000	2550	2170	1840	1565
NEW MODEL 1874 CARBINE HUNTER	2700	2295	1950	1660	1410
CUSTOM NEW MODEL 1874 BOSS GUN	4850	4125	3505	2980	2535
NEW MODEL 1874 CUSTOM GRADE III ENGRAVED	5900	5015	4265	3625	3080
NEW MODEL 1874 HARTFORD SPORTING RIFLE	3400	2890	2455	2090	1775
1874 HEAVY HARTFORD LONG RANGE SPORTING &	2900	2465	2095	1780	1515
NEW MODEL 1875 CARBINE	1350	1150	975	830	705
1875 SHARPS CLASSIC RIFLE	2700	2295	1950	1660	1410
NEW MODEL 1875 BUSINESS RIFLE	1980	1685	1430	1215	1035
NEW MODEL 1875 CLASSIC HARTFORD	2995	2545	2165	1840	1565
NEW MODEL 1875 SPORTING RIFLE	1775	1510	1280	1090	925
NEW MODEL 1875 TARGET SPORTING RIFLE	1775	1510	1280	1090	925
NEW MODEL 1875 SADDLE RIFLE	1475	1255	1065	905	770
CUSTOM NEW MODEL 1877	5250	4465	3795	3225	2740
CUSTOM 1877 LONG RANGE TARGET RIFLE	3250	2765	2350	1995	1695
Model 1877 Standard Long Range Target Rifle	3250	2765	2350	1995	1695
Model 1877 J.P. Lower Style Rifle	2635	2240	1905	1620	1375
MODEL 1877 PRESENTATION GRADE CASED LONG	Call manufacturer for pricing.				
1879 HEPBURN MID-RANGE TARGET & SPORTING	3175	2700	2295	1950	1660
1885 CUSTOM ENGRAVED GRADE II HIGHWALL	5995	5095	4330	3680	3130
1885 CUSTOM ENGRAVED GRADE III CLASSIC	5325	4525	3845	3270	2780
NEW MODEL 1885 HIGHWALL & LOWWALL CLASSIC	1675	1425	1210	1030	875
NEW MODEL 1885 HIGHWALL & LOWWALL SPORTING	1595	1355	1150	980	835
1885 HIGHWALL SCHUETZEN RIFLE	2450	2085	1770	1505	1280
1885 LOWWALL SCHUETZEN RIFLE	2450	2085	1770	1505	1280
HOPKINS & ALLEN RIFLE	1000	850	725	615	525

C.O. ARMS

	NIB	EXC	VG	G	F
AWP (ALL WEATHER PISTOL)	1600	1360	1155	985	835
SCORPION	1050	895	760	645	550

C3 DEFENSE, INC.

	NIB	EXC	VG	G	F
C315 RANGER	850	725	615	520	440
C315 RECON	935	795	675	575	490
C315 SFR (STANDARD FULL RIFLE)	1125	955	815	690	585

	NIB	EXC	VG	G	F
C315 EFR (ENHANCED FULL RIFLE)	1315	1120	950	810	690
C315 EFR OW (OVERWATCH)	2050	1745	1480	1260	1070

CADEX DEFENCE

	NIB	EXC	VG	G	F
CDX-30 LITE RIFLE SERIES (GUARDIAN LITE RIFLE)	6685	5680	4830	4105	3490
CDX-30 TAC RIFLE SERIES (GUARDIAN TAC RIFLE)	6035	5130	4360	3705	3150
CDX-33 LITE RIFLE SERIES (PATRIOT LITE)	6690	5685	4835	4110	3495
CDX-33 TAC RIFLE SERIES (PATRIOT TAC)	5135	4365	3710	3155	2680
CDX-40 SHADOW	6900	5865	4985	4235	3600
CDX-50 TREMOR	9350	7950	6755	5740	4880
CDX-300 LITE RIFLE (FREEDOM LITE)	4850	4125	3505	2980	2535
CDX-300 TAC RIFLE SERIES (FREEDOM TAC)	4250	3615	3070	2610	2220
CDX-MC KRAKEN	8030	6825	5800	4930	4190
CDX-R7 C.O.P.S. (CARBINE OPTIMISEE POUR SNIPER)	5070	4310	3665	3115	2650
CDX-R7 CPS SERIES	3800	3230	2745	2335	1985
CDX-R7 CRBN	3475	2955	2510	2135	1815
CDX-R7 LCP/CDX-R7 FCP	4635	3940	3350	2845	2420
CDX-R7 LITE COMP/CDX-R7 FIELD COMP	4285	3640	3095	2630	2235
CDX-R7 SHP SERIES SHORT ACTION (SHEEPDOG)	3250	2765	2350	1995	1695
CDX-R7 SHP SERIES LONG ACTION (SHEPHERD)	3780	3215	2730	2320	1970
CDX-R7 SPTR	2675	2275	1935	1645	1400
CDX-SS SEVEN S.T.A.R.S. COVERT	5150	4380	3720	3165	2690
CDX-SS SEVEN S.T.A.R.S. PRO	4450	3785	3215	2735	2325

CAESAR GUERINI, Srl

SHOTGUNS: O/U, FIELD/HUNTING

	NIB	EXC	VG	G	F
APEX	8885	7550	6420	5455	4635
ELLIPSE	4100	3485	2960	2520	2140
ELLIPSE CURVE	7535	6405	5445	4625	3930
ELLIPSE EVO	6850	5825	4950	4205	3575
Ellipse Evo Light	7225	6140	5220	4435	3770
ELLIPSE LIMITED	3900	3315	2820	2395	2035
ESSEX	4000	3400	2890	2455	2085
Essex Limited	4300	3655	3105	2640	2245
FLYWAY	1795	1525	1295	1100	935
FORUM	12240	10405	8845	7515	6390
MAGNUS	5140	4370	3715	3155	2680
Magnus Light	5140	4370	3715	3155	2680
MAXUM	6850	5825	4950	4205	3575
Maxum Gold Field Limited Ed.	6100	5185	4405	3745	3185
Maxum Light	5050	4295	3650	3100	2635
REVENANT	13750	11435	9720	8260	7020
TEMPIO	4330	3680	3130	2660	2260
Tempio Light	4330	3680	3130	2660	2260
TEMPIO SE "SOUTHEAST EDITION"	3675	3125	2655	2255	1915
WOODLANDER	3825	3250	2765	2350	2000
Woodlander "Dove Special" Limited Edition	3950	3360	2855	2425	2060

SHOTGUNS: O/U SKEET

	NIB	EXC	VG	G	F
CHALLENGER IMPACT SKEET	6300	5355	4550	3870	3290
SUMMIT IMPACT SKEET	5185	4405	3745	3185	2705

SHOTGUNS: O/U, SPORTING CLAYS

	NIB	EXC	VG	G	F
APEX SPORTING	11775	10010	8505	7230	6145
CHALLENGER ASCENT SPORTING	6675	5675	4825	4100	3485
CHALLENGER IMPACT	6300	5355	4550	3870	3290
CHALLENGER IMPACT SPORTING	6450	5485	4660	3960	3365
CHALLENGER SPORTING	4600	3910	3325	2825	2400
ELLIPSE CURVE GOLD SPORTING (LIMITED EDITION)	7025	5970	5075	4315	3670
ELLIPSE EVO SPORTING	6795	5775	4910	4175	3550
ELLIPSE EVOLUTION SPORTING	7500	6375	5420	4605	3915
ESSEX LIMITED GOLD SPORTING (LIMITED EDITION)	7100	6035	5130	4360	3705
FORUM SPORTING (OLDER MFG.)	11050	9395	7985	6785	5765
FORUM SPORTING (CURRENT MFG.)	12425	10560	8975	7630	6485

Model	NIB	EXC	VG	G	F
INVICTUS I ASCENT	8410	7150	6075	5165	4390
INVICTUS III ASCENT	9550	8120	6900	5865	4985
INVICTUS V ASCENT	10300	8755	7440	6325	5375
INVICTUS I SPORTING/INVICTUS I SPORTING M-SPEC	7400	6290	5345	4545	3865
INVICTUS II SPORTING	7775	6610	5615	4775	4060
INVICTUS III SPORTING	8600	7310	6215	5280	4490
Invictus III Sporting Limited (Limited Edition)	7400	6290	5345	4545	3865
INVICTUS V SPORTING	9450	8035	6830	5805	4935
INVICTUS VII SPORTING	9700	8245	7010	5955	5060
INVICTUS IX SPORTING	18575	15790	13420	11405	9695
MAGNUS SPORTING/MAGNUS SPORTING COMPACT	5850	4975	4225	3595	3055
Magnus Sporting Limited Edition (Older Mfg.)	4400	3740	3180	2700	2295
Magnus Sporting Limited (Recent Mfg.)	5895	5010	4260	3620	3075
MAXUM SPORTING	7375	6270	5330	4530	3850
MAXUM GOLD SPORTING (LIMITED EDITION)	6975	5930	5040	4285	3640
MAXUM IMPACT	9400	7990	6790	5775	4910
MAXUM IMPACT SPORTING	7700	6545	5565	4730	4020
REVENANT SPORTING	14085	11970	10175	8650	7355
SUMMIT ASCENT	5150	4380	3720	3165	2690
SUMMIT IMPACT	6150	5230	4445	3775	3210
SUMMIT IMPACT SPORTING	5000	4250	3615	3070	2610
SUMMIT SPORTING	4075	3465	2945	2505	2130
Summit Sporting Compact	4075	3465	2945	2505	2130
Summit Limited Sporting	4885	4150	3530	3000	2550
SUMMIT SPORTING BLACK LIMITED EDITION	4095	3480	2960	2515	2140

SHOTGUNS: O/U, TRAP

Model	NIB	EXC	VG	G	F
APEX TRAP	8675	7375	6270	5330	4530
CHALLENGER TRAP	6400	5440	4625	3930	3340
FORUM TRAP	10100	8585	7295	6205	5275
INVICTUS I TRAP	12650	10755	9140	7770	6605
INVICTUS III TRAP	14085	11970	10175	8650	7355
INVICTUS V TRAP	14785	12565	10680	9080	7720
MAGNUS TRAP	6795	5775	4910	4175	3550
MAXUM TRAP	9400	7990	6790	5775	4910
SUMMIT TRAP	6150	5230	4445	3775	3210
Summit Trap Compact	6150	5230	4445	3775	3210
SUMMIT IMPACT TRAP	5200	4420	3755	3195	2715
Summit Impact Trap Combo	8850	7525	6395	5435	4620

CALICO LIGHT WEAPON SYSTEMS

PISTOLS: SEMI-AUTO

Model	NIB	EXC	VG	G	F
LIBERTY III	725	615	525	445	380
Liberty IIIT	800	680	580	490	415
M-110	575	490	415	355	300
M-950	1375	1170	995	845	720

RIFLES/CARBINES: SEMI-AUTO

Model	NIB	EXC	VG	G	F
LIBERTY I CARBINE/LIBERTY I TACTICAL	775	660	560	475	405
LIBERTY II CARBINE/LIBERTY II TACTICAL	795	675	575	490	415
LIBERTY 50/LIBERTY 100 CARBINE	665	565	480	410	350
Liberty 50 Tactical/Liberty 100 Tactical	725	615	525	445	380
M-100	525	445	380	320	270
M-100 Tactical	585	495	425	360	305
M-100 FS	525	445	380	320	270
M-100 FS Tactical	600	510	435	370	315
M-101	No production of this model				
M-105 SPORTER	650	555	470	400	340
M-106	No production of this model				
M-900	775	660	560	475	405
M-900S	700	595	505	430	365
M-901 Canada Carbine	675	575	490	415	355
M-951 TACTICAL CARBINE	890	755	645	545	465
M-951S	700	595	505	430	365

	NIB	EXC	VG	G	F
CAMDON DEFENSE					
PISTOLS: SEMI-AUTO					
CD-15P	760	645	550	465	395
RIFLES: SEMI-AUTO					
CD-15	900	765	650	555	470
CD-15C/CD-15D	625	530	450	385	325
CANIK (55)					
METE SERIES	450	385	325	275	235
METE Pro Series	550	470	395	340	290
METE MC9	400	340	290	245	210
SFX RIVAL/SFX RIVAL DARK SIDE	580	495	420	355	300
SFX RIVAL-S	765	650	555	470	400
STINGRAY-C	390	330	280	240	205
TP9 ELITE COMBAT	635	540	460	390	330
TP9 Elite Combat Vortex Viper Red Dot	800	680	580	490	415
TP9 ELITE COMBAT EXECUTIVE	725	615	525	445	380
TP9 Elite Combat Executive Vortex Viper Red Dot	900	765	650	555	470
TP9 ELITE SC	400	340	290	245	210
TP9DA	365	310	265	225	190
TP9SA	380	325	275	235	200
TP9SA MOD.2	375	320	270	230	195
TP9SF	365	310	265	225	190
TP9SF ELITE	400	340	290	245	210
TP9SF Elite-S	425	360	305	260	220
TP9SFL	445	380	320	275	235
TP9SFT	475	405	345	290	245
TP9SFX	475	405	345	290	245
TP9SFX Vortex Viper Red Dot	685	580	495	420	355
TP9SF ONE SERIES	260	220	190	160	135
TP9SF One Series Elite	400	340	290	245	210
TP9V2	340	290	245	210	180
CAPRINUS					
CAPRINUS SWEDEN	3750	3190	2710	2305	1960
CARL GUSTAF					
MODEL CG 2000 STANDARD GRADE	1325	1125	955	815	695
Model 2000 Luxe Grade	1695	1440	1225	1040	885
MODEL 3000	675	575	490	415	355
STANDARD BOLT ACTION RIFLE	650	555	470	400	340
Standard Bolt Action Rifle w/Monte Carlo stock	525	445	380	320	270
GRADE II	500	425	360	305	260
GRADE III	575	490	415	355	300
DELUXE	675	575	490	415	355
VARMINT TARGET MODEL	550	470	395	340	290
GRAND PRIX SINGLE SHOT TARGET	550	470	395	340	290
CASARTELLI, CARLO					
RIFLES					
AFRICA MODEL - BOLT ACTION	10200	8670	7370	6265	5325
SAFARI MODEL - BOLT ACTION	6250	5315	4515	3840	3265
KENYA - DOUBLE RIFLE	24250	20615	17520	14895	12660
SHOTGUNS: SxS					
SIDELOCK MODEL	13000	11050	9395	7985	6785
CASPIAN ARMS, LTD					
VIETNAM COMMEMORATIVE	1450	1235	1050	890	755

	NIB	EXC	VG	G	F

CAVALRY ARMS CORPORATION

	NIB	EXC	VG	G	F
CAV-15 SCOUT CARBINE	725	615	525	445	380
CAV-15 RIFLEMAN	725	615	525	445	380

CENTURION ARMS

PISTOLS: SEMI-AUTO

	NIB	EXC	VG	G	F
AMTAC PISTOL	1675	1425	1210	1030	875
CM4 PISTOL	1400	1190	1010	860	730
M4 SOCOM PISTOL	1400	1190	1010	860	730

RIFLES: SEMI-AUTO

	NIB	EXC	VG	G	F
AMTAC CARBINE RIFLE	1775	1510	1280	1090	925
CM4 LIGHT/MID-WEIGHT	1350	1150	975	830	705
MK12 RIFLE	2025	1720	1465	1245	1060
RECCE RIFLE	1820	1545	1315	1120	950

CENTURION ORDNANCE, INC.

	NIB	EXC	VG	G	F
POSEIDON	285	240	205	175	150

CENTURY ARMS (CENTURY INTERNATIONAL ARMS, INC.)

PISTOLS: SEMI-AUTO

	NIB	EXC	VG	G	F
C39V2	750	640	540	460	390
C93 PISTOL	900	765	650	555	470
CENTURION 39 AK PISTOL	700	595	505	430	365
Centurion 39 Micro Pistol	800	680	580	490	415
COLEFIRE MAGNUM	575	490	415	355	300
CZ 40/CZ 40 COMPACT	375	320	270	230	195
CZ 999/CZ 999 COMPACT	700	595	505	430	365
DRACO AK47 PISTOL	895	760	645	550	470
DRACO 9S	630	535	455	385	325
DRACO MINI/MICRO	895	760	645	550	470
DRACO NAK9	600	510	435	370	315
Draco NAK9X	650	555	470	400	340
M57	250	215	180	155	130
M70A	325	275	235	200	170
M00A	300	255	215	185	155
M-1911 STYLE PISTOLS	500	425	360	305	260
PAP M85 PV	475	405	345	290	245
PAP M92 PV	625	530	450	385	325
P1 Mk 7	500	425	360	305	260
K100 Mk7	500	425	360	305	260
RAS47	615	525	445	380	325

REVOLVERS: SAA

	NIB	EXC	VG	G	F
MODEL 1873 SAA MILLENNIUM	325	275	235	200	170

RIFLES: BOLT ACTION

	NIB	EXC	VG	G	F
M70	520	440	375	320	270
M85 "MINI MAUSER"	550	470	395	340	290
TYPE 53 (TYPE 53 REPEATER)	160	135	115	100	85
CZ99	300	255	215	185	155

RIFLES/CARBINES: SEMI-AUTO

	NIB	EXC	VG	G	F
AES10-B RPK STYLE	1475	1255	1065	905	770
AK-63 DS	625	530	450	385	325
M74 BULLPUP (AK-74 BULLPUP)	575	490	415	355	300
AK-74 SPORTER	790	670	570	485	410
AKMS	625	530	450	385	325
BFT47/BFT47 VETERAN	700	595	505	430	365
C15A1 SPORTER	Call importer for price and availability.				
C15 M4	425	360	305	260	220
C39v2 & VARIATIONS	775	660	560	475	405
C308	1100	935	795	675	575
CENTURION 39	950	810	685	585	495

	NIB	EXC	VG	G	F
Centurion 39 Classic	810	690	585	495	420
CENTURION UC-9 CARBINE	725	615	525	445	380
CETME SPORTER	730	620	525	450	385
DEGTYAREV MODELS					
DP 28	3500	2975	2530	2150	1830
DPM 28	3500	2975	2530	2150	1830
DTX Tank Model	3500	2975	2530	2150	1830
DRAGUNOV (TIGER)	8000	6800	5780	4915	4180
FAL SPORTER	1300	1105	940	800	680
G-3 SPORTER	785	665	565	480	410
GOLANI SPORTER	900	765	650	555	470
GORYUNOV SG43	6500	5525	4695	3990	3390
GP 1975	595	505	430	365	310
GP WASR-10 HIGH-CAP SERIES	950	810	685	585	495
GP WASR-10 LO-CAP	745	635	540	460	390
L1A1/R1A1 SPORTER	1270	1080	920	780	665
M70 SERIES	700	595	505	430	365
M-76 SNIPER/SPORTER MODEL	1495	1270	1080	920	780
MEXSAR	230	195	165	140	120
PAP M77 PS	650	555	470	400	340
MISR-10 HIGH-CAP	800	680	580	490	415
PAP SERIES	580	495	420	355	300
PSL 54	2300	1955	1660	1410	1200
RAS47	685	580	495	420	355
RAS47 Black	685	580	495	420	355
S.A.R. 1	750	640	540	460	390
S.A.R. 2	750	640	540	460	390
S.A.R. 3	750	640	540	460	390
SAIGA SERIES	650	555	470	400	340
STERLING SA	800	680	580	490	415
TANTAL SPORTER	1495	1270	1080	920	780
VZ2008 SPORTER	600	510	435	370	315
WASR RIFLE	1000	850	725	615	525
Wasr-M	800	680	580	490	415
VSKA	900	765	650	555	470
VSKA Thunder Ranch Edition	1235	1050	890	760	645
VSKA Trooper	710	605	515	435	370
RIFLES: SLIDE ACTION					
PAR 1 OR 3	360	305	260	220	185
SHOTGUNS					
ARTHEMIS (SUPER ARTHEMIS) O/U	450	385	325	275	235
PHANTOM SEMI-AUTO	265	225	190	165	140
SAS-12 SEMI-AUTO	200	170	145	125	105
CATAMOUNT FURY I SEMI-AUTO	585	495	425	360	305
Catamount Fury II Semi-Auto	585	495	425	360	305
CENTURION B-12	425	360	305	260	220
JW-2000 COACH SxS	285	240	205	175	150
MODEL YL12-1J2 SLIDE ACTION (IJ2)	300	255	215	185	155
ULTRA 87 SLIDE ACTION	185	155	135	115	100
MKA 1919	850	725	615	520	440
PW87 LEVER ACTION	640	545	460	395	335
PIETTA SEMI-AUTO	750	640	540	460	390
SPM	Pricing Unavailable for this model.				

CENTURY MFG., INC.

	NIB	EXC	VG	G	F
MODEL 100, .45-70 GOVT and other cals.	1400	1190	1010	860	730
MODEL 100, .50-110 cal.	3050	2595	2205	1875	1595

CETME

	NIB	EXC	VG	G	F
AUTOLOADING RIFLE	5500	4675	3975	3380	2875

	NIB	EXC	VG	G	F
CHAMPLIN FIREARMS, INC.					
BOLT ACTION RIFLE	8500	7225	6140	5220	4435
CHAPARRAL ARMS					
MODEL 1866	695	590	500	425	360
MODEL 1873	895	760	645	550	470
MODEL 1876	1150	980	830	705	600
CHARLES DALY: 1976-2010					
COMBINATION GUNS					
SUPERIOR COMBINATION MODEL	1260	1070	910	775	660
EMPIRE COMBINATION MODEL	1800	1530	1300	1105	940
HANDGUNS: LEVER ACTION					
MODEL 1892	1195	1015	865	735	625
PISTOLS: SEMI-AUTO					
GOVERNMENT 1911-A1 FIELD EFS/FS	475	405	345	290	245
Government 1911A1 Field EFS Stainless Empire	710	605	515	435	370
GOVERNMENT 1911-A1 TARGET EFST/FST	580	495	420	355	300
Government 1911-A1 Target EFST Stainless Empire	650	555	470	400	340
Government 1911-A1 Target Field EFST	590	500	425	360	305
EMPIRE ECMT CUSTOM MATCH	750	640	540	460	390
COMMANDER 1911-A1 FIELD EMS/MS	590	500	425	360	305
Commander 1911-A1 Field EMS Stainless Empire	575	490	415	355	300
Commander 1911-A1 Field EMSCC	540	460	390	330	280
OFFICER'S 1911-A1 FIELD ECS/CS	590	500	425	360	305
Officer's 1911-A1 Field ECS Stainless Empire	575	490	415	355	300
Officer's 1911-A1 Field ECSCC	590	500	425	360	305
COMMANDER 1911-A1 POLYMER FRAME PC	460	390	330	280	240
GOVERNMENT 1911-A2 FIELD EFS HC	595	505	430	365	310
MODEL DDA 10-45 FS (DOUBLE ACTION)	450	385	325	275	235
Model DDA 10-45 CS	450	385	325	275	235
FIELD HP HI-POWER	385	325	280	235	200
CD9	450	385	325	275	235
CD9.5	375	320	270	230	195
G4 1911 SERIES	865	735	625	530	450
M-5 FS STANDARD (BUL 1911 GOVERNMENT)	665	565	480	410	350
M-5 MS Standard Commander	665	565	480	410	350
M-5 Ultra-X	805	685	580	495	420
M-5 IPSC	1440	1225	1040	885	750
JERICHO SERIES	595	505	430	365	310
ZDA MODEL	590	500	425	360	305
REVOLVERS: DOUBLE ACTION					
Z382	210	180	150	130	110
REVOLVERS: SINGLE ACTION					
MODEL 1873 CLASSIC	415	355	300	255	215
Model 1873 Classic Stainless	515	440	370	315	270
MODEL 1873 SONORA	325	275	235	200	170
MODEL 1873 BIRDSHEAD	445	380	320	275	235
Model 1873 Birdshead Sheriff	500	425	360	305	260
MODEL 1873 LIGHTNING	450	385	325	275	235
Model 1873 Lightning Sheriff	800	680	580	490	415
MODEL 1874 RUSSIAN	800	680	580	490	415
RIFLES: BOLT ACTION					
MAUSER 98					
Mauser 98 Field Grade	395	335	285	245	210
Mauser 98 Superior Grade	525	445	380	320	270
MINI-MAUSER 98					
Mini-Mauser 98 Field Grade	345	295	250	210	180
Mini-Mauser 98 Superior Grade	525	445	380	320	270
FIELD HUNTER	595	505	430	365	310

	NIB	EXC	VG	G	F
Field Hunter Stainless/Polymer	495	420	360	305	260
FIELD GRADE .22 LR CAL.	110	95	80	70	60
Field Grade .22 LR Cal. Polymer/Hardwood	120	100	85	75	65
Field Grade .22 LR Cal. Superior Grade	175	150	125	105	90
Field Grade .22 LR Cal. Empire Grade	290	245	210	180	155
SUPERIOR II RIMFIRE	215	185	155	130	110

RIFLES/CARBINES: LEVER ACTION, REPRODUCTIONS

	NIB	EXC	VG	G	F
MODEL 1866	725	615	525	445	380
MODEL 1873	740	630	535	455	385
MODEL 1876	875	745	630	535	455
1892 RIFLE/CARBINE	925	785	670	570	485
1892 Rifle/Carbine Takedown	2000	1700	1445	1230	1045

RIFLES: O/U

	NIB	EXC	VG	G	F
SUPERIOR EXPRESS	1900	1615	1375	1165	990
EMPIRE EXPRESS	2525	2145	1825	1550	1320

RIFLES/CARBINES: SEMI-AUTO

	NIB	EXC	VG	G	F
SEMI-AUTO RIFLE MODELS					
Semi-Auto Rifle Field Grade	110	95	80	70	60
Semi-Auto Rifle Field Grade Polymer/Hardwood	120	100	85	75	65
Semi-Auto Rifle Superior Grade	175	150	125	105	90
Semi-Auto Rifle Empire Grade	275	235	200	170	145
D-M4/D-M4P CARBINE	950	810	685	585	495
D-M4LE Carbine	1250	1065	905	770	655
D-M4S CARBINE	995	845	720	610	520
D-M4LT CARBINE	1135	965	820	695	590
D-M4LX CARBINE	1475	1255	1065	905	770
D-MCA4 RIFLE	1100	935	795	675	575
D-M4LED CARBINE	1795	1525	1295	1100	935
D-MR20 RIFLE	1650	1405	1190	1015	865
DR-15 TARGET	1000	850	725	615	525
DV-24 MATCH TARGET/VARMINT	1150	980	830	705	600
JR CARBINE	850	725	615	520	440

RIFLES: SINGLE SHOT

	NIB	EXC	VG	G	F
FIELD GRADE	165	140	120	100	85
MODEL 1874 LITTLE SHARPS	1075	915	775	660	560

SHOTGUNS: O/U

	NIB	EXC	VG	G	F
PRESENTATION MODEL	995	845	720	610	520
COUNTRY SQUIRE MODEL	640	545	460	395	335
FIELD II HUNTER	850	725	615	520	440
Field II Hunter with Ejectors	1065	905	770	655	555
Field II Hunter Ultra-Light	965	820	695	595	505
DELUXE MODEL	650	555	470	400	340
SPORTING CLAYS MODEL	1260	1070	910	775	660
SUPERIOR II	875	745	630	535	455
FIELD III	395	335	285	245	210
SUPERIOR II HUNTER	1325	1125	955	815	695
Superior II Hunter Sporting	1400	1190	1010	860	730
Superior II Hunter Trap	1450	1235	1050	890	755
Superior II Hunter Skeet	935	795	675	575	490
EMPIRE DL HUNTER	1025	870	740	630	535
EMPIRE II EDL HUNTER	1675	1425	1210	1030	875
Empire II EDL Hunter Sporting	1640	1395	1185	1005	855
Empire II EDL Hunter Trap	1700	1445	1230	1045	890
Empire II EDL Hunter Mono Trap	2825	2400	2040	1735	1475
Empire II EDL Hunter Trap Combo	3500	2975	2530	2150	1830
Empire II EDL Hunter Skeet	1050	895	760	645	550
DIAMOND FIELD	695	590	500	425	360
Diamond Field Trap or Skeet	850	725	615	520	440
DIAMOND GTX DL HUNTER	11250	9565	8130	6910	5875
Diamond GTX EDL Hunter	13750	11690	9935	8445	7180
DIAMOND GTX SPORTING	5260	4470	3800	3230	2745
DIAMOND GTX TRAP	5865	4985	4235	3600	3060
DIAMOND GTX MONO TRAP	5795	4925	4185	3560	3025

	NIB	EXC	VG	G	F
Diamond GTX Mono Trap Combo	6775	5760	4895	4160	3535
DIAMOND GTX SKEET	4700	3995	3395	2885	2450
DIAMOND REGENT GTX DL HUNTER	19750	16790	14270	12130	10310
Diamond Regent GTX EDL Hunter	23000	19550	16620	14125	12005
MODEL 105	355	300	255	220	185
MODEL 106	525	445	380	320	270
MODEL 206	685	580	495	420	355
Model 206 Sporting	925	785	670	570	485
Model 206 Trap	975	830	705	600	510
DALY UL	525	445	380	320	270
MAXI-MAG	485	410	350	300	255

SHOTGUNS: SXS

	NIB	EXC	VG	G	F
FIELD III	350	300	255	215	185
COUNTRY SQUIRE MODEL	600	510	435	370	315
FIELD II HUNTER MODEL	975	830	705	600	510
SUPERIOR	550	470	395	340	290
SUPERIOR HUNTER	1395	1185	1010	855	725
LUXE MODEL	575	490	415	355	300
EMPIRE HUNTER	1700	1445	1230	1045	890
DIAMOND DL	6060	5150	4380	3720	3160
DIAMOND REGENT DL	18950	16110	13690	11640	9895
MODEL 306	580	495	420	355	300
CLASSIC COACH GUN	600	510	435	370	315

SHOTGUNS: LEVER ACTION

	NIB	EXC	VG	G	F
MODEL 1887	1100	935	795	675	575

SHOTGUNS: SEMI-AUTO

	NIB	EXC	VG	G	F
NOVAMATIC LIGHTWEIGHT MODEL	305	260	220	185	155
NOVAMATIC SUPER LIGHTWEIGHT	330	280	240	205	175
NOVAMATIC MAGNUM	330	280	240	205	175
NOVAMATIC TRAP	360	305	260	220	185
MULTI-XII	425	360	305	260	220
CHARLES DALY AUTOMATIC	320	270	230	195	165
FIELD GRADE ERCT	340	290	245	210	180
FIELD GRADE FRB	385	325	280	235	200
FIELD IV (FIELD HUNTER)	440	375	320	270	230
Field Hunter Slug	355	300	255	220	185
FIELD HUNTER MAXI-MAG	440	375	320	270	230
Field Hunter Maxi Mag Turkey	550	470	395	340	290
SUPERIOR II/IV HUNTER	565	480	410	345	295
Superior II/IV Hunter Sporting	625	530	450	385	325
Superior II/IV Hunter Trap	640	545	460	395	335
TACTICAL	495	420	360	305	260

SHOTGUNS: SLIDE ACTION

	NIB	EXC	VG	G	F
FIELD ERCT	220	185	160	135	115
FIELD HUNTER	240	205	175	145	125
Field Hunter Slug	210	180	150	130	110
FIELD HUNTER MAXI-MAG	270	230	195	165	140
TACTICAL	290	245	210	180	155

CHARLES DALY: 2011-PRESENT

PISTOLS: SEMI-AUTO

	NIB	EXC	VG	G	F
1911 EMPIRE GRADE	790	670	570	485	410
1911 FIELD GRADE	470	400	340	290	245
1911 SUPERIOR GRADE	600	510	435	370	315
PAK-9	540	460	390	330	280

SHOTGUNS: O/U

	NIB	EXC	VG	G	F
202 SERIES	535	455	385	330	280
202 O/U SHOTGUN	510	435	370	315	270
202A O/U Shotgun	520	440	375	320	270
202AE O/U Shotgun	500	425	360	305	260
204X FIELD	680	580	490	420	355
204X Field Camo	855	725	620	525	445

	NIB	EXC	VG	G	F
204X MAXI-MAG	900	765	650	555	470
204XT TACTICAL	815	695	590	500	425
214E FIELD	1290	1095	930	790	670
214E Field Compact	885	750	640	545	465
214E Field Maxi-Mag Camo	765	650	555	470	400
214E SUPERIOR GRADE SPORTING CLAYS (214E	1400	1190	1010	860	730
214E Superior Grade/214E Superior Grade Compact	Contact Manufacturer for pricing.				

SHOTGUNS: SxS

	NIB	EXC	VG	G	F
500 SERIES (512 FIELD/520 FIELD/528 FIELD/536	800	680	580	490	415
500 Black/Gold Engraved	875	745	630	535	455
500 SERIES FIELD (CURRENT MFG.)	700	595	505	430	365
500 SIDE BY SIDE COACH (512T/520T COACH)	895	760	645	550	470
500 SUPERIOR GRADE (512/520/528/536 SUPERIOR	885	750	640	545	465

SHOTGUNS: SEMI-AUTO

	NIB	EXC	VG	G	F
600 FIELD	510	435	370	315	270
600 Field 28 Ga.	510	435	370	315	270
600 Field Camo	570	485	410	350	300
600 Field Compact	570	485	410	350	300
600 LEFT HAND	605	515	435	370	315
600 SPORTING CLAYS	750	640	540	460	390
600T TACTICAL	425	360	305	260	220
601 CAMO	340	290	245	210	180
601 DPS	610	520	440	375	320
601 DPS SPORTING CLAYS	690	585	500	425	360
601 FIELD	380	325	275	235	200
601 SYNTHETIC	310	265	225	190	160
601 SEMI-AUTO/601 COMPACT SEMI-AUTO	380	325	275	235	200
601 TACTICAL	265	225	190	165	140
601 TURKEY	400	340	290	245	210
601 WOOD	310	265	225	190	160
CA612 FIELD	600	510	435	370	315
CA612	475	405	345	290	245
CA612 SUPERIOR GRADE	450	385	325	275	235
CA612 TACTICAL (RECENT MFG.)	395	335	285	245	210
CA612 TACTICAL (CURRENT MFG.)	375	320	270	230	195
CA612 TURKEY	450	385	325	275	235
635 FIELD	635	540	460	390	330
635 TURKEY	585	495	425	360	305
AR-12A	450	385	325	275	235
AR-12S	365	310	265	225	190
AR-12T	525	445	380	320	270
HONCHO TACTICAL SEMI-AUTO	435	370	315	265	225
N4S BULLPUP	550	470	395	340	290
N4S BULLPUP G2	350	300	255	215	185

SHOTGUNS: SINGLE BARREL

	NIB	EXC	VG	G	F
101 SINGLE BARREL	180	155	130	110	95
101 SINGLE BARREL (CURRENT MFG.)	110	95	80	70	60
101 SINGLE BARREL CAMO	195	165	140	120	100

SHOTGUNS: SLIDE ACTION

	NIB	EXC	VG	G	F
C6 TACTICAL	285	240	205	175	150
300 FIELD	300	255	215	185	155
300 Field Camo	400	340	290	245	210
300 Field Compact	325	275	235	200	170
300 RIFLED SLUG	375	320	270	230	195
300T TACTICAL	380	325	275	235	200
301	250	215	180	155	130
301 Camo	330	280	240	205	175
301 Tactical FDE Synthetic	270	230	195	165	140
301 Tactical	220	185	160	135	115
301 Wood	295	250	215	180	155
301 FIELD	250	215	180	155	130
335 FIELD	440	375	320	270	230
HONCHO PUMP	305	260	220	185	155

	NIB	EXC	VG	G	F
HONCHO SPRING ASSISTED PUMP	325	275	235	200	170
HONCHO TACTICAL MAG-FED PUMP	285	240	205	175	150

SHOTGUNS: TRIPLE BARREL

	NIB	EXC	VG	G	F
HONCHO TACTICAL TRIPLE	1260	1070	910	775	660
TRIPLE CROWN	1780	1515	1285	1095	930
Triple Crown Compact	1685	1430	1215	1035	880
Triple Crown Two Barrel Set	2400	2040	1735	1475	1255
TRIPLE MAGNUM SHOTGUN	1780	1515	1285	1095	930
TRIPLE THREAT	1800	1530	1300	1105	940
Triple Threat Synthetic Stock	1825	1550	1320	1120	950

CHARLES DALY: JAPANESE MFG.

SHOTGUNS: O/U

O/U MODELS

	NIB	EXC	VG	G	F
FIELD GRADE	1000	850	725	615	525
VENTURE GRADE	1175	1000	850	720	610
VENTURE SKEET	1200	1020	865	735	625
VENTURE TRAP	950	810	685	585	495
SUPERIOR GRADE	1500	1275	1085	920	780
SUPERIOR TRAP	1250	1065	905	770	655
DIAMOND GRADE	2800	2380	2025	1720	1460
DIAMOND GRADE SKEET	2700	2295	1950	1660	1410
DIAMOND GRADE TRAP	2200	1870	1590	1350	1150
DIAMOND GRADE FLATTOP TRAP W/WIDE RIB	2300	1955	1660	1410	1200
DIAMOND REGENT GRADE	4500	3825	3250	2765	2350

SHOTGUNS: SXS

	NIB	EXC	VG	G	F
EMPIRE SHOTGUN	1000	850	725	615	525
EMPIRE SHOTGUN	1200	1020	865	735	625
MODEL 500	1100	935	795	675	575
1974 WILDLIFE COMMEMORATIVE	2500	2125	1805	1535	1305

SHOTGUNS: SINGLE BARREL, TRAP

	NIB	EXC	VG	G	F
SUPERIOR GRADE SINGLE BARREL TRAP	625	530	450	385	325

CHARLES DALY: PRUSSIAN MFG.

DRILLINGS

DRILLING MODEL

	NIB	EXC	VG	G	F
Drilling Model Superior Quality	4500	3825	3250	2765	2350
Drilling Model Diamond Quality	7500	6375	5420	4605	3915
Drilling Model Regent Diamond Quality, Lindner Mfg.	20000	17000	14450	12285	10440
Drilling Model Regent Diamond Quality, Sauer Mfg.	10000	8500	7225	6140	5220

RIFLES

	NIB	EXC	VG	G	F
BOLT ACTION GRADE I	2000	1700	1445	1230	1045

SHOTGUNS

COMMANDER O/U

	NIB	EXC	VG	G	F
Commander O/U Model 100	1200	1020	865	735	625
Commander O/U Model 200	1500	1275	1085	920	780
EMPIRE O/U	4000	3400	2890	2455	2085
DIAMOND O/U	6000	5100	4335	3685	3130
SUPERIOR SxS, 10 Gauge	2750	2340	1985	1690	1435
SUPERIOR SxS, 12 Gauge	1650	1405	1190	1015	865
SUPERIOR SxS, 20 Gauge	2200	1870	1590	1350	1150
EMPIRE SxS, Lindner Mfg.	5500	4675	3975	3380	2875
EMPIRE SxS, Sauer Mfg.	4750	4040	3430	2915	2480
DIAMOND SxS, Lindner Mfg.	11000	9350	7950	6755	5740
DIAMOND SxS, Sauer Mfg.	7750	6590	5600	4760	4045
DIAMOND REGENT SxS, Lindner Mfg.	18500	15725	13365	11360	9655
DIAMOND REGENT SxS, Sauer Mfg.	15000	12750	10840	9210	7830
EMPIRE SINGLE BARREL TRAP, Lindner Mfg.	5000	4250	3615	3070	2610
EMPIRE SINGLE BARREL TRAP. Sauer Mfg.	4000	3400	2890	2455	2085
DIAMOND REGENT SINGLE BARREL TRAP, Lindner	15000	12750	10840	9210	7830
DIAMOND REGENT SINGLE BARREL TRAP, Sauer Mfg.	10500	8925	7585	6450	5485
SEXTUPLE SINGLE BARREL TRAP EMPIRE QUALITY	6000	5100	4335	3685	3130

	NIB	EXC	VG	G	F
SEXTUPLE SINGLE BARREL TRAP DIAMOND REGENT		18000	15000	12000	10200

CHARTER ARMS (1964-1996 MFG.)

PISTOLS: SEMI-AUTO

	NIB	EXC	VG	G	F
MODEL 40	265	225	190	165	140
MODEL 79K	325	275	235	200	170
EXPLORER II & S II PISTOL	175	150	125	105	90
MODEL 42T (COMPETITION II TARGET)	490	415	355	300	255

REVOLVERS: DOUBLE ACTION

	NIB	EXC	VG	G	F
BONNIE & CLYDE SET	700	595	505	430	365
LADY ON DUTY	460	390	330	280	240
PATHFINDER	275	235	200	170	145
Pathfinder - Square Butt	190	160	135	115	100
Pathfinder Stainless	275	235	200	170	145
UNDERCOVER	300	255	215	185	155
Undercover Stainless	370	315	265	225	190
UNDERCOVERETTE	380	325	275	235	200
BULLDOG	490	415	355	300	255
Bulldog Stainless	455	385	330	280	240
Bulldog Target	480	410	345	295	250
Bulldog Stainless Target	480	410	345	295	250
BULLDOG PUG	455	385	330	280	240
Bulldog Pug Stainless	430	365	310	265	225
BULLDOG TRACKER	420	355	305	260	220
MAGNUM PUG	380	325	275	235	200
POLICE BULLDOG	175	150	125	105	90
Bulldog Stainless Police	195	165	140	120	100
POLICE UNDERCOVER	380	325	275	235	200
Police Undercover Stainless	395	335	285	245	210
OFF DUTY	395	335	285	245	210
Off Duty Stainless	345	295	250	210	180
PIT BULL	490	415	355	300	255
Pit Bull Stainless	420	355	305	260	220

RIFLES: SEMI-AUTO

	NIB	EXC	VG	G	F
AR-7 EXPLORER RIFLE	300	255	215	185	155

CHARTER ARMS (CURRENT MFG.)

DERRINGERS

	NIB	EXC	VG	G	F
DIXIE DERRINGER	265	225	190	165	140

REVOLVERS

	NIB	EXC	VG	G	F
BOOMER	410	350	295	250	215
BULLDOG	460	390	330	280	240
Bulldog 50th Anniversary	775	660	560	475	405
Bulldog On Duty	385	325	280	235	200
Classic Bulldog	490	415	355	300	255
Target Bulldog	490	415	355	300	255
Tiger Bulldog	410	350	295	250	215
Heller Commemorative Bulldog	1475	1255	1065	905	770
CHIC LADY	460	390	330	280	240
Chic Lady Off Duty	405	345	295	250	215
FIRST RESPONDER	385	325	280	235	200
MAG PUG	425	360	305	260	220
Mag Pug Hi-Polish	450	385	325	275	235
Mag Pug On Duty	Refer to "On Duty" model.				
Target Magnum (Mag Pug Target)	470	400	340	290	245
Tiger III (Mag Pug Tiger)	410	350	295	250	215
OFF DUTY	420	355	305	260	220
Pink/Lavender Lady Off Duty	390	330	280	240	205
ON DUTY- MAG PUG/UNDERCOVER LITE	410	350	295	250	215
PATHFINDER	415	355	300	255	215
Pathfinder Concealed Compact	360	305	260	220	185
Pathfinder Lavender Lady	460	390	330	280	240

	NIB	EXC	VG	G	F
Pathfinder Lite	410	350	295	250	215
Pathfinder Pink Lady	380	325	275	235	200
Pathfinder Target	410	350	295	250	215
PATRIOT	405	345	295	250	215
PITBULL	485	410	350	300	255
Tiger IV Pitbull	355	300	255	220	185
POLICE BULLDOG	255	215	185	155	130
Police Bulldog (Recent Mfg.)	335	285	240	205	175
Heller Commemorative Police Bulldog	1475	1255	1065	905	770
POLICE UNDERCOVER	380	325	275	235	200
PROFESSIONAL SERIES	485	410	350	300	255
SOUTHPAW	390	330	280	240	205
UNDERCOVER	365	310	265	225	190
Undercover Gator	375	320	270	230	195
Undercover Hi-Polish	415	355	300	255	215
Undercover Panther	350	300	255	215	185
Undercover Tiger II (Tiger)	360	305	260	220	185
UNDERCOVERETTE	410	350	295	250	215
UNDERCOVER LITE	370	315	265	225	190
Undercover Lite Chameleon	460	390	330	280	240
Undercover Lite Hi-Polish	375	320	270	230	195
Undercover Lite Lavender Lady	355	300	255	220	185
Undercover Lite Old Glory	440	375	320	270	230
Undercover Lite Pink Lady	425	360	305	260	220

RIFLES/CARBINES: BOLT ACTION

	NIB	EXC	VG	G	F
FIELD KING	300	255	215	185	155
Field King Carbine	300	255	215	185	155

CHATTAHOOCHEE GUN WORKS, LLC

	NIB	EXC	VG	G	F
CGW-15 B 16 M1	1400	1190	1010	860	730
CGW-15 B 16-R1V	1800	1530	1300	1105	940
CGW-15 R16B-KAC-1	1525	1295	1100	935	795
CGW-15 SM-16	1100	935	795	675	575
CGW-15 16 IN. NICKEL TEFLON	1750	1490	1265	1075	915
CGW 7.62	2250	1915	1625	1380	1175
CGW 7.62 16 IN.	1875	1595	1355	1150	980

CHEROKEE FIREARMS

PISTOLS: SEMI-AUTO

	NIB	EXC	VG	G	F
SAGWU	850	725	615	520	440
TA-LI	895	760	645	550	470

RIFLES: SEMI-AUTO

	NIB	EXC	VG	G	F
JO-I .308 RIFLE	1150	980	830	705	600
JO-I 6.5 CREEDMOOR RIFLE	1150	980	830	705	600
SAGWU	850	725	615	520	440
SAGWU DELUXE	1100	935	795	675	575
TA-LI	900	765	650	555	470

CHEYTAC USA, LLC

	NIB	EXC	VG	G	F
M200 INTERVENTION	10250	8715	7405	6295	5350
M300 (LIGHTWEIGHT ALUMIINUM) XTREME LONG	7850	6675	5670	4820	4095
M300 PRAETORIAN (INTERVENTION) CARBON FIBER	9600	8160	6935	5895	5010
M300 PRAETORIAN (INTERVENTION)	6150	5230	4445	3775	3210
PALADIN	5100	4335	3685	3130	2660
PERSES	6100	5185	4405	3745	3185
SAPP	3750	3190	2710	2305	1960

RIFLES: SEMI-AUTO

	NIB	EXC	VG	G	F
CHEYTAC USA CT 10	2775	2360	2005	1705	1450
CHEYTAC USA CT 15	1300	1105	940	800	680

CHIAPPA FIREARMS USA LTD.

	NIB	EXC	VG	G	F
COMBINATION GUNS					
DOUBLE BADGER	375	320	270	230	195
Double Badger Dark	440	375	320	270	230
CHIAPPA M6 SHOTGUN/RIFLE	620	525	450	380	325
CHIAPPA M6 FOLDING SURVIVAL (X-CALIBER	675	575	490	415	355
DRILLINGS					
TRIPLE CROWN	1790	1520	1295	1100	935
TRIPLE THREAT	2165	1840	1565	1330	1130
TRIPLE MAGNUM	2270	1930	1640	1395	1185
TRIPLE TOM	2395	2035	1730	1470	1250
PISTOLS: LEVER ACTION					
1892 MARE'S LEG PISTOL	950	810	685	585	495
1892 Mare's Leg Octagon	1085	920	785	665	565
1892 MARE'S LEG THIRD VERSION	1325	1125	955	815	695
PISTOLS: SEMI-AUTO					
1911 EMPIRE GRADE	Contact Manufacturer for pricing.				
1911 FIELD GRADE	Contact Manufacturer for pricing.				
1911 SUPERIOR GRADE	Contact Manufacturer for pricing.				
1911 CUSTOM PISTOL	525	445	380	320	270
1911-22 STANDARD	230	195	165	140	120
1911-22 Pistol	290	245	210	180	155
1911-22 Target	300	255	215	185	155
1911-22 Tactical (Older Mfg.)	365	310	265	225	190
1911-22 Tactical (Current Mfg.)	365	310	265	225	190
1911-22 COMPACT	250	215	180	155	130
1911-22 CUSTOM	295	250	215	180	155
1911-22 CRUISER	275	235	200	170	145
CBR-9 BLACK RHINO	1895	1610	1370	1165	990
M FOUR-22 GEN II	575	490	415	355	300
M9-22	320	270	230	195	165
M9	485	410	350	300	255
M9 Compact	485	410	350	300	255
MC14	425	360	305	260	220
MC27	600	510	435	370	315
MC28	325	275	235	200	170
PAK-9 PISTOL	450	385	325	275	235
REVOLVERS					
RHINO REVOLVER SERIES					
Rhino 30DS	1075	915	775	660	560
Rhino 30DS Nebula	1625	1380	1175	1000	850
Rhino 30DS Special Edition "White Rhino"	1295	1100	935	795	675
Rhino 30DS X "Special Edition"	1360	1155	985	835	710
Rhino 30 SAR	1000	850	725	615	525
Rhino 40DS	1050	895	760	645	550
Rhino 40 SAR	1050	895	760	645	550
Rhino 50DS	1095	930	790	670	570
Rhino 50 SAR	1095	930	790	670	570
Rhino 60DS	1100	935	795	675	575
Rhino 60DS Charging Rhino	1325	1125	955	815	695
Rhino 60DS Charging Rhino Gen II	1440	1225	1040	885	750
Rhino 60DS Match Master	2635	2240	1905	1620	1375
Rhino 60DS Nebula Special Edition	1475	1255	1065	905	770
Rhino 60 SAR	1100	935	795	675	575
Rhino 60 SAR Charging Rhino	1325	1125	955	815	695
Rhino 60 SAR Nebula Special Edition	1435	1220	1035	880	750
Rhino 200D	950	810	685	585	495
Rhino 200DS	950	810	685	585	495
Rhino 200DS Polymer	650	555	470	400	340
SAA 1873	265	225	190	165	140
SAA 1873 SCOUT REVOLVER	165	140	120	100	85
1873 SAA BUNTLINE	250	215	180	155	130
1873 SAA 22-6 SHOT	175	150	125	105	90
1873 SAA 22-10 SHOT/1873 SAA 22-10 TARGET	195	165	140	120	100

Model	NIB	EXC	VG	G	F
1873 SAA 17 REVOLVER	175	150	125	105	90
1873 SAA 17-10 SHOT	225	190	165	140	120
1873 SAA 38-6 REGULATOR	300	255	215	185	155

RIFLES/CARBINES: LEVER ACTION

Model	NIB	EXC	VG	G	F
1886 CARBINE HUNTER	1475	1255	1065	905	770
1886 CLASSIC CARBINE	1385	1175	1000	850	725
1886 KODIAK	1785	1515	1290	1095	930
1886 KODIAK TRADITIONAL (TRAPPER)	1350	1150	975	830	705
1886 RIFLE	1450	1235	1050	890	755
1886 RIDGE RUNNER TAKEDOWN RIFLE	1465	1245	1060	900	765
1886 SKINNER CARBINE	1425	1210	1030	875	745
1886 TRAPPER CARBINE	1200	1020	865	735	625
1886 TRAPPER RIFLE	1550	1320	1120	950	810
1886 WILDLANDS TAKEDOWN RIFLE	1750	1490	1265	1075	915
1892 60TH ANNIVERSARY ENGRAVED BLACK	2275	1935	1645	1395	1185
1892 60TH ANNIVERSARY ENGRAVED GOLD	2275	1935	1645	1395	1185
1892 CARBINE	1125	955	815	690	585
1892 RIFLE	1125	955	815	690	585
1892 TAKEDOWN RIFLE CLASSIC	1225	1040	885	750	640
1892 TRAPPER CLASSIC CARBINE	1235	1050	890	760	645
1892 TRAPPER SKINNER CARBINE	1275	1085	920	785	665
1892 WILDLANDS	1500	1275	1085	920	780
CHIAPPA 39 LEVER ACTION RIFLE	360	305	260	220	185
CHIAPPA LA322 TAKEDOWN RIFLE	335	285	240	205	175
CHIAPPA LA322 DELUXE TAKEDOWN RIFLE	520	440	375	320	270
CHIAPPA LA322 KODIAK CUB TAKEDOWN RIFLE	635	540	460	390	330
SPENCER RIFLE/CARBINE	1650	1405	1190	1015	865

RIFLES/CARBINES: REPRODUCTIONS, SINGLE SHOT

Model	NIB	EXC	VG	G	F
LITTLE SHARPS CLASSIC	1185	1005	855	730	620
LITTLE SHARPS HUNTER	975	830	705	600	510
LITTLE SHARPS TARGET	1125	955	815	690	585
SHARPS CREEDMORE	1495	1270	1080	920	780
1863 NEW MODEL SHARPS CARBINE	1250	1065	905	770	655
1874 SHARPS BERDAN	1325	1125	955	815	695
1874 SHARPS BUSINESS	1200	1020	865	735	625
1874 SHARPS DOWN UNDER	1695	1440	1225	1040	885
1874 SHARPS SPORTING	1400	1190	1010	860	730
1874 SHARPS TEXAS CAVALRY	Pricing Unavailable for this model.				

RIFLES/CARBINES: SEMI-AUTO

Model	NIB	EXC	VG	G	F
CBR-9 RIFLE	Pricing Unavailable for this model.				
M-22 SERIES	325	275	235	200	170
M FOUR-22	435	370	315	265	225
M1 CARBINE	420	355	305	260	220
M1-22 CARBINE	285	240	205	175	150
M1-9 CARBINE	500	425	360	305	260
M1-9 MODERN BLACK RIFLE (MBR)	695	590	500	425	360
M FOUR-22 GEN II PRO CARBINE	420	355	305	260	220
M FOUR-22 GEN II PRO RIFLE	485	410	350	300	255
MFOUR-22 GEN II RIFLE	400	340	290	245	210
M FOUR-22 GEN III PRO RIFLE	805	685	580	495	420
AK-22 RIFLE	365	310	265	225	190
RAK-22 RIFLE	565	480	410	345	295
RAK-9 RIFLE	680	580	490	420	355

RIFLES: SINGLE SHOT

Model	NIB	EXC	VG	G	F
LITTLE BADGER	220	185	160	135	115
Little Badger With Scope	200	170	145	125	105
Little Badger Deluxe	260	220	190	160	135
LITTLE BADGER TAKEDOWN XTREME	240	205	175	145	125

SHOTGUNS: LEVER ACTION

Model	NIB	EXC	VG	G	F
MODEL 1887	1250	1065	905	770	655
1887 MARE'S LEG	1200	1020	865	735	625
1887 ROSEBOX LIMITED EDITION	1225	1040	885	750	640
1887 T-MODEL	1165	990	840	715	610

	NIB	EXC	VG	G	F
1887 TROPHY HUNTER	1500	1275	1085	920	780
SHOTGUNS: SINGLE SHOT					
LITTLE BADGER DELUXE SHOTGUN	225	190	165	140	120
SHOTGUNS: O/U					
204X	850	725	615	520	440
204X Camo	925	785	670	570	485
214E	950	810	685	585	495
SHOTGUNS: SLIDE ACTION					
C6 SERIES	325	275	235	200	170
C6 Compact	365	310	265	225	190
C6 FIELD PUMP SHOTGUN	350	300	255	215	185
C6 MAG PUMP SHOTGUN	550	470	395	340	290
C9 SERIES	300	255	215	185	155
SHOTGUNS: SEMI-AUTO					
CA612 FIELD	560	475	405	345	295
CA612 TURKEY	625	530	450	385	325
CA612M FIELD	710	605	515	435	370
CA612M TURKEY	790	670	570	485	410
CA612 TACTICAL	625	530	450	385	325
SHOTGUNS: SxS					
MODEL 512	1050	895	760	645	550
MODEL 520	1050	895	760	645	550
MODEL 528	1050	895	760	645	550

CHIPMUNK RIFLES

	NIB	EXC	VG	G	F
PISTOLS: SINGLE SHOT					
SILHOUETTE PISTOL	135	115	100	85	70
HUNTER/SILHOUETTE	240	205	175	145	125
RIFLES: BOLT ACTION, SINGLE SHOT					
BARRACUDA CHIPMUNK	275	235	200	170	145
CHIPMUNK STANDARD RIFLE	240	205	175	145	125
Chipmunk Special Alaska Edition	215	185	155	130	110
Chipmunk Special Edition Deluxe	350	300	255	215	185
SHOTGUNS: SINGLE SHOT					
CHIPMUNK .410 SHOTGUN	175	150	125	105	90

CHRISTENSEN ARMS

	NIB	EXC	VG	G	F
PISTOLS: SEMI-AUTO					
1911 A4	1795	1525	1295	1100	935
1911 A5	1995	1695	1440	1225	1040
1911 A5-TR	1895	1610	1370	1165	990
1911 C4	2625	2230	1895	1610	1370
1911 C4 Ti	4590	3900	3315	2820	2395
1911 CA	1525	1295	1100	935	795
1911 OFFICER	2050	1745	1480	1260	1070
1911 GOVERNMENT DAMASCUS	4100	3485	2960	2520	2140
1911 G5	2695	2290	1945	1655	1405
1911 G5-Ti	4315	3670	3120	2650	2255
1911 G5-TARGET	2700	2295	1950	1660	1410
1911 G5-TR	2600	2210	1880	1595	1355
CA 9MM PISTOL	1525	1295	1100	935	795
CA-MSP	1525	1295	1100	935	795
CARBON ONE PISTOL SINGLE SHOT	Contact Manufacturer for pricing.				
COMMANDER (COMMANDER LITE)	2750	2340	1985	1690	1435
Tactical Commander	2775	2360	2005	1705	1450
GOVERNMENT (CLASSIC GOVERNMENT LITE)	3405	2895	2460	2090	1775
Tactical Government (Tactical Lite)	2900	2465	2095	1780	1515
MODERN PRECISION PISTOL (MPP)	2075	1765	1500	1275	1085
OFFICER LITE	2750	2340	1985	1690	1435
RIFLES: BOLT ACTION					
BA TACTICAL	2625	2230	1895	1610	1370
BA Tactical VTAC	2525	2145	1825	1550	1320

	NIB	EXC	VG	G	F
CARBON CLASSIC TACTICAL	3350	2850	2420	2055	1745
CARBON CUSTOM TACTICAL	4700	3995	3395	2885	2450
CARBON ONE 10TH ANNIVERSARY MODEL	Pricing Unavailable.				
CARBON ONE CUSTOM	4225	3590	3055	2595	2205
CARBON ONE EXTREME	3250	2765	2350	1995	1695
CARBON ONE HUNTER	2200	1870	1590	1350	1150
CARBON ONE R93	3775	3210	2725	2320	1970
CARBON ONE RANGER (CONQUEST)	8200	6970	5925	5035	4280
CARBON ONE TACTICAL	4150	3530	3000	2550	2170
CARBON RANGER	9950	8460	7190	6110	5195
CLASSIC CARBON (CARBON CLASSIC CUSTOM)	2525	2145	1825	1550	1320
Classic Steel	1900	1615	1375	1165	990
CLASSIC (CLASSIC II)	2700	2295	1950	1660	1410
ELR	2625	2230	1895	1610	1370
Ultra ELR	4050	3445	2925	2485	2110
MESA	1215	1035	880	745	635
MESA FFT	1450	1235	1050	890	755
MESA FFT Titanium	2340	1990	1690	1435	1220
MESA LONG RANGE	1485	1260	1075	910	775
MESA TITANIUM EDITION	1655	1405	1195	1015	865
MHR (MODERN HUNTING RIFLE)	3150	2680	2275	1935	1645
MODERN PRECISION RIFLE	2250	1915	1625	1380	1175
MPR COMPETITION	2250	1915	1625	1380	1175
RANGER 22	765	650	555	470	400
REBEL	1800	1530	1300	1105	940
RIDGELINE	1890	1605	1365	1160	985
RIDGELINE FFT	2150	1830	1555	1320	1120
Ridgeline FFT TItanium	3300	2805	2385	2025	1720
RIDGELINE SCOUT	1875	1595	1355	1150	980
RIDGELINE TITANIUM EDITION	2340	1990	1690	1435	1220
ROGUE	2700	2295	1950	1660	1410
SUMMIT CARBON	5500	4675	3975	3380	2875
Summit Steel	4125	3505	2980	2535	2155
SUMMIT Ti/SUMMIT Ti-TH	5400	4590	3900	3315	2820
TACTICAL FORCE MULTIPLIER (TFM) CARBON	4700	3995	3395	2885	2450
Tactical Force Multiplier (TFM) Steel	4350	3700	3145	2670	2270
Tactical Force Multiplier (TFM) VTAC	4400	3740	3180	2700	2295
TRAVERSE	2305	2035	1730	1470	1250
RIFLES: SEMI-AUTO					
CARBON ONE CHALLENGE (CUSTOM)	2400	2040	1735	1475	1255
Carbon One Challenge	550	470	395	340	290
CARBON CHALLENGE II	1150	980	830	705	600
CA5five6 / CA5five6 FFT	1525	1295	1100	935	795
CA9MM	1600	1360	1155	985	835
CA-10 DMR	3050	2595	2205	1875	1595
CA-10 G2	2875	2445	2075	1765	1500
CA-10 RECON	3025	2570	2185	1860	1580
CARBON ONE CA-15 SERIES (AR-15)	2500	2125	1805	1535	1305
CA-15 C2	1800	1530	1300	1105	940
CA-15 G2	1625	1380	1175	1000	850
CA-15 3G	2750	2340	1985	1690	1435
CA-15 PREDATOR	2550	2170	1840	1565	1330
CA-15 RECON	3050	2595	2205	1875	1595
CA-15 VTAC	2650	2255	1915	1625	1380
CA-15 VTAC 3G	2375	2020	1715	1460	1240
CD-15 RECON	3925	3335	2835	2410	2050

CHRISTIAN ARMORY WORKS

	NIB	EXC	VG	G	F
C.A.W. A2 STANDARD (A2 STANDARD)	975	830	705	600	510
PRECISION TARGET SYSTEMS	1225	1040	885	750	640
STANDARD NP3 TACTICAL (GUNGNIR)	1425	1210	1030	875	745
STANDARD TACTICAL DEFENSE	1050	895	760	645	550

CIMARRON F.A. CO.

	NIB	EXC	VG	G	F
DERRINGERS: O/U					
DIABLO	185	155	135	115	100
TITAN	375	320	270	230	195
PISTOLS: SEMI-AUTO					
M4-22	450	385	325	275	235
MODEL 1911 (MODEL 1911A1)	525	445	380	320	270
MODEL 1911 22 TACTICAL	290	245	210	180	155
WILD BUNCH 1911 WWI G.I. COMBO	815	695	590	500	425
REVOLVERS: REPRODUCTIONS, COLT					
1872 OPEN TOP ARMY	550	470	395	340	290
1872 OPEN TOP NAVY	525	445	380	320	270
BAD BOY	700	595	505	430	365
BADLANDS SAA MODEL	275	235	200	170	145
BISLEY SAA	635	540	460	390	330
BLACK EL DIABLO	685	580	495	420	355
BUCKHORN	355	300	255	220	185
Buckhorn Buntline	370	315	265	225	190
Buckhorn Carbine	375	320	270	230	195
Buckhorn Convertible Model	375	320	270	230	195
Buckhorn Target Model	370	315	265	225	190
BUNTLINE MODEL	355	300	255	220	185
EVIL ROY SAA	790	670	570	485	410
"HAND OF GOD" HOLY SMOKER	650	555	470	400	340
HENRY NETTLETON CAVALRY	625	530	450	385	325
JUDGE ROY BEAN COMMEMORATIVE	1500	1275	1085	920	780
LIGHTNING	520	440	375	320	270
MAN WITH NO NAME SAA	660	560	475	405	345
MODEL P SAA	560	475	405	345	295
Model P Jr. SAA	520	440	375	320	270
Model P Jr. Black Stallion	440	375	320	270	230
Model P Deluxe Buffalo Bill Engraved	1175	1000	850	720	610
Model P Stainless	750	640	540	460	390
NEW SHERIFF	560	475	405	345	295
PISTOLEER	510	435	370	315	270
PISTOLERO	440	375	320	270	230
PLINKERTON	175	150	125	105	90
ROOSTER SHOOTER	895	760	645	550	470
THUNDERER	580	495	420	355	300
Thunderer Stainless	800	680	580	490	415
Thunderer Long Tom	445	380	320	275	235
THUNDERER DOC HOLLIDAY	1560	1325	1125	960	815
Thunderer Doc Holliday Stainless	1025	870	740	630	535
THUNDERSTORM	975	830	705	600	510
THUNDERSTORM COMPETITION	765	650	555	470	400
Thunderstorm Competition Short Stroke	740	630	535	455	385
U.S. ARTILLERY MODEL	495	420	360	305	260
U.S.V. ARTILLERY (ROUGH RIDER)	625	530	450	385	325
U.S. CAVALRY MODEL P (A.P. CASEY)	495	420	360	305	260
7TH CAVALRY CASED SET	730	620	525	450	385
U.S. 7TH CAVALRY CUSTER MODEL	625	530	450	385	325
U.S. 7th Cavalry Custer Scout Model	750	640	540	460	390
WILD BILL ELLIOT TEXAS CATTLEBRAND	1225	1040	885	750	640
WYATT EARP LIMITED EDITION	875	745	630	535	455
ELIMINATOR 8	650	555	470	400	340
ELIMINATORC (COMPETITION)	600	510	435	370	315
ELIMINATOR CM	650	555	470	400	340
ELIMINATOR TS (THUNDERSTORM)	825	700	595	505	430
REVOLVERS: REPRODUCTIONS, COLT, FRONTIER MODELS					
ANGEL EYES 1858 REMINGTON	585	495	425	360	305
BAT MASTERSON	935	795	675	575	490

	NIB	EXC	VG	G	F
BIG IRON	425	360	305	260	220
EL MALO	580	495	420	355	300
EL MALO 2	625	530	450	385	325
FRONTIER SIX SHOOTER (DISC.)	545	465	395	335	285
Frontier Six-Shooter (USA Finish)	725	615	525	445	380
Frontier Six-Shooter Standard or Old Model	395	335	285	245	210
Frontier Six-Shooter Sheriff's Model	395	335	285	245	210
Frontier Six-Shooter New Sheriff Model	450	385	325	275	235
Frontier Six-Shooter Target Model	395	335	285	245	210
FRONTIER (CURRENT MFG.)	550	470	395	340	290
Frontier Bird's Head	465	395	335	285	240
Frontier Buntline	625	530	450	385	325
Frontier Cody Wild West	810	690	585	495	420
Frontier Stainless	755	640	545	465	395
Frontier Sheriff	475	405	345	290	245
FRONTIER SHORT STROKE MODEL	500	425	360	305	260
Frontier Short Stroke Model With U.S. Action Job	615	525	445	380	325
GEORGE S. PATTON FRONTIER	820	695	590	505	430
HOLY SMOKER	730	620	525	450	385
HUCKLEBERRY THUNDERER	1045	890	755	640	545
MAN WITH NO NAME SAA	750	640	540	460	390
MELDRUM FRONTIER	935	795	675	575	490
NEW SHERIFF	590	500	425	360	305
PREACHER 1858 REMINGTON DUAL CYLINDER	575	490	415	355	300
ROOSTER SHOOTER	725	615	525	445	380
TEDDY ROOSEVELT FRONTIER	885	750	640	545	465
TEXAS RANGER FRONTIER	885	750	640	545	465
THUNDERBALL	550	470	395	340	290
TUCO	575	490	415	355	300
REVOLVERS: REPRODUCTIONS, COLT CONVERSIONS					
1851 NAVY RICHARDS-MASON	560	475	405	345	295
1851 MAN WITH NO NAME CONVERSION	600	510	435	370	315
1851 RICHARDS-MASON CONVERSION	740	630	535	455	385
1860 ARMY RICHARDS-MASON	630	535	455	385	325
1862 POCKET CONVERSION	550	470	395	340	290
TYPE II RICHARDS TRANSITION MODEL	630	535	455	385	325
TYPE II RICHARDS TRANSITION MODEL - BLUE AND GRAY COLLECTION	985	835	710	605	515
REVOLVERS: REPRODUCTIONS, SMITH & WESSON					
MODEL NO. 3 AMERICAN	1175	1000	850	720	610
MODEL NO. 3 RUSSIAN	1140	970	825	700	595
SCHOFIELD MODEL NO. 3	730	620	525	450	385
SCHOFIELD MODEL NO. 3 (CURRENT MFG.)	1140	970	825	700	595
REVOLVERS/PISTOLS: REPRODUCTIONS, REMINGTON					
1858 ARMY NEW MODEL CONVERSION	580	495	420	355	300
1871 ROLLING BLOCK TARGET PISTOL	350	300	255	215	185
MODEL 1875 OUTLAW	585	495	425	360	305
MODEL 1890	630	535	455	385	325
RIFLES/CARBINES: REPRODUCTIONS, BURGESS					
1883 BURGESS CARBINE/RIFLE	1300	1105	940	800	680
RIFLES: REPRODUCTIONS, COLT					
LIGHTNING MAGAZINE RIFLE	1375	1170	995	845	720
RIFLES/CARBINES: REPRODUCTIONS, REMINGTON ROLLING BLOCK					
MODEL 1871 ROLLING BLOCK BABY CARBINE	495	420	360	305	260
MODEL 1875 CARBINE	495	420	360	305	260
ROLLING BLOCK SPORTING RIFLE	825	700	595	505	430
Deluxe Rolling Block Sporting Rifle	925	785	670	570	485
REMINGTON ROLLING BLOCK LONG RANGE	1680	1430	1215	1030	875
"ADOBE WALLS" ROLLING BLOCK	1675	1425	1210	1030	875
RIFLES/CARBINES: REVOLVING					
BUNTLINE CARBINE	695	590	500	425	360
REVOLVING CARBINE	800	680	580	490	415
THUNDERSTORM CARBINE	825	700	595	505	430

	NIB	EXC	VG	G	F
RIFLES/CARBINES: REPRODUCTIONS, SHARPS					
ARMI-SPORT BILLY DIXON MODEL 1874 SPORTING	1880	1600	1360	1155	980
ARMI-SPORT RIFLE FROM DOWN UNDER (QUIGLEY) II	1785	1515	1290	1095	930
ARMI-SPORT SHARPS 1874 SPORTING RIFLE	1450	1235	1050	890	755
ARMI-SPORT SHARPS "PRIDE OF THE PLAINS" II	1250	1065	905	770	655
LITTLE RASCAL MINI-SHARPS	1150	980	830	705	600
MCNELLY CARBINE	1340	1140	970	825	700
PEDERSOLI BILLY DIXON MODEL 1874 SPORTING	2175	1850	1570	1335	1135
PEDERSOLI BILLY DIXON OFFICER'S RIFLE	2050	1745	1480	1260	1070
PEDERSOLI BILLY DIXON TRAPDOOR CARBINE	2400	2040	1735	1475	1255
PEDERSOLI RIFLE FROM DOWN UNDER II (QUIGLEY)	2295	1950	1660	1410	1200
PEDERSOLI SHARPS BUSINESS RIFLE	1525	1295	1100	935	795
PEDERSOLI SHARPS "PRIDE OF THE PLAINS" MODEL	2150	1830	1555	1320	1120
SHARPS BIG 50 LONG RANGE MODEL 1874	2585	2195	1870	1590	1350
SHARPS MCNELLY CARBINE MODEL 1874 (TEXAS	1540	1310	1115	945	805
SHARPS PROFESSIONAL HUNTER MODEL 1874	1350	1150	975	830	705
SHARPS ROCKY MOUNTAIN II MODEL 74	1495	1270	1080	920	780
SLOTTER & CO. SHARPS RIFLE	2380	2025	1720	1460	1240
SPORTING #1 RIFLE	1100	935	795	675	575
SPORTING #1 SILHOUETTE RIFLE	1495	1270	1080	920	780
U.S.A. SHOOTING TEAM CREEDMOOR SHARPS	1375	1170	995	845	720
RIFLES: REPRODUCTIONS, SPENCER					
1860 SPENCER RIFLE	1550	1320	1120	950	810
1865 SPENCER REPEATING RIFLE	1825	1550	1320	1120	950
RIFLES/CARBINES: REPRODUCTIONS, SPRINGFIELD					
SPRINGFIELD TRAPDOOR CAVALRY CARBINE	1720	1460	1245	1055	895
RIFLES/CARBINES: REPRODUCTIONS, WINCHESTER					
1860 CIVILIAN HENRY RIFLE/CARBINE	1475	1255	1065	905	770
1860 CIVIL WAR HENRY RIFLE	1625	1380	1175	1000	850
1860 STEEL FRAMED HENRY RIFLE	1575	1340	1140	965	820
1866 YELLOWBOY SHORT RIFLE	1260	1070	910	775	660
1866 YELLOWBOY SPORTING RIFLE	1260	1070	910	775	660
1866 YELLOWBOY CARBINE	1285	1090	930	790	670
1866 Trapper Carbine	1230	1045	890	755	640
1866 Pawnee (Yellowboy Indian) Carbine	1680	1430	1215	1030	875
1886 Red Cloud Commemorative Carbine	950	810	685	585	495
1873 EVIL ROY SADDLE RING RIFLE	1750	1490	1265	1075	915
1873 LARRY CROW SIGNATURE SERIES RIFLE	1850	1575	1335	1135	965
1873 LONG RANGE SPORTING RIFLE	1395	1185	1010	855	725
1873 SADDLE RIFLE	1400	1190	1010	860	730
1873 SADDLE RING CARBINE	1360	1155	985	835	710
1873 Saddle Ring Shorty	1150	980	830	705	600
1873 SHORT RIFLE	1335	1135	965	820	695
1873 SPORTING RIFLE	1490	1265	1075	915	780
1873 TEXAS BRUSH POPPER	1495	1270	1080	920	780
1873 "Evil Roy" Texas Brush Popper	1700	1445	1230	1045	890
1873 TRAPPER CARBINE	1310	1115	945	805	685
1873 U.S. MARSHALL CARBINE	1250	1065	905	770	655
1873 U.S. MARSHALL INDIAN TERRITORY CARBINE	1765	1500	1275	1085	920
1876 CENTENNIAL SPORTING RIFLE	2500	2125	1805	1535	1305
1876 CARBINE N.W.M.P. ROYAL CANADIAN MOUNTED	1835	1560	1325	1125	955
1876 CROSSFIRE CARBINE	2340	1990	1690	1435	1220
1876 PRESIDIO RIFLE (SHORT RIFLE PARA MUERTE DE DIABLOS)	2500	2125	1805	1535	1305
1876 TOM HORN RIFLE	2265	1925	1635	1390	1180
1885 HIGH WALL RIFLE	1100	935	795	675	575
1885 HI-WALL RIFLE (PEDERSOLI)	1975	1680	1425	1215	1035
1885 LOW WALL RIFLE	895	760	645	550	470
1886 CARBINE/RIFLE	1590	1350	1150	975	830
1886 Premium/Premium Sporting Classic	1950	1660	1410	1200	1020
1892 RIFLE/1892 SHORT RIFLE	1500	1275	1085	920	780
1892 CARBINE	1480	1260	1070	910	775
1892 COGBURN CARBINE	1640	1395	1185	1005	855

	NIB	EXC	VG	G	F
1892 EL DORADO	1000	850	725	615	525
1894 CARBINE	1485	1260	1075	910	775
1894 RIFLE	1475	1255	1065	905	770
MODEL 71 CLASSIC	1750	1490	1265	1075	915
MODEL 71 HOGZILLA KILLA	1845	1570	1335	1135	965
MODEL 71 PREMIUM RIFLE	2315	1970	1675	1420	1205
RIFLES/CARBINES: SEMI-AUTO					
M4 22 TACTICAL	475	405	345	290	245
PPS/50 CARBINE	675	575	490	415	355
SHOTGUNS: REPRODUCTIONS					
1878 SxS COACH GUN	650	555	470	400	340
1881 SxS HAMMERLESS COACH GUN	600	510	435	370	315
1883 DOUBLE BARREL SHOTGUN	750	640	540	460	390
1887 LEVER ACTION	1215	1035	880	745	635
1887 LEVER ACTION SHOTGUN	525	445	380	320	270
1887 TERMINATOR LEVER ACTION	1215	1035	880	745	635
1889 DOUBLE BARREL SHOTGUN	675	575	490	415	355
1897 SLIDE ACTION	395	335	285	245	210
1897 SLIDE ACTION TRENCH SHOTGUN	435	370	315	265	225
DOC HOLLIDAY SHOTGUN	1950	1660	1410	1200	1020
WYATT EARP SxS SHOTGUN	1325	1125	955	815	695

CITADEL

PISTOLS: SEMI-AUTO

	NIB	EXC	VG	G	F
CP9 CENTURION	340	290	245	210	180
M-1911-22 TARGET MODEL	265	225	190	165	140
M-1911 BABY CITADEL	475	405	345	290	245
M-1911 CERAKOTE	675	575	490	415	355
M-1911 Cerakote Compact	675	575	490	415	355
M-1911 COMMANDER	600	510	435	370	315
M-1911 FLAG PISTOL + AMMO CAN PACKAGE	1215	1035	880	745	635
M-1911 GOVERNMENT	575	490	415	355	300
M-1911 OFFICER	515	440	370	315	270
M-1911 TAC ULTRA	750	640	540	460	390
RIFLES/CARBINES: SEMI-AUTO					
M1 CARBINE	265	225	190	165	140
M1 9MM CARBINE	475	405	345	290	245
TRAKR SEMI-AUTO	215	185	155	130	110
RIFLES: BOLT ACTION					
TRAKR (TRAKR 22 LR)	180	155	130	110	95
RIFLES: LEVER ACTION					
LEVTAC-92	740	630	535	455	385
RIFLES: SLIDE ACTION					
TAIPAN	1250	1065	905	770	655
SHOTGUNS: LEVER ACTION					
LEVTAC-410	700	595	505	430	365
SHOTGUNS: SEMI-AUTO					
BOSS-25	300	255	215	185	155
BOSSHOG I/BOSSHOG II	215	185	155	130	110
CDA-12	350	300	255	215	185
CDA-12 FORCE	350	300	255	215	185
RSS1	675	575	490	415	355
SHOTGUNS: SLIDE ACTION					
CITADEL LE TACTICAL	385	325	280	235	200
CDP-12	215	185	155	130	110
CDP-12 FORCE	215	185	155	130	110
PAT/PAX	230	195	165	140	120
SHOTGUNS: SXS					
COACH SXS	565	480	410	345	295

CLARIDGE HI-TEC INC.

PISTOLS: SEMI-AUTO

	NIB	EXC	VG	G	F
L-9 PISTOL	1200	1020	865	735	625
S-9 PISTOL	1300	1105	940	800	680
T-9 PISTOL	1200	1020	865	735	625
M PISTOL	1250	1065	905	770	655
CARBINES: SEMI-AUTO					
C-9 CARBINE	1100	935	795	675	575
LAW ENFORCEMENT COMPANION (LEC)	1250	1065	905	770	655

CLARK CUSTOM GUNS, INC.

CUSTOM GATOR	Retail pricing unavailable.				

CLASSIC DOUBLES

SHOTGUNS: O/U, MODEL 101 - FIELD MODELS

	NIB	EXC	VG	G	F
CLASSIC FIELD GRADE I	1400	1190	1010	860	730
CLASSIC FIELD GRADE II	1795	1525	1295	1100	935
CLASSIC FIELD GRADE II TWO BARREL SET	2695	2290	1945	1655	1405
CLASSIC SPORTER	1995	1695	1440	1225	1040
WATERFOWL MODEL	1300	1105	940	800	680

SHOTGUNS: O/U, MODEL 101 - TARGET MODELS

	NIB	EXC	VG	G	F
CLASSIC TRAP SINGLE	1200	1020	865	735	625
CLASSIC TRAP	1300	1105	940	800	680
CLASSIC TRAP COMBO	2400	2040	1735	1475	1255
CLASSIC SKEET	1695	1440	1225	1040	885
Classic Skeet 4 ga. Set	4300	3655	3105	2640	2245

SHOTGUNS: SxS

	NIB	EXC	VG	G	F
MODEL 201 CLASSIC	2500	2125	1805	1535	1305
Model 201 Classic Small Bore Set	4250	3615	3070	2610	2220

CLERKE ARMS, LTD.

	NIB	EXC	VG	G	F
COMPETITOR PISTOL	300	255	215	185	155

CLERKE PRODUCTS

REVOLVERS: DOUBLE ACTION

	NIB	EXC	VG	G	F
DOUBLE ACTION REVOLVER	75	65	55	45	40

RIFLES: SINGLE SHOT

	NIB	EXC	VG	G	F
HI-WALL	250	215	180	155	130
DELUXE HI-WALL	300	255	215	185	155

CLIFTON ARMS

	NIB	EXC	VG	G	F
CLIFTON SCOUT RIFLE	3000	2550	2170	1840	1565

CMMG INC.

PISTOLS: SEMI-AUTO

	NIB	EXC	VG	G	F
Mk3 K	1425	1210	1030	875	745
Mk4 K	900	765	650	555	470
Mk4 PDW	900	765	650	555	470
Mk9 PDW	1000	850	725	615	525
Mk47 MUTANT AKS8	1400	1190	1010	860	730
Mk47 MUTANT K	1500	1275	1085	920	780
Mk57 BANSHEE	1510	1285	1090	925	785
Mk57 PSB	1200	1020	865	735	625
MkG PDW GUARD	1175	1000	850	720	610
MkGs PDW GUARD	1100	935	795	675	575
MkW ANVIL K	1525	1295	1100	935	795
BANSHEE 100 SERIES					
Banshee 100 Mk3 .308 Win.	1850	1575	1335	1135	965
Banshee 100 Mk4 22LR	775	660	560	475	405
Banshee 100 Mk57 5.7x28mm/Mk4 5.7x28mm	1125	955	815	690	585
Banshee 100 Mk4 9mm	1000	850	725	615	525
Banshee 100 Mk9 9mm	1000	850	725	615	525

	NIB	EXC	VG	G	F
Banshee 100 Mk17 9mm	1125	955	815	690	585
Banshee 100 MkGs 9mm/.40 S&W	1125	955	815	690	585
Banshee 100 Mk10 10mm Auto	1175	1000	850	720	610
Banshee 100 MkG .45 ACP	1175	1000	850	720	610
Banshee 100 Mk4 5.56/.300	850	725	615	520	440
Banshee 100 Mk47 7.62x39	1250	1065	905	770	655
Banshee 100 MkW-15 6.5 Grendel/.458 SOCOM	1475	1255	1065	905	770
BANSHEE 200 SERIES					
Banshee 200 Mk3 .308 Win.	1650	1405	1190	1015	865
Banshee 200 Mk4 22LR	950	810	685	585	495
Banshee 200 Mk57 5.7x28mm/Mk4 5.7x28mm	1300	1105	940	800	680
Banshee 200 Mk4 9mm	1100	935	795	675	575
Banshee 200 Mk9 9mm	1075	915	775	660	560
Banshee 200 Mk17 9mm	1300	1105	940	800	680
Banshee 200 MkGs 9mm/.40 S&W	1300	1105	940	800	680
Banshee 200 Mk10 10mm Auto	1475	1255	1065	905	770
Banshee 200 MkG .45 ACP	1300	1105	940	800	680
Banshee 200 Mk4 5.56 NATO/.300 AAC	1025	870	740	630	535
Banshee 200 Mk47 7.62x39	1425	1210	1030	875	745
Banshee 200 MkW-15 6.5 Grendel/.458 SOCOM	1650	1405	1190	1015	865
BANSHEE 300 SERIES					
Banshee 300 Mk4 22LR	1075	915	775	660	560
Banshee 300 Mk57 5.7x28/Mk4 5.7x28 Conversion	1425	1210	1030	875	745
Banshee 300 Mk4 9mm	1570	1335	1135	965	820
Banshee 300 Mk9 9mm	1200	1020	865	735	625
Banshee 300 Mk17 9mm	1400	1190	1010	860	730
Banshee 300 MkGs 9mm/.40 S&W	1425	1210	1030	875	745
Banshee 300 Mk10 10mm Auto	1475	1255	1065	905	770
Banshee 300 MkG .45 ACP	1425	1210	1030	875	745
Banshee 300 Mk4 .300 BLK	1350	1150	975	830	705
Banshee 300 Mk47 7.62x39	1625	1380	1175	1000	850
Banshee 300 Mk4 5.56	1175	1000	850	720	610
BANSHEE ZEROED SERIES					
Banshee Zeroed Mk3 .308 Win.	1750	1490	1265	1075	915
Banshee Zeroed Mk4	1075	915	775	660	560
Banshee Zeroed Mk9	1575	1340	1140	965	820
Banshee Zeroed Mk10	1575	1340	1140	965	820
Banshee Zeroed Mk17	1525	1295	1100	935	795
Banshee Zeroed Mk47	1850	1575	1335	1135	965
Banshee Zeroed Mk57	1525	1295	1100	935	795
Banshee Zeroed MkG/MkGs	1525	1295	1100	935	795

RIFLES/CARBINES: SEMI-AUTO

	NIB	EXC	VG	G	F
.22 LR SERIES					
M4 Profile Model 22A7C3D	675	575	490	415	355
Lightweight Model 22A1CF6	750	640	540	460	390
.300 AAC BLACKOUT SERIES					
Model 30AF8A6	900	765	650	555	470
Model 30A77E1 Stainless	950	810	685	585	495
Model 30AF8DF	950	810	685	585	495
.308 MK3 SERIES					
Model 38A20FB	1300	1105	940	800	680
Model 38AB136	1425	1210	1030	875	745
Model 38A6DFO	1650	1405	1190	1015	865
Model 38AF432	1525	1295	1100	935	795
5.56 HAMMER FORGED SERIES					
Model 55AD33B	1125	955	815	690	585
Model 55AD3A1	1050	895	760	645	550
Model 55AD37C	1125	955	815	690	585
Model 55AD3B2	1075	915	775	660	560
Model 55A8433	1025	870	740	630	535
Model 55A5252	1125	955	815	690	585
Model 55A5244	1125	955	815	690	585
Model 55A526D	1075	915	775	660	560

	NIB	EXC	VG	G	F
5.56 LE SERIES					
Model 55AE1AD	850	725	615	520	440
Model 55AE1BB	950	810	685	585	495
Model 55AED49	775	660	560	475	405
Model 55AEDA5	1075	915	775	660	560
5.56 STAINLESS STEEL SERIES					
Model 55ABB89	800	680	580	490	415
Model 55A3C9E	825	700	595	505	430
Model 55A8EDC	875	745	630	535	455
Model 55AE392	1000	850	725	615	525
Model 55A3866	850	725	615	520	440
ENDEAVOR 100 Mk3	1575	1340	1140	965	820
ENDEAVOR 100 Mk4	950	810	685	585	495
ENDEAVOR 200 Mk3	1650	1405	1190	1015	865
ENDEAVOR 200 Mk4	1040	885	750	640	545
ENDEAVOR 300 Mk3	2100	1785	1515	1290	1095
ENDEAVOR 300 Mk4	1525	1295	1100	935	795
ENDEAVOR 300 MkW-15 6.5 GRENDEL	2100	1785	1515	1290	1095
ENDEAVOR MK3 BASS PRO EDITION	1800	1530	1300	1105	940
ENDEAVOR ZEROED Mk3	1800	1530	1300	1105	940
ENDEAVOR ZEROED Mk4	1250	1065	905	770	655
GUARD DRB	1250	1065	905	770	655
GUARD DRB2	1425	1210	1030	875	745
GUARD T	1175	1000	850	720	610
Mk3	1475	1255	1065	905	770
Mk3 3GR	1700	1445	1230	1045	890
Mk3 CBR (CARBINE BATTLE RIFLE)	1800	1530	1300	1105	940
Mk3 D	1800	1530	1300	1105	940
Mk3 DTR /DTR2	2100	1785	1515	1290	1095
Mk3 P	1700	1445	1230	1045	890
Mk3 T	1525	1295	1100	935	795
Mk4	1025	870	740	630	535
Mk4 3GR	1250	1065	905	770	655
Mk4 A4 (GOVERNMENT PROFILE MODEL 22A6A1F)	825	700	595	505	430
Mk4 B16/B18	900	765	650	555	470
Mk4 D	1250	1065	905	770	655
Mk4 DTR2	1700	1445	1230	1045	890
Mk4 HT	825	700	595	505	430
Mk4LE	775	660	560	475	405
Mk4LE Optics Ready	850	725	615	520	440
Mk4LEM	850	725	615	520	440
Mk4 MSR	1025	870	740	630	535
Mk4 P	1075	915	775	660	560
Mk4 RCE	1200	1020	865	735	625
Mk4 S	1000	850	725	615	525
Mk4 T	900	765	650	555	470
Mk4 V	1125	955	815	690	585
Mk4 V2	1300	1105	940	800	680
Mk9LE	1000	850	725	615	525
Mk9LE OR	975	830	705	600	510
Mk9 T	1025	870	740	630	535
Mk47 MUTANT SERIES					
Mk47 Mutant AKM	1650	1405	1190	1015	865
Mk47 Mutant AKM2	1650	1405	1190	1015	865
Mk47 Mutant AKS13	1575	1340	1140	965	820
Mk47 Mutant T	1350	1150	975	830	705
MkW ANVIL T	1525	1295	1100	935	795
MkW ANVIL XBE	1750	1490	1265	1075	915
MkW ANVIL XBE2	1925	1635	1390	1180	1005
MkW ANVIL XFT	1800	1530	1300	1105	940
MkW ANVIL XFT2	1800	1530	1300	1105	940
RESOLUTE 100 SERIES					
Resolute 100 Mk3 .308 Win.	1575	1340	1140	965	820

	NIB	EXC	VG	G	F
Resolute 100 Mk4 (Resolute 100 Mk4 22LR)	850	725	615	520	440
Resolute 100 Mk57 5.7x28mm	1200	1020	865	735	625
Resolute 100 Mk9 9mm	1075	915	775	660	560
Resolute 100 Mk17 9mm	1200	1020	865	735	625
Resolute 100 MkG/MkGs (Resolute 100 MkGs 9mm)	1200	1020	865	735	625
Resolute 100 Mk47 7.62x39	1350	1150	975	830	705
Resolute 100 MkW	1575	1340	1140	965	820
RESOLUTE 200 SERIES					
Resolute 200 Mk3 .308 Win.	1725	1465	1245	1060	900
Resolute 200 Mk4 (Resolute 200 Mk4 22LR)	1000	850	725	615	525
Resolute 200 Mk9 9mm	1225	1040	885	750	640
Resolute 200 Mk57 5.7x28mm	1375	1170	995	845	720
Resolute 200 Mk17 9mm	1375	1170	995	845	720
Resolute 200 MkG/MkGs (Resolute 200 MkGs 9mm)	1375	1170	995	845	720
Resolute 200 Mk47 7.62x39	1500	1275	1085	920	780
Resolute 200 MkW (Resolute 200 MkW 6.5 Grendel)	1725	1465	1245	1060	900
RESOLUTE 300 SERIES					
Resolute 300 Mk3 .308 Win.	2025	1720	1465	1245	1060
Resolute 300 Mk4 (Resolute 300 Mk4 22LR)	1300	1105	940	800	680
Resolute 300 Mk9 9mm	1650	1405	1190	1015	865
Resolute 300 Mk57 5.7x28mm	1650	1405	1190	1015	865
Resolute 300 Mk17 9mm	1900	1615	1375	1165	990
Resolute 300 MkG/MkGs (Resolute 300 MkGs 9mm)	1650	1405	1190	1015	865
Resolute 300 Mk47 7.62x39	1800	1530	1300	1105	940
Resolute 300 MkW (Resolute 300 MkW 6.5 Grendel)	2025	1720	1465	1245	1060
RESOLUTE MK3 BASS PRO EDITION	1350	1150	975	830	705
RESOLUTE MK4 BASS PRO EDITION	Pricing unavailable for this model.				
RESOLUTE ZEROED					
Resolute Zeroed Mk3		1800	1530	1300	1105
Resolute Zeroed Mk4		1350	1150	975	830

COBALT KINETICS

PISTOLS: SEMI-AUTO

	NIB	EXC	VG	G	F
BAMF (PRO) PROFESSIONAL	2300	1955	1660	1410	1200
BAMF Pro Freedom Fighter	5075	4315	3665	3115	2650
STEALTH PISTOL	2000	1700	1445	1230	1045

RIFLES/CARBINES: SEMI-AUTO

	NIB	EXC	VG	G	F
27 EXPERT STAGE I	3500	2975	2530	2150	1830
27 Expert Stage II	3760	3195	2715	2310	1965
27 HUNTER STAGE I	2625	2230	1895	1610	1370
27 Hunter Stage II	2950	2510	2130	1810	1540
27 RANGER STAGE I	2425	2060	1750	1490	1265
27 Ranger Stage II	2675	2275	1935	1645	1400
27 SENTRY STAGE I	2200	1870	1590	1350	1150
27 Sentry Stage II	2350	2000	1700	1445	1230
BAMF EDGE	2600	2210	1880	1595	1355
BAMF PRO RIFLE	2200	1870	1590	1350	1150
BAMF Pro "Cobalt 2.0"	2425	2060	1750	1490	1265
BAMF TEAM (TEAM STAGE I)	3725	3165	2690	2290	1945
Team Stage II	3725	3165	2690	2290	1945
Team Stage III	4500	3825	3250	2765	2350
BAMF XL	3500	2975	2530	2150	1830
ECLIPSE CARBINE STAGE I	2075	1765	1500	1275	1085
Eclipse Carbine Stage II	2250	1915	1625	1380	1175
Eclipse Carbine Stage III	2300	1955	1660	1410	1200
EDGE STAGE I	2300	1955	1660	1410	1200
Edge Stage II	2700	2295	1950	1660	1410
Edge Stage III	2825	2400	2040	1735	1475
EDGE XL STAGE I	3025	2570	2185	1860	1580
Edge XL Stage II	3450	2935	2495	2120	1800
EDGE CARBINE STAGE I	2150	1830	1555	1320	1120
Edge Carbine Stage II	2550	2170	1840	1565	1330

	NIB	EXC	VG	G	F
Edge Carbine Stage III	2625	2230	1895	1610	1370
EDGE CARBINE XL STAGE I	2875	2445	2075	1765	1500
Edge Carbine XL Stage II	2700	2295	1950	1660	1410
EVOLVE	5175	4400	3740	3180	2705
OVERWATCH LE	3675	3125	2655	2255	1915
Overwatch XL LE	3700	3145	2675	2270	1930
OVERWATCH P.R.S.	3825	3250	2765	2350	2000
Overwatch XL P.R.S.	5325	4525	3845	3270	2780
RECON PDW STAGE I	2300	1955	1660	1410	1200
Recon PDW Stage II	2575	2190	1860	1580	1345
Recon PDW Stage III	2750	2340	1985	1690	1435

COBB MANUFACTURING, INC.

	NIB	EXC	VG	G	F
MODEL FA50 (T)	6275	5335	4535	3855	3275
MCR (MULTI-CALIBER RIFLE) SERIES	Custom order only starting at $3,000				

COBRA FIREARMS (COBRA ENTERPRISES OF UTAH, INC.)

DERRINGERS

	NIB	EXC	VG	G	F
COBRA DERRINGER					
Standard Series	140	120	100	85	70
Big Bore Series	200	170	145	125	105
Long Bore Series	160	135	115	100	85
TITAN DERRINGER	340	290	245	210	180

PISTOLS: SEMI-AUTO

	NIB	EXC	VG	G	F
CA (COBRA) SERIES	110	95	80	70	60
FS (FREEDOM) SERIES	120	100	85	75	65
PATRIOT SERIES	275	235	200	170	145
Patriot 45	300	255	215	185	155
DENALI	120	100	85	75	65

REVOLVERS

	NIB	EXC	VG	G	F
SHADOW	315	270	230	195	165

COGSWELL & HARRISON

RIFLES: SxS

	NIB	EXC	VG	G	F
BOXLOCK MODEL	Pricing Unavailable for this model.				
Boxlock Model, Early Ejector, <.450 cal.		40000	30000	20000	17000
Boxlock Model, Early Ejector, >.450 cal.		60000	50000	40000	34000
SIDELOCK MODEL		60000	50000	43000	36550
Sidelock Model Cals. .577 & .600 NE		72000	60000	50000	42500

SHOTGUNS: O/U, SIDELOCK

	NIB	EXC	VG	G	F
WOODWARD TYPE		47250	41000	36000	30600

SHOTGUNS: SxS, OLDER MFG.

	NIB	EXC	VG	G	F
REGENCY	4275	3635	3090	2625	2230
AMBASSADOR MODEL	5500	4675	3975	3380	2875
MARKOR	1675	1425	1210	1030	875
HUNTIC MODEL	3900	3315	2820	2395	2035
AVANT TOUT SERIES	2550	2170	1840	1565	1330
REX OR AVANT TOUT III	2150	1830	1555	1320	1120
SANDHURST OR AVANT TOUT II	2800	2380	2025	1720	1460
KONOR OR AVANT TOUT I	3275	2785	2365	2010	1710
BEST QUALITY					
Best Quality Primic Model	6200	5270	4480	3810	3240
Best Quality Victor Model	9250	7865	6685	5680	4830

SHOTGUNS: SxS, BOXLOCK & SIDELOCK - RECENT MFG.

	NIB	EXC	VG	G	F
REGENCY		14750	12250	10000	8500
VICTORIA		16950	14500	12250	10415
EXTRA QUALITY VICTORIA		18750	16250	14000	11900
EXTRA QUALITY (SPECIAL) VICTORIA		22350	19450	16350	13900
SELF-OPENING SLE SxS		41000	36000	29500	25075

COLT'S MANUFACTURING COMPANY, LLC

	NIB	EXC	VG	G	F

A number of categories, as well as some individual models, in this section follow a different pricing format due to their impressive collectability. As most of these are sold at-auction, traditional valuation is not trackable as final values vary too greatly. Additionally, most of these models lack any known, surviving examples in conditions that would match this book's format. Instead, the values listed in these first nine categories are listed as a Low-to-High range covering all models that are in conditions favorable to collectors.

Revolvers: Percussion, Paterson Variations

PATERSON NO. 1 POCKET MODEL
Paterson No. 1 Pocket Model Standard Production	35,000 to 125,000
Paterson No. 1 Pocket Model Late Production Ehlers	35,000 to 90,000

PATERSON NO. 2 BELT MODEL
Paterson No. 2 Belt Model Standard Production Model	35,000 to 80,000
Paterson No. 2 Belt Model Ehlers	40,000 to 125,000

PATERSON NO. 3 BELT MODEL
Paterson No. 3 Belt Model Standard w/o Lever	45,000 to 95,000
Paterson No. 3 Belt Model Standard With Lever	45,000 to 140,000

PATERSON NO. 5 HOLSTER MODEL
Paterson No. 5 Holster Model Standard Production	60,000 to 160,000
Paterson No. 5 Holster Model Standard Production	65,000 to 200,000

Revolvers: Percussion, Walker Model

WALKER MODEL
Walker Standard Military Issue Model	100,000 to 500,000
Walker Limited Civilian Issue Model	100,000 to 500,000

Revolvers: Percussion, Dragoon Series

WHITNEYVILLE HARTFORD DRAGOON
Whitneyville Hartford Dragoon w/Rear frame cut out for grips	40,000 to 350,000
Whitneyville Hartford Dragoon w/Straight rear frame	25,000 to 250,000

FIRST MODEL DRAGOON
First Model Dragoon Military Model	10,000 to 125,000
First Model Dragoon Civilian Model	10,000 to 80,000
SECOND CONTRACT WHITNEYVILLE DRAGOON	12,000 to 85,000

SECOND MODEL DRAGOON
Second Model Dragoon Military Model	7,500 to 85,000
Second Model Dragoon Civilian Model	6,000 to 75,000
Second Model Dragoon New Hampshire or	10,000 to 80,000

THIRD MODEL DRAGOON
Third Model Dragoon Civilian	7,500 to 60,000
Third Model Dragoon Martially Marked U.S.	8,500 to 55,000
Third Model Dragoon Third Model	9,500 to 65,000
Third Model Dragoon First and Second Variation	9,500 to 60,000
Third Model Dragoon Third Variation	7,500 to 60,000
Third Model Dragoon C.L. Dragoon	10,000 to 75,000
ENGLISH HARTFORD DRAGOON	7,500 to 55,000

1848 BABY DRAGOONS
1848 Baby Dragoon Type I	4,500 to 25,000
1848 Baby Dragoon Type II	3,500 to 17,500
1848 Baby Dragoon Type III	3,500 to 17,500
1848 Baby Dragoon Type IV	3,500 to 17,500
1848 Baby Dragoon Type V	3,500 to 17,500

Revolvers: Percussion, Models 1849, 1851, 1855, 1860, 1861, 1862, & 1865

1849 POCKET MODEL
1849 Pocket Model First Type	500 to 18,000
1849 Pocket Model Second Type	500 to 4,500
1849 Pocket Model Wells Fargo Model	2,000 to 18,000

1849 LONDON POCKET MODEL
1849 London Pocket Model Early Type	950 to 7,500
1849 London Pocket Model Late Type	750-4,750

1851 NAVY
1851 Navy First Model	4,500 to 28,000
1851 Navy Second Model	3,500 to 25,000
1851 Navy Third Model	1,000 to 7,500
1851 Navy Fourth Model	1,000 to 7,500

	NIB	EXC	VG	G	F
1851 Navy Iron Gripstrap Model		1,000 to 7,500			
1851 Navy Martially Marked U.S. Navys		2,500 to 22,500			
1851 Navy Cut for shoulder stock		1,500 to 15,000			
1851 Navy Third Type		1,500 to 7,500			
51 NAVY LONDON MODEL					
51 Navy London Early First Model		1,500 to 7,500			
51 Navy London Late Second Model		1,200 to 8,000			
1855 SIDEHAMMER POCKET MODEL (ROOT MODEL)					
1855 Sidehammer Pocket Model 1 and 1A		2,000 to 12,500			
1855 Sidehammer Pocket Model 2		500 to 3,500			
1855 Sidehammer Pocket Model 3		500 to 4,250			
1855 Sidehammer Pocket Model 3A		500 to 3,500			
1855 Sidehammer Pocket Model 4		750 to 4,500			
1855 Sidehammer Pocket Model 5		750 to 4,500			
1855 Sidehammer Pocket Model 5A		950 to 4,500			
1855 Sidehammer Pocket Model 6		950 to 4,500			
1855 Sidehammer Pocket Model 6A		950 to 4,500			
1855 Sidehammer Pocket Model 7		1,200 to 5,500			
1855 Sidehammer Pocket Model 7A		1,000 to 5,000			
1860 MODEL ARMY					
1860 Model Army Fluted Cylinder		2,500 to 22,500			
1860 Model Army Round Cylinder		1,500 to 13,500			
1860 Model Army Civilian		1,200 to 7,500			
1861 MODEL NAVY					
1861 Model Fluted Cylinder Navy		7,500 to 40,000			
1861 Model Navy Regular Production model		2,000 to 20,000			
1861 Model Martially Marked Navys		2,500 to 35,000			
1861 Model London Marked Navy		2,000 to 22,500			
1861 Model Shoulder Stock Cut Navy		3,500 to 25,000			
1862 POLICE MODEL					
1862 Police Early Model		1,200 to 6,000			
1862 Police Standard Production Model		950 to 4,750			
1862 Police Export Production Model		950 to 4,000			
1862 Police London Marked Model		2,000 to 17,500			
POCKET MODEL OF NAVY CALIBER (MODEL 1865)					
Pocket Model of Navy Caliber Standard Model		1,500 to 12,000			
Pocket Model of Navy Caliber Export Production Model		1,500 to 10,000			
Pocket Model of Navy Caliber London Marked Model		3,000 to 17,500			

Revolvers: Colt Thuer Conversions

	NIB	EXC	VG	G	F
COLT THUER CONVERSIONS (c. 1868-1872)					
Colt Thuer Conversion 1849 Pocket		7,500 to 70,000			
Colt Thuer Conversion 1851 Navy		6,000 to 30,000			
Colt Thuer Conversion 1860 Army		9,000 to 35,000			
Colt Thuer Conversion 1861 Navy		7,500 to 35,000			
Colt Thuer Conversion 1862 Police		6,500 to 22,500			
Colt Thuer Conversion 1862 Pocket Navy		7,500 to 30,000			

Revolvers: Richards Conversions: All Variations

	NIB	EXC	VG	G	F
RICHARDS CONVERSION, COLT 1860 ARMY					
1860 Army First Model Richards		3,500 to 25,000			
1860 Army Second Model Richards		4,000 to 25,000			
1860 Army Twelve Stop Cylinder Variation Richards		6,500 to 35,000			
1860 Army U.S. Marked Richards		6,500 to 35,000			

Revolvers: Richards-Mason Conversions: All Variations

	NIB	EXC	VG	G	F
1851 NAVY RICHARDS-MASON					
1851 Navy Civilian Model Richards-Mason		2,000 to 17,500			
1851 U.S. Navy Richards-Mason		3,500 to 20,000			
1860 ARMY RICHARDS-MASON		5,000 to 30,000			
1861 NAVY RICHARDS-MASON					
1861 Navy Civilian Model Richards-Mason		3,000 to 25,000			
1861 Navy U.S. Navy Richards-Mason		3,500 to 25,000			
COLT 1862 POLICE & POCKET NAVY					
1862 Police & Pocket Navy Richards-Mason Conversion		750 to 9,500			
1862 Richards-Mason Conversion Round (Percussion)		850 to 10,000			

	NIB	EXC	VG	G	F
1862 POLICE AND POCKET (1865 POCKET MODEL)					
1862 Police/Pocket Navy with Rebated Pocket Navy Cylinder		650 to 9,500			
1862 Police/Pocket Navy with Half Fluted Cylinder		850 to 12,000			
Revolvers: Conversions with Round Cartridge Barrel					
ROUND CARTRIDGE BARREL WITH EJECTOR					
3 1/2 IN. ROUND CARTRIDGE BARREL CONVERSION		750 to 6,000			
REVOLVERS: CARTRIDGE "OPEN TOP" MODELS					
1871-72 OPEN TOP MODEL RIMFIRE					
Baby Open Top Prototype		1,200 to 10,000			
1871-72 Open Top Model Rimfire Regular Production		5,000 to 45,000			
1871-72 Open Top Model Rimfire Regular Production		5,000 to 45,000			
1871-72 Open Top Model Rimfire Late Production		4,000 to 45,000			

Note: The highest ends of these ranges were based on data from some of the largest auction

DERRINGERS

	NIB	EXC	VG	G	F
FIRST MODEL DERRINGER	3750	3190	2710	2305	1960
SECOND MODEL DERRINGER	1775	1510	1280	1090	925
Second Model Derringer .41 Centerfire cal.	3850	3275	2780	2365	2010
THIRD MODEL DERRINGER (THUER MODEL)	1750	1490	1265	1075	915
FOURTH MODEL DERRINGER (FIRING)	100	85	70	60	50
FOURTH MODEL DERRINGER (FIRING)	375	320	270	230	195
Fourth Model Derringer (non-firing)	375	320	270	230	195
LORD DERRINGER	175	150	125	105	90
LADY DERRINGER	460	390	330	280	240
LORD & LADY CASED SET	595	505	430	365	310
LADY CASED SET	495	420	360	305	260
LORD CASED SET	550	470	395	340	290
BOOKCASE DERRINGER PAIR	350	300	255	215	185

REVOLVERS: CARTRIDGE POCKET MODELS

	NIB	EXC	VG	G	F
CLOVERLEAF HOUSE PISTOL	2550	2170	1840	1565	1330
5-shot Cloverleaf	2175	1850	1570	1335	1135
OPEN TOP REVOLVER (OLD LINE)	1450	1235	1050	890	755
Open Top Revolver (Old Line, Early Model)	3195	2715	2310	1960	1665

REVOLVERS: CARTRIDGE NEW LINE SERIES & VARIATIONS

	NIB	EXC	VG	G	F
1ST MODEL	1250	1065	905	770	655
2ND MODEL	1750	1490	1265	1075	915
NEW HOUSE MODEL	1475	1255	1065	905	770
NEW POLICE MODEL			1950	1750	1490

Revolvers: Cartridge SAA 1st Generation Civilian/Commercial (Mfg. 1873-1940)

	NIB	EXC	VG	G	F
SINGLE ACTION ARMY (SAA) - STANDARD MFG.					
Pinch Frame SAA (ser. no. range 1-160)		25,000 to 150,000			
Early Black Powder SAA (Mfg. 1873-1876, ser. no. range		13,000 to 80,000			
Ser. Nos. 160-999 (Mfg. 1873)		80000	74000	62900	
Ser. Nos. 1000-9999 (Mfg. 1873-1874)		67000	60000	51000	
Ser. Nos. 10000-22000 (Mfg. 1874-1876)		55000	51000	45000	38250
Intermediate Black Powder SAA (Mfg. 1876-1890, ser. no. range 22000-130000)					
Ser. Nos. 22000-54000 (Mfg. 1876-1880)		40000	35000	30000	25500
Ser. Nos. 54000-130000 (Mfg. 1880-1890)		38000	33000	27000	22950
Late Black Powder SAA (Mfg. 1890-1896, ser. no. range 130000-165000)		30000	25000	20000	17000
Early Smokeless Powder SAA (Mfg. 1896-1908)					
Ser. Nos. 165000-182000 (Mfg. 1896-1899)		22000	18000	13000	11050
Ser. Nos. 182000-300000 (Mfg. 1899-1908)		20000	15000	11000	9350
Intermediate Smokeless Powder SAA (Mfg. 1908 - 1920, ser. no. range 300,000-339,000)		16000	12000	8000	6800
Ser. Nos. 300000-328000 (Mfg. 1908-1914)					
Ser. Nos. 328000-339,000 (Mfg. 1914-1920)		14000	12000	9000	7650
Late Smokeless Powder SAA (ser. no. range					
Ser. Nos. 339000-350000 (Mfg. 1920-1928)	13000	11050	9395	7985	6785
Ser. Nos. 350000-355000 (Mfg. 1928-1935)	12000	10200	8670	7370	6265
Ser. Nos. 355000-357000 (Mfg. 1935-1940)	11000	9350	7950	6755	5740

	NIB	EXC	VG	G	F

Revolvers: Cartridge SAA 1st Generation Commercial, Non-Standard Mfg.

SINGLE ACTION ARMY (SAA) - NON-STANDARD MFG.

Model	NIB	EXC	VG	G	F
.44 Rimfire SAA		13,000 to 80,000			
.22 Rimfire SAA		45000	40000	35000	29750
Buntline Special Model SAA		20,000 to 175,000			
Etched Panel .44-40 SAA		45000	38000	30000	25500
Ejectorless (Sheriff's Model) Model SAA					
Ejectorless (Sheriff's Model) Smokeless Powder Frame					
Ejectorless (Sheriff's Model) Black Powder Frame SAA		67000	56000	47000	39950
Flat-Top Target Model SAA		25000	22000	19000	16150
Long Flute Series SAA					
Bisley Model SAA		12000	95000	75000	63750
Flat-Top Target Bisley SAA		20000	18000	15500	13175
Battle of Britain SAA	16000	13600	11560	9825	8350

Revolvers: Cartridge SAA U.S. Military, Mfg. 1873-1903

SINGLE ACTION ARMY (CAVALRY) - U.S. MILITARY

Model	Range
Early U.S. Model SAA (Mfg. 1873-1875)	
Ainsworth Serial Range 179-999 (Mfg. 1873)	15,000 to 85,000
Ainsworth Serial Range 1000-9999 (1873-1874) (Prime Indian Wars Period)	14,500 to 90,000
Ainsworth Serial Range 10000-14500 (Mfg. 1874)	10,000 to 90,000
Lewis Serial Range 15000-16500 (Mfg. 1875)	13,000 to 85,000
Johnson Serial Range 16800-18450 (Mfg. 1875)	12,000 to 90,000
Casey Serial Range 16400-19530 (Mfg. 1875)	12,000 to 90,000
Mid-Range U.S. Model SAA (Mfg. 1876-1887)	
Cleveland Serial Range 30690-35570 (Mfg. 1876-1877)	10,000 to 50,000
Early Henry Nettleton Serial Range 36800-39880 Civilian	13,000 to 70,000
Early David F. Clark Serial Range 41000-42300 (1878)	10,000 to 49,500
Standard Henry Nettleton Serial Range 47000 - 50600	11,000 to 49,500
Later David F. Clark Serial Range 53000-121000 (Mfg.	8,750 to 44,000
Rinaldo A. Carr, Serial Range 131187-140361 (Mfg.	5,600 to 50,000
Artillery Model SAAs	
Standard Mixed Numbers Variation	3,000 to 16,000
Matching Numbers in All Serial Ranges	7,000 to 23,000
Blued Frame Variation With Mixed Number	2,200 to 4,600
New York State Militia SAA	5,000 to 28,000
Condemned U.S. Cavalry	

REVOLVERS: SAA, 2ND GENERATION: 1956-1975 MFG.

SINGLE ACTION ARMY (SAA, 2ND GENERATION)

Model	NIB	EXC	VG	G	F
SAA Early 2nd Generation, .45 LC	3100	2635	2240	1905	1620
SAA Early 2nd Generation, .44 SPL	2900	2465	2095	1780	1515
SAA Early 2nd Generation, .38 SPL	2700	2295	1950	1660	1410
SAA Early 2nd Generation, .357 Mag	2300	1955	1660	1410	1200
SAA Mid-Range 2nd Generation, .45 LC	2200	1870	1590	1350	1150
SAA Mid-Range 2nd Generation, .44 SPL	2000	1700	1445	1230	1045
SAA Mid-Range 2nd Generation, .357 Mag	1900	1615	1375	1165	990
SAA Late 2nd Generation, .45 LC	2000	1700	1445	1230	1045
SAA Late 2nd Generation, .357 Mag	1800	1530	1300	1105	940
SHERIFF'S MODEL SAA (1961 MODEL), Blue Finish	2750	2340	1985	1690	1435
SHERIFF'S MODEL SAA (1961 MODEL), Nickel Finish	7850	6675	5670	4820	4095
BUNTLINE SPECIAL SAA (2ND GENERATION)	2000	1700	1445	1230	1045
BUNTLINE SPECIAL SAA (2ND GENERATION), Nickel	3850	3275	2780	2365	2010
NEW FRONTIER SAA (2ND GENERATION)	1400	1190	1010	860	730
NEW FRONTIER SAA (2ND GENERATION), .38 SPL, 5.5in Bbl.	3750	3190	2710	2305	1960
NEW FRONTIER BUNTLINE SAA (2ND GENERATION)	2500	2125	1805	1535	1305
FACTORY ENGRAVED 2ND GENERATION SAAs					

REVOLVERS: SAA, 3RD GENERATION: 1976-CURRENT MFG.

Model	NIB	EXC	VG	G	F
STANDARD/CUSTOM SINGLE ACTION ARMY SAA (3RD GENERATION)	1995	1695	1440	1225	1040
BLACK POWDER FRAME SAA (3RD GENERATION)	2200	1870	1590	1350	1150
COLT COWBOY SAA	1800	1530	1300	1105	940

	NIB	EXC	VG	G	F
Cowboy SAA Collection Set, Faux Ivory	1700	1445	1230	1045	890
Cowboy SAA Collection Set, Stag	2275	1935	1645	1395	1185
SHERIFF'S MODEL SAA (3RD GENERATION, MFG 1980-1985), .45 LC	3500	2975	2530	2150	1830
SHERIFF'S MODEL SAA (3RD GENERATION, MFG 1980-1985), .44 Spl/.44-40	3000	2550	2170	1840	1565
Sheriff's Model SAA (3rd Generation - Recent Mfg.), Blue Finish	1600	1360	1155	985	835
Sheriff's Model SAA (3rd Generation - Recent Mfg.), Nickel Finish	1700	1445	1230	1045	890
BUNTLINE SPECIAL MODEL SAA (3RD GENERATION)	1695	1440	1225	1040	885
NEW FRONTIER SAA (3RD GENERATION - 1978-1981 MFG.)	1700	1445	1230	1045	890
FRONTIER SIX SHOOTER SAA (3RD GENERATION), Blue	2000	1700	1445	1230	1045
FRONTIER SIX SHOOTER SAA (3RD GENERATION), Nickel	2000	1700	1445	1230	1045
NEW FRONTIER SAA (3RD GENERATION - RECENT MFG.)	1500	1275	1085	920	780
NEW FRONTIER BUNTLINE SPECIAL SAA (3RD GENERATION)					
STOREKEEPER'S MODEL SAA (3RD GENERATION - 1984-85 MFG.), Blue	1900	1615	1375	1165	990
STOREKEEPER'S MODEL SAA (3RD GENERATION - 1984-85 MFG.), Nickel	2000	1700	1445	1230	1045
Storekeeper's Model SAA (3rd Generation - 2008-2010 Mfg.), Blue	3000	2550	2170	1840	1565
Storekeeper's Model SAA (3rd Generation - 2008-2010 Mfg.), Nickel	3200	2720	2310	1965	1670
COLT CLASSIC SAA	2000	1700	1445	1230	1045
HUGH O'BRIAN-WYATT EARP LIMITED EDITION	4500	3825	3250	2765	2350
COLT 175TH ANNIVERSARY LIMITED EDITION SAA	2000	1700	1445	1230	1045
COLT CUSTOM SHOP ENGRAVING, SAA & SEMI-AUTO, 1976-PRESENT					
CUSTOM & SPECIAL ENGRAVED SAA EDITIONS (3RD					
SAA Engraved European Model	3500	2975	2530	2150	1830
SAA Engraved U.S. Model	1950	1660	1410	1200	1020
SAA Old World Engravers Sampler	2975	2530	2150	1825	1550
Legend Rodeo/Legend Rodeo II SAA	1950	1660	1410	1200	1020
125th Anniversary Edition SAA	1600	1360	1155	985	835
Model P w/Unsigned B Coverage Engraving	2250	1915	1625	1380	1175
Modern Masters Model P w/Signed B Coverage		Last MSRP $6,528			
REVOLVERS: SAA, SCOUT MODEL					
FRONTIER SCOUT (Q or F SUFFIX)	600	510	435	370	315
FRONTIER SCOUT (K SUFFIX)	600	510	435	370	315
FRONTIER SCOUT (K SUFFIX) Scout Cased Pair	1300	1105	940	800	680
FRONTIER SCOUT (K SUFFIX) Buntline Cased Pair	1600	1360	1155	985	835
FRONTIER SCOUT '62 (P SUFFIX)	600	510	435	370	315
FRONTIER SCOUT '62 (P SUFFIX) Scout Cased Pair	1300	1105	940	800	680
FRONTIER SCOUT '62 (P SUFFIX) Buntline Cased Pair	1600	1360	1155	985	835
PEACEMAKER 22 SCOUT	900	765	650	555	470
NEW FRONTIER 22 SCOUT	600	510	435	370	315
PISTOLS: SEMI-AUTO, DISC.					
MODEL 1900		15000	11000	7600	6460
MODEL 1902 SPORTING		5750	4250	3250	2765
MODEL 1902 MILITARY		5750	4500	3500	2975
MODEL 1902 MILITARY-U.S. ARMY MARKED		18000	15000	12500	10625
MODEL 1903 POCKET HAMMER (.38 ACP)	5000	4250	3615	3070	2610
MODEL 1903 POCKET (MODEL M .32 ACP)	1600	1360	1155	985	835
Model 1903 Parkerized	2400	2040	1735	1475	1255
Model 1903 Pocket General Officer's Pistol, Parkerized		3000	2000	17000	14450
Model 1903 Pocket General Officer's Pistol, Blued		3400	2700	2300	1955
MODEL 1905		7500	5000	3800	3230

	NIB	EXC	VG	G	F
MODEL 1905, 1907 US Military Contract		25000	17500	13250	11265
MODEL 1908 POCKET (MODEL M .380 ACP)	1995	1695	1440	1225	1040
Model 1908 "U.S. Property"		3250	2500	1750	1490
Model 1908 General Officer's Pistol		4000	3250	2700	2295
VEST POCKET MODEL 1908-HAMMERLESS					
Vest Pocket Model 1908 Blue finish	1400	1190	1010	860	730
Vest Pocket Model 1908 Nickel finish	1200	1020	865	735	625
Vest Pocket Model 1908 Nickel finish, U.S. Marked	3750	3190	2710	2305	1960
MODEL 1909	Pricing Unavailable for this model.				
MODEL 1910	Pricing Unavailable for this model.				

PISTOLS: SEMI-AUTO, GOVT. MODEL 1911 COMMERCIAL VARIATIONS

	NIB	EXC	VG	G	F
MODEL 1911 COMMERCIAL MODELS					
Model 1911 High Polish Blue		15000	12000	9000	7650
Model 1911 Regular Finish		4100	3250	2100	1785
BRAZILIAN NAVY CONTRACT		6200	4500	3500	2975

PISTOLS: SEMI-AUTO, GOVT. MODEL 1911 MILITARY VARIATIONS

	NIB	EXC	VG	G	F
COLT MFG. MODEL 1911 MILITARY					
Model 1911 (1912 mfg.)		10000	7750	6000	5100
Model 1911 (1913-1915 mfg.) SNs 1 to 114		21000	17000	14000	11900
Model 1911 (1913-1915 mfg.) SNs 115 to 2400		13000	11750	9600	8160
Model 1911 (1913-1915 mfg.) SNs 2401+		5400	4750	3850	3275
Model 1911 (1916 mfg.)		5700	5000	4200	3570
Model 1911 (1917-1918 early mfg.)		4750	3200	2050	1745
Model 1911 (1917-1918 mfg.)		4750	3200	2200	1870
Model 1911 (1919-1925 mfg.)		4750	3500	3000	2550
NORTH AMERICAN ARMS COMPANY			35000	30000	25500
REMINGTON - UMC		8550	5500	3850	3275
SPRINGFIELD ARMORY		7550	5750	3750	3190
U.S. NAVY		10500	6000	4500	3825
U.S. MARINE CORPS.		7500	5500	4500	3825
WWI BRITISH SERIES		5750	4750	2950	2510
A.J. SAVAGE MUNITIONS CO.		3000	2250	1750	1490
NORWEGIAN TRIAL MODEL 1911 COLT		4500	3750	2750	2340
NORWEGIAN MODEL 1912 11.25MM		8500	7500	6000	5100
NORWEGIAN 1914 11.25MM		2350	1800	1550	1320
NORWEGIAN 1914 11.25MM, Nazi mfg.		8200	6250	4540	3860
ARGENTINE CONTRACT MODEL 1916		3850	3500	3150	2680
RUSSIAN CONTRACT		8750	4500	4000	3400
1911 MILITARY REWORKS, Colt Mfg.	1400	1190	1010	860	730
1911 MILITARY REWORKS, Rem.UMC Mfg.	1800	1530	1300	1105	940
1911 MILITARY REWORKS, SPRG Mfg.	1800	1530	1300	1105	940
BRAZILIAN NAVY 1911 CONTRACT		4950	4300	3700	3145

PISTOLS: SEMI-AUTO, GOVT. MODEL 1911A1 COMMERCIAL VARIATIONS

	NIB	EXC	VG	G	F
GOVERNMENT MODEL 1911A1					
MODEL 1911A1 PRE-WWII COLT COMMERCIAL		4500	3500	3000	2550
MODEL 1911A1 1946-1970 COLT COMMERCIAL					
Model 1911A1 1946-1950 Mfg.	2800	2380	2025	1720	1460
Model 1911A1 1950-1970 Mfg.	2700	2295	1950	1660	1410
SUPER .38 AUTOMATIC PISTOL					
Super .38 Automatic Pistol Pre-War		6000	5750	3500	2975
Super .38 Automatic Pistol 2nd Model	3200	2720	2310	1965	1670
Super .38 Automatic Pistol 3rd Model	2800	2380	2025	1720	1460
Super .38 Automatic Pistol 4th Model	2200	1870	1590	1350	1150
Super .38 Automatic Pistol CS Prefix	2200	1870	1590	1350	1150
SUPER MATCH .38					
Super Match .38 Fixed Sights		10000	7500	6000	5100
Super Match .38 Adj. Sights		11500	9000	7000	5950
MATCH .38 AMU					
Match .38 AMU Colt Mfg. (Unmodified)		3500	2700	2200	1870
Match .38 AMU Army Modified		2250	1850	1275	1085
Match .38 AMU Kit Only	1850	1575	1335	1135	965
SUPER MATCH .38 MS	5500	4675	3975	3380	2875
1968-1969 BB TRANSITIONAL	3100	2635	2240	1905	1620

	NIB	EXC	VG	G	F
.45 ACP TO .22 LR CONVERSION UNIT	650	555	470	400	340
.45 ACP to .22 LR Conversion Unit U Prefix	2000	1700	1445	1230	1045
.45 ACP to .22 LR Conversion Unit Marine Corps	2500	2125	1805	1535	1305
.22 LR TO .45 ACP CONVERSION UNIT	6500	5525	4695	3990	3390

PISTOLS: SEMI-AUTO, GOVT. MODEL 1911A1 MILITARY VARIATIONS

	NIB	EXC	VG	G	F
COLT MFG. MODEL 1911A1 MILITARY		4500	3850	2950	2510
COLT MFG. MODEL 1911A1 MILITARY, Blue Finish		10250	8500	6550	5570
COLT MFG. MODEL 1911A1 MILITARY, Bright Blue		10000	8550	6500	5525
Model 1911A1 General Officer's Pistol		7000	6000	45000	38250
DRAKE NATIONAL MATCH		2000	1700	1400	1190
GOVERNMENT NATIONAL MATCH REWORKS		2000	1700	1450	1235
ITHACA		3000	2500	1750	1490
UNION SWITCH AND SIGNAL	10000	8500	7225	6140	5220
REMINGTON RAND	2500	2125	1805	1535	1305
SINGER MFG. CO.	30,000 to 195,000				
GENERAL OFFICER'S PISTOL (M15)	7500	6375	5420	4605	3915
MEXICAN CONTRACT		3800	2900	1900	1615
BRAZILIAN ARMY CONTRACT	8500	7225	6140	5220	4435
BRAZILIAN NAVY CONTRACT		6200	4500	3500	2975
ARGENTINE CONTRACT MODEL 1927	2000	1700	1445	1230	1045
ARGENTINE MFG.	2400	2040	1735	1475	1255
ARGENTINE SERVICE MODEL ACE	1800	1530	1300	1105	940
1911A1 MILITARY REWORKS, Colt Mfg.	2200	1870	1590	1350	1150
1911A1 MILITARY REWORKS, Remington Mfg.	2000	1700	1445	1230	1045
1911A1 MILITARY REWORKS, Ithaca Mfg.	1800	1530	1300	1105	940
1911A1 MILITARY REWORKS, US&S MFg.	2400	2040	1735	1475	1255
1911A1 MILITARY REWORKS, Singer Mfg.					
Colt	2200	1825	1650	1250	1065
Remington	2000	1750	1400	1200	1020
Ithaca	1800	1650	1200	1000	850
US & S	2400	2000	1750	1525	1295
Singer	20000	17000	12500	10000	8500

PISTOLS: SEMI-AUTO, ACE MODELS, 1931-1947 MFG.

	NIB	EXC	VG	G	F
COMMERCIAL ACE		4500	3500	2800	2125
SERVICE MODEL ACE		7500	6000	4500	3825

PISTOLS: SEMI-AUTO, NATIONAL MATCH MODELS - PRE-WWII

	NIB	EXC	VG	G	F
NATIONAL MATCH					
National Match Fixed sights		13500	11000	9000	7050
National Match Adj. sights		16500	14000	11500	9775

PISTOLS: SEMI-AUTO, NATIONAL MATCH MODELS - WWII & POST-WWII

	NIB	EXC	VG	G	F
NATIONAL MATCH	3000	2550	2170	1840	1565
MKII/MKIII NATIONAL MATCH MID-RANGE	2500	2125	1805	1535	1305
MKIV/SERIES 70 GOLD CUP NATIONAL MATCH	2800	2380	2025	1720	1460
MKIV/SERIES 70 GOLD CUP 75TH ANNIVERSARY	1650	1405	1190	1015	865
MKIV SERIES 80 GOLD CUP NATIONAL MATCH	1500	1275	1085	920	780
MKIV Series 80 Stainless Gold Cup National Match	1570	1335	1135	965	820
Gold Cup MKIV Series 80 Elite IX Gold Cup National	2800	2380	2025	1720	1460
Gold Cup MKIV Series 80 .38 Super Elite National Match	1800	1530	1300	1105	940
Gold Cup MKIV Series 80 .45 ACP Super Elite National	1800	1530	1300	1105	940
Gold Cup MKIV Series 80 Bullseye National Match	1700	1445	1230	1045	890
Gold Cup MKIV Series 80 National Match Presentation	1500	1275	1085	920	780
GOLD CUP TROPHY NATIONAL MATCH (MODEL O)	1200	1020	865	735	625
GOLD CUP NATIONAL MATCH O SERIES 70	1250	1065	905	770	655
GOLD CUP NATIONAL MATCH O SERIES 80	1075	915	775	660	560

PISTOLS: SEMI-AUTO, SINGLE ACTION, CURRENT/RECENT MFG.

	NIB	EXC	VG	G	F
JUNIOR COLT POCKET MODEL, .22 Short	550	470	395	340	290
JUNIOR COLT POCKET MODEL, .25 ACP	450	385	325	275	235
COLT AUTOMATIC CALIBER .25	550	470	395	340	290
COMMANDER (PRE-70 SERIES), 9mm	2300	1955	1660	1410	1200
COMMANDER (PRE-70 SERIES), .38 Super	2000	1700	1445	1230	1045
Commander General Officer's Pistol M1969	8000	6800	5780	4915	4180
.38 SPECIAL/.45 ACP KIT GUNS	2300	1955	1660	1410	1200
SERIES 70 LIGHTWEIGHT COMMANDER, 9mm	2000	1700	1445	1230	1045

	NIB	EXC	VG	G	F
SERIES 70 LIGHTWEIGHT COMMANDER, .38 Super	1600	1360	1155	985	835
SERIES 70 LIGHTWEIGHT COMMANDER, 7.65mm	2600	2210	1880	1595	1355
SERIES 70 COMBAT COMMANDER	1800	1530	1300	1105	940
GOVERNMENT MODEL MKIV/SERIES 70, Blue	2200	1870	1590	1350	1150
GOVERNMENT MODEL MKIV/SERIES 70, Nickel	1800	1530	1300	1105	940
Series 70 Combat Govt.	1500	1275	1085	920	780
Government Model MKIV/Series 70 Conversion Unit,	800	680	580	490	415
Government Model MKIV/Series 70 Conversion Unit,	700	595	505	430	365
GOVERNMENT MODEL SERIES 70 (CURRENT MFG.)	1200	1020	865	735	625
Government Model Classic 1911 Series 70	1000	850	725	615	525
1991 SERIES GOVERNMENT MODEL SERIES 70	875	745	630	535	455
1991 Series Government Model Series 70 Model 0	1050	895	760	645	550
POST-WAR ACE SERVICE MODEL	2400	2040	1735	1475	1255
GOVERNMENT MODEL MKIV/SERIES 80					
Government Model MKIV/Series 80 Blue Finish	1200	1020	865	735	625
Government Model MKIV/Series 80 Nickel Finish	1200	1020	865	735	625
Government Model MKIV/Series 80 Satin Nickel & Blue Finish	1200	1020	865	735	625
Government Model MKIV/Series 80 Stainless Steel	1300	1105	940	800	680
Government Model MKIV/Series 80 "Ultimate" Bright Stainless Steel	1500	1275	1085	920	780
Government Model MKIV/Series 80 Limited Class Model .45 ACP	1200	1020	865	735	625
Government Model MKIV/Series 80 Custom Compensated Model .45 ACP	2000	1700	1445	1230	1045
MODEL M1911A1 CUSTOM TACTICAL GOV'T - LEVEL I	995	845	720	610	520
Model M1911A1 Custom Tactical Gov't. Model - Level II	1100	935	795	675	575
Model M1911A1 Custom Tactical Gov't. Model - Level III	1250	1065	905	770	655
COMBAT GOVERNMENT SERIES 80	950	810	685	585	495
Combat Elite Series 80	1300	1105	940	800	680
COMBAT GOVERNMENT SERIES 80 CONVERSION UNIT, 9mm	725	615	525	445	380
COMBAT GOVERNMENT SERIES 80 CONVERSION UNIT, .22 LR mfg 1984-86	750	640	540	460	390
COMBAT GOVERNMENT SERIES 80 CONVERSION UNIT,, mfg 1995	775	660	560	475	405
Colt Ace II Conversion Unit	350	300	255	215	185
COMBAT TARGET MODEL SERIES 80	1000	850	725	615	525
Combat Target Model Stainless Series 80	995	845	720	610	520
SPECIAL COMBAT GOVERNMENT MODEL O	1925	1635	1390	1180	1005
SPECIAL COMBAT GOVERNMENT CARRY MODEL O	1775	1510	1280	1090	925
SPECIAL COMBAT GOVERNMENT CMC MARINE	2600	2210	1880	1595	1355
SPECIAL COMBAT GOVERNMENT	1850	1575	1335	1135	965
LIGHTWEIGHT COMMANDER	1250	1065	905	770	655
COMMANDER LIGHTWEIGHT SERIES 80	1200	1020	865	735	625
COMBAT COMMANDER SERIES 80					
Combat Commander Series 80 Blue Finish	1300	1105	940	800	680
Combat Commander Series 80 Blue Slide/Stainless	1300	1105	940	800	680
Combat Commander Series 80 Stainless Steel	1400	1190	1010	860	730
Combat Commander Series 80 Satin Nickel	1500	1275	1085	920	780
Combat Commander Series 80 Gold Cup Commander	2200	1870	1590	1350	1150
Combat Commander Series 80 Gold Cup Commander	2200	1870	1590	1350	1150
COMMANDING OFFICER'S LIGHTWEIGHT	1800	1530	1300	1105	940
COMPETITION PISTOL	1000	850	725	615	525
Competition Pistol Stainless Steel	1000	850	725	615	525
Competition Plus (Two-Tone)	1210	1030	875	745	635
CONCEALED CARRY GOLD CUP COMMANDER	3000	2550	2170	1840	1565
OFFICER'S ACP MODEL SERIES 80					
Officer's ACP Model Series 80 Blue Finish	1250	1065	905	770	655
Officer's ACP Model Series 80 Matte Blue Finish	850	725	615	520	440
Officer's ACP Model Series 80 Stainless Steel	1050	895	760	645	550
Officer's ACP Model Series 80 Lightweight	900	765	650	555	470

	NIB	EXC	VG	G	F
Officer's ACP Model Series 80 Concealed Carry	1200	1020	865	735	625
Officer's ACP Model Series 80 Satin Nickel	950	810	685	585	495
General Officer's ACP Model Series 80	1750	1490	1265	1075	915
DEFENDER SERIES MODEL O	975	830	705	600	510
DEFENDER PLUS	875	745	630	535	455
COLT CONCEALED CARRY	800	680	580	490	415
XSE (XS) SERIES MODEL O					
XSE Series Model O Government	975	830	705	600	510
XSE Series Model O Lightweight Government	1000	850	725	615	525
XSE Series Model O Combat Elite	1070	910	775	655	555
XSE Series Model O Concealed Carry Officers SS	1100	935	795	675	575
XSE Series Model O Commander SS	1100	935	795	675	575
XSE (XS) Series Model O Lightweight Commander SS	1100	935	795	675	575
RAIL GUN SERIES MODEL O	1280	1090	925	785	665
Rail Gun Model O Cerakote Stainless	1475	1255	1065	905	770
Rail Gun M45A1 Close Quarter Battle	1795	1525	1295	1100	935
Rail Gun Model O Commander Stainless Steel	1025	870	740	630	535
Rail Gun Model O Lightweight Commander Stainless	1025	870	740	630	535
Rail Gun Model O Lightweight	1025	870	740	630	535
M45A1 MARINE CORPS (DECOMMISSIONED)	6250	5315	4515	3840	3265
GOLD CUP NATIONAL MATCH MKIV/SERIES 80/MODEL					
GOLD CUP	1175	1000	850	720	610
GOLD CUP TROPHY STAINLESS	1650	1405	1190	1015	865
GOVERNMENT 1911A1 GOLD CUP ACE .22 LR CAL.	425	360	305	260	220
GOVERNMENT MODEL O (1991 SERIES/MKIV SERIES	925	785	670	570	485
Government Model O Stainless Steel (1991 Series)	1050	895	760	645	550
GOVERNMENT MODEL O (1991 SERIES)	850	725	615	520	440
Government Model O .38 Super Stainless	925	785	670	570	485
Government Model O Super Bright Stainless	1550	1320	1120	950	810
CQB GOVERNMENT MODEL O	1950	1660	1410	1200	1020
CUSTOM CARRY LIMITED	2500	2125	1805	1535	1305
CUSTOM COMPETITION O SERIES	2350	2000	1700	1445	1230
COMBAT COMMANDER MODEL O (1991 SERIES	975	830	705	600	510
Combat Commander Stainless Steel (1991 Series	800	680	580	490	415
COMBAT ELITE COMMANDER	1400	1190	1010	860	730
COMBAT ELITE DEFENDER	1750	1490	1265	1075	915
COMBAT ELITE GOVERNMENT	1600	1360	1155	985	835
COMBAT UNIT RAIL GUN (OLDER MFG)	1295	1100	935	795	675
COMBAT UNIT CCO/CCU SERIES					
Combat Unit Officers Model	1450	1235	1050	890	755
Combat Unit Government Model	1450	1235	1050	890	755
Combat Unit Rail Gun Model (Current Mfg.)	1500	1275	1085	920	780
WILEY CLAPP CCO	1250	1065	905	770	655
WILEY CLAPP GOVERNMENT 1911	1305	1110	945	800	680
WILEY CLAPP LIGHTWEIGHT COMMANDER	1900	1615	1375	1165	990
WILEY CLAPP STAINLESS COMMANDER	1345	1145	970	825	700
1991 SERIES OFFICER'S COMPACT (MKIV SERIES 80)	700	595	505	430	365
1991 Series Officer's Stainless Compact	800	680	580	490	415
NEW AGENT SA MODEL O	950	810	685	585	495
GUNSITE MODEL O	1300	1105	940	800	680
M1911 MODEL O SERIES 70	1400	1190	1010	860	730
M1911A1 WWII REPLICA MODEL O	1400	1190	1010	860	730
M1911 SERIES 70 WWI MODEL 1918 REPLICA	1400	1190	1010	860	730
GOVERNMENT MODEL 1911A1 .22 CAL.	500	425	360	305	260
GOVERNMENT MODEL 1911A1 .22 CAL. RAIL GUN	410	350	295	250	215
M1911ANVII 100TH ANNIVERSARY	1750	1490	1265	1075	915
M1911ANVIII 100TH ANNIVERSARY	1300	1105	940	800	680
M1911 100TH ANNIVERSARY CUSTOM SHOP					
M1911 100th Anniversary Custom Shop w/A Engraving	2450	2085	1770	1505	1280
M1911 100th Anniversary Custom Shop w/B Engraving	2675	2275	1935	1645	1400
M1911 100th Anniversary Custom Shop w/C Engraving	2995	2545	2165	1840	1565
M1911 100th Anniversary Custom Shop w/D Engraving	3200	2720	2310	1965	1670

	NIB	EXC	VG	G	F
DELTA ELITE (1987-1996 MFG.)	1450	1235	1050	890	755
Delta Elite First Edition (1991 Mfg.)	1650	1405	1190	1015	865
Delta Elite Stainless Steel	1145	975	825	705	600
Delta Elite First Edition (1988 Mfg.)	1150	980	830	705	600
DELTA ELITE (CURRENT MFG.)	1175	1000	850	720	610
DELTA GOLD CUP STAINLESS	1550	1320	1120	950	810
Delta Gold Cup Blue	1250	1065	905	770	655
.380 GOVERNMENT MODEL SERIES 80					
.380 Government Model Series 80 Blue Finish	725	615	525	445	380
.380 Government Model Series 80 Nickel Finish	900	765	650	555	470
.380 Government Model Series 80 Coltguard Finish	750	640	540	460	390
.380 Government Model Series 80 Stainless Steel	700	595	505	430	365
GOVT. POCKETLITE L.W.	750	640	540	460	390
Govt. Pocketlite Teflon Nickel/Stainless	1000	850	725	615	525
MUSTANG	825	700	595	505	430
Mustang Nickel finish	900	765	650	555	470
Mustang Stainless Steel	700	595	505	430	365
Mustang Coltguard finish	975	830	705	600	510
MUSTANG LITE	580	495	420	355	300
MUSTANG PLUS II	775	660	560	475	405
Mustang Plus II Stainless Steel	700	595	505	430	365
MUSTANG POCKETLITE L.W.	800	680	580	490	415
Mustang Pocketlite L.W. Nickel/Stainless Steel Finish	800	680	580	490	415
Mustang Pocketlite Teflon Nickel/Stainless	775	660	560	475	405
Mustang Pocketlite L.W. Lady Elite	775	660	560	475	405
Mustang Pocketlite L.W. Nite Lite .380	775	660	560	475	405
MUSTANG POCKETLITE, RECENT MFG.	595	505	430	365	310
MUSTANG XSP	575	490	415	355	300
PISTOLS: SEMI-AUTO, DOUBLE ACTION - RECENT MFG.					
DOUBLE EAGLE SERIES 90 I & II	1200	1020	865	735	625
Double Eagle Combat Commander	1250	1065	905	770	655
Double Eagle Officer's Model	1250	1065	905	770	655
Double Eagle Officer's Lightweight Model	1250	1065	905	770	655
ALL AMERICAN MODEL 2000	750	640	540	460	390
All American Model 2000 - Aluminum Frame	900	765	650	555	470
PONY SERIES 90	600	510	435	370	315
Pony Series 90 Pocketlite Lightweight	650	555	470	400	340
POCKET NINE	950	810	685	585	495
COLT Z40	1200	1020	865	735	625
NEW AGENT DAO MODEL O	900	765	650	555	470
1991 SERIES GOVERNMENT MODEL O LIGHTWEIGHT	950	810	685	585	495
PISTOLS: SEMI-AUTO, .22 CAL. - WOODSMAN SERIES & VARIATIONS					
PRE-WOODSMAN	2750	2340	1985	1690	1435
WOODSMAN 1ST SERIES					
Woodsman Sport Model	2500	2125	1805	1535	1305
Woodsman Target Model	2350	2000	1700	1445	1230
WOODSMAN 1ST SERIES MATCH TARGET	4250	3615	3070	2610	2220
Woodsman 1st Series Match Target "U.S. Property"		3500	2650	1925	1635
WOODSMAN 2ND SERIES					
Woodsman 2nd Series Sport Model	1850	1575	1335	1135	965
Woodsman 2nd Series Target Model	1695	1440	1225	1040	885
Woodsman 2nd Series Match Target Model	2350	2000	1700	1445	1230
Woodsman 2nd Series Match Target Model	2100	1785	1515	1290	1095
CHALLENGER MODEL	1000	850	725	615	525
WOODSMAN 3RD SERIES					
Woodsman 3rd Series Sport Model	1150	980	830	705	600
Woodsman 3rd Series Target Model	1350	1150	975	830	705
Woodsman 3rd Series Match Target Model	1850	1575	1335	1135	965
HUNTSMAN MODEL	900	765	650	555	470
Huntsman Model S Master Series	2250	1915	1625	1380	1175
Huntsman Model S Master Series	2500	2125	1805	1535	1305
TARGETSMAN MODEL	1000	850	725	615	525
CADET	Rarity Precludes Pricing				

	NIB	EXC	VG	G	F
COLT 22 FIRST EDITION	450	385	325	275	235
COLT 22	500	425	360	305	260
COLT 22 TARGET	680	580	490	420	355
REVOLVERS: CARTRIDGE DOUBLE ACTION EARLY MODELS					
MODEL 1877 (RAINMAKER)	4800	4080	3470	2950	2510
MODEL 1877 (LIGHTNING)	4500	3825	3250	2765	2350
MODEL 1877 (THUNDERER)	4750	4040	3430	2915	2480
MODEL 1878 DA	6000	5100	4335	3685	3130
MODEL 1902/1904 (PHILIPPINE CONSTABULARY)					
1902 Constabulary		4650	3650	2900	2465
1904 Constabulary Purchase		4950	3950	3200	2720
REVOLVERS: CARTRIDGE DOUBLE ACTION, SWING OUT CYLINDER					
MODEL 1889 "NAVY" (NEW NAVY DA, MODEL OF 1889)		2950	2550	2150	1830
US ARMY MODELS 1892, 1894, 1896, 1901, 1903 (DA 38		2250	1850	1450	1235
MODEL 1892 & 1895 "NEW ARMY & NEW NAVY" - Models 1892, 1894, 1895, 1896, 1901, 1903		1850	1450	1000	850
OFFICER'S MODEL (FIRST ISSUE)		1800	1450	1000	850
OFFICER'S MODEL (SECOND ISSUE)		1700	1350	900	765
OFFICER'S MODEL TARGET (THIRD ISSUE)		1950	1550	1100	935
MODEL 1905 MARINE CORPS		3500	3000	2000	1700
ARMY SPECIAL MODEL		1850	1450	1000	850
NEW SERVICE MODEL					
New Service Model Commercial Pre-War 1899 Mfg.		2950	2750	2200	1870
New Service Model 1909 Army Model		3400	2900	2750	2340
New Service Model RNWMP & RCMP Model		1750	1375	1200	1020
New Service Model British Contract		1750	1375	1200	1020
New Service Model 1909 Navy Model		3700	3100	2750	2340
New Service Model 1909 Transition		1850	1475	1300	1105
New Service Model 1909 - USMC		3950	3350	2950	2510
New Service Model 1917 Army	2000	1700	1445	1230	1045
New Service Model 1917 Civilian/Commercial (1917 C/CM)	1750	1490	1265	1075	915
New Service Model 1917 Civilian/Commercial (Parts Model)	1375	1170	995	845	720
New Service Model Target		3300	2775	2300	1955
New Service Model Shooting Master					
New Service Model Shooting Master .38 Spl.		2850	2250	1850	1575
New Service Model Shooting Master .357 Mag.		3200	2900	2150	1830
New Service Model Shooting Master .45 ACP or .45 LC			4850	3750	3190
New Service Model Shooting Master .44 Spl. cal.			4900	4050	3445
OFFICIAL POLICE PRE-WAR	1250	1065	905	770	655
OFFICIAL POLICE POST-WAR	950	810	685	585	495
MARSHAL MODEL		3250	2950	1950	1660
COMMANDO MODEL		1350	1275	1150	980
OFFICIAL POLICE MKIII					
Official Police MKIII Blue finish	650	555	470	400	340
Official Police MKIII Nickel finish	950	810	685	585	495
METROPOLITAN MK III	750	640	540	460	390
OFFICER'S MODEL SPECIAL (FOURTH ISSUE)	1725	1465	1245	1060	900
OFFICER'S MODEL MATCH (FIFTH ISSUE)	1950	1660	1410	1200	1020
Officer's Model Match (Fifth Issue) .22 Mag.		2400	1900	1750	1490
Officer's Model Match Single Action Only	2150	1830	1555	1320	1120
OFFICER'S MODEL MATCH MK III (SIXTH ISSUE)	2950	2510	2130	1810	1540
NEW POCKET		1900	1450	1000	850
POCKET POSITIVE (FIRST ISSUE)	1950	1660	1410	1200	1020
POCKET POSITIVE (SECOND ISSUE)	1950	1660	1410	1200	1020
NEW POLICE	1350	1150	975	830	705
NEW POLICE TARGET		1950	1650	1450	1235
POLICE POSITIVE (FIRST ISSUE)	1000	850	725	615	525
POLICE POSITIVE (SECOND ISSUE)	1000	850	725	615	525
POLICE POSITIVE TARGET MODEL (FIRST ISSUE, MODEL "G")	1300	1105	940	800	680

	NIB	EXC	VG	G	F
POLICE POSITIVE TARGET MODEL (SECOND ISSUE, MODEL "C")	1200	1020	865	735	625
POLICE POSITIVE SPECIAL (FIRST ISSUE)	975	830	705	600	510
POLICE POSITIVE SPECIAL (SECOND ISSUE)	950	810	685	585	495
CAMP PERRY MODEL		3250	2850	2100	1785
BANKER'S SPECIAL					
Banker's Special .38 cal.		2500	2000	1500	1275
Banker's Special .22 LR cal.		3500	3000	2500	2125
COURIER	1600	1360	1155	985	835
AIRCREWMAN		6500	4500	3500	2975
BORDER PATROL (FIRST ISSUE)		3500	3000	2500	2125
DETECTIVE SPECIAL PRE-WAR (FIRST ISSUE)	3250	2765	2350	1995	1695
DETECTIVE SPECIAL POST-WAR (SECOND ISSUE)	1550	1320	1120	950	810
AGENT (FIRST ISSUE)	1000	850	725	615	525
AGENT L.W. (SECOND ISSUE)	800	680	580	490	415
DETECTIVE SPECIAL (THIRD ISSUE)	975	830	705	600	510
COMMANDO SPECIAL	1000	850	725	615	525
POLICE POSITIVE SPECIAL (THIRD ISSUE)	750	640	540	460	390
POLICE POSITIVE SPECIAL (FOURTH ISSUE)	800	680	580	490	415
POLICE POSITIVE MK V (FIFTH ISSUE)	650	555	470	400	340
COLT .357					
Colt .357 Standard Hammer	1750	1490	1265	1075	915
Colt .357 Wide Hammer w/target grips	1750	1490	1265	1075	915
TROOPER					
Trooper Standard Hammer	1450	1235	1050	890	755
Trooper Wide Hammer and Target Grips	1450	1235	1050	890	755
TROOPER MK III, Blue finish	1000	850	725	615	525
TROOPER MK III, Nickel finish	1150	980	830	705	600
TROOPER MK V, Blue finish	1000	850	725	615	525
TROOPER MK V, Nickel finish	1150	980	830	705	600
LAWMAN SKY MARSHAL	1150	980	830	705	600
LAWMAN MK III, Blue finish	850	725	615	520	440
LAWMAN MK III, Nickel finish	900	765	650	555	470
LAWMAN MK V, Blue finish	850	725	615	520	440
LAWMAN MK V, Nickel finish	900	765	650	555	470
BORDER PATROL (SECOND ISSUE)					
Border Patrol Blue Finish	975	830	705	600	510
Border Patrol Nickel Finish	1450	1235	1050	890	755
PEACEKEEPER	1100	935	795	675	575
DETECTIVE SPECIAL (FOURTH ISSUE)	1050	895	760	645	550
Bobbed Detective Special	1850	1575	1335	1135	965
COLT .38 SF-VI	1500	1275	1085	920	780
Colt .38 Special Lady	Rarity Precludes Pricing				
COLT .38 DSII	1400	1190	1010	860	730
COLT MAGNUM CARRY	1800	1530	1300	1105	940
GRIZZLY		3450	2950	2750	2340
WHITETAILER		2850	2400	2000	1700
Whitetailer II		2350	2500	1750	1490
KODIAK, .44 Magnum		3950	3500	2200	1870
KODIAK, .357 Magnum		4500	3950	2750	2340

REVOLVERS: DOUBLE ACTION "SNAKE GUNS"

	NIB	EXC	VG	G	F
ANACONDA (OLDER MFG.)					
Anaconda 1st Edition		3500	3000	2500	2125
Anaconda 1990-1999 Mfg.		2400	1950	1500	1275
Anaconda 1990-1999 Mfg.		2750	2200	1850	1575
Anaconda 2002-2006 Mfg.		2400	1900	1500	1275
Anaconda 2002-2006 Mfg.		2600	1950	1750	1490
Anaconda Camo		2500	2250	1900	1615
Anaconda Custom Ported		4800	3850	2800	2380
Anaconda Hunter		2250	2100	1750	1490
ANACONDA (CURRENT MFG.)	2000	1700	1445	1230	1045
BOA		13500	11000	9000	7650
BOA, Consecutive Pair		30000	24000	19500	16575

	NIB	EXC	VG	G	F
Boa Cased Presentation Set		35000	28000	23000	19550
COBRA (FIRST ISSUE)					
Cobra First Issue Blue Finish		1600	1250	1050	895
Cobra First Issue Nickel Finish		1750	1350	1150	980
COBRA (SECOND ISSUE)		1050	850	725	615
Cobra Second Issue Blue Finish		1250	1050	850	725
COBRA SERIES (CURRENT MFG.)					
Cobra	675	575	490	415	355
Cobra Classic	650	555	470	400	340
Cobra TT (Two-Tone)	650	555	470	400	340
Bright Cobra	1250	1065	905	770	655
Night Cobra	775	660	560	475	405
COMBAT COBRA		4150	3750	2450	2085
DIAMONDBACK .22 CAL.					
Diamondback .22 cal. Blue w/2 1/2 In. Barrel		4000	3200	2000	1700
Diamondback .22 cal. Nickel w/2 1/2 In. Barrel		3500	3150	2750	2340
Diamondback .22 cal. Blue w/4 in. Barrel		2750	1900	1350	1150
Diamondback .22 cal. Nickel w/4 in. Barrel		2850	2400	1950	1660
Diamondback .22 cal. Blue w/6 in. Barrel	2400	2040	1735	1475	1255
Diamondback .22 cal., Nickel w/6 in. Barrel	2750	2340	1985	1690	1435
DIAMONDBACK .38 SPL.					
Diamondback .38 Spl. 4 or 6 in. Barrel	1950	1660	1410	1200	1020
Diamondback .38 Spl. 2 1/2 in. Barrel	2350	2000	1700	1445	1230
KING COBRA, 4 or 6 in. Barrel (OLDER MFG.)		1950	1700	1450	1235
KING COBRA, 2 1/2 in. Barrel (OLDER MFG.)		3500	2650	2000	1700
KING COBRA STAINLESS, 4 or 6 in. Barrel (OLDER		2100	1750	1450	1235
KING COBRA STAINLESS, 2 1/2 or 8 in. Barrel (OLDER		2500	2250	1975	1680
King Cobra "Ultimate" Bright Stainless (Older Mfg.)		2850	2650	2200	1870
KING COBRA (CURRENT MFG).	875	745	630	535	455
King Cobra Carry	875	745	630	535	455
King Cobra Target	975	830	705	600	510
King Cobra Target 22 LR	975	830	705	600	510
PYTHON & VARIATIONS					
Python Blue or Royal Blue Finish, 4 or 6 in. Barrel (Mfg.		3100	2450	1850	1575
Python Blue or Royal Blue Finish, 2 1/2 in. Barrel (Mfg.		4250	3750	2675	2275
Python Blue or Royal Blue Finish, 2 1/2 in. Barrel (Mfg.		3750	3250	2675	2275
Python Blue or Royal Blue Finish, 3 in. Barrel (Mfg.		4500	3600	2900	2465
Python Blue or Royal Blue Finish, 4 or 6 in. Barrel (Mfg.		2880	2600	2070	1760
Python Blue or Royal Blue Finish, 8 in. Barrel (Mfg.		3350	2750	2150	1830
Combat Python		9500	8500	6500	5525
California Combat Python		12500	10500	8500	7225
Python Nickel Finish, 8 in. Electroless Nickel		6000	5000	4350	3700
Python Nickel Finish, 8 in. Barrel		4000	3500	2650	2255
Python Nickel Finish, 3 in. Barrel	13500	11475	9755	8290	7045
Python Nickel Finish, 2 1/2 in. Electroless Nickel		7000	6250	5500	4675
Python Nickel Finish, 2 1/2 in. Barrel		4400	3850	2950	2510
Python Nickel Finish, 4 or 6 in. Electroless Nickel		5500	4850	4250	3615
Python Nickel Finish, 4 or 6 in. Barrel		3550	3250	2750	2340
Python Stainless Steel, 4 or 6 in. Barrel		3500	3150	2500	2125
Python Stainless Steel, 2 1/2 in. Barrel		7500	4650	3150	2680
Python Stainless Steel, 8 in. Barrel		3950	3500	3000	2550
Python "Ultimate" Bright Stainless Steel, 4 or 6 in.		3950	3500	3000	2550
Python "Ultimate" Bright Stainless Steel, 2 1/2 in. Barrel		4950	4500	3950	3360
Python "Ultimate" Bright Stainless Steel, 8 in. Barrel		4500	4000	3500	2975
PYTHON (CURRENT MFG.)	1450	1235	1050	890	755
PYTHON ELITE					
Python Elite Blue		3750	3250	2750	2340
Python Elite Stainless	3950	3360	2855	2425	2060
PYTHON HUNTER	4950	4210	3575	3040	2585
PYTHON SILHOUETTE	5150	4380	3720	3165	2690
PYTHON STALKER	4250	3615	3070	2610	2220
PYTHON TARGET, BLUE	3450	2935	2495	2120	1800
PYTHON TARGET, NICKEL	3950	3360	2855	2425	2060

	NIB	EXC	VG	G	F
PYTHON TEN POINTER	4650	3955	3360	2855	2425
ULTIMATE PYTHON, ROYAL BLUE	3950	3360	2855	2425	2060
ULTIMATE PYTHON, ULTIMATE STAINLESS	4500	3825	3250	2765	2350
VIPER MODEL, BLUE	5500	4675	3975	3380	2875
VIPER MODEL, NICKEL	8500	7225	6140	5220	4435

RIFLES/CARBINES: PERCUSSION, PRE-1904

Refer to *Blue Book of American Antique Firearms and Values* or our online database for model info and values for this category.

RIFLES/CARBINES: CARTRIDGE, PRE-1904

BERDAN

	NIB	EXC	VG	G	F
Berdan Rifle				6300	5355
Berdan Carbine				8600	7310
COLT-BURGESS LEVER ACTION				12900	10965
COLT-BURGESS CARBINE				19200	16320
COLT-BURGESS LIGHT CARBINE				22575	19190
LIGHTNING SLIDE ACTION RIFLE (CLMR) - SMALL				5700	4845
LIGHTNING SLIDE ACTION RIFLE (CLMR) - MEDIUM				6175	5250
LIGHTNING CARBINE MEDIUM FRAME				8075	6865
LIGHTNING BABY CARBINE MEDIUM FRAME				9250	7865
LIGHTNING SLIDE ACTION RIFLE (CLMR) - LARGE				11000	9350
LIGHTNING CARBINE LARGE FRAME				13000	11050
LIGHTNING BABY CARBINE LARGE FRAME				13000	11050
LIGHTNING MILITARY STYLE MUSKET		1,425 to 5,225			
LIGHTNING SAN FRANCISCO POLICE		9975	8800	7350	6250
DOUBLE RIFLE SxS		80,000 to 110,000			

RIFLES: BOLT ACTION, CENTERFIRE

	NIB	EXC	VG	G	F
CBX TACHUNTER	850	725	615	520	440
COLT "57"	750	640	540	460	390
COLTSMAN STANDARD RIFLE	750	640	540	460	390
COLTSMAN CUSTOM RIFLE	1100	935	795	675	575
COLT SAUER RIFLE (STANDARD ACTION)	2395	2035	1730	1470	1250
COLT SAUER SHORT ACTION	3025	2570	2185	1860	1580
COLT SAUER MAGNUM	2975	2530	2150	1825	1550
COLT SAUER GRADE III	5500	4675	3975	3380	2875
COLT SAUER GRADE IV	6500	5525	4695	3990	3390
COLT SAUER GRAND ALASKAN	3200	2720	2310	1965	1670
COLT SAUER GRAND AFRICAN	3200	2720	2310	1965	1670
COLT LIGHT RIFLE	750	640	540	460	390
COLT PRECISION RIFLE (M2012SA308)	3300	2805	2385	2025	1720
COLT M2012LT260G/308G	2375	2020	1715	1460	1240
COLT M2012MT308T	2775	2360	2005	1705	1450

RIFLES: BOLT ACTION/SEMI-AUTO, RIMFIRE

	NIB	EXC	VG	G	F
COLTEER 1-22	425	360	305	260	220
STAGECOACH	500	425	360	305	260
COLTEER	425	360	305	260	220
COURIER	450	385	325	275	235

RIFLES: SINGLE SHOT, CENTERFIRE

	NIB	EXC	VG	G	F
COLT-SHARPS STANDARD OR DELUXE RIFLE	6250	5315	4515	3840	3265

DRILLINGS

	NIB	EXC	VG	G	F
COLT SAUER DRILLING	4850	4125	3505	2980	2535

AR-15, Pre-Ban, 1963-1989 Mfg. w/Green Label Box

	NIB	EXC	VG	G	F
SP-1 (R6000)	2550	2170	1840	1565	1330
SP-1 Carbine (R6001)	3000	2550	2170	1840	1565
SP-2 (R6400)					
SPORTER II (R6500)	1850	1575	1335	1135	965
Sporter II Carbine (R6420)	2500	2125	1805	1535	1305
GOVERNMENT MODEL (R6550)	2250	1915	1625	1380	1175
Government Model (6550K)	2100	1785	1515	1290	1095
Government Model (R6550CC)	3500	2975	2530	2150	1830
H-BAR MODEL (R6600)	2100	1785	1515	1290	1095
H-Bar (R6600K)	1850	1575	1335	1135	965
Delta H-Bar (R6600DH)	2500	2125	1805	1535	1305

AR-15, Pre-Ban,1989-Sept. 11, 1994 Mfg. w/Blue Label Box

	NIB	EXC	VG	G	F
AR-15A3 TACTICAL CARBINE (R-6721), S/N 134 and	3000	2550	2170	1840	1565
AR-15A3 TACTICAL CARBINE (R-6721), S/N 135 and	2200	1870	1590	1350	1150
GOVERNMENT CARBINE (R6520)	2275	1935	1645	1395	1185
COLT CARBINE (R6521)	2275	1935	1645	1395	1185
SPORTER LIGHTWEIGHT (R6530)	2200	1870	1590	1350	1150
9MM CARBINE (R6430)	2150	1830	1555	1320	1120
9MM CARBINE (R6450)	2250	1915	1625	1380	1175
7.62X39MM CARBINE (R6830)	1850	1575	1335	1135	965
TARGET COMPETITION H-BAR RIFLE (R6700)	1850	1575	1335	1135	965
COMPETITION H-BAR CUSTOM SHOP (R6701)	1950	1660	1410	1200	1020
MATCH H-BAR (R6601)	1850	1575	1335	1135	965
Delta H-Bar (R6601DH)	2500	2125	1805	1535	1305
SPORTER TARGET (R6551)	1850	1575	1335	1135	965

AR-15, Post Ban, Mfg. Sept. 12, 1994-Current

	NIB	EXC	VG	G	F
COLT ACCURIZED RIFLE (CR6720/CR6724)	1250	1065	905	770	655
MATCH TARGET COMPETITION H-BAR RIFLE	1125	955	815	690	585
MATCH TARGET COMPETITION H-BAR II (MT6731)	1050	895	760	645	550
MATCH TARGET H-BAR RIFLE (MT6601/MT6601C)	1100	935	795	675	575
MATCH TARGET LIGHTWEIGHT	1000	850	725	615	525
TACTICAL ELITE MODEL (TE6700)	2450	2085	1770	1505	1280

AR-15, Post-Ban, Mfg. Sept. 12, 1994-Current Listings

	NIB	EXC	VG	G	F
9MM CARBINE (AR6951)	975	830	705	600	510
AR15 A4 RIFLE	975	830	705	600	510
AR15 A4MP-FDE	1175	1000	850	720	610
CM65 MODULAR CARBINE	1350	1150	975	830	705
CM762 MODULAR CARBINE	1350	1150	975	830	705
COLT ACCURIZED RIFLE (CR6720/CR6724)	1250	1065	905	770	655
COLT CARBINE AR6450	1050	895	760	645	550
COLT CARBINE AR6520TRI	1125	955	815	690	585
COLT CARBINE AR6720LECAR	1325	1125	955	815	695
COLT CARBINE AR-6821/AR-6821MP-R	1050	895	760	645	550
COLT CARBINE CR6724001	1500	1275	1085	920	780
COLT SPORTER (SP6940)	1350	1150	975	830	705
COMPETITION CRP-18 WITH GUNGODDESS TOUCH	1800	1530	1300	1105	940
COMPETITION PRO	1850	1575	1335	1135	965
CRM 16A1 CLASSIC SERIES	2200	1870	1590	1350	1150
EXPANSE M4	700	595	505	430	365
EXPERT CRE-16	1400	1190	1010	000	730
EXPERT CRE-16T GEN2	1450	1235	1050	890	755
EXPERT CRE-16T GEN3 PRECISION CARBINE	1550	1320	1120	950	810
EXPERT CRE-18/CRE-18 RR	1450	1235	1050	890	755
EXPERT CRE-18T GEN2	1450	1235	1050	890	755
EXPERT CRE-18T GEN3 LONG RANGE RIFLE	1550	1320	1120	950	810
LE901-16S (SP901)	2350	2000	1700	1445	1230
LE6900	800	680	580	490	415
LE6920/CR6920 M4 CARBINE	1025	870	740	630	535
LE6920AE	1250	1065	905	770	655
LE6920-EPR/CR6920-EPR ENHANCED PATROL RIFLE	1300	1105	940	800	680
LE6920/CR6920 M4 MAGPUL CARBINE MPS-B/FDE	1125	955	815	690	585
LE6920MP-R	1150	980	830	705	600
LE6920MP & VARIATIONS	1125	955	815	690	585
LE6920MPG	1225	1040	885	750	640
LE6920MPFDE	1225	1040	885	750	640
LE6920MPFDE-R	1400	1190	1010	860	730
LE6920-OEM1/OEM2 M4	765	650	555	470	400
LE6920-R TROOPER	925	785	670	570	485
LE6920 SOCOM	1450	1235	1050	890	755
LE6940 M4 MONOLITHIC CARBINE	1400	1190	1010	860	730
LE6940P	1950	1660	1410	1200	1020
LE6940MPFG	1250	1065	905	770	655
LE6940AE-3G	1750	1490	1265	1075	915
LE6960-CCU (COMBAT UNIT CARBINE)	1150	980	830	705	600
LIGHTWEIGHT CARBINE (AR6720)	900	765	650	555	470

	NIB	EXC	VG	G	F
LT6720-R	1175	1000	850	720	610
LT6720MPMG	1300	1105	940	800	680
M4A1 SOCOM	1350	1150	975	830	705
M.A.R.C.901 CARBINE (AR901-16S)	1250	1065	905	770	655
M.A.R.C.901 MONOLITHIC	1800	1530	1300	1105	940
MARKSMAN CRX-16/CRX-16E	1250	1065	905	770	655
MARKSMAN CRX-16 GEN2	1100	935	795	675	575
MARKSMAN CRX-16 GEN3 LIGHT CARBINE	1100	935	795	675	575
MARKSMAN CRZ-16 GEN2	900	765	650	555	470
MATCH TARGET 6400001	1325	1125	955	815	695
MATCH TARGET 6400R001	1650	1405	1190	1015	865
MATCH TARGET COMPETITION H-BAR RIFLE	1125	955	815	690	585
MATCH TARGET COMPETITION H-BAR II (MT6731)	1050	895	760	645	550
MATCH TARGET H-BAR RIFLE (MT6601/MT6601C)	1100	935	795	675	575
MATCH TARGET LIGHTWEIGHT (MT6430, MT6530, or	1000	850	725	615	525
MATCH TARGET M4 CARBINE (MT6400/MT6400R)	1100	935	795	675	575
PRO CRB-16	1600	1360	1155	985	835
PRO CRC-22	2675	2275	1935	1645	1400
PRO CRC-22 GEN2	2600	2210	1880	1595	1355
PRO CRG-20	1450	1235	1050	890	755
PRO CRL-16	2100	1785	1515	1290	1095
PRO CRL-16 GEN2	2050	1745	1480	1260	1070
PRO CRL-20	2675	2275	1935	1645	1400
PRO CRL-20 GEN2	2600	2210	1880	1595	1355
PRO CRP-16	1700	1445	1230	1045	890
PRO CRP-18 THREE-GUN MATCH RIFLE	1850	1575	1335	1135	965
PRO CRP-18LV (LIGHT VARMINT RIFLE)	1700	1445	1230	1045	890
PRO CRP-18 GEN2	1800	1530	1300	1105	940
PRO CRP-18 GEN3 3-GUN COMPETITION	1800	1530	1300	1105	940
PRO CRP-20/20L/22RR	1700	1445	1230	1045	890
PRO CRP-20VR (VARMINT RIFLE)	1700	1445	1230	1045	890
SPORTER CARBINE (SP6920)	1050	895	760	645	550
SPORTING RIFLE CSR-1516/CSR-1518	900	765	650	555	470
TACTICAL PATROL CARBINE CRX-16 RR	1250	1065	905	770	655
TACTICAL ELITE MODEL (TE6700)	2450	2085	1770	1505	1280
TACTICAL CARBINE (AR6721)	825	700	595	505	430
TARGET GOVT. MODEL RIFLE (MT6551)	1050	895	760	645	550
XM177E2 RETRO CARBINE	2300	1955	1660	1410	1200

RIFLES/CARBINES: SEMI-AUTO, RIMFIRE, AR-15 & VARIATIONS

	NIB	EXC	VG	G	F
M4 CARBINE	475	405	345	290	245
M4 Ops	515	440	370	315	270
M16	575	490	415	355	300
M16 SPR (Special Purpose Rifle)	625	530	450	385	325

RIFLES: SEMI-AUTO, MISC. CENTERFIRE

	NIB	EXC	VG	G	F
COLT 1918 SELF LOADING RIFLE	11000	9350	7950	6755	5740

SHOTGUNS: O/U

ARMSMEAR	Prototype Only - No Production

SHOTGUNS: PERCUSSION

	G	F
MODEL 1855 REVOLVING SHOTGUN	17500	14875
PATERSON MODEL 1839 SHOTGUN	35000	29750

SHOTGUNS: CARTRIDGE SxS

	NIB	EXC	VG	G	F
MODEL 1878 HAMMER SHOTGUN	12500	10625	9030	7675	6525
MODEL 1883 HAMMERLESS	17500	14875	12645	10745	9135
Model 1883 Hammerless 8 Ga.	Rarity Precludes Pricing				
SxS SHOTGUN MFG. 1961-62	675	575	490	415	355

SHOTGUNS: SEMI-AUTO

	NIB	EXC	VG	G	F
STANDARD AUTO SHOTGUN	375	320	270	230	195
CUSTOM AUTO SHOTGUN	475	405	345	290	245

SHOTGUNS: SLIDE ACTION

	NIB	EXC	VG	G	F
COLTSMAN PUMP SHOTGUN	325	275	235	200	170

COMANCHE

	NIB	EXC	VG	G	F
PISTOLS: SINGLE SHOT					
SUPER COMANCHE	195	165	140	120	100
REVOLVERS: SA					
COMANCHE I	215	185	155	130	110
COMANCHE II-A	185	155	135	115	100
COMANCHE III	315	270	230	195	165
COMANCHE IV	440	375	320	270	230

COMMANDO ARMS

	NIB	EXC	VG	G	F
MARK 45	650	555	470	400	340

COMPETITOR CORPORATION

	NIB	EXC	VG	G	F
COMPETITOR	900	765	650	555	470

CONCO ARMS

	NIB	EXC	VG	G	F
PRO HUNTER BOXLOCK SxS	21500	18275	15535	13205	11225
PRO HUNTER SIDELOCK SxS		26000	20500	16750	14240

CONNECTICUT SHOTGUN MANUFACTURING CO.

	NIB	EXC	VG	G	F
RIFLES: SxS					
MODEL 21 RIMFIRE	26500	22525	19145	16275	13835
MODEL 21 CENTERFIRE	Custom Order Only				
CHRISTIAN HUNTER SxS, SCROLL ENGRAVED	1050	925	800	675	575
CHRISTIAN HUNTER SxS, DELUXE ENGRAVED	1125	1000	875	745	635
RIFLES: BOLT ACTION					
GALAZAN CUSTOM BOLT ACTION	30000	25500	21675	18425	15660
SHOTGUNS: O/U					
A. GALAZAN MODEL	33250	28265	24025	20420	17355
A. GALAZAN ROUND BODY MODEL	Custom Order Only				
A-10 AMERICAN	11050	9395	7985	6785	5765
A-10 American Sporting Clays	9295	7900	6715	5710	4855
AR10 Gallery	35000	29750	25290	21495	18270
INVERNESS	10870	9240	7855	6675	5675
Inverness Deluxe	13750	11690	9935	8445	7180
MODEL 21	3995	3395	2885	2455	2085
Model 21 Standard Grade	3995	3395	2885	2455	2085
Model 21 Pigeon Grade	7500	6375	5420	4605	3915
Model 21 Grand American	12500	10625	9030	7675	6525
REVELATION	3300	2805	2385	2025	1720
SHOTGUNS: SxS					
MODEL 21	6145	5225	4440	3775	3210
Model 21-1	15000	12750	10840	9210	7830
Model 21-5	18000	15300	13005	11055	9395
Model 21-6	21500	18275	15535	13205	11225
Model 21 Small Frame	25000	21250	18065	15355	13050
Model 21 Grand American	14650	12455	10585	8995	7645
Model 21 Royal Exhibition	17000	14450	12285	10440	8875
A. GALAZAN ROUND BODY MODEL	69000	58650	49855	42375	36020
RBL EDITIONS	5500	4675	3975	3380	2875
RBL 12 ga.	3500	2975	2530	2150	1830
RBL 12 ga. Sporting Clays	4995	4245	3610	3070	2610
RBL 16 ga.	4250	3615	3070	2610	2220
RBL 20 ga. Special	5995	5095	4330	3680	3130
RBL 20 ga. Launch Edition	3500	2975	2530	2150	1830
RBL 28 ga.	5995	5095	4330	3680	3130
RBL .410 Bore	12000	10200	8670	7370	6265
RBL Galleria	5000	4250	3615	3070	2610
RBL NRA Special Wayne LaPierre Signature Edition	4350	3700	3145	2670	2270
RBL GALLERY EDITION	30000	25500	21675	18425	15660
RBL Launch Edition Gallery Gun	12500	10625	9030	7675	6525
RBL 20 GA. PROFESSIONAL SLUG GUN	3650	3105	2635	2240	1905

	NIB	EXC	VG	G	F
RBL SPORTING COMPEITION S SERIES	6500	5525	4695	3990	3390
RBL RESERVE EDITIONS	9500	8075	6865	5835	4960
RBL Reserve 12 ga.	3750	3190	2710	2305	1960
RBL Reserve 16 ga.	4695	3990	3390	2885	2450
RBL Reserve 20 ga.	4000	3400	2890	2455	2085
RBL Reserve 28 ga.	7745	6585	5595	4755	4040
RBL Reserve Launch Edition	4500	3825	3250	2765	2350
RBL RESERVE SPECIAL EDITION	4995	4245	3610	3070	2610
RBL RESERVE CAMBRIDGE SPECIAL	4500	3825	3250	2765	2350

CONNECTICUT VALLEY ARMS

PISTOLS: SINGLE SHOT

	NIB	EXC	VG	G	F
SCOUT PISTOL	400	340	290	245	210
SCOUT V2 PISTOL	385	325	280	235	200

RIFLES: BOLT ACTION

	NIB	EXC	VG	G	F
CASCADE	795	675	575	490	415
Cascade SB	655	555	475	400	340
Cascade XT	825	700	595	505	430

RIFLES: SINGLE SHOT

	NIB	EXC	VG	G	F
APEX	650	555	470	400	340
ELITE STALKER	245	210	175	150	130
HUNTER	255	215	185	155	130
Hunter Compact	250	215	180	155	130
Hunter Sub-Compact	240	205	175	145	125
SCOUT (2010-2013 MFG.)	330	280	240	205	175
SCOUT (CURRENT MFG.)	350	300	255	215	185
Scout Compact	335	285	240	205	175
SCOUT V2	415	355	300	255	215
Scout V2 Compact	365	310	265	225	190
SCOUT TD (TAKEDOWN)	395	335	285	245	210
Scout Compact TD	370	315	265	225	190

SHOTGUNS: SINGLE SHOT

	NIB	EXC	VG	G	F
HUNTER	275	235	200	170	145
Hunter Compact	285	240	205	175	150
SCOUT (2011-2012 MFG.)	330	280	240	205	175
SCOUT (CURRENT MFG.)	385	325	280	235	200

CONNECTICUT VALLEY CLASSICS, INC.

	NIB	EXC	VG	G	F
CLASSIC 101 SPORTER	1800	1530	1300	1105	940
CLASSIC SPORTER SB	1990	1690	1440	1220	1035
GRADE I CLASSIC SPORTER	2750	2340	1985	1690	1435
Women's Classic Sporter	2500	2125	1805	1535	1305
Grade II Classic Sporter	3100	2635	2240	1905	1620
Grade III Classsic Sporter	3600	3060	2600	2210	1880
GRADE I CLASSIC FIELD	2695	2290	1945	1655	1405
Classic Waterfowler	2495	2120	1805	1530	1300
Grade II Classic Field	3500	2975	2530	2150	1830
Grade III Classic/English Field	4000	3400	2890	2455	2085
Classic Skeet	2695	2290	1945	1655	1405
Classic Flyer	3100	2635	2240	1905	1620

CONSTITUTION ARMS

PALM PISTOL	Contact Manufacturer for Pricing
PALM CARBINE	Contact Manufacturer for Pricing

CONTINENTAL ARMS CORPORATION

RIFLES

	NIB	EXC	VG	G	F
BOLT ACTION	Custom Order Only				
DOUBLE RIFLE	5500	4675	3975	3380	2875

SHOTGUNS: O/U

	NIB	EXC	VG	G	F
CENTAURE BOXLOCK	2770	2355	2000	1700	1445

	NIB	EXC	VG	G	F
CENTAURE LIEGE ROYAL CROWN GRADE	4250	3615	3070	2610	2220
CENTAURE IMPERIAL CROWN GRADE	5950	5060	4300	3655	3105
SHOTGUNS: SxS					
CENTAURE	1575	1340	1140	965	820
CENTAURE ROYAL CROWN GRADE	3995	3395	2885	2455	2085
CENTAURE IMPERIAL CROWN GRADE	4850	4125	3505	2980	2535

CONTROLLED CHAOS ARMS

AR-15 CARBINE PACKAGE	1175	1000	850	720	610

COONAN ARMS

COONAN .357 MAG. MODEL B	1400	1190	1010	860	730
Coonan .357 Mag. Cadet Model	1800	1530	1300	1105	940
Coonan .357 Mag. Cadet II	850	725	615	520	440
Coonan .357 Mag. Model B Compensated	2020	1715	1460	1240	1055
Coonan .357 Mag. Model Classic Compensated	2500	2125	1805	1535	1305
COONAN .357 MAG. MODEL A	1000	850	725	615	525
COONAN .41 MAGNUM	Rarity Precludes Pricing				

COONAN, INC.

COONAN CLASSIC .357 MAGNUM AUTOMATIC	1300	1105	940	800	680
Coonan Classic .357 Magnum Automatic Camo	1795	1525	1295	1100	935
COONAN COMPACT .357 MAGNUM	1975	1680	1425	1215	1035
COONAN MOT .45 ACP	1350	1150	975	830	705
COONAN MOT 10	1395	1185	1010	855	725
COONAN .45 ACP 1911 PISTOL	950	810	685	585	495

COOPER RIFLES OF ARKANSAS LLC (FORMERLY: COOPER FIREARMS OF MONTANA, INC.)

RIFLES: BOLT ACTION

MODEL 21 SINGLE SHOT					
Model 21 Classic	2795	2375	2020	1715	1460
Model 21 Custom Classic	2500	2125	1805	1535	1305
Model 21 Western Classic	2795	2375	2020	1715	1460
Model 21 Varminter	1995	1695	1440	1225	1040
Model 21 Varmint Extreme	2100	1785	1515	1290	1095
Model 21 Varmint Laminate	1500	1275	1085	920	780
Model 21 Jackson Varmint	2200	1870	1590	1350	1150
Model 21 Montana Varminter	4200	3570	3035	2580	2195
Model 21 Mannlicher	5425	4610	3920	3330	2830
Model 21 Phoenix	2825	2400	2040	1735	1475
Model 21 TRP-3	2795	2375	2020	1715	1460
Model 21 Var-Tac	3045	2590	2200	1870	1590
MODEL 22					
Model 22 Classic	2525	2145	1825	1550	1320
Model 22 Custom Classic	3900	3315	2820	2395	2035
Model 22 Western Classic	4450	3785	3215	2735	2325
Model 22 Varminter	2000	1700	1445	1230	1045
Model 22 Montana Varminter	2135	1815	1545	1310	1115
Model 22 Varmint Extreme	1795	1525	1295	1100	935
Model 22 Varmint Laminate	2785	2365	2010	1710	1455
Model 22 Mannlicher	5840	4965	4220	3585	3045
Model 22 Phoenix	2130	1810	1540	1310	1115
Model 22 TRP-3	1800	1530	1300	1105	940
Model 22 Var-Tac	3045	2590	2200	1870	1590
MODEL 22R					
Model 22R Excalibur	2275	1935	1645	1395	1185
Model 22R Jackson Game	2400	2040	1735	1475	1255
Model 22R Jackson Hunter	2955	2510	2135	1815	1545
Model 22R Montana Varminter	3200	2720	2310	1965	1670
Model 22R Phoenix	2130	1810	1540	1310	1115
Model 22R Raptor-M	4355	3700	3145	2675	2275

Model	NIB	EXC	VG	G	F
Model 22R Schnabel	3295	2800	2380	2025	1720
Model 22R Varminter	2955	2510	2135	1815	1545
Model 22R Varmint Laminate	2785	2365	2010	1710	1455
MODEL CUSTOM CLASSIC	1750	1490	1265	1075	915
MODEL CUSTOM MANNLICHER	1975	1680	1425	1215	1035
MODEL 36 SPORTSMAN	675	575	490	415	355
MODEL 36 MARKSMAN	1650	1405	1190	1015	865
Model 36 Montana Trail Blazer	2355	2000	1700	1445	1230
Model 36 Classic	1950	1660	1410	1200	1020
Model 36 Varmint Extreme	1525	1295	1100	935	795
Model 36 Western Classic	1900	1615	1375	1165	990
Model 36 Custom Classic	1625	1380	1175	1000	850
Model 36 TRP-1	1250	1065	905	770	655
Model MS-36 (TRP-1S)	895	760	645	550	470
Model 36 BR-50	1675	1425	1210	1030	875
Model 36 IR-50/50	1950	1660	1410	1200	1020
Model 36 Featherweight	1600	1360	1155	985	835
MODEL 38 SPORTER	1095	930	790	670	570
Model 38 Repeater (Deluxe)	1400	1190	1010	860	730
MODEL 38 SINGLE SHOT					
Model 38 Classic	1645	1400	1190	1010	860
Model 38 Custom Classic	1995	1695	1440	1225	1040
Model 38 Western Classic	2950	2510	2130	1810	1540
Model 38 Varminter	2750	2340	1985	1690	1435
Model 38 Varmint Extreme	2750	2340	1985	1690	1435
Model 38 Montana Varminter	1200	1020	865	735	625
Model 38 Varmint Laminate	1895	1610	1370	1165	990
Model 38 Jackson Varmint	2350	2000	1700	1445	1230
Model 38 Mannlicher	3950	3360	2855	2425	2060
Model 38 Phoenix	1895	1610	1370	1165	990
MODEL 40	1500	1275	1085	920	780
MODEL 51 REPEATER					
Model 51 Classic	3350	2850	2420	2055	1745
Model 51 Custom Classic	4790	4070	3460	2940	2500
Model 51 Excalibur	2995	2545	2165	1840	1565
Model 51 Western Classic	4670	3970	3375	2870	2440
Model 51 Varminter	2850	2425	2060	1750	1490
Model 51 Varmint Laminate	2550	2170	1840	1565	1330
Model 51 Montana Varminter	3155	2680	2280	1940	1650
Model 51 Varmint Extreme	3275	2785	2365	2010	1710
Model 51 Jackson Game	3500	2975	2530	2150	1830
Model 51 Jackson Hunter	4000	3400	2890	2455	2085
Model 51 Mannlicher	8500	7225	6140	5220	4435
Model 51 Phoenix	2825	2400	2040	1735	1475
Model 51 Schnabel	3295	2800	2380	2025	1720
Model 51 Var-Tac	3045	2590	2200	1870	1590
MODEL 52					
Model 52 Classic	2825	2400	2040	1735	1475
Model 52 Custom Classic	4075	3465	2945	2505	2130
Model 52 Western Classic	4670	3970	3375	2870	2440
Model 52 Excalibur	2885	2450	2085	1770	1505
Model 52 Hi-Line	3400	2890	2455	2090	1775
Model 52 Jackson Game	3400	2890	2455	2090	1775
Model 52 Jackson Hunter	2955	2510	2135	1815	1545
Model 52 Laminate Sporter	2025	1720	1465	1245	1060
Model 52 Mannlicher	8500	7225	6140	5220	4435
Model 52 Montana Varminter	3225	2740	2330	1980	1685
Model 52 Plainsman	4450	3785	3215	2735	2325
Model 52 Schnabel	3295	2800	2380	2025	1720
Model 52 Varminter	2955	2510	2135	1815	1545
Model 52 Varmint Extreme	3750	3190	2710	2305	1960
Model 52 Open Country LR	3100	2635	2240	1905	1620
Model 52 Timberline	2800	2380	2025	1720	1460

	NIB	EXC	VG	G	F
MODEL 54					
Model 54 Classic	2825	2400	2040	1735	1475
Model 54 Custom Classic	4075	3465	2945	2505	2130
Model 54 Western Classic	4670	3970	3375	2870	2440
Model 54 Excaliber	2885	2450	2085	1770	1505
Model 54 Hi-Line	3400	2890	2455	2090	1775
Model 54 Varmint Extreme	3750	3190	2710	2305	1960
Model 54 Var-Tac	2550	2170	1840	1565	1330
Model 54 Varmint Laminate	2785	2365	2010	1710	1455
Model 54 Varminter	2955	2510	2135	1815	1545
Model 54 Jackson Game	3400	2890	2455	2090	1775
Model 54 Jackson Hunter	2955	2510	2135	1815	1545
Model 54 Laminate Sporter	2025	1720	1465	1245	1060
Model 54 Mannlicher	8500	7225	6140	5220	4435
Model 54 Montana Varminter	3225	2740	2330	1980	1685
Model 54 Phoenix	2825	2400	2040	1735	1475
Model 54 Plainsman	4450	3785	3215	2735	2325
Model 54 Schnabel	3295	2800	2380	2025	1720
Model 54 Raptor-M	2350	2000	1700	1445	1230
MODEL 56					
Model 56 Classic	2375	2020	1715	1460	1240
Model 56 Custom Classic	2975	2530	2150	1825	1550
Model 56 Western Classic	3725	3165	2690	2290	1945
Model 56 Excaliber	2450	2085	1770	1505	1280
Model 56 Jackson Game	2550	2170	1840	1565	1330
Model 56 Jackson Hunter	2375	2020	1715	1460	1240
Model 56 Schnabel	2625	2230	1895	1610	1370
Model 56 Mannlicher	5095	4330	3680	3130	2660
MODEL 57M					
Model 57M Classic	2955	2510	2135	1815	1545
Model 57M Custom Classic	4050	3445	2925	2485	2110
Model 57M Western Classic	4600	3910	3325	2825	2400
Model 57M Jackson Squirrel	3355	2850	2425	2060	1750
Model 57M Jackson Hunter	2850	2425	2060	1750	1490
Model 57M LVT	1875	1595	1355	1150	980
Model 57M Mannlicher	8500	7225	6140	5220	4435
Model 57M Schnabel	3425	2910	2475	2105	1790
Model 57M TRP-3	2050	2425	2060	1750	1400
Model 57M Varminter	2955	2510	2135	1815	1545
Model 57M Montana Varminter	3250	2765	2350	1995	1695
Model 57M Varmint Extreme	3800	3230	2745	2335	1985
MODEL 58 DANGEROUS GAME					
Model 58 Classic	2150	1830	1555	1320	1120
Model 58 Custom Classic	4350	3700	3145	2670	2270
Model 58 Western Classic	3900	3315	2820	2395	2035
Model 58 Jackson Game	3595	3055	2595	2210	1880
Model 58 Mannlicher	4850	4125	3505	2980	2535
Model 58 Schnabel	1990	1690	1440	1220	1035
MODEL 92 BACKCOUNTRY	3400	2890	2455	2090	1775
RIFLES: SINGLE SHOT					
MODEL 7 PEREGRINE FALLING BLOCK	1750	1490	1265	1075	915
MODEL 16	1500	1275	1085	920	780

COP

	NIB	EXC	VG	G	F
COP DERRINGER	920	780	665	565	480

CORE RIFLE SYSTEMS

PISTOLS: SEMI-AUTO

	NIB	EXC	VG	G	F
CORE15 HARDCORE C9 PISTOL	1100	935	795	675	575
CORE15 ROSCOE R1 PISTOL	650	555	470	400	340
CORE15 Roscoe RB1 Pistol	790	670	570	485	410
CORE15 300BO ROSCOE R2 PISTOL	915	780	660	560	475

	NIB	EXC	VG	G	F
CORE15 300BO Roscoe RB2 Pistol	1035	880	750	635	540
CORE15 ROSCOE RSW1 PISTOL	1100	935	795	675	575
CORE15 300BO ROSCOE RSW2 PISTOL	1350	1150	975	830	705
CORE15 TRUCK GUN	1100	935	795	675	575
CORE30 TRUCK GUN	1700	1445	1230	1045	890

RIFLES: SEMI-AUTO

	NIB	EXC	VG	G	F
CORE15 HOGUE KEYMOD RIFLE	880	750	635	540	460
CORE15 KEYMOD LW	790	670	570	485	410
CORE15 M4 PISTON RIFLE	1500	1275	1085	920	780
CORE15 M4 RIFLE	1130	960	815	695	590
CORE15 MFT KEYMOD RIFLE	980	835	710	600	510
CORE15 MOE .300 BLACKOUT RIFLE	900	765	650	555	470
CORE15 MOE M4 RIFLE	880	750	635	540	460
CORE15 MOE MID-LENGTH RIFLE	920	780	665	565	480
Core15 MOE Mid-Length Piston Rifle	930	790	670	570	485
CORE15 MOE M-LOK RIFLE	850	725	615	520	440
CORE15 MOE M-LOK Piston Rifle	960	815	695	590	500
CORE15 SCOUT RIFLE	810	690	585	495	420
CORE15 Scout KeyMod	730	620	525	450	385
CORE15 Scout Lo-Pro	650	555	470	400	340
CORE15 Scout M-LOK	900	765	650	555	470
CORE15 Scout UL II Rifle	785	665	565	480	410
CORE15 TAC M4 RIFLE	1250	1065	905	770	655
CORE15 Tac M4 LoPro Gasblock	540	460	390	330	280
CORE15 TAC M4 UL Rifle	1130	960	815	695	590
CORE15 TAC M4 V2 Rifle	870	740	630	535	455
CORE15 Tac M4 Piston Rifle	1140	970	825	700	595
CORE15 TAC 6.5 GRENDEL RIFLE	1540	1310	1115	945	805
CORE15 TAC II .300 BLACKOUT RIFLE	950	810	685	585	495
CORE15 TAC II M4 RIFLE	1000	850	725	615	525
CORE15 TAC II.V RIFLE	650	555	470	400	340
CORE15 TAC III RIFLE	1350	1150	975	830	705
CORE 15 TAC IV RIFLE	650	555	470	400	340
CORE 15 Tac IV LW Rifle	775	660	560	475	405
CORE15 TAC MID-LENGTH RIFLE	1225	1040	885	750	640
Core15 TAC Mid-Length Piston Rifle	1330	1130	960	815	695
CORE15 TAC PISTON RIFLE	1250	1065	905	770	655
CORE15 VTP-II	835	710	605	515	440
CORE15 HARDCORE SYSTEM X RIFLES					
Core15 Hardcore System X1	2420	2055	1750	1485	1260
Core15 Hardcore System X2	5495	4670	3970	3375	2870
Core15 Hardcore System X3	2600	2210	1880	1595	1355
Core15 Hardcore System X4	3600	3060	2600	2210	1880
CORE30 KEYMOD	1240	1055	895	760	645
CORE30 M-LOK	1075	915	775	660	560
CORE30 MOE RIFLE	1330	1130	960	815	695
CORE30 MOE LR RIFLE	1775	1510	1280	1090	925
CORE30 MOE M-LOK	1475	1255	1065	905	770
CORE30 MOE M-LOK Stainless	1605	1365	1160	985	835
CORE30 TAC RIFLE	1775	1510	1280	1090	925
CORE30 TAC LR RIFLE	2180	1855	1575	1340	1140
CORE30 TAC II RIFLE	1125	955	815	690	585
CORE30 TAC II 6.5 Creedmoor Rifle	1920	1630	1385	1180	1005
CORE30 TAC II LW RIFLE	1100	935	795	675	575
HARDCORE C9 PCC	1095	930	790	670	570

CRESCENT FIRE ARMS CO. & CRESCENT-DAVIS ARMS CORP.

	NIB	EXC	VG	G	F
SINGLE SHOT MODEL 12ga.	160	135	115	100	85
SINGLE SHOT MODEL 16 or 20 ga.	175	150	125	105	90
SINGLE SHOT MODEL 28 ga.	295	250	215	180	155
SINGLE SHOT MODEL .410 bore	405	345	295	250	215
SxS MODEL 12 ga.	355	300	255	220	185

	NIB	EXC	VG	G	F
SxS MODEL 16 ga.	320	270	230	195	165
SxS MODEL 20 ga.	445	380	320	275	235
SxS MODEL 28 ga./.410 bore	1000	850	725	615	525
KNICKERBOCKER	Rarity Precludes Pricing				
VICTOR EJECTOR	Rarity Precludes Pricing				
NEW EMPIRE	1425	1210	1030	875	745
CRESCENT CERTIFIED SHOTGUN	1500	1275	1085	920	780

CRICKETT RIFLE

PISTOLS: BOLT ACTION, SINGLE SHOT

	NIB	EXC	VG	G	F
CRICKETT SYNTHETIC HUNTER	230	195	165	140	120

RIFLES: BOLT ACTION

	NIB	EXC	VG	G	F
CRICKETT ADULT RIFLE	285	240	205	175	150
CRICKETT ALLOY MODEL 6061	315	270	230	195	165
CRICKETT AMENDMENT PACKAGE (CRICKETT	260	220	190	160	135
CRICKETT EXTREME TARGET RIFLE (RECENT MFG.)	230	195	165	140	120
CRICKETT EXTREME TARGET RIFLE (CURRENT MFG.)	275	235	200	170	145
Crickett Youth Extreme Thumbhole Target	170	145	125	105	90
CRICKETT GRAND UNION (ONE NATION)	255	215	185	155	130
CRICKETT PRECISION RIFLE (CPR)	315	270	230	195	165
CRICKETT SPORTER	195	165	140	120	100
Crickett Sporter Custom/Deluxe	250	215	180	155	130
CRICKETT STANDARD RIFLE	247	210	180	150	130
CRICKETT SYNTHETIC RIFLE	175	150	125	105	90
Crickett Hydro-Dipped Synthetic	145	125	105	90	75
CRICKETT XBR	285	240	205	175	150

SHOTGUNS

	NIB	EXC	VG	G	F
"MY FIRST SHOTGUN" BREAK ACTION	180	155	130	110	95
"MY FIRST SHOTGUN" SLIDE ACTION	365	310	265	225	190

CROSSFIRE LLC

	NIB	EXC	VG	G	F
CROSSFIRE MK-I	1295	1100	935	795	675

CROWN CITY ARMS

	NIB	EXC	VG	G	F
M1911 A1	650	555	470	400	340

CUMBERLAND MOUNTAIN ARMS, INC.

	NIB	EXC	VG	G	F
PLATEAU RIFLE	995	845	720	610	520

CUSTOM GUN GUILD

	NIB	EXC	VG	G	F
WOOD'S MODEL IV SINGLE SHOT	2975	2530	2150	1825	1550

CZ (CESKÁ ZBROJOVKA)

COMBINATION GUNS

	NIB	EXC	VG	G	F
CZ 584 SOLO	850	725	615	520	440

PISTOLS: SEMI-AUTO, DISC.

	NIB	EXC	VG	G	F
"DUO" POCKET AUTOMATIC	270	230	195	165	140
CZ 22	890	755	645	545	465
CZ 24					
CZ 24 Standard Frame	785	665	565	480	410
CZ 24 Standard Frame Kriegsmarine Proofed	1125	955	815	690	585
CZ 24 Long Frame	2150	1830	1555	1320	1120
CZ 27					
CZ 27 "CESKA" Slide Legend Variation	1595	1355	1150	980	835
CZ 27 "BÖHMISCHE" Slide Legend Variation Standard	350	300	255	215	185
CZ 27 "BÖHMISCHE" Slide Legend Variation 1941	775	660	560	475	405
CZ 27 "BÖHMISCHE" Slide Legend Variation 1942-1943	700	595	505	430	365
CZ 27 "BÖHMISCHE" Slide Legend Variation	1050	895	760	645	550
CZ 27 "fnh" Slide Legend Variation	450	385	325	275	235
CZ 27 Sound Suppressor Barrel Variation	3325	2825	2400	2040	1735

	NIB	EXC	VG	G	F
CZ 27 Post-WWII mfg.					
CZ 28	650	555	470	400	340
VZ 36	550	470	395	340	290
VZ 38 (MODEL 39T) DOUBLE ACTION AUTOMATIC	700	595	505	430	365
VZ 38 (MODEL 39T) DOUBLE ACTION AUTOMATIC	3250	2765	2350	1995	1695
VZ 38 "BULGARIAN CONTRACT"	3250	2765	2350	1995	1695
VZ 45	195	165	140	120	100
PISTOLS: SEMI-AUTO, CURRENT/RECENT MFG.					
CZ-75 P-01	795	675	575	490	415
CZ-75 P-01 Omega Convertible	625	530	450	385	325
CZ-75 P-01 URBAN GREY SUPPRESSOR-READY	665	565	480	410	350
CZ-75 P-06	730	620	525	450	385
CZ P-07 DUTY	490	415	355	300	255
CZ P-07	500	425	360	305	260
CZ P-07 Suppressor Ready	530	450	385	325	275
CZ-75 P-07 URBAN GREY SUPPRESSOR-READY	550	470	395	340	290
CZ P-09 (P-09 DUTY)	515	440	370	315	270
CZ P-09 FDE	520	440	375	320	270
CZ P-09 URBAN GREY SUPPRESSOR-READY	570	485	410	350	300
CZ P-10 C	385	325	280	235	200
CZ P-10 C Optics Ready	430	365	310	265	225
CZ P-10 C OR SR	425	360	305	260	220
CZ P-10 C Suppressor Ready	490	415	355	300	255
CZ P-10 C URBAN GRAY SUPPRESSOR-READY	485	410	350	300	255
CZ P-10 F	480	410	345	295	250
CZ P-10 F Competition	635	540	460	390	330
CZ P-10 F Optics Ready	385	325	280	235	200
CZ P-10 F Suppressor Ready	535	455	385	330	280
CZ P-10 M	240	205	175	145	125
CZ P-10 S	340	290	245	210	180
CZ P-10 S Optics Ready	385	325	280	235	200
CZ-40B/CZ-40P	425	360	305	260	220
CZ-40 P Compact	450	385	325	275	235
CZ-50	450	385	325	275	235
CZ-52	475	405	345	290	245
CZ-70	250	215	180	155	130
CZ-75 SERIES					
CZ-75 25th Anniversary	625	530	450	385	325
CZ-75 30th Anniversary	875	745	630	535	455
CZ-75 Semi-Compact	375	320	270	230	195
CZ-75 Champion	1800	1530	1300	1105	940
CZ-75 Modified	1550	1320	1120	950	810
CZ-75 Special Editions	470	400	340	290	245
CZ-75 B	750	640	540	460	390
CZ-75 BD	600	510	435	370	315
CZ-75 B Limited Edition	720	610	520	440	375
CZ 75 B 40th Anniversary Limited Edition	1250	1065	905	770	655
CZ 75 B 45th Anniversary	1450	1235	1050	890	755
CZ 75 B Omega Convertible	750	640	540	460	390
CZ-75 B Military	425	360	305	260	220
CZ-75 B SA	610	520	440	375	320
CZ-75 B Stainless	685	580	495	420	355
CZ-75 B Tactical	800	680	580	490	415
CZ-75 B Target	850	725	615	520	440
CZ-75 B Urban Grey Suppressor-Ready	630	535	455	385	325
CZ-75 COMPACT	800	680	580	490	415
CZ-75 Compact SDP	1210	1030	875	745	635
CZ-75 D PCR COMPACT	800	680	580	490	415
CZ-75 KADET	750	640	540	460	390
CZ-75 SHADOW	915	780	660	560	475
CZ-75 Shadow T	950	810	685	585	495
CZ-75 SHADOW CTS LS-P	1560	1325	1125	960	815
CZ-75 SHADOW TAC II	1250	1065	905	770	655

	NIB	EXC	VG	G	F
CZ SHADOW 2 BLACK & BLUE	1270	1080	920	780	665
CZ Shadow 2 Optics-Ready	1100	935	795	675	575
CZ Shadow 2 SA	1190	1010	860	730	620
CZ SHADOW 2 ORANGE	1450	1235	1050	890	755
CZ SHADOW 2 URBAN GREY	1300	1105	940	800	680
CZ-75 STANDARD IPSC	1150	980	830	705	600
CZ-75 TACTICAL SPORT	1125	955	815	690	585
CZ-75 Tactical Sport Orange	1665	1415	1205	1025	870
CZ-75 TS CZECHMATE	3150	2680	2275	1935	1645
CZ-75 SP-01	810	690	585	495	420
CZ-75 SP-01 Phantom	550	470	395	340	290
CZ-75 SP-01 ACCU-SHADOW (ACCUSHADOW)	1475	1255	1065	905	770
CZ ACCUSHADOW 2	2100	1785	1515	1290	1095
CZ-75 SP-01 COMPETITION	1375	1170	995	845	720
CZ-75 SP-01 SHADOW	800	680	580	490	415
CZ-75 SP-01 Shadow Custom	1250	1065	905	770	655
CZ-75 SP-01 SHADOW TARGET	1175	1000	850	720	610
CZ 75 SP-01 SHADOW TARGET II	1345	1145	970	825	700
CZ-75 SP-01 TACTICAL	810	690	585	495	420
CZ 75 SP-01 TACTICAL URBAN GREY	855	725	620	525	445
CZ-82					
CZ-83 .32 ACP/9mm Makarov	400	340	290	245	210
CZ-83 .380 ACP	420	355	305	260	220
CZ-83 Special Editions	425	360	305	260	220
CZ-85, CZ-85 B	625	530	450	385	325
CZ-85 Combat	715	610	515	440	375
CZ-85 Champion	1055	895	760	650	555
CZ-85 Special Editions	645	550	465	395	335
CZ-85 Combat Special Editions	775	660	560	475	405
CZ-97 B	720	610	520	440	375
CZ-97 BD	760	645	550	465	395
CZ-100	500	425	360	305	260
CZ-122 B SPORT	260	220	190	160	135
CZ 805 BREN S1 (PS1) PISTOL	1980	1685	1430	1215	1035
CZ BREN 2 Ms PISTOL	1895	1610	1370	1165	990
CZ-2075 RAMI	700	595	505	430	365
CZ-2075 RAMI BD	600	510	435	370	315
CZ VZ 01 SKORPION	Refer to "Skorpion" section				
CZ SCORPION 3 PLUS/SCORPION 3 PLUS MICRO	985	835	710	605	515
CZ SCORPION EVO 3 S1 PISTOL	845	720	610	520	440
CZ Scorpion EVO 3 S1 Pistol w/Flash Can	975	830	705	600	510
CZ SCORPION EVO 3 S2 MICRO W/BRACE	980	835	710	600	510
CZ SCORPION EVO 3 S2 PISTOL MICRO W/FOLDING	1245	1060	900	765	650
CZ TS 2	1475	1255	1065	905	770
CZ TS 2 ORANGE	2095	1780	1515	1285	1090
CZ 1911 A1	1175	1000	850	720	610
CZC A01-LD	Refer to "CZ Custom" Section				

RIFLES: BOLT ACTION, RIMFIRE, COMMERCIAL MFG.

	NIB	EXC	VG	G	F
CZ 452 STYLE (ZKM-452)	500	425	360	305	260
CZ 452 Lux/Deluxe (ZKM-452D)	500	425	360	305	260
CZ 452 Ultra Lux	460	390	330	280	240
CZ 452 American Classic (ZKM-452)	500	425	360	305	260
CZ 452 FS Mannlicher	440	375	320	270	230
CZ 452 Grand Finale Limited Edition	1150	980	830	705	600
CZ 452 Silhouette	525	445	380	320	270
CZ 452 Scout (ZKM-452)	285	240	205	175	150
CZ 452 Special Military Training Rifle	340	290	245	210	180
CZ 452 Varmint (ZKM-452)	350	300	255	215	185
CZ 453 AMERICAN/VARMINT	530	450	385	325	275
CZ 455 AMERICAN	465	395	335	285	240
CZ 455 American Stainless Synthetic	275	235	200	170	145
CZ 455 American Suppressor Ready	420	355	305	260	220
CZ 455 FS MANNLICHER	530	450	385	325	275

	NIB	EXC	VG	G	F
CZ 455 LUX	470	400	340	290	245
CZ 455 SCOUT	350	300	255	215	185
CZ 455 TRAINING RIFLE	400	340	290	245	210
CZ 455 TRAINING RIFLE RUSTIC	400	340	290	245	210
CZ 455 ULTRA LUX	370	315	265	225	190
CZ 455 VARMINT	675	575	490	415	355
CZ 455 Varmint Evolution	455	385	330	280	240
CZ 455 Varmint Precision Trainer	810	690	585	495	420
CZ 455 Varmint Precision Trainer Suppressor Ready	965	820	695	595	505
CZ 455 Varmint SST	420	355	305	260	220
CZ 455 Varmint Thumbhole	480	410	345	295	250
CZ 455 Varmint Thumbhole Fluted	480	410	345	295	250
CZ 455 Varmint Tacticool	600	510	435	370	315
CZ 457 AMERICAN	510	435	370	315	270
CZ American Synthetic Suppressor-Ready	470	400	340	290	245
CZ 457 AMERICAN COMBO	615	525	445	380	325
CZ 457 JAGUAR	535	455	385	330	280
CZ 457 LONG RANGE PRECISION	1020	865	735	625	530
CZ 457 LUX	535	455	385	330	280
CZ 457 PREMIUM	700	595	505	430	365
CZ 457 PRO VARMINT SUPPRESSOR-READY	600	510	435	370	315
CZ 457 ROYAL	680	580	490	420	355
CZ 457 SCOUT	470	400	340	290	245
CZ 457 TRAINING RIFLE	400	340	290	245	210
CZ 457 VARMINT	550	470	395	340	290
CZ 457 VARMINT AT-ONE	665	565	480	410	350
CZ 457 VARMINT MTR	725	615	525	445	380
CZ 457 VARMINT PRECISION CHASSIS MTR	1040	885	750	640	545
CZ 457 VARMINT PRECISION CHASSIS SUPPRESSOR	1035	880	750	635	540
CZ 457 VARMINT PRECISION TRAINER	975	830	705	600	510
CZ 457 Varmint Precision Trainer MTR	1360	1155	985	835	710
CZ 457 Varmint Precision Trainer Suppressor-Ready	1140	970	825	700	595
CZ 513 BASIC	270	230	195	165	140
CZ 513 HUNTER	310	265	225	190	160

RIFLES/CARBINES: BOLT ACTION, CENTERFIRE, COMMERCIAL MFG.

	NIB	EXC	VG	G	F
CZ USA MODEL 3	880	750	635	540	460
CZ 527 AMERICAN (CLASSIC)	700	595	505	430	365
CZ 527 American Rustic	1025	870	740	630	535
CZ 527 American Synthetic Suppressor Ready	700	595	505	430	365
CZ 527 CARBINE	685	580	495	420	355
CZ 527 Carbine Rustic	Pricing Unavailable				
CZ 527 Youth Carbine	815	695	590	500	425
CZ 527 FS MANNLICHER	685	580	495	420	355
CZ 527 LUX	685	580	495	420	355
CZ 527 M1 AMERICAN	650	555	470	400	340
CZ 527 M1 Ultralight Predator	660	560	475	405	345
CZ 527 PRESTIGE	620	525	450	380	325
CZ 527 VARMINT	685	580	495	420	355
CZ 527 Varmint Suppressor-Ready	715	610	515	440	375
CZ 527 Varmint Target	650	555	470	400	340
CZ 527 Varmint Thumbhole	1295	1100	935	795	675
CZ 527 VARMINT MTR	875	745	630	535	455
CZ 531	1750	1490	1265	1075	915
CZ 537	695	590	500	425	360
CZ 537 Mountain Carbine	500	425	360	305	260
CZ 550 STANDARD	800	680	580	490	415
CZ 550 Lux	660	560	475	405	345
CZ 550 Battue Lux	585	495	425	360	305
CZ 550 Prestige	620	525	450	380	325
CZ 550 American (Classic)	895	760	645	550	470
CZ 550 Varmint/Varmint Tacticool	795	675	575	490	415
CZ 550 Carbine	1150	980	830	705	600
CZ 550 FS Mannlicher	685	580	495	420	355

	NIB	EXC	VG	G	F
CZ 550 Battue FS Mannlicher	695	590	500	425	360
CZ 550 Minnesota	375	320	270	230	195
CZ 550 Medium Magnum	850	725	615	520	440
CZ 550 MAGNUM STANDARD	950	810	685	585	495
CZ 550 Magnum Standard Lux	575	490	415	355	300
CZ 550 Safari Magnum	1295	1100	935	795	675
CZ 550 AMERICAN SAFARI MAGNUM FIELD GRADE	1095	930	790	670	570
CZ 550 American Safari Magnum Field Fancy	2065	1755	1490	1270	1080
CZ 550 American Safari Magnum Field Kevlar/Aramid	1655	1405	1195	1015	865
CZ 550 American Safari Magnum Field Laminate	1335	1135	965	820	695
CZ 550 American Safari Magnum Deluxe	1950	1660	1410	1200	1020
CZ 550 SAFARI CLASSICS EXPRESS/MAGNUM	Contact Manufacturer for Pricing				
SAFARI CLASSICS CRAIG BODDINGTON SIGNATURE	3099	2635	2240	1905	1620
CZ 550 MAGNUM H.E.T. (HIGH ENERGY TACTICAL)	3420	2905	2470	2100	1785
CZ 550 H.E.T. II (HIGH ENERGY TACTICAL)	2805	2385	2025	1725	1465
CZ 550 BADLANDS WESTERN SERIES	2595	2205	1875	1595	1355
CZ 550 SONORAN WESTERN SERIES	1500	1275	1085	920	780
CZ 550 ULTIMATE HUNTING RIFLE (UHR)	1495	1270	1080	920	780
CZ 550 URBAN COUNTER SNIPER	2400	2040	1735	1475	1255
CZ 555 SPORTER	795	675	575	490	415
CZ 557 AMERICAN	740	630	535	455	385
CZ 557 American Synthetic	665	565	480	410	350
CZ 557 CARBINE	715	610	515	440	375
CZ 557 ECLIPSE	655	555	475	400	340
CZ 557 LEFT HAND	810	690	585	495	420
CZ 557 SPORTER	665	565	480	410	350
CZ 557 Sporter Synthetic	530	450	385	325	275
CZ 557 VARMINT	825	700	595	505	430
CZ 600 ALPHA	645	550	465	395	335
CZ 600 LUX	850	725	615	520	440
CZ 600 RANGE	1100	935	795	675	575
CZ 600 TRAIL	915	780	660	560	475
CZ 700 SNIPER	2095	1780	1515	1285	1090
CZ 700M1 SNIPER	2100	1785	1515	1290	1095
CZ 750 SNIPER	2000	1700	1445	1230	1045
ZKK 600	895	760	645	550	470
ZKK 601	1650	1405	1190	1015	865
ZKK 602	1500	1275	1085	920	780
ZKB 680 (FOX/FOX II)	1045	890	755	640	545

RIFLES: O/U

	NIB	EXC	VG	G	F
CZ-589 STOPPER	2995	2545	2165	1840	1565

RIFLES/CARBINES: SEMI-AUTO

	NIB	EXC	VG	G	F
CZ-M52 (VZ52)	500	425	360	305	260
CZ-M52/57 (VZ52/57)	500	425	360	305	260
CZ-511	395	335	285	245	210
CZ 512 STANDARD	450	385	325	275	235
CZ 512 AMERICAN	485	410	350	300	255
CZ 512 CARBINE	305	260	220	185	155
CZ 512 TACTICAL	365	310	265	225	190
CZ 805 BREN S1 CARBINE	1590	1350	1150	975	830
CZ BREN 2 MS CARBINE	2105	1790	1520	1295	1100
CZ SCORPION EVO 3 S1 CARBINE	1085	920	785	665	565
CZ SCORPION 3 PLUS CARBINE	1375	1170	995	845	720
VZ 58 MILITARY/TACTICAL SPORTER	1695	1440	1225	1040	885

SHOTGUNS: O/U

	NIB	EXC	VG	G	F
ALL-AMERICAN	2125	1805	1535	1305	1110
ALL-AMERICAN TRAP COMBO (TWO-BARREL SET)	2550	2170	1840	1565	1330
CZ 581 SOLO	500	425	360	305	260
CANVASBACK (103D)	670	570	485	410	350
CANVASBACK GOLD	785	665	565	480	410
DRAKE	685	580	495	420	355
Drake Southpaw	745	635	540	460	390
DRAKE ALL-TERRAIN	845	720	610	520	440

	NIB	EXC	VG	G	F
MALLARD (104A)	505	430	365	310	265
QUAIL	550	470	395	340	290
REAPER MAGNUM	1145	975	825	705	600
REDHEAD DELUXE (103DE)	850	725	615	520	440
Redhead 103 D (Mini)	735	625	530	450	385
Redhead Custom Shop Enhanced	1895	1610	1370	1165	990
Redhead Target	1595	1355	1150	980	835
REDHEAD PREMIER	940	800	680	575	490
Redhead Premier Target	1595	1355	1150	980	835
REDHEAD PREMIER ALL-TERRAIN	1145	975	825	705	600
REDHEAD PREMIER PROJECT UPLAND	1535	1305	1110	945	805
CZ SPORTER G2 (CZ SPORTER)	1440	1225	1040	885	750
CZ SPORTER STANDARD GRADE G2	1875	1595	1355	1150	980
CZ SUPER SCROLL COMBO SET	3610	3070	2610	2215	1885
CZ SUPER SCROLL LIMITED EDITION	1595	1355	1150	980	835
CZ SUPREME FIELD	1815	1545	1310	1115	950
SWAMP MAGNUM	935	795	675	575	490
WINGSHOOTER	1275	1085	920	785	665
WINGSHOOTER ELITE	1025	870	740	630	535
WOODCOCK DELUXE 103FE	1015	865	735	625	530
Woodcock 103F Mini	755	640	545	465	395
WOODCOCK DELUXE CUSTOM GRADE	1525	1295	1100	935	795
LADY STERLING	1195	1015	865	735	625
SCTP STERLING	1695	1440	1225	1040	885
SOUTHPAW STERLING	870	740	630	535	455
UPLAND STERLING	870	740	630	535	455
Upland Sterling Southpaw	1425	1210	1030	875	745
UPLAND ULTRALIGHT	765	650	555	470	400
UPLAND ULTRALIGHT ALL-TERRAIN	850	725	615	520	440
LIMITED EDITION (DISC.)	2150	1830	1555	1320	1120

SHOTGUNS: SxS

	NIB	EXC	VG	G	F
AMARILLO	655	555	475	400	340
BOBWHITE (202B)	590	500	425	360	305
BOBWHITE G2	745	635	540	460	390
BOBWHITE G2 ALL-TERRAIN	765	650	555	470	400
BOBWHITE G2 INTERMEDIATE	745	635	540	460	390
DURANGO	725	615	525	445	380
GROUSE	835	710	605	515	440
HAMMER CLASSIC MODEL	1140	970	825	700	595
HAMMER COACH MODEL	1095	930	790	670	570
PARTRIDGE	695	590	500	425	360
RINGNECK (201A)	875	745	630	535	455
Ringneck Mini (201A)	905	770	655	555	470
RINGNECK COMPETITION	2495	2120	1805	1530	1300
RINGNECK DELUXE CUSTOM GRADE	1080	920	780	665	565
RINGNECK STRAIGHT GRIP	845	720	610	520	440
RINGNECK TARGET	1140	970	825	700	595
SHARP-TAIL	1045	890	755	640	545
SHARP-TAIL COACH	1130	960	815	695	590
SHARP TAIL TARGET	1445	1230	1045	885	750

SHOTGUNS: SEMI-AUTO

	NIB	EXC	VG	G	F
CZ 712/720 G2 (CZ-712/720)	445	380	320	275	235
CZ 712/720 ALS G2 (CZ 712/720 ALS)	465	395	335	285	240
CZ 712 G2 Green	540	460	390	330	280
CZ 712 Target G2 (CZ 712 Target)	730	620	525	450	385
CZ 712 Utility G2 (CZ 712 Utility)	530	450	385	325	275
CZ-712 MAGNUM	540	460	390	330	280
CZ 712 PRACTICAL G2 (CZ 712 PRACTICAL)	540	460	390	330	280
CZ 712 SYNTHETIC G2 12 GAUGE	395	335	285	245	210
CZ 712 Synthetic G2 Camo	530	450	385	325	275
CZ 712 3-GUN G2	700	595	505	430	365
CZ 812 WATERFOWL 12 GAUGE	695	590	500	425	360
CZ 712 G3	595	505	430	365	310

	NIB	EXC	VG	G	F
CZ 712 G3 Synthetic Camo Terra	695	590	500	425	360
CZ 712 G3 Target	680	580	490	420	355
CZ 712 G3 Utility	545	465	395	335	285
CZ 912 G2/CZ 920 G2 (CZ 912/920)	425	360	305	260	220
CZ 1012	545	465	395	335	285
CZ 1012 Synthetic	655	555	475	400	340
CZ 1012 ALL-TERRAIN	675	575	490	415	355

SHOTGUNS: SINGLE SHOT

	NIB	EXC	VG	G	F
CZ ALL-AMERICAN SINGLE TRAP	1395	1185	1010	855	725
COTTONTAIL	195	165	140	120	100

SHOTGUNS: SLIDE ACTION

	NIB	EXC	VG	G	F
CZ 612 FIELD	340	290	245	210	180
CZ 612 HC-P	520	440	375	320	270
CZ 612 HOME DEFENSE	345	295	250	210	180
CZ 612 MAGNUM TURKEY	425	360	305	260	220
CZ 612 MAGNUM WATERFOWL	510	435	370	315	270
CZ 612 TARGET	510	435	370	315	270
CZ 612 TRAP	495	420	360	305	260
CZ 612 WILDFOWL MAGNUM	445	380	320	275	235
CZ 620 BIG GAME	245	210	175	150	130
CZ 620 YOUTH	345	295	250	210	180
CZ 620/628 FIELD SELECT	510	435	370	315	270

CZ (STRAKONICE)

	NIB	EXC	VG	G	F
CZ-75	605	515	435	370	315
CZ-TT	475	405	345	290	245
CZ-T POLYMER COMPACT	795	675	575	490	415
ADCO/CZ 1911-A1	475	405	345	290	245
CZ ST9	No U.S. Importation of this model.				

CZ CUSTOM

	NIB	EXC	VG	G	F
CZC A01-LD	2200	1870	1590	1350	1150
CZC A01-SD	1975	1680	1425	1215	1035
CZC A01-SD OR	2295	1950	1660	1410	1200

DAEWOO

PISTOLS: SEMI-AUTO

	NIB	EXC	VG	G	F
DH380	500	425	360	305	260
DH40	545	465	395	335	285
DP51 STANDARD/COMPACT	530	450	385	325	275
DP52	550	470	395	340	290

RIFLES: SEMI-AUTO

	NIB	EXC	VG	G	F
MAX I (K1A1)	3075	2615	2220	1890	1605
MAX II (K2)	1795	1525	1295	1100	935
DR200	1795	1525	1295	1100	935
DR300	1500	1275	1085	920	780

DAISY

RIFLES: SINGLE SHOT, DISC.

	NIB	EXC	VG	G	F
V/L STANDARD RIFLE	595	505	430	365	310
V/L PRESENTATION	470	400	340	290	245
V/L COLLECTOR'S KIT	600	510	435	370	315

RIFLES: BOLT ACTION, DISC.

	NIB	EXC	VG	G	F
MODEL 8	220	185	160	135	115
LEGACY MODELS 2201/2211	230	195	165	140	120
LEGACY MODELS 2202/2212	230	195	165	140	120

RIFLES: SEMI-AUTO

	NIB	EXC	VG	G	F
LEGACY MODELS 2203/2213	245	210	175	150	130

DAKIN GUN CO.

	NIB	EXC	VG	G	F
SHOTGUNS: O/U					
MODEL 170	540	460	390	330	280
SHOTGUNS: SxS					
MODEL 100	390	330	280	240	205
MODEL 147	600	510	435	370	315
MODEL 160	750	640	540	460	390
MODEL 215	2430	2065	1755	1490	1265

DAKOTA ARMS, INC.

	NIB	EXC	VG	G	F
RIFLES: BOLT ACTION					
DAKOTA .22 RIFLE	7450	6335	5385	4575	3890
DAKOTA 76 .30-06 100TH ANNIVERSARY	8500	7225	6140	5220	4435
DAKOTA 76 ALPINE GRADE	5000	4250	3615	3070	2610
Dakota 76 Alpine Deluxe	6990	5940	5050	4295	3650
DAKOTA 76 AFRICAN GRADE	7000	5950	5060	4300	3655
DAKOTA 76 CLASSIC GRADE	6000	5100	4335	3685	3130
Model 76 Classic Deluxe	4995	4245	3610	3070	2610
DAKOTA 76 MANNLICHER	5995	5095	4330	3680	3130
DAKOTA 76 PROFESSIONAL HUNTER	7995	6795	5775	4910	4175
DAKOTA 76 SAFARI GRADE	6825	5800	4930	4190	3560
DAKOTA 76 TRAVELER	7500	6375	5420	4605	3915
DAKOTA 76 VARMINT GRADE	2910	2475	2100	1785	1515
DAKOTA LONGBOW T-76 TACTICAL	3900	3315	2820	2395	2035
DAKOTA MODEL 97 ALL WEATHER HUNTER	3495	2970	2525	2145	1825
DAKOTA MODEL 97 CLASSIC	3500	2975	2530	2150	1830
DAKOTA MODEL 97 LIGHTWEIGHT HUNTER	1995	1695	1440	1225	1040
Dakota Model 97 Lightweight Hunter Deluxe	3295	2800	2380	2025	1720
Dakota Model 97 Lightweight Hunter All Weather	2795	2375	2020	1715	1460
DAKOTA MODEL 97 LONG RANGE HUNTER	3495	2970	2525	2145	1825
Dakota Model 97 Long Range Hunter Deluxe	3395	2885	2455	2085	1770
DAKOTA MODEL 97 OUTFITTER TAKEDOWN	4500	3825	3250	2765	2350
DAKOTA MODEL 97 VARMINTER	4250	3615	3070	2610	2220
Dakota Model 97 Varminter Stainless	4625	3930	3340	2840	2415
DAKOTA CLASSIC PREDATOR	3500	2975	2530	2150	1830
Dakota Classic Predator Series	2500	2125	1805	1535	1305
Dakota Classic Predator All-Weather	2670	2270	1930	1640	1395
DAKOTA SCIMITAR TACTICAL	5850	4975	4225	3595	3055
RIFLES: SxS					
DOUBLE RIFLE	22500	19125	16255	13820	11745
RIFLES: SINGLE SHOT					
DAKOTA MODEL 10	5120	4350	3700	3145	2675
Dakota Model 10 Deluxe	6500	5525	4695	3990	3390
Dakota Model 10 Mannlicher	6000	5100	4335	3685	3130
MODEL 10 .30-06 100TH ANNIVERSARY	7500	6375	5420	4605	3915
DAKOTA MODEL 97 VARMINT HUNTER	2250	1915	1625	1380	1175
DAKOTA VARMINTER (STANDARD PREDATOR)	2500	2125	1805	1535	1305
Dakota Varminter Deluxe (Predator Deluxe)	3295	2800	2380	2025	1720
Dakota Varminter Heavy Barrel (Predator Heavy	2250	1915	1625	1380	1175
DAKOTA SHARPS RIFLE	5250	4465	3795	3225	2740
MILLER CLASSIC	Refer to "Miller Arms" for this model.				
SHOTGUNS: SxS					
CLASSIC GRADE	6500	5525	4695	3990	3390
PREMIER GRADE	7995	6795	5775	4910	4175
DAKOTA AMERICAN LEGEND	12000	10200	8670	7370	6265
DAKOTA CLASSIC FIELD GRADE SUPERLIGHT	4200	3570	3035	2580	2195
DAKOTA CLASSIC GRADE II	5100	4335	3685	3130	2660
DAKOTA CLASSIC GRADE III	6500	5525	4695	3990	3390

DAKOTA SINGLE ACTION REVOLVERS

	NIB	EXC	VG	G	F
REVOLVERS: REPRODUCTIONS					
OLD MODEL SAA	645	550	465	395	335
Old Model SAA Engraved Old Model	895	760	645	550	470

	NIB	EXC	VG	G	F
Old Model SAA Cattlebrand Engraved	945	805	685	580	495
NEW DAKOTA SAA	520	440	375	320	270
New Dakota SAA Sheriff Model	395	335	285	245	210
DAKOTA PREMIER SAA	400	340	290	245	210
FRONTIER MARSHAL SA	495	420	360	305	260
SHERIFF'S OLD/NEW MODEL SAA	355	300	255	220	185
U.S. ARMY SAA	500	425	360	305	260
U.S. Army SAA Commemorative	500	425	360	305	260
CONVERTIBLE MODEL SAA	550	470	395	340	290
FAST DRAW MODEL SAA	450	385	325	275	235
BISLEY MODEL SAA	500	425	360	305	260
Bisley Model SAA Engraved	700	595	505	430	365
1873 FRONTIER MODEL SAA	400	340	290	245	210

DAMKO / DK PRECISION OUTDOOR LLC

RIFLES: SINGLE SHOT

	NIB	EXC	VG	G	F
MARTINI RIFLE	1675	1425	1210	1030	875
Martini Stainless	1750	1490	1265	1075	915

DAN ARMS OF AMERICA

SHOTGUNS: O/U

	NIB	EXC	VG	G	F
LUX GRADE I	280	240	200	170	145
LUX GRADE II	350	300	255	215	185
LUX GRADE III	420	355	305	260	220
LUX GRADE IV	460	390	330	280	240
SKEET MODEL	650	555	470	400	340
TRAP MODEL	600	510	435	370	315
SILVERSNIPE	1450	1235	1050	890	755

SHOTGUNS: SxS

	NIB	EXC	VG	G	F
FIELD MODEL	325	275	235	200	170
DELUXE FIELD MODEL	500	425	360	305	260

DAN WESSON

PISTOLS: SEMI-AUTO

	NIB	EXC	VG	G	F
50TH ANNIVERSARY LIMITED EDITION	2505	2130	1810	1540	1310
A2	1150	980	830	705	600
A2 COMMANDER	1360	1155	985	835	710
BRUIN	2295	1950	1660	1410	1200
CCO BOBTAIL	1790	1520	1295	1100	935
COMMANDER CLASSIC BOBTAIL	1615	1375	1165	990	840
DWX	1865	1585	1345	1145	975
DWX Compact	1700	1445	1230	1045	890
DISCRETION	2045	1740	1480	1255	1065
Discretion Commander	1640	1395	1185	1005	855
ECO MODEL	1620	1375	1170	995	845
ECP	1575	1340	1140	965	820
ELITE SERIES CHAOS	3250	2765	2350	1995	1695
ELITE SERIES FURY	4175	3550	3015	2565	2180
ELITE SERIES HAVOC	3650	3105	2635	2240	1905
ELITE SERIES MAYHEM	3325	2825	2400	2040	1735
ELITE SERIES TITAN	3250	2765	2350	1995	1695
GLOBAL	1150	980	830	705	600
GUARDIAN	1645	1400	1190	1010	860
HEIRLOOM	1350	1150	975	830	705
HEIRLOOM 2022	2150	1830	1555	1320	1120
KO3 PANTHER SERIES	650	555	470	400	340
KODIAK	2345	1995	1695	1440	1225
MARKSMAN	1350	1150	975	830	705
PATRIOT 1911 SERIES	820	695	590	505	430
PM3-P MINOR SERIES	700	595	505	430	365
PM POINTMAN SERIES	750	640	540	460	390

	NIB	EXC	VG	G	F
POINTMAN CARRY (PM-C)	1250	1065	905	770	655
POINTMAN SEVEN	1275	1085	920	785	665
POINTMAN SEVEN PM-7	1525	1295	1100	935	795
POINTMAN NINE PM-9	1525	1295	1100	935	795
POINTMAN 38 PM-38	1360	1155	985	835	710
POINTMAN 45 (PM-45)	1525	1295	1100	935	795
RZ-10 RAZORBACK SPECIAL EDITION	1500	1275	1085	920	780
RZ-10 RAZORBACK	1655	1405	1195	1015	865
RZ-45 HERITAGE	1230	1045	890	755	640
SILVERBACK	1560	1325	1125	960	815
SPECIALIST/SPECIALIST BLACK	2295	1950	1660	1410	1200
Specialist Distressed	2045	1740	1480	1255	1065
SPECIALIST COMMANDER	1575	1340	1140	965	820
Specialist Commander Distressed	2012	1710	1455	1235	1050
SS CUSTOM	1695	1440	1225	1040	885
TCP	1965	1670	1420	1205	1025
VALKYRIE	2012	1710	1455	1235	1050
VALKYRIE COMMANDER	2012	1710	1455	1235	1050
VALOR	1795	1525	1295	1100	935
VALOR/VALOR BLACK (CURRENT MFG.)	1675	1425	1210	1030	875
VALOR BLUE	1765	1500	1275	1085	920
VALOR COMMANDER	1700	1445	1230	1045	890
V-BOB/V-BOB BLACK/V-BOB TWO-TONE	1675	1425	1210	1030	875
V-BOB BLACK/V-BOB STAINLESS (VALOR BOBTAIL	1650	1405	1190	1015	865
VIGIL/VIGIL COMMANDER	1495	1270	1080	920	780
Vigil Suppressor-Ready	1495	1270	1080	920	780
VIGIL CCO	1295	1100	935	795	675
WRAITH	1745	1485	1260	1070	910

REVOLVERS: DOUBLE ACTION, 1970-1995 MFG.

	NIB	EXC	VG	G	F
MODEL 8 SERVICE DA	550	470	395	340	290
MODEL 8-2 SERVICE DA	550	470	395	340	290
Model 8-2 Service DA PPC	1130	960	815	695	590
MODEL 9 TARGET DA (1970S MFG.)	550	470	395	340	290
MODEL 9-2 TARGET DA	745	635	540	460	390
MODEL 11 SERVICE DA	540	460	390	330	280
MODEL 12 SERVICE DA	610	520	440	375	320
MODEL 14 SERVICE DA (1970S MFG.)	460	390	330	280	240
MODEL 14-2 SERVICE DA	500	425	360	305	260
Model 14-2 Service DA Fixed Barrel	520	440	375	320	270
Model 14-2 Service DA PPC	1495	1270	1080	920	780
Model 14-2 Service DA Pistol Pac	1150	980	830	705	600
MODEL 15 TARGET DA (1970S MFG.)	720	610	520	440	375
MODEL 15-2 TARGET DA					
Model 15-2 Target DA 2 in. barrel	550	470	395	340	290
Model 15-2 Target DA Fixed Barrel	550	470	395	340	290
Model 15-2 Target DA Gold Series	800	680	580	490	415
Model 15-2 Target DA Pistol Pac	1350	1150	975	830	705
MODEL 22	625	530	450	385	325
Model 22 Pistol Pac	1650	1405	1190	1015	865
Model 22 Silhouette	895	760	645	550	470
MODEL 22M	650	555	470	400	340
Model 22M Pistol Pac	1500	1275	1085	920	780
MODEL 32	950	810	685	585	495
Model 32 Pistol Pac	1365	1160	985	840	715
MODEL 38P	475	405	345	290	245
MODEL 322	480	410	345	295	250
Model 322 Pistol Pac	2355	2000	1700	1445	1230
MODEL 375 SUPERMAG	1245	1060	900	765	650
MODEL 40 (.357 SUPERMAG)	1600	1360	1155	985	835
MODEL 41	750	640	540	460	390
Model 41 Pistol Pac	1585	1345	1145	975	830
MODEL 414 SUPERMAG	1350	1150	975	830	705
MODEL 44	700	595	505	430	365

	NIB	EXC	VG	G	F
Model 44 Target Fixed Barrel	700	595	505	430	365
Model 44 Pistol Pac	1585	1345	1145	975	830
MODEL 45	875	745	630	535	455
Model 45 Pistol Pac	1585	1345	1145	975	830
Model 45 Pin Gun	890	755	645	545	465
MODEL 445 SUPERMAG	1200	1020	865	735	625
HUNTER SERIES	1020	865	735	625	530

REVOLVERS: STAINLESS STEEL, 1986-1995 MFG.

	NIB	EXC	VG	G	F
MODEL 722	895	760	645	550	470
Model 722 Silhouette	1495	1270	1080	920	780
MODEL 722M	750	640	540	460	390
MODEL 708	485	410	350	300	255
Model 708 Action Cup/PPC	850	725	615	520	440
MODEL 709	550	470	395	340	290
MODEL 714 (INTERCHANGEABLE OR FIXED)	550	470	395	340	290
Model 714 Action Cup/PPC	850	725	615	520	440
MODEL 715 INTERCHANGEABLE	680	580	490	420	355
Model 715 Fixed Target	550	470	395	340	290
MODEL 732	650	555	470	400	340
MODEL 738P	650	555	470	400	340
MODEL 7322	680	580	490	420	355
MODEL 740V - .357 SUPERMAG	695	590	500	425	360
MODEL 741V	850	725	615	520	440
MODEL 744V	820	695	590	505	430
Model 744V Target Fixed Barrel	700	595	505	430	365
Model 744 Commemorative	800	680	580	490	415
MODEL 745V	870	740	630	535	455
MODEL 745 PIN GUN	800	680	580	490	415
MODEL 7414 SUPERMAG	750	640	540	460	390
MODEL 7445 SUPERMAG	1070	910	775	655	555
SUPER RAM SILHOUETTE	1395	1185	1010	855	725
HUNTER SERIES	1000	850	725	615	525

REVOLVERS: DOUBLE ACTION, CURRENT/RECENT MFG.

	NIB	EXC	VG	G	F
MODEL 44-AGS (ALASKAN GUIDE SPECIAL)	1295	1100	935	795	675
MODEL 715 SMALL FRAME SERIES	1555	1320	1125	955	810
MODEL 715	1165	990	840	715	610
MODEL 715 (RECENT MFG.)	1350	1150	975	830	705
MODEL 715 PISTOL PACK	1995	1695	1440	1225	1040
MODEL 741 LARGE FRAME SERIES	845	720	610	520	440
MODEL 7445 SUPERMAG FRAME SERIES	1070	910	775	655	555
MODEL 7460	850	725	615	520	440

RIFLES: BOLT ACTION

	NIB	EXC	VG	G	F
COYOTE CLASSIC	400	340	290	245	210
COYOTE TARGET	245	210	175	150	130

DANE ARMORY LLC

	NIB	EXC	VG	G	F
DCM SERVICE AR-15	1525	1295	1100	935	795
HIGH POWER MATCH AR	1950	1660	1410	1200	1020
PISTOL CALIBER AR	2150	1830	1555	1320	1120

DANIEL DEFENSE

PISTOLS: SEMI-AUTO

	NIB	EXC	VG	G	F
DDMK18	1545	1315	1115	950	810
DDM4300	2150	1830	1555	1320	1120
DDM4 PDW	1865	1585	1345	1145	975
DDM4V7p	1595	1355	1150	980	835

RIFLES: BOLT ACTION

	NIB	EXC	VG	G	F
DELTA 5	1970	1675	1425	1210	1030
DELTA 5 PRO	2830	2405	2045	1740	1480

RIFLES/CARBINES: SEMI-AUTO

	NIB	EXC	VG	G	F
WPSM4A1	1195	1015	865	735	625
DD4 RIII	2190	1860	1580	1345	1145

	NIB	EXC	VG	G	F
DDM4 CARBINE SERIES					
DDM4V1	2135	1815	1545	1310	1115
DDM4V2	1405	1195	1015	865	735
DDM4V3	1795	1525	1295	1100	935
DDM4V4	2155	1830	1555	1325	1125
DDM4V4 S	2155	1830	1555	1325	1125
DDM4V5	1680	1430	1215	1030	875
DDM4V7/DDM4V7 LW	2190	1860	1580	1345	1145
DDM4V7 Multicam Black Exclusive	1795	1525	1295	1100	935
DDM4V7 Pro	2305	1960	1665	1415	1205
DDM4V7 SLW	2080	1770	1505	1275	1085
DDM4V9	2155	1830	1555	1325	1125
DDM4V9 S2W (Strength to Weight)	1085	920	785	665	565
DDM4V9 Lightweight	1595	1355	1150	980	835
DDM4V11/DDM4V11 LW	1425	1210	1030	875	745
DDM4V11 PRO	1995	1695	1440	1225	1040
DDM4V11 SLW	1775	1510	1280	1090	925
DDM4V11 300	1695	1440	1225	1040	885
DDM4 HUNTER (DDM4V7 HUNTER)	2135	1815	1545	1310	1115
DDM4 ISR (INTEGRALLY SUPPRESSED RIFLE)	2995	2545	2165	1840	1565
DD5V1	2840	2415	2050	1745	1485
DD5V1m	2890	2455	2090	1775	1510
DD5V2	3040	2585	2195	1865	1585
DD5V2m	2890	2455	2090	1775	1510
DD5V3	2840	2415	2050	1745	1485
DD5V4	2840	2415	2050	1745	1485
DD5V4 HUNTER	3200	2720	2310	1965	1670
DD5V5	2840	2415	2050	1745	1485
DD5V5 HUNTER	3200	2720	2310	1965	1670
DDXV/XV EZ	1025	870	740	630	535
DDV6.8	1760	1495	1270	1080	920
M4A1	2430	2065	1755	1490	1265
MK12	2555	2170	1845	1570	1335
MK12 ALPINE PREDATOR - LIMITED SERIES RIFLE	3075	2615	2220	1890	1605
DARDICK					
SERIES 1100	5000	4250	3615	3070	2610
SERIES 1500	4650	3955	3360	2855	2425
DARDICK CARBINE CONVERSION	2500	2125	1805	1535	1305
DARK STORM INDUSTRIES LLC (DSI)					
PISTOLS: SEMI-AUTO					
DS-9 HAILSTORM	1400	1190	1010	860	730
DS-9 TYPHOON 9mm Pistol ODG	1595	1355	1150	980	835
DS-10 TYPHOON .308 Rifle	1495	1270	1080	920	780
DS-15 HAILSTORM	830	705	600	510	435
DS-15 TYPHOON	1495	1270	1080	920	780
VARIANT 1 PISTOL	2095	1780	1515	1285	1090
RIFLES: SEMI-AUTO					
DS-9 LIGHTNING	1495	1270	1080	920	780
DS-9 MOE	910	775	655	560	475
DS-9 TYPHOON	1695	1440	1225	1040	885
DS-10 HUNTER	1545	1315	1115	950	810
DS-10 HURRICANE	1995	1695	1440	1225	1040
DS-10 LIGHTNING	1695	1440	1225	1040	885
DS-10 MOE	1295	1100	935	795	675
DS-10 TYPHOON	1495	1270	1080	920	780
DS-15 HUNTER	1095	930	790	670	570
DS-15 LIGHTNING	1245	1060	900	765	650
DS-15 M4S	975	830	705	600	510
DS-15 MOE	1195	1015	865	735	625
DS-15 2018 SIGNATURE SERIES FREEDOM FLAG	1445	1230	1045	885	750

	NIB	EXC	VG	G	F
DS-15 SIGNATURE SERIES RIPTIDE	1500	1275	1085	920	780
DS-15 SIGNATURE WILDFIRE	1250	1065	905	770	655
DS-15 SPORT	850	725	615	520	440
DS-15 THUNDER	1375	1170	995	845	720
DS-15 TYPHOON	1100	935	795	675	575
DS-15 Typhoon .22 LR	1595	1355	1150	980	835
DS-25 TYPHOON	1350	1150	975	830	705
VARIANT 1 RIFLE	1695	1440	1225	1040	885

DARNE S.A.

RIFLES: DOUBLE

	NIB	EXC	VG	G	F
DARNE DAMON PETRIK O/U	Pricing Unavailable for this model.				
MODEL R EXPRESS SxS	Pricing Unavailable for this model.				
EXPRESS SUPERPOSEÉ	Pricing Unavailable for this model.				
MODEL V EXPRESS SxS	Pricing Unavailable for this model.				

SHOTGUNS: SxS, PRE-1980 MFG.

	NIB	EXC	VG	G	F
DARNE SLIDING BREECH SHOTGUN	Pricing Unavailable for this model.				
Darne Sliding Breech Shotgun Bird Hunter Model R11	2500	2125	1805	1535	1305
Darne Sliding Breech Shotgun Pheasant Hunter Model	2500	2125	1805	1535	1305
Darne Sliding Breech Shotgun Magnum Model R16	4000	3400	2890	2455	2085
Darne Sliding Breech Shotgun Quail Hunter Model V19	5000	4250	3615	3070	2610
Darne Sliding Breech Shotgun Model V22	6500	5525	4695	3990	3390
Darne Sliding Breech Shotgun Hors Series No. 1 Model	7000	5950	5060	4300	3655

O/U Models

	NIB	EXC	VG	G	F
SB1			2000	1650	1405
SB2			2400	1975	1680
SB3			2900	2300	1955
DARNE DAMON PETRIK	Pricing Unavailable for this model.				

SxS Sliding Breech Models

	NIB	EXC	VG	G	F
R 11	Pricing Unavailable for this model.				
R 12	Pricing Unavailable for this model.				
R 13	Pricing Unavailable for this model.				
R 14		3225	2675	2250	1915
R 15	Pricing Unavailable for this model.				
R 16		3450	2800	2350	2000
R 17		5125	4600	3625	3080
RHS	Pricing Unavailable for this model.				
V 19	Pricing Unavailable for this model.				
V 20		6600	5500	4400	3740
V 21		7600	6500	5500	4675
V 22	Pricing Unavailable for this model.				
V 28		8500	7250	6000	5100
VHS	Pricing Unavailable for this model.				

DAVIDSON FIREARMS

	NIB	EXC	VG	G	F
MODEL 63B	495	420	360	305	260
Model 63B Magnum 12 or 20 ga.	350	300	255	215	185
Model 63B Magnum 10 ga.	310	265	225	190	160
MODEL 69SL	420	355	305	260	220
MODEL 73 STAGECOACH	520	440	375	320	270

DAVIS INDUSTRIES

DERRINGERS

	NIB	EXC	VG	G	F
D-SERIES DERRINGER	105	90	75	65	55
LONG BORE DERRINGER	150	130	110	90	75

PISTOLS: SEMI-AUTO

	NIB	EXC	VG	G	F
P-32	240	205	175	145	125
P-380	250	215	180	155	130

DEEP SOUTH TACTICAL

	NIB	EXC	VG	G	F
DST ALLIANCE RIFLE	2725	2315	1970	1675	1425

	NIB	EXC	VG	G	F
DEL-TON INCORPORATED					
PISTOLS: SEMI-AUTO					
LIMA KEYMOD PISTOL	815	695	590	500	425
LIMA M-LOK PISTOL	500	425	360	305	260
RIFLES/CARBINES: SEMI-AUTO					
A2 CARBINE	550	470	395	340	290
A2 DT-4 CARBINE	480	410	345	295	250
ALPHA 220 H	700	595	505	430	365
ALPHA 308	725	615	525	445	380
Alpha 308 MLOK/Alpha 308 SS MLOK	825	700	595	505	430
ALPHA 320G (STANDARD GOVERNMENT PROFILE	625	530	450	385	325
ALPHA 320P	575	490	415	355	300
ALPHA 320 H	625	530	450	385	325
DTI-4 CARBINE	575	490	415	355	300
DTI-15 CARBINE	545	465	395	335	285
DTI EVOLUTION	1000	850	725	615	525
DTI EXTREME DUTY 316	850	725	615	520	440
DTI TRX MID-LENGTH RIFLE/CARBINE	950	810	685	585	495
DT SCOUT	500	425	360	305	260
DT SPORT CARBINE	695	590	500	425	360
DT Sport Lite	500	425	360	305	260
DT Sport-Mod 2	525	445	380	320	270
DT Sport OR	695	590	500	425	360
ECHO 216 (A2 LIGHTWEIGHT)	675	575	490	415	355
Echo 216F	600	510	435	370	315
Echo 216H	600	510	435	370	315
ECHO 308	700	595	505	430	365
Echo 308 OR (Optic Ready)	700	595	505	430	365
ECHO 300 BLK	675	575	490	415	355
ECHO 311/5	625	530	450	385	325
ECHO 314/15	625	530	450	385	325
ECHO 316	575	490	415	355	300
ECHO 316H	575	490	415	355	300
Echo 316 (H) M-LOK	650	555	470	400	340
Echo 316H Optics Ready	625	530	450	385	325
Echo 316H Optics Ready Lite	525	445	380	320	270
Echo 316H Optic Ready M-LOK	500	425	360	305	260
Echo 316H Optic Ready KeyMod	500	425	360	305	260
ECHO 316L KEYMOD	700	595	505	430	365
ECHO 316L LIGHTWEIGHT CARBINE	480	410	345	295	250
ECHO 316L OR	500	425	360	305	260
ECHO 316M	625	530	450	385	325
ECHO 316 MLOK	650	555	470	400	340
ECHO 316 MOE	650	555	470	400	340
ECHO 316 OR	600	510	435	370	315
ECHO 316P	625	530	450	385	325
ECHO 316PF (POST-BAN CARBINE)	575	490	415	355	300
ECHO 7.62x39	575	490	415	355	300
M4 CARBINE	575	490	415	355	300
SIERRA 3G	1000	850	725	615	525
SIERRA 216H (A2 MID-LENGTH CARBINE)	600	510	435	370	315
SIERRA 316H (MID-LENGTH CARBINE)	575	490	415	355	300
Sierra 316H MLOK	650	555	470	400	340
SIERRA 316 MLOK	650	555	470	400	340
SIERRA 316 MOE	650	555	470	400	340
SIERRA 316P	600	510	435	370	315
SIERRA 316L MLOK OPTIC READY	500	425	360	305	260
SIERRA 316L SXT MLOK (SXT DARK EARTH)	750	640	540	460	390
DEMRO					
T.A.C. MODEL 1 RIFLE	900	765	650	555	470

	NIB	EXC	VG	G	F
XF-7 WASP CARBINE	920	780	665	565	480

DESERT INDUSTRIES, INC.

	NIB	EXC	VG	G	F
THE DOUBLE DEUCE	460	390	330	280	240
TWO BIT SPECIAL	450	385	325	275	235

DETONICS DEFENSE TECHNOLOGIES, LLC

	NIB	EXC	VG	G	F
COMBAT MASTER HT	1240	1055	895	760	645
DTX	1500	1275	1085	920	780
MTX	1500	1275	1085	920	780
NEMESIS HT	1820	1545	1315	1120	950
STX	1000	850	725	615	525

DETONICS USA

	NIB	EXC	VG	G	F
COMBATMASTER	2650	2255	1915	1625	1380
Model 9-11-01	2225	1890	1610	1365	1160
STREETMASTER	1400	1190	1010	860	730
SERVICEMASTER	1250	1065	905	770	655
SCOREMASTER	2935	2495	2120	1800	1530
MILITARY TACTICAL	1800	1530	1300	1105	940

DEVIL DOG ARMS INC.

HANDGUNS: SEMI-AUTO

	NIB	EXC	VG	G	F
DDA-1911 CLASSIC HANDGUN	1300	1105	940	800	680
DDA-1911-TACTICAL HANDGUN	1350	1150	975	830	705
DDA-15B-EPP	1150	980	830	705	600
DDA-15B-MPP	1150	980	830	705	600
DDA-WATCHDOG DEFENDER HANDGUN	700	595	505	430	365

RIFLES: SEMI-AUTO

	NIB	EXC	VG	G	F
DDA-10B-CERBERUS	1500	1275	1085	920	780
DDA-10B-MRP	1465	1245	1060	900	765
DDA-10B-PRP	2450	2085	1770	1505	1280
DDA-10B-TRP	1850	1575	1335	1135	965
DDA-15B-BRP	1300	1105	940	800	680
DDA-15B-CRP	1200	1020	865	735	625
DDA-15B-DMRP	1675	1425	1210	1030	875
DDA-15B-ERP	1175	1000	850	720	610
DDA-15B-MRP	1500	1275	1085	920	780
DDA-15B-ORTHROS	1975	1680	1425	1215	1035
DDA-15B-TRP	1575	1340	1140	965	820
GG2G (GIRL'S GUIDE TO GUNS) SERIES					
GG2G-15 Classic	1250	1065	905	770	655
GG2G-15 Natalie Signature	1475	1255	1065	905	770

DEVIL DOG ARMS LLC

PISTOLS: SEMI-AUTO

	NIB	EXC	VG	G	F
DDA 1911 (OLDER MFG.)	1300	1105	940	800	680
DDA 3.5 STANDARD 1911	1300	1105	940	800	680
DDA 3.5 Tactical 1911	1090	925	790	670	570
DDA 4.25 STANDARD 1911	1100	935	795	675	575
DDA 4.25 Tactical 1911	1090	925	790	670	570
DDA 5 COMPETITION 1911	1685	1430	1215	1035	880
DDA 5 STANDARD 1911	1200	1020	865	735	625
DDA 5 Tactical 1911	1000	850	725	615	525
DDA-15 AR TACTICAL PISTOL	2295	1950	1660	1410	1200

RIFLES: BOLT ACTION

	NIB	EXC	VG	G	F
HOG	4995	4245	3610	3070	2610

RIFLES: SEMI-AUTO

	NIB	EXC	VG	G	F
DDA-10 .308 TACTICAL	1595	1355	1150	980	835
DDA-10 DMR	2250	1915	1625	1380	1175

	NIB	EXC	VG	G	F
DDA-10 HUNTER	1580	1345	1140	970	825
DDA-15	1500	1275	1085	920	780
DDA-15 COMPETITION	1200	1020	865	735	625
DDA-15 DMR	2000	1700	1445	1230	1045
DDA-15 PRO COMPETITION	2150	1830	1555	1320	1120
DDA-15 TACTICAL	1600	1360	1155	985	835
HPR-15	This model never entered production.				
KRP-15 (KEYMOD RIFLE PACKAGE)	1130	960	815	695	590
MRP-10	1350	1150	975	830	705
RIS-15 (RAIL INTEGRATED SIGHT)	945	805	685	580	495

DEZ TACTICAL ARMS, INC.

	NIB	EXC	VG	G	F
BR4-15 CARBINE MIL-SPEC	800	680	580	490	415
COMPETITION RIFLE	1650	1405	1190	1015	865
COVERT OPS CARBINE V2	1250	1065	905	770	655
COVERT OPS CARBINE V3	1250	1065	905	770	655
DARK ASSAULT CARBINE	1350	1150	975	830	705
DTA-4 CARBINE	975	830	705	600	510
DTA-4 Carbine Optic Ready	975	830	705	600	510
DTA-4 ENHANCED CARBINE	1100	935	795	675	575
DTA-10-GEN2 RIFLE	1625	1380	1175	1000	850
FLAWLESS RIFLE	1425	1210	1030	875	745
HUNTER RIFLE	1300	1105	940	800	680
TRU-FLIGHT CARBINE	1225	1040	885	750	640
TWISTED ELITE CARBINE	1275	1085	920	785	665
ULTRA LIGHT RIFLE	1175	1000	850	720	610
USAR10-16E ULTRAMATCH RIFLE	2375	2020	1715	1460	1240
USAR10-18 ULTRAMATCH RIFLE	1975	1680	1425	1215	1035
USAR10-18P ULTRAMATCH PATRIOT RIFLE	2375	2020	1715	1460	1240
USAR10-20G2 ULTRAMATCH RIFLE	2550	2170	1840	1565	1330
USAR10-20SS-BB ULTRAMATCH RIFLE	2550	2170	1840	1565	1330
USAR10-20SS-SG ULTRAMATCH RIFLE	2525	2145	1825	1550	1320
USAR10-24 ULTRAMATCH RIFLE	2700	2295	1950	1660	1410

DIAMONDHEAD

PISTOLS: SEMI-AUTO

	NIB	EXC	VG	G	F
TRANSPORTER SIDE FOLDING	1650	1405	1190	1015	865
TRANSPORTER TAKEDOWN	1590	1350	1150	975	830

RIFLES: SEMI-AUTO

	NIB	EXC	VG	G	F
MODEL 3	895	760	645	550	470
MODEL 4	955	810	690	585	495
MODEL 5	955	810	690	585	495
MODEL 6	1050	895	760	645	550

DNO FIREARMS

DX-7	Production Info Unavailable

DOMINO, IGI

	NIB	EXC	VG	G	F
MODEL OP 601 MATCH PISTOL	1195	1015	865	735	625
MODEL SP 602 MATCH PISTOL	1325	1125	955	815	695

DOUBLE D ARMORY, LTD

	NIB	EXC	VG	G	F
SST 5.56 NATO	1950	1660	1410	1200	1020
SST .300 BLACKOUT	1950	1660	1410	1200	1020
SSTF-V1	1400	1190	1010	860	730
SSTF-V2	1450	1235	1050	890	755

DOUBLESTAR CORP.

	NIB	EXC	VG	G	F
DSC STAR-15 .204 RUGER RIFLE	760	645	550	465	395

DOUBLETAP DEFENSE, LLC

	NIB	EXC	VG	G	F
DOUBLETAP	500	425	360	305	260

DOWNSIZER CORPORATION

	NIB	EXC	VG	G	F
MODEL WSP (WORLD'S SMALLEST PISTOL)	500	425	360	305	260

DPMS FIREARMS

PISTOLS: SEMI-AUTO

	NIB	EXC	VG	G	F
DP-15	725	615	525	445	380
DP-15 LIGHTWEIGHT/DP-15 LIGHTWEIGHT	750	640	540	460	390
DPMS .45	320	270	230	195	165
PANTHER .22 LR PISTOL	700	595	505	430	365

PISTOLS: SLIDE ACTION

	NIB	EXC	VG	G	F
PANTHER PUMP PISTOL	900	765	650	555	470

RIFLES/CARBINES: SEMI-AUTO (OLDER-RECENT MFG.)

	NIB	EXC	VG	G	F
300 AAC BLACKOUT	750	640	540	460	390
COMPACT HUNTER	1600	1360	1155	985	835
A1 LITE 20 (PANTHER LITE A1/A3)	900	765	650	555	470
LITE 16 A2	800	680	580	490	415
LITE 16M A2	665	565	480	410	350
LITE HUNTER (PANTHER LITE 308/338)	1155	980	835	710	605
LONG RANGE LITE	1250	1065	905	770	655
MOE SL CARBINE	750	640	540	460	390
MOE WARRIOR	885	750	640	545	465
TAC2	1300	1105	940	800	680
TAC20	1360	1155	985	835	710
TPR (TACTICAL PRECISION RIFLE)	1000	850	725	615	525
PANTHER A2/A3 CLASSIC	910	775	655	560	475
Panther Classic Bulldog	1000	850	725	615	525
PANTHER CARBINE 16	650	555	470	400	340
PANTHER 7.62x39mm CARBINE/RIFLE	850	725	615	520	440
PANTHER DCM	780	665	565	480	410
PANTHER CLASSIC SIXTEEN	930	790	670	570	485
PANTHER LO-PRO CLASSIC	565	480	410	345	295
PANTHER TUBER	850	725	615	520	440
PANTHER A2 TACTICAL	985	835	710	605	515
PANTHER AP4 CARBINE	725	615	525	445	380
Panther AP4 Carbine (Disc.)	580	495	420	355	300
PANTHER AP4 A2 CARBINE	800	680	580	490	415
PANTHER A2 CARBINE "THE AGENCY"	1895	1610	1370	1165	990
LR-6.5 (PANTHER 6.5)	1050	895	760	645	550
PANTHER 6.8mm CARBINE/RIFLE	1100	935	795	675	575
PANTHER 6.8 SPCII HUNTER	1250	1065	905	770	655
PANTHER RECON MID-LENGTH CARBINE	950	810	685	585	495
PANTHER LBR CARBINE	665	565	480	410	350
Panther LBR DIVA Edition	975	830	705	600	510
PRAIRIE PANTHER	990	840	715	610	520
PRAIRIE PANTHER (RECENT MFG.)	970	825	700	595	505
ARCTIC PANTHER	875	745	630	535	455
PANTHER BULL/SWEET 16	840	715	605	515	440
Panther Bull Classic	700	595	505	430	365
Panther Bull Twenty-Four Special	1000	850	725	615	525
Panther Super Bull	1100	935	795	675	575
Panther Super Bull 24	950	810	685	585	495
PANTHER PARDUS	900	765	650	555	470
PANTHER MK-12 5.56 NATO	1555	1320	1125	955	810
PANTHER MK-12 7.62 NATO	1540	1310	1115	945	805
PANTHER SDM-R	1190	1010	860	730	620
PANTHER 20TH ANNIVERSARY	1870	1590	1350	1150	980
PANTHER RACE GUN	1610	1370	1165	990	840

	NIB	EXC	VG	G	F
PANTHER SINGLE SHOT	1200	1020	865	735	625
AP4 CARBINE .22 LR	935	795	675	575	490
BULL CARBINE .22 LR	935	795	675	575	490
PANTHER .22 LR RIFLE	750	640	540	460	390
PANTHER DCM .22 LR RIFLE	1220	1035	880	750	640
PANTHER AP4 .22 LR RIFLE	855	725	620	525	445
PANTHER LR-.308	3160	2685	2285	1940	1650
Panther LR-.308B	1190	1010	860	730	620
Panther LR-.308T	1220	1035	880	750	640
Panther LR-.308 AP4	885	750	640	545	465
Panther LR-.308 Classic	1120	950	810	690	585
PANTHER LR-308C	1200	1020	865	735	625
PANTHER LRT-SASS	2180	1855	1575	1340	1140
PANTHER MINI-SASS	1600	1360	1155	985	835
PANTHER LR-30S	1400	1190	1010	860	730
PANTHER LR-204	910	775	655	560	475
PANTHER LR-243	1675	1425	1210	1030	875
PANTHER LR-260 SERIES	1155	980	835	710	605
ORACLE 5.56 NATO CAL. (PANTHER ORACLE)	430	365	310	265	225
ORACLE 7.62 NATO CAL. (PANTHER ORACLE)	730	620	525	450	385
PANTHER SPORTICAL	700	595	505	430	365
PANTHER REPR	2520	2140	1820	1550	1320
PANTHER RAPTR CARBINE	800	680	580	490	415
PANTHER CSAT PERIMETER	1670	1420	1205	1025	870
PANTHER CSAT TACTICAL	1570	1335	1135	965	820
PANTHER 3G1	1170	995	845	720	610
PANTHER 3G2	1245	1060	900	765	650
GII AP4	1555	1320	1125	955	810
GII AP4-OR	1155	980	835	710	605
GII BULL 24	1300	1105	940	800	680
GII HUNTER	1700	1445	1230	1045	890
GII COMPACT HUNTER	1600	1360	1155	985	835
GII MOE	1225	1040	885	750	640
GII RECON	980	835	710	600	510
GII SASS	1290	1095	930	790	670
GEN I ORACLE	1100	935	795	675	575
LCAR	500	425	360	305	260

RIFLES/CARBINES: SEMI-AUTO (MFG. 2022-PRESENT)

	NIB	EXC	VG	G	F
ANVIL	900	765	650	555	470
DR-10 20 IN.	765	650	555	470	400
DR-10 Custom	1000	850	725	615	525
DP-10 CLASSIC/STAINLESS STEEL CLASSIC	700	595	505	430	365
DP-10 MAGUL MOE	740	630	535	455	385
DR-15	575	490	415	355	300
DR-15 .350/DR-15 5.56 NATO	515	440	370	315	270

RIFLES: SLIDE ACTION

	NIB	EXC	VG	G	F
PANTHER PUMP RIFLE	1200	1020	865	735	625

DRAGONMAN'S

	NIB	EXC	VG	G	F
DRAGON RIFLE	1625	1380	1175	1000	850

DREYSE

PISTOLS: SEMI-AUTO

	NIB	EXC	VG	G	F
MODEL 1907 AUTOMATIC	575	490	415	355	300
MODEL 1910	8500	7225	6140	5220	4435
VEST POCKET AUTOMATIC	495	420	360	305	260

RIFLES: SEMI-AUTO

	NIB	EXC	VG	G	F
1907 LIGHT RIFLE	2975	2530	2150	1825	1550

DRULOV

PISTOLS: SINGLE SHOT

	NIB	EXC	VG	G	F
PAV	175	150	125	105	90
DRULOV 70	395	335	285	245	210
DRULOV 75	450	385	325	275	235
DRULOV 78	400	340	290	245	210
DRULOV 90	475	405	345	290	245
DRULOV 97 MSP	525	445	380	320	270

RIFLES: SINGLE SHOT

	NIB	EXC	VG	G	F
DRULOV RIFLE	675	575	490	415	355

DS ARMS INC. (DSA INC.)

PISTOLS: SEMI-AUTO

	NIB	EXC	VG	G	F
SA58 IMPROVED BATTLE PISTOL	1490	1265	1075	915	780
SA58 PISTOL	1540	1310	1115	945	805
SA58 OSW PISTOL	1600	1360	1155	985	835
SA58 TACTICAL PISTOL	1200	1020	865	735	625
AR15-ZM4 SERVICE SERIES MK18-MOD 0, KAC	1200	1020	865	735	625
AR15-ZM4 WARZ M4 MIDWEST INDUSTRIES COMBAT	1400	1190	1010	860	730
AR15-ZM4 WARZ TI-V2 TITANIUM EDITION	1150	980	830	705	600

RIFLES: BOLT ACTION

	NIB	EXC	VG	G	F
DS-MP1	2500	2125	1805	1535	1305

RIFLES/CARBINES: SEMI-AUTO

	NIB	EXC	VG	G	F
DS-AR SERIES	1200	1020	865	735	625
DS-CV1 CARBINE	775	660	560	475	405
DS-LE4 CARBINE	Pricing Unavailable for this model				
DS-S1	850	725	615	520	440
DSA CUSTOM MANCOW EDITION RIFLE	Pricing Unavailable for this model				
IMBEL 58	1120	950	810	690	585
RPD CARBINE	1900	1615	1375	1165	990
RPD TRADITIONAL RIFLE	1600	1360	1155	985	835
SA58 CLASSIC EDITION FIXED STOCK CARBINE/RIFLE	1700	1445	1230	1045	890
SA58 DMR (DESIGNATED MARKSMAN RIFLE)	1250	1065	905	770	655
SA58 FALO	1850	1575	1335	1135	965
SA58 FLUTED TACTICAL RIFLE	1700	1445	1230	1045	890
SA58 GAME RANGER SPECIAL EDITION	2000	1700	1445	1230	1045
SA58 IMPROVED BATTLE CARBINE	2000	1700	1445	1230	1045
SA58 ISRAELI LIGHT BARREL/SA58 ISRAELI LIGHT	1850	1575	1335	1135	965
SA58 MEDIUM CONTOUR	1700	1445	1230	1045	890
SA58 PARA CTC (PARA COMPACT TACTICAL	1655	1405	1195	1015	865
SA58 PARA CONGO EDITION RIFLE	2000	1700	1445	1230	1045
SA58 PLUMP CONTOUR	1450	1235	1050	890	755
SA58 PREDATOR	Contact Manufacturer for Pricing				
SA58 RANGE READY COMPACT TACTICAL CARBINE	Contact Manufacturer for Pricing				
SA58 RANGE READY PARA CARBINE/RIFLE	Contact Manufacturer for Pricing				
SA58 RANGE READY TRADITIONAL CARBINE/RIFLE	Contact Manufacturer for Pricing				
SA58 SPARTAN	2345	1995	1695	1440	1225
SA58 Spartan Tactical	1600	1360	1155	985	835
SA58 TARGET	Contact Manufacturer for Pricing				
SA58 SPR (SPECIAL PURPOSE RIFLE)	5495	4670	3970	3375	2870
SA58 STANDARD RIFLE/CARBINE	1540	1310	1115	945	805
SA58 Standard Rifle Collectors Series	Contact Manufacturer for Pricing				
SA58 Standard Rifle Gray Wolf	1750	1490	1265	1075	915
SA58 Standard Rifle Predator	1590	1350	1150	975	830
SA58 Standard Rifle T48 Replica	1355	1150	980	830	705
SA58 Tactical Carbine	1445	1230	1045	885	750
SA58 TRADITIONAL CARBINE/RIFLE	1525	1295	1100	935	795
SA58 TRADITIONAL PARA CARBINE/RIFLE	1790	1520	1295	1100	935
SA58 VOYAGER	1400	1190	1010	860	730
SA58 WARRIOR SERIES	1540	1310	1115	945	805
STG58 AUSTRIAN FAL	1100	935	795	675	575
WARZ M-4 COMBAT COMPANION	890	755	645	545	465
WARZ M-4 CUSTOM FDE	1120	950	810	690	585
WARZ M-4 RIFLE	1350	1150	975	830	705

	NIB	EXC	VG	G	F
WARZ M-4 GM EDITION	1225	1040	885	750	640
WarZ M-4 GM Edition (Older Mfg.)	1025	870	740	630	535
WARZ M-4 TITANIUM EDITION	1225	1040	885	750	640
WarZ M-4 Titanium Edition (Recent Mfg.)	1025	870	740	630	535
WARZ M-4 TITANIUM V2 EDITION	1250	1065	905	770	655
WarZ M-4 Titanium V2 Edition (Recent Mfg.)	1100	935	795	675	575
WARZ M-4 TITANIUM X EDITION	1600	1360	1155	985	835
Z-IAR RIFLE	Pricing Unavailable for this model.				
ZM-4 SERIES					
ZM-4 .300 Blackout	630	535	455	385	325
ZM-4 A2 Carbine	1100	935	795	675	575
ZM-4 A2 Rifle	740	630	535	455	385
ZM-4 Flat-Top Carbine With Rail	995	845	720	610	520
ZM-4 Gas Piston CQB	2575	2190	1860	1580	1345
ZM-4 Midfal	810	690	585	495	420
ZM-4 Mid-Length Carbine	710	605	515	435	370
ZM-4 MK16 (Enhanced Carbine)	800	680	580	490	415
ZM-4 M.R.C. (Multi-Role Carbine)	1135	965	820	695	590
ZM-4 Spartan	1135	965	820	695	590
ZM-4 Spartan Leo	1200	1020	865	735	625
ZM4 Stainless Steel Slim Series Rifle	550	470	395	340	290
ZM-4 Standard Flat-Top Carbine	490	415	355	300	255
ZM-4 Standard Flat-Top Rifle	700	595	505	430	365
ZM-4 Standard MRP	2425	2060	1750	1490	1265
ZM-4 WerkerZ V1 Rifle	750	640	540	460	390
ZM-4 WerkerZ V2 Rifle (Older Mfg.)	840	715	605	515	440
ZM-4 WerkerZ V2 Rifle (Recent Mfg.)	740	630	535	455	385
ZM-4 SERVICE SERIES M4A3 FLAT-TOP CARBINE	690	585	500	425	360
ZM-4 SERVICE SERIES M4A3 FLAT-TOP CARBINE IDF	650	555	470	400	340
ZM-4 SERVICE SERIES M4 BLOCK 1 CARBINE KAC	1150	980	830	705	600
ZM-4 SERVICE SERIES A4 RIFLE KAC UPGRADED	990	840	715	610	520

DSP ARMORY

PISTOLS: SEMI-AUTO

	NIB	EXC	VG	G	F
MINUTEMAN DSP-15	Contact Manufacturer for Pricing				

RIFLES: SEMI-AUTO

	NIB	EXC	VG	G	F
MINUTEMAN DSP-15	1015	865	735	625	530
Minuteman DSP-15/22	Contact Manufacturer for Pricing				
Minuteman DSP-15 .350 Legend	Contact Manufacturer for Pricing				
PATRIOT DSP-15	1570	1335	1135	965	820
Patriot DSP-15 450 Bushmaster	1475	1255	1065	905	770
TITAN DSP-AR-10	2125	1805	1535	1305	1110

DUBIEL ARMS COMPANY

	NIB	EXC	VG	G	F
BOLT ACTION RIFLE	4500	3825	3250	2765	2350

DUMOULIN, HENRI & FILS

	NIB	EXC	VG	G	F
GRAND LUXE BOLT ACTION		7995	7525	6700	5695
SOVEREIGN	Custom Order Only				

DWM

	NIB	EXC	VG	G	F
POCKET AUTOMATIC	795	675	575	490	415

For info on DWM Lugers, refer to the "Lugers with Variations" section.

E. ARTHUR BROWN COMPANY INC.

	NIB	EXC	VG	G	F
BF FALLING BLOCK SPORTING PISTOL	1180	1005	855	725	615
LTD ED BF ULTIMATE SILHOUETTE PISTOL	1440	1225	1040	885	750
MODEL 97D	1500	1275	1085	920	780
Deluxe Model 97D	1430	1215	1035	880	750

E.M.F. CO., INC.

	NIB	EXC	VG	G	F
DERRINGERS: REPRODUCTIONS					
STANDARD MODEL	120	100	85	75	65
1872 STANDARD MODEL	110	95	80	70	60
PISTOLS: REPRODUCTIONS					
REMINGTON ROLLING BLOCK PISTOL	300	255	215	185	155
1892 "RANCH HAND" LEVER ACTION PISTOL	495	420	360	305	260
PISTOLS: SEMI-AUTO					
HARTFORD 1911-A1	420	355	305	260	220
HARTFORD 1911 COMBAT MODEL	450	385	325	275	235
HARTFORD 1911 CCC MODEL	800	680	580	490	415
HARTFORD 1911-A1 COMMEMORATIVE MODEL	780	665	565	480	410
REVOLVERS: REPRODUCTIONS					
1851 CONVERSION	410	350	295	250	215
1860 CONVERSION	430	365	310	265	225
1871 OPEN TOP	550	470	395	340	290
1873 DAKOTA II	530	450	385	325	275
1873 DAKOTA III	425	360	305	260	220
1873 STALLION STANDARD	320	270	230	195	165
1873 STALLION TARGET	300	255	215	185	155
RUSSIAN TOP-BREAK MODEL 1875	1310	1115	945	805	685
REMINGTON 1875 SA ARMY/FRONTIER	570	485	410	350	300
REMINGTON MODEL 1890 SA POLICE	450	385	325	275	235
SCHOFIELD MODEL	575	490	415	355	300
RIFLES: SxS					
CLASSIC 92	2775	2360	2005	1705	1450
KODIAK MARK IV DOUBLE EXPRESS	4500	3825	3250	2765	2350
RIFLES/CARBINES: SEMI-AUTO/REPRODUCTIONS					
M1 CARBINE	245	210	175	150	130
RIFLES/CARBINES: COLT REPRODUCTIONS					
LIGHTNING STANDARD	1300	1105	940	800	680
Lightning Deluxe	1450	1235	1050	890	755
RIFLES/CARBINES: REMINGTON REPRODUCTIONS					
ROLLING BLOCK CARBINE/RIFLE	850	725	615	520	440
Rolling Block Rifle Target Deluxe	1150	980	830	705	600
ROLLING BLOCK SILHOUETTE	1905	1620	1375	1170	995
ROLLING BLOCK SUPER MATCH	1395	1185	1010	855	725
ROLLING BLOCK "JOHN BODINE" MODEL	1650	1405	1190	1015	865
BABY ROLLING BLOCK CARBINE/RIFLE	595	505	430	365	310
REVOLVING CARBINE	450	385	325	275	235
TEXAS CARBINE (1858 REMINGTON)	430	365	310	265	225
RIFLES/CARBINES: SHARPS REPRODUCTIONS					
1874 SHARPS SPORTING OR MILITARY RIFLE	950	810	685	585	495
1874 Sharps Deluxe Rifle	1245	1060	900	765	650
1874 Sharps Silhouette	1680	1430	1215	1030	875
1874 Sharps Sporting Rifle (Recent Mfg.)	1450	1235	1050	890	755
1874 Sharps Military Carbine	995	845	720	610	520
QUIGLEY SHARPS MODEL 1874 SPORTING RIFLE	2630	2235	1900	1615	1375
1874 SHARPS BUSINESS RIFLE	1905	1620	1375	1170	995
1874 SHARPS COMPETITION RIFLE	1250	1065	905	770	655
1874 SHARPS "BILLY DIXON" RIFLE	2360	2005	1705	1450	1235
EMF SILHOUETTE RIFLE	1420	1205	1025	870	740
RIFLES/CARBINES: SPENCER REPRODUCTIONS					
1865 SPENCER CARBINE	1340	1140	970	825	700
RIFLES/CARBINES: SPRINGFIELD REPRODUCTIONS					
SPRINGFIELD 1873 TRAPDOOR CARBINE/RIFLE	1225	1040	885	750	640
RIFLES/CARBINES: WINCHESTER REPRODUCTIONS					
DELUXE 1860 HENRY RIFLE	1250	1065	905	770	655
Deluxe 1860 Henry Rifle Engraved	1350	1150	975	830	705
1866 YELLOWBOY CARBINE	1225	1040	885	750	640
1866 Yellowboy Rifle	1320	1120	955	810	690

	NIB	EXC	VG	G	F
1866 Yellowboy Border Rifle	1025	870	740	630	535
1866 Yellowboy Carbine Engraved	1225	1040	885	750	640
1873 CARBINE	1330	1130	960	815	695
1873 Carbine/Rifle	1100	935	795	675	575
1873 Border Rifle	1050	895	760	645	550
1873 Carbine/Rifle Youngboy	800	680	580	490	415
1873 Carbine Rifle Engraved	895	760	645	550	470
PREMIER 1873 CARBINE & RIFLE	850	725	615	520	440
1876 RIFLE	995	845	720	610	520
1885 HIGH WALL RIFLE (UBERTI MFG.)	925	785	670	570	485
1885 HIGH WALL RIFLE (PEDERSOLI MFG.)	1885	1600	1360	1160	985
MODEL 1886/71 LEVER ACTION	1550	1320	1120	950	810
MODEL 1892 LEVER ACTION	485	410	350	300	255

SHOTGUNS

	NIB	EXC	VG	G	F
1878 HARTFORD SXS	1250	1065	905	770	655
CHALLENGE SEMI-AUTO SERIES					
Ghibli	775	660	560	475	405
Ghibli Camo	955	810	690	585	495
Ghibli Wood	895	760	645	550	470
Mistral	730	620	525	450	385
Zephyrus	825	700	595	505	430
Zephyrus Camo	1025	870	740	630	535
Zephyrus Wood	1255	1065	905	770	655
MARK V CONQUEST SEMI-AUTO	250	215	180	155	130
MODEL 1878 SxS	405	345	295	250	215
MODEL 1878 "WYATT EARP" SxS HAMMER GUN	1350	1150	975	830	705
MODEL 1897 SLIDE ACTION	440	375	320	270	230
STAGECOACH SxS MODEL	1175	1000	850	720	610

EAGLE ARMS, INC.

PISTOLS: SEMI-AUTO

	NIB	EXC	VG	G	F
EAGLE-15 Pistol	700	595	505	430	365

RIFLES/CARBINES: SEMI-AUTO, RECENT MFG.

	NIB	EXC	VG	G	F
AR-10 MATCH RIFLE	900	765	650	555	470
EAGLE-15	600	510	435	370	315
EAGLE-15 MISSION FIRST TACTICAL	650	555	470	400	340
EAGLE-15 OPTICS READY CARBINE	865	735	625	530	450
EAGLE-15 VERSATILE SPORTING RIFLE (VSR)	690	585	500	425	360
MODEL M15 A2/A4 RIFLE (EA-15 E-1)	650	555	470	400	340
Model M15 A2/A4 Rifle Carbine (EA9025C/EA9027C)	550	470	395	340	290
Model M15 A2 H-BAR Rifle (EA9040C)	660	560	475	405	345
Model M15 A4 Rifle Eagle Spirit (EA9055S)	725	615	525	445	380
Model M15 A2 Rifle Golden Eagle (EA9049S)	1500	1275	1085	920	780
Model M15 A4 Rifle Eagle Eye (EA9901)	1300	1105	940	800	680
Model M15 Rifle Action Master (EA9052S)	1070	910	775	655	555
Model M15 A4 Rifle Special Purpose (EA9042C)	1025	870	740	630	535
Model M15 A4 Rifle Predator (EA9902)	1200	1020	865	735	625

ED BROWN CUSTOM, INC.

	NIB	EXC	VG	G	F
702 DENALI	2800	2380	2025	1720	1460
702 OZARK	2050	1745	1480	1260	1070
702 LIGHT TARGET (TACTICAL)	1850	1575	1335	1135	965
A3 TACTICAL	3030	2575	2190	1860	1580

ED BROWN PRODUCTS, INC.

PISTOLS: SEMI-AUTO

	NIB	EXC	VG	G	F
ALPHA CARRY	2100	1785	1515	1290	1095
ALPHA ELITE	2350	2000	1700	1445	1230
CCO	2995	2545	2165	1840	1565
CCO Lightweight	2395	2035	1730	1470	1250
CHAMPION MOLON LABE 1911	2465	2095	1780	1515	1290

	NIB	EXC	VG	G	F
CLASSIC CUSTOM	3395	2885	2455	2085	1770
CLASSIC CUSTOM CENTENNIAL EDITION	6645	5650	4800	4080	3470
CLASSIC CUSTOM SIGNATURE EDITION	7005	5955	5060	4300	3655
CLASSIC CUSTOM ENHANCED EDITION	3645	3100	2635	2240	1905
CLASS A LIMITED	2200	1870	1590	1350	1150
COMMANDER BOBTAIL	2150	1830	1555	1320	1120
ED BROWN 2ND AMENDMENT 1911	2995	2545	2165	1840	1565
EVO CCO9 LIGHTWEIGHT	2995	2545	2165	1840	1565
EVO-E9	2515	2140	1815	1545	1315
EVO-E9-LW	2750	2340	1985	1690	1435
EVO-KC9	2250	1915	1625	1380	1175
EVO-KC9-LW	2515	2140	1815	1545	1315
EVO-KC9-G4/G4-VTX	2250	1915	1625	1380	1175
EXECUTIVE COMMANDER	3995	3395	2885	2455	2085
EXECUTIVE ELITE	3495	2970	2525	2145	1825
EXECUTIVE ELITE CENTENNIAL EDITION	2700	2295	1950	1660	1410
EXECUTIVE CARRY	3495	2970	2525	2145	1825
EXECUTIVE TARGET	3145	2675	2270	1930	1640
2018 EXECUTIVE TARGET	3680	3130	2660	2260	1920
FUELED SERIES (MP-F1/MP-F2/MP-F3/MP-F4)	1995	1695	1440	1225	1040
FX1/FX1 RMR	4685	3980	3385	2875	2445
FX2 SERIES	3875	3295	2800	2380	2025
IPSC EDITION	2695	2290	1945	1655	1405
JEFF COOPER COMMEMORATIVE LIMITED EDITION	2295	1950	1660	1410	1200
JEFF COOPER COMMEMORATIVE LIMITED EDITION	2890	2455	2090	1775	1510
JIM WILSON SPECIAL LIMITED EDITION	2295	1950	1660	1410	1200
KOBRA	2995	2545	2165	1840	1565
KOBRA CARRY	2875	2445	2075	1765	1500
Kobra Carry Lightweight	2950	2510	2130	1810	1540
KRYPTEIA EDITION	3095	2630	2235	1900	1615
LS10	3995	3395	2885	2455	2085
MASSAD AYOOB SIGNATURE EDITION	2720	2310	1965	1670	1420
PAIR OF ACES	16995	14445	12280	10435	8870
SPECIAL FORCES	3115	2650	2250	1915	1630
SPECIAL FORCES LIGHT RAIL	2875	2445	2075	1765	1500
SPECIAL FORCES CARRY/CARRY II	2600	2210	1880	1595	1355
SPECIAL FORCES MOLON LABE	2995	2545	2165	1840	1565
SPECIAL FORCES 3OCOM EDITION	4705	4075	3465	2945	2505
SPECIAL FORCES SR	3195	2715	2310	1960	1665
SPECIAL FORCES SRC	4175	3550	3015	2565	2180
ZEV 1911 RMR	4200	3570	3035	2580	2195
2018 ZEV 1911	4995	4245	3610	3070	2610
2019 ZEV 1911	5295	4500	3825	3250	2765
RIFLES: BOLT ACTION					
BUSHVELD	3875	3295	2800	2380	2025
EXPRESS	4600	3910	3325	2825	2400
SAVANNA	4500	3825	3250	2765	2350
DAMARA	2995	2545	2165	1840	1565
VARMINT/COMPACT VARMINT	3895	3310	2815	2390	2030
A5 TACTICAL	4795	4075	3465	2945	2505
M40A2 MARINE SNIPER	3695	3140	2670	2270	1930

EDWARD ARMS COMPANY

	NIB	EXC	VG	G	F
15V2L RIFLE	1575	1340	1140	965	820
B.A.R. RIFLE	1425	1210	1030	875	745
EA10 L.R.T. (LONG RANGE TACTICAL)	2450	2085	1770	1505	1280
SLR COMBAT RIFLE	1675	1425	1210	1030	875

ENFIELD AMERICA, INC.

	NIB	EXC	VG	G	F
MP-9	450	385	325	275	235
MP-45	980	835	710	600	510

ENFIELDS

	NIB	EXC	VG	G	F
REVOLVERS					
ENFIELD REVOLVER MK I & II	2950	2510	2130	1810	1540
ENFIELD MARK VI	2200	1870	1590	1350	1150
NO. 2 MK I REVOLVER	1700	1445	1230	1045	890
NO. 2 MK I*/MK I** REVOLVER	1400	1190	1010	860	730
NO. 2 MK I*/MK I** REVOLVER	7500	6375	5420	4605	3915
N.B.	10000	8500	7225	6140	5220
RIFLES/CARBINES					
.577 ENFIELD PATTERN 1853/1856/1858	2990	2540	2160	1835	1560
LANCASTER OVAL BORE ENGINEER'S CARBINE	4650	3955	3360	2855	2425
.577 SNIDER-ENFIELD RIFLE/CARBINE	2400	2040	1735	1475	1255
.450 MARTINI-HENRY	1850	1575	1335	1135	965
.303 MARTINI-METFORD	2280	1940	1645	1400	1190
.303 MARTINI-ENFIELD	2500	2125	1805	1535	1305
.303 MAGAZINE LEE-METFORD RIFLE, Mk.I	5500	4675	3975	3380	2875
.303 MAGAZINE LEE-METFORD RIFLE, Mk.I*	3900	3315	2820	2395	2035
.303 MAGAZINE LEE-METFORD RIFLE, Mk.II	2800	2380	2025	1720	1460
.303 MAGAZINE LEE-METFORD RIFLE, Mk.II*	3200	2720	2310	1965	1670
.303 MAGAZINE LEE-ENFIELD RIFLE	2500	2125	1805	1535	1305
.303 CHARGER LOADING LEE-ENFIELD	2750	2340	1985	1690	1435
.22 LEE-ENFIELD LONG RIFLE	2800	2380	2025	1720	1460
.303 S.M.L.E. MK I (SHORT MAGAZINE, LEE-ENFIELD)	2500	2125	1805	1535	1305
.303 S.M.L.E. MK III (RIFLE NO. 1 MK III, POST 1926)	1500	1275	1085	920	780
.303 S.M.L.E. MK III* (RIFLE NO.1 MK III*, POST 1926)	1500	1275	1085	920	780
.303 RIFLE NO. 1 MK III* H.T. LITHGOW SNIPER	9500	8075	6865	5835	4960
.303 S.M.L.E. MK V	3500	2975	2530	2150	1830
.22 SHORT RIFLE MK I, I*, & II	2000	1700	1445	1230	1045
.22 SHORT RIFLE MK III	2250	1915	1625	1380	1175
.22 PATTERN 1914 SHORT RIFLES NOS. 1 & 2	1900	1615	1375	1165	990
.22 PATTERN 1918 SHORT RIFLE	1990	1690	1440	1220	1035
.22 NO. 2 MK IV*	1425	1210	1030	875	745
.276 PATTERN 1913 TRIALS RIFLE	10000	8500	7225	6140	5220
.303 NO. 3 MK I* (PATTERN 1914 RIFLE)	2800	2380	2025	1720	1460
.303 NO. 3 MK I* (T) (PATTERN 1914 SNIPER)	9500	8075	6865	5835	4960
.303 NO. 3 MK I* (T) A SNIPER	7500	6375	5420	4605	3915
.410 MUSKET (INDIA)	980	835	710	600	510
.303 SINGLE LOADER (S.L.) INDIA	950	810	685	585	495
NO. 1 MK VI TRIALS RIFLE	12750	10840	9210	7830	6655
NO. 1 MK VI TRIALS RIFLE, Fazakerly WWII & FTR	4990	4240	3605	3065	2605
NO. 4 MK I TRIALS RIFLE	6400	5440	4625	3930	3340
NO. 4 MK I TRIALS RIFLE, C-Pattern	6000	5100	4335	3685	3130
.303 NO. 4 MK I & I*	1250	1065	905	770	655
.303 NO. 4 MK 2, MK 1/2 & 1/3	1600	1360	1155	985	835
.303 NO. 4 MK I (T) SNIPING RIFLES	14995	12745	10835	9210	7830
.303 NO. 4 MK I (T) SNIPING RIFLES, with scope bases only	3750	3190	2710	2305	1960
.303 NO. 5 MK I ("JUNGLE CARBINE")	750	640	540	460	390
.22 NO. 7 MK I	2250	1915	1625	1380	1175
.22 NO. 8 MK I	1500	1275	1085	920	780
.22 NO. 9 MK I	1265	1075	915	775	660
SKELETON ARMOURER & TRAINING ACTIONS	1250	1065	905	770	655
Skeleton Armourer & Training Actions Full Length Models	4500	3825	3250	2765	2350
LONG BRANCH TRAINING RIFLE & SWIFT TRAINER	1100	935	795	675	575
.303 SHORTENED & LIGHTENED NO.1 RIFLE	10000	8500	7225	6140	5220
.303 NO. 6 MK I & I/I	11000	9350	7950	6755	5740
.303 LONG BRANCH LIGHT RIFLE	12000	10200	8670	7370	6265
.303 EAL (EX-CAL LONG BRANCH) SURVIVAL RIFLES	1800	1530	1300	1105	940
.22 HORNET SLAZENGER SPORTER	1000	850	725	615	525
.410 SLAZENGER SPORTER	900	765	650	555	470

	NIB	EXC	VG	G	F
7.62MM RIFLE 2A & 2A1 (INDIA)	980	835	710	600	510
7.62MM L42A1 SNIPER	10500	8925	7585	6450	5485
7.62MM L1A1 SELF LOADING RIFLE (SLR)	4000	3400	2890	2455	2085
.230 FRANCOTTE CADET MARTINI	1450	1235	1050	890	755
.310 CADET MARTINI	1200	1020	865	735	625

RIFLES: U.S. MILITARY

U.S. MODEL 1917 ENFIELD MODELS

	NIB	EXC	VG	G	F
U.S. Model 1917 Enfield Rifle Original High Polish Blue	2500	2125	1805	1535	1305
U.S. Model 1917 Enfield Rifle Matte Blue or Parkerized	1850	1575	1335	1135	965

RIFLES: LEE-ENFIELD

	NIB	EXC	VG	G	F
THE ENFORCER	5000	4250	3615	3070	2610
NO.4 7.62MM CONV.	5000	4250	3615	3070	2610
XL39E1 TRIALS RIFLE	5500	4675	3975	3380	2875
L39A1	3500	2975	2530	2150	1830
ENVOY	1100	935	795	675	575
L8 SERIES OF 7.62x51MM SERVICE RIFLES, Sterling or Enfield Mfg.	5500	4675	3975	3380	2875
L8 SERIES OF 7.62x51MM SERVICE RIFLES, Other Mfg.	2500	2125	1805	1535	1305

ERA

	NIB	EXC	VG	G	F
ERA O/U	170	145	125	105	90
ERA O/U, Trap	250	215	180	155	130
ERA O/U, Skeet	290	245	210	180	155
ERA SxS	330	280	240	205	175
ERA RIOT SxS	250	215	180	155	130
ERA QUAIL SxS	310	265	225	190	160

ERMA SUHL, GmbH

	NIB	EXC	VG	G	F
SR100 SNIPER RIFLE	9000	7650	6505	5525	4695

ERMA-WERKE

PISTOLS: SEMI-AUTO

	NIB	EXC	VG	G	F
MODEL LA 22	570	485	410	350	300
ERMA KGP68A/BEEMAN MP-08	600	510	435	370	315
ERMA KGP69/BEEMAN P-08	650	555	470	400	340
MODEL ESP 85A SPORT/MATCH PISTOL	700	595	505	430	365
Model ESP 85A Sport/Match Pistol Set	1350	1150	975	830	705
EP-22	425	360	305	260	220
ET-22 LUGER CARBINE	1100	935	795	675	575
EP-25	250	215	180	155	130
RX 22	300	255	215	185	155

REVOLVERS: DOUBLE ACTION

	NIB	EXC	VG	G	F
ER-772 STANDARD/MATCH	950	810	685	585	495
ER-773 STANDARD/MATCH	925	785	670	570	485
ER-777 STANDARD	1100	935	795	675	575

RIFLES/CARBINES: SEMI-AUTO

	NIB	EXC	VG	G	F
EM-1 .22 CARBINE	500	425	360	305	260
EGM-1	325	275	235	200	170
ESG	300	255	215	185	155

RIFLES/CARBINES: LEVER ACTION

	NIB	EXC	VG	G	F
EG-712 LEVER-ACTION	590	500	425	360	305
EG 712L	590	500	425	360	305
EG-73	420	355	305	260	220

RIFLES/CARBINES: SLIDE ACTION

	NIB	EXC	VG	G	F
EG-72 PUMP	215	185	155	130	110
EG 722	250	215	180	155	130

ESCALADE

	NIB	EXC	VG	G	F
ESCALADE MODEL	225	190	165	140	120

ESCORT

Model	NIB	EXC	VG	G	F
RIFLES: BOLT ACTION					
ESCORT RIMFIRE RIFLE	250	215	180	155	130
ESCORT 22LR	220	185	160	135	115
SHOTGUNS: O/U					
ESCORT	490	415	355	300	255
Escort Shorty Home Defense	430	365	310	265	225
OPTIMA D12	390	330	280	240	205
SHOTGUNS: SEMI-AUTO					
ESCORT AS/ESCORT AS 20	340	290	245	210	180
ESCORT BTS BULLPUP	335	285	240	205	175
ESCORT DF12 MODERN SPORTING	430	365	310	265	225
ESCORT DYNAMAX	Pricing Unavailable for this model.				
ESCORT MPA	470	400	340	290	245
ESCORT PS	440	375	320	270	230
Escort PS Turkey	485	410	350	300	255
Escort PS Youth	375	320	270	230	195
ESCORT RAIDER	Pricing Unavailable for this model.				
ESCORT SDX SERIES	545	465	395	335	285
ESCORT SERIES - 3 IN.	300	255	215	185	155
Escort Series - 3 in. - Aimguard	230	195	165	140	120
Escort Series - 3 in. - Waterfowl/Tukey Combo	395	335	285	245	210
Escort MP Tactical (Escort Series 3 In. Home Defense)	460	390	330	280	240
ESCORT SERIES - 3 1/2 IN.	390	330	280	240	205
ESCORT STANDARD MAGNUM	400	340	290	245	210
Escort Standard Magnum Youth (Escort Series 3 in.	340	290	245	210	180
ESCORT SUPREME MAGNUM	610	520	440	375	320
Escort Supreme Magnum Youth	460	390	330	280	240
ESCORT XTREME/XTREME 20	Pricing Unavailable for this model.				
ESCORT XTREMEMAX	570	485	410	350	300
EXTREME MAGNUM 3 IN.	475	405	345	290	245
Extreme Magnum 3 In. Turkey	500	425	360	305	260
Extreme Magnum 3 In. Waterfowl	790	670	570	485	410
Extreme Magnum 3 In. Youth	530	450	385	325	275
EXTREME MAGNUM 3 1/2 IN.	390	330	280	240	205
Extreme Magnum 3 1/2 In. Waterfowl	500	425	360	305	260
GLADIUS HOME DEFENSE	580	495	420	355	300
TURKEY/COYOTE TACTICAL	480	410	345	295	250
YOTE	595	505	430	365	310
Yote Youth	595	505	430	365	310
SHOTGUNS: SLIDE ACTION					
ESCORT BM12	Pricing Unavailable for this model.				
ESCORT M87 PUMP	290	245	210	180	155
Escort M87 Youth Pump	360	305	260	220	185
ESCORT PX12	515	440	370	315	270
ESCORT SERIES					
Escort Series Field Hunter (Recent Mfg.)	400	340	290	245	210
Escort Series Field Hunter (Current Mfg.)	360	305	260	220	185
Escort Series Field Hunter Turkey	365	310	265	225	190
Escort Series Field Hunter Youth	330	280	240	205	175
Escort Series Field Youth	340	290	245	210	180
Escort Series Aimguard	185	155	135	115	100
Escort Series Marine Guard	310	265	225	190	160
Escort MP Tactical (Home Defense, Tactical	340	290	245	210	180
ESCORT SLUGGER	225	190	165	140	120
Escort Slugger Tactical	240	205	175	145	125
ESCORT STANDARD MAGNUM	300	255	215	185	155
Escort Standard Magnum Youth	230	195	165	140	120
ESCORT WS	340	290	245	210	180
GLADIUS HOME DEFENSE	485	410	350	300	255

	NIB	EXC	VG	G	F

ET ARMS INC.

PISTOLS: SEMI-AUTO

Model	NIB	EXC	VG	G	F
PLUMCRAZY PISTOL	365	310	265	225	190

RIFLES: SEMI-AUTO

Model	NIB	EXC	VG	G	F
OMEGA 15	360	305	260	220	185

EUROPEAN AMERICAN ARMORY CORP.

PISTOLS: SEMI-AUTO

Model	NIB	EXC	VG	G	F
F.A.B. 92	300	255	215	185	155
F.A.B. 92 Compact	255	215	185	155	130
ZASTAVA EZ	495	420	360	305	260
Zastava EZ Compact	480	410	345	295	250
ZASTAVA M88	250	215	180	155	130
ZASTAVA EZ CARRY	480	410	345	295	250

PISTOLS: SEMI-AUTO, EUROPEAN SERIES

Model	NIB	EXC	VG	G	F
MODEL EA220	315	270	230	195	165
MODEL EA22-T	310	265	225	190	160
EUROPEAN 32 (320)	375	320	270	230	195
EUROPEAN 380	530	450	385	325	275

PISTOLS: SINGLE SHOT

Model	NIB	EXC	VG	G	F
THOR RAPTOR	900	765	650	555	470

RIFLES

Model	NIB	EXC	VG	G	F
SP1822 SEMI-AUTO SPORTER	200	170	145	125	105
SP1822 Semi-Auto Sporter Thumbhole	390	330	280	240	205
ZASTAVA PAP 762 SEMI-AUTO	400	340	290	245	210
ROVER 870 BOLT ACTION	490	415	355	300	255
M-93 BLACK ARROW BOLT ACTION	4000	3400	2890	2455	2085
Z5 BOLT ACTION	300	255	215	185	155
Z98 BOLT ACTION	370	315	265	225	190
Z98 Bolt Action Target	805	685	580	495	420
PAVONA ISIDE SxS	3030	2575	2190	1860	1580

SHOTGUNS: O/U

Model	NIB	EXC	VG	G	F
SCIROCCO BASIC	400	340	290	245	210
SCIROCCO SPORTING CLAYS	550	470	395	340	290
FALCON	580	495	420	355	300
SPORTING CLAYS PRO GOLD	900	765	650	555	470
PAVONA PATHOS	2575	2190	1860	1580	1345
SP	595	505	430	365	310

SHOTGUNS: SxS

Model	NIB	EXC	VG	G	F
MP220/MP220F	Refer to "Baikal" Section.				
PAVONA ISIDE	2785	2365	2010	1710	1455
SABA	980	835	710	600	510

SHOTGUNS: SEMI-AUTO

Model	NIB	EXC	VG	G	F
BUNDA SERIES	220	185	160	135	115
MKA 1919 AP	895	760	645	550	470
MKA 1919 MATCH	390	330	280	240	205
MKA 1919 Match Pro	560	475	405	345	295
MKA 1923	770	655	555	475	405
NEO	310	265	225	190	160

SHOTGUNS: SLIDE ACTION

Model	NIB	EXC	VG	G	F
MODEL PM2	580	495	420	355	300

EVOLUTION USA

RIFLES: BOLT ACTION

Model	NIB	EXC	VG	G	F
ARGALI	2000	1700	1445	1230	1045
BOLT ACTION SNIPER/VARMINT SERIES	3000	2550	2170	1840	1565
BREAKDOWN	Pricing Unavailable for this model				
COYOTE	1900	1615	1375	1165	990
COYOTE II	1900	1615	1375	1165	990
IMPALA	1275	1085	920	785	665

Model	NIB	EXC	VG	G	F
KUDU	2150	1830	1555	1320	1120
MBOGO					
Mbogo (Older Mfg.)	1550	1320	1120	950	810
Mbogo (Recent Mfg.)	3625	3080	2620	2225	1890
Mbogo Dakota Action	2775	2360	2005	1705	1450
PHANTOM	Pricing Unavailable for this model				
PHANTOM II		3400	2890	2455	2090
PHANTOM III		5500	4675	3975	3380
SHI-AWELA		2600	2210	1880	1595
YELLOW WOLF SPORTER		3250	2765	2350	1995

RIFLES: SxS

Model	NIB	EXC	VG	G	F
CHAPUIS DOUBLE RIFLE BROUSSE/PH/UGEX	Contact Manufacturer for Pricing.				
DOUBLE RIFLE (NYATI)					
.30-06 SPRG cal.	6000	MSRP $6000			
.375 H&H cal.	9500	MSRP $9500			
.450/400 cal.	1150	MSRP $1150			
.470 NE cal.	1180	MSRP $1180			
.500 NE cal.	13500	MSRP $13500			
NYALA	4500	3825	3250	2765	2350

RIFLES: SEMI-AUTO

Model	NIB	EXC	VG	G	F
DESERT STORM	900	765	650	555	470
GRENADA	900	765	650	555	470
IWO JIMA	1350	1150	975	830	705
WOLVERINE	550	470	395	340	290

RIFLES: SINGLE SHOT

Model	NIB	EXC	VG	G	F
IMPALA	Contact Manufacturer for Pricing.				
PHANTOM III SINGLE SHOT	4700	3995	3395	2885	2450

EXCEL ARMS

PISTOLS: SEMI-AUTO

Model	NIB	EXC	VG	G	F
ACCELERATOR MP	550	470	395	340	290
MP-17	435	370	315	265	225
MP-22 (ACCELERATOR PISTOL-RECENT MFG)	550	470	395	340	290
MP-5.7	535	455	385	330	280
X-5.7P	605	515	435	370	315
X-9P	860	730	620	530	450
X-22P	335	285	240	205	175
X-30P	590	500	425	360	305
SP-17	435	370	315	265	225
SP-22	435	370	315	265	225

RIFLES: SEMI-AUTO

Model	NIB	EXC	VG	G	F
CR-9	520	440	375	320	270
MR-17	395	335	285	245	210
MR-22	510	435	370	315	270
MR-22 Camo	500	425	360	305	260
MR-22 TIM WELLS SIGNATURE RIFLE	700	595	505	430	365
MR-5.7	530	450	385	325	275
SR-17	550	470	395	340	290
SR-22	570	485	410	350	300
X-9R	750	640	540	460	390
X-22R	345	295	250	210	180
X-30R	700	595	505	430	365
X-5.7R	575	490	415	355	300

EXTAR USA

Model	NIB	EXC	VG	G	F
EP9	385	325	280	235	200
EP45	425	360	305	260	220
EXP-556 Mk 1	450	385	325	275	235
EXP-556 Mk 2	550	470	395	340	290

F-1 FIREARMS

	NIB	EXC	VG	G	F
PISTOLS: SEMI-AUTO					
BDR-15 BILLET PISTOL	3520	2990	2545	2160	1835
BDRx-15 SKELETONIZED PISTOL	3315	2820	2395	2035	1730
BSF-19	2000	1700	1445	1230	1045
DEATH WISH EDITION PISTOL	2865	2435	2070	1760	1495
DYNAMIS CARBINE PISTOL	1250	1065	905	770	655
HDR-15 BILLET PISTOL	1100	935	795	675	575
HDR-15 RTF PISTOL	1750	1490	1265	1075	915
UDP-9 PCC (PISTOL CALIBER CARBINE)	1495	1270	1080	920	780
UDR-15-3G BILLET PISTOL	1800	1530	1300	1105	940
UDR-15 Style 2 Pistol	1625	1380	1175	1000	850
RIFLES/CARBINES: SEMI-AUTO					
BADASSARY SPECIAL EDITION RIFLE	2550	2170	1840	1565	1330
BDR-10 BILLET FULL BUILD RIFLE	3900	3315	2820	2395	2035
BDR-10 3G SKELETONIZED RIFLE	2245	1910	1620	1380	1175
BDR-15 BILLET RIFLE	1400	1190	1010	860	730
BDRX-10 SKELETONIZED RIFLE	3315	2820	2395	2035	1730
BDRX-10 Rifle Special Edition Steampunk	3445	2930	2490	2115	1800
BDRX-15 SKELETONIZED RIFLE	2190	1860	1580	1345	1145
BDRX-15 Special Edition Steampunk	3390	2880	2450	2080	1770
BDRX-15 "C" RAIL/BDRX-15 "X" RAIL RIFLE	3030	2575	2190	1860	1580
DEMOLITION RANCH LIMITED EDITION FULL BUILD	2600	2210	1880	1595	1355
Demolition Ranch Pro Limited Edition Full Build Rifle	2785	2365	2010	1710	1455
DYNAMIS CARBINE/DYNAMIS CARBINE CUSTOM	2560	2175	1850	1570	1335
Dynamis Carbine Scout Upgrade	2110	1795	1525	1295	1100
F-1 SILHOUETTES	2600	2210	1880	1595	1355
FDR-15 FORGED MOD 1 FULL BUILD RIFLE	1200	1020	865	735	625
FDR-15 FORGED MOD 2 FULL BUILD RIFLE	1355	1150	980	830	705
FDR-15 FORGED MOD 3 FULL BUILD RIFLE	1600	1360	1155	985	835
FDR-15 FORGED SKELETONIZED FULL BUILD RIFLE	700	595	505	430	365
FDR 15 PLUS	1100	935	795	675	575
FU KING F15 FORGED RIFLE	750	640	540	460	390
HDR-15 BILLET RIFLE	1070	910	775	655	555
HDR-15 RTF	1460	1240	1055	895	760
OLD GLORY LIMITED EDITION FULL BUILD RIFLE	1590	1350	1150	975	830
PATRIOT RIFLE	1100	935	795	675	575
PATRIOT FDR-15 DISTRESSED RIFLE	810	690	585	495	420
Patriot Series FDR-15 3G Rifle	720	610	520	440	375
UDP-9 SKELETONIZED PISTOL CALIBER RIFLE (PCC)	2140	1820	1545	1315	1120
UDR-15 3G SKELETONIZED RIFLE (BDR-15 3G)	1445	1230	1045	885	750
UDR-15-3G STYLE 2 SKELETONIZED RIFLE	2400	2040	1735	1475	1255

F. DARNE FILS AINÉ

SHOTGUNS: SxS, PRE-WAR MODELS

	NIB	EXC	VG	G	F
CLASSIC MODEL					
Classic Model Type A	1140	970	825	700	595
Classic Model Type B	1615	1375	1165	990	840
Classic Model Type C	2000	1700	1445	1230	1045
Classic Model Type E	2280	1940	1645	1400	1190
MODEL T					
Model T 32 Type	1950	1660	1410	1200	1020
Model T 34	2100	1785	1515	1290	1095
Model T 35	2500	2125	1805	1535	1305
Model T 36	2800	2380	2025	1720	1460
MODEL FIXED					
Model Fixed Type No. 3	See Model T34				
Model Fixed Type No. 4	See Model T35				
MODEL PLATINUM					
Model Platinum Type No. 5	3100	2635	2240	1905	1620
Model Platinum Type No. 6	3400	2890	2455	2090	1775
Model Platinum Type No. 7	3800	3230	2745	2335	1985
Model Platinum Type No. 8	Rarity Precludes Pricing				

	NIB	EXC	VG	G	F
SHOTGUNS: SxS, POST-WAR MODELS					
CLASSIC MODEL	1250	1065	905	770	655
BARONNET-BROUSSARD	1400	1190	1010	860	730
GOUVERNEUR MODEL	1800	1530	1300	1105	940
GOUVERNEUR PLUME AND PLUME MAGNUM	2000	1610	1525	1175	1000
RAMBOUILLET MODEL	1500	1275	1085	920	780
AMBASSADEUR MODEL	2700	2295	1950	1660	1410
PRESTIGE MODEL	3500	2975	2530	2150	1830

F.A.V.S. di FRANCESCO GUGLIELMINOTTI

	NIB	EXC	VG	G	F
STRADIVARI		2945	2505	2130	1810	1540

F4 DEFENSE

PISTOLS: SEMI-AUTO

	NIB	EXC	VG	G	F
PERSONAL DEFENSE WEAPON	1800	1530	1300	1105	940
SF10 SMALL FRAME PDW 308	2500	2125	1805	1535	1305

RIFLES: SEMI-AUTO

	NIB	EXC	VG	G	F
F4 NIGHTHAWK (ULTRALITE SMALL FRAME AR10)	3425	2910	2475	2105	1790
F4-15 6MM ARC RIFLE	2375	2020	1715	1460	1240
F4-15 DMR (DESIGNATED MARKSMAN RIFLE)	2000	1700	1445	1230	1045
F4-15 HUNTER (F4-15 EBR)	2375	2020	1715	1460	1240
F4-15 RECON "RECCE" RIFLE	1800	1530	1300	1105	940
SF-10 CARBON FIBER	2000	1700	1445	1230	1045
SF-10 SMALL FRAME	2995	2545	2165	1840	1565
SF-10 STAINLESS STEEL	2500	2125	1805	1535	1305

FABBRI s.n.c.

O/U SHOTGUN	See online listing for pricing
SxS SHOTGUN	breakdown for these models.

FABRICACIONES MILITARES (FM ARGENTINA)

	NIB	EXC	VG	G	F
FM HI-POWER (FM MODEL 90)	1310	1115	945	805	685

FABRIQUE NATIONALE

For FN/Browning models, refer to the **Browning** section.
For US-produced models, refer to the **FN America** section.

PISTOLS: SEMI-AUTO, HIGH POWER VARIATIONS

	NIB	EXC	VG	G	F
1933 BELGIAN MILITARY TRIALS: HIGH EFFICIENCY		8000	6500	5000	4250
PRE-WAR COMMERCIAL AND BELGIAN MILITARY	2150	1830	1555	1320	1120
PRE-WAR FOREIGN MILITARY CONTRACTS, LITHUANIAN		4800	4200	3800	3230
PRE-WAR FOREIGN MILITARY CONTRACTS, ESTONIAN		4800	4200	3800	3230
PRE-WAR FOREIGN MILITARY CONTRACTS, FINNISH		4200	3800	3500	2975
PRE-WAR FOREIGN MILITARY CONTRACTS, PARAGUAYAN		6000	4800	4200	3570
PRE-WAR FOREIGN MILITARY CONTRACTS, CHINESE		3400	3000	2500	2125
WWII PRODUCTION: WAFFENAMT PROOFED					
WWII Production: Waffenampt Proofed Type I		6500	5500	4500	3825
WWII Production: Waffenampt Proofed Type II		2500	2000	1500	1275
WWII Production: Waffenampt Proofed Type III	2275	1935	1645	1395	1185
POST-OCCUPATION AND POST-WAR PRODUCTION					
Post-War Production Tangent Sight Only	1900	1615	1375	1165	990
Post-War Production Tangent Sight And Slotted For Stock	3000	2550	2170	1840	1565
Post-Occupation and Post-War Production Fixed Sight	1000	850	725	615	525
SULTAN OF MUSCAT AND OMAN CONTRACT					
Sultan Of Muscat And Oman Contract First Model	3990	3390	2885	2450	2085
Sultan Of Muscat And Oman Contract Second Model	2500	2125	1805	1535	1305
INGLIS MANUFACTURED HI-POWERS	See "Inglis" Section				

	NIB	EXC	VG	G	F
REVOLVERS					
BARRACUDA	799	680	575	490	415
RIFLES: BOLT ACTION					
FN MAUSER SPORTER DE LUXE	950	810	685	585	495
FN MAUSER SPORTER DE LUXE SCROLL ENGRAVED	2199	1870	1590	1350	1150
FN MAUSER SPORTER (DE LUXE) PRESENTATION	2495	2120	1805	1530	1300
FN SUPREME	800	680	580	490	415
FN SUPREME MAGNUM	910	775	655	560	475
FN SUPREME MAGNUM	1665	1415	1205	1025	870
FN SNIPER RIFLE (MODEL 30)	4500	3825	3250	2765	2350
RIFLES: SEMI-AUTO					
BROWNING PATENT 1900		3500	3250	3000	2550
MODEL 1949, Columbia	3000	2550	2170	1840	1565
MODEL 1949, Luxembourg	3500	2975	2530	2150	1830
MODEL 1949, Venezuela	2800	2380	2025	1720	1460
MODEL 1949, Argentina		1950	1700	1100	935
MODEL 1949, Egypt	2400	2040	1735	1475	1255
RIFLES: SEMI-AUTO, FAL/LAR/CAL/FNC SERIES					
F.N. FAL	5500	4675	3975	3380	2875
F.N. FAL G Standard	9025	7670	6520	5540	4710
F.N. FAL G Paratrooper	9025	7670	6520	5540	4710
F.N. FAL G Heavy Barrel	9500	8075	6865	5835	4960
F.N. FAL G Lightweight	11000	9350	7950	6755	5740
F.N. L.A.R. COMPETITION (50.00, LIGHT AUTOMATIC	5500	4675	3975	3380	2875
FN L.A.R. Competition Heavy Barrel Rifle (50.41 &	5800	4930	4190	3560	3025
FN L.A.R. Competition Paratrooper Rifle (50.63 & 50.64)	5800	4930	4190	3560	3025
CAL	18000	15300	13005	11055	9395
FNC MODEL	5750	4890	4155	3530	3000
SHOTGUNS: SxS					
FN ANSON STANDARD GRADE	1500	1275	1085	920	780
FN NEW ANSON STANDARD GRADE	1400	1190	1010	860	730
FN SIDELOCK STANDARD GRADE	1500	1275	1085	920	780

FABRYKA BRONI LUCZNIK - RADOM SP.ZO.O

	NIB	EXC	VG	G	F
PISTOLS: SEMI-AUTO					
MODEL .223 S MINI BERYL M1 (MINI BERYL PISTOL)	1250	1065	905	770	655
VIS-100 M1	800	680	580	490	415
RIFLES: SEMI-AUTO					
BERYL "ARCHER"	2700	2295	1950	1660	1410
BERYL RIFLE 5.56	1335	1135	965	820	695
BERYL RIFLE 7.62	1335	1135	965	820	695

FALCON FIREARMS

	NIB	EXC	VG	G	F
PORTSIDER	750	640	540	460	390
Portsider Set	1500	1275	1085	920	780
GOLD FALCON	40000	34000	28900	24565	20880

FAS

	NIB	EXC	VG	G	F
MODEL OP601	1025	870	740	630	535
MODEL 602	850	725	615	520	440
MODEL CF603	975	830	705	600	510
MODEL SP607 (LADY)	975	830	705	600	510

FAXON FIREARMS

	NIB	EXC	VG	G	F
PISTOLS: BOLT ACTION					
OVERWATCH TACTICAL PISTOL	2900	2465	2095	1780	1515
PISTOLS: SEMI-AUTO					
ARAK-21	1575	1340	1140	965	820
ASCENT PISTOL	750	640	540	460	390
BANTAM PCC	950	810	685	585	495
FX-19 HELLFIRE	1050	895	760	645	550

	NIB	EXC	VG	G	F
FX-19 PATRIOT COMPACT (FX-19 PATRIOT)	925	785	670	570	485
ION ULTRALIGHT PISTOL	1400	1190	1010	860	730
SENTINEL PISTOL	2025	1720	1465	1245	1060
RIFLES: BOLT ACTION					
OVERWATCH HUNTER	2925	2485	2115	1795	1525
OVERWATCH TACTICAL	3000	2550	2170	1840	1565
RIFLES: SEMI-AUTO					
ARAK-21 XRS RIFLE	1575	1340	1140	965	820
ARAK-31 XRS RIFLE	2200	1870	1590	1350	1150
ASCENT RIFLE	700	595	505	430	365
BANTAM PCC	925	785	670	570	485
FX 5510 - 3 GUN READY RIFLE	1950	1660	1410	1200	1020
FX 6500	1675	1425	1210	1030	875
ION ULTRALIGHT RIFLE (FX5500)	1400	1190	1010	860	730
ION-X HYPERLITE	1425	1210	1030	875	745
NAUTILUS LIMITED EDITION RIFLE	1275	1085	920	785	665
SENTRY RIFLE	1025	870	740	630	535
SENTINEL RIFLE	2125	1805	1535	1305	1110

FEATHER INDUSTRIES, INC.

DERRINGERS

	NIB	EXC	VG	G	F
GUARDIAN ANGEL CENTERFIRE	225	190	165	140	120
GUARDIAN ANGEL RIMFIRE	150	130	110	90	75
PISTOLS: SEMI-AUTO					
MINI-AT	300	255	215	185	155
RIFLES: SEMI-AUTO					
AT-9	850	725	615	520	440
AT-22	325	275	235	200	170
F9	725	615	525	445	380
F2	295	250	215	180	155
KG-9	850	725	615	520	440
KG-22	395	335	285	245	210
SAR-180	695	590	500	425	360
SATURN 30	800	680	580	490	415

FEDERAL ARMAMENT

PISTOLS: SEMI-AUTO

	NIB	EXC	VG	G	F
AR-15 PISTOL	475	405	345	290	245
RIFLES: SEMI-AUTO					
AR-10 MIL-SPEC RIFLE	500	425	360	305	260
AR-15 MIL-SPEC RIFLE	475	405	345	290	245
FR-16 RIFLE	475	405	345	290	245
SHOTGUNS					
FBS BULLPUP	450	385	325	275	235
FR-99	250	215	180	155	130
FRN PUMP ACTION/FRX PUMP ACTION	250	215	180	155	130
FTS OVER & UNDER	275	235	200	170	145
FX3/FX4 SEMI-AUTO	250	215	180	155	130
SS12 SINGLE SHOT	125	105	90	75	65

FEDERAL ENGINEERING CORPORATION

	NIB	EXC	VG	G	F
XC-220	600	510	435	370	315
XC-450	800	680	580	490	415
XC-900	800	680	580	490	415

FEG

PISTOLS: SEMI-AUTO, INTERARMS IMPORTED

	NIB	EXC	VG	G	F
MARK II AP22	300	255	215	185	155
MARK II AP	220	185	160	135	115
MARK II APK	300	255	215	185	155

PISTOLS: SEMI-AUTO, RECENT MFG./ IMPORTATION

	NIB	EXC	VG	G	F
TOKAGYPT 58	795	675	575	490	415
FIREBIRD (TOKAGYPT)	495	420	360	305	260
SUPER 12 (TOKAGYPT)	480	410	345	295	250
MODEL PMK-380	365	310	265	225	190
MODEL SMC-380	230	195	165	140	120
Model SMC-22	395	335	285	245	210
MODEL SMC-918	350	300	255	215	185
MODEL PA-63	525	445	380	320	270
MODEL PPH	230	195	165	140	120
MODEL B9R	495	420	360	305	260
MODEL P9R (MBK-9HP OR R-9)	550	470	395	340	290
Model MBK-9HPC	495	420	360	305	260
MODEL P9M (PJK-9HP)	475	405	345	290	245
Model P9L	600	510	435	370	315
MODEL P9RK (GKK-92C)	430	365	310	265	225
MODEL GKK-40C	310	265	225	190	160
MODEL GKK-45	350	300	255	215	185
WALAM 48	325	275	235	200	170

RIFLES: SEMI-AUTO

	NIB	EXC	VG	G	F
MODEL SA-85M	1020	865	735	625	530
SA-85 S (SA-2000M)	1300	1105	940	800	680

FEINWERKBAU

PISTOLS: SEMI-AUTO, RIMFIRE

	NIB	EXC	VG	G	F
MODEL AW-93	2675	2275	1935	1645	1400
Model AW-93 Lightweight	3060	2600	2210	1880	1600

RIFLES: BOLT ACTION, RIMFIRE

	NIB	EXC	VG	G	F
MODEL 2000					
Model 2000 Universal Model	1455	1235	1050	895	760
Model 2000 Mini (Junior)	2020	1715	1460	1240	1055
Model 2000 Match Model	2310	1965	1670	1420	1205
Model 2000 Running Target	1900	1615	1375	1165	990
MODEL 2600 UNIVERSAL	1765	1500	1275	1085	920
MODEL 2600 ULTRA MATCH FREE RIFLE	2330	1980	1685	1430	1215
MODEL 2602 UNIVERSAL (UIT) RIFLE	1890	1605	1365	1160	985
MODEL 2602 FREE RIFLE	2600	2210	1880	1595	1355
MODEL 2602 SUPER MATCH	2600	2210	1880	1595	1355
MODEL 2602 SPORT	2100	1785	1515	1290	1095
MODEL 2700 UNIVERSAL	2580	2195	1865	1585	1345
MODEL 2700 FREE RIFLE SUPER MATCH	2975	2530	2150	1825	1550
MODEL 2800	Contact Manufacturer for Pricing				
Model 2800 ALU	Contact Manufacturer for Pricing				

FELIXTEAM

M1911	No U.S. Import of this model.

FELK TRAILERS PTY LTD.

	NIB	EXC	VG	G	F
MTF919	495	420	360	305	260

FEMARU

	NIB	EXC	VG	G	F
MODEL 1929 (29M)	900	765	650	555	470
MODEL 1937 (37M)	850	725	615	520	440
FROMMER STOP POCKET AUTO	825	700	595	505	430
FROMMER BABY POCKET AUTO	700	595	505	430	365
FROMMER LILIPUT AUTO	500	425	360	305	260
FROMMER MODEL 1910	3695	3140	2670	2270	1930

FIALA ARMS AND EQUIPMENT CO.

FIALA REPEATING PISTOL

	NIB	EXC	VG	G	F
Fiala Repeating Pistol With Case	2600	2210	1880	1595	1355

	NIB	EXC	VG	G	F
Fiala Repeating Pistol (Gun Only)	1580	1345	1140	970	825

FIGHTLITE INDUSTRIES (ARES DEFENSE SYSTEMS INC.)

PISTOLS: SEMI-AUTO

	NIB	EXC	VG	G	F
MXR 9KB/MXR 9KT PISTOL	900	765	650	555	470
MXR 9SB/MXR 9ST PISTOL	960	815	695	590	500
SCR (RAIDER) PISTOL	990	840	715	610	520
STEP-22LS	670	570	485	410	350

RIFLES/CARBINES: SEMI-AUTO

	NIB	EXC	VG	G	F
ARES-15 MCR (MISSION CONFIGURABLE RIFLE)	2990	2540	2160	1835	1560
ARES-15 MCR SUB CARBINE	4590	3900	3315	2820	2395
ARES SCR (SPORT CONFIGURABLE RIFLE)	1300	1105	940	800	680
MCR-013	4370	3715	3155	2685	2280
MCR-014	5220	4435	3770	3205	2725
MCR-100	4425	3760	3195	2720	2310
MCR-556-DF/MCR-556 DFM (DUAL FEED)	5590	4750	4040	3435	2920
SCR-002/SCR-010 SERIES	1290	1095	930	790	670
SCR CARBINE	1275	1085	920	785	665

FINNISH LION

	NIB	EXC	VG	G	F
CHAMPION FREE MODEL	695	590	500	425	360
MATCH MODEL	560	475	405	345	295
STANDARD ISU TARGET MODEL	315	270	230	195	165
TARGET MODEL	890	755	645	545	465

FIRESTORM

PISTOLS: SEMI-AUTO

	NIB	EXC	VG	G	F
FIRESTORM SERIES	215	185	155	130	110
MINI-FIRESTORM	310	265	225	190	160
FIRESTORM 45 GOVERNMENT	250	215	180	155	130
Firestorm 45 Government Compact	260	220	190	160	135
Firestorm 45 Government Mini Compact	310	265	225	190	160
FIRESTORM 45 GOVT. 1911	375	320	270	230	195

REVOLVERS

	NIB	EXC	VG	G	F
FIRESTORM .38 SPL.	300	255	215	185	155
FIRESTORM .380	310	265	225	190	160

FK BRNO

	NIB	EXC	VG	G	F
7.5 FK FIELD PISTOL	7590	6450	5485	4660	3960
PSD MULTI CALIBER PISTOL (7.5 FK	1495	1270	1080	920	780

FLINT RIVER ARMORY LLC

PISTOLS: SEMI-AUTO

	NIB	EXC	VG	G	F
CSA45-P	1500	1275	1085	920	780

RIFLES: SEMI-AUTO

	NIB	EXC	VG	G	F
CSA45	1500	1275	1085	920	780

FM (FOXTROT MIKE) PRODUCTS

PISTOLS: SEMI-AUTO

	NIB	EXC	VG	G	F
FM9 5 IN. SBA3 PISTOL	560	475	405	345	295
FM9 7 IN. SIDE CHARGING SBA3 PISTOL	525	445	380	320	270
FM9 7 IN. TRI LUG SBA3 PISTOL	550	470	395	340	290

RIFLES: SEMI-AUTO

	NIB	EXC	VG	G	F
FM-9B	625	530	450	385	325
FM-15 ZHUKOV	750	640	540	460	390
FM-16 IN. REAR CHARGING RIFLE	670	570	485	410	350

FN AMERICA LLC (FNH USA)

PISTOLS: SEMI-AUTO

	NIB	EXC	VG	G	F
REFLEX	510	435	370	315	270
FN FIVE-SEVEN	1265	1075	915	775	660
FN Five-seveN MRD	1350	1150	975	830	705
FN FORTY-NINE	500	425	360	305	260
FN HIGH POWER	1240	1055	895	760	645
FNP-9	515	440	370	315	270
FNP-9M	590	500	425	360	305
FNP-357	440	375	320	270	230
FNP-40	600	510	435	370	315
FNP-45	735	625	530	450	385
FNP-45 Competition	1240	1055	895	760	645
FNP-45 Tactical	1190	1010	860	730	620
FNS-9	600	510	435	370	315
FNS-9 COMPACT	755	640	545	465	395
FNS-9 LONGSLIDE (COMPETITION)	650	555	470	400	340
FNS-40	600	510	435	370	315
FNS-40 Compact	600	510	435	370	315
FNS-40 LONGSLIDE	650	555	470	400	340
FNX-9	745	635	540	460	390
FNX-9 Compact	615	525	445	380	325
FNX-40	700	595	505	430	365
FNX-45	825	700	595	505	430
FNX-45 Tactical	1240	1055	895	760	645
FN 502 MRD	400	340	290	245	210
FN 502 TACTICAL	500	425	360	305	260
FN 503	550	470	395	340	290
FN 509	680	580	490	420	355
FN 509 Compact	680	580	490	420	355
FN 509 CC EDGE	1410	1200	1020	865	735
FN 509 COMPACT MRD	750	640	540	460	390
FN 509 COMPACT TACTICAL	995	845	720	610	520
FN 509 LS EDGE	1465	1245	1060	900	765
FN 509 MIDSIZE	680	580	490	420	355
FN 509 MIDSIZE MRD	750	640	540	460	390
FN 509 MIDSIZE TACTICAL	995	845	720	610	520
FN 509 TACTICAL	995	845	720	610	520
FN 510 MRD	825	700	595	505	430
FN 510 TACTICAL	1025	870	740	630	535
FN 545 MRD	825	700	595	505	430
FN 545 TACTICAL	1025	870	740	630	535
FN 15 PISTOL 5.56	1930	1640	1395	1185	1005
FN 15 PISTOL .300 BLACKOUT	1600	1360	1155	985	835
FN SCAR 15P	3325	2825	2400	2040	1735

RIFLES: BOLT ACTION

	NIB	EXC	VG	G	F
BALLISTA	6990	5940	5050	4295	3650
PBR (PATROL BOLT RIFLE)	980	835	710	600	510
SPR A1/A1a	1710	1455	1235	1050	895
SPR A2	2950	2510	2130	1810	1540
SPR A3 G (SPECIAL POLICE RIFLE)	3495	2970	2525	2145	1825
SPR A5M	2900	2465	2095	1780	1515
SPR A5M XP	2900	2465	2095	1780	1515
PSR I	1900	1615	1375	1165	990
PSR II/III	2200	1870	1590	1350	1150
TSR XP/XP USA (TACTICAL SPORT RIFLES)	1000	850	725	615	525

RIFLES/CARBINES: SEMI-AUTO

	NIB	EXC	VG	G	F
FN 15 GUARDIAN	850	725	615	520	440
FN 15 1776	900	765	650	555	470
FN 15 CARBINE	1360	1155	985	835	710
FN 15 COMPETITION	2250	1915	1625	1380	1175
FN 15 DMR	1945	1655	1405	1195	1015
FN 15 DMR II	1990	1690	1440	1220	1035
FN 15 DMR3	2440	2075	1765	1500	1275
FN 15 MD HEAVY BARREL CARBINE	1400	1190	1010	860	730

	NIB	EXC	VG	G	F
FN 15 MD HEAVY BARREL RIFLE	1165	990	840	715	610
FN 15 MILITARY COLLECTOR M4	1700	1445	1230	1045	890
FN 15 MILITARY COLLECTOR M16	1700	1445	1230	1045	890
FN 15 MOE SLG	1000	850	725	615	525
FN 15 PATROL CARBINE	1200	1020	865	735	625
FN 15 RIFLE	1025	870	740	630	535
FN 15 SPORTING	1550	1320	1120	950	810
FN 15 SRP G2	1350	1150	975	830	705
FN 15 SRP TACTICAL	1050	895	760	645	550
FN 15 TAC3	1675	1425	1210	1030	875
FN 15 TAC3 Duty	1500	1275	1085	920	780
FN 15 TACTICAL	1300	1105	940	800	680
FN 15 TACTICAL II	1400	1190	1010	860	730
FN 15 TACTICAL .300 BLK	1300	1105	940	800	680
FN 15 TACTICAL .300 BLK II	1400	1190	1010	860	730
FN 15 TACTICAL CARBINE FDE P-LOK	1325	1125	955	815	695
FNAR COMPETITION	1550	1320	1120	950	810
FNAR STANDARD	1500	1275	1085	920	780
FN M249S	9525	8095	6880	5850	4975
FN M249S MILITARY COLLECTOR	7750	6590	5600	4760	4045
FN M249S PARA	9985	8485	7215	6130	5210
FN PS90	1925	1635	1390	1180	1005
FN PS90 STANDARD	1640	1395	1185	1005	855
FN SCAR 16S/16S NRCH	3450	2935	2495	2120	1800
FN SCAR 17S/17S NRCH	3815	3245	2755	2345	1995
FN SCAR 17S DMR	4075	3465	2945	2505	2130
FN SCAR 20S/20S NRCH	4500	3825	3250	2765	2350
FN SCAR 20S LIMITED ED.	4950	4210	3575	3040	2585
FS2000 STANDARD/TACTICAL	2425	2060	1750	1490	1265

SHOTGUNS

	NIB	EXC	VG	G	F
FN SLP STANDARD (MODEL SLP - SELF LOADING POLICE)	1150	980	830	705	600
FN SLP COMPETITION	1235	1050	890	760	645
FN SLP TACTICAL	1250	1065	905	770	655
FN SLP MK1	1125	955	815	690	585
FN SLP MK1 TACTICAL	1225	1040	885	750	640
MODEL SC1 O/U	2150	1830	1555	1320	1120
P-12 SLIDE ACTION	500	425	360	305	260

FORBES RIFLE, LLC

	NIB	EXC	VG	G	F
M20B	1610	1370	1165	990	840
M24B	1500	1275	1085	920	780
M28B	1400	1190	1010	860	730

FORT DISCOVERY, INC.

	NIB	EXC	VG	G	F
EXPEDITION RIFLE	1580	1345	1140	970	825

FOSTECH MFG.

PISTOLS: SEMI-AUTO

	NIB	EXC	VG	G	F
FIGHTING BRADLEY PISTOL	1525	1295	1100	935	795
FLITE ELITE SERIES	1500	1275	1085	920	780
LITE PISTOL	1200	1020	865	735	625
STEALTH SERIES SENTINEL	2000	1700	1445	1230	1045
TECH 15 BULLDOG	2200	1870	1590	1350	1150
TECH 15 HERCULES	1300	1105	940	800	680
TOMCAT FIGHTER SERIES LITE PISTOL	2050	1745	1480	1260	1070

RIFLES: SEMI-AUTO

	NIB	EXC	VG	G	F
EAGLE FIGHTER LITE RIFLE (EAGLE RIFLE)	1330	1130	960	815	695
FOSTECH ED. KALASHNIKOV USA KR-103	1695	1440	1225	1040	885
PHANTOM FIGHTER LITE RIFLE (PHANTOM RIFLE)	1190	1010	860	730	620
GUARDIAN	1190	1010	860	730	620

	NIB	EXC	VG	G	F
RAPTOR	1700	1445	1230	1045	890
STEALTH LIGHTNING	1955	1660	1410	1200	1020
Stealth Lightning Christensen	1880	1600	1360	1155	980
STEALTH RAPTOR	1610	1370	1165	990	840
STRYKER	965	820	695	595	505
WARTHOG	1390	1180	1005	855	725

SHOTGUNS: SEMI-AUTO

	NIB	EXC	VG	G	F
ORIGIN 12 TACTICAL SHOTGUN	3000	2550	2170	1840	1565

FOX CARBINE

	NIB	EXC	VG	G	F
FOX CARBINE	1320	1120	955	810	690

FOX, A.H.

SHOTGUNS: SxS, CURRENT MFG.

	NIB	EXC	VG	G	F
CE GRADE	11995	10195	8665	7365	6260
XE GRADE	14950	12710	10800	9180	7805
DE GRADE	29500	25075	21315	18115	15400
FE GRADE	28990	24640	20945	17805	15135
EXHIBITION GRADE	Contact Manufacturer for Pricing				
FOX A GRADE	4900	4165	3540	3010	2560

SHOTGUNS: SxS & SINGLE SHOT, DISC.

	NIB	EXC	VG	G	F
STERLINGWORTH	1295	1100	935	795	675
STERLINGWORTH DELUXE	2200	1870	1590	1350	1150
STERLINGWORTH SKEET	Rarity Precludes Pricing				
SUPER HE GRADE		14000	10000	9500	8075
HIGHER GRADE MODELS (A-F)					
Higher Grade Model: A Grade	3500	2975	2530	2150	1830
Higher Grade Model: AE Grade (ejectors)	4100	3485	2960	2520	2140
Higher Grade Model: BE Grade (ejectors)		6500	5500	4800	4080
Higher Grade Model: CE Grade (ejectors)		10000	8900	7100	6035
Higher Grade Model: XE Grade (ejectors)		17000	14000	11750	9990
Higher Grade Model: DE Grade (ejectors)		27000	21500	19000	16150
Higher Grade Model: FE Grade (ejectors)		90000	85000	67500	57375
SINGLE BARREL TRAP					
Single Barrel Trap JE Grade	10500	8925	7585	6450	5485
Single Barrel Trap KE Grade	14500	12325	10475	8905	7570
Single Barrel Trap LE Grade		19000	10750	12250	10415
Single Barrel Trap ME Grade		40000	32500	25000	21250
MODEL B DOUBLE BARREL 12/16 ga.	505	430	365	310	265
MODEL B DOUBLE BARREL 20 ga.	850	725	615	520	440
MODEL B DOUBLE BARREL .410 bore	1190	1010	860	730	620
MODEL B-ST GRADE A	550	470	395	340	290
MODEL B-ST GRADE B	680	580	490	420	355
MODEL B-ST GRADE C	1300	1105	940	800	680
MODEL B-DL GRADE A	600	510	435	370	315
MODEL B-DL GRADE B	720	610	520	440	375
MODEL B-DL GRADE C	1290	1095	930	790	670
MODEL B-DE GRADE A	550	470	395	340	290
MODEL B-DE GRADE B	700	595	505	430	365
MODEL B-DE GRADE C	1300	1105	940	800	680
MODEL B-SE GRADE A	890	755	645	545	465
MODEL B-SE GRADE B	910	775	655	560	475
MODEL B-SE GRADE C	1750	1490	1265	1075	915

FRANCHI (FRANCHI, LUIGI)

RIFLES: BOLT ACTION

	NIB	EXC	VG	G	F
MOMENTUM RIFLE	550	470	395	340	290
MOMENTUM ALL-TERRAIN ELITE	1500	1275	1085	920	780
MOMENTUM ELITE RIFLE	1180	1005	855	725	615
MOMENTUM VARMINT ELITE RIFLE	1000	850	725	615	525

RIFLES: SEMI-AUTO

	NIB	EXC	VG	G	F
CENTENNIAL MODEL	750	640	540	460	390
Centennial Model Engraved Deluxe	440	375	320	270	230
Centennial Model Gallery	300	255	215	185	155

SHOTGUNS: O/U

	NIB	EXC	VG	G	F
ALCIONE 2000 SX (FIELD MODEL)	1590	1350	1150	975	830
ALCIONE CLASSIC	1060	900	765	650	555
ALCIONE FIELD	1300	1105	940	800	680
Alcione Field LF	1120	950	810	690	585
ALCIONE MODEL	790	670	570	485	410
ALCIONE SL	1200	1020	865	735	625
ALCIONE SL SPORT	1200	1020	865	735	625
ALCIONE SP	2400	2040	1735	1475	1255
ALCIONE SX	1600	1360	1155	985	835
ALCIONE TITANIUM (T)	1260	1070	910	775	660
ARISTOCRAT DELUXE	950	810	685	585	495
ARISTOCRAT FIELD	660	560	475	405	345
ARISTOCRAT IMPERIAL	2640	2245	1905	1620	1375
ARISTOCRAT MAGNUM	660	560	475	405	345
ARISTOCRAT MONTE CARLO	3520	2990	2545	2160	1835
ARISTOCRAT SILVER KING	730	620	525	450	385
ARISTOCRAT SKEET	690	585	500	425	360
ARISTOCRAT SUPREME	1170	995	845	720	610
ARISTOCRAT TRAP	750	640	540	460	390
ASPIRE ROUND ACTION	1850	1575	1335	1135	965
BLACK MAGIC SPORTING HUNTER	1120	950	810	690	585
Black Magic Sporting Hunter Lightweight	900	765	650	555	470
DE LUXE MODEL PRITI	450	385	325	275	235
FALCONET 97-12 IBS	855	725	620	525	445
FALCONET 2000	1350	1150	975	830	705
FALCONET FIELD	580	495	420	355	300
FALCONET FIELD	590	500	425	360	305
FALCONET FIELD	575	490	415	355	300
FALCONET INTERNATIONAL SKEET	1000	850	725	615	525
FALCONET INTERNATIONAL TRAP	995	845	720	610	520
FALCONET S	855	725	620	525	445
FALCONET SKEET	890	755	645	545	465
FALCONET STANDARD TRAP	890	755	645	545	465
INSTINCT CATALYST	1340	1140	970	825	700
INSTINCT L	1180	1005	855	725	615
INSTINCT LX	1500	1275	1085	920	780
INSTINCT SIDEPLATE	2040	1735	1475	1255	1065
INSTINCT SL	1875	1595	1355	1150	980
INSTINCT SLX	1845	1570	1335	1135	965
INSTINCT SPORTING	1320	1120	955	810	690
INSTINCT SPORTING II	1990	1690	1440	1220	1035
MODEL 2003 TRAP	1460	1240	1055	895	760
MODEL 2004 TRAP	1155	980	835	710	605
MODEL 2005 COMBINATION TRAP	1780	1515	1285	1095	930
MODEL 2005/3 COMBINATION TRAP	2500	2125	1805	1535	1305
PEREGRINE MODEL 400	790	670	570	485	410
PEREGRINE MODEL 451	900	765	650	555	470
RENAISSANCE CLASSIC	1900	1615	1375	1165	990
Renaissance Classic Combo	2780	2365	2010	1705	1450
RENAISSANCE ELITE	2190	1860	1580	1345	1145
RENAISSANCE FIELD	1500	1275	1085	920	780
RENAISSANCE SPORTING	1800	1530	1300	1105	940
SPORTING 2000	1600	1360	1155	985	835
UNDERGUN MODEL 3000	2500	2125	1805	1535	1305
VELOCE	1290	1095	930	790	670
Veloce Grade II	1500	1275	1085	920	780
Veloce Squire Limited Edition	1950	1660	1410	1200	1020
VELOCE SP	2500	2125	1805	1535	1305

SHOTGUNS: SxS

Model	NIB	EXC	VG	G	F
AIRONE	1545	1315	1115	950	810
ASTORE	950	810	685	585	495
ASTORE 5	2200	1870	1590	1350	1150
ASTORE II	1300	1105	940	800	680
DESTINO	3100	2635	2240	1905	1620
HIGHLANDER	1500	1275	1085	920	780
HIGHLANDER (RECENT MFG.)	2400	2040	1735	1475	1255
SIDELOCK DOUBLE BARREL	7700	6545	5565	4730	4020
SIDELOCK DOUBLE BARREL, Condor	8500	7225	6140	5220	4435
SIDELOCK DOUBLE BARREL, Imperial	11900	10115	8600	7310	6215
Side-Lock Double Barrel No. 5 Imperial Monte Carlo	30000	25500	21675	18425	15660
Side-Lock Double Barrel No. 17 Imperial Monte Carlo	37500	31875	27095	23030	19575
Side-Lock Double Barrel Imperial Monte Carlo Extra	37500	31875	27095	23030	19575

SHOTGUNS: SEMI-AUTO & SLIDE ACTION

Model	NIB	EXC	VG	G	F
48 AL FIELD MODEL	820	695	590	505	430
48 AL Field Youth Model	800	680	580	490	415
48 AL Field Model Deluxe	950	810	685	585	495
STANDARD MAGNUM (48/AL)	445	380	320	275	235
HUNTER MODEL (48/AL)	410	350	295	250	215
AFFINITY	750	640	540	460	390
Affinity Sporting	1300	1105	940	800	680
Affinity Compact	690	585	500	425	360
AFFINITY CATALYST	950	810	685	585	495
AFFINITY 3	790	670	570	485	410
Affinity 3 Compact	845	720	610	520	440
Affinity 3 Turkey	890	755	645	545	465
AFFINITY 3 150TH ANNIVERSARY	1435	1220	1035	880	750
AFFINITY 3 COMPANION	1770	1505	1280	1085	920
Affinity 3 Companion-GSP	1790	1520	1295	1100	935
AFFINITY 3 ELITE (WATERFOWL)	1300	1105	940	800	680
Affinity 3 Elite Turkey	1555	1320	1125	955	810
Affinity 3 Elite Upland	1100	935	795	675	575
AFFINITY 3 SPORTING II	900	765	650	555	470
AFFINITY 3.5	995	845	720	610	520
Affinity 3.5 Turkey	1010	860	730	620	525
AFFINITY 3.5 WATERFOWL ELITE	1250	1065	905	770	655
BLACK MAGIC GAME	550	470	395	340	290
Black Magic Game Skeet	590	500	425	360	305
Black Magic Game Trap	690	585	500	425	360
FENICE	1455	1235	1050	895	760
HUNTER MAGNUM	450	385	325	275	235
INTENSITY	900	765	650	555	470
PRESTIGE MODEL	620	525	450	380	325
Prestige Model Turkey	790	670	570	485	410
ELITE MODEL	860	730	620	530	450
MODEL 610 VS	900	765	650	555	470
MODEL 612/620 (VS)	600	510	435	370	315
MODEL 612 SPORTING	830	705	600	510	435
MODEL 612 DEFENSE (VARIOPRESS 612 DEFENSE)	745	635	540	460	390
MODEL 712	690	585	500	425	360
Model 712 Raptor	905	770	655	555	470
MODEL 720	875	745	630	535	455
Model 720 Raptor	790	670	570	485	410
Model 720 Competition	1100	935	795	675	575
MODEL 912	630	535	455	385	325
I-12 INERTIA	660	560	475	405	345
I-12 LIMITED WHITE GOLD	1360	1155	985	835	710
I-12 UPLAND HUNTER	1020	865	735	625	530
I-12 SPORTING	1160	985	840	710	605
SAS-12	570	485	410	350	300
SPAS-12	1425	1210	1030	875	745
SPAS-15	7500	6375	5420	4605	3915
LAW-12	1045	890	755	640	545

	NIB	EXC	VG	G	F
TURKEY GUN	430	365	310	265	225
SLUG GUN	340	290	245	210	180
SKEET GUN	365	310	265	225	190
ELDORADO	615	525	445	380	325
CROWN GRADE	1555	1320	1125	955	810
DIAMOND GRADE SILVER INLAID SCROLL	1800	1530	1300	1105	940
IMPERIAL GRADE	2785	2365	2010	1710	1455
MODEL 500 STANDARD	380	325	275	235	200
MODEL 520 DELUXE	475	405	345	290	245
MODEL 520 ELDORADO GOLD	990	840	715	610	520
MODEL 530 AUTO TRAP	700	595	505	430	365

FRANCOTTE, AUGUSTE & CIE. S.A.

PISTOLS: SEMI-AUTO

	NIB	EXC	VG	G	F
FRANCOTTE AUTOMATIC (SEMI-AUTO PISTOL)	850	725	615	520	440

RIFLES

BOLT ACTION MODEL					
Bolt Action Model Short	9400	7990	6790	5775	4910
Bolt Action Model Standard	7825	6650	5655	4805	4085
Bolt Action Model Magnum Action	13445	11430	9715	8255	7015
SINGLE SHOT MOUNTAIN RIFLE					
Single Shot Mountain Rifle Boxlock	13900	11815	10045	8535	7255
Single Shot Mountain Rifle Sidelock	24800	21080	17920	15230	12945
BOXLOCK SxS RIFLE	13500	11475	9755	8290	7045
SIDELOCK SxS RIFLE, .30-06 & 9.3x62mm	26000	22100	18785	15965	13570
SIDELOCK SxS RIFLE, .375, .470 and .500 cals.	52000	44200	37570	31935	27145

SHOTGUNS: SxS

BOXLOCK MODEL	15600	13260	11270	9580	8145
Boxlock Model Deluxe Anson & Deeley	17500	14875	12645	10745	9135
SIDELOCK MODEL (OLDER MFG.)	27300	23205	19725	16765	14250
Sidelock Model Deluxe (Older Mfg.)	32500	27625	23480	19960	16965
SIDELOCK MODEL (CURRENT MFG.)					
JUBILEE MODEL Knockabout	3300	2805	2385	2025	1720
JUBILEE MODEL No. 14	4100	3485	2960	2520	2140
JUBILEE MODEL No. 18	4625	3930	3340	2840	2415
JUBILEE MODEL No. 20	5500	4675	3975	3380	2875
JUBILEE MODEL No. 25	6000	5100	4335	3685	3130
JUBILEE MODEL No. 30	7800	6630	5635	4790	4070
JUBILEE MODEL No. 45 Eagle Grade	11000	9350	7950	6755	5740

FRANKLIN ARMORY

PISTOLS: BOLT ACTION

	NIB	EXC	VG	G	F
CA7 PISTOL	875	745	630	535	455
CA11 PISTOL	1350	1150	975	830	705
CA12 PISTOL	1000	850	725	615	525

PISTOLS: SEMI-AUTO

SALUS PISTOL	1450	1235	1050	890	755
SE-SSP 7 1/2 IN. PISTOL	1000	850	725	615	525
SE-SSP 11 1/2 IN. PISTOL	950	810	685	585	495
PDW-C7	1545	1315	1115	950	810
PDW-C8	1210	1030	875	745	635
PDW-C11	1100	935	795	675	575
PDW-C11-OPS	1500	1275	1085	920	780

RIFLES/CARBINES: SEMI-AUTO

3GR	1500	1275	1085	920	780
3GR-L (PREVIOUS MFG.)	2600	2210	1880	1595	1355
3GR-L (RECENT MFG.)	1900	1615	1375	1165	990
10-8 R2 (10-8 CARBINE)	1200	1020	865	735	625
BFSIII M4	995	845	720	610	520
F17-L	1800	1530	1300	1105	940
F17-M4	1300	1105	940	800	680
F17-SPR	1220	1035	880	750	640

	NIB	EXC	VG	G	F
F17-VS4	1330	1130	960	815	695
F17-X	1500	1275	1085	920	780
FEATURELESS RIFLE	990	840	715	610	520
HBAR 16 IN.	850	725	615	520	440
HBAR 20 In.	910	775	655	560	475
LTW	990	840	715	610	520
LTW R2	1200	1020	865	735	625
LTW-XTD	1200	1020	865	735	625
M4	1260	1070	910	775	660
M4-HTF	1155	980	835	710	605
M4-HTF R2	910	775	655	560	475
M4-HTF R3	1340	1140	970	825	700
M4-HTF R3 XTD	1050	895	760	645	550
M4-HTF XTD	1350	1150	975	830	705
M4-L	1600	1360	1155	985	835
M4-OPL	1800	1530	1300	1105	940
M4-MOE	950	810	685	585	495
LIBERTAS-L/LIBERTAS-S (M4-SBR-L)	1500	1275	1085	920	780
M4-SBR-L XTD	1600	1360	1155	985	835
PRAEFECTOR	1230	1045	890	755	640
TMR-L	1335	1135	965	820	695
VS1 (V1)	1500	1275	1085	920	780
V1-L	1790	1520	1295	1100	935
V2	1350	1150	975	830	705
V2-L	1800	1530	1300	1105	940
V3	970	825	700	595	505
V4	950	810	685	585	495
MILITIA SERIES RIFLES					
M4-SBR-M Militia Carbine	2120	1800	1530	1300	1105
Praefector-M Militia Rifle	2590	2200	1870	1590	1350
SLT-M Militia Model	Pricing Unavailable for this model.				

FRASER FIREARMS CORP.

	NIB	EXC	VG	G	F
FRASER 25 CAL.	120	100	85	75	65

FRASER, DANIEL (FRASER, DANL. & CO.)

	NIB	EXC	VG	G	F
AFRICAN EXPRESS RIFLE	2400	2040	1735	1475	1255
HIGHLANDER SINGLE SHOT	435	370	315	265	225
Highlander Single Shot Royal	Pricing Unavailable for this model.				
STALKING RIFLE	12000	10200	8670	7370	6265

FREEDOM ARMS

PISTOLS: SINGLE SHOT

	NIB	EXC	VG	G	F
MODEL 2008 SINGLE SHOT HANDGUN	1545	1315	1115	950	810

REVOLVERS: MINI, STAINLESS STEEL

	NIB	EXC	VG	G	F
FA-S-22LR (PATRIOT)	455	385	330	280	240
FA-S-22M (IRONSIDES)	380	325	275	235	200
FA-S-22-LR BUCKLE/REVOLVER COMBINATION	450	385	325	275	235
FA-S-22-LR Buckle/Revolver Combination .22 Mag. cal.	450	385	325	275	235

REVOLVERS: SA, STAINLESS STEEL

	NIB	EXC	VG	G	F
MODEL 83 FIELD GRADE	2500	2125	1805	1535	1305
MODEL 83 HUNTER PAK FIELD GRADE	1100	935	795	675	575
Model 83 Hunter Pak Field Grade Premier	1455	1235	1050	895	760
MODEL 83 PREMIER GRADE	2900	2465	2095	1780	1515
MODEL 83 VARMINT GRADE	1525	1295	1100	935	795
MODEL 83 CENTERFIRE SILHOUETTE	2590	2200	1870	1590	1350
Model 83 Centerfire Silhouette (.454 Casull Silhouette	1520	1290	1100	935	795
Model 83 Centerfire Silhouette Pak	1500	1275	1085	920	780
Model 83 Centerfire Silhouette .454 Casull Pak	1435	1220	1035	880	750
MODEL 83 .22 CAL. SILHOUETTE CLASS	2565	2180	1855	1575	1340
MODEL 97 PREMIER GRADE	2210	1880	1595	1355	1150

	NIB	EXC	VG	G	F
U.S. DEPUTY MARSHAL	1500	1275	1085	920	780
SIGNATURE EDITION	2300	1955	1660	1410	1200

FREEDOM ORDNANCE

	NIB	EXC	VG	G	F
FX-9	760	645	550	465	395
FX-9 (FREEDOM XTREME-9MM CARBINE)	790	670	570	485	410

FRENCH MILITARY

REVOLVERS: DOUBLE ACTION

	NIB	EXC	VG	G	F
MODEL 1892 SERVICE REVOLVER		1250	1000	800	680

PISTOLS: SEMI-AUTO

	NIB	EXC	VG	G	F
MODEL 1935-A (1935A AUTO PISTOL)	950	810	685	585	495
MODEL 1935-S (MODEL 1935S AUTO PISTOL)	1000	850	725	615	525
M.A.B. MODEL C, 7.65 cal.		500	450	375	320
M.A.B. MODEL C, .380 cal.		600	575	500	425
M.A.B. MODEL D, 7.65 cal.		500	450	400	340
M.A.B. MODEL D, .380 cal.		650	575	525	445

PISTOLS: SEMI-AUTO; FIRST WORLD WAR FOREIGN PRODUCTION

	NIB	EXC	VG	G	F
RUBY PISTOLETS AUTOMATIQUES 7.65mm "RUBY"	450	385	325	275	235
SAVAGE MODEL 1907 FRENCH CONTRACT	1250	1065	905	770	655

PISTOLS: SEMI-AUTO; POST SECOND WORLD WAR FOREIGN OCCUPATION PRODUCTION

	NIB	EXC	VG	G	F
P.38 svw-45	1460	1240	1055	895	760
P.38 svw-46	900	765	650	555	470
P.38 svw-46 (WITH L SERIAL SUFFIX)	1450	1235	1050	890	755
MODEL 1950	2000	1700	1445	1230	1045
MODEL M.A.B. PA-8	865	735	625	530	450
MODEL M.A.B. PA-15	1300	1105	940	800	680
MODEL M.A.B. PAP Mle F 1 TARGET (M.A.B. PA-15	5990	5090	4330	3680	3130

RIFLES: BOLT ACTION

	NIB	EXC	VG	G	F
MODEL 1886 LEBEL		950	900	825	700

RIFLES/CARBINES: BERTHIER BOLT ACTION

	NIB	EXC	VG	G	F
MODEL 1890 CARBINE		850	800	725	615
MODEL 1892 CARBINE		950	900	850	725
MODEL 1902 CARBINE		850	800	725	615
MODEL 1907 RIFLE		950	900	800	680
MODEL 1907/1915 RIFLE		1000	925	850	725
MODEL 1916 RIFLE		1100	975	900	765
1936 MAS BOLT ACTION	990	840	715	610	520
MODEL 45 RIFLE	650	555	470	400	340

RIFLES: SEMI-AUTO

	NIB	EXC	VG	G	F
FRF2 SNIPER RIFLE	Refer to listing under Navy Arms				
MAS 49	990	840	715	610	520
MAS 49/56 SEMI-AUTO	1125	955	815	690	585

FRIGON GUNS, INC.

	NIB	EXC	VG	G	F
FT-I	850	725	615	520	440
FT-C	1550	1320	1120	950	810
FS-4	2200	1870	1590	1350	1150

FTL

PISTOLS: SEMI-AUTO

	NIB	EXC	VG	G	F
FTL AUTO NINE	200	170	145	125	105

FULTON ARMORY

RIFLES/CARBINES: SEMI-AUTO

	NIB	EXC	VG	G	F
CMP M1 MATCH CARBINE	2665	2265	1925	1635	1390
M1 GARAND COMPETITION RIFLE (John C. Garand	1990	1690	1440	1220	1035
M1 GARAND PEERLESS RIFLE (NRA/CMP Service Rifle	2000	1700	1445	1230	1045
M1 GARAND SERVICE RIFLE	2100	1785	1515	1290	1095
M1 Garand Enhanced Service Rifle	2180	1855	1575	1340	1140

	NIB	EXC	VG	G	F
M1 PEERLESS SERVICE RIFLE	2445	2080	1765	1500	1275
M1 SERVICE CARBINE/M1 SERVICE CARBINE 16-T	2300	1955	1660	1410	1200
M1A1 Paratrooper Carbine	2500	2125	1805	1535	1305
M1A1 SCOUT CARBINE	1600	1360	1155	985	835
M1C ENHANCED SNIPER RIFLE	2250	1915	1625	1380	1175
M1C PEERLESS SNIPER RIFLE	2750	2340	1985	1690	1435
M1D GARAND SNIPER RIFLE	2600	2210	1880	1595	1355
M1E SCOUT RIFLE	2200	1870	1590	1350	1150
M3 SCOUT CARBINE	2050	1745	1480	1260	1070
M3 Scout Carbine 16-T	2350	2000	1700	1445	1230
M14	2200	1870	1590	1350	1150
M14 EBR-RI (ENHANCED BATTLE RIFLE - ROCK	3200	2720	2310	1965	1670
M14 ENHANCED SERVICE RIFLE	2900	2465	2095	1780	1515
M14 PEERLESS NM SERVICE RIFLE	2950	2510	2130	1810	1540
M14 SCOUT	2760	2345	1995	1695	1440
M14 SCOUT 16	2600	2210	1880	1595	1355
M14 SERVICE RIFLE	2700	2295	1950	1660	1410
M21 ENHANCED SNIPER RIFLE	2800	2380	2025	1720	1460
M25 PEERLESS SNIPER RIFLE	3200	2720	2310	1965	1670
M39 EMR (ENHANCED MARKSMAN RIFLE)	2990	2540	2160	1835	1560
M65 EMR	2275	1935	1645	1395	1185
M65 ENHANCED SERVICE RIFLE	2750	2340	1985	1690	1435
MK14 MOD 0 EBR	3420	2905	2470	2100	1785
MK14 Mod 1 EBR	3100	2635	2240	1905	1620
MK14 Mod 2 EBR	3400	2890	2455	2090	1775
MK14 MOD 1 SOCOM	3355	2850	2425	2060	1750
NATIONAL MATCH	1750	1490	1265	1075	915
SOPMOD M14	3370	2865	2435	2070	1760
T26 GARAND TANKER	2100	1785	1515	1290	1095
T26S Garand Tanker Scout	2590	2200	1870	1590	1350
RIFLES/CARBINES: SEMI-AUTO, AR-15 STYLE					
ACCUTRON NRA MATCH RIFLE	2200	1870	1590	1350	1150
FAR-15 A1 SERVICE RIFLE	1200	1020	865	735	625
FAR-15 A2 SERVICE RIFLE	1180	1005	855	725	615
FAR-15 A4 Service Rifle	950	810	685	585	495
FAR-15 GUARDIAN	1300	1105	940	800	680
FAR-15 LEGACY RIFLE	1240	1055	895	760	645
FAR-15 LIBERATOR	1250	1065	905	770	655
FAR-15 Liberator Carbine	1120	950	810	690	585
FAR-15 M4 SERVICE CARBINE	1000	850	725	615	525
FAR-15 MILLENNIAL LIGHTWEIGHT CARBINE	750	640	540	460	390
FAR-15 PEERLESS NM A2 SERVICE RIFLE	1555	1320	1125	955	810
FAR-15 Peerless NM A4 Service Rifle	1290	1095	930	790	670
FAR-15 PHANTOM	1300	1105	940	800	680
FAR-15 PREDATOR VARMINT RIFLE	1190	1010	860	730	620
FAR-15 Predator Varmint Lite	1050	895	760	645	550
FAR-15 STOWAWAY	650	555	470	400	340
FAR-308 GUARDIAN	1700	1445	1230	1045	890
FAR-308 Guardian LTE	1670	1420	1205	1025	870
FAR-308 Guardian SC (Side-Charging)	1800	1530	1300	1105	940
FAR-308 LIBERATOR	1840	1565	1330	1130	960
FAR-308 Liberator LTE	1600	1360	1155	985	835
FAR-308 M110 SERVICE RIFLE	1250	1065	905	770	655
FAR-308 PVR-H	1390	1180	1005	855	725
FAR-308 PVR-L	1430	1215	1035	880	750
FAR-6.5 PVR	1350	1150	975	830	705
HORNET LIGHTWEIGHT RIFLE	650	555	470	400	340
TITAN UPR (UNIVERSAL PRECISION RIFLE)	2890	2455	2090	1775	1510
UBR (UNIVERSAL BATTLE RIFLE)	1000	850	725	615	525
UPR (UNIVERSAL PRECISION RIFLE)	1900	1615	1375	1165	990

G.A.R. ARMS

	NIB	EXC	VG	G	F
GR-15 MTCSS	1350	1150	975	830	705
GR-15 ORHS (OPTICS READY HUNTER STANDARD)	930	790	670	570	485
GR-15 STAINLESS 16 IN.	900	765	650	555	470
GR-15 Stainless 20 In.	900	765	650	555	470
GR-15 STANDARD CARBINE	650	555	470	400	340
GR-15 Standard Rifle	650	555	470	400	340
GR-15 TAC DEFENDER	800	680	580	490	415
GR-15 TACDE7	1350	1150	975	830	705
GR-15 TACDE10	1220	1035	880	750	640
GR-15 TAC EVO (EVOLUTION)	810	690	585	495	420
GR-15 TACE CARBINE	1350	1150	975	830	705
GR-15 TACPB CARBINE	990	840	715	610	520
GR-15 TACTC	800	680	580	490	415
GR-15 TACTICAL CARBINE	750	640	540	460	390
GR-15 VTAC DEFENDER	820	695	590	505	430
GR-15 ZTAC ZOMBIE TACTICAL CARBINE	1160	985	840	710	605

G2 PRECISION, LLC

PISTOLS: SEMI-AUTO

	NIB	EXC	VG	G	F
AR PISTOL	2010	1710	1450	1235	1050

RIFLES: SEMI-AUTO

	NIB	EXC	VG	G	F
G215 CF (CARBON FIBER)	2200	1870	1590	1350	1150
G125 SS (Stainless Steel)	1600	1360	1155	985	835
TEAM NEVER QUIT MK12CF SPR LIMITED EDITION	2560	2175	1850	1570	1335
Team Never Quit MK12SS SPR	2950	2510	2130	1810	1540

GALEF SHOTGUNS

	NIB	EXC	VG	G	F
COMPANION FOLDING SINGLE BARREL	210	180	150	130	110
GALEF ZABALA SxS	500	425	360	305	260
GALEF ZABALA SxS	380	325	275	235	200
GOLDEN SNIPE O/U	715	610	515	440	375
MONTE CARLO TRAP SINGLE BARREL	330	280	240	205	175
SILVER HAWK SxS	930	790	670	570	485
SILVER SNIPE O/U	700	595	505	430	365

GATEWAY PRECISION ARMS

	NIB	EXC	VG	G	F
XL HUNTER	1350	1150	975	830	705

GAVAGE

	NIB	EXC	VG	G	F
GAVAGE PISTOL	1000	850	725	615	525
GAVAGE PISTOL	3000	2550	2170	1840	1565

GEAR HEAD WORKS

	NIB	EXC	VG	G	F
ONE PISTOL	1700	1445	1230	1045	890

GEISSELE AUTOMATICS

PISTOLS: SEMI-AUTO

	NIB	EXC	VG	G	F
DUTY PISTOL	1350	1150	975	830	705
SUPER DUTY PISTOL	1450	1235	1050	890	755
URGI PISTOL	1725	1465	1245	1060	900

RIFLES: SEMI-AUTO

	NIB	EXC	VG	G	F
DUTY RIFLE	1325	1125	955	815	695
SUPER DUTY RIFLE	1750	1490	1265	1075	915

GENESIS ARMS

	NIB	EXC	VG	G	F
GEN-12	2200	1870	1590	1350	1150
Gen-12 w/SBA3 Brace	2000	1700	1445	1230	1045

GEVARM

	NIB	EXC	VG	G	F
E-1 AUTOLOADING RIFLE	600	510	435	370	315

GFORCE ARMS

GF9 EQUALIZER	Contact Manufacturer for Pricing				

GIB

	NIB	EXC	VG	G	F
10 GAUGE MAGNUM	700	595	505	430	365

GIBBS GUNS, INC.

	NIB	EXC	VG	G	F
MARK 45 CARBINE	650	555	470	400	340

GIBBS RIFLE COMPANY, INC.

RIFLES/CARBINES: BOLT ACTION

	NIB	EXC	VG	G	F
M-1871/84 MAUSER	590	500	425	360	305
M-1871/84 "SAMURAI" MAUSER	550	470	395	340	290
M-1888 MAUSER	780	665	565	480	410
M-98K ISRAELI MAUSER	885	750	640	545	465
M-98 MAUSER SPORTER	400	340	290	245	210
2A HUNTER RIFLE/CARBINE	460	390	330	280	240
ENFIELD NO. 5 JUNGLE CARBINE	380	325	275	235	200
ENFIELD NO. 7 JUNGLE CARBINE	405	345	295	250	215
QUEST EXTREME CARBINE	450	385	325	275	235
QUEST II	425	360	305	260	220
QUEST III	500	425	360	305	260
SUMMIT FRONTIER .45-70 CARBINE	760	645	550	465	395
GIBBS ECONOMY SPORTER	390	330	280	240	205
GIBBS MAUSER SPORTER	400	340	290	245	210
MODEL 81 CLASSIC	1020	865	735	625	530
Model 81 Classic African	850	725	615	520	440
MODEL 85 SNIPER RIFLE	3600	3060	2600	2210	1880
MODEL 87 TARGET	2050	1745	1480	1260	1070
MODEL 1000 STANDARD	650	555	470	400	340
Model 1000 Standard Clip	520	440	375	320	270
MODEL 1100 LIGHTWEIGHT	480	410	345	295	250
Model 1100M Lightweight African	900	765	650	555	470
MODEL 1200 SUPER	550	470	395	340	290
Model 1200 Super Clip	610	520	440	375	320
MODEL 1300S SCOUT	440	375	320	270	230
MODEL 1500S SURVIVOR	600	510	435	370	315
M1903-A4 SPRINGFIELD SNIPER MODEL	1360	1155	985	835	710
M1903-A4-84 SPRINGFIELD SNIPER MODEL	1890	1605	1365	1160	985
MODEL 1916 MAUSER	250	215	180	155	130
PIG BUSTER	690	585	500	425	360
QUEST IV	360	305	260	220	185

RIFLES: BOLT ACTION, MIDLAND SERIES

	NIB	EXC	VG	G	F
MODEL 2100 MIDLAND DELUXE	500	425	360	305	260
MODEL 2600 MIDLAND	555	470	400	340	290
MIDLAND 2700 LIGHTWEIGHT	550	470	395	340	290
MIDLAND 2800	310	265	225	190	160

SHOTGUNS: SINGLE SHOT

	NIB	EXC	VG	G	F
MIDLAND STALKER	130	110	95	80	70

GILL ARMS

	NIB	EXC	VG	G	F
Gill GPR 9M Metal Frame Limited Edition	660	560	475	405	345

GIRSAN MACHINE & LIGHT WEAPON INDUSTRY COMPANY

PISTOLS: SEMI-AUTO

	NIB	EXC	VG	G	F
MC14T	425	360	305	260	220
MC14T LADY	610	520	440	375	320
MC9 SERIES (MC9/MC9-TV/MC9 BX/MC9 TV BX)	730	620	525	450	385

	NIB	EXC	VG	G	F
MC9 MATCH TV	730	620	525	450	385
MC14	390	330	280	240	205
MC28 SA	515	440	370	315	270
MC28 SA-TV/MC28 SA-TV BX	515	440	370	315	270
MC39	330	280	240	205	175
MC1911 C/MC1911 C-TV	600	510	435	370	315
MC1911 C 10mm	670	570	485	410	350
MC1911 NEGOTIATOR MATCH	930	790	670	570	485
MC1911 S/MC1911 S-TV	800	680	580	490	415
MC1911 S HUNTER	665	565	480	410	350
MC1911 S MATCH	950	810	685	585	495
MC1911 S MATCH ELITE	950	810	685	585	495
MC1911 S Lux/MC1911 S Gold Lux	1350	1150	975	830	705
MC1911 S NOEL	860	730	620	530	450
MC1911 SC	695	590	500	425	360
MC1911 SC ULTIMATE	785	665	565	480	410
MC P35	530	450	385	325	275
MC P35 GOLD	970	825	700	595	505
MC P35 MATCH/MC P35 OPS/MC P35 OPS OPTIC	820	695	590	505	430
MC P35 PI	660	560	475	405	345
REGARD MC/REGARD MC DELUXE/REGARD MC TV	485	410	350	300	255
REGARD MC BX	610	520	440	375	320
REGARD MC COMPACT	505	430	365	310	265
REGARD MC SPORT GEN 3/GEN SPORT 4/REGARD	640	545	460	395	335

SHOTGUNS: SEMI-AUTO

	NIB	EXC	VG	G	F
MC312	440	375	320	270	230
MC312 GOBBLER	575	490	415	355	300
MC312 GOOSE	800	680	580	490	415
MC312 SPORT	640	545	460	395	335
MC312 TACTICAL	570	485	410	350	300

GLOCK

GLOCK 17

	NIB	EXC	VG	G	F
GLOCK 17 GEN 1 (SPORT/SERVICE)	1500	1275	1085	920	780
Glock 17C Gen 4 (RTF-4)	550	470	395	340	290
Glock 17L Gen 1 (Sport/Service/Competition)	1500	1275	1085	920	780
Glock 17C Gen 3 (Sport/Service)	680	580	490	420	355
Glock 17C Gen 2	680	580	490	420	355
P80 Gen 1 (Sport/Service)	640	545	460	395	335
GLOCK 17 GEN 2 (SPORT/SERVICE)	1200	1020	865	735	625
GLOCK 17 GEN 3 (SPORT/SERVICE)	550	470	395	340	290
Glock 17CC Gen 3 (Sport/Service/Competition)	680	580	490	420	355
Glock 17L Gen 3 (Sport/Service/Competition)	680	580	490	420	355
GLOCK 17 GEN 3 (RTF-2) (SPORT/SERVICE)	550	470	395	340	290
GLOCK 17 GEN 4 (RTF-4)	550	470	395	340	290
Glock 17L Gen 2 (Sport/Service/Competition)	1200	1020	865	735	625
Glock 17 TB Gen 3 (SPORT/SERVICE)	590	500	425	360	305
Glock 17 Gen 4 (RTF-4) 25th Silver Anniversary Limited	700	595	505	430	365
Glock 17 Gen 4 (RTF-4) 30th Anniversary Limited					
Glock 17 Gen 4 MOS (RTF-4) (Sport/Service)	620	525	450	380	325
Glock 17M GEN 5 (RTF) (SPORT/SERVICE)	680	580	490	420	355
GLOCK 17 GEN 5 (RTF) (SPORT/SERVICE)	625	530	450	385	325
Glock 17 Gen 5 MOS (RTF) Competition (Sport/Service)	675	575	490	415	355

GLOCK 18

	NIB	EXC	VG	G	F
GIOCK 18 GEN 1 (SELECTIVE FIRE CONTROL)	1500	1275	1085	920	780
GLOCK 18 GEN 2 (SELECTIVE FIRE CONTROL)					
GLOCK 18 GEN 3 (SELECTIVE FIRE CONTROL)	680	580	490	420	355

GLOCK 19

	NIB	EXC	VG	G	F
GLOCK 19 GEN 1 COMPACT (SPORT/SERVICE)	5000	4250	3615	3070	2610
GLOCK 19 GEN 2 COMPACT (SPORT/SERVICE)	1200	1020	865	735	625
Glock 19C Gen 2 Compact (Sport/Service)	1500	1275	1085	920	780
GLOCK 19 GEN 3 COMPACT (SPORT/SERVICE)	590	500	425	360	305

Model	NIB	EXC	VG	G	F
Glock 19C Gen 3 Compact (Sport/Service)	590	500	425	360	305
Glock 19CC Gen 3 Compact Competition	675	575	490	415	355
Glock 19 TB Gen 3 Compact (Sport/Service)	590	500	425	360	305
GLOCK 19 GEN 3 COMPACT (RTF-2)	590	500	425	360	305
GLOCK 19 GEN 4 COMPACT (RTF-4)	550	470	395	340	290
Glock 19C Gen 4 Compact (RTF-4)	550	470	395	340	290
Glock 19 Gen 4 MOS Compact Competition (RTF-4)	680	580	490	420	355
Glock 19M Gen 5 Compact (Sport/Service)	640	545	460	395	335
GLOCK 19 GEN 5 COMPACT (RTF) (SPORT/SERVICE)	625	530	450	385	325
Glock 19 Gen 5 MOS Compact Competition	675	575	490	415	355

GLOCK 19X

Model	NIB	EXC	VG	G	F
Glock 19X Gen 5 Compact (RTF)	650	555	470	400	340

GLOCK 20

Model	NIB	EXC	VG	G	F
GLOCK 20 GEN 2 (SPORT/SERVICE)	1500	1275	1085	920	780
GLOCK 20 GEN 3 (SPORT/SERVICE)	580	495	420	355	300
Glock 20C Gen 3	625	530	450	385	325
Glock 20CC Gen 3 Competition	725	615	525	445	380
Glock 20SF Gen 3	580	495	420	355	300
GLOCK 20 GEN 4 (RTF-4)	625	530	450	385	325
GLOCK 20 GEN 5 MOS	675	575	490	415	355

GLOCK 21

Model	NIB	EXC	VG	G	F
GLOCK 21 GEN 2 (SPORT/SERVICE)	1500	1275	1085	920	780
GLOCK 21 GEN 3	580	495	420	355	300
Glock 21C Gen 3	625	530	450	385	325
Glock 21CC Gen 3 Competition	725	615	525	445	380
Glock 21SF Gen 3	580	495	420	355	300
Glock 21SF TB Gen 3 (Sport/Service)	590	500	425	360	305
GLOCK 21 GEN 4 (RTF-4) (SPORT/SERVICE)	625	530	450	385	325
GLOCK 21 GEN 5 MOS	675	575	490	415	355

GLOCK 22

Model	NIB	EXC	VG	G	F
GLOCK 22 GEN 2 (SPORT/SERVICE)	1200	1020	865	735	625
Glock 22C Gen 2 (Sport/Service)	1200	1020	865	735	625
GLOCK 22 GEN 3 (SPORT/SERVICE)	590	500	425	360	305
Glock 22C Gen 3	590	500	425	360	305
Glock 22CC Gen 3	725	615	525	445	380
GLOCK 22 GEN 4 (RTF-4)	550	470	395	340	290
Glock 22C Gen 4 (RTF-4)	590	500	425	360	305
GLOCK 22 GEN 5 (RTF) (SPORT/SERVICE)	625	530	450	385	325
Glock 22 Gen 5 MOS (RTF) Competition (Sport/Service)	675	575	490	415	355

GLOCK 23

Model	NIB	EXC	VG	G	F
GLOCK 23 GEN 2 COMPACT	1200	1020	865	735	625
Glock 23C Gen 2 (Sport/Service)	1200	1020	865	735	625
GLOCK 23 GEN 3 COMPACT (SPORT/SERVICE)	590	500	425	360	305
Glock 23C Gen 3 Compact (Sport/Service)	590	500	425	360	305
Glock 23CC Gen 3 Compact (Sport/Service)	590	500	425	360	305
Glock 23 TB Gen 3 Compact (Sport/Service)	590	500	425	360	305
GLOCK 23 GEN 4 (RTF-4) COMPACT	550	470	395	340	290
Glock 23C Gen 4 (RTF-4)	590	500	425	360	305
GLOCK 23 GEN 5 (RTF) COMPACT (SPORT/SERVICE)	625	530	450	385	325
Glock 23 Gen 5 MOS (RTF) COMPACT	675	575	490	415	355

GLOCK 24

Model	NIB	EXC	VG	G	F
GLOCK 24 GEN 2 (SPORT/SERVICE) COMPETITION	1200	1020	865	735	625
Glock 24P Gen 2 (Sport/Service) Competition	1200	1020	865	735	625
GLOCK 24C GEN 3 (SPORT/SERVICE) COMPETITION	675	575	490	415	355

GLOCK 25

Model	NIB	EXC	VG	G	F
GLOCK 25	590	500	425	360	305

GLOCK 26

Model	NIB	EXC	VG	G	F
GLOCK 26 GEN 3 SUB-COMPACT	550	470	395	340	290
GLOCK 26 GEN 4 (RTF-4) SUB-COMPACT	550	470	395	340	290
GLOCK 26 GEN 5 (RTF) SUB-COMPACT	590	500	425	360	305

GLOCK 27

Model	NIB	EXC	VG	G	F
GLOCK 27 GEN 3 SUB-COMPACT	550	470	395	340	290
GLOCK 27 GEN 4 (RTF-4) SUB-COMPACT	550	470	395	340	290

	NIB	EXC	VG	G	F
GLOCK 27 GEN 5 (RTF) SUB-COMPACT	590	500	425	360	305
GLOCK 28					
GLOCK 28 GEN 3 SUB-COMPACT	590	500	425	360	305
GLOCK 29					
GLOCK 29 GEN 3 SUB-COMPACT	580	495	420	355	300
Glock 29SF Gen 3 Sub-Compact	580	495	420	355	300
GLOCK 29 GEN 4 (RTF-4) SUB-COMPACT	625	530	450	385	325
GLOCK 29 GEN 5 (RTF) SUB-COMPACT	625	530	450	385	325
GLOCK 30					
GLOCK 30 GEN 3 SUB-COMPACT	580	495	420	355	300
Glock 30SF Gen 3 Sub-Compact	580	495	420	355	300
Glock 30S Gen 3 Sub-Compact	580	495	420	355	300
GLOCK 30 GEN 4 (RTF-4) SUB-COMPACT	595	505	430	365	310
GLOCK 30 GEN 5 (RTF) SUB-COMPACT	625	530	450	385	325
GLOCK 31					
GLOCK 31 GEN 2 (SPORT/SERVICE)	1200	1020	865	735	625
GLOCK 31 GEN 3 (SPORT/SERVICE)	550	470	395	340	290
Glock 31C Gen 3 (Sport/Service)	620	525	450	380	325
GLOCK 31 GEN 4 (RTF-4) (SPORT/SERVICE)	550	470	395	340	290
GLOCK 32					
GLOCK 32 GEN 2 COMPACT	1200	1020	865	735	625
GLOCK 32 GEN 3 COMPACT (SPORT/SERVICE)	550	470	395	340	290
Glock 32C Gen 3 Compact	625	530	450	385	325
GLOCK 32 GEN 4 (RTF-4) COMPACT (SPORT/SERVICE)	550	470	395	340	290
GLOCK 33					
GLOCK 33 GEN 3 SUB-COMPACT	550	470	395	340	290
GLOCK 33 GEN 4 (RTF-4) SUB-COMPACT	550	470	395	340	290
GLOCK 34					
GLOCK 34 GEN 3 COMPETITION (SPORT/SERVICE)	620	525	450	380	325
GLOCK 34 GEN 4 (RTF-4) COMPETITION	760	645	550	465	395
Glock 34 Gen 4 MOS (RTF-4) Competition	760	645	550	465	395
GLOCK 34 GEN 5 MOS (RTF) COMPETITION	775	660	560	475	405
GLOCK 35					
GLOCK 35 GEN 3 COMPETITION (SPORT/SERVICE)	620	525	450	380	325
GLOCK 35 GEN 4 (RTF-4) COMPETITION	620	525	450	380	325
GLOCK 35 GEN 4 MOS (RTF-4)COMPETITION	760	645	550	465	395
GLOCK 35 GEN 5 MOS (RTF) COMPETITION	820	695	590	505	430
GLOCK 36					
GLOCK 36 GEN 3 SUB-COMPACT	595	505	430	365	310
GLOCK 37					
GLOCK 37 GEN 3 (SPORT/SERVICE)	560	475	405	345	295
GLOCK 37 GEN 4 (RTF-4)	600	510	435	370	315
GLOCK 38					
GLOCK 38 GEN 3 COMPACT (SPORT/SERVICE)	560	475	405	345	295
GLOCK 38 GEN 4 (RTF-4) COMPACT	560	475	405	345	295
GLOCK 39					
GLOCK 39 GEN 3 SUB-COMPACT	560	475	405	345	295
GLOCK 39 GEN 4 (RTF-4) SUB-COMPACT	560	475	405	345	295
GLOCKS 40 and Up					
Glock 41 MOS Gen 4 (RTF-4) Competition	725	615	525	445	380
GLOCK 43X GEN 5 (RTF) SUB-COMPACT	490	415	355	300	255
Glock 43X Gen 5 MOS (RTF) Sub-Compact	530	450	385	325	275
Glock 45 Gen 5 MOS (RTF) Compact (Sport/Service)	675	575	490	415	355
Glock47 Gen 5 MOS (RTF)	675	575	490	415	355
Glock 48 Gen 5 MOS Compact	530	450	385	325	275
GLOCK 40 GEN 4 MOS (RTF-4) COMPETITION	725	615	525	445	380
GLOCK 41 GEN 4 (RTF-4) COMPETITION	610	520	440	375	320
GLOCK 42 GEN 4 (RTF-4) SUB-COMPACT	435	370	315	265	225
GLOCK 43 GEN 4 (RTF) SUB-COMPACT	490	415	355	300	255
GLOCK 44 GEN 5 (RTF) COMPACT (SPORT/SERVICE)	390	330	280	240	205
GLOCK 45 GEN 5 (RTF) COMPACT (SPORT/SERVICE)	590	500	425	360	305
GLOCK 46 GEN 5 (RTF) COMPACT (SPORT/SERVICE)	590	500	425	360	305
GLOCK 47 GEN 5 (RTF)	590	500	425	360	305

	NIB	EXC	VG	G	F
GLOCK 48 GEN 5 (RTF) COMPACT (SPORT/SERVICE)	490	415	355	300	255
GLOCK 49 MOS GEN 5 (RTF) COMPETITION	675	575	490	415	355

GOLDEN EAGLE

RIFLES: BOLT ACTION

MODEL 7000 GRADE I	620	525	450	380	325
MODEL 7000 GRADE I AFRICAN	920	780	665	565	480
MODEL 7000 GRADE II	850	725	615	520	440

SHOTGUNS: O/U

MODEL 5000 GRADE I (FIELD)	1100	935	795	675	575
MODEL 5000 GRADE I SKEET	1250	1065	905	770	655
MODEL 5000 GRADE I TRAP	1400	1190	1010	860	730
MODEL 5000 GRADE II Field	990	840	715	610	520
MODEL 5000 GRADE II Trap	1350	1150	975	830	705
MODEL 5000 GRADE II Skeet	1250	1065	905	770	655
GRANDEE GRADE III	2990	2540	2160	1835	1560

GRAHAM BROTHER RIFLEWORKS

MARC SPORT BOLT ACTION PISTOL	1360	1155	985	835	710

GRANGER, G.

GRANGER SxS

GREAT LAKES FIREARMS AND AMMUNITION, LLC

PISTOLS: SEMI-AUTO

GLFA .223 WYLDE	575	490	415	355	300
GLFA .458 SOCOM	725	615	525	445	380

RIFLES: SEMI-AUTO

GLFA .223 WYLDE RIFLE (RECENT MFG.)	600	510	435	370	315
GLFA .223 WYLE RIFLE (CURRENT MFG.)	600	510	435	370	315
GLFA .350 LEGEND RIFLE	835	710	605	515	440

GRENDEL, INC.

PISTOLS: SEMI-AUTO

MODEL P-10 SERIES	450	385	325	275	235
MODEL P-12	425	360	305	260	220
Model P1/2	320	270	230	195	165
MODEL P-30	475	405	345	290	245
Model P-30M	685	580	495	420	355
MODEL P-30L	490	415	355	300	255
MODEL P-31	550	470	395	340	290

RIFLES & CARBINES

MODEL R-31	395	335	285	245	210
SRT-20F COMPACT	890	755	645	545	465

GREY BIRCH MFG.

PISTOL: BOLT ACTION

LDR PISTOL (LONG DISTANCE READY)	820	695	590	505	430

RIFLES: BOLT ACTION

					0
ADVENTURER	820	695	590	505	430
LDR (LONG DISTANCE READY)	915	780	660	560	475

GREY FIREARMS, JACOB (JG)

PISTOLS: SEMI-AUTO

TWC 9	2455	2085	1775	1510	1285
AR9 JG9	1900	1615	1375	1165	990

RIFLES: SEMI-AUTO

AR9 JG9 RIFLE	2300	1955	1660	1410	1200

	NIB	EXC	VG	G	F

GRIFFIN & HOWE

RIFLES: BOLT ACTION

	NIB	EXC	VG	G	F
G&H ALL-AMERICAN RIFLE	Contact Manufacturer for Pricing.				
G&H CUSTOM SPORTER	Contact Manufacturer for Pricing.				
G&H HIGHLANDER MOUNTAIN RIFLE	Contact Manufacturer for Pricing.				
G&H LONG RANGE PRECISION RIFLES	Contact Manufacturer for Pricing.				
G&H PRE-'64 MODEL 70 CLASSIC SYNTHETIC STOCK	4750	4040	3430	2915	2480
WIN M70 STANDARD ACTION	4760	4045	3440	2925	2485
WIN M70 MEDIUM	5500	4675	3975	3380	2875
WIN M70 MAGNUM	5870	4990	4240	3605	3065
WIN M52	6235	5300	4505	3830	3255
WIN HIGHWALL	4790	4070	3460	2940	2500
SPRINGFIELD 1903	3895	3310	2815	2390	2030
SPRINGFIELD 1922	4600	3910	3325	2825	2400
MAUSER STANDARD	3965	3370	2865	2435	2070
MAUSER MAGNUM	14500	12325	10475	8905	7570
SAVAGE 99	3900	3315	2820	2395	2035

SHOTGUNS: O/U

	NIB	EXC	VG	G	F
BLACK RAM	4550	3870	3285	2795	2375
BROADWAY	4500	3825	3250	2765	2350
CLAREMONT	7235	6150	5225	4445	3780
Extra Finish Claremont	10800	9180	7805	6635	5640
Claremont Lusso	17250	14665	12465	10595	9005
MADISON	9000	7650	6505	5525	4695
SUPERBRITTE	29500	25075	21315	18115	15400
SILVER RAM	8500	7225	6140	5220	4435

SHOTGUNS: SxS

	NIB	EXC	VG	G	F
ROUND BODY GAME GUN	4800	4080	3470	2950	2510
Round Body Game Guns Pair	12400	10540	8960	7615	6475
EXTRA FINISH ROUND BODY GAME GUN	7750	6590	5600	4760	4045
Extra Finish Round Body Game Guns Pair	18550	15770	13400	11390	9680
BRITTE	13750	11690	9935	8445	7180
CONTINENTAL SIDELOCK	17000	14450	12285	10440	8875
Continental Sidelocks Pair	29550	25120	21350	18145	15425
TRADITIONAL GAME GUN	8015	6815	5790	4920	4180
Traditional Game Gun Pair	12400	10540	8960	7615	6475

GRIFFIN ARMAMENT

PISTOLS: SEMI-AUTO

	NIB	EXC	VG	G	F
MKI CQB PISTOL	1530	1300	1105	940	800
MKI PSD PISTOL	1675	1425	1210	1030	875

RIFLES: SEMI-AUTO

	NIB	EXC	VG	G	F
MK1 PATROL 14.5 IN.	1600	1360	1155	985	835
MK1 RECCE 16 IN.	1600	1360	1155	985	835

GRIFFON

	NIB	EXC	VG	G	F
GRIFFON 1911 A1 COMBAT	620	525	450	380	325
GRIFFON CW 11	500	425	360	305	260

GUN 1

	NIB	EXC	VG	G	F
GUN 1 SERIES	250	215	180	155	130
Gun 1 Series Youth Centerfire	500	425	360	305	260

GUN WORKS, LTD.

	NIB	EXC	VG	G	F
X-CALIBER	380	325	275	235	200
MODEL 9	375	320	270	230	195

GUNCRAFTER INDUSTRIES

	NIB	EXC	VG	G	F
.50 GI COMPLETE GLOCK PISTOL	1075	915	775	660	560

	NIB	EXC	VG	G	F
CZ 75 GUNCRAFTER EXECUTIVE SERIES PISTOL	1575	1340	1140	965	820
FRONT SIGHT 1911 GOVERNMENT	3290	2795	2375	2020	1715
FRONT SIGHT 1911 CCO	2990	2540	2160	1835	1560
MODEL NO. 1	2500	2125	1805	1535	1305
MODEL NO. 2	3750	3190	2710	2305	1960
MODEL NO. 3	3260	2770	2355	2000	1700
MODEL NO. 4	4460	3790	3220	2740	2330
MODEL NO. 5	3450	2935	2495	2120	1800
NO NAME CCO	2990	2540	2160	1835	1560
NO NAME COMMANDER	2860	2430	2065	1755	1490
NO NAME GOVERNMENT (PISTOL WITH NO NAME)	2700	2295	1950	1660	1410
CCO (CONCEALED COMMANDER OFFICER)	2500	2125	1805	1535	1305
THE AMERICAN CUSTOM 1911	2806	2385	2025	1725	1465
THE BC-17 HELLCAT	3150	2680	2275	1935	1645
THE BC-17 HELLCAT CCO	3155	2680	2280	1940	1650
THE HELLCAT GOVERNMENT/COMMANDER	3290	2795	2375	2020	1715
THE HELLCAT X2 GOVERNMENT/COMMANDER	3450	2935	2495	2120	1800
THE FRAG	3100	2635	2240	1905	1620
THE FRAG LONG SLIDE	3420	2905	2470	2100	1785
THE FRAG SQUARED BLACKOUT (FRAG SQUARED)	3500	2975	2530	2150	1830
THE H.O.S.S. CUSTOM 1911 (HEAVY OPERATING	3450	2935	2495	2120	1800
THE RENAISSANCE CUSTOM 1911	4750	4040	3430	2915	2480

GUNWERKS, LLC

	NIB	EXC	VG	G	F
CARBONX	4750	4040	3430	2915	2480
CLYMR RIFLE SYSTEM (CLYMR)	5400	4590	3900	3315	2820
CO-PILOT	12590	10700	9095	7730	6570
CUT	11925	10135	8615	7325	6225
HAMR 2.0 RIFLE SYSTEM	8350	7100	6035	5130	4360
HELIOS	4875	4145	3520	2995	2545
LR LIGHTWEIGHT (LR-800)	4475	3805	3235	2750	2340
LR-1000	4875	4145	3520	2995	2545
MAGNUS RIFLE SYSTEM (MAGNUS)	5355	4550	3870	3290	2795
MOUNTAIN X	4890	4155	3535	3005	2555
NEXUS	4500	3825	3250	2765	2350
REV X	Pricing Unavailable for this model.				
SKUHL RIFLE SYSTEM	5500	4675	3975	3380	2875
SPECTR	5450	4635	3940	3345	2845
THUMPR	9150	7780	6610	5620	4775
VERDICT RIFLE SYSTEM (VERDICT)	5145	4375	3715	3160	2685
ProBuild Verdict	10000	8500	7225	6140	5220
WERKMAN	4560	3875	3295	2800	2380

GWACS ARMORY

	NIB	EXC	VG	G	F
CAV-15	620	525	450	380	325
CAV-15 MKII AR15 RL	950	810	685	585	495
CAV-15 MKII LWT	490	415	355	300	255
CAV-15 TAC15 KM	550	470	395	340	290
CAV-15 TACTICAL A4 MOE	435	370	315	265	225
CAV-15 TACTICAL A4 QUAD	495	420	360	305	260
LTAC AR-15 RIFLE	510	435	370	315	270

H & R 1871, LLC. (HARRINGTON & RICHARDSON)

REVOLVERS

	NIB	EXC	VG	G	F
929 SIDEKICK	300	255	215	185	155
929 Sidekick Trapper Edition	300	255	215	185	155
939 PREMIER WESTERN TARGET	325	275	235	200	170
FOURTY-NINER (WESTERN 949)	325	275	235	200	170
SPORTSMAN 999	400	340	290	245	210

RIFLES: SINGLE SHOT

	NIB	EXC	VG	G	F
ULTRA HUNTER MODEL, .45-70 Cal.	400	340	290	245	210

Model	NIB	EXC	VG	G	F
ULTRA HUNTER MODEL, Other Cals.	280	240	200	170	145
Ultra Model .22 Mag.	300	255	215	185	155
Ultra Model Varmint	350	300	255	215	185
Ultra Model Comp.	500	425	360	305	260
Ultra Model Rocky Mountain Elk Foundation Commemorative 1st Ed.	360	305	260	220	185
Ultra Model Rocky Mountain Elk Foundation Commemorative 2nd Ed.	375	320	270	230	195
HANDI-MAG	290	245	210	180	155
WHITETAILS UNLIMITED COMMEMORATIVE RIFLE	320	270	230	195	165
BUFFALO CLASSIC	390	330	280	240	205
TARGET RIFLE	350	300	255	215	185
HANDI-RIFLE	255	215	185	155	130
Handi-Rifle Compact	355	300	255	220	185
Handi-Rifle Synthetic	290	245	210	180	155
Handi-Rifle Synthetic Compact	295	250	215	180	155
Handi-Rifle Synthetic Handi-Grip	310	265	225	190	160
Handi-Rifle Synthetic Stainless	370	315	265	225	190
HANDI-GUN COMBINATION	320	270	230	195	165
HANDI-RIFLE/SLUG COMBO SERIES	410	350	295	250	215
SUPERLIGHT HANDI-RIFLE	290	245	210	180	155
SPORTSTER	300	255	215	185	155
SURVIVOR	250	215	180	155	130

SHOTGUNS: O/U

Model	NIB	EXC	VG	G	F
PINNACLE	790	670	570	485	410

SHOTGUNS: SEMI-AUTO

Model	NIB	EXC	VG	G	F
EXCELL AUTO	435	370	315	265	225
Excell Auto Tactical	560	475	405	345	295
Excell Auto Turkey	545	465	395	335	285
Excell Auto Waterfowl	626	530	450	385	325
EXCELL AUTO 5	345	295	250	210	180
Excell Auto 5 Turkey	410	350	295	250	215
Excell Auto 5 Combo	455	385	330	280	240

SHOTGUNS: SINGLE SHOT

Model	NIB	EXC	VG	G	F
TOPPER (098)	150	130	110	90	75
Topper 3 1/2 in.	210	180	150	130	110
Topper Deluxe Classic	190	160	135	115	100
Topper Deluxe Rifled Slug Gun	250	215	180	155	130
Topper Jr.	290	245	210	180	155
Topper Jr. Classic	220	185	160	135	115
Topper Trap	230	195	165	140	120
Topper NWTF Turkey Mag.	390	330	280	240	205
Topper 1994 NWTF Youth Turkey Gun	330	280	240	205	175
Topper 2000 NWTF/Youth Edition	275	235	200	170	145
THE TAMER	340	290	245	210	180
SB1-920 ULTRA SLUG HUNTER	200	170	145	125	105
ULTRA SLUG HUNTER	200	170	145	125	105
Ultra Slug Hunter Deluxe	490	415	355	300	255
Ultra Light Slug Hunter	230	195	165	140	120
Ultra Slug Hunter Thumbhole	360	305	260	220	185
PARDNER	195	165	140	120	100
Pardner Compact (Youth)	245	210	175	150	130
Pardner Turkey Gun	250	215	180	155	130
Pardner Waterfowl	310	265	225	190	160
SURVIVOR	345	295	250	210	180
TRACKER II SLUG MODEL	230	195	165	140	120
WHITETAILS UNLIMITED RIFLED SLUG GUN	210	180	150	130	110

SHOTGUNS: SLIDE ACTION

Model	NIB	EXC	VG	G	F
PARDNER PUMP	400	340	290	245	210
Pardner Pump Compact	320	270	230	195	165
Pardner Pump Protector	275	235	200	170	145

H-S PRECISION, INC.

	NIB	EXC	VG	G	F
PISTOLS: SINGLE SHOT					
PRO-SERIES 2000 VP/SP	2785	2365	2010	1710	1455
RIFLES: BOLT ACTION, PRO-SERIES 2000					
PRO-SERIES 2000 BENCHREST (BCR)	3590	3050	2595	2205	1875
PRO-SERIES 2000 CLASSIC HUNTING RIFLE (CHR)	3475	2955	2510	2135	1815
PRO-SERIES 2000 F CLASS RIFLE (FCR)	3230	2745	2335	1985	1685
PRO-SERIES 2000 HEAVY TACTICAL HTR (HEAVY	4300	3655	3105	2640	2245
PRO-SERIES 2000 PRO-HUNTER LIGHTWEIGHT (PHL)	4165	3540	3010	2560	2175
PRO-SERIES 2000 PRO-HUNTER LONG RANGE (PLR)	4300	3655	3105	2640	2245
Pro-Series 2000 Pro-Hunter Long Range Carbon (PLC)	3990	3390	2885	2450	2085
PRO-SERIES 2000 PRO-HUNTER RIFLE (PHR)	4085	3470	2950	2510	2135
PRO-SERIES 2000 PRO-HUNTER TAKEDOWN (PTD)	5990	5090	4330	3680	3130
PRO SERIES 2000 RAPID DEPLOYMENT RIFLE (RDR)	4085	3470	2950	2510	2135
PRO-SERIES 2000 SHORT TACTICAL (STR)	4085	3470	2950	2510	2135
PRO-SERIES 2000 TAKEDOWN TACTICAL LONG	6935	5895	5010	4260	3620
PRO-SERIES 2000 SPORTER (SPR)	4085	3470	2950	2510	2135
Pro-Series 2000 Sporter Lightweight (SPL)	4085	3470	2950	2510	2135
PRO-SERIES 2000 VARMINT (VAR)	4085	3470	2950	2510	2135
PRO-SERIES 2000 VARMINT TAKEDOWN (VTD)	4775	4060	3450	2930	2490
TAKEDOWN LONG RANGE (TACTICAL MARKSMAN)	2390	2030	1725	1470	1250
TOM HOUGHTON SR. TRIBUTE RIFLE (LTD. ED.)	4275	3635	3090	2625	2230

H. KRIEGHOFF GUN CO. (SHOTGUNS OF ULM)

	NIB	EXC	VG	G	F
DRILLINGS					
NEPTUN MODEL	14500	12325	10475	8905	7570
Neptun Model Dural	14500	12325	10475	8905	7570
NEPTUN PRIMUS MODEL	19500	16575	14090	11975	10180
Neptun Primus Model Dural	15550	13220	11235	9550	8120
OPTIMA	10925	9285	7895	6710	5705
Optima Double Rifle Drilling	13300	11305	9610	8170	6945
Optima Big Five Double Rifle Drilling (African Drilling)	22950	19510	16580	14095	11980
OPTIMUS TS MODEL	9350	7950	6755	5740	4880
PLUS MODEL	6175	5250	4460	3790	3220
QUADRO AFRICAN DRILLING	Contact Importer for Pricing				
TRUMPF MODEL	18600	15885	13505	11480	9760
Trumpf Model Dural	12955	11010	9360	7955	6760
TRUMPF DRILLING (CURRENT MFG.)	Contact Importer for Pricing				
TRUMPF DOUBLE RIFLE DRILLING (CURRENT MFG.)	Contact Importer for Pricing				
PISTOLS: SEMI-AUTO					
KRIEGHOFF LUGER	13000	11050	9395	7985	6785
RIFLES: O/U & SxS					
CLASSIC SxS STANDARD	10800	9180	7805	6635	5640
Classic SxS Standard Big Five (Big Bore)	10395	8835	7510	6385	5425
NEPTUN SxS	10950	9310	7910	6725	5715
TECK O/U	7260	6170	5245	4460	3790
Teck-Handspanner O/U	9995	8495	7220	6140	5220
TRUMPF SxS	17990	15290	13000	11050	9395
ULTRA TS O/U	9250	7865	6685	5680	4830
ULM O/U	14795	12575	10690	9085	7720
Ulm O/U Dekor	11950	10160	8635	7340	6240
Ulm O/U Primus	13950	11860	10080	8565	7280
RIFLES: SINGLE SHOT					
HUBERTUS RIFLE	6750	5740	4875	4145	3525
RIFLES: SLIDE ACTION					
SEMPRIO	5995	5095	4330	3680	3130
SHOTGUNS: O/U					
MODEL 32 STANDARD	3245	2760	2345	1995	1695
MODEL 32 STANDARD, San Remo	3600	3060	2600	2210	1880
MODEL 32 STANDARD, Monte Carlo	6750	5740	4875	4145	3525
MODEL 32 STANDARD, Crown	13025	11070	9410	8000	6800

Model	NIB	EXC	VG	G	F
MODEL 32 STANDARD, Super Crown	16995	14445	12280	10435	8870
Model 32 Standard Low Rib	4250	3615	3070	2610	2220
MODEL 32 4-BARREL SKEET SET	5000	4250	3615	3070	2610
MODEL 32 4-BARREL SKEET SET, Munchen	7000	5950	5060	4300	3655
MODEL 32 4-BARREL SKEET SET, San Remo	6500	5525	4695	3990	3390
MODEL 32 4-BARREL SKEET SET, Monte Carlo	8650	7355	6250	5310	4515
MODEL 32 4-BARREL SKEET SET, Crown	13500	11475	9755	8290	7045
MODEL 32 4-BARREL SKEET SET, Super Crown	16995	14445	12280	10435	8870
K-20 PARCOURS	13950	11860	10080	8565	7280
K-20 PRO SPORTER	14195	12065	10255	8720	7410
K-20 SPORTING (AND FIELD)	17100	14535	12355	10500	8925
K-20 VICTORIA	14000	11900	10115	8600	7310
K-80 ACS COMBO	21495	18270	15530	13200	11220
K-80 PARCOURS	17350	14750	12535	10655	9055
K-80 Parcours-X	17950	15260	12970	11025	9370
K-80 PIGEON	Pricing Unavailable for this model				
K-80 PRO SPORTER/PRO SKEET	12585	10695	9095	7730	6570
K-80/S	Pricing Unavailable for this model				
K-80 SKEET/SKEET SPECIAL	Pricing Unavailable for this model				
K-80 Skeet/Skeet Special Standard Model	11650	9905	8415	7155	6080
K-80 Skeet Special Model	9750	8290	7045	5990	5090
K-80 Special Centennial Skeet	4505	3830	3255	2765	2350
K-80 SPORTING (CLAYS)	12100	10285	8740	7430	6315
K-80 TRAP	Pricing Unavailable for this model				
K-80 Trap Standard/Trap Combo O/U	11400	9690	8235	7000	5950
K-80 Trap Standard Unsingle	11780	10015	8510	7235	6150
K-80 Trap Special	10950	9310	7910	6725	5715
K-80 Trap Centennial Model	7500	6375	5420	4605	3915
K-80 2-BARREL LIGHTWEIGHT SKEET SET					
K-80 2-Barrel Lightweight Skeet Set Standard Grade	8045	6840	5815	4940	4200
K-80 2-Barrel Lightweight Skeet Set Bavaria Model	12950	11010	9355	7955	6760
K-80 2-Barrel Lightweight Skeet Set Danube Model	22945	19505	16580	14090	11975
K-80 2-Barrel Lightweight Skeet Set Gold Target Model	25975	22080	18765	15950	13560
K-80 4-BARREL SKEET SET					
K-80 4-Barrel Skeet Set Standard Grade	9500	8075	6865	5835	4960
K-80 4-Barrel Skeet Set Bavaria Model	13300	11305	9610	8170	6945
K-80 4-Barrel Skeet Set Danube Model	21375	18170	15445	13125	11155
K-80 4-Barrel Skeet Set Gold Target Model	27590	23450	19935	16945	14405
ULM-P LIVE PIGEON	16625	14130	12010	10210	8680
ULM-P Live Pigeon Bavaria Grade	20900	17765	15100	12835	10910
KS-2 SERIES	Pricing Unavailable for this model				
SHOTGUNS: O/U OR COMBINATION GUNS					
TECK MODEL	5500	4675	3975	3380	2875
Teck Model Dural	6950	5910	5020	4270	3630
ULM	15500	13175	11200	9520	8090
Ulm Dural	14550	12370	10510	8935	7595
ULM PRIMUS	15990	13590	11555	9820	8345
Ulm Primus Dural	18050	15345	13040	11085	9420
ULTRA TS COMBINATION GUN	6590	5600	4760	4045	3440
Ultra-B TS Combination Gun	5460	4640	3945	3355	2850
SHOTGUNS: SxS					
ESSENCIA BOXLOCK	25950	22060	18750	15935	13545
ESSENCIA SIDELOCK	24075	20465	17395	14785	12565
SHOTGUNS: SINGLE BARREL, TRAP					
MODEL 32	1510	1285	1090	925	785
KS-5	2495	2120	1805	1530	1300
KS-5 Special	3200	2720	2310	1965	1670
KX-5	4500	3825	3250	2765	2350
KX-6	7395	6285	5345	4540	3860
KX-6 SPECIAL	5700	4845	4120	3500	2975

H.J.S. INDUSTRIES, INC.

	NIB	EXC	VG	G	F
FRONTIER FOUR	525	445	380	320	270
LONE STAR	450	385	325	275	235

HAHN TACTICAL

PISTOLS: SEMI-AUTO

	NIB	EXC	VG	G	F
REAPER PISTOL	1450	1235	1050	890	755

RIFLES: SEMI-AUTO

	NIB	EXC	VG	G	F
FREEDOM-15 TACTICAL RIFLE	1235	1050	890	760	645
PRECISION 15	1690	1435	1220	1040	885

HAILEY ORDNANCE CO.

	NIB	EXC	VG	G	F
HOC-4	900	765	650	555	470
HOC-15	1265	1075	915	775	660

HAMMERLI ARMS (HÄMMERLI AG)

PISTOLS: SINGLE SHOT, RIMFIRE

	NIB	EXC	VG	G	F
FP-10 FREE PISTOL	1890	1605	1365	1160	985
MODEL 33MP	1020	865	735	625	530
MODEL FP 60	1510	1285	1090	925	785
MODEL 100 FREE PISTOL	950	810	685	585	495
Model 100 Free Pistol Deluxe Model	1250	1065	905	770	655
MODEL 101	950	810	685	585	495
MODEL 102	1200	1020	865	735	625
Model 102 Deluxe Model	1290	1095	930	790	670
MODEL 103 FREE PISTOL	795	675	575	490	415
MODEL 104 MATCH PISTOL	980	835	710	600	510
MODEL 105 MATCH PISTOL	1395	1185	1010	855	725
MODEL 106 MATCH PISTOL	1400	1190	1010	860	730
MODEL 107 MATCH PISTOL	1500	1275	1085	920	780
Model 107 Match Pistol Deluxe Model	1800	1530	1300	1105	940
MODEL 120-1 SINGLE SHOT FREE PISTOL	845	720	610	520	440
MODEL 120-2	1140	970	825	700	595
MODEL 120 HEAVY BARREL	1190	1010	860	730	620
MODEL 150 FREE PISTOL	1495	1270	1080	920	780
MODEL 151 FREE PISTOL	1500	1275	1085	920	780
MODEL 152 FREE PISTOL	1400	1190	1010	860	730
MODEL 160 FREE PISTOL	1100	935	795	675	575
MODEL 162 FREE PISTOL	1940	1650	1400	1190	1010

PISTOLS: SEMI-AUTO

	NIB	EXC	VG	G	F
MODELS 200-205	See Listings under Hammerli-Walther				
INTERNATIONAL MODEL 206	920	780	665	565	480
INTERNATIONAL MODEL 207	845	720	610	520	440
INTERNATIONAL MODEL 208	1450	1235	1050	890	755
International Model 208S	1860	1580	1345	1140	970
International Model 208 Deluxe	2940	2500	2125	1805	1535
International Model 208C (Commemorative)	2995	2545	2165	1840	1565
INTERNATIONAL MODEL 209	1350	1150	975	830	705
INTERNATIONAL MODEL 210	1150	980	830	705	600
MODEL 211	1270	1080	920	780	665
MODEL 212 HUNTER	1700	1445	1230	1045	890
MODEL 215	1705	1450	1230	1045	890
MODEL 230 RAPID FIRE PISTOL	1250	1065	905	770	655
MODEL 230-2	845	720	610	520	440
MODEL 232-1 RAPID FIRE PISTOL	920	780	665	565	480
MODEL 280	1375	1170	995	845	720
MODEL SP 20	1550	1320	1120	950	810
MODEL SP 20 RRS	1245	1060	900	765	650
MODEL P-240	See Listing under SIG-Hammerli				
TRAILSIDE PL 22	390	330	280	240	205
Trailside Competition	685	580	495	420	355
X-ESSE	975	830	705	600	510

	NIB	EXC	VG	G	F
RIFLES: BOLT ACTION, TARGET					
OLYMPIC 300 METER	895	760	645	550	470
HÄMMERLI-TANNER 300 METER FREE RIFLE	1545	1315	1115	950	810
MODEL 45 SMALLBORE MATCH RIFLE	680	580	490	420	355
MODEL 54 SMALLBORE MATCH RIFLE	560	475	405	345	295
MODEL S 205	3325	2825	2400	2040	1735
MODEL 503 SMALLBORE FREE RIFLE	760	645	550	465	395
MODEL 505 MATCH RIFLE	920	780	665	565	480
MODEL 506 SMALLBORE MATCH RIFLE	855	725	620	525	445
SPORTING RIFLE	880	750	635	540	460
RIFLES: SEMI-AUTO					
TAC R1 22 C	350	300	255	215	185

HÄMMERLI-WALTHER

	NIB	EXC	VG	G	F
MODEL 200 OLYMPIA	990	840	715	610	520
MODEL 200 OLYMPIA 1958 TYPE	1210	1030	875	745	635
MODEL 201	935	795	675	575	490
MODEL 202	950	810	685	585	495
MODEL 203 1955 TYPE	950	810	685	585	495
Model 203 1958 Type	1020	865	735	625	530
MODEL 204 1956 TYPE	1500	1275	1085	920	780
Model 204 1958 Type	1245	1060	900	765	650
MODEL 205 1956 TYPE	1350	1150	975	830	705
Model 205 1958 Type	1090	925	790	670	570

HARDENED ARMS

	NIB	EXC	VG	G	F
PISTOLS: SEMI-AUTO					
7.5 SCORPION RAIL	655	555	475	400	340
8.5 SCORPION RAIL	745	635	540	460	390
10.5 SCORPION RAIL	590	500	425	360	305
PISTOL w/SDX RAIL	400	340	290	245	210
HD QUAD RAIL PISTOL	520	440	375	320	270
Quad Rail w/Sig Kit	650	555	470	400	340
TALON RAIL PISTOL	570	485	410	350	300
RIFLES: SEMI-AUTO					
.223 WYLDE SPECIAL EDITION SS	720	610	520	440	375
16 IN. BLACK WIDOW SUPPRESSED RIFLE	1090	925	790	670	570
Black Widow Gen II Suppressed Rifle	660	560	475	405	345
16 IN. .300 BLACKOUT MELONITED CAMO	990	840	715	610	520
16 IN. GRENDEL RIFLE	950	810	685	585	495
16 IN. M4 MELONITED QUAD RAIL RIFLE	380	325	275	235	200
16 IN. MELONITED HBAR HD QUAD RAIL RIFLE	570	485	410	350	300
16 IN. SS SPIRAL FLUTED SOCOM	725	615	525	445	380
16 In. SS Straight Bull Barreled Rifle	750	640	540	460	390
16 IN. SOCOM MELONITED HD QUAD RAIL RIFLE	520	440	375	320	270
16 IN. M4 MELONITED TALON RAIL RIFLE	690	585	500	425	360
16 IN. TALON RAIL RIFLE	685	580	495	420	355
16 In. Talon Rail Rifle .300 Blackout	590	500	425	360	305
18 IN. HBAR MELONITED HD QUAD RAIL RIFLE	400	340	290	245	210
18 IN. MELONITED QUAD RAIL	550	470	395	340	290
18 IN. SDX RAIL LIGHTWEIGHT RIFLE	890	755	645	545	465
19.5 IN. .224 VALKYRIE SDX RAIL LIGHTWEIGHT RIFLE	570	485	410	350	300
20 IN. GRENDEL RIFLE	620	525	450	380	325
24 IN. BULL BARREL RIFLE	785	665	565	480	410
"GUNS AND LACE" EDITION RIFLE	1095	930	790	670	570

HARDY

	NIB	EXC	VG	G	F
THE HYBRID	6600	5610	4770	4055	3445

HARRINGTON & RICHARDSON, INC.

PISTOLS: SEMI-AUTO

	NIB	EXC	VG	G	F
H&R SELF LOADING .25 ACP, 1st Version	590	500	425	360	305
H&R SELF LOADING .25 ACP, 2nd Version	690	585	500	425	360
H&R SELF LOADING .32 ACP, 1st Version	620	525	450	380	325
H&R SELF LOADING .32 ACP, 2nd Version	680	580	490	420	355
HK-4	See listing under Heckler & Koch				

PISTOLS: SINGLE SHOT

	NIB	EXC	VG	G	F
HANDY GUN SMOOTH BORE	2400	2040	1735	1475	1255
HANDY GUN RIFLED BARREL	2250	1915	1625	1380	1175
MODEL 195 H&R SINGLE SHOT PISTOL TOP BREAK		2200	1950	1475	1255

REVOLVERS: SINGLE ACTION SPUR TRIGGER, 1871-1883

	NIB	EXC	VG	G	F
WESSON & HARRINGTON MARKED SINGLE ACTION SPUR TRIGGER (BLACK POWDER), First Type	1350	1150	975	830	705
WESSON & HARRINGTON MARKED SINGLE ACTION SPUR TRIGGER (BLACK POWDER), 2nd Type	640	545	460	395	335
WESSON & HARRINGTON MARKED SINGLE ACTION SPUR TRIGGER (BLACK POWDER), 3rd Type	435	370	315	265	225
H&R MODEL 1 SPUR TRIGGER SINGLE ACTION	590	500	425	360	305
H&R SPUR TRIGGER SINGLE ACTION (BP)					
Model 1 1/2	230	195	165	140	120
Model 2 1/2	235	200	170	145	125
Model 3 1/2	315	270	230	195	165
Model 4 1/2	600	510	435	370	315

REVOLVERS: SOLID FRAME, 1880-1952

	NIB	EXC	VG	G	F
MODEL 1880 MEDIUM DOUBLE ACTION, (BLACK	785	665	565	480	410
AMERICAN DOUBLE ACTION FIRST MODEL, (BLACK	235	200	170	145	125
BULLDOG FIRST MODEL LARGE FRAME (BLACK	285	240	205	175	150
SAFETY HAMMER DOUBLE ACTION FIRST MODEL	290	245	210	180	155
AMERICAN DOUBLE ACTION SECOND MODEL	300	255	215	185	155
BULLDOG SECOND MODEL LARGE FRAME	315	270	230	195	165
SAFETY HAMMER DOUBLE ACTION SECOND MODEL	365	310	265	225	190
VEST POCKET FIRST MODEL MEDIUM FRAME (BLACK	275	235	200	170	145
VEST POCKET SECOND MODEL SMALL FRAME	245	210	175	150	130
VEST POCKET SECOND MODEL MEDIUM FRAME	250	215	180	155	130
YOUNG AMERICA DOUBLE ACTION FIRST MODEL	355	300	255	220	185
YOUNG AMERICA DOUBLE ACTION FIRST MODEL	280	240	200	170	145
YOUNG AMERICA SAFETY HAMMER FIRST MODEL	495	420	360	305	260
YOUNG AMERICA BULLDOG FIRST MODEL MEDIUM FRAME (BLACK POWDER)	175	150	125	105	90
YOUNG AMERICA DOUBLE ACTION SECOND MODEL	290	245	210	180	155
YOUNG AMERICA DOUBLE ACTION SECOND MODEL	360	305	260	220	185
YOUNG AMERICA BULLDOG MEDIUM FRAME SECOND	290	245	210	180	155
YOUNG AMERICA SAFETY HAMMER MEDIUM FRAME	250	215	180	155	130
VICTOR (BRAND NAME VERSION OF AMERICAN	300	255	215	185	155
MODEL 1904 LARGE SOLID FRAME DOUBLE ACTION	250	215	180	155	130
MODEL 04 LARGE SOLID FRAME DOUBLE ACTION	230	195	165	140	120
MODEL 1905 MEDIUM SOLID FRAME DOUBLE ACTION	220	185	160	135	115
MODEL 1906 SMALL SOLID FRAME DOUBLE ACTION	230	195	165	140	120
TRAPPER SMALL SOLID FRAME DOUBLE ACTION	350	300	255	215	185
HUNTER SMALL SOLID FRAME DOUBLE ACTION	380	325	275	235	200
HUNTER LARGE SOLID FRAME DOUBLE ACTION	675	575	490	415	355
MODEL 922 DOUBLE ACTION FIRST MODEL LARGE	245	210	175	150	130
MODEL 923 DOUBLE ACTION FIRST MODEL LARGE	200	170	145	125	105

REVOLVERS: TOP BREAK, 1885-1952

	NIB	EXC	VG	G	F
MANUAL EJECTING MODEL (MANUAL SHELL	575	490	415	355	300
MANUAL EJECTING SECOND MODEL BLACK	610	520	440	375	320
AUTOMATIC EJECTING FIRST MODEL (BLACK	415	355	300	255	215
AUTOMATIC EJECTING MODEL 1 1/2 (BLACK	570	485	410	350	300
AUTOMATIC EJECTING SECOND MODEL (BLACK	285	240	205	175	150
AUTOMATIC EJECTING POLICE SECOND MODEL	320	270	230	195	165
AUTOMATIC EJECTING THIRD MODEL (SMOKELESS	290	245	210	180	155
AUTOMATIC EJECTING POLICE THIRD MODEL	250	215	180	155	130
AUTOMATIC EJECTING KNIFE MODEL	1865	1585	1345	1145	975

	NIB	EXC	VG	G	F
.22 SPECIAL LARGE FRAME TOP BREAK	420	355	305	260	220
22 EXPERT LARGE FRAME TOP BREAK	480	410	345	295	250
H&R BOBBY LARGE FRAME TOP BREAK	285	240	205	175	150
H&R HAMMERLESS FIRST MODEL LARGE FRAME TOP	350	300	255	215	185
H&R HAMMERLESS SECOND MODEL LARGE FRAME	350	300	255	215	185
H&R HAMMERLESS FIRST MODEL SMALL FRAME TOP	320	270	230	195	165
H&R HAMMERLESS BICYCLE FIRST MODEL	350	300	255	215	185
H&R HAMMERLESS SECOND MODEL SMALL FRAME	345	295	250	210	180
H&R HAMMERLESS BICYCLE SECOND MODEL	310	265	225	190	160
H&R PREMIER FIRST MODEL SMALL FRAME TOP	350	300	255	215	185
H&R PREMIER BICYCLE MODEL FIRST MODEL TOP	390	330	280	240	205
H&R PREMIER POLICE (SPURLESS HAMMER, BLACK	490	415	355	300	255
H&R PREMIER POLICE BICYCLE FIRST MODEL	325	275	235	200	170
H&R PREMIER SECOND MODEL SMALL FRAME TOP	265	225	190	165	140
H&R PREMIER BICYCLE SECOND MODEL	285	240	205	175	150
H&R PREMIER POLICE SECOND MODEL (SMOKELESS	325	275	235	200	170
H&R PREMIER POLICE BICYCLE SECOND MODEL	290	245	210	180	155
H&R TARGET SMALL FRAME TOP BREAK (AKA	325	275	235	200	170
MODEL 299 NEW DEFENDER LARGE FRAME TOP	590	500	425	360	305
H&R DEFENDER SPECIAL MODEL 299 LARGE FRAME	590	500	425	360	305
DEFENDER NO MODEL NUMBER LARGE FRAME TOP	490	415	355	300	255
DEFENDER NO. 25 LARGE FRAME TOP BREAK	410	350	295	250	215
DEFENDER MODEL 925 LARGE FRAME TOP BREAK	375	320	270	230	195
ULTRA SPORTSMAN MODEL 777 LARGE FRAME TOP	970	825	700	595	505
EUREKA SPORTSMAN MODEL 196	950	810	685	585	495
SPORTSMAN SINGLE ACTION MODEL 199 LARGE	620	525	450	380	325
SPORTSMAN DOUBLE ACTION MODEL 999 LARGE	580	495	420	355	300
SPORTSMAN 222	180	155	130	110	95

REVOLVERS: RECENT MFG.

	NIB	EXC	VG	G	F
MODEL 504 SQUARE BUTT	255	215	185	155	130
Model 504 Round Butt	155	130	110	95	80
MODEL 532	150	130	110	90	75
MODEL 586	250	215	180	155	130
MODEL 600 FORTY-NINER	205	175	150	125	105
MODEL 603	285	240	205	175	150
MODEL 604	285	240	205	175	150
MODEL 622	190	160	135	115	100
Model 622 Second Model	140	120	100	85	70
MODEL 623	180	155	130	110	95
Model 623 Second Model	195	165	140	120	100
MODEL 632	195	165	140	120	100
Model 632 Second Model	210	180	150	130	110
MODEL 633	225	190	165	140	120
Model 633 Second Model	210	180	150	130	110
MODEL 642	230	195	165	140	120
MODEL 649 CONVERTIBLE	285	240	205	175	150
MODEL 650 CONVERTIBLE	300	255	215	185	155
MODEL 660 GUNFIGHTER	350	300	255	215	185
MODEL 666 CONVERTIBLE	310	265	225	190	160
MODEL 676 CONVERTIBLE	380	325	275	235	200
MODEL 686 CONVERTIBLE	400	340	290	245	210
MODEL 732 GUARDSMAN	260	220	190	160	135
Model 732 Guardsman Second Model	280	240	200	170	145
MODEL 733 GUARDSMAN	240	205	175	145	125
Model 733 Guardsman Second Model	250	215	180	155	130
MODEL 826	255	215	185	155	130
MODEL 829	230	195	165	140	120
MODEL 830	280	240	200	170	145
MODEL 832	250	215	180	155	130
MODEL 833	340	290	245	210	180
MODEL 900	320	270	230	195	165
MODEL 901	250	215	180	155	130
MODEL 903	395	335	285	245	210

	NIB	EXC	VG	G	F
MODEL 904	325	275	235	200	170
MODEL 905	350	300	255	215	185
MODEL 922 BANTAM WEIGHT	235	200	170	145	125
MODEL 922 CAMPER	280	240	200	170	145
MODEL 922 THIRD MODEL	230	195	165	140	120
MODEL 922 FOURTH MODEL	210	180	150	130	110
MODEL 923 FIRST MODEL BANTAM WEIGHT	255	215	185	155	130
MODEL 923 FIRST MODEL CAMPER	250	215	180	155	130
MODEL 923 SECOND MODEL	330	280	240	205	175
MODEL 923 THIRD MODEL	350	300	255	215	185
MODEL 925 DEFENDER SECOND MODEL TOP BREAK	350	300	255	215	185
MODEL 925 DEFENDER THIRD MODEL TOP BREAK	370	315	265	225	190
MODEL 926 MANUAL EJECTOR TOP BREAK	400	340	290	245	210
MODEL 926 MANUAL EJECTOR SECOND MODEL TOP	310	265	225	190	160
MODEL 929 SIDEKICK	340	290	245	210	180
MODEL 929 SIDEKICK SECOND MODEL	340	290	245	210	180
MODEL 930 SIDEKICK	260	220	190	160	135
MODEL 930 SIDEKICK SECOND MODEL	350	300	255	215	185
MODEL 935 DEFENDER TOP BREAK	290	245	210	180	155
MODEL 939 ULTRA SIDEKICK	385	325	280	235	200
MODEL 939 ULTRA SIDEKICK SECOND MODEL	285	240	205	175	150
MODEL 940 ULTRA SIDEKICK	250	215	180	155	130
MODEL 940 ULTRA SIDEKICK SECOND MODEL	395	335	285	245	210
MODEL 949 "FORTY NINER"	235	200	170	145	125
MODEL 949 "FORTY NINER" SECOND MODEL	235	200	170	145	125
MODEL 950	330	280	240	205	175
MODEL 976	325	275	235	200	170
MODEL 976 DELUXE	400	340	290	245	210
MODEL 999 ENGRAVED	830	705	600	510	435
MODEL 999 SPORTSMAN SECOND MODEL (NEW	750	640	540	460	390
MODEL 999 SILVER SPORTSMAN TOP BREAK	760	645	550	465	395
MODEL 999 SPORTSMAN THIRD MODEL TOP BREAK	630	535	455	385	325
MODEL 999 SPORTSMAN 1 OF 999 TOP BREAK	855	725	620	525	445

RIFLES/CARBINES

	NIB	EXC	VG	G	F
MODEL 12 TARGET BOLT ACTION	890	755	645	545	465
MODEL 58 (058) COMBO SINGLE SHOT	330	280	240	205	175
MODEL 58C SEMI-AUTO	1780	1515	1285	1095	930
MODEL 60 REISING SEMI AUTO	2750	2340	1985	1690	1435
MODEL 65 H&R REISING SEMI-AUTO	925	785	670	570	485
MODEL 150 LEATHERNECK SEMI-AUTO	450	385	325	275	235
MODEL 151 LEATHERNECK SEMI-AUTO	260	220	190	160	135
MODEL 155 SHIKARI SINGLE SHOT	390	330	280	240	205
MODEL 157 SINGLE SHOT	400	340	290	245	210
MODEL 158					
Model 158 Topper 30/Topper Jet	280	240	200	170	145
Model 158 Topper 4 in 1	485	410	350	300	255
Model 158 Topper Combo	490	415	355	300	255
Model 158 Rifle	345	295	250	210	180
MODEL 163 MUSTANG SINGLE SHOT	370	315	265	225	190
MODEL 164 SINGLE SHOT	320	270	230	195	165
MODEL 165 LEATHERNECK SEMI-AUTO	310	265	225	190	160
MODEL 171 SPRINGFIELD CAVALRY CARBINE	750	640	540	460	390
MODEL 171 SPRINGFIELD CAVALRY RIFLE	610	520	440	375	320
MODEL 171 DELUXE SPRINGFIELD CAVALRY	675	575	490	415	355
MODEL 172 SILVER PLATE CARBINE	1350	1150	975	830	705
MODEL 173 OFFICER MODEL RIFLE	845	720	610	520	440
MODEL 178 SPRINGFIELD RIFLE	555	470	400	340	290
MODEL 250 SPORTSTER BOLT ACTION REPEATER	250	215	180	155	130
MODEL 251 SPORTSTER BOLT ACTION REPEATER	400	340	290	245	210
MODEL 258 HANDY GUN II SINGLE SHOT COMBO	235	200	170	145	125
MODEL 264 TARGETEER BOLT ACTION REPEATER	290	245	210	180	155
MODEL 265 TARGETEER BOLT ACTION REPEATER	325	275	235	200	170
Model 265 Targeteer Jr.	385	325	280	235	200

	NIB	EXC	VG	G	F
MODEL 300 ULTRA BOLT ACTION	900	765	650	555	470
MODEL 301 ULTRA BOLT ACTION CARBINE	790	670	570	485	410
MODEL 317 ULTRA WILDCAT BOLT ACTION	775	660	560	475	405
Model 317P Presentation Grade Ultra Wildcat	830	705	600	510	435
MODEL 322 BOLT ACTION REPEATER	420	355	305	260	220
MODEL 330 BOLT ACTION REPEATER	380	325	275	235	200
MODEL 340 BOLT ACTION REPEATER	380	325	275	235	200
MODEL 360 ULTRA SEMI-AUTO	475	405	345	290	245
MODEL 361 ULTRA DELUXE SEMI-AUTO	525	445	380	320	270
MODEL 365 REG'LAR (A.K.A. ACE)	285	240	205	175	150
MODEL 370 ULTRA MEDALIST BOLT ACTION	690	585	500	425	360
MODEL 422 SLIDE ACTION	460	390	330	280	240
MODEL 424 BOLT ACTION	235	200	170	145	125
MODEL 450 MEDALIST BOLT ACTION	400	340	290	245	210
MODEL 451 MEDALIST BOLT ACTION	420	355	305	260	220
MODEL 550 PAL BOLT ACTION	315	270	230	195	165
MODEL 565 PAL BOLT ACTION	175	150	125	105	90
MODEL 700 SEMI-AUTO	375	320	270	230	195
Model 700 DL Deluxe	520	440	375	320	270
MODEL 749 SLIDE ACTION	290	245	210	180	155
MODEL 750 BOLT ACTION	150	130	110	90	75
MODEL 751 BOLT ACTION	245	210	175	150	130
MODEL 755 SAHARA SINGLE SHOT	220	185	160	135	115
MODEL 760 SINGLE SHOT	180	155	130	110	95
MODEL 765 PIONEER BOLT ACTION	195	165	140	120	100
MODEL 766 PIONEER BOLT ACTION	175	150	125	105	90
MODEL 800 LYNX SEMI-AUTO	350	300	255	215	185
MODEL 880 LYNX DELUXE	320	270	230	195	165
MODEL 852 FIELDSMAN BOLT ACTION	200	170	145	125	105
MODEL 865 PLAINSMAN BOLT ACTION	210	180	150	130	110
MODEL 866 BOLT ACTION	340	290	245	210	180
MODEL 5200 TARGET BOLT ACTION	600	510	435	370	315
MODEL 5200S SPORTER BOLT ACTION	790	670	570	485	410
MODEL M-4 SURVIVAL	1800	1530	1300	1105	940
MODEL M-1 GARAND	1500	1275	1085	920	780
MODEL T-48 FAL/T223 (H&R MFG. FAL)	10000	8500	7225	6140	5220
M-14 RIFLE/GUERILLA GUN	20000	17000	14450	12285	10440
M-16 AUTOMATIC BATTLE RIFLE	15000	12750	10840	9210	7830
T-223 (H&R MFG. H&K 93)	15000	12750	10840	9210	7830
SLIDE ACTION CENTERFIRE RIFLE	Rarity Precludes Pricing				
SHOTGUNS: BOLT ACTION					
MODEL 120	150	130	110	90	75
MODEL 121	185	155	135	115	100
MODEL 348 GAMESTER	200	170	145	125	105
MODEL 349 GAMESTER DELUXE	150	130	110	90	75
MODEL 351 HUNTSMAN	190	160	135	115	100
SHOTGUNS: DOUBLE					
ANSON & DEELEY DOUBLE BARREL SxS		1000	865	765	650
SMALL BORE DOUBLE BARREL HAMMER GUN		1500	1225	1050	895
MODEL 404 DOUBLE BARREL SxS	250	215	180	155	130
HARRICH #1 O/U	2000	1700	1445	1230	1045
MODEL 1212 O/U	545	465	395	335	285
Model 1212WF	525	445	380	320	270
SHOTGUNS: SINGLE BARREL, 1900-1942 MFG.					
MODEL 1900	300	255	215	185	155
MODEL 1905	250	215	180	155	130
MODEL 1908	175	150	125	105	90
MODEL 1915	270	230	195	165	140
BAY STATE & COLUMBIA BRAND NAME	175	150	125	105	90
H&R FOLDING MODEL	260	220	190	160	135
H&R LIGHTWEIGHT FOLDING MODEL	350	300	255	215	185
H&R HAMMERLESS	380	325	275	235	200
H&R RE-ENFORCED BREECH (A.K.A. HEAVY BREECH)	385	325	280	235	200

	NIB	EXC	VG	G	F
H&R TOP RIB MODEL	325	275	235	200	170
TOPPER MODELS					
MODEL 47 TOPPER DELUXE	250	215	180	155	130
MODEL 48 TOPPER	240	205	175	145	125
MODEL 058 TOPPER	275	235	200	170	145
MODEL 088 AMERICAN CLASSIC	290	245	210	180	155
Model 088 American Classic Junior	185	155	135	115	100
MODEL 098 TOPPER DELUXE	210	180	150	130	110
MODEL 099 AMERICAN CLASSIC DELUXE	225	190	165	140	120
MODEL 148 TOPPER	175	150	125	105	90
Model 148A Topper	150	130	110	90	75
MODEL 158 TOPPER	290	245	210	180	155
MODEL 159 GOLDEN SQUIRE	230	195	165	140	120
MODEL 162 TOPPER BUCK	190	160	135	115	100
MODEL 176 MAGNUM	390	330	280	240	205
MODEL 176 SLUG GUN	405	345	295	250	215
MODEL 188 TOPPER DELUXE	250	215	180	155	130
Model 188A Topper Deluxe	320	270	230	195	165
MODEL 198 TOPPER DELUXE	300	255	215	185	155
MODEL 459 GOLDEN SQUIRE JR.	250	215	180	155	130
MODEL 480 TOPPER JR.	195	165	140	120	100
MODEL 488 DELUXE SPORTER	235	200	170	145	125
MODEL 490 TOPPER JR.	230	195	165	140	120
MODEL 490 GREENWING	290	245	210	180	155
MODEL 580 TOPPER JR. DELUXE	280	240	200	170	145
MODEL 590 TOPPER JR. DELUXE	230	195	165	140	120
SHOTGUNS: SEMI-AUTO					
MODEL 403	375	320	270	230	195
H&R MANUFRANCE	250	215	180	155	130
SHOTGUNS: SLIDE ACTION					
MODEL 400	155	130	110	95	80
MODEL 401	450	385	325	275	235
MODEL 402	350	300	255	215	185
MODEL 440	220	185	160	135	115
MODEL 442	300	255	215	185	155
MODEL 500	Pricing Unavailable for this model				

HARRIS GUNWORKS

RIFLES: BOLT ACTION					
BENCHREST COMPETITOR	2000	1700	1445	1230	1045
NATIONAL MATCH COMPETITOR	2950	2510	2130	1810	1540
LONG RANGE TARGET MODEL	3400	2890	2455	2090	1775
TALON SPORTER	2695	2290	1945	1655	1405
SIGNATURE CLASSIC SPORTER	2600	2210	1880	1595	1355
SIGNATURE VARMINTER	2900	2465	2095	1780	1515
SIGNATURE TITANIUM MOUNTAIN RIFLE	2350	2000	1700	1445	1230
SIGNATURE ALASKAN	2950	2510	2130	1810	1540
TALON SAFARI	2600	2210	1880	1595	1355
M-40 SNIPER RIFLE	2180	1855	1575	1340	1140
M-86 SNIPER RIFLE	2200	1870	1590	1350	1150
.300 PHOENIX	3200	2720	2310	1965	1670
M-87 LONG RANGE SNIPER RIFLE	4890	4155	3535	3005	2555
M-87R Long Range Sniper Rifle	3705	3150	2675	2275	1935
M-88 U.S. NAVY	2995	2545	2165	1840	1565
M-89 SNIPER RIFLE	2550	2170	1840	1565	1330
M-92 BULLPUP	5025	4270	3630	3085	2620
M-93	3255	2765	2350	2000	1700
M-95 TITANIUM/GRAPHITE	3120	2650	2255	1915	1630
RIFLES: SxS					
BOXLOCK MODEL	12600	10710	9105	7740	6580
SIDELOCK MODEL	15890	13505	11480	9760	8295
RIFLES: SEMI-AUTO					

	NIB	EXC	VG	G	F
M-96	5995	5095	4330	3680	3130

HARTFORD ARMORY

	NIB	EXC	VG	G	F
MODEL 1875	1295	1100	935	795	675
MODEL 1890	1350	1150	975	830	705

HARTFORD ARMS AND EQUIPMENT COMPANY

PISTOLS: SEMI-AUTO, RIMFIRE

	NIB	EXC	VG	G	F
HARTFORD AUTOMATIC TARGET MODEL 1925	1045	890	755	640	545
HARTFORD AUTOMATIC TARGET MODEL 1925 .22	4250	3615	3070	2610	2220
HARTFORD REPEATING PISTOL	Pricing Unavailable				

PISTOLS: SINGLE SHOT, RIMFIRE

	NIB	EXC	VG	G	F
HARTFORD SINGLE SHOT TARGET	1165	990	840	715	610
HARTFORD SINGLE SHOT TARGET 10 IN. BARREL	3800	3230	2745	2335	1985

RIFLE

	NIB	EXC	VG	G	F
BOLT ACTION REPEATING RIFLE	Pricing Unavailable				

HATCHER GUN COMPANY

	NIB	EXC	VG	G	F
HGC AR08 RAPTR GEN 2	2200	1870	1590	1350	1150
HGC AR08 RAPTR GEN 2 CARBON FIBER	2550	2170	1840	1565	1330
HGC AR08 RECON HBAR	1475	1255	1065	905	770
HGC AR15HB 16 IN. CAR HBAR/20 IN. HBAR	950	810	685	585	495
HGC AR15HB .204 Left Hand	3250	2765	2350	1995	1695
HGC AR15HB Bull	1045	890	755	640	545
HGC AR15HB Car M4	905	770	655	555	470
HGC AR15HB SIDEWINDER GEN 2	1900	1615	1375	1165	990

HATFIELD'S

SHOTGUNS: O/U

	NIB	EXC	VG	G	F
HATFIELD 1 OF 100	1500	1275	1085	920	780

SHOTGUNS: SxS

	NIB	EXC	VG	G	F
UPLANDER 28	1310	1115	945	805	685

HEAD DOWN FIREARMS (HEAD DOWN PRODUCTS, LLC)

PISTOLS: SEMI-AUTO

	NIB	EXC	VG	G	F
HD-9 BASE CAMP SERIES	920	780	665	565	480
HD-9 Base Camp Series 10.5 In.	845	720	610	520	440
HD15 BASE CAMP SERIES (CORNERSTONE PISTOL)	1125	955	815	690	585
HD15 CRAFTSMEN PISTOL	1235	1050	890	760	645
HD15 CRESCENDO SERIES	1350	1150	975	830	705
HD15 MASTER SERIES PISTOL	1805	1535	1305	1110	945
HD15 SLICK SIDE PISTOL	1665	1415	1205	1025	870
HD15 SRO W/CASS	1975	1680	1425	1215	1035
OTG PISTOL	1835	1560	1325	1125	955
PROVECTUS PV9 BILLET PISTOL	1200	1020	865	735	625
TRITON BILLET PISTOL	990	840	715	610	520

RIFLES/CARBINES: SEMI-AUTO

	NIB	EXC	VG	G	F
ARCADIUS-DMR .308 BILLET RIFLE	1455	1235	1050	895	760
ARCADIUS-MR .308 BILLET RIFLE	1450	1235	1050	890	755
ARCADIUS-PR .308 BILLET RIFLE	1450	1235	1050	890	755
ARCADIUS-S .308 BILLET RIFLE	1425	1210	1030	875	745
HD9 BASE CAMP SERIES	920	780	665	565	480
HD15 BASE CAMP SERIES (CORNERSTONE)	1130	960	815	695	590
HD15 CRESCENDO SERIES (CRAFTSMEN)	1235	1050	890	760	645
HD15 Crescendo Series (Craftsmen) 18 In. barrel	1330	1130	960	815	695
HD15 OTG (TACTICAL) PATROL RIFLE	1340	1140	970	825	700
HD15 OTG Tactical Enhanced Patrol Rifle	1350	1150	975	830	705
HD15 MASTER SERIES	1720	1460	1245	1055	895
HD15 SLICK SIDE RIFLE	1920	1630	1385	1180	1005
HDX TAC7	845	720	610	520	440

Model	NIB	EXC	VG	G	F
HEAD DOWN MARKSMAN RIFLE "HDMR"	1125	955	815	690	585
MK12 BILLET RIFLE	1615	1375	1165	990	840
PREDATOR PACKAGE + NIGHTVISION KIT	3810	3240	2755	2340	1990
PROVECTUS PV9 GEN I BILLET RIFLE	1455	1235	1050	895	760
PROVECTUS PV10 GEN II BILLET RIFLE	1675	1425	1210	1030	875
PROVECTUS PV13 BILLET RIFLE	1800	1530	1300	1105	940
PROVECTUS PV15 GEN II BILLET RIFLE	1500	1275	1085	920	780
TRITON M4 BILLET RIFLE (HDX M4)	835	710	605	515	440
TRITON 7 BILLET RIFLE	880	750	635	540	460
TRITON 10 GEN II BILLET RIFLE (HDX TAC10)	855	725	620	525	445
TRITON 12 BILLET RIFLE (HDX TAC12)	935	795	675	575	490
TRITON 15 GEN II BILLET RIFLE	950	810	685	585	495

HECKLER & KOCH

PISTOLS: SEMI-AUTO

Model	NIB	EXC	VG	G	F
HK-4					
HK-4 First Variation	725	615	525	445	380
HK-4 Second Variation	855	725	620	525	445
HK-4 COMMEMORATIVE COMBO	2000	1700	1445	1230	1045
MARK 23 SPECIAL OPERATIONS PISTOL	2500	2125	1805	1535	1305
P9/P9S	1400	1190	1010	860	730
P9/P9S	1995	1695	1440	1225	1040
P9S TARGET	2250	1915	1625	1380	1175
P9S COMPETITION KIT SPORT MODEL	4595	3905	3320	2820	2395
P9S COMPETITION KIT SPORT MODEL	5530	4700	3995	3395	2885
P9S COMPETITION KIT SPORT MODEL	8075	6865	5835	4960	4215
PSP	9495	8070	6860	5830	4955
P7 PSP	2690	2285	1945	1650	1405
P7 M8	3200	2720	2310	1965	1670
P7 M10	4800	4080	3470	2950	2510
P7 M13	3990	3390	2885	2450	2085
P7 K3	3000	2550	2170	1840	1565
HK45	700	595	505	430	365
HK45 Tactical	825	700	595	505	430
HK45 COMPACT	815	695	590	500	425
HK45 Compact Tactical	850	725	615	520	440
HK-416	550	470	395	340	290
MP5	680	580	490	420	355
P30	820	695	590	505	430
P30L	690	585	500	425	360
P30LS	750	640	540	460	390
P30S	850	725	615	520	440
P30SK Sub Compact	835	710	605	515	440
P30SKS Sub Compact	870	740	630	535	455
P2000	800	680	580	490	415
P2000 SK Sub Compact	780	665	565	480	410
SP5	2550	2170	1840	1565	1330
SP5K	3500	2975	2530	2150	1830
SP5L	2670	2270	1930	1640	1395
SP7	Please, HK, we aren't asking for much.				
SP 89	5500	4675	3975	3380	2875
USP CUSTOM COMBAT	1200	1020	865	735	625
USP COMBAT COMPETITION	1580	1345	1140	970	825
USP COMPETITION	1150	980	830	705	600
USP 9	930	790	670	570	485
USP 9 SD	1050	895	760	645	550
USP 9 Stainless	1080	920	780	665	565
USP 9 COMPACT	1150	980	830	705	600
USP 9 Compact Stainless	1045	890	755	640	545
USP 9 Compact LEM	1140	970	825	700	595
USP 9 TACTICAL	1330	1130	960	815	695
USP 9x19 TACTICAL	1045	890	755	640	545

Model	NIB	EXC	VG	G	F
USP 357	855	725	620	525	445
USP 40	930	790	670	570	485
USP 40 Stainless	1045	890	755	640	545
USP 40 COMPACT	950	810	685	585	495
USP 40 Compact Stainless	1045	890	755	640	545
USP 40 Compact LEM	1140	970	825	700	595
USP 40 TACTICAL	1180	1005	855	725	615
USP 45	950	810	685	585	495
USP 45 Stainless	1045	890	755	640	545
USP 45 Match Pistol	1665	1415	1205	1025	870
USP 45 COMPACT	1350	1150	975	830	705
USP 45 Compact Stainless	1140	970	825	700	595
USP 45 Compact 50th Anniversary	1425	1210	1030	875	745
USP 45 TACTICAL PISTOL	1330	1130	960	815	695
USP45CT Compact Tactical (USP 45 Tactical Pistol)	1300	1105	940	800	680
USP ELITE	1575	1340	1140	965	820
USP EXPERT	1345	1145	970	825	700
VP 70Z	1120	950	810	690	585
VP9	900	765	650	555	470
VP9L	950	810	685	585	495
VP9 MATCH	1200	1020	865	735	625
VP9 SK	650	555	470	400	340
VP TACTICAL	855	725	620	525	445
VP40	785	665	565	480	410

RIFLES: BOLT ACTION

Model	NIB	EXC	VG	G	F
BASR	4750	4040	3430	2915	2480

RIFLES/CARBINES: SEMI-AUTO

Model	NIB	EXC	VG	G	F
G3 SEMI-AUTO	23750	20190	17160	14585	12395
MODEL G36	540	460	390	330	280
MP5	620	525	450	380	325
SR-9	1860	1580	1345	1140	970
SR-9T	2545	2165	1840	1565	1330
SR-9TC	3200	2720	2310	1965	1670
PSG-1	14250	12115	10295	8750	7440
MODEL 41 A-2	4940	4200	3570	3035	2580
MODEL 43 A-2	4275	3635	3090	2625	2230
MODEL 91 A-2					
Model 91 A-2 Fixed Stock Model	2565	2180	1855	1575	1340
Model 91 A-2 Package	3020	2565	2180	1855	1575
Model 91 A-2 SBF (Semi-Beltfed)	9975	8480	7205	6125	5205
Model 91 A-3	3200	2720	2310	1965	1670
MODEL 93 A-2					
Model 93 A-2 Fixed Stock Model	2850	2425	2060	1750	1490
Model 93 A-2 Package	3325	2825	2400	2040	1735
Model 93 A-3	3325	2825	2400	2040	1735
MODEL 94 CARBINE A-2					
Model 94 Carbine A-2 Fixed Stock Model	4500	3825	3250	2765	2350
Model 94 Carbine A-2 Package	4275	3635	3090	2625	2230
Model 94 Carbine A-2 SGI	4120	3500	2975	2530	2150
Model 94 Carbine A-3	4275	3635	3090	2625	2230
MODEL 270	950	810	685	585	495
MODEL 300	1425	1210	1030	875	745
Model 300 Package	1500	1275	1085	920	780
MODEL HK 416	415	355	300	255	215
MODEL 416 D145RS	520	440	375	320	270
MODEL 630	1800	1530	1300	1105	940
MODEL 770	2110	1795	1525	1295	1100
MODEL 911	1805	1535	1305	1110	945
MODEL 940	2300	1955	1660	1410	1200
Model 940K	Rarity Precludes Pricing.				
SLB 2000	1200	1020	865	735	625
MODELS SL6 & SL7 CARBINE	1390	1180	1005	855	725
MODEL SL8-1 (OLDER IMPORTATION)	2120	1800	1530	1300	1105

	NIB	EXC	VG	G	F
MODEL SL8-6 (OLDER IMPORTATION)	1890	1605	1365	1160	985
MODEL SL8 (CURRENT IMPORTATION)	1850	1575	1335	1135	965
MODEL USC .45 ACP CARBINE	1850	1575	1335	1135	965
MR556A1 RIFLE	3075	2615	2220	1890	1605
MR556A1 Competition	2580	2195	1865	1585	1345
MR556A1-SD	5600	4760	4045	3440	2925
MR762A1 RIFLE	3405	2895	2460	2090	1775
MR762A1 LRP (Long Rifle Package)	5510	4685	3980	3385	2875
MR762A1 LRP II (Long Rifle Package II)	6175	5250	4460	3790	3220
MR762A1 LRP III (Long Rifle Package III)	6175	5250	4460	3790	3220
MODEL MP5 A5	475	405	345	290	245
MODEL MP5 SD	545	465	395	335	285

SHOTGUNS: SEMI-AUTO

	NIB	EXC	VG	G	F
MODEL 512	1425	1210	1030	875	745

HEIZER DEFENSE

PISTOLS: SEMI-AUTO

	NIB	EXC	VG	G	F
PKO 9	Pricing Unavailable for this model.				
PKO 45	810	690	585	495	420

PISTOLS: SINGLE SHOT

	NIB	EXC	VG	G	F
HEDY JANE POCKET SHOTGUN PISTOL	315	270	230	195	165
PAK1 "POCKET AK" PISTOL	330	280	240	205	175
PAR1 "POCKET AR" PISTOL	315	270	230	195	165
PS1 POCKET SHOTGUN PISTOL	315	270	230	195	165

HELWAN

	NIB	EXC	VG	G	F
BRIGADIER	470	400	340	290	245
MODEL 920	560	475	405	345	295

HENRY REPEATING ARMS COMPANY

PISTOLS: LEVER ACTION

	NIB	EXC	VG	G	F
HENRY MARE'S LEG CENTERFIRE	950	810	685	585	495
Big Boy Mare's Leg Side Gate	860	730	620	530	450
HENRY MARE'S LEG RIMFIRE	550	470	395	340	290

REVOLVERS

	NIB	EXC	VG	G	F
BIG BOY REVOLVER	850	725	615	520	440

RIFLES: BOLT ACTION

	NIB	EXC	VG	G	F
HENRY ACU-BOLT	320	270	230	195	165
HENRY MINI-BOLT	265	225	190	165	140

RIFLES/CARBINES: LEVER ACTION

	NIB	EXC	VG	G	F
HENRY CLASSIC LEVER ACTION	340	290	245	210	180
BSA Venturing Edition	350	300	255	215	185
Carbine Lever Action (Carbine Large Loop)	490	415	355	300	255
Classic Lever Action .22 25th Anniversary Edition	1150	980	830	705	600
Lever Action Youth	440	375	320	270	230
Octagon Frontier	570	485	410	350	300
Octagon Frontier Suppressor Ready	550	470	395	340	290
Varmint Express	665	565	480	410	350
HENRY ALL-WEATHER SIDE GATE (HENRY	1375	1170	995	845	720
HENRY AMERICAN BEAUTY	1125	955	815	690	585
HENRY AMERICAN EAGLE	1095	930	790	670	570
HENRY BRASS LEVER ACTION .30-30 (HENRY .30-30)	1195	1015	865	735	625
HENRY BRASS LEVER ACTION .45-70 (HENRY .45-70)	1185	1005	855	730	620
HENRY BRASS LEVER ACTION SIDE GATE	1250	1065	905	770	655
HENRY BRASS WILDLIFE EDITION .30-30	1620	1375	1170	995	845
HENRY BRASS WILDLIFE EDITION .45-70	1185	1005	855	730	620
HENRY BRASS WILDLIFE EDITION SIDE GATE	1620	1375	1170	995	845
HENRY COLOR CASE HARDENED SIDE GATE (COLOR	1285	1090	930	790	670
HENRY FRONTIER CARBINE "EVIL ROY" EDITION	475	405	345	290	245
HENRY GOLDEN EAGLE/SILVER EAGLE 2ND EDITION	1285	1090	930	790	670
HENRY LEVER ACTION SIDE GATE	1250	1065	905	770	655

	NIB	EXC	VG	G	F
HENRY LONG RANGER	1300	1105	940	800	680
Henry Long Ranger Deluxe Engraved	2220	1885	1605	1365	1160
Henry Long Ranger Wildlife Engraved Edition	2240	1905	1620	1375	1170
LONG RANGER EXPRESS	1325	1125	955	815	695
HENRY SILVER EAGLE	980	835	710	600	510
HENRY SMALL GAME CARBINE/RIFLE	715	610	515	440	375
HENRY STEEL LEVER SIDE GATE	1250	1065	905	770	655
HENRY STEEL OCTAGON	750	640	540	460	390
HENRY STEEL WILDLIFE EDITION SIDE GATE (HENRY	1820	1545	1315	1120	950
MAGNUM EXPRESS	475	405	345	290	245
MODEL X	925	785	670	570	485
NEW ORIGINAL HENRY RIFLE	2915	2480	2105	1790	1520
New Original B.T. Henry 200th Anniversary Edition	4285	3640	3095	2630	2235
New Original Henry Deluxe Engraved 25th Anniversary	3990	3390	2885	2450	2085
New Original Henry Deluxe Engraved Limited Edition	4270	3630	3085	2620	2225
New Original Henry Deluxe Engraved Limited 2nd	3670	3120	2650	2255	1915
New Original Henry Deluxe Engraved Limited 3rd	3500	2975	2530	2150	1830
New Original Henry Rare Carbine	2915	2480	2105	1790	1520
New Original Henry Rifle Iron Framed	3400	2890	2455	2090	1775
New Original Henry Silver Deluxe Engraved Edition	2915	2480	2105	1790	1520
PHILMONT SCOUT RANCH RIFLE SPECIAL EDITION	780	665	565	480	410
RIFLES/CARBINES: LEVER ACTION, BIG BOY MODELS					
HENRY BIG BOY ALL-WEATHER SIDE GATE (BIG BOY	1285	1090	930	790	670
HENRY BIG BOY AMERICAN OILMAN TRIBUTE	1100	935	795	675	575
HENRY BIG BOY BSA VENTURING EDITION	1850	1575	1335	1135	965
HENRY BIG BOY BRASS SIDE GATE CARBINE	950	810	685	585	495
HENRY BIG BOY BRASS SIDE GATE RIFLE	950	810	685	585	495
HENRY BIG BOY CARBINE	925	785	670	570	485
HENRY BIG BOY CLASSIC LEVER ACTION	925	785	670	570	485
HENRY BIG BOY COLOR CASE HARDENED	1065	905	770	655	555
HENRY BIG BOY COWBOY EDITION II	1300	1105	940	800	680
HENRY BIG BOY DELUXE II	1580	1345	1140	970	825
HENRY BIG BOY DELUXE ENGRAVED 3RD EDITION	1755	1490	1270	1080	920
HENRY BIG BOY DELUXE ENGRAVED 4TH EDITION	1800	1530	1300	1105	940
HENRY BIG BOY DELUXE ENGRAVED SIDE GATE	1915	1630	1385	1175	1000
HENRY BIG BOY EAGLE SCOUT CENTENNIAL	1590	1350	1150	975	830
HENRY BIG BOY EAGLE SCOUT CENTENNIAL	1525	1295	1100	935	795
HENRY BIG BOY GOD BLESS AMERICA EDITION	1440	1225	1040	885	750
HENRY BIG BOY MARICOPA SHERIFF'S 150TH	1275	1085	920	785	665
HENRY BIG BOY ORDER OF THE ARROW	1555	1320	1125	955	810
HENRY BIG BOY SILVER	950	810	685	585	495
Henry Big Boy Silver Deluxe Engraved	1800	1530	1300	1105	940
HENRY BIG BOY STEEL CARBINE/RIFLE	900	765	650	555	470
Henry Big Boy Steel Side Gate	920	780	665	565	480
HENRY BIG BOY TRUCKER'S TRIBUTE EDITION	1590	1350	1150	975	830
HENRY BIG BOY "WILDLIFE" I/II	1545	1315	1115	950	810
HENRY BIG BOY X	1450	1235	1050	890	755
RIFLES: LEVER ACTION, GOLDEN BOY/TRIBUTE EDITION MODELS					
GOLDEN BOY	690	585	500	425	360
Golden Boy 2nd Amendment Tribute Edition	1260	1070	910	775	660
Golden Boy Abraham Lincoln Bicentennial	1220	1035	880	750	640
Golden Boy American Farmer Tribute Edition	990	840	715	610	520
Golden Boy American Railroad Tribute Edition	1240	1055	895	760	645
Golden Boy American Rodeo Tribute Edition	1020	865	735	625	530
Golden Boy BSA Centennial Edition	1100	935	795	675	575
Golden Boy BSA Venturing Edition	1090	925	790	670	570
Golden Boy Coal Miner Tribute Edition I/II/Limited	810	690	585	495	420
Golden Boy Deluxe II	1240	1055	895	760	645
Golden Boy Deluxe Engraved 3rd Edition	1810	1540	1310	1110	945
Golden Boy Eagle Scout Tribute Edition	1285	1090	930	790	670
Golden Boy EMS Tribute Edition	1180	1005	855	725	615
Golden Boy Firefighter Tribute Edition	1120	950	810	690	585
Golden Boy "Flex For Kalel" Limited Edition	No pricing available for this model.				

	NIB	EXC	VG	G	F
Golden Boy Fraternal Order of Eagles Tribute Edition	1230	1045	890	755	640
Golden Boy Freemasons Tribute Edition	980	835	710	600	510
Golden Boy God Bless America Edition	1130	960	815	695	590
Golden Boy Law Enforcement Tribute Edition	1240	1055	895	760	645
Golden Boy Military Service Tribute Edition I/II	1430	1215	1035	880	750
Golden Boy Salute To Scouting Edition	1020	865	735	625	530
Golden Boy Shriner International Tribute Edition	1130	960	815	695	590
Golden Boy Silver	730	620	525	450	385
Golden Boy Silver Youth	900	765	650	555	470
Golden Boy Stand for the Flag Edition	1220	1035	880	750	640
Golden Boy Texas Rangers Bicentennial Tribute Edition	1610	1370	1165	990	840
Golden Boy Texas Tribute Edition	1125	955	815	690	585
Golden Boy Trucker's Tribute Edition	1240	1055	895	760	645
Golden Boy Youth	665	565	480	410	350
RIFLES: SEMI-AUTO					
HOMESTEADER	930	790	670	570	485
U.S. SURVIVAL AR-7	280	240	200	170	145
RIFLES: SINGLE SHOT					
HENRY SINGLE SHOT STEEL RIFLE	595	505	430	365	310
Henry Single Shot Youth Rifle	595	505	430	365	310
HENRY SINGLE SHOT BRASS RIFLE	735	625	530	450	385
RIFLES: SLIDE ACTION					
HENRY PUMP ACTION	715	610	515	440	375
SHOTGUNS					
GARDEN GUN SMOOTHBORE .22	490	415	355	300	255
LEVER ACTION SIDE GATE (HENRY LEVER ACTION)	1250	1065	905	770	655
Lever Action Brass Side Gate	1050	895	760	645	550
SINGLE SHOT/SINGLE SHOT BRASS SHOTGUN	735	625	530	450	385
Henry Single Shot Youth	595	505	430	365	310
Single Shot Slug Shotgun	635	540	460	390	330
Single Shot Turkey Camo Shotgun	780	665	565	480	410
X MODEL SHOTGUN	1125	955	815	690	585

HERMANN WEIHRAUCH REVOLVER GmbH

	NIB	EXC	VG	G	F
BIG BORE BOUNTY HUNTER	610	520	440	375	320
Small Bore Bounty Hunter Combo	560	475	405	345	295
MODEL EASAB	70	60	50	45	40
Model EASAMB Combo	85	70	60	50	45
WINDICATOR STANDARD GRADE	375	320	270	230	195
WINDICATOR TACTICAL GRADE	220	185	160	135	115
WINDICATOR TARGET GRADE	485	410	350	300	255

HEROLD RIFLE

	NIB	EXC	VG	G	F
SPORTING RIFLE	1500	1275	1085	920	780

HEYM AG

COMBINATION GUNS

	NIB	EXC	VG	G	F
MODEL 22 S2 O/U	3675	3125	2655	2255	1915
MODEL 25 O/U	2190	1860	1580	1345	1145
MODEL 55 BF O/U	8000	6800	5780	4915	4180
MODEL 88 BF SxS	10500	8925	7585	6450	5485
Model 88B/F SxS Safari	18000	15300	13005	11055	9395
MODEL 88 F SxS	15900	13515	11490	9765	8300
DRILLINGS					
MODEL 33 BOXLOCK STANDARD	65950	56060	47650	40500	34425
Model 33 Boxlock Standard Deluxe	7500	6375	5420	4605	3915
MODEL 35 STANDARD	12500	10625	9030	7675	6525
MODEL 37F SIDELOCK STANDARD	16000	13600	11560	9825	8350
Model 37B Sidelock Standard Deluxe	18600	15810	13440	11425	9710
MODEL 37 B STANDARD	11735	9975	8480	7205	6125
Model 37 B Standard Deluxe	19950	16960	14415	12250	10415

	NIB	EXC	VG	G	F
RIFLES: BOLT ACTION					
MODEL SR 10 SPORTER	1500	1275	1085	920	780
MODEL SR 20N & CLASSIC	2190	1860	1580	1345	1145
Model SR 20 Hunter	1800	1530	1300	1105	940
Model SR 20L	1400	1190	1010	860	730
SR 20 TROPHY	3430	2915	2480	2105	1790
SR 20G CLASSIC SPORTER	2500	2125	1805	1535	1305
SR 20 ALPINE	1900	1615	1375	1165	990
SR 20 MATCH	2450	2085	1770	1505	1280
SR 20 CLASSIC SAFARI	2120	1800	1530	1300	1105
SR 21 CLASSIC (N)	Contact Manufacturer for Pricing				
SR 30 CLASSIC (N)	Contact Manufacturer for Pricing				
EXPRESS SERIES RIFLE	9290	7895	6710	5705	4850
Express Series Rifle .577 NE & .600 NE Cals.	18400	15640	13295	11300	9605
RIFLES: O/U					
MODEL 26 B	4630	3935	3345	2845	2420
MODEL 55 BOXLOCK	4110	3495	2970	2525	2145
Model 55BF	15500	13175	11200	9520	8090
MODEL 55 SIDELOCK	8890	7555	6425	5460	4640
Model 55 SS Sidelock	25000	21250	18065	15355	13050
RIFLES: SxS					
MODEL 80 B	11000	9350	7950	6755	5740
MODEL 88 B	15250	12965	11020	9365	7960
Model 88 B SS	19995	16995	14445	12280	10440
Model 88 B PH Boxlock	15250	12965	11020	9365	7960
Model 88 B Safari	19995	16995	14445	12280	10440
Model 88 B Safari Sidelock	25000	21250	18065	15355	13050
Model 88 B Jumbo	45000	38250	32515	27635	23490
MODEL 89 B	Contact Manufacturer for Pricing				
IVORY HUNTER	Contact Manufacturer for Pricing				
RIFLES: SINGLE SHOT					
MODEL HR 30N	3325	2825	2400	2040	1735
MODEL HR 38 N	4150	3530	3000	2550	2170
MODEL 44 B	4500	3825	3250	2765	2350
SHOTGUNS: O/U					
MODEL 55 F	9600	8160	6935	5895	5010
MODEL 55 SS	14500	12325	10475	8905	7570
MODEL 200	900	765	650	555	470
VIERLINGS					
MODEL 37 V	37500	31875	27095	23030	19575

HI-POINT FIREARMS

	NIB	EXC	VG	G	F
PISTOLS: SEMI-AUTO					
C9 (JS-9 COMPACT)	210	180	150	130	110
C9 Camo	200	170	145	125	105
CF-380	150	130	110	90	75
CF-380 Comp	165	140	120	100	85
JS-9	135	115	100	85	70
JS-9 Comp	135	115	100	85	70
JCP-40	170	145	125	105	90
JCP-40 Camo	190	160	135	115	100
JS-40	135	115	100	85	70
JHP-45	180	155	130	110	95
JHP-45 Camo	200	170	145	125	105
JS-45	135	115	100	85	70
JXP10	195	165	140	120	100
YEET CANNON	200	170	145	125	105
CARBINES: SEMI-AUTO					
MODEL 995	310	265	225	190	160
MODEL 995TS	290	245	210	180	155
Model 995 FLG Grand Union Flag	360	305	260	220	185
Model 995TS Camo	340	290	245	210	180

	NIB	EXC	VG	G	F
MODEL 1095TS	360	305	260	220	185
Model 1095TS Edge (Camo)	410	350	295	250	215
Model 1095TS White Camo	405	345	295	250	215
MODEL 3895TS	270	230	195	165	140
Model 3895TS Camo	315	270	230	195	165
MODEL 4095TS	300	255	215	185	155
Model 4095TS Camo	340	290	245	210	180
MODEL 4595TS	315	270	230	195	165
Model 4595 FLG Grand Union Flag	385	325	280	235	200
Model 4595TS Camo	360	305	260	220	185
Model 4595TS Winter Camo	360	305	260	220	185
HUNTER SERIES	375	320	270	230	195

HIGH STANDARD MANUFACTURING CO.

PISTOLS: SEMI-AUTO

	NIB	EXC	VG	G	F
CRUSADER COMPACT	475	405	345	290	245
DURAMATIC PLINKER	400	340	290	245	210
GI 1911	415	355	300	255	215
SPORT KING	575	490	415	355	300
LIMITED EDITIONS	Rarity Precludes Pricing				
OLYMPIC I.S.U.	700	595	505	430	365
OLYMPIC MILITARY	1150	980	830	705	600
OLYMPIC RAPID FIRE	1025	870	740	630	535
OLYMPIC TROPHY "SPACE GUN"	1895	1610	1370	1165	990
PLINKER	500	425	360	305	260
SUPERMATIC CITATION	1000	850	725	615	525
SUPERMATIC CITATION MS	975	830	705	600	510
SUPERMATIC CITATION 10X	1375	1170	995	845	720
Supermatic Citation 10X Factory Tuned	1250	1065	905	770	655
Supermatic Citation 10X Custom Shea	1650	1405	1190	1015	865
SUPERMATIC TOURNAMENT	850	725	615	520	440
SUPERMATIC TROPHY	950	810	685	585	495
VICTOR	1050	895	760	645	550
Victor 10X	1375	1170	995	845	720
Victor 10X Shea	1650	1405	1190	1015	865

RIFLES/CARBINES: SEMI-AUTO

	NIB	EXC	VG	G	F
HSA-15	750	640	540	460	390
HSA-15 CRUSADER	1000	850	725	615	525
HSA-15 ENFORCER	950	810	685	585	495
HSA-15 NATIONAL MATCH	1150	980	830	705	600
HSA - HUNTER COMBO	950	810	685	585	495
HSA - LONESTAR	1150	980	830	705	600
M-4 CARBINE	800	680	580	490	415
M-4 ENFORCER CARBINE	1650	1405	1190	1015	865

HM DEFENSE & TECHNOLOGY

PISTOLS: SEMI-AUTO

	NIB	EXC	VG	G	F
HMP15	800	680	580	490	415
HMP15F-300	750	640	540	460	390
HMP15F-556	750	640	540	460	390
RAIDER M5/RAIDER MC5	1080	920	780	665	565

RIFLES: SEMI-AUTO

	NIB	EXC	VG	G	F
AVENGER M308 TUNGSTEN (AVENGER M308)	1895	1610	1370	1165	990
DEFENDER M5/DEFENDER M5L	1095	930	790	670	570
GUARDIAN F5	700	595	505	430	365
Guardian F5 Elite	800	680	580	490	415
HM15F-300	1895	1610	1370	1165	990
HM15F-556	685	580	495	420	355
HM15F-556-S	675	575	490	415	355
HM15-MB-556	1045	890	755	640	545
HM15 RANGER V224	1250	1065	905	770	655
HM15-SPFCR-556	1075	915	775	660	560

	NIB	EXC	VG	G	F
HM15-SPFSS-300	1350	1150	975	830	705
TITAN 243	1850	1575	1335	1135	965

HMS PRÄZISIONSTECHNIK GmbH

	NIB	EXC	VG	G	F
STRASSER RS 05	17065	14505	12330	10480	8910
STRASSER RS 14 EVOLUTION	4200	3570	3035	2580	2195
Strasser RS 14 Consul III/Evolution Black Widow	7750	6590	5600	4760	4045
Strasser RS 14 Evolution Tahr	4250	3615	3070	2610	2220
STRASSER RS 14 LUXUS III	4595	3905	3320	2820	2395
STRASSER RS 14 SOLO EVOLUTION	3550	3020	2565	2180	1855
STRASSER RS 14 STANDARD STRAIGHT PULL	Pricing Unavailable for this model.				
Strasser Solo Straight Pull	Pricing Unavailable for this model.				
STRASSER RS AVA-TAHR	4250	3615	3070	2610	2220
STRASSER TAC 1 PRECISION RIFLE	17963	15270	12980	11030	9375

HODGE DEFENSE SYSTEMS INC.

AU-MOD 1	Pricing Unavailable for this model.
AU-MOD 2	Pricing Unavailable for this model.

HOGAN MANUFACTURING LLC

	NIB	EXC	VG	G	F
H-223 DESIGNATED MARKSMAN	1350	1150	975	830	705
H-223 HERO MODEL	1050	895	760	645	550
H-223 SNIPER ELITE	1200	1020	865	735	625
H-223 STANDARD CARBINE	1125	955	815	690	585
H-308 DESIGNATED MARKSMAN	1425	1210	1030	875	745
H-308 SNIPER ELITE	1450	1235	1050	890	755
H-308 STANDARD CARBINE	1350	1150	975	830	705

HOLLAND & HOLLAND LTD.

RIFLES: MODERN

	NIB	EXC	VG	G	F
BOLT ACTION MAGAZINE RIFLE (BEST QUALITY MAGAZINE RIFLE)					
Best Quality Magazine Rifle Older & Recent Mfg.	17750	15530	14025	11920	
CENTENARY MAGAZINE RIFLE	Pricing Unavailable for this model.				
DE LUXE MAGAZINE RIFLE	Custom Order Only				
DOMINION GRADE NO. 2 MODEL DOUBLE RIFLE SxS, <.400 cal.	22500	19125	16255	13820	11745
DOMINION GRADE NO. 2 MODEL DOUBLE RIFLE SxS, .400 to .500 cal.	33750	28690	24385	20725	17615
DOMINION GRADE NO. 2 MODEL DOUBLE RIFLE SxS, >.500 cal.	45000	38250	32515	27635	23490
ROOK RIFLE	Custom Order Only				
ROYAL DOUBLE BARREL RIFLE (ROYAL DE LUXE SxS RIFLE)	95000	80750	68640	58340	49590
ROUND ACTION SIDELOCK SxS DOUBLE RIFLE	95000	80750	68640	58340	49590

SHOTGUNS: O/U

	NIB	EXC	VG	G	F
ROYAL OLD MODEL	37500	31875	27095	23030	19575
ROYAL NEW MODEL	50000	42500	36125	30705	26100
ROYAL SIDELOCK GAME GUN	See online listing for price breakdown				
ROYAL DE LUXE MODEL	See online listing for price breakdown				
SPORTING MODEL	See online listing for price breakdown				
SPORTING DE LUXE MODEL	See online listing for price breakdown				

SHOTGUNS: SxS

	NIB	EXC	VG	G	F
CAVALIER SxS BOXLOCK	8475	7205	6125	5205	4425
Cavalier SxS Boxlock De Luxe	9200	7820	6645	5650	4805
CENTENARY SIDELOCK	Add 35% over standard 12ga models				
DOMINION GAME GUN	4085	3470	2950	2510	2135
NORTHWOOD SxS BOXLOCK	5950	5060	4300	3655	3105
Northwood SxS Boxlock De Luxe	6950	5910	5020	4270	3630
ROUND ACTION SIDELOCK	60000	51000	43350	36850	31325

	NIB	EXC	VG	G	F
ROUND ACTION SIDELOCK PARADOX	95000	80750	68640	58340	49590
Round Action Royal Sidelock Paradox	97000	82450	70085	59570	50635
ROYAL HAMMERLESS EJECTOR SIDELOCK 12		42500	37500	32500	27625
ROYAL HAMMERLESS EJECTOR SIDELOCK 20		50000	45000	40000	34000
ROYAL HAMMERLESS EJECTOR SIDELOCK 28		70000	65000	60000	51000
ROYAL HAMMERLESS EJECTOR SIDELOCK .410		85000	75000	65000	55250
ROYAL GAME GUN					
ROYAL DE LUXE GAME GUN					
BADMINTON SIDELOCK, 12 or 16ga.		25000	22000	18000	15300
BADMINTON SIDELOCK, 20ga.		34500	31000	28000	23800
Badminton Sidelock Game Gun		31000	27000	24000	20400
RIVIERA SIDELOCK, 12 or 16ga.		31000	28000	25000	21250
RIVIERA SIDELOCK, 20ga.		33000	29500	26000	22100
SHOTGUNS: SINGLE SHOT					
SINGLE BARREL TRAP GUN		8775	7600	6400	5440
Single Barrel Trap, Standard Grade		4500	4000	3250	2765
Single Barrel Trap, De Luxe Grade		7000	6250	5000	4250
Single Barrel Trap, Exhibition Grade		8950	7500	6000	5100

HOLLOWAY ARMS CO.

	NIB	EXC	VG	G	F
HAC MODEL 7 RIFLE	2375	2020	1715	1460	1240
HAC Model 7C Rifle Carbine	3500	2975	2530	2150	1830

HOLMES FIREARMS

PISTOLS: SEMI-AUTO	NIB	EXC	VG	G	F
MP-83	1400	1190	1010	860	730
MP-22	425	360	305	260	220
SHOTGUNS					
COMBAT 12	795	675	575	490	415

HONOR DEFENSE LLC

	NIB	EXC	VG	G	F
HONOR GUARD COMPACT	315	270	230	195	165
Honor Guard Compact w/Manual Safety	325	275	235	200	170
HONOR GUARD SUB-COMPACT	365	310	265	225	190
Honor Guard Sub-Compact Long Slide	450	385	325	275	235
HONOR GUARD SUB-COMPACT WITH FIST FRAME	500	425	360	305	260
HONOR GUARD SUB-COMPACT WITH MANUAL	450	385	325	275	235
Honor Guard Sub-Compact With Manual Safety Long Slide	470	400	340	290	245

HOPKINS & ALLEN ARMS COMPANY

DERRINGERS: CARTRIDGE	NIB	EXC	VG	G	F
H&A NEW VEST POCKET DERRINGER	2295	1950	1660	1410	1200
PISTOLS: CARTRIDGE, SINGLE SHOT					
H&A NEW MODEL TARGET PISTOL	475	405	345	290	245
H&A NEW MODEL SKELETON STOCK TARGET PISTOL	925	785	670	570	485
REVOLVERS: CARTRIDGE					
FOREHAND MODEL TOP BREAK	75	65	55	45	40
FOREHAND MODEL TOP BREAK HAMMERLESS	80	70	60	50	45
FOREHAND MODEL LARGE FRAME W/FULL HAMMER	210	180	150	130	110
FOREHAND MODEL SOLID FRAME	190	160	135	115	100
FOREHAND MODEL FOLDING HAMMER	295	250	215	180	155
H&A NEW MODEL AUTOMATIC HAMMER REVOLVER	190	160	135	115	100
H&A SOLID FRAME	200	170	145	125	105
H&A XL MODEL	125	105	90	75	65
H&A RANGE MODEL	220	185	160	135	115
H&A TRIPLE ACTION SAFETY POLICE REVOLVER	265	225	190	165	140
RIFLES					
NUMBER 922	240	205	175	145	125
NUMBER 925	375	320	270	230	195
NUMBER 932	465	395	335	205	240

	NIB	EXC	VG	G	F
NUMBER 938	480	410	345	295	250
NUMBER 1922	340	290	245	210	180
NUMBER 1932	460	390	330	280	240
NUMBER 2922	460	390	330	280	240
NUMBER 2932	475	405	345	290	245
NUMBER 3922	850	725	615	520	440
NUMBER 3925	1100	935	795	675	575
NUMBER 44XL	575	490	415	355	300
NUMBER 722	525	445	380	320	270
SCOUT MILITARY RIFLE	950	810	685	585	495
NUMBER 822	425	360	305	260	220
NUMBER 832	375	320	270	230	195
NUMBER 4922	185	155	135	115	100
NUMBER 5022	375	320	270	230	195
MILITARY RIFLE	550	470	395	340	290
NOISELESS	750	640	540	460	390
SHOTGUNS: SxS					
BOXLOCK	375	320	270	230	195
SIDELOCK	375	320	270	230	195
SHOTGUNS: SINGLE SHOT					
FALLING BLOCK	750	640	540	460	390
BOXLOCK	225	190	165	140	120
GOOSE GUNS	250	215	180	155	130
"SAFETY SINGLE GUN"	250	215	180	155	130

HOULDING PRECISION FIREARMS

	NIB	EXC	VG	G	F
HPF-3 TGR	2350	2000	1700	1445	1230
HPF-15 MOE	1425	1210	1030	875	745
HPF-15 MOE-C	1625	1380	1175	1000	850
HPF-15 MOE-M	1625	1380	1175	1000	850
HPF-15 MOE-R	1625	1380	1175	1000	850
HPF-15 UBR	2100	1785	1515	1290	1095
HPF-15 TGR	2250	1915	1625	1380	1175

HOWA

	NIB	EXC	VG	G	F
HERA H7 SERIES	715	610	515	440	375
HOWA CARBON ELEVATE	1270	1080	920	780	665
HOWA CARBON STALKER	930	790	670	570	485
Howa Mini Action Carbon Stalker	855	725	620	525	445
HOWA/CHRISTENSEN CARBON FIBER RIFLE	1400	1190	1010	860	730
REALTREE CAMO RIFLE	650	555	470	400	340
MODEL 1500+/1500 LIGHTNING	550	470	395	340	290
Model 1500 Lightning Woodgrain	600	510	435	370	315
MODEL 1500+/1500 SUPREME					
Model 1500+/1500 Supreme JRS Classic	650	555	470	400	340
Model 1500+/1500 Supreme Varminter	700	595	505	430	365
Model 1500+/1500 Supreme Varminter Thumbhole	750	640	540	460	390
Model 1500+/1500 (Supreme) Thumbhole Sporter	700	595	505	430	365
MODEL 1500+/1500 ULTRALIGHT	650	555	470	400	340
MODEL 1500 ALPINE MOUNTAIN RIFLE/PACKAGE	1000	850	725	615	525
MODEL 1500 ARCHANGEL	300	255	215	185	155
MODEL 1500 AUSTRALIAN PRECISION CHASSIS (APC)	1270	1080	920	780	665
MODEL 1500 AXIOM STANDARD	900	765	650	555	470
MODEL 1500 AXIOM VARMINTER	795	675	575	490	415
Model 1500 Axiom Varminter Package	900	765	650	555	470
MODEL 1500 CLASSIC LAMINATE THUMBHOLE	650	555	470	400	340
Model 1500 Classic Laminate Thumbhole Sporter	750	640	540	460	390
MODEL 1500 CLASSIC LAMINATE VARMINTER	725	615	525	445	380
MODEL 1500 CUSTOM	775	660	560	475	405
MODEL 1500 FOXY WOODS RIFLE	360	305	260	220	185
Model 1500 Foxy Woods Rifle Lightweight	560	475	405	345	295
Model 1500 Foxy Woods Youth Rifle	710	605	515	435	370

	NIB	EXC	VG	G	F
MODEL 1500 FULL DIP	855	725	620	525	445
Model 1500 Mini Action Full Dip	750	640	540	460	390
MODEL 1500 GRS	1150	980	830	705	600
MODEL 1500 GAMEKING	670	570	485	410	350
MODEL 1500 HCR (HOWA CHASSIS RIFLE)	1260	1070	910	775	660
MODEL 1500 HS PRECISION	1095	930	790	670	570
Model 1500 HS Precision Threaded Semi-Heavy Barrel	1100	935	795	675	575
Model 1500 HS Carbon Fiber	1495	1270	1080	920	780
MODEL 1500 HOWA HUNTER	615	525	445	380	325
Model 1500 Howa Hunter Zeiss Package	1045	890	755	640	545
MODEL 1500 HOWA WHITETAIL PACKAGE	650	555	470	400	340
MODEL 1500 HOWA/HOGUE	550	470	395	340	290
Model 1500 Howa/Hogue Stainless	590	500	425	360	305
Model 1500 Howa/Hogue Lightweight	450	385	325	275	235
Model 1500 Howa/Hogue Youth Lightweight	525	445	380	320	270
Model 1500 Howa/Hogue Zeiss Package	1045	890	755	640	545
MODEL 1500 HOWA/HOGUE GAMEPRO 2	770	655	555	475	405
MODEL 1500 HOWA/HOGUE HEAVY BARREL	410	350	295	250	215
MODEL 1500 HOWA/HOGUE KRYPTEK CERAKOTE	770	655	555	475	405
MODEL 1500 HOWA/HOGUE KRYPTEK HEAVY	870	740	630	535	455
MODEL 1500 HOWA/HOGUE KRYPTEK RIFLE	820	695	590	505	430
Model 1500 Howa/Hogue Kryptek Stainless	625	530	450	385	325
MODEL 1500 HOWA/HOGUE RANCHLAND COMPACT	760	645	550	465	395
MODEL 1500 HUNTER	685	580	495	420	355
MODEL 1500 HUNTER WALNUT SERIES	755	640	545	465	395
Model 1500 Walnut Hunter Mini Action	610	520	440	375	320
MODEL 1500 KUIU SERIES	665	565	480	410	350
MODEL 1500 KRG BRAVO	1275	1085	920	785	665
MODEL 1500 LONG RANGE RIFLE	840	715	605	515	440
MODEL 1500 M1100 RIMFIRE RIFLE	595	505	430	365	310
MODEL 1500 MINI ACTION	535	455	385	330	280
Model 1500 Mini Action .300 Blackout	440	375	320	270	230
Model 1500 Mini Action Lightweight	495	420	360	305	260
Model 1500 Mini Action Heavy	570	485	410	350	300
MODEL 1500 MINI ACTION CHASSIS	530	450	385	325	275
MODEL 1500 MINI EXCL LITE	745	635	540	460	390
MODEL 1500 MULTICAM RIFLE/PACKAGE	750	640	540	460	390
MODEL 1500 ORYX	970	825	700	595	505
Model 1500 Mini Action Oryx	850	725	615	520	440
MODEL 1500 PCS (POLICE COUNTER SNIPER)	1250	1065	905	770	655
MODEL 1500 RANDY NEWBERG GEN 2	Contact Manufacturer for Pricing				
MODEL 1500 SCOUT RIFLE/PACKAGE	775	660	560	475	405
MODEL 1500 SUPERLITE	1015	865	735	625	530
MODEL 1500 TALON THUMBHOLE VARMINTER	985	835	710	605	515
MODEL 1500 TEXAS SAFARI	1350	1150	975	830	705
MODEL 1500 TROPHY	525	445	380	320	270
MODEL 1500 TSP X FOLDING CHASSIS SYSTEM	1200	1020	865	735	625
Model 1500 TSP H Chassis	1025	870	740	630	535
MODEL 1500 VARMINT	650	555	470	400	340

HUDSON MFG.

HUDSON H9	1200	1020	865	735	625

HULDRA ARMS

MARK IV CARBINE	1105	940	800	680	580
MARK IV TACTICAL ELITE	1450	1235	1050	890	755
MARK IV TACTICAL EVO	1300	1105	940	800	680
X-PRE 1	1675	1425	1210	1030	875
X-PRE 2	2000	1700	1445	1230	1045

HUSQVARNA

	NIB	EXC	VG	G	F
HI-POWER	975	830	705	600	510
MODEL 1951	500	425	360	305	260
SERIES 1100 DELUXE	400	340	290	245	210
SERIES 1000 SUPER GRADE	580	495	420	355	300
SERIES 3100 CROWN GRADE	600	510	435	370	315
SERIES 3000 CROWN GRADE	895	760	645	550	470
SERIES 4100 LIGHTWEIGHT	600	510	435	370	315
SERIES 4000 LIGHTWEIGHT	490	415	355	300	255
MODEL 456 LIGHTWEIGHT	595	505	430	365	310
SERIES 6000 IMPERIAL GRADE	475	405	345	290	245
SERIES 7000 IMPERIAL LIGHTWEIGHT	850	725	615	520	440
SERIES P-3000 PRESENTATION	2015	1715	1455	1235	1050
MODEL 9000 CROWN GRADE	840	715	605	515	440
MODEL 8000 IMPERIAL	675	575	490	415	355

HWP INDUSTRIES

	NIB	EXC	VG	G	F
THE SLEDGEHAMMER	1150	980	830	705	600

HYPER

	NIB	EXC	VG	G	F
SINGLE SHOT RIFLE	2750	2340	1985	1690	1435

IAI INC. - AMERICAN LEGENDS

PISTOLS: SEMI-AUTO

	NIB	EXC	VG	G	F
MODEL 2000	500	425	360	305	260

RIFLES/CARBINES: SEMI-AUTO

	NIB	EXC	VG	G	F
MODEL 888 M1 CARBINE	665	565	480	410	350
MODEL 333 M1 GARAND	965	820	695	595	505

INDIAN ARMS

	NIB	EXC	VG	G	F
INDIAN ARMS .380	395	335	285	245	210

INDUSTRIA ARMI GALESI

	NIB	EXC	VG	G	F
GALESI MODEL 6 POCKET AUTO	395	335	285	245	210
GALESI MODEL 6 POCKET AUTO, Chrome	395	335	285	245	210
GALESI MODEL 9 POCKET AUTO	285	240	205	175	150
GALESI MODEL 9 POCKET AUTO, Chrome	300	255	215	185	155

INDUSTRY ARMAMENT

PISTOLS: SEMI-AUTO

	NIB	EXC	VG	G	F
LEGACY MK1 PISTOL	975	830	705	600	510

RIFLES: SEMI-AUTO

	NIB	EXC	VG	G	F
LEGACY MK1 RIFLE	1275	1085	920	785	665
LEGACY MK1 .308	1475	1255	1065	905	770

SHOTGUNS: SEMI-AUTO

	NIB	EXC	VG	G	F
STYRKAR SA12	1100	935	795	675	575

INFALLIBLE

INFALLIBLE PISTOL

	NIB	EXC	VG	G	F
Infallible Pistol Type I		550	450	375	320
Infallible Pistol Type II		500	400	325	275
Infallible Pistol Type III		510	405	330	280

INGLIS HI-POWERS

	NIB	EXC	VG	G	F
CHINESE CONTRACT PATTERN 35 NO. 1	4750	4040	3430	2915	2480
CH SERIES MILITARY MK 1 - NO. 1 INGLIS	1900	1615	1375	1165	990
T SERIES CANADIAN MILITARY MK 1 - NO. 2 INGLIS	1395	1185	1010	855	725
T Series Canadian Military MK 1-No. 2 Inglis (Slotted)	2525	2145	1825	1550	1320
T Series Canadian Military Inglis "DIAMOND" logo	4750	4040	3430	2915	2480

	NIB	EXC	VG	G	F
INGRAM					
MAC 10	800	680	580	490	415
MAC 10A1	905	770	655	555	470
MAC 11	1000	850	725	615	525
INLAND MANUFACTURING (CURRENT MFG.)					
DERRINGERS					
LIBERATOR	470	400	340	290	245
PISTOLS: SEMI-AUTO					
1911A1 1ST INFANTRY COMMEMORATIVE PISTOL	825	700	595	505	430
1911A1 GOVERNMENT MODEL	995	845	720	610	520
1911A1 ITHACA HARDBALL 70 PISTOL	2500	2125	1805	1535	1305
1911A1 NATIONAL MATCH	1275	1085	920	785	665
1911 CUSTOM CARRY	1295	1100	935	795	675
1911 PRE-SERIES 70 CUSTOM CARRY	1950	1660	1410	1200	1020
1911 ITHACA 70 PISTOL	1950	1660	1410	1200	1020
M30-IMP (MOTOR PATROL PISTOL)	1200	1020	865	735	625
M30-P	1500	1275	1085	920	780
M1 ADVISOR (M1 CARBINE PISTOL "ADVISOR	1025	870	740	630	535
CARBINES: SEMI-AUTO					
M1 1944 CARBINE	900	765	650	555	470
M1 1944 1ST INFANTRY COMMEMORATIVE CARBINE	975	830	705	600	510
M1 1945 CARBINE	900	765	650	555	470
M1A1 PARATROOPER	1075	915	775	660	560
M1 JUNGLE CARBINE	950	810	685	585	495
M1 SCOUT CARBINE	1075	915	775	660	560
T30 CARBINE	1075	915	775	660	560
M30-C	1300	1105	940	800	680
SHOTGUNS: SLIDE ACTION					
M37 TRENCH GUN	1075	915	775	660	560
INTACTO ARMS					
PISTOLS: SEMI-AUTO					
BATTLE TAC PISTOL	1425	1210	1030	875	745
1911 GOVERNMENT	2475	2105	1790	1520	1290
1911 Government Tactical	2475	2105	1790	1520	1290
1911 COMMANDER	2475	2105	1790	1520	1290
1911 OFFICER	2475	2105	1790	1520	1290
RIFLES/CARBINES: SEMI-AUTO					
BATTLE TAC	1675	1425	1210	1030	875
BATTLE TAC SPECIAL CALIBER	1675	1425	1210	1030	875
CARBON TAC	2875	2445	2075	1765	1500
FULL BATTLE RIFLE	2050	1745	1480	1260	1070
ICARUS 7	765	650	555	470	400
MANTIS RIFLE	2125	1805	1535	1305	1110
MID TAC	1150	980	830	705	600
M.O.E.	915	780	660	560	475
INTEGRITY ARMS & SURVIVAL					
PISTOLS: SEMI-AUTO					
.300 BLK PISTOL	1125	955	815	690	585
FIGHTING MIDGET AR PISTOL	1350	1150	975	830	705
SIDE CHARGING AR PISTOL	1175	1000	850	720	610
SUPERIOR BATTLE PISTOL	1425	1210	1030	875	745
RIFLES/CARBINES: SEMI-AUTO					
BATTLE WORN SIDE CHARGING CARBINE	1250	1065	905	770	655
BASIC M4 CARBINE	800	680	580	490	415
CUSTOM RIFLE BLUE CERAKOTE	1650	1405	1190	1015	865
SUPERIOR BATTLE CARBINE	1150	980	830	705	600
ULTRALIGHT FIGHTING CARBINE (UFC)	1125	955	815	690	585

	NIB	EXC	VG	G	F

INTERARMS

REVOLVERS: SA, VIRGINIAN SERIES

	NIB	EXC	VG	G	F
VIRGINIAN DRAGOON STANDARD	480	410	345	295	250
Virginian Dragoon Standard Stainless	695	590	500	425	360
DRAGOON SILHOUETTE	425	360	305	260	220
DRAGOON ENGRAVED	625	530	450	385	325
DRAGOON "DEPUTY"	450	385	325	275	235
Dragoon "Deputy" Stainless	500	425	360	305	260
VIRGINIAN .22 CONVERTIBLE	600	510	435	370	315
Virginian .22 Convertible Stainless	325	275	235	200	170

RIFLES: BOLT ACTION, DISC.

	NIB	EXC	VG	G	F
MODEL JW-15	200	170	145	125	105
ENFIELD NO. 4	495	420	360	305	260

RIFLES/CARBINES: BOLT ACTION, MAUSER ACTIONS

	NIB	EXC	VG	G	F
MARK X VISCOUNT	450	385	325	275	235
Mark X Viscount Mini	515	440	370	315	270
Mark X Viscount Lightweight	450	385	325	275	235
CAVALIER	500	425	360	305	260
MANNLICHER STYLE CARBINE	600	510	435	370	315
CONTINENTAL CARBINE	650	555	470	400	340
THE MARQUIS	600	510	435	370	315
ALASKAN	900	765	650	555	470
MARK X REALTREE	500	425	360	305	260
MARK X WHITWORTH	610	520	440	375	320
WHITWORTH MANNLICHER STYLE CARBINE	750	640	540	460	390
WHITWORTH EXPRESS RIFLE	1295	1100	935	795	675
GADAY	475	405	345	290	245

RIFLES: SEMI-AUTO

	NIB	EXC	VG	G	F
22-ATD	225	190	165	140	120

INTERARMS ARSENAL

	NIB	EXC	VG	G	F
POLISH MODEL WZ.88 TANTAL	695	590	500	425	360
POLISH UNDERFOLDER	640	545	460	395	335
HUNGARIAN ADM 65 STYLE AKM	750	640	540	460	390
HUNGARIAN UNDERFOLDER	720	610	520	440	375
AKM SERIES	650	555	470	400	340
AK-74	795	675	575	490	415
AK-47	1050	895	760	645	550
AR-15 A2 RIFLE	675	575	490	415	355
M4 CARBINE	625	530	450	385	325

INTERDYNAMIC OF AMERICA, INC.

	NIB	EXC	VG	G	F
KG-9	900	765	650	555	470
KG-99	940	800	680	575	490
KG-99M Mini Pistol	850	725	615	520	440

INTERSTATE ARMS CORP.

PISTOLS: SEMI-AUTO

	NIB	EXC	VG	G	F
REGENT R100 1911	495	420	360	305	260

SHOTGUNS: SxS

	NIB	EXC	VG	G	F
MODEL 99 COACH GUN	495	420	360	305	260

SHOTGUNS: LEVER ACTION

	NIB	EXC	VG	G	F
MODEL 87W	675	575	490	415	355

SHOTGUNS: SLIDE ACTION

	NIB	EXC	VG	G	F
MODEL 97W HAMMER	850	725	615	520	440
MODEL 97T WWI TRENCH GUN	1000	850	725	615	525
MODEL 372	200	170	145	125	105
MODEL 1893/97	575	490	415	355	300
HAWK FIELD	280	240	200	170	145
HAWK 981R DEFENSE	275	235	200	170	145

	NIB	EXC	VG	G	F
HAWK 982	190	160	135	115	100
HAWK 982 T	270	230	195	165	140

INTRAC ARMS INTERNATIONAL INC.

PISTOLS: SEMI-AUTO

	NIB	EXC	VG	G	F
HS 2000	450	385	325	275	235
MAKAROV	175	150	125	105	90

RIFLES: SEMI-AUTO

	NIB	EXC	VG	G	F
ROMAK 1 & 2	595	505	430	365	310
SLR-101	650	555	470	400	340
ROMAK 3	900	765	650	555	470

INTRATEC U.S.A., INC.

CARBINES

TEC-9C	Rarity Precludes Pricing				

DERRINGERS

	NIB	EXC	VG	G	F
TEC-38 DERRINGER	295	250	215	180	155

PISTOLS: SEMI-AUTO

	NIB	EXC	VG	G	F
PROTEC-22	No Production for this model.				
TEC-9	500	425	360	305	260

INVINCIBLE ARMS LLC

PISTOLS: SEMI-AUTO

BLACK FORGE TIER 1 PISTOL	Pricing Unavailable
Black Forge Tier 1 SIG PSB	Pricing Unavailable

RIFLES/CARBINES: SEMI-AUTO

	NIB	EXC	VG	G	F
.300 BLACKOUT	1150	980	830	705	600
.458 SOCOM	1150	980	830	705	600
5.56 OPTICS READY CARBINE	460	390	330	280	240
5.56 PREDATOR RIFLE	2175	1850	1570	1335	1135
5.56 VARMITER RIFLE	2175	1850	1570	1335	1135
5.56 TACTICAL CARBINE	1150	980	830	705	600

IRON ARMI Srl

SPORTING SHOTGUN	Pricing Unavailable
COMPETITION SHOTGUN	Pricing Unavailable

IRON RIDGE ARMS CO.

IRA-X	Pricing Unavailable
IRA-X THOR	Pricing Unavailable

IRWINDALE ARMS, INC. (IAI)

	NIB	EXC	VG	G	F
AUTOMAG III	1995	1695	1440	1225	1040
AUTOMAG IV	2195	1865	1585	1350	1150
JAVELINA	1475	1255	1065	905	770
BACKUP PISTOL	290	245	210	180	155

ISRAEL ARMS LTD.

PISTOLS: SEMI-AUTO

	NIB	EXC	VG	G	F
MODEL 1500 HI POWER	625	530	450	385	325
Model 1500/1501 Hi-Power Compact	650	555	470	400	340
MODEL 2500	Rarity Precludes Pricing				
MODEL 3000	600	510	435	370	315
MODEL 4000	335	285	240	205	175
MODEL 5000/5001 COMBAT	650	555	470	400	340
MODEL 6000/6001 STANDARD	650	555	470	400	340
MODEL 7000/7001 WIDE FRAME	675	575	490	415	355

RIFLES: SEMI-AUTO

	NIB	EXC	VG	G	F
MODEL 333 M1 GARAND	950	810	685	585	495

	NIB	EXC	VG	G	F
MODEL 444 FAL	1100	935	795	675	575

ISRAEL WEAPON INDUSTRIES LTD. (IWI)

PISTOLS: SEMI-AUTO

	NIB	EXC	VG	G	F
GALIL ACE PISTOL (GAP39)	1600	1360	1155	985	835
GALIL ACE PISTOL (GAP39SB/GAP39-II)	1745	1485	1260	1070	910
GALIL ACE PISTOL (GAP51/GAP51SB)	2045	1740	1480	1255	1065
GALIL ACE PISTOL (GAP545SB)	1845	1570	1335	1135	965
GALIL ACE PISTOL (GAP556/GAP556SB)	1845	1570	1335	1135	965
Galil Ace Pistol (GAP556RNLSB)	1845	1570	1335	1135	965
GALIL ACE GEN II PISTOL	1670	1420	1205	1025	870
JERICHO PL POLYMER FRAME 910/4010 SERIES	550	470	395	340	290
PSL-910/PSL-4010	555	470	400	340	290
JERICHO PL POLYMER FRAME 941 SERIES					
PL-9/PL-40	555	470	400	340	290
PSL-9/PSL-40	475	405	345	290	245
JERICHO ENHANCED (JERICHO II)	475	405	345	290	245
JERICHO F STEEL FRAME 941 SERIES					
F-9/F-40	575	490	415	355	300
FS-9/FS-40/FS-45	575	490	415	355	300
F-910/F-4010	575	490	415	355	300
FS-910/FS-4010	575	490	415	355	300
MASADA	400	340	290	245	210
Masada Slim	385	325	280	235	200
Masada Tactical	400	340	290	245	210
IWI UZI PRO PISTOL	950	810	685	585	495
ZION-15	800	680	580	490	415

PISTOLS: SEMI-AUTO, ISRAEL MILITARY INDUSTRIES (IMI)

	NIB	EXC	VG	G	F
JERICHO 941	625	530	450	385	325
Jericho 941 Pistol Package	775	660	560	475	405
UZI PISTOL	2200	1870	1590	1350	1150
UZI .22 CAL. PISTOL	675	575	490	415	355
UZI EAGLE SERIES					
Uzi Eagle Series Full-Size	650	555	470	400	340
Uzi Eagle Series Short Slide	650	555	470	400	340
Uzi Eagle Series Compact	650	555	470	400	340
Uzi Eagle Series Polymer Compact	650	555	470	400	340

RIFLES: BOLT ACTION

	NIB	EXC	VG	G	F
DAN 338	7650	6505	5525	4700	3995

RIFLES/CARBINES: SEMI-AUTO

	NIB	EXC	VG	G	F
CARMEL	1525	1295	1100	935	795
GALIL ACE RIFLE (GAR1639)	1615	1375	1165	990	840
GALIL ACE RIFLE (GAR1651)	1785	1515	1290	1095	930
GALIL ACE RIFLE (GAR1654)	1615	1375	1165	990	840
GALIL ACE RIFLE (GAR16556)	1615	1375	1165	990	840
GALIL ACE GEN II RIFLE	1685	1430	1215	1035	880
TAVOR 7	1875	1595	1355	1150	980
TAVOR SAR	1700	1445	1230	1045	890
TAVOR X95	1700	1445	1230	1045	890
ZION-15	800	680	580	490	415
Zion-15 SPR	1100	935	795	675	575

RIFLES: SEMI-AUTO, ISRAEL MILITARY INDUSTRIES (IMI)

	NIB	EXC	VG	G	F
GALIL HADAR II	1840	1565	1330	1130	960
GALIL MODEL AR	3200	2720	2310	1965	1670
GALIL MODEL ARM	3450	2935	2495	2120	1800
GALIL SNIPER OUTFIT	6500	5525	4695	3990	3390
GALIL SPORTER	1650	1405	1190	1015	865
UZI CARBINE MODEL A	2995	2545	2165	1840	1565
UZI CARBINE MODEL B	2070	1760	1495	1270	1080
UZI MINI CARBINE	3700	3145	2675	2270	1930
UZI .22 RIFLE	525	445	380	320	270

SHOTGUNS: SEMI-AUTO

	NIB	EXC	VG	G	F
TAVOR TS12	1190	1010	860	730	620

ISSC HANDELSGESELLSCHAFT

PISTOLS: SEMI-AUTO

	NIB	EXC	VG	G	F
M22	355	300	255	220	185
M22 GEN2	235	200	170	145	125

RIFLES: BOLT ACTION

	NIB	EXC	VG	G	F
SPA STRAIGHT PULL ACTION	500	425	360	305	260
Spa Target Straight Pull Action	750	640	540	460	390
SPA 22/17	425	360	305	260	220

RIFLES: SEMI-AUTO

	NIB	EXC	VG	G	F
MK22	650	555	470	400	340
MK22 GEN2	320	270	230	195	165

ISTANBUL SILAH

	NIB	EXC	VG	G	F
IMPALA PLUS	500	425	360	305	260
IMPALA PLUS CARBON	495	420	360	305	260
IMPALA PLUS ELITE	495	420	360	305	260
IMPALA PLUS EMERALD	550	470	395	340	290
IMPALA PLUS FIELD	495	420	360	305	260
IMPALA PLUS NERO	410	350	295	250	215
Impala Plus Nero Red	425	360	305	260	220

ITALIAN MILITARY ARMS

PISTOLS: SEMI-AUTO

	NIB	EXC	VG	G	F
GLISENTI MODEL 1910	1950	1660	1410	1200	1020
BRIXIA	2450	2085	1770	1505	1280
SOSSO	Rarity Precludes Pricing				

RIFLES/CARBINES: BOLT ACTION

	NIB	EXC	VG	G	F
MODEL 1891 MANNLICHER-CARCANO	350	300	255	215	185
MODEL 38 TERNI MILITARY RIFLE	430	365	310	265	225

ITHACA CLASSIC DOUBLES

RIFLES: SxS

	NIB	EXC	VG	G	F
DOUBLE RIFLE	Base price $8,500 plus engraving.				

SHOTGUNS: SxS

	NIB	EXC	VG	G	F
SKEET GRADE (SPECIAL FIELD)	6000	5100	4335	3685	3130
CLASSIC COMPETITION GRADE	6000	5100	4335	3685	3130
GRADE 4E CLASSIC	7500	6375	5420	4605	3915
STAR MODEL COMPETITION	7500	6375	5420	4605	3915
GRADE 5E CLASSIC	8000	6800	5780	4915	4180
GRADE 6E CLASSIC	9000	7650	6505	5525	4695
GRADE 7E CLASSIC	10000	8500	7225	6140	5220
SOUSA GRADE	20000	17000	14450	12285	10440
SUPERLATIVE CLASS	Base price $20,000				

SHOTGUNS: SINGLE SHOT

	NIB	EXC	VG	G	F
KNICKERBOCKER SINGLE BARREL TRAP	Base price $9,000				

ITHACA GUN COMPANY (NEW MFG.)

PISTOLS: SEMI-AUTO

	NIB	EXC	VG	G	F
MODEL 1911	2195	1865	1585	1350	1150

RIFLES: BOLT ACTION

	NIB	EXC	VG	G	F
GUARDIAN	1375	1170	995	845	720
PROTECTOR	1450	1235	1050	890	755
SAVIOR	2750	2340	1985	1690	1435

SHOTGUNS: SLIDE ACTION

	NIB	EXC	VG	G	F
MODEL 37 CLASSIC FEATHERLIGHT	1025	870	740	630	535
MODEL 37 CLASSIC FEATHERLIGHT TRAP	1020	865	735	625	530
Model 37 Classic Featherlight Trap Combo	1700	1445	1230	1045	890
Model 37 Classic Featherlight Trap Youth Stock	1145	975	825	705	600

	NIB	EXC	VG	G	F
MODEL 37 CLASSIC FEATHERLIGHT LADIES STOCK	1195	1015	865	735	625
MODEL 37 DEERSLAYER II	1025	870	740	630	535
MODEL 37 DEERSLAYER III	1190	1010	860	730	620
MODEL 37 DEFENSE	850	725	615	520	440
MODEL 37 HOG SLAYER	515	440	370	315	270
MODEL 37 TACTICAL	695	590	500	425	360
MODEL 37 TURKEY SLAYER	735	625	530	450	385
MODEL 37 WATERFOWL	850	725	615	520	440

ITHACA GUN COMPANY LLC (OLDER MFG.)

COMBINATION GUNS

	NIB	EXC	VG	G	F
LSA-55 TURKEY GUN	850	725	615	520	440
MODEL M-6 SURVIVAL	5500	4675	3975	3380	2875

HANDGUNS

ITHACA WWII MILITARY MFG.

	NIB	EXC	VG	G	F
ITHACA 50TH SEMI-AUTO ANNIVERSARY MODEL	950	810	685	585	495
X-CALIBER SINGLE SHOT	545	465	395	335	285

RIFLES: BOLT ACTION

	NIB	EXC	VG	G	F
LSA-55 STANDARD	700	595	505	430	365
LSA-55 DELUXE	1425	1210	1030	875	745
LSA-55 HEAVY BARREL	495	420	360	305	260
LSA-65	600	510	435	370	315
LSA-65 DELUXE	1040	885	750	640	545

RIFLES: LEVER ACTION

	NIB	EXC	VG	G	F
MODEL 49 SADDLEGUN	350	300	255	215	185
MODEL 49R	400	340	290	245	210
MODEL 49 PRESENTATION	640	545	460	395	335
MODEL 49 ST. LOUIS BICENTENNIAL	500	425	360	305	260
MODEL 72 SADDLEGUN	475	405	345	290	245
MODEL 72 DELUXE	500	425	360	305	260

RIFLES: SEMI-AUTO

	NIB	EXC	VG	G	F
MODEL X5 LIGHTNING	450	385	325	275	235
MODEL X-15 LIGHTNING	450	385	325	275	235

SHOTGUNS: CARTRIDGE, SxS, MFG. 1880-1948

AUTO & BURGLAR SxS

	NIB	EXC	VG	G	F
Auto & Burglar SxS Model A	8500	7225	6140	5220	4435
Auto & Burglar SxS Model B	7500	6375	5420	4605	3915

FIELD GRADE

	NIB	EXC	VG	G	F
Field Grade 10 ga. Mag.		4750	3500	2750	2340
Field Grade 12 ga.	1800	1530	1300	1105	940
Field Grade 16 ga.	1500	1275	1085	920	780
Field Grade 20 ga.	2050	1745	1480	1260	1070
Field Grade 28 ga.		6000	5500	5000	4250
Field Grade .410 bore	7500	6375	5420	4605	3915

GRADE NO. 1

	NIB	EXC	VG	G	F
Grade No. 1 12 ga.	2100	1785	1515	1290	1095
Grade No. 1 16 ga.	2400	2040	1735	1475	1255
Grade No. 1 20 ga.	3000	2550	2170	1840	1565
Grade No. 1 28 ga.		8000	7000	6000	5100
Grade No. 1 .410 bore		8500	7250	6250	5315

GRADE NO. 2

	NIB	EXC	VG	G	F
Grade No. 2 10 ga. Mag.	6000	5100	4335	3685	3130
Grade No. 2 12 ga.	2700	2295	1950	1660	1410
Grade No. 2 16 ga.	3450	2935	2495	2120	1800
Grade No. 2 20 ga.	3750	3190	2710	2305	1960
Grade No. 2 28 ga.			9500	8500	7225
Grade No. 2 .410 bore			12500	10000	8500

GRADE NO. 3

	NIB	EXC	VG	G	F
Grade No. 3 10 ga. Mag.	8500	7225	6140	5220	4435
Grade No. 3 12 ga.	3600	3060	2600	2210	1880
Grade No. 3 16 ga.			4000	3500	2975
Grade No. 3 20 ga.			4750	4100	3485

	NIB	EXC	VG	G	F
Grade No. 3 28 ga.	Rarity Precludes Pricing				
Grade No. 3 .410 bore	Rarity Precludes Pricing				
GRADE NO. 4E					
Grade No. 4E 10 ga. Mag.	10000	8500	7225	6140	5220
Grade No. 4E 12 ga.		3750	3325	3000	2550
Grade No. 4E 16 ga.			5500	5000	4250
Grade No. 4E 20 ga.			7500	6500	5525
Grade No. 4E 28 ga.	Rarity Precludes Pricing				
Grade No. 4E .410 bore	Rarity Precludes Pricing				
GRADE NO. 5E					
Grade No. 5E 10 ga.	Rarity Precludes Pricing				
Grade No. 5E 12 ga.			6500	6000	5100
Grade No. 5E 16 ga.			9500	9000	7650
Grade No. 5E 20 ga.			13000	11000	9350
Grade No. 5E 28 ga.	Rarity Precludes Pricing				
Grade No. 5E .410 bore	Rarity Precludes Pricing				
GRADE NO. 6E	Rarity Precludes Pricing				
GRADE NO. 7E	Rarity Precludes Pricing				
$2,000 GRADE			10000	8750	7440
PRE-WAR $1,000 GRADE	Rarity Precludes Pricing				
SOUSA GRADE	Rarity Precludes Pricing				

SHOTGUNS: SEMI-AUTO

	NIB	EXC	VG	G	F
MODEL 51A FEATHERLIGHT STANDARD Older Models	375	320	270	230	195
MODEL 51A FEATHERLIGHT STANDARD Vent. Rib	425	360	305	260	220
MODEL 51A MAGNUM Older Models w/o VR	400	340	290	245	210
MODEL 51A MAGNUM Vent. Rib	500	425	360	305	260
MODEL 51A MAGNUM WATERFOWLER	425	360	305	260	220
MODEL 51A SUPREME TRAP	500	425	360	305	260
MODEL 51A SUPREME SKEET	550	470	395	340	290
MODEL 51A DEERSLAYER	400	340	290	245	210
MODEL 51A TURKEY GUN	425	360	305	260	220
MODEL 51 DUCKS UNLIMITED	450	385	325	275	235
MODEL 51 PRESENTATION	1450	1235	1050	890	755
MODEL XL 300	350	300	255	215	185
MODEL XL 900	400	340	290	245	210

Shotguns: Semi-Auto, Mag-10 Series

	NIB	EXC	VG	G	F
MAG-10					
Mag-10 Standard Grade	950	810	685	585	495
Mag-10 Standard Grade with VR	1050	895	760	645	550
Mag-10 Deluxe Vent	910	775	655	560	475
Mag-10 Supreme Grade	995	845	720	610	520
Mag-10 Mag. 10 Roadblocker	750	640	540	460	390
Mag-10 National Wild Turkey Fed. Special Edition	1000	850	725	615	525
MAG-10 PRESENTATION OR CENTENNIAL	2000	1700	1445	1230	1045

SHOTGUNS: SINGLE SHOT, LEVER ACTION

	NIB	EXC	VG	G	F
MODEL 66	300	255	215	185	155
Model 66 RS	325	275	235	200	170

SHOTGUNS: SINGLE BARREL, TRAP

	NIB	EXC	VG	G	F
CENTURY TRAP	Refer to listing in the SKB section.				
CENTURY II TRAP	Refer to listing in the SKB section.				
SINGLE BARREL TRAP					
Single Barrel Trap Victory Grade	1200	1020	865	735	625
Single Barrel Trap No. 4E	2585	2195	1870	1590	1350
Single Barrel Trap No. 5E	3925	3335	2835	2410	2050
Single Barrel Trap No. 6E	6450	5485	4660	3960	3365
Single Barrel Trap No. 7E	10350	8800	7480	6355	5400
Single Barrel Trap Dollar Grade	10000	8500	7225	6140	5220
Single Barrel Trap $5,000 Grade	10000	8500	7225	6140	5220
Single Barrel Trap Sousa Grade	Rarity Precludes Pricing				

SHOTGUNS: SLIDE ACTION

	NIB	EXC	VG	G	F
MODEL 37 TRENCH AND RIOT GUNS	Refer to listing under "Trench Guns"				
MODEL 37 DS POLICE SPECIAL	800	680	580	490	415
MODEL 37 $1000 GRADE	9500	8075	6865	5835	4960

	NIB	EXC	VG	G	F
MODEL 37 $5000 GRADE	9500	8075	6865	5835	4960
MODEL 37V	415	355	300	255	215
MODEL 37D	395	335	285	245	210
MODEL 37DV	475	405	345	290	245
MODEL 37 AMERICANA	900	765	650	555	470
MODEL 37 ULTRA FEATHERLIGHT	590	500	425	360	305
MODEL 37 ULTRA FEATHERLIGHT RUFFED GROUSE	715	610	515	440	375
MODEL 37 FIELD GRADE MAGNUM	375	320	270	230	195
MODEL 37 FIELD GRADE STANDARD	350	300	255	215	185
MODEL 37 ULTRALIGHT	475	405	345	290	245
MODEL 37 ENGLISH ULTRALIGHT DELUXE	520	440	375	320	270
Model 37 English Ultralight Deluxe Classic	700	595	505	430	365
MODEL 37/37R STANDARD Plain stock	395	335	285	245	210
MODEL 37/37R STANDARD Checkered stock	435	370	315	265	225
MODEL 37R DELUXE	825	700	595	505	430
MODEL 37R FEATHERLIGHT	600	510	435	370	315
MODEL 37 PROTECTION SERIES	425	360	305	260	220
TURKEYSLAYER	700	595	505	430	365
Turkeyslayer Youth	500	425	360	305	260
TURKEYSLAYER II GUIDE SERIES	500	425	360	305	260
WATERFOWLER	450	385	325	275	235
MODEL 37 DELUXE W/VR	500	425	360	305	260
Model 37 Deluxe W/VR English	485	410	350	300	255
MODEL 37 CLASSIC	680	580	490	420	355
Model 37 Classic NRA Women's	715	610	515	440	375
MODEL 37 SUPREME N/A	895	760	645	550	470
MODEL 37 SUPREME 1967-1997 Mfg	675	575	490	415	355
MODEL 37S SKEET GRADE	1000	850	725	615	525
MODEL 37 SPORTING CLAYS	1275	1085	920	785	665
MODEL 37T TRAP GRADE	475	405	345	290	245
MODEL 37 TRAP	1275	1085	920	785	665
MODEL 37T TARGET GRADE	575	490	415	355	300
MODEL 37 DEERSLAYER	450	385	325	275	235
MODEL 37 SUPER DELUXE DEERSLAYER	450	385	325	275	235
MODEL 37 DEERSLAYER DELUXE	550	470	395	340	290
DEERSLAYER II	520	440	375	320	270
Deerslayer II Model 37 Storm	350	300	255	215	185
DEERSLAYER II GUIDE SERIES	500	425	360	305	260
DEERSLAYER III	750	640	540	460	390
MODEL 37 BICENTENNIAL	595	505	430	365	310
MODEL 37 2500 SERIES CENTENNIAL	775	660	560	475	405
MODEL 37 60TH ANNIVERSARY LIMITED EDITION	1975	1680	1425	1215	1035
MODEL 37 PRESENTATION	1500	1275	1085	920	780
MODEL 37 60TH ANNIVERSARY	1600	1360	1155	985	835
MODEL 87 FIELD (BASIC)	360	305	260	220	185
Model 87 Field Basic Combo	400	340	290	245	210
Model 87 Field Camo	425	360	305	260	220
Model 87 Field Turkey	365	310	265	225	190
MODEL 87 ULTRALITE FIELD	445	380	320	275	235
Model 87 Ultralite Field Deluxe	425	360	305	260	220
MODEL 87 ENGLISH	400	340	290	245	210
MODEL 87 DELUXE	415	355	300	255	215
Model 87 Deluxe Magnum	320	270	230	195	165
MODEL 87 SUPREME GRADE	950	810	685	585	495
MODEL 87 BASIC DEERSLAYER	375	320	270	230	195
MODEL 87 FIELD DEERSLAYER	300	255	215	185	155
MODEL 87 DELUXE DEERSLAYER	365	310	265	225	190
Model 87 Deluxe Deerslayer Ultra	350	300	255	215	185
MONTE CARLO DEERSLAYER II	445	380	320	275	235
DEERSLAYER II FAST TWIST	440	375	320	270	230
MODEL 87 MILITARY & POLICE	450	385	325	275	235

	NIB	EXC	VG	G	F
IVER JOHNSON ARMS & CYCLE WORKS					
HANDGUNS: CARTRIDGE, SOLID FRAME, DOUBLE ACTION MODELS MFG. 1878-1899					
AMERICAN EAGLE (EAGLE/LION/OLD HICKORY)	425	360	305	260	220
AMERICAN BULLDOG FIRST MODEL (LION/OLD	465	395	335	285	240
AMERICAN BULLDOG SECOND MODEL	350	300	255	215	185
AMERICAN BRITISH BULLDOG	450	385	325	275	235
BOSTON BULLDOG	435	370	315	265	225
LOVELL SAFETY DOUBLE ACTION REVOLVER	600	510	435	370	315
HANDGUNS: SOLID FRAME, DOUBLE ACTION MODELS MFG. 1900-1978					
I.J. MODEL 1900	135	115	100	85	70
I.J. Model 1900 Target Small Frame 6 in. barrel	200	170	145	125	105
I.J. Model 1900 Target Small Frame 9 in. barrel (rare)	250	215	180	155	130
I.J. Model 1900 Target Large Frame 6 in. barrel	160	135	115	100	85
I.J. Model 1900 Target Large Frame 10 in. barrel (rare)	250	215	180	155	130
I.J. PETITE	600	510	435	370	315
U.S. REVOLVER CO. DOUBLE ACTION	395	335	285	245	210
I.J. TARGET SEALED 8 FIRST MODEL (LARGE FRAME	250	215	180	155	130
I.J. TARGET SEALED 8 SECOND MODEL (LARGE	240	205	175	145	125
I.J. SEALED 8 SNUB MODEL 68S (LARGE FRAME	265	225	190	165	140
I.J. TARGET MODEL 55	145	125	105	90	75
I.J. Target Model 55A (Iver Johnson Sportman)	265	225	190	165	140
I.J. CADET MODEL 55S	295	250	215	180	155
I.J. Cadet Model 55SA	300	255	215	185	155
I.J. MODEL 56 STARTER REVOLVER	120	100	85	75	65
I.J. Starter Model 56A	120	100	85	75	65
I.J. TARGET MODEL 57	165	140	120	100	85
I.J. Target Model 57A (Sportsman Deluxe)	235	200	170	145	125
I.J. SIDEWINDER MODEL 50/50A	250	215	180	155	130
NEW AMERICAN BULLDOG SERIES	275	235	200	170	145
I.J. ROOKIE	275	235	200	170	145
I.J. SWINGOUT CYLINDER PROTOTYPE	600	535	465	400	340
PISTOLS: SEMI-AUTO					
.25 ACP PROTOTYPE	Rarity Precludes Pricing				
MODEL X300 PONY MEDIUM FRAME SINGLE ACTION	335	285	240	205	175
I.J. SUPER ENFORCER (M1 CARBINE)	700	595	505	430	365
TP SERIES 25	305	260	220	185	155
TP SERIES 22	240	205	175	145	125
NEW TRAILSMAN	220	185	160	135	115
9MM PROTOTYPE	Rarity Precludes Pricing				
UNIVERSAL ENFORCER (M1 CARBINE)	795	675	575	490	415
Compact 25	220	185	160	135	115
Compact Elite	500	425	360	305	260
PISTOLS: CARTRIDGE, SINGLE SHOT MFG. 1871-1899					
GEM BLANK PISTOL	200	170	145	125	105
ECLIPSE CARTRIDGE DERRINGER	350	300	255	215	185
UNCLE SAM PERCUSSION DERRINGER	400	340	290	245	210
REVOLVERS: CARTRIDGE, SA, MFG. 1873-1899					
BIRD'S HEAD GRIP MODELS	250	215	180	155	130
DEFENDER 89 SERIES	265	225	190	165	140
SQUARE BUTT MODELS	250	215	180	155	130
REVOLVERS: SA					
CATTLEMAN SERIES	450	385	325	275	235
Cattleman Buckhorn Buntline	400	340	290	245	210
Cattleman Trailblazer	300	255	215	185	155
REVOLVERS: CARTRIDGE, TOP BREAK, MFG. 1887-1908					
LOVELL SAFETY HAMMERLESS AUTOMATIC	600	510	435	370	315
LOVELL SWIFT REVOLVER HAMMER & HAMMERLESS	450	385	325	275	235
FIRST MODEL SAFETY AUTOMATIC HAMMER (BLACK	165	140	120	100	85
SECOND MODEL SAFETY AUTOMATIC HAMMER	275	235	200	170	145
FIRST MODEL SAFETY AUTOMATIC HAMMERLESS	300	255	215	185	155
SECOND MODEL SAFETY AUTOMATIC HAMMERLESS	500	425	360	305	260

	NIB	EXC	VG	G	F
REVOLVERS: TOP BREAK, MFG. 1909-1978					
THIRD MODEL SAFETY AUTOMATIC HAMMER	475	405	345	290	245
THIRD MODEL SAFETY AUTOMATIC HAMMERLESS	260	220	190	160	135
U.S. REVOLVER CO. AUTOMATIC HAMMER	225	190	165	140	120
U.S. REVOLVER AUTOMATIC HAMMERLESS	135	115	100	85	70
SECRET SERVICE SPECIAL HAMMER	255	215	185	155	130
SECRET SERVICE SPECIAL HAMMERLESS	225	190	165	140	120
SECRET SERVICE MODEL W/HAMMER BLOCK	250	215	180	155	130
.22 SUPERSHOT AUTOMATIC (LARGE FRAME)	185	155	135	115	100
.22 SUPERSHOT SEALED EIGHT FIRST MODEL	255	215	185	155	130
.22 SUPERSHOT SEALED EIGHT SECOND MODEL	285	240	205	175	150
.22 SUPERSHOT THIRD MODEL (MODEL 844)	260	220	190	160	135
PROTECTOR SEALED EIGHT LARGE FRAME	350	300	255	215	185
MODEL 36T TRIGGER COCKING, LARGE FRAME	495	420	360	305	260
I.J. CHAMPION MODEL 822 SINGLE ACTION TARGET	400	340	290	245	210
ARMSWORTH MODEL 855	325	275	235	200	170
I.J. TRAILSMAN MODEL 66 LARGE FRAME	195	165	140	120	100
I.J. Trailsman Model 66S Snub Large Frame	300	255	215	185	155
HIJO QUIK BREAK LARGE FRAME	235	200	170	145	125
MODEL 67 VIKING LARGE FRAME	220	185	160	135	115
Model 67S Viking Snub Large Frame	255	215	185	155	130
MODEL 69 STARTER DELUXE LARGE FRAME	125	105	90	75	65
RIFLES/CARBINES					
I.J. X BOLT ACTION EARLY MODEL	200	170	145	125	105
I.J. X BOLT ACTION LATE MODEL	250	215	180	155	130
I.J. 2X BOLT ACTION	180	155	130	110	95
I.J. 2XA Bolt Action	325	275	235	200	170
I.J. LIL CHAMP BOLT ACTION	150	130	110	90	75
I.J. TRAILBLAZER SEMI-AUTO	180	155	130	110	95
I.J. WAGONMASTER LEVER ACTION	375	320	270	230	195
I.J. Wagonmaster Junior	325	275	235	200	170
I.J. TARGETMASTER SLIDE ACTION	345	295	250	210	180
I.J. SEMI-AUTO CARBINE	425	360	305	260	220
I.J. MAGNUM SEMI-AUTO CARBINE	525	445	380	320	270
I.J. PLAINSFIELD SEMI-AUTO CARBINE	450	385	325	275	235
I.J. PARATROOPER SEMI-AUTO CARBINE	570	485	410	350	300
I.J. SURVIVAL CARBINE SEMI-AUTO	450	385	325	275	235
I.J. Survival Carbine Semi-Auto w/Folding Stock	585	495	425	360	305
I.J. UNIVERSAL CARBINE SEMI-AUTO	350	300	255	215	185
I.J. UNIVERSAL PARATROOPER SEMI-AUTO CARBINE	550	470	395	340	290
MODEL 5100 BOLT ACTION SNIPER	4995	4245	3610	3070	2610
SHOTGUNS: O/U					
IVER JOHNSON SILVER SHADOW O/U	600	510	435	370	315
SHOTGUNS: SxS					
HAMMERLESS MONOBLOC	600	510	435	370	315
HAMMERLESS HERCULES GRADE 12, 16, or 20 ga.	1100	935	795	675	575
HAMMERLESS HERCULES GRADE 28 ga.	2200	1870	1590	1350	1150
HAMMERLESS HERCULES GRADE .410 BORE	2600	2210	1880	1595	1355
HAMMERLESS SUPERTRAP HERCULES GRADE	1600	1360	1155	985	835
HAMMERLESS HAMMER FORGED MODEL	1600	1360	1155	985	835
HAMMERLESS SUPERTRAP (HAMMER FORGED)	1600	1360	1155	985	835
HAMMERLESS HAMMER FORGED MODEL .410	2800	2380	2025	1720	1460
SKEET-ER 12 or 20 ga.	2250	1915	1625	1380	1175
SKEET-ER 16 or 28 ga.	4310	3665	3115	2645	2250
SKEET-ER .410 BORE	5950	5060	4300	3655	3105
Skeet-er Italian Mfg.	2500	2125	1805	1535	1305
SHOTGUNS: CARTRIDGE, SINGLE BARREL					
CHAMPION SIDE SNAP	295	250	215	180	155
CHAMPION SIDE SNAP HAMMERLESS	325	275	235	200	170
CHAMPION TOP SNAP	130	110	95	80	70
IVER JOHNSON EJECTOR SEMI-HAMMERLESS (RING TRIGGER)	425	360	305	260	220

	NIB	EXC	VG	G	F
IVER JOHNSON EJECTOR SEMI-HAMMERLESS IMPROVED MODEL 1900 (RING TRIGGER)	135	115	100	85	70
IVER JOHNSON EJECTOR SEMI-HAMMERLESS JUNIOR MODEL (RING TRIGGER)	300	255	215	185	155
IVER JOHNSON TOP SNAP IMPROVED MODEL 1901	300	255	215	185	155
(IVER JOHNSON) CHAMPION TOP SNAP	300	255	215	185	155
IVER JOHNSON TRIGGER ACTION SINGLE GUN	325	275	235	200	170
IVER JOHNSON TRIGGER ACTION JUNIOR MODEL	325	275	235	200	170
CHAMPION MODEL 36	250	215	180	155	130
CHAMPION SINGLE BARREL	250	215	180	155	130
CHAMPION MODEL 36 JUNIOR	250	215	180	155	130
CHAMPION MODEL 39	450	385	325	275	235
CHAMPION MODEL 39 JUNIOR	450	385	325	275	235
CHAMPION JACKETED BREECH	300	255	215	185	155
CHAMPION MATTED RIB MODEL	315	270	230	195	165
CHAMPION SEMI-OCTAGON	300	255	215	185	155
I.J. SPECIAL TRAP	500	425	360	305	260
EXCEL	210	180	150	130	110

IVER JOHNSON ARMS, INC. (NEW MFG.)

DERRINGERS

	NIB	EXC	VG	G	F
POCKET ACE	310	265	225	190	160

PISTOLS: 1911 STYLE

	NIB	EXC	VG	G	F
1911A1	615	525	445	380	325
1911A1 Boa	730	620	525	450	385
1911A1 Copperhead	730	620	525	450	385
1911A1 Water Moccasin	730	620	525	450	385
1911A1 Zombie	700	595	505	430	365
1911A1 CHROME	865	735	625	530	450
EAGLE	710	605	515	435	370
Eagle Stainless Steel	825	700	595	505	430
EAGLE LR	790	670	570	485	410
Eagle LR MB/Eagle LR Special	830	705	600	510	435
Eagle LR Zombie	865	735	625	530	450
EAGLE XL	790	670	570	485	410
Eagle XL CC (Eagle XL CH)	1400	1190	1010	860	730
Eagle XL Elite	975	830	705	600	510
Eagle XL Stainless	900	765	650	555	470
Eagle XL Zombie	885	750	640	545	465
Golden Eagle XL	1555	1320	1125	955	810
EAGLE XLC	1050	895	760	645	550
FALCON	610	520	440	375	320
HAWK	680	580	490	420	355
Hawk Digital Navy/Digital Snow	710	605	515	435	370
THRASHER	630	535	455	385	325
Thrasher Chrome	945	805	685	580	495
Thrasher DLX	680	580	490	420	355
Thrasher Polished	610	520	440	375	320
Thrasher Stainless	725	615	525	445	380
Thrasher TB9	765	650	555	470	400
Thrasher TT9	765	650	555	470	400

RIFLES/CARBINES

	NIB	EXC	VG	G	F
1911A1 CARBINE	790	670	570	485	410

SHOTGUNS: O/U

	NIB	EXC	VG	G	F
IJ600	460	390	330	280	240
IJ600 Lightweight	520	440	375	320	270

SHOTGUNS: SXS

	NIB	EXC	VG	G	F
IJ800	650	555	470	400	340

SHOTGUNS: SEMI-AUTO

	NIB	EXC	VG	G	F
HP18	340	290	245	210	180
IJ500	355	300	255	220	185
IJ500-12 PG MO	385	325	280	235	200

	NIB	EXC	VG	G	F
IJ500 Super Magnum	535	455	385	330	280
15 SA	395	335	285	245	210
STRYKER	375	320	270	230	195
Stryker Bullpup	450	385	325	275	235

SHOTGUNS: SINGLE BARREL

	NIB	EXC	VG	G	F
IJ700	185	155	135	115	100
IJ700 Turkey	215	185	155	130	110
IJ700 Youth	180	155	130	110	95

SHOTGUNS: SLIDE ACTION

	NIB	EXC	VG	G	F
PAS12	190	160	135	115	100
PAS12 Adj. Sight/PAS12-A/C	270	230	195	165	140
PAS12 Combo	365	310	265	225	190
PAS12 MB	265	225	190	165	140
PAS12 PG	200	170	145	125	105
PAS12 PG-R/C	250	215	180	155	130
PAS12 Rail/PAS12-R/C	246	210	180	150	130
PAS12-SN/PAS12SN-PG (PAS12 Satin)	340	290	245	210	180
PAS12 Super Magnum	340	290	245	210	180
PAS20	215	185	155	130	110
PAS 20 PG-R/C	275	235	200	170	145
PAS12 TURKEY / PAS20 TURKEY	290	245	210	180	155
PAS12 WOOD/PAS20 WOOD	255	215	185	155	130

J R DISTRIBUTING

	NIB	EXC	VG	G	F
.22 MAG. CUSTOM RIFLE	725	615	525	445	380

J. KIMBALL ARMS CO.

	NIB	EXC	VG	G	F
AUTOMATIC PISTOL	2585	2195	1870	1590	1350

JACKSON HOLE FIREARMS

	NIB	EXC	VG	G	F
STANDARD RIFLE	1050	895	760	645	550

JAMES MacNAUGHTON & SONS

SKELETON "ROUND-ACTIION" SHOTGUN	Base price $75,000

JAPANESE MILITARY

PISTOLS: SEMI-AUTO

See the "Nambu" section for Nambu pistols

HAMADA VARIATIONS

	NIB	EXC	VG	G	F
Hamada Type 1	13000	11050	9395	7985	6785
Hamada Type 2	16000	13600	11560	9825	8350

REVOLVERS

	NIB	EXC	VG	G	F
TYPE 26 REVOLVER (1893 REVOLVER)	1325	1125	955	815	695

RIFLES/CARBINES: MILITARY

	NIB	EXC	VG	G	F
MURATA TYPE 13 RIFLE		2800	2300	1500	1275
MURATA TYPE 22 RIFLE		2800	2300	1500	1275
TYPE 30 ARISAKA RIFLE	1725	1465	1245	1060	900
TYPE 35 ARISAKA RIFLE	2750	2340	1985	1690	1435
TYPE 38 ARISAKA RIFLE	430	365	310	265	225
Type 38 Cavalry Carbine (Type 38 A & B Cavalry	850	725	615	520	440
TYPE 44 CAVALRY CARBINE (TYPE 44 CAVALRY	2450	2085	1770	1505	1280
TYPE 97 SNIPER RIFLE	3995	3395	2885	2455	2085
TYPE I CARCANO RIFLE	650	555	470	400	340
TYPE 99 SERVICE RIFLE	1800	1530	1300	1105	940
Type 99 Sniper Rifle	4750	4040	3430	2915	2480

TERA RIFLE SERIES (PARATROOPER RIFLES)

	NIB	EXC	VG	G	F
Type 1 Paratrooper Carbine	5500	4675	3975	3380	2875
Type 2 Paratrooper Rifle (Type 99 Paratrooper	3800	3230	2745	2335	1985
Type 100 Paratrooper Rifle	9200	7820	6645	5650	4805

	NIB	EXC	VG	G	F

JARRETT RIFLES, INC.

HANDGUNS

	NIB	EXC	VG	G	F
CUSTOM XP-100 HUNTER	3450	2935	2495	2120	1800
ULTIMATE REDHAWK	1150	980	830	705	600

RIFLES: BOLT ACTION

	NIB	EXC	VG	G	F
STANDARD HUNTING RIFLE	4625	3930	3340	2840	2415
WALK ABOUT	4625	3930	3340	2840	2415
TRUCK GUN	4625	3930	3340	2840	2415
BENCHREST/YOUTH/TACTICAL	4625	3930	3340	2840	2415
SERIES RIFLE					
Series Rifle Standard	5025	4270	3630	3085	2620
Series Rifle Coup de Grace	3295	2800	2380	2025	1720
Series Rifle Nombre Unique	3495	2970	2525	2145	1825
SIGNATURE SERIES	7500	6375	5420	4605	3915
WIND WALKER SERIES	7500	6375	5420	4605	3915
RIDGE WALKER	7500	6375	5420	4605	3915
CUSTOM RIFLE	6300	5355	4550	3870	3290
LONG RANGER	6875	5845	4965	4220	3585
PRESTIGE SERIES	8750	7440	6320	5375	4570
LEGENDARY (ORIGINAL) BEANFIELD RIFLE	5500	4675	3975	3380	2875
PROFESSIONAL HUNTER	10000	8500	7225	6140	5220
SHIKAR SERIES (OLDER MFG.)	Base price $10,320				
SHIKAR SERIES (CURRENT MFG.)	10320	8770	7455	6340	5390
.50 CAL.	8050	6845	5815	4945	4205
CLASSIC SERIES	3195	2715	2310	1960	1665
INVESTOR SERIES	3195	2715	2310	1960	1665
ACCURACY LEGEND SERIES	3495	2970	2525	2145	1825
COUP de MAIM	3500	2975	2530	2150	1830
PRIVATE COLLECTION	3495	2970	2525	2145	1825
SILENT PARTNER SERIES	3495	2970	2525	2145	1825
ULTIMATE HUNTER SERIES	3495	2970	2525	2145	1825
REVOLUTION SERIES RIFLE	Contact Manufacturer for Pricing.				

RIFLES: RIMFIRE, SEMI-AUTO

	NIB	EXC	VG	G	F
SQUIRREL KING	900	765	650	555	470

SHOTGUNS: SLIDE ACTION

	NIB	EXC	VG	G	F
JARRETT ULTIMATE SHOTGUN	900	765	650	555	470

JEFFERY, W.J. & CO. LTD

RIFLES: CURRENT MFG.

BOLT ACTION RIFLE	Contact Importer for Current Pricing
SxS MODEL	Contact Importer for Current Pricing

RIFLES: DISC.

SINGLE SHOT	See Online for Price Breakdown
BOXLOCK DOUBLE RIFLE	See Online for Price Breakdown
SIDELOCK DOUBLE RIFLE	See Online for Price Breakdown

SHOTGUNS: CURRENT MFG.

SXS SIDELOCK MODEL	Contact Importer for Current Pricing

SHOTGUNS: SxS, DISC.

BOXLOCK SHOTGUN	See Online for Price Breakdown
SIDELOCK SHOTGUN	See Online for Price Breakdown

JENNINGS FIREARMS

	NIB	EXC	VG	G	F
MODEL J-22	120	100	85	75	65

JIMENEZ ARMS INC.

	NIB	EXC	VG	G	F
JA-NINE	120	100	85	75	65
JA-.22LR/JA-.25 AUTO	120	100	85	75	65
JA-.32	135	115	100	85	70
JA-.380	120	100	85	75	65
JA-.380LC	120	100	85	75	65

	NIB	EXC	VG	G	F
JMC FABRICATION & MACHINE, INC.					
MODEL 2000 M/P	7950	6760	5745	4880	4150
JO. LO. AR.					
SEMI-AUTO PISTOL .25 ACP cal.	3500	2975	2530	2150	1830
SEMI-AUTO PISTOL .32 ACP cal.	1500	1275	1085	920	780
SEMI-AUTO PISTOL .380 ACP cal.	1995	1695	1440	1225	1040
SEMI-AUTO PISTOL 9mm Largo cal.	1500	1275	1085	920	780
SEMI-AUTO PISTOL .45 ACP cal. (rare)	7500	6375	5420	4605	3915
JOHN DICKSON & SON, LTD.					
ROUND-ACTION SHOTGUN	Contact Manufacturer for Pricing				
JOHNSON AUTOMATICS, INC.					
MODEL 1941	7350	6250	5310	4515	3840
JP ENTERPRISES, INC.					
PISTOLS: SEMI-AUTO					
ASF-20 PISTOL	2495	2120	1805	1530	1300
CTR-02 PISTOL	2250	1915	1625	1380	1175
GMR-13	1495	1270	1080	920	780
GMR-15 PISTOL	1890	1605	1365	1160	985
GMR-15 Ready Pistol	2005	1705	1450	1230	1045
JP-5 PISTOL	2875	2445	2075	1765	1500
JP-15 PISTOL	2095	1780	1515	1285	1090
PSC-11 PISTOL	2400	2040	1735	1475	1255
SCI-20 PISTOL	2525	2145	1825	1550	1320
SCR-11 PISTOL	2425	2060	1750	1490	1265
RIFLES: BOLT ACTION					
MOR-07	4250	3615	3070	2610	2220
MR-10	3800	3230	2745	2335	1985
MR-19	4950	4210	3575	3040	2585
RIFLES/CARBINES: SEMI-AUTO					
ASF-20 RIFLE	2495	2120	1805	1530	1300
A-2 MATCH	1385	1175	1000	850	725
AR-10T	2150	1830	1555	1320	1120
AR-10LW	2150	1830	1555	1320	1120
BARRACUDA 10/22	1025	870	740	630	535
CTR-02 20TH ANNIVERSARY EDITION RIFLE	Pricing Unavailable				
CTR-02 COMPETITION TACTICAL RIFLE	2250	1915	1625	1380	1175
CTR-02 ENGRAVED EDITION RIFLE	4840	4115	3495	2970	2525
CTR-02 MATCH READY RIFLE	3105	2640	2245	1905	1620
GMR-15 RIFLE	2395	2035	1730	1470	1250
GMR-15 All Purpose Carbine	1750	1490	1265	1075	915
GMR-15 Match PCC (PCC Competition Ready)	1885	1600	1360	1160	985
GMR-15 Ultralight PCC	1800	1530	1300	1105	940
GRADE II	1600	1360	1155	985	835
GRADE III (THE EDGE)	2375	2020	1715	1460	1240
JP-5 ALL-PURPOSE CARBINE	3265	2775	2360	2005	1705
JP-5 Competition PCC	3235	2750	2335	1985	1685
JP-5 Steel Challenge Carbine	3025	2570	2185	1860	1580
JP-15 & VARIATIONS (GRADE I A-3 FLAT-TOP)	2095	1780	1515	1285	1090
JP-15 Essentials Carbine	1675	1425	1210	1030	875
JP-15 Essentials Rifle	1575	1340	1140	965	820
JP-15 Gladiator	1850	1575	1335	1135	965
JP-15 Grade I IPSC Limited Class	1625	1380	1175	1000	850
JP-15 Grade I Tactical/SOF	1315	1120	950	810	690
JP-15 Hunter Ready Rifle	2225	1890	1610	1365	1160
JP-15 Hunter Ready Rifle 224	2250	1915	1625	1380	1175

	NIB	EXC	VG	G	F
JP-15 Match Ready Rifle	2150	1830	1555	1320	1120
JP-15 ORRC	1525	1295	1100	935	795
JP-15 Patrol Rifle (Patrol Ready Rifle)	1475	1255	1065	905	770
JP-15 Professional Rifle	2150	1830	1555	1320	1120
JP-15 Ultralight Rifle	2225	1890	1610	1365	1160
JP-15/VTAC Kyle Lamb Signature Rifle	1700	1445	1230	1045	890
JP-22R	1400	1190	1010	860	730
LRI-20	3150	2680	2275	1935	1645
LRI-20 Long Range Competition Rifle (LRCR)	3575	3040	2585	2195	1865
LRP-07	3150	2680	2275	1935	1645
LRP-07H Long Range Precision Hunting Rifle (Hunter)	3395	2885	2455	2085	1770
LRP-07 Designated Marksman Rifle	3525	2995	2545	2165	1840
LRP-07 SASS	4150	3530	3000	2550	2170
LRP-07 Billet Beauty Special Edition Rifle	4645	3950	3355	2855	2425
LRP-07 Long Range Competition Rifle	3975	3380	2870	2440	2075
LRP-07 MHI Cazador Special Edition Rifle	4050	3445	2925	2485	2110
LRP-07 Suppressor Ready Precision Package	4175	3550	3015	2565	2180
LTC-19 LIGHT-WEIGHT PRECISION RIFLE	2875	2445	2075	1765	1500
LTC-19 Designated Marksman Rifle	3200	2720	2310	1965	1670
LTC-19 Essentials Carbine	2700	2295	1950	1660	1410
LTC-19 Essentials Rifle	2700	2295	1950	1660	1410
LTC-19 Tactical Ready Rifle	3515	2990	2540	2160	1835
NC-22	1785	1515	1290	1095	930
PSC-11	2395	2035	1730	1470	1250
PSC-12	4680	3980	3380	2875	2445
PSC-21	2575	2190	1860	1580	1345
SCI-20 RIFLE	2525	2145	1825	1550	1320
SCR-11	3140	2670	2270	1930	1640
5.11 ALWAYS BE READY EDITION RIFLES/SCR-11 ABR	3895	3310	2815	2390	2030
JP-15ABR	2250	1915	1625	1380	1175
LRP-07 ABR	4075	3465	2945	2505	2130

JSL

SPITFIRE (G1)
	NIB	EXC	VG	G	F
Spitfire Standard	1800	1530	1300	1105	940

JUGGERNAUT TACTICAL

	NIB	EXC	VG	G	F
AR-9/AR-45 RIFLE	1135	965	820	695	590
JT-10 RIFLE	1525	1295	1100	935	795
JT-15 RIFLE	1350	1150	975	830	705

JURRAS, LEE E.

HOWDAH
	NIB	EXC	VG	G	F
Howdah Custom Grade	1750	1490	1265	1075	915
Howdah Presentation Grade	2500	2125	1805	1535	1305

JUST RIGHT CARBINES

PISTOLS: SEMI-AUTO
	NIB	EXC	VG	G	F
JRC PISTOL	795	675	575	490	415
QUAD RAIL PISTOL	795	675	575	490	415
TAKEDOWN PISTOL	695	590	500	425	360

CARBINES: SEMI-AUTO
	NIB	EXC	VG	G	F
J R CARBINE/J R CARBINE 12	645	550	465	395	335
M&P TACTICAL	795	675	575	490	415
MARINE	705	600	510	435	370
QUADRAIL	600	510	435	370	315
RAIL MODEL	635	540	460	390	330
TAKEDOWN	645	550	465	395	335

K.B.I., INC.

	NIB	EXC	VG	G	F
RIFLES: BOLT ACTION					
KASSNAR GRADE I	445	380	320	275	235
NYLON 66	125	105	90	75	65
MODEL 122	125	105	90	75	65
MODEL 522	130	110	95	80	70
BANTAM SINGLE SHOT	110	95	80	70	60
SHOTGUNS					
GRADE I O/U	525	445	380	320	270
GRADE II SxS	515	440	370	315	270

K.F.C.

	NIB	EXC	VG	G	F
MODEL 250 SEMI-AUTO	400	340	290	245	210
Model 250 Semi-Auto Deluxe	425	360	305	260	220
FIELD GUN O/U	700	595	505	430	365
E-1 TRAP OR SKEET O/U	1000	850	725	615	525
E-2 TRAP OR SKEET O/U	1500	1275	1085	920	780

KAHR ARMS

	NIB	EXC	VG	G	F
CM9	400	340	290	245	210
CM9 Tungsten	500	425	360	305	260
CM40	370	315	265	225	190
CM45	370	315	265	225	190
CM45 Tungsten	370	315	265	225	190
CT380	345	295	250	210	180
CT380 Tungsten	475	405	345	290	245
CT9	410	350	295	250	215
CT40	385	325	280	235	200
CT45	365	310	265	225	190
CW22	265	225	190	165	140
CW380	345	295	250	210	180
CW380 Tungsten	325	275	235	200	170
CW9	360	305	260	220	185
CW9 Carbon Fiber	375	320	270	230	195
CW40	375	320	270	230	195
CW45	385	325	280	235	200
E9	360	305	260	220	185
K9 25TH ANNIVERSARY LIMITED EDITION	1350	1150	975	830	705
K9 COMPACT	715	610	515	440	375
K9 Compact Economy	350	300	255	215	185
K9 Compact Stainless	835	710	605	515	440
K9 Compact Elite 98 Stainless	865	735	625	530	450
K9 Compact Wilson Custom Package	1175	1000	850	720	610
K9 Compact Kahr Lady	480	410	345	295	250
KP9 GEN2	795	675	575	490	415
K40 COMPACT	720	610	520	440	375
K40 Compact Stainless	895	760	645	550	470
K40 Compact Elite 98 Stainless	975	830	705	600	510
K40 Compact Wilson Custom Package	1175	1000	850	720	610
K40 Compact Covert Stainless (KS40 Small Frame)	500	425	360	305	260
KP45 GEN2	850	725	615	520	440
KT9 (TACTICAL 9-T9)	735	625	530	450	385
KT9 Elite Stainless (T9 Elite Stainless)	1050	895	760	645	550
MK9 MICRO SERIES	910	775	655	560	475
MK9 Micro Series Box	400	340	290	245	210
MK9 Micro Series Stainless	910	775	655	560	475
MK9 Micro Series Elite 98 Stainless	895	760	645	550	470
MK9 Micro Series Elite 2000 Stainless	575	490	415	355	300
MK40 MICRO	700	595	505	430	365
MK40 Micro Elite Stainless	990	840	715	610	520
MP9 COMPACT POLYMER	615	525	445	380	325
P380	700	595	505	430	365
P9 POLYMER COMPACT	655	555	475	400	340

	NIB	EXC	VG	G	F
P9 Polymer Compact Covert	695	590	500	425	360
P9-2	475	405	345	290	245
P40 COMPACT POLYMER	640	545	460	395	335
P45 POLYMER	655	555	475	400	340
PM9 COVERT	650	555	470	400	340
PM9 MICRO POLYMER COMPACT	655	555	475	400	340
PM9 THIN BLUE LINE	900	765	650	555	470
PM40 (COMPACT POLYMER)	715	610	515	440	375
P40 Compact Polymer Covert	695	590	500	425	360
PM45 POLYMER	760	645	550	465	395
S9	475	405	345	290	245
ST9	455	385	330	280	240
ST9 TIG LIMITED EDITION	540	460	390	330	280
T40	725	615	525	445	380
TP9	500	425	360	305	260
TP9-2	500	425	360	305	260
TP9 GEN2 4 IN.	520	440	375	320	270
TP9 GEN2 5 IN.	955	810	690	585	495
TP9 GEN2 6 IN.	1370	1165	990	840	715
TP40	695	590	500	425	360
TP45 POLYMER	975	830	705	600	510
TP45 GEN2 4 IN./5 IN./6 IN.	975	830	705	600	510

KALASHNIKOV USA

PISTOLS: SEMI-AUTO

	NIB	EXC	VG	G	F
KP-9 SERIES	1070	910	775	655	555
KP-9 Eastern Bloc	1245	1060	900	765	650
KP-9 Wood	1195	1015	865	735	625
KP-104 SERIES	1365	1160	985	840	715

RIFLES: SEMI-AUTO

	NIB	EXC	VG	G	F
KOMP9 COMPETITION RIFLE	1750	1490	1265	1075	915
KOMMANDER	1250	1065	905	770	655
KR-9 SERIES	1270	1080	920	780	665
KR-9S "Patriot Limited Edition"	1250	1065	905	770	655
KR-74M	Contact Manufacturer for Pricing				
KR-101 SERIES	Contact Manufacturer for Pricing				
KR-103 SERIES	1230	1045	890	755	640
KR-103 Omega Custom Series	3000	2550	2170	1840	1565
KR-103 Tanker Green Limited Ed.	1250	1065	905	770	655
KUSA VISKOV	Pricing Unavailable for this model				

SHOTGUNS: SEMI-AUTO

	NIB	EXC	VG	G	F
KOMMANDER12	850	725	615	520	440
KOMP12 COMPETITION SHOTGUN	1500	1275	1085	920	780
KS-12	1065	905	770	655	555
KS-12 TACTICAL	1080	920	780	665	565
KS-12T "Valhalla Limited Ed."	1150	980	830	705	600

KASSNAR IMPORTS, INC.

	NIB	EXC	VG	G	F
MBK-9HP	495	420	360	305	260
PJK-9HP	505	430	365	310	265
PMK-380	Pricing Unavailable for this model				
PSP-25	375	320	270	230	195

KE ARMS

PISTOLS: SEMI-AUTO

	NIB	EXC	VG	G	F
KE-15 COMMANDO PISTOL	1450	1235	1050	890	755

RIFLES/CARBINES: SEMI-AUTO

	NIB	EXC	VG	G	F
BILLET TIER 1 CARBINE	1775	1510	1280	1090	925
CIVIL DEFENSE RIFLE (CDR)	1250	1065	905	770	655
KE-15 ACTION CARBINE	1675	1425	1210	1030	875
KE-15T	950	810	685	585	495

	NIB	EXC	VG	G	F
KP-15 WWSD "WHAT WOULD STONER DO" 2020	1700	1445	1230	1045	890
KE-15X	1150	980	830	705	600
KE ARMS TEAM RIFLE	1800	1530	1300	1105	940
PATROL CARBINE LEVEL 1	875	745	630	535	455
PATROL CARBINE LEVEL 2	1275	1085	920	785	665

KEBERST INTERNATIONAL

KEBERST MODEL 1A	3850	3275	2780	2365	2010

KEL-TEC CNC INDUSTRIES, INC.

PISTOLS: SEMI-AUTO

	NIB	EXC	VG	G	F
CP33	505	430	365	310	265
P11	345	295	250	210	180
P11 Stainless	425	360	305	260	220
P15	460	390	330	280	240
P17	220	185	160	135	115
P32	370	315	265	225	190
P3AT	340	290	245	210	180
P40	330	280	240	205	175
P50	680	580	490	420	355
PF9	360	305	260	220	185
PLR16	615	525	445	380	325
PLR22	450	385	325	275	235
PMR30	510	435	370	315	270

RIFLES/CARBINES: SEMI-AUTO

CMR30	645	550	465	395	335
R50	695	590	500	425	360
RDB17	750	640	540	460	390
RDB Hunter	750	640	540	460	390
RDB-C	685	580	495	420	355
RDB DEFENDER	975	830	705	600	510
RDB SURVIVAL (RDB-S)	865	735	625	530	450
RFB CARBINE	1750	1490	1265	1075	915
RFB RIFLE	1845	1570	1335	1135	965
RFB Hunter	2050	1745	1480	1260	1070
SUB-9/SUB-40 CARBINE	500	425	360	305	260
SUB-2000 CARBINE	620	525	450	380	325
SUB-2000 GEN 2	550	470	395	340	290
SU16 SERIES CARBINE/RIFLE					
SU16A	590	500	425	360	305
SU16B	615	525	445	380	325
SU16C (Charlie Model)	640	545	460	395	335
SU16CA	640	545	460	395	335
SU16E	735	625	530	450	385
SU16F	585	495	425	360	305
SU22 RIFLE SERIES	435	370	315	265	225

SHOTGUNS: SLIDE ACTION

KSG	845	720	610	520	440
KSG410	510	435	370	315	270
KSG Compact	875	745	630	535	455
KSG-NR	900	765	650	555	470
KSG-25	1100	935	795	675	575
KS7	545	465	395	335	285

KESSLER ARMS CORPORATION

BOLT ACTION MODEL	175	150	125	105	90
LEVERMATIC MODEL	310	265	225	190	160

KEYSTONE SPORTING ARMS

KPT KEYSTONE PRECISION TRAINER (MODEL 722 PT)	575	490	415	355	300
KSA 91/30 MINI MOSIN	330	280	240	205	175

	NIB	EXC	VG	G	F
KSAM38 Mini Carbine Mosin	400	340	290	245	210
MODEL 722 CLASSIC	470	400	340	290	245
MODEL 722 COMPACT DELUXE	340	290	245	210	180
MODEL 722 COMPACT SPORTER	310	265	225	190	160
MODEL 722 SPORTER	350	300	255	215	185
MODEL 722 VARMINT	570	485	410	350	300

KHAN ARMS

SHOTGUNS: O/U

	NIB	EXC	VG	G	F
ARTHEMIS ELITE FIELD/DELUXE	500	425	360	305	260
Arthemis Elite Field/Deluxe Sporting Clays	925	785	670	570	485

SHOTGUNS: SxS

	NIB	EXC	VG	G	F
COACH GUN	675	575	490	415	355

KIFARU ARMS

	NIB	EXC	VG	G	F
RAMBLING RIFLE GEN II	5750	4890	4155	3530	3000

KIMBER

PISTOLS: SEMI-AUTO

	NIB	EXC	VG	G	F
AEGIS ELITE CUSTOM	1235	1050	890	760	645
AEGIS ELITE PRO	980	835	710	600	510
AEGIS ELITE ULTRA	1050	895	760	645	550
AEGIS II SERIES	1275	1085	920	785	665
CDP (CUSTOM DEFENSE PACKAGE)	1400	1190	1010	860	730
CDP II (CUSTOM DEFENSE PACKAGE) SERIES	1620	1375	1170	995	845
COMBAT CARRY	885	750	640	545	465
COMPACT II	635	540	460	390	330
Compact Stainless II	900	765	650	555	470
COVERT SERIES	1440	1225	1040	885	750
COVERT II SERIES	1690	1435	1220	1040	885
CRIMSON CARRY II	1180	1005	855	725	615
CUSTOM II/CUSTOM II TWO-TONE	980	835	710	600	510
Custom II Target	720	610	520	440	375
CUSTOM LW OI, NIGHTSTAR	840	715	605	515	440
CUSTOM STAINLESS II	1020	865	735	625	530
Custom Stainless Target II	1120	950	810	690	585
CUSTOM TLE II (PREVIOUS MFG.)					
Custom TLE II	1190	1010	860	730	620
Stainless TLE II	1140	970	825	700	595
CUSTOM TLE/RL II	1095	930	790	670	570
Custom TLE/RL II TFS	1185	1005	855	730	620
Stainless TLE/RL II	1230	1045	890	755	640
DESERT WARRIOR	1440	1225	1040	885	750
Desert Warrior TFS	1495	1270	1080	920	780
ECLIPSE II SERIES	1450	1235	1050	890	755
ECLIPSE CUSTOM	1475	1255	1065	905	770
ECLIPSE PRO	1570	1335	1135	965	820
ECLIPSE TARGET	1680	1430	1215	1030	875
EVO SP (CDP - CUSTOM DEFENSE PACKAGE)	820	695	590	505	430
EVO SP (CS - CUSTOM SHOP)	900	765	650	555	470
EVO SP RAPTOR (COLLECTOR'S EDITION)	965	820	695	595	505
EVO SP STAINLESS RAPTOR	820	695	590	505	430
EVO SP SELECT BLACK/STAINLESS	640	545	460	395	335
EVO SP (TLE)	810	690	585	495	420
EVO SP (TWO-TONE)	740	630	535	455	385
GOLD MATCH II	1130	960	815	695	590
Gold Match Stainless II	1220	1035	880	750	640
KDS9C	1345	1145	970	825	700
KHX CUSTOM	1295	1100	935	795	675
KHX Custom (OI)	1820	1545	1315	1120	950
KHX Custom OR (Optics Ready)	1125	955	815	690	585

	NIB	EXC	VG	G	F
KHX Custom/RL	1820	1545	1315	1120	950
KHX PRO	1295	1100	935	795	675
KHX Pro OR (Optics Ready)	1140	970	825	700	595
KHX ULTRA	1525	1295	1100	935	795
LTP II	1850	1575	1335	1135	965
MASTER CARRY SERIES	1475	1255	1065	905	770
MICRO 9 AMETHYST	1250	1065	905	770	655
MICRO 9 BEL AIR	1020	865	735	625	530
MICRO 9 BLACK (OI)/MICRO 9 STAINLESS (OI)	760	645	550	465	395
MICRO 9 CDP	1085	920	785	665	565
MICRO 9 COVERT	1030	875	745	635	540
MICRO 9 CRIMSON CARRY	800	680	580	490	415
MICRO 9 (LG)	910	775	655	560	475
MICRO 9 DESERT NIGHT	750	640	540	460	390
MICRO 9 DESERT TAN (LG)	775	660	560	475	405
MICRO 9 ECLIPSE	775	660	560	475	405
MICRO 9 ESV	810	690	585	495	420
Micro 9 ESV Two-Tone (MC) (TP)	1005	855	725	615	525
MICRO 9 KHX	810	690	585	495	420
MICRO 9 NIGHTFALL (DN)	750	640	540	460	390
MICRO 9 RAPIDE/MICRO 9 RAPIDE (BLACK ICE)	900	765	650	555	470
Micro 9 Rapide Dawn	900	765	650	555	470
Micro 9 Rapide Dusk	900	765	650	555	470
Micro 9 Rapide Scorpius	900	765	650	555	470
MICRO 9 RAPTOR COLLECTOR'S EDITION	775	660	560	475	405
MICRO 9 ROSE GOLD	1065	905	770	655	555
MICRO 9 SAPPHIRE	1065	905	770	655	555
MICRO 9 STAINLESS	760	645	550	465	395
Micro 9 Stainless (MC) (TP)	780	665	565	480	410
MICRO 9 STAINLESS RAPTOR	865	735	625	530	450
MICRO 9 TEXAS EDITION	1000	850	725	615	525
MICRO 9 TLE	780	665	565	480	410
MICRO 9 TRIARI	775	660	560	475	405
MICRO 9 TWO-TONE	650	555	470	400	340
MICRO 9 WOODLAND NIGHT (LG)	775	660	560	475	405
MICRO ADVOCATE	605	515	435	370	315
MICRO AMETHYST	1025	870	740	630	535
MICRO BEL AIR	865	735	625	530	450
MICRO CARRY	500	425	360	305	260
Micro Crimson Carry NS (Micro Crimson Carry)	745	635	540	460	390
MICRO CDP	1085	920	785	665	565
MICRO COVERT	900	765	650	555	470
MICRO DC	740	630	535	455	385
MICRO DESERT NIGHT	630	535	455	385	325
MICRO DESERT TAN (LG)	910	775	655	560	475
MICRO ECLIPSE	730	620	525	450	385
MICRO RAPTOR/MICRO RAPTOR STAINLESS	845	720	610	520	440
MICRO RCP	720	610	520	440	375
MICRO ROSE GOLD	1025	870	740	630	535
MICRO SAPPHIRE	1025	870	740	630	535
MICRO STAINLESS ROSEWOOD	600	510	435	370	315
MICRO TLE (TACTICAL LAW ENFORCEMENT)	700	595	505	430	365
MICRO TWO-TONE	600	510	435	370	315
POLYMER	800	680	580	490	415
Polymer Stainless	745	635	540	460	390
Polymer Gold Match	1195	1015	865	735	625
Polymer Gold Match Stainless	1095	930	790	670	570
Polymer Pro Carry	585	495	425	360	305
Polymer Pro Carry Stainless	755	640	545	465	395
PRO CARRY II	970	825	700	595	505
Pro Carry II Stainless	865	735	625	530	450
Pro Carry II HD	1330	1130	960	815	695
Pro Carry II Two-Tone (LG)	980	835	710	600	510

	NIB	EXC	VG	G	F
PRO TLE/RL II	1100	935	795	675	575
Stainless Pro TLE/RL II	1050	895	760	645	550
PRO TLE II (LG)	1020	865	735	625	530
Stainless Pro TLE II	975	830	705	600	510
Pro TLE II TFS	975	830	705	600	510
R7 MAKO OI (OPTICS INSTALLED)	800	680	580	490	415
R7 MAKO OR (OPTICS READY)	400	340	290	245	210
RAPIDE	1420	1205	1025	870	740
Rapide Black Ice/Rapide Black Ice OI	1060	900	765	650	555
Rapide Dawn	1835	1560	1325	1125	955
Rapide Dusk	1565	1330	1130	960	815
Rapide Frost	1565	1330	1130	960	815
Rapide Scorpius	1835	1560	1325	1125	955
RAPTOR II	1320	1120	955	810	690
Grand Raptor II	1550	1320	1120	950	810
Pro Raptor II	1215	1035	880	745	635
Ultra Raptor II	1215	1035	880	745	635
RIMFIRE SUPER	1100	935	795	675	575
RIMFIRE TARGET	600	510	435	370	315
SIS SERIES	1200	1020	865	735	625
SOLO CARRY	610	520	440	375	320
Solo CDP (LG)	1020	865	735	625	530
Solo Carry DC	760	645	550	465	395
Solo Sapphire	1075	915	775	660	560
STAINLESS RAPTOR II	1425	1210	1030	875	745
Stainless Raptor II (Collectors Edition)	1460	1240	1055	895	760
STAINLESS TARGET (LS)	1040	885	750	640	545
STAINLESS TEN II	810	690	585	495	420
BP Ten II	700	595	505	430	365
Pro BP Ten II	750	640	540	460	390
SUPERAMERICA LIMITED EDITION	3230	2745	2335	1985	1685
SUPER CARRY SERIES	1325	1125	955	815	695
Super Carry HD Series	1625	1380	1175	1000	850
TACTICAL II SERIES	1125	955	815	690	585
TEAM MATCH II	1695	1440	1225	1040	885
Team Match II (Recent Mfg.)	1565	1330	1130	960	815
ULTRA CARRY II	830	705	600	510	435
Stainless Ultra Carry II	865	735	625	530	450
ULTRA TEN CDP II	1620	1375	1170	995	845
ULTRA TLE II	1190	1010	860	730	620
Stainless Ultra TLE II	1340	1140	970	825	700
WARRIOR	1260	1070	910	775	660
WARRIOR II	1855	1575	1340	1140	970
WARRIOR SOC	1125	955	815	690	585
Warrior SOC TFS	1605	1365	1160	985	835

Pistols: Kimber Custom Shop/Special Editions, Single Action

	NIB	EXC	VG	G	F
25TH ANNIVERSARY CUSTOM LIMITED EDITION	925	785	670	570	485
25th Anniversary Custom Limited Edition Gold Match	1700	1445	1230	1045	890
25th Anniversary Custom Limited Edition Pistol Set	2495	2120	1805	1530	1300
AMETHYST ULTRA II	2015	1715	1455	1235	1050
CAMP GUARD 10	1250	1065	905	770	655
CENTENNIAL EDITION	3700	3145	2675	2270	1930
CLASSIC CARRY ELITE	2200	1870	1590	1350	1150
CLASSIC CARRY PRO	1895	1610	1370	1165	990
CUSTOM TLE II 200TH ANNIVERSARY ALABAMA	1100	935	795	675	575
CUSTOM TLE II TROY ALABAMA EDITION	1010	860	730	620	525
DIAMOND ULTRA II	1650	1405	1190	1015	865
ELITE CARRY	795	675	575	490	415
GOLD COMBAT II	2715	2310	1960	1665	1415
Gold Combat Stainless II	2100	1785	1515	1290	1095
Gold Combat RL II	2400	2040	1735	1475	1255
GOLD GUARDIAN	1300	1105	940	800	680
HERITAGE EDITION	920	780	665	565	480

	NIB	EXC	VG	G	F
HERO CUSTOM	950	810	685	585	495
ONYX ULTRA II	1595	1355	1150	980	835
PRO ELITE	900	765	650	555	470
PRO SHADOW II	800	680	580	490	415
ROSE GOLD ULTRA II	1700	1445	1230	1045	890
ROYAL CARRY	1295	1100	935	795	675
ROYAL II	1620	1375	1170	995	845
SAPPHIRE PRO II	1775	1510	1280	1090	925
SAPPHIRE ULTRA II	2015	1715	1455	1235	1050
STAINLESS COVERT	975	830	705	600	510
STAINLESS GOLD MATCH SE II	1485	1260	1075	910	775
STAINLESS II (CLASSIC ENGRAVED EDITION)	1905	1620	1375	1170	995
STAINLESS II TEXAS EDITION	1635	1390	1180	1005	855
SUPER JAGARE	2550	2170	1840	1565	1330
SUPER MATCH II	3120	2650	2255	1915	1630
ULTRA BEL AIR II SPECIAL EDITION	Pricing Unavailable for this model				
ULTRA ELITE	1490	1265	1075	915	780
ULTRA CDP ELITE II	1215	1035	880	745	635
Ultra CDP Elite STS II	975	830	705	600	510
ULTRA RCP II	1350	1150	975	830	705
ULTRA SHADOW II	810	690	585	495	420
ULTRA SP II	1025	870	740	630	535

Pistols: Kimber Limited Editions, Single Action

	NIB	EXC	VG	G	F
THE BOSS II	Pricing Unavailable for this model				
CLASSIC TARGET II	825	700	595	505	430
CUSTOM DEFENDER II	1195	1015	865	735	625
CUSTOM ECLIPSE II	1475	1255	1065	905	770
ECLIPSE CLE II	780	665	565	480	410
Eclipse PLE II	1150	980	830	705	600
Eclipse ULE II	750	640	540	460	390
FRANKLIN CUSTOM II	Pricing Unavailable for this model				
LAPD SWAT	Pricing Unavailable for this model				
MCSOCOM ICQB (2004)	Pricing Unavailable for this model				
NRA EPOCH II	Pricing Unavailable for this model				
PRO CARRY SLE	815	695	590	500	425
PRO COMBAT	725	615	525	445	380
PRO ECLIPSE II	1570	1335	1135	965	820
STRYKER TEN II	850	725	615	520	440
TARGET ELITE II	810	690	585	495	420
TARGET MATCH	1425	1210	1030	875	745
TEAM MATCH II 38 SUPER	1700	1445	1230	1045	890
ULTRA ECLIPSE II	1130	960	815	695	590

REVOLVERS

	NIB	EXC	VG	G	F
K6s DASA Combat	1025	870	740	630	535
K6s CDP (CUSTOM DEFENSE PACKAGE)	1155	980	835	710	605
K6s DASA	1100	935	795	675	575
K6s DASA Target/Target GFO	1050	895	760	645	550
K6s DASA Texas Edition	1485	1260	1075	910	775
K6s DC (DEEP COVER)	1285	1090	930	790	670
K6s DCR (DELUXE CARRY REVOLVER)	1160	985	840	710	605
K6s FIRST EDITION	1800	1530	1300	1105	940
K6s RED	Contact Manufacturer for Pricing				
K6s ROYAL SPECIAL EDITION	1700	1445	1230	1045	890
K6s STAINLESS	900	765	650	555	470
K6s Stainless GS/K6s Stainless NS	Contact Manufacturer for Pricing				
K6s TLE	1070	910	775	655	555
K6XS	580	495	420	355	300

RIFLES: BOLT ACTION, RIMFIRE MODELS/REPEATING & SINGLE SHOT

	NIB	EXC	VG	G	F
CLASSIC	1425	1210	1030	875	745
Classic Varmint	1500	1275	1085	920	780
Classic Pro Varmint	1620	1375	1170	995	845
Custom Classic	1650	1405	1190	1015	865
HUNTER	1130	960	815	695	590

	NIB	EXC	VG	G	F
HS (HUNTER SILHOUETTE) MODEL	880	750	635	540	460
MODEL 82C CLASSIC	975	830	705	600	510
Model 82C Classic Stainless	1080	920	780	665	565
Model 82C Classic Stainless Varmint	1025	870	740	630	535
MODEL 82C CUSTOM MATCH	3000	2550	2170	1840	1565
MODEL 82C SUPERAMERICA	1750	1490	1265	1075	915
MODEL 82C SUPER CLASSIC	1500	1275	1085	920	780
MODEL 82C SVT	800	680	580	490	415
SUPERAMERICA MODEL	2000	1700	1445	1230	1045
SuperAmerica Model Custom Match 25th Anniversary	2750	2340	1985	1690	1435
SVT (SHORT VARMINT/TARGET) MODEL	895	760	645	550	470

RIFLES: BOLT ACTION, CENTERFIRE MODELS

	NIB	EXC	VG	G	F
ADVANCED TACTICAL SOC II	2275	1935	1645	1395	1185
ADVANCED TACTICAL SRC II	2275	1935	1645	1395	1185
CLASSIC (TWO-TONE) LIMITED EDITION	980	835	710	600	510
MODEL 84C SINGLE SHOT VARMINT	895	760	645	550	470
MODEL 84L CLASSIC	1360	1155	985	835	710
Model 84L Classic Select Grade	1260	1070	910	775	660
Model 84L Classic Stainless Select Grade	1320	1120	955	810	690
Model 84L Hunter	850	725	615	520	440
Model 84L Hunter Boot Campaign	890	755	645	545	465
Model 84L Hunter Camo	890	755	645	545	465
Model 84L Hunter Pro Desolve Blak	1005	855	725	615	525
Model 84L Montana	1310	1115	945	805	685
Model 84L Mountain Ascent	2040	1735	1475	1255	1065
Model 84L Subalpine	1700	1445	1230	1045	890
MODEL 84M					
Model 84M Adirondack	1470	1250	1060	905	770
Model 84M Classic	1285	1090	930	790	670
Model 84M Classic Select Grade	1240	1055	895	760	645
Model 84M Classic Stainless	1025	870	740	630	535
Model 84M Classic Stainless Select Grade	1320	1120	955	810	690
Model 84M Hunter	1130	960	815	695	590
Model 84M Hunter Boot Campaign	990	840	715	610	520
Model 84M Hunter Camo	825	700	595	505	430
Model 84M Hunter Pro Desolve Blak	1005	855	725	615	525
Model 84M LPT (Light Police Tactical)	1495	1270	1080	920	780
Model 84M Limited Edition	1575	1340	1140	965	820
Model 84M LongMaster Classic	1150	980	830	705	600
Model 84M LongMaster VT	1700	1445	1230	1045	890
Model 84M Montana	1425	1210	1030	875	745
Model 84M Mountain Ascent	2040	1735	1475	1255	1065
Model 84M Open Country	2495	2120	1805	1530	1300
Model 84M Open Range Pro Carbon	3300	2805	2385	2025	1720
Model 84M Subalpine	2000	1700	1445	1230	1045
Model 84M Superamerica	2720	2310	1965	1670	1420
Model 84M SVT	1250	1065	905	770	655
Model 84M Varmint	1500	1275	1085	920	780
Model 84M Pro Varmint	1620	1375	1170	995	845
MODEL 8400 ADVANCED TACTICAL II	3565	3030	2575	2190	1860
Model 8400 Advanced Tactical SOC	4100	3485	2960	2520	2140
Model 8400 Advanced Tactical SRC (Suppressor Ready)	4420	3755	3195	2715	2310
MODEL 8400 CAPRIVI	3650	3105	2635	2240	1905
Model 8400 Caprivi Special Edition	4500	3825	3250	2765	2350
MODEL 8400 CLASSIC	1085	920	785	665	565
Model 8400 Classic Select Grade	1620	1375	1170	995	845
Model 8400 Classic Stainless	1025	870	740	630	535
Model 8400 Classic Stainless Select Grade	1320	1120	955	810	690
MODEL 8400 MONTANA	1925	1635	1390	1180	1005
MODEL 8400 MOUNTAIN ASCENT	1925	1635	1390	1180	1005
MODEL 8400 PATROL/POLICE TACTICAL	1475	1255	1065	905	770
MODEL 8400 PATROL TACTICAL	1735	1475	1255	1065	905
MODEL 8400 SONORA	1160	985	840	710	605

	NIB	EXC	VG	G	F
MODEL 8400 SUBALPINE	1750	1490	1265	1075	915
MODEL 8400 SUPERAMERICA	1975	1680	1425	1215	1035
MODEL 8400 TACTICAL SERIES	1600	1360	1155	985	835
TALKEETNA (MODEL 8400 TALKEETNA)	2110	1795	1525	1295	1100
RIFLES: BOLT ACTION, MAUSER 96 SPORTERS					
MODEL 96 SPORTER	500	425	360	305	260
RIFLES: BOLT ACTION, MAUSER 98 SPORTERS					
MODEL 98 SPORTER	465	395	335	285	240
Mauser 98 Sporter Matte	275	235	200	170	145
SHOTGUNS: O/U					
AUGUSTA SERIES	5195	4415	3755	3190	2710
MARIAS SERIES	5380	4575	3885	3305	2810
SHOTGUNS: SxS					
VALIER SERIES	3880	3300	2805	2385	2025
Valier Grade II	4480	3810	3235	2750	2340

KIMBER OF OREGON, INC.

	NIB	EXC	VG	G	F
PISTOLS: BOLT ACTION					
PREDATOR MODEL HUNTER GRADE	2250	1915	1625	1380	1175
PREDATOR MODEL SUPER GRADE	2750	2340	1985	1690	1435
Model 82, .22 Cal. Series					
MODEL 82 ALL AMERICAN MATCH	1900	1615	1375	1165	990
MODEL 82 BROWNELL	3025	2570	2185	1860	1580
MODEL 82 CENTENNIAL	13310	11315	9615	8175	6950
MODEL 82 CONTINENTAL	3150	2680	2275	1935	1645
Model 82 Continental Super	2340	1990	1690	1435	1220
MODEL 82 CUSTOM MATCH	6250	5315	4515	3840	3265
GOVERNMENT MODEL 82A TARGET	720	610	520	440	375
MODEL 82 HUNTER GRADE	980	835	710	600	510
MODEL 82 MINI CLASSIC	835	710	605	515	440
MODEL 82 RIMFIRE VARMINTER	1200	1020	865	735	625
MODEL 82 S SERIES	3500	2975	2530	2150	1830
MODEL 82 SPORTER	1180	1005	855	725	615
STANDARD MODEL 82 CLASSIC	2495	2120	1805	1530	1300
Standard Model 82 Cascade	1125	955	815	690	585
Standard Model 82 Custom Classic	2100	1785	1515	1290	1095
Standard Model 82 Custom Classic, .218 cal.	2250	1915	1625	1380	1175
Standard Model 82 Deluxe Grade	1875	1595	1355	1150	980
MODEL 82 SUPER AMERICA	4500	3825	3250	2765	2350
Model 82 Super America Super Grade	3200	2720	2310	1965	1670
MODEL 82 TENTH ANNIVERSARY ISSUE	4315	3670	3120	2650	2255
Model 84 Centerfire Series					
MODEL 84 CLASSIC	1350	1150	975	830	705
MODEL 84 CUSTOM CLASSIC	1450	1235	1050	890	755
Model 84 Custom Classic Deluxe Grade Sporter	1950	1660	1410	1200	1020
MODEL 84 CONTINENTAL	3250	2765	2350	1995	1695
Model 84 Continental Super	2600	2210	1880	1595	1355
MODEL 84 CUSTOM MATCH	4500	3825	3250	2765	2350
MODEL 84 HUNTER GRADE	1500	1275	1085	920	780
MODEL 84 SPORTER	1750	1490	1265	1075	915
MODEL 84 SUPER AMERICA/SUPER GRADE	3000	2550	2170	1840	1565
Model 84 Super America/Super Grade Big Bore	4200	3570	3035	2580	2195
MODEL 84 TENTH ANNIVERSARY ISSUE	3995	3395	2885	2455	2085
MODEL 84 ULTRA VARMINTER	1200	1020	865	735	625
Model 84 Ultra Varminter Super	3250	2765	2350	1995	1695
Model 89 Centerfire, Big Game Rifle "BGR" Series					
MODEL 89 BGR CLASSIC MODEL	1800	1530	1300	1105	940
Model 89 BGR Custom Classic Model	2750	2340	1985	1690	1435
MODEL 89 DELUXE GRADE FEATHERWEIGHT BBL	1800	1530	1300	1105	940
MODEL 89 DELUXE GRADE FEATHERWEIGHT BBL	2200	1870	1590	1350	1150
Model 89 Deluxe Grade Medium-weight Barrel	2000	1700	1445	1230	1045
Model 89 Super America Grade Medium-weight Barrel	2500	2125	1805	1535	1305

	NIB	EXC	VG	G	F
Model 89 Deluxe Grade Heavy-weight Barrel	2500	2125	1805	1535	1305
Model 89 Super America Grade Heavy-weight Barrel	3150	2680	2275	1935	1645
MODEL 89 SPORTER	2250	1915	1625	1380	1175
MODEL 89 HUNTER GRADE	2000	1700	1445	1230	1045
MODEL 89 SUPER GRADE	2000	1700	1445	1230	1045
MODEL 89 AFRICAN	6750	5740	4875	4145	3525

KIMEL INDUSTRIES, INC.

CARBINES: SEMI-AUTO

	NIB	EXC	VG	G	F
AR-9 CARBINE	400	340	290	245	210

PISTOLS: SEMI-AUTO

	NIB	EXC	VG	G	F
AP-9 PISTOL	800	680	580	490	415
AP-9 Pistol Mini	1125	955	815	690	585
AP-9 Pistol Target	600	510	435	370	315
P-95 Pistol	395	335	285	245	210

KING'S ARSENAL

PISTOLS: SEMI-AUTO

	NIB	EXC	VG	G	F
KROWN 15	Custom Order Only				
KULVERIN 1911	1875	1595	1355	1150	980

RIFLES: BOLT ACTION

	NIB	EXC	VG	G	F
XKALIBER	Custom Order Only				

RIFLES: SEMI-AUTO

	NIB	EXC	VG	G	F
KROWN 15 BASE MODEL/KROWN 15 KUSTOM	1525	1295	1100	935	795

KINGSTON ARMORY

	NIB	EXC	VG	G	F
M1 .22 CAL. GARAND	800	680	580	490	415
M14 .22 CAL.	795	675	575	490	415

KINTREK, INC.

	NIB	EXC	VG	G	F
BULLPUP MODEL	310	265	225	190	160

KLEINGUENTHER FIREARMS CO.

BOLT ACTION RIFLE

	NIB	EXC	VG	G	F
Bolt Action Rifle Winchester Model 70 Custom	1250	1065	905	770	655
Bolt Action Rifle Sako Action	2000	1700	1445	1230	1045
Bolt Action Rifle K-15	1765	1500	1275	1085	920

KOLIBRI

	NIB	EXC	VG	G	F
KOLIBRI PISTOL	3450	2935	2495	2120	1800

KONGSBERG

393 SERIES

	NIB	EXC	VG	G	F
393 Series Classic Model	780	665	565	480	410
393 Series Select Model (Standard Model in Europe)	1050	895	760	645	550
393 Series De Luxe Model	855	725	620	525	445
393 Series Thumbhole Model	1650	1405	1190	1015	865

KORRIPHILA

	NIB	EXC	VG	G	F
HSP 701	9775	8310	7060	6005	5105
HSP 701 Odin's Eye (Damascus)	18000	15300	13005	11055	9395
TP 70	500	425	360	305	260

KORSTOG

	NIB	EXC	VG	G	F
BRANN	800	680	580	490	415
JAGER	1750	1490	1265	1075	915
VAR	1450	1235	1050	890	755
VOLI	1025	870	740	630	535

	NIB	EXC	VG	G	F

KRAG-JORGENSEN (30/40 KRAG)

	NIB	EXC	VG	G	F
MODEL OF 1892 RIFLE (DATED 1894)	10000	8500	7225	6140	5220
Model of 1892 Rifle Carbine	Rarity Precludes Pricing				
MODEL 1892/1896 RIFLE (ARSENAL ALTERED)	1250	1065	905	770	655
MODEL 1892 CADET RIFLE	Rarity Precludes Pricing				
MODEL 1895/1896 TRANSITION RIFLE	4000	3400	2890	2455	2085
MODEL OF 1896 RIFLE	4000	3400	2890	2455	2085
Model 1895/1896 Rifle Transition Carbine	4500	3825	3250	2765	2350
Model of 1896 Rifle Carbine	3000	2550	2170	1840	1565
MODEL OF 1898 RIFLE	3800	3230	2745	2335	1985
Model of 1898 Rifle Carbine	4500	3825	3250	2765	2350
Model of 1898 Rifles with Parkhurst Device	Rarity Precludes Pricing				
MODEL OF 1899 CARBINE	4500	3825	3250	2765	2350
Model of 1899 Carbine with Parkhurst Device	Rarity Precludes Pricing				
BOARD OF ORDNANCE RIFLE	Rarity Precludes Pricing				
PHILIPPINE CONSTABULARY RIFLE	Rarity Precludes Pricing				
SCHOOL GUN	4500	3825	3250	2765	2350
DCM/NRA CARBINE	1500	1275	1085	920	780

KREB'S CUSTOM GUNS

	NIB	EXC	VG	G	F
AC-18A2 RIFLE	2000	1700	1445	1230	1045
AC-18A2LB RIFLE	1800	1530	1300	1105	940
CORE Rifle	1600	1360	1155	985	835
VEPR KREBS CUSTOM KV-13	1950	1660	1410	1200	1020

KRISS ARMS GROUP (KRISS SYSTEMS SA)

PISTOLS: SEMI-AUTO

	NIB	EXC	VG	G	F
DMK22P	825	700	595	505	430
DMK22P-SB	625	530	450	385	325
KRISS VECTOR SDP	1850	1575	1335	1135	965
KRISS VECTOR GEN II SDP	1350	1150	975	830	705
KRISS VECTOR GEN II SDP .22 LR/VECTOR GEN II SDP	1480	1260	1070	910	775
KRISS VECTOR GEN II SDP-SB	1775	1510	1280	1090	925
Kriss Vector Gen II SDP-SB .22 LR	675	575	490	415	355
KRISS VECTOR GEN II SDP ENHANCED	1450	1235	1050	890	755
KRISS VECTOR GEN II SDP-SB ENHANCED	1650	1405	1190	1015	865

RIFLES: SEMI-AUTO

	NIB	EXC	VG	G	F
DMK22C	850	725	615	520	440
DMK22C LVOA	750	640	540	460	390
KRISS VECTOR CRB	920	780	665	565	480
KRISS VECTOR CRB ENHANCED	1200	1020	865	735	625
KRISS VECTOR CRB ORIGIN 20TH ANNIVERSARY	2208	1875	1595	1355	1150
KRISS VECTOR GEN II CRB	1600	1360	1155	985	835
KRISS VECTOR GEN II CRB ENHANCED	1525	1295	1100	935	795
KRISS VECTOR GEN II CRB .22 LR	850	725	615	520	440
Kriss Vector Gen II CRB DuoTone .22 LR	950	810	685	585	495
KRISS VECTOR GEN II CRB ENHANCED .22 LR	1100	935	795	675	575

KSN INDUSTRIES LTD.

	NIB	EXC	VG	G	F
KAREEN MK I	800	680	580	490	415
KAREEN MK II	795	675	575	490	415
Kareen Mk II Compact	600	510	435	370	315
GOLAN MODEL	550	470	395	340	290

L E S INCORPORATED

	NIB	EXC	VG	G	F
P-18 ROGAK	500	425	360	305	260
P-18 ROGAK, High Polish Finish	575	490	415	355	300

L.A.R. MANUFACTURING, INC.

	NIB	EXC	VG	G	F
PISTOLS: SEMI-AUTO					
GRIZZLY WIN. MAG. MARK I					
Grizzly Win. Mag. Mark I Short Barrel Lengths		2150	1850	1550	1320
Grizzly Win. Mag. Mark I Long Barrel Lengths		4500	4000	3500	2975
Grizzly Win. Mag. Mark I State Special Edition		Rarity Precludes Pricing			
GRIZZLY WIN. MAG. MARK II		1750	1550	1350	1150
GRIZZLY .44 MAG. MARK IV		3500	3000	2750	2340
GRIZZLY .50 MARK V	3738	3175	2700	2295	1950
RIFLES: BOLT ACTION					
GRIZZLY BIG BOAR COMPETITOR RIFLE	2650	2255	1915	1625	1380
GRIZZLY T-50	3200	2720	2310	1965	1670
RIFLES/CARBINES: SEMI-AUTO					0
GRIZZLY 15	455	385	330	280	240
GRIZZLY A2 SPEC CARBINE	850	725	615	520	440
GRIZZLY A3 SPEC CARBINE	850	725	615	520	440
OPS-4 GRIZZLY H-TACTICAL	935	795	675	575	490
OPS-4 GRIZZLY HUNTER	850	725	615	520	440
OPS-4 GRIZZLY OPERATOR	910	775	655	560	475
OPS-4 GRIZZLY PRECISION OPERATOR	1075	915	775	660	560
OPS-4 GRIZZLY SPEC CARBINE	825	700	595	505	430
OPS-4 GRIZZLY SPEC RIFLE	850	725	615	520	440
OPS-4 GRIZZLY STANDARD CARBINE	850	725	615	520	440
OPS-4 GRIZZLY STANDARD RIFLE	915	780	660	560	475
OPS-22 TERMINATOR	575	490	415	355	300

LABANU INCORPORATED

	NIB	EXC	VG	G	F
MAK 90 SKS SPORTER RIFLE	1400	1190	1010	860	730

LAHTI PISTOL

	NIB	EXC	VG	G	F
SWEDISH MODEL 40	995	845	720	610	520
FINNISH L-35					
Finnish L-35 1st Variation	6450	5485	4660	3960	3365
Finnish L-35 2nd Variation	4750	4040	3430	2915	2480
Finnish L-35 3rd Variation	2500	2125	1805	1535	1305
Finnish L-35 4th Variation	2000	1700	1445	1230	1045
Finnish L-35 Shoulder Stocks	6000				

LAKE FIELD ARMS LTD.

	NIB	EXC	VG	G	F
MARK I	215	185	155	130	110
MARK II	240	205	175	145	125
MARK III	225	190	165	140	120
MODEL 64B	250	215	180	155	130
MODEL 90B (BIATHLON)	529	450	380	325	275
MODEL 91T	375	320	270	230	195
Model 91TR	375	320	270	230	195
MODEL 92S	192	165	140	120	100
MODEL 93M	471	400	340	290	245

LAKELANDER

	NIB	EXC	VG	G	F
LAKELANDER 389	500	425	360	305	260

LAMES

	NIB	EXC	VG	G	F
CALIFORNIA TRAP	800	680	580	490	415
FIELD MODEL	500	425	360	305	260
SKEET MODEL	700	595	505	430	365
STANDARD TRAP	700	595	505	430	365

LANCER SYSTEMS

	NIB	EXC	VG	G	F
L15 COMPETITION	3447	2930	2490	2115	1800
L15 DMR	2635	2240	1905	1620	1375

	NIB	EXC	VG	G	F
L15 CDMR (Custom Designated Marksman Rifle)	2200	1870	1590	1350	1150
L15 DEFENSE	1882	1600	1360	1155	980
L15 OUTLAW	2678	2275	1935	1645	1400
L15 PATROL	2000	1700	1445	1230	1045
L15 SHARP SHOOTER	1925	1635	1390	1180	1005
L15 SPORTER	1675	1425	1210	1030	875
L15 SUPER COMPETITION	2600	2210	1880	1595	1355
L30 COMPETITION	4000	3400	2890	2455	2085
L30 DMR	4000	3400	2890	2455	2085
L30 HEAVY METAL	3345	2845	2415	2055	1745
L30 LTR (LONG-RANGE TACTICAL RIFLE)	4500	3825	3250	2765	2350
L30 MBR (MODERN BATTLE RIFLE)	3000	2550	2170	1840	1565

LANDOR ARMS

	NIB	EXC	VG	G	F
BPX 902/BPX 902 GEN 2	600	510	435	370	315
LND 117	520	440	375	320	270

LANGDON TACTICAL

PISTOLS: SEMI-AUTO

	NIB	EXC	VG	G	F
92 ELITE LTT	1295	1100	935	795	675
92 Elite LTT RDO	1265	1075	915	775	660
92 ELITE LTT CENTURION	1295	1100	935	795	675
92 Elite LTT Centurion RDO	2640	2245	1905	1620	1375
92 ELITE LTT COMPACT	1295	1100	935	795	675
92 Elite LTT Compact RDO	1765	1500	1275	1085	920
92X FULL SIZE LTT	750	640	540	460	390
PX4 CARRY	850	725	615	520	440
PX4 COMPACT CARRY (MOD 4/MOD 5)	1045	890	755	640	545
LANGDON TACTICAL EDITION - SPRINGFIELD	740	630	535	455	385

SHOTGUNS: SEMI-AUTO

	NIB	EXC	VG	G	F
LTT 1301 TACTICAL	1925	1635	1390	1180	1005

LANTAC USA, LLC

PISTOLS: SEMI-AUTO

	NIB	EXC	VG	G	F
LA-SF15 PDP (PERSONAL DEFENSE PISTOL)	1675	1425	1210	1030	875
LA-SF15 UTP (URBAN TACTICAL PISTOL)	1720	1460	1245	1055	895
RAZORBACK G17	1625	1380	1175	1000	850
Razorback G19	1625	1380	1175	1000	850

RIFLES: SEMI-AUTO

	NIB	EXC	VG	G	F
LA-SF15 DMR	1530	1300	1105	940	800
LA-SF15 PATROL	1770	1505	1280	1085	920
LA-SF15 RECON	1870	1590	1350	1150	980

LARUE TACTICAL

	NIB	EXC	VG	G	F
6.5 GRENDEL FDE RIFLE	2500	2125	1805	1535	1305
BLACK AND TAN RIFLE	2500	2125	1805	1535	1305
COSTA SIGNATURE EDITION	2895	2460	2090	1780	1515
FDE LIMITED EDITION PREDATAR	Rarity Precludes Pricing				
OBR (OPTIMIZED BATTLE RIFLE), 5.56	2425	2060	1750	1490	1265
OBR (OPTIMIZED BATTLE RIFLE), 7.62	3500	2975	2530	2150	1830
PREDATAR	3175	2700	2295	1950	1660
PREDATOBR 5.56	3200	2720	2310	1965	1670
PREDATOBR 7.62, .260, 6.5mm cals	4300	3655	3105	2640	2245
SIETE	2000	1700	1445	1230	1045
UDE LIMITED EDITION PREDATOBR	3000	2550	2170	1840	1565

LASALLE

	NIB	EXC	VG	G	F
SLIDE ACTION SHOTGUN	315	270	230	195	165
SEMI-AUTO SHOTGUN	350	300	255	215	185

	NIB	EXC	VG	G	F

LASERAIM ARMS, INC.

	NIB	EXC	VG	G	F
SERIES I	600	510	435	370	315
Series I Compact	600	510	435	370	315
SERIES II	625	530	450	385	325
SERIES III	500	425	360	305	260
SERIES IV	650	555	470	400	340

LAUER CUSTOM WEAPONRY

Pricing Unavailable for all models

LAUGO ARMS

	NIB	EXC	VG	G	F
ALIEN CREATOR USA 500	6010	5110	4340	3690	3135
ALIEN FULL KIT	5050	4295	3650	3100	2635
ALIEN PERFORMANCE	3500	2975	2530	2150	1830
ALIEN SIGNATURE EDITION	5000	4250	3615	3070	2610
ALIEN RETRO	4000	3400	2890	2455	2085

LAW ENFORCEMENT ORDNANCE CORPORATION

	NIB	EXC	VG	G	F
STRIKER-12	2200	1870	1590	1350	1150

LAYKE TACTICAL

PISTOLS: SEMI-AUTO

	NIB	EXC	VG	G	F
LT9-HD 9MM PISTOL	900	765	650	555	470
LT15-HD PISTOL	900	765	650	555	470

RIFLES/CARBINES: SEMI-AUTO

	NIB	EXC	VG	G	F
LT9-HD RIFLE	900	765	650	555	470
LT10-HD TACTICAL	1500	1275	1085	920	780
LT15-HD CARBINE	900	765	650	555	470
LT15-HD SPORT	975	830	705	600	510

LAZZERONI ARMS COMPANY

	NIB	EXC	VG	G	F
MODEL 700ST	2150	1830	1555	1320	1120
MODEL 2000 SERIES					
Model L2000ST	5250	4465	3795	3225	2740
Model L2000ST-28	5875	4995	4245	3610	3070
Model L2000ST-W	4400	3740	3180	2700	2295
Model L2000ST-WF Package	4875	4145	3520	2995	2545
Model L2000DG	5575	4740	4030	3425	2910
Model L2000LLT	5400	4590	3900	3315	2820
Model L2000SA	4600	3910	3325	2825	2400
Model L2000SLR	3775	3210	2725	2320	1970
Model L2000SP	4750	4040	3430	2915	2480
Model L2000SP-W	4400	3740	3180	2700	2295
Model L2000SP-FW Package	4875	4145	3520	2995	2545
MODEL L2005 GLOBAL HUNTER SERIES					
Model L2005SLT	4250	3615	3070	2610	2220
Model L2005LTH/L2005LLT/L2005LLR	5400	4590	3900	3315	2820
Model L2005SDG	5575	4740	4030	3425	2910
Model L2005LDG	5575	4740	4030	3425	2910
MODEL L2012/M2012 SERIES					
Model L2012LDG	6800	5780	4915	4175	3550
Model L2012LLT	5100	4335	3685	3130	2660
Model 2012 Mountain Lite Long Range	5100	4335	3685	3130	2660
Model 2012CSTZ Xtra Long-Range Elite Hunter	6400	5440	4625	3930	3340
Model L2012LTH/M2012LTH-XTLR	5950	5060	4300	3655	3105
Model L2012SA-DGHB	6800	5780	4915	4175	3550
Model L2012SP/M2012SP-XTLR	6400	5440	4625	3930	3340
Model L2012SP/M2012SP-XTLR DGHB	6400	5440	4625	3930	3340
Model L2012TCT	6800	5780	4915	4175	3550

	NIB	EXC	VG	G	F
SAKO MODEL TRG-S	900	765	650	555	470
SAVAGE 16LZ	700	595	505	430	365

LE FORGERON

RIFLES: SxS

	NIB	EXC	VG	G	F
MODEL 6020	6500	5525	4695	3990	3390
MODEL 6030	10000	8500	7225	6140	5220

SHOTGUNS: SxS

	NIB	EXC	VG	G	F
BOXLOCK EJECTOR	5500	4675	3975	3380	2875
SIDELOCK EJECTOR	12500	10625	9030	7675	6525

LE FRANCAIS PISTOLS

	NIB	EXC	VG	G	F
.32 AUTOMATIC MODEL	1500	1275	1085	920	780
POCKET MODEL AUTOMATIC	520	440	375	320	270
TYPE ARMY MODEL AUTOMATIC	3230	2745	2335	1985	1685
TYPE POLICEMAN MODEL AUTOMATIC	1005	855	725	615	525

LEAD STAR ARMS

PISTOLS: SEMI-AUTO

	NIB	EXC	VG	G	F
BARRAGE/BARRAGE SKELETONIZED	1300	1105	940	800	680
Barrage/Barrage Skeletonized 300 Blackout	1425	1210	1030	875	745
BARRAGE/BARRAGE SKELETONIZED 9MM PCC	900	765	650	555	470
BARRAGE AK	900	765	650	555	470
GRUNT	925	785	670	570	485
Grunt .300 Blackout	800	680	580	490	415

RIFLES/CARBINES: SEMI-AUTO

	NIB	EXC	VG	G	F
BARRAGE	950	810	685	585	495
Barrage Skeletonized	900	765	650	555	470
BARRAGE/BARRAGE SKELETONIZED 9MM PCC	1695	1440	1225	1040	885
Barrage/Barrage Skeletonized 9mm PCC (Competition	1400	1190	1010	860	730
GRUNT	790	670	570	485	410
PRIME	2660	2260	1920	1635	1390
PRIME PCC	1400	1190	1010	860	730

LEFEVER ARMS COMPANY

SHOTGUNS: CARTRIDGE, SxS

	NIB	EXC	VG	G	F
SIDEPLATE MODELS					
Model I Grade		2350	1700	1050	895
Model DS Grade		2500	1775	1100	935
Model H Grade		3850	2550	1475	1255
Model G Grade		3850	2550	1475	1255
Model F Grade		5525	3400	2340	1990
Model E Grade		9200	7650	5525	4695
Model D Grade		13000	9500	8075	6865
Model C Grade		17500	14500	11500	9775
Model B Grade		26000	22500	16625	14130
Model A Grade		36000	31500	27550	23420
Model AA Grade		45000	38500	33000	28050
Model Optimus Grade		85000	62500	40000	34000
Model Thousand Dollar Grade	Only one exists, last sale $250,000				
NITRO SPECIAL 12 ga.	1000	850	725	615	525
NITRO SPECIAL 16 ga.	1260	1070	910	775	660
NITRO SPECIAL 20 ga.	1300	1105	940	800	680
NITRO SPECIAL .410 bore	1995	1695	1440	1225	1040
GRADE A FIELD MODEL, 12 Gauge	900	765	650	555	470
GRADE A FIELD MODEL, 16 Gauge	1300	1105	940	800	680
GRADE A FIELD MODEL, 20 Gauge	4600	3910	3325	2825	2400
GRADE A FIELD MODEL, .410 Bore	4025	3420	2910	2470	2100
GRADE A SKEET MODEL, 12 Gauge	1650	1405	1190	1015	865
GRADE A SKEET MODEL, 16 Gauge	1850	1575	1335	1135	965
GRADE A SKEET MODEL, 20 Gauge	2150	1830	1555	1320	1120

	NIB	EXC	VG	G	F
GRADE A SKEET MODEL, .410 Bore	8500	7225	6140	5220	4435
SHOTGUNS: SINGLE BARREL					
LONG RANGE FIELD	425	360	305	260	220
TRAP GUN	1450	1235	1050	890	755

LEFEVER, D.M.

SHOTGUNS: SxS

	NIB	EXC	VG	G	F
NEW LEFEVER MODEL					
New Lefever Model O Excelsior Grade		425 to 1.650			
New Lefever Model F Grade, No. 9		4500	2900	2325	1975
New Lefever Model E Grade, No. 8		7225	4675	2975	2530
New Lefever Model D Grade, No. 7		10000	7000	5000	4250
New Lefever Model C Grade, No. 6		13000	11000	9250	7865
New Lefever Model B Grade, No. 5		15000	12500	9500	8075
New Lefever Model AA Grade, No. 4		25000	18000	14000	11900
OPTIMUS - NEW LEFEVER MODEL OPTIMUS NO. 3	Rarity Precludes Pricing				
UNCLE DAN GRADE	Rarity Precludes Pricing				

SHOTGUNS: SINGLE BARREL, TRAP

	NIB	EXC	VG	G	F
TRAP GUN		4500	4000	2750	2340

LEGION FIREARMS LLC

	NIB	EXC	VG	G	F
C. LF-10D CARBINE	2895	2460	2090	1780	1515
LF-15D CARBINE	1875	1595	1355	1150	980
Pi LF-P	2200	1870	1590	1350	1150

LEITNER-WISE DEFENSE, INC.

	NIB	EXC	VG	G	F
M.U.L.E. MOD. 1	1385	1175	1000	850	725
M.U.L.E. MOD. 2	1725	1465	1245	1060	900

LEITNER-WISE RIFLE CO. INC.

	NIB	EXC	VG	G	F
LW 15.22	550	470	395	340	290
LW 15.499	1350	1150	975	830	705
LW 6.8/5.56 S.R.T.	2050	1745	1480	1260	1070

LES BAER CUSTOM, INC.

PISTOLS: SEMI-AUTO, 1911 SERIES, SINGLE ACTION

	NIB	EXC	VG	G	F
AMERICAN HANDGUNNER SPECIAL EDITION 1911	3565	3030	2575	2190	1860
BLACK BAER	3700	3145	2675	2270	1930
BOSS	2915	2480	2105	1790	1520
BULLSEYE WADCUTTER PISTOL	2750	2340	1985	1690	1435
CONCEPT I/CONCEPT II	2200	1870	1590	1350	1150
Concept III/Concept IV	2475	2105	1790	1520	1290
Concept V	2500	2125	1805	1535	1305
Concept VI	2475	2105	1790	1520	1290
Concept VII	2485	2110	1795	1525	1295
Concept VIII	2525	2145	1825	1550	1320
CUSTOM 25TH ANNIVERSARY SPECIAL COLLECTORS MODEL	7050	5995	5095	4330	3680
CUSTOM CARRY	2475	2105	1790	1520	1290
Custom Carry Commanche	3625	3080	2620	2225	1890
CUSTOM CENTENNIAL MODEL 1911 PISTOL	4200	3570	3035	2580	2195
GT MONOLITH STINGER	3375	2870	2440	2075	1765
GT Monolith Stinger Heavyweight	3385	2875	2445	2080	1770
GUNSITE PISTOL	2475	2105	1790	1520	1290
HEMI 572	2855	2425	2065	1755	1490
HOSTAGE RESCUE ASSOCIATION PISTOL	Contact Manufacturer for Pricing				
KENAI SPECIAL	4140	3520	2990	2540	2160
LIMITED EDITION LES BAER PRESENTATION GRADE	8450	7185	6105	5190	4410
MONOLITH	2640	2245	1905	1620	1375

	NIB	EXC	VG	G	F
Monolith Heavyweight	2725	2315	1970	1675	1425
MONOLITH COMMANCHE (COMANCHE)	2695	2290	1945	1655	1405
Monolith Commanche (Comanche) Heavyweight	2725	2315	1970	1675	1425
Monolith Stinger Commanche	3700	3145	2675	2270	1930
NATIONAL MATCH HARDBALL PISTOL	2600	2210	1880	1595	1355
PPC DISTINGUISHED MATCH PISTOL	2885	2450	2085	1770	1505
PPC OPEN CLASS	2985	2535	2155	1835	1560
PREMIER II 5 INCH MODEL	2385	2025	1725	1465	1245
Premier II 5 Inch Model Heavyweight	3100	2635	2240	1905	1620
PREMIER II 6 INCH MODEL	2785	2365	2010	1710	1455
PREMIER II HUNTER	3425	2910	2475	2105	1790
PREMIER II SUPER-TAC	3100	2635	2240	1905	1620
PROWLER III	2710	2305	1960	1665	1415
SHOOTING USA CUSTOM PISTOL	2385	2025	1725	1465	1245
S.R.P. (SWIFT RESPONSE PISTOL)	3300	2805	2385	2025	1720
STINGER MODEL	2475	2105	1790	1520	1290
Stinger Model Stainless	2525	2145	1825	1550	1320
.38 SUPER STINGER	2995	2545	2165	1840	1565
SUPER COMANCHE	2275	1935	1645	1395	1185
THUNDER RANCH 1911 25TH ANNIVERSARY SPECIAL	2400	2040	1735	1475	1255
THUNDER RANCH SPECIAL	1980	1685	1430	1215	1035
THUNDER RANCH SPECIAL 2ND GENERATION	2325	1975	1680	1430	1215
ULTIMATE MASTER COMBAT SERIES					
Ultimate Master Combat Compensated Model	4575	3890	3305	2810	2390
Ultimate Master Combat 5 Inch Model	3675	3125	2655	2255	1915
Ultimate Master Combat 6 Inch Model	3785	3215	2735	2325	1975
ULTIMATE RECON PISTOL	2650	2255	1915	1625	1380
ULTIMATE TACTICAL CARRY	2500	2125	1805	1535	1305
RIFLES: BOLT ACTION					
CUSTOM TACTICAL VARMINT CLASSIC	3250	2765	2350	1995	1695
CUSTOM TACTICAL/TACTICAL RECON	3560	3025	2570	2185	1855
RIFLES: SEMI-AUTO					
CUSTOM ULTIMATE AR MODEL	2000	1700	1445	1230	1045
CUSTOM NRA MATCH RIFLE	3350	2850	2420	2055	1745
CUSTOM SPECIAL TACTICAL RIFLE	2150	1830	1555	1320	1120
.264 LBC-AR M4 FLATTOP	2240	1905	1620	1375	1170
.264 LBC-AR SUPER MATCH	2550	2170	1840	1565	1330
.264 LBC-AR SUPER VARMINT	2400	2040	1735	1475	1255
6x45 ULTIMATE AR	2400	2040	1735	1475	1255
POLICE SPECIAL	1850	1575	1335	1135	965
.308 LBC ULTIMATE MATCH/SNIPER	2980	2535	2155	1830	1555
.308 ULTIMATE MONOLITH SWAT MODEL	3500	2975	2530	2150	1830

LEVIATHAN DEFENSE

PISTOLS: SEMI-AUTO

	NIB	EXC	VG	G	F
HELLMOUTH	1600	1360	1155	985	835
LOKI AR9	1350	1150	975	830	705
RAGNAROK	1350	1150	975	830	705
VALHALLA	1400	1190	1010	860	730
RIFLES: SEMI-AUTO					
HELLMOUTH	1600	1360	1155	985	835
LOKI AR9	1350	1150	975	830	705

LEWIS MACHINE & TOOL COMPANY (LMT)

PISTOLS: SEMI-AUTO

	NIB	EXC	VG	G	F
MARS-L PISTOL (MLC PISTOL)	2860	2430	2065	1755	1490
RIFLES/CARBINES: SEMI-AUTO					
MRP (MONOLITHIC RAIL PLATFORM)	1570	1335	1135	965	820
CQB16COP	1775	1510	1280	1090	925
CQB MRP DEFENDER MODEL 16 (CQB16/CQB16	1800	1530	1300	1105	940
CQBMWS	2375	2020	1715	1460	1240
CQBMWSF	3200	2720	2310	1965	1670

	NIB	EXC	VG	G	F
CQBODGB	1850	1575	1335	1135	965
CQBPU16	1375	1170	995	845	720
CQBPS (CQB MRP DEFENDER PISTON 16 -	2425	2060	1750	1490	1265
CMP556	1950	1660	1410	1200	1020
COMPLIANT CQB MRP DEFENDER MODEL 16	1800	1530	1300	1105	940
COMPLIANT DEFENDER STANDARD MODEL 16	2750	2340	1985	1690	1435
DEFENDER-H	2475	2105	1790	1520	1290
DEFENDER-L	1900	1615	1375	1165	990
LM8	2200	1870	1590	1350	1150
LM8MRP/LM8MRPSS	2165	1840	1565	1330	1130
LM8MRPSC (SLK8)	2405	2045	1740	1475	1255
LM8MWSLTFDE	3050	2595	2205	1875	1595
LM8MWS (LM8MWS SLICK RECEIVER RIFLE)	2850	2425	2060	1750	1490
LM8MWSF	3200	2720	2310	1965	1670
LM8PS	2425	2060	1750	1490	1265
LM308 COMP16	3200	2720	2310	1965	1670
LM308SS (SHARPSHOOTER WEAPON SYSTEM)	4900	4165	3540	3010	2560
L129A1 REFERENCE RIFLE (LM308SSR)	3925	3335	2835	2410	2050
LM308MWSE MODULAR WEAPON SYSTEM	3125	2655	2260	1920	1630
LM308MWSF/MWSK Modular Weapon System Stainless	3440	2925	2485	2115	1800
MARS-H DMR (LMT 6.5 LONG RANGE/MLK65-MARS)	3400	2890	2455	2090	1775
MARS-H DMR	4345	3695	3140	2670	2270
MARS-H MLOK	3435	2920	2480	2110	1795
MARS-L PISTON (MLCPS)	2425	2060	1750	1490	1265
MARS-L QUAD (CQB)	2300	1955	1660	1410	1200
MLC	2050	1745	1480	1260	1070
MLKMWS	3435	2920	2480	2110	1795
MLK MWS BATTLE RIFLE	3175	2700	2295	1950	1660
MLK MWS SNIPER RIFLE (DMR)	3125	2655	2260	1920	1630
MLKMWSF	3200	2720	2310	1965	1670
MLR	2525	2145	1825	1550	1320
MWS DEFENDER	2765	2350	2000	1700	1445
NEW ZEALAND REFERENCE RIFLE (MRP16-MARS)	3025	2570	2185	1860	1580
SHARPSHOOTER 2 (LM308SSR2)	3350	2850	2420	2055	1745
SLK	2525	2145	1825	1550	1320
SPM SERIES	1845	1570	1335	1135	965
SPM16 (DEFENDER STANDARD PATROL MODEL 16)	1830	1555	1320	1125	955
STD16 (DEFENDER STANDARD PATROL MODEL 16)	1660	1410	1200	1020	865
VALKYRIE MLK	2000	1700	1445	1230	1045
VALKYRIE MRP	2300	1955	1660	1410	1200
VALKYRIE SLK	2200	1870	1590	1350	1150

LIBERATOR

| LIBERATOR PISTOL (U.S. MODEL 42) | | 3000 | 2750 | 2500 | 2125 |

LIBERTY ARMS WORKS, INC.

| L.A.W. ENFORCER | 575 | 490 | 415 | 355 | 300 |

LIGNOSE (BERGMAN)

EINHAND MODEL 2A POCKET AUTOMATIC	1325	1125	955	815	695
MODEL 2 POCKET AUTOMATIC	500	425	360	305	260
MODEL 3 POCKET AUTOMATIC	750	640	540	460	390
MODEL 3A POCKET AUTOMATIC	1690	1435	1220	1040	885

LILIPUT

| 4.25MM CAL. | 2150 | 1830 | 1555 | 1320 | 1120 |
| 6.35MM CAL. | 1075 | 915 | 775 | 660 | 560 |

LIONHEART INDUSTRIES USA

| LH9 | 555 | 470 | 400 | 340 | |

	NIB	EXC	VG	G	F
LH9CN	640	540	460	390	
LH9N	700	595	505	430	365
LH9N-MKII	525	445	380	320	270
REGULUS ALPHA/REGULUS COMBAT	850	725	615	520	440
REGULUS BETA SERIES	850	725	615	520	440
VULCAN	Contact Manufacturer for Pricing				

LIPPARD, KARL

All models and value breakdowns are free to view online.

LITHGOW ARMS

	NIB	EXC	VG	G	F
LA 101 CROSSOVER	1050	895	760	645	550
LA 102 CROSSOVER	1900	1615	1375	1165	990
LA 105 WOOMERA	3300	2805	2385	2025	1720

LITTLE SHARPS RIFLE MFG.

	NIB	EXC	VG	G	F
DELUXE SHARPS RIFLE	2630	2235	1900	1615	1375
LIL RELIABLE	1125	955	815	690	585

LIVE FREE ARMORY

PISTOLS: SEMI-AUTO

	NIB	EXC	VG	G	F
AMP/AMPX	600	510	435	370	315

RIFLES: SEMI-AUTO

	NIB	EXC	VG	G	F
LF308 BATTLE RIFLE	810	690	585	495	420
LF556 Battle Rifle Lite	550	470	395	340	290
LF308 HUNTER	1130	960	815	695	590
LF556 LEO TACTICAL CARBINE	810	690	585	495	420
LF6.5 CREEDMOOR	1370	1165	990	840	715
LFA CHALLENGER 9MM	500	425	360	305	260

LJUNGMAN

	NIB	EXC	VG	G	F
AG 42	975	830	705	600	510

LJUTIC LLC

SHOTGUNS: O/U

	NIB	EXC	VG	G	F
LM 6	27000	22950	19510	16580	14095
DYNA BICENTENNIAL	16500	14025	11920	10135	8615

SHOTGUNS: SEMI-AUTO

	NIB	EXC	VG	G	F
BI MATIC AUTO LOADER	3525	2995	2545	2165	1840

SHOTGUNS: SINGLE BARREL, TRAP

	NIB	EXC	VG	G	F
DYNATRAP MODEL	1380	1175	995	845	720
MODEL X-73 MODEL	2500	2125	1805	1535	1305
DYNOKIC MODEL	2850	2425	2060	1750	1490
Dynokic Model Supreme	4950	4210	3575	3040	2585
Dynokic Model Centennial Pro Stainless	7995	6795	5775	4910	4175
MONO GUN (STANDARD, MEDIUM, OR OLYMPIC RIB)	7495	6370	5415	4605	3915
Mono Gun LTX (Deluxe Mono Trap)	4995	4245	3610	3070	2610
Mono Gun Pro 3 (Deluxe Mono Trap)	8995	7645	6500	5525	4695
PRO 3	8500	7225	6140	5220	4435
SPACE GUN	5465	4645	3950	3355	2850

LLAMA - Fabrinor S.A.L. (PREVIOUS MFG.)

PISTOLS: SEMI-AUTO

	NIB	EXC	VG	G	F
MODEL IIIA	375	320	270	230	195
MODEL XA	300	255	215	185	155
MODEL XV	495	420	360	305	260
MODEL XVII	450	385	325	275	235
MODEL XVIII	395	335	285	245	210
MODELS C-IIIA, C-XA, C-XV	900	765	650	555	470

	NIB	EXC	VG	G	F
MODELS BE-IIIA, BE-XA, BE-XV	950	810	685	585	495
MODEL G-IIIA	4500	3825	3250	2765	2350
MODEL VIII	370	315	265	225	190
MODEL IXA	650	555	470	400	340
MODEL XI	575	490	415	355	300
MODELS C-VIII, C-IXA, C-XI	500	425	360	305	260
MODELS CE-VIII, CE-IXA, CE-XI, CHROME ENGRAVED	650	555	470	400	340
MODELS BE-VIII, BE-IXA, BE-XI	700	595	505	430	365
OMNI 9mm Para.	700	595	505	430	365
OMNI .45 ACP	750	640	540	460	390
SMALL FRAME MODEL	695	590	500	425	360
COMPACT FRAME MODEL (IX-B)	410	350	295	250	215
GOVERNMENT MODEL (IX-C)	415	355	300	255	215
MAX I MODEL	325	275	235	200	170
Max-I Model Compensated	565	480	410	345	295
MINI-MAX	310	265	225	190	160
Mini-Max Sub Compact	315	270	230	195	165
MICRO-MAX	325	275	235	200	170
MAX II	350	300	255	215	185
MODEL 82	975	830	705	600	510
MODEL 87 COMPETITION	1450	1235	1050	890	755
REVOLVERS: DOUBLE ACTION					
MARTIAL MODEL	350	300	255	215	185
Deluxe Martial, Satin Chrome Finish	550	470	395	340	290
Deluxe Martial, Chrome Finish, Engraved	1000	850	725	615	525
Deluxe Martial, Blue, Engraved	1250	1065	905	770	655
Deluxe Martial, Gold, Danascened	3950	3360	2855	2425	2060
COMANCHE I	350	300	255	215	185
COMANCHE II	375	320	270	230	195
COMANCHE III	400	340	290	245	210
Comanche III Satin Chrome Finish	305	260	220	185	155
Comanche III Gold Damascene Finish	5995	5095	4330	3680	3130
SUPER COMANCHE IV	500	425	360	305	260
SUPER COMANCHE V	550	470	395	340	290

LLAMA (NEW MFG.)

	NIB	EXC	VG	G	F
MICROMAX	470	400	340	290	245
MAX-1	400	410	316	205	250

LOHMAN GUNSMITHING

	NIB	EXC	VG	G	F
YMIR 1911	7850	6675	5670	4820	4095

LOKI WEAPON SYSTEMS, INC.

	NIB	EXC	VG	G	F
FENRIR	1600	1360	1155	985	835
HUNTING RIFLE	1350	1150	975	830	705
LWSF 3G COMPETITION	2100	1785	1515	1290	1095
LWSF DMR (DESIGNATED MARKSMAN)	1350	1150	975	830	705
LWSF MAGPUL MOE	1125	955	815	690	585
LWSF PATROL	1250	1065	905	770	655
LWSF STD	1125	955	815	690	585
LWSF TACTICAL	1275	1085	920	785	665
LWS M4 MOE	850	725	615	520	440
LWS M4 PATROL	995	845	720	610	520
LWS M4 STD	875	745	630	535	455
LWS M4 TACTICAL	1025	870	740	630	535
PRECISION SNIPER TACTICAL RIFLE	1475	1255	1065	905	770

LONE STAR RIFLE CO., INC.

	NIB	EXC	VG	G	F
REMINGTON ROLLING BLOCK SERIES					
Remington Rolling Block Creedmoor	2000	1700	1445	1230	1045
Remington Rolling Block Silhouette (Target)	2280	1940	1645	1400	1190

	NIB	EXC	VG	G	F
Remington Rolling Block Silhouette Standard Rifle	2665	2265	1925	1635	1390
Remington Rolling Block Cowboy Action Rifle	1400	1190	1010	860	730
Remington Rolling Block #5 Sporting Standard Rifle	1400	1190	1010	860	730
Remington Rolling Block Classic #5	3250	2765	2350	1995	1695
Remington Rolling Block #7 Sporting Rifle	3000	2550	2170	1840	1565
Remington Rolling Block Sporting Rifle	2650	2255	1915	1625	1380
Remington Rolling Block Deluxe Sporting Rifle	2000	1700	1445	1230	1045
Remington Rolling Block Custer Rifle	3000	2550	2170	1840	1565
Remington Rolling Block Buffalo Rifle	2850	2425	2060	1750	1490
Remington Rolling Block Take Down Model	3600	3060	2600	2210	1880
GOVE ROLLING BLOCK	2650	2255	1915	1625	1380

LONE WOLF ARMS (LONE WOLF DIST.)

DUSK 19	550	470	395	340	290
LTD17 V1/LTD17V2	470	400	340	290	245
LTD19 V1/LTD19 V2	530	450	385	325	275
LTD19 V1/LTD19 V2 Compact	420	355	305	260	220
THE GUARDIAN	780	665	565	480	410
The Guardian ABC Compact	470	400	340	290	245

LONGTHORNE GUNMAKERS LTD

All Models and Value Breakdowns are free to view online.

LORCIN ENGINEERING CO., INC.

DERRINGERS: O/U

STAINLESS MODEL	175	150	125	105	90

PISTOLS: SEMI-AUTO

L-22 MODEL	100	85	70	60	50
L-25 MODEL	90	75	65	55	45
L-25 Model Lady Lorcin	140	120	100	85	70
L-32	80	70	60	50	45
L-380	100	85	70	60	50
LH-380	150	130	110	90	75
L9MM	130	110	95	80	70

LOSOK CUSTOM ARMS

VALKYR	Pricing Unavailable

LUGERS WITH VARIATIONS

For additional information on Lugers and their variations as well as their identifying

Lugers: Pre-1900 & 1900 DWM Mfg.

1898/99 BORCHARDT LUGER TRANSITIONAL	Rarity Precludes Pricing				
1899/1900 SWISS TEST MODEL	75000	53000	40000	34000	
1900 COMMERCIAL DWM	7500	6000	5000	4250	
1900 SWISS COMMERCIAL DWM	5000	4000	3000	2550	
1900 Swiss Commercial DWM, unrelieved grip frame	9500	8250	7000	5950	
1900 SWISS MILITARY DWM	5500	5000	4500	3825	
1900 Swiss Military DWM, unrelieved grip frame	12500	9750	7250	6165	
1900 AMERICAN EAGLE DWM	5500	4750	4250	3615	
1900 BULGARIAN DWM	10000	8250	6750	5740	

Lugers: 1902-DWM Mfg.

1902 COMMERCIAL	11000	9250	7750	6590	
1902 AMERICAN EAGLE	13500	10000	7500	6375	
1902 CARTRIDGE COUNTER AMERICAN EAGLE	22,500 to 100,000				
1902 GERMAN TEST	18500	15000	12000	10200	
1902 CARBINE, gun only	15000	12000	95000	80750	
1902 carbine with stock	25000	21000	17500	14875	

Lugers: 1903-1904 DWM Mfg.

1903 FRENCH TEST	45000	37500	25000	21250	
1904 NAVY DWM	Rarity Precludes Pricing				

	NIB	EXC	VG	G	F
Lugers: 1906-DWM Mfg.					
1906 COMMERCIAL 7.65mm Para. W/"GESICHERT"		5500	4750	4250	3615
1906 COMMERCIAL 9mm Para.		3500	3000	2500	2125
1906 COMMERCIAL 7.65mm Para.		2750	2250	1900	1615
1906 AMERICAN EAGLE 9mm PARA. CAL.		4250	3750	3250	2765
1906 AMERICAN EAGLE 7.65mm PARA. CAL.		3500	2900	2350	2000
1906 NAVY COMMERCIAL		6000	5000	4250	3615
1906 NAVY MILITARY FIRST ISSUE		6000	5250	4500	3825
1906 NAVY MILITARY SECOND ISSUE		7500	6000	4950	4210
1906 SWISS COMMERCIAL		2950	2350	1950	1660
1906 SWISS MILITARY		2950	2350	1950	1660
1906 BRAZILIAN		4500	3500	2850	2425
1906 BULGARIAN		7500	6500	5500	4675
1906 DUTCH, Common		3100	2800	2225	1890
1906 DUTCH, Original Finish and Barrel		5250	4500	3750	3190
1906 FRENCH COMMERCIAL		3500	2750	2200	1870
1906 FRENCH COMMERCIAL, with Case and Acc.		5000	4000	3500	2975
1906 PORTUGUESE ARMY		4000	3400	3000	2550
1906 REPUBLIC OF PORTUGAL NAVY		7000	5850	4750	4040
1906 ROYAL PORTUGUESE NAVY		7000	6000	5000	4250
1906 RUSSIAN		17500	15500	13825	11750
Lugers: 1908 DWM & Erfurt Mfg.					
1908 DWM COMMERCIAL AND MILITARY		3250	2750	2300	1955
1908 BULGARIAN		6500	4750	4000	3400
1908 DWM COMMERCIAL		2700	2350	2000	1700
1908 NAVY COMMERCIAL		7500	6000	5000	4250
1908 NAVY		8000	7000	6000	5100
1908 DWM UNDATED MILITARY		3750	3150	2600	2210
1908 BOLIVIAN CONTRACT		6500	5500	5000	4250
Lugers: 1910-1918 Dated DWM & Erfurt Mfg.					
1911-1914 DATED 1908 ERFURT MILITARY		2750	2300	1950	1660
1913 COMMERCIAL DWM		3500	3000	2500	2125
1914 COMMERCIAL DWM		2850	2400	1950	1660
1914 NAVY		7000	5750	4750	4040
1914-1918 DATED ERFURT MILITARY		2650	2150	1850	1575
1914 ERFURT ARTILLERY		4500	3950	3350	2850
1910-1918 DATED WWI DWM MILITARY		2650	2150	1850	1575
1914-1918 DATED DWM ARTILLERY		3050	3400	2000	2300
Lugers: 1920-1930 DWM					
1920 DWM OR ERFURT		2450	2000	1650	1405
1920 COMMERCIAL		2250	1800	1500	1275
1920 NAVY COMMERCIAL		3800	3350	2600	2210
1920 COMMERCIAL ARTILLERY		4250	3500	3000	2550
1920 "LONG BARREL" COMMERCIAL		4500	3700	3150	2680
1920 NAVY CARBINE		8500	7000	5600	4760
1920 CARBINE, Pistol Only		15000	12000	9500	8075
1920 CARBINE, With Stock		15000	12000	9500	8075
1920 SWISS REWORK		3500	2950	2500	2125
1921 VICKERS DUTCH CONTRACT		4350	3700	3275	2785
ABERCROMBIE & FITCH COMMERCIAL		12500	10000	8000	6800
1920/21-DWM		2150	1700	1425	1210
1920/23 STOEGER AMERICAN EAGLE, 4 to 6 in.		6000	5000	4250	3615
1920/23 STOEGER AMERICAN EAGLE, 8 in.		7500	6000	5500	4675
1923 DWM COMMERCIAL		2450	2100	1850	1575
1923 DWM "SAFE AND LOADED" COMMERCIAL		3150	2600	2200	1870
1923 FINNISH LUGER		2250	1950	1350	1150
1923 DWM DUTCH NAVY CONTRACT		3950	3300	2650	2255
Lugers: Krieghoff Mfg.					
1923 DWM/KRIEGHOFF COMMERCIAL		5000	4200	3500	2975
DWM/KRIEGHOFF COMMERCIAL		4500	3750	3150	2680
KRIEGHOFF COMMERCIAL		8000	6500	5500	4675
KRIEGHOFF S CODE EARLY		7500	6000	5000	4250
KRIEGHOFF S CODE MID SERIES		7500	6000	5000	4250

	NIB	EXC	VG	G	F
KRIEGHOFF S CODE LATE		8500	7000	5700	4845
KRIEGHOFF 36 DATE		8500	7000	5700	4845
KRIEGHOFF Dated 1936-37 & 1940		8000	6500	5500	4675
KRIEGHOFF Dated 1938		9000	7500	6250	5315
KRIEGHOFF Dated 1941		10000	8250	6750	5740
KRIEGHOFF Dated 1942-43		15000	12000	9500	8075
KRIEGHOFF Dated 1944		20000	16500	13500	11475
KRIEGHOFF Dated 1945		25000	21000	17500	14875
POST-WAR KRIEGHOFF TYPE I		6500	5200	4000	3400
POST-WAR KRIEGHOFF TYPE II		6000	5000	4000	3400
POST-WAR KRIEGHOFF COMMERCIAL		6500	5200	4000	3400

Lugers: Mauser Mfg.

	NIB	EXC	VG	G	F
1935-06 PORTUGUESE GNR		4500	3800	3250	2765
1934/06 MAUSER SWISS COMMERCIAL		8500	7000	5700	4845
1934 MAUSER BANNER COMMERCIAL		5500	4700	4000	3400
S/42 K DATE		8500	7000	5700	4845
S/42 G DATE		4000	3250	2500	2125
S/42 DATED CHAMBER		3500	2800	2350	2000
S/42 DATED CHAMBER Navy/Police Marked		4900	4000	3350	2850
MAUSER PERSIAN (IRANIAN) CONTRACT, 4 in.		6000	5500	4500	3825
MAUSER PERSIAN (IRANIAN) CONTRACT, 8 in.		7500	6850	5650	4805
MAUSER PERSIAN (IRANIAN) CONTRACT, Cutaway		8500	7600	6150	5230
1936-1942 DATED MAUSER BANNER		4250	3500	3150	2680
MAUSER BANNER DUTCH CONTRACT		4500	3800	3250	2765
MAUSER BANNER SWEDISH CONTRACT		6500	5700	4700	3995
MAUSER BANNER PORTUGUESE NAVY CONTRACTS		4500	4050	3550	3020
CODE "S/42" COMMERCIAL CONTRACT		3500	2800	2350	2000
CODE "42"		3500	2800	2350	2000
CODE "42", Navy Markings		4950	4250	3400	2890
MAUSER BANNER POLICE		4500	3800	3250	2765
CODE "41-42"		4250	3500	3150	2680
CODE "byf"		3750	3000	2500	2125
AUSTRIAN BUNDES HEER		4500	3800	3250	2765
MAUSER 1934 CODE BYF, S/42 AND 42 KU		4500	3800	3250	2765

Lugers: Reworks

	NIB	EXC	VG	G	F
DEATH'S HEAD REWORK		4500	3800	3250	2765
SIMSON REWORK		2500	2150	1700	1445
DOUBLE DATED DWM/ERFURT w/o mag safety		1500	1325	1100	935
DOUBLE DATED DWM/ERFURT with working mag.		3000	2650	2200	1870
ARMY OFFICE REWORK		2750	2350	2000	1700

Lugers: Simson Mfg.

	NIB	EXC	VG	G	F
SIMSON & COMPANY		4500	3750	3250	2765
SIMSON MILITARY DATED		7000	6000	5500	4675
SIMSON S CODE/SIMSON MARKED TOGGLE		6500	5650	4650	3955

Lugers: Swiss Bern

	NIB	EXC	VG	G	F
1906/BERN (AKA 1906/24 BERN)	2395	2035	1730	1470	1250
1906/29 SWISS BERN	2295	1950	1660	1410	1200

Lugers: KDF, Interarms, Stoeger, & Recent Import

	NIB	EXC	VG	G	F
INTERARMS MAUSER P.08	1750	1490	1265	1075	915
INTERARMS "SWISS-STYLE" MAUSER EAGLE	1500	1275	1085	920	780
NEW MODEL CARBINE WITH STOCK	7500	6375	5420	4605	3915
CARTRIDGE COUNTER	5500	4675	3975	3380	2875
COMMEMORATIVE BULGARIAN	3750	3190	2710	2305	1960
COMMEMORATIVE RUSSIAN	3795	3225	2740	2330	1980
Commemorative Russian Matched pair of each	5000	4250	3615	3070	2610
COMMEMORATIVE NAVY 75TH YEAR	4995	4245	3610	3070	2610
MAUSER SPORT PARABELLUM	5500	4675	3975	3380	2875
STOEGER .22 CAL. LUGER	350	300	255	215	185
Stoeger .22 Cal. Luger "1 of 1,000"	450	385	325	275	235
STOEGER LUGER	1200	1020	865	735	625

Lugers: Special Interest

SPANDAU LUGER	Rarity Precludes Pricing. Only 200 manufactured, beware of fakes.

	NIB	EXC	VG	G	F
MO4/05 G.L. BABY LUGER	Rarity Precludes Pricing, Only 4 made				
BABY LUGER 1925/26	Rarity Precludes Pricing, Only 4 made				
VONO REWORK		1950	1660	1410	1200
1900 DWM CARBINE	Rarity Precludes Pricing				
1902/06 TRANSITIONAL CARBINE	Rarity Precludes Pricing				
1907 U.S. ARMY TEST TRIAL	Rarity Precludes Pricing				
CONVERSIONS: JOHN MARTZ					
Conversions: John Martz .380 ACP Baby Luger	6300	5355	4550	3870	3290
Conversions: John Martz 7.65mm Para. Baby Luger	3750	3190	2710	2305	1960
Conversions: John Martz 9mm Para. Baby Luger	5495	4670	3970	3375	2870
Conversions: John Martz Big-Bore .45 ACP Luger	5775	4910	4170	3545	3015
Conversions: John Martz Navy Model	8050	6845	5815	4945	4205
Conversions: John Martz Navy Model Ltd. Edition	4600	3910	3325	2825	2400
Conversions: John Martz Standard Model	4500	3825	3250	2765	2350
Conversions: John Martz Target Luger	7875	6695	5690	4835	4110
Conversions: John Martz Luger Carbines (with	8750	7440	6320	5375	4570
Conversions: John Martz Experimental Lugers	3500	2975	2530	2150	1830
LUGERS: ACCESSORIES					
WWI "SNAIL DRUM" CANVAS CARRIER/POUCH	3000	2550	2170	1840	1565
WWI "RADIUM" FILLED REMOVABLE FRONT AND	1000	850	725	615	525
WWI "RADIUM" FILLED REMOVABLE FRONT AND	2500	2125	1805	1535	1305
LOADING TOOL	2200	1870	1590	1350	1150
Conversion Units - .22 cal.					
ERMA	1150	980	830	705	600
ERMA-WWII OR EARLIER IN WOODEN BOX	2625	2230	1895	1610	1370
Detachable Stocks					
ARTILLERY TYPE FLAT BOARD	650	555	470	400	340
ARTILLERY HOLSTER RIG, COMPLETE	3200	2720	2310	1965	1670
NAVAL-TYPE FLAT BOARD	3000	2550	2170	1840	1565
NAVAL HOLSTER RIG, COMPLETE	6000	5100	4335	3685	3130
CARBINE CONTOURED (ORIGINAL)	6000	5100	4335	3685	3130
IDEAL TELESCOPING WITH GRIPS	3850	3275	2780	2365	2010
"Snail" Drum Magazines					
1ST ISSUE	5700	4845	4120	3500	2975
2ND ISSUE TYPE I	2250	1915	1625	1380	1175
2ND ISSUE TYPE II	2000	1700	1445	1230	1045

LUNA

PISTOLS: SINGLE SHOT

MODEL 200 FREE PISTOL	2500	2125	1805	1535	1305

RIFLES: SINGLE SHOT

TARGET RIFLE	1725	1465	1245	1060	900

LYMAN

LITTLE SHARPS "IDEAL MODEL"	1595	1355	1150	980	835
MODEL OF 1878 SHARPS	1690	1435	1220	1040	885

M-K SPECIALTIES INC.

M-14 A1	1475	1255	1065	905	770

M.O.A. CORPORATION

MAXIMUM	1285	1090	930	790	670
Maximum Carbine Model	925	785	670	570	485

MAADI-GRIFFIN CO.

RIFLES: SEMI-AUTO

MODEL MG-6	4250	3615	3070	2610	2220

RIFLES/CARBINES: SINGLE SHOT

	NIB	EXC	VG	G	F
MODEL 89	1700	1445	1230	1045	890
MODEL 92 CARBINE	2950	2510	2130	1810	1540
MODEL 99	3150	2680	2275	1935	1645

MAB

MODEL R	1200	1020	865	735	625

MACK BROTHERS

EVO CHR/EVO EXTREME	4250	3615	3070	2610	2220
EVO THR	3400	2890	2455	2090	1775

MAGNUM RESEARCH, INC.

PISTOLS: SEMI-AUTO

IMI SP-21	500	425	360	305	260
THE MOUNTAIN EAGLE	250	215	180	155	130
The Mountain Eagle Compact Edition	275	235	200	170	145
The Mountain Eagle Target Edition	260	220	190	160	135
PICUDA MLP-1722	440	375	320	270	230
MLR-1722	795	675	575	490	415

PISTOLS: SEMI-AUTO, CENTERFIRE - EAGLE SERIES

MR9/MR40 EAGLE	560	475	405	345	295
MICRO DESERT EAGLE	480	410	345	295	250
THE BABY EAGLE					
The Baby Eagle Full Size	840	715	605	515	440
The Baby Eagle Semi-Compact	840	715	605	515	440
The Baby Eagle Compact	465	395	335	285	240
THE BABY EAGLE II					
The Baby Eagle II Full Size	590	500	425	360	305
The Baby Eagle II Semi-Compact	700	595	505	430	365
The Baby Eagle II Compact	505	430	365	310	265
BABY DESERT EAGLE III SERIES					
Baby Desert Eagle III Full Size Polymer Frame	645	550	465	395	335
Baby Desert Eagle III Semi-Compact Polymer Frame	590	500	425	360	305
Baby Desert Eagle III Full Size Steel Frame	715	610	515	440	375
Baby Desert Eagle III Semi-Compact Steel Frame	675	575	490	415	355
MARK I DESERT EAGLE .357 MAG	1225	1040	885	750	640
MARK XIX .357 MAG. DESERT EAGLE	1540	1310	1115	945	805
Mark XIX .357 Mag. Desert Eagle Aluminum Frame	2020	1715	1460	1240	1055
Mark XIX .357 Mag. Desert Eagle Case Hardened	2585	2195	1870	1590	1350
Mark XIX .357 Mag. Desert Eagle Stainless	1975	1680	1425	1215	1035
MARK VII .357 MAG. DESERT EAGLE	930	790	670	570	485
Mark VII .357 Mag. Desert Eagle Whitetail Special	1175	1000	850	720	610
Mark VII .357 Mag. Desert Eagle Stainless Steel	1100	935	795	675	575
MARK XIX .429 DE DESERT EAGLE	1600	1360	1155	985	835
DESERT EAGLE L5 SERIES	1820	1545	1315	1120	950
DESERT EAGLE L6 SERIES	2085	1770	1505	1280	1090
MARK VII .41 MAG. DESERT EAGLE	880	750	635	540	460
Mark VII .41 Mag. Desert Eagle Stainless Steel	1100	935	795	675	575
MARK I DESERT EAGLE .44 MAG.	1200	1020	865	735	625
MARK XIX .44 MAG. DESERT EAGLE	1565	1330	1130	960	815
Mark XIX .44 Mag. Desert Eagle Case Hardened	2585	2195	1870	1590	1350
Mark XIX .44 Mag. Desert Eagle Aluminum Frame	2655	2255	1920	1630	1385
Mark XIX .44 Mag. Desert Eagle Stainless	1975	1680	1425	1215	1035
MARK VII .44 MAG. DESERT EAGLE	1150	980	830	705	600
Mark VII .44 Mag. Desert Eagle Stainless Steel	2150	1830	1555	1320	1120
HUNTER EDITION MARK VII	1200	1020	865	735	625
MARK VII .50 AE DESERT EAGLE	1175	1000	850	720	610
MARK XIX CUSTOM 440	1175	1000	850	720	610
MARK XIX .50 AE DESERT EAGLE	1600	1360	1155	985	835
Mark XIX .50 AE Desert Eagle Aluminum Frame	1825	1550	1320	1120	950
Mark XIX .50 AE Desert Eagle Case Hardened	2675	2275	1935	1645	1400

	NIB	EXC	VG	G	F
Mark XIX .50 AE Desert Eagle Stainless	2165	1840	1565	1330	1130
Mark XIX .50 AE Desert Eagle Snakeskin	1305	1110	945	800	680
Mark XIX .50 AE Desert Eagle TIG Series	2565	2180	1855	1575	1340
Mark XIX .50 AE Combo Caliber Kit	2000	1700	1445	1230	1045
MARK XIX 3 CAL. COMPONENT SYSTEM	3900	3315	2820	2395	2035
Mark XIX 3 Cal. Component System (6 or 10 in. Barrel)	3255	2765	2350	2000	1700
Mark XIX Component System (Current Mfg).	2900	2465	2095	1780	1515
MODEL 1911 DESERT EAGLE	1030	875	745	635	540
DESERT EAGLE 1911C/1911G	910	775	655	560	475
Desert Eagle 1911C Stainless/1911G Stainless	930	790	670	570	485
MODEL 1911 DESERT EAGLE UNDERCOVER	980	835	710	600	510
Model 1911 Desert Eagle Undercover Stainless	930	790	670	570	485
CUSTOM DESERT EAGLE CRUSADER 1911	1250	1065	905	770	655
PISTOLS: SINGLE SHOT					
LONE EAGLE (SSP-91)	605	515	435	370	315
REVOLVERS					
BFR LONG CYLINDER	1200	1020	865	735	625
BFR 20th Anniversary	7200	6120	5200	4420	3755
BFR SHORT CYLINDER	1200	1020	865	735	625
RBFR LONG CYLINDER	1000	850	725	615	525
RIFLES: BOLT ACTION					
MOUNTAIN EAGLE RIFLE	1225	1040	885	750	640
Mountain Eagle Rifle Varmint	1950	1660	1410	1200	1020
MOUNTAIN EAGLE MAGNUM LITE	1925	1635	1390	1180	1005
MOUNTAIN EAGLE TACTICAL RIFLE	2150	1830	1555	1320	1120
MAGNUM LITE 77	875	745	630	535	455
RIFLES: SEMI-AUTO					
MAGNUM LITE RIFLE					
Magnum Lite Rifle Standard Stock	800	680	580	490	415
Magnum Lite Rifle w/Fajen Thumbhole Stock	900	765	650	555	470
Magnum Lite Rifle w/Barracuda Stock	940	800	680	575	490
Magnum Lite Rifle w/Graphite Ambidextrous	650	555	470	400	340
MAGNUM HEAVY VARMINT	950	810	685	585	495
MLR-1722	495	420	360	305	260
MLR22ATTTS22	840	715	605	515	440
MLR .22 LR ALUMINUM TENSIONED RIFLE	615	525	445	380	325
MLR SWITCHBOLT	700	595	505	430	365

MAJESTIC ARMS, LTD.

CARBINES: SEMI-AUTO

	NIB	EXC	VG	G	F
MA 2000	460	390	330	280	240
MA 4	No Production Data for this model.				

SHOTGUNS: SLIDE ACTION

	NIB	EXC	VG	G	F
BASE-TAC	675	575	490	415	355

MAKAROV

	NIB	EXC	VG	G	F
MAKAROV COPIES	500	425	360	305	260

MALIN, F.E.

BOXLOCK	Custom Order Only	
SIDELOCK	Custom Order Only	

MAMBA

	NIB	EXC	VG	G	F
AUTO PISTOL	600	510	435	370	315

MANCHESTER ARMS INC.

	NIB	EXC	VG	G	F
COMMANDO MARK 45	690	585	500	425	360

MANNLICHER PISTOLS

	NIB	EXC	VG	G	F
MODEL 1894	24995	21245	18060	15350	13050

	NIB	EXC	VG	G	F
MODEL 1897	6900	5865	4985	4235	3600
MODEL 1899	7995	6795	5775	4910	4175
MODEL 1901	6000	5100	4335	3685	3130
MODEL 1905	3500	2975	2530	2150	1830
ARGENTINE MODEL 1905 W/O CREST		1000	900	800	680
ARGENTINE MODEL 1905 WITH CREST	4500	3825	3250	2765	2350

MANNLICHER SCHOENAUER SPORTING RIFLES

RIFLES/CARBINES: BOLT ACTIONS, PRE-WWII

	NIB	EXC	VG	G	F
MODEL 1900		2500	2100	1800	1530
MODEL 1903 CARBINE		2500	2100	1800	1530
MODEL 1903 RIFLE		2250	1995	1675	1425
MODEL 1905 CARBINE		1700	1495	1100	935
MODEL 1905 RIFLE		1700	1495	1100	935
MODEL 1908 CARBINE		1700	1495	1100	935
MODEL 1908 RIFLE		1400	1175	900	765
MODEL 1910 CARBINE		1600	1375	975	830
MODEL 1910 RIFLE		1400	1175	900	765
MODEL 1925 (HIGH VELOCITY SPORTING RIFLE),		4000	3600	3200	2720
MODEL 1925 (HIGH VELOCITY SPORTING RIFLE),		2000	1675	1475	1255

RIFLES/CARBINES: BOLT ACTION, POST-WWII-1971 MFG.

	NIB	EXC	VG	G	F
MANNLICHER-SCHOENAUER MAGNUM RIFLE		3600	3150	2450	2085
MODEL 1950 RIFLE	1595	1355	1150	980	835
MODEL 1950 CARBINE	1650	1405	1190	1015	865
IMPROVED MODEL 1952 RIFLE	1955	1660	1410	1200	1020
IMPROVED MODEL 1952 CARBINE	1800	1530	1300	1105	940
MODEL 1956 MC RIFLE	2400	2040	1735	1475	1255
MODEL 1956 MC CARBINE	1795	1525	1295	1100	935
MODEL 1961 MCA RIFLE	2000	1700	1445	1230	1045
MODEL 1961 MCA CARBINE	1950	1660	1410	1200	1020
PREMIER/CUSTOM MODELS	5850	4975	4225	3595	3055
ALPINE MODEL	2795	2375	2020	1715	1460

MANUFRANCE

	NIB	EXC	VG	G	F
SEMI-AUTO MODEL	485	410	350	300	255
FALCOR O/U	800	680	580	490	415

MANURHIN

PISTOLS: SEMI-AUTO, DISC.

	NIB	EXC	VG	G	F
P-1	425	360	305	260	220
MODEL P4	750	640	540	460	390
MODEL PP	585	495	425	360	305
Model PP Collector Model	950	810	685	585	495
Model PP Presentation Model	1150	980	830	705	600
MODEL PPK/S	530	450	385	325	275
Model PPK/S Durgarde	465	395	335	285	240
Model PPK/S Collector Model	750	640	540	460	390
Model PPK/S Presentation Model	1150	980	830	705	600
PP SPORT	1195	1015	865	735	625
PP Sport-C	1085	920	785	665	565

REVOLVERS

	NIB	EXC	VG	G	F
MR32 MATCH	3700	3145	2675	2270	1930
MR38 MATCH	4070	3460	2940	2500	2125
MR73 DEFENSE	3300	2805	2385	2025	1720
MR73 DEFENSE Refinished	1000	850	725	615	525
MR73 GENDARMERIE	4180	3555	3020	2565	2180
MR73 MATCH	2975	2530	2150	1825	1550
MR73 SPORT	4180	3555	3020	2565	2180
MR73 SILHOUETTE, .357 MAG	3250	2765	2350	1995	1695
MR73 SILHOUETTE, .22 LR	3500	2975	2530	2150	1830
MR88	1000	850	725	615	525

	NIB	EXC	VG	G	F
MR96	600	510	435	370	315

MARATHON PRODUCTS, INC.

PISTOLS: SINGLE SHOT

	NIB	EXC	VG	G	F
HOT SHOT MODEL	120	100	85	75	65

RIFLES: BOLT ACTION

	NIB	EXC	VG	G	F
.22 FIRST SHOT	75	65	55	45	40
.22 First Shot Super	75	65	55	45	40
CENTERFIRE MODEL	365	310	265	225	190

MARBLE ARMS & MFG. CO.

	NIB	EXC	VG	G	F
GAME GETTER MODEL 1908	3000	2550	2170	1840	1565
GAME GETTER MODEL 1921	1495	1270	1080	920	780

MARGOLIN

	NIB	EXC	VG	G	F
TARGET MODEL	675	575	490	415	355

MARLIN FIREARMS COMPANY

RIFLES/CARBINES: CARTRIDGE, LEVER ACTION

	NIB	EXC	VG	G	F
MODEL 1881		4250	3250	2500	2125
MODEL 1888		3650	2750	2150	1830
MODEL 1889		1950	1550	1250	1065
MODEL 1891			2500	2150	1830
MODEL 1892			2150	1650	1405
MODEL 1893 RIFLES					
Model 1893 Musket			6000	5300	4505
MODEL 1893 CARBINES					
Model 1893 Carbine 1st Model		5000	2500	1750	1490
Model 1893 Carbine 2nd Model			1200	1050	895
Model 1893 Carbine Sporting			1800	1375	1170
MODEL 1894					
Model 1894 Musket			5500	5000	4250
MODEL 1895			4650	3500	2975
MODEL 1897			3000	2250	1915

RIFLES: CENTERFIRE, BOLT ACTION

	NIB	EXC	VG	G	F
MODEL MR-7	525	445	380	320	270
Model MR-7B	460	390	330	280	240
MODEL X7 SERIES					
Model X7	390	330	280	240	205
Model X7S	445	380	320	275	235
Model X7C	445	380	320	275	235
Model X7W	475	405	345	290	245
Model X7L	405	345	295	250	215
Model X7 Varmint Heavy Barrel	395	335	285	245	210
Model X7Y	390	330	280	240	205
MODEL 322 VARMINT	550	470	395	340	290
MODEL 455 SPORTER	860	730	620	530	450

RIFLES/CARBINES: CENTERFIRE, MISCELLANEOUS

	NIB	EXC	VG	G	F
MODEL 9 CAMP CARBINE SEMI-AUTO	610	520	440	375	320
MODEL 27 SLIDE ACTION	1950	1660	1410	1200	1020
MODEL 27S SLIDE ACTION	1795	1525	1295	1100	935
MODEL 45 CARBINE SEMI-AUTO	940	800	680	575	490

RIFLES/CARBINES: CENTERFIRE, LEVER ACTION

	NIB	EXC	VG	G	F
Model 30TK	440	375	320	270	230
MODEL 30AS	Refer to model 336A / 336AS listing.				
MODEL 36 - 1ST VARIATION	825	700	595	505	430
MODEL 36 - 2ND VARIATION	460	390	330	280	240
MODEL 36 ADL DELUXE RIFLE	695	590	500	425	360
MODEL 36 - 3RD VARIATION	950	810	685	585	495
Model 36 3rd Variation ADL Deluxe	1200	1020	865	735	625
MODEL 36G/30/30A GLENFIELD	405	345	295	250	215

Model	NIB	EXC	VG	G	F
MODEL 62 LEVERMATIC, .356 cal.	725	615	525	445	380
MODEL 62 LEVERMATIC, .30 Carbine cal.	1350	1150	975	830	705
MODEL 308MX	600	510	435	370	315
Model 308MXLR	755	640	545	465	395
MODEL 336A (DISC.)	900	765	650	555	470
Model 336ADL	845	720	610	520	440
MODEL 336A/336AS (30AS)	575	490	415	355	300
MODEL 336W (30AW)	555	470	400	340	290
MODEL 336Y SPIKEHORN	565	480	410	345	295
MODEL 336CC	850	725	615	520	440
MODEL 336BL	650	555	470	400	340
MODEL 336C CARBINE (1969-1983 MFG.)	750	640	540	460	390
MODEL 336C (336CS) CARBINE (1984-2020 MFG.)	575	490	415	355	300
Model 336C Compact	1395	1185	1010	855	725
MODEL 336C LIMITED EDITION	1000	850	725	615	525
MODEL 336SC SPORTING CARBINE	1025	870	740	630	535
MODEL 336SC .219 ZIPPER	1895	1610	1370	1165	990
MODEL 336SD CARBINE (SPORTING DELUXE)	1200	1020	865	735	625
MODEL 336SS (336M)	790	670	570	485	410
MODEL 336XLR	880	750	635	540	460
MODEL 336Y	505	430	365	310	265
MODEL 336 COWBOY	1535	1305	1110	945	805
MODEL 336ER (EXTRA RANGE)	1400	1190	1010	860	730
MODEL 336DT CARBINE (DELUXE TEXAN)	945	805	685	580	495
MODEL 336 OCTAGON RIFLE	1150	980	830	705	600
MODEL 336LTS CARBINE	575	490	415	355	300
MODEL 336 MAGNUM CARBINE	625	530	450	385	325
MODEL 336 MARAUDER CARBINE	1030	875	745	635	540
MODEL 336 PRESENTATION RIFLE	1000	850	725	615	525
MODEL 336RC CARBINE	665	565	480	410	350
MODEL 336T	750	640	540	460	390
MODEL 336T CARBINE "TEXAN"	845	720	610	520	440
MODEL 336TS TEXAN	850	725	615	520	440
MODEL 336TDL TEXAN DELUXE	1100	935	795	675	575
MODEL 336 ZANE GREY CENTURY CARBINE	800	680	580	490	415
MODEL 336 EXTRA FANCY	3150	2680	2275	1935	1645
MODEL 336 DARK	1430	1215	1035	880	750
CENTENNIAL MATCHED PAIR (MODELS 336 & 39)	2500	2125	1805	1535	1305
MODEL 338MX	1225	1040	885	750	640
Model 338MXLR	2325	1975	1680	1430	1215
MODEL 375	770	655	555	475	405
MODEL 444P OUTFITTER	700	595	505	430	365
MODEL 444	770	655	555	475	405
MODEL 444 (RECENT MFG.)	730	620	525	450	385
MODEL 444 DARK	1249	1060	900	765	650
MODEL 444 MARLIN 150TH ANNIVERSARY EDITION	1890	1605	1365	1160	985
MODEL 444 (444SS) SPORTER	600	510	435	370	315
Model 444S	1800	1530	1300	1105	940
MODEL 444XLR	695	590	500	425	360
MODEL 1894 (1969-1984 MFG.)	1280	1090	925	785	665
MODEL 1894C CARBINE (1979-1984 MFG.)	800	680	580	490	415
MODEL 1894 SPORTER	1210	1030	875	745	635
MODEL 1894 (1894S)	1955	1660	1410	1200	1020
MODEL 1894C SERIES CARBINE (1894CS)	955	810	690	585	495
Model 1894CP Carbine	1650	1405	1190	1015	865
Model 1894CL Carbine	1130	960	815	695	590
MODEL 1894C (RECENT MFG.)	1240	1055	895	760	645
MODEL 1894P CARBINE	1200	1020	865	735	625
Model 1894S Carbine Limited	1825	1550	1320	1120	950
MODEL 1894FG	1825	1550	1320	1120	950
MODEL 1894PG	1800	1530	1300	1105	940
MODEL 1894SBL	1260	1070	910	775	660
MODEL 1894SBL (RECENT MFG.)	1530	1300	1105	940	800

	NIB	EXC	VG	G	F
MODEL 1894CSBL	1215	1035	880	745	635
MODEL 1894CST	1155	980	835	710	605
MODEL 1894SS/1894CSS	707	600	510	435	370
MODEL 1894 COWBOY (COWBOY II)	1550	1320	1120	950	810
Model 1894 Cowboy Competition	1425	1210	1030	875	745
MODEL 1894CB COWBOY	1030	875	745	635	540
MODEL 1894CL	1035	880	750	635	540
MODEL 1894 CENTURY LIMITED	1880	1600	1360	1155	980
MODEL 1894 CENTURY LIMITED (EMPLOYEE SPECIAL EDITION)	4150	3530	3000	2550	2170
MODEL 1894C DARK	1249	1060	900	765	650
MODEL 1894 OCTAGON	1450	1235	1050	890	755
MODEL 1894 LIMITED EDITION	2000	1700	1445	1230	1045
MODEL 1894 FANCY	3350	2850	2420	2055	1745
MODEL 1895	2000	1700	1445	1230	1045
Model 1895S	990	840	715	610	520
MODEL 1895 (1895SS)	1100	935	795	675	575
Model 1895SS Cody Stampede 75th Anniversary	950	810	685	585	495
Model 1895 LTD V	925	785	670	570	485
MODEL 1895 CENTURY LIMITED (CLTD)	1875	1595	1355	1150	980
Model 1895 Century Limited (CLTD) Employee Edition	3650	3105	2635	2240	1905
MODEL 1895CB COWBOY	970	825	700	595	505
MODEL 1895CBA	1275	1085	920	785	665
MODEL 1895 DARK	1430	1215	1035	880	750
MODEL 1895 FANCY	3350	2850	2420	2055	1745
MODEL 1895G GUIDE GUN	1240	1055	895	760	645
Model 1895GBL	1150	980	830	705	600
Model 1895GS Guide Gun	1100	935	795	675	575
MODEL 1895GSBL	1040	885	750	640	545
MODEL 1895 LIMITED EDITION	1150	980	830	705	600
MODEL 1895M	1050	895	760	645	550
MODEL 1895 MODERN HUNTER	1795	1525	1295	1100	935
MODEL 1895MR	2450	2085	1770	1505	1280
MODEL 1895MXLR	700	595	505	430	365
MODEL 1895RL	675	575	490	415	355
MODEL 1895SBL	1480	1260	1070	910	775
MODEL 1895TSBL TRAPPER	1450	1235	1050	890	755
MODEL 1895 TRAPPER	1450	1235	1050	890	755
MODEL 1895XLR	1200	1020	865	735	625
MODEL 1936	1575	1340	1140	965	820

Rifles: Rimfire, Bolt Action, Numbered Series

	NIB	EXC	VG	G	F
MODEL 15YN "LITTLE BUCKAROO" SINGLE SHOT	390	330	280	240	205
Model 15YS "Little Buckaroo" Single Shot Stainless	215	185	155	130	110
MODEL 17V	300	255	215	185	155
Model 17VS	395	335	285	245	210
MODEL 25MB	600	510	435	370	315
MODEL 25MN	320	270	230	195	165
MODEL 25N	230	195	165	140	120
Model 25NC	120	100	85	75	65
MODEL 81TS	180	155	130	110	95
MODEL 83TS	275	235	200	170	145
MODELS 780, 781, 782, and 783	160	135	115	100	85
MODELS 880/881	250	215	180	155	130
Model 880SS	300	255	215	185	155
Model 880SQ (Squirrel Rifle)	315	270	230	195	165
MODELS 882/883	295	250	215	180	155
Model 882SS	475	405	345	290	245
Model 882SSV	305	260	220	185	155
Model 882L	340	290	245	210	180
Model 883SS	550	470	395	340	290
MODEL 915Y "LITTLE BUCKAROO" SINGLE SHOT	220	185	160	135	115
MODEL 917	310	265	225	190	160
MODEL 917M2	380	325	275	235	200

	NIB	EXC	VG	G	F
Model 917M2S	290	245	210	180	155
MODEL 917V SERIES	350	300	255	215	185
Model 917VR	320	270	230	195	165
Model 917VS	350	300	255	215	185
Model 917VT	350	300	255	215	185
Model 917VST	400	340	290	245	210
MODEL 925 SERIES	205	175	150	125	105
Model 925C	250	215	180	155	130
Model 925R	225	190	165	140	120
MODEL 925M	500	425	360	305	260
Model 925RM	215	185	155	130	110
MODEL 980S/980S-CF	350	300	255	215	185
Model 980V	300	255	215	185	155
MODEL 981T	255	215	185	155	130
MODEL 982	275	235	200	170	145
MODEL 982VS/982VS-CF	625	530	450	385	325
MODEL 983 SERIES	700	595	505	430	365
Model 983T	300	255	215	185	155
Model 983S	320	270	230	195	165
MODEL 2000 TARGET	495	420	360	305	260
Model 2000A Target	700	595	505	430	365
Model 2000L Target	800	680	580	490	415

Rifles: Rimfire, Bolt Action, XT Series

	NIB	EXC	VG	G	F
MODEL XT-17R	260	220	190	160	135
Model XT-17SR	275	235	200	170	145
MODEL XT-17V	290	245	210	180	155
MODEL XT-17VR	280	240	200	170	145
MODEL XT-17VSL	380	325	275	235	200
MODEL XT-17VLB	370	315	265	225	190
MODEL XT-17VSLB	415	355	300	255	215
MODEL XT-22	265	225	190	165	140
MODEL XT-22R	250	215	180	155	130
MODEL XT-22RC	235	200	170	145	125
MODEL XT-22RO	275	235	200	170	145
MODEL XT-22RZ	260	220	190	160	135
MODEL XT-22SR	310	265	225	190	160
MODEL XT-22TR	255	215	185	155	130
MODEL XT-22TSR	290	245	210	180	155
MODEL XT-22VR	265	225	190	165	140
MODEL XT-22Y1	200	170	145	125	105
MODEL XT-22YR	265	225	190	165	140
MODEL XT-22YS1	220	185	160	135	115
MODEL XT-22YSR	230	195	165	140	120
MODEL XT-22M	260	220	190	160	135
MODEL XT-22MR	250	215	180	155	130
MODEL XT-22MTR	255	215	185	155	130
MODEL XT-22MTSL	355	300	255	220	185
MODEL XT-22MTW	290	245	210	180	155
MODEL XT-22MVSR	305	260	220	185	155

Rifles/Carbines: .22 Cal., Lever Action

	NIB	EXC	VG	G	F
MODEL 39	4995	4245	3610	3070	2610
MODEL 39A SERIES					
Model 39A 1st Model	2900	2465	2095	1780	1515
Model 39A 2nd Model	2750	2340	1985	1690	1435
Model 39A 3rd Model 1st Variation	1700	1445	1230	1045	890
Model 39A 3rd Model 2nd Variation	460	390	330	280	240
Model 39A 3rd Model 3rd Variation	950	810	685	585	495
GOLDEN 39A (OLDER MFG.)	1295	1100	935	795	675
MODEL 39A ANNIE OAKLEY	1495	1270	1080	920	780
GOLDEN 39A (CURRENT/RECENT MFG.)	620	525	450	380	325
GOLDEN 39M	760	645	550	465	395
MODEL 39A "MOUNTIE"	785	665	565	480	410
Model 39A "Mountie" with K prefix	1500	1275	1085	920	780

	NIB	EXC	VG	G	F
GOLDEN 39A MOUNTIE	980	835	710	600	510
90TH ANNIVERSARY 39A RIFLE	2400	2040	1735	1475	1255
90TH ANNIVERSARY MODEL 39M MOUNTIE CARBINE	2800	2380	2025	1720	1460
MODEL 39AWL	1380	1175	995	845	720
MODEL 39A-DL	2540	2160	1835	1560	1325
MODEL 39 PRESENTATION	1600	1360	1155	985	835
MODEL 39A OCTAGON	900	765	650	555	470
MODEL 39 CARBINE	2000	1700	1445	1230	1045
MODEL 39D	1040	885	750	640	545
MODEL 39A/AS	905	770	655	555	470
MODEL 39TDS	920	780	665	565	480
MODEL 39M	995	845	720	610	520
MODEL 39M OCTAGON	995	845	720	610	520
MODEL 39 CENTURY LTD	1295	1100	935	795	675
MODEL 39A ARTICLE II	1330	1130	960	815	695
MODEL 39M ARTICLE II CARBINE	1625	1380	1175	1000	850
MODEL 39A FANCY	3195	2715	2310	1960	1665
MODEL 56	710	605	515	435	370
MODEL 57 LEVERMATIC	650	555	470	400	340
MODEL 57M	630	535	455	385	325
MODEL 1894M (.22 WMR)	2115	1800	1530	1300	1105
MODEL 1897 COWBOY	1180	1005	855	725	615
MODEL 1897T	1105	940	800	680	580
MODEL 1897 CENTURY LIMITED LEVER ACTION	1450	1235	1050	890	755
Model 1897 Century Limited Lever Action Employee	1675	1425	1210	1030	875
MODEL 1897 ANNIE OAKLEY	1265	1075	915	775	660
MODEL 1897T AO (ANNIE OAKLEY)	1200	1020	865	735	625

Rifles: .22 Cal., Slide Action

	NIB	EXC	VG	G	F
MODEL 18	1500	1275	1085	920	780
MODEL 20	1500	1275	1085	920	780
MODEL 25	1575	1340	1140	965	820
MODEL 29	1695	1440	1225	1040	885
MODEL 32	1850	1575	1335	1135	965
MODEL 37	1095	930	790	670	570
MODEL 38	1400	1190	1010	860	730

Rifles: Rimfire, Semi-Auto

	NIB	EXC	VG	G	F
MODEL 60	255	215	185	155	130
Model 60C	200	170	145	125	105
Model 60DL	175	150	125	105	90
Model 60SN	155	130	110	95	80
Model 60DLX	235	200	170	145	125
MODEL 60SS STAINLESS	350	300	255	215	185
Model 60SB Stainless	355	300	255	220	185
Model 60SS 150th Anniversary Edition	225	190	165	140	120
Model 60SSK Stainless	200	170	145	125	105
Model 60S-CF	195	165	140	120	100
MODEL 70P (PAPOOSE)	255	215	185	155	130
Model 70PSS	350	300	255	215	185
Model 70HC	185	155	135	115	100
MODEL 75C	250	215	180	155	130
MODEL 717M2	265	225	190	165	140
MODEL 795	220	185	160	135	115
Model 795SS	265	225	190	165	140
MODEL 795 LTR	280	240	200	170	145
MODEL 922M	525	445	380	320	270
MODEL 990	170	145	125	105	90
MODEL 990L	400	340	290	245	210
MODEL 995	175	150	125	105	90
Model 995SS	195	165	140	120	100
MODEL 7000	220	185	160	135	115
Model 7000T	600	510	435	370	315

RIFLES: LEVER ACTION, RUGER MFG.

	NIB	EXC	VG	G	F
MODEL 1894 CLASSIC	1240	1055	895	760	645

	NIB	EXC	VG	G	F
MODEL 1895 GUIDE GUN	1240	1055	895	760	645
MODEL 1895 SBL	1480	1260	1070	910	775
MODEL 1895 TRAPPER	1450	1235	1050	890	755
MODEL 336 CLASSIC	1240	1055	895	760	645

SHOTGUNS: BOLT ACTION

	NIB	EXC	VG	G	F
MODEL 25MG GARDEN GUN	375	320	270	230	195
MODEL 50 DL	295	250	215	180	155
MODEL 55	125	105	90	75	65
MODEL 55 with Adjustable Choke	150	130	110	90	75
MODEL 55 GOOSE GUN	365	310	265	225	190
Model 55 Goose Gun GDL	600	510	435	370	315
MODEL 55 SWAMP GUN	275	235	200	170	145
MODEL 55S SLUG GUN	220	185	160	135	115
MODEL 59 SINGLE SHOT	400	340	290	245	210
MODEL 512 SLUGMASTER	230	195	165	140	120
Model 512DL Slugmaster	330	280	240	205	175
Model 512P Slugmaster	400	340	290	245	210
MODEL 5510	355	300	255	220	185

SHOTGUNS: LEVER ACTION

	NIB	EXC	VG	G	F
MODEL .410 LEVER ACTION (1929-1932 MFG.)	1825	1550	1320	1120	950
Model .410 Deluxe Lever Action	2450	2085	1770	1505	1280
MODEL 1895 .410	1000	850	725	615	525
NEW MODEL .410	750	640	540	460	390

SHOTGUNS: O/U

	NIB	EXC	VG	G	F
MODEL 90 SHOTGUN					
Model 90 Shotgun w/Double Triggers	475	405	345	290	245
Model 90 Shotgun w/Double Triggers, .410 bore	1995	1695	1440	1225	1040
Model 90 Shotgun w/Single Trigger	625	530	450	385	325
Model 90 Shotgun w/Single Trigger, .410 bore	3200	2720	2310	1965	1670
Model 90 Shotgun Combination Gun	2070	1760	1495	1270	1080

SHOTGUNS: SINGLE SHOT

	NIB	EXC	VG	G	F
MODEL 60	180	155	130	110	95

SHOTGUNS: CARTRIDGE, SLIDE ACTION

	NIB	EXC	VG	G	F
MODEL 1898 Grade A	495	420	360	305	260
MODEL 1898 Grade B	1300	1105	940	800	680
MODEL 1898 Grade C	1875	1595	1355	1150	980
MODEL 1898 Grade D	65000	55250	46965	39920	33930
MODEL 1898 Riot	495	420	360	305	260
MODEL 1898 Brush	850	725	615	520	440
MODEL 16 Grade A	495	420	360	305	260
MODEL 16 Grade B	1100	935	795	675	575
MODEL 16 Grade C	3950	3360	2855	2425	2060
MODEL 16 Grade D	5000	4250	3615	3070	2610
MODEL 16 Brush	495	420	360	305	260
MODEL 16 Riot	800	680	580	490	415
MODEL 17	600	510	435	370	315
MODEL 17 BRUSH GUN	600	510	435	370	315
MODEL 17 RIOT GUN	800	680	580	490	415
MODEL 19 (19S, 19N, 19G, 19D) Grade A	495	420	360	305	260
MODEL 19 (19S, 19N, 19G, 19D) Grade B	1300	1105	940	800	680
MODEL 19 (19S, 19N, 19G, 19D) Grade C	4000	3400	2890	2455	2085
MODEL 19 (19S, 19N, 19G, 19D) Grade D	5500	4675	3975	3380	2875
MODEL 19 (19S, 19N, 19G, 19D) Brush	495	420	360	305	260
MODEL 19 (19S, 19N, 19G, 19D) Riot	850	725	615	520	440
MODEL 21 Grade A	600	510	435	370	315
MODEL 21 Grade B	1350	1150	975	830	705
MODEL 21 Grade C	4000	3400	2890	2455	2085
MODEL 21 Grade D	6000	5100	4335	3685	3130
MODEL 21 Brush	850	725	615	520	440
MODEL 21 Riot	500	425	360	305	260
MODEL 24 Grade A	425	360	305	260	220
MODEL 24 Grade B	575	490	415	355	300
MODEL 24 Grade C	1295	1100	935	795	675

	NIB	EXC	VG	G	F
MODEL 24 Grade D	4500	3825	3250	2765	2350
MODEL 24 Grade G	5000	4250	3615	3070	2610
MODEL 24 Brush	495	420	360	305	260
MODEL 24 Riot	850	725	615	520	440
MODEL 26	495	420	360	305	260
MODEL 26 BRUSH GUN	850	725	615	520	440
MODEL 26 RIOT GUN	1150	980	830	705	600
MODEL 28 HAMMERLESS Grade A	325	275	235	200	170
MODEL 28 HAMMERLESS Grade B	500	425	360	305	260
MODEL 28 HAMMERLESS Grade C	1350	1150	975	830	705
MODEL 28 HAMMERLESS Grade D	16100	13685	11630	9885	8400
MODEL 28TS TRAP GUN	450	385	325	275	235
MODEL 28T	600	510	435	370	315
MODEL 30 Grade A	450	385	325	275	235
MODEL 30 Grade B	1100	935	795	675	575
MODEL 30 Grade C	3500	2975	2530	2150	1830
MODEL 30 Grade D	5000	4250	3615	3070	2610
MODEL 30 FIELD GRADE	375	320	270	230	195
MODEL 31 Grade A	425	360	305	260	220
MODEL 31 Grade B	550	470	395	340	290
MODEL 31 Grade C	1150	980	830	705	600
MODEL 31 Grade D	3000	2550	2170	1840	1565
MODEL 31F FIELD GUN	430	365	310	265	225
MODEL 42A	495	420	360	305	260
MODEL 43 HAMMERLESS	375	320	270	230	195
MODEL 43TS	525	445	380	320	270
MODEL 44A	400	340	290	245	210
MODEL 44S	470	400	340	290	245
MODEL 49	595	505	430	365	310
MODEL 53	375	320	270	230	195
MODEL 63	375	320	270	230	195
MODEL 63TS	525	445	380	320	270
MODEL 120 MAGNUM	360	305	260	220	185
MODEL 778	375	320	270	230	195
PREMIER MARK I	250	215	180	155	130
PREMIER MARK II	300	255	215	185	155
PREMIER MARK IV	330	280	240	205	175
PREMIER MARK IV	300	305	200	220	105

MASQUELIER S.A.

RIFLES: SxS

	NIB	EXC	VG	G	F
ARDENNES MODEL	7500	6375	5420	4605	3915
CARPATHE	3750	3190	2710	2305	1960
EXPRESS	3950	3360	2855	2425	2060

SHOTGUNS: SxS

	NIB	EXC	VG	G	F
BOXLOCK	3750	3190	2710	2305	1960
SIDELOCK	14000	11900	10115	8600	7310

MATEBA

PISTOLS: SEMI-AUTO

	NIB	EXC	VG	G	F
MATEBA M1911	1375	1170	995	845	720

REVOLVERS

	NIB	EXC	VG	G	F
MATEBA MTR-8	6295	5350	4550	3865	3285
MATEBA REVOLVER (6 UNICA AUTO REVOLVER)	8125	6905	5870	4990	4240

MATRIX ARMS

PISTOLS: SEMI-AUTO

	NIB	EXC	VG	G	F
9MM GLOCK AR PISTOL	1290	1095	930	790	670

RIFLES: SEMI-AUTO

	NIB	EXC	VG	G	F
5.56 REAR CHARGING RIFLE	1200	1020	865	735	625
"Thin Red Line" Limited Edition	1125	955	815	690	585

MAUSER JAGDWAFFEN GmbH

	NIB	EXC	VG	G	F
HANDGUNS: EARLY PRODUCTION					
MODEL 1877 SINGLE SHOT		25000	20000	15000	12750
MODEL 1878 "ZIG-ZAG" REVOLVER, 7.6mm		6500	5000	4000	3400
MODEL 1878 "ZIG-ZAG" REVOLVER, 9mm		7000	6500	6000	5100
MODEL 1878 "ZIG-ZAG" REVOLVER, 10.6mm		10000	8500	7000	5950
PISTOLS: SEMI-AUTO, DISC.					
MODEL 1906-08		60000	52500	45000	38250
MODEL 1912-14		40000	35000	30000	25500
WTP MODEL I VEST POCKET AUTOMATIC	850	725	615	520	440
WTP MODEL II	795	675	575	490	415
POCKET MODEL 1910	650	555	470	400	340
POCKET MODEL 1914	570	485	410	350	300
Pocket Model 1914 Humpback Model	5500	4675	3975	3380	2875
POCKET MODEL 1934	1100	935	795	675	575
POCKET MODEL 1934 with Waffenampt	2695	2290	1945	1655	1405
POCKET MODEL 1934 Nazi Police	3995	3395	2885	2455	2085
POCKET MODEL 1934 Nazi Navy	2395	2035	1730	1470	1250
MODEL HSv	Rarity Precludes Pricing				
Mauser Pistols: HSc Models					
MODEL HSc DOUBLE ACTION	Pricing Unavailable				
Mauser Pistols: HSc WWII Military Mfg.					
HSc WWII Military Mfg. Low Grip Screw		8500	6000	5000	4250
HSc WWII Military Mfg. Early Nazi Army		850	600	450	385
HSc WWII Military Mfg. Early Nazi Navy		1950	1650	1250	1065
HSc WWII Military Mfg. Early Nazi Police		950	750	500	425
HSc WWII Military Mfg. Wartime Nazi Army		750	575	400	340
HSc WWII Military Mfg. Wartime Nazi Navy		1650	1350	1000	850
HSc WWII MIlitary Mfg. Wartime Nazi Police		700	550	375	320
HSc WWII Military Mfg. Wartime Commercial		550	450	325	275
HSc WWII Military Mfg. Swiss Commercial		1400	1250	1125	955
HSc WWII Military Mfg. Cutaways		1950	1500	1000	850
Mauser Pistols: HSc Post-WWII Mfg.					
HSc Post-WWII Mfg. French Manufacture		450	400	350	300
HSc Post-WWII Mfg. Mauser Production	550	470	395	340	290
HSc Post-WWII Mfg. Interarms Import	450	385	325	275	235
HSc Post-WWII Mfg. One of Five Thousand Edition	795	675	575	490	415
HSc Post-WWII Mfg. Armes De Chasse Import	475	405	345	290	245
HSc Post-WWII Mfg. E.A.A. Import	265	225	190	165	140
HSc Post-WWII Mfg. Recent Gamba Mfg.	395	335	285	245	210
PISTOLS: SEMI-AUTO, RECENT IMPORTATION					
MODEL 80 SA	560	475	405	345	295
MODEL 90 DA	500	425	360	305	260
Model 90 DAC	550	470	395	340	290
M-2	485	410	350	300	255
Mauser Broomhandles: Conehammer Variations					
STANDARD CONEHAMMER		6000	4500	3500	2975
FIXED SIGHT CONEHAMMER		7000	5500	4200	3570
6 SHOT CONEHAMMER - FIXED SIGHT		12000	9500	7500	6375
6 Shot Conehammer - Adjustable Sight		15000	12500	10000	8500
TURKISH CONEHAMMER		15000	12500	10000	8500
"SYSTEM MAUSER" CONEHAMMER		19500	15000	12500	10625
System Mauser Conehammer Stepped Barrel Variation		29500	23500	15000	12750
20 SHOT CONEHAMMER		50000	35000	28500	24225
EARLY TRANSITIONAL LARGE RING HAMMER		7000	5500	4650	3955
Mauser Broomhandles: Flatside Variations					
ITALIAN CONTRACT FLATSIDE		6500	5000	4000	3400
FLATSIDE COMMERCIAL		5000	4000	3000	2550
Mauser Broomhandles: Post-1900 Variations					
PRE-WAR LARGE RING BOLO		5000	3850	2750	2340
LARGE RING SHALLOW MILLING		4000	3250	3500	2975

	NIB	EXC	VG	G	F
LARGE RING DEEP MILLING		4500	3700	2850	2425
PRE-WAR SMALL RING BOLO		4500	3750	2900	2465
6-SHOT BOLO		7500	6000	5000	4250
STANDARD PRE-WAR COMMERCIAL		3000	2400	1850	1575
MAUSER BANNER CHAMBER MARKED		4750	3900	3000	2550
PERSIAN CONTRACT		6000	5000	4000	3400
STANDARD WARTIME COMMERCIAL		2750	2250	1750	1490
RED-9 ADJ. SIGHT		4000	3150	2550	2170
RED-9 FIXED SIGHT		2500	2250	1600	1360
FRENCH GENDARME		4500	3700	2850	2425
EARLY POST-WAR BOLO		2750	2250	1750	1490
LATE POST-WAR BOLO		3000	2400	1850	1575
EARLY MODEL 1930 COMMERCIAL		3250	2500	1950	1660
LATE MODEL 1930 COMMERCIAL		3500	2700	2100	1785
MODEL 1930 REMOVABLE MAG.		20000	15000	10000	8500
SCHNELLFEUER (MODEL 712)		15000	12500	10000	8500

Broomhandle Carbines

	NIB	EXC	VG	G	F
CONE HAMMER		35000	30000	25000	21250
LARGE RING HAMMER TRANSITIONAL		25000	20000	15000	12750
FLATSIDE TRANSITIONAL		22500	17500	13500	11475
LARGE RING HAMMER		17500	13500	10500	8925
SMALL RING HAMMER		20000	16000	13000	11050

Broomhandles: Copies from Other Countries

	NIB	EXC	VG	G	F
HAND-MADE MAUSER CHINESE MARKED AND		1300	750	600	510
HAND-MADE UNMARKED		800	700	600	510
ASIATIC FLATSIDE UNMARKED		2500	1800	1550	1320
TAKU-NAVAL DOCKYARD FLATSIDE		3500	3000	2500	2125
SHANSEI ARSENAL .45 CAL.		8500	7500	6500	5525

Broomhandles: Spanish Copies

	NIB	EXC	VG	G	F
VERY EARLY ASTRA-900		4500	2650	2250	1915
EARLY ASTRA-900		3950	3000	2500	2125
LATE ASTRA-900	4500	3825	3250	2765	2350
BEISTEGUI HERMANOS "ROYAL" SEMI-AUTO		3500	2700	2000	1700
BEISTEGUI HERMANOS "ROYAL" SELECTIVE FIRE		7500	5000	3500	2975

RIFLES: MILITARY PRODUCTION

This section includes all Mauser designs that were manufactured by a number of companies and arsenals and were adopted by various militaries. Models are separated by the country that adopted these rifles for military service as opposed to the manufacturing origin of each rifle model.

ARGENTINA MODELS

	NIB	EXC	VG	G	F
1891 RIFLE		900	765	650	555	470
1891 CARBINE		750	640	540	460	390
1909 RIFLE		900	765	650	555	470
1909 SNIPER RIFLE WITH SCOPE		2300	1955	1660	1410	1200
1909 CAVALRY CARBINE		800	680	580	490	415
1909 MOUNTAIN CARBINE		800	680	580	490	415
1933 MAUSER BANNER		700	595	505	430	365
1935 MAUSER BANNER		700	595	505	430	365

AUSTRIA MODELS

	NIB	EXC	VG	G	F
1914 RIFLE		4000	3200	2500	2125

BELGUIM MODELS

	NIB	EXC	VG	G	F
1889 RIFLE by FN		2900	2250	1750	1490
1889 RIFLE by ARMES ETAT ARSENAL		2700	2100	1650	1405
1889 RIFLE by HOPKINS & ALLEN	2900	2465	2095	1780	1515
1889 RIFLE by BIRMINGHAM	1900	1615	1375	1165	990
1889 CARBINE, non-modified pre-WWI	1900	1615	1375	1165	990
1916 CARBINE, all WWI makes	700	595	505	430	365
1935 SHORT RIFLE by ARMES ETAT	1800	1600	1300	950	810
1935 SHORT RIFLE with FN receiver	2600	2210	1880	1595	1355
1889/36 SHORT RIFLE by ARMES ETAT	1000	825	700	575	490
1889/36 SHORT RIFLE by PIEPER HERSTAL		1200	950	750	640

POST-WAR MODEL 30 RIFLES

	NIB	EXC	VG	G	F
"L" CREST	1200	1020	865	735	625
"B" CREST	900	765	650	555	470

	NIB	EXC	VG	G	F
"FP" CREST	3400	2890	2455	2090	1775
TRAINER "B" CREST, .22LR cal.	2700	2295	1950	1660	1410
TRAINER "FP" CREST, .22LR cal.	3700	3145	2675	2270	1930

BOLIVIA MODELS

	NIB	EXC	VG	G	F
1895 RIFLE	900	765	650	555	470
1907 RIFLE	1000	850	725	615	525
1907 SHORT RIFLE	1000	850	725	615	525
CZECH MARKED VZ24 RIFLE	1000	850	725	615	525
STANDARD MODEL MAUSER BANNER SHORT RIFLE	800	680	580	490	415
1950 RIFLE SERIES B-50	750	640	540	460	390

BRAZIL MODELS

	NIB	EXC	VG	G	F
1894 RIFLE by LOEWE	800	680	580	490	415
1894 RIFLE by FN	1000	850	725	615	525
1894 CARBINE by LOEWE	700	595	505	430	365
1894 CARBINE by FN	600	510	435	370	315
1904 MAUSER VERGUEIRO RIFLE	600	510	435	370	315
1907 RIFLE	1800	1530	1300	1105	940
1907 CARBINE	1100	935	795	675	575
1908 RIFLE	1000	850	725	615	525
1908 SHORT RIFLE	800	680	580	490	415
1922 CARBINE by FN	800	680	580	490	415
VZ-24 SHORT RIFLE	800	680	580	490	415
1908/34 SHORT RIFLE by CZ	2500	2125	1805	1535	1305
1908/34 SHORT RIFLE by FABRICA DE ITAJUBA	2500	2125	1805	1535	1305
1935 MAUSER BANNER RIFLE	900	765	650	555	470
1935 MAUSER BANNER SHORT RIFLE	1000	850	725	615	525
M954 SHORT RIFLE by FABRICA DE ITAJUBA	1200	1020	865	735	625

CHILE MODELS

	NIB	EXC	VG	G	F
1893 RIFLE, BENT BOLT HANDLE	1500	1275	1085	920	780
1895 RIFLE, ARMY	1500	1275	1085	920	780
1895 RIFLE, ANCHOR CREST	1500	1275	1085	920	780
1895 SHORT RIFLE	1250	1065	905	770	655
1895 CARBINE	1250	1065	905	770	655
1912 RIFLE	1500	1275	1085	920	780
1912 RIFLE, 7.62 NATO	1500	1275	1085	920	780
1912 SHORT RIFLE	1500	1275	1085	920	780
1912 SHORT RIFLE, 7.62 NATO	1500	1275	1085	920	780
1935 CARBINE	1350	1150	975	830	705
MAUSER BANNER	1650	1405	1190	1015	865

CHINA MODELS

	NIB	EXC	VG	G	F
1871 RIFLE, CHINESE MARKED	1200	1020	865	735	625
1871 CARBINE, CHINESE MARKED	1500	1275	1085	920	780
98A CARBINE	1000	850	725	615	525
1907 RIFLE, CHINA CONTRACT	1000	850	725	615	525
1907 CARBINE	1000	850	725	615	525
98/22 RIFLE	800	680	580	490	415
1924 OR 1930 SHORT RIFLES by FN	700	595	505	430	365
21, VZ-24 by CHINA	700	595	505	430	365
STANDARD 1933 MAUSER BANNER RIFLE	1000	850	725	615	525
STANDARD 1933 MAUSER BANNER CARBINE	1000	850	725	615	525
CHIANG KAI-SHEK RIFLE - CHINESE COPY	1150	980	830	705	600
VZ-24, P-prefix, "1937" SHORT CARBINE	1000	850	725	615	525
VZ-24 WITH JAPANESE FOLDING BAYONET	1150	980	830	705	600

COLUMBIA MODELS

	NIB	EXC	VG	G	F
1891 RIFLE, ARGENTINE PATTERN	800	680	580	490	415
1912 RIFLE by STEYR	900	765	650	555	470
1912 SHORT RIFLE by STEYR	900	765	650	555	470
VZ-24 SHORT RIFLE	800	680	580	490	415
29 SHORT RIFLE by STEYR	800	680	580	490	415
1930 CARBINE by FN	900	765	650	555	470
1930 SHORT RIFLE by FN, 1940, 7mm	800	680	580	490	415
1930 SHORT RIFLE by FN, Post-WWII, .30-06	1000	850	725	615	525

COSTA RICA MODELS

	NIB	EXC	VG	G	F
1895 RIFLE	800	680	580	490	415
1910 RIFLE	750	640	540	460	390
1924/1930 SHORT RIFLE by FN	900	765	650	555	470
CZECHOSLOVAKIA MODELS					
1919 MAUSER-JELEN RIFLE		6000	5000	4000	3400
1921 MAUSER-JELEN RIFLE		4500	3500	2750	2340
98/22 RIFLE	900	765	650	555	470
VZ-23 SHORT RIFLE	900	765	650	555	470
VZ-23A SHORT RIFLE	900	765	650	555	470
VZ-24 SHORT RIFLE	1150	980	830	705	600
98/29 RIFLE	1000	850	725	615	525
VZ-08/33 CARBINE	1000	850	725	615	525
VZ-12/33 CARBINE - LIGHT VZ-24	1500	1275	1085	920	780
VZ-16/33	1650	1405	1190	1015	865
"JC" SHORT RIFLE	1000	850	725	615	525
MODEL "L" SHORT RIFLE, .303 cal., Lithuania		1600	1300	1000	850
DOMINICAN REPUBLIC MODELS					
M1953, Ex-Brazil M1908	800	680	580	490	415
M1953 SHORT RIFLE, Ex-Brazil	700	595	505	430	365
ECUADOR MODELS					
71/84 RIFLE	900	765	650	555	470
1891 RIFLE, Argentine Pattern	800	680	580	490	415
1907 RIFLE	750	640	540	460	390
VZ-23 SHORT RIFLE	700	595	505	430	365
VZ-24 SHORT RIFLE	800	680	580	490	415
VZ-12/33 SHORT RIFLE	900	765	650	555	470
1930 SHORT RIFLE by FN	900	765	650	555	470
EL SALVADOR MODELS					
1895 RIFLE, Chile Pattern	700	595	505	430	365
VZ-12/33 CARBINE	900	765	650	555	470
1935 STANDARD MODEL	700	595	505	430	365
M50 ISRAELI SHORT RIFLE by FN	700	595	505	430	365
ESTONIA MODELS					
MODEL "L" SHORT RIFLE		1650	1350	1100	935
ETHIOPIA MODELS					
1930 SHORT RIFLE by FN		3500	3200	2800	2380
1930 CARBINE by FN		3600	2300	2900	2465
1933 STANDARD MODEL RIFLE		2900	2500	1900	1015
FRANCE MODELS					
MODIFIED 98K CARBINE		900	850	750	640
GERMANY MODELS, PRE-WWII					
1871 RIFLE / GEWEHR 71		1350	1100	900	765
1871 CARBINE / KARABINER 71		1650	1350	1100	935
1871 SHORT RIFLE / JAEGER 71		1400	1150	850	725
1871/84 RIFLE		1350	1100	900	765
1888 COMMISSION RIFLE		1000	850	750	640
1888/05 COMMISSION RIFLE		900	850	750	640
1888/14 COMMISSION RIFLE		900	850	750	640
1888 COMISSION CARBINE		900	850	750	640
1891 COMMISSION CARBINE W/ STACKING HOOK		900	850	750	640
1888/97 RIFLE		6000	5000	3800	3230
1898 / GEWEHR 98		1350	1100	900	765
1898 CARBINE / KAR 98, 16.9" bbl		6000	5000	4200	3570
1898/17 RIFLE, Experimental				5000	4250
1898/18 RIFLE, Experimental				5000	4250
1909 SELF LOADING CARBINE		7500	5500	4500	3825
1898A CARBINE		1650	1350	1100	935
1898AZ CARBINE (Model 98a)		1650	1350	1100	935
1898b CARBINE		1000	850	725	615
GEWEHR 98, Transitional		1000	850	725	615
GERMANY MODELS, WWII PRODUCTION					
33/40 CARBINE ("945" 1940)		3900	3100	2400	2040
33/40 CARBINE ("DOT" 1941-43)		3900	3100	2400	2040

	NIB	EXC	VG	G	F
MODEL 24 (T) RIFLE		1250	1075	950	810
98/40		3200	2500	2000	1700
VG-1		30000	25000	20000	17000
GEWEHR 41M SEMI-AUTO RIFLE (Mauser)		25000	20000	17500	14875
GEWEHR 41w SEMI-AUTO RIFLE (Walther)		9500	8250	6750	5740
GEW 43, KAR 43 SNIPER RIFLE		15000	12000	9500	8075
GEW 43, KAR 43 SEMI-AUTO RIFLE		5500	4250	3200	2720
29/40 RIFLE L/W ISSUE		2250	1850	1500	1275
29/0 RIFLE L/W ISSUE		3500	3000	2500	2125
K98k 'PARATROOPER MODEL'		9000	7800	6500	5525

GREECE MODELS

	NIB	EXC	VG	G	F
1930 SHORT RIFLE by FN	1800	1530	1300	1105	940

GUATEMALA MODELS

	NIB	EXC	VG	G	F
VZ-24 SHORT RIFLE	700	595	505	430	365
M1895 RIFLE	500	425	360	305	260

HAITI MODELS

	NIB	EXC	VG	G	F
1930 SHORT RIFLE by FN	1600	1360	1155	985	835

IRAN/PERSIA MODELS

	NIB	EXC	VG	G	F
1895 RIFLE	800	680	580	490	415
98/29 RIFLE	1200	1020	865	735	625
98/29 SHORT RIFLE	1150	980	830	705	600
MODEL 49 CARBINE	1200	1020	865	735	625
1924 SHORT RIFLE by FN	800	680	580	490	415
VZ-24 SHORT RIFLE	1800	1530	1300	1105	940

IRAQ MODELS

	NIB	EXC	VG	G	F
1948-98k CARBINE	750	640	540	460	390

ISRAEL MODELS

	NIB	EXC	VG	G	F
GERMAN 98k with ISRAELI MARKS	600	510	435	370	315
CZECH 98l with LARGE TRIGGER GUARD	750	640	540	460	390
1950 SHORT RIFLE by FN	900	765	650	555	470
1950 .22CAL SINGLE SHOT TRAINER	850	725	615	520	440
1954 SHORT RIFLE	800	680	580	490	415

LATVIA MODELS

	NIB	EXC	VG	G	F
CZECH VZ-24 SHORT RIFLE	950	810	685	585	495

LIBERIA MODELS

	NIB	EXC	VG	G	F
1930 SHORT RIFLE by FN		950	775	625	530

LITHUANIA MODELS

	NIB	EXC	VG	G	F
CZECH "L" MODEL SHORT RIFLE, .303cal		900	700	600	510
VZ-24 SHORT RIFLE		900	800	600	510
1930 SHORT RIFLE by FN		3500	3200	2700	2295
1900 RIFLE	800	680	580	490	415

MANCHURIA MODELS

	NIB	EXC	VG	G	F
MUKDEN ARSENAL RIFLE	1500	1275	1085	920	780

MEXICO MODELS

	NIB	EXC	VG	G	F
1895 RIFLE	1350	1150	975	830	705
1895 CARBINE	1350	1150	975	830	705
1902 RIFLE	1850	1575	1335	1135	965
1907 RIFLE	850	725	615	520	440
1910 RIFLE	1150	980	830	705	600
1910 CARBINE	1150	980	830	705	600
1912 RIFLE	1200	1020	865	735	625
1912 SHORT RIFLE	1200	1020	865	735	625
1924 SHORT RIFLE	1850	1575	1335	1135	965
1924 CARBINE	2000	1700	1445	1230	1045
1936 SHORT RIFLE	1000	850	725	615	525
1954 SHORT RIFLE	1350	1150	975	830	705

MOROCCO MODELS

	NIB	EXC	VG	G	F
1930 CARBINE by FN, post-WWII, 7.62 NATO	800	680	580	490	415
1930 CARBINE by FN, 7.62 NATO, with Threaded Barrel	900	765	650	555	470

NETHERLANDS MODELS

	NIB	EXC	VG	G	F
1930 CARBINE, "W" CREST by FN, post-WWII	1500	1275	1085	920	780
1930 CARBINE, "J" CREST by FN, post-WWII	1400	1190	1010	860	730

NICARAGUA MODELS

	NIB	EXC	VG	G	F
VZ-12/33 SHORT RIFLE	1350	1150	975	830	705
VZ-24 SHORT RIFLE	1200	1020	865	735	625
ORANGE FREE STATE MODELS					
1895 SHORT RIFLE	1100	935	795	675	575
1895 CARBINE	1000	850	725	615	525
1896 RIFLE (OVS Marked) DWM	850	725	615	520	440
1896 RIFLE (OVS Marked) Loewe & Sons	900	765	650	555	470
1896 RIFLE, Chile Overmark	900	765	650	555	470
PARAGUAY MODELS					
1895 RIFLE	900	765	650	555	470
1907 RIFLE (DWM)	1000	850	725	615	525
1907 CARBINE (FULL STOCK)	1000	850	725	615	525
1927 CARBINE (OVIEDO)	850	725	615	520	440
1927 SHORT RIFLE	800	680	580	490	415
1927 CARBINE (FULL STOCK)	750	640	540	460	390
1930 SHORT RIFLE by FN	850	725	615	520	440
1933 STANDARD MODEL RIFLE	1000	850	725	615	525
PERU MODELS					
1891 RIFLE, Lange Sight	750	640	540	460	390
1891 CARBINE, Lange Sight	750	640	540	460	390
1909 RIFLE	1750	1490	1265	1075	915
VZ-24 SHORT RIFLE	1000	850	725	615	525
VZ-32 SHORT RIFLE	1150	980	830	705	600
1935 SHORT RIFLE by FN	700	595	505	430	365
1935 CARBINE by FN	900	765	650	555	470
POLAND MODELS					
1898 RIFLE	1000	850	725	615	525
1898 CARBINE (98a)	1000	850	725	615	525
1929 SHORT RIFLE (WZ-29)	1650	1405	1190	1015	865
PORTUGAL MODELS					
1904 RIFLE, MAUSER-VERGUIERO	1000	850	725	615	525
1937 SHORT RIFLE	1000	850	725	615	525
1937A SHORT RIFLE	1000	850	725	615	525
1941 SHORT RIFLE	1350	1150	975	830	705
ROMANIA MODELS					
VZ-24 SHORT RIFLE, 'M' OR 'C' CREST	950	810	685	585	495
SAUDI ARABIA MODELS					
1930 SHORT RIFLE OR CARBINE by FN, post-WWII		2700	2400	2200	1070
SERBIA/YUGOSLAVIA MODELS					
1878/80 RIFLE	1750	1490	1265	1075	915
1855 CAVALRY CARBINE	1500	1275	1085	920	780
1886/6C AND 1880/7C	1350	1150	975	830	705
1899 RIFLE	1350	1150	975	830	705
1899/07 RIFLE	1150	980	830	705	600
1899/08 RIFLE	1150	980	830	705	600
1899C SHORT RIFLE	1150	980	830	705	600
1899/08 CARBINE	1650	1405	1190	1015	865
1910 RIFLE	950	810	685	585	495
1924 SHORT RIFLE	900	765	650	555	470
1924 CARBINE	950	810	685	585	495
1924 SHORT RIFLE by FN	1250	1065	905	770	655
1924 CARBINE by FN	1650	1405	1190	1015	865
VZ-24 SHORT RIFLE	950	810	685	585	495
1924 SHORT RIFLE (KRAGUJEVAC)	950	810	685	585	495
M90T SHORT RIFLE (EX-TURKISH M1890)		650	525	425	360
M24B RIFLE (EX-MEXICAN M1912)		650	525	425	360
1948 CARBINE (EX-GERMAN)	700	595	505	430	365
1948 CARBINE (KRAGUJEVAC)	700	595	505	430	365
SIAM/THAILAND MODELS					
1902 RIFLE (TYPE 45)	550	470	395	340	290
1923 SHORT RIFLE (TYPE 66)	550	470	395	340	290
SLOVAK REPUBLIC MODELS					
VZ-24 SHORT RIFLE	900	765	650	555	470

	NIB	EXC	VG	G	F
SOUTH AFRICA MODELS					
1896 RIFLE, "ZAR" MARKED	1100	935	795	675	575
SPAIN MODELS					
1891 RIFLE	1350	1150	975	830	705
1892 RIFLE	1500	1275	1085	920	780
1892 CARBINE	1350	1150	975	830	705
1893 RIFLE	850	725	615	520	440
1893 CARBINE (FULL STOCK)	1000	850	725	615	525
1916 SHORT RIFLE	500	425	360	305	260
1916 EXPIRAMENTAL 8MM	500	425	360	305	260
1943 SHORT RIFLE	750	640	540	460	390
SWEDEN MODELS					
1894 CARBINE	1500	1275	1085	920	780
1896 RIFLE	750	640	540	460	390
1938 SHORT RIFLE	750	640	540	460	390
1940 SHORT RIFLE, 8mm	1650	1405	1190	1015	865
MODEL 41 (1955) SNIPER	3000	2550	2170	1840	1565
SYRIA MODELS					
1948 CARBINE	600	510	435	370	315
TURKEY MODELS					
1887 RIFLE	1250	1065	905	770	655
1887 CARBINE	1250	1065	905	770	655
1890 RIFLE	1150	980	830	705	600
1893 RIFLE	950	810	685	585	495
1903 RIFLE	1000	850	725	615	525
1903/38 RIFLE (IMPROVED)	900	765	650	555	470
1905 CARBINE	350	300	255	215	185
VZ-98/22 RIFLE	500	425	360	305	260
1888 RIFLE (TURKISH MARKED)	350	300	255	215	185
1938 RIFLE, 8mm	400	340	290	245	210
1938 SHORT RIFLE	500	425	360	305	260
URUGUAY MODELS					
1893 RIFLE	1800	1530	1300	1105	940
1904 RIFLE	900	765	650	555	470
1908 RIFLE	1000	850	725	615	525
1908 SHORT RIFLE	1000	850	725	615	525
VZ-32 SHORT RIFLE (MODEL 1934)	1100	935	795	675	575
VZ-24 SHORT RIFLE (MODEL 1934)	1100	935	795	675	575
1930 SHORT RIFLE by FN	1000	850	725	615	525
VENEZUELA MODELS					
1910 RIFLE	650	555	470	400	340
VZ-24/26 SHORT RIFLE	800	680	580	490	415
1930 SHORT RIFLE by FN	1000	850	725	615	525
1930 CARBINE by FN	1000	850	725	615	525
YEMEN MODELS					
1930 SHORT RIFLE by FN		1000	800	625	530
Rifles: Military Production, Brazil					
MODEL 1894 RIFLE, LOEWE MFG.	1125	955	815	690	585
MODEL 1894 RIFLE, FN MFG.	1000	850	725	615	525
MODEL 1894 CARBINE, LOEWE MFG.	1000	850	725	615	525
MODEL 1894 CARBINE, FN MFG.	1200	1020	865	735	625
MODEL 1904 MAUSER VERGUEIRO RIFLE	995	845	720	610	520
MODEL 1907 RIFLE	600	510	435	370	315
MODEL 1907 CARBINE	600	510	435	370	315
MODEL 1908 RIFLE	1485	1260	1075	910	775
MODEL 1908 SHORT RIFLE	895	760	645	550	470
FN MODEL 1922 CARBINE	1000	850	725	615	525
VZ 24 CZECH SHORT RIFLE	595	505	430	365	310
CZ MODEL 1908/1934 SHORT RIFLE	895	760	645	550	470
FABRICA DE ITAJUBA MODEL 1908/34 SHORT RIFLE	500	425	360	305	260
MODEL 1935 MAUSER BANNER RIFLE	1695	1440	1225	1040	885
MODEL 1935 MAUSER BANNER SHORT RIFLE	1295	1100	935	795	675
FABRICA DE ITAJUBA MODEL M954 SHORT RIFLE	995	845	720	610	520

	NIB	EXC	VG	G	F
RIFLES: PARA MILITARY PRODUCTION K98k (Karbine)					
1933/1934 CODE MAUSER BANNER		6500	3150	2750	2340
RIFLES: MILITARY PRODUCTION, K98k (KARBINE)					
MAUSER WEKE AG, OBERNDORF A/N					
1934 - CODE S/42 K		9500	7500	6000	5100
1935 - CODE S/42 G		8500	6500	4500	3825
1936 - CODE S/42 1936		7500	5750	4000	3400
1937 - CODE S/42 1937		7500	5750	4000	3400
1938 - E CODE S/42 1938		7000	5300	3800	3230
1938 - L CODE 42 1940		7000	5300	3800	3230
1939 - CODE 42 1939		6500	5000	3600	3060
1940 - CODE 42 1940		6000	4600	3400	2890
1941 - CODE BYF 41		5500	4300	3300	2805
1942 - CODE BYF 42		5000	4000	3200	2720
1943 - CODE BYF 43		4500	3500	2800	2380
1944 - CODE BYF 44		4000	3200	2650	2255
1945 - CODE Mod.98 BYF 45		5000	4000	3200	2720
1945 - CODE Mod.98 SVW		5000	4000	3200	2720
1945 - CODE Mod.98 SVW MB		6000	4600	3400	2890
J.P. SAUER UND SOHN GEWEHRFABRIK, SUHL					
1934 - CODE S/147K		9500	7500	6000	5100
1935 - CODE S/147G		8500	6500	4500	3825
1936 - CODE S/147 1936		7500	5750	4000	3400
1937 - CODE S/147 1937		7500	5750	4000	3400
1938 - E CODE S/147		7000	5300	3800	3230
1938 - L CODE 147 1938		7000	5300	3800	3230
1939 - CODE 147 1939		6500	5000	3600	3060
1940 - CODE 147 1940		6000	4600	3400	2890
1941 - CODE CE 41		5500	4300	3300	2805
1942 - CODE CE 42		5000	4000	3200	2720
1943 - CODE CE 43		4500	3500	2800	2380
1944 - CODE CE 44		4000	3200	2650	2255
ERMA (ERFURTER MASCHINENFABRIK), ERFURT					
1935 - CODE S/27 G		6000	4600	3400	2890
1936 - CODE S/27 1936		5500	4300	3300	2805
1937 - CODE S/27 1937		5500	4300	3300	2805
1938 - CODE S/27 or 27 1938		5000	4000	3200	2720
1939 - CODE 27 1939		4500	3950	3000	2550
1940 - E CODE 27 1940		4500	3950	3000	2550
1940 - L CODE AX 1940		4500	3950	3000	2550
1941 - CODE AX 41		4500	3950	3000	2550
MAUSER WEKE AG, BORSIGWALDE					
1935 - CODE S/243 G		6000	4600	3400	2890
1936 - CODE S/243 1936		5500	4300	3300	2805
1937 - CODE S/243 1937		5500	4300	3300	2805
1938 - E CODE S/243 1937		5500	4300	3300	2805
1938 - L CODE 243 1938		5500	4300	3300	2805
1939 - CODE 243 1939		5000	4000	3200	2720
1940 - CODE 243 1940		5000	4000	3200	2720
1941 - CODE AR 41		4500	3500	2800	2380
1942 - CODE AR 42		4500	3500	2800	2380
1943 - CODE AR 43		4500	3500	2800	2380
1944 - CODE AR 44		4000	3200	2650	2255
BERLIN-LUBECKER MASCHINENFABRIK, LUBECK					
1936 - CODE S/237 1936		3500	3250	2250	1915
1937 - Code S/237 1937		3500	3150	2150	1830
1938 - E Code S/237 1938		3000	2500	1950	1660
1938 - L Code 237 1938		3000	2500	1950	1660
1939 - Code 237 1938		3000	2500	1950	1660
1940 - E Code 237 1940		3000	2500	1950	1660
1940 - L Code DUV 1940		3000	2500	1950	1660
1941 - Code DUV 41		2500	2000	1600	1360
1942 - Code DUV 42		2500	2000	1600	1360

	NIB	EXC	VG	G	F
BERLIN-SUHLER-WAFFEN UND FAHRZEUGWERKE, (BSW)					
1937 - Code BSW 1937		5000	4000	3200	2720
1938 - Code BSW 1938		5000	4000	3200	2720
1939 - Code BSW 1939		5000	4000	3200	2720
STEYR-DAINLER-PUCH AG, STEYR					
1939 - Code 660 1939		6500	5000	3600	3060
1940 - E Code 660 1940		6000	4600	3400	2890
1940 - L Code BNZ 40		6000	4600	3400	2890
1941 - Code BNZ 41		5500	4300	3300	2805
1942 - Code BNZ 42		5000	4000	3200	2720
1943 - Code BNZ 43		4500	3500	2800	2380
1943 - Code BNZ SS 43		7500	5750	4000	3400
1944 - Code BNZ 44		4500	3500	2800	2380
1944 - Code BNZ 4		4500	3500	2800	2380
1944 - Code BNZ S 4		7500	5750	4000	3400
1945 - Code Mod 98 BNZ 45		5000	4000	3200	2720
1945 - Code SWJ XE 45		9000	7200	5800	4930
GUSTLOFF WEKE, WEIMAR					
1940 - Code BSW 1940		3500	3150	2250	1915
1940 - Code 337 1940		3500	3150	2250	1915
1941 - Code BCD 41		3000	2500	1950	1660
1942 - Code BCD 42		3000	2500	1950	1660
1943 - Code BCD 43		3000	2500	1950	1660
1944 - Code BCD 4		2500	2000	1600	1360
1945 - Code BCD 45		2500	2000	1600	1360
WAFFEN WERKE BRÜNN AG, BYSTRICA					
1942 - Code DOU 42		3000	2500	1950	1660
1943 - Code DOU 43		3000	2500	1950	1660
1944 - Code DOU 44		2500	2000	1600	1360
1945 - Code Mod 98 DOU 45		2500	2000	1600	1360
WAFFEN WERKE BRUNN AG, BRUNN					
1943 - Code DOT 43		4500	3500	2800	2380
1944 - Code DOT 1944		4000	3200	2100	1785
1945 - Code Mod 98 SWP 45		3500	2700	1850	1575
DOUBLE CODES					
Berlin Suhl/Gustloff Werke					
1939 - Code 357/1939		4000	3200	2650	2255
Erma/Mauser Borsigwalde					
1941 - Code AX/AR 41		5000	4000	3200	2720
Gustloff Werke/Mauser					
1942 - Code BCD/AR 42		5000	4000	3200	2720
1943 - Code BCD/AR 43		5000	4000	3200	2720
Gustloff Werke/Steyr-Daimler Puch					
1942 - Code BCD/AR 42		5000	4000	3200	2720
1943 - Code BCD/AR 43		5000	4000	3200	2720
RIFLES/CARBINES: BOLT ACTION, 1898-1946 COMMERCIAL MFG.					
SPECIAL RIFLE, TYPE A		7500	6000	5000	4250
NORMAL RIFLE, TYPE B		5000	4500	3750	3190
LIGHT SHORT RIFLE, TYPE K		8000	7000	6000	5100
CARBINE, TYPE S		6000	5000	4000	3400
CARBINE, TYPE M		6000	5000	4000	3400
MILITARY SPORTING RIFLE, TYPE C		2750	2250	1850	1575
AFRICAN TYPE		10000	8000	6000	5100
EL-24 CONVERSION KIT		1500	1200	1050	895
EL Conversion Repeating		1650	1300	1100	935
RIFLES/CARBINES: BOLT ACTION, CURRENT/RECENT PRODUCTION					
MODEL 03 AFRICA	4525	3845	3270	2780	2365
MODEL 03 ALPINE	5000	4250	3615	3070	2610
MODEL 03 BASIC	4195	3565	3030	2575	2190
MODEL 03 EXPERT	5250	4465	3795	3225	2740
MODEL 03 EXTREME	3400	2890	2455	2090	1775
MODEL 03 EXTREME TRAIL	4875	4145	3520	2995	2545
MODEL 03 JAGDMATCH	4270	3630	3085	2620	2225

Model	NIB	EXC	VG	G	F
MODEL 03 PURE	4400	3740	3180	2700	2295
MODEL 03 SOLID	4550	3870	3285	2795	2375
MODEL 03 STUTZEN	7100	6035	5130	4360	3705
MODEL 03 TRAIL	3995	3395	2885	2455	2085
M-12	1625	1380	1175	1000	850
M-12 MAX	3465	2945	2505	2130	1810
M-12 Big Max	3225	2740	2330	1980	1685
M-12 EXTREME	2155	1830	1555	1325	1125
M-12 EXPERT	3940	3350	2845	2420	2055
M-12 IMPACT	2500	2125	1805	1535	1305
M-12 PRECISION	1575	1340	1140	965	820
M-12 PURE	3345	2845	2415	2055	1745
M-12 TRAIL	3165	2690	2285	1945	1655
M18	1320	1120	955	810	690
MAUSER 18 CAMO	810	690	585	495	420
MAUSER 18 FENRIS	Contact Manufacturer for Pricing				
MAUSER 18 SAVANNA	850	725	615	520	440
MODEL 66A					
Model 66A Standard Calibers	1805	1535	1305	1110	945
Model 66A Magnum Calibers	1950	1660	1410	1200	1020
Model 66A Big Game Calibers	2235	1900	1615	1375	1170
MODEL 66S STANDARD	2350	2000	1700	1445	1230
Model 66 Standard Magnum	1475	1255	1065	905	770
Model 66 Standard Carbine (Stutzen-Mannlicher)	2500	2125	1805	1535	1305
Model 66S Standard Diplomat	4650	3955	3360	2855	2425
Model 66 Standard Safari/Big Game	1450	1235	1050	890	755
MODEL 66SM	2875	2445	2075	1765	1500
Model 66SM Ultra	1625	1380	1175	1000	850
Model 66SM Magnum	3025	2570	2185	1860	1580
Model 66SM Diplomat	3990	3390	2885	2450	2085
Model 66SM Carbine (Mannlicher Type Full Stock)	1495	1270	1080	920	780
MODEL 66SL	1370	1165	990	840	715
Model 66SL Ultra	1475	1255	1065	905	770
Model 66SL Magnum Calibers	1475	1255	1065	905	770
Model 66SL Mannlicher Type Full Stock	1475	1255	1065	905	770
MODEL 66SL DIPLOMAT	Custom Order Only				
MODEL 660	1350	1150	975	830	705
MODEL 66S DELUXE	Custom Order Only				
MODEL 66P	4250	3615	3070	2610	2220
MODEL 66SP SUPER MATCH	4150	3530	3000	2550	2170
MODEL 77	1250	1065	905	770	655
Model 77 Ultra	1300	1105	940	800	680
Model 77 Magnum Calibers	1300	1105	940	800	680
Model 77 Mannlicher Type Full Stock	1300	1105	940	800	680
Model 77 Big Game Model	1150	980	830	705	600
MODEL 77 SPORTSMAN	1400	1190	1010	860	730
MODEL 83 MATCH SINGLE SHOT	2170	1845	1570	1335	1135
MODEL 83 MATCH UIT FREE RIFLE	2320	1970	1675	1425	1210
MODEL 83 STANDARD RIFLE	2320	1970	1675	1425	1210
MODEL 86 LAMINATED/FIBERGLASS (SR)	10750	9140	7765	6600	5610
MODEL SR 93	20000	17000	14450	12285	10440
MODEL 94	1925	1635	1390	1180	1005
MODEL 96	750	640	540	460	390
MODEL 98 COMMERCIAL	No US Importation				
MODEL 1898 COMMEMORATIVE	2175	1850	1570	1335	1135
MODEL 98 1898-1998 CENTENARY RIFLE	9000	7650	6505	5525	4695
MODEL 98 STANDARD EXPERT	14280	12140	10315	8770	7455
MODEL 98 STANDARD DIPLOMAT	15410	13100	11135	9465	8045
MODEL 98 STANDARD/MAGNUM SAFARI	10750	9140	7765	6600	5610
MODEL 98 MAGNUM EXPERT	15845	13470	11450	9730	8270
MODEL 98 MAGNUM DIPLOMAT	16985	14435	12270	10430	8865
MODEL 99 (MODEL 99 CLASSIC LACQUER	1110	945	800	680	580
MODEL 99 (MODEL 99 CLASSIC LACQUER	1130	960	815	695	590

	NIB	EXC	VG	G	F
MODEL 99 MAGNUM (MODEL 99 MAGNUM CLASSIC	1135	965	820	695	590
MODEL 99 MAGNUM (MODEL 99 MAGNUM CLASSIC	1025	870	740	630	535
MODEL 225	Pricing Unavailable				
Model 225 Deluxe Standard Sporter	1200	1020	865	735	625
MODEL 226	1275	1085	920	785	665
MODEL 2000 (DISC.)	600	510	435	370	315
MODEL 2000 CLASSIC	1595	1355	1150	980	835
Model 2000 Classic Varmint	1900	1615	1375	1165	990
Model 2000 Classic Sniper	1900	1615	1375	1165	990
Model 2000 Classic Professional	3175	2700	2295	1950	1660
MODEL 3000	460	390	330	280	240
MODEL 3000 MAGNUM	2000	1700	1445	1230	1045
MODEL 4000 VARMINT RIFLE	590	500	425	360	305
RIFLES/CARBINES: BOLT ACTION, LIGHTNING SERIES					
LIGHTNING MODEL	495	420	360	305	260
LIGHTNING HUNTER MODEL	650	555	470	400	340
Lightning Hunter Model Stainless Steel	665	565	480	410	350
LIGHTNING HUNTER ALL-WEATHER MODEL	625	530	450	385	325
Lightning Hunter All-Weather Model Stainless Steel	650	555	470	400	340
LIGHTNING VARMINT MODEL	895	760	645	550	470
Lightning Varmint Model Stainless	895	760	645	550	470
LIGHTNING SNIPER MODEL	895	760	645	550	470
Lightning Sniper Model Stainless	895	760	645	550	470
LIGHTNING PROFESSIONAL MODEL	1595	1355	1150	980	835
RIFLES: BOLT ACTION, .22 CAL.					
MODEL EN310		365	315	280	240
MODEL EL320		395	330	295	250
MODEL ES340		750	625	500	425
MODEL ES350		850	750	625	530
MODEL MS 420		975	850	675	575
MODEL DSM34 (DEUTSCHES SPORTMODELL)	3000	2550	2170	1840	1565
MODEL MS350B	4750	4040	3430	2915	2480
MODEL ES350B CHAMPIONSHIP RIFLE	2150	1830	1555	1320	1120
MODEL ES340B	1740	1480	1255	1070	910
MODEL MM410B	4000	3400	2890	2455	2085
MODEL MS420B	3000	2550	2170	1840	1565
MODEL KKW (KLEIN KALIBER WEHRSPORTGEWEHR)	3000	2550	2170	1840	1565
MODEL 20/22	595	505	430	365	310
MODEL 107 STANDARD	425	360	305	260	220
Model 107 Standard Deluxe	290	245	210	180	155
MODEL 201	765	650	555	470	400
Model 201 Luxus	710	605	515	435	370
RIFLES: SEMI-AUTO, .22 LR					
MODEL 105 STANDARD	285	240	205	175	150

MAVERICK ARMS, INC.

RIFLES: BOLT ACTION

	NIB	EXC	VG	G	F
ALL PURPOSE SHORT/LONG ACTION	275	235	200	170	145
SUPER BANTAM ALL PURPOSE SHORT ACTION	275	235	200	170	145
SHOTGUNS					
MODEL 60 SEMI-AUTO	No Production of this model				
MODEL 88 CRUISER	220	185	160	135	115
MODEL 88 FIELD SLIDE ACTION	220	185	160	135	115
Model 88 Field Slide Action Camo	250	215	180	155	130
Model 88 Field Slide Action Combat	375	320	270	230	195
Model 88 Field Slide Action Deer Combos	245	210	175	150	130
Model 88 Field Slide Action Security	220	185	160	135	115
Model 88 Field Slide Action Slug	220	185	160	135	115
Model 88 Youth All Purpose	220	185	160	135	115
MODEL 88 SECURITY/FIELD COMBO	250	215	180	155	130
MODEL 91 SLIDE ACTION	230	195	165	140	120
MODEL 95 BOLT ACTION	155	130	110	95	80

	NIB	EXC	VG	G	F
MODEL HS-12 TACTICAL O/U	475	405	345	290	245
MODEL HS-12 THUNDER RANCH	485	410	350	300	255
MODEL HUNTER FIELD O/U	425	360	305	260	220

MAWHINNEY, CHUCK

	NIB	EXC	VG	G	F
M40 SNIPER	5000	4250	3615	3070	2610

MAXIM DEFENSE

	NIB	EXC	VG	G	F
MD:15	1400	1190	1010	860	730
MD:1505	1750	1490	1265	1075	915
MDX:508/MDX:510	2200	1870	1590	1350	1150
PDX	2025	1720	1465	1245	1060

MAXIM FIREARMS

	NIB	EXC	VG	G	F
MAXIM B7075	Pricing Unavailable				

MBA ASSOCIATES

PISTOLS: SEMI-AUTO

	NIB	EXC	VG	G	F
Mark I Gyrojet Pistol Model A Cased	4750	4040	3430	2915	2480
Mark I Gyrojet Pistol Model B Cased	3750	3190	2710	2305	1960
Mark I Gyrojet Pistol Model B Uncased or Cardboard	2750	2340	1985	1690	1435
Mark II Gyrojet Pistol Model C Uncased or Cardboard	2750	2340	1985	1690	1435

RIFLES/CARBINES: SEMI-AUTO

	NIB	EXC	VG	G	F
MARK I MODEL A CARBINE	5500	4675	3975	3380	2875
MARK I MODEL B CARBINE	3950	3360	2855	2425	2060

MCDUFFEE ARMS

	NIB	EXC	VG	G	F
BANSHEE 3G	850	725	615	520	440
BANSHEE AR-15 CARBINE	675	575	490	415	355
Banshee AR-15 Carbine SS	725	615	525	445	380
BANSHEE AR-15 RIFLE	865	735	625	530	450
MLR-308 BROADSWORD	1150	980	830	705	600

McMILLAN BROS. RIFLE CO.

	NIB	EXC	VG	G	F
AMERICAN HUNTER	3060	2595	2205	1875	1595
American Hunter Yukon Hunter	3350	2850	2420	2055	1745
American Hunter Outdoorsman	3350	2850	2420	2055	1745
MCR TACTICAL	2950	2510	2130	1810	1540
MCRT Tactical	3050	2595	2205	1875	1595
BENCHREST COMPETITOR	2400	2040	1735	1475	1255
1000 YARD BENCHREST (NATIONAL MATCH	2450	2085	1770	1505	1280
TUBB 2000	2875	2445	2075	1765	1500
BIG MAC/BOOMER	4450	3785	3215	2735	2325

McMILLAN FIREARMS MANUFACTURING, LLC

RIFLES: BOLT ACTION, BENCH REST SERIES

	NIB	EXC	VG	G	F
50 LBR (LIGHT BENCH REST)	8025	6820	5800	4930	4190
TUBB 2000	4750	4040	3430	2915	2480

RIFLES: BOLT ACTION, HUNTING SERIES

	NIB	EXC	VG	G	F
DYNASTY	5300	4505	3830	3255	2765
EOL SERIES	5150	4380	3720	3165	2690
EOL Series Mountain Extreme	5750	4890	4155	3530	3000
HERITAGE	6370	5415	4600	3910	3325
LEGACY	4400	3740	3180	2700	2295
LONG RANGE HUNTER (LRH)	5750	4890	4155	3530	3000
OUTDOORSMAN	5475	4655	3955	3360	2855
PRESTIGE	6375	5420	4605	3915	3330
PRODIGY	5300	4505	3830	3255	2765
TACTICAL HUNTER	5450	4635	3940	3345	2845

	NIB	EXC	VG	G	F
ALIAS STAR	4400	3740	3180	2700	2295
ALIAS TARGET	Pricing Unavailble				
CS5 STANDARD	Pricing Unavailble				
TAC-300	5100	4335	3685	3130	2660
TAC-308	4925	4185	3560	3025	2570
TAC-338	5485	4660	3965	3370	2865
TAC-416 R/SS	8495	7220	6140	5215	4435
TAC-50 A1	9000	7650	6505	5525	4695
TAC-50 A1-R2	10195	8665	7365	6260	5320
TAC-50C	10400	8840	7515	6385	5425
TAC-6.5	4925	4185	3560	3025	2570

RIFLES: SEMI-AUTO

	NIB	EXC	VG	G	F
M1A	2995	2545	2165	1840	1565
M3A	Pricing Unavailable				

McMILLAN, G. & CO., INC.

HANDGUNS

WOLVERINE

	NIB	EXC	VG	G	F
Wolverine Combat	1600	1360	1155	985	835
Wolverine Competition Match	1600	1360	1155	985	835
SIGNATURE JR. BOLT ACTION	2175	1850	1570	1335	1135

RIFLES: BOLT ACTION

	NIB	EXC	VG	G	F
TALON SPORTER	2650	2255	1915	1625	1380
SIGNATURE CLASSIC SPORTER	2500	2125	1805	1535	1305
SIGNATURE VARMINTER	2750	2340	1985	1690	1435
SIGNATURE TITANIUM MOUNTAIN RIFLE	3500	2975	2530	2150	1830
SIGNATURE ALASKAN	3500	2975	2530	2150	1830
TALON SAFARI	3750	3190	2710	2305	1960
M-40 SNIPER RIFLE	2350	2000	1700	1445	1230
M-86 SNIPER RIFLE	3000	2550	2170	1840	1565
M-86 Sniper Rifle System	3500	2975	2530	2150	1830
M-87 LONG RANGE SNIPER RIFLE	5500	4675	3975	3380	2875
M-87 Long Range Sniper Rifle System	6000	5100	4335	3685	3130
M-87R Long Range Sniper Rifle	5750	4890	4155	3530	3000
M-89 SNIPER RIFLE	2500	2125	1805	1535	1305
M-92 BULLPUP	4500	3825	3250	2765	2350
M-93SN	5000	4250	3615	3070	2610
.300 PHOENIX LONG RANGE RIFLE	3250	2765	2350	1995	1695
COMPETITION MODELS	2350	2000	1700	1445	1230

MERCURY (PISTOLS)

	NIB	EXC	VG	G	F
MERCURY MODEL	400	340	290	245	210

MERCURY (SHOTGUNS)

	NIB	EXC	VG	G	F
MAGNUM MODEL, 12 or 20 Gauge	300	255	215	185	155
MAGNUM MODEL, 10 Gauge	400	340	290	245	210

MERIDIAN DEFENSE CORP.

PISTOLS: SEMI-AUTO

7 SIN SERIES

	NIB	EXC	VG	G	F
The 6th Sin "Envy"	2725	2315	1970	1675	1425
APOCALYPSE SERIES "FAMINE" PISTOL	1835	1560	1325	1125	955
MDC-47 "LITTLE DIRTY" PISTOL	2250	1915	1625	1380	1175
MDC-74 "LITTLE EVIL" PISTOL	2250	1915	1625	1380	1175

RIFLES: SEMI-AUTO

	NIB	EXC	VG	G	F
APOCALYPSE SERIES "DEATH" RIFLE	2040	1735	1475	1255	1065
APOCALYPSE SERIES "PESTILENCE" RIFLE	1525	1295	1100	935	795
APOCALYPSE SERIES "WAR" RIFLE	1525	1295	1100	935	795
MDC-47 (UCR)	1525	1295	1100	935	795
MDC-47 "CLASSIC"	1320	1120	955	810	690
MDC-UCR 74S	2040	1735	1475	1255	1065

	NIB	EXC	VG	G	F
UCR-47s	1915	1630	1385	1175	1000
THE FIRST SIN "LUST" RIFLE	1835	1560	1325	1125	955
THE FOURTH SIN "SLOTH" RIFLE	1825	1550	1320	1120	950
THE VOLK RIFLE	2425	2060	1750	1490	1265

MERKEL

COMBINATION GUNS
O/U MODELS

	NIB	EXC	VG	G	F
Model 210E	5700	4845	4120	3500	2975
Model 211E	6650	5655	4805	4085	3470
Model 213E	13000	11050	9395	7985	6785
Model 240E-1	6175	5250	4460	3790	3220
Model 313E	19350	16450	13980	11885	10100
MODEL 314	21250	18065	15355	13050	11095

DRILLINGS

	NIB	EXC	VG	G	F
MODEL 96K	7950	6760	5745	4880	4150
MERKEL ANSON, Engraved	5000	4250	3615	3070	2610
MERKEL ANSON, Less Engraaved	4000	3400	2890	2455	2085
MERKEL ANSON, Least Engraving	3000	2550	2170	1840	1565
MODEL 961L	7775	6610	5615	4775	4060
Model 961LS	11250	9565	8130	6910	5875

RIFLES/CARBINES: BOLT ACTION

	NIB	EXC	VG	G	F
MHR 16	680	580	490	420	355
MODEL 190	7500	6375	5420	4605	3915
MODEL KR1 PREMIUM	1750	1490	1265	1075	915
Model KR1 Premium Stutzen Antique Carbine	2950	2510	2130	1810	1540
Model KR1 Premium Weimar Luxury	8850	7525	6395	5435	4620
MODEL RX HELIX	3500	2975	2530	2150	1830
Model Helix Explorer	3000	2550	2170	1840	1565

RIFLES: DOUBLE
O/U MODEL

	NIB	EXC	VG	G	F
Model 220E Boxlock	9575	8140	6920	5880	5000
Model 221E Boxlock	12500	10625	9030	7675	6525
Model 223E Sidelock	22500	19125	16255	13820	11745
Model 323E Sidelock	29500	25075	21315	18115	15400
MODEL 324 O/U	26500	22525	19145	16275	13835
B3 JAGD O/U BOXLOCK	4750	4040	3430	2915	2480

SxS MODELS

	NIB	EXC	VG	G	F
Model 128		25000	21250	19750	16790
Model 132	12000	10200	8670	7370	6265
Model 140-1	6100	5185	4405	3745	3185
Model 140-2	11825	10050	8545	7260	6170
Model 140-2.1	12750	10840	9210	7830	6655
Model 140-2.2	21850	18575	15785	13420	11405
Model 141-1	10550	8970	7620	6480	5510
Model 141-1.1 Engraved	11825	10050	8545	7260	6170
Model 150-1	6500	5525	4695	3990	3390
Model 150-1.1	7750	6590	5600	4760	4045
Model 160S-1	11400	9690	8235	7000	5950
Model 160-1.1	13250	11265	9575	8135	6915
Model 160-2.1	20400	17340	14740	12530	10650
Model 161-1.1	17300	14705	12500	10625	9030

RIFLES: SEMI-AUTO

	NIB	EXC	VG	G	F
SR1	1825	1550	1320	1120	950

RIFLES/CARBINES: SINGLE SHOT

	NIB	EXC	VG	G	F
MODEL K3 JAGD (K1 JAGD) STALKING RIFLE	3825	3250	2765	2350	2000
Model K3 Jagd (K1 Jagd) Stalking Rifle Stutzen Carbine	4000	3400	2890	2455	2085
Model K3 Jagd (K1 Jagd) Elite Stutzen Rifle	4450	3785	3215	2735	2325
MODEL K-2/K-4 STALKING RIFLE					
Model K-4 (K-2) Weimar Stalking Rifle	13750	11690	9935	8445	7180
Model K-2 Erfurt Stalking Rifle	18350	15600	13260	11270	9580
Model K-2 Suhl Luxury Stalking Rifle	24000	20400	17340	14740	12530

Model	NIB	EXC	VG	G	F
MODEL 180	8500	7225	6140	5220	4435
MODEL 183E	12500	10625	9030	7675	6525

SHOTGUNS: O/U, DISC.

Model	NIB	EXC	VG	G	F
MODEL 100, Plain Barrel	1850	1575	1335	1135	965
MODEL 100, Ribbed Barrel	1950	1660	1410	1200	1020
MODEL 101	2050	1745	1480	1260	1070
MODEL 101E	2200	1870	1590	1350	1150
MODEL 400	2075	1765	1500	1275	1085
MODEL 400E	2250	1915	1625	1380	1175
MODEL 410	2200	1870	1590	1350	1150
MODEL 410E	2325	1975	1680	1430	1215
MODEL 200	2750	2340	1985	1690	1435
MODEL 210	3000	2550	2170	1840	1565
MODEL 201	3250	2765	2350	1995	1695
MODEL 201E (PRE-WAR)	7000	5950	5060	4300	3655
MODEL 202 (PRE-WAR)	8000	6800	5780	4915	4180
MODEL 202E (PRE-WAR)	8000	6800	5780	4915	4180
MODEL 203E (PRE-WAR)	8000	6800	5780	4915	4180
MODEL 204E (PRE-WAR)	8500	7225	6140	5220	4435
MODEL 300	5150	4380	3720	3165	2690
MODEL 300E	5750	4890	4155	3530	3000
MODEL 301	6750	5740	4875	4145	3525
MODEL 310E	7950	6760	5745	4880	4150
MODEL 302	14000	11900	10115	8600	7310
MODEL 304E	22500	19125	16255	13820	11745

SHOTGUNS: O/U, RECENT-CURRENT PRODUCTION

Model	NIB	EXC	VG	G	F
MODEL 200E BOXLOCK	3600	3060	2600	2210	1880
Model 200ES Boxlock Skeet	4550	3870	3285	2795	2375
Model 200ET Boxlock Trap	4400	3740	3180	2700	2295
MODEL 2000CL	11750	9990	8490	7215	6135
Model 2000CL Sporter	6350	5400	4590	3900	3315
MODEL 2000EL	5700	4845	4120	3500	2975
Model 2000EL Sporter	5700	4845	4120	3500	2975
MODEL 2001EL (201E)	11825	10050	8545	7260	6170
Model 2001EL Sporter	12950	11010	9355	7955	6760
Model 201ES Skeet	7850	6675	5670	4820	4095
Model 201ET Trap	7850	6675	5670	4820	4095
MODEL 2002EL (202E)	10625	9030	7675	6525	5545
MODEL 203E SIDELOCK	9750	8290	7045	5990	5090
Model 203ES Sidelock Skeet	12050	10245	8705	7400	6290
Model 203ET Sidelock Trap	12050	10245	8705	7400	6290
MODEL 2016CL	7200	6120	5200	4420	3755
MODEL 2016EL SIDELOCK	5700	4845	4120	3500	2975
MODEL 2116EL SIDELOCK	11825	10050	8545	7260	6170
MODEL 303EL (LUXUS)	31000	26350	22400	19040	16185

SHOTGUNS: SxS, PRE-WWII PRODUCTION

Model	NIB	EXC	VG	G	F
MODEL 126E		24725	21500	19500	16575
MODEL 127E		24725	21500	16500	14025
MODEL 128E		28000	24000	20000	17000
MODEL 130		20000	16500	12500	10625

SHOTGUNS: SxS, RECENT-CURRENT PRODUCTION

Model	NIB	EXC	VG	G	F
MODEL 8	1450	1235	1050	890	755
MODEL 40E	4200	3570	3035	2580	2195
MODEL 47E	3900	3315	2820	2395	2035
Model 47EL Custom Ltd. Ed.	4900	4165	3540	3010	2560
MODEL 47SL	7650	6505	5525	4700	3995
MODEL 76E	3000	2550	2170	1840	1565
MODEL 122	3800	3230	2745	2335	1985
MODEL 122E	3000	2550	2170	1840	1565
MODEL 147	2550	2170	1840	1565	1330
Model 147E	7050	5995	5095	4330	3680
Model 147EL	7550	6420	5455	4635	3940
Model 147EL Sporter	6500	5525	4695	3990	3390

	NIB	EXC	VG	G	F
MODEL 147SL	11825	10050	8545	7260	6170
Model 147SSL	8500	7225	6140	5220	4435
MODEL 247SL	7650	6505	5525	4700	3995
MODEL 280 PETITE FRAME	4250	3615	3070	2610	2220
Model 280/360 2 Barrel Set	6550	5570	4730	4025	3420
MODEL 280E PETITE FRAME	6700	5695	4840	4115	3500
MODEL 280EL PETITE FRAME	7925	6735	5725	4865	4135
Model 280EL/360EL 2 Barrel Set	11825	10050	8545	7260	6170
MODEL 280SL PETITE FRAME	11825	10050	8545	7260	6170
Model 280SSL Petite Frame	8900	7565	6430	5465	4645
MODEL 347SL	6700	5695	4840	4115	3500
MODEL 360 PETITE FRAME	4250	3615	3070	2610	2220
MODEL 360E PETITE FRAME	4700	3995	3395	2885	2450
MODEL 360EL PETITE FRAME	7925	6735	5725	4865	4135
MODEL 360SL PETITE FRAME	11825	10050	8545	7260	6170
Model 360SSL Petite Frame	8900	7565	6430	5465	4645
MODEL 280SL/360SL 2 BARREL SET	13595	11555	9820	8350	7100
MODEL 280SSL/360SSL 2 BARREL SET	12250	10415	8850	7525	6395
MODEL 447SL	9350	7950	6755	5740	4880
MODEL 1620	4250	3615	3070	2610	2220
Model 1620 2 Barrel Set	6550	5570	4730	4025	3420
MODEL 1620E	6700	5695	4840	4115	3500
MODEL 1620EL	7925	6735	5725	4865	4135
Model 1620EL 2 Barrel Set	11825	10050	8545	7260	6170
MODEL 1620SL	11825	10050	8545	7260	6170
Model 1620SL 2 Barrel Set	13595	11555	9820	8350	7100
MODEL 1622	4700	3995	3395	2885	2450
Model 1622 2 Barrel Set	7050	5995	5095	4330	3680
Model 1622E	5850	4975	4225	3595	3055
Model 1622EL	7800	6630	5635	4790	4070
Model 1622EL 2 Barrel Set	10200	8670	7370	6265	5325
SHOTGUNS: SPORTING CLAYS					
MODEL 47LSC SxS SPORTING CLAYS	2725	2315	1970	1675	1425
MODEL 200SC O/U SPORTING CLAYS	6750	5740	4875	4145	3525

MERRILL

SPORTSMAN MODEL	725	615	525	445	380

MERWIN HULBERT & CO.

REVOLVERS: CARTRIDGE, LARGE FRAME

FIRST MODEL FRONTIER ARMY SA	9600	8160	6935	5895	5010
SECOND MODEL FRONTIER ARMY SA	8500	7225	6140	5220	4435
SECOND MODEL POCKET ARMY SA	7500	6375	5420	4605	3915
THIRD MODEL FRONTIER ARMY SA	7000	5950	5060	4300	3655
THIRD MODEL FRONTIER ARMY DA	7000	5950	5060	4300	3655
THIRD MODEL POCKET ARMY SA	7000	5950	5060	4300	3655
THIRD MODEL POCKET ARMY DA	6750	5740	4875	4145	3525
FOURTH MODEL FRONTIER ARMY SA	8500	7225	6140	5220	4435
FOURTH MODEL FRONTIER ARMY DA	8000	6800	5780	4915	4180

REVOLVERS: CARTRIDGE, MEDIUM & SMALL FRAME

FIRST POCKET MODEL SA	2250	1915	1625	1380	1175
SECOND POCKET MODEL SA	1800	1530	1300	1105	940
THIRD POCKET MODEL SA	1600	1360	1155	985	835
THIRD POCKET MODEL SA WITH TRIGGER GUARD	1500	1275	1085	920	780
THIRD POCKET MODEL DA .38	1350	1150	975	830	705
THIRD POCKET MODEL DA .32	1500	1275	1085	920	780
SMALL FRAME DA POCKET MODEL	1200	1020	865	735	625
TIP-UP .22 MODEL	1500	1275	1085	920	780

MESA PRECISION ARMS

ASCENT	3825	3250	2765	2350	2000

	NIB	EXC	VG	G	F
CARBON HUNTER	4165	3540	3010	2560	2175
COMP	3250	2765	2350	1995	1695

METRO ARMS CORPORATION (MAC)

	NIB	EXC	VG	G	F
MAC 1911 BOBCUT	765	650	555	470	400
MAC 1911 BULLSEYE	1040	885	750	640	545
MAC 1911 CLASSIC	895	760	645	550	470
MAC 3011 SLD (SSD)	1100	935	795	675	575
MAC 3011 SSD Tactical	1040	885	750	640	545
MAC RAPIDO	1465	1245	1060	900	765

MG ARMS INCORPORATED

PISTOLS: SEMI-AUTO

	NIB	EXC	VG	G	F
WRAITHE	3040	2585	2195	1865	1585

REVOLVERS

	NIB	EXC	VG	G	F
CUSTOM BIG 5	1175	1000	850	720	610
DRAGONSLAYER	1675	1425	1210	1030	875
DRAGONFLY (OLDER MFG.)	995	845	720	610	520
DRAGONFLY (RECENT MFG.)	1150	980	830	705	600

RIFLES: BOLT ACTION

	NIB	EXC	VG	G	F
BANSHEE	3350	2850	2420	2055	1745
MGA SILVER EDITION	2500	2125	1805	1535	1305
SIGNATURE CLASSIC	9775	8310	7060	6005	5105
ULTRA-LIGHT MODEL	4025	3420	2910	2470	2100
VARMINTER	2625	2230	1895	1610	1370

RIFLES: SEMI-AUTO

	NIB	EXC	VG	G	F
BEHEMOTH	11000	9350	7950	6755	5740
CK-4	1750	1490	1265	1075	915
K-YOTE VARMINT SYSTEM	3875	3295	2800	2380	2025
TARANIS	1925	1635	1390	1180	1005
TARANIS 2	2425	2060	1750	1490	1265
TARANIS X	2900	2465	2095	1780	1515

MGI

PISTOLS: SEMI-AUTO

	NIB	EXC	VG	G	F
MARCK-15 HYDRA VIPERA 5.56 MODULAR PISTOL	975	830	705	600	510
MARCK-15 HYDRA VIPERA 7.62x39 MODULAR PISTOL	975	830	705	600	510
MARCK-15 HYDRA VIPERA 9mm SMG-9C MODULAR	975	830	705	600	510
MARCK-15 HYDRA VIPERA .300 BLACKOUT MODULAR	975	830	705	600	510

RIFLES: SEMI-AUTO

	NIB	EXC	VG	G	F
MARCK 15-001 HYDRA	975	830	705	600	510
MARCK 15-AK47-001 HYDRA	975	830	705	600	510
MARCK 15-003 HYDRA	975	830	705	600	510
Marck 15-003 Hydra Piston	1200	1020	865	735	625
Marck 15-50BW Hydra	1125	955	815	690	585
MARCK 15-AK47-003	975	830	705	600	510
Marck 15-AK47-003-BN	975	830	705	600	510
Marck 15-AK47-003-THG	1050	895	760	645	550
MARCK 15-AR-003-BN MULTI-CALIBER MODULAR	750	640	540	460	390
MARCK 15-308 CONFIGURATION (.308 HYDRA)	1325	1125	955	815	695
MARCK 15-SMG-9C	975	830	705	600	510
MARCK 15 AK74-003	1025	870	740	630	535

MICHIGAN ARMS

	NIB	EXC	VG	G	F
GUARDIAN - SS	375	320	270	230	195
M1911 A1	450	385	325	275	235

MIDLAND ARMS

RIFLES: SINGLE SHOT

	NIB	EXC	VG	G	F
MIDLAND CENTERFIRE RIFLE	255	215	185	155	130

	NIB	EXC	VG	G	F
MIDLAND RIMFIRE RIFLE	175	150	125	105	90
SHOTGUNS: SINGLE SHOT					
MIDLAND BACKPACK	155	130	110	95	80
MIDLAND BEAGLE	175	150	125	105	90
MIDLAND YOUTH/HUNTING COMBO	255	215	185	155	130
MIDLAND RIFLED SHOTGUN	215	185	155	130	110
MIDLAND TURKEY	155	130	110	95	80

MIDWEST INDUSTRIES, INC.

	NIB	EXC	VG	G	F
PISTOLS: SEMI-AUTO					
LIMITED EDITION TACTICAL RESPONSE PISTOL	1225	1040	885	750	640
MI-10F-13MP	1600	1360	1155	985	835
MI ARP223K/ARP223M	825	700	595	505	430
MI ARP300K/ARP300M	850	725	615	520	440
MI-ARP300CRM7	1250	1065	905	770	655
MI-ARP300CRM9/ARP556CRM9	1200	1020	865	735	625
MI-ARP300CRM10/ARP556CRM10	1300	1105	940	800	680
ARP556CRM10 Special Edition	1275	1085	920	785	665
MI-ARP300CRM12/ARP556CRM12	1200	1020	865	735	625
MI-PDW300CRM12/PDW556CRM12	1400	1190	1010	860	730
MI-ARP300B/ARP556B	875	745	630	535	455
MI-ARP300SLH9	1200	1020	865	735	625
MI-ARP300SLH10	1225	1040	885	750	640
MI-ARP556CRT10	1250	1065	905	770	655
MI-MK556B	1050	895	760	645	550
MI-PDW-5.56NF	1025	870	740	630	535
MI-PDW-308	1800	1530	1300	1105	940
USAF AIRCREW SELF DEFENSE WEAPON CLONE	1300	1105	940	800	680
RIFLES/CARBINES: SEMI-AUTO					
MI .308 RIFLE	1525	1295	1100	935	795
MI .308 16 In. Nitride Rifle	1350	1150	975	830	705
MI .308 18 In. Limited Edition Rifle	1700	1445	1230	1045	890
MI .308 20 In. Rifle	2075	1765	1500	1275	1085
MI 16 IN. HYBRID RIFLE	1350	1150	975	830	705
MI 16 IN. LIGHTWEIGHT RIFLE	1225	1040	885	750	640
MI 18 In. Lightweight Criterion Rifle	1350	1150	975	830	705
MI 16 IN. ULTRA LIGHTWEIGHT RIFLE	1400	1190	1010	860	730
MI 16 IN. SS 300 AAC RIFLE	1275	1085	920	785	665
MI 18 IN. KEYMOD RIFLE	1075	915	775	660	560
MI 18 IN. RIFLE	1250	1065	905	770	655
MI 20 SQUAD DESIGNATED MARKSMAN	1350	1150	975	830	705
MI 20 IN. CRITERION RIFLE	1425	1210	1030	875	745
MI 300H HUNTER	1400	1190	1010	860	730
MI M4 16 IN. BASIC RIFLE	850	725	615	520	440
MI M4 16 in. Basic Rifle MI-17M Handguard	1075	915	775	660	560
MI M4 16 in. Basic Rifle MCTAR-17G2 Handguard	1000	850	725	615	525
MI M4 16 in. Basic Rifle MCTAR-20XG2 Handguard	1075	915	775	660	560
MI M4 SS12G2 RIFLE	875	745	630	535	455
MI SSK12/SSM12 MINUTE MAN RIFLE	1425	1210	1030	875	745
MI SENTINEL CONCEPTS CARBINE	1475	1255	1065	905	770
MI T12G2 MINUTE MAN RIFLE	1425	1210	1030	875	745
MI T12G3 MINUTE MAN RIFLE	1425	1210	1030	875	745
MI TACTICAL RESPONSE 20TH ANNIVERSARY RIFLE	1300	1105	940	800	680
MI LIMITED ED. TACTICAL RESPONSE	1350	1150	975	830	705

MIIDA

	NIB	EXC	VG	G	F
MODEL 612 FIELD	900	765	650	555	470
MODEL 2100 SKEET GUN	1000	850	725	615	525
MODEL 2200T TRAP GUN	1150	980	830	705	600
MODEL 2200S SKEET GUN	1150	980	830	705	600
MODEL 2300 SERIES TRAP OR SKEET	1250	1065	905	770	655
MODEL GRT GRANDEE TRAP GUN	2500	2125	1805	1535	1305

	NIB	EXC	VG	G	F
MODEL GRS GRANDEE SKEET GUN	2500	2125	1805	1535	1305

MIL-SPEC INDUSTRIES CORP.

	NIB	EXC	VG	G	F
MIL-SPEC 1911 A1	750	640	540	460	390

MILLER ARMS

	NIB	EXC	VG	G	F
Single Shot Classic	4950	4210	3575	3040	2585
Single Shot Low Boy	4950	4210	3575	3040	2585
Single Shot Model F	5650	4805	4080	3470	2950
MILLER CLASSIC	4950	4210	3575	3040	2585

MILLER PRECISION ARMS

	NIB	EXC	VG	G	F
MPA300 GUARDIAN	4675	3975	3380	2870	2440
MPAR 10	1725	1465	1245	1060	900
MPAR 15	1315	1120	950	810	690
MPA 556	3050	2595	2205	1875	1595
MPA 762	3175	2700	2295	1950	1660

MILTAC INDUSTRIES, LLC

PISTOLS: SEMI-AUTO

	NIB	EXC	VG	G	F
AR-15 PISTOL	875	745	630	535	455

RIFLES: SEMI-AUTO

	NIB	EXC	VG	G	F
ALPHA SERIES	1925	1635	1390	1180	1005
BRAVO SERIES	1925	1635	1390	1180	1005
COMBAT SERIES	950	810	685	585	495
COMPETITION SERIES	2225	1890	1610	1365	1160
ECHO SERIES	1425	1210	1030	875	745
SIX SERIES	2125	1805	1535	1305	1110

MITCHELL'S MAUSERS

PISTOLS: SEMI-AUTO

	NIB	EXC	VG	G	F
GOLD SERIES, Blue Finish	875	745	630	535	455
GOLD SERIES, Nickel Finish	2500	2125	1805	1535	1305
WHITE LIGHTNING	535	455	385	330	280
FALCON SERIES	725	615	525	445	380

REVOLVERS

	NIB	EXC	VG	G	F
CENTURION	725	615	525	445	380
VALKYRIE	900	765	650	555	470

RIFLES: BOLT ACTION

	NIB	EXC	VG	G	F
BLACK ARROW	6250	5315	4515	3840	3265
G98 REPLICA	450	385	325	275	235
MAUSER MAGNUM M98	8200	6970	5925	5035	4280
MAUSER SPORTERS (K98/M98)	440	375	320	270	230
Model K98 Souvenir Grade	360	305	260	220	185
Model K98 Collector Grade	450	385	325	275	235
Model K98 Select Grade	475	405	345	290	245
Model K98 Premium Grade	525	445	380	320	270
Model K98 Premium Select	595	505	430	365	310
Model K98 Battle Anniversary Series	Pricing Unavailable				
MODEL 98 NORTH AMERICAN	7400	6290	5345	4545	3865
MODEL 98 VARMINTER	5950	5060	4300	3655	3105
MODEL M48	325	275	235	200	170
MODEL ZF-41 SNIPER RIFLE	900	765	650	555	470
SOVIET MOSIN-NAGANT	Pricing Unavailable				
TANKER MAUSER M63 (MODEL M48)	450	385	325	275	235

RIFLES: SEMI-AUTO

	NIB	EXC	VG	G	F
BLACK LIGHTNING	500	425	360	305	260
PSH 41/22 / PPS50/22	450	385	325	275	235

MK ARMS INC.

	NIB	EXC	VG	G	F
MK 760	1000	850	725	615	525

MKE

PISTOLS: SEMI-AUTO

	NIB	EXC	VG	G	F
AP5 (APPARATUS PISTOL)	1800	1530	1300	1105	940
AT-94P/AT-94K	1395	1185	1010	855	725
KIRIKKALE AUTOMATIC	450	385	325	275	235
Z-5K CLASSIC AOW	1625	1380	1175	1000	850
Z-5K SB CLASSIC	1660	1410	1200	1020	865
Z-5K SB RAIL	1775	1510	1280	1090	925
Z-5P SB CLASSIC	1710	1455	1235	1050	895
Z-5RS SB CLASSIC/Z-5RS SB RAIL	1725	1465	1245	1060	900
Z-5RS WITH SB TACTICAL FIXED PISTOL BRACE	1710	1455	1235	1050	895
Z-43P SB CLASSIC	1535	1305	1110	945	805
Z-43P SB RAIL	1660	1410	1200	1020	865

RIFLES/CARBINES: SEMI-AUTO

	NIB	EXC	VG	G	F
AT-94R2 CARBINE	1350	1150	975	830	705
AT-43 RIFLE	1300	1105	940	800	680
Z-5 SPORT	1585	1345	1145	975	830

MNR CUSTOM LLC

	NIB	EXC	VG	G	F
CLASSIC	4700	3995	3395	2885	2450
HATARI	12300	10455	8885	7555	6420
LETALIS	5275	4485	3810	3240	2755
MCKINLEY	7200	6120	5200	4420	3755

MOA RIFLES, LLC

	NIB	EXC	VG	G	F
ASCENT/ASCENT CARBON	4900	4165	3540	3010	2560
EVOLUTION/EVOLUTION CARBON	4675	3975	3380	2870	2440
EVOLUTION SHORT ACTION	3325	2825	2400	2040	1735
EVOLUTION LONG ACTION	3325	2825	2400	2040	1735
EVOLUTION LONG RANGE HUNTER	3595	3055	2595	2210	1880
EVOLUTION EXTREME SUMMIT	5175	4400	3740	3180	2705
EVOLUTION EXTREME SPORTER	5175	4400	3740	3180	2705
EVOLUTION EXTREME LONG RANGE HUNTER	5395	4585	3900	3315	2820
EXTREME ALPINE/EXTREME CARBON ALPINE	5100	4335	3685	3130	2660
EXTREME BADLAND/EXTREME CARBON BADLAND	5100	4335	3685	3130	2660
EXTREME SUMMIT/EXTREME CARBON SUMMIT	5100	4335	3685	3130	2660
EXTREME SPORTER/EXTREME CARBON SPORTER	5100	4335	3685	3130	2660
EXTREME LRH (LONG RANGE HUNTER)/EXTREME	5350	4550	3865	3285	2790

MODESTO SANTOS ("ACTION", M.S.)

	NIB	EXC	VG	G	F
MODEL 1915	300	255	215	185	155
MODEL 1920	275	235	200	170	145

MONTANA RIFLE COMPANY

	NIB	EXC	VG	G	F
ALR (AMERICAN LEGENDS RIFLE)	1525	1295	1100	935	795
ASR (AMERICAN STANDARD RIFLE)	1300	1105	940	800	680
AVR (AMERICAN VANTAGE RIFLE)	1575	1340	1140	965	820
CBE (COLORADO BUCK EDITION)	2175	1850	1570	1335	1135
CBSE (COLORADO BUCK SPECIAL EDITION)	2550	2170	1840	1565	1330
DGR/DGR SS (DANGEROUS GAME RIFLE)	1675	1425	1210	1030	875
DGR/DGR PH "The African"	1550	1320	1120	950	810
DGR/DGR PH "The Alaskan"	1650	1405	1190	1015	865
MMR (MONTANA MARKSMAN RIFLE)	3100	2635	2240	1905	1620
MPR (MONTANA PREDATOR RIFLE)	3000	2550	2170	1840	1565
MSR - MOUNTAIN SNOW RIFLE	1550	1320	1120	950	810
MTR (MONTANA TACTICAL RIFLE)	3275	2785	2365	2010	1710
PRAIRIE RUNNER	Pricing Unavailable				
SCR (SEVEN CONTINENTS RIFLE)	2550	2170	1840	1565	1330

	NIB	EXC	VG	G	F
V2 (EXTREME VANTAGE RIFLE)	1575	1340	1140	965	820
X2 (EXTREME RIFLE)	1275	1085	920	785	665
X3 (XTREME RIFLE)	1375	1170	995	845	720
Xtreme Elite	1500	1275	1085	920	780
XAR (XTREME ASCENT RIFLE)	1700	1445	1230	1045	890
XRR (XTREME RANCH RIFLE)	1850	1575	1335	1135	965
XTH (XTREME TACTICAL HUNTER)	1700	1445	1230	1045	890

MORIARTI ARMAMENTS

PISTOLS: SEMI-AUTO

	NIB	EXC	VG	G	F
AR-9 BRINDLE/PROMETHEUS	575	490	415	355	300
AR-9 MINIMALIST SBPDW	650	555	470	400	340
AR-9 Minimalist Side Charger	675	575	490	415	355
AR-10 BRINDLE	725	615	525	445	380
AR-10MM SIDE CHARGING	675	575	490	415	355
AR-10MM SLICK SIDE	675	575	490	415	355
AR-15 .300 BLACKOUT SHROUD	450	385	325	275	235
AR-15 MINIMALIST SBPDW .300 BLACKOUT PISTOL	525	445	380	320	270
AR-40 BRINDLE PISTOL	750	640	540	460	390
AR-40 SIDE CHARGE PISTOL	750	640	540	460	390
AR-40 SLICK SIDE PISTOL	675	575	490	415	355
AR-45 SIDE CHARGING PISTOL	1025	870	740	630	535
AR-45 SLICK SIDE PISTOL	950	810	685	585	495
AR-47 PISTOL	675	575	490	415	355
AR-74 PISTOL	750	640	540	460	390
DUO TAKEDOWN PISTOL	1325	1125	955	815	695
MA-9 ENHANCED SPORTING PISTOL (FDE PISTOL)	425	360	305	260	220
MA-9 ENHANCED SPORTING PISTOL (7.5 IN.)	500	425	360	305	260
MA-9 Enhanced Sporting Uni Rail	525	445	380	320	270
MA-9 ENHANCED SPORTING PISTOL (10.5 IN.)	675	575	490	415	355
MA-9 MINIMALIST SLICK SIDE PISTOL	450	385	325	275	235
MA-9 SPORTING MINI PISTOL	400	340	290	245	210
MA-9 SPORTING SERIES PISTOL	425	360	305	260	220
MA-9 SPORTING SLICK SIDE PISTOL	550	470	395	340	290
MA-10 ORANGE EDITION PISTOL (12.5 IN.)	1200	1020	865	735	625
MA-10 PISTOL (10 IN.)	1125	955	815	690	585
MA-15 6.5 GRENDEL PISTOL	675	575	490	415	355
MA-15 6.8 SPC PISTOL	750	640	540	460	390
MA-15 CLASSIC SERIES PISTOL	575	490	415	355	300
MA-15 MINIMALIST PISTOL	650	555	470	400	340
MA-15 SHORTIE PISTOL	650	555	470	400	340
MA-15 SOCOM .300 BLACKOUT	750	640	540	460	390
MA-15 SPORTING PISTOL	725	615	525	445	380
MA-15 THUMPER .450 BUSHMASTER	875	745	630	535	455

RIFLES: SEMI-AUTO

	NIB	EXC	VG	G	F
AR 10MM SLICK SIDE RIFLE	875	745	630	535	455
AR-15 350 LEGEND RIFLE	750	640	540	460	390
AR-15 MA-300 RIFLE	600	510	435	370	315
AR-45 SIDE CHARGING RIFLE	1025	870	740	630	535
AR-45 SLICK SIDE RIFLE	875	745	630	535	455
AR-47 SURGE RIFLE	950	810	685	585	495
AR-74 RIFLE	750	640	540	460	390
MA-9 BATTLE M3 RIFLE	750	640	540	460	390
MA-9 BATTLE M4 SPECIAL EDITION RIFLE	750	640	540	460	390
MA-9 SPORTING SERIES RIFLE	675	575	490	415	355
MA-10 .308 WIN HORIZON SERIES H1 RIFLE	1500	1275	1085	920	780
MA-10 .308 WIN MODULAR RIFLE	850	725	615	520	440
MA-10 .308 WIN SPR RIFLE	825	700	595	505	430
MA-10 6.5 CREEDMOOR HORIZON SERIES RIFLE	1575	1340	1140	965	820
MA-10 6.5 CREEDMOOR SPORT RIFLE	1125	955	815	690	585
MA-10 6.5 CREEDMOOR MODULAR RIFLE	850	725	615	520	440
MA-15 6.5 GRENDEL PRS RIFLE	1400	1190	1010	860	730

	NIB	EXC	VG	G	F
MA-50 TANKER RIFLE	750	640	540	460	390
AR-15 SUPER VARMINTER	750	640	540	460	390
AR-15 MA-15 BULL BARREL	650	555	470	400	340
AR-15 MA-15 DEFENDER M4	675	575	490	415	355
AR-15 MA-6.5 GRENDEL RIFLE	675	575	490	415	355
AR-15 MA-6.5 GRENDEL TANKER RIFLE	675	575	490	415	355
AR-15 SPORTING SERIES 6.8 SPC RIFLE	650	555	470	400	340
AR-15 MA-15 AIRLIGHT SERIES FALL EDITION (RED)	675	575	490	415	355
AR-15 MA-15 AIRLIGHT SERIES SUMMER EDITION	750	640	540	460	390
AR-15 MA-15 AIRLIGHT SERIES WINTER EDITION	750	640	540	460	390

MORINI COMPETITION ARM SA

	NIB	EXC	VG	G	F
CM-22 SEMI-AUTO	1840	1565	1330	1130	960
CM-32 SEMI-AUTO	1875	1595	1355	1150	980
CM-80 STANDARD SINGLE SHOT	1150	980	830	705	600
CM-80 Standard Single Shot Super Competition	1250	1065	905	770	655
CM-84E FREE PISTOL	1925	1635	1390	1180	1005
CM-102E SEMI-AUTO	1525	1295	1100	935	795

MOSIN-NAGANT

Mosins are typically all numbers-matching, so the values listed assume that numbers match. If a model is sporterized, customized, bubba'd or modified in any way from its original factory configuration, it is worth **$200 to $300** depending on how much of the bore remains intact. Also, most Mosin rifles have had a rough life, so 'New-In-Box' and 'Excellent' condition examples are incredibly rare to find in their original factory configuration with original finishes, therefore you should probably be using the 'Very Good' and 'Good' columns when valuing these models.

RUSSIA/USSR PRODUCTION

	NIB	EXC	VG	G	F
M1891	600	510	435	370	315
M91/30	600	510	435	370	315
M91/30 with PE Scope	2300	1955	1660	1410	1200
M91/30 with PEM Scope	5200	4420	3755	3195	2715
M91/30 with PU Scope	2500	2125	1805	1535	1305
Model 1944 Carbine (M44)	740	630	535	455	385
Dragoon Rifle	850	725	615	520	440
Cossack Rifle	1800	1530	1300	1105	940
Model 1907 Carbine	2200	1870	1590	1350	1150
Model 1938 Carbine	600	510	435	370	315
Model 1891/59 Carbine (M91/59)	550	470	395	340	290

ESTONIA PRODUCTION

	NIB	EXC	VG	G	F
M1933 (1891/33, KL300)	600	510	435	370	315
M1938	850	725	615	520	440
M1935	850	725	615	520	440

FINLAND "PRODUCTION"

	NIB	EXC	VG	G	F
M/91	650	555	470	400	340
M/91RV	650	555	470	400	340
M/24	550	470	395	340	290
M/27	575	490	415	355	300
M/27RV	550	470	395	340	290
M/28	550	470	395	340	290
M/28-30	525	460	385	330	280
M/39	525	460	385	330	280
M/30	550	470	395	340	290
M/28-57	575	490	415	355	300

CZECHOSLOVAKIA / CZECHIA PRODUCTION

	NIB	EXC	VG	G	F
VZ91/38 Carbine	575	490	415	355	300
VZ54 Sniper Rifle	5400	4590	3900	3315	2820
VZ54/91 Sniper Rifle	550	470	395	340	290

CHINA PRODUCTION

	NIB	EXC	VG	G	F
Type 53	4200	3570	3035	2580	2195

HUNGARY PRODUCTION

Information for these models are free to view online.

ROMANIA PRODUCTION

	NIB	EXC	VG	G	F
POLAND PRODUCTION	*Information for these models are free to view online.*				
UNITED STATES PRODUCTION	*Information for these models are free to view online.*				
M1891	2800	2380	2025	1720	1460
M1891 re-chambered in .30-06	350	300	255	215	185

MOSSBERG, O.F. & SONS, INC.

	NIB	EXC	VG	G	F
DERRINGERS					
BROWNIE	575	490	415	355	300
PISTOLS: SEMI-AUTO					
MC1sc	395	335	285	245	210
MC1sc Centennial	585	495	425	360	305
MC1sc Stainless Two-Tone	365	310	265	225	190
MC2c COMPACT	470	400	340	290	245
MC2c Optic Ready	475	405	345	290	245
MC2sc MICRO-COMPACT	470	400	340	290	245
MODEL 715P	275	235	200	170	145
MOSSBERG INTERNATIONAL 715P DUCK	395	335	285	245	210
RIFLES: DISC., 1919-1987 MFG.					
MODEL K	500	425	360	305	260
MODEL M	500	425	360	305	260
MODEL S	1500	1275	1085	920	780
MODEL L	800	680	580	490	415
MODEL L-1	1000	880	780	690	585
MODEL R	350	300	255	215	185
MODEL RM-7	400	340	290	245	210
MODEL B	300	255	215	185	155
MODEL C	300	255	215	185	155
Model C-1	500	425	360	305	260
MODELS 10, 14, 20, 21, 25, 25A, 125	300	255	215	185	155
MODEL 26B	300	255	215	185	155
MODEL 26-C	250	215	180	155	130
MODEL 26M (OR B26M)	600	510	435	370	315
MODEL 30	300	255	215	185	155
MODEL 34	300	255	215	185	155
MODEL 35	400	340	290	245	210
MODEL 35A	400	340	290	245	210
MODEL 40	300	255	215	185	155
MODEL 44	525	445	380	320	270
MODEL 42	250	215	180	155	130
MODEL 42A	250	215	180	155	130
MODEL 42B	250	215	180	155	130
MODEL 42C	200	170	145	125	105
MODEL 42M	300	255	215	185	155
MODELS 42M(a), 42M(b), 42M(c)	575	490	415	355	300
MODEL 42MB	350	300	255	215	185
MODEL L42A	750	640	540	460	390
MODEL 43	350	300	255	215	185
MODEL L43	750	640	540	460	390
MODEL 43B	350	300	255	215	185
MODEL 44B	365	310	265	225	190
MODEL 44US	555	470	400	340	290
MODEL 44US (US PROPERTY MARKED)	420	355	305	260	220
MODELS 44US(a), 44US(b), 44US(c), 44US(d)	550	470	395	340	290
MODEL 45	250	215	180	155	130
MODEL 45-A	250	215	180	155	130
MODEL L45-A	750	640	540	460	390
MODEL 46	300	255	215	185	155
MODEL 46T	500	425	360	305	260
MODEL 46A	300	255	215	185	155
MODEL 46-ALS	350	300	255	215	185

	NIB	EXC	VG	G	F
MODEL L46-ALS	750	640	540	460	390
MODEL 46B	315	270	230	195	165
MODEL 46B-T	450	385	325	275	235
MODEL 46M	250	215	180	155	130
MODELS 46M(a), 46M(b)	350	300	255	215	185
MODEL 50	250	215	180	155	130
MODEL 51	250	215	180	155	130
MODEL 51M	300	255	215	185	155
MODEL 140B	200	170	145	125	105
MODEL 140K	200	170	145	125	105
MODEL 142A	300	255	215	185	155
MODEL 142K	300	255	215	185	155
MODEL 144	350	300	255	215	185
MODEL 144LS	350	300	255	215	185
MODEL 144LS-A	350	300	255	215	185
MODEL 144LS-B	350	300	255	215	185
MODEL 146-B	315	270	230	195	165
MODEL 146B-A	300	255	215	185	155
MODEL 151-K	250	215	180	155	130
MODEL 151(M)	300	255	215	185	155
MODELS 151M(a), 151M(b), 151M(c)	300	255	215	185	155
MODEL 152	300	255	215	185	155
MODEL 152K	185	155	135	115	100
MODEL 320B	200	170	145	125	105
MODELS 320K, 320K-A	200	170	145	125	105
MODEL 333	225	190	165	140	120
MODELS 340B, 340B-A	200	170	145	125	105
MODELS 340K, 340K-A	200	170	145	125	105
MODEL 340M	650	555	470	400	340
MODEL 342	300	255	215	185	155
MODELS 342K, 342K-A	200	170	145	125	105
MODELS 344, 344K	300	255	215	185	155
MODEL 346B	470	400	340	290	245
MODELS 346K, 346K-A	200	170	145	125	105
MODEL 350K	300	255	215	185	155
MODEL 350 K-A	300	255	215	185	155
MODEL 351K	300	255	215	185	155
MODCL 351K-A	300	255	215	185	155
MODEL 352	115	100	85	70	60
MODELS 352K, 352 K-A, 352K-B	200	170	145	125	105
MODEL 353	235	200	170	145	125
MODEL 354	250	215	180	155	130
MODEL 377, "PLINKSTER"	155	130	110	95	80
MODELS 380, 380S	365	310	265	225	190
MODEL 400 "PALAMINO"	350	300	255	215	185
MODEL 402 "PALAMINO"	350	300	255	215	185
MODEL 430	300	255	215	185	155
MODEL 432	300	255	215	185	155
MODEL 480	300	255	215	185	155
MODEL 620K	250	215	180	155	130
MODEL 620K-A	250	215	180	155	130
MODELS 640K, 640K-S	300	255	215	185	155
MODEL 640KS	300	255	215	185	155
MODEL 640M	650	555	470	400	340
MODEL 642K	400	340	290	245	210
MODEL 800A/B/C/F	500	425	360	305	260
MODEL 800VT	500	425	360	305	260
MODEL 800D	500	425	360	305	260
MODEL 800E	850	725	615	520	440
MODEL 800M	750	640	540	460	390
MODEL 810	500	425	360	305	260
MODEL 1500 MOUNTAINEER GRADE I	325	275	235	200	170
Model 1500 Mountaineer Grade I Varmint	385	325	280	235	200

	NIB	EXC	VG	G	F
MODEL 1500 MOUNTAINEER GRADE II	350	300	255	215	185
MODEL 1550	365	310	265	225	190
MODEL 1700 LS	450	385	325	275	235
Mossberg "Targo" Smoothbore Models					
MODEL 26-T SINGLE SHOT	600	510	435	370	315
MODEL 42T BOLT ACTION REPEATER	500	425	360	305	260
MODEL 42TR BOLT ACTION REPEATER	650	555	470	400	340
MODEL B42T BOLT ACTION REPEATER	600	510	435	370	315
MODEL 320TR SINGLE SHOT BOLT ACTION	500	425	360	305	260
MODEL 340TR BOLT ACTION REPEATER	500	425	360	305	260
RIFLES: BOLT ACTION					
4x4 RIFLE	630	535	455	385	325
ATR (ALL TERRAIN RIFLE/MODEL 100)	500	425	360	305	260
ATR Bantam/Super Bantam (Model 100)	315	270	230	195	165
ATR Deer Thugs Scoped Combo	415	355	300	255	215
ATR Night Train Special (Model 100)	785	665	565	480	410
ATR Night Train 2	775	660	560	475	405
ATR Night Train 3	575	490	415	355	300
ATR Night Train 4	775	660	560	475	405
MODEL 801 HALF-PINT PLINKSTER	195	165	140	120	100
MODEL 802 PLINKSTER	195	165	140	120	100
Model 802 Bantam Plinkster	195	165	140	120	100
Model 802 Varmint Plinkster	195	165	140	120	100
MODEL 817	230	195	165	140	120
Model 817 Varmint	225	190	165	140	120
MVP FLEX	650	555	470	400	340
MVP Flex Scoped Combo	765	650	555	470	400
MVP Flex Youth	625	530	450	385	325
MVP LC	925	785	670	570	485
MVP LC (LIGHT CHASSIS)	1200	1020	865	735	625
MVP LC Scoped Combo	1695	1440	1225	1040	885
MVP LR	830	705	600	510	435
MVP LR TACTICAL	825	700	595	505	430
MVP LR THUNDER RANCH	830	705	600	510	435
MVP PATROL	580	495	420	355	300
MVP Patrol Scoped Combo	735	625	530	450	385
MVP PATROL THUNDER RANCH	650	555	470	400	340
MVP PRECISION	1285	1090	930	790	670
MVP PREDATOR	705	600	510	435	370
MVP SCOUT	600	510	435	370	315
MVP Scout Scoped Combo	755	640	545	465	395
MVP VARMINT	640	545	460	395	335
PATRIOT	400	340	290	245	210
Patriot Scoped Combo	370	315	265	225	190
Patriot Scoped Combo Mossy Oak Deer Thug	370	315	265	225	190
Patriot Vortex Scoped Combo	535	455	385	330	280
Patriot Bantam	455	385	330	280	240
Patriot Super Bantam	445	380	320	275	235
Patriot Super Bantam Scoped Combo	440	375	320	270	230
Patriot With Cerakote	455	385	330	280	240
PATRIOT LR HUNTER	725	615	525	445	380
PATRIOT LR TACTICAL	915	780	660	560	475
PATRIOT NIGHT TRAIN 1	820	695	590	505	430
PATRIOT NIGHT TRAIN 2 & 3	820	695	590	505	430
PATRIOT PREDATOR	455	385	330	280	240
Patriot Predator Camo	540	460	390	330	280
PATRIOT REVERE	725	615	525	445	380
RIFLES/CARBINES: LEVER ACTION					
MODEL SSi-ONE INTERCHANGEABLE	400	340	290	245	210
MODEL 464	560	475	405	345	295
MODEL 464 SPX	520	440	375	320	270
MODEL 464 ZMB	480	410	345	295	250
MODEL 472 CARBINE	300	255	215	185	155

	NIB	EXC	VG	G	F
MODEL 472 RIFLE	300	255	215	185	155
MODEL 472 BRUSH GUN	300	255	215	185	155
MODEL 472 ONE IN FIVE THOUSAND	700	595	505	430	365
MODEL 479 PCA	300	255	215	185	155
MODEL 479 RR	700	595	505	430	365
MODEL 479	300	255	215	185	155

RIFLES/CARBINES: SEMI-AUTO

	NIB	EXC	VG	G	F
BLAZE	225	190	165	140	120
Blaze Bantam	175	150	125	105	90
Blaze Green Dot Combo	235	200	170	145	125
BLAZE 47	300	255	215	185	155
MODEL 702 PLINKSTER	140	120	100	85	70
Model 702 Bantam Plinkster	195	165	140	120	100
Model 702 Plinkster Camo	185	155	135	115	100
Model 702 Plinkster Scoped Combo	175	150	125	105	90
Model 702 Plinkster Thumbhole Tipdown	195	165	140	120	100
MOSSBERG INTERNATIONAL 702 PLINKSTER DUCK	240	205	175	145	125
MOSSBERG INTERNATIONAL 715T FLAT-TOP DUCK	375	320	270	230	195
MODEL 715T TACTICAL CARRY (TACTICAL 22)	225	190	165	140	120
MODEL 715T FLAT-TOP	350	300	255	215	185
MMR CARBINE	850	725	615	520	440
MMR HUNTER	580	495	420	355	300
MMR PRO	1260	1070	910	775	660
MMR TACTICAL	805	685	580	495	420
MMR TACTICAL OPTICS READY	1065	905	770	655	555
MOSSBERG INTERNATIONAL FLEX-22	200	170	145	125	105
Mossberg International Flex-22 Youth	200	170	145	125	105

SHOTGUNS: BOLT ACTION - DISC.

	NIB	EXC	VG	G	F
MODELS G-4, 70, 73, 73B	150	130	110	90	75
MODELS 80, 83, 83B, 83D	150	130	110	90	75
MODELS 75, 75A, 75B	150	130	110	90	75
MODELS 85, 85A, 85B, 85D	180	155	130	110	95
MODELS 173, 173A, 173Y	260	220	190	160	135
MODELS 183, 183D, 283D(a), 183D-B, 183D-C, 183D-D,	175	150	125	105	90
MODELS 185, 185D, 185D-A, 185D-B, 185D-C, 185K,	315	270	230	195	165
MODELS 190, 190D, 190D-A, 190K-A, 190K-B	205	175	150	125	105
MODELS 195, 195A, 195K-A, 195D	175	150	125	105	90
MODELS 385, 385K, 385KA, 385T, 485A, 485B	175	150	125	105	90
MODELS 390, 390K-A, 390K-B, 490A	175	150	125	105	90
MODELS 395, 395K, 395KA, 395S, 395 SPL., 495A, 495B	315	270	230	195	165
MODELS 595, 595K	175	150	125	105	90
MODEL 695 BOLT ACTION	315	270	230	195	165

SHOTGUNS: O/U

	NIB	EXC	VG	G	F
MOSSBERG INTERNATIONAL GOLD RESERVE BLACK LABEL	960	815	695	590	500
MOSSBERG INTERNATIONAL GOLD RESERVE SPORTING	960	815	695	590	500
MOSSBERG INTERNATIONAL GOLD RESERVE SUPER SPORT	1200	1020	865	735	625
MOSSBERG INTERNATIONAL SILVER RESERVE	700	595	505	430	365
Mossberg International Silver Reserve Synthetic	635	540	460	390	330
Mossberg International Silver Reserve Youth Bantam	700	595	505	430	365
ONYX RESERVE SPORTING	750	640	540	460	390
SILVER RESERVE FIELD	690	585	500	425	360
SILVER RESERVE SPORTING	750	640	540	460	390
SILVER RESERVE II FIELD	700	595	505	430	365
Silver Reserve II Bantam Field - Youth	700	595	505	430	365
SILVER RESERVE II SPORT	975	830	705	600	510
SILVER RESERVE II SUPER SPORT	1050	895	760	645	550

SHOTGUNS: SxS, RECENT PRODUCTION

	NIB	EXC	VG	G	F
ONYX RESERVE SPORTING	850	725	615	520	440
SILVER RESERVE FIELD	850	725	615	520	440

	NIB	EXC	VG	G	F
SILVER RESERVE II FIELD	930	790	670	570	485
SHOTGUNS: SEMI-AUTO					
MODEL 712 SEMI-AUTO	450	385	325	275	235
Model 712 Semi-Auto Steel Shot	450	385	325	275	235
Model 712 Semi-Auto Camo/Speedfeed	450	385	325	275	235
MODEL 712 REGAL SEMI-AUTO	310	265	225	190	160
MODEL 930 SEMI-AUTO					
Model 930 All Purpose Field	705	600	510	435	370
Model 930 Hunting All Purpose Field Camo	630	535	455	385	325
Model 930 Deer/Field Combo	665	565	480	410	350
Model 930 Deer/Waterfowl Combo	680	580	490	420	355
Model 930 Patrick Flanigan Rhythm Series	700	595	505	430	365
Model 930 Slugster	700	595	505	430	365
Model 930 Turkey	615	525	445	380	325
Model 930 Turkey Pistol Grip	710	605	515	435	370
Model 930 Waterfowl	610	520	440	375	320
MODEL 930 SEMI-AUTO TACTICAL/SPECIAL PURPOSE					
Model 930 Special Purpose Home Security	550	470	395	340	290
Model 930 Field/Security Combo	680	580	490	420	355
Model 930 Special Purpose Roadblocker	575	490	415	355	300
Model 930 Special Purpose SPX	1020	865	735	625	530
Model 930 Special Purpose SPX Blackwater Series	750	640	540	460	390
Model 930 SPX Typhon Camo	885	750	640	545	465
Model 930 Tactical	585	495	425	360	305
Model 930 Tactical 8 Shot	600	510	435	370	315
Model 930 Tactical w/XS Express Sights	625	530	450	385	325
Model 930 Thunder Ranch	610	520	440	375	320
Model 930 Watchdog	615	525	445	380	325
MODEL 930 SNOW GOOSE (HIGH PERFORMANCE)	810	690	585	495	420
MODEL 930 PRO SERIES SPORTING	1025	870	740	630	535
MODEL 930 PRO SERIES WATERFOWL	750	640	540	460	390
MODEL 930 JM PRO SERIES	865	735	625	530	450
MODEL 930 DUCK COMMANDER SIGNATURE	825	700	595	505	430
MODEL 930 DUCK COMMANDER WATERFOWL	765	650	555	470	400
MODEL 930 DC PRO SERIES WATERFOWL	785	665	565	480	410
MODEL 935 MAGNUM PRO SERIES WATERFOWL	900	765	650	555	470
MODEL 935 MAGNUM SEMI-AUTO					
Model 935 Magnum Slugster	650	555	470	400	340
Model 935 Magnum Turkey	740	630	535	455	385
Model 935 Magnum Turkey (Current Mfg.)	860	730	620	530	450
Model 935 Magnum Turkey Pistol Grip	950	810	685	585	495
Model 935 Magnum Turkey Grand Slam Series	640	545	460	395	335
Model 935 Magnum Combo	850	725	615	520	440
Model 935 Magnum Waterfowl	785	665	565	480	410
Model 935 Magnum Waterfowl Flyway Series	790	670	570	485	410
MODEL 935 MAGNUM DUCK COMMANDER	850	725	615	520	440
MODEL 935 DC PRO SERIES WATERFOWL	860	730	620	530	450
MODEL 940 JM PRO	1020	865	735	625	530
MODEL 940 PRO FIELD	815	695	590	500	425
MODEL 940 PRO TACTICAL	1000	850	725	615	525
MODEL 940 PRO TACTICAL HOLOSUN	1130	960	815	695	590
MODEL 940 PRO TURKEY	1050	895	760	645	550
MODEL 940 PRO WATERFOWL	985	835	710	605	515
Model 940 Pro Waterfowl - Snow Goose	1055	895	760	650	555
MODEL 1000 SEMI-AUTO	470	400	340	290	245
Model 1000 Semi-Auto Junior	425	360	305	260	220
Model 1000 Semi-Auto Slug	405	345	295	250	215
Model 1000 Semi-Auto Skeet	395	335	285	245	210
MODEL 1000 SUPER SEMI-AUTO	495	420	360	305	260
Model 1000 Super Semi-Auto Waterfowler	510	435	370	315	270
Model 1000 Super Semi-Auto Skeet	575	490	415	355	300
Model 1000 Super Semi-Auto Trap	470	400	340	290	245
MODEL 5500 SEMI-AUTO	250	215	180	155	130

Model	NIB	EXC	VG	G	F
Model 5500 Semi-Auto Mag.	275	235	200	170	145
MODEL 5500 MKII SEMI-AUTO	310	265	225	190	160
Model 5500 Mk II Semi-Auto U.S. Shooting Team	325	275	235	200	170
Model 5500 Mk II Semi-Auto NWTF Special Edition	365	310	265	225	190
MODEL 6000 SEMI-AUTO	280	240	200	170	145
MODEL 9200 CROWN SEMI-AUTO	460	390	330	280	240
Model 9200 Crown Semi-Auto Viking	365	310	265	225	190
Model 9200 Crown Semi-Auto Special Hunter	425	360	305	260	220
Model 9200 Crown Semi-Auto Camo	445	380	320	275	235
Model 9200 Crown Semi-Auto Camo New Turkey	415	355	300	255	215
Model 9200 Crown Semi-Auto Jungle Gun	610	520	440	375	320
MODEL SA-20 SEMI-AUTO	615	525	445	380	325
Model SA-20 All Purpose Field	700	595	505	430	365
Model SA-20 Youth Bantam All Purpose Field	615	525	445	380	325
Model SA-20 Muddy Girl All Purpose	500	425	360	305	260
Model SA-20 Tactical/Railed	615	525	445	380	325
Model SA-20 Tactical Turkey	765	650	555	470	400
Model SA-20 Turkey	500	425	360	305	260
Model SA-20 Turkey Thugs Series	535	455	385	330	280
MOSSBERG INTERNATIONAL SA-20 DUCK	585	495	425	360	305
MOSSBERG INTERNATIONAL SA-28 ALL PURPOSE	700	595	505	430	365
Model SA-28 Tactical Turkey	680	580	490	420	355
Model SA-28 Youth Bantam All Purpose Field	615	525	445	380	325
SA-410 ALL PURPOSE FIELD	650	555	470	400	340
SA-410 TURKEY	765	650	555	470	400

SHOTGUNS: SLIDE ACTION

Model	NIB	EXC	VG	G	F
MODEL 200K	275	235	200	170	145
MODEL 200D	275	235	200	170	145
MODEL 500 SLIDE ACTION FIELD (1962-1998 MFG.)	250	215	180	155	130
Model 500 Slide Action Field Slugster	270	230	195	165	140
Model 500 Slide Action Field Bantam	200	170	145	125	105
Model 500 Slide Action Field Turkey	265	225	190	165	140
Model 500 Slide Action Field Muzzleloader Combo	335	285	240	205	175
Model 500 Slide Action Field Quail Unlimited	350	300	255	215	185
Model 500 Slide Action Field Sporting Steel Shot	250	215	180	155	130
MODEL 500 50TH ANNIVERSARY	360	305	260	220	185
MODEL 500AA 50TH ANNIVERSARY	650	555	470	400	340
MODEL 500 REGAL SERIES	240	205	175	145	125
MODEL 500 HI-RIB TRAP	375	320	270	230	195
MODEL 500 SUPER GRADE	250	215	180	155	130
MODEL 500 ATR SUPER GRADE	350	300	255	215	185
MODEL 500 APR PIGEON GRADE	385	325	280	235	200
MODEL 500 APTR PIGEON GRADE TRAP	440	375	320	270	230
MODEL 500 DSPR DUCK STAMP COMMEMORATIVE	525	445	380	320	270
MODEL 500L SERIES	250	215	180	155	130
MODEL 500 SPECIAL HUNTER	420	355	305	260	220
MODEL 500 VIKING	230	195	165	140	120
Model 500 Viking Turkey	230	195	165	140	120
MODEL 500 ATI SCORPION	650	555	470	400	340
MODEL 500 ATI TACTICAL	640	545	460	395	335
MODEL 500 ATI TACTICAL CRUISER	615	525	445	380	325
MODEL 500 BULLPUP	820	695	590	505	430
MODEL 500 CAMPER	250	215	180	155	130
MODEL 500 CAMO	275	235	200	170	145
Model 500 Camo All Purpose	345	295	250	210	180
Model 500 Camo Combo	375	320	270	230	195
MODEL 500 CENTENNIAL LIMITED EDITION	800	680	580	490	415
MODEL 500 CHAINSAW	465	395	335	285	240
MODEL 500 CHAINSAW ZMB	550	470	395	340	290
MODEL 500 CLASSIC	460	390	330	280	240
MODEL 500 CRUISER	395	335	285	245	210
Model 500 Crusier Blackwater Series	425	360	305	260	220
Model 500 Cruiser Mil-Spec	395	335	285	245	210

	NIB	EXC	VG	G	F
Model 500 Cruiser Road Blocker	475	405	345	290	245
Model 500 Cruiser Rolling Thunder	475	405	345	290	245
Model 500 Cruiser Tactical Light Forend	560	475	405	345	295
Model 500 Cruiser Tactical Tri-Rail w/Center Mass Laser	585	495	425	360	305
MODEL 500 DUCK COMMANDER	485	410	350	300	255
MODEL 500 DUCK COMMANDER SIGNATURE	475	405	345	290	245
MODEL 500 FIELD - CURRENT MFG.	425	360	305	260	220
Model 500 Field Bantam	425	360	305	260	220
Model 500 Field Synthetic	255	215	185	155	130
Model 500 Field/Deer Combo	585	495	425	360	305
Model 500 Field/Deer Combo Camo	550	470	395	340	290
Model 500 Field/Deer Combo Recoil Reduction System	500	425	360	305	260
Model 500 Field/Deer Scoped Combo	475	405	345	290	245
Model 500 Field/Security Combo	470	400	340	290	245
MODEL 500 FIELD SLUGSTER	355	300	255	220	185
Model 500 Slugster Camo	440	375	320	270	230
Model 500 LPA Slugster	395	335	285	245	210
MODEL 500 FIELD SUPER BANTAM	560	475	405	345	295
Model 500 Super Bantam Slugster	355	300	255	220	185
Model 500 Super Bantam Turkey	510	435	370	315	270
Model 500 Super Bantam Waterfowl	500	425	360	305	260
Model 500 Super Bantam Field/Deer Combo	485	410	350	300	255
MODEL 500 FLEX ALL PURPOSE	500	425	360	305	260
MODEL 500 FLEX DEER SECURITY COMBO	675	575	490	415	355
MODEL 500 FLEX DUCK COMMANDER	740	630	535	455	385
MODEL 500 FLEX FIELD/SECURITY COMBO	500	425	360	305	260
MODEL 500 FLEX HUNTING	475	405	345	290	245
Model 500 Flex Hunting 20 Ga.	415	355	300	255	215
MODEL 500 FLEX TACTICAL	610	520	440	375	320
MODEL 500 FLEX TACTICAL CRUISER	600	510	435	370	315
MODEL 500 FLEX TURKEY SECURITY COMBO	580	495	420	355	300
MODEL 500 FLEX WATERFOWL SECURITY COMBO	560	475	405	345	295
MODEL 500 FLEX YOUTH	460	390	330	280	240
Model 500 FLEX Youth Combo	555	470	400	340	290
MODEL 500 GHOST RING SIGHT	270	230	195	165	140
MODEL 500 HOME SECURITY HS410	410	350	295	250	215
Model 500 Home Security Laser .410	400	340	290	245	210
MODEL 500 20 GA. HOME DEFENSE	540	460	390	330	280
MODEL 500 J.I.C. (JUST IN CASE)	390	330	280	240	205
Model 500 J.I.C. Flex	530	450	385	325	275
Model 500 J.I.C. Patriot	475	405	345	290	245
MODEL 500 MARINER	655	555	475	400	340
MODEL 500 PERSUADER	440	375	320	270	230
Model 500 Persuader Bantam/Compact	425	360	305	260	220
Model 500 Persuader Muddy Girl	545	465	395	335	285
Model 500 Persuader Night Special Edition	350	300	255	215	185
Model 500 Persuader w/XS Express Sights	475	405	345	290	245
MODEL 500 PERSUADER RETROGRADE	520	440	375	320	270
MODEL 500 PERSUADER ZMB	400	340	290	245	210
MODEL 500 RETROGRADE FIELD	535	455	385	330	280
MODEL 500 SPECIAL PURPOSE	350	300	255	215	185
MODEL 500 SPECIAL PURPOSE (RECENT MFG.)	425	360	305	260	220
MODEL 500 SPX SPECIAL PURPOSE	625	530	450	385	325
MODEL 500 SUPER BANTAM DUCK COMMANDER	485	410	350	300	255
MODEL 500 TACTICAL 8 SHOT (XS SECURITY)	415	355	300	255	215
MODEL 500 TACTICAL	515	440	370	315	270
Model 500 Tactical Light Forend	535	455	385	330	280
MODEL 500 TACTICAL RECOIL REDUCTION SYSTEM	490	415	355	300	255
MODEL 500 TACTICAL TRI-RAIL	565	480	410	345	295
Model 500 Tactical Tri-Rail w/Center Mass Laser	595	505	430	365	310
MODEL 500 THUNDER RANCH	440	375	320	270	230
MODEL 500 THUNDER RANCH 20TH ANNIVERSARY	425	360	305	260	220
MODEL 500 TURKEY	500	425	360	305	260

	NIB	EXC	VG	G	F
Model 500 Turkey Optic Ready	575	490	415	355	300
Model 500 Tactical Turkey	635	540	460	390	330
Model 500 Turkey Grand Slam Series	540	460	390	330	280
Model 500 "Thug & Slug" Turkey Thugs Combo	535	455	385	330	280
Model 500 Turkey Bantam	510	435	370	315	270
Model 500 Turkey Synthetic Thumbhole	415	355	300	255	215
Model 500 Turkey Tactical	650	555	470	400	340
Model 500 Turkey Tactical Thugs	610	520	440	375	320
Model 500 Turkey Thug With LPA	395	335	285	245	210
MODEL 500 TURKEY/DEER LPA COMBO	600	510	435	370	315
MODEL 500 WATCHDOG	395	335	285	245	210
MODEL 500 WATERFOWL	415	355	300	255	215
Model 500 Waterfowl Flyway Series	485	410	350	300	255
MODEL 505 YOUTH ALL PURPOSE FIELD	425	360	305	260	220
MODEL 510 MINI SUPER BANTAM ALL PURPOSE	425	360	305	260	220
Model 510 Mini Super Bantam Turkey Thug	435	370	315	265	225
Model 510 Mini Super Bantam Turkey	400	340	290	245	210
MODEL 535 ATS (ALL TERRAIN SHOTGUN)					
Model 535 ATS All Purpose Field	375	320	270	230	195
Model 535 ATS Field/Deer Combo	420	355	305	260	220
Model 535 ATS Slugster	375	320	270	230	195
Model 535 ATS Turkey	440	375	320	270	230
Model 535 ATS Turkey w/Marble Arms Bullseye Sights	460	390	330	280	240
Model 535 ATS Tactical Turkey	550	470	395	340	290
Model 535 ATS Turkey Thug With LPA	635	540	460	390	330
Model 535 ATS Thumbhole Turkey	425	360	305	260	220
Model 535 ATS Turkey Recoil Reduction System	490	415	355	300	255
Model 535 ATS Turkey/Deer Combo	485	410	350	300	255
Model 535 ATS Turkey/Deer LPA Combo	520	440	375	320	270
Model 535 ATS Waterfowl	380	325	275	235	200
Model 535 ATS Waterfowl Recoil Reduction System	490	415	355	300	255
Model 535 ATS Turkey/Waterfowl Combo	485	410	350	300	255
MODEL 535 ATS DUCK COMMANDER WATERFOWL	525	445	380	320	270
Model 500 Intimidator	500	425	360	305	260
Model 590 Intimidator	550	470	395	340	290
MODEL 590 7 SHOT	470	400	340	290	245
MODEL 590 9 SHOT	500	425	360	305	260
MODEL 590 ADJUSTABLE CRUISER	615	525	445	380	325
MODEL 590 CHAINSAW	585	495	425	360	305
MODEL 590 CRUISER	470	400	340	290	245
MODEL 590 FLEX TACTICAL	685	580	495	420	355
MODEL 590 JIC SHOCKWAVE	665	565	480	410	350
MODEL 590M	595	505	430	365	310
MODEL 590M SHOCKWAVE	560	475	405	345	295
MODEL 590 NIGHTSTICK	560	475	405	345	295
MODEL 590 PERSUADER	510	435	370	315	270
Model 590 Persuader w/Pistol Grip Conversion Kit	470	400	340	290	245
MODEL 590 RETROGRADE	550	470	395	340	290
MODEL 590 SHOCKWAVE	470	400	340	290	245
Model 590 Shockwave 7 Shot	470	400	340	290	245
MODEL 590 SHOCKWAVE SHOCK 'N SAW	575	490	415	355	300
MODEL 590 SHOCKWAVE SPX	575	490	415	355	300
MODEL 590 SPECIAL PURPOSE SLIDE ACTION	475	405	345	290	245
Model 590 Special Purpose Bullpup	650	555	470	400	340
Model 590 Special Purpose Double Action	450	385	325	275	235
Model 590 Special Purpose Line Launcher	850	725	615	520	440
Model 590 Special Purpose Mariner	710	605	515	435	370
Model 590 Tactical Light Forend	595	505	430	365	310
Model 590 Tactical Tri-Rail 9 Shot	575	490	415	355	300
Model 590 Tactical w/XS Express Sights	625	530	450	385	325
590 THUNDER RANCH	630	535	455	385	325
MODEL 590A1 RETROGRADE	945	805	685	580	495
MODEL 590A1 SLIDE ACTION	615	525	445	380	325

	NIB	EXC	VG	G	F
Model 590A1 Adj. Stock	700	595	505	430	365
Model 590A1 Adjustable	895	760	645	550	470
Model 590A1 With LPA Adj. Trigger	550	470	395	340	290
Model 590A1 Compact/Bantam	595	505	430	365	310
Model 590A1 Kryptek Typhon Camo	600	510	435	370	315
Model 590A1 Mariner	765	650	555	470	400
Model 590A1 Special Purpose (Disc.)	550	470	395	340	290
Model 590A1 Special Purpose Blackwater Series	650	555	470	400	340
Model 590A1 SPX	940	800	680	575	490
Model 590A1 Tactical Light Forend 6 Shot	635	540	460	390	330
Model 590A1 Tactical Tri-Rail Adjustable 9 Shot	750	640	540	460	390
Model 590A1 Tactical Tri-Rail XS Ghost Ring Sights	575	490	415	355	300
Model 590A1 U.S. Service Model	940	800	680	575	490
MODEL 590S	655	555	475	400	340
Model 590S Optic-Ready	605	515	435	370	315
MODEL 590S SHOCKWAVE	570	485	410	350	300
NEW HAVEN BRAND	Subtract 20% per similar model.				

SHOTGUNS: SLIDE ACTION, MODEL 835, 935, & 3000 SERIES

	NIB	EXC	VG	G	F
MODEL 835 SLUGSTER	525	445	380	320	270
MODEL 835 ULTI-MAG	375	320	270	230	195
MODEL 835 ULTI-MAG FIELD GRADE	270	230	195	165	140
MODEL 835 ULTI-MAG SYNTHETIC (SPECIAL HUNTER)	315	270	230	195	165
MODEL 835 ULTI-MAG FIELD (CROWN GRADE)	315	270	230	195	165
Model 835 Ulti-Mag Field/Deer Combo	500	425	360	305	260
Model 835 Ulti-Mag Field Turkey	585	495	425	360	305
Model 835 Ulti-Mag Field New Turkey	450	385	325	275	235
Model 835 Ulti-Mag Field Crown Grade (Disc. 1998)	365	310	265	225	190
MODEL 835 ULTI-MAG TURKEY	540	460	390	330	280
Model 835 Ulti-Mag All-Purpose	535	455	385	330	280
Model 835 Ulti-Mag Turkey Grand Slam Series	530	450	385	325	275
Model 835 Ulti-Mag Turkey Recoil Reduction System	555	470	400	340	290
Model 835 Ulti-Mag Turkey Tactical	545	465	395	335	285
Model 835 Ulti-Mag Turkey Thugs w/LPA Red Dot	610	520	440	375	320
Model 835 Ulti-Mag Turkey Thumbhole	575	490	415	355	300
Model 835 Ulti-Mag Laminate Turkey Thumbhole	550	470	395	340	290
Model 835 Ulti-Mag Turkey w/Marble Arms Bullseye	520	440	375	320	270
MODEL 835 ULTI-MAG TACTICAL TURKEY	665	565	480	410	350
MODEL 835 ULTI-MAG TURKEY/DEER COMBO	580	495	420	355	300
MODEL 835 ULTI-MAG TURKEY/DEER LPA COMBO	595	505	430	365	310
MODEL 835 ULTI-MAG TURKEY/FIELD	525	445	380	320	270
MODEL 835 ULTI-MAG TURKEY OPTIC-READY	585	495	425	360	305
MODEL 835 ULTI-MAG TURKEY/WATERFOWL COMBO	580	495	420	355	300
MODEL 835 ULTI-MAG WATERFOWL	550	470	395	340	290
Model 835 Ulti-Mag Flyway Series Waterfowl	470	400	340	290	245
Model 835 Ulti-Mag Waterfowl Recoil Reduction System	490	415	355	300	255
MODEL 835 ULTI-MAG DUCK COMMANDER	635	540	460	390	330
Model 835 Ulti-Mag Duck Commander Waterfowl Recoil	660	560	475	405	345
MODEL 835 WATERFOWL LIMITED EDITION	425	360	305	260	220
MODEL 835 WALNUT ULTI-MAG (REGAL)	350	300	255	215	185
MODEL 835 WILD TURKEY FED. LIMITED EDITION	425	360	305	260	220
MODEL 835 NWTF SPECIAL EDITION	380	325	275	235	200
MODEL 835 VIKING	260	220	190	160	135
MODEL 935 MAGNUM SLUGSTER	640	545	460	395	335
MODEL 935 FLYWAY SERIES WATERFOWL	735	625	530	450	385
MODEL 3000	325	275	235	200	170
Model 3000 Waterfowler	340	290	245	210	180
Model 3000 Law Enforcement	325	275	235	200	170

SHOTGUNS: SLIDE ACTION MAGPUL SERIES

	NIB	EXC	VG	G	F
MODEL 500 MAGPUL	525	445	380	320	270
Model 500 Magpul Cruiser	575	490	415	355	300
MODEL 590 MAGPUL	675	575	490	415	355
MODEL 590A1 MAGPUL	605	515	435	370	315
Model 590A1 Magpul 9 Shot	880	750	635	540	460

	NIB	EXC	VG	G	F
MOUNTAIN RIFLES INC.					
MOUNTAINEER	2150	1830	1555	1320	1120
SUPER MOUNTAINEER	2850	2425	2060	1750	1490
PRO MOUNTAINEER K.S.	2850	2425	2060	1750	1490
PRO SAFARI	4250	3615	3070	2610	2220
ULTRA MOUNTAINEER	2850	2425	2060	1750	1490
MUSGRAVE (PREVIOUS MFG.)					
VALIANT BOLT ACTION RIFLE	475	405	345	290	245
PREMIER	525	445	380	320	270
RSA SINGLE SHOT TARGET RIFLE	600	510	435	370	315
MUSKETEER RIFLES					
CARBINE	500	425	360	305	260
SPORTER	500	425	360	305	260
SPORTER DELUXE	550	470	395	340	290
NAMBU PISTOLS					
TYPE 14, 1925-1930, Small Trigger Guard	1650	1405	1190	1015	865
TYPE 14, 1931-1939, Small Trigger Guard	1200	1020	865	735	625
TYPE 14, 1939-1945, Large Trigger Guard	850	725	615	520	440
TYPE 94	750	640	540	460	390
TYPE 94 10.X date	2625	2230	1895	1610	1370
TYPE 94 11.X date	1575	1340	1140	965	820
TYPE 94 12.X date	1050	895	760	645	550
TYPE 94 Pre-WWII	695	590	500	425	360
TYPE 94, Late Square Back	950	810	685	585	495
HAMADA NAMBU	See Japanese Military Section				
BABY NAMBU	5000	4250	3615	3070	2610
PAPA NAMBU (MODEL 1904)	3750	3190	2710	2305	1960
GRANDPA NAMBU	15000	12750	10840	9210	7830
GRANDPA NAMBU With Shoulder Stock	30000	25500	21675	18425	15660
NAROH ARMS					
N1/N1 PRO	325	275	235	200	170
NAVY ARMS COMPANY					
PISTOLS					
TU-711 MAUSER	1300	1105	940	800	680
TT-OLYMPIA	295	250	215	180	155
TU-90 PISTOL	135	115	100	85	70
LUGER MODEL	325	275	235	200	170
GRAND PRIX SILHOUETTE	450	385	325	275	235
REVOLVERS: REPRODUCTIONS					
1872 OPEN TOP	450	385	325	275	235
1873 SAA - GUNFIGHTER SERIES & VARIATIONS	500	425	360	305	260
1873 SAA Gunfighter Series Stainless Steel Model	525	445	380	320	270
1873 SAA Gunfighter Series Deluxe Model	450	385	325	275	235
1873 SAA Gunfighter Series Economy Model	350	300	255	215	185
1873 SAA Gunfighter Series Deputy Model	450	385	325	275	235
1873 SAA Gunfighter Series Flat-top Target Model	500	425	360	305	260
1873 SAA Gunfighter Series Shootist Model	500	425	360	305	260
1873 SAA Gunfighter Series Bisley Model	500	425	360	305	260
1873 SAA Gunfighter Series Bisley Model Flattop Target	525	445	380	320	270
1873 SAA Gunfighter Series Cavalry Model	550	470	395	340	290
1873 SAA Gunfighter Series Artillery Model	550	470	395	340	290
1873 SAA Gunfighter Series Scout Small Frame Model	500	425	360	305	260
1875 REMINGTON REVOLVER	500	425	360	305	260

	NIB	EXC	VG	G	F
1890 REMINGTON REVOLVER	500	425	360	305	260
1875 SCHOFIELD SERIES	615	525	445	380	325
1875 Schofield Series Cavalry Model	750	640	540	460	390
1875 Schofield Series Wells Fargo Model	800	680	580	490	415
1875 Schofield Series Hideout Model	750	640	540	460	390
1875 Schofield Series Founders Model	850	725	615	520	440
1875 Schofield Series Engraved Model	1450	1235	1050	890	755
1875 Schofield Series Deluxe Model	1750	1490	1265	1075	915
NEW MODEL RUSSIAN	800	680	580	490	415

REVOLVERS: REPRODUCTIONS, COLT CARTRIDGE CONVERSIONS

	NIB	EXC	VG	G	F
1851 NAVY RICHARDS-TYPE CONVERSION	320	270	230	195	165
1860 ARMY RICHARDS-TYPE CONVERSION	320	270	230	195	165
1861 NAVY RICHARDS-TYPE CONVERSION	320	270	230	195	165

RIFLES/CARBINES: REPRODUCTIONS

	NIB	EXC	VG	G	F
REVOLVING CARBINE	650	555	470	400	340
REMINGTON ROLLING BLOCK BUFFALO RIFLE	750	640	540	460	390
Remington Rolling Block Buffalo Carbine	450	385	325	275	235
Remington Rolling Block Buffalo Baby Rifle	300	255	215	185	155
REMINGTON ROLLING BLOCK BODINE RIFLE	1700	1445	1230	1045	890
REMINGTON ROLLING BLOCK #2 BODINE RIFLE	1700	1445	1230	1045	890
ROLLING BLOCK PLAINS RIFLE	650	555	470	400	340
Rolling Block Plains Rifle Deluxe	1475	1255	1065	905	770
ROLLING BLOCK NO. 2 CREEDMOOR TARGET	1450	1235	1050	890	755
Rolling Block No. 2 Creedmoor Target Deluxe	1625	1380	1175	1000	850
SHARPS NO. 2 SILHOUETTE	1450	1235	1050	890	755
SHARPS NO. 2 HUNTER	750	640	540	460	390
1874 SHARPS PLAINS RIFLE	850	725	615	520	440
1874 Sharps Plains Rifle Engraved	2325	1975	1680	1430	1215
1874 SHARPS BUFFALO RIFLE	1250	1065	905	770	655
1874 Sharps Buffalo Rifle Engraved	2325	1975	1680	1430	1215
SHARPS SPORTING RIFLE	1450	1235	1050	890	755
1874 SHARPS QUIGLEY	1625	1380	1175	1000	850
1874 SHARPS NO. 2 CREEDMOOR	1525	1295	1100	935	795
1874 SHARPS NO. 3 LONG RANGE	2150	1830	1555	1320	1120
1874 SHARPS SNIPER/INFANTRY RIFLE	1200	1020	865	735	625
1874 SHARPS SNIPER/INFANTRY CAVALRY CARBINE	1200	1020	865	735	625
1873 SPRINGFIELD INFANTRY RIFLE	1000	850	725	615	525
1873 SPRINGFIELD INFANTRY CAVALRY CARBINE	1250	1065	905	770	655
KODIAK MARK IV DOUBLE RIFLE	2450	2085	1770	1505	1280
Kodiak Mark IV Double Rifle Deluxe	3300	2805	2385	2025	1720
HENRY RIFLE					
Henry Rifle Military	950	810	685	585	495
Henry Rifle Union Pacific Railroad Commemorative	1000	850	725	615	525
Henry Rifle Engraved	1500	1275	1085	920	780
Henry Carbine	850	725	615	520	440
Henry Engraved Carbine	1500	1275	1085	920	780
Henry Rifle Trapper Model	850	725	615	520	440
Henry Rifle Iron Frame Model	1000	850	725	615	525
MODEL 1866 YELLOWBOY CARBINE/RIFLE	900	765	650	555	470
Model 1866 Yellowboy 100th Anniversary Indian Victory	1000	850	725	615	525
YELLOWBOY TRAPPER	850	725	615	520	440
MODEL 1873 CARBINE/RIFLE	950	810	685	585	495
Model 1873 Carbine Trapper	850	725	615	520	440
Model 1873 Border Model Rifle	1000	850	725	615	525
Model 1873 Deluxe Border Model Rifle	1100	935	795	675	575
Model 1873 Deluxe Sporting Rifle	1150	980	830	705	600
Model 1873 Deluxe Sporting Rifle Long Range	1100	935	795	675	575
Model 1873 1 of 1,000	1075	915	775	660	560
MODEL 1873 MFG. BY WINCHESTER	2250	1915	1625	1380	1175
MODEL 1873 WINCHESTER RIFLE	2075	1765	1500	1275	1085
MODEL 1873 WINCHESTER CENTENNIAL PRESENTATION RIFLE	3500	2975	2530	2150	1830

	NIB	EXC	VG	G	F
MODEL 1873 WINCHESTER CENTENNIAL EXHIBITION RIFLE	7995	6795	5775	4910	4175
MODEL 1885 HIGH WALL RIFLE	975	830	705	600	510
MODEL 1892 CARBINE/RIFLE	525	445	380	320	270
Model 1892 Carbine/Rifle Stainless	500	425	360	305	260
Model 1892 Short Rifle	525	445	380	320	270
Model 1892 Stainless Short Rifle	550	470	395	340	290
MODEL 1892 WINCHESTER DELUXE SHORT RIFLE	2050	1745	1480	1260	1070
MODEL 1892 WINCHESTER "COYOTE KILLER"	2050	1745	1480	1260	1070
LIGHTNING SLIDE ACTION	1050	895	760	645	550
LIGHTNING DELUXE RIFLE/CARBINE	1975	1680	1425	1215	1035

RIFLE/CARBINES: MODERN PRODUCTION

	NIB	EXC	VG	G	F
TU-KKW TRAINING RIFLE	350	300	255	215	185
TU-33/40 CARBINE	350	300	255	215	185
JW-15 RIFLE	125	105	90	75	65
MARTINI TARGET RIFLE	650	555	470	400	340
RPKS-74	600	510	435	370	315
MODEL 1 CARBINE/RIFLE	400	340	290	245	210
MODEL 4 CARBINE/RIFLE	325	275	235	200	170
Model No. 4 Carbine/Rifle Enfield Sporter Deluxe	250	215	180	155	130
2A HUNTER CARBINE/RIFLE	350	300	255	215	185
2A Hunter Carbine/Rifle Enfield Sporter Deluxe	250	215	180	155	130
FRF2 SNIPER RIFLE	7650	6505	5525	4700	3995
ENFIELD #4 MK WWII	850	725	615	520	440

SHOTGUNS: O/U, RECENT IMPORTATION

	NIB	EXC	VG	G	F
MODEL 83	450	385	325	275	235
MODEL 93	550	470	395	340	290
MODEL 95	600	510	435	370	315
MODEL 96 SPORTSMAN	600	510	435	370	315
MODEL 100	400	340	290	245	210

SHOTGUNS: SxS

	NIB	EXC	VG	G	F
COACH	635	540	460	390	330
Coach Youth	680	580	490	420	355
MODEL 100	450	385	325	275	235
MODEL 150	500	425	360	305	260
SXS FIELD	665	565	480	410	350

SHOTGUNS: SINGLE SHOT

	NIB	EXC	VG	G	F
MODEL 105 SINGLE BARREL	125	105	90	75	65
Model 105 Single Barrel Deluxe	150	130	110	90	75

NEMO ARMS (NEW EVOLUTION MILITARY ORDNANCE)

PISTOLS: SEMI-AUTO

	NIB	EXC	VG	G	F
BATTLE LIGHT PISTOL	2545	2165	1840	1565	1330
MONARK MK	Contact Manufacturer for Pricing				
TANGO 2 PISTOL	1850	1575	1335	1135	965
TANGO 6 PISTOL	1850	1575	1335	1135	965

RIFLES: BOLT ACTION

	NIB	EXC	VG	G	F
DAKKAR	7750	6590	5600	4760	4045

RIFLES: SEMI-AUTO

	NIB	EXC	VG	G	F
BATTLE LIGHT RIFLE	2200	1870	1590	1350	1150
Battle Light 6 ARC Rifle	3570	3035	2580	2190	1860
Battle Light SYN-COR	3325	2825	2400	2040	1735
Battle Light 224 Valkyrie Rifle	2200	1870	1590	1350	1150
OMEN ASP (AUXILIARY SNIPER PLATFORM)	Contact Manufacturer for Pricing				
OMEN M-210	3500	2975	2530	2150	1830
OMEN MATCH	5475	4655	3955	3360	2855
OMEN/OMEN MATCH 2.0	5125	4355	3705	3145	2675
OMEN MATCH 3.0	477	405	345	295	250
OMEN PRATKA	3600	3060	2600	2210	1880
OMEN RECON	4510	3835	3260	2770	2355
OMEN WATCHMAN (OLDER MFG.)	5575	4740	4030	3425	2910
OMEN WATCHMEN (CURRENT MFG.)	6170	5245	4460	3790	3220

	NIB	EXC	VG	G	F
TANGO 2	2675	2275	1935	1645	1400
Tango 2 Lite	Contact Manufacturer for Pricing				
TANGO 6	2675	2275	1935	1645	1400
TANGO 8	3775	3210	2725	2320	1970
Tango 8 MSP	4350	3700	3145	2670	2270
Tango 8 SASS	4200	3570	3035	2580	2195
Ti ONE TITANIUM RIFLE	Contact Manufacturer for Pricing				
XO CARBON	4450	3785	3215	2735	2325
XO STEEL	3595	3055	2595	2210	1880

SHOTGUNS: O/U

	NIB	EXC	VG	G	F
NX STANDARD CASE HARDENED	2380	2025	1720	1460	1240
NXL LITE	2635	2240	1905	1620	1375
NXS SPORT/SPORT CASE HARDENED	3225	2740	2330	1980	1685

NESIKA

	NIB	EXC	VG	G	F
CLASSIC HUNTER	3750	3190	2710	2305	1960
CUSTOM HUNTER	4000	3400	2890	2455	2085
CUSTOM TACTICAL	4650	3955	3360	2855	2425
CUSTOM VARMINT	3200	2720	2310	1965	1670
LONG RANGE	3400	2890	2455	2090	1775
SPORTER	3000	2550	2170	1840	1565
TACTICAL	3045	2590	2200	1870	1590
URBAN TACTICAL	5000	4250	3615	3070	2610
VARMINT	3500	2975	2530	2150	1830

NEW ADVANTAGE ARMS, INC.

	NIB	EXC	VG	G	F
4 BARREL DERRINGER	175	150	125	105	90

NEW DETONICS MANUFACTURING CORPORATION

PISTOLS: SEMI-AUTO, STAINLESS

	NIB	EXC	VG	G	F
MARK I	800	680	580	490	415
MARK II	850	725	615	520	440
MARK III	825	700	595	505	430
MARK IV	900	765	650	555	470
COMBATMASTER MC1 (FORMERLY MARK I)	1100	935	795	675	575
COMBATMASTER MARK V	1200	1020	865	735	625
COMBATMASTER MARK VI	1200	1020	865	735	625
Combatmaster Mark VI .451 Detonics Mag. Cal.	1400	1190	1010	860	730
COMBATMASTER MARK VII	1100	935	795	675	575
MILITARY COMBAT MC2	950	810	685	585	495
O.S. MODEL	Rarity Precludes Pricing				
SCOREMASTER	1150	980	830	705	600
COMPMASTER	1850	1575	1335	1135	965
COMPETITION MASTER T.F.	1850	1575	1335	1135	965
SERVICEMASTER	950	810	685	585	495
Servicemaster II	1100	935	795	675	575
POCKET 9	525	445	380	320	270
Pocket 9 LS	550	470	395	340	290
Pocket .380	575	490	415	355	300
POWER 9	600	510	435	370	315

PISTOLS: NEW DETONICS LADIES ESCORT SERIES

	NIB	EXC	VG	G	F
ROYAL ESCORT	1000	850	725	615	525
MIDNIGHT ESCORT	1150	980	830	705	600
JADE ESCORT	1200	1020	865	735	625

NEW ENGLAND FIREARMS

REVOLVERS: DOUBLE ACTION

	NIB	EXC	VG	G	F
STANDARD REVOLVER .22 (MODEL R92)	295	250	215	180	155
Standard Revolver .32 H&R Mag. (Model R73)	150	130	110	90	75
ULTRA MODEL	180	155	130	110	95

	NIB	EXC	VG	G	F
ULTRA MAG (MODEL R22)	185	155	135	115	100
LADY ULTRA	180	155	130	110	95
RIFLES: SEMI-AUTO					
SPORTSTER SL	420	355	305	260	220
RIFLES: SINGLE SHOT					
HANDI-RIFLE	485	410	350	300	255
Handi-Rifle Synthetic	275	235	200	170	145
Handi-Rifle Synthetic Stainless	300	255	215	185	155
Handi-Rifle Youth	275	235	200	170	145
Handi-Rifle 10th Anniversary	750	640	540	460	390
Handi-Rifle NTA Anniversary Edition	300	255	215	185	155
SUPER LIGHT HANDI-RIFLE	275	235	200	170	145
SPORTSTER	420	355	305	260	220
SURVIVOR	315	270	230	195	165
SHOTGUNS: SEMI-AUTO					
EXCELL AUTO	450	385	325	275	235
Excell Auto Turkey	500	425	360	305	260
Excell Auto Waterfowl	500	425	360	305	260
Excell Auto Combo	525	445	380	320	270
SHOTGUNS: SINGLE SHOT					
PARDNER	315	270	230	195	165
Pardner Compact (Youth)	125	105	90	75	65
Pardner Turkey Gun	525	445	380	320	270
Pardner Youth Turkey	150	130	110	90	75
Pardner Waterfowl (Special Purpose)	200	170	145	125	105
Pardner NRA Foundation Youth	150	130	110	90	75
Pardner National Wild Turkey Federation (NWTF)	225	190	165	140	120
SURVIVOR SERIES	315	270	230	195	165
TRACKER SLUG MODEL	150	130	110	90	75
Tracker Slug Model II	175	150	125	105	90
SHOTGUNS: SLIDE ACTION					
PARDNER PUMP	295	250	215	180	155
Pardner Pump Turkey	300	255	215	185	155
Pardner Pump Combo	325	275	235	200	170
Pardner Pump Protector	225	190	165	140	120
Pardner Pump Compact (Youth)	225	190	165	140	120
Pardner Pump Slug	300	255	215	185	155

NEW FRONTIER ARMORY

	NIB	EXC	VG	G	F
PISTOLS: SEMI-AUTO					
C-5 PISTOL	750	640	540	460	390
C-5 Side Charging Pistol	975	830	705	600	510
C-5 PDW	750	640	540	460	390
C-9 PISTOL	875	745	630	535	455
C-9 Side Charging Pistol	1000	850	725	615	525
C-9 Side Folding Pistol	1000	850	725	615	525
C-9 PDW	750	640	540	460	390
G15-P FORGED PISTOL	850	725	615	520	440
RIFLES: SEMI-AUTO					
C4-R16 BILLET RIFLE	875	745	630	535	455
C4-R16 FORGED RIFLE	750	640	540	460	390
C-5 RIFLE	725	615	525	445	380
C-9 RIFLE	1135	965	820	695	590

NEW ULTRA LIGHT ARMS LLC

	NIB	EXC	VG	G	F
ULTRA LIGHT RIFLE	Custom Order Only				
MODEL 20 (ULTIMATE MOUNTAIN RIFLE)	3575	3040	2585	2195	1865
Model 20 RF (The Ultimate .22 Rimfire)	1600	1360	1155	985	835
Model 20 Short	3575	3040	2585	2195	1865
Model 20 Varmint (Ultimate Varmint Rifle)	3575	3040	2585	2195	1865
MODEL 24 (ULTIMATE PLAINS RIFLE)	3575	3040	2585	2195	1865
MODEL 28 MAGNUM (ULTIMATE ALASKAN RIFLE)	3575	3040	2585	2195	1865

	NIB	EXC	VG	G	F
Model 28 Short (Ultimate Alaskan Rifle)	3575	3040	2585	2195	1865
MODEL 32 MAGNUM (PROFESSIONAL HUNTER)	3575	3040	2585	2195	1865
MODEL 40 MAGNUM (ULTIMATE AFRICAN RIFLE)	3575	3040	2585	2195	1865
MELVIN FORBES SIGNATURE SERIES	Custom Order Only				

NEWTOWN FIREARMS

	NIB	EXC	VG	G	F
NF-15/GEN 2 TACTICAL	2600	2210	1880	1595	1355
NF-15 GEN 3 MATCH	2475	2105	1790	1520	1290
GEN-4 NF-15	1325	1125	955	815	695
GEN-4 NF-15 PISTON	1850	1575	1335	1135	965

NEXT GENERATION ARMS

	NIB	EXC	VG	G	F
MP168 SPECIAL PURPOSE CARBINE	2700	2295	1950	1660	1410
X7	1850	1575	1335	1135	965

NIGHTHAWK CUSTOM

PISTOLS: SEMI-AUTO, SINGLE ACTION

	NIB	EXC	VG	G	F
10-8	2325	1975	1680	1430	1215
AAC (ADVANCED ARMAMENT CORPORATION)	3150	2680	2275	1935	1645
AGENT 2	4680	3980	3380	2875	2445
Agent 2 Commander	5880	5000	4250	3610	3070
BDS9 (BOARDROOM DOUBLE STACK 9MM)	5995	5095	4330	3680	3130
BOB MARVEL CUSTOM 1911	6300	5355	4550	3870	3290
BORDER SPECIAL	3600	3060	2600	2210	1880
BROWNING HI POWER	5880	5000	4250	3610	3070
THE BULL	4410	3750	3185	2710	2305
The Bull Commander	3600	3060	2600	2210	1880
The Bull Officer	3600	3060	2600	2210	1880
CHAIRMAN	5620	4775	4060	3450	2935
CHRIS COSTA RECON	3325	2825	2400	2040	1735
Chris Costa Compact	3325	2825	2400	2040	1735
COMPLETE CUSTOM STIPPLE (CCS)	4325	3675	3125	2655	2255
COUNSELOR	3875	3295	2800	2380	2025
CUSTOM COLT SERIES 70	3150	2680	2275	1935	1645
DELEGATE	4725	4015	3415	2900	2465
DOMINATOR	3425	2910	2475	2105	1790
ENFORCER	3425	2910	2475	2105	1790
FALCON	4280	3640	3090	2630	2235
Falcon Commander	4540	3860	3280	2790	2370
FEDERAL 100TH ANNIVERSARY					
FIRE HAWK	5650	4805	4080	3470	2950
GA PRECISION MODEL	3325	2825	2400	2040	1735
GRP (GLOBAL RESPONSE PISTOL)	4880	4150	3525	2995	2545
GRP Recon	3255	2765	2350	2000	1700
GRIFFON	5395	4585	3900	3315	2820
HEINIE LONG SLIDE	3875	3295	2800	2380	2025
HEINIE PDP	3225	2740	2330	1980	1685
HEINIE SIGNATURE SERIES					
Heinie Signature Series Compact	3325	2825	2400	2040	1735
Heinie Signature Series Competition	3425	2910	2475	2105	1790
Heinie Signature Series RECON	3500	2975	2530	2150	1830
HEINIE TACTICAL CARRY	3500	2975	2530	2150	1830
KESTREL	3775	3210	2725	2320	1970
LADY HAWK	3775	3210	2725	2320	1970
LADY HAWK 2.0	4675	3975	3380	2870	2440
NHC CLASSIC	3950	3360	2855	2425	2060
NIGHTHAWK CARRY PLUS	3875	3295	2800	2380	2025
PREDATOR	4725	4015	3415	2900	2465
Predator II	3875	3295	2800	2380	2025
Predator III	3875	3295	2800	2380	2025
Predator T5	3500	2975	2530	2150	1830

	NIB	EXC	VG	G	F
PRESIDENT	5405	4595	3905	3320	2820
SAND HAWK	10025	8520	7245	6155	5230
SHADOW HAWK COMMANDER	4410	3750	3185	2710	2305
SHADOW HAWK GOVERNMENT	4200	3570	3035	2580	2195
Shadow Hawk Government With Trijicon RMR	4410	3750	3185	2710	2305
SHADOW HAWK LONG SLIDE	3875	3295	2800	2380	2025
SILENT HAWK	3875	3295	2800	2380	2025
T3	3600	3060	2600	2210	1880
T3 Stainless	3425	2910	2475	2105	1790
T3 Thin	3425	2910	2475	2105	1790
T4	3600	3060	2600	2210	1880
TALON	3600	3060	2600	2210	1880
Talon II	3600	3060	2600	2210	1880
Talon II CCC (Concealed Carry Cut/Curve)	3725	3165	2690	2290	1945
Talon II Bobtail	3000	2550	2170	1840	1565
Talon IV	2730	2320	1970	1675	1425
THE TREASURER	4150	3530	3000	2550	2170
THUNDER RANCH COMBAT SPECIAL	3425	2910	2475	2105	1790
TRI-CUT CARRY	4500	3825	3250	2765	2350
TROOPER	3990	3390	2885	2450	2085
TRS COMMANDER	5670	4820	4095	3480	2960
TRS COMP (TACTICAL READY SERIES)	6405	5445	4630	3935	3345
TURNBULL VIP I	9975	8480	7205	6125	5205
TURNBULL VIP 2	6750	5740	4875	4145	3525
VICE PRESIDENT	4150	3530	3000	2550	2170
VIP (VERY IMPRESSIVE PISTOL)	8100	6885	5850	4975	4230
VIP AGENT 2	9975	8480	7205	6125	5205
VIP BLACK	8100	6885	5850	4975	4230
VIP COMMANDER/VIP COMMANDER BLACK	8100	6885	5850	4975	4230
WAR HAWK CCO (WAR HAWK COMPACT/OFFICER)	3950	3360	2855	2425	2060
WAR HAWK GOVERNMENT	3950	3360	2855	2425	2060
War Hawk Recon	3690	3135	2665	2265	1925
WAR HAWK OFFICER	3950	3360	2855	2425	2060

RIFLES: BOLT ACTION

	NIB	EXC	VG	G	F
HUNTING RIFLE	3500	2975	2530	2150	1830
TACTICAL RIFLE	3800	3230	2745	2335	1985

SHOTGUNS

	NIB	EXC	VG	G	F
OVERSEER MODEL 1 SLIDE ACTION SERIES	1275	1085	920	785	665
Overseer Model 2	1450	1235	1050	890	755
Overseer Model 2.5	1615	1375	1165	990	840
Overseer Model 3	1700	1445	1230	1045	890
Overseer Model 4	1875	1595	1355	1150	980
Overseer Model 5	1785	1515	1290	1095	930
Overseer Model 6	1875	1595	1355	1150	980
TACTICAL SLIDE ACTION	1250	1065	905	770	655
TACTICAL SEMI-AUTO	1785	1515	1290	1095	930
TOMAHAWK SLIDE ACTION	1250	1065	905	770	655

NOREEN FIREARMS LLC

RIFLES: BOLT ACTION

	NIB	EXC	VG	G	F
ELR (EXTREME LONG RANGE)	6800	5780	4915	4175	3550
ULR (ULTRA LONG RANGE)	2295	1950	1660	1410	1200
ULR 2.0	2295	1950	1660	1410	1200
ULR EXTREME	3400	2890	2455	2090	1775
ULR MINI RIFLE	1450	1235	1050	890	755

RIFLES/CARBINES: SEMI-AUTO

	NIB	EXC	VG	G	F
BAD NEWS GEN II (BAD NEWS ULTRA LONG RANGE -	5100	4335	3685	3130	2660
BBN223	1025	870	740	630	535
BN36 CARBINE ASSASSIN	1325	1125	955	815	695
BN36 CARBINE ASSASSIN-X	1550	1320	1120	950	810
BN36X3 CARBINE	2835	2410	2050	1740	1480
BN36X3 CARBINE X	2100	1785	1515	1290	1095

	NIB	EXC	VG	G	F
BN36X3 CARBINE X FEATURELESS	2250	1915	1625	1380	1175
BN36X3 LONG RANGE (BN36 LONG RANGE)	2100	1785	1515	1290	1095
BN308	1625	1380	1175	1000	850
BN308 LONG RANGE	1125	955	815	690	585
BN408 - "THE BEAST"	12950	11010	9355	7955	6760

NORINCO

PISTOLS: SEMI-AUTO

	NIB	EXC	VG	G	F
MODEL 213	490	415	355	300	255
TYPE 54-1 TOKAREV STANDARD	375	320	270	230	195
Type 54-1 (213A Model) Tokarev Standard Double	425	360	305	260	220
Type 54-1 (213/201C/54T Model) Tokarev Standard	400	340	290	245	210
TYPE 59 MAKAROV	575	490	415	355	300
TYPE 77B	1200	1020	865	735	625
MODEL 1911 A1	735	625	530	450	385

RIFLES/CARBINES: SEMI-AUTO

	NIB	EXC	VG	G	F
TYPE 84S AKS RIFLE	1450	1235	1050	890	755
Type 84S-1 AKS Rifle	1600	1360	1155	985	835
Type 84S-3 AKS Rifle	1295	1100	935	795	675
Type 84S-5 AKS Rifle	1600	1360	1155	985	835
NHM-90/91 (AK-47 THUMBHOLE)	750	640	540	460	390
NHM-90/91 SPORT	550	470	395	340	290
MODEL 320 THUMBHOLE	1000	850	725	615	525
R.P.K. RIFLE	1200	1020	865	735	625
TYPE 56 CARBINE (SKS)	735	625	530	450	385
TYPE 81S AKS RIFLE	1200	1020	865	735	625
Type 81S-1 AKS Rifle	1300	1105	940	800	680
TYPE 56S-2	1500	1275	1085	920	780
TYPE 86S-7 RPK RIFLE	1500	1275	1085	920	780
TYPE 86S BULLPUP RIFLE	6040	5135	4365	3710	3155
NDM-86 DRAGUNOV (MODEL 350)	7500	6375	5420	4605	3915
OFFICERS NINE	1100	935	795	675	575

RIFLES: .22 CAL.

	NIB	EXC	VG	G	F
MODEL EM-321	200	170	145	125	105
TYPE EM-332	280	240	200	170	145

SHOTGUNS: O/U

	NIB	EXC	VG	G	F
TYPE HL12-203	425	360	305	260	220

SHOTGUNS: SEMI-AUTO

	NIB	EXC	VG	G	F
MODEL 2000 FIELD	260	220	190	160	135
Model 2000 Field Defense	245	210	175	150	130

SHOTGUNS: SLIDE ACTION

	NIB	EXC	VG	G	F
TYPE HL12-102	300	255	215	185	155
MODEL 97 (M97)	550	470	395	340	290
MODEL 98 FIELD	225	190	165	140	120
Model 98 Field Turkey	225	190	165	140	120
Model 98 Field Defense	200	170	145	125	105
MODEL 983	250	215	180	155	130
MODEL 984/985/987	225	190	165	140	120

NORSMAN SPORTING ARMS & OUTFITTERS

RIFLES: BOLT ACTION

	NIB	EXC	VG	G	F
VIKING GRADE	7500	6375	5420	4605	3915
VIKING GRADE MAGNUM	10250	8715	7405	6295	5350
FIELD GRADE SYNTHETIC	3850	3275	2780	2365	2010
ODIN GRADE	11500	9775	8310	7060	6000
THOR GRADE	9500	8075	6865	5835	4960
TYR GRADE	7350	6250	5310	4515	3840
VOYAGER GRADE	11500	9775	8310	7060	6000

RIFLES: SxS

	NIB	EXC	VG	G	F
VIKING GRADE	22550	19170	16290	13850	11775

RIFLES: SINGLE SHOT

	NIB	EXC	VG	G	F
VIKING GRADE	22550	19170	16290	13850	11775

	NIB	EXC	VG	G	F
NORTHERN COMPETITION					
CHEETAH	1675	1425	1210	1030	875
COUGAR	1425	1210	1030	875	745
SERVICE RIFLE (NCSR15)	1250	1065	905	770	655
NOSLER, INC.					
HANDGUNS: BOLT ACTION					
M48 NCH (NOSLER CUSTOM HANDGUN)	2350	2000	1700	1445	1230
M48 INDEPENDENCE HANDGUN	1685	1430	1215	1035	880
RIFLES: BOLT ACTION					
CARBON CHASSIS HUNTER	4600	3910	3325	2825	2400
MODEL 21	3435	2920	2480	2110	1795
MODEL 48 SERIES					
Model 48 Custom	2200	1870	1590	1350	1150
Model 48 Custom Varmint	2650	2255	1915	1625	1380
Model 48 Custom Brush Country Package	4300	3655	3105	2640	2245
Model 48 Custom Expedition Package	4700	3995	3395	2885	2450
Model 48 Custom High Country Package	4325	3675	3125	2655	2255
Model 48 Custom Long Range Package	4400	3740	3180	2700	2295
Model 48 Heritage	1890	1605	1365	1160	985
Model 48 Independence Day Rifle	1700	1445	1230	1045	890
Model 48 Legacy	2295	1950	1660	1410	1200
Model 48 Liberty	1885	1600	1360	1160	985
Model 48 Liberty 26 Nosler SHV Package	3150	2680	2275	1935	1645
Model 48 28 Nosler VX-6 Package	3225	2740	2330	1980	1685
Model 48 Long Range	2290	1945	1655	1405	1195
Model 48 Long Range Carbon	2795	2375	2020	1715	1460
Model 48 Mountain Carbon	2750	2340	1985	1690	1435
Model 48 Outfitter	1700	1445	1230	1045	890
Model 48 Patriot	1155	980	835	710	605
Model 48 Professional	2500	2125	1805	1535	1305
Model 48 Trophy	1800	1530	1300	1105	940
Model 48 Western	1700	1445	1230	1045	890
NCR - NOSLER CUSTOM RIFLE (CUSTOM LIMITED	4200	3570	3035	2580	2195
SANCTUARY EDITION SERIES	5100	4335	3685	3130	2660
RIFLES: SEMI-AUTO					
VARMAGEDDON AR	2525	2145	1825	1550	1320
VARMAGEDDON 5.56 NATO	2650	2255	1915	1625	1380
VARMEGEDDON .300 AAC BLACKOUT	2650	2255	1915	1625	1380
NOVESKE RIFLEWORKS LLC					
PISTOLS: SEMI-AUTO					
GEN I LEONIDAS CHAINSAW	1525	1295	1100	935	795
GEN I SHORTY BASIC	1625	1380	1175	1000	850
Gen I Light Shorty Basic	1550	1320	1120	950	810
GEN III 300 BLK PISTOL	1850	1575	1335	1135	965
GEN III DIPLOMAT PISTOL	2425	2060	1750	1490	1265
GEN III LEONIDAS SWITCHBLOCK N6 PISTOL	3450	2935	2495	2120	1800
GEN III SHORTY PISTOL	2225	1890	1610	1365	1160
Gen III Shorty Tiger Eye Brown Pistol	2225	1890	1610	1365	1160
GEN III SWITCHBLOCK PISTOL	2575	2190	1860	1580	1345
GEN 4 GHETTO BLASTER PISTOL	2250	1915	1625	1380	1175
GEN 4 N4-PDW DIPLOMAT PISTOL	2250	1915	1625	1380	1175
GEN 4 NOVESKE9 PISTOL	2600	2210	1880	1595	1355
GEN 4 SHORTY PISTOL	2550	2170	1840	1565	1330
GEN 4 SPACE INVADER PISTOL	3000	2550	2170	1840	1565
N81 SPACE BABY PISTOL	2825	2400	2040	1735	1475
RIFLES/CARBINES: SEMI-AUTO					
.300 BLK CARBINE LO-PRO/NSR	2050	1745	1480	1260	1070
CHAINSAW RIFLE	2175	1850	1570	1335	1135

	NIB	EXC	VG	G	F
GEN I LIGHT RECON BASIC RIFLE (BASIC LIGHT	1680	1430	1215	1030	875
GEN I RECCE BASIC SL	1525	1295	1100	935	795
GEN I RECON RIFLE	1600	1360	1155	985	835
GEN I SPR RIFLE	1625	1380	1175	1000	850
CUSTOM GEN III LIGHT RECON RIFLE	2275	1935	1645	1395	1185
GEN III N6 HEAVY INFIDEL RIFLE	3075	2615	2220	1890	1605
GEN III N6 HEAVY RECON RIFLE (GEN III N6 RIFLE)	3175	2700	2295	1950	1660
GEN III N6 HEAVY RECON SWITCHBLOCK RIFLE (GEN	3450	2935	2495	2120	1800
Gen III N6 Switchblock 6.5 Creedmoor	3600	3060	2600	2210	1880
GEN III NSD	2900	2465	2095	1780	1515
GEN III OMW (ONE MORE WAVE)	2075	1765	1500	1275	1085
GEN III RECON RIFLE	2275	1935	1645	1395	1185
Gen III Recon 300BLK	2425	2060	1750	1490	1265
GEN III RIFLE	2775	2360	2005	1705	1450
Gen III Rifle 6.5 Grendel	2825	2400	2040	1735	1475
Gen III Rifle Tiger Eye	2200	1870	1590	1350	1150
GEN III SWITCHBLOCK RIFLE	2600	2210	1880	1595	1355
GEN III VARMAGEDDON .22 NOSLER	2525	2145	1825	1550	1320
GEN 4 GHETTO BLASTER	3305	2810	2390	2030	1725
GEN 4 INFIDEL	2350	2000	1700	1445	1230
GEN 4 N4-PDW	3045	2590	2200	1870	1590
GEN 4 NOVESKE9 RIFLE	2775	2360	2005	1705	1450
GEN 4 RECON RIFLE	2725	2315	1970	1675	1425
INFANTRY RIFLE	2075	1765	1500	1275	1085
LIGHT RECCE CARBINE	1950	1660	1410	1200	1020
LIGHT RECCE LO-PRO CARBINE	2075	1765	1500	1275	1085
RECON CARBINE	2200	1870	1590	1350	1150
RIVAL	3255	2765	2350	2000	1700
ROGUE HUNTER	1600	1360	1155	985	835
RUSTY BUTCHER RIFLE	2700	2295	1950	1660	1410
SHOOTING TEAM RIFLE	3675	3125	2655	2255	1915
SPR	3415	2905	2465	2095	1780

NS FIREARMS CORP.

	NIB	EXC	VG	G	F
MODEL 522 SPORTER	400	340	290	245	210

O.D.I. (OMEGA DEFENSIVE INDUSTRIES)

	NIB	EXC	VG	G	F
VIKING & VIKING COMBAT	750	640	540	460	390

OBREGON

	NIB	EXC	VG	G	F
OBREGON	5500	4675	3975	3380	2875

OHIO ORDNANCE WORKS, INC.

	NIB	EXC	VG	G	F
COLT 1918 SLR (MODEL BAR A1918 SLR)	8250	7015	5960	5065	4305
H.C.A.R. (HEAVY COUNTER ASSAULT RIFLE)	5850	4975	4225	3595	3055
MODEL M2-SLR	14700	12495	10620	9030	7675
MODEL BAR 1918A3 SLR	6500	5525	4695	3990	3390
MODEL 1928 BROWNING	3750	3190	2710	2305	1960
MODEL M-240 SLR	12925	10985	9340	7940	6750
MODEL VZ2000/VZ2000 SBR	1600	1360	1155	985	835
MODEL 1917A1 WATERCOOLED	6500	5525	4695	3990	3390
MODEL 1919A4 SEMI-AUTO BELTFED	4000	3400	2890	2455	2085

OLYMPIC ARMS, INC.

PISTOLS: SEMI-AUTO

	NIB	EXC	VG	G	F
BIG DEUCE	1025	870	740	630	535
BLAK-TAC MATCHMASTER	875	745	630	535	455
COHORT	850	725	615	520	440
ENFORCER	870	740	630	535	455
MATCHMASTER	870	740	630	535	455

	NIB	EXC	VG	G	F
STREET DEUCE	1150	980	830	705	600
JOURNEYMAN	1150	980	830	705	600
WESTERNER	1025	870	740	630	535
Westerner Trail Boss	1050	895	760	645	550
Westerner Constable	1000	850	725	615	525
WHITNEY WOLVERINE	325	275	235	200	170
K22	775	660	560	475	405
K23P SERIES	850	725	615	520	440
K23PGL	925	785	670	570	485
K23PGL-OR	885	750	640	545	465
K23P-9, K23P-10, K23P-40, K23P-45	775	660	560	475	405
K24P	750	640	540	460	390
K24P-OR	815	695	590	500	425
K24P-9	775	660	560	475	405
K24P-9-OR	815	695	590	500	425
OA-93 PISTOL	1065	905	770	655	555
OA-96 AR PISTOL	750	640	540	460	390
OA-98 PISTOL	1625	1380	1175	1000	850
RIFLES: BOLT ACTION					
BOLT ACTION SAKO	660	560	475	405	345
COUNTER SNIPER RIFLE	1300	1105	940	800	680
SURVIVOR I CONVERSION UNIT	275	235	200	170	145
ULTRA CSR TACTICAL RIFLE	1250	1065	905	770	655
ULTRA MAG BBK-01	Custom Order Only				
RIFLES/CARBINES: SEMI-AUTO					
COMPETITOR RIFLE	500	425	360	305	260
ULTRAMATCH PCR-1	950	810	685	585	495
Ultramatch PCR-1P	1075	915	775	660	560
ULTRAMATCH UM-1	1125	955	815	690	585
Ultramatch UM-1P	1350	1150	975	830	705
INTERCONTINENTAL	1135	965	820	695	590
INTERNATIONAL MATCH	1050	895	760	645	550
SERVICE MATCH/PCR SERVICE MATCH					
Service Match SM-1	1065	905	770	655	555
Service Match SM-1P Premium Grade	1425	1210	1030	875	745
Service Match PCR	895	760	645	550	470
Service Match PCR-SMP Premium Grade	1350	1150	975	830	705
MULTIMATCH ML-1/PCR-2					
Multimatch ML-1	995	845	720	610	520
Multimatch PCR-2	825	700	595	505	430
MULTIMATCH ML-2/PCR-3					
Multimatch ML-2	1065	905	770	655	555
Multimatch PCR-3	825	700	595	505	430
AR-15 MATCH/PCR-4	750	640	540	460	390
AR-15 MATCH/PCR-4	895	760	645	550	470
CAR-15/PCR-5					
PCR-5	665	565	480	410	350
CAR-15	1685	1430	1215	1035	880
CAR-97	725	615	525	445	380
CAR-97 M4	725	615	525	445	380
PCR-6	750	640	540	460	390
PCR-7 ELIMINATOR	750	640	540	460	390
PCR-8	725	615	525	445	380
PCR-8 Mag.	895	760	645	550	470
PCR-9/10/40/45	725	615	525	445	380
PCR-16	615	525	445	380	325
PCR-30	765	650	555	470	400
PLINKER	515	440	370	315	270
PLINKER PLUS	650	555	470	400	340
Plinker Plus Compact	595	505	430	365	310
Plinker Plus Flat-Top	615	525	445	380	325
Plinker Plus 20	645	550	465	395	335
FAR-15	695	590	500	425	360

	NIB	EXC	VG	G	F
GI-16	745	635	540	460	390
GI-20	645	550	465	395	335
OA-93 CARBINE	895	760	645	550	470
OA-93PT Carbine	895	760	645	550	470
LTF/LT-MIL4 LIGHTWEIGHT TACTICAL RIFLE	1050	895	760	645	550
LTF PREDATOR	875	745	630	535	455
MPR .308-15	1065	905	770	655	555
K3B CARBINE	695	590	500	425	360
K3B-FAR Carbine	725	615	525	445	380
K3B-M4 Carbine	725	615	525	445	380
K3B-M4-A3 Carbine	785	665	565	480	410
K3B-M4-A3-TC Carbine	850	725	615	520	440
K4B/K4B68	725	615	525	445	380
K4B-A4	800	680	580	490	415
K7 ELIMINATOR	785	665	565	480	410
K8	785	665	565	480	410
K8-MAG	1135	965	820	695	590
K9/K10/K40/K45	865	735	625	530	450
K9GL/K40GL	975	830	705	600	510
K16	725	615	525	445	380
K22 M4	875	745	630	535	455
K22 RIMFIRE TARGET MATCH	725	615	525	445	380
K22 SURVIVAL LIGHT	725	615	525	445	380
K30	800	680	580	490	415
K30R16	765	650	555	470	400
K68	765	650	555	470	400
K74	895	760	645	550	470
UMAR (ULTIMATE MAGNUM AR)	1065	905	770	655	555
GAMESTALKER CAMO	1135	965	820	695	590
GSG2 (GAMESTOCKER GEN 2)	1050	895	760	645	550
MPR GAMESTOCKER	1385	1175	1000	850	725

OMEGA

	NIB	EXC	VG	G	F
SEMI AUTOMATIC PISTOL	275	235	200	170	145
SEMI AUTOMATIC PISTOL	295	250	215	180	155

OMEGA FIREARMS

	NIB	EXC	VG	G	F
OMEGA III	2575	2190	1860	1580	1345

OMEGA PISTOL

	NIB	EXC	VG	G	F
OMEGA	625	530	450	385	325

OMEGA RIFLES/SHOTGUNS

	NIB	EXC	VG	G	F
STANDARD O/U	400	340	290	245	210
Deluxe O/U	450	385	325	275	235
STANDARD SxS	300	255	215	185	155
Deluxe SxS	350	300	255	215	185
SINGLE BARREL	150	130	110	90	75
STANDARD FOLDING SINGLE BARREL	200	170	145	125	105
DELUXE FOLDING SINGLE BARREL	250	215	180	155	130

OMEGA WEAPONS SYSTEMS INC.

	NIB	EXC	VG	G	F
OMEGA SPS-12	250	215	180	155	130

OMNI

	NIB	EXC	VG	G	F
OMNI	3600	3060	2600	2210	1880
SHELL HOLDER SINGLE SHOT	2975	2530	2150	1825	1550
MODEL WINDRUNNER	6950	5910	5020	4270	3630
MODEL WARLOCK	10750	9140	7765	6600	5610
E.D.M. ARMS MODEL 97	2525	2145	1825	1550	1320

	NIB	EXC	VG	G	F
E.D.M. ARMS WINDRUNNER WR50	11750	9990	8490	7215	6135

OPUS SPORTING ARMS, INC.

	NIB	EXC	VG	G	F
OPUS ONE	2350	2000	1700	1445	1230
OPUS TWO	2500	2125	1805	1535	1305
OPUS THREE	2850	2425	2060	1750	1490
OPUS FOUR	5000	4250	3615	3070	2610

ORACLE ARMS

	NIB	EXC	VG	G	F
2311 COMPACT/COMPACT ELITE	1890	1605	1365	1160	985
2311 COMBAT/COMBAT ELITE	1875	1595	1355	1150	980
2311 Competition	2700	2295	1950	1660	1410

ORISKANY ARMS INC.

	NIB	EXC	VG	G	F
MODEL 1911 TRADITIONAL 350 FP	850	725	615	520	440
MODEL 1911 TRADITIONAL 425 FP	835	710	605	515	440
MODEL 1911 TRADITIONAL 500 FP (TRADITIONAL FP)	765	650	555	470	400
MODEL 1911 CUSTOM 350 FP	850	725	615	520	440
MODEL 1911 CUSTOM 425 FP	835	710	605	515	440
MODEL 1911 CUSTOM 500 FP (CUSTOM FP)	765	650	555	470	400
MODEL 1911 SURVIVOR FP	925	785	670	570	485
MODEL 1911 TACTICAL 350 FP	1045	890	755	640	545
MODEL 1911 TACTICAL 425 FP	1030	875	745	635	540
MODEL 1911 TACTICAL 500 FP (TACTICAL FP)	965	820	695	595	505

ORTGIES PATENT PISTOLS (DEUTSCHE WERKE A.G.)

	NIB	EXC	VG	G	F
.25 ACP PISTOL (VEST POCKET AUTOMATIC)	450	385	325	275	235
.32 ACP PISTOL (POCKET AUTOMATIC)	500	425	360	305	260
.380 ACP PISTOL	850	725	615	520	440

ORVIS

SHOTGUNS: O/U

	NIB	EXC	VG	G	F
ELOS	2050	1745	1480	1260	1070
ELOS D2	2425	2060	1750	1490	1265
FIELD	1825	1550	1320	1120	950
KNOCKABOUT	3125	2655	2260	1920	1630
PREMIER GRADE	6450	5485	4660	3960	3365
RUGER/ORVIS MODEL	1295	1100	935	795	675
SKB GREEN MOUNTAIN UPLANDER (MODEL 555)	750	640	540	460	390
SPORTING CLAYS	3750	3190	2710	2305	1960
SUPER FIELD	1495	1270	1080	920	780
UPLANDER	4075	3465	2945	2505	2130
Orvis Deluxe Grade	4250	3615	3070	2610	2220
WATERFOWLER	3150	2680	2275	1935	1645

SHOTGUNS: SxS

	NIB	EXC	VG	G	F
CUSTOM UPLANDER		2525	2250	1950	1660
FEATHERLIGHT	5350	4550	3865	3285	2790
FIELD GRADE	1825	1550	1320	1120	950
FINE GRADE	4650	3955	3360	2855	2425
ORVIS ARTISAN	7650	6505	5525	4700	3995
ORVIS CLASSIC	4200	3570	3035	2580	2195
ORVIS HERITAGE SXS	3575	3040	2585	2195	1865
ROUNDED ACTION MODEL	8925	7585	6450	5480	4660
Rounded Action Uplander		4450	3950	3500	2975
UPLAND CLASSIC	5000	4250	3615	3070	2610
WATERFOWLER	1950	1660	1410	1200	1020

OTTOMANGUNS

	NIB	EXC	VG	G	F
SULTAN SERIES	240	205	175	145	125
GRAND VAZIR SERIES	185	155	135	115	100

	NIB	EXC	VG	G	F
OVERMATCH PRECISION ARMS					
MK36 H	2775	2360	2005	1705	1450
OX FIREARMS					
ORN TROLLEN PISTOL	1975	1680	1425	1215	1035
ORN TROLLEN RIFLE	1600	1360	1155	985	835
ORN PREDATOR RIFLE	3775	3210	2725	2320	1970
ORN SNIPER RIFLE	4350	3700	3145	2670	2270

P.38 MILITARY & COMMERCIAL PISTOLS

PISTOLS: SEMI-AUTO, CIRCA 1938-1946

	NIB	EXC	VG	G	F
AP "ARMEE PISTOLE"					
AP "Armee Pistole" Long Barrel		75700	65600	55500	47175
AP "Armee Pistole" Standard Barrel		35750	30600	25500	21675
PROTOTYPE HP "HEERES PISTOLE" & FIRST MODEL HP "HEERES PISTOLE"		Expert assessment required.			
HP "Heeres Pistole" Experimental "Concealed		14200	12400	11200	9520
HP "Heeres Pistole" "Swedish" HP		3900	3500	3225	2740
HP "Heeres Pistole" Standard HP Production		3000	2650	2350	2000
HP "Heeres Pistole" 7.65mm Para HP Production		16000	12250	9600	8160
HP "Heeres Pistole" Late War Mod. P.38 Production		3500	2700	2200	1870
ZERO-SERIES					
Zero Series - 1st Issue		13000	11300	9675	8225
Zero Series - 2nd Issue		11000	9500	8250	7015
Zero Series - 3rd Issue		4100	3275	3000	2550
P.38					
480 CODE FIRST MILITARY CONTRACT		8500	7450	6375	5420
ac-NO DATE (UNDATED)		9600	8000	6875	5845
ac-40 ADDED (SURCHARGE)		4500	3950	3500	2975
ac-40 STANDARD		3500	2975	2600	2210
ac-41 1ST AND 2ND VARIATION		2500	2150	1925	1635
ac-41 3rd Variation		2100	1675	1450	1235
ac-42 1ST AND 2ND VARIATIONS		1500	1300	1100	935
ac-43, ac-44 AND ac-45 STANDARD ISSUE		1300	1100	875	745
ac-45 0-SERIES	3600	3060	2600	2210	1880
byf-42 STANDARD ISSUE		2600	1975	1750	1490
byf-43 & byf-44 STANDARD ISSUE		1100	900	850	725
byf-43 & byf-44 POLICE ISSUE		2800	2350	1900	1615
svw-45 STANDARD ISSUE	3500	2975	2530	2150	1830
svw-45 Police Issue	Rarity Precludes Pricing				
cyq STANDARD ISSUE		1200	1050	825	700
cyq LATE PRODUCTION - SECOND ALPHABET SERIES		1800	1500	1300	1105
cvq ZERO SERIES - NON-STANDARD PRODUCTION	2400	2040	1735	1475	1255

PISTOLS: SEMI-AUTO, WALTHER POST-WAR MFG.

	NIB	EXC	VG	G	F
MODEL P38	1000	850	725	615	525
Model P38 Long Barrel Special Edition	5500	4675	3975	3380	2875
Model P38 Steel Frame	2700	2295	1950	1660	1410
Model P38 in .22 LR Cal.	1600	1360	1155	985	835
MODEL P38 II	950	810	685	585	495
MODEL P38K	3350	2850	2420	2055	1745
MODEL P38 SPECIAL EDITIONS/ENGRAVED					
Model P38 50th Year Commemorative	3650	3105	2635	2240	1905
Model P38 HP 60th Year Commemorative	3800	3230	2745	2335	1985
Model P38 100th Year Commemorative	2550	2170	1840	1565	1330
Model P38 Blue Engraved, 9mm	3000	2550	2170	1840	1565
Model P38 Blue Engraved, 7.65 cal.	3500	2975	2530	2150	1830
Model P38 Blue Engraved, .22 LR	3500	2975	2530	2150	1830
Model P38 Chrome Engraved	3500	2975	2530	2150	1830
Model P38 Chrome Engraved, Len's Edits	3500	2975	2530	2150	1830
Model P38 Silver Engraved	4000	3400	2890	2455	2085

	NIB	EXC	VG	G	F
Model P38 Gold Engraved	4350	3700	3145	2670	2270
MODEL P1 as-issued	825	700	595	505	430
MODEL P1 Imperial Police Trade-Ins	425	360	305	260	220
MODEL P1A1	5500	4675	3975	3380	2875
MODEL P4	950	810	685	585	495
PISTOLS: SEMI-AUTO, JOHN MARTZ CONVERSIONS					
P.38 - JOHN MARTZ CONVERSIONS BABY	4500	3825	3250	2765	2350
P.38 - JOHN MARTZ CONVERSIONS	6900	5865	4985	4235	3600
P.38 - JOHN MARTZ CONVERSIONS CARBINE	9300	7905	6720	5710	4855

P.A.F.

	NIB	EXC	VG	G	F
.25 ACP PISTOL	400	340	290	245	210

P.A.W.S., INC.

	NIB	EXC	VG	G	F
ZX6/ZX8 CARBINE	715	610	515	440	375

P.S.M.G. GUN COMPANY

	NIB	EXC	VG	G	F
SIX IN ONE SUPREME	700	595	505	430	365

PACIFIC INTERNATIONAL

	NIB	EXC	VG	G	F
VEGA COMBAT MATCH	450	385	325	275	235
MINI VEGA	300	255	215	185	155

PARA USA, LLC

	NIB	EXC	VG	G	F
PISTOLS: SEMI-AUTO					
6.45 LDA/LLDA	675	575	490	415	355
C SERIES MODELS	850	725	615	520	440
CD Series Model	775	660	560	475	405
D SERIES MODELS	775	660	560	475	405
P SERIES MODELS					
P Series Model P10	675	575	490	415	355
P Series Model P12	975	830	705	600	510
P Series Model P13	825	700	595	505	430
P Series Model P14	750	640	540	460	390
P Series Model P15	675	575	490	415	355
P Series Model P16	700	595	505	430	365
P Series Model P18	875	745	630	535	455
PXT 1911 SINGLE STACK SERIES					
Slim Hawg	925	785	670	570	485
Super Hawg Single Stack	1375	1170	995	845	720
GI Expert	625	530	450	385	325
GI Expert Stainless	675	575	490	415	355
GI Expert ESP	675	575	490	415	355
GI Expert LTC	775	660	560	475	405
1911 Wild Bunch	875	745	630	535	455
1911 OPS	1075	915	775	660	560
1911 LTC	850	725	615	520	440
1911 SSP Series	850	725	615	520	440
1911 SSP Gun Rights	1125	955	815	690	585
1911 Black Ops	1175	1000	850	720	610
1911 Black Ops Ltd.	1175	1000	850	720	610
Black Ops 10.45	1225	1040	885	750	640
Black Ops 14.45	1200	1020	865	735	625
Black Ops Combat	1225	1040	885	750	640
Black Ops Recon	1200	1020	865	735	625
1911 Limited	1275	1085	920	785	665
1911 100th Anniversary	1050	895	760	645	550
1911 Nite-Tac	1125	955	815	690	585
Todd Jarrett USPSA Limited Edition	1700	1445	1230	1045	890
EXPERT	625	530	450	385	325

	NIB	EXC	VG	G	F
Expert Stainless	675	575	490	415	355
Expert Carry	525	445	380	320	270
Expert Commander	785	665	565	480	410
Expert 10.45	825	700	595	505	430
Expert 14.45	825	700	595	505	430
PXT HIGH CAPACITY SERIES					
Hawg 7	850	725	615	520	440
Hawg 9	975	830	705	600	510
Lite Hawg 9	1075	915	775	660	560
Lite Hawg .45	1075	915	775	660	560
Warthog	825	700	595	505	430
Nite Hawg	1100	935	795	675	575
Big Hawg	975	830	705	600	510
Super Hawg High Capacity	1375	1170	995	845	720
P14.45	875	745	630	535	455
P14.45 Stainless	825	700	595	505	430
P14.45 Gun Rights	1125	955	815	690	585
P18.9	1225	1040	885	750	640
S14.45 Limited (PXT High Capacity Limited)	1250	1065	905	770	655
S16.40 Limited (PXT High Capacity Limited)	1250	1065	905	770	655
S12-45 Limited	1100	935	795	675	575
18.9 Limited	1275	1085	920	785	665
Todd Jarrett USPSA .40 Limited Edition	1650	1405	1190	1015	865
14.45 TACTICAL	1500	1275	1085	920	780
16.40 TT	1875	1595	1355	1150	980
PXT LDA SINGLE STACK (CARRY OPTION SERIES)					
Carry Gap	1050	895	760	645	550
CCO Gap	1050	895	760	645	550
Covert Black Carry	1125	955	815	690	585
Carry	1125	955	815	690	585
Carry 9	975	830	705	600	510
Stealth	1275	1085	920	785	665
PDA	1225	1040	885	750	640
PDA .45	1275	1085	920	785	665
CCO	1100	935	795	675	575
CCW	1100	935	795	675	575
Companion	975	830	705	600	510
Companion II	825	700	595	505	430
LDA CARRY	975	830	705	600	510
LDA OFFICER	975	830	705	600	510
PXT LDA SINGLE STACK					
CCO Companion Black Watch	1075	915	775	660	560
Covert Black Nite-Tac SS	1100	935	795	675	575
LDA SSP	1125	955	815	690	585
Nite-Tac SS	1100	935	795	675	575
PXT LDA Limited	1025	870	740	630	535
Tac-S	950	810	685	585	495
PXT LDA HIGH CAPACITY (CARRY OPTION SERIES)					
Carry 12	1150	980	830	705	600
Tac-Four	1050	895	760	645	550
Tac-Forty	1025	870	740	630	535
Tac-Five	1150	980	830	705	600
PXT LDA HIGH CAPACITY SERIES					
Colonel	875	745	630	535	455
Covert Black Hi-Cap .45	1050	895	760	645	550
Covert Black Nite-Tac .45	1050	895	760	645	550
Coyote Brown Nite-Tac .45	1300	1105	940	800	680
Hi-Cap .45	1050	895	760	645	550
Hi-Cap Limited .45	1175	1000	850	720	610
Nite-Tac .45	1125	955	815	690	585
PXT LDA HIGH CAPACITY LIMITED	1025	870	740	630	535
PXT LTC HIGH CAPACITY	825	700	595	505	430
S SERIES MODELS					

	NIB	EXC	VG	G	F
S Series Model S10 Limited	825	700	595	505	430
S Series Model S12 Limited	975	830	705	600	510
S Series Model S13 Limited	975	830	705	600	510
S Series Model S14 Limited	925	785	670	570	485
S Series Model S16 Limited	925	785	670	570	485
T SERIES MODELS	900	765	650	555	470
CUSTOM SERIES					
Executive Agent	1300	1105	940	800	680
Executive Carry	1300	1105	940	800	680
Pro Custom 10.45	1350	1150	975	830	705
Pro Custom 14.45	1350	1150	975	830	705
Pro Custom 16.40	1350	1150	975	830	705
Pro Custom 18.9	1350	1150	975	830	705
Pro Comp	1200	1020	865	735	625
Tomasie Custom	1875	1595	1355	1150	980
ELITE SERIES					
Elite	875	745	630	535	455
Elite Target	925	785	670	570	485
Elite Pro	1150	980	830	705	600
Elite LS Hunter	1150	980	830	705	600
Elite Commander	875	745	630	535	455
Elite Officer	875	745	630	535	455
Elite Carry	875	745	630	535	455

RIFLES: SEMI-AUTO

	NIB	EXC	VG	G	F
TTR SERIES	1800	1530	1300	1105	940

PARAMOUNT

	NIB	EXC	VG	G	F
THE IMPERIAL	3250	2765	2350	1995	1695
RANGEMASTER	1600	1360	1155	985	835

PARDINI, ARMI Srl

PISTOLS: SEMI-AUTO

	NIB	EXC	VG	G	F
PC45	1400	1190	1010	860	730
PC45S	1650	1405	1190	1015	865
PCS-Open	1800	1530	1300	1105	940
GT9/PC40/GT45 DEFENSE/SPORT	2500	2125	1805	1535	1305
GT9/GT40 Defense Sport Inox	2650	2255	1915	1625	1380

PISTOLS: TARGET

	NIB	EXC	VG	G	F
MODEL SP/MODEL SP NEW (STANDARD PISTOL)	2300	1955	1660	1410	1200
MODEL SP1	1925	1635	1390	1180	1005
MODEL SP1/SP1 NEW RAPID FIRE	2250	1915	1625	1380	1175
LADIES PISTOL	850	725	615	520	440
MODEL GP/GP E (RAPID FIRE PISTOL)	1425	1210	1030	875	745
MODEL HP/HP E/HP NEW (CENTERFIRE PISTOL)	2500	2125	1805	1535	1305
MODEL K22	1770	1505	1280	1085	920
MODEL K50 (FREE PISTOL)	925	785	670	570	485
PARDINI/NYGORD MASTER	1325	1125	955	815	695
FPM/FPE FREE PISTOL	2450	2085	1770	1505	1280

PARKER BROTHERS

SHOTGUNS: SxS, FLUID STEEL BARREL MODELS & PRICING

	NIB	EXC	VG	G	F
TROJAN					
Trojan 12 ga.		2700	2300	1700	1445
Trojan 16 ga.		4500	3100	3000	2550
Trojan 20 ga.		5500	5000	4500	3825
VH					
VH 12 ga.		3000	2500	2000	1700
VH 16 ga.		5000	4500	4000	3400
VH 20 ga.		9500	8500	7500	6375
VH 28 ga.		27000	21000	16000	13600
VH .410 bore.		32500	28000	24000	20400

	NIB	EXC	VG	G	F
PH					
PH 12 ga.		4000	3400	2800	2380
PH 16 ga.		6200	5700	5200	4420
PH 20 ga.		10000	9000	8000	6800
PH 28 ga. & .410 bore		Rarity Precludes Pricing			
GH					
GH 12 ga.		5000	3800	2800	2380
GH 16 ga.		8400	7000	6000	5100
GH 20 ga.		14000	11000	10000	8500
GH 28 ga.		35000	29000	25000	21250
GH .410 bore		70000	60000	50000	42500
DH					
DH 12 ga.		6000	4400	3400	2890
DH 16 ga.		9000	8000	7000	5950
DH 20 ga.		15000	13000	12000	10200
DH 28 ga.		44000	38000	32000	27200
DH .410 bore		80000	70000	60000	51000
CH					
CH 12 ga.		9400	7200	5800	4930
CH 16 ga.		16000	13000	10500	8925
CH 20 ga.		28000	23000	20000	17000
CH 28 ga.		80000	65000	55000	46750
CH .410 bore		Rarity Precludes Pricing			
BH					
BH 12 ga.		16500	10500	8500	7225
BH 16 ga.		24500	21000	18000	15300
BH 20 ga.		36000	31000	27000	22950
BH 28 ga.		90000	75000	65000	55250
BH .410 bore		Rarity Precludes Pricing			
AH					
AH 12 ga.		27000	23000	18000	15300
AH 16 ga.		47500	43000	38000	32300
AH 20 ga.		65000	60000	55000	46750
AH 28 ga.		Rarity Precludes Pricing			
AH .410 bore		Rarity Precludes Pricing			
AAH					
AAH 12 ga.		50000	37500	31000	26350
AAH 16 ga.		80500	71500	62000	52700
AAH 20 ga.		100,000	90000	80000	68000
AAH 28 ga.		Rarity Precludes Pricing			
AAHE (RECENT MFG.)		Rarity Precludes Pricing			
A-1 SPECIAL GRADE					
A-1 Special Grade 12 ga.		80000	67500	48000	40800
A-1 Special Grade 16 ga.		135,000	110,000	90000	76500
A-1 Special Grade 20 ga.		200,000	175,000	150,000	127500
A-1 Special Grade 28 ga.		Rarity Precludes Pricing			
INVINCIBLE GRADE		Rarity Precludes Pricing			
SHOTGUNS: SINGLE BARREL, TRAP					
S.C. GRADE		5900	5000	3900	3315
S.B. GRADE		10000	9000	7000	5950
S.A. GRADE		15000	13000	11900	9775
S.A.A. GRADE		Rarity Precludes Pricing			
S.A.-1 SPECIAL GRADE		Rarity Precludes Pricing			

PARKER REPRODUCTIONS

	NIB	EXC	VG	G	F
DHE GRADE, 12 Gauge	5770	4905	4170	3545	3015
DHE GRADE, 20 Gauge	6825	5800	4930	4190	3560
DHE GRADE, 28 Gauge	6500	5525	4695	3990	3390
DHE Grade Steel Shot Special	5750	4890	4155	3530	3000
DHE Grade Small Gauge Combo	8500	7225	6140	5220	4435
DHE Grade Small Gauge Combo	16500	14025	11920	10135	8615
DHE Grade 3-Barrel Set	20000	17000	14450	12285	10440

	NIB	EXC	VG	G	F
BHE GRADE LIMITED EDITION 12 Gauge	9000	7650	6505	5525	4695
BHE GRADE LIMITED EDITION 20 Gauge	11000	9350	7950	6755	5740
BHE GRADE LIMITED EDITION 28 Gauge	20000	17000	14450	12285	10440
BHE GRADE LIMITED EDITION .410 Bore	22000	18700	15895	13510	11485
BHE GRADE LIMITED EDITION 2-Barrel set (28, .410)	32500	27625	23480	19960	16965
A-1 SPECIAL 12 Gauge	16000	13600	11560	9825	8350
A-1 SPECIAL 20 Gauge	20000	17000	14450	12285	10440
A-1 SPECIAL 28 Gauge, 2 bbl combo w/ .410	35000	29750	25290	21495	18270
A-1 SPECIAL 2 bbl set, 16 & 20 Gauge	30000	25500	21675	18425	15660
A-1 SPECIAL 3 bbl set, 28 ga & .410	58000	49300	41905	35620	30275
A-1 Special Custom Engraved	Custom Order Only				
A-1 Special Federal Duck Stamp Collector's Series	49500	42075	35765	30400	25840

PASTUSEK INDUSTRIES

	NIB	EXC	VG	G	F
HSK (SPORT KING)	350	300	255	215	185
HSS (SHARPSHOOTER)	400	340	290	245	210
HSC (SUPERMATIC CITATION)	450	385	325	275	235
HST (SUPERMATIC TROPHY)	500	425	360	305	260
HSV (VICTOR)	550	470	395	340	290
HSO (OLYMPIC)	600	510	435	370	315

PATRIOT PRECISION

	NIB	EXC	VG	G	F
46:12 DEFENDER	3050	2595	2205	1875	1595
ARISTEROS	3300	2805	2385	2025	1720
CHECKMATE	4675	3975	3380	2870	2440
EMPRESS	3500	2975	2530	2150	1830
KAIBAB	5100	4335	3685	3130	2660
PIONEER	2900	2465	2095	1780	1515
SKYLINE	3250	2765	2350	1995	1695
SUNBEAM	3000	2550	2170	1840	1565

PATRIOT WEAPONRY

	NIB	EXC	VG	G	F
P-51	3075	2615	2220	1890	1605
B-17	3775	3210	2725	2320	1970
P-51 CARBON	3575	3040	2585	2195	1865
P-51 MATCH CHROME	3050	2595	2205	1875	1595

PAUZA SPECIALTIES

	NIB	EXC	VG	G	F
P50 SEMI-AUTO	7500	6375	5420	4605	3915

PEACE RIVER CLASSICS

	NIB	EXC	VG	G	F
PEACE RIVER CLASSICS SEMI-AUTO	2500	2125	1805	1535	1305

PEERLESS RIFLE COMPANY

	NIB	EXC	VG	G	F
PEERLESS I	3500	2975	2530	2150	1830
PEERLESS II	6500	5525	4695	3990	3390
PEERLESS II SAFARI (CURRENT MFG.)/SPORTER	8500	7225	6140	5220	4435
PEERLESS ROYAL EXPRESS RIFLE	12500	10625	9030	7675	6525

PERAZZI

RIFLES: O/U

	NIB	EXC	VG	G	F
EXPRESS SC2	18650	15855	13475	11455	9735
EXPRESS SC3	25250	21465	18245	15505	13180

SHOTGUNS: AMERICAN TRAP, SINGLE BARREL & COMBINATIONS

	NIB	EXC	VG	G	F
DB81	5850	4975	4225	3595	3055
MX-8	10880	9250	7860	6680	5680
MX-10	12500	10625	9030	7675	6525
MX-10 RS	12500	10625	9030	7675	6525
MX-14/MX-14L TRAP COMBO	16100	13685	11630	9885	8400

	NIB	EXC	VG	G	F
MX-15	13330	11330	9630	8185	6955
MX-15L	8700	7395	6285	5345	4545
MX-2000	9325	7925	6735	5725	4865
MX-2000/8	10500	8925	7585	6450	5485
MX-2005	13200	11220	9535	8105	6890
TM1	5040	4285	3640	3095	2630
TMX	3600	3060	2600	2210	1880
TM9	9885	8400	7140	6070	5160
TM9X	11535	9805	8335	7085	6020

SHOTGUNS: O/U, STANDARD MODELS (GAME, PIGEON, SKEET, SPORTING, & TRAP) & COMBINATIONS, RECENT

	NIB	EXC	VG	G	F
DB81	5850	4975	4225	3595	3055
GRANDITALIA	4900	4165	3540	3010	2560
MIRAGE	6800	5780	4915	4175	3550
MS 80	5500	4675	3975	3380	2875
MT-6	4750	4040	3430	2915	2480
MX-1/MX-2	11650	9905	8415	7155	6080
MX-3	4000	3400	2890	2455	2085
MX-4	4400	3740	3180	2700	2295
MX-5	4000	3400	2890	2455	2085
MX-6	4400	3740	3180	2700	2295
MX-7	4200	3570	3035	2580	2195
MX-8					
MX-8 Sporting	11650	9905	8415	7155	6080
MX-8L Sporting	12100	10285	8740	7430	6315
MX-8C/MX-8 20C Sporting	8900	7565	6430	5465	4645
MX-8LC Sporting	10500	8925	7585	6450	5485
MX-8 Trap	9400	7990	6790	5775	4910
MX-8L Trap	11750	9990	8490	7215	6135
MX-8 Vintage	13125	11155	9485	8060	6850
MX-8 Skeet	11650	9905	8415	7155	6080
MX-8L Skeet	12100	10285	8740	7430	6315
MX-8 Special	8200	6970	5925	5035	4280
MX-8B	6900	5865	4985	4235	3600
MX-9	7000	5950	5060	4300	3655
MX-10/MX-10RS	8350	7100	6035	5130	4360
MX-11	5800	4930	4190	3560	3025
MX-12/MX-12C	12610	10720	9110	7745	6585
MX-12/3 & MX-12/3C	14250	12115	10295	8750	7440
MX-16 (OLDER MFG.)	5800	4930	4190	3560	3025
MX-16 (CURRENT MFG.)	16050	13645	11595	9855	8375
MX-20/MX-20C	12495	10620	9030	7675	6525
MX-28 GAME	23375	19870	16890	14355	12200
MX-28B GAME	16050	13645	11595	9855	8375
MX-410 GAME	23375	19870	16890	14355	12200
MX-410B GAME	16050	13645	11595	9855	8375
MX-2000 SERIES					
MX-2000S Game	11,900	10115	8600	7310	6215
MX-2000S Gold Game	16250	13815	11740	9980	8485
MX-2000S/MX-2000SC Sporting	9100	7735	6575	5590	4750
MX-2000S/MX-2000SC Gold Sporting	15500	13175	11200	9520	8090
MX-2000 S/3 and MX-2000 S/3C Sporting	14725	12515	10640	9045	7690
MX-2000/3 (MX-2000/3 Pigeon/MX-2000/3 Trap)	14725	12515	10640	9045	7690
MX-2000/8 Skeet	13100	11135	9465	8045	6840
MX-2000/8 Sporting	12040	10235	8700	7395	6285
MX-2000/8 Pigeon / MX-2000/8 Trap	13100	11135	9465	8045	6840
MX-2000/8 Gold	16000	13600	11560	9825	8350
MX-2005 (MX-2005 PIGEON/MX-2005 TRAP)	14725	12515	10640	9045	7690
MX-2000/10 TRAP COMBO	18785	15965	13570	11535	9805
MX-2000/RS TRAP COMBO	18785	15965	13570	11535	9805
MXS SPORTING	10700	9095	7730	6570	5585

SHOTGUNS: O/U, 4-GAUGE SKEET SETS

STANDARD GRADE MODELS

	NIB	EXC	VG	G	F
Standard Grade Model MX3 Special	5200	4420	3755	3195	2715

	NIB	EXC	VG	G	F
Standard Grade Model Mirage Special	5850	4975	4225	3595	3055

SHOTGUNS: O/U, HIGH TECH SERIES

	NIB	EXC	VG	G	F
HIGH TECH	14910	12675	10770	9155	7780
High Tech Combo	17825	15150	12880	10945	9305
High Tech Platinum or Gold	18150	15430	13115	11145	9475
High Tech SC3	21010	17860	15180	12905	10970
High Tech SCO	34935	29695	25240	21455	18235
HIGH TECH 3/HIGH TECH 5/HIGH TECH 8	14625	12430	10565	8980	7635
HIGH TECH 10 (HT 10)	14750	12540	10655	9060	7700
HIGH TECH L (HT L)	14825	12600	10710	9105	7740
HIGH TECH RS (HT RS)	14750	12540	10655	9060	7700
HIGH TECH S (HT S)	12650	10755	9140	7770	6605
High Tech S 3-5	14900	12665	10765	9150	7780
HIGH TECH S X (HTS X)	16300	13855	11775	10010	8510
HIGH TECH X (HTX)	16025	13620	11580	9840	8365
HIGH TECH 2020 (HT 2020)	20900	17765	15100	12835	10910
High Tech 2020 Gold/High Tech 2020 Palladium	22325	18975	16130	13710	11655
HIGH TECH S 2020 (HT S 2020)	21150	17980	15280	12990	11040
High Tech S 2020 Gold/High Tech S 2020 Palladium	22600	19210	16330	13880	11800
HIGH TECH S 2020 SMALL FRAME	24600	20910	17775	15105	12840
High Tech S 2020 Small Frame Gold/High Tech S 2020	Contact Importer for Pricing				
HIGH TECH S GAME (HTS GAME)	Contact Importer for Pricing				
High Tech S Game (HTS Game) Small Frame	Contact Importer for Pricing				
HIGH TECH 60TH ANNIVERSARY PLATINUM - LIMITED	Contact Importer for Pricing				

SHOTGUNS: O/U, SIDELOCK MODELS

	NIB	EXC	VG	G	F
O/U SIDELOCK TRAP MODELS					
Sidelock Trap Model SHO Older Mfg.	12000	10200	8670	7370	6265
Sidelock Trap Model SHO Newer Mfg.	28500	24225	20590	17505	14880
Sidelock Trap Model SHO Gold Older Mfg.	17000	14450	12285	10440	8875
Sidelock Trap Model SHO Gold Newer Mfg.	34000	28900	24565	20880	17750
Sidelock Trap Model SHO Extra	80000	68000	57800	49130	41760
Sidelock Trap Model SHO Gold Extra	86000	73100	62135	52815	44895
O/U SIDELOCK SKEET MODELS					
Sidelock Skeet Model SHO Older Mfg.	15000	12750	10840	9210	7830
Sidelock Skeet Model SHO Newer Mfg.	35850	30475	25900	22015	18715
Sidelock Skeet Model SHO Gold Older Mfg.	18000	15300	13005	11055	9395
Sidelock Skeet Model SHO Gold Newer Mfg.	45000	38250	32515	27635	23490
Sidelock Skeet Model SHO Extra	68750	58440	49670	42220	35885
Sidelock Skeet Model SHO Gold Extra	72750	61840	52560	44680	37980
SHO HUNTING MODELS					
SHO Hunting Model Older Mfg.	12000	10200	8670	7370	6265
SHO Hunting Model Newer Mfg.	29950	25460	21640	18395	15635
SHO Hunting Model Gold Older Mfg.	18000	15300	13005	11055	9395
SHO Hunting Model Gold Newer Mfg.	38650	32855	27925	23735	20175
SHO Hunting Model Extra	68750	58440	49670	42220	35885
SHO Hunting Model Gold Extra	72750	61840	52560	44680	37980

SHOTGUNS: SxS GAME SHOTGUNS

	NIB	EXC	VG	G	F
DC (DOPPIETTA COMPETIZIONE)	Pricing Unavailable				
DC12	17720	15060	12805	10880	9250
DC20	11350	9650	8200	6970	5925

PGM PRECISION

	NIB	EXC	VG	G	F
LUDIS	4125	3505	2980	2535	2155
MINI HECATE 2	7690	6535	5555	4725	4015
ULTIMA RATIO	5440	4625	3930	3340	2840

PHASE 5 TACTICAL

	NIB	EXC	VG	G	F
AR-15 ATLAS ONE PISTOL - BILLET	1650	1405	1190	1015	865
AR-15 CQC PISTOL - FORGED	1125	955	815	690	585
AR-15 P5T15	1600	1360	1155	985	835

	NIB	EXC	VG	G	F
PHELPS MFG. CO.					
HERITAGE I	2750	2340	1985	1690	1435
EAGLE I	2250	1915	1625	1380	1175
PATRIOT	2150	1830	1555	1320	1120
GRIZZLY .50-70	2500	2125	1805	1535	1305
PHILLIPS & ROGERS, INC.					
MEDUSA MODEL 47 REVOLVER	3750	3190	2710	2305	1960
WILDERNESS EXPLORER	1200	1020	865	735	625
PHOENIX ARMS					
HP22A MODEL (HP MODEL)	150	130	110	90	75
HP22A (HP) Model Range Kit	190	160	135	115	100
HP22A (HP) Model Deluxe Range Kit	220	185	160	135	115
HP25A MODEL	175	150	125	105	90
RAVEN	200	170	145	125	105
PHOENIX ARMS CO.					
PHOENIX	1000	850	725	615	525
PICKERT ARMINIUS					
MODEL 3	250	215	180	155	130
MODEL 8	250	215	180	155	130
MODEL 9	275	235	200	170	145
MODEL 10	225	190	165	140	120
PIETTA, F.LLI					
REVOLVERS: REPRODUCTIONS, SAA & VARIATIONS					
1873 PIETTA SAA & VARIATIONS, Brass strap	425	360	305	260	220
1873 PIETTA SAA & VARIATIONS, Steel strap	400	340	290	245	210
1873 Pietta Millenium SAA	325	275	235	200	170
1873 Pietta Bird's Head SAA	425	360	305	260	220
1873 Pietta SAA Model "T"	450	385	325	275	235
1873 Pietta Buntline SAA	495	420	360	305	260
1873 Pietta .22 Cal. SAA	325	275	235	200	170
1873 .22 LR MAVERICK	470	400	340	290	245
1873 .44 MAGNUM MAVERICK W/1860 ARMY GRIP	580	495	420	355	300
GREAT WESTERN II ALCHIMISTA	535	455	385	330	280
GREAT WESTERN II ALCHIMISTA II	600	510	435	370	315
GREAT WESTERN II ALCHIMISTA III	610	520	440	375	320
GREAT WESTERN II DELUXE ALCHIMISTA III	635	540	460	390	330
Great Western II Deluxe Alchimista III Junior	715	610	515	440	375
GREAT WESTERN II BUNTLINE	615	525	445	380	325
GREAT WESTERN II CALIFORNIAN	580	495	420	355	300
GREAT WESTERN II CALIFORNIAN (TRANSFER BAR MODELS)	375	320	270	230	195
GREAT WESTERN II CALIFORNIAN DELUXE	670	570	485	410	350
GREAT WESTERN II DEADMAN'S HAND	630	535	455	385	325
GREAT WESTERN II DELUXE GRANDE CALIFORNIAN	585	495	425	360	305
GREAT WESTERN II CALIFORNIAN DELUXE	725	615	525	445	380
GREAT WESTERN II CATTLEBRAND	850	725	615	520	440
GREAT WESTERN II CENTENNIAL	600	510	435	370	315
GREAT WESTERN II CUSTOM 1873 SA	725	615	525	445	380
Great Western II Custom 1873 Stainless	675	575	490	415	355
GREAT WESTERN II DELUXE PHOTO ENGRAVED	575	490	415	355	300
GREAT WESTERN II DELUXE STAINLESS STEEL	780	665	565	480	410
GREAT WESTERN II EXPRESS AGENT	600	510	435	370	315
GREAT WESTERN II FREEDOM	560	475	405	345	295
GREAT WESTERN II DELUXE FREEDOM	580	495	420	355	300

	NIB	EXC	VG	G	F
GREAT WESTERN II FRONTIER MARSHAL AND U.S.	520	440	375	320	270
GREAT WESTERN II GAMBLER'S ROYALE	650	555	470	400	340
GREAT WESTERN II GENERAL PATTON/STAINLESS	910	775	655	560	475
GREAT WESTERN II GUNFIGHTER	495	420	360	305	260
GREAT WESTERN II LIBERTY MODEL	645	550	465	395	335
GREAT WESTERN II LIMITED EDITION "BAT	600	510	435	370	315
GREAT WESTERN II MIDNIGHT SPECIAL	525	445	380	320	270
GREAT WESTERN II PALADIN MODEL	575	490	415	355	300
GREAT WESTERN II PONY EXPRESS	600	510	435	370	315
GREAT WESTERN II PONY EXPRESS STAINLESS	765	650	555	470	400
GREAT WESTERN II POSSE/POSSE II	550	470	395	340	290
GREAT WESTERN II R MODEL TRIBUTE	680	580	490	420	355
GREAT WESTERN II SHERIFF	525	445	380	320	270
GREAT WESTERN II DELUXE SHERIFF (OLDER MFG.)	740	630	535	455	385
GREAT WESTERN II DELUXE SHERIFF (RECENT MFG.)	500	425	360	305	260
GREAT WESTERN II DELUXE SHERIFF STAINLESS	850	725	615	520	440
GREAT WESTERN II THE SHOOTIST	655	555	475	400	340
GREAT WESTERN II U.S. GRANT	765	650	555	470	400

RIFLES: SEMI-AUTO

	NIB	EXC	VG	G	F
CHRONOS (KRONOS)	1200	1020	865	735	625

PKP, INC.

	NIB	EXC	VG	G	F
POWELL KNIFE PISTOL MR-38	1000	850	725	615	525

POINTER

SHOTGUNS: O/U

	NIB	EXC	VG	G	F
POINTER 1000 FIELD (SPORTING SERIES)	450	385	325	275	235
POINTER ACRIUS	390	330	280	240	205
Pointer Cerakote Acrius	425	360	305	260	220
POINTER ARISTA	500	425	360	305	260
Pointer Arista Youth	500	425	360	305	260
POINTER CLAYS O/U	825	700	595	505	430
POINTER FIELD O/U	500	425	360	305	260
POINTER ITALIAN SPORTING CLAYS	1150	980	830	705	600
POINTER ITALIAN SPORTING/FIELD	1150	980	830	705	600
POINTER LUX	510	435	370	315	270
POINTER MXL	550	470	395	340	290
Pointer MXL Camo	625	530	450	385	325
POINTER SCT BASIC CLAY	815	695	590	500	425
Pointer SCT Basic Clay Youth	815	695	590	500	425
POINTER SCT DELUXE CLAY	1025	870	740	630	535
POINTER SPORT TEK TRAP/SPORT TEK 5	475	405	345	290	245
POINTER SYNTHETIC	525	445	380	320	270
Pointer Synthetic Home Defense	510	435	370	315	270
POINTER TURKISH SPORTING/FIELD	525	445	380	320	270

SHOTGUNS: SEMI-AUTO

	NIB	EXC	VG	G	F
POINTER	595	505	430	365	310
POINTER STANDARD	525	445	380	320	270
POINTER DELUXE	525	445	380	320	270
POINTER DELUXE CAMO	575	490	415	355	300
POINTER FIELD TEK SERIES	240	205	175	145	125
POINTER (PHENOMA)	450	385	325	275	235
POINTER (PHENOMA) CERAKOTE & WOOD	575	490	415	355	300
Pointer Phenoma Cerakote Laser Etched	750	640	540	460	390
POINTER SCT CLAY	550	470	395	340	290
POINTER SCT COMPETITION	550	470	395	340	290
POINTER SLUG COMBO	645	550	465	395	335
POINTER SPORT TEK 8 CLAY/TRAP SERIES	325	275	235	200	170

SHOTGUNS: SINGLE SHOT

	NIB	EXC	VG	G	F
POINTER BREAK ACTION	175	150	125	105	90
Pointer Break Action Youth	180	155	130	110	95

	NIB	EXC	VG	G	F
POINTER PUP	175	150	125	105	90
POINTER SINGLE BA TRAP ENTRY (KST-1230)	390	330	280	240	205
POINTER SCT BASIC TRAP	845	720	610	520	440
Pointer SCT Basic Trap Youth	845	720	610	520	440
POINTER SCT DELUXE TRAP	1085	920	785	665	565
POINTER SPORT TEK TRAP	365	310	265	225	190
SHOTGUNS: SLIDE ACTION					
POINTER SLUG COMBO	525	445	380	320	270
POINTER STANDARD SLIDE ACTION	350	300	255	215	185

POLY TECHNOLOGIES, INC.

	NIB	EXC	VG	G	F
AKS-762	1750	1490	1265	1075	915
SKS	750	640	540	460	390
AK-47/S (LEGEND)	2500	2125	1805	1535	1305
AK-47/S National Match Legend	2350	2000	1700	1445	1230
RPK	1650	1405	1190	1015	865
M-14/S	1750	1490	1265	1075	915

POWELL & BROWN KNIFE PISTOL

	NIB	EXC	VG	G	F
KNIFE PISTOL (PKP)	2350	2000	1700	1445	1230

PRECISION REFLEX, INC.

	NIB	EXC	VG	G	F
3 GUN SHOOTER RIFLE	1195	1015	865	735	625
DELUXE RIFLE	1385	1175	1000	850	725
ENTRY LEVEL RIFLE	1400	1190	1010	860	730
ENTRY LEVEL DELTA RIFLE	950	810	685	585	495
Entry Level Delta Rifle Stainless	1125	955	815	690	585
MARK 12 MOD H RIFLE	1875	1595	1355	1150	980
MARK 12 MOD O GEN II SPR RIFLE	2000	1700	1445	1230	1045
MARK 12 MOD O DELTA GEN III RIFLE	1975	1680	1425	1215	1035
MARK 12 MOD O GEN III RIFLE	2000	1700	1445	1230	1045
MARK 12 MOD O M-LOK RIFLE	2000	1700	1445	1230	1045
MARK 12 MOD O SPR RIFLE	1600	1360	1155	985	835
Mark 12 Mod Delta Rifle	1600	1360	1155	985	835
MARK 12 MOD O SPR VARIANT RIFLE	1350	1150	975	830	705
PRI BASIC RIFLE	950	810	685	585	495
PRI ENTRY LEVEL	1300	1105	940	800	680
TACTICAL OPERATOR RIFLE	1475	1255	1065	905	770

PRECISION SMALL ARMS, INC. (PSA)

	NIB	EXC	VG	G	F
(PSP) PSA-25 STANDARD (TRADITIONAL)/NOUVEAU	950	810	685	585	495
PSA-25 Stainless Steel	950	810	685	585	495
PSA-25 Bone & Charcoal	925	785	670	570	485
PSA-25 Featherweight	950	810	685	585	495
PSA-25 HB/EN	600	510	435	370	315
PSA-25 Beauxart Stainless	1050	895	760	645	550
PSA-25 Case Colored	1485	1260	1075	910	775
PSA-25 Montreux	1650	1405	1190	1015	865
PSA-25 Sterling	1095	930	790	670	570
PSA-25 Presidential	600	510	435	370	315
PSA-25 Renaissance Series	3450	2935	2495	2120	1800
PSA-25 Signature Editions	325	275	235	200	170
PSA-25 Damascus Exhibition Series No. 1	3000	2550	2170	1840	1565
PSA-25 Diplomat Exhibition Series	1500	1275	1085	920	780
PSA-25 Grand Exhibition Series No. 1	6100	5185	4405	3745	3185
PSA-25 Imperiale Exhibition Series	4000	3400	2890	2455	2085

PREMIER

	NIB	EXC	VG	G	F
REGENT MODEL	450	385	325	275	235
REGENT MAGNUM EXPRESS	500	425	360	305	260

	NIB	EXC	VG	G	F
REGENT 10 GAUGE MAGNUM	650	555	470	400	340
BRUSH KING	500	425	360	305	260
MONARCH SUPREME GRADE	750	640	540	460	390
PRESENTATION CUSTOM GRADE	2250	1915	1625	1380	1175
AMBASSADOR MODEL	600	510	435	370	315

PRIMARY WEAPONS SYSTEMS (PWS)

PISTOLS: SEMI-AUTO

	NIB	EXC	VG	G	F
DI-10P MODERN MUSKET	1325	1125	955	815	695
MK1 MOD 1-P	1400	1190	1010	860	730
MK107 SERIES	1725	1465	1245	1060	900
MK107 MOD 1-M	1450	1235	1050	890	755
MK107 MOD 2	1800	1530	1300	1105	940
MK107 MOD 2-M	1800	1530	1300	1105	940
MK109 SERIES	1500	1275	1085	920	780
MK109 MOD 1-M	1400	1190	1010	860	730
MK109 MOD 2-M	1575	1340	1140	965	820
MK110 SERIES	1725	1465	1245	1060	900
MK110 ALPHA PISTOL	1950	1660	1410	1200	1020
MK111 MOD 2	1800	1530	1300	1105	940
MK111 MOD 1-M	1450	1235	1050	890	755
MK111 MOD 2-M .223 WYLDE	1800	1530	1300	1105	940
MK111 MOD 2-M 7.62x39	1625	1380	1175	1000	850
MK111 PRO	1200	1020	865	735	625
PCC	1100	935	795	675	575

RIFLES: BOLT ACTION

	NIB	EXC	VG	G	F
MK3 SERIES	6250	5315	4515	3840	3265
T3 SUMMIT RIMFIRE SERIES	675	575	490	415	355

RIFLES: SEMI-AUTO

	NIB	EXC	VG	G	F
DI-16 MODERN MUSKET	1325	1125	955	815	695
MK1 SERIES	1725	1465	1245	1060	900
MK2 SERIES	2300	1955	1660	1410	1200
MK114 ALPHA RIFLE	1650	1405	1190	1015	865
MK114 MOD 1-M	1450	1235	1050	890	755
MK114 MOD 2-M	1800	1530	1300	1105	940
MK116 MOD 1-M	1450	1235	1050	890	755
MK116 MOD 1-P	1400	1190	1010	860	730
MK116 MOD 2	1800	1530	1300	1105	940
MK116 MOD 2-M	1800	1530	1300	1105	940
MK116 PRO	1200	1020	865	735	625
MK118 MOD 2	1800	1530	1300	1105	940
MK118 MOD 2-M	1625	1380	1175	1000	850
MK216 MOD 1	1950	1660	1410	1200	1020
MK216 MOD 1-M	1950	1660	1410	1200	1020
MK218 MOD 1-M	1950	1660	1410	1200	1020
MK220 MOD 1	1950	1660	1410	1200	1020
MK220 MOD 1-M	1750	1490	1265	1075	915
PCC 16	1100	935	795	675	575
WOODLAND SPORTING RIFLE	1325	1125	955	815	695
WRAITH 3GUN COMPETITION RIFLE	2550	2170	1840	1565	1330

PRINZ

	NIB	EXC	VG	G	F
GRADE 1 BOLT ACTION	1050	895	760	645	550
Grade 1 Bolt Action Carbine	1200	1020	865	735	625
GRADE 2 BOLT ACTION	1200	1020	865	735	625
PRINCESS MODEL 85	3000	2550	2170	1840	1565
TIP-UP RIFLE	2750	2340	1985	1690	1435

PROARMS ARMORY, Ltd.

	NIB	EXC	VG	G	F
PAR MK3	1890	1605	1365	1160	985
PAR MK3 SPARTAN	1949	1655	1410	1195	1015

	NIB	EXC	VG	G	F
PROCISION ARMS					
DEAD FIRE SERIES OH-600	3550	3020	2565	2180	1855
DEAD FIRE SERIES LONG RANGE HUNTER/CARBON	3550	3020	2565	2180	1855
PROFESSIONAL ORDNANCE, INC.					
PISTOLS: SEMI-AUTO					
CARBON-15 TYPE 20	1350	1150	975	830	705
CARBON-15 TYPE 21	950	810	685	585	495
CARBON-15 TYPE 97	950	810	685	585	495
RIFLES: SEMI-AUTO					
CARBON-15 TYPE 20	1350	1150	975	830	705
CARBON-15 TYPE 21	1200	1020	865	735	625
CARBON-15 TYPE 97/97S	1000	850	725	615	525
PSD MANUFACTURING (PALMETTO STATE DEFENSE, LLC)					
MOE CARBINE	1025	870	740	630	535
PSD	725	615	525	445	380
RANGE 15 SPECIAL EDITION	1800	1530	1300	1105	940
PTI-AUTOLOK IND.					
AL-15 STINGRAY	900	765	650	555	470
AL (AUTOLOK) GAS CARBINE	900	765	650	555	470
AUTOLOK M5 TACTICAL	1725	1465	1245	1060	900
PTR					
PISTOLS: SEMI-AUTO					
9C PTR 600/601 (PTR 9C/9CT MODEL)	1775	1510	1280	1090	925
9CT-CL	1750	1490	1265	1075	915
9KT PTR 603 (PTR 9KT MODEL)	1775	1510	1280	1090	925
32K PDWR PTR 202 MODEL/32P PDWR PTR 203	1450	1235	1050	890	755
51P PDWR PTR 110 MODEL	1385	1175	1000	850	725
PDWR PTR 105 MODEL	1380	1175	995	845	720
K3P PDWR PTR 111 MODEL	1200	1020	865	735	625
RIFLES: SEMI-AUTO					
9R PTR 608 MODEL	1580	1345	1140	970	825
32 KFR PTR 200 MODEL	1360	1155	985	835	710
A3S PTR 109 MODEL	1285	1090	930	790	670
A3SK PTR 114 Model	1285	1090	930	790	670
FR PTR 102 MODEL	1195	1015	865	735	625
GI PTR 100 MODEL	1200	1020	865	735	625
GIR PTR 101 Model/GIRK PTR 113 Model	1240	1055	895	760	645
GIR FDE PTR 112 Model	1125	955	815	690	585
PTR KFM4R MODEL	1300	1105	940	800	680
PTR MSG SHARPSHOOTER MODEL	1695	1440	1225	1040	885
PTR 32 KFM4R MODEL	1425	1210	1030	875	745
PTR 63 MODEL	Contact Manufactuer for pricing.				
PTR INDUSTRIES, INC. (PTR 91, INC)					
PISTOLS: SEMI-AUTO					
PTR PDW	865	735	625	530	450
PTR PDW R	1025	870	740	630	535
PTR-32 PDW	1050	895	760	645	550
PTR 32K PDW R GEN 2	1250	1065	905	770	655
PTR 32P PDW R GEN 2	1125	955	815	690	585
PTR 51P PDW R	1075	915	775	660	560
PTR K3P PDW R	1100	935	795	675	575
RIFLES/CARBINES: SEMI-AUTO					
PTR-91 AI	1150	980	830	705	600
PTR-91 CLASSIC	875	745	630	535	455

	NIB	EXC	VG	G	F
PTR-91F	925	785	670	570	485
PTR-91FR	1075	915	775	660	560
PTR-91 G.I.	875	745	630	535	455
PTR-G.I. R	925	785	670	570	485
PTR-91 G.I. K	950	810	685	585	495
PTR-91 KC	1150	980	830	705	600
PTR-91 KF	925	785	670	570	485
PTR-91 KFM4	1295	1100	935	795	675
PTR-91 KFM4R	1200	1020	865	735	625
PTR-91 KPF GERMAN PARATROOPER	1775	1510	1280	1090	925
PTR-MSG 91 SNIPER	1475	1255	1065	905	770
PTR-MSG 91 SS SUPER SNIPER	2450	2085	1770	1505	1280
PTR-91 MSR	925	785	670	570	485
PTR-91 SC SQUAD CARBINE	1150	980	830	705	600
PTR-91T	895	760	645	550	470
PTR-32 KF	1050	895	760	645	550
PTR-32 KFR GEN 2	1075	915	775	660	560
PTR-32 KC	1050	895	760	645	550
PTR-32 KFM4	1325	1125	955	815	695
PTR-32 KFM4R GEN 2	1295	1100	935	795	675
PTR-32 KCM4	1325	1125	955	815	695
PTR-32 KPF	1825	1550	1320	1120	950
PTR-32 SCCR	925	785	670	570	485
PTR SCCR	1025	870	740	630	535
PTR SFR	1100	935	795	675	575
PTR TXR	1100	935	795	675	575
PTR A3R	885	750	640	545	465
PTR A3S	975	830	705	600	510

PUMA

HANDGUNS: LEVER ACTION

	NIB	EXC	VG	G	F
MODEL 92 BOUNTY HUNTER	1025	870	740	630	535

PISTOLS: SEMI-AUTO

	NIB	EXC	VG	G	F
MODEL 1911-22	350	300	255	215	185

REVOLVERS: SINGLE ACTION

	NIB	EXC	VG	G	F
WESTERNER	600	510	435	370	315
Westerner Stainless	800	680	580	490	415
MODEL 1873	200	170	145	125	105
BUNTLINE REVOLVER	350	300	255	215	185

RIFLES/CARBINES: LEVER ACTION

	NIB	EXC	VG	G	F
MODEL 1886	1250	1065	905	770	655
MODEL 92					
Model 92 Round Barrel Carbine	1000	850	725	615	525
Model 92 Octagon Barrel Rifle	1000	850	725	615	525
Model 92 Chuck Connors Commemorative	1150	980	830	705	600

RIFLES: SEMI-AUTO

	NIB	EXC	VG	G	F
PPS/22	600	510	435	370	315

SHOTGUNS: LEVER ACTION

	NIB	EXC	VG	G	F
MODEL 1887	975	830	705	600	510

SHOTGUNS: SEMI-AUTO

SEMI-AUTO SHOTGUN	Pricing Unavailable

SHOTGUNS: SLIDE ACTION

	NIB	EXC	VG	G	F
PUMA PUMP 2 IN 1	300	255	215	185	155

PURDEY, JAMES & SONS, LTD.

RIFLES: CUSTOM ORDER & OLDER PRODUCTION

	NIB	EXC	VG	G	F
BOLT ACTION STANDARD MODEL	29500	25075	21315	18115	15400
BOLT ACTION SAFARI MODEL	39000	33150	28180	23950	20360
MAGAZINE RIFLE/MAGNUM MAGAZINE RIFLE	29950	25460	21640	18395	15635
PURDEY DOUBLE RIFLE (CURRENT MFG.)	168,000	142,800	121,380	103175	87700
PURDEY DOUBLE RIFLE (OLDER MFG.) up to .300 cal		57500	52250	46000	39100
PURDEY DOUBLE RIFLE (OLDER MFG.) up to .375 cal		70000	59500	51000	43350

	NIB	EXC	VG	G	F
PURDEY DOUBLE RIFLE (OLDER MFG.) up to .470 cal		72500	80000	72500	61625
PURDEY DOUBLE RIFLE (OLDER MFG.) up to .600 cal		100,000	90000	80000	68000
SHOTGUNS: CUSTOM ORDER & OLDER PRODUCTION					
BEST QUALITY GAME GUN SxS	122,000	103,700	88145	74925	63685
Best Quality Game Gun SxS Damascus	154,500	131,325	111,825	94880	80650
Best Quality Game Gun Older Mfg.	38500	32725	27815	23645	20100
Best Quality Heavy Duck Gun	20500	17425	14810	12590	10700
BEST OVER-AND-UNDER SHOTGUN	95000	80750	68640	58340	49590
O/U Gun Damascus	165,000	140,250	119,215	101,330	86130
O/U Gun Older Mfg.	47500	40375	34320	29170	24795
O/U Gun Older Mfg., 28 Gauge	107,500	91375	77670	66020	56115
BEST SXS HAMMER SHOTGUN (HAMMER EJECTOR GAME GUN)	129,000	109,650	93205	79220	67335
PURDEY SPORTER O/U	39500	33575	28540	24260	20620
SINGLE BARREL TRAP GUN	11250	9565	8130	6910	5875

QUACKENBUSH, HENRY M.

	NIB	EXC	VG	G	F
SAFETY RIFLE		1100	935	795	675	575
JUNIOR SAFETY RIFLE		1000	850	725	615	525
BYCYCLE RIFLE		1400	1190	1010	860	730

QUARTER CIRCLE 10

PISTOLS: SEMI-AUTO

	NIB	EXC	VG	G	F
QC5 9MM AR PCC SIDE-CHARGING/REAR-CHARGING	1275	1085	920	785	665
Big Tex (GLF)	1225	1040	885	750	640
Blu Whistler (P320)	1175	1000	850	720	610
Ranger (GSF)	1200	1020	865	735	625
Rider (CLT)	1150	980	830	705	600
QC5 YKMF-5	1325	1125	955	815	695
QC10 MINI MAYHEM	1550	1320	1120	950	810

RIFLES: SEMI-AUTO

	NIB	EXC	VG	G	F
QC5 9MM RIFLE	1325	1125	955	815	695
Big Tex (GLF)	1300	1105	940	800	680
Ranger (GSF)	1250	1065	905	770	655
Rider (CLT)	1200	1020	865	735	625

R GUNS

PISTOLS: SEMI-AUTO

	NIB	EXC	VG	G	F
A3 PISTOL	725	615	525	445	380

RIFLES/CARBINES: SEMI-AUTO

	NIB	EXC	VG	G	F
A2 MID GAS RIFLE	575	490	415	355	300
A3 DIAMOND TWO-TONE RIFLE	725	615	525	445	380
A3 FLUTED RIFLE	650	555	470	400	340
A3 FLUTED 20 IN. RIFLE	700	595	505	430	365
A3 HEAVY BARREL CARBINE	725	615	525	445	380
A3 HEAVY BARREL MID GAS RIFLE	625	530	450	385	325
A3 LIGHTWEIGHT CARBINE	650	555	470	400	340
A3 MID GAS TWISTER RIFLE	600	510	435	370	315
A3 SUPER BULL 16 IN. RIFLE	625	530	450	385	325
A3 SUPER BULL 20 IN. RIFLE	600	510	435	370	315
A3 SUPER BULL 24 IN. RIFLE	875	745	630	535	455
A3 SUPER BULL STAINLESS 24 IN. RIFLE	600	510	435	370	315
M4 CARBINE	575	490	415	355	300
M4 IMI STS Stock	650	555	470	400	340
M4 Tigerstripe Carbine	700	595	505	430	365
SUPER BULL STAINLESS 20 IN. RIFLE	1950	1660	1410	1200	1020
SUPER BULL 24 IN. RIFLE	1400	1190	1010	860	730

R.G. INDUSTRIES

	NIB	EXC	VG	G	F
RG 14 S, RG 23, RG 31	95	80	70	60	50
RG 40, RG 74, & HIGHNOON S.A.	125	105	90	75	65

	NIB	EXC	VG	G	F
RG 26 SEMI-AUTO	95	80	70	60	50

RAAC

	NIB	EXC	VG	G	F
MKA 1919	500	425	360	305	260

RADIAN WEAPONS

	NIB	EXC	VG	G	F
MODEL 1 PISTOL	2550	2170	1840	1565	1330
MODEL 1 RIFLE	2650	2255	1915	1625	1380
Model 1 Rifle .224 Valkyrie	2375	2020	1715	1460	1240
Model 1 Rifle .22 Nosler	2375	2020	1715	1460	1240

RADICAL FIREARMS, LLC

PISTOLS: SEMI-AUTO

	NIB	EXC	VG	G	F
RF 5.56 PISTOL WITH FCR RAIL	425	360	305	260	220
RF 5.56 PISTOL WITH FGS RAIL	425	360	305	260	220
RF 5.56 PISTOL WITH FQR RAIL	425	360	305	260	220
RF 5.56 PISTOL WITH MHR RAIL	475	405	345	290	245
RF 5.56 PISTOL WITH RPR RAIL	475	405	345	290	245
RF .300 BLACKOUT PISTOL WITH FCR RAIL	425	360	305	260	220
RF .300 BLACKOUT PISTOL WITH FGS RAIL	425	360	305	260	220
RF .300 BLACKOUT PISTOL WITH FHR RAIL	465	395	335	285	240
RF .300 BLACKOUT PISTOL WITH FQR RAIL	450	385	325	275	235
RF .300 BLACKOUT PISTOL WITH MHR RAIL	475	405	345	290	245
RF .300 BLACKOUT PISTOL WITH RPR RAIL	475	405	345	290	245
RF 7.62x39 PISTOL WITH FCR RAIL	425	360	305	260	220
RF 7.62x39 PISTOL WITH FGS RAIL	425	360	305	260	220
RF 7.62x39 PISTOL WITH FQR RAIL	425	360	305	260	220
RF 7.62x39 PISTOL WITH MHR RAIL	425	360	305	260	220
RF 12.7X42/.458 SOCOM PISTOL WITH FHR RAIL	500	425	360	305	260
RF 12.7x42/.458 SOCOM PISTOL WITH MHR RAIL	525	445	380	320	270
RF .308 PISTOL WITH TMS RAIL	850	725	615	520	440

RIFLES: SEMI-AUTO

	NIB	EXC	VG	G	F
RF-10 BILLET RIFLE (HUNTER LINE)	1100	935	795	675	575
RF-10 (RECENT MFG.)	750	640	540	460	390
RF 22 RIFLE	550	470	395	340	290
RF 22 NOSLER FORGED RIFLE	600	510	435	370	315
RF 223 WYLDE RIFLE	550	470	395	340	290
RF 224 VALKYRIE RIFLE	600	510	435	370	315
RF 300 BLACKOUT RIFLE	500	425	360	305	260
RF 450 BUSHMASTER RIFLE	625	530	450	385	325
RF 458 SOCOM RIFLE	625	530	450	385	325
RF 5.56 M4	425	360	305	260	220
RF 5.56 RIFLE	475	405	345	290	245
RF 5.56 SOCOM	425	360	305	260	220
RF 6.5 GRENDEL RIFLE	675	575	490	415	355
RF 6.8 SPC RIFLE	500	425	360	305	260
RF 7.62x39 RIFLE	475	405	345	290	245
RF 12.7x42 RIFLE	600	510	435	370	315

RADOM

REVOLVERS

	NIB	EXC	VG	G	F
RADOM REVOLVER		3500	2900	2300	1955

PISTOLS: SEMI-AUTO, 1935-1939 PRODUCTION

	NIB	EXC	VG	G	F
P-35 AUTOMATIC					
wz.35 VIS Polish Eagle		6750	5350	4300	3655

PISTOLS: SEMI-AUTO, LATE 1939-1945 PRODUCTION

	NIB	EXC	VG	G	F
P.35 VIS POLISH EAGLE NAZI CAPTURE		4625	3675	2925	2485
P.35 NAZI RADOM TYPE 1 - 3 LEVER & SLOT		2600	2100	1600	1360
P.35 NAZI RADOM TYPE II - 3 LEVER & NO SLOT		1750	1400	1100	935
P.35 NAZI RADOM TYPE III - 2 LEVER & NO SLOT		1450	1250	1000	850
P.35 Nazi Steyr Type III - 2 Lever & No Slot		2900	2525	2100	1785

	NIB	EXC	VG	G	F
P.35 Nazi Steyr Type III - 2 Lever & No Slot "bnz" Slide		5300	4250	3450	2935

PISTOLS: SEMI-AUTO, RECENT PRODUCTION

	NIB	EXC	VG	G	F
VIS P-35	2600	2210	1880	1595	1355
MODEL P-64	500	425	360	305	260
TOKAREV (PISTOLET TT)	950	810	685	585	495
TT-33 (FB Radom)	600	510	435	370	315
TT-33 (Radom)	575	490	415	355	300
VANAD P-83	500	425	360	305	260
Vanad P-93 9mm	500	425	360	305	260
MAG 95	850	725	615	520	440
MAG 98	750	640	540	460	390

PISTOLS: SEMI-AUTO, CURRENT MFG.

VIS WZ.35	No US Importation				

RAINIER ARMS

PISTOLS: SEMI-AUTO

	NIB	EXC	VG	G	F
ULTRAMATCH PDW	Pricing Unavailable				
ULTRAMATCH PDW .300 AAC BLACKOUT	Pricing Unavailable				
ULTRAMATCH PDW .223 WYLDE CHAMBER	1775	1510	1280	1090	925

RIFLES: BOLT ACTION

PRECISION M-LOK RIFLE	Pricing Unavailable				

RIFLES/CARBINES: SEMI-AUTO

	NIB	EXC	VG	G	F
BATTLEARMS DEVELOPEMENT/RAINIER RIFLE	2475	2105	1790	1520	1290
RUC (RAINIER URBAN CARBINE) DI	1050	895	760	645	550
RUC (RAINIER URBAN CARBINE) MOD 2	1400	1190	1010	860	730
RUC (RAINIER URBAN CARBINE) MOD 3.5	1400	1190	1010	860	730
RUC (RAINIER URBAN CARBINE) MOD 4	1400	1190	1010	860	730
ULTRAMATCH MOD 2 RIFLE	2025	1720	1465	1245	1060

RAM-LINE, INC.

	NIB	EXC	VG	G	F
EXACTOR PISTOL	250	215	180	155	130
Exactor Pistol Target	300	255	215	185	155
RAM-TECH PISTOL	225	190	165	140	120

RANDALL FIREARMS COMPANY

PISTOLS: SEMI-AUTO

	NIB	EXC	VG	G	F
COMBAT MODEL	549	465	395	335	285
RAIDER/SERVICE MODEL-C	460	390	330	280	240
Raider/Service Model-C Featherweight	Rarity Precludes Pricing				
SERVICE MODEL (FULL SIZE)	460	390	330	280	240
CURTIS E. LEMAY 4-STAR MODEL	533	455	385	325	275
Curtis E. LeMay 4-Star Model Featherweight	Rarity Precludes Pricing				
RANDALL MATCHED SETS	1250	1065	905	770	655

Randall Variations & Identification

	NIB	EXC	VG	G	F
A111	1200	1020	865	735	625
A112	1500	1275	1085	920	780
A121	1350	1150	975	830	705
A122	2150	1830	1555	1320	1120
A131	1500	1275	1085	920	780
A211	1350	1150	975	830	705
A212	1650	1405	1190	1015	865
A231	1500	1275	1085	920	780
A232	2500	2125	1805	1535	1305
A311	1800	1530	1300	1105	940
A312	Rarity Precludes Pricing				
A331	1950	1660	1410	1200	1020
A332	2400	2040	1735	1475	1255
B111	2375	2020	1715	1460	1240
B121	2500	2125	1805	1535	1305
B122	Rarity Precludes Pricing				
B123	Rarity Precludes Pricing				

	NIB	EXC	VG	G	F
B131	2750	2340	1985	1690	1435
B311	3000	2550	2170	1840	1565
B312 w/.45 ACP FACTORY CONVERSION	Rarity Precludes Pricing				
B312	3750	3190	2710	2305	1960
B321	Rarity Precludes Pricing				
B331	3125	2655	2260	1920	1630
B2/321	Rarity Precludes Pricing				
C211	4500	3825	3250	2765	2350
C331	Rarity Precludes Pricing				
C332	2150	1830	1555	1320	1120
C332 Matched Sets	Rarity Precludes Pricing				

RAPTOR ARMS CO., INC.

	NIB	EXC	VG	G	F
RAPTOR SPORTING RIFLE	300	255	215	185	155
Raptor Sporting Rifle Peregrine Deluxe	325	275	235	200	170

RAVELL

	NIB	EXC	VG	G	F
MAXIM DOUBLE RIFLE	5000	4250	3615	3070	2610

RAVEN ARMS

	NIB	EXC	VG	G	F
P-25	90	75	65	55	45
MP-25	100	85	70	60	50

REBEL ARMS CORP.

PISTOLS: SEMI-AUTO

	NIB	EXC	VG	G	F
RAPTOR PISTOL	1425	1210	1030	875	745
RAPTOR PISTOL MOD 3	1625	1380	1175	1000	850
RAPTOR 300 BLACKOUT	1425	1210	1030	875	745
REBEL-9	2150	1830	1555	1320	1120

RIFLES: SEMI-AUTO

	NIB	EXC	VG	G	F
REBEL RBR-15 MOD 3	1625	1380	1175	1000	850
REBEL-30	2425	2060	1750	1490	1265
Rebel-30 Alpine Arid	2750	2340	1985	1690	1435
RENEGADE MOD II	1025	870	740	630	535

RECORD-MATCH

	NIB	EXC	VG	G	F
MODEL 210 FREE PISTOL	1500	1275	1085	920	780
MODEL 210A	1400	1190	1010	860	730
MODEL 200 FREE PISTOL	1200	1020	865	735	625

RED ARROW WEAPONS

	NIB	EXC	VG	G	F
RAW15	950	810	685	585	495
RAW10	1175	1000	850	720	610
RAW15	950	810	685	585	495
RAW15CB	600	510	435	370	315

RED ROCK PRECISION

	NIB	EXC	VG	G	F
P2PX CARBON LITE	7650	6505	5525	4700	3995
P2PX EXTREME RANGE MAGNUM	7225	6140	5220	4435	3770
P2PX ULTRA MOUNTAIN (P2PXT ULTRALITE	7225	6140	5220	4435	3770
P2PXT (ULTRALITE) SHEEP RIFLE	6000	5100	4335	3685	3130

RED X ARMS

PISTOLS: SEMI-AUTO

	NIB	EXC	VG	G	F
RXA 5.56 NATO SLIM PISTOL	525	445	380	320	270
RXA .300 Blackout Tactical Slim Pistol	600	510	435	370	315
RXA 9MM SLIM PISTOL	700	595	505	430	365
RXA 9mm Slim M-LOK Pistol	750	640	540	460	390
RXA .300 BLACKOUT	650	555	470	400	340

	NIB	EXC	VG	G	F
RXA 15 .223 WYLDE SLIM M-LOK PISTOL	375	320	270	230	195
RXA MOE PISTOL w/SIG BRACE	650	555	470	400	340
RXA MOE PISTOL w/SBA3 BRACE	525	445	380	320	270
RXA SS TACTICAL PISTOL	525	445	380	320	270

RIFLES: SEMI-AUTO

	NIB	EXC	VG	G	F
RXA .308 DIAMOND FLUTED HBAR EVO KEYMOD	1175	1000	850	720	610
RXA .308 (LIGHTWEIGHT) EVO KEYMOD RIFLE	1125	955	815	690	585
RXA .308 FREE FLOATING TUBE BULL RIFLE	975	830	705	600	510
RXA .308 SPIRAL FLUTED BULL EVO KEYMOD RIFLE	1025	870	740	630	535
RXA .308 STRAIGHT FLUTED HBAR MODULAR RIFLE	1025	870	740	630	535
RXA .308 STRAIGHT FLUTED HBAR 20 IN. RIFLE	1025	870	740	630	535
RXA15 3G RIFLE	900	765	650	555	470
RXA15 CHROME-LINED M4 RIFLE	600	510	435	370	315
RXA15 M4 MOE	450	385	325	275	235
RXA15 MID-LENGTH MOE	450	385	325	275	235
RXA 300 BLACKOUT HBAR MOD RIFLE (RXA15 300	550	470	395	340	290
RXA 300 BLACKOUT TACTICAL HBAR RIFLE	550	470	395	340	290
RXA HBAR MOD RIFLE (RXA15 STAINLESS HBAR	525	445	380	320	270
RXA M4 AIR LITE KEYMOD SKELETON RIFLE	625	530	450	385	325
RXA MID-LENGTH HONEYCOMB SKELETON RIFLE	600	510	435	370	315
RXA MID-LENGTH OCTAGONAL KEYMOD RIFLE	625	530	450	385	325
RXA MID-LENGTH SLIM KEYMOD RIFLE	625	530	450	385	325
RXA MID-LENGTH SLIM M-LOK RIFLE	600	510	435	370	315
RXA SLIM M-LOK RIFLE	600	510	435	370	315
RXA Slim M-LOK Rifle w/Billet Lower	750	640	540	460	390
RXA Slim M-LOK Rifle SS	625	530	450	385	325
RXA SLIM HONEYCOMB SKELETON RIFLE	625	530	450	385	325
RXA SS M4 MOE RIFLE	600	510	435	370	315
RXA TACTICAL BULL RIFLE	550	470	395	340	290
X-TREME 16 TACTICAL SS	550	470	395	340	290

REISING ARMS COMPANY

	NIB	EXC	VG	G	F
TARGET AUTOMATIC PISTOL SN 1001-4000	1000	850	725	615	525
TARGET AUTOMATIC PISTOL SN 10000-12000	500	425	360	305	260

RELLIM ARMS

	NIB	EXC	VG	G	F
AMP 9MM	1675	1425	1210	1030	875
AMP AR-15 TAKEDOWN	1675	1425	1210	1030	875
AMP AR-15 Takedown Folder	1675	1425	1210	1030	875

REMINGTON

For models whose production began before 1 January 1898, refer to *Blue Book of American*

PISTOLS: SINGLE SHOT & BOLT ACTION

	NIB	EXC	VG	G	F
MARK III SIGNAL PISTOL	900	765	650	555	470
MODEL 700-CP	875	745	630	535	455

PISTOLS: SEMI-AUTO

	NIB	EXC	VG	G	F
MODEL 51 SEMI-AUTO	900	765	650	555	470
MODEL 1911 REMINGTON - UMC		6000	5000	4500	3825
MODEL 1911A1 REMINGTON RAND	2500	2125	1805	1535	1305
MODEL 1911 R1	650	555	470	400	340
Model 1911 R1 Commander	625	530	450	385	325
Model 1911 R1 Stainless	700	595	505	430	365
MODEL 1911 R1 CARRY	975	830	705	600	510
MODEL 1911 R1 CARRY COMMANDER	975	830	705	600	510
MODEL 1911 R1 ENHANCED	850	725	615	520	440
Model 1911 R1 Enhanced Double Stack	900	765	650	555	470
Model 1911 R1 Enhanced Stainless	900	765	650	555	470
Model 1911 R1 Enhanced Threaded Barrel	875	745	630	535	455
MODEL 1911 R1 ENHANCED COMMANDER	850	725	615	520	440
Model 1911 R1 Enhanced Commander Stainless	900	765	650	555	470
MODEL 1911 R1 HUNTER	1200	1020	865	735	625

	NIB	EXC	VG	G	F
MODEL 1911 R1 LIMITED	1095	930	790	670	570
MODEL 1911 R1 LIMITED DOUBLE STACK	1250	1065	905	770	655
MODEL 1911 R1 RECON	1100	935	795	675	575
MODEL 1911 R1 TACTICAL	1100	935	795	675	575
MODEL 1911 R1 TOMASIE	1475	1255	1065	905	770
MODEL 1911 R1 ULTRALITE COMMANDER	750	640	540	460	390
MODEL 1911 R1 ULTRALIGHT EXECUTIVE	1095	930	790	670	570
REMINGTON-UMC COMMEMORATIVE 1911	2400	2040	1735	1475	1255
MODEL 1911 R1 CENTENNIAL LIMITED EDITION	2000	1700	1445	1230	1045
MODEL 1911 R1 - 200TH YEAR ANNIVERSARY	695	590	500	425	360
MODEL 1911 R1 - 200TH YEAR ANNIVERSARY LIMITED	1450	1235	1050	890	755
MODEL R51	385	325	280	235	200
Model R51 Smoke	395	335	285	245	210
RM380 MICRO	325	275	235	200	170
RM380 Micro Executive	350	300	255	215	185
RM380 Micro Light Blue	375	320	270	230	195
MODEL RP9	400	340	290	245	210
MODEL RP45	400	340	290	245	210

PISTOLS: SINGLE SHOT, XP-100 & VARIATIONS

	NIB	EXC	VG	G	F
MODEL XP-100	1000	850	725	615	525
MODEL XP-100 B-CLASS	1200	1020	865	735	625
MODEL XP-100 CUSTOM	1200	1020	865	735	625
MODEL XP-100 HUNTER	1000	850	725	615	525
MODEL XP-100 VARMINT SPECIAL	1000	850	725	615	525
MODEL XP-100 WALNUT	1000	850	725	615	525
MODEL XP-100R	1000	850	725	615	525
MODEL XP-100R KS	1100	935	795	675	575
MODEL XP-SILHOUETTE	900	765	650	555	470

RIFLES/CARBINES: SEMI-AUTO, CENTERFIRE

	NIB	EXC	VG	G	F
MODEL FOUR					
Model Four Special Diamond Anniversary	1250	1065	905	770	655
Model Four High Grades					
MODEL 5	1750	1490	1265	1075	915
MODEL 8	1500	1275	1085	920	780
MODEL 74 SPORTSMAN	350	300	255	215	185
MODEL 81 WOODSMASTER	1350	1150	975	830	705
MODEL 81 SPECIAL POLICE	10000	8500	7225	6140	5220
MODEL 740 WOODSMASTER		300	250	210	180
MODEL 740ADL		350	300	250	215
MODEL 740BDL		400	325	275	235
MODEL 740D PEERLESS GRADE	3500	2975	2530	2150	1830
MODEL 740F PREMIER GRADE	7000	5950	5060	4300	3655
Model 740F Premier Grade w/Inlays	9000	7650	6505	5525	4695
MODEL 742 (A) WOODSMASTER	450	385	325	275	235
Model 742ADL Deluxe	500	425	360	305	260
Model 742BDL Deluxe	550	470	395	340	290
MODEL 742C CARBINE	600	510	435	370	315
Model 742CDL Deluxe Carbine	650	555	470	400	340
MODEL 742D PEERLESS GRADE	4500	3825	3250	2765	2350
MODEL 742F PREMIER GRADE	7500	6375	5420	4605	3915
Model 742F Premier Grade w/Inlays	10000	8500	7225	6140	5220
MODEL 742 150TH YEAR ANNIVERSARY	450	385	325	275	235
MODEL 742 CANADIAN CENTENNIAL	750	640	540	460	390
MODEL 742 BICENTENNIAL	600	510	435	370	315
MODEL 750	700	595	505	430	365
MODEL 750 WOODMASTER	850	725	615	520	440
MODEL 7400	600	510	435	370	315
Model 7400 Carbine	600	510	435	370	315
Model 7400 SP (Special Purpose)	450	385	325	275	235
Model 7400 Weathermaster	650	555	470	400	340
Model 7400 Synthetic	550	470	395	340	290
Model 7400 Synthetic Carbine	550	470	395	340	290
Model 7400 175th Anniversary	700	595	505	430	365

	NIB	EXC	VG	G	F
Model 7400 ADF Limited Edition	750	640	540	460	390
MODEL 7400 ENGRAVED	775	660	560	475	405
Model 7400 D Grade (Peerless)	2500	2125	1805	1535	1305
Model 7400 F Grade (Premier)	7000	5950	5060	4300	3655
Model 7400 F Grade with gold inlays (Premier Gold)	9000	7650	6505	5525	4695
MODEL R-15	1350	1150	975	830	705
MODEL R-15 HUNTER	1250	1065	905	770	655
MODEL R-15 VTR (VARMINT TARGET RIFLE)	1150	980	830	705	600
Model R-15 VTR Stainless	1250	1065	905	770	655
Model R-15 VTR Thumbhole	1350	1150	975	830	705
Model R-15 VTR Byron South Signature Edition	1500	1275	1085	920	780
Model R-15 VTR Predator Carbine	1050	895	760	645	550
Model R-15 VTR Predator Magpul MOE	1050	895	760	645	550
MODEL R-25	1350	1150	975	830	705
MODEL R-25 GII	1500	1275	1085	920	780
RIFLES/CARBINES: SLIDE ACTION, CENTERFIRE					
MODEL SIX	1250	1065	905	770	655
MODEL SIX	1950	1660	1410	1200	1020
Model Six High Grades	Rarity Precludes Pricing				
MODEL 14/14A RIFLE	1050	895	760	645	550
MODEL 14R CARBINE	1500	1275	1085	920	780
MODEL 14 1/2 RIFLE	2000	1700	1445	1230	1045
MODEL 14 1/2 R CARBINE	2300	1955	1660	1410	1200
MODEL 25/25A RIFLE	1100	935	795	675	575
MODEL 25R CARBINE	2400	2040	1735	1475	1255
MODEL 76 SPORTSMAN	700	595	505	430	365
MODEL 141/141A	1050	895	760	645	550
MODEL 141/141A	2000	1700	1445	1230	1045
MODEL 141B/141C SPECIAL GRADE	1750	1490	1265	1075	915
MODEL 141D PEERLESS GRADE	6500	5525	4695	3990	3390
MODEL 141F PREMIER GRADE	8000	6800	5780	4915	4180
MODEL 141R CARBINE	1800	1530	1300	1105	940
MODEL 760 GAMEMASTER Standard Calibers	1050	895	760	645	550
MODEL 760 GAMEMASTER .222 REM	1450	1235	1050	890	755
MODEL 760 GAMEMASTER .223 and .280 REM	1125	955	815	690	585
MODEL 760 GAMEMASTER .244 REM & .257 Roberts	1250	1065	905	770	655
MODEL 760C CARBINE, .270, .20-06 and .308 cals.	1175	1000	850	720	610
MODEL 760C CARBINE, .280 and .35 REM cals.	3200	2720	2310	1965	1670
MODEL 760 (CDL) CARBINE (FIVE DIAMOND)	1250	1065	905	770	655
MODEL 760D PEERLESS GRADE	5000	4250	3615	3070	2610
MODEL 760F PREMIER GRADE	9000	7650	6505	5525	4695
Model 760F Premier w/Inlays	10500	8925	7585	6450	5485
MODEL 760 150 YEAR ANNIVERSARY	1450	1235	1050	890	755
MODEL 760 BICENTENNIAL	1200	1020	865	735	625
MODEL 760ADL RIFLE (FIVE DIAMOND)	1100	935	795	675	575
MODEL 760ADL RIFLE (FIVE DIAMOND)	2200	1870	1590	1350	1150
MODEL 760BDL RIFLE (FIVE DIAMOND)	1000	850	725	615	525
MODEL 760BDL RIFLE (FIVE DIAMOND)	2200	1870	1590	1350	1150
MODEL 760BDL DELUXE	1000	850	725	615	525
MODEL 7600	1000	850	725	615	525
Model 7600 Carbine	1000	850	725	615	525
Model 7600P Patrol Rifle	1500	1275	1085	920	780
Model 7600 SP (Special Purpose)	1500	1275	1085	920	780
Model 7600 Synthetic	1400	1190	1010	860	730
Model 7600 Synthetic Carbine	1500	1275	1085	920	780
Model 7600 175th Anniversary	1900	1615	1375	1165	990
Model 7600 ADF Limited Edition	1800	1530	1300	1105	940
MODEL 7600 - 200TH YEAR ANNIVERSARY LIMITED	4500	3825	3250	2765	2350
Model 7600 D Grade (Peerless)	4500	3825	3250	2765	2350
Model 7600 F Grade (Premier)	7500	6375	5420	4605	3915
Model 7600 F Premier Grade w/Inlays	10000	8500	7225	6140	5220
MODEL 7615	1400	1190	1010	860	730
MODEL 7615P PATROL RIFLE	1500	1275	1085	920	780

	NIB	EXC	VG	G	F
MODEL 7615 SPS	1600	1360	1155	985	835
RIFLES/CARBINES: RIMFIRE, BOLT ACTION					
MODEL FIVE	250	215	180	155	130
Model Five Youth	225	190	165	140	120
MODEL 33	250	215	180	155	130
MODEL 33 NRA	400	340	290	245	210
MODEL 33-P	350	300	255	215	185
MODEL 33 SB	500	425	360	305	260
MODEL 34	325	275	235	200	170
MODEL 34 NRA	500	425	360	305	260
MODEL 34-P	375	320	270	230	195
MODEL 37 "RANGEMASTER" TARGET RIFLE	1400	1190	1010	860	730
MODEL 37 "RANGEMASTER" TARGET RIFLE with barrel band on stock	2200	1870	1590	1350	1150
MODEL 37 - 1940	1300	1105	940	800	680
MODEL 341 A	300	255	215	185	155
MODEL 341 P	350	300	255	215	185
MODEL 341 SB	500	425	360	305	260
MODEL 41 A	250	215	180	155	130
MODEL 41 AS	400	340	290	245	210
MODEL 41 P	300	255	215	185	155
MODEL 41 SB	400	340	290	245	210
MODEL 411	600	510	435	370	315
MODEL 504	750	640	540	460	390
Model 504-T	800	680	580	490	415
MODEL 504 CUSTOM C GRADE	2750	2340	1985	1690	1435
MODEL 510 A "TARGETMASTER"	220	185	160	135	115
MODEL 510 C (CARBINE)	375	320	270	230	195
MODEL 510 P	300	255	215	185	155
MODEL 510 ROUTLEDGE/SMOOTHBORE	500	425	360	305	260
MODEL 510-X	300	255	215	185	155
MODEL 510-X SB	450	385	325	275	235
MODEL 511 A "SCOREMASTER"	250	215	180	155	130
MODEL 511 A "SCOREMASTER" Smoothbore	500	425	360	305	260
MODEL 511 P	300	255	215	185	155
MODEL 511-X	300	255	215	185	155
MODEL 512 A "SPORTMASTER"	275	235	200	170	145
MODEL 512 A "SPORTMASTER" Smoothbore	450	385	325	275	235
MODEL 512 P	350	300	255	215	185
MODEL 512-X	300	255	215	185	155
MODEL 513S/513SA "MATCHMASTER" SPORTER	1000	850	725	615	525
MODEL 513SP "MATCHMASTER" SPORTER	1200	1020	865	735	625
MODEL 513T "MATCHMASTER" (TARGET)	700	595	505	430	365
MODEL 514	225	190	165	140	120
MODEL 514 P (1952-1971)	250	215	180	155	130
MODEL 514 BC/BR (BOY'S CARBINE/BOY'S RIFLE)	275	235	200	170	145
MODEL 514 ROUTLEDGE/SMOOTHBORE	400	340	290	245	210
MODEL 521T/TL JR.	425	360	305	260	220
MODEL 540X RIMFIRE	500	425	360	305	260
MODEL 540XR	700	595	505	430	365
Model 540XR JR	650	555	470	400	340
MODEL 541S CUSTOM	1100	935	795	675	575
MODEL 541T	700	595	505	430	365
MODEL 541X	550	470	395	340	290
MODEL 547 CUSTOM CLASSIC	1125	955	815	690	585
Model 547-T Custom Classic	1350	1150	975	830	705
Model 547-C Custom Classic	1800	1530	1300	1105	940
MODEL 580/MODEL 580SB SINGLE SHOT	300	255	215	185	155
MODEL 580BR	250	215	180	155	130
MODEL 581	300	255	215	185	155
MODEL 581 SPORTSMAN	300	255	215	185	155
MODEL 582	300	255	215	185	155
MODEL 591	550	470	395	340	290

	NIB	EXC	VG	G	F
MODEL 592	550	470	395	340	290

RIFLES: RIMFIRE, "NYLON SERIES"

	NIB	EXC	VG	G	F
NYLON 10 SINGLE SHOT 19.6" Barrel	1000	850	725	615	525
NYLON 10 SINGLE SHOT 24" Barrel	1500	1275	1085	920	780
Nylon 10-SB Single Shot 19.6" Barrel	1800	1530	1300	1105	940
Nylon 10-SB Single Shot 24" Barrel	2700	2295	1950	1660	1410
MOHAWK 10-C	450	385	325	275	235
MODEL 11 NYLON 19.6" Barrel	900	765	650	555	470
MODEL 11 NYLON 24" Barrel	1350	1150	975	830	705
MODEL 12 NYLON 19.6" Barrel	900	765	650	555	470
MODEL 12 NYLON 24" Barrel	1350	1150	975	830	705
NYLON 66 AUTOLOADER Mohawk Brown	600	510	435	370	315
NYLON 66 AUTOLOADER Black Diamond	700	595	505	430	365
NYLON 66 AUTOLOADER Apache Black/Chrome	800	680	580	490	415
NYLON 66 AUTOLOADER Seneca Green	900	765	650	555	470
NYLON 66 AUTOLOADER Gallery Special	1400	1190	1010	860	730
NYLON 66 150TH ANNIVERSARY	1200	1020	865	735	625
NYLON 66 BICENTENNIAL	1000	850	725	615	525
NYLON 76 LEVER ACTION Mohawk Brown	1200	1020	865	735	625
NYLON 76 LEVER ACTION Apache Black/Chrome	2000	1700	1445	1230	1045
NYLON 77	500	425	360	305	260
NYLON APACHE 77	400	340	290	245	210

RIFLES: RIMFIRE, SEMI-AUTO

	NIB	EXC	VG	G	F
MODEL 16/16A AUTOLOADING RIFLE	1400	1190	1010	860	730
Model 16/16A Autoloading Rifle C Special Grade	1600	1360	1155	985	835
Model 16/16A Autoloading Rifle D Peerless Grade	7500	6375	5420	4605	3915
Model 16/16A Autoloading Rifle F Premier Grade	12000	10200	8670	7370	6265
MODEL 24/24A AUTOLOADING RIFLE	1200	1020	865	735	625
Model 24/24A Autoloading Rifle C Special Grade	1750	1490	1265	1075	915
Model 24/24A Autoloading Rifle D Peerless Grade	7500	6375	5420	4605	3915
Model 24/24A Autoloading Rifle E Expert Grade	8000	6800	5780	4915	4180
Model 24/24A Autoloading Rifle F Premier Grade	11000	9350	7950	6755	5740
MODEL 241A (LA/SA) SPEEDMASTER	1200	1020	865	735	625
Model 241A Speedmaster C Special Grade	1700	1445	1230	1045	890
Model 241A Speedmaster D Peerless Grade	6750	5740	4875	4145	3525
Model 241A Speedmaster E Expert Grade	7750	6590	5600	4760	4045
Model 241A Speedmaster F Premier Grade	9250	7865	6685	5680	4830
MODEL 522 VIPER	170	145	125	105	90
MODEL 550A	400	340	290	245	210
MODEL 550-1	350	300	255	215	185
MODEL 550P	450	385	325	275	235
MODEL 550-2G	600	510	435	370	315
MODEL 552A SPEEDMASTER	350	300	255	215	185
MODEL 552C	350	300	255	215	185
MODEL 552 BDL DELUXE SPEEDMASTER	600	510	435	370	315
Model 552 BDL Deluxe Fieldmaster NRA Edition	700	595	505	430	365
MODEL 552 175TH ANNIVERSARY	600	510	435	370	315
MODEL 597	225	190	165	140	120
Model 597 Sporter	220	185	160	135	115
Model 597 Stainless Sporter	275	235	200	170	145
Model 597 SS	250	215	180	155	130
Model 597 LSS	300	255	215	185	155
Model 597 HB LS	350	300	255	215	185
Model 597 Heavy Barrel	275	235	200	170	145
Model 597 Camo	310	265	225	190	160
Model 597 FLX	290	245	210	180	155
Model 597 AAC-SD	325	275	235	200	170
Model 597 Threaded Barrel	280	240	200	170	145
MODEL 597 TVP (TARGET VARMINT PLINKER)	550	470	395	340	290
MODEL 597 CUSTOM TARGET	600	510	435	370	315
Model 597 Custom Target .22 Mag.	750	640	540	460	390
MODEL 597 DALE EARNHARDT	850	725	615	520	440
MODEL 597 MAGNUM SYNTHETIC	500	425	360	305	260

	NIB	EXC	VG	G	F
Model 597 Magnum Synthetic LS	450	385	325	275	235
Model 597 Magnum LS Heavy Barrel	550	470	395	340	290
MODEL 597 TARGET RIFLE	500	425	360	305	260
MODEL 597 VTR (VARMINT TARGET RIFLE)	500	425	360	305	260

RIFLES: RIMFIRE, SLIDE ACTION

	NIB	EXC	VG	G	F
MODEL 12A	1250	1065	905	770	655
MODEL 12B (GALLERY SPECIAL)	2000	1700	1445	1230	1045
MODEL 12C (NO. 3)	1500	1275	1085	920	780
Model 12C D Peerless Grade	7750	6590	5600	4760	4045
Model 12C E Expert Grade	9250	7865	6685	5680	4830
Model 12C F Premier Grade	12000	10200	8670	7370	6265
MODEL 12C NRA TARGET	2500	2125	1805	1535	1305
MODEL 12CS	1650	1405	1190	1015	865
MODEL 121A	1200	1020	865	735	625
Model 121A D Peerless Grade	7750	6590	5600	4760	4045
Model 121A E Expert Grade	9250	7865	6685	5680	4830
Model 121A F Premier Grade	11500	9775	8310	7060	6000
MODEL 121S	1800	1530	1300	1105	940
MODEL 121SB/ROUTLEDGE	1875	1595	1355	1150	980
MODEL 572/572A LIGHTWEIGHT Buckskin Tan	800	680	580	490	415
MODEL 572/572A LIGHTWEIGHT Crow-Wing Black	800	680	580	490	415
MODEL 572/572A LIGHTWEIGHT Teal-Wing Black	1400	1190	1010	860	730
MODEL 572SB/ROUTLEDGE	1100	935	795	675	575
MODEL 572 FIELDMASTER	500	425	360	305	260
MODEL 572 BDL DELUXE FIELDMASTER	600	510	435	370	315
MODEL 572 175TH ANNIVERSARY	700	595	505	430	365

RIFLES/CARBINES: BOLT ACTION, CENTERFIRE

	NIB	EXC	VG	G	F
MODEL SEVEN LIGHTWEIGHT	625	530	450	385	325
Model Seven Lightweight LS	650	555	470	400	340
Model Seven Lightweight LS Magnum	650	555	470	400	340
Model Seven Lightweight LSS	610	520	440	375	320
Model Seven Lightweight SS	650	555	470	400	340
Model Seven Lightweight SS Magnum	675	575	490	415	355
Model Seven Lightweight Youth	575	490	415	355	300
Model Seven Lightweight FS	575	490	415	355	300
Model Seven Lightweight Threaded	725	615	525	445	380
Model Seven XCR Camo	925	785	670	570	485
Model Seven Synthetic	700	595	505	430	365
Model Seven Synthetic Stainless	750	640	540	460	390
Model Seven Stainless H-S	975	830	705	600	510
Model Seven Threaded Camo	675	575	490	415	355
Model Seven Laminate Stock	815	695	590	500	425
Model Seven Predator	800	680	580	490	415
Model Seven Lightweight CDL (Classic Deluxe)	815	695	590	500	425
Model Seven Lightweight CDL Magnum	865	735	625	530	450
Model Seven Lightweight Custom MS (Mannlicher	2575	2190	1860	1580	1345
Model Seven Lightweight Custom KS	2225	1890	1610	1365	1160
Model Seven Lightweight AWR (Alaskan Wilderness	2495	2120	1805	1530	1300
Model Seven Lightweight AWR II	2575	2190	1860	1580	1345
Model Seven 25th Anniversary Ltd. Ed.	800	680	580	490	415
MODEL 30A RIFLE	950	810	685	585	495
MODEL 30R CARBINE	1000	850	725	615	525
MODEL 30 EXPRESS	850	725	615	520	440
MODEL 30S (SPECIAL GRADE)	1250	1065	905	770	655
MODEL 78 SPORTSMAN	400	340	290	245	210
MODEL XR-100 RANGEMASTER	900	765	650	555	470
MODEL 600 6mmREM, .243WIN, .308WIN	600	510	435	370	315
MODEL 600 .35REM	900	765	650	555	470
MODEL 600 .222REM	700	595	505	430	365
MODEL 600 .223REM	3000	2550	2170	1840	1565
Model 600 Montana Centennial	2000	1700	1445	1230	1045
MODEL 600 MAGNUM	1200	1020	865	735	625
MODEL 600 MOHAWK	600	510	435	370	315

	NIB	EXC	VG	G	F
MODEL 660 STANDARD	750	640	540	460	390
Model 660 Standard .223 Rem. cal.	2800	2380	2025	1720	1460
MODEL 660 MAGNUM	1150	980	830	705	600
MODEL 673 GUIDE RIFLE	800	680	580	490	415
MODEL 710 SPORTSMAN	425	360	305	260	220
MODEL 715 SPORTSMAN	400	340	290	245	210
MODEL 720A	1600	1360	1155	985	835
MODEL 720 MILITARY .30-06	3500	2975	2530	2150	1830
MODEL 720 MILITARY .270 WIN	3800	3230	2745	2335	1985
MODEL 720 MILITARY .257 Roberts	7500	6375	5420	4605	3915
MODEL 720R	2200	1870	1590	1350	1150
MODEL 720S	1750	1490	1265	1075	915
MODEL 721A	500	425	360	305	260
MODEL 721ADL	625	530	450	385	325
MODEL 721BDL	650	555	470	400	340
MODEL 721A MAGNUM	900	765	650	555	470
MODEL 721ADL MAGNUM	975	830	705	600	510
MODEL 721BDL MAGNUM	850	725	615	520	440
MODEL 722(A)	625	530	450	385	325
MODEL 722ADL	700	595	505	430	365
MODEL 722BDL	850	725	615	520	440
MODEL 725ADL .30-06	650	555	470	400	340
MODEL 725ADL .270 WIN	750	640	540	460	390
MODEL 725ADL .280 REM	1100	935	795	675	575
MODEL 725ADL .222 REM	1100	935	795	675	575
MODEL 725ADL .244 REM	1000	850	725	615	525
MODEL 725ADL .243 WIN	1000	850	725	615	525
MODEL 725 KODIAK	7000	5950	5060	4300	3655
MODEL 770	330	280	240	205	175
Model 770 Stainless	410	350	295	250	215
MODEL 783 (WITH SCOPE)	340	290	245	210	180
Model 783 Camo (2014 Mfg.)	450	385	325	275	235
MODEL 783 CAMO (2016-2020 MFG.)	385	325	280	235	200
MODEL 783 COMPACT	355	300	255	220	185
MODEL 783 WALNUT	450	385	325	275	235
MODEL 783 SYNTHETIC (WITHOUT SCOPE)	300	255	215	185	155
MODEL 783 HBT	395	335	285	245	210
MODEL 783 VARMINT LAMINATE	525	445	380	320	270
MODEL 788	650	555	470	400	340
MODEL 798	450	385	325	275	235
Model 798 Safari Grade	1000	850	725	615	525
MODEL 799	550	470	395	340	290
R2MI	3900	3315	2820	2395	2035
RIFLES/CARBINES: BOLT ACTION, MODEL 700 & VARIATIONS					
MODEL 700 - 200TH YEAR ANNIVERSARY LIMITED	2250	1915	1625	1380	1175
MODEL 700 2020 LONG RANGE	4950	4210	3575	3040	2585
MODEL 700 2020 SPS TACTICAL	4950	4210	3575	3040	2585
MODEL 700 ABG (AFRICAN BIG GAME)	2700	2295	1950	1660	1410
MODEL 700 ADL DELUXE RIFLE/CARBINE	800	680	580	490	415
Model 700 ADL Deluxe Rifle Synthetic	700	595	505	430	365
Model 700 ADL Deluxe Rifle Synthetic Youth	650	555	470	400	340
Model 700 ADL/LS Deluxe Rifle	800	680	580	490	415
MODEL 700 ADL WITH SCOPE	460	390	330	280	240
MODEL 700 ADL SS (WITH SCOPE)	550	470	395	340	290
MODEL 700 ADL - 200TH YEAR ANNIVERSARY	675	575	490	415	355
MODEL 700 ALASKAN Ti	1775	1510	1280	1090	925
MODEL 700 APR (AFRICAN PLAINS RIFLE II)	2400	2040	1735	1475	1255
MODEL 700 AS	550	470	395	340	290
MODEL 700 AWR (ALASKAN WILDERNESS RIFLE)	1475	1255	1065	905	770
MODEL 700 AWR II (ALASKAN WILDERNESS RIFLE)	2050	1745	1480	1260	1070
MODEL 700 AWR (AMERICAN WILDERNESS RIFLE)	995	845	720	610	520
MODEL 700 BDL 50TH ANNIVERSARY EDITION	1175	1000	850	720	610
MODEL 700 BDL 200TH ANNIVERSARY SPECIAL	725	615	525	445	380

	NIB	EXC	VG	G	F
MODEL 700 BDL CUSTOM DELUXE	950	810	685	585	495
MODEL 700 BDL CUSTOM DELUXE .222 REM	1050	895	760	645	550
MODEL 700 BDL CUSTOM DELUXE .350 REM	1200	1020	865	735	625
MODEL 700 BDL CUSTOM DELUXE 6.5mmRemMag	1200	1020	865	735	625
MODEL 700 CLASSIC (LTD EDITION)	875	745	630	535	455
MODEL 700 BDL DALE EARNHARDT JR.	675	575	490	415	355
MODEL 700 BDL DM (DETACHABLE MAG.)	775	660	560	475	405
MODEL 700 BDL EUROPEAN	450	385	325	275	235
MODEL 700 BDL LEW HORTON SPECIAL EDITION	750	640	540	460	390
MODEL 700 BDL MOUNTAIN RIFLE (FIXED MAG.)	450	385	325	275	235
MODEL 700 BDL SS (STAINLESS SYNTHETIC)	775	660	560	475	405
Model 700 BDL LSS	800	680	580	490	415
Model 700 BDL SS DM (Detachable Mag.)	800	680	580	490	415
MODEL 700 BDL SS CAMO RMEF	680	580	490	420	355
MODEL 700 BDL VARMINT SPECIAL	1100	935	795	675	575
MODEL 700 CAMO SYNTHETIC	550	470	395	340	290
MODEL 700 CDL 100TH ANNIVERSARY	1200	1020	865	735	625
MODEL 700 CDL "BOONE & CROCKETT" SERIES	800	680	580	490	415
MODEL 700 CDL CLASSIC DELUXE	865	735	625	530	450
Model 700 CDL Classic Deluxe Detachable Mag	885	750	640	545	465
MODEL 700 CDL SF (STAINLESS FLUTED)	965	820	695	595	505
Model 700 CDL SF Limited Edition	1050	895	760	645	550
MODEL 700 C GRADE (CUSTOM SHOP)	2700	2295	1950	1660	1410
MODEL 700 CUSTOM GRADE	Custom Order Only				
Model 700 Custom Grade Model I	1400	1190	1010	860	730
Model 700 Custom Grade Model II	2300	1955	1660	1410	1200
Model 700 Custom Grade Model III	2900	2465	2095	1780	1515
Model 700 Custom Grade Model IV	4875	4145	3520	2995	2545
MODEL 700 CUSTOM KS MOUNTAIN RIFLE	1800	1530	1300	1105	940
Model 700 Custom KS Mountain Rifle Stainless	1950	1660	1410	1200	1020
Model 700 Custom KS Mountain Rifle Wood Grained	1000	850	725	615	525
MODEL 700 CUSTOM RIFLE		3000	2500	2000	1700
MODEL 700 CUSTOM SIXSITE	2800	2380	2025	1720	1460
MODEL 700D PEERLESS GRADE (CUSTOM SHOP)	2000	1700	1445	1230	1045
MODEL 700 ETRONX VS SF	1150	980	830	705	600
MODEL 700 F PREMIER GRADE (CUSTOM SHOP)	3450	2935	2495	2120	1800
MODEL 700 FS	600	510	435	370	315
MODEL 700 LONG RANGE	726	616	525	445	380
Model 700 Long Range Stainless	800	680	580	490	415
MODEL 700 LSS	850	725	615	520	440
MODEL 700 LV SF (LIGHT VARMINT STAINLESS	835	710	605	515	440
MODEL 700 MOUNTAIN RIFLE DM (DETACHABLE	695	590	500	425	360
Model 700 Mountain Rifle LSS (Laminated Stock	900	765	650	555	470
MODEL 700 MAGPUL	975	830	705	600	510
MODEL 700 MAGPUL ENHANCED	1060	900	765	650	555
MODEL 700 MOUNTAIN RIFLE STAINLESS	450	385	325	275	235
MODEL 700 MOUNTAIN SS	975	830	705	600	510
MODEL 700 NORTH AMERICAN CUSTOM	1800	1530	1300	1105	940
MODEL 700 NRA AMERICAN HUNTER	1150	980	830	705	600
MODEL 700P & VARIATIONS	1000	850	725	615	525
MODEL 700 PCR (PRECISION CHASSIS RIFLE)	1025	870	740	630	535
MODEL 700 RS	650	555	470	400	340
MODEL 700 SAFARI GRADE	1395	1185	1010	855	725
Model 700 Safari Grade Custom KS	2400	2040	1735	1475	1255
Model 700 Safari Grade Custom KS Stainless	2575	2190	1860	1580	1345
MODEL 700 SENDERO	635	540	460	390	330
Model 700 Sendero Special SF (Stainless Fluted)	995	845	720	610	520
Model 700 Sendero Special SF-II	1650	1405	1190	1015	865
MODEL 700 SENDERO COMPOSITE	1395	1185	1010	855	725
MODEL 700 SENDERO CUSTOM	2250	1915	1625	1380	1175
MODEL 700 SPS (SPECIAL PURPOSE SYNTHETIC)	595	505	430	365	310
Model 700 SPS Camo	675	575	490	415	355
Model 700 SPS DM	575	490	415	355	300

	NIB	EXC	VG	G	F
Model 700 SPS Stainless	695	590	500	425	360
Model 700 SPS Threaded Muzzle	635	540	460	390	330
Model 700 SPS Varmint	625	530	450	385	325
Model 700 SPS Wood Tech	675	575	490	415	355
Model 700 SPS Youth/Compact	595	505	430	365	310
MODEL 700 SPS BUCKMASTERS EDITION	595	505	430	365	310
MODEL 700 SPS LONG RANGE	625	530	450	385	325
MODEL 700 SPS TACTICAL	650	555	470	400	340
Model 700 SPS Tactical AAC-SD	695	590	500	425	360
Model 700 SPS Tactical Blackhawk	695	590	500	425	360
Model 700 SPS Tactical Coyote Tan	710	605	515	435	370
Model 700 SPS Tactical Laser Engraved	675	575	490	415	355
MODEL 700 STAINLESS 5R	925	785	670	570	485
MODEL 700 STAINLESS 5R THREADED GEN 2	1060	900	765	650	555
MODEL 700 TACTICAL	800	680	580	490	415
MODEL 700 TACTICAL CHASSIS	2425	2060	1750	1490	1265
MODEL 700 TACTICAL TARGET	1875	1595	1355	1150	980
MODEL 700 TITANIUM ULTIMATE LIGHTWEIGHT	1200	1020	865	735	625
MODEL 700 VARMINT SF	825	700	595	505	430
MODEL 700 VLS (VARMINT LAMINATED STOCK)	875	745	630	535	455
Model 700 VL SS TH (Thumbhole)	950	810	685	585	495
MODEL 700 VS COMPOSITE	1550	1320	1120	950	810
MODEL 700 VSF VARMINT SPECIAL	925	785	670	570	485
MODEL 700 VS (VARMINT SYNTHETIC)	650	555	470	400	340
Model 700 VS SF/SF-P (Varmint Synthetic Stainless	825	700	595	505	430
Model 700 VS SF-II Varmint Special (Varmint Synthetic	1150	980	830	705	600
MODEL 700 VTR	725	615	525	445	380
MODEL 700 VTR CARBON	775	660	560	475	405
MODEL 700 VTR SS (STAINLESS STEEL)	825	700	595	505	430
MODEL 700 XCR (XTREME CONDITIONS RIFLE)	865	735	625	530	450
Model 700 XCR RMEF	950	810	685	585	495
MODEL 700 XCR II (XTREME CONDITIONS RIFLE)	800	680	580	490	415
Model 700 XCR II Camo Bone Collector Edition	875	745	630	535	455
Model 700 XCR II Camo RMEF Edition	925	785	670	570	485
MODEL 700 XCR TACTICAL	1275	1085	920	785	665
Model 700 XCR Tactical .338 Lapua	2150	1830	1555	1320	1120
Model 700 XCR Compact Tactical	1260	1070	910	775	660
MODEL 700 XHR (XTREME HUNTING RIFLE)	750	640	540	460	390

RIFLES: BOLT ACTION, MODEL 40X & VARIATIONS

	NIB	EXC	VG	G	F
MODEL 40X SPORTER	4500	3825	3250	2765	2350
MODEL 40X TARGET RIFLE (RANGEMASTER)	1500	1275	1085	920	780
MODEL 40X STANDARD BARREL (RANGEMASTER)	1375	1170	995	845	720
MODEL 40X CENTERFIRE (RANGEMASTER)	1195	1015	865	735	625
MODEL 40X INTERNATIONAL FREE RIFLE	1650	1405	1190	1015	865
MODEL 40-XB RANGEMASTER RIMFIRE	1375	1170	995	845	720
MODEL 40-XB RANGEMASTER CENTERFIRE	2140	1820	1545	1315	1120
MODEL 40-XB KS (KEVLAR STOCK)	2425	2060	1750	1490	1265
MODEL 40-XBBR	1300	1105	940	800	680
MODEL 40-XBBR BENCHREST	3350	2850	2420	2055	1745
MODEL 40-XBBR KS	3400	2890	2455	2090	1775
MODEL 40-XC KS	2625	2230	1895	1610	1370
MODEL 40-XB TACTICAL	2550	2170	1840	1565	1330
MODEL 40-XB THUMBHOLE	2435	2070	1760	1495	1270
MODEL 40-X TACTICAL MOD	4300	3655	3105	2640	2245
MODEL 40-X TARGET INTERDICTION RIFLE	3550	3020	2565	2180	1855
MODEL 40-X TDR	2775	2360	2005	1705	1450
MODEL 40-X TDR (TACTICAL DEPLOYMENT RIFLE)	2700	2295	1950	1660	1410
MODEL 40-X TIR	3600	3060	2600	2210	1880
MODEL 40-XRBR KS RIMFIRE SINGLE SHOT	2550	2170	1840	1565	1330
MODEL 40-XR KS SPORTER	1550	1320	1120	950	810
MODEL 40-XR CUSTOM SPORTER	3850	3275	2780	2365	2010
MODEL 40-XR CUSTOM SPORTER HIGH GRADES	Custom Order Only				
Model 40-XR Custom Sporter High Grade Model I	1500	1275	1085	920	780

	NIB	EXC	VG	G	F
Model 40-XR Custom Sporter High Grade Model II	2750	2340	1985	1690	1435
Model 40-XR Custom Sporter High Grade Model III	3500	2975	2530	2150	1830
Model 40-XR Custom Sporter High Grade Model IV	4875	4145	3520	2995	2545
MODEL 40-SSA SPECIAL LIMITED EDITION	2500	2125	1805	1535	1305
MODEL 40-XS TACTICAL	3675	3125	2655	2255	1915
MODEL XM3 TACTICAL	9250	7865	6685	5680	4830

SHOTGUNS: O/U

	NIB	EXC	VG	G	F
MODEL 32		2500	2000	1650	1405
MODEL 32D TOURNAMENT	4000	3400	2890	2455	2085
MODEL 32E EXPERT	5000	4250	3615	3070	2610
MODEL 32F PREMIER	7500	6375	5420	4605	3915
MODEL 32 SKEET		2500	2000	1675	1425
MODEL 32TC TARGET	3250	2765	2350	1995	1695
MODEL 300 IDEAL	1150	980	830	705	600
MODEL 332	1300	1105	940	800	680
Model 332 D Grade (Peerless)	3250	2765	2350	1995	1695
Model 332 F Grade (Premier)	6500	5525	4695	3990	3390
Model 332 F Grade W/Gold Inlays (Premier Gold)	9500	8075	6865	5835	4960
Model 396 Skeet	2000	1700	1445	1230	1045
Model 396 Sporting Clays	2150	1830	1555	1320	1120
MODEL 3200 FIELD	1500	1275	1085	920	780
MODEL 3200 MAGNUM	1800	1530	1300	1105	940
MODEL 3200 SKEET	1650	1405	1190	1015	865
Model 3200 Skeet Competition Four Ga. Set	6500	5525	4695	3990	3390
MODEL 3200 COMPETITION SKEET	2500	2125	1805	1535	1305
MODEL 3200 TRAP	1650	1405	1190	1015	865
MODEL 3200 SPECIAL TRAP	1500	1275	1085	920	780
MODEL 3200 COMPETITION TRAP	2500	2125	1805	1535	1305
MODEL 3200 COMPETITION TRAP Pigeon Grade	3000	2550	2170	1840	1565
MODEL 3200 PREMIER	5000	4250	3615	3070	2610
MODEL 3200 "ONE OF 1000"	3250	2765	2350	1995	1695
PEERLESS FIELD GRADE	1200	1020	865	735	625
PREMIER FIELD MODEL	1500	1275	1085	920	780
Premier Model Competition STS	1850	1575	1335	1135	965
Premier Model Upland Special	1600	1360	1155	985	835
Premier Ruffed Grouse	1750	1490	1265	1075	915

SHOTGUNS: SEMI-AUTO, MISC. MODELS

	NIB	EXC	VG	G	F
MODEL 878A "AUTOMASTER"	450	385	325	275	235
MODEL 11-96 EURO LIGHTWEIGHT	650	555	470	400	340
MODEL 105 CTi	1000	850	725	615	525
MODEL 105 CTi-II	1000	850	725	615	525

Shotguns: Semi-Auto, Model 11 & Variations

	NIB	EXC	VG	G	F
REMINGTON AUTOLOADING SHOTGUN (PRE-MODEL	1000	850	725	615	525
MODEL 11/11A AUTOLOADER 5-SHOT Plain barrel	850	725	615	520	440
MODEL 11B SPECIAL	1500	1275	1085	920	780
MODEL 11C TRAP GRADE	1700	1445	1230	1045	890
MODEL 11D TOURNAMENT	3000	2550	2170	1840	1565
MODEL 11E EXPERT	5000	4250	3615	3070	2610
MODEL 11F PREMIER	8500	7225	6140	5220	4435
MODEL 11R	1200	1020	865	735	625

Shotguns: Semi-Auto, Model 48 & Variations

	NIB	EXC	VG	G	F
SPORTSMAN MODEL Plain barrel	500	425	360	305	260
MODEL 48 MOHAWK (SPORTSMAN)	325	275	235	200	170
MODEL 48B SELECT	420	355	305	260	220
MODEL 48D TOURNAMENT	1500	1275	1085	920	780
MODEL 48F PREMIER	5750	4890	4155	3530	3000
MODEL 48A RIOT GUN	300	255	215	185	155
MODEL 48SA SKEET	350	300	255	215	185
MODEL 48SC SKEET	495	420	360	305	260
MODEL 48SD TOURNAMENT	1500	1275	1085	920	780
MODEL 48SF PREMIER	5750	4890	4155	3530	3000
MODEL 11-48 (20 ga.)	350	300	255	215	185

Shotguns: Semi-Auto, Model 58 & Variations

	NIB	EXC	VG	G	F
MODEL 58ADL "SPORTSMAN - 58"	350	300	255	215	185
MODEL 58ADL "SPORTSMAN - 58"	400	340	290	245	210
MODEL 58 X-SERIES (SUNGRAIN)	500	425	360	305	260
MODEL 58BDL	400	340	290	245	210
MODEL 58BDL	450	385	325	275	235
MODEL 58SA SKEET GUN	750	640	540	460	390
MODEL 58SC SKEET	1000	850	725	615	525
MODEL 58D TOURNAMENT	1500	1275	1085	920	780
MODEL 58F PREMIER	5750	4890	4155	3530	3000

Shotguns: Semi-Auto, Model 1100 & Variations

	NIB	EXC	VG	G	F
MODEL 1100 FIELD 16 ga.	780	665	565	480	410
MODEL 1100 SPECIAL FIELD	850	725	615	520	440
MODEL 1100 SAM WALTON SPECIAL EDITION	450	385	325	275	235
MODEL 1100 CLASSIC FIELD	750	640	540	460	390
MODEL 1100 "1 OF 3,000" FIELD	1100	935	795	675	575
MODEL 1100 SMALL GAUGE	750	640	540	460	390
MODEL 1100 LW-20 (LIGHTWEIGHT)	750	640	540	460	390
MODEL 1100 LT-20	700	595	505	430	365
MODEL 1100 LT-20 YOUTH	575	490	415	355	300
Model 1100 LT-20 Youth Camo NWTG	550	470	395	340	290
MODEL 1100 LT-20 MAG. (LIGHTWEIGHT MAGNUM)	750	640	540	460	390
MODEL 1100 MAGNUM DUCK GUN	600	510	435	370	315
Model 1100 Magnum Duck Gun Special Purpose (SP)	550	470	395	340	290
MODEL 1100 DEER GUN	550	470	395	340	290
Model 1100 Deer Gun Special Purpose (SP)	500	425	360	305	260
MODEL 1100 SYNTHETIC (INCLUDING LT-20)	500	425	360	305	260
Model 1100 Synthetic Deer	550	470	395	340	290
Model 1100 LT-20 Synthetic Youth	450	385	325	275	235
MODEL 1100 TACTICAL	640	545	460	395	335
MODEL 1100 TAC-2/TAC-4	795	675	575	490	415
MODEL 1100 G3	1045	890	755	640	545
MODEL 1100 COMPETITION	1100	935	795	675	575
MODEL 1100 COMPETITION MASTER	775	660	560	475	405
MODEL 1100 TOURNAMENT SKEET	895	760	645	550	470
MODEL 1100 SMALL GAUGE SKEET	700	595	505	430	365
MODEL 1100 SKEET MATCHED PAIR	1250	1065	905	770	655
MODEL 1100 SPORTING	1050	895	760	645	550
MODEL 1100 PREMIER SPORTING	1250	1065	905	770	655
MODEL 1100 TA TRAP	550	470	395	340	290
MODEL 1100 TB TRAP	600	510	435	370	315
MODEL 1100 TD TOURNAMENT TRAP	650	555	470	400	340
MODEL 1100 CLASSIC TRAP	1125	955	815	690	585
MODEL 1100 AMERICAN CLASSIC	1495	1270	1080	920	780
MODEL 1100 50TH ANNIVERSARY LIMITED EDITION	1775	1510	1280	1090	925
MODEL 1100 150TH ANNIVERSARY	750	640	540	460	390
MODEL 1100 - 200TH YEAR ANNIVERSARY LIMITED	1850	1575	1335	1135	965
MODEL 1100 BICENTENNIAL	600	510	435	370	315
MODEL 1100 BICENTENNIAL	500	425	360	305	260
MODEL 1100 D-GRADE (TOURNAMENT)		2900	2075	1475	1255
MODEL 1100 F-GRADE (PREMIER)		7750	5500	4000	3400
MODEL 1100 F-GRADE W/GOLD (GOLD PREMIER)		9000	7250	6000	5100
SPORTSMAN 12 AUTO	300	255	215	185	155

Shotguns: Semi-Auto, Model 11-87 & Variations

	NIB	EXC	VG	G	F
MODEL 11-87 SPORTSMAN SYNTHETIC/CAMO	550	470	395	340	290
Model 11-87 Sportsman Synthetic ShurShot	875	745	630	535	455
Model 11-87 Sportsman Field	695	590	500	425	360
Model 11-87 Sportsman Youth	650	555	470	400	340
Model 11-87 Compact Sportsman	550	470	395	340	290
MODEL 11-87 PREMIER	750	640	540	460	390
Model 11-87 Premier Upland Special	750	640	540	460	390
MODEL 11-87 PREMIER 3 1/2 IN. SUPER MAGNUM	750	640	540	460	390
MODEL 11-87 SP (SPECIAL PURPOSE)	590	500	425	360	305
MODEL 11-87 SP (SPECIAL PURPOSE) 3 1/2 IN. SUPER	725	615	525	445	380

Model	NIB	EXC	VG	G	F
MODEL 11-87 P (POLICE)	700	595	505	430	365
MODEL 11-87 SPS (SPECIAL PURPOSE SYNTHETIC)					
Model 11-87 SPS 3 in. Magnum	610	520	440	375	320
Model 11-87 SPS Camo (Special Purpose Synthetic	800	680	580	490	415
Model 11-87 SPS Waterfowl	900	765	650	555	470
Model 11-87 SPS-BG Camo (Special Purpose Synthetic	525	445	380	320	270
Model 11-87 SP/SPS (Special Purpose Deer Gun)	695	590	500	425	360
Model 11-87 SP Thumbhole Deer Gun	925	785	670	570	485
Model 11-87 SPS-T (Special Purpose Turkey)	850	725	615	520	440
Model 11-87 SPS Turkey Camo NWTF	675	575	490	415	355
MODEL 11-87 SPS 3 1/2 IN. SUPER MAGNUM	950	810	685	585	495
Model 11-87 SPS-T 3 1/2 in. Super Magnum Turkey	1000	850	725	615	525
Model 11-87 SPS 3 1/2 in. Waterfowl	1025	870	740	630	535
MODEL 11-87 3 1/2 IN. SPORTSMAN SUPER MAG	750	640	540	460	390
Model 11-87 3 1/2 in. Sportsman ShurShot Turkey	885	750	640	545	465
Model 11-87 3 1/2 In. Sportsman Super Mag Waterfowl	885	750	640	545	465
MODEL 11-87 3 1/2 IN. SUPER MAGNUM XCS (XTREME	1000	850	725	615	525
MODEL 11-87 SPORTING CLAYS	700	595	505	430	365
Model 11-87 Sporting Clays NP	800	680	580	490	415
MODEL 11-87 PREMIER SKEET	650	555	470	400	340
MODEL 11-87 PREMIER TRAP	725	615	525	445	380
MODEL 11-87 175TH ANNIVERSARY	515	440	370	315	270
MODEL 11-87 DALE EARNHARDT COMMEMORATIVE	800	680	580	490	415
MODEL 11-87 D-GRADE (TOURNAMENT)		2900	2075	1475	1255
MODEL 11-87 F-GRADE (PREMIER)		7500	5500	4000	3400
MODEL 11-87 F-GRADE W/GOLD (GOLD PREMIER)		9000	7250	6000	5100

Shotguns: Semi-Auto, SP-10 Models

Model	NIB	EXC	VG	G	F
MODEL SP-10	1600	1360	1155	985	835
Model SP-10 Magnum Camo	1750	1490	1265	1075	915
Model SP-10 Magnum Waterfowl	1750	1490	1265	1075	915
Model SP-10 Turkey Magnum	1750	1490	1265	1075	915
Model SP-10 Magnum Synthetic	1250	1065	905	770	655
Model SP-10 Turkey Camo NWTF 25th Anniversary	1400	1190	1010	860	730
Model SP-10 Turkey Combo	1600	1360	1155	985	835

Shotguns: Semi-Auto, V3 & Versa Models

Model	NIB	EXC	VG	G	F
V3 FIELD SPORT	775	660	560	475	405
V3 FIELD SPORT CAMO	875	745	630	535	455
V3 FIELD SPORT COMPACT	785	665	565	480	410
V3 TAC-13 COMPACT	785	665	565	480	410
V3 TURKEY PRO	1025	870	740	630	535
V3 WATERFOWL PRO	1025	870	740	630	535
VERSA MAX	1225	1040	885	750	640
Versa Max Waterfowl Camo	1475	1255	1065	905	770
Versa Max Waterfowl Pro	1575	1340	1140	965	820
Versa Max WoodTech	1450	1235	1050	890	755
VERSA MAX COMPETITION TACTICAL	1485	1260	1075	910	775
VERSA MAX TACTICAL	1240	1055	895	760	645
VERSA MAX SPORTSMAN	910	775	655	560	475
Versa Max Sportsman Camo	1025	870	740	630	535
Versa Max Sportsman Turkey Model	1025	870	740	630	535

SHOTGUNS: SINGLE SHOT

Model	NIB	EXC	VG	G	F
MODEL NO. 3 RIDER SINGLE BARREL		600	500	450	385
MODEL NO. 9 RIDER SINGLE BARREL		600	500	450	385
MODEL 90-T (TRAP)	3250	2765	2350	1995	1695
Model 90-T HPAR (High Post w/adj. Rib)	3500	2975	2530	2150	1830
MODEL 310 SKEET	425	360	305	260	220

SHOTGUNS: SLIDE ACTION, MODELS 10, 17, & 29 & VARIATIONS

Model	NIB	EXC	VG	G	F
REMINGTON REPEATING SHOTGUN	425	360	305	260	220
MODEL 10A	425	360	305	260	220
MODEL 17A	400	340	290	245	210
MODEL 17R	375	320	270	230	195
MODEL 29A	450	385	325	275	235
Model 29A 32 in. Long Range barrel	625	530	450	385	325

	NIB	EXC	VG	G	F
MODEL 29R	425	360	305	260	220
MODEL 29S	550	470	395	340	290

SHOTGUNS: SLIDE ACTION, MODEL 31 & VARIATIONS

	NIB	EXC	VG	G	F
MODEL 31A	475	405	345	290	245
MODEL 31B "SPECIAL"	650	555	470	400	340
MODEL 31R "RIOT" GRADE	500	425	360	305	260
MODEL 31D TOURNAMENT	1600	1360	1155	985	835
MODEL 31E EXPERT	1750	1490	1265	1075	915
MODEL 31F PREMIER	2950	2510	2130	1810	1540
MODEL 31TC TRAP	875	745	630	535	455
MODEL 31S TRAP SPECIAL	550	470	395	340	290
MODEL 31H HUNTER	425	360	305	260	220
MODEL 31L LIGHTWEIGHT	400	340	290	245	210
MODEL 31 SKEET	495	420	360	305	260

SHOTGUNS: SLIDE ACTION, MODEL 870 & VARIATIONS

	NIB	EXC	VG	G	F
MODEL 870AP "WINGMASTER"	400	340	290	245	210
MODEL 870AP "WINGMASTER"	450	385	325	275	235
MODEL 870ADL	450	385	325	275	235
SPORTSMAN 12 PUMP	350	300	255	215	185
MODEL 870 DM	375	320	270	230	195
Model 870 DM Magpul	600	510	435	370	315
Model 870 DM Predator	600	510	435	370	315
Model 870 DM Tactical	600	510	435	370	315
MODEL 870 EXPRESS	350	300	255	215	185
Model 870 Express Youth	350	300	255	215	185
Model 870 Express Synthetic	350	300	255	215	185
Model 870 Express Synthetic Youth Combo	525	445	380	320	270
Model 870 Express Synthetic Deer	400	340	290	245	210
Model 870 Express Deer Gun	375	320	270	230	195
Model 870 Express Magnum ShurShot Deer	475	405	345	290	245
Model 870 Express Turkey	425	360	305	260	220
Model 870 Express Magnum Shurshot Turkey Camo	460	390	330	280	240
MODEL 870 EXPRESS COMBO	520	440	375	320	270
MODEL 870 EXPRESS COMPACT LAMINATE	335	285	240	205	175
Model 870 Express Compact Synthetic	375	320	270	230	195
Model 870 Express Compact Camo	400	340	290	245	210
Model 870 Express Compact (Youth)	335	285	240	205	175
MODEL 870 EXPRESS JUNIOR	360	305	260	220	185
Model 870 Express Jr. Compact	375	320	270	230	195
MODEL 870 EXPRESS HARDWOOD HOME DEFENSE	350	300	255	215	185
MODEL 870 EXPRESS SYNTHETIC TACTICAL (HD,	375	320	270	230	195
Model 870 Express Tactical	560	475	405	345	295
Model 870 Express Tactical Knoxx 20 Ga.	450	385	325	275	235
Model 870 Express Tactical Camo	585	495	425	360	305
Model 870 Express Tactical Magpul (2013-15 Mfg.)	775	660	560	475	405
Model 870 Express Tactical Magpul (2018-2020 Mfg.)	495	420	360	305	260
Model 870 Express Tactical Pachmayr	425	360	305	260	220
Model 870 Express Tactical Side Folder	925	785	670	570	485
Model 870 Express Specialty	365	310	265	225	190
MODEL 870 EXPRESS SUPER MAGNUM	425	360	305	260	220
Model 870 Express Super Magnum Camo	450	385	325	275	235
Model 870 Express Super Magnum Synthetic Camo	385	325	280	235	200
Model 870 Express Super Magnum Turkey Camo	475	405	345	290	245
Model 870 Express Super Magnum Turkey Camo	535	455	385	330	280
Model 870 Express Super Magnum Waterfowl Camo	535	455	385	330	280
MODEL 870 EXPRESS TRAP	525	445	380	320	270
MODEL 870 FIELDMASTER	520	440	375	320	270
MODEL 870 SPS SUPER MAG TURKEY/PREDATOR	625	530	450	385	325
MODEL 870 SPS SUPER MAG TURKEY	565	480	410	345	295
MODEL 870 SPS SUPER MAG. MAX GOBBLER	675	575	490	415	355
MODEL 870 SPS SUPER SLUG	725	615	525	445	380
MODEL 870 SPECIAL PURPOSE MARINE MAGNUM	715	610	515	440	375
MODEL 870 SPORTSMAN FIELD	425	360	305	260	220

	NIB	EXC	VG	G	F
MODEL 870 WINGMASTER	795	675	575	490	415
Model 870 Wingmaster Claro	815	695	590	500	425
MODEL 870 FIELD WINGMASTER	550	470	395	340	290
Model 870 Field Wingmaster With Vent. Rib	725	615	525	445	380
Model 870 Field Wingmaster Small Gauge	765	650	555	470	400
Model 870 Field Wingmaster 50th Anniversary Classic	975	830	705	600	510
Model 870 Field Wingmaster 100th Anniversary	830	705	600	510	435
Model 870 Field Wingmaster Dale Earnhardt Tribute	710	605	515	435	370
Model 870 Field Wingmaster NRA Edition	495	420	360	305	260
MODEL 870 WINGMASTER - 200TH YEAR	1375	1170	995	845	720
MODEL 870 WINGMASTER 3 1/2 IN. SUPER MAGNUM	610	520	440	375	320
MODEL 870 WINGMASTER AMERICAN CLASSIC	1075	915	775	660	560
MODEL 870 MAGNUM DUCK GUN	500	425	360	305	260
MODEL 870 SPECIAL PURPOSE					
Model 870 Special Purpose Super Magnum Synthetic	575	490	415	355	300
Model 870 Special Purpose SPS-T (Turkey) Super	575	490	415	355	300
Model 870 Special Purpose SPS-BG Camo (Special	350	300	255	215	185
Model 870 Special Purpose Deer	650	555	470	400	340
Model 870 Special Purpose Synthetic ShurShot	525	445	380	320	270
Model 870 Special Purpose Turkey (SPS-T)	460	390	330	280	240
Model 870 Special Purpose Deer Gun (SPS-Deer)	350	300	255	215	185
Model 870 Special Purpose Super Slug Deer (SPS	470	400	340	290	245
MODEL 870 XCR (XTREME CONDITIONS)	675	575	490	415	355
MODEL 870 LIGHTWEIGHT	350	300	255	215	185
MODEL 870 LIGHTWEIGHT (MAGNUM)	400	340	290	245	210
MODEL 870 SPECIAL FIELD	400	340	290	245	210
MODEL 870 BRUSHMASTER	400	340	290	245	210
MODEL 870 POLICE	600	510	435	370	315
MODEL 870 TACTICAL	515	440	370	315	270
MODEL 870 TAC-2/TAC-3	615	525	445	380	325
MODEL 870 TAC-14 SERIES					
Model 870 Tac-14	400	340	290	245	210
Model 870 DM Tac-14	500	425	360	305	260
Model 870 Tac-14 Marine Magnum	750	640	540	460	390
MODEL 870 TACTICAL BLACKHAWK	550	470	395	340	290
MODEL 870 TACTICAL DESERT RECON	575	490	415	355	300
MODEL 870 RIOT	400	340	290	245	210
MODEL 870 D-GRADE (TOURNAMENT)		2000	2075	1765	1100
MODEL 870 F-GRADE (PREMIER)		6500	4500	3000	2550
MODEL 870 F-GRADE W/GOLD (GOLD PREMIER)		8000	6000	4500	3825
MODEL 870 "WILDLIFE FOR TOMORROW"	325	275	235	200	170
MODEL 870 150TH ANNIVERSARY	400	340	290	245	210
MODEL 870 - 200TH YEAR ANNIVERSARY	550	470	395	340	290
MODEL 870 BICENTENNIAL	450	385	325	275	235
MODEL 870 BICENTENNIAL	400	340	290	245	210
MODEL 870 SC SKEET	600	510	435	370	315
MODEL 870 SKEET MATCHED PAIR	1150	980	830	705	600
MODEL 870 TA TRAP	425	360	305	260	220
MODEL 870 TB TRAP	425	360	305	260	220
MODEL 870 TC TRAP	600	510	435	370	315
MODEL 870 COMPETITION TRAP	550	470	395	340	290
MODEL 870 ALL AMERICAN TRAP	795	675	575	490	415
MODEL 887 NITRO MAG SPS	375	320	270	230	195
Model 887 Nitro Mag Waterfowl Camo	450	385	325	275	235
Model 887 SPS Bone Collector	525	445	380	320	270
MODEL 887 NITRO MAG TACTICAL	450	385	325	275	235

REPUBLIC ARMS OF SOUTH AFRICA

PISTOLS: SEMI-AUTO

	NIB	EXC	VG	G	F
RAP 401	550	470	395	340	290
RAP-440	550	470	395	340	290

SHOTGUNS: SLIDE ACTION

	NIB	EXC	VG	G	F
MUSLER MODEL	625	530	450	385	325
PISTOLS: SEMI-AUTO					
THE PATRIOT	325	275	235	200	170
REPUBLIC FORGE CUSTOM MODEL	Custom Order Only				
Defiant	3670	3120	2650	2255	1915
General	3670	3120	2650	2255	1915
Long Slide	4270	3630	3085	2620	2225
Patriot	3670	3120	2650	2255	1915
Raider	3820	3245	2760	2345	1995
Republic	3820	3245	2760	2345	1995
Stryker	3670	3120	2650	2255	1915
TEXAN	2975	2530	2150	1825	1550
VALIANT	3120	2650	2255	1915	1630
WAR HAMMER	2975	2530	2150	1825	1550

RETAY ARMS CORP.

SHOTGUNS: SEMI-AUTO

	NIB	EXC	VG	G	F
ANTALYA	2200	1870	1590	1350	1150
GORDION SERIES					
Gordion Turkey	810	690	585	495	420
Gordion Upland	850	725	615	520	440
Gordion Waterfowl	765	650	555	470	400
MASAI MARA SERIES					
Masai Mara SP Cerakote	1450	1235	1050	890	755
Masai Mara SP Air King Waterfowl	1360	1155	985	835	710
Masai Mara Turkey	1190	1010	860	730	620
Masai Mara Turkey XT	1050	895	760	645	550
Masai Mara SP Upland	1275	1085	920	785	665
Masai Mara SP Waterfowl	1230	1045	890	755	640

SHOTGUNS: SLIDE ACTION

	NIB	EXC	VG	G	F
GPS PUMP (GPS COMPACT)	340	290	245	210	180
GPS Security/Field Combo	470	400	340	290	245
GPX XL	425	360	305	260	220

REVOLUTIONARY ROLLER LOCKS

	NIB	EXC	VG	G	F
RL9/RL9UR PISTOL	2380	2025	1720	1460	1240
RL9K PISTOL	2800	2380	2025	1720	1460

RHODE ISLAND ARMS COMPANY

	NIB	EXC	VG	G	F
MORRONE MODEL	1650	1405	1190	1015	865

RICHLAND ARMS COMPANY

	NIB	EXC	VG	G	F
MODEL 80 LS SINGLE SHOT	200	170	145	125	105
MODEL 711 MAGNUM SxS	400	340	290	245	210
MODEL 707 DELUXE SxS	350	300	255	215	185
MODEL 200 FIELD GRADE SxS	350	300	255	215	185
MODEL 202 ALL PURPOSE SxS	450	385	325	275	235
MODEL 41 ULTRA O/U	395	335	285	245	210
MODEL 747 O/U	475	405	345	290	245
MODEL 757 O/U	325	275	235	200	170
MODEL 787 O/U	495	420	360	305	260
MODEL 808 O/U	425	360	305	260	220
MODEL 810 O/U	600	510	435	370	315
MODEL 828 O/U	650	555	470	400	340

RIEDL RIFLE COMPANY

	NIB	EXC	VG	G	F
SINGLE SHOT RIFLE	1500	1275	1085	920	780
Single Shot Rifle Stainless Barrel	1650	1405	1190	1015	865

RIFLES, INC.

	NIB	EXC	VG	G	F
CANYON	3150	2680	2275	1935	1645
CLASSIC	2975	2530	2150	1825	1550
LIGHTWEIGHT STRATA STAINLESS	3050	2595	2205	1875	1595
LIGHTWEIGHT 70	2975	2530	2150	1825	1550
MASTER'S SERIES	3050	2595	2205	1875	1595
PEAR FLAT LTD. ED.	2950	2510	2130	1810	1540
SAFARI	2975	2530	2150	1825	1550
SIGNATURE SERIES	2600	2210	1880	1595	1355
TITANIUM STRATA	3150	2680	2275	1935	1645
VARMINT/TARGET	1800	1530	1300	1105	940

RIGBY, JOHN & CO. (GUNMAKERS), INC.

RIFLES: BOLT ACTION, CURRENT MFG.

	NIB	EXC	VG	G	F
BIG GAME	15995	13595	11555	9825	8350
BIG GAME PH	13995	11895	10110	8595	7305
BIG GAME VINTAGE	18995	16145	13725	11665	9915
HIGHLAND STALKER	10995	9345	7945	6750	5740
THE LONDON BEST	23950	20360	17305	14710	12505
THE LONDON BEST VINTAGE	20500	17425	14810	12590	10700

RIFLES: SxS, CURRENT MFG.

	NIB	EXC	VG	G	F
RISING BITE DOUBLE RIFLE	98500	83725	71165	60490	51415

SHOTGUNS: SxS, CURRENT MFG.

	NIB	EXC	VG	G	F
RISING BITE SHOTGUN	89500	76075	64665	54965	46720

RISE ARMAMENT

	NIB	EXC	VG	G	F
C SERIES RA-313C	1775	1510	1280	1090	925
C SERIES RA-315C	1625	1380	1175	1000	850
C SERIES RA-315 S1	1625	1380	1175	1000	850
C SERIES RA-338	1850	1575	1335	1135	965
L SERIES RA-356LR	1800	1530	1300	1105	940
LR SERIES RA-331LR	1725	1465	1245	1060	900
LR SERIES 1121XR PRECISION	2200	1870	1590	1350	1150
S SERIES RA-302H	1300	1105	940	800	680
S SERIES RA-302S	1350	1150	975	830	705
S SERIES RA-303H	1300	1105	940	800	680
S SERIES RA-303S	1300	1105	940	800	680
T SERIES RA-325T	1625	1380	1175	1000	850
T SERIES RA-350T	1675	1425	1210	1030	875
LIMITED EDITION PATRIOT RIFLE	Contact Manufacturer for Pricing				
SPECIAL EDITION LEGACY RIFLE	1700	1445	1230	1045	890

RIZZINI, BATTISTA

COMBINATION GUNS

	NIB	EXC	VG	G	F
KOMBO MODEL	2750	2340	1985	1690	1435

RIFLES: O/U

	NIB	EXC	VG	G	F
EXPRESS 90L	3750	3190	2710	2305	1960
EXPRESS 92EL	11500	9775	8310	7060	6000
92 S	6300	5355	4550	3870	3290
PYRRUM	3650	3105	2635	2240	1905
WILD EXPRESS	5250	4465	3795	3225	2740
SMALL ACTION	5650	4805	4080	3470	2950
ROUND BODY	7200	6120	5200	4420	3755

RIFLES: SxS

	NIB	EXC	VG	G	F
BR 550 EXPRESS	5900	5015	4265	3625	3080
BR 550 RHINO EXPRESS	9625	8180	6955	5910	5025

SHOTGUNS: O/U

	NIB	EXC	VG	G	F
COMP 16	3700	3145	2675	2270	1930
SPORTING EL	2975	2530	2150	1825	1550
UPLAND EL	2625	2230	1895	1610	1370
INVERNESS ROUND BODY DELUXE (EL)	5500	4675	3975	3380	2875
OMNIUM (EM) FIELD	1925	1635	1390	1180	1005

	NIB	EXC	VG	G	F
AURUM (CLASSIC) FIELD SERIES	3050	2595	2205	1875	1595
Aurum (Classic) Light Field	3250	2765	2350	1995	1695
Aurum (Classic) Teutonic Field	2825	2400	2040	1735	1475
ARTEMIS (CLASSIC) FIELD SERIES	3700	3145	2675	2270	1930
ARTEMIS DELUXE FIELD	6795	5775	4910	4175	3550
Artemis Deluxe Field Small Action	4250	3615	3070	2610	2220
ARTEMIS DELUXE SPORTING	6950	5910	5020	4270	3630
ARTEMIS EL FIELD	16500	14025	11920	10135	8615
ARTEMIS SPECIAL FIELD	3850	3275	2780	2365	2010
ARTEMIS LIGHT FIELD	3825	3250	2765	2350	2000
ROUND BODY DELUXE/EM	3910	3325	2825	2400	2040
ROUND BODY (EL) FIELD	6100	5185	4405	3745	3185
ROUND BODY SPORTING SERIES	2375	2020	1715	1460	1240
FIERCE 1 (COMPETITION)	3650	3105	2635	2240	1905
Fierce 1 Baby Sporting	3560	3025	2570	2185	1855
GRAND REGAL (EL)/DELUXE/EXTRA	11385	9675	8225	6990	5940
MODEL BR 110 FIELD	1915	1630	1385	1175	1000
Model BR 110 Field Light	2125	1805	1535	1305	1110
MODEL BR110/BR110X SPORTER (SPORTING)	2125	1805	1535	1305	1110
Model BR110 Sporter IPS (Improved Performance System)	2925	2485	2115	1795	1525
MODEL BR 320 COMPETITION	3000	2550	2170	1840	1565
MODEL BR 440 COMPETITION	6500	5525	4695	3990	3390
MODEL BR 440 EL COMPETITION	10250	8715	7405	6295	5350
MODEL BR460/BR460 EL COMPETITION	6600	5610	4770	4055	3445
Model BR460 IPS (Improved Performance System)	7325	6225	5290	4500	3825
780 FIELD SERIES	1075	915	775	660	560
780 Field Series Competition	1375	1170	995	845	720
780 Field Series Small Gauge	1275	1085	920	785	665
S 780 EMEL FIELD	13000	11050	9395	7985	6785
782 EM FIELD SERIES	1450	1235	1050	890	755
S 782 EMEL Field Series Deluxe	13995	11895	10110	8595	7305
790 SERIES COMPETITION	1725	1465	1245	1060	900
790 Series Competition Small Gauge	1375	1170	995	845	720
S 790 EL SERIES COMPETITION	8450	7185	6105	5190	4410
S 790 EMEL SERIES FIELD	10000	8500	7225	6140	5220
792 SMALL GAUGE MAG. SERIES	1675	1425	1210	1030	875
S 792 EMEL FIELD	10650	9055	7695	6540	5560
MODEL 2000 TRAP	1675	1425	1210	1030	875
MODEL 2000-SP	3000	2550	2170	1840	1565
S 1000 COMPETITION	4250	3615	3070	2610	2220
S 1000 Baby Sporting	4250	3615	3070	2610	2220
S 2000 COMPETITION	4050	3445	2925	2485	2110
S 2000 Baby Sporting	5375	4570	3885	3300	2805
PREMIER SPORTING	2600	2210	1880	1595	1355
PREMIER II	2950	2510	2130	1810	1540
REGAL EL/DELUXE/EXTRA	6650	5655	4805	4085	3470
REGAL (EM) FIELD	4375	3720	3160	2685	2280
VENUS FIELD	4595	3905	3320	2820	2395
VENUS SPORT	4450	3785	3215	2735	2325
VERTEX COMPETITION	2150	1830	1555	1320	1120
VERTEX BABY SPORTING	2150	1830	1555	1320	1120
VERTEX 3 LADIES/YOUTH TRAP	2500	2125	1805	1535	1305
VERTEX 3 LADIES/YOUTH-BABY SPORTING	2300	1955	1660	1410	1200

SHOTGUNS: SxS

	NIB	EXC	VG	G	F
BR 550 FIELD	4450	3785	3215	2735	2325
BR 550 RB	4400	3740	3180	2700	2295
BR 552 FIELD	4635	3940	3350	2845	2420
UPLAND EL	4350	3700	3145	2670	2270

SHOTGUNS: SEMI-AUTO

	NIB	EXC	VG	G	F
LEONESSA	975	830	705	600	510

	NIB	EXC	VG	G	F
RIZZINI, EMILIO					
SHOTGUNS: O/U					
CLASS MODEL	1625	1380	1175	1000	850
CLASS DE LUXE MODEL	3675	3125	2655	2255	1915
BRIXIAN DE LUXE	8350	7100	6035	5130	4360
PREMIER SERIES	3199	2699	2399	2199	1870
TR-I FIELD (NOVA I)	585	495	425	360	305
TR-I Field Plus	650	555	470	400	340
TR-II FIELD (NOVA II)	795	675	575	490	415
TR-MAG. (NOVA MAG.)	665	565	480	410	350
SHOTGUNS: O/U, COMPETITION SERIES					
COMPACT MODEL	1725	1465	1245	1060	900
GARA MODEL	3100	2635	2240	1905	1620
GARA DE LUXE	6100	5185	4405	3745	3185
TR-SC (NOVA SC)	885	750	640	545	465
TR-L	890	755	645	545	465
TR-ROYAL	1075	915	775	660	560
TR-CLASS SL	1525	1295	1100	935	795
RIZZINI, F.LLI					
RIFLES: SxS, CUSTOM					
R1-E SAFARI SIDELOCK EJECTOR	$128,400 to $165,500				
R3-E SAFARI BOXLOCK	95250	80965	68820	58495	49720
SHOTGUNS: SxS, CUSTOM, RECENT MFG.					
R1-E SIDELOCK EJECTOR	$122,800 to $132,000				
R2-E BOXLOCK EJECTOR	10500	8925	7585	6450	5485
R3-E BOXLOCK EJECTOR	91000	77350	65750	55885	47500
RND MANUFACTURING					
PISTOLS: SEMI-AUTO					
RND PISTOL	1775	1510	1280	1090	925
RIFLES: SEMI-AUTO					
RND EDGE SERIES					
RND 400	2025	1720	1465	1245	1060
RND 800	3350	2850	2420	2055	1745
RND 1000	2025	1720	1465	1245	1060
RND 2000	4225	3590	3055	2595	2205
RND 2100	4225	3590	3055	2595	2205
RND 2500	9250	7865	6685	5680	4830
RND 2600	9250	7865	6685	5680	4830
RND 3000	10350	8800	7480	6355	5400
RND 3100	10350	8800	7480	6355	5400
ROAM					
R-10 BADLANDS (RECENT MFG.)	2500	2125	1805	1535	1305
R-10 BADLANDS (CURRENT MFG.)	2525	2145	1825	1550	1320
R-10 GREAT PLAINS (RECENT MFG.)	2675	2275	1935	1645	1400
R-10 GREAT PLAINS (CURRENT MFG.)	2850	2425	2060	1750	1490
R-10 KILLDEER	3150	2680	2275	1935	1645
R-10 RED RIVER/RED RIVER ULTRALIGHT	2400	2040	1735	1475	1255
R-10 WALHALLA	3425	2910	2475	2105	1790
ROBERT HISSERICH COMPANY					
ROBERT HISSERICH BOLT GUN	1795	1525	1295	1100	935
LIGHTWEIGHT RIFLES SLR	2600	2210	1880	1595	1355
SHARPSHOOTER	5950	5060	4300	3655	3105
ROBERTS DEFENSE					
EDGE PRO	1775	1510	1280	1090	925

	NIB	EXC	VG	G	F
RECON SERIES	2025	1720	1465	1245	1060
Recon Robin Egg	2185	1855	1580	1340	1140
OPERATOR SERIES	2000	1700	1445	1230	1045
Operator SRO	2950	2510	2130	1810	1540
SUPERGRADE STAINLESS	1925	1635	1390	1180	1005
Supergrade Edge	2285	1940	1650	1405	1195
Supergrade Two-Tone	2035	1730	1470	1250	1065

ROCK ISLAND ARMORY (CURRENT MFG.)

PISTOLS: SEMI-AUTO

	NIB	EXC	VG	G	F
LI380	255	215	185	155	130
M1911-A1 CSP	425	360	305	260	220
M1911-A1 FSP	425	360	305	260	220
M1911-A1 MICRO MAG	575	490	415	355	300
M1911-A2 MS TACTICAL	845	720	610	520	440
BBR STANDARD CS (M1911-A380 "BABY ROCK")/BBR	340	290	245	210	180
BBR 3.10	600	510	435	370	315
GI STANDARD CS	470	400	340	290	245
GI STANDARD FS	450	385	325	275	235
GI Standard FS High Capacity	510	435	370	315	270
GI STANDARD MS	470	400	340	290	245
MAP FS	425	360	305	260	220
MAP MS	425	360	305	260	220
MAPP FS	425	360	305	260	220
MAPP MS	450	385	325	275	235
MAPP TCM9R	425	360	305	260	220
MAPP FS TCM9R	385	325	280	235	200
PRO MATCH (TAC) ULTRA	935	795	675	575	490
PRO MATCH ULTRA (M1911-A1 FS MATCH)	735	625	530	450	385
Pro Match Ultra HC	935	795	675	575	490
PRO MATCH ULTRA 6 IN./ULTRA MATCH 6 IN. HC "BIG	975	830	705	600	510
RIA 5.0/RIA 5.0 SP	850	725	615	520	440
ROCK STANDARD CS	510	435	370	315	270
ROCK STANDARD FS	470	400	340	290	245
ROCK STANDARD MS	515	440	370	315	270
ROCK ULTRA CCO/ROCK UTLRA CCO COMBO	650	555	470	400	340
ROCK ULTRA CS/CS-L	625	530	450	385	325
ROCK ULTRA CS WARRIOR	695	590	500	425	360
ROCK ULTRA EFS 1911 FS					
ROCK ULTRA FS (M1911-A1 FS TACTICAL II)	615	525	445	380	325
Rock Ultra FS High Capacity (M1911-A2 FS	680	580	490	420	355
ROCK ULTRA MS	625	530	450	385	325
STK100	450	385	325	275	235
TAC STANDARD FS (M1911-A1 FS TACTICAL)	600	510	435	370	315
TAC ULTRA CS	680	580	490	420	355
TAC ULTRA FS	680	580	490	420	355
Tac Ultra FS HC (High Capacity)	725	615	525	445	380
TAC ULTRA MS	725	615	525	445	380
TAC FS TITANIUM	1000	850	725	615	525
TCM PREMIUM FS	810	690	585	495	420
TCM ROCK STANDARD FS HIGH CAP	715	610	515	440	375
TCM Rock Standard MS High Cap	715	610	515	440	375
TCM ROCK ULTRA CCO	725	615	525	445	380
TCM ROCK ULTRA CS-L	715	610	515	440	375
TCM ROCK ULTRA FS	685	580	495	420	355
TCM Rock Ultra MS	715	610	515	440	375
TCM STANDARD FS/TCM STANDARD FS HC	635	540	460	390	330
TCM STANDARD MS	635	540	460	390	330
TCM TAC ULTRA FS	765	650	555	470	400
TCM Tac Ultra MS	765	650	555	470	400
TCM TAC ULTRA FS HIGH CAP COMBO	825	700	595	505	430
TCM Tac Ultra MS High Cap Combo	825	700	595	505	430

	NIB	EXC	VG	G	F
XT 22 STANDARD	515	440	370	315	270
XT 22 Standard Combo	765	650	555	470	400
XT 22 Magnum/Magnum Target/Magnum Pro	510	435	370	315	270
XT 22 TAC	535	455	385	330	280
REVOLVERS					
MODEL 200	215	185	155	130	110
MODEL 206	220	185	160	135	115
Model 206 Spurless	240	205	175	145	125
AL3.0/AL3.1 REVOLVER	600	510	435	370	315
AL9.0 REVOLVER	500	425	360	305	260
AL22/AL22M	410	350	295	250	215
RIFLES: BOLT ACTION					
M22 TCM BA	385	325	280	235	200
M22 TCM Tactical	385	325	280	235	200
M14Y YOUTH RIFLE	125	105	90	75	65
YTA (YOUTH TO ADULT) BA	175	150	125	105	90
RIFLES: SEMI-AUTO					
M20P SA	145	125	105	90	75
M1600 SA	185	155	135	115	100
MAK22 SA AL (MAK22 SA)	185	155	135	115	100
MIG 22 STANDARD	350	300	255	215	185
MIG 22 TACTICAL	475	405	345	290	245
MIG 22 TARGET	435	370	315	265	225
TM22-A	Contact Manufacturer for Pricing				
TM22 RealTree Timber	425	360	305	260	220
YTA (YOUTH TO ADULT) SA	215	185	155	130	110
SHOTGUNS: LEVER ACTION					
LEVER ACTION WOOD	680	580	490	420	355
Lever Action All Generation	600	510	435	370	315
SHOTGUNS: O/U					
OVER/UNDER COMPETITION	885	750	640	545	465
OVER/UNDER PLUS 1	1550	1320	1120	950	810
OVER/UNDER STANDARD	525	445	380	320	270
S40 O/U	465	395	335	285	240
SHOTGUNS: SXS					
SIDE BY SIDE WALNUT	510	435	370	315	270
SHOTGUNS: SEMI-AUTO					
LION CONCEAL C/ LION CONCEAL P	450	385	325	275	235
LION PRINCIPAL SA	340	290	245	210	180
LION TACTICAL SA	255	215	185	155	130
LION SPORT/LION WANDERER/LION ELEGANCE	350	300	255	215	185
S605 TAC SA SHOTGUN	365	310	265	225	190
SA SHOTGUN LONG STANDARD	345	295	250	210	180
SA SHOTGUN TACT	345	295	250	210	180
SEMI-AUTO FIELD/STANDARD	340	290	245	210	180
VR60 SHOTGUN STANDARD	450	385	325	275	235
VR60 PLUS 1	475	405	345	290	245
VR80	595	505	430	365	310
VR82	625	530	450	385	325
VRBP100	510	435	370	315	270
SHOTGUNS: SINGLE SHOT					
TRADITIONAL SINGLE SHOT	125	105	90	75	65
SHOTGUNS: SLIDE ACTION					
AG "ALL GENERATIONS" PUMP ACTION	275	235	200	170	145
AG Youth Field & Youth AG Standard Turkey/Deer	275	235	200	170	145
CARINA	255	215	185	155	130
M30 M5 SLIDE ACTION	200	170	145	125	105
MERIVA 3-IN-1 SHOTGUN	325	275	235	200	170
MERIVA STANDARD PUMP	175	150	125	105	90
PA FIELD	275	235	200	170	145
T1897 PUMP SHOTGUN	510	435	370	315	270
VRPA40	340	290	245	210	180

	NIB	EXC	VG	G	F

ROCK RIVER ARMS, INC. (RRA)

PISTOLS: SEMI-AUTO

Model	NIB	EXC	VG	G	F
1911 POLY	1250	1065	905	770	655
1911-A1 BASIC LIMITED (BASIC LIMITED MATCH)	2725	2315	1970	1675	1425
1911-A1 BULLSEYE WADCUTTER	3000	2550	2170	1840	1565
1911-A1 CARRY PISTOL (BASIC CARRY)	2055	1745	1485	1260	1070
1911-A1 LIMITED MATCH	3700	3145	2675	2270	1930
1911-A1 NM HARDBALL (NATIONAL MATCH)	2675	2275	1935	1645	1400
1911-A1 TACTICAL PISTOL	2635	2240	1905	1620	1375
RRA PRO CARRY	1675	1425	1210	1030	875
RRA SERVICE AUTO	1575	1340	1140	965	820
LIMITED POLICE COMPETITION	2095	1780	1515	1285	1090
Unlimited Police Competition	3510	2985	2535	2155	1830
LAR-BT9G (BT-9) PISTOL	1300	1105	940	800	680
LAR-BT9G RUK-9BT Pistol w/SBA3Brace	1525	1295	1100	935	795
LAR-9M (LAR-9) A4 PISTOL	1050	895	760	645	550
LAR-9M RUK-9 A4 (LAR-9M RUK-9 A4 Pistol w/SBA3	1300	1105	940	800	680
LAR-9 A4 Pistol With SBX-K Arm Brace	875	745	630	535	455
LAR-15M (LAR-15) A4 PISTOL	875	745	630	535	455
LAR-15M (LAR-15) A4 Pistol w/SBA3 Arm Brace	1100	935	795	675	575
LAR-15M RUK-15 Pistol w/SBA3 Brace	1375	1170	995	845	720
LAR-15M (LAR-15) MOUNTAIN PISTOL	1225	1040	885	750	640
LAR-15M (LAR-15) RRAGE PISTOL	925	785	670	570	485
LAR-15LH PISTOL	1275	1085	920	785	665
LAR-22 PISTOL	625	530	450	385	325
LAR-40 PISTOL	1000	850	725	615	525
LAR-PDS PISTOL (PISTON DRIVEN SYSTEM)	1525	1295	1100	935	795

RIFLES: BOLT ACTION

Model	NIB	EXC	VG	G	F
RBG BOLT GUN SERIES	3785	3215	2735	2325	1975

RIFLES/CARBINES: SEMI-AUTO

Model	NIB	EXC	VG	G	F
LAR BT3 ENHANCED MID-LENGTH A4	1475	1255	1065	905	770
LAR-BT3 OPERATOR ETR CARBINE	1775	1510	1280	1090	925
LAR-BT3 PRECISION RIFLE	1550	1320	1120	950	810
LAR-BT3 PREDATOR HP/HP 65C	1850	1575	1335	1135	965
LAR-BT3 SELECT TARGET RIFLE	1775	1510	1280	1090	925
LAR-BT3 VARMINT RIFLE	1750	1490	1265	1075	915
LAR-BT3 X-1 RIFLE	1900	1615	1375	1165	990
LAR-BT6 (BT-6)	5000	4250	3615	3070	2610
LAR-BT9G (BT-9) CAR A4	1150	980	830	705	600
LAR-BT9G (BT-9) MID-LENGTH A4	1150	980	830	705	600
LAR-BT9G (BT-9) R9 COMPETITION	1450	1235	1050	890	755
LAR-15M 6.8 (LAR-6.8) CAR A2/A4	950	810	685	585	495
LAR-15M 6.8 (LAR-6.8) COYOTE CARBINE	1375	1170	995	845	720
LAR-15M 6.8 (LAR-6.8) MID-LENGTH A4	950	810	685	585	495
LAR-15M 6.8 (LAR-6.8) X-1 RIFLE	1400	1190	1010	860	730
LAR-8 ELITE OPERATOR	1350	1150	975	830	705
LAR-8 MID LENGTH A2/A4	1325	1125	955	815	695
LAR-8 PREDATOR HP	1825	1550	1320	1120	950
LAR-8 Predator HP Mid-Length	1750	1490	1265	1075	915
LAR-8 STANDARD A2/A4	1375	1170	995	845	720
LAR-8 STANDARD OPERATOR	1350	1150	975	830	705
LAR-8 VARMINT A4	1475	1255	1065	905	770
LAR-8 X-1 RIFLE	1800	1530	1300	1105	940
LAR-8M PREDATOR HP	1475	1255	1065	905	770
LAR-9M (LAR-9) CAR A2/A4	875	745	630	535	455
LAR-9M (LAR-9) MID-LENGTH A4	875	745	630	535	455
LAR-9M (LAR-9) R9 COMPETITION RIFLE	1350	1150	975	830	705
LAR-10 MID-LENGTH A2/A4	1000	850	725	615	525
LAR-10 STANDARD A2/A4	1000	850	725	615	525
LAR-10 VARMINT A4	1200	1020	865	735	625
LAR-15 9.11 COMMEMORATIVE	995	845	720	610	520

	NIB	EXC	VG	G	F
LAR-15M ASSURANCE	1150	980	830	705	600
LAR-15M ATH ALL TERRAIN HUNTER V2 (LAR-15 ATH	1275	1085	920	785	665
LAR-15 BTB CARBINE	750	640	540	460	390
LAR-15M (LAR-15) CAR A2	925	785	670	570	485
LAR-15M (LAR-15) CAR A4	950	810	685	585	495
LAR-15M CAR A4 .350 Legend	1250	1065	905	770	655
LAR-15M CLB CARBINE	1375	1170	995	845	720
LAR-15M (LAR-15) COYOTE CARBINE	1225	1040	885	750	640
LAR-15M (LAR-15) COYOTE RIFLE	1300	1105	940	800	680
LAR-15 DELTA CAR	975	830	705	600	510
LAR-15M (LAR-15) ELITE CAR A4	900	765	650	555	470
LAR-15 ELITE CAR UTE2	950	810	685	585	495
LAR-15 ELITE COMP	1350	1150	975	830	705
LAR-15M (LAR-15) ENTRY TACTICAL	1150	980	830	705	600
LAR-15M (LAR-15) FRED EICHLER SERIES PREDATOR	1525	1295	1100	935	795
LAR-15M (LAR-15) Fred Eichler Series Predator 2	1750	1490	1265	1075	915
LAR-15M (LAR-15) Fred Eichler Series Light Predator2L	1750	1490	1265	1075	915
LAR-15 HUNTER	1400	1190	1010	860	730
LAR-15 IRS	1375	1170	995	845	720
LAR-15 LIGHTWEIGHT SERIES	1200	1020	865	735	625
LAR-15M (LAR-15) LIGHTWEIGHT MOUNTAIN RIFLE	1275	1085	920	785	665
LAR-15M LONG RANGE RIFLE	1100	935	795	675	575
LAR-15M (LAR-15) MID-LENGTH A2	925	785	670	570	485
LAR-15M (LAR-15) MID-LENGTH A4	975	830	705	600	510
LAR-15M Mid-Length A4 .450 Bushmaster	1250	1065	905	770	655
LAR-15M (LAR-15) NM A2	1450	1235	1050	890	755
LAR-15M (LAR-15) NM A4	1350	1150	975	830	705
LAR-15M (LAR-15) NM A4 CMP RIFLE	1300	1105	940	800	680
LAR-15 NSP CAR	1000	850	725	615	525
LAR-15 OPERATOR SERIES	1225	1040	885	750	640
LAR-15 OPERATOR III	950	810	685	585	495
LAR-15M OPERATOR ETR CARBINE	1325	1125	955	815	695
LAR-15M (LAR-15) PREDATOR PURSUIT	1275	1085	920	785	665
LAR-15 PRO-SERIES ELITE	2475	2105	1790	1520	1290
LAR-15 PRO-SERIES GOVERNMENT	2125	1805	1535	1305	1110
LAR-15 QMC (QUICK MAGAZINE CHANGE)	1050	895	760	645	550
LAR-15M (LAR-15) R3 COMPETITION	1375	1170	995	845	720
LAR-15M (LAR-15) RRAGE CARBINE	825	700	595	505	430
LAR-15M RRAGE Pink Carbine	725	615	525	445	380
LAR-15M (LAR-15) RRAGE 2G/RRAGE 3G RIFLE	850	725	615	520	440
LAR-15M (LAR-15) STANDARD A2	925	785	670	570	485
LAR-15M (LAR-15) STANDARD A4	1025	870	740	630	535
LAR-15 TACTICAL CAR UTE2	950	810	685	585	495
LAR-15M (LAR-15) TACTICAL CAR A4	1150	980	830	705	600
LAR-15 LEF-T TACTICAL OPERATOR-L	1375	1170	995	845	720
LAR-15 TEXAS RIFLE	1525	1295	1100	935	795
LAR-15M (LAR-15) VARMINT A4	1375	1170	995	845	720
LAR-15M Varmint A4 .204 Ruger	1200	1020	865	735	625
LAR-15M (LAR-15) VARMINT EOP (ELEVATED OPTICAL	1150	980	830	705	600
LAR-15M (LAR-15) X-1 RIFLE	1500	1275	1085	920	780
LAR-22 MID (MID-LENGTH) A4	450	385	325	275	235
LAR-22 NM (AR) A4 RIFLE	950	810	685	585	495
LAR-22 NM A4 CMP TRAINER	1000	850	725	615	525
LAR-22 TACTICAL CARBINE	625	530	450	385	325
LAR-40 CAR A2/A4	1125	955	815	690	585
LAR-40 Mid-Length A2/A4	1125	955	815	690	585
LAR-47 CAR A4	1100	935	795	675	575
LAR-47 COYOTE CARBINE	1450	1235	1050	890	755
LAR-47 DELTA CARBINE	1000	850	725	615	525
LAR-47 TACTICAL COMP	1400	1190	1010	860	730
LAR-47 X-1 RIFLE	1350	1150	975	830	705
LAR-300 CAR A4	875	745	630	535	455
LAR-300 COYOTE CARBINE	1350	1150	975	830	705

	NIB	EXC	VG	G	F
LAR-300 DELTA CARBINE	1000	850	725	615	525
LAR-300 TACTICAL CAR A4	900	765	650	555	470
LAR-300 X-1 RIFLE	1400	1190	1010	860	730
LAR-458 RRA DEVASTATOR (BEAST)	1300	1105	940	800	680
LAR-458 CAR A4	1100	935	795	675	575
LAR-458 MID-LENGTH A4	1100	935	795	675	575
LAR-458 TACTICAL CARBINE	1325	1125	955	815	695
LAR-458 X-1 RIFLE	1425	1210	1030	875	745
LAR-PDS CARBINE (PISTON DRIVEN SYSTEM)	1675	1425	1210	1030	875
PRO-SERIES TASC	1800	1530	1300	1105	940
TASC RIFLE	850	725	615	520	440

ROCKY MOUNTAIN ARMS, INC.

PISTOLS: BOLT ACTION

	NIB	EXC	VG	G	F
BAP (BOLT ACTION PISTOL)	1425	1210	1030	875	745

PISTOLS: SEMI-AUTO

	NIB	EXC	VG	G	F
1911A1-LH	3250	2765	2350	1995	1695
22K PISTOLS	450	385	325	275	235
BACKUP PLUS	575	490	415	355	300
KOMRADE	3500	2975	2530	2150	1830
PATRIOT PISTOL	2550	2170	1840	1565	1330

RIFLES: BOLT ACTION

	NIB	EXC	VG	G	F
NINJA SCOUT RIFLE	640	545	460	395	335
PRAIRIE STALKER	1595	1355	1150	980	835
Prairie Stalker Ultimate	2200	1870	1590	1350	1150
PROFESSIONAL SERIES	2050	1745	1480	1260	1070
PRO-GUIDE	2025	1720	1465	1245	1060
PRO-VARMINT	995	845	720	610	520
POLICE MARKSMAN	2325	1975	1680	1430	1215
Police Marksman II	995	845	720	610	520
SCOUT SEMI-AUTO	650	555	470	400	340

RIFLES: SEMI-AUTO

	NIB	EXC	VG	G	F
M-SHORTEEN	1650	1405	1190	1015	865
VARMINTER	1975	1680	1425	1215	1035
PATRIOT MATCH RIFLE	2050	1745	1480	1260	1070

SHOTGUNS: SLIDE ACTION

	NIB	EXC	VG	G	F
870 COMPETITOR	695	590	500	425	360

RIFLES: BOLT ACTION

	NIB	EXC	VG	G	F
RUGER NO. 1-A LIGHT SPORTER	2395	2035	1730	1470	1250
SAUER MODEL 90	1375	1170	995	845	720

ROESSLER (ROBLER) WAFFEN GmbH

	NIB	EXC	VG	G	F
TITAN 3/TITAN 6	1160	985	840	710	605
TITAN 16 SERIES	1325	1125	955	815	695
TITAN ALPHA	925	785	670	570	485

ROGUE RIVER RIFLEWORKS

	NIB	EXC	VG	G	F
BOLT ACTION MODEL	7250	6165	5240	4450	3785
LEVER ACTION MODEL	3500	2975	2530	2150	1830
SxS MODEL	12500	10625	9030	7675	6525

RÖHM

	NIB	EXC	VG	G	F
DERRINGER	300	255	215	185	155

ROHRBAUGH FIREARMS CORP.

	NIB	EXC	VG	G	F
R-9	1100	935	795	675	575
R9S Model	1100	935	795	675	575
ROHRBAUGH ROBAR R9 SERIES	1600	1360	1155	985	835

ROSS RIFLE COMPANY

	NIB	EXC	VG	G	F
MODEL 1897 SPORTER	Rarity Precludes Pricing				
MODEL 1900 SPORTER	Rarity Precludes Pricing				
MARK I (MILITARY)/MODEL 1903 (SPORTING)	Rarity Precludes Pricing				
Mark I	2700	2295	1950	1660	1410
Model 1903 Sporter	3500	2975	2530	2150	1830
MARK II (MILITARY)/MODEL 1905 (SPORTING)					
Mark II Original (No Star and slightly modified MkII*)	2200	1870	1590	1350	1150
Mark II 2*	2900	2465	2095	1780	1515
Mark II 3*	1650	1405	1190	1015	865
Mark II 4*	1700	1445	1230	1045	890
Mark II 5*	1700	1445	1230	1045	890
Model 1905 M Sporter	1600	1360	1155	985	835
Model 1905 R Sporter	1150	980	830	705	600
Model 1905 E Sporter	2000	1700	1445	1230	1045
Mark II** Commercial Target Model	2800	2380	2025	1720	1460
MODEL 1907 & 1905/1910 MATCH TARGET RIFLE					
Model 1907 "Scotch Deer Rifle Stalking Pattern"	3000	2550	2170	1840	1565
Model 1905/Model 1910 Match Target Model	4500	3825	3250	2765	2350
MKIII (MILITARY)/MODEL 1910 (SPORTER) RIFLE					
MKIII/MKIII B Military	2200	1870	1590	1350	1150
Military Match Target Model	10000	8500	7225	6140	5220
Model R-10	1300	1105	940	800	680
Model E-10	1500	1275	1085	920	780
Model M-10	1800	1530	1300	1105	940
Mark III Homeguard Model	2800	2380	2025	1720	1460
MODEL 1912 CADET					
Model 1912 Cadet Commercial	900	765	650	555	470
Model 1912 Cadet Military	1000	850	725	615	525
Model 1912 Cadet Carbine	1500	1275	1085	920	780

ROSSI

PISTOLS: LEVER ACTION

	NIB	EXC	VG	G	F
RANCH HAND	750	640	540	460	390

PISTOLS: SINGLE SHOT

	NIB	EXC	VG	G	F
BRAWLER	200	170	145	125	105
ROCKET SINGLE SHOT	135	115	100	85	70
MATCHED PAIR PISTOL	325	275	235	200	170

REVOLVERS: DOUBLE ACTION

	NIB	EXC	VG	G	F
MODEL 31	225	190	165	140	120
MODEL 51	225	190	165	140	120
Model 51 Sportsman 511 Stainless	225	190	165	140	120
MODEL 68	240	205	175	145	125
MODEL 69	200	170	145	125	105
MODEL 70	225	190	165	140	120
MODEL 84 STAINLESS	260	220	190	160	135
MODEL 85 STAINLESS	Refer to Model 851				
MODEL 88 STAINLESS	325	275	235	200	170
Model 88 Stainless Lady Rossi	325	275	235	200	170
MODEL 89 STAINLESS	325	275	235	200	170
MODEL 94	260	220	190	160	135
MODEL 95	Refer to Model 951				
MODEL R351	295	250	215	180	155
MODEL R352	325	275	235	200	170
MODEL R461	295	250	215	180	155
MODEL R462	350	300	255	215	185
MODEL 515(M) STAINLESS	250	215	180	155	130
MODEL 515 STAINLESS	260	220	190	160	135
MODEL 518 STAINLESS	260	220	190	160	135
MODEL 677 FS	300	255	215	185	155
MODEL 720 STAINLESS	500	425	360	305	260
Model 720C Stainless	520	440	375	320	270
MODEL 851	285	240	205	175	150

	NIB	EXC	VG	G	F
MODEL 851 STAINLESS	260	220	190	160	135
MODEL 877 FS STAINLESS	350	300	255	215	185
MODEL 951	300	255	215	185	155
MODEL 971	350	300	255	215	185
Model 971 Stainless	360	305	260	220	185
Model 971 Compensated	380	325	275	235	200
MODEL 971 VRC STAINLESS	400	340	290	245	210
MODEL 971 (RECENT MFG.)	350	300	255	215	185
MODEL 972	400	340	290	245	210
CYCLOPS (MODEL 988 STAINLESS)	950	810	685	585	495
PLINKER (MODEL R981)	285	240	205	175	150
.22 Mag. Plinker (R99)	295	250	215	180	155
RM66	525	445	380	320	270
RP63	390	330	280	240	205

RIFLES/CARBINES

	NIB	EXC	VG	G	F
SURVIVAL RIFLE	300	255	215	185	155
RB22 Compact	160	135	115	100	85
CIRCUIT JUDGE .22 REVOLVING CYLINDER	625	530	450	385	325
CIRCUIT JUDGE .44 MAG. REVOLVING CYLINDER	575	490	415	355	300
FIELD GRADE SINGLE SHOT RIMFIRE	140	120	100	85	70
FIELD GRADE FULL SIZE SINGLE SHOT CENTERFIRE	265	225	190	165	140
FIELD GRADE YOUTH SIZE SINGLE SHOT	265	225	190	165	140
MODEL 59 SLIDE ACTION	425	360	305	260	220
MODEL 62 SA SLIDE ACTION	450	385	325	275	235
Model 62 SA Slide Action Stainless	475	405	345	290	245
MODEL 62 SAC CARBINE LEVER ACTION	450	385	325	275	235
Model 62 SAC Carbine Stainless Lever Action	475	405	345	290	245
MODEL 65/92 SRC LEVER ACTION	500	425	360	305	260
MODEL 92 EL JEFE OCTAGON BARREL LEVER	650	555	470	400	340
MODEL 92 ROUND BARREL LEVER ACTION (EL JEFE)	650	555	470	400	340
PICK 4 YOUTH GUN	465	395	335	285	240
RB17	195	165	140	120	100
RB22 BOLT ACTION	160	135	115	100	85
RB22M	195	165	140	120	100
RS22 SEMI-AUTO	135	115	100	85	70
R92 CARBINE	680	580	490	420	355
R92 454 Casull	885	750	640	545	465
R92 Cerakote	875	745	630	535	455
R92 Gold	765	650	555	470	400
R92 Octagonal Barrel	775	660	560	475	405
R92 Triple Black	875	745	630	535	455
RIO BRAVO LEVER ACTION	310	265	225	190	160
RIO GRANDE LEVER ACTION (2010-2014 MFG.)	550	470	395	340	290
RIO GRANDE LEVER ACTION (2017-2018 MFG.)	325	275	235	200	170
ROCKET SINGLE SHOT	160	135	115	100	85
ROSSI GALLERY	300	255	215	185	155
SINGLE SHOT RIFLE	230	195	165	140	120
TRIFECTA YOUTH GUN	395	335	285	245	210
WIZARD SINGLE SHOT	315	270	230	195	165
Wizard Single Shot Youth Model	315	270	230	195	165

SHOTGUNS: LEVER ACTION

	NIB	EXC	VG	G	F
RIO GRANDE	500	425	360	305	260

SHOTGUNS: REVOLVING

	NIB	EXC	VG	G	F
CIRCUIT JUDGE	695	590	500	425	360
CIRCUIT JUDGE TUFFY	695	590	500	425	360
CIRCUIT JUDGE LEVER ACTION	575	490	415	355	300

SHOTGUNS: SxS

	NIB	EXC	VG	G	F
OVERLAND	725	615	525	445	380
SQUIRE	300	255	215	185	155

SHOTGUNS: SINGLE SHOT

	NIB	EXC	VG	G	F
410/22 MATCHED PAIR	185	155	135	115	100
MATCHED PAIR RIMFIRE RIFLE/SHOTGUN	250	215	180	155	130
Matched Pair Rimfire Rifle/Shotgun Youth	200	170	145	125	105

	NIB	EXC	VG	G	F
MATCHED PAIR CENTERFIRE RIFLE/SHOTGUN	300	255	215	185	155
Matched Pair Centerfire Rifle/Shotgun Youth	300	255	215	185	155
SINGLE SHOT SHOTGUN	125	105	90	75	65
MODEL S12/S20/S41	150	130	110	90	75
TUFFY (2009-2014 MFG.)	135	115	100	85	70
TUFFY (CURRENT MFG.)	155	130	110	95	80
TUFFY TURKEY	215	185	155	130	110
YOUTH MATCHED PAIR	165	140	120	100	85

SHOTGUNS: SLIDE ACTION

	NIB	EXC	VG	G	F
ST12	280	240	200	170	145

ROTH PERFORMANCE

	NIB	EXC	VG	G	F
XB3G COMPETITION 3-GUN	2380	2025	1720	1460	1240

ROYAL AMERICAN SHOTGUNS

	NIB	EXC	VG	G	F
MODEL 100 O/U	600	510	435	370	315
MODEL 600 BOXLOCK SxS	700	595	505	430	365
MODEL 800 SIDELOCK SxS	1250	1065	905	770	655

RPB INDUSTRIES

	NIB	EXC	VG	G	F
RPB CARBINE	750	640	540	460	390

RPM

	NIB	EXC	VG	G	F
XL PISTOL	850	725	615	520	440
XL HUNTER	1250	1065	905	770	655

RUSSIAN SERVICE PISTOLS AND RIFLES

HANDGUNS

	NIB	EXC	VG	G	F
MODEL TT30 & TT33 TOKAREV 1930-1945 Mfg.	1600	1360	1155	985	835
MODEL TT30 & TT33 TOKAREV TT30 Model	3000	2550	2170	1840	1565
Model TT Tokarev Automatic Recent Import	650	555	470	400	340
NAGANT REVOLVER	650	555	470	400	340
MAKAROV MD	750	640	540	460	390
MODEL PSM Military	8500	7225	6140	5220	4435
MODEL PSM Commercial	7000	5950	5060	4300	3655

RIFLES

	NIB	EXC	VG	G	F
TOKAREV M1938 (SVT-38)	6500	5525	4695	3990	3390
TOKAREV M1940 (SVT-40)	3150	2680	2275	1935	1645
MOSIN-NAGANT M1891 "Hex" Receiver	See "Mosin-Nagant section				
MOSIN-NAGANT M1891 Round Receiver	See "Mosin-Nagant section				
MOSIN-NAGANT M1891/30	See "Mosin-Nagant section				
RPD SEMI-AUTO	6500	5525	4695	3990	3390

RUTTEN HERSTAL

	NIB	EXC	VG	G	F
MODEL RM 100	750	640	540	460	390
MODEL RM 285	1000	850	725	615	525

RWS

	NIB	EXC	VG	G	F
MODEL 820 L	1500	1275	1085	920	780
Model 820 S	1750	1490	1265	1075	915
MODEL 820 F MATCH	1750	1490	1265	1075	915
Model 820 SF Match	1950	1660	1410	1200	1020
MODEL 820 K	1500	1275	1085	920	780

S.A.C.M.

	NIB	EXC	VG	G	F
FRENCH MODEL 1935A	500	425	360	305	260

S.P.S.

	NIB	EXC	VG	G	F
SPS PANTERA (RECENT MFG.)	1475	1255	1065	905	770
SPS PANTERA (CURRENT MFG.)	1900	1615	1375	1165	990
SPS PANTERA STAR	2625	2230	1895	1610	1370
SPS VISTA	2175	1850	1570	1335	1135
SPS VISTA LONG	2700	2295	1950	1660	1410

S.W.A.T. FIREARMS

PISTOLS: SEMI-AUTO

	NIB	EXC	VG	G	F
5.56 STANDARD	800	680	580	490	415
5.56 STAINLESS	850	725	615	520	440
.300 BLACKOUT	850	725	615	520	440
7 1/2 IN. PISTOL w/KNURLED TUBE	775	660	560	475	405
10 1/2 IN. PISTOL w/CARBINE RAIL	775	660	560	475	405

RIFLES: SEMI-AUTO

	NIB	EXC	VG	G	F
.300 AAC	800	680	580	490	415
BASE HEAVY (BASE MODERN SPORTING RIFLE)	650	555	470	400	340
Base Heavy 2	700	595	505	430	365
Base Heavy 3	875	745	630	535	455
BASE 20	795	675	575	490	415
COMPETITOR	950	810	685	585	495
DESERT STORM	925	785	670	570	485
DRAGON SLAYER	875	745	630	535	455
M4	750	640	540	460	390
PRISON PINK CONVICTION	1100	935	795	675	575
TASTANIUM DEVIL	875	745	630	535	455
TOP GUN	900	765	650	555	470

S.W.D., INC.

	NIB	EXC	VG	G	F
SEMI-AUTO CARBINE (MODELS CM-11/TM-11)	850	725	615	520	440
COBRAY M-11/NINE MM	600	510	435	370	315
LADIES HOME COMPANION	2250	1915	1625	1380	1175
TERMINATOR	200	170	145	125	105

SABATTI s.p.a.

COMBINATION GUNS

	NIB	EXC	VG	G	F
FOREST/FOREST STE COMBO	1295	1100	935	795	675

RIFLES: BOLT ACTION

	NIB	EXC	VG	G	F
BLIZZARD	765	650	555	470	400
ROVER SERIES (PREVIOUS MFG.)	Pricing Unavailable				
ROVER ALASKAN	1100	935	795	675	575
ROVER BATTUE	Pricing Unavailable				
ROVER COMPACT SCOUT	Pricing Unavailable				
ROVER CUSTOM	1325	1125	955	815	695
ROVER HUNTER	975	830	705	600	510
ROVER HUNTER CLASSIC	1050	895	760	645	550
ROVER HUNTER CLASSIC PRO	1190	1010	860	730	620
ROVER PATHFINDER	1050	895	760	645	550
ROVER PATROL	975	830	705	600	510
ROVER RANGER	1275	1085	920	785	665
ROVER SCOUT	1275	1085	920	785	665
ROVER SHOOTER	1175	1000	850	720	610
ROVER THUMBHOLE	Pricing Unavailable				
ROVER TRAQUER	Pricing Unavailable				
ST17-US	925	785	670	570	485
ST-18 (STR OVERWATCH)	1735	1475	1255	1065	905
STR-US (STR SPORT)	2295	1950	1660	1410	1200
STR SPORT (STR SPORT F-CLASS)	2500	2125	1805	1535	1305
SAPHIRE	1335	1135	965	820	695
SAPHIRE E.R. (EXTENDED RANGE)	Pricing Unavailable				
SAPHIRE TACTICAL CARBON/SAPHIRE VARMINT	Pricing Unavailable				
TACTICAL-US (ROVER TACTICAL)	1100	935	795	675	575

	NIB	EXC	VG	G	F
TACTICAL EVO US	1095	930	790	670	570
TLD	2040	1735	1475	1255	1065
URBAN SNIPER	1140	970	825	700	595

RIFLES: O/U

	NIB	EXC	VG	G	F
MODEL 190/195 EXPRESS (EUROPA/EUROPA EDL)	1700	1445	1230	1045	890
MODEL 230 EXPRESS	1950	1660	1410	1200	1020
MODEL 345 EXPRESS	2350	2000	1700	1445	1230

RIFLES: SxS

	NIB	EXC	VG	G	F
SAB92SF	3200	2720	2310	1965	1670
SAB92SF Deluxe	5975	5080	4315	3670	3120
CLASSIC 92	3385	2875	2445	2080	1770
CLASSIC SAFARI SERIES	3650	3105	2635	2240	1905
CLASSIC SAFARI BIG FIVE (BIG 5) (RECENT MFG.)	7950	6760	5745	4880	4150
SAFARI CLASSIC BIG FIVE EA EDL (CURRENT MFG.)	7900	6715	5710	4850	4125
Safari Classic Big Five EDL	7900	6715	5710	4850	4125

RIFLES: SINGLE SHOT

	NIB	EXC	VG	G	F
SKL 98 EDL DELUXE	1860	1580	1345	1140	970

SAFARI ARMS

	NIB	EXC	VG	G	F
BLACK WIDOW	1350	1150	975	830	705
GI SAFARI	1000	850	725	615	525
CARRYCOMP	1500	1275	1085	920	780
CarryComp Enforcer	1750	1490	1265	1075	915
CARRIER	1250	1065	905	770	655
RENEGADE	1350	1150	975	830	705
Reliable	1350	1150	975	830	705
GRIFFON PISTOL	1500	1275	1085	920	780
BILL OF RIGHTS BICENTENNIAL MATCHED SET	8950	7610	6465	5495	4670
MODEL 81 TARGET PISTOL	1350	1150	975	830	705
Model 81L Target Pistol	1500	1275	1085	920	780
Model 81 NM Target Pistol	1350	1150	975	830	705
Model 81BP Target Pistol	1500	1275	1085	920	780
Model 81 Target Pistol Silueta	1600	1360	1155	985	835
ULTIMATE/UNLIMITED	1350	1150	975	830	705

SAFARI CLUB INTERNATIONAL

	NIB	EXC	VG	G	F
Winchester Super Grade 25th Anniversary	1305	1185	1010	855	725

SAFETY HARBOR FIREARMS, INC.

	NIB	EXC	VG	G	F
SHF R50	1915	1630	1385	1175	1000
SHF S50	1575	1340	1140	965	820
SHF R/S ZOMBIE	1995	1695	1440	1225	1040

SAIGA

RIFLES: BOLT ACTION

	NIB	EXC	VG	G	F
BI-7-2KO	1050	895	760	645	550

RIFLES/CARBINES: SEMI-AUTO

	NIB	EXC	VG	G	F
SAIGA RIFLE	1450	1235	1050	890	755
SAIGA 100	650	555	470	400	340
SAIGA CARBINE CONVERSION	1700	1445	1230	1045	890
SGL21/26 SERIES	2000	1700	1445	1230	1045
SGL31/34 SERIES	2300	1955	1660	1410	1200

SHOTGUNS: SEMI-AUTO

	NIB	EXC	VG	G	F
SAIGA-12	1000	850	725	615	525
Saiga-12, LE Variation (SGL12-94)	1800	1530	1300	1105	940
Saiga .410 Bore (SGL-41)	725	615	525	445	380
Saiga Skeletonized Stock	850	725	615	520	440
Saiga Hunting Model	750	640	540	460	390

SAKO, LTD.

	NIB	EXC	VG	G	F

PISTOLS: SEMI-AUTO

Model	NIB	EXC	VG	G	F
TRIACE	1450	1235	1050	890	755
Triace Pistol Kit	2500	2125	1805	1535	1305

RIFLES/CARBINES: BOLT ACTION, DISC.

Model	NIB	EXC	VG	G	F
DELUXE	1250	1065	905	770	655
STANDARD SPORTER	850	725	615	520	440
HEAVY BARREL MODEL	725	615	525	445	380
FINNBEAR MODEL SPORTER	1100	935	795	675	575
FINNBEAR MODEL MANNLICHER CARBINE	1300	1105	940	800	680
FINNBEAR DELUXE	1650	1405	1190	1015	865
FORESTER MODEL SPORTER	1450	1235	1050	890	755
FORESTER MODEL MANNLICHER CARBINE	1650	1405	1190	1015	865
VIXEN MODEL SPORTER	1050	895	760	645	550
VIXEN MODEL HEAVY BARREL SPORTER	1050	895	760	645	550
VIXEN MODEL MANNLICHER CARBINE	1300	1105	940	800	680
MAUSER ACTION (FN)	850	725	615	520	440
MAGNUM MAUSER (FN)	900	765	650	555	470
MODEL 591	1200	1020	865	735	625
MODEL 74	725	615	525	445	380
MODEL 78	1250	1065	905	770	655
FINNSPORT MODEL 2700	800	680	580	490	415
ANNIVERSARY MODEL	2750	2340	1985	1690	1435
A7 BIG GAME ROUGHTECH	1100	935	795	675	575
A7 COYOTE ROUGHTECH	1050	895	760	645	550
A7 LONG RANGE ROUGHTECH	1275	1085	920	785	665
CLASSIC GRADE	895	760	645	550	470
DELUXE LIGHTWEIGHT RIFLE	1185	1005	855	730	620
FIBERCLASS MODEL	1170	995	845	720	610
FiberClass Model Carbine (Handy)	995	845	720	610	520
FINNFIRE	850	725	615	520	440
FINNFIRE II	950	810	685	585	495
HUNTER LIGHTWEIGHT RIFLE	850	725	615	520	440
Hunter Lightweight Rifle Carbine (Handy)	725	615	525	445	380
LAMINATED RIFLE	985	835	710	605	515
LONG RANGE HUNTING MODEL	1030	875	745	635	540
MANNLICHER CARBINE	1050	895	760	645	550
PPC MODEL	1250	1065	905	770	655
QUAD	760	645	550	465	395
Quad 2-Barrel Combo	1500	1275	1085	920	780
Quad 4-Barrel Combo	1475	1255	1065	905	770
SAFARI GRADE	2235	1900	1615	1375	1170
SAKO 75 80TH ANNIVERSARY	16500	14025	11920	10135	8615
SAKO 75 CUSTOM DELUXE	3750	3190	2710	2305	1960
SAKO 75 HUNTER	1350	1150	975	830	705
Sako 75 Deluxe	1700	1445	1230	1045	890
SAKO 75 GREY WOLF	1225	1040	885	750	640
SAKO 75 KING RANCH	2050	1745	1480	1260	1070
SAKO 75 SINGLE SHOT	2850	2425	2060	1750	1490
SAKO 75 STAINLESS SYNTHETIC	1400	1190	1010	860	730
SAKO 75 STAINLESS WALNUT	1050	895	760	645	550
SAKO 75 VARMINT	1400	1190	1010	860	730
SAKO 75 VARMINT W/SET TRIGGER	1575	1340	1140	965	820
SAKO 75 STAINLESS VARMINT LAMINATED	1475	1255	1065	905	770
SAKO 75 STAINLESS VARMINT LAMINATED W/SET	1675	1425	1210	1030	875
SAKO 75 SUPER DELUXE	Rarity Precludes Pricing				
SAKO 85 BAVARIAN	1850	1575	1335	1135	965
SAKO 85 BLACK WOLF	2025	1720	1465	1245	1060
SAKO 85 CARBON LIGHT STAINLESS	2750	2340	1985	1690	1435
SAKO 85 CARBON WOLF	3100	2635	2240	1905	1620
SAKO 85 CLASSIC	1950	1660	1410	1200	1020
SAKO 85 FINN BEAR	2035	1730	1470	1250	1065
SAKO 85 FINNLIGHT STAINLESS (FINNLIGHT)	1700	1445	1230	1045	890
SAKO 85 FINNLIGHT II STAINLESS	2200	1870	1590	1350	1150

	NIB	EXC	VG	G	F
SAKO 85 GREY WOLF	1525	1295	1100	935	795
SAKO 85 HUNTER	1400	1190	1010	860	730
SAKO 85 KODIAK	1700	1445	1230	1045	890
SAKO 85 LONG RANGE	2400	2040	1735	1475	1255
SAKO 85 STAINLESS SYNTHETIC	1275	1085	920	785	665
SAKO 85 SYNTHETIC	1485	1260	1075	910	775
SAKO 85 VARMINT	1825	1550	1320	1120	950
SAKO A-7	825	700	595	505	430
Sako A-7 Stainless	1200	1020	865	735	625
SAKO S20	1275	1085	920	785	665
SUPER DELUXE	2400	2040	1735	1475	1255
TRG M10	9850	8375	7115	6050	5145
TRG-21	2650	2255	1915	1625	1380
TRG 22	4250	3615	3070	2610	2220
TRG 22A1	5525	4695	3990	3395	2885
TRG-41	2950	2510	2130	1810	1540
TRG 42	4850	4125	3505	2980	2535
TRG 42A1	6375	5420	4605	3915	3330
TRG-S	950	810	685	585	495
VARMINT RIFLE	1025	870	740	630	535
RIFLES: LEVER ACTION					
FINNWOLF	1750	1490	1265	1075	915
Finnwolf Sako Collectors Association	2250	1915	1625	1380	1175

SALTWATER ARMS

	NIB	EXC	VG	G	F
BLACKFIN	925	785	670	570	485
BARRACUDA	1050	895	760	645	550
BLACKFIN	800	680	580	490	415

SAN JUAN ENTERPRISE

PKP KNIFE PISTOL	Contact Manufacturer for Pricing

SAN TAN TACTICAL

	NIB	EXC	VG	G	F
STT-15 AMBI	1250	1065	905	770	655
STT-15 6ARC/STT-15 6ARC LITE RIFLE	2600	2210	1880	1595	1355
STT-15 AMBI 5.56/.223 RIFLE	1525	1295	1100	935	795

SAUER, J.P., & SOHN

DRILLINGS & COMBINATION GUNS

	NIB	EXC	VG	G	F
COMBO BBF 54 O/U	2800	2380	2025	1720	1460
Combo BBF 54 O/U Luxury Grade	2160	1835	1560	1325	1125
SAUER COMBINATION GUN O/U					
SAUER MODEL 3000 DRILLING	2995	2545	2165	1840	1565
Sauer Model 3000 Drilling Luxury Grade	3525	2995	2545	2165	1840
LUFTWAFFE M30 SURVIVAL DRILLING	12500	10625	9030	7675	6525
SAUER MODEL 3000E DRILLING					

PISTOLS: SEMI-AUTO

	NIB	EXC	VG	G	F
MODEL 1913 POCKET AUTOMATIC	225	190	165	140	120
MODEL 1913 25 AUTOMATIC	425	360	305	260	220
MODEL 28	350	300	255	215	185
BEHÖRDEN "AUTHORITY" M1930 MODEL	345	295	250	210	180
MODEL 38 H DOUBLE ACTION AUTOMATIC	795	675	575	490	415

RIFLES: BOLT ACTION

	NIB	EXC	VG	G	F
SAUER PRE-WWII BOLT ACTION RIFLE	1500	1275	1085	920	780
MODEL 90 STANDARD	1095	930	790	670	570
Model 90 Standard Stutzen	1135	965	820	695	590
Model 90 Standard Safari	1300	1105	940	800	680
MODEL 90 SUPREME (LUX)	1895	1610	1370	1165	990
Model 90 Supreme (Lux) Safari	1795				
Model 90 Supreme (Lux) Stutzen	1200				
MODEL 100 ATACAMA	700	595	505	430	365

Model	NIB	EXC	VG	G	F
MODEL 100 CERATECH	650	555	470	400	340
MODEL 100 CHEROKEE	840	715	605	515	440
MODEL 100 CLASSIC	900	765	650	555	470
Model 100 Classic XT	760	645	550	465	395
MODEL S100 FIELDSHOOT	1405	1195	1015	865	735
Model S100 Fieldshoot KRG	1800	1530	1300	1105	940
MODEL S100 LWT	1620	1375	1170	995	845
MODEL S100 PANTERA	1300	1105	940	800	680
Model S100 Pantera Cerakote	1220	1035	880	750	640
MODEL S100 PANTERA CLASSIC XT	1255	1065	905	770	655
MODEL S100 VEIL CUMBRE	985	835	710	605	515
MODEL S101 ALASKA	800	680	580	490	415
MODEL S101 ARTEMIS	2290	1945	1655	1405	1195
MODEL S101 CLASSIC	2230	1895	1610	1370	1165
Model S101 Classic XT	1930	1640	1395	1185	1005
Model S101 Classic XTA	2030	1725	1465	1245	1060
MODEL S101 FOREST	1795	1525	1295	1100	935
Model S101 Forest XT	1685	1430	1215	1035	880
MODEL S101 GTI	2440	2075	1765	1500	1275
MODEL S101 HIGHLAND XTC	2600	2210	1880	1595	1355
MODEL S101 SCANDIC	1500	1275	1085	920	780
MODEL S101 SELECT	2095	1780	1515	1285	1090
MODEL 200 BOLT ACTION	1200	1020	865	735	625
Model 200 Bolt Action Lightweight	1225	1040	885	750	640
Model 200 Bolt Action Lux	1225	1040	885	750	640
Model 200 Bolt Action Lux American	1250	1065	905	770	655
Model 200 Bolt Action Lux European	1050	895	760	645	550
Model 200 Bolt Action Carbon Fiber	1500	1275	1085	920	780
MODEL 202 SUPREME (LUX)	2295	1950	1660	1410	1200
Model 202 Supreme (Lux) Magnum	2280	1940	1645	1400	1190
MODEL 202 ALASKA					
MODEL 202 CLASSIC	2870	2440	2075	1765	1500
MODEL 202 CLASSIC XT (STANDARD)	2000	1700	1445	1230	1045
MODEL 202 ELEGANCE	3300	2805	2385	2025	1720
MODEL 202 FOREST	3025	2570	2185	1860	1580
MODEL 202 HARDWOOD	3600	3060	2600	2210	1880
MODEL 202 HIGHLAND	3350	2850	2420	2055	1745
MODEL 202 HUNTER MATCH					
MODEL 202 LIGHTWEIGHT	2000	1700	1445	1230	1045
MODEL 202 OUTBACK	3045	2590	2200	1870	1590
MODEL 202 POLAR	2325	1975	1680	1430	1215
MODEL 202 SYNTHETIC	1530	1300	1105	940	800
MODEL 202 STUTZEN	3425	2910	2475	2105	1790
MODEL 202 SUPER GRADE					
MODEL 202 TAKEDOWN SERIES	5575	4740	4030	3425	2910
Model 202 Takedown Hatari	7250	6165	5240	4450	3785
MODEL 202 YUKON	3325	2825	2400	2040	1735
MODEL 202 VARMINTER	1500	1275	1085	920	780
MODEL 205 TR TARGET	1775	1510	1280	1090	925
MODEL S404 ARTEMIS	4550	3870	3285	2795	2375
MODEL S404 AVANTGARDE GRANDE LUXE	14025	11920	10135	8615	7325
MODEL S404 CLASSIC	4580	3895	3310	2815	2395
MODEL S404 CLASSIC XT	3030	2575	2190	1860	1580
MODEL S404 ELEGANCE	3770	3205	2725	2315	1970
MODEL S404 SELECT	4170	3545	3015	2560	2175
MODEL S404 STUTZEN SELECT	4550	3870	3285	2795	2375
MODEL S404 SYNCHRO XT	4755	4040	3435	2920	2480
Model S404 Synchro XTC	7350	6250	5310	4515	3840
Model S404 Synchro XTC Camo	8195	6965	5920	5035	4280
SSG 3000 PRECISION RIFLE	3000	2550	2170	1840	1565
SSG 2000	1600	1360	1155	985	835
SSG 3000	1450	1235	1050	890	755
SSG 3000 (RECENT MFG.)					

	NIB	EXC	VG	G	F
RIFLES: SxS					
SAUER DOUBLE RIFLE	Pricing Unavailable				
RIFLES: SEMI-AUTO					
MODEL 303	2665	2265	1925	1635	1390
SHOTGUNS					
MEISTERWERK SxS	Pricing Unavailable				
MODEL IX SxS	Pricing Unavailable				
MODEL 60 SxS	800	680	580	490	415
MODEL 60 DELUXE	1400	1190	1010	860	730
ROYAL MODEL SxS	1135	965	820	695	590
APOLLON O/U	1790	1520	1295	1100	935
ARTEMIS O/U	1725	1465	1245	1060	900
ARTEMIS SxS					
Artemis SxS Grade I	4545	3865	3285	2790	2370
Artemis SxS Grade II	6600	5610	4770	4055	3445
GRADE 380 SxS	4500	3825	3250	2765	2350
GRADE F-40 SxS	Rarity Precludes Pricing				
MODEL F-45 SxS	12000	10200	8670	7370	6265
MODEL F-60 SxS	23000	19550	16620	14125	12005
MODEL 66 O/U FIELD GUN Grade I	1900	1615	1375	1165	990
MODEL 66 O/U FIELD GUN Grade II	2640	2245	1905	1620	1375
MODEL 66 O/U FIELD GUN Grade III	3580	3045	2585	2200	1870
MODEL 66 O/U SKEET GUN	2500	2125	1805	1535	1305
MODEL 66 O/U TRAP GUN Grade I	2250	1915	1625	1380	1175
MODEL 66 O/U TRAP GUN Grade II	3250	2765	2350	1995	1695
MODEL 66 O/U TRAP GUN Grade III	4000	3400	2890	2455	2085
SAUER/FRANCHI STANDARD GRADE O/U	525	445	380	320	270
Sauer/Franchi Standard Regent Grade O/U	550	470	395	340	290
Sauer/Franchi Standard Favorit Grade O/U	700	595	505	430	365
Sauer/Franchi Standard Diplomat Grade O/U	800	680	580	490	415
SAUER/FRANCHI SPORTING S O/U	1000	850	725	615	525
SAUER/FRANCHI MODEL TRAP O/U	1000	850	725	615	525
SAUER/FRANCHI MODEL SKEET O/U	800	680	580	490	415
STANDARD MODEL V	1200	1020	865	735	625
MODEL VIII	1000	850	725	615	525
MODEL VIII E	1500	1275	1085	920	780
MODEL 8 DES	Pricing Unavailable				
SL5 SEMI-AUTO	1215	1035	880	745	635
SL5 3-Gun	800	680	580	490	415
SL5 Turkey Gun	700	595	505	430	365
SL5 Waterfowl	1300	1105	940	800	680

SAVAGE ARMS, INC.

COMBINATION GUNS

	NIB	EXC	VG	G	F
MODEL 24 O/U	505	430	365	310	265
MODEL 24B-DL	550	470	395	340	290
MODEL 24P	700	595	505	430	365
MODEL 24S	720	610	520	440	375
MODEL 24MS	900	765	650	555	470
MODEL 24DL	750	640	540	460	390
MODEL 24MDL	900	765	650	555	470
MODEL 24FG	500	425	360	305	260
MODEL 24 FIELD	600	510	435	370	315
MODEL 24F (PREDATOR)	650	555	470	400	340
MODEL 24V	715	610	515	440	375
MODEL 24D	650	555	470	400	340
MODEL 24E	700	595	505	430	365
MODEL 24C CAMPER'S COMPANION	700	595	505	430	365
MODEL 24 VS	650	555	470	400	340
MODEL 389	700	595	505	430	365
MODEL 42 TAKEDOWN	470	400	340	290	245
Model 42 Compact (Youth)	455	385	330	280	240

	NIB	EXC	VG	G	F
MODEL 2400 O/U	750	640	540	460	390
PISTOLS: BOLT ACTION					
MODEL 110 PCS	780	665	565	480	410
MODEL 501F SPORT STRIKER	220	185	160	135	115
MODEL 502F SPORT STRIKER	275	235	200	170	145
MODEL 503F SPORT STRIKER	375	320	270	230	195
Model 503FSS Sport Striker	365	310	265	225	190
MODEL 510F STRIKER CENTERFIRE	350	300	255	215	185
MODEL 516FSS STRIKER	500	425	360	305	260
Model 516FSAK Striker	395	335	285	245	210
Model 516FSAK Striker Camo	550	470	395	340	290
MODEL 516BSAK/BSS SUPER STRIKER	600	510	435	370	315
PISTOLS: SEMI-AUTO					
.25 CALIBER SAVAGE AUTOMATIC					
MODEL 1907 AUTO PISTOL .32 ACP cal.		800	675	550	470
MODEL 1907 AUTO PISTOL .380 ACP cal.		1100	875	750	640
MODEL 1911 GOVT STYLE	945	805	685	580	495
MODEL 1915 HAMMERLESS .32 ACP cal.		1500	1250	1000	850
MODEL 1915 HAMMERLESS .380 ACP cal.		1900	1650	1400	1190
MODEL 1917 AUTOMATIC .32 ACP cal.		700	625	550	470
MODEL 1917 AUTOMATIC .380 ACP cal.		900	750	650	555
M1907 U.S. ARMY TEST TRIAL .45 ACP	40000	34000	28900	24565	20880
M1907 U.S. ARMY TEST TRIAL .45 ACP	18000	15300	13005	11055	9395
MSR 15 BLACKOUT	885	750	640	545	465
STANCE	385	325	280	235	200
PISTOLS: SINGLE SHOT					
MODEL 101	250	215	180	155	130
RIFLES/CARBINES: LEVER ACTION, DISC.					
MODEL 1895		6500	4800	3900	3315
MODEL 1895 ANNIVERSARY	500	425	360	305	260
MODEL 1899					
Model 1899A Rifle	1500	1275	1085	920	780
Model 1899B Rifle	2000	1700	1445	1230	1045
Model 1899C Rifle	2250	1915	1625	1380	1175
Model 1899-D Military Rifle (Musket)	7000	5950	5060	4300	3655
Model 1899-F Carbine	3500	2975	2530	2150	1830
Model 1899H Rifle	1750	1490	1265	1075	915
Model 1899 .250-3000 Rifle	1500	1275	1085	920	780
MODEL 99A	900	765	650	555	470
MODEL 99A RECENT PRODUCTION	795	675	575	490	415
MODEL 99B	1100	935	795	675	575
MODEL 99H CARBINE	1000	850	725	615	525
MODEL 99E	950	810	685	585	495
MODEL 99E CARBINE	830	705	600	510	435
MODEL 99F FEATHERWEIGHT	1000	850	725	615	525
MODEL 99F	895	760	645	550	470
MODEL 99G	1800	1530	1300	1105	940
MODEL 99EG PRE-WAR	875	745	630	535	455
MODEL 99EG POST-WAR	725	615	525	445	380
MODEL 99R PRE-WAR	1345	1145	970	825	700
MODEL 99R POST-WAR	1250	1065	905	770	655
MODEL 99RS PRE-WAR	1260	1070	910	775	660
MODEL 99RS POST-WAR	1100	935	795	675	575
MODEL 99T	2150	1830	1555	1320	1120
MODEL 99K	4000	3400	2890	2455	2085
MODEL 99DL	950	810	685	585	495
MODEL 99C	800	680	580	490	415
MODEL 99CD	920	780	665	565	480
MODEL 99-CE (CENTENNIAL EDITION)	1650	1405	1190	1015	865
MODEL 99-358 (BRUSH GUN)	1260	1070	910	775	660
MODEL 99-375 (BRUSH GUN)	1250	1065	905	770	655
MODEL 99PE	2500	2125	1805	1535	1305
MODEL 99DE CITATION	1750	1490	1265	1075	915

RIFLES/CARBINES: CENTERFIRE & RIMFIRE, DISC.

	NIB	EXC	VG	G	F
MODEL 1903 STANDARD SLIDE ACTION	750	640	540	460	390
Model 1903 Standard Slide Action Grade EF	1150	980	830	705	600
Model 1903 Standard Slide Action Expert Grade	1950	1660	1410	1200	1020
Model 1903 Standard Slide Action Grade GH	1100	935	795	675	575
Model 1903 Standard Slide Action Gold Medal	1200	1020	865	735	625
MODEL 1909 SLIDE ACTION	600	510	435	370	315
MODEL 1904 SINGLE SHOT	150	130	110	90	75
MODEL 1905 SINGLE SHOT	130	110	95	80	70
MODEL 1911 BOLT ACTION	500	425	360	305	260
MODEL 1912 AUTOLOADER	950	810	685	585	495
MODEL 1914 SLIDE ACTION	325	275	235	200	170
MODEL 19 NRA BOLT ACTION	425	360	305	260	220
MODEL 19 BOLT ACTION TARGET	280	240	200	170	145
MODEL 19L	425	360	305	260	220
MODEL 19M	400	340	290	245	210
MODEL 19H	550	470	395	340	290
MODEL 1920 BOLT ACTION	880	750	635	540	460
MODEL 1920-1926	775	660	560	475	405
MODEL 1922	450	385	325	275	235
MODEL 23A BOLT ACTION RIFLE	275	235	200	170	145
MODEL 23AA	425	360	305	260	220
MODEL 23B	350	300	255	215	185
MODEL 23C	335	285	240	205	175
MODEL 23D	350	300	255	215	185
MODEL 25 SLIDE ACTION	375	320	270	230	195
MODEL 40 SPORTER	325	275	235	200	170
MODEL 45 SUPER SPORTER	400	340	290	245	210
MODEL 29 SLIDE ACTION Pre-War	350	300	255	215	185
MODEL 29 SLIDE ACTION Post-War	230	195	165	140	120
MODEL 3 SINGLE SHOT	100	85	70	60	50
MODEL 3S	150	130	110	90	75
MODEL 3ST	175	150	130	105	90
MODEL 4 BOLT ACTION REPEATER Pre-War	120	100	85	75	65
MODEL 4 BOLT ACTION REPEATER Post-War	125	105	90	75	65
MODEL 4S	175	150	125	105	90
MODEL 4M	175	150	125	105	90
MODEL 5	110	95	80	70	60
MODEL 5S	200	170	145	125	105
MODEL 6 AUTOLOADER Pre-War	100	85	70	60	50
MODEL 6 AUTOLOADER Post-War	130	110	95	80	70
MODEL 6S	100	85	70	60	50
MODEL 7 AUTOLOADER Pre-War	175	150	125	105	90
MODEL 7 AUTOLOADER Post-War	180	155	130	110	95
MODEL 7S	175	150	125	105	90
MODEL 60 AUTOLOADER	100	85	70	60	50
MODEL 90 AUTOLOADING CARBINE	150	130	110	90	75
MODEL 88 AUTOLOADER	130	110	95	80	70
MODEL 63/63K SINGLE SHOT	180	155	130	110	95
MODEL 63KM	300	255	215	185	155
MODEL 219 SINGLE SHOT	195	165	140	120	100
MODEL 219L	175	150	125	105	90
MODELS 221, 222, 223, 227, 228, AND 229	200	170	145	125	105
MODEL 34	100	85	70	60	50
MODEL 34M	130	110	95	80	70
MODEL 35	125	105	90	75	65
MODEL 36	100	85	70	60	50
MODEL 46	120	100	85	75	65
MODEL 65	100	85	70	60	50
MODEL 65M	150	130	110	90	75
SAVAGE/FOX MODEL FB-1	200	170	145	125	105
SAVAGE/STEVENS MODEL 73	100	85	70	60	50
MODEL 340 BOLT ACTION	300	255	215	185	155

	NIB	EXC	VG	G	F
EL 340C	250	215	180	155	130
MODEL 340V	400	340	290	245	210
MODEL 340S DELUXE	300	255	215	185	155
MODEL 342 AND 342S	330	280	240	205	175
MODEL 982DL/MDI	195	165	140	120	100

RIFLES: RIMFIRE, CURRENT/RECENT PRODUCTION

	NIB	EXC	VG	G	F
A17 HM2	335	285	240	205	175
A17 MAGNUM/A17 OVERWATCH	445	380	320	275	235
A17 PRO VARMINT	590	500	425	360	305
A17 SEMI-AUTO	435	370	315	265	225
A17 SPORTER	370	315	265	225	190
A17 TARGET SPORTER LAMINATE	535	455	385	330	280
A17/A22/A22 TARGET THUMBHOLE	410	350	295	250	215
A17 XP	470	400	340	290	245
A22 .22 LR	265	225	190	165	140
A22 BNS-SR	440	375	320	270	230
A22 FSS	330	280	240	205	175
A22 FV-SR	330	280	240	205	175
A22 FV-SR OVERWATCH	280	240	200	170	145
A22 MAGNUM	355	300	255	220	185
A22 PRECISION	540	460	390	330	280
A22 Precision Lite	785	665	565	480	410
A22 PRO VARMINT/MAGNUM PRO VARMINT	420	355	305	260	220
A22 TAKEDOWN	380	325	275	235	200
B17/B22 PRECISION	550	470	395	340	290
B17/B22 Precision Lite	785	665	565	480	410
B17 F/B22 F/B22 MAGNUM F	260	220	190	160	135
B17 F Compact/B22 F Compact/B22 Magnum F	270	230	195	165	140
B17 FV/B22 FV/B22 MAGNUM FV	275	235	200	170	145
B17 FVSS/B22 FVSS/B22 MAGNUM FVSS	370	315	265	225	190
B17 FV-SR/B22 FV-SR/B22 MAGNUM FV-SR	300	255	215	185	155
B17 FV-SR OVERWATCH/B22 FV-SR OVERWATCH	310	265	225	190	160
B17 G/B22 G/B22 MAGNUM G	415	355	300	255	215
B17 BNS-SR/B22 BNS-SR	430	365	310	265	225
B.MAG 17 SERIES BOLT ACTION	360	305	260	220	185
B.MAG Blued Heavy Barrel	375	320	270	230	195
B.MAG Beavertail (Heavy Barrel Laminate Stock)	430	365	310	265	225
B.MAG Sporter	460	390	330	280	240
B.MAG Stainless Heavy Barrel	410	350	295	250	215
B.MAG Target Thumbhole	540	460	390	330	280
CUB (G)	150	130	110	90	75
Cub Target	180	155	130	110	95
RASCAL SERIES	135	115	100	85	70
Rascal Gator (Landry Rascal)	170	145	125	105	90
Rascal FV-SR/Rascal FLV-SR	200	170	145	125	105
Rascal Minimalist	255	215	185	155	130
Rascal Red, White, & Blue	160	135	115	100	85
Rascal Target	250	215	180	155	130
Rascal Target XP	260	220	190	160	135
MARK I-G SERIES BOLT ACTION	265	225	190	165	140
Mark I-FVT Series Bolt Action	450	385	325	275	235
MARK II-F SERIES BOLT ACTION	200	170	145	125	105
Mark II BRJ	480	410	345	295	250
Mark II BSEV	570	485	410	350	300
Mark II BTV	370	315	265	225	190
Mark II BTVS/BTVLS	440	375	320	270	230
Mark II BV/LV	295	250	215	180	155
Mark II Camo	235	200	170	145	125
Mark II Classic	260	220	190	160	135
Mark II FSS	240	205	175	145	125
Mark II FV/MARK II-FVSS	230	195	165	140	120
Mark II FVT	435	370	315	265	225
Mark II FV-SR	245	210	175	150	130

	NIB	EXC	VG	G	F
Mark II FV-SR Gator Camo (Landry)	270	230	195	165	140
Mark II FVXP	280	240	200	170	145
Mark II FXP	260	220	190	160	135
Mark II G	220	185	160	135	115
Mark II G Compact (GY Youth)	230	195	165	140	120
Mark II Minimalist	310	265	225	190	160
Mark II TR	495	420	360	305	260
Mark II TRR/TRR-SR	560	475	405	345	295
MODEL 64 SERIES SEMI-AUTO					
Model 64BTV	300	255	215	185	155
Model 64 Camo	175	150	125	105	90
Model 64F/64FL/64FV	135	115	100	85	70
Model 64FSS	200	170	145	125	105
Model 64FVSS	175	150	125	105	90
Model 64 F Takedown	220	185	160	135	115
Model 64 FV-SR	165	140	120	100	85
Model 64 FVXP Package	225	190	165	140	120
Model 64 FXP Package	160	135	115	100	85
Model 64G	210	180	150	130	110
Model 64 Precision	255	215	185	155	130
Model 64TR-SR	340	290	245	210	180
MODEL 93 SERIES MAGNUM BOLT ACTION					
Model 93 G/GL	255	215	185	155	130
Model 93F/FV	270	230	195	165	140
Model 93FSS	295	250	215	180	155
Model 93FVSS/Model 93FVSS XP	340	290	245	210	180
Model 93F Camo	180	155	130	110	95
Model 93 FV-SR	290	245	210	180	155
Model 93 FV-SR Gator Camo (Landry Series)	305	260	220	185	155
Model 93 FXP Package	310	265	225	190	160
Model 93XP Camo	475	405	345	290	245
Model 93 BRJ	410	350	295	250	215
Model 93 BSEV	595	505	430	365	310
Model 93 BTVSS	475	405	345	290	245
Model 93 Classic	455	385	330	280	240
Model 93 Minimalist	310	265	225	190	160
MODEL 93R17 SERIES BOLT ACTION					
Model 93R17 BRJ	540	460	390	330	280
Model 93R17 BSEV	650	555	470	400	340
Model 93R17 BTV	450	385	325	275	235
Model 93R17 BTVSS	470	400	340	290	245
Model 93R17 BV	410	350	295	250	215
Model 93R17 BVSS	435	370	315	265	225
Model 93R17 Camo	315	270	230	195	165
Model 93R17 XP Camo Package	520	440	375	320	270
Model 93R17 F	275	235	200	170	145
Model 93R17 FXP Package	340	290	245	210	180
Model 93R17 FSS	340	290	245	210	180
Model 93R17 FVSS	365	310	265	225	190
Model 93R17 FV	290	245	210	180	155
Model 93R17 FV SR	325	275	235	200	170
Model 93R17 GV/GLV	300	255	215	185	155
Model 93R17 GVXP Package	375	320	270	230	195
Model 93R17 Minimalist	330	280	240	205	175
Model 93R17 TR	485	410	350	300	255
Model 93R17 TRR/TRR-SR	575	490	415	355	300
Model 93R17/93R17T Classic	540	460	390	330	280
MODEL 900 SERIES					
Model 900B Series Biathlon	445	380	320	275	235
Model 900S Series Silhouette	300	255	215	185	155
Model 900TR Series Target	395	335	285	245	210

RIFLES/CARBINES: CENTERFIRE, CURRENT/RECENT PRODUCTION

| MODEL 10BA/BAS-K | 1155 | 980 | 835 | 710 | 605 |

Model	NIB	EXC	VG	G	F
Model 10BAT/S-K	1080	920	780	665	565
MODEL 10 BA STEALTH	950	810	685	585	495
MODEL 10 BA STEALTH EVOLUTION	1075	915	775	660	560
MODEL 10FCM SCOUT	535	455	385	330	280
MODEL 10FM (SIERRA)	450	385	325	275	235
MODEL 10FCM (SIERRA)	475	405	345	290	245
MODEL 10 50TH ANNIVERSARY	1200	1020	865	735	625
MODEL 10 LAW ENFORCEMENT SERIES	450	385	325	275	235
Model 10FP/10FLP	625	530	450	385	325
Model 10FP-SR	625	530	450	385	325
Model 10FP Duty	375	320	270	230	195
Model 10FP 20 In. (LE1/LE1A)	865	735	625	530	450
Model 10FP 26 In. (LE2/LE2A)	500	425	360	305	260
Model 10FP McMillan (LE2B)	700	595	505	430	365
Model 10FP H-S Precision	720	610	520	440	375
Model 10FPCPXP/10FPXP (LE/LEA)	2275	1935	1645	1395	1185
Model 10FCP HS Precision	990	840	715	610	520
Model 10FCPXP H-S Precision Package	2550	2170	1840	1565	1330
Model 10FCP Choate	655	555	475	400	340
Model 10FCP McMillan	1150	980	830	705	600
Model 10 FCP-K/Model 10 FLCP-K	850	725	615	520	440
MODEL 10 FCP-SR	660	560	475	405	345
MODEL 10 PRECISION CARBINE	810	690	585	495	420
Model 10FCP-SR	1100	935	795	675	575
MODEL 10 PREDATOR HUNTER	750	640	540	460	390
MODEL 10 GRS	1270	1080	920	780	665
MODEL 10GY	455	385	330	280	240
Model 10GYXP3 Package	515	440	370	315	270
MODEL 10GXP3 PACKAGE	500	425	360	305	260
Model 10GXP3/110-GXP3 Package	480	410	345	295	250
MODEL 10 SAVAGE ASHBURY PRECISION	1525	1295	1100	935	795
MODEL 10 TROPHY HUNTER XP PACKAGE	565	480	410	345	295
MODEL 11 DOA HUNTER XP	575	490	415	355	300
MODEL 11 HUNTER XP PACKAGE	385	325	280	235	200
MODEL 11 LADY HUNTER	835	710	605	515	440
MODEL 11 LIGHTWEIGHT HUNTER	825	700	595	505	430
MODEL 11 HOG HUNTER	440	375	320	270	230
MODEL 11 LONG RANGE HUNTER	830	705	600	510	435
MODEL 11 SCOUT	580	495	420	355	300
MODEL 11 TROPHY HUNTER XP PACKAGE	495	420	360	305	260
MODEL 11 TROPHY HUNTER XP YOUTH PACKAGE	475	405	345	290	245
Model 11 Trophy Hunter XP Youth Package Camo	500	425	360	305	260
MODEL 11 TROPHY PREDATOR HUNTER XP	545	465	395	335	285
MODEL 11BTH HUNTER	610	520	440	375	320
MODEL 11FNS (11F) HUNTER	475	405	345	290	245
MODEL 11FCNS/FHNS (11FC)	535	455	385	330	280
MODEL 11/111-FCXP3 PACKAGE	380	325	275	235	200
MODEL 11FCXP3 PACKAGE	380	325	275	235	200
MODEL 11FYXP3 PACKAGE	505	430	365	310	265
MODEL 11FYCXP3 YOUTH PACKAGE	360	305	260	220	185
MODEL 11FYCAK	585	495	425	360	305
MODEL 11FXP3					
MODELS 11FXP3 & 111-FXP3 PACKAGES	525	445	380	320	270
MODEL 11GNS/GCNS (11G) HUNTER	500	425	360	305	260
MODEL 11GC	375	320	270	230	195
MODEL 12 LONG RANGE PRECISION	1165	990	840	715	610
MODEL 12 VARMINTER LOW PROFILE	1090	925	790	670	570
MODEL 12 LRPV (LONG RANGE PRECISION	1390	1180	1005	855	725
MODEL 12 LONG RANGE PRECISION VARMINTER	965	820	695	595	505
MODEL 12BTCSS VARMINTER THUMBHOLE	1170	995	845	720	610
MODEL 12BVSS	930	790	670	570	485
Model 12BVSS-S	565	480	410	345	295
Model 12BVSS-SXP	1050	895	760	645	550

Model	NIB	EXC	VG	G	F
MODEL 12FVSS	730	620	525	450	385
Model 12FVSS-S	480	410	345	295	250
Model 12VSS/12VSS-S	700	595	505	430	365
MODEL 12FV/FVY	540	460	390	330	280
MODEL 12 F/TR TARGET	1390	1180	1005	855	725
MODEL 12FCV	635	540	460	390	330
MODEL 12 F CLASS	1495	1270	1080	920	780
MODEL 12 BENCHREST	1485	1260	1075	910	775
MODEL 12 PALMA	1880	1600	1360	1155	980
MODEL 14 CLASSIC/AMERICAN CLASSIC	670	570	485	410	350
MODEL 14 EURO CLASSIC	540	460	390	330	280
MODEL 16 BEAR HUNTER	940	800	680	575	490
MODEL 16FXP3 PACKAGE	625	530	450	385	325
MODEL 16 TROPHY HUNTER XP PACKAGE	605	515	435	370	315
MODEL 16BSS WEATHER WARRIOR	560	475	405	345	295
MODEL 16FCSS WEATHER WARRIOR	390	330	280	240	205
MODEL 16FCSAK WEATHER WARRIOR	560	475	405	345	295
MODEL 16FSS	465	395	335	285	240
Model 16FCSS	580	495	420	355	300
Model 16FLCSS	595	505	430	365	310
Model 16FHSS	655	555	475	400	340
Model 16FHSAK	715	610	515	440	375
MODEL 16 LIGHTWEIGHT HUNTER	610	520	440	375	320
MODEL 25 LIGHTWEIGHT VARMINTER	765	650	555	470	400
Model 25 Lightweight Varminter-T	815	695	590	500	425
MODEL 25 WALKING VARMINTER	565	480	410	345	295
Model 25 Walking Varminter Camo	625	530	450	385	325
MODEL 40 VARMINT HUNTER SINGLE SHOT	435	370	315	265	225
MODEL 110 125TH ANNIVERSARY	1125	955	815	690	585
MODEL 110-B	330	280	240	205	175
MODEL 110-B LAMINATE	375	320	270	230	195
MODEL 110BA/BAS	1905	1620	1375	1170	995
MODEL 110 BA STEALTH	1370	1165	990	840	715
MODEL 110 BA STEALTH EVOLUTION	1680	1430	1215	1030	875
MODEL 110 SPORTER BOLT ACTION	400	340	290	245	210
MODEL 110-MC	425	360	305	260	220
MODEL 110-M	400	340	290	245	210
MODEL 110-C/CL	450	385	325	275	235
MODEL 110-D	350	300	255	215	185
MODEL 110-E	350	300	255	215	185
MODEL 110-F	325	275	235	200	170
Model 110-FNS	350	300	255	215	185
Model 110-FXP3	400	340	290	245	210
MODEL 110-GY	400	340	290	245	210
MODEL 110 TRAIL HUNTER	535	455	385	330	280
MODEL 110-WLE	400	340	290	245	210
Model 110-WLE 1 of 1,000	475	405	345	290	245
MODEL 110-FM SIERRA ULTRA LIGHT	425	360	305	260	220
MODEL 110-FP LAW ENFORCEMENT (TACTICAL	525	445	380	320	270
Model 110FCP	965	820	695	595	505
MODEL 110-G	350	300	255	215	185
Model 110-GC	425	360	305	260	220
Model 110-GCXP3 Package	450	385	325	275	235
MODEL 110 TROPHY HUNTER XP PACKAGE	575	490	415	355	300
Model 110-GL	325	275	235	200	170
Model 110-GLNS	275	235	200	170	145
MODEL 110-K	350	300	255	215	185
MODEL 110-S	375	320	270	230	195
MODEL 110-V	400	340	290	245	210
MODEL 110-GV	400	340	290	245	210
MODEL 110FCP HS PRECISION	1030	875	745	635	540
MODEL 110 APEX HUNTER XP	570	485	410	350	300
Model 110 Apex Hunter XP Muddy Girl	620	525	450	380	325

Model	NIB	EXC	VG	G	F
MODEL 110 APEX PREDATOR XP	655	555	475	400	340
MODEL 110 APEX STORM XP	660	560	475	405	345
MODEL 110 BEAR HUNTER	895	760	645	550	470
MODEL 110 BRUSH HUNTER	600	510	435	370	315
MODEL 110 CARBON PREDATOR	1320	1120	955	810	690
MODEL 110 CARBON TACTICAL	1405	1195	1015	865	735
MODEL 110 CLASSIC	890	755	645	545	465
MODEL 110 ELITE PRECISION	1560	1325	1125	960	815
MODEL 110 ENGAGE HUNTER XP	560	475	405	345	295
MODEL 110 HAYMAKER (WOLVERINE)	780	665	565	480	410
MODEL 110 HIGH COUNTRY	970	825	700	595	505
MODEL 110 HOG HUNTER	550	470	395	340	290
MODEL 110 HUNTER	680	580	490	420	355
MODEL 110 KLYM	2050	1745	1480	1260	1070
MODEL 110 LIGHTWEIGHT STORM	690	585	500	425	360
MODEL 110 LONG RANGE HUNTER	995	845	720	610	520
MODEL 110 MAGPUL HUNTER	810	690	585	495	420
MODEL 110 PRAIRE HUNTER	590	500	425	360	305
MODEL 110-P PREMIER GRADE	350	300	255	215	185
MODEL 110-P PREMIER GRADE	325	275	235	200	170
MODEL 110-PE PRESENTATION GRADE	530	450	385	325	275
MODEL 110-PE PRESENTATION GRADE	530	450	385	325	275
MODEL 110 PRECISION	1310	1115	945	805	685
MODEL 110 PREDATOR	805	685	580	495	420
MODEL 110 PREDATOR HUNTER	690	585	500	425	360
MODEL 110 RIDGE WARRIOR	830	705	600	510	435
MODEL 110 SCOUT	725	615	525	445	380
MODEL 110 STORM	770	655	555	475	405
MODEL 110 TACTICAL	730	620	525	450	385
Model 110 Tactical Desert	715	610	515	440	375
MODEL 110 TIMBERLINE	700	595	505	430	365
MODEL 110 ULTRALITE	1245	1060	900	765	650
Model 110 Ultralite Camo	1370	1165	990	840	715
Model 110 Ultralite Elite	2560	2175	1850	1570	1335
MODEL 110 VARMINT	700	595	505	430	365
MODEL 111B HUNTER	625	530	450	385	325
MODEL 111BTH HUNTER	645	550	465	395	335
MODEL 111 CHIEFTAIN ACTION	400	340	290	245	210
MODEL 111 CHIEFTAIN ACTION	450	385	325	275	235
MODEL 111 DOA HUNTER XP	540	460	390	330	280
MODEL 111 HUNTER XP PACKAGE	385	325	280	235	200
MODEL 111 LADY HUNTER	810	690	585	495	420
MODEL 111 HOG HUNTER	440	375	320	270	230
MODEL 111 LIGHTWEIGHT HUNTER	820	695	590	505	430
MODEL 111 LONG RANGE HUNTER	825	700	595	505	430
Model 111 Long Range Hunter .338 Lapua	1070	910	775	655	555
MODEL 111 TROPHY HUNTER XP PACKAGE	495	420	360	305	260
MODEL 111FNS (111-F)	365	310	265	225	190
Model 111-FC	450	385	325	275	235
Model 111-FCNS Hunter	585	495	425	360	305
Model 111-FHNS	575	490	415	355	300
MODEL 111FYCAK	455	385	330	280	240
MODEL 111-FAK EXPRESS	425	360	305	260	220
MODEL 111GNS (111-G)	430	365	310	265	225
Model 111-GC	425	360	305	260	220
Model 111-GCNS	440	375	320	270	230
MODEL 112V VARMINT RIFLE	400	340	290	245	210
MODEL 112 VARMINTER LOW PROFILE	665	565	480	410	350
MODEL 112 R	400	340	290	245	210
MODEL 112-BV	500	425	360	305	260
MODEL 112-BVSS LONG RANGE	560	475	405	345	295
Model 112-BVSS-S Long Range	535	455	385	330	280
MODEL 112-BT COMPETITION GRADE	875	745	630	535	455

	NIB	EXC	VG	G	F
Model 112-BT-S Competition Grade	875	745	630	535	455
MODEL 112-FV	315	270	230	195	165
Model 112-FVS	350	300	255	215	185
Model 112-FVSS (Long Range)	450	385	325	275	235
Model 112-FVSS-S	425	360	305	260	220
MODEL 112 MAGNUM TARGET	890	755	645	545	465
MODEL 114 AMERICAN CLASSIC/CLASSIC	730	620	525	450	385
Model 114 American Classic Stainless	705	600	510	435	370
MODEL 114 EURO CLASSIC	550	470	395	340	290
MODEL 114-C (CLASSIC) 114-CU (CLASSIC ULTRA)	500	425	360	305	260
MODEL 114-U	500	425	360	305	260
MODEL 114-CE (CLASSIC EUROPEAN)	450	385	325	275	235
MODEL 116 ALASKAN BRUSH HUNTER	605	515	435	370	315
MODEL 116 BEAR HUNTER	800	680	580	490	415
MODEL 116-BSS WEATHER WARRIOR	475	405	345	290	245
MODEL 116 FSS	465	395	335	285	240
Model 116 FCSS	685	580	495	420	355
Model 116 FLCSS	595	505	430	365	310
Model 116 FHSS/116 FHSAK	535	455	385	330	280
Model 116-FSK (Kodiak)	495	420	360	305	260
MODEL 116-US (ULTRA STAINLESS)	625	530	450	385	325
MODEL 116-SE (SAFARI EXPRESS)	800	680	580	490	415
MODEL 116-FSAK	500	425	360	305	260
MODEL 116-FCSAK	560	475	405	345	295
MODEL 116FXP3 PACKAGE	430	365	310	265	225
MODEL 116 LIGHTWEIGHT HUNTER	615	525	445	380	325
MODEL 116 TROPHY HUNTER XP PACKAGE	580	495	420	355	300
MODEL 170C	200	170	145	125	105
MODEL 170 PUMP RIFLE	305	260	220	185	155
EDGE BOLT ACTION	260	220	190	160	135
Edge XP Bolt Action	350	300	255	215	185
IMPULSE BIG GAME	1250	1065	905	770	655
IMPULSE DRIVEN HUNTER	1105	940	800	680	580
IMPULSE ELITE PRECISION	2130	1810	1540	1310	1115
IMPULSE HOG HUNTER	1075	915	775	660	560
IMPULSE KLYM	2560	2175	1850	1570	1335
IMPULSE MOUNTAIN HUNTER	1800	1530	1300	1105	940
IMPULSE PREDATOR	1175	1000	850	720	610

RIFLES: BOLT ACTION - AXIS SERIES

	NIB	EXC	VG	G	F
AXIS	320	270	230	195	165
AXIS Heavy Barrel	335	285	240	205	175
AXIS Stainless	320	270	230	195	165
AXIS Compact (Youth) Model	335	285	240	205	175
AXIS SR	315	270	230	195	165
AXIS XP PACKAGE	360	305	260	220	185
AXIS XP Stainless Package	460	390	330	280	240
AXIS XP Compact/Youth Package	355	300	255	220	185
Axis XP Camo/Camo Compact/Camo Youth	385	325	280	235	200
AXIS II	360	305	260	220	185
Axis II Blackout	380	325	275	235	200
AXIS II Compact/Youth	375	320	270	230	195
Axis II Overwatch	440	375	320	270	230
AXIS II PRECISION	805	685	580	495	420
AXIS II XP	420	355	305	260	220
AXIS II XP Hardwood	545	465	395	335	285
AXIS II XP Stainless	520	440	375	320	270
AXIS II XP Youth	400	340	290	245	210

RIFLES: SEMI-AUTO - MSR SERIES

	NIB	EXC	VG	G	F
MSR 10 COMPETITION HD	2980	2535	2155	1830	1555
MSR 10 HUNTER	1380	1175	995	845	720
MSR 10 HUNTER OVERWATCH	1405	1195	1015	865	735
MSR 10 LONG RANGE	2205	1875	1595	1355	1150
MSR 10 PRECISION	2315	1970	1675	1420	1205

	NIB	EXC	VG	G	F
MSR 15 COMPETITION	2320	1970	1675	1425	1210
MSR 15 LONG RANGE	1400	1190	1010	860	730
MSR 15 PATROL	740	630	535	455	385
MSR 15 RECON	800	680	580	490	415
MSR 15 RECON 2.0	810	690	585	495	420
MSR 15 RECON 2.0 OVERWATCH	945	805	685	580	495
MSR 15 RECON LRP	1170	995	845	720	610
MSR 15 VALKYRIE	1205	1025	870	740	630

SHOTGUNS: DISC.

	NIB	EXC	VG	G	F
MODEL 220 SINGLE BARREL	200	170	145	125	105
MODEL 220P	175	150	125	105	90
MODEL 220 AC	200	170	145	125	105
MODEL 220L	175	150	125	105	90
MODEL 420 O/U Double Trigger	375	320	270	230	195
MODEL 420 O/U Single Trigger	500	425	360	305	260
MODEL 430 O/U Double Trigger	300	255	215	185	155
MODEL 430 O/U Single Trigger	400	340	290	245	210
MODEL 720 AUTOLOADER STANDARD	400	340	290	245	210
MODEL 726 SEMI-AUTO UPLAND SPORTER	205	175	150	125	105
MODEL 740C SKEET GUN	375	320	270	230	195
MODEL 745 LIGHTWEIGHT	400	340	290	245	210
MODEL 750 SEMI-AUTO	295	250	215	180	155
MODEL 750AC	350	300	255	215	185
MODEL 750SC	180	155	130	110	95
MODEL 755 STANDARD SEMI-AUTO	315	270	230	195	165
MODEL 755SC	325	275	235	200	170
MODEL 775 LIGHTWEIGHT SEMI-AUTO	225	190	165	140	120
MODEL 775SC	350	300	255	215	185
MODEL 21 SLIDE ACTION	275	235	200	170	145
MODEL 28 SLIDE ACTION	275	235	200	170	145
MODEL 30 SLIDE ACTION	150	130	110	90	75
MODEL 30 SLIDE ACTION Checkered Late Model	210	180	150	130	110
MODEL 30AC	300	255	215	185	155
MODEL 30T TRAP AND DUCK GUN	110	95	80	70	60
MODEL 30FG TAKEDOWN ACTION	205	175	150	125	105
MODEL 30T TAKEDOWN TRAP	275	235	200	170	145
MODEL 30AC TAKEDOWN	275	235	200	170	145
MODEL 30 TAKEDOWN SLUG GUN	275	235	200	170	145
MODEL 30D TAKEDOWN	240	205	175	145	125
MODEL 67 SLIDE ACTION	580	495	420	355	300
SAVAGE/FOX MODEL FA-1	350	300	255	215	185
SAVAGE/FOX MODEL FP-1	235	200	170	145	125
MODEL 242 O/U	650	555	470	400	340
MODEL 440/440B O/U	550	470	395	340	290
MODEL 440T	325	275	235	200	170
MODEL 444 DELUXE	485	410	350	300	255
MODEL 550 SxS	175	150	125	105	90
KIMEL KAMPER SINGLE SHOT	145	125	105	90	75
MODEL STEVENS 311	275	235	200	170	145
MODEL 312 SERIES O/U	705	600	510	435	370
Model 312 Series O/U Field	500	425	360	305	260
Model 312 Series O/U Trap	550	470	395	340	290
Model 312 Series O/U Sporting Clays	525	445	380	320	270
MODEL 330 O/U	450	385	325	275	235
MODEL 333T	450	385	325	275	235
MODEL 333 O/U	500	425	360	305	260

SHOTGUNS: CURRENT/RECENT MFG.

	NIB	EXC	VG	G	F
FOX A-GRADE SHOTGUN	3225	2740	2330	1980	1685
MILANO O/U	885	750	640	545	465
MODEL 210F SLUG WARRIOR BOLT ACTION (MASTER	500	425	360	305	260
Model 210FT Slug Warrior Bolt Action	410	350	295	250	215
MODEL 212 SLUG GUN	630	535	455	385	325
MODEL 212/220 TURKEY	605	515	435	370	315

	NIB	EXC	VG	G	F
MODEL 220 SLUG GUN	565	480	410	345	295
Model 220 Slug Gun Stainless Camo (Stainless)	705	600	510	435	370
Model 220 Slug Gun Youth	500	425	360	305	260
MODEL 220 THUMBHOLE	690	585	500	425	360
MODEL 320	160	135	115	100	85
RENEGAUGE COMPETITION	1500	1275	1085	920	780
RENEGAUGE FIELD	1090	925	790	670	570
RENEGAUGE PRAIRIE	1230	1045	890	755	640
RENEGAUGE SECURITY	1075	915	775	660	560
RENEGAUGE TURKEY	1195	1015	865	735	625
RENEGAUGE WATERFOWL	1115	950	805	685	580

SCATTERGUN TECHNOLOGIES INC. (S.G.T.)

SHOTGUNS: SEMI-AUTO

	NIB	EXC	VG	G	F
K-9 MODEL	650	555	470	400	340
URBAN SNIPER MODEL	1100	935	795	675	575

SHOTGUNS: SLIDE ACTION

	NIB	EXC	VG	G	F
BORDER PATROL (MODEL 20)	755	640	545	465	395
CQB SHOTGUN	1330	1130	960	815	695
EXPERT MODEL	1200	1020	865	735	625
F.B.I. MODEL	715	610	515	440	375
LESS LETHAL	1095	930	790	670	570
Less Lethal CQB	1200	1020	865	735	625
LOUIS AWERBUCK SIGNATURE MODEL	625	530	450	385	325
M.F.S. MAGAZINE FED SHOTGUN	1085	920	785	665	565
MILITARY MODEL	625	530	450	385	325
PATROL MODEL	545	465	395	335	285
PRACTICAL TURKEY MODEL	545	465	395	335	285
ROB HAUGHT SPECIAL SHOTGUN	1135	965	820	695	590
STANDARD MODEL	1360	1155	985	835	710

SCCY INDUSTRIES

	NIB	EXC	VG	G	F
CPX-1/CPX-1RD	230	195	165	140	120
CPX-1 GEN 3/CPX-1 RDR GEN 3	225	190	165	140	120
CPX-2/CPX-2RD	245	210	175	150	130
CPX-2 GEN 3/CPX-2RDR	240	205	175	145	125
CPX-3/CPX-3RD	230	195	165	140	120
CPX-4/CPX-4RD/CPX-4RDR	255	215	185	155	130
DVG-1/DVG-1RDR	230	195	165	140	120

SCHALL & CO. (SCHALL)

	NIB	EXC	VG	G	F
REPEATING HANDGUN	700	595	505	430	365
REPEATING HANDGUN	600	510	435	370	315

SCHROEDER BAUMAN

	NIB	EXC	VG	G	F
AMERICAN DEFENDER	1400	1190	1010	860	730
AMERICAN LIBERTY	1100	935	795	675	575
AMERICAN PATRIOT	1000	850	725	615	525

SCHUERMAN ARMS, LTD.

	NIB	EXC	VG	G	F
MODEL SA40	5440	4625	3930	3340	2840

SCORPION TACTICAL

	NIB	EXC	VG	G	F
ATS-15 L1	555	470	400	340	290
ATS-15 L2	800	680	580	490	415
ATS-15 L3	1195	1015	865	735	625
ATS-15 L5	1795	1525	1295	1100	935

SCOTT, W.C., LTD.

	NIB	EXC	VG	G	F
KINMOUNT	6500	5525	4695	3990	3390
BOWOOD	7500	6375	5420	4605	3915
CHATSWORTH	6600	5610	4770	4055	3445
BLENHEIM	Rarity Precludes Pricing				

SECURITY INDUSTRIES

	NIB	EXC	VG	G	F
MODEL PSS 38 DOUBLE ACTION	250	215	180	155	130
MODEL PM357	300	255	215	185	155
MODEL PPM 357	300	255	215	185	155

SEDCO INDUSTRIES, INC.

	NIB	EXC	VG	G	F
MODEL SP-22	100	85	70	60	50

SEDGLEY, R.F., INC.

	NIB	EXC	VG	G	F
SPRINGFIELD SPORTING RIFLE	1350	1150	975	830	705
SPRINGFIELD CARBINE SPORTER	1500	1275	1085	920	780

SEECAMP, L.W. CO., INC.

	NIB	EXC	VG	G	F
LWS .25 ACP MODEL	450	385	325	275	235
LWS .32 MODEL	450	385	325	275	235
MATCHED PAIR	1100	935	795	675	575
LWS .380 MODEL	505	430	365	310	265

SEEKINS PRECISION

PISTOLS: SEMI-AUTO

	NIB	EXC	VG	G	F
CQ-PDP	1360	1155	985	835	710
NXP8	1300	1105	940	800	680
SP15 P	825	700	595	505	430

RIFLES: BOLT ACTION

	NIB	EXC	VG	G	F
HAVAK BRAVO	1500	1275	1085	920	780
HAVAK ELEMENT	2210	1880	1595	1355	1150
HAVAK HIT	1635	1390	1180	1005	855
HAVAK PRO HP1	1670	1420	1205	1025	870
HAVAK PRO HUNTER PH1	1150	980	830	705	600
HAVAK PRO HUNTER PH2	1570	1335	1135	965	820

RIFLES: SEMI-AUTO

	NIB	EXC	VG	G	F
3G2	1610	1370	1165	990	840
DMR (DESIGNATED MARKSMAN RIFLE)	1425	1210	1030	875	745
NX3G	1475	1255	1065	905	770
NX15	1475	1255	1065	905	770
NX15 SKELETONIZED NOXS	1295	1100	935	795	675
NXR16	1475	1255	1065	905	770
NOXS BILLET	1375	1170	995	845	720
SP3G	2295	1950	1660	1410	1200
SP10 .308	2250	1915	1625	1380	1175
SP10 6.5/.243	2325	1975	1680	1430	1215
SP10 (CURRENT PRODUCTION)	2475	2105	1790	1520	1290
SP15	945	805	685	580	495
SP15 (CURRENT PRODUCTION)	700	595	505	430	365
SP15 DMR	825	700	595	505	430
SPBRV2 (BATTLEFIELD RIFLE)	1250	1065	905	770	655
SPCBRV1 (COMBAT BILLET RIFLE)	1625	1380	1175	1000	850
SPRO3G (PRO SERIES)	1750	1490	1265	1075	915
SPROV3 (PRO SERIES)	1750	1490	1265	1075	915

SEITZ

	NIB	EXC	VG	G	F
SINGLE BARREL TRAP GUN	18500	15725	13365	11360	9655

SEMMERLING

	NIB	EXC	VG	G	F
LM-4 PISTOL, Chrome Plated	3250	2765	2350	1995	1695
LM-4 PISTOL, Electroless Nickel	3500	2975	2530	2150	1830
LM-4 PISTOL, High Polish Blue	5200	4420	3755	3195	2715

SERBU FIREARMS, INC.

BFG-50 RIFLE/CARBINE	2150	1830	1555	1320	1120
BFG-50A	6550	5570	4730	4025	3420
RN-50	1360	1155	985	835	710

SERO LTD.

GEPARD GM6 LYNX	Contact Manufacturer for Pricing

SHADOW SYSTEMS LLC

DR920 COMBAT/DR920 ELITE	755	640	545	465	395
MR918 COMBAT/MR918 ELITE	640	545	460	395	335
MR920 COMBAT/MR920 ELITE/MR920L ELITE	620	525	450	380	325
XR920 COMBAT/XR920 ELITE	755	640	545	465	395

SHARPS RIFLE COMPANY

SHARPS 25-45 FIELD MASTER RIFLE	1205	1025	870	740	630

SHARPS, CHRISTIAN

For information on all models, refer to *Blue Book of Antique American Firearms & Values* or our online database.

SHERIDAN PRODUCTS INCORPORATED

KNOCABOUT	275	235	200	170	145

SHIELD ARMS

PISTOLS: SEMI-AUTO

SA-9 P FOLDING	1125	955	815	690	585
SA-15 FOLDING PRO	1050	895	760	645	550
SA-15 Folding A2	975	830	705	600	510

RIFLES: SEMI-AUTO

SA-4 NON-FOLDING	575	490	415	355	300
SA-15 FOLDING PRO	1125	955	815	690	585

SHILEN RIFLES, INCORPORATED

CUSTOM DGV/DGR RIFLE (CURRENT MFG.)	3600	3060	2600	2210	1880
DGA SPORTER	1500	1275	1085	920	780
DGA VARMINTER	1300	1105	940	800	680
DGA SILHOUETTE RIFLE	1650	1405	1190	1015	865
DGA BENCHREST RIFLE	1300	1105	940	800	680

SI DEFENSE, INC.

SI-C .223 STANDARD CARBINE	1065	905	770	655	555
SI-C ATC	1475	1255	1065	905	770
SI-C M4 CARBINE	1050	895	760	645	550
SI-C M406	1125	955	815	690	585
SI-D .308 AMBI CF BATTLE RIFLE	3075	2615	2220	1890	1605
SI-D .308 AMBI SS BATTLE RIFLE	2525	2145	1825	1550	1320
SI-D .308 BATTLE RIFLE	1475	1255	1065	905	770
SI-D .308 CARBINE (HUNTING/SPORTSMAN)	1425	1210	1030	875	745
SI-D .308 RIFLE	1600	1360	1155	985	835

SIBERGUN

YAZ MAXIMUS	425	360	305	260	220

	NIB	EXC	VG	G	F
SIDEWINDER					
SIDEWINDER	750	640	540	460	390
SIG ARMS AG					
PISTOLS: SEMI-AUTO					
P 210 & VARIATIONS					
P 210 Danish Army	4250	3615	3070	2610	2220
P 210-1	3280	2790	2370	2015	1715
P 210-2	3795	3225	2740	2330	1980
Swiss Army P49	3400	2890	2455	2090	1775
Swiss Army P49	2895	2460	2090	1780	1515
P 210-3	4995	4245	3610	3070	2610
P 210-4	3495	2970	2525	2145	1825
P 210-5	4495	3820	3250	2760	2345
P 210-6	3300	2805	2385	2025	1720
P 210-7	5285	4490	3820	3245	2760
P 210-7	2030	1725	1465	1245	1060
P 210-8	7200	6120	5200	4420	3755
P 210 Deluxe Models	7000	5950	5060	4300	3655
RIFLES: BOLT ACTION					
SHR 970	615	525	445	380	325
SHR 970 Synthetic	455	385	330	280	240
STR 970 LONG RANGE	635	540	460	390	330
RIFLES: SEMI-AUTO					
MODEL 1908 MONDRAGON	20000	17000	14450	12285	10440
PE-57	12000	10200	8670	7370	6265
SIG-AMT RIFLE	11995	10195	8665	7365	6260
SG 550/551	9000	7650	6505	5525	4695
SG 550/551	6500	5525	4695	3990	3390
SIG SAUER					
PISTOLS: SEMI-AUTO					
MOSQUITO	300	255	215	185	155
SIG M400 ELITE PSB	1000	850	725	615	525
SIG M400 SWITCHBLADE	1195	1015	865	735	625
SIG M400 TREAD PISTOL	850	725	615	520	440
SIG MCX 9 IN.	1975	1680	1425	1215	1035
SIG MCX 11 1/2 IN.	1975	1680	1425	1215	1035
SIG MCX RATTLER CANEBRAKE	1855	1575	1340	1140	970
SIG MCX RATTLER PCB	2300	1955	1660	1410	1200
SIG MCX RATTLER PSB	2295	1950	1660	1410	1200
SIG MCX-SPEAR LT	2225	1890	1610	1365	1160
SIG MCX VIRTUS PCB/PSB	1980	1685	1430	1215	1035
SIG MPX-P	1380	1175	995	845	720
SIG MPX	1600	1360	1155	985	835
SIG MPX Copperhead	1645	1400	1190	1010	860
SIG MPX K (SIG MPX PCB)	1830	1555	1320	1125	955
SIG MPX With Pistol Stabilizing Brace	1700	1445	1230	1045	890
SIG PRO SP2009	500	425	360	305	260
SIG PRO SP2022	530	450	385	325	275
SIG PRO SP2340	505	430	365	310	265
SP2022	510	435	370	315	270
SP2022 Diamond	520	440	375	320	270
SP2022 TacPac	630	535	455	385	325
PISTOLS: SEMI-AUTO, P210, P220, P224, & P225 SERIES					
P 210 CARRY	1050	895	760	645	550
P210 LEGEND	2050	1745	1480	1260	1070
P210 SUPER TARGET	3175	2700	2295	1950	1660
P210 TARGET	1695	1440	1225	1040	885
P220	795	675	575	490	415

	NIB	EXC	VG	G	F
P220 Combat	980	835	710	600	510
P220 Combat Threaded	980	835	710	600	510
P220 Elite	880	750	635	540	460
P220 Dark Elite	970	825	700	595	505
P220 Elite Stainless	1135	965	820	695	590
P220 Equinox	1100	935	795	675	575
P220 Equinox Elite	1100	935	795	675	575
P220 Extreme	1020	865	735	625	530
P220 Match	1055	895	760	650	555
P220 Match Elite (Recent Mfg.)	1250	1065	905	770	655
P220 Super Match (Recent Mfg.)	1055	895	760	650	555
P220 Nightmare	895	760	645	550	470
P220 NRALE	800	680	580	490	415
P220 Scorpion Elite	1100	935	795	675	575
P220 Sport	1250	1065	905	770	655
P220 Stainless Nitron	900	765	650	555	470
P220 Stainless Reverse Two-Tone	795	675	575	490	415
P220R	480	410	345	295	250
P220 TacPac	1075	915	775	660	560
P220 .22 LR	580	495	420	355	300
P220 CARRY	835	710	605	515	440
P220 Carry Elite	1015	865	735	625	530
P220 Carry Stainless Elite	1040	885	750	640	545
P220 Carry Equinox	1050	895	760	645	550
P220 Carry SAS	1000	850	725	615	525
P220 COMPACT	825	700	595	505	430
P220 Compact SAS	810	690	585	495	420
P220 HUNTER	1240	1055	895	760	645
P220 LEGION	1215	1035	880	745	635
P220 Legion Carry SAO	995	845	720	610	520
P224	930	790	670	570	485
P224 SAS Gen. 2	930	790	670	570	485
P224 Extreme	980	835	710	600	510
P224 Equinox	1065	905	770	655	555
P225	600	510	435	370	315
P225-A1	850	725	615	520	440

PISTOLS: SEMI-AUTO, P226, P227 & P228 SERIES

	NIB	EXC	VG	G	F
P226	900	765	650	555	470
P226 ASE Full Size	830	705	600	510	435
P226 Combat	980	835	710	600	510
P226 Combat Threaded Barrel	1030	875	745	635	540
P226 Elite	1010	860	730	620	525
P226 Elite (2017 Mfg.)	1055	895	760	650	555
P226 Elite SAO	595	505	430	365	310
P226 Dark Elite	910	775	655	560	475
P226 Elite Stainless	1180	1005	855	725	615
P226 Emperor Scorpion	980	835	710	600	510
P226 Enhanced Elite	900	765	650	555	470
P226 Engraved	1060	900	765	650	555
P226 Equinox	930	790	670	570	485
P226 Equinox Elite (P226 Equinox Full-Size)	1215	1035	880	745	635
P226 Extreme	1045	890	755	640	545
P226 E2	900	765	650	555	470
P226 Jubilee	1695	1440	1225	1040	885
P226 MK25 Navy Version	940	800	680	575	490
P226 Nightmare	1049	890	760	645	550
P226 NRALE	700	595	505	430	365
P226 Pro-Cut	1290	1095	930	790	670
P226R	580	495	420	355	300
P226 RX	915	780	660	560	475
P226 Scorpion Elite	1100	935	795	675	575
P226 Select	975	830	705	600	510
P226 Special Editions	750	640	540	460	390

	NIB	EXC	VG	G	F
P226 Sport	1780	1515	1285	1095	930
P226 TACOPS	990	840	715	610	520
P226 TACOPS TB (Threaded Barrel)	1035	880	750	635	540
P226 TacPac	1030	875	745	635	540
P226 Tactical/Blackwater Tactical	990	840	715	610	520
P226 Super Cap Tactical	950	810	685	585	495
P226 Tribal Nitron	940	800	680	575	490
P226 Tribal Two-Tone	875	745	630	535	455
P226 USPSA	1000	850	725	615	525
P226 .22 LR	550	470	395	340	290
P226 LEGION	1050	895	760	645	550
P226 Legion RX	1330	1130	960	815	695
P226 X-FIVE	1900	1615	1375	1165	990
P226 X-Five Competition	1450	1235	1050	890	755
P226 X-Five All Around	1365	1160	985	840	715
P226 X-Five Tactical	1300	1105	940	800	680
P226 XFIVE/XFIVE CLASSIC (CURRENT MFG.)	1900	1615	1375	1165	990
P226 X SERIES					
P226 X All Around	1800	1530	1300	1105	940
P226 X Classic	2200	1870	1590	1350	1150
P226 X Entry	1275	1085	920	785	665
P226 X Match	1300	1105	940	800	680
P226 X Open	4200	3570	3035	2580	2195
P226 X Super Match	2500	2125	1805	1535	1305
P226 X Tactical	1450	1235	1050	890	755
P226 ZEV	2000	1700	1445	1230	1045
P227	830	705	600	510	435
P227 Carry	635	540	460	390	330
P227 Carry SAS	845	720	610	520	440
P227 Enhanced Elite	695	590	500	425	360
P227 Equinox	930	790	670	570	485
P227 Nitron RX	1150	980	830	705	600
P227 Tactical	955	810	690	585	495
P227 TACOPS	1180	1005	855	725	615
P227R TacPac	900	765	650	555	470
P228 (OLD MFG.)	755	640	545	465	395

PISTOLS: SEMI-AUTO, P229, P230, & P232 SERIES

	NIB	EXC	VG	G	F
P229	830	705	600	510	435
P229 ASE Compact	875	745	630	535	455
P229 Combat	900	765	650	555	470
P229 Elite (2007-2012 Mfg.)	1050	895	760	645	550
P229 Elite (Current Mfg.)	880	750	635	540	460
P229 Elite Stainless	1180	1005	855	725	615
P229 Elite Dark	850	725	615	520	440
P229 Enhanced Elite	875	745	630	535	455
P229 Scorpion Elite	1040	885	750	640	545
P229 Emperor Scorpion	960	815	695	590	500
P229 Equinox	1030	875	745	635	540
P229 Equinox Elite Compact (P229 Equinox Compact)	1100	935	795	675	575
P229 Extreme	1050	895	760	645	550
P229 E2	850	725	615	520	440
P229 M11-A1	955	810	690	585	495
P229 Nightmare Compact	1150	980	830	705	600
P229 Pro	1250	1065	905	770	655
P229 RX	915	780	660	560	475
P229 SAS	880	750	635	540	460
P229 Select Compact	945	805	685	580	495
P229 Sport	1340	1140	970	825	700
P229 TacPac	900	765	650	555	470
P229 HF (Heritage Fund)	1300	1105	940	800	680
P229R .22 LR	580	495	420	355	300
P229 LEGION COMPACT	1105	940	800	680	580
P229 Legion RX Compact	1400	1190	1010	860	730

	NIB	EXC	VG	G	F
P229 Legion Compact SAO	1135	965	820	695	590
P230	350	300	255	215	185
P230 SL Stainless	420	355	305	260	220
P232	570	485	410	350	300
P232 Stainless	600	510	435	370	315

PISTOLS: SEMI-AUTO, P238, P239, P245, P250, & P290 SERIES

	NIB	EXC	VG	G	F
P238	470	400	340	290	245
P238 Army	550	470	395	340	290
P238 ASE	525	445	380	320	270
P238 Blackwood	550	470	395	340	290
P238 BRG	600	510	435	370	315
P238 Desert	630	535	455	385	325
P238 Diamond Plate	565	480	410	345	295
P238 Edge	630	535	455	385	325
P238 Emperor Scorpion	640	545	460	395	335
P238 Engraved	610	520	440	375	320
P238 Equinox	630	535	455	385	325
P238 Extreme	590	500	425	360	305
P238 HD	560	475	405	345	295
P238 HDW	640	545	460	395	335
P238 HD Nickel	680	580	490	420	355
P238 Lady	580	495	420	355	300
P238 Legion Micro-Compact	655	555	475	400	340
P238 Nightmare	570	485	410	350	300
P238 Nitron	580	495	420	355	300
P238 Polished/Pearl	680	580	490	420	355
P238 Rainbow	580	495	420	355	300
P238 Rose Gold	715	610	515	440	375
P238 Rosewood	550	470	395	340	290
P238 SAS	570	485	410	350	300
P238 Scorpion	515	440	370	315	270
P238 Select	630	535	455	385	325
P238 Spartan	775	660	560	475	405
P238 Spartan II	630	535	455	385	325
P238 Stainless	630	535	455	385	325
P238 Tactical Laser	625	530	450	385	325
P238 Texas Flag	610	520	440	375	320
P238 Trigger Guard Laser	600	510	435	370	315
P238 Two-Tone Tribal	650	555	470	400	340
P238 Rosewood Tribal	620	525	450	380	325
P238 We The People	560	475	405	345	295
P238 LEGION	655	555	475	400	340
P239	880	750	635	540	460
P239 Rainbow	845	720	610	520	440
P239 SAS	810	690	585	495	420
P239 Scorpion Elite	1000	850	725	615	525
P239 Tactical	1030	875	745	635	540
P245 COMPACT	525	445	380	320	270
P250 FULL SIZE	330	280	240	205	175
P250 Compact	430	365	310	265	225
P250 Compact .22 LR	330	280	240	205	175
P250 Compact Diamond	500	425	360	305	260
P250 Subcompact	400	340	290	245	210
P250 TacPac	600	510	435	370	315
P290RS (P290)	430	365	310	265	225
P290RS Black Diamond Plate	475	405	345	290	245
P290RS Enhanced	500	425	360	305	260
P290RS ORB	430	365	310	265	225
P290RS Rainbow	500	425	360	305	260
P290RS Two-Tone	400	340	290	245	210

PISTOLS: SEMI-AUTO, M17/M18, P320, P322, P365, PM400, P516, P522, P553, P556, & P716 SERIES

	NIB	EXC	VG	G	F
P365 FUSE	700	595	505	430	365
P320 AXG CLASSIC	990	840	715	610	520

	NIB	EXC	VG	G	F
P320 AXG COMBAT	1050	895	760	645	550
P320 AXG EQUINOX	1050	895	760	645	550
P320 AXG LEGION	1330	1130	960	815	695
P320 AXG PRO	1060	900	765	650	555
P320 AXG SCORPION	690	585	500	425	360
P320-M17 COMMERCIAL/CIVILIAN MODEL	600	510	435	370	315
P320-M17 COMMEMORATIVE EDITION	1120	950	810	690	585
P320-M17 MILITARY SURPLUS (MILITARY RETURN)	845	720	610	520	440
P320-M18	570	485	410	350	300
P320-M18 COMMEMORATIVE EDITION	1155	980	835	710	605
P320 MAX	1330	1130	960	815	695
P320 NITRON	495	420	360	305	260
P320 Carry Nitron	445	380	320	275	235
P320 NITRON COMPACT	450	385	325	275	235
P320 Compact Lima	700	595	505	430	365
P320 Subcompact	580	495	420	355	300
P320 RX FULL SIZE	735	625	530	450	385
P320 RX Compact	700	595	505	430	365
P320 RXP FULL SIZE	800	680	580	490	415
P320 RXP Compact	800	680	580	490	415
P320 RXP XFULL SIZE	890	755	645	545	465
P320 RXP XCompact	785	665	565	480	410
P320 RXZP	590	500	425	360	305
P320 SPECIAL EDITION TEXAS RANGER	580	495	420	355	300
P320 SPECIAL EDITION THIN BLUE LINE	Pricing Unavailable				
P320 TACOPS	650	555	470	400	340
P320 Tacops Carry	640	545	460	395	335
P320 XCARRY	600	510	435	370	315
P320 XCARRY LEGION	1000	850	725	615	525
P320 XCARRY SPECTRE	1010	860	730	620	525
P320 XCOMPACT	570	485	410	350	300
P320 XCOMPACT SPECTRE	1135	965	820	695	590
P320 XFIVE	750	640	540	460	390
P320 XFIVE DH3	1200	1020	865	735	625
P320 XFIVE LEGION	840	715	605	515	440
P320 XFULL	570	485	410	350	300
P320-X-TEN	800	680	580	490	415
P320 X-VTAC	605	515	435	370	315
P322	325	275	235	200	170
P322 ROMEOZERO ELITE	465	395	335	285	240
P365-380	450	385	325	275	235
P365-380 RAINBOW	600	510	435	370	315
P365 NITRON MICRO COMPACT	485	410	350	300	255
P365 SAS	475	405	345	290	245
P365X/P365X ROMEOZERO	630	535	455	385	325
P365X BORN AND RAISED	580	495	420	355	300
P365 XL	535	455	385	330	280
P365-XL COMP ROSE	900	765	650	555	470
P365 XL SPECTRE/P365 XL SPECTRE COMP	950	810	685	585	495
P365 XMACRO	700	595	505	430	365
PM400	1200	1020	865	735	625
PM400 SWAT PSB	1250	1065	905	770	655
PM400 Elite	1350	1150	975	830	705
P516	890	755	645	545	465
P516G2	1335	1135	965	820	695
P522	430	365	310	265	225
553	3000	2550	2170	1840	1565
P556	1650	1405	1190	1015	865
P556 Lightweight	1015	865	735	625	530
P556xi	1260	1070	910	775	660
P556xi SWAT	1340	1140	970	825	700
P716	1735	1475	1255	1065	905

PISTOLS: SEMI-AUTO, P938 SERIES

	NIB	EXC	VG	G	F
P938	575	490	415	355	300
P938 Aluminum	700	595	505	430	365
P938 ASE	680	580	490	420	355
P938 Black Rubber Grips (BRG)	580	495	420	355	300
P938 Blackwood	680	580	490	420	355
P938 Combat	610	520	440	375	320
P938 Edge	620	525	450	380	325
P938 Emperor Scorpion/TB (Threaded Barrel)	670	570	485	410	350
P938 Equinox	625	530	450	385	325
P938 Extreme	660	560	475	405	345
P938 Navy	550	470	395	340	290
P938 Nightmare	625	530	450	385	325
P938 Polished	545	465	395	335	285
P938 Rose Gold	755	640	545	465	395
P938 Rosewood	645	550	465	395	335
P938 Rosewood .22 LR	550	470	395	340	290
P938 Rosewood .22 LR Target	505	430	365	310	265
P938 SAS	660	560	475	405	345
P938 SAS Micro-Compact	550	470	395	340	290
P938 Scorpion	705	600	510	435	370
P938 Select	815	695	590	500	425
P938 Spartan II	575	490	415	355	300
P938 Stand	700	595	505	430	365
P938 We The People	595	505	430	365	310
P938 LEGION MICRO COMPACT	605	515	435	370	315

PISTOLS: SEMI-AUTO 1911 TYPE

	NIB	EXC	VG	G	F
1911 FULL SIZE (GSR REVOLUTION)	800	680	580	490	415
1911 Desert	750	640	540	460	390
1911 Engraved Texas	1300	1105	940	800	680
1911 Extreme	930	790	670	570	485
1911 Fastback	995	845	720	610	520
1911 Max	1330	1130	960	815	695
1911 Nickel Rail	930	790	670	570	485
1911 Nightmare	1060	900	765	650	555
1911 POW-MIA	1015	865	735	625	530
1911 Scorpion	830	705	600	510	435
1911 Emperor Scorpion	1200	1020	865	735	625
1911 Spartan (Molon Labe)	1065	905	770	655	555
1911 Spartan II	1050	895	760	645	550
1911 Stainless	980	835	710	600	510
1911 STX	1065	905	770	655	555
1911 Super Target	1380	1175	995	845	720
1911 TTT	980	835	710	600	510
1911 Tacops	920	780	665	565	480
1911 Tacpac	830	705	600	510	435
1911 Railed Tacpac	850	725	615	520	440
1911 Target	925	785	670	570	485
1911 XO	785	665	565	480	410
1911 TRADITIONAL FULL SIZE	925	785	670	570	485
1911 Traditional Compact	950	810	685	585	495
1911 Traditional Tacops	950	810	685	585	495
1911 TRADITIONAL STAINLESS STEEL					
1911 Traditional Stainless Match Elite	880	750	635	540	460
1911 Traditional Stainless Nightmare	1060	900	765	650	555
1911 Traditional Stainless Scorpion	800	680	580	490	415
1911 CARRY (REVOLUTION)	845	720	610	520	440
1911 Carry Fastback	875	745	630	535	455
1911 Fastback Emperor Scorpion Carry (Stainless)	1185	1005	855	730	620
1911 Carry Nightmare	1150	980	830	705	600
1911 Carry Scorpion	840	715	605	515	440
1911 Carry Spartan	1065	905	770	655	555
1911 Carry Spartan II	1065	905	770	655	555
1911 Carry Tacops	940	800	680	575	490

	NIB	EXC	VG	G	F
1911 COMPACT (REVOLUTION)	850	725	615	520	440
1911 Compact C3	835	710	605	515	440
1911 Compact RCS	880	750	635	540	460
1911 Compact Nickel	910	775	655	560	475
1911 ULTRA COMPACT	825	700	595	505	430
1911-22	355	300	255	220	185
1911 MATCH ELITE	890	755	645	545	465
1911 SELECT	905	770	655	555	470
1911 STAND	1175	1000	850	720	610
1911 WE THE PEOPLE	1250	1065	905	770	655

RIFLES: BOLT ACTION

	NIB	EXC	VG	G	F
CROSS RIFLE	1500	1275	1085	920	780
CROSS PRS RIFLE	1495	1270	1080	920	780
TACTICAL 2	3555	3020	2570	2185	1855
SIG 50	9035	7680	6530	5550	4720
SSG 3000 PRECISION TACTICAL RIFLE	2225	1890	1610	1365	1160
SSG 3000 Patrol	1295	1100	935	795	675
S404 SYNCHRO XTC	5620	4775	4060	3450	2935

RIFLES/CARBINES: SEMI-AUTO

	NIB	EXC	VG	G	F
SIG M400	1000	850	725	615	525
SIG M400 B5 Series	1100	935	795	675	575
SIG M400 Carbon Fiber	1295	1100	935	795	675
SIG M400 Classic	920	780	665	565	480
SIG M400-DH3	1500	1275	1085	920	780
SIG M400 Elite	1000	850	725	615	525
SIG M400 Elite Vanish	1130	960	815	695	590
SIG M400 Enhanced Carbine	825	700	595	505	430
SIG M400 Enhanced Patrol	1200	1020	865	735	625
SIG M400 Hunting	900	765	650	555	470
SIG M400 Magpul	1045	890	755	640	545
SIG M400 Predator	1350	1150	975	830	705
SIG M400 SDI Competition	1345	1145	970	825	700
SIG M400 SDI V-TAC	1480	1260	1070	910	775
SIG M400 SWAT	1100	935	795	675	575
SIG M400 Varmint	1175	1000	850	720	610
SIG M400 Varminter	1175	1000	850	720	610
SIG M400 TREAD	750	640	540	460	390
SIG M400 TREAD Coil	1100	935	795	675	575
SIG M400 TREAD Predator	1010	860	730	620	525
SIG M400 TREAD Snakebite SE	1115	950	805	685	580
SIG 516					
SIG 516 Basic Patrol	1050	895	760	645	550
SIG 516 Patrol	1600	1360	1155	985	835
SIG 516 Carbon Fiber	1750	1490	1265	1075	915
SIG 516 Precision Marksman	2150	1830	1555	1320	1120
SIG 516 SRP (Sight Ready Platform)	1475	1255	1065	905	770
SIG 516 Sport Configuration Model (SCM)	1315	1120	950	810	690
SIG 522					
SIG 522 Classic	440	375	320	270	230
SIG 522 Classic SWAT	430	365	310	265	225
SIG 522 Commando	480	410	345	295	250
SIG 522 Commando SWAT	575	490	415	355	300
SIG 522 Field	440	375	320	270	230
SIG 522 Target	710	605	515	435	370
SIG 551A1	1300	1105	940	800	680
SIG 556 CLASSIC	1075	915	775	660	560
SIG 556R	1100	935	795	675	575
SIG 556 DMR	1420	1205	1025	870	740
SIG 556 Patrol	1095	930	790	670	570
SIG 556 xi Patrol Swat	1175	1000	850	720	610
SIG 556xi	1185	1005	855	730	620
SIG 556xi SWAT	1325	1125	955	815	695
SIG 716G2 DMR (DESIGNATED MARKSMAN)	2180	1855	1575	1340	1140

	NIB	EXC	VG	G	F
SIG 716 PATROL	1400	1190	1010	860	730
SIG 716G2 PATROL	1755	1490	1270	1080	920
SIG 716 PRECISION MARKSMAN	1780	1515	1285	1095	930
716i TREAD	1315	1120	950	810	690
7161 TREAD Snakebite SE	1700	1445	1230	1045	890
SIG SCM	995	845	720	610	520
SIG SCM 22	500	425	360	305	260
SIG MCX	1165	990	840	715	610
SIG MCX PATROL	1680	1430	1215	1030	875
SIG MCX SPEAR LT	2225	1890	1610	1365	1160
SIG MCX VIRTUS PATROL	1920	1630	1385	1180	1005
SIG MPX	1250	1065	905	770	655
SIG MPX PCC	1775	1510	1280	1090	925

SHOTGUNS: O/U

	NIB	EXC	VG	G	F
L.L. BEAN NEW ENGLANDER SERIES	2000	1700	1445	1230	1045
AURORA TR20 FIELD (APOLLO)	1800	1530	1300	1105	940
Aurora TR20U Field (Apollo)	2000	1700	1445	1230	1045
AURORA TR30 FIELD (APOLLO)	2095	1780	1515	1285	1090
AURORA TR40 GOLD/SILVER (APOLLO)	1400	1190	1010	860	730
Aurora TR40U Gold/Silver (Apollo)	2705	2300	1955	1660	1410
AURORA TT25 COMPETITION (APOLLO)	2500	2125	1805	1535	1305
AURORA TT45 COMPETITION	2900	2465	2095	1780	1515
SA 3	1200	1020	865	735	625
SA 5	1500	1275	1085	920	780

SIG-HÄMMERLI

	NIB	EXC	VG	G	F
P240 TARGET PISTOL	1850	1575	1335	1135	965
P240 Target Pistol .22 Conversion Unit	550	470	395	340	290

SIGNAL 9 DEFENSE

	NIB	EXC	VG	G	F
RELIANT	370	315	265	225	190

SILVER CREEK FIREARMS, INC.

	NIB	EXC	VG	G	F
.357 MAGNUM REVOLVER	2850	2425	2060	1750	1490

SILVER SEITZ

	NIB	EXC	VG	G	F
SILVER SEITZ	12800	10880	9250	7860	6680
SILVER SEITZ OVER/UNDER (DOUBLE GUN)	20000	17000	14450	12285	10440

SIMILLION, GENE

	NIB	EXC	VG	G	F
CLASSIC HUNTER RIFLE	7250	6165	5240	4450	3785
EXTREME HUNTER RIFLE	8650	7355	6250	5310	4515
PREMIER MODEL 70 RIFLE	14800	12580	10695	9090	7725
PREMIER MODEL 98 RIFLE	15000	12750	10840	9210	7830

SIONICS WEAPON SYSTEMS

PISTOLS: SEMI-AUTO

	NIB	EXC	VG	G	F
PATROL PISTOL III	1200	1020	865	735	625
Patrol Pistol III-E	950	810	685	585	495

RIFLES/CARBINES: SEMI-AUTO

	NIB	EXC	VG	G	F
PATROL RIFLE 0	1075	915	775	660	560
PATROL RIFLE I	1250	1065	905	770	655
PATROL RIFLE II	1425	1210	1030	875	745
PATROL RIFLE II PRO	1385	1175	1000	850	725
PATROL RIFLE III (OLDER MFG.)	1275	1085	920	785	665
Patrol Rifle III XL (Older Mfg.)	1210	1030	875	745	635
Patrol Rifle III-E	975	830	705	600	510
PATROL RIFLE III (CURRENT MFG.)	1200	1020	865	735	625
Patrol Rifle III XL (Current Mfg.)	1210	1030	875	745	635
PATROL RIFLE MK2	950	810	685	585	495

	NIB	EXC	VG	G	F
PATROL SSK-12/SSK-15	950	810	685	585	495
PERIMETER MARKSMAN RIFLE (PMR)	1500	1275	1085	920	780
PRECISION RIFLE III	1400	1190	1010	860	730
SHADES OF GRAY PATROL LIGHTWEIGHT	1175	1000	850	720	610

SIRKIS INDUSTRIES, LTD.

	NIB	EXC	VG	G	F
S.D. 9	350	300	255	215	185
MODEL 35 MATCH RIFLE	700	595	505	430	365
MODEL 36 SNIPER RIFLE	750	640	540	460	390

SJOGREN

	NIB	EXC	VG	G	F
SJOGREN	1700	1445	1230	1045	890

SKB SHOTGUNS

SHOTGUNS: O/U

	NIB	EXC	VG	G	F
Model 85 TSS Sporting Clays	1700	1445	1230	1045	890
Model 85 TSS Sporting Clays 2 Gauge Set	2450	2085	1770	1505	1280
Model 85 TSS Sporting Clays 3 Gauge Set	3545	3015	2560	2175	1850
Model 85 TSS Skeet	1495	1270	1080	920	780
Model 85 TSS Skeet 3 Gauge Set	3500	2975	2530	2150	1830
Model 85 TSS Trap	1500	1275	1085	920	780
Model 85 TSS Trap Un-Single	1750	1490	1265	1075	915
Model 85 TSS Un-Single Combo	1900	1615	1375	1165	990
MODEL 85TTR TRAP SERIES	1595	1355	1150	980	835
Model 85TTR Un-Single	1695	1440	1225	1040	885
Model 85TTR Combo	3495	2970	2525	2145	1825
90HTR TRAP	2230	1895	1610	1370	1165
Model 90TSS Skeet	1250	1065	905	770	655
Model 90TSS Sporting	1665	1415	1205	1025	870
Model 90TSS Trap	1750	1490	1265	1075	915
MODEL 500	800	680	580	490	415
Model 500 Magnum	900	765	650	555	470
MODEL 505 FIELD	1095	930	790	670	570
Model 505 Sporting Clays	950	810	685	585	495
Model 505 Trap	1000	850	725	615	525
Model 505 Skeet	770	655	555	475	405
Model 505 3-Ga. Skeet Set	2250	1915	1625	1380	1175
MODEL 585 FIELD	1200	1020	865	735	625
Model 585 Field Set	2250	1915	1625	1380	1175
Model 585 Medallion	1610	1370	1165	990	840
Model 585 Upland	1425	1210	1030	875	745
Model 585 Trap	1300	1105	940	800	680
Model 585 Skeet	1300	1105	940	800	680
Model 585 3-Ga. Skeet Set	2650	2255	1915	1625	1380
Model 585 Sporting Clays	1350	1150	975	830	705
Model 585 Sporting Clays Set	1800	1530	1300	1105	940
Model 585 Waterfowler	1300	1105	940	800	680
Model 585 Youth/Ladies	1425	1210	1030	875	745
MODEL 585 150th ANNIVERSARY	2000	1700	1445	1230	1045
MODEL 590 FIELD	1145	975	825	705	600
MODEL 600 FIELD GRADE	1050	895	760	645	550
MODEL 600 MAGNUM	1100	935	795	675	575
MODEL 600 TRAP GRADE	1000	850	725	615	525
MODEL 600 DOUBLES GUN	1095	930	790	670	570
MODEL 600 SKEET GRADE	995	845	720	610	520
MODEL 600 SKEET GRADE COMBO SET	1995	1695	1440	1225	1040
MODEL 605 FIELD	1895	1610	1370	1165	990
Model 605 Trap	1150	980	830	705	600
Model 605 Skeet	1150	980	830	705	600
Model 605 3-Ga. Skeet Set	2175	1850	1570	1335	1135
Model 605 Sporting Clay	1200	1020	865	735	625

	NIB	EXC	VG	G	F
MODEL 680 ENGLISH	1300	1105	940	800	680
MODEL 685 FIELD	1400	1190	1010	860	730
Model 685 Field Set	1495	1270	1080	920	780
Model 685 Trap	1475	1255	1065	905	770
Model 685 Skeet	1475	1255	1065	905	770
Model 685 3-Ga. Skeet Set	2100	1785	1515	1290	1095
Model 685 Sporting Clays	1325	1125	955	815	695
Model 685 Sporting Clays Set	1800	1530	1300	1105	940
MODEL 690 FIELD	1155	980	835	710	605
MODEL 700 TRAP GRADE	1150	980	830	705	600
MODEL 700 DOUBLES GUN	1040	885	750	640	545
MODEL 700 SKEET GRADE	1000	850	725	615	525
MODEL 720 FIELD	1340	1140	970	825	700
MODEL 785 FIELD	1650	1405	1190	1015	865
Model 785 Field Set	2050	1745	1480	1260	1070
Model 785 Medallion	1500	1275	1085	920	780
Model 785 Trap	1350	1150	975	830	705
Model 785 Skeet	1350	1150	975	830	705
Model 785 3-Ga. Skeet Set	3250	2765	2350	1995	1695
Model 785 Sporting Clays	1750	1490	1265	1075	915
Model 785 Sporting Clays Set	2250	1915	1625	1380	1175
MODEL 800 TRAP GRADE	1200	1020	865	735	625
MODEL 800 SKEET GRADE	1200	1020	865	735	625
MODEL 880 CROWN GRADE	1825	1550	1320	1120	950
Model 885 Field	2100	1785	1515	1290	1095
Model 885 Trap	2100	1785	1515	1290	1095
Model 885 Skeet	2100	1785	1515	1290	1095
Model 885 Field Set	2400	2040	1735	1475	1255
Model 885 3-Ga. Skeet Set	4000	3400	2890	2455	2085
Model 885 Sporting Clays	1800	1530	1300	1105	940
MODEL 5600	900	765	650	555	470
MODEL 5700	1400	1190	1010	860	730
MODEL 5800	1420	1205	1025	870	740
Model 5800 Custom Deluxe	3500	2975	2530	2150	1830
GC 7 GAME BIRD SERIES	1450	1235	1050	890	755
GC 7 Game Bird Youth & Ladies	1450	1235	1050	890	755
GC 7 Game Bird Multi-Gauge Set	2375	2020	1715	1460	1240
GC 7 CLAYS SERIES	1105	1270	1080	920	780
GC 7 Clays 2 Barrel Set	3150	2680	2275	1935	1645
GC 7 Clays 3 Barrel Set	3625	3080	2620	2225	1890
GC 7 Trap Top Single	1320	1120	955	810	690
GC 7 Trap Un-Single	2450	2085	1770	1505	1280
GC 7 Trap Un-Single Combo	3650	3105	2635	2240	1905

SHOTGUNS: O/U, DETACHABLE TRIGGER MODELS

	NIB	EXC	VG	G	F
MEDALIST	4000	3400	2890	2455	2085
MODEL 4000	3000	2550	2170	1840	1565
MODEL 5000	4410	3750	3185	2710	2305
MODEL 5100	2035	1730	1470	1250	1065

SHOTGUNS: SxS

	NIB	EXC	VG	G	F
ROYAL DELUXE	1195	1015	865	735	625
MODEL 100	1000	850	725	615	525
MODEL 150	1200	1020	865	735	625
MODEL 200/200E	1300	1105	940	800	680
MODEL 200/200E (RECENT MFG.)	1500	1275	1085	920	780
MODEL 200 FIELD (RECENT MFG.)	1870	1590	1350	1150	980
MODEL 200 HR TARGET (SPORTING)	2000	1700	1445	1230	1045
MODEL 250 FIELD	2300	1955	1660	1410	1200
MODEL 280	1335	1135	965	820	695
MODEL 300	1400	1190	1010	860	730
MODEL 385 FIELD	1750	1490	1265	1075	915
Model 385 Field Set	2750	2340	1985	1690	1435
Model 385 Field DU Commemorative	3750	3190	2710	2305	1960
Model 385 Field Sporting Clays	2100	1785	1515	1290	1095

	NIB	EXC	VG	G	F
Model 385 Field Sporting Clays Set	2750	2340	1985	1690	1435
MODEL 400	1200	1020	865	735	625
MODEL 400/400E (RECENT MFG.)	1400	1190	1010	860	730
MODEL 480 (ENGLISH)	1650	1405	1190	1015	865
MODEL 485 FIELD	2505	2130	1810	1540	1310
Model 485 Field Set	3250	2765	2350	1995	1695
MODEL 7000 SL SIDELOCK	5900	5015	4265	3625	3080

SHOTGUNS: SEMI-AUTO

	NIB	EXC	VG	G	F
HS300 FIELD	670	570	485	410	350
IS300 FIELD/IS300 TARGET	400	340	290	245	210
MODEL 300 STANDARD	350	300	255	215	185
MODEL 900 STANDARD	350	300	255	215	185
MODEL 1300 UPLAND	485	410	350	300	255
MODEL 1900	495	420	360	305	260
MODEL 3000	550	470	395	340	290
RS300 TARGET	960	815	695	590	500
RS400T	920	780	665	565	480
XL 300	320	270	230	195	165
XL 900	315	270	230	195	165
XL 900 MR	350	300	255	215	185
XL 900 TRAP GRADE	355	300	255	220	185
XL 900 SKEET GRADE	355	300	255	220	185
XL 900 SLUG GUN	350	300	255	215	185
XL 600	450	385	325	275	235

SHOTGUNS: SINGLE BARREL, TRAP

	NIB	EXC	VG	G	F
95ATR TRAP COMBO	2600	2210	1880	1595	1355
MODEL 505 TRAP	805	685	580	495	420
MODEL 605 TRAP	1050	895	760	645	550
CENTURY TRAP	720	610	520	440	375
CENTURY II TRAP	600	510	435	370	315
CENTURY III TRAP	1000	850	725	615	525
CENTURY III TRAP (CURRENT MFG.)	1380	1175	995	845	720

SHOTGUNS: SLIDE ACTION

	NIB	EXC	VG	G	F
MODEL 7300	335	285	240	205	175
MODEL 7900	305	260	220	185	155

SKS

	NIB	EXC	VG	G	F
SKS Chinese Manufacture (Type 56)	625	530	450	385	325
Norinco SKS Sporter (SKS Chinese Recent Mfg.	850	725	615	520	440
SKS Romanian Manufacture (Cugir M56 Carbine)	700	595	505	430	365
SKS Russian Manufacture (SKS-45)	1200	1020	865	735	625
SKS Yugoslavian Manufacture (M59, M59/66 PAP)	650	555	470	400	340

SMITH & WESSON

PISTOLS: CARTRIDGE, LEVER ACTION

	NIB	EXC	VG	G	F
NO. 1 (SMALL FRAME)		16000	12000	7000	5950
NO. 2 (LARGE FRAME)		25000	15000	10000	8500

PISTOLS: CARTRIDGE, SINGLE SHOTS

FIRST MODEL (SINGLE SHOT MODEL OF 1891)

	NIB	EXC	VG	G	F
First Model .22 LR		2700	2475	2100	1785
SECOND MODEL .22 LR		2200	2000	1825	1550
THIRD MODEL .22 (PERFECTED MODEL)		2200	2000	1825	1550
FOURTH MODEL STRAIGHT LINE TARGET SINGLE		3500	2950	2200	1870

REVOLVERS: CARTRIDGE, TIP-UPS

	NIB	EXC	VG	G	F
MODEL NO. 1 FIRST ISSUE TIP-UP		10000	8500	7200	6120
Model No. 1 First Issue Tip-Up First Type		10000	8500	7200	6120
Model No. 1 First Issue Tip-Up Second Type		10000	8500	7200	6120
Model No. 1 First Issue Tip-Up Third Type		8000	7000	5500	4675
Model No. 1 First Issue Tip-Up Fourth Type		6500	5500	4500	3825
Model No. 1 First Issue Tip-Up Fifth Type		6000	5000	4000	3400
Model No. 1 First Issue Tip-Up Sixth Type		2600	2000	1800	1530
MODEL NO. 1 SECOND ISSUE TIP-UP	1765	1500	1275	1085	920

	NIB	EXC	VG	G	F
Model No. 1 Second Issue Tip-Up Second Quality	Rarity Precludes Pricing				
MODEL NO. 1 THIRD ISSUE TIP-UP					
Model No. 1 Third Issue Tip-Up 3 3/16 in. Barrel	1500	1275	1085	920	780
Model No. 1 Third Issue Tip-Up Short Barrels 2 11/16 - 2	1500	1275	1085	920	780
MODEL NO. 1 1/2 OLD MODEL (MODEL 1 1/2 FIRST	1050	895	760	645	550
Model No. 1 1/2 Old Model 4 in. Barrel	Rarity Precludes Pricing				
Model 1 1/2 Old Model Transitional	2500	2125	1805	1535	1305
MODEL NO. 1 1/2 NEW MODEL (MODEL 1 1/2 SECOND					
Model No. 1 1/2 New Model Short Barrel	Rarity Precludes Pricing				
Model No. 1 1/2 New Model 3 1/2 in. Barrel	1080	920	780	665	565
MODEL NO. 2 ARMY TIP-UP					
Model No. 2 Army Tip-Up 5 or 6 in. Standard Model	2100	1785	1515	1290	1095
REVOLVERS: CARTRIDGE, TOP BREAKS					
.32 SINGLE ACTION (MODEL 1-1/2 CENTERFIRE)	1080	920	780	665	565
.32 Single Action Later Model	900	765	650	555	470
.32 DOUBLE ACTION FIRST MODEL		14000	11500	10000	8500
.32 DOUBLE ACTION SECOND MODEL	530	450	385	325	275
.32 DOUBLE ACTION THIRD MODEL	580	495	420	355	300
.32 DOUBLE ACTION FOURTH MODEL	375	320	270	230	195
.32 DOUBLE ACTION FIFTH MODEL	400	340	290	245	210
.32 SAFETY HAMMERLESS FIRST MODEL (LEMON					
.32 Safety Hammerless First Model Standard	500	425	360	305	260
.32 SAFETY HAMMERLESS SECOND MODEL	475	405	345	290	245
.32 SAFETY HAMMERLESS THIRD MODEL	500	425	360	305	260
.38 SINGLE ACTION FIRST MODEL (BABY RUSSIAN)	1150	980	830	705	600
.38 SINGLE ACTION SECOND MODEL	1015	865	735	625	530
.38 Single Action Second Model 8 or 10 in. Barrel	Rarity Precludes Pricing				
.38 SINGLE ACTION THIRD MODEL (MODEL OF 1891)	2250	1915	1625	1380	1175
.38 SINGLE ACTION MEXICAN MODEL		4000	3500	2750	2340
.38 DOUBLE ACTION FIRST MODEL	1250	1065	905	770	655
.38 DOUBLE ACTION SECOND MODEL	700	595	505	430	365
.38 DOUBLE ACTION THIRD MODEL	550	470	395	340	290
.38 Double Action Third Model 8 or 10 in. Barrel	Rarity Precludes Pricing				
.38 DOUBLE ACTION FOURTH MODEL	665	565	480	410	350
.38 DOUBLE ACTION FIFTH MODEL	700	595	505	430	365
.38 DOUBLE ACTION PERFECTED MODEL	1000	850	725	615	525
.38 Double Action Perfected Model Top Latch Only	Rarity Precludes Pricing				
.38 SAFETY HAMMERLESS FIRST MODEL (.38 NEW	1020	865	735	625	530
.38 Safety Hammerless First Model 5 or 6 in. Barrel	Rarity Precludes Pricing				
.38 SAFETY HAMMERLESS SECOND MODEL	530	450	385	325	275
U.S. MARTIALLY MARKED	12000	9500	8670	7370	6265
.38 SAFETY HAMMERLESS THIRD MODEL	695	590	500	425	360
.38 SAFETY HAMMERLESS FOURTH MODEL	550	470	395	340	290
.38 SAFETY HAMMERLESS FIFTH MODEL	525	445	380	320	270
.38 SAFETY HAMMERLESS BICYCLE MODEL W/2 IN.	Rarity Precludes Pricing				
MODEL 3 AMERICAN FIRST MODEL (SINGLE ACTION)					
Model 3 American First Model Standard		10000	7250	5750	4890
Model 3 American First Model Transitional		9000	7250	5750	4890
Model 3 American First Model .44 Rimfire Henry		9250	8000	6000	5100
Model 3 American First Model U.S. Marked		18000	15750	9100	7735
Model 3 American First Model Nashville Police	Rarity Precludes Pricing				
MODEL 3 AMERICAN SECOND MODEL					
Model 3 American Second Model Standard		7000	5750	4250	3615
Model 3 American Second Model Standard .44 Rimfire		8000	6250	5750	4890
MODEL 3 FIRST MODEL RUSSIAN (OLD OLD MODEL					
Model 3 First Model Russian Commercial Version		9500	8500	6500	5525
Model 3 First Model Russian Reject (Russian Contract)		5000	4000	6250	5315
Model 3 First Model Russian (Russian Contract)		6750	5975	5125	4355
MODEL 3 SECOND MODEL RUSSIAN (OLD MODEL					
Model 3 Second Model Russian Commercial Version		8750	6500	4125	3505
Model 3 Second Model Russian .44 Rimfire Henry		9500	7000	4500	3825
Model 3 Second Model Russian Contract		7250	5750	4250	3615
Model 3 Second Model Turkish Model		10000	8000	7000	5950

Model	NIB	EXC	VG	G	F
Model 3 Second Model Japanese Contract		5200	4600	3300	2805
MODEL 3 THIRD MODEL RUSSIAN					
Model 3 Third Model Russian Commercial Version		8500	7500	6500	5525
Model 3 Third Model Russian .44 Rimfire Henry		9750	7750	5250	4465
Model 3 Third Model Russian Contract		9650	7650	6650	5655
Model 3 Third Model Russian Ludwig & Loewe, & Tula		2800	2500	2250	1915
Model 3 Third Model Turkish Contract		6500	5250	4100	3485
Model 3 Third Model Japanese Contract		6200	5000	4000	3400
MODEL 3 SCHOFIELD FIRST MODEL					
Model 3 Schofield First U.S. Issue		18000	11500	8500	7225
Model 3 Schofield First Commercial Model (not U.S.	Rarity Precludes Pricing				
Model 3 Schofield First Wells Fargo and Company		7000	5100	4550	3870
MODEL 3 SCHOFIELD SECOND MODEL					
Model 3 Schofield Second Standard Model		14000	9000	6500	5525
Model 3 Schofield Second Commercial Model		9500	7000	5000	4250
Model 3 Schofield Second Wells Fargo and Company			7000	5100	4335
NEW MODEL NO. 3					
New Model No. 3 Commercial Version	4000	3400	2890	2455	2085
New Model No. 3 Frontier Japanese Purchase		5000	3000	2250	1915
New Model No. 3 Frontier	6000	5100	4335	3685	3130
New Model No. 3 - .38-40 WCF	Rarity Precludes Pricing				
New Model No. 3 Target Model	5000	4250	3615	3070	2610
New Model No. 3 Turkish		7000	4675	4350	3700
.44 CAL. DOUBLE ACTION FIRST MODEL					
.44 Cal. Double Action First Model Standard	4000	3400	2890	2455	2085
.44 Cal. Double Action First Model Wesson Favorite		10000	8000	7000	5950
.38 WIN. DOUBLE ACTION		6000	5000	4000	3400
.44 DOUBLE ACTION FRONTIER	3220	2735	2325	1975	1680
.44 DOUBLE ACTION WESSON FAVORITE		10000	8200	7500	6375
EARLY HAND EJECTORS (NAMED MODELS)					
MODEL .22 HAND EJECTOR (LADYSMITH)					
Model .22 Hand Ejector First Model		2800	2200	1500	1275
Model .22 Hand Ejector Second Model		2500	2000	1500	1275
Model .22 Hand Ejector Third Model		2500	2000	1500	1275
.22/.32 HAND EJECTOR (ALSO KNOWN AS .22/32					
.22/.32 Hand Ejector Bekeart Model		1850	1500	1200	1020
.22/.32 Hand Ejector Standard Model		1375	1275	875	745
Model of 1953 .22/.32 Target	1310	1115	945	805	685
.22/.32 KIT GUN PRE-WAR	1350	1150	975	830	705
.22/.32 KIT GUN PRE-WAR	2500	2125	1805	1535	1305
Model of 1953 .22/.32 Kit Gun "Pre-Model 34"	1255	1065	905	770	655
Model of 1953 .22/.32 Kit Gun Airweight	1175	1000	850	720	610
Model of 1953 .22/.32 Kit Gun Airweight	2500	2125	1805	1535	1305
K-22 OUTDOORSMAN - K-22 1st MODEL		2800	2600	1850	1575
K-22 MASTERPIECE (PRE WAR K-22 2nd MODEL)	3500	2975	2530	2150	1830
K-22 MASTERPIECE (POST WAR K-22 3rd MODEL)	1170	995	845	720	610
.224 HARVEY K-CHUCK		2400	1850	1400	1190
THE K-22 COMBAT MASTERPIECE "PRE-MODEL 18"	1095	930	790	670	570
THE .22 MILITARY AND POLICE (POST OFFICE MODEL)	2995	2545	2165	1840	1565
MODEL K-.256 WINCHESTER TEST REVOLVER		20000	17000	15200	12920
.22 HORNET CALIBER EXPERIMENTAL REVOLVER	Rarity precludes Pricing				
9MM CALIBER TEST REVOLVER	Rarity precludes Pricing				
.30 CALIBER CARBINE TEST REVOLVER	Rarity precludes Pricing				
.32 HAND EJECTOR FIRST MODEL (MODEL OF 1896)	1200	1020	865	735	625
.32 HAND EJECTOR SECOND MODEL (MODEL OF		2150	1650	1350	1150
.32 Hand Ejector Second Model (Model of 1903 - 1st		1850	1625	1375	1170
.32 Hand Ejector Second Model (Model of 1903 - 2nd		650	575	475	405
.32 Hand Ejector Second Model (Model of 1903 - 3rd		650	585	495	420
.32 Hand Ejector Second Model (Model of 1903 - 4th		650	575	475	405
.32 Hand Ejector Second Model (Model of 1903 - 5th		650	575	475	405
.32 HAND EJECTOR THIRD MODEL	725	615	525	445	380
.32 HAND EJECTOR POST WAR (PRE-MODEL 30)	1075	915	775	660	560
.32 REGULATION POLICE (PRE-WAR)	1100	935	795	675	575

	NIB	EXC	VG	G	F
.32 REGULATION POLICE POST WAR (PRE-MODEL 31)	935	795	675	575	490
K-32 HAND EJECTOR FIRST MODEL (K-32 TARGET)		18500	15000	12500	10625
K-32 HAND EJECTOR (POST WAR) K-32 MASTERPIECE		14000	9500	4425	3760
.32 MILITARY & POLICE (K-32 COMBAT MASTERPIECE)		3250	2800	2500	2125
.32-20 WCF HAND EJECTOR FIRST MODEL		2500	2450	2100	1785
.32-20 WCF HAND EJECTOR SECOND MODEL (MODEL		1850	1625	1375	1170
.32-20 WCF Hand Ejector Second Model (Model of 1902		1850	1625	1375	1170
.32-20 WCF HAND EJECTOR (MODEL OF 1905)		1850	1625	1375	1170
.32-20 WCF Hand Ejector (Model of 1905 - 1st Change)		1850	1625	1375	1170
.32-20 WCF Hand Ejector (Model of 1905 - 2nd Change)		1850	1625	1375	1170
.32-20 WCF Hand Ejector (Model of 1905 - 3rd Change)		1850	1625	1375	1170
.32-20 WCF Hand Ejector (Model of 1905 - 4th Change)		1850	1625	1375	1170
.38 MILITARY & POLICE FIRST MODEL (MODEL OF					
.38 Military & Police First Model Standard		2250	1925	1375	1170
.38 Military & Police First Model U.S. Navy		3600	3300	2875	2445
.38 Military & Police First Model U.S. Army		3600	3300	2875	2445
.38 MILITARY & POLICE SECOND MODEL (MODEL OF					
.38 Military & Police Second Model Standard		1475	1275	1150	980
.38 Military & Police Second Model U.S. Navy		4425	4100	3600	3060
.38 MILITARY & POLICE SECOND MODEL OF 1902 -					
.38 Military & Police Second Model 1st Change		1475	1275	1150	980
.38 Military & Police Second Model 1st Change		1275	1150	900	765
.38 MILITARY & POLICE (MODEL OF 1905)		1400	1225	1050	895
.38 Military & Police (Model of 1905 - 1st Change)		1400	1225	1050	895
.38 Military & Police (Model of 1905 - 2nd Change)		1400	1225	1050	895
.38 Military & Police (Model of 1905 - 3rd Change)		1400	1225	1050	895
.38 Military & Police (Model of 1905 - 4th Change)		1125	900	850	725
.38/200 BRITISH SERVICE REVOLVER		900	750	600	510
VICTORY MODEL U.S. Government Models	950	810	685	585	495
VICTORY MODEL Lend-Lease	800	680	580	490	415
VICTORY MODEL Post-WWII Commercial	880	750	635	540	460
.38 MILITARY & POLICE (POST WAR) "PRE-MODEL 10"	850	725	615	520	440
.38 MILITARY AND POLICE AIRWEIGHT "PRE-MODEL	1500	1275	1085	920	780
USAF M-13 (THE AIRCREWMAN)	Rarity Precludes Pricing				
THE AIRCREWMAN 6 SHOT		22400	17350	6750	5740
THE AIRCREWMAN 5 SHOT (BABY AIRCREWMAN)		25000	17350	6750	5740
.38 REGULATION POLICE (PRE-WAR)	500	425	360	305	260
.38 REGULATION POLICE (PRE-WAR) "PRE MODEL 33"	550	470	395	340	290
.38/32 TERRIER (PRE-WAR)	550	470	395	340	290
.38/32 TERRIER (POSTWAR) "PRE MODEL 32"	410	350	295	250	215
THE K-38 TARGET MASTERPIECE "PRE-MODEL 14"	1400	1190	1010	860	730
THE K-38 COMBAT MASTERPIECE "PRE-MODEL 15"	1550	1320	1120	950	810
.38 CHIEFS SPECIAL "PRE-MODEL 36"	875	745	630	535	455
THE .38 CHIEFS SPECIAL AIRWEIGHT " PRE- MODEL	1095	930	790	670	570
THE BODYGUARD AIRWEIGHT "PRE-MODEL 38"	905	770	655	555	470
THE CENTENNIAL "PRE-MODEL 40"	995	845	720	610	520
THE CENTENNIAL AIRWEIGHT "PRE-MODEL 42"	1000	850	725	615	525
THE .38/44 HEAVY DUTY (PRE-WAR)	1875	1595	1355	1150	980
THE .38/44 HEAVY DUTY TRANSITION (POSTWAR	1115	950	805	685	580
THE .38/44 HEAVY DUTY MODEL OF 1950 "PRE-MODEL	1295	1100	935	795	675
THE .38/44 OUTDOORSMAN (PRE-WAR)	1550	1320	1120	950	810
THE .38/44 OUTDOORSMAN TRANSITION	1500	1275	1085	920	780
THE .38/44 OUTDOORSMAN MODEL OF 1950	1435	1220	1035	880	750
THE .38/44 HEAVY DUTY/OUTDOORSMAN ALLOY	25000	21250	18065	15355	13050
.38 CHIEFS SPECIAL TARGET "PRE-MODEL 50"	1850	1575	1335	1135	965
.38 REGULATION POLICE	680	580	490	420	355
.38 REGULATION POLICE	600	510	435	370	315
.357 REGISTERED MAGNUM	30000	25500	21675	18425	15660
.357 MAGNUM PRE-WAR NON-REGISTERED		6800	4875	4425	3760
.357 MAGNUM POST-WAR "PRE-MODEL 27"		1930	1700	1500	1275
THE .357 COMBAT MAGNUM "PRE-MODEL 19"	1800	1530	1300	1105	940
THE .357 COMBAT MAGNUM "PRE-MODEL 19"	2000	1700	1445	1230	1045
THE HIGHWAY PATROLMAN "PRE-MODEL 28"		1200	1000	850	725

Model	NIB	EXC	VG	G	F
.44 HAND EJECTOR FIRST MODEL (.44 HAND					
.44 Hand Ejector First Model Special Caliber	10000	8500	7225	6140	5220
.44 Hand Ejector First Model Conversion	3750	3190	2710	2305	1960
.44 Hand Ejector First Model Standard, Fixed Sights		1525	1325	1100	935
.44 Hand Ejector First Model Standard, Factory Target	4500	3825	3250	2765	2350
.44 Hand Ejector First Model British Target Triple Lock		4950	2675	2350	2000
.44 HAND EJECTOR 2ND MODEL					0
.44 Hand Ejector 2nd Model Standard Caliber		2375	2050	1850	1575
.44 HAND EJECTOR THIRD MODEL (MODEL 1926					
.44 Hand Ejector Third Model Standard	3750	3190	2710	2305	1960
.44 Hand Ejector Third Model 1926 Target		9500	8550	7250	6165
.44 MAGNUM PRE-MODEL 29 (5 SCREW) Blue Finish	3000	2550	2170	1840	1565
.44 MAGNUM PRE-MODEL 29 (5 SCREW) Nickel	6000	5100	4335	3685	3130
.44 MAGNUM PRE-MODEL 29 (4 SCREW)	1575	1340	1140	965	820
.44 MAGNUM PRE-MODEL 29 (4 SCREW) 5" Blue	3500	2975	2530	2150	1830
.44 MAGNUM PRE-MODEL 29 (4 SCREW) 5" Nickel	4215	3585	3045	2590	2200
.45 HAND EJECTOR (MODEL OF 1917)					
.45 Hand Ejector Military	1800	1530	1300	1105	940
.45 Hand Ejector Commercial	2195	1865	1585	1350	1150
.45 Hand Ejector Brazilian Contract of 1937	1500	1275	1085	920	780
.455 HAND EJECTOR FIRST MODEL		1750	1550	1325	1125
.455 HAND EJECTOR SECOND MODEL		1350	1175	1000	850
THE .45 HAND EJECTOR MODEL OF 1950, MILITARY	1425	1210	1030	875	745
THE 1950 .45 TARGET MODEL (LIGHT BARREL)	2000	1700	1445	1230	1045
THE 1955 .45 TARGET MODEL (HEAVY BARREL)	1725	1465	1245	1060	900
REVOLVERS: NUMBERED MODEL/RECENT MFG. (MODERN HAND EJECTORS)					
M&P BODYGUARD 38 (MODEL BG38)	350	300	255	215	185
GOVERNOR	750	640	540	460	390
Governor Stainless	775	660	560	475	405
MOUNTAIN GUN VARIATIONS					
Model 25	755	640	545	465	395
Model 29	930	790	670	570	485
Model 57	825	700	595	505	430
Model 635 (.45 ACP)	1100	935	795	675	575
Model 625 (.45 LC)	840	715	605	515	440
Model 629	900	765	650	555	470
Model 657	900	765	650	555	470
Model 686	710	605	515	435	370
Model 686 Plus (Ported)	1005	855	725	615	525
MODEL 10 (.38 M&P POST-WWII)	600	510	435	370	315
MODEL 10 CLASSIC (CURRENT MFG.)	760	645	550	465	395
MODEL 11 (.38/200 M&P)	2125	1805	1535	1305	1110
MODEL 12 (.38 M&P AIRWEIGHT)	1095	930	790	670	570
MODEL 13 (.357 MAG. M&P)	750	640	540	460	390
Model 13 M & P - N.Y. State Police	1150	980	830	705	600
MODEL 14 (K-38 TARGET MASTERPIECE)	1110	945	800	680	580
MODEL 14 K-38 FULL-LUG (14-5)	1300	1105	940	800	680
MODEL 14 CLASSIC (RECENT MFG.)	635	540	460	390	330
MODEL 15 (K-38 COMBAT MASTERPIECE)	695	590	500	425	360
MODEL 15 CLASSIC (RECENT MFG.)	550	470	395	340	290
MODEL 16 (K-32 MASTERPIECE)		4125	2750	1825	1550
MODEL 16-4 MASTERPIECE (FULL LUG)	1825	1550	1320	1120	950
MODEL 17 (K-22 MASTERPIECE)	1110	945	800	680	580
MODEL 17 FULL LUG	1495	1270	1080	920	780
MODEL 17-2 PROTOTYPE MERCOX DART	3235	2750	2335	1985	1685
MODEL 17 CLASSIC (CURRENT MFG.)	995	845	720	610	520
MODEL 18 (.22 COMBAT MASTERPIECE)	925	785	670	570	485
MODEL 18 CLASSIC (RECENT MFG.)	550	470	395	340	290
MODEL 19, Bright blue finish		1100	950	825	700
MODEL 19, Nickel finish		1600	1375	1050	895
MODEL 19-1		1600	1375	1050	895
MODEL 19-2, 2 1/2, 4 or 6 in. barrel		595	425	375	320
MODEL 19-2, 3 or 5 in. barrel (rare)		4000	3400	2800	2380

Model	NIB	EXC	VG	G	F
MODEL 19-3 & LATER VARIATIONS (.357 COMBAT	940	800	680	575	490
MODEL 19 CLASSIC (CURRENT MFG.)	750	640	540	460	390
MODEL 20 HEAVY DUTY Pre-WWII	1440	1225	1040	885	750
MODEL 20 HEAVY DUTY 1950-57 Mfg.	1100	935	795	675	575
MODEL 20 HEAVY DUTY 1958-66 Mfg.	1400	1190	1010	860	730
MODEL 21 (.44 HAND EJECTOR FOURTH MODEL - MODEL OF 1950 MILITARY)	2500	2125	1805	1535	1305
MODEL 21-4 "THUNDER RANCH SPECIAL"	630	535	455	385	325
MODEL 22 (.45 HAND EJECTOR MODEL OF 1950	1425	1210	1030	875	745
MODEL 22 CLASSIC	650	555	470	400	340
MODEL 22 CLASSIC, MODEL OF 1917	560	475	405	345	295
MODEL 22-4 "THUNDER RANCH SPECIAL"	800	680	580	490	415
PRE-MODEL 23					
MODEL 23 (.38-44 OUTDOORSMAN), Post-War		1550	1350	1150	980
MODEL 23 (.38-44 OUTDOORSMAN), Marked "Mod.23"		2250	1950	1700	1445
MODEL 24 (.44 HAND EJECTOR FOURTH MODEL - 1950 TARGET)	2005	1705	1450	1230	1045
MODEL 24-3 REINTRODUCTION	670	570	485	410	350
Model 24 Lew Horton Special	700	595	505	430	365
MODEL 24-6 CLASSIC (RECENT MFG.)	750	640	540	460	390
MODEL 25 & VARIATIONS (1955 TARGET MODEL), .45 ACP cal.	1140	970	825	700	595
MODEL 25 & VARIATIONS (1955 TARGET MODEL), .45 LC cal.		3675	3150	2855	2425
MODEL 25-5	1040	885	750	640	545
MODEL 25 CLASSIC (CURRENT MFG.)	925	785	670	570	485
MODEL 26 (MODEL 1950 45 TARGET LIGHT BARREL)		4000	3500	2750	2340
MODEL 27	1400	1190	1010	860	730
MODEL 27	950	810	685	585	495
Model 27-1	1330	1130	960	815	695
Model 27 3 1/2 and 5 in. barrel	1030	875	745	635	540
MODEL 27 CLASSIC (CURRENT MFG.)	980	835	710	600	510
MODEL 28 HIGHWAY PATROLMAN 1956-61 Mfg.	800	680	580	490	415
MODEL 28 HIGHWAY PATROLMAN 1961-86 Mfg.	605	515	435	370	315
MODEL 29 .44 MAGNUM (5 SCREW)					
MODEL 29-1 & LATER VARIATIONS (3 & 4 SCREW)					
Model 29-1	2575	2190	1860	1580	1345
Model 29-2, S-prefix SN	2000	1700	1445	1230	1045
Model 29-2, N-prefix SN	1600	1360	1155	985	835
Model 29-2, 5 in. barrel		3950	3400	3050	2595
Model 29-3 & Higher Dash Numbers	900	765	650	555	470
Model 29-4 With Scope Mount	2200	1870	1590	1350	1150
MODEL 29 CLASSIC SERIES (MFG. 1990-1994)	1190	1010	860	730	620
Model 29 Classic DX (Mfg. 1991-1992)	1095	930	790	670	570
MODEL 29 CLASSIC (CURRENT MFG.)	930	790	670	570	485
MODEL 29 SILHOUETTE	1695	1440	1225	1040	885
MODEL 29 MAGNA CLASSIC	1600	1360	1155	985	835
MODEL 29 CLASSIC HUNTER	1375	1170	995	845	720
MODEL 29 50TH ANNIVERSARY	1225	1040	885	750	640
MODEL 30 (THE 32 HAND EJECTOR)	595	505	430	365	310
MODEL 31 (THE 32 REGULATION POLICE)	595	505	430	365	310
MODEL 32 (.38/32 TERRIER)	620	525	450	380	325
MODEL 032	1800	1530	1300	1105	940
MODEL 33 (.38 REGULATION POLICE)	575	490	415	355	300
MODEL 34 (MODEL OF 1953 22/32 KIT GUN)	825	700	595	505	430
MODEL 35 (.22/32 TARGET MODEL OF 1953)	1180	1005	855	725	615
MODEL 36 CHIEFS SPECIAL CLASSIC (.38 CHIEFS	640	545	460	395	335
MODEL 36 TARGET	1200	1020	865	735	625
MODEL 36-6 TARGET	500	425	360	305	260
MODEL 36 LADYSMITH (36LS)	550	470	395	340	290
MODEL 37 CHIEFS SPECIAL AIRWEIGHT	700	595	505	430	365
MODEL 38 BODYGUARD AIRWEIGHT	625	530	450	385	325

Model	NIB	EXC	VG	G	F
MODEL 40 CENTENNIAL/CENTENNIAL CLASSIC	780	665	565	480	410
MODEL 42 CENTENNIAL AIRWEIGHT	900	765	650	555	470
MODEL 42 CLASSIC (RECENT MFG.)	530	450	385	325	275
MODEL 042	1525	1295	1100	935	795
MODEL 43 (.22/32 KIT GUN AIRWEIGHT)	1075	915	775	660	560
MODEL 43C CENTENNIAL	615	525	445	380	325
MODEL 45 (.22 MILITARY & POLICE)	2995	2545	2165	1840	1565
MODEL 48 (K-22 MRF MASTERPIECE)	1460	1240	1055	895	760
MODEL 48 CLASSIC (CURRENT MFG.)	925	785	670	570	485
MODEL 49 BODYGUARD	485	410	350	300	255
MODEL 50 (.38 CHIEFS SPECIAL TARGET)	1210	1030	875	745	635
MODEL 51	1100	935	795	675	575
MODEL 53 .22 REM. JET	1995	1695	1440	1225	1040
MODEL 56 "USAF"		5750	5000	4500	3825
MODEL 57, N-prefix SN	1245	1060	900	765	650
MODEL 57, S-prefix SN		1600	1375	1100	935
MODEL 57 CLASSIC (CURRENT MFG.)	850	725	615	520	440
MODEL 58	1050	895	760	645	550
MODEL 58 CLASSIC (RECENT MFG.)	700	595	505	430	365
MODEL 60 .38 SPL. CHIEFS SPECIAL		500	425	375	320
MODEL 60 .357 MAG. CHIEFS SPECIAL	650	555	470	400	340
MODEL 60LS (LADYSMITH)	700	595	505	430	365
MODEL 63 .22/32 KIT GUN	885	750	640	545	465
MODEL 63 (CURRENT MFG.)	605	515	435	370	315
MODEL 64	515	440	370	315	270
MODEL 65		500	425	350	300
MODEL 65 LADYSMITH	400	340	290	245	210
MODEL 66 COMBAT MAGNUM		650	525	425	360
MODEL 66 COMBAT MAGNUM (CURRENT MFG.)	770	655	555	475	405
MODEL 67 COMBAT MASTERPIECE	605	515	435	370	315
MODEL 68	1400	1190	1010	860	730
MODEL 69 COMBAT MAGNUM	780	665	565	480	410
MODEL 73	10000	8500	7225	6140	5220
MODEL 242 AIRLITE Ti CENTENNIAL	1000	850	725	615	525
MODEL 310 NIGHTGUARD	1185	1005	855	730	620
MODEL 315 NIGHTGUARD	1750	1490	1265	1075	915
MODEL 317 AIRLITE (KIT GUN)	670	570	485	410	350
Model 317 Airlite LadySmith	495	420	360	305	260
MODEL 325 PD-AIRLITE Sc	950	810	685	585	495
MODEL 325 NIGHTGUARD	1050	895	760	645	550
MODEL 327 PD-AIRLITE Sc	725	615	525	445	380
MODEL 327 NIGHTGUARD	1050	895	760	645	550
MODEL 329 PD-AIRLITE Sc	1070	910	775	655	555
MODEL 329 NIGHTGUARD	650	555	470	400	340
MODEL 331 AIRLITE Ti CHIEFS SPECIAL	1055	895	760	650	555
MODEL 332 AIRLITE Ti CENTENNIAL	1040	885	750	640	545
MODEL 332 AIRWEIGHT CENTENNIAL	1500	1275	1085	920	780
MODEL 337 AIRLITE Ti CHIEFS SPECIAL	605	515	435	370	315
MODEL 337 AIRLITE Ti KIT GUN	780	665	565	480	410
MODEL 337 PD AIRLITE Ti	650	555	470	400	340
MODEL 340 AIRLITE Sc CENTENNIAL	650	555	470	400	340
MODEL 340 PD AIRLITE Sc (CENTENNIAL)	985	835	710	605	515
MODEL 340 M & P (CENTENNIAL)	740	630	535	455	385
MODEL 342 AIRLITE Ti CENTENNIAL	465	395	335	285	240
MODEL 342 PD AIRLITE Ti CENTENNIAL	405	345	295	250	215
MODEL 350	1170	995	845	720	610
MODEL 351 PD AIRLITE Sc (CHIEFS SPECIAL)	670	570	485	410	350
MODEL 351C AIRLITE (CENTENNIAL)	600	510	435	370	315
MODEL 357 PD	1065	905	770	655	555
MODEL 357 NIGHTGUARD	1185	1005	855	730	620
MODEL 360 AIRLITE Sc CHIEFS SPECIAL	775	660	560	475	405
MODEL 360 AIRLITE Sc KIT GUN	700	595	505	430	365
MODEL 360 (MODEL 360 SCANDIUM)	600	510	435	370	315

	NIB	EXC	VG	G	F
MODEL 360 PD AIRLITE Sc (CHIEFS SPECIAL)	970	825	700	595	505
MODEL 360 M & P (CHIEFS SPECIAL)	680	580	490	420	355
MODEL 386 AIRLITE Sc MOUNTAIN LITE	1000	850	725	615	525
MODEL 386 PD AIRLITE Sc	525	445	380	320	270
MODEL 386 Sc/S	675	575	490	415	355
MODEL 386 NIGHTGUARD	895	760	645	550	470
MODEL 386 XL HUNTER (AIRLITE Sc)	1295	1100	935	795	675
MODEL 396 AIRLITE Ti MOUNTAIN LITE	750	640	540	460	390
MODEL 396 NIGHTGUARD	610	520	440	375	320
MODEL 430 AIRWEIGHT	1825	1550	1320	1120	950
MODEL 431 AIRWEIGHT	655	555	475	400	340
MODEL 432 CENTENNIAL AIRWEIGHT	725	615	525	445	380
MODEL 437 CHIEFS SPECIAL AIRWEIGHT	450	385	325	275	235
MODEL 438 BODYGUARD AIRWEIGHT (MODEL 438 AIRWEIGHT (BODYGUARD))	340	290	245	210	180
MODEL 442 CENTENNIAL AIRWEIGHT (MODEL 442 AIRWEIGHT (CENTENNIAL))	430	365	310	265	225
MODEL 460V	1300	1105	940	800	680
MODEL 460 XVR (X-TREME VELOCITY REVOLVER)	1250	1065	905	770	655
Model 460 XVR Limited Edition Bone Collector	2000	1700	1445	1230	1045
MODEL 500	1210	1030	875	745	635
Model 500 SCI "Big 5" Master's Edition	6500	5525	4695	3990	3390
Model 500 SCI "Big 5" Limited Edition	2750	2340	1985	1690	1435
Model 500 Bone Collector Limited Edition	2375	2020	1715	1460	1240
MODEL 500 JUDGEMENT DAY	775	660	560	475	405
MODEL 520 (1980 MFG.)	975	830	705	600	510
MODEL 520 (RECENT MFG.)	805	685	580	495	420
MODEL 544	700	595	505	430	365
MODEL 547 M & P	1275	1085	920	785	665
MODEL 547 M & P	1645	1400	1190	1010	860
MODEL 581 DISTINGUISHED SERVICE MAGNUM	665	565	480	410	350
MODEL 586 DISTINGUISHED COMBAT MAGNUM	900	765	650	555	470
MODEL 586 CLASSIC DISTINGUISHED COMBAT	750	640	540	460	390
MODEL 586-3 WITH SCOPE MOUNT	2150	1830	1555	1320	1120
MODEL 610 CLASSIC	1075	915	775	660	560
MODEL 610 (CURRENT MFG.)	900	765	650	555	470
MODEL 610 (RECENT MFG.)	955	810	690	585	495
MODCL 017 K-22 MASTERPIECE STAINLESS	750	640	540	460	390
MODEL 619	510	435	370	315	270
MODEL 620	465	395	335	285	240
MODEL 624 .44 TARGET	855	725	620	525	445
MODEL 625 (MODEL OF 1988/MODEL OF 1989)	1060	900	765	650	555
MODEL 625 JM	790	670	570	485	410
MODEL 627 (OLDER MFG.)	1450	1235	1050	890	755
MODEL 627 (RECENT MFG.)	1100	935	795	675	575
MODEL 629 PINNED BARREL, 6 or 8 3/8 in.	920	780	665	565	480
MODEL 629 PINNED BARREL, 4 in.	1500	1275	1085	920	780
MODEL 629 PINNED BARREL, Pre-production		3050	2625	2375	2020
MODEL 629	810	690	585	495	420
Model 629 Backpacker		700	650	600	510
MODEL 629 CLASSIC	920	780	665	565	480
Model 629 Classic DX	1025	870	740	630	535
Model 629 Magna Classic	1235	1050	890	760	645
MODEL 629 DELUXE	880	750	635	540	460
MODEL 629-3 WITH SCOPE MOUNT	2075	1765	1500	1275	1085
MODEL 631	1000	850	725	615	525
MODEL 631 LADYSMITH	1075	915	775	660	560
MODEL 632 CENTENNIAL	850	725	615	520	440
MODEL 632 PRO SERIES	1225	1040	885	750	640
MODEL 637 AIRWEIGHT (CHIEFS SPECIAL)	430	365	310	265	225
MODEL 638 BODYGUARD AIRWEIGHT (BODYGUARD)	445	380	320	275	235
MODEL 640 (CENTENNIAL)	660	560	475	405	345
MODEL 642 CENTENNIAL AIRWEIGHT (CENTENNIAL)	430	365	310	265	225

	NIB	EXC	VG	G	F
Model 642 CT Airweight (Centennial)	630	535	455	385	325
MODEL 642 LASERMAX LASER	438	370	315	270	230
MODEL 642 LADYSMITH (AIRWEIGHT)	465	395	335	285	240
MODEL 646	1060	900	765	650	555
MODEL 647	850	725	615	520	440
MODEL 648	735	625	530	450	385
Model 648-2	785	665	565	480	410
MODEL 649 (BODYGUARD)	610	520	440	375	320
MODEL 650 KIT GUN	1210	1030	875	745	635
MODEL 651 KIT GUN	1095	930	790	670	570
MODEL 657	860	730	620	530	450
MODEL 681 DISTINGUISHED SERVICE MAGNUM	530	450	385	325	275
MODEL 686	730	620	525	450	385
MODEL 686 DISTINGUISHED COMBAT MAGNUM	750	640	540	460	390
Model 686 Plus (Distinguished Combat Magnum Plus)	800	680	580	490	415
MODEL 686 PLUS "3-5-7" MAGNUM SERIES	825	700	595	505	430
MODEL 686 PLUS DELUXE	760	645	550	465	395
MODEL 686-3 WITH SCOPE MOUNT	2195	1865	1585	1350	1150
MODEL 696	800	680	580	490	415
MODEL 940 CENTENNIAL	995	845	720	610	520

PISTOLS: SEMI-AUTO, CENTERFIRE

	NIB	EXC	VG	G	F
.32 AUTOMATIC PISTOL	2500	2125	1805	1535	1305
.35 AUTOMATIC PISTOL (MODEL 1913)	1300	1105	940	800	680
MODEL 39 ALLOY FRAME EARLY MFG. (PRE-39)	1800	1530	1300	1105	940
MODEL 39 ALLOY FRAME	900	765	650	555	470
MODEL 39 STEEL FRAME	2420	2055	1750	1485	1260
MODEL 39-2 ALLOY FRAME (LATER PRODUCTION)	700	595	505	430	365
MODEL 44	25000	21250	18065	15355	13050
MODEL 52-A (39-1)	2500	2125	1805	1535	1305
MODEL 52	1500	1275	1085	920	780
MODELS 52-1 & 52-2	1035	880	750	635	540
MODEL 59	555	470	400	340	290
MODEL 147-A	3025	2570	2185	1860	1580
MODEL 410	375	320	270	230	195
Model 410S	475	405	345	290	245
MODEL 411	405	345	295	250	215
MODEL 439	700	595	505	430	365
MODEL 457 COMPACT	475	405	345	290	245
Model 457S Compact	550	470	395	340	290
MODEL 459	525	445	380	320	270
Model 459 Brushed Finish	1200	1020	865	735	625
MODEL 469 "MINI"	520	440	375	320	270
MODEL 539	805	685	580	495	420
MODEL 559	800	680	580	490	415
MODEL 639 STAINLESS	625	530	450	385	325
MODEL 645 STAINLESS	825	700	595	505	430
MODEL 659 STAINLESS	650	555	470	400	340
MODEL 669 STAINLESS	550	470	395	340	290
MODEL 745	1070	910	775	655	555
MODEL 908 COMPACT	400	340	290	245	210
Model 908S Compact	450	385	325	275	235
MODEL 909 FULL SIZE	530	450	385	325	275
MODEL 910 FULL SIZE	385	325	280	235	200
Model 910S	550	470	395	340	290
MODEL 915	400	340	290	245	210
MODEL 1006 STAINLESS	720	610	520	440	375
MODEL 1026 STAINLESS	1000	850	725	615	525
MODEL 1046 STAINLESS	1200	1020	865	735	625
MODEL 1066 STAINLESS	730	620	525	450	385
MODEL 1076 STAINLESS	1885	1600	1360	1160	985
Model 1076 Stainless FBI Contract Gun	2800	2380	2025	1720	1460
MODEL 1086 STAINLESS	730	620	525	450	385
MODEL 1911 ENGRAVED	1180	1005	855	725	615

Model	NIB	EXC	VG	G	F
SW1911	880	750	635	540	460
SW1911 Stainless	875	745	630	535	455
SW1911 w/no firing pin block	925	785	670	570	485
SW1911 PD (Sc)	1215	1035	880	745	635
SW1911 E SERIES	960	815	695	590	500
SW1911 SC (E Series Scandium Alloy Frame)	1350	1150	975	830	705
MODEL 3904	625	530	450	385	325
MODEL 3906 STAINLESS	635	540	460	390	330
MODEL 3913 COMPACT STAINLESS	630	535	455	385	325
Model 3913 LS Compact Stainless (Ladysmith)	640	545	460	395	335
Model 3913NL Compact Stainless	625	530	450	385	325
MODEL 3913TSW TACTICAL	650	555	470	400	340
MODEL 3914 COMPACT	450	385	325	275	235
Model 3914 Compact LadySmith	570	485	410	350	300
Model 3914 TSW	630	535	455	385	325
MODEL 3953 COMPACT STAINLESS	570	485	410	350	300
MODEL 3953TSW	580	495	420	355	300
MODEL 3954	600	510	435	370	315
MODEL 4003 STAINLESS	495	420	360	305	260
Model 4003TSW Stainless	655	555	475	400	340
MODEL 4004	460	390	330	280	240
MODEL 4006 STAINLESS	585	495	425	360	305
Model 4006TSW Stainless	695	590	500	425	360
MODEL 4013 COMPACT STAINLESS	565	480	410	345	295
MODEL 4013TSW TACTICAL	750	640	540	460	390
MODEL 4014 COMPACT	800	680	580	490	415
MODEL 4026 STAINLESS	525	445	380	320	270
MODEL 4040 PD	525	445	380	320	270
MODEL 4043 STAINLESS	750	640	540	460	390
Model 4043TSW Stainless	350	300	255	215	185
MODEL 4044	430	365	310	265	225
MODEL 4046 STAINLESS	650	555	470	400	340
Model 4046TSW Stainless	550	470	395	340	290
MODEL 4053 COMPACT STAINLESS	525	445	380	320	270
MODEL 4053TSW (TACTICAL)	580	495	420	355	300
MODEL 4054	630	535	455	385	325
MODEL 4056TSW (TACTICAL)	575	490	415	355	300
MODEL 4505	500	425	360	305	260
MODEL 4506 STAINLESS	660	560	475	405	345
MODEL 4513TSW	695	590	500	425	360
MODEL 4516 COMPACT STAINLESS	570	485	410	350	300
MODEL 4526 STAINLESS	700	595	505	430	365
MODEL 4536 STAINLESS	600	510	435	370	315
MODEL 4546 STAINLESS	735	625	530	450	385
MODEL 4553TSW	740	630	535	455	385
MODEL 4556 STAINLESS	695	590	500	425	360
MODEL 4563TSW	675	575	490	415	355
MODEL 4566 STAINLESS	700	595	505	430	365
Model 4566TSW Stainless	600	510	435	370	315
MODEL 4567-NS STAINLESS	735	625	530	450	385
MODEL 4576 STAINLESS	535	455	385	330	280
MODEL 4583TSW	625	530	450	385	325
MODEL 4586 STAINLESS	650	555	470	400	340
Model 4586TSW Stainless	680	580	490	420	355
MODEL 5903	575	490	415	355	300
Model 5903TSW	750	640	540	460	390
Model 5903-SSV	800	680	580	490	415
MODEL 5904	600	510	435	370	315
MODEL 5905	760	645	550	465	395
MODEL 5906 STAINLESS	650	555	470	400	340
Model 5906TSW Stainless	915	780	660	560	475
MODEL 5924	635	540	460	390	330
MODEL 5926 STAINLESS	525	445	380	320	270

	NIB	EXC	VG	G	F
MODEL 5943 STAINLESS	570	485	410	350	300
Model 5943-SSV Stainless	690	585	500	425	360
Model 5943TSW Stainless	750	640	540	460	390
MODEL 5944	610	520	440	375	320
MODEL 5946 STAINLESS	550	470	395	340	290
Model 5946TSW Stainless	540	460	390	330	280
MODEL 6904 COMPACT	520	440	375	320	270
MODEL 6906 COMPACT STAINLESS	600	510	435	370	315
MODEL 6926 STAINLESS	575	490	415	355	300
MODEL 6944	600	510	435	370	315
MODEL 6946 STAINLESS	525	445	380	320	270
MODEL CS9 CHIEFS SPECIAL	575	490	415	355	300
MODEL CS40 CHIEFS SPECIAL	600	510	435	370	315
MODEL CS45 CHIEFS SPECIAL	600	510	435	370	315
MODEL CSX	520	440	375	320	270
SIGMA MODEL SW9F SERIES	400	340	290	245	210
Sigma Model SW9C Series Compact	395	335	285	245	210
Sigma Model SW9M Series Compact	185	155	135	115	100
SIGMA MODEL SW9VE/GVE	225	190	165	140	120
SIGMA MODEL SW40F SERIES	380	325	275	235	200
Sigma Model SW4OC Series Compact	450	385	325	275	235
SIGMA MODEL SW40VE/SW40P/SW40G/SW40GVE	275	235	200	170	145
MODEL SW99	550	470	395	340	290
Model SW99 Compact	350	300	255	215	185
MODEL SW990L	520	440	375	320	270
Model SW990L Compact	600	510	435	370	315
SIGMA MODEL SW357	500	425	360	305	260
SIGMA MODEL SW380	220	185	160	135	115
MODEL SW SD9	350	300	255	215	185
MODEL SD9	355	300	255	220	185
MODEL SD9 VE	375	320	270	230	195
MODEL SW SD40	325	275	235	200	170
MODEL SD40	350	300	255	215	185
MODEL SD40 VE	355	300	255	220	185
EQUALIZER	440	375	320	270	230

PISTOLS: SEMI-AUTO, M&P/M&P M2.0 SERIES

	NIB	EXC	VG	G	F
Smith & Wesson M&P Shield					
M&P 5.7 FDE	570	485	410	350	300
M&P 22 MAGNUM SERIES	550	470	395	340	290
M&P SERIES					
M&P 5.7 SERIES	590	500	425	360	305
M&P 9	350	300	255	215	185
M&P 9c (Compact)	355	300	255	220	185
M&P 9 JG	465	395	335	285	240
M&P 9 L	475	405	345	290	245
M&P 9 PRO SERIES	575	490	415	355	300
M&P 9 SHIELD	350	300	255	215	185
M&P 9 SHIELD PLUS/ M&P 9 SHIELD PLUS OPTICS	425	360	305	260	220
M&P 9 VTAC (VIKING TACTICS)	605	515	435	370	315
M&P 9 M2.0	535	455	385	330	280
M&P 9 M2.0 COMPACT	480	410	345	295	250
M&P 9 M2.0 Compact Optics Ready	505	430	365	310	265
M&P 9 M2.0 Compact Threaded	495	420	360	305	260
M&P 9 M2.0 METAL	690	585	500	425	360
M&P 9 M2.0 OPTICS READY FULL SIZE	550	470	395	340	290
M&P 9 M2.0 SUB-COMPACT	510	435	370	315	270
M&P 9 SHIELD M2.0	425	360	305	260	220
M&P 9 SHIELD EZ M2.0	400	340	290	245	210
M&P 10 M2.0	540	460	390	330	280
M&P 15 PISTOL	735	625	530	450	385
M&P15-22P	725	615	525	445	380
M&P 15-22 PISTOL	430	365	310	265	225
M&P 22	320	270	230	195	165

	NIB	EXC	VG	G	F
M&P 22 Compact	325	275	235	200	170
M&P 40	350	300	255	215	185
M&P 40c (Compact)	350	300	255	215	185
M&P 40 PRO SERIES	510	435	370	315	270
M&P 40 SHIELD	325	275	235	200	170
M&P 40 VTAC (VIKING TACTICS)	580	495	420	355	300
M&P 40 M2.0	510	435	370	315	270
M&P 40 M2.0 Compact	450	385	325	275	235
M&P 40 M2.0 Sub-Compact	480	410	345	295	250
M&P 40 SHIELD M2.0	370	315	265	225	190
M&P 45/M&P 45 MID	400	340	290	245	210
M&P 45c (Compact)	375	320	270	230	195
M&P 45 M2.0	500	425	360	305	260
M&P 45 M2.0 Compact	505	430	365	310	265
M&P 45 M2.0 Sub-Compact	445	380	320	275	235
M&P 45 M2.0 Optics Ready	620	525	450	380	325
M&P 45 SHIELD M2.0	430	365	310	265	225
M&P 357	525	445	380	320	270
M&P357 Compact	530	450	385	325	275
M&P 380 SHIELD EZ	350	300	255	215	185
M&P BODYGUARD 380 (MODEL BG380)	310	265	225	190	160
M&P C.O.R.E. (COMPETITION OPTICS READY	550	470	395	340	290
M&P SHIELD EZ M2.0/30 SUPER CARRY	390	330	280	240	205
M&P SHIELD PLUS OPTIC READY/30 SUPER CARRY	410	350	295	250	215

PISTOLS: SEMI-AUTO, RIMFIRE

	NIB	EXC	VG	G	F
MODEL 22A SPORT SERIES	350	300	255	215	185
MODEL 22S SPORT SERIES	375	320	270	230	195
SW22 VICTORY	355	300	255	220	185
SW22 VICTORY TARGET	400	340	290	245	210
MODEL 41/41-1	1250	1065	905	770	655
Model 41 50th Anniversary	1725	1465	1245	1060	900
MODEL 46	1665	1415	1205	1025	870
MODEL 61 ESCORT Blue finish	425	360	305	260	220
MODEL 61 ESCORT Nickel finish	400	340	290	245	210
MODEL 422 FIELD	295	250	215	180	155
Model 422 Target	450	385	325	275	235
MODEL 622 (FIELD)	360	305	260	220	185
Model 622 Target	540	460	390	330	280
MODEL 2206 STAINLESS (FIELD)	675	575	490	415	355
Model 2206 Stainless Target	690	585	500	425	360
MODEL 2213 STAINLESS "SPORTSMAN"	480	410	345	295	250
MODEL 2214 "SPORTSMAN"	325	275	235	200	170
MODEL 945-1	1895	1610	1370	1165	990
MODEL 952	2505	2130	1810	1540	1310
MODEL 952-1	2895	2460	2090	1780	1515
MODEL 952-2 STAINLESS	1985	1685	1435	1220	1035
MODEL 1911 PRO SERIES	1355	1150	980	830	705
SW1911 PRO SERIES	1095	930	790	670	570
SW1911 Pro Series Stainless	1405	1195	1015	865	735
MODEL 1911 (2004-2012)	1650	1405	1190	1015	865
1911 PRO SERIES	1260	1070	910	775	660
MODEL 3566	1350	1150	975	830	705
THE SHORTY 9 & SHORTY 9 MKIII	1025	870	740	630	535
9 RECON	1500	1275	1085	920	780
S&W 4006 SHORTY FORTY					
S&W 4006 Shorty Forty Tactical	1500	1275	1085	920	780
S&W 4006 Shorty Forty Compensated	1700	1445	1230	1045	890
S&W 4006 Shorty Forty MK III	949	805	685	585	495
S&W 4006 Shorty Forty MKIII 1997	1025	870	740	630	535
S&W 4006 Shorty Forty .40 S&W Tactical	1146	975	830	705	600
S&W 4006 Shorty Forty TSW Stocking Dealer	1175	1000	850	720	610
MODEL 4006 SHORTY FORTY Y2000	1125	955	815	690	585
PERFORMANCE CENTER 40 RECON	425	360	305	260	220

Model	NIB	EXC	VG	G	F
PERFORMANCE CENTER 45 RECON	1022	870	740	630	535
PERFORMANCE CENTER 45 CQB PISTOLS (CLOSE	1235	1050	890	760	645
THE SHORTY .45	1145	975	825	705	600
THE .45 LIMITED	1470	1250	1060	905	770
MODEL 5906 PC-9	875	745	630	535	455
M&P 9	420	355	305	260	220
PC M&P 9L PORTED	450	385	325	275	235
PC M&P 9 M2.0 COMPETITOR OPTIC READY	820	695	590	505	430
PC M&P 9 M2.0 C.O.R.E. PRO SERIES	600	510	435	370	315
PC M&P 9 M2.0 PORTED/C.O.R.E.	600	510	435	370	315
PC M&P 9 M2.0 PRO SERIES	615	525	445	380	325
PC M&P 9/M&P 9L PRO SERIES	595	505	430	365	310
PC M&P 9 PRO SERIES C.O.R.E.	630	535	455	385	325
PC M&P 9L PRO SERIES C.O.R.E.	610	520	440	375	320
1911 SC Pro Series Sub-Compact	1225	1040	885	750	640
PC M&P 9 SHIELD	430	365	310	265	225
PC M&P 9 Shield Ported	495	420	360	305	260
PC M&P 9 SHIELD EZ	490	415	355	300	255
PC M&P 9 SHIELD M2.0	445	380	320	275	235
PC M&P 9 Shield M2.0 Ported	520	440	375	320	270
PC M&P 9 SHIELD PLUS	535	455	385	330	280
PC M&P 10 2.0	575	490	415	355	300
PC M&P 40/M&P 40L PRO SERIES	620	525	450	380	325
PC M&P 40/M&P 40L PRO SERIES C.O.R.E.	675	575	490	415	355
PC M&P 40 M2.0 C.O.R.E. PRO SERIES	680	580	490	420	355
PC M&P 40 M2.0 PORTED/C.O.R.E.	600	510	435	370	315
PC M&P 40 M2.0 PRO SERIES	630	535	455	385	325
PC M&P 40 SHIELD PORTED	350	300	255	215	185
PC M&P 40 SHIELD M2.0	430	365	310	265	225
PC M&P 40 Shield M2.0 Ported	500	425	360	305	260
PC M&P 45 SHIELD PORTED	570	485	410	350	300
PC M&P 45 M2.0 PORTED/C.O.R.E.	595	505	430	365	310
PC M&P 45 SHIELD M2.0	480	410	345	295	250
PC M&P 45 Shield M2.0 Ported	440	375	320	270	230
PC M&P 380 SHIELD EZ M2.0	435	370	315	265	225
PC SW22 VICTORY TARGET MODEL	600	510	435	370	315

Revolvers: Performance Center Variations

Due to smaller-scale production, or lower or null frequency of resale, some models do not have the values broken down as we had no viable information to value accurately.
For these models, the last-known MSRP is noted if it was published.

SCHOFIELD MODEL OF 2000

Model	NIB	EXC	VG	G	F
Schofield Model of 2000 w/Nickel Finish	1520	1290	1100	935	795
Schofield Model of 2000 Wells Fargo Editions	1500	1275	1085	920	780
LEW HORTON MODEL 10	790	670	570	485	410
MODEL PC-13	760	645	550	465	395
MODEL 14 PPC	785	665	565	480	410
LEW HORTON HERITAGE SERIES MODEL 15-8	922	785	665	565	480
LEW HORTON HERITAGE SERIES MODEL 15-8 NICKEL	925	785	670	570	485
LEW HORTON HERITAGE SERIES MCGIVERN MODEL	1059	900	765	650	555
LEW HORTON HERITAGE SERIES MODEL 17-8	1040	885	750	640	545
MODEL 19 PERFORMANCE CENTER K COMP	800	680	580	490	415
MODEL 19 CARRY COMP	1000	850	725	615	525
LEW HORTON HERITAGE SERIES MODEL 24-5	765	650	555	470	400
Lew Horton Heritage Series Model 24-5 Blue Finish	765	650	555	470	400
MODEL 25-10 "HAND EJECTOR" 2001	1050	895	760	645	550
MODEL 25-11 CASE COLORED	1150	980	830	705	600
MODEL 25-11 BLUE FINISH	1150	980	830	705	600
LEW HORTON HERITAGE SERIES MODEL OF 1917					
Lew Horton Heritage Series Model of 1917 Case	1050	895	760	645	550
Lew Horton Heritage Series Model of 1917 Military	1050	895	760	645	550
MODEL 27-7	1150	980	830	705	600
"CLASSIC SERIES" MODEL 27	1175	1000	850	720	610
MODEL 27-8 "THE REGISTERED MAGNUM"	875	745	630	535	455

Model	NIB	EXC	VG	G	F
MODEL 28	Rarity Precludes Pricing				
MODEL 29-9 HERITAGE SERIES	1045	890	755	640	545
Heritage Series Model 29-9 Lew Horton	1045	890	755	640	545
MODEL 29 CLASSIC SERIES	2150	1830	1555	1320	1120
MODEL 41	Pricing Unavailable				
MODEL 60 ET COMP	795				
MODEL 60 PRO SERIES	735	625	530	450	385
MODEL 66 F COMP (1993)	Pricing Unavailable				
MODEL 66 THE SUPER K	Pricing Unavailable				
MODEL 66 F-COMP	798	680	575	490	415
MODEL 67 F-COMP	950	810	685	585	495
MODEL 325 THUNDER RANCH	995	845	720	610	520
MODEL 327 Sc	1295	1100	935	795	675
MODEL 327 Sc JERRY MICULEK	1149	975	830	705	600
MODEL 327 TRR8	1390	1180	1005	855	725
MODEL 329-1 AIRLITE PD	1100	935	795	675	575
MODEL 442 CRIMSON TRACE	715	610	515	440	375
MODEL 442 PRO SERIES	500	425	360	305	260
MODEL 442 THE ULTRALIGHT	Pricing Unavailable				
MODEL 460 AIRWEIGHT	Pricing Unavailable				
MODEL 460 HUNTER	1250	1065	905	770	655
MODEL 460XVR SERIES	1440	1225	1040	885	750
Model 460XVR 3 1/2 In. (Current Mfg.)	1525	1295	1100	935	795
Model 460XVR 7 1/2 in. (Current Mfg.)	1740	1480	1255	1070	910
MODEL 500 (MAGNUM HUNTER)	1465	1245	1060	900	765
MODEL 500 MAGNUM BONE COLLECTOR	1385	1175	1000	850	725
MODEL 586 L-COMP	1200	1020	865	735	625
MODEL 610	Pricing Unavailable				
MODEL 617	Pricing Unavailable				
MODEL 625/MODEL 625-8	1045	890	755	640	545
MODEL 627 (627-5)	1075	915	775	660	560
Model 627-5 (Disc.)	2000	1700	1445	1230	1045
MODEL 627 PRO SERIES	1000	850	725	615	525
MODEL 627 V-COMP	1400	1190	1010	860	730
MODEL 629 (S&W #170277)	1500	1275	1085	920	780
MODEL 629 CARRY COMP	945	805	685	580	495
MODEL 629 COMPETITOR	1400	1190	1010	860	730
MODEL 629 FLUTED BARREL	1090	925	790	670	570
MODEL 629 STEALTH HUNTER	1515	1290	1095	930	790
MODEL 629-3 CARRY COMP STAINLESS	Pricing Unavailable				
MODEL 629-3 THE CLASSIC HUNTER I	Pricing Unavailable				
MODEL 629-3 CARRY COMP II	Pricing Unavailable				
MODEL 629-4 .44 MAGNUM LIGHT HUNTER	Pricing Unavailable				
MODEL 629-4 THE CLASSIC HUNTER II	Pricing Unavailable				
MODEL 629 "THE AVENGER"	Pricing Unavailable				
MODEL 629 MAGNUM HUNTER PLUS	Pricing Unavailable				
MODEL 629-4 TROPHY WHITE TAIL	Pricing Unavailable				
MODEL 629-4 "SCOPE ONLY" MASTER HUNTER	Pricing Unavailable				
MODEL 629-4 "COMPED HUNTER"	Pricing Unavailable				
MODEL 629-4 COMP & CAP	Pricing Unavailable				
MODEL 629-5 V-COMP	1160	985	840	710	605
MODEL 629-5 DEFENSIVE REVOLVER	Pricing Unavailable				
MODEL 629-5 "THE EXTREME HUNTER"	Pricing Unavailable				
MODEL 629-5 "STEALTH HUNTER"	Pricing Unavailable				
MODEL 629-5 "COMPENSATED HUNTER"	Pricing Unavailable				
MODEL 629-5 "LIGHT HUNTER PLUS"	Pricing Unavailable				
MODEL 629 (LIGHT HUNTER)	1180	1005	855	725	615
MODEL 629 HUNTER	1130	960	815	695	590
MODEL 629-7 "HUNTER PLUS"	Pricing Unavailable				
MODEL 632-1	Pricing Unavailable				
MODEL 637 ENHANCED ACTION	525	445	380	320	270
MODEL 637 GUNSMOKE	420	355	305	260	220
MODEL 637-2 POWER PORT	Pricing Unavailable				

	NIB	EXC	VG	G	F
MODEL 640 CARRY COMP	Pricing Unavailable				
MODEL 640 LEW HORTON	Pricing Unavailable				
MODEL 640 "LEW HORTON .357 MAGNUM"	Pricing Unavailable				
MODEL 640 "PAXTON QUIGLEY"	Pricing Unavailable				
MODEL 640 PRO SERIES	780	665	565	480	410
MODEL 640 RSR SPECIAL	Pricing Unavailable				
MODEL 642	490	415	355	300	255
MODEL 642 ENHANCED ACTION	525	445	380	320	270
MODEL 642 PRO SERIES	485	410	350	300	255
MODEL 642-2 POWER PORT	Pricing Unavailable				
MODEL 646	Pricing Unavailable				
MODEL 647-1 VARMINTER	Pricing Unavailable				
MODEL 647-1	1440	1225	1040	885	750
MODEL 657	725	615	525	445	380
MODEL 657 DEFENSIVE REVOLVER	Pricing Unavailable				
MODEL 657 HUNTER	Pricing Unavailable				
MODEL 681-4 LEW HORTON SPECIAL	Pricing Unavailable				
MODEL 681-5 SPECIAL FOR CAMFOUR	Pricing Unavailable				
MODEL 686	Pricing Unavailable				
MODEL 686 (CURRENT MFG.)	895	760	645	550	470
MODEL 686 ACTION REVOLVER	Pricing Unavailable				
MODEL 686 MAG COMP	Pricing Unavailable				
MODEL 686 CARRY COMP 4 IN.	Pricing Unavailable				
MODEL 686 CARRY COMP 6 IN.	Pricing Unavailable				
MODEL 686 "THE COMPETITOR"	Pricing Unavailable				
MODEL 686 COMPETITOR	1410	1200	1020	865	735
MODEL 686 DISTINGUISHED COMBAT MAGNUM	920	780	665	565	480
MODEL 686 "THE HUNTER"	Pricing Unavailable				
MODEL 686 PLUS	Pricing Unavailable				
MODEL 686 PLUS (CURRENT MFG.)	950	810	685	585	495
Model 686 Plus Pro Series	960	815	695	590	500
MODEL 686-4 WITH ADJUSTABLE SIGHTS	Pricing Unavailable				
MODEL 686 PPC REVOLVER	Pricing Unavailable				
MODEL 686-6 LIGHT RAIL	1500	1275	1085	920	780
MODEL 686 SSR PRO SERIES	950	810	685	585	495
MODEL 929 (JERRY MICULEK SIGNATURE)	1200	1020	865	735	625
MODEL 940 SPECIAL	Pricing Unavailable				
MODEL 942 AIRWEIGHT 9MM CENTENNIAL	Pricing Unavailable				
MODEL 986	1075	915	775	660	560
MODEL 986 PRO SERIES	1090	925	790	670	570
MODEL M&P R8 (MODEL 327 M&P R8)	1310	1115	945	805	685
RIFLES: PERFORMANCE CENTER VARIATIONS					
M&P RIFLE	1020	865	735	625	530
M&P 10 CREEDMOOR	1340	1140	970	825	700
M&P 15 COMPETITION RIFLE	1230	1045	890	755	640
M&P 15-22 PC SPORT	650	555	470	400	340
M&P 15-22 PC TB	600	510	435	370	315
M&P 15PC LIMITED EDITION	1500	1275	1085	920	780
RIFLES/CARBINES: CARTRIDGE, REVOLVING MODELS					
MODEL 320 REVOLVING RIFLE					
Model 320 Revolving Rifle 16 or 20 in. Barrel		16,500	13,000	10,500	8925
Model 320 Revolving Rifle 18 in. barrel		15,000	12,000	9,500	8075
RIFLES: NFA					
MODEL 1940 LIGHT RIFLE MARK I/II			6,750	6,000	5100
RIFLES: BOLT ACTION					
MODEL A	625	530	450	385	325
MODEL B	635	540	460	390	330
MODEL C	800	680	580	490	415
MODEL D	550	470	395	340	290
MODEL E	600	510	435	370	315
MODEL 1500 MOUNTAINEER	450	385	325	275	235
Model 1500 Mountaineer Magnum	500	425	360	305	260
MODEL 1500 DELUXE	695	590	500	425	360

	NIB	EXC	VG	G	F
MODEL 1500 DELUXE VARMINT	540	460	390	330	280
MODEL 1700 LS "CLASSIC HUNTER"	800	680	580	490	415
I-BOLT RIFLE	450	385	325	275	235
I-Bolt Rifle w/Weathershield	430	365	310	265	225

RIFLES: SEMI-AUTO

	NIB	EXC	VG	G	F
RESPONSE	680	580	490	420	355
M&P10 OPTICS READY	1300	1105	940	800	680
M&P10 SPORT OPTICS READY	950	810	685	585	495
M&P10 VOLUNTEER X	1390	1180	1005	855	725
M&P15 CENTERFIRE SEMI-AUTO SERIES					
M&P15 w/Removable Carry Handle	930	790	670	570	485
M&P15A	860	730	620	530	450
M&P15T	940	800	680	575	490
M&P15T w/M-LOK	1080	920	780	665	565
M&P15FT	1115	950	805	685	580
M&P15 Optic Ready	880	750	635	540	460
Model M&P15ORC	810	690	585	495	420
M&P15X	1090	925	790	670	570
M&P15X w/M-LOK	830	705	600	510	435
M&P15I	950	810	685	585	495
M&P15R	825	700	595	505	430
M&P15MOE	1000	850	725	615	525
M&P15 MOE MID	860	730	620	530	450
M&P15 MOE SL MID	760	645	550	465	395
M&P15PS	1065	905	770	655	555
M&P15PSX	1210	1030	875	745	635
M&P15 300 WHISPER	1000	850	725	615	525
M&P15-22 SPORT RIMFIRE SEMI-AUTO	390	330	280	240	205
M&P15-22 Sport MOE SL	450	385	325	275	235
M&P15-22 Sport OR w/M&P Red/Green Dot Optic	400	340	290	245	210
M&P15-22 MOE Rimfire Semi-Auto	450	385	325	275	235
M&P15-22 PC TB					
M&P15 SPORT	490	415	355	300	255
M&P15 SPORT II	645	550	465	395	335
M&P15 Sport II M-LOK	650	555	470	400	340
M&P15 Sport II OR	640	545	460	395	335
M&P15 Sport II OR M-LOK	685	580	495	420	355
M&P15T II	1000	850	725	615	525
M&P15T II Engraved Limited Ed. Series	1120	950	810	690	585
M&P15 TS	1220	1035	880	750	640
M&P15 VOLUNTEER XV	760	645	550	465	395
M&P15 Volunteer XV Optics Ready	700	595	505	430	365
M&P15 VOLUNTEER XV DMR/XV PRO DMR	1300	1105	940	800	680
M&P15 VOLUNTEER XV PRO	1295	1100	935	795	675
M&P15VTAC	1600	1360	1155	985	835
M&P15 VTAC II	1205	1025	870	740	630
M&P FPC	530	450	385	325	275

SHOTGUNS

	NIB	EXC	VG	G	F
M&P 12	1000	850	725	615	525
MODEL 916 SLIDE ACTION SHOTGUN	225	190	165	140	120
Model 916 Slide Action Shotgun Vent. rib and pad	250	215	180	155	130
MODEL 916T SLIDE ACTION	310	265	225	190	160
Model 916T Slide Action Vent. rib and pad	375	320	270	230	195
MODEL 96 SLIDE ACTION	250	215	180	155	130
MODEL 1000 P SLIDE ACTION	330	280	240	205	175
MODEL 1000 AUTOLOADER	425	360	305	260	220
Model 1000 Autoloader Waterfowler	645	550	465	395	335
Model 1000 Autoloader Super 12	545	465	395	335	285
Model 1000 Autoloader Target Skeet/Super Skeet	575	490	415	355	300
Model 1000 Autoloader Target Trap (Model 1000T)	645	550	465	395	335
MODEL 1012 SEMI-AUTO	555	470	400	340	290
Model 1012 Super Semi-Auto	650	555	470	400	340
MODEL 1020 SEMI-AUTO	390	330	280	240	205

	NIB	EXC	VG	G	F
MODEL 3000 SLIDE ACTION	390	330	280	240	205
MODEL 3000 POLICE	540	460	390	330	280
ELITE GOLD GRADE I SxS	1450	1235	1050	890	755
ELITE SILVER GRADE I O/U	1500	1275	1085	920	780

SMITH, L.C.

Due to the low frequency of seeing a majority of L.C. Smith models in New-In-Box, Excellent, Very Good nor Good conditions, values are noted in a low-to-high range based on the worst and best conditions seen, respectively.

SHOTGUN-RIFLES: CARTRIDGE BAKER 3-BARREL, HAMMER-DAMASCUS, SYRACUSE MFG. 1878-1888

QUALITY NO. 1	700 to 3,000
QUALITY NO. 2	1,000 to 3,800
QUALITY NO. 3	1,500 to 4,500
QUALITY NO. 4	2.500 to 7,000
QUALITY NO. 5	3,000 to 7,750

SHOTGUNS: CARTRIDGE SXS, BAKER HAMMER-DAMASCUS, SYRACUSE MFG. 1878-1884

QUALITY F	200 to 850
QUALITY E	225 to 1,000
QUALITY D	250 to 1,200
QUALITY C	300 to 1,400
QUALITY B	400 to 1,600
QUALITY A	500 to 2,100
QUALITY AA	Rarity Precludes Pricing

SHOTGUNS: SxS GLADIATOR HAMMER GUNS, MFG. 1917-1919

GLADIATOR FIELD GRADE	175 to 500
GLADIATOR IDEAL GRADE	350 to 700

SHOTGUNS: CARTRIDGE SxS, L.C. SMITH SIDELOCK, HAMMER-DAMASCUS & FLUID STEEL, MFG. 1884-1934

QUALITY F	350 to 700
QUALITY E	250 to 1,400
QUALITY D	500 to 2,000
QUALITY C	900 to 3,000
QUALITY B	1,000 to 4,600
QUALITY A	1,500 to 9,000
QUALITY AA	2,500 to 17,500

SHOTGUNS: CARTRIDGE SxS, L.C. SMITH SIDELOCK, HAMMERLESS-DAMASCUS, MFG. 1886-1888

QUALITY 2	400 to 2,000
QUALITY 3	600 to 2,700
QUALITY 4	750 to 4,500
QUALITY 5	1,500 to 7,500
QUALITY 6	3,500 to 15,000
QUALITY 7	5,500 to 30,000

SHOTGUNS: CARTRIDGE SxS, L.C. SMITH/HUNTER ARMS, SIDELOCK, HAMMERLESS, FLUID STEEL BARRELS, MFG.

NO. 00	300 to 1,600
NO. 0	375 to 1,700
NO. 1	300 to 2,000
NO. 2	450 to 2,400
NO. 3	550 to 2,800
PIGEON GUN	1,000 to 5,000
NO. 4	1,750 to 6,500
NO. 5	2,500 to 8,000
MONOGRAM	4,000 to 18,000
A-1	1,500 to 6,000
A-2	5,000 to 15,000
A-3	29,000 to 80,000

SHOTGUNS: SxS, L.C. SMITH/HUNTER ARMS, SIDELOCK, HAMMERLESS, FLUID STEEL BARRELS, MFG. 1913-1950

FIELD	400 to 1,800
IDEAL	450 to 2,400
SKEET SPECIAL	600 to 4,000
OLYMPIC	4,000 to 15,000
PREMIER SKEET	900 to 5,000
TRAP	500 to 3,500
SPECIALTY	1,100 to 4,000

	NIB	EXC	VG	G	F
EAGLE		1,400 to 7,500			
CROWN		2,900 to 10,000			
MONOGRAM		4,800 to 18,000			
PREMIER		10,000 to 60,000			
DELUXE		15,000 to 100,000			

SHOTGUNS: SINGLE BARREL TRAP, BOXLOCK, HAMMERLESS, MFG. 1917-1950

	NIB	EXC	VG	G	F
OLYMPIC		3,000	2,500	2,250	1915
SPECIALITY		4,000	3,600	3,200	2720
EAGLE		6,000	5,500	5,000	4250
CROWN		10,500	10,000	8,000	6800
MONOGRAM		16,000	14,000	12,000	10200
PREMIER		Rarity Precludes Pricing			
DELUXE		Rarity Precludes Pricing			

SHOTGUNS: SxS, HUNTER ARMS, FULTON BOXLOCK, HAMMERLESS, FLUID STEEL, MFG. 1915-1945

	NIB	EXC	VG	G	F
FULTON		200 to 800			
FULTON SPECIAL		275 to 900			
HUNTER SPECIAL		325 to 1,100			
RANGER		200 to 800			
GLADIATOR FIELD		200 to 550			
GLADIATOR TOURNAMENT		300 to 650			
GLADIATOR DIAMOND		300 to 650			

SHOTGUNS: SxS, L.C. SMITH/MARLIN, SIDELOCK, HAMMERLESS, FLUID STEEL, MFG. 1968-1971

	NIB	EXC	VG	G	F
FIELD GRADE MODEL		1,200	1000	900	765
DELUXE MODEL		1,850	1500	1250	1065

SHOTGUNS: O/U, L.C. SMITH/MARLIN, MFG. 2005-2009

	NIB	EXC	VG	G	F
MODEL LC12		500	400	300	255
MODEL LC20		700	550	450	385
MODEL LC12-DB		750	650	600	510
MODEL LC20-DB		900	800	700	595
MODEL LC28-DB/LC410-DB		1,400	1,300	1,100	935

SNAKE CHARMER

	NIB	EXC	VG	G	F
SNAKE CHARMER II	250	215	180	155	130

SNOWY MOUNTAIN RIFLES

	NIB	EXC	VG	G	F
SMR ALASKAN	5250	4465	3795	3225	2740
SMR ALPINE HUNTER	4950	4210	3575	3040	2585
SMR AMBUSH	2800	2380	2025	1720	1460
SMR CARBON LRH	5450	4635	3940	3345	2845
SMR ELITE PRECISION RIFLE	5300	4505	3830	3255	2765
SMR FULL CURL	5100	4335	3685	3130	2660
SMR LONG RANGE HUNTER (OLDER MFG.)	4200	3570	3035	2580	2195
SMR LONG RANGE HUNTER (CURRENT MFG.)	5275	4485	3810	3240	2755
SMR PALADIN	2200	1870	1590	1350	1150
SMR TIMBERLINE	3575	3040	2585	2195	1865

SOCIETA SIDERURGICA GLISENTI

	NIB	EXC	VG	G	F
GLISENTI MODEL 1910	1650	1405	1190	1015	865

SOKOLOVSKY CORPORATION SPORT ARMS (SCSA)

	NIB	EXC	VG	G	F
SOKOLOVSKY .45 AUTOMASTER	22500	19125	16255	13820	11745

SONS OF LIBERTY GUN WORKS

LIBERTY SERIES RIFLES

	NIB	EXC	VG	G	F
M4-76 Rifle	1450	1235	1050	890	755
M4C4 Carbine	1450	1235	1050	890	755
M4C4 Patrol Rifle	1300	1105	940	800	680
M4-EXO2 M-LOK Rifle	1400	1190	1010	860	730
M4-P Precision Rifle	1500	1275	1085	920	780

MK10 SERIES RIFLES

	NIB	EXC	VG	G	F
MK10S Rifle	2895	2460	2090	1780	1515
MK10 Ultralite Rifle	2645	2250	1910	1625	1380
Morgan's Rifleman MK10MR Designated Marksman	2995	2545	2165	1840	1565
PATRIOT SERIES RIFLES					
Daniel Morgan Designated Marksman Rifle	1800	1530	1300	1105	940
M4-SF "SWAMP FOX" Ultra Light Combat Rifle	2000	1700	1445	1230	1045
Thomas Paine Rifle	1875	1595	1355	1150	980
Timothy Murphy Match Grade Rifle	1800	1530	1300	1105	940
PATROL SERIES RIFLES					
Loyal 9 SL Law Enforcement Carbine	1100	935	795	675	575
M4 Patrol Rifle 14.5	1305	1110	945	800	680
M4 Patrol Rifle SL	970	825	700	595	505
The Legacy Rifle	1000	850	725	615	525
SPECIAL EDITION SERIES					
Ally Outdoors M76 Rifle	1660	1410	1200	1020	865
American Badass Dale Comstock Signature Rifle	1775	1510	1280	1090	925
MK4 Trident Concepts Carbine	2125	1805	1535	1305	1110

SOROKA RIFLE COMPANY

	NIB	EXC	VG	G	F
MODEL 07 ALPINE EXPRESS/AFRICAN EXPRESS	16500	14025	11920	10135	8615

SPECIAL WEAPONS LLC

	NIB	EXC	VG	G	F
CARBINES: SEMI-AUTO					
OMEGA 760	650	555	470	400	340
SW-5 CARBINE	1440	1225	1040	885	750
SW-45 CARBINE	1500	1275	1085	920	780
RIFLES: SEMI-AUTO					
SW-3	1195	1015	865	735	625
SW-3 SP	1750	1490	1265	1075	915

SPECIALIZED DYNAMICS

	NIB	EXC	VG	G	F
CUSTOM RIFLE					
KHAOS	2950	2510	2130	1810	1540
LW-HUNTER	1425	1210	1030	875	745
LONG RANGE PREDATOR	1925	1635	1390	1180	1005
LRPR (LONG RANGE PRECISION RIFLE)	2250	1915	1625	1380	1175
MFR (MULTI-FUNCTION RIFLE)	1550	1320	1120	950	810
REIGN	2525	2145	1825	1550	1320
SPADE	1900	1615	1375	1165	990
VERITAS	1800	1530	1300	1105	940

SPECIALIZED TACTICAL SYSTEMS

	NIB	EXC	VG	G	F
TITAN B	2075	1765	1500	1275	1085
TITAN B DI.L	1525	1295	1100	935	795
ZOMBIE SLAYER	2250	1915	1625	1380	1175

SPENCER REPEATING RIFLES CO.

	NIB	EXC	VG	G	F
SMALL-FRAME MILITARY CARBINES AND SPORTING		16000	14000	12000	10200
MODEL 1860 NAVY RIFLES		14000	12000	9000	7650
MODEL 1860 ARMY RIFLES			10000	9000	7650
MODEL 1860 CARBINES			11000	10000	8500
MODEL 1865 CARBINES		7000	6000	5000	4250
MODEL 1865 ARMY RIFLES		6000	5000	4000	3400
SPRINGFIELD ARMORY RIFLE MUSKET CONVERSION		6000	5000	4000	3400
MODEL 1867 ARMY RIFLES AND CARBINES		5000	4500	3000	2550
NEW MODEL ARMY RIFLES AND CARBINES		5000	4500	3000	2550
SPORTING RIFLES					
Round Barrel Sporting Rifles		9000	7500	6500	5525
Octagon Barrel Sporting Rifles		10000	8000	5000	4250

	NIB	EXC	VG	G	F
SPHINX SYSTEMS LTD.					
MODEL AT-380	700	595	505	430	365
MODEL 2000S STANDARD	1080	920	780	665	565
Model 2000PS Standard Police Special	2240	1905	1620	1375	1170
Model 2000P Standard Compact	1995	1695	1440	1225	1040
Model 2000H Standard Sub-Compact	1500	1275	1085	920	780
MODEL 2000 MASTER	2035	1730	1470	1250	1065
MODEL AT-2000 (NEW MODEL)	1995	1695	1440	1225	1040
MODEL AT-2000CS COMPETITOR	2300	1955	1660	1410	1200
MODEL 2000 COMPETITION	2000	1700	1445	1230	1045
MODEL 3000 SERIES	2625	2230	1895	1610	1370
SPHINX .45 ACP	2850	2425	2060	1750	1490
SDP Standard Alpha	900	765	650	555	470
SDP Compact Alpha	1295	1100	935	795	675
SDP Compact (SDP Compact Black)	925	785	670	570	485
SDP Duty (SDP Compact Black Duty)	850	725	615	520	440
SDP Sub Compact Alpha	900	765	650	555	470
SPIDER FIREARMS					
SPORTSMAN FERRET 50	3500	2975	2530	2150	1830
SUPERCOMP FERRET	6000	5100	4335	3685	3130
SPIKE'S TACTICAL LLC					
PISTOLS: SEMI-AUTO					
.300 BLACKOUT 8.3	925	785	670	570	485
5.56 CHF 8.1	1000	850	725	615	525
5.56 CHF BILLET 8.1	1600	1360	1155	985	815
KRYPTEK PISTOL	2925	2485	2115	1795	1525
PIPE HITTERS UNION PISTOL	1910	1625	1380	1175	1000
RARE BREED CRUSADER	1775	1510	1280	1090	925
SPARTAN PISTOL	2195	1865	1585	1350	1150
Rare Breed Spartan	1890	1605	1365	1160	985
ST-15 LE PISTOL	810	690	585	495	420
RIFLES/CARBINES: SEMI-AUTO					
5.56 M4 LE (ST-15 M4 LE CARBINE)	910	775	655	560	475
5.56 M4 LE (ST-15 M4 LE Carbine w/BAR)	1125	955	815	690	585
5.56 M4 LE (ST-15 M4 LE Carbine w/SAR)	810	690	585	495	420
5.56 M4 LE FDE/GREY	1055	895	760	650	555
5.56 MID-LENGTH LE (ST-15 MID-LENGTH LE	950	810	685	585	495
5.56 Mid-Length LE w/BAR2 (ST-15 Mid-Length LE	1050	895	760	645	550
5.56 Mid-Length LE w/SAR (ST-15 Mid-Length LE	1075	915	775	660	560
ST-15 Mid-Length LE Carbine w/Heat Shield	800	680	580	490	415
5.56 MID-LENGTH CHF	1000	850	725	615	525
BLACK ASSASSIN	1830	1555	1320	1125	955
BLACK ASSASSIN V2	1850	1575	1335	1135	965
CRUSADER	1530	1300	1105	940	800
DISTRESSED BATTLE RIFLE	1575	1340	1140	965	820
KRYPTEK RIFLE	2600	2210	1880	1595	1355
KRYPTEK SPR RIFLE	2600	2210	1880	1595	1355
LIVEWIRE	1695	1440	1225	1040	885
PIPE HITTERS UNION RIFLE	1820	1545	1315	1120	950
Pipe Hitters Union Joker Rifle	1905	1620	1375	1170	995
RETRO BUILD	955	810	690	585	495
ROADHOUSE BATTLE/ROADHOUSE PRECISION RIFLE	2475	2105	1790	1520	1290
SPARTAN RIFLE	1595	1355	1150	980	835
SPECIAL PURPOSE RIFLE	1725	1465	1245	1060	900
ULTIMATE ASSASSIN	2150	1830	1555	1320	1120
ULTIMATE ASSASSIN V2	2300	1955	1660	1410	1200
WAHINE	1400	1190	1010	860	730

	NIB	EXC	VG	G	F
SPIRIT GUN MANUFACTURING COMPANY LLC					
PISTOLS: SEMI-AUTO					
SGM9P	1300	1105	940	800	680
RIFLES/CARBINES: SEMI-AUTO					
SGM-15/SGM-16/SGM-17	1975	1680	1425	1215	1035
SGM-40/SGM-41	1975	1680	1425	1215	1035
SGM-A19	2125	1805	1535	1305	1110
SGM-A23	2225	1890	1610	1365	1160
SGM-A24	2295	1950	1660	1410	1200
SGM-A39	1975	1680	1425	1215	1035
SGM-A43	2125	1805	1535	1305	1110
SGM-A47	2225	1890	1610	1365	1160
SGM-A48	2295	1950	1660	1410	1200
SPRINGFIELD ARMORY (U.S. GOVERNMENT ARSENAL)					
PISTOLS: SEMI-AUTO					
M1911 MILITARY MFG. SPRINGFIELD ARMORY		5950	4600	3500	2975
RIFLES: BOLT ACTION, MODEL 1903 & VARIATIONS					
U.S. MODEL 1903 SPRINGFIELD					
U.S. Model 1903 Springfield Pre-WWI Mfg.	4000	3400	2890	2455	2085
U.S. Model 1903 Springfield Serialized 800,000 -	2500	2125	1805	1535	1305
U.S. Model 1903 Springfield Serialized 1,275,768 +	4950	4210	3575	3040	2585
MODEL 1903 MARK I	3000	2550	2170	1840	1565
Model 1903 Mark I w/Pedersen		40000	30000	20000	17000
1903-A1	5495	4670	3970	3375	2870
1903 Remington Modified	6500	5525	4695	3990	3390
1903 Remington	3750	3190	2710	2305	1960
1903 NATIONAL MATCH (PRE-1929)	5050	4295	3650	3100	2635
1903-A1 NATIONAL MATCH (1929 to 1939)	6000	5100	4335	3685	3130
1903-A3	1655	1405	1195	1015	865
1903-A3 NATIONAL MATCH	3200	2720	2310	1965	1670
1903-A4 SNIPER (WWII)	6450	5485	4660	3960	3365
1903 MARINE SNIPER	22500	19125	16255	13820	11745
1903 NRA NATIONAL MATCH	5500	4675	3975	3380	2875
1903 SPORTER	11000	9350	7950	6755	5740
1903 MATCH STYLE T		10000	8500	7500	6375
1903 FREE RIFLE TYPE A		10000	8500	7500	6375
1903 FREE RIFLE TYPE B		15000	12750	8500	7225
SPRINGFIELD MODEL 1922 MATCH RIFLE		15000	12750	10000	8500
MODEL 1922-M1	2000	1700	1445	1230	1045
MODEL 1922 NRA VARIATION	2750	2340	1985	1690	1435
M2 .22 TARGET RIFLE	2500	2125	1805	1535	1305
RIFLES/CARBINES: SINGLE SHOT					
MODEL 1870 ROLLING-BLOCK RIFLE, U.S.N.		2500	2200	1950	1660
MODEL 1871 ROLLING-BLOCK RIFLE, U.S.A.		2150	1750	1350	1150
MODEL 1873 RIFLE "TRAPDOOR"	2300	1955	1660	1410	1200
MODEL 1884 RIFLE "TRAPDOOR"	2250	1915	1625	1380	1175
MODEL 1884 CARBINE "TRAPDOOR"		3500	2850	2300	1955
MODEL 1873 CARBINE		6000	5250	4250	3615
MODEL 1873 CADET RIFLE	2200	1870	1590	1350	1150
MODEL 1875 OFFICER'S RIFLE FIRST TYPE		39000	34000	27000	22950
MODEL 1875 SPRINGFIELD LEE VERTICAL ACTION		15000	12000	10000	8500
MODEL 1877 RIFLE		3000	2650	2250	1915
MODEL 1877 CARBINE		4750	4250	3850	3275
MODEL 1877 CADET RIFLE		2000	1400	1100	935
MODEL 1879 RIFLE	1600	1360	1155	985	835
MODEL 1879 CARBINE		3500	2850	2300	1955
MODEL 1879 CADET RIFLE	2000	1700	1445	1230	1045
MODEL 1880		2800	2200	1950	1660
SHOTGUNS: CARTRIDGE SINGLE SHOT					
MODEL 1881 FORAGER		3000	2500	1800	1530

SPRINGFIELD ARMORY (MFG. BY SPRINGFIELD INC.)

	NIB	EXC	VG	G	F
COMBINATION GUNS					
M6 SCOUT RIFLE .22 LR/.22 Win. Mag. cal.	550	470	395	340	290
M6 SCOUT RIFLE .22 Hornet cal.	750	640	540	460	390
M6 SCOUT PISTOL/CARBINE .22 LR cal.	550	470	395	340	290
M6 SCOUT PISTOL/CARBINE .22 Hornet cal.	750	640	540	460	390
M6 SCOUT PISTOL .22 LR cal.	425	360	305	260	220
M6 SCOUT PISTOL .22 Hornet cal.	775	660	560	475	405
PISTOLS: SEMI-AUTO					
ECHELON	555	470	400	340	290
HELLCAT PRO OSP	550	470	395	340	290
Hellcat Pro OSP With Shield SMSC	725	615	525	445	380
HELLCAT 3 MICRO COMPACT	500	425	360	305	260
Hellcat 3 Micro Compact OSP	530	450	385	325	275
Hellcat 3 Micro Compact OSP With Shield SMSC	725	615	525	445	380
Hellcat RDP 3.8 Micro Compact	650	555	470	400	340
Hellcat RDP 3.8 Micro Compact With Shield SMSC	835	710	605	515	440
OMEGA PISTOL	1200	1020	865	735	625
OMEGA MATCH	960	815	695	590	500
SA-35	680	580	490	420	355
1911 DS PRODIGY	1270	1080	920	780	665
Pistols: Semi-Auto - P9 Series					
Model P9 Standard	515	440	370	315	270
Model P9 Stainless	585	495	425	360	305
Model P9 Compact	495	420	360	305	260
Model P9 Sub-Compact	495	420	360	305	260
Model P9 Factory Comp	695	590	500	425	360
Model P9 Ultra IPSC (LSP)	690	585	500	425	360
Model P9 Ultra LSP Stainless	765	650	555	470	400
Pistols: Semi-Auto - R-Series					
PANTHER MODEL	600	510	435	370	315
FIRECAT MODEL	550	470	395	340	290
Pistols: Semi-Auto - Disc. 1911-A1 Models					
MODEL 1911-A1 STANDARD MODEL	465	395	335	285	240
Model 1911-A1 Standard Defender Model	545	465	395	335	285
Model 1911-A1 Standard Commander Model	450	385	325	275	235
Model 1911-A1 Standard Combat Commander Model	435	370	315	265	225
Model 1911-A1 Standard Compact Model	780	665	565	480	410
Model 1911-A1 Standard Custom Carry Gun	745	635	540	460	390
Model 1911-A1 Standard National Match Hardball Model	1100	935	795	675	575
Model 1911-A1 Standard Bullseye Wadcutter Model	1370	1165	990	840	715
Model 1911-A1 Standard Trophy Master Competition Pistol	1400	1190	1010	860	730
Model 1911-A1 Standard Trophy Master Competition Expert Model	1675	1425	1210	1030	875
Model 1911-A1 Standard Trophy Master Competition Distinguished Model	2000	1700	1445	1230	1045
Pistols: Semi-Auto - 1911-A1, Single Action (90s Series)					
PDP DEFENDER MODEL	750	640	540	460	390
PDP Defender Model Factory Comp	1020	865	735	625	530
PDP Defender Model High Capacity Factory	955	810	690	585	495
1911-A1 90s EDITION (CUSTOM LOADED)					
1911-A1 90s Edition Mil-Spec "Defend Your Legacy"	630	535	455	385	325
1911-A1 90s Edition Mil Spec Stainless Steel "Defend	720	610	520	440	375
1911-A1 90s Edition Mil-Spec Operator	850	725	615	520	440
1911-A1 90s Edition Loaded Operator	1180	1005	855	725	615
1911-A1 90s Edition Loaded Black Operator (Long	1150	980	830	705	600
1911-A1 90s Edition Loaded Marine Corps Operator	1250	1065	905	770	655
1911-A1 90s Edition Loaded Lightweight Operator	950	810	685	585	495
1911-A1 90s Edition Loaded Standard or Lightweight	850	725	615	520	440
1911-A1 90s Edition Loaded Stainless Standard Model	1000	850	725	615	525

Model	NIB	EXC	VG	G	F
1911-A1 90s Edition Stainless Super Tuned Standard	1035	880	750	635	540
1911-A1 90s Edition Target Model	960	815	695	590	500
1911-A1 90s Edition Trophy Match	1195	1015	865	735	625
1911-A1 90s Edition Standard High Capacity	635	540	460	390	330
1911-A1 90s Edition Stainless High Capacity	675	575	490	415	355
1911-A1 90s Edition XM4 High Capacity Model	595	505	430	365	310
1911-A1 TACTICAL RESPONSE PISTOL (TRP SERIES)	1650	1405	1190	1015	865
1911-A1 TRP Operator	1520	1290	1100	935	795
1911-A1 TRP 10MM - RMR	1990	1690	1440	1220	1035
1911-A1 LONG SLIDE CUSTOM LOADED STAINLESS	1050	895	760	645	550
MODEL 1911-A1 GI	500	425	360	305	260
1911-A1 RANGE OFFICER/(RO) TARGET	825	700	595	505	430
1911-A1 Range Officer Champion	800	680	580	490	415
1911-A1 Range Officer Compact (RO Compact)	770	655	555	475	405
1911-A1 Range Officer Operator	900	765	650	555	470
1911-A1 Range Officer/RO Target Stainless Steel	1000	850	725	615	525
1911 RO ELITE SERIES					
1911 Range Officer Elite Champion	1030	875	745	635	540
1911 Range Officer Elite Compact	1040	885	750	640	545
1911 Range Officer Elite Operator	1030	875	745	635	540
1911 Range Officer Elite Target	965	820	695	595	505
1911-A1 COMMANDER MODEL	425	360	305	260	220
1911-A1 Commander Model Combat	425	360	305	260	220
1911-A1 CHAMPION MODEL	700	595	505	430	365
1911-A1 Champion Model (Custom Loaded)	900	765	650	555	470
1911-A1 Champion Model Lightweight	1030	875	745	635	540
1911-A1 Champion Model Lightweight Operator	900	765	650	555	470
1911-A1 Champion Model GI	485	410	350	300	255
1911-A1 Champion Model TRP	1045	890	755	640	545
1911-A1 Champion Model Comp PDP	780	665	565	480	410
1911-A1 Champion Model Super Tuned	850	725	615	520	440
1911-A1 Champion Model XM4 High Capacity	615	525	445	380	325
1911-A1 COMPACT MODEL	780	665	565	480	410
1911-A1 Compact Model Stainless	495	420	360	305	260
1911-A1 Compact Model Lightweight	600	510	435	370	315
1911-A1 Compact Model Lightweight Stainless	725	615	525	445	380
1911-A1 Compact Model Comp Lightweight	775	660	560	475	405
1911-A1 Compact Model High Capacity	550	470	395	340	290
1911-A1 Compact Model High Capacity PDP Comp	830	705	600	510	435
1911 A-1 ULTRA COMPACT (CUSTOM LOADED)	595	505	430	365	310
1911 A-1 Ultra Compact Mil-Spec	550	470	395	340	290
1911 A-1 Ultra Compact Stainless Custom Loaded	925	785	670	570	485
1911 A-1 Ultra Compact Lightweight	695	590	500	425	360
1911 A-1 Ultra Compact V10 Lightweight Ported	850	725	615	520	440
1911 A-1 Ultra Compact V10 Lightweight Stainless	750	640	540	460	390
1911 A-1 Ultra Compact High Capacity	735	625	530	450	385
1911 A-1 Ultra Compact V10 Ported	750	640	540	460	390
1911 A-1 Ultra Compact V10 Super Tuned Ported	955	810	690	585	495
1911-A1 MICRO COMPACT	545	465	395	335	285
1911 A-1 Micro Compact Lightweight Custom Loaded	1210	1030	875	745	635
1911 A-1 Micro Compact Lightweight Stainless Custom	1060	900	765	650	555
1911 A-1 Micro Compact GI	535	455	385	330	280
1911-A1 EMP (ENHANCED MICRO PISTOL)	1050	895	760	645	550
1911-A1 EMP LW Black	950	810	685	585	495
1911-A1 EMP Champion	990	840	715	610	520
1911-A1 EMP CHAMPION LW BITONE CONCEAL	960	815	695	590	500
1911-A1 LOADED PARKERIZED WITH CRIMSON TRACE	1060	900	765	650	555
GULF VICTORY SPECIAL EDITION	985	835	710	605	515
1911-A1 RONIN OPERATOR	760	645	550	465	395
1911 EMISSARY	1160	985	840	710	605
1911 GARRISON	750	640	540	460	390
1911 OPERATOR	965	820	695	595	505
1911 RONIN EMP	800	680	580	490	415

	NIB	EXC	VG	G	F
1911 VICKERS TACTICAL MASTER CLASS	1240	1055	895	760	645
Pistols: Semi-Auto - 1911-A1 Custom Models					
1911-A1 CUSTOM COMPACT	1615	1375	1165	990	840
1911-A1 CUSTOM CHAMPION	1600	1360	1155	985	835
BASIC COMPETITION	1795	1525	1295	1100	935
BULLSEYE WADCUTTER	2410	2050	1740	1480	1260
COMPACT CARRY 1911-A1	3040	2585	2195	1865	1585
CUSTOM CARRY 1911-A1	2075	1765	1500	1275	1085
CUSTOM HIGH CAPACITY LTD	2200	1870	1590	1350	1150
CUSTOM OPERATOR	2600	2210	1880	1595	1355
DISTINGUISHED BIANCHI/COMPETITION STEEL	3295	2800	2380	2025	1720
DISTINGUISHED CLASSIC	3340	2840	2415	2050	1745
DISTINGUISHED LIMITED	2995	2545	2165	1840	1565
ENTRY LEVEL WADCUTTER	925	785	670	570	485
EXPERT LIMITED	1875	1595	1355	1150	980
FULL HOUSE RACE GUN	2925	2485	2115	1795	1525
LEATHAM LEGEND SERIES CUSTOM 1	2855	2425	2065	1755	1490
LEATHAM TROPHY MATCH	2875	2445	2075	1765	1500
LOADED OPERATOR	1195	1015	865	735	625
NATIONAL MATCH HARDBALL	2595	2205	1875	1595	1355
NRA PPC DISTINGUISHED	1875	1595	1355	1150	980
OPERATOR LIGHTWEIGHT	1050	895	760	645	550
OPERATOR TACTICAL RESPONSE	1575	1340	1140	965	820
P9 WORLD CUP	2935	2495	2120	1800	1530
PROFESSIONAL MODEL	3035	2580	2195	1865	1585
PROFESSIONAL LIGHT RAIL MODEL	3190	2710	2305	1960	1665
PPC DISTINGUISHED 1500	3275	2785	2365	2010	1710
PPC TROPHY MATCH	1100	935	795	675	575
SILENT OPERATOR (MASTER CLASS SILENT	1800	1530	1300	1105	940
SINGLE STACK CLASSIC (SSC)	3215	2735	2325	1975	1680
TGO 1	2855	2425	2065	1755	1490
TGO 2	Pricing Unavailable				
TGO 3	Pricing Unavailable				
TROPHY MASTER "COMPETITION"	1420	1205	1025	870	740
ULTIMATE CARRY 1911-A1	2270	1930	1640	1395	1185
Pistols: Semi-Auto Legend Series					
LEGEND SERIES LIMITED EDITION CHRIS KYLE TRP	2495	2120	1805	1530	1300
Pistols: Semi-Auto - XD Series					
XD 5 IN. TACTICAL (X-TREME DUTY)	480	410	345	295	250
XD Tactical Pro	875	745	630	535	455
XD 4 IN. SERVICE MODEL DEFENDERS SERIES	375	320	270	230	195
XD 4 IN. SERVICE MODEL (X-TREME DUTY)	505	430	365	310	265
XD 3 IN. SUB-COMPACT DEFENDERS SERIES	370	315	265	225	190
XD 3 IN. SUB-COMPACT (X-TREME DUTY)	480	410	345	295	250
XD COMPACT SERIES	450	385	325	275	235
XD CUSTOM SERIES					
XD-E	430	365	310	265	225
XD(M) SERIES	550	470	395	340	290
XD(M) 10mm	520	440	375	320	270
XD(M) COMPACT SERIES	550	470	395	340	290
XD(M) COMPETITION SERIES	700	595	505	430	365
XD(M) CUSTOM SERIES					
XD-M ELITE	510	435	370	315	270
XD-M Elite Compact/Elite Compact OSP	500	425	360	305	260
XD-M Elite OSP	550	470	395	340	290
XD-M Elite Tactical OSP	630	535	455	385	325
XD-M ELITE PRECISION	565	480	410	345	295
XD(M) OSP (OPTICAL SIGHT PISTOL)	600	510	435	370	315
XD(M) THREADED BARREL	620	525	450	380	325
XD-S	500	425	360	305	260
XD-S Essentials	430	365	310	265	225
XD-S MOD.2	450	385	325	275	235
XD-S MOD.2 OSP	395	335	285	245	210

	NIB	EXC	VG	G	F
XD MOD.2 SUB-COMPACT	480	410	345	295	250
XD MOD.2 SERVICE MODEL	450	385	325	275	235
XD MOD.2 Service Model Threaded	475	405	345	290	245
XD MOD.2 TACTICAL MODEL	605	515	435	370	315

Pistols: Semi-Auto - 911 Series

	NIB	EXC	VG	G	F
MODEL 911 .380 ACP	535	455	385	330	280
Model 911 .380 ACP Desert FDE	550	470	395	340	290
Model 911 .380 ACP Platinum/Graphite	605	515	435	370	315
Model 911 .380 ACP Titanium	550	470	395	340	290
Model 911 .380 ACP Vintage Blue	600	510	435	370	315
MODEL 911 (9MM PARA)	510	435	370	315	270
MODEL 911 ALPHA	375	320	270	230	195

Pistols: Semi-Auto - Saint Series, AR-15 Style

	NIB	EXC	VG	G	F
SAINT PISTOL	865	735	625	530	450
Saint Pistol 9.6 in.	790	670	570	485	410
SAINT EDGE PISTOL	1310	1115	945	805	685
Saint Edge Pistol Evac	1590	1350	1150	975	830
Saint Edge Pistol PDW	1365	1160	985	840	715
SAINT VICTOR PISTOL	990	840	715	610	520
Saint Victor Pistol .308 Win.	1125	955	815	690	585
Saint Victor Pistol BTR	1120	950	810	690	585

PISTOLS: SINGLE SHOT, 1911-A2 SASS SERIES

	NIB	EXC	VG	G	F
1911-A2 SASS					
1911-A2 SASS 10 3/4 in. Barrel	630	535	455	385	325
1911-A2 SASS 15 in. Barrel	650	555	470	400	340

RIFLES: BOLT ACTION

	NIB	EXC	VG	G	F
CZ 98 HUNTER CLASSIC	345	295	250	210	180
MAUSER M98					
Mauser M98 Hunting/Utility Grade	70	60	50	45	40
Mauser M98 Collector Grade	105	90	75	65	55
Mauser M98 Premium Grade	170	145	125	105	90
MODEL 2020 WAYPOINT	1870	1590	1350	1150	980

RIFLES/CARBINES: SEMI-AUTO, TACTICAL DESIGN

	NIB	EXC	VG	G	F
M1 CARBINE	450	385	325	275	235
M1 GARAND AND VARIATIONS					
M1 Garand Rifle	1100	935	795	675	575
M1 Garand Standard Model	805	685	580	495	420
M1 Garand National Match	1000	850	725	615	525
M1 Garand Ultra Match	2200	1870	1590	1350	1150
M1-D Sniper Rifle	1935	1645	1400	1190	1010
M1 Garand Tanker Rifle	1140	970	825	700	595
D-Day M1 Garand Rifle	1350	1150	975	830	705
BM 59					
BM 59 Standard Italian Rifle	2000	1700	1445	1230	1045
BM 59 Alpine Rifle	2000	1700	1445	1230	1045
BM 59 Nigerian Rifle	2000	1700	1445	1230	1045
BM 59 E Model Rifle	2195	1865	1585	1350	1150
M1A RIFLES					
M1A Standard/Basic Model	1600	1360	1155	985	835
M1A E-2	975	830	705	600	510
M1A Bush Rifle	1525	1295	1100	935	795
M1A National Match	2040	1735	1475	1255	1065
M1A Super Match	2575	2190	1860	1580	1345
M1A LOADED STANDARD	1720	1460	1245	1055	895
M1A PRECISION ADJUSTABLE LOADED RIFLE	1900	1615	1375	1165	990
M1A "GOLD SERIES"	1950	1660	1410	1200	1020
M1A SCOUT SQUAD	1640	1395	1185	1005	855
M1A SOCOM 16	2000	1700	1445	1230	1045
M1A SOCOM 16 II	2085	1770	1505	1280	1090
M1A SOCOM 16 CQB	2000	1700	1445	1230	1045
M1A SOCOM 16 TANKER	1850	1575	1335	1135	965
M1A/M21 TACTICAL	3295	2800	2380	2025	1720
M25 "WHITE FEATHER" TACTICAL	4195	3565	3030	2575	2190

	NIB	EXC	VG	G	F
HELLION BULLPUP RIFLE	1800	1530	1300	1105	940
SAINT	825	700	595	505	430
SAINT EDGE	1190	1010	860	730	620
SAINT EDGE ATC	1200	1020	865	735	625
Saint Edge ATC Elite	1680	1430	1215	1030	875
SAINT VICTOR	1000	850	725	615	525
Saint Victor AR-10 .308 Win.	1195	1015	865	735	625
SAR-3	1395	1185	1010	855	725
SAR-8	1200	1020	865	735	625
SAR-8 Tactical Counter Sniper Rifle	1700	1445	1230	1045	890
SAR-48 MODEL	1925	1635	1390	1180	1005
SAR-48 Bush Rifle	1750	1490	1265	1075	915
SAR-48 .22 Cal.	750	640	540	460	390
SAR-4800 SPORTER MODEL	1100	935	795	675	575
SAR-4800 Bush Rifle Sporter Model	2600	2210	1880	1595	1355

SRM ARMS

	NIB	EXC	VG	G	F
MODEL 1216	1610	1370	1165	990	840
MODEL 1228	2000	1700	1445	1230	1045

STACCATO (STI INTERNATIONAL)

PISTOLS: SEMI-AUTO, SINGLE ACTION (STI PRODUCTION)

	NIB	EXC	VG	G	F
2.5 NEMESIS	840	715	605	515	440
DUTY ONE (3.0 DUTY ONE, 4.0 DUTY ONE, 5.0 DUTY	1300	1105	940	800	680
Duty One Lite (3.0 Duty One Lite, 4.0 Duty One Lite)	1380	1175	995	845	720
ELEKTRA CTC (3.0 ELEKTRA)	1300	1105	940	800	680
3.0 ESCORT	1205	1025	870	740	630
LAWMAN (3.0 LAWMAN, 4.0 LAWMAN)	1195	1015	865	735	625
3.0 OFF DUTY	1230	1045	890	755	640
3.0 ROGUE	1020	865	735	625	530
3.0 SHADOW	1200	1020	865	735	625
3.0 SPARTAN III	3530	3000	2550	2170	1845
TACTICAL SS (3.0 TACTICAL SS, 4.0 TACTICAL SS, 5.0	1725	1465	1245	1060	900
3.0 TACTICAL	1700	1445	1230	1045	890
3.0 Tactical Lite	1825	1550	1320	1120	950
3.0 TOTAL ECLIPSE	1375	1170	995	845	720
3.25 GP5	645	550	465	395	335
3.4 BLS9/BLS40	800	680	580	490	415
3.4 LS9/LS40	900	765	650	555	470
3.4 ESCORT	1295	1100	935	795	675
3.9 FALCON	1995	1695	1440	1225	1040
3.9 GUARDIAN	995	845	720	610	520
3.9 STINGER	2225	1890	1610	1365	1160
3.9 TACTICAL	1775	1510	1280	1090	925
3.9 V.I.P.	1645	1400	1190	1010	860
4.0 SPARTAN IV	605	515	435	370	315
4.0 TACTICAL	1770	1505	1280	1085	920
4.0 Tactical Lite	1650	1405	1190	1015	865
4.15 TACTICAL	2000	1700	1445	1230	1045
4.15 RANGER II (3.9 RANGER)	1025	870	740	630	535
4.15 DUTY CT	1100	935	795	675	575
MATCH MASTER (4.15 MATCH MASTER)	2700	2295	1950	1660	1410
STEEL MASTER (4.15 STEEL MASTER)	2860	2430	2065	1755	1490
4.25 GP6	650	555	470	400	340
4.25 EL COMMANDANTE	895	760	645	550	470
4.3 HAWK	1200	1020	865	735	625
4.3 NIGHT HAWK	1875	1595	1355	1150	980
5.0 APEIRO	2795	2375	2020	1715	1460
5.0 DUTY ONE	1300	1105	940	800	680
5.0 Duty One Lite	1500	1275	1085	920	780
5.0 EAGLE	1610	1370	1165	990	840
5.0 EDGE	2000	1700	1445	1230	1045

	NIB	EXC	VG	G	F
5.0 EXECUTIVE	2460	2090	1775	1510	1285
5.0 Executive Special Edition	2325	1975	1680	1430	1215
5.0 Executive IPSC 30th Commemorative	2700	2295	1950	1660	1410
5.0 FB7	1750	1490	1265	1075	915
5.0 G.I.	750	640	540	460	390
5.0 GM	3125	2655	2260	1920	1630
5.0 HAWK	1495	1270	1080	920	780
5.0 LAWMAN (LSA)	1250	1065	905	770	655
5.0 LEGEND	2670	2270	1930	1640	1395
5.0 MARAUDER	2000	1700	1445	1230	1045
5.0 NITRO 10	1400	1190	1010	860	730
5.0 RANGEMASTER	1200	1020	865	735	625
5.0 RANGEMASTER II	1175	1000	850	720	610
5.0 SENTINEL	1395	1185	1010	855	725
5.0 SENTINEL PREMIER	2100	1785	1515	1290	1095
5.0 SENTRY	1600	1360	1155	985	835
5.0 SPARROW	1025	870	740	630	535
5.0 SPARTAN V	765	650	555	470	400
5.0 STI 20TH ANNIVERSARY	3300	2805	2385	2025	1720
5.0 100TH ANNIVERSARY SPECIAL EDITION	3875	3295	2800	2380	2025
5.0 TACTICAL	2000	1700	1445	1230	1045
5.0 Tactical Lite	1800	1530	1300	1105	940
TROJAN/TROJAN LITE (5.0)	1110	945	800	680	580
5.0 TRUBOR (COMPETITOR)	2865	2435	2070	1760	1495
5.0 TRUBOR GM	3655	3105	2640	2245	1910
5.0/5.5 TRUBOR	2895	2460	2090	1780	1515
5.0 TRUSIGHT	1985	1685	1435	1220	1035
5.0 USPSA SINGLE STACK	1795	1525	1295	1100	935
5.0 USPSA DOUBLE STACK	2790	2370	2015	1715	1460
5.0 IPSC DOUBLE STACK	2425	2060	1750	1490	1265
LEGACY MODEL	1690	1435	1220	1040	885
5.5 EAGLE	2100	1785	1515	1290	1095
5.5 GRANDMASTER	3655	3105	2640	2245	1910
5.5 STI GM	3125	2655	2260	1920	1630
6.0 EAGLE	2050	1745	1480	1260	1070
6.0 TROJAN	1150	980	830	705	600
6.0 HUNTER	2250	1915	1625	1380	1175
6.0 PERFECT 10	2220	1885	1605	1365	1160
6.0 TARGETMASTER	1550	1320	1120	950	810
6.0 .450 XCALIBER/6.0 .450+ XCALIBER	1000	850	725	615	525
COMBAT MASTER	4800	4080	3470	2950	2510
COSTA 5.0	2600	2210	1880	1595	1355
COSTA CARRY COMP	3000	2550	2170	1840	1565
COSTA H.O.S.T.	3200	2720	2310	1965	1670
COSTA VIP	2600	2210	1880	1595	1355
DVC-C	2295	1950	1660	1410	1200
DVC-L	3000	2550	2170	1840	1565
DVC-O	3700	3145	2675	2270	1930
DVC-P	3500	2975	2530	2150	1830
DVC-S	3600	3060	2600	2210	1880
DVC-3	3000	2550	2170	1840	1565
DVC 3-GUN	2800	2380	2025	1720	1460
DVC CARRY	3000	2550	2170	1840	1565
DVC CLASSIC	2600	2210	1880	1595	1355
DVC LIMITED	2800	2380	2025	1720	1460
DVC OMNI	4000	3400	2890	2455	2085
DVC OPEN	3700	3145	2675	2270	1930
DVC STEEL	3600	3060	2600	2210	1880
DVC TACTICAL	2650	2255	1915	1625	1380
GUARDIAN DS	1800	1530	1300	1105	940
HEXTAC 3.0 DS	2200	1870	1590	1350	1150
HEXTAC DS	2700	2295	1950	1660	1410
HEXTAC SS	1900	1615	1375	1165	990

	NIB	EXC	VG	G	F
H.O.S.T. DS (DOUBLE STACK)	2600	2210	1880	1595	1355
H.O.S.T. SS (SINGLE STACK)	2275	1935	1645	1395	1185
STACCATO-C	1300	1105	940	800	680
STACCATO-P H.O.S.T.	2500	2125	1805	1535	1305
STACCATO-R	2000	1700	1445	1230	1045
TACTICAL DS	2100	1785	1515	1290	1095

PISTOLS: SEMI-AUTO, SINGLE ACTION (STACCATO PRODUCTION)

	NIB	EXC	VG	G	F
STACCATO-C (STACCATO-C DPO/DUO)	1700	1445	1230	1045	890
STACCATO C2/C2 DUO	1700	1445	1230	1045	890
STACCATO C2 DPO CARRY/TACTICAL	2400	2040	1735	1475	1255
STACCATO CS	2125	1805	1535	1305	1110
STACCATO-P/P DPO (DUO)	2000	1700	1445	1230	1045
STACCATO XC	4000	3400	2890	2455	2085
STACCATO XL	3200	2720	2310	1965	1670

REVOLVERS

	NIB	EXC	VG	G	F
TEXICAN SAA	1260	1070	910	775	660

RIFLES/CARBINES: SEMI-AUTO

	NIB	EXC	VG	G	F
STi 10/22 FORCE	975	830	705	600	510
STI SPORT 10-22 RIFLE/CARBINE	895	760	645	550	470
STI SPORTING/TACTICAL CARBINE	1225	1040	885	750	640

STAG ARMS LLC

PISTOLS: SEMI-AUTO

	NIB	EXC	VG	G	F
MODEL 9 AR PISTOL	990	840	715	610	520
STAG 15 M-LOK PISTOL	820	695	590	505	430
STAG 15 VRST S3 PISTOL	750	640	540	460	390
STAG PXC-9	1220	1035	880	750	640
STAG 15 TACTICAL (STAG 15 TACTICAL 7.5 IN.)	880	750	635	540	460
Stag 15 Tactical 300 Blk (Recent Mfg.)	965	820	695	595	505
STAG 15 TACTICAL (CURRENT MFG.)	650	555	470	400	340

RIFLES/CARBINES: SEMI-AUTO

	NIB	EXC	VG	G	F
MODEL 1/1L CARBINE	790	670	570	485	410
MODEL 2/2L CARBINE	755	640	545	465	395
Model 2T/Model 2T-L Carbine	1045	890	755	640	545
MODEL 3/3L CARBINE	765	650	555	470	400
MODEL 3G/3GL RIFLE	1240	1055	895	760	645
MODEL 3T/3TL RIFLE	960	815	695	590	500
MODEL 3T-M/3TL-M RIFLE	1130	960	815	695	590
MODEL 4/4L RIFLE	910	775	655	560	475
MODEL 5/5L CARBINE	950	810	685	585	495
MODEL 6/6L RIFLE	840	715	605	515	440
MODEL 8/8L CARBINE	1145	975	825	705	600
Model 8T/8TL Carbine	1210	1030	875	745	635
MODEL 9/9L RIFLE	990	840	715	610	520
MODEL 9T/9TL CARBINE	1180	1005	855	725	615
STAG 7/7L (HUNTER)	835	710	605	515	440
STAG 9 O.R.C./STAG 9L O.R.C. (OPTICS READY)	810	690	585	495	420
STAG 9/9LTACTICAL	1100	935	795	675	575
STAG 10/10L M-LOK	1500	1275	1085	920	780
STAG 10/10L 6.5 CREEDMOOR M-LOK	1675	1425	1210	1030	875
STAG 10S	1540	1310	1115	945	805
Stag 10S .308 TFD	900	765	650	555	470
STAG 10S/10-SL M-LOK	1425	1210	1030	875	745
STAG 10S/10-SL 6.5 CREEDMOOR M-LOK	1720	1460	1245	1055	895
STAG 10 TACTICAL 16 IN.	1600	1360	1155	985	835
Stag 10 Tactical 20 In.	1780	1515	1285	1095	930
STAG 15/15L 3GUN ELITE	1375	1170	995	845	720
STAG 15/15L COVENANT	1020	865	735	625	530
STAG 15/15L HELICAL	1050	895	760	645	550
STAG 15/15L LEO	900	765	650	555	470
STAG 15/15L M4	620	525	450	380	325
STAG 15/15L M-LOK LEO	900	765	650	555	470

	NIB	EXC	VG	G	F
STAG 15 MX/15L MX M-LOK	450	385	325	275	235
STAG 15/15L MINIMALIST	690	585	500	425	360
STAG 15/15L O.R.C. (OPTICS READY CARBINE)	625	530	450	385	325
STAG 15/15L RETRO	725	615	525	445	380
STAG 15/15L SEV1 M-LOK	400	340	290	245	210
STAG 15/15L TACTICAL	855	725	620	525	445
Stag 15 Tactical Freedom Edition	930	790	670	570	485
STAG 15/15L TRINITY	475	405	345	290	245
STAG 15/15L VALKYRIE	1180	1005	855	725	615
Stag 15 Valkyrie Helical	1050	895	760	645	550
STAG 15/15L VARMINTER	840	715	605	515	440
STAG 15/15L FLUTED VARMINTER	625	530	450	385	325
STAG 15/15L SUPER VARMINTER	790	670	570	485	410
STAG 15/15L VRST S3	760	645	550	465	395

STANDARD ARMS & STANDARD ARMS MFG. CO.

	NIB	EXC	VG	G	F
MODEL G AUTOLOADER	1460	1240	1055	895	760

STANDARD ARMS OF NEVADA, INC.

	NIB	EXC	VG	G	F
SA-9	200	170	145	125	105

STANDARD MANUFACTURING CO. LLC

PISTOLS: SEMI-AUTO

	NIB	EXC	VG	G	F
.22 SEMI-AUTOMATIC PISTOL	1160	985	840	710	605
1911 PISTOL	1045	890	755	640	545
1911 Pistol Damascus Steel	5400	4590	3900	3315	2820
1911 Pistol HPX	1150	980	830	705	600
SG9 STRIKER FIRED PISTOL	Contact Manufacturer for Pricing				

REVOLVERS: DOUBLE ACTION

	NIB	EXC	VG	G	F
S333 THUNDERSTRUCK/S333 THUNDERSTRUCK GEN	370	315	265	225	190

REVOLVERS: SINGLE ACTION

	NIB	EXC	VG	G	F
SAA .38	1800	1530	1300	1105	940
SAA .45	1700	1445	1230	1045	890
SWITCH-GUN	400	340	290	245	210

RIFLES: SEMI-AUTO

	NIB	EXC	VG	G	F
G47S .22 LR	550	470	395	340	290
STD-15 MODEL	800	680	580	490	415
STANDARD MODEL A SPORTING RIFLE (STD-15 SPORTING RIFLE MODEL A)	870	740	630	535	455
STANDARD MODEL B SPORTING RIFLE (STD-15 SPORTING RIFLE MODEL B)	1040	885	750	640	545
STANDARD MODEL C SPORTING RIFLE (STD-15 SPORTING RIFLE MODEL C)	850	725	615	520	440
STANDARD MODEL D SPORTING RIFLE (STD-15 SPORTING RIFLE MODEL D)	1375	1170	995	845	720
STANDARD MODEL E SPORTING RIFLE	825	700	595	505	430
THOMPSON MODEL 1922	1150	980	830	705	600

SHOTGUNS: SEMI-AUTO

	NIB	EXC	VG	G	F
SKO-12	980	835	710	600	510
SKO Shorty	665	565	480	410	350
SKO-BULL	1000	850	725	615	525
SP-12	650	555	470	400	340
TOROS T4 M1014	680	580	490	420	355

SHOTGUNS: SLIDE ACTION

	NIB	EXC	VG	G	F
DP-12 Generation II	1075	915	775	660	560
DP-12	1150	980	830	705	600
DP-12 Professional	2900	2465	2095	1780	1515
DP-12 With The Works #1	1500	1275	1085	920	780
DP-12 With The Works #2	1700	1445	1230	1045	890

	NIB	EXC	VG	G	F
STAR, BONIFACIO ECHEVERRIA S.A.					
MODEL H	180	155	130	110	95
MODEL HN	650	555	470	400	340
MODEL I	225	190	165	140	120
MODEL IN	600	510	435	370	315
MODEL 1920	1295	1100	935	795	675
MODEL 1921	950	810	685	585	495
MODEL 1922	1090	925	790	670	570
MODEL A	695	590	500	425	360
MODEL A CARBINE	3650	3105	2635	2240	1905
MODEL B	1000	850	725	615	525
MODEL BS	920	780	665	565	480
MODEL M	1200	1020	865	735	625
MODEL P	1100	935	795	675	575
MODELS SUPER A (9MM LARGO)	995	845	720	610	520
MODELS SUPER M (9MM LARGO)	1500	1275	1085	920	780
MODELS SUPER P (.45 ACP)	2000	1700	1445	1230	1045
MODEL SUPER B	995	845	720	610	520
SUPER TARGET MODEL	3000	2550	2170	1840	1565
MODEL MB	4500	3825	3250	2765	2350
MODEL MMS	1995	1695	1440	1225	1040
MODEL SI	650	555	470	400	340
MODEL S	425	360	305	260	220
MODELS SUPER SI AND S	495	420	360	305	260
MODEL SUPER SM	695	590	500	425	360
MODEL CO POCKET	400	340	290	245	210
MODEL CU STARLET	600	510	435	370	315
MODEL D	800	680	580	490	415
MODEL DK (STARFIRE)	600	510	435	370	315
MODEL HK LANCER	460	390	330	280	240
MODEL F	605	515	435	370	315
MODEL FS	700	595	505	430	365
MODEL F OLYMPIC RAPID FIRE	1695	1440	1225	1040	885
MODEL FR	440	375	320	270	230
MODELS FR SPORT AND MODEL FR TARGET	495	420	360	305	260
MODEL FM	300	255	215	185	155
MODEL BKS STARLIGHT	650	555	470	400	340
MODEL BM	690	585	500	425	360
MODEL BKM	550	470	395	340	290
MODEL PD	995	845	720	610	520
MODEL 28	550	470	395	340	290
MODEL 30M	700	595	505	430	365
MODEL 30 PK DURAL FRAME	700	595	505	430	365
MODEL 31P (STEEL FRAME)/31PK (DURAL FRAME)	650	555	470	400	340
MODEL M40 FIRESTAR	375	320	270	230	195
MODEL M43 FIRESTAR	450	385	325	275	235
Model M43 Firestar Plus	400	340	290	245	210
MODEL M45 FIRESTAR	500	425	360	305	260
MEGASTAR	795	675	575	490	415
ULTRASTAR	325	275	235	200	170
STEEL CITY ARMS, INC.					
DOUBLE DEUCE	1800	1530	1300	1105	940
STEINKAMP MASCHINENBAU GmbH & Co. KG					
STEINKAMP SW1	3495	2970	2525	2145	1825
STERLING ARMAMENT, LTD.					
STERLING MK 6	2875	2445	2075	1765	1500
PARAPISTOL MK 7 C4	1500	1275	1085	920	780

	NIB	EXC	VG	G	F
PARAPISTOL MK 7 C8	1750	1490	1265	1075	915

STERLING ARSENAL

PISTOLS: SEMI-AUTO

	NIB	EXC	VG	G	F
SAR-XV PREPR AR-15 PISTOL	1190	1010	860	730	620
SAR-XV MOD2 AR-15 PISTOL	1190	1010	860	730	620
SAR-XV MOD3 AR-15 PISTOL	1430	1215	1035	880	750

RIFLES: BOLT ACTION

	NIB	EXC	VG	G	F
SAR-PRECISION BOLT ACTION	2985	2535	2155	1835	1560

RIFLES: SEMI-AUTO

	NIB	EXC	VG	G	F
SAR-30 COMBAT FIELD GRADE RIFLE	1650	1405	1190	1015	865
SAR-30 PRECISION MATCH COMPETITION RIFLE	2375	2020	1715	1460	1240
SAR-XV COMBAT MATCH (GLADIUS V4)	1750	1490	1265	1075	915
SAR-XV PREPR (PRACTICAL READY EVERDAY	775	660	560	475	405
SAR-XV MOD2	1250	1065	905	770	655
SAR-XV MOD2 MATCH	1650	1405	1190	1015	865
SPATHA INTERMEDIATE LONG RANGE SPR	1750	1490	1265	1075	915
SAR-XV MOD3 AR-15 RIFLE	1550	1320	1120	950	810

STEVENS, J., ARMS COMPANY

COMBINATION GUNS

	NIB	EXC	VG	G	F
MODEL 22-410	460	390	330	280	240

PISTOLS

	NIB	EXC	VG	G	F
NO. 10 TARGET SINGLE SHOT	380	325	275	235	200
NO. 35 TARGET SINGLE SHOT	500	425	360	305	260
NO. 35 "OFF-HAND" SHOTGUN	275	235	200	170	145
NO. 35 "OFF-HAND" AUTOSHOT	250	215	180	155	130

RIFLES

TIP-UP RIFLES

	NIB	EXC	VG	G	F
Tip-Up Rifle Basic Model No. 1 without forearm	450	385	325	275	235
Tip-Up Rifle Model No. 101	300	255	215	185	155
NO. 12 MARKSMAN	250	215	180	155	130
NO. 14 1/2 LITTLE SCOUT	500	425	360	305	260
STEVENS/SPRINGFIELD MODEL 15/120	125	105	90	75	65

POCKET RIFLES AKA "BICYCLE RIFLE"

	NIB	EXC	VG	G	F
Pocket Rifle Small Frame	750	640	540	460	390
Pocket Rifle Small Frame Without Stock	550	470	395	340	290
Pocket Rifle Medium Frame	1100	935	795	675	575
Pocket Rifle Medium Frame Without Stock	700	595	505	430	365
Pocket Rifle Large Frame	1100	935	795	675	575
Pocket Rifle Large Frame Without Stock	700	595	505	430	365
MODEL 44 IDEAL SINGLE SHOT	925	785	670	570	485
MODEL 44 1/2 IDEAL SINGLE SHOT	1250	1065	905	770	655
MODELS 45-54 SINGLE SHOTS	2250	1915	1625	1380	1175
MODEL 200 BOLT ACTION	315	270	230	195	165
MODEL 300 BOLT ACTION	200	170	145	125	105
MODEL 305 BOLT ACTION	225	190	165	140	120
MODEL 310 BOLT ACTION	220	185	160	135	115
MODEL 315 BOLT ACTION YOUTH	155	130	110	95	80
CADET BOLT ACTION	200	170	145	125	105
MODEL 322 BOLT ACTION (INCLUDING A, B, C, & S)	450	385	325	275	235
MODEL 325 BOLT ACTION (INCLUDING A, B, C)	300	255	215	185	155
MODEL 334 BOLT ACTION WALNUT/SYNTHETIC	330	280	240	205	175
NO. 414 ARMORY MODEL	950	810	685	585	495
MODEL 416	500	425	360	305	260
NO. 417 WALNUT HILL MODEL	1195	1015	865	735	625
NO. 417 1/2 WALNUT HILL MODEL	1850	1575	1335	1135	965
NO. 418 WALNUT HILL MODEL	1100	935	795	675	575
NO. 425 HIGH POWER LEVER ACTION RIFLE	1800	1530	1300	1105	940
NO. 430 HIGH POWER LEVER ACTION RIFLE	4000	3400	2890	2455	2085
NO. 435 HIGH POWER LEVER ACTION RIFLE	8000	6800	5780	4915	4180
NO. 440 HIGH POWER LEVER ACTION RIFLE	10000	8500	7225	6140	5220

	NIB	EXC	VG	G	F
STEVENS FAVORITE NO.'S 17-29	500	425	360	305	260
MODEL 1915 FAVORITE	450	385	325	275	235
STEVENS FAVORITE MODEL 30 (RECENT MFG.)	325	275	235	200	170
NO. 65 LITTLE KRAG	395	335	285	245	210
NO. 70 "VISIBLE LOADING" SLIDE ACTION RIFLE	490	415	355	300	255
MODEL 71 "STEVENS FAVORITE" COMMEMORATIVE	595	505	430	365	310
NO. 80 GALLERY RIFLE	375	320	270	230	195
SIDE LEVER CRACKSHOT	245	210	175	150	130
NO. 20 FAVORITE	450	385	325	275	235
NO. 26 CRACKSHOT	550	470	395	340	290
NO. 26 1/2 CRACKSHOT	450	385	325	275	235
MODEL 53/053 BOLT ACTION	200	170	145	125	105
MODEL 72 CRACKSHOT	350	300	255	215	185
MODEL 74	500	425	360	305	260
MODEL 987	150	130	110	90	75
MODEL 83/083 BOLT ACTION	110	95	80	70	60
MODEL 84C	180	155	130	110	95
MODEL 87 SEMI-AUTO	125	105	90	75	65
MODEL 89 LEVER ACTION	240	205	175	145	125

SHOTGUNS

	NIB	EXC	VG	G	F
MODEL 67 SLIDE ACTION	230	195	165	140	120
Model 67 Slide Action VTR-K Camo	250	215	180	155	130
Model 67 Slide Action Slug Model	200	170	145	125	105
Model 67 Slide Action VRT-Y	205	175	150	125	105
MODEL 69-RXL SLIDE ACTION	200	170	145	125	105
MODEL 77 SLIDE ACTION W/J, K, M, OR SC SUFFIX	200	170	145	125	105
MODEL 94	150	130	110	90	75
MODEL 124 BOLT ACTION	225	190	165	140	120
NO. 200 SLIDE ACTION	225	190	165	140	120
MODEL 240 O/U	550	470	395	340	290
MODEL 301 SINGLE SHOT	190	160	135	115	100
Model 301 Single Shot Compact	175	150	125	105	90
MODEL 301 TURKEY SINGLE SHOT	195	165	140	120	100
MODEL 301 TURKEY THUMBHOLE	185	155	135	115	100
MODEL 301 TURKEY XP	230	195	165	140	120
MODEL 311 SxS	300	255	215	185	155
Model 311-R SxS	245	210	175	150	130
MODEL 315 SxS	300	255	215	185	155
MODEL 320 SECURITY THUMBHOLE	235	200	170	145	125
MODEL 320 SLIDE ACTION FIELD	240	205	175	145	125
Model 320 Slide Action Field Youth	240	205	175	145	125
MODEL 320 SLIDE ACTION FIELD CAMO	270	230	195	165	140
Model 320 Slide Action Field Youth Camo	275	235	200	170	145
MODEL 320 SLIDE ACTION FIELD GRADE TURKEY	280	240	200	170	145
MODEL 320 SLIDE ACTION SECURITY	240	205	175	145	125
MODEL 320 SLIDE-ACTION WATERFOWL	220	185	160	135	115
MODEL 320 TURKEY THUMBHOLE	280	240	200	170	145
MODEL 350 SLIDE ACTION FIELD	225	190	165	140	120
MODEL 350 SLIDE ACTION SECURITY	185	155	135	115	100
Model 350 Slide Action Security/Field Combo	225	190	165	140	120
MODEL 411 SxS	380	325	275	235	200
MODEL 512 GOLD WING O/U	445	380	320	275	235
MODEL 520 SLIDE ACTION	400	340	290	245	210
MODEL 530A SxS	250	215	180	155	130
MODEL 555 O/U	690	585	500	425	360
Model 555 Compact O/U	650	555	470	400	340
Model 555 E (Enhanced) O/U	865	735	625	530	450
Model 555 Sporting O/U	860	730	620	530	450
MODEL 555 TRAP	650	555	470	400	340
MODEL 612 GOLD WING SxS	510	435	370	315	270
MODEL 612 SxS TRAIL GUN	625	530	450	385	325
MODEL 620 SLIDE ACTION	180	155	130	110	95
MODEL 675 SLIDE ACTION	250	215	180	155	130

	NIB	EXC	VG	G	F
MODEL 9478	230	195	165	140	120
SHOTGUNS: SEMI-AUTO					
MODEL 560 FIELD/MODEL 560 FIELD COMPACT	425	360	305	260	220
S1200	490	415	355	300	255
S1200 Camo	520	440	375	320	270

STEYR ARMS (STEYR MANNLICHER)

COMBINATION GUNS

	NIB	EXC	VG	G	F
MANNLICHER DUETT	3650	3105	2635	2240	1905
PISTOLS: SEMI-AUTO					
A2 MF SERIES	545	465	395	335	285
C9-A2	580	495	420	355	300
L9-A2 MF (L9-A2)	660	560	475	405	345
M9-A2 MF (M9-A2)	635	540	460	390	330
C-A1 SERIES	500	425	360	305	260
L-A1 SERIES	500	425	360	305	260
M-A1 SERIES	500	425	360	305	260
S-A1 SERIES	460	390	330	280	240
MODEL GB Commercial	750	640	540	460	390
MODEL GB Military	1295	1100	935	795	675
MODEL M SERIES	575	490	415	355	300
MODEL RFP	350	300	255	215	185
MODEL S	475	405	345	290	245
MODEL SPP	1050	895	760	645	550
RIFLES: BOLT ACTION, CURRENT/RECENT PRODUCTION					
ZEPHYR 22	2500	2125	1805	1535	1305
ZEPHYR II	950	810	685	585	495
MODEL ML-79	Rarity Precludes Pricing				
PROFESSIONAL RIFLE	1200	1020	865	735	625
JAGDMATCH	1900	1615	1375	1165	990
MODEL S	1400	1190	1010	860	730
Model S/T (Tropical Model)	1705	1450	1230	1045	890
Model S Luxus	2395	2035	1730	1470	1250
MANNLICHER CL LUXUS	2750	2340	1985	1690	1435
MANNLICHER (STEYR) ULTRA LIGHT	1940	1650	1400	1190	1010
STEYR SCOUT SERIES (MANNLICHER)	1685	1430	1215	1035	880
Steyr Scout (Older Mfg.)	1600	1360	1155	985	835
Steyr Scout (Current Mfg.)	1615	1375	1165	990	840
Steyr Scout Tactical	2070	1760	1495	1270	1080
Steyr Scout Tactical Stainless	1900	1615	1375	1165	990
Steyr Scout Jeff Cooper	2250	1915	1625	1380	1175
Steyr Scout Jeff Cooper Limited Edition	2700	2295	1950	1660	1410
STEYR SCOUT RFR	690	585	500	425	360
MODEL SM 12					
Model SM 12 Full Stock	4000	3400	2890	2455	2085
Model SM 12 Half Stock	2800	2380	2025	1720	1460
Model SM 12 Light	2550	2170	1840	1565	1330
Model SM 12 Mountain	2620	2225	1895	1610	1370
MODEL SM 12 SX HALF STOCK	2380	2025	1720	1460	1240
MANNLICHER/SBS PROHUNTER MODEL	935	795	675	575	490
SBS Pro Hunter	615	525	445	380	325
SBS ProHunter Model Magnum	1300	1105	940	800	680
SBS ProHunter Model SS	1100	935	795	675	575
SBS ProHunter Model SS Magnum	1300	1105	940	800	680
SBS ProHunter Model .376 Steyr	660	560	475	405	345
SBS ProHunter Model Compact (Youth/Ladies) Rifle	710	605	515	435	370
SBS ProHunter Model Compact (Youth/Ladies) SS	780	665	565	480	410
SBS ProHunter Model Mountain Rifle	850	725	615	520	440
SBS ProHunter Model Mountain Rifle SS	900	765	650	555	470
SBS ProHunter Model Tactical	950	810	685	585	495
PRO HUNTER II	1100	935	795	675	575
MANNLICHER PRO VARMINT	2200	1870	1590	1350	1150

	NIB	EXC	VG	G	F
PRO ALASKAN	1490	1265	1075	915	780
PRO AFRICAN	3000	2550	2170	1840	1565
PRO THB	1265	1075	915	775	660
PRO Long Pic Rail	1615	1375	1165	990	840
SBS FORESTER MODEL	1250	1065	905	770	655
SBS Forester Model Mountain Rifle	750	640	540	460	390
SBS Forester Model Magnum	720	610	520	440	375
CLASSIC MANNLICHER (SBS) HALF STOCK	1995	1695	1440	1225	1040
SBS Classic Mannlicher Half Stock Magnum	2400	2040	1735	1475	1255
SBS Classic Mannlicher Half Stock Mountain	2050	1745	1480	1260	1070
SBS CLASSIC MANNLICHER FULL STOCK	1500	1275	1085	920	780
SBS Classic Mannlicher Goiserer	1680	1430	1215	1030	875
CLASSIC MANNLICHER ANTIQUE	4400	3740	3180	2700	2295
MANNLICHER CLASSIC LIGHT	2495	2120	1805	1530	1300
SBS TACTICAL	950	810	685	585	495
SBS Tactical Heavy Barrel	850	725	615	520	440
SBS Tactical McMillan	1500	1275	1085	920	780
SBS Tactical CISM	2460	2090	1775	1510	1285
MANNLICHER BIG BORE	1695	1440	1225	1040	885
MODEL CL II					
CL II Carbon	4150	3530	3000	2550	2170
CL II Full Stock	3000	2550	2170	1840	1565
CL II Half Stock	2580	2195	1865	1585	1345
CL II Light	2620	2225	1895	1610	1370
CL II Mountain	3580	3045	2585	2200	1870
MODEL CL II SX HALF STOCK	1595	1355	1150	980	835
STEYR ELITE (SBS TACTICAL)	1180	1005	855	725	615
Steyr Elite 08	6000	5100	4335	3685	3130
150TH YEAR FERDINAND RITTER VON MANNLICHER	1600	1360	1155	985	835
MANNLICHER SBS EUROPEAN MODEL	2795	2375	2020	1715	1460
Mannlicher SBS European Model Magnum	2500	2125	1805	1535	1305
Mannlicher SBS European Model "Goiserer"	2950	2510	2130	1810	1540
Mannlicher SBS European Model Full Stock	2500	2125	1805	1535	1305
MODEL SSG					
Model SSG Carbon	3695	3140	2670	2270	1930
Model SSG 69 Sport (PI Rifle)	1850	1575	1335	1135	965
Model SSG PII/PIIK Sniper Rifle	1625	1380	1175	1000	850
Model SSG PIII Rifle	2300	1955	1000	1410	1200
Model SSG PIV (Urban Rifle)	1850	1575	1335	1135	965
Model SSG Jagd Match	1550	1320	1120	950	810
Model SSG Match Rifle	1600	1360	1155	985	835
Model SPG-T	5500	4675	3975	3380	2875
Model SPG-CISM	2995	2545	2165	1840	1565
Model SSG Match UIT	4500	3825	3250	2765	2350
Model SSG M1 (Performance Edition)	7950	6760	5745	4880	4150
MODEL SSG 04/MODEL SSG 04-A1	1825	1550	1320	1120	950
MODEL SSG 08	4100	3485	2960	2520	2140
Model SSG-08 A1	7565	6430	5465	4645	3950
HS .50	7000	5950	5060	4300	3655
HS .50 M1/HS .50 M1 Mountain	7750	6590	5600	4760	4045
MONOBLOC	4450	3785	3215	2735	2325

Rifles/Carbines: Bolt Action, Model 72 Series (Mannlicher Schonauer M 72)

	NIB	EXC	VG	G	F
MODEL M72 (MODEL M)	1475	1255	1065	905	770
Model 72 (Model S & S/T Mag.)	1700	1445	1230	1045	890
MODEL SL	1600	1360	1155	985	835
Model SL Carbine Model	1500	1275	1085	920	780
Model SL Varmint Rifle	1645	1400	1190	1010	860
MODEL L	1295	1100	935	795	675
Model L Carbine Model	1600	1360	1155	985	835
Model L Varmint Rifle	1700	1445	1230	1045	890
Model L Luxus	2250	1915	1625	1380	1175
Model L Luxus Carbine (Full Stock)	1800	1530	1300	1105	940
MODEL M	1400	1190	1010	860	730

	NIB	EXC	VG	G	F
Model M Carbine Model	2350	2000	1700	1445	1230
Model M Luxus	1250	1065	905	770	655
Model M Luxus Carbine (Full Stock)	1725	1465	1245	1060	900
Model M "1000 Year City of Steyr Commemorative"	3650	3105	2635	2240	1905

RIFLES: SEMI-AUTO

	NIB	EXC	VG	G	F
AUG S.A. A3 M1	1800	1530	1300	1105	940
AUG S.A. COMMERCIAL SP Receiver (STANAG metal)	2950	2510	2130	1810	1540
AUG S.A. COMMERCIAL Grey Finish	3150	2680	2275	1935	1645
AUG S.A. COMMERCIAL Green Finish	3400	2890	2455	2090	1775
AUG S.A. COMMERCIAL Black Finish	4125	3505	2980	2535	2155
STEYR USR (UNIVERSAL SPORTING RIFLE)	1950	1660	1410	1200	1020
MODEL MAADI AKM	2100	1785	1515	1290	1095

SHOTGUNS

	NIB	EXC	VG	G	F
MODEL 300 SxS	1500	1275	1085	920	780

STEYR AUSTRIAN MILITARY

	NIB	EXC	VG	G	F
MODEL 95 RIFLE	550	470	395	340	290
MODEL 95 CARBINE	495	420	360	305	260

STEYR DAIMLER PUCH A.G.

	NIB	EXC	VG	G	F
POCKET AUTO (MODEL 1909)	895	760	645	550	470
ROTH STEYR MODEL 1907 (ROTH/KRNKA M.7)	1450	1235	1050	890	755
STEYR-HAHN MODEL AUTOMATIC	1500	1275	1085	920	780
MODEL SP (SICHERHEITSPISTOLE)	1000	850	725	615	525

STINGER MANUFACTURING CORP.

	NIB	EXC	VG	G	F
STINGER	695	590	500	425	360

STOCK, FRANZ

	NIB	EXC	VG	G	F
.22 LR PISTOL	750	640	540	460	390
.25 ACP PISTOL	840	715	605	515	440

STOEGER INDUSTRIES, INC.

PISTOLS: SEMI-AUTO

	NIB	EXC	VG	G	F
COUGAR	400	340	290	245	210
Cougar Compact	340	290	245	210	180
PRO SERIES 95 5.5" Bull Barrel	310	265	225	190	160
PRO SERIES 95 5.5" Vented Rib Barrel	385	325	280	235	200
PRO SERIES 95 7.25" Fluted Barrel	475	405	345	290	245
STR-9	270	230	195	165	140
STR-9 Compact	300	255	215	185	155
STR-9 COMBAT	505	430	365	310	265
STR-9S Combat	550	470	395	340	290
STR-9F FULL SIZE PISTOL	280	240	200	170	145
STR-9F COMBAT	525	445	380	320	270
STR-9MC MICRO COMPACT	350	300	255	215	185
STR-9 OPTIC READY PISTOL / STR-9C OPTIC READY	340	290	245	210	180
STR-9SC SUB-COMPACT	260	220	190	160	135
STR-9SC Optic Ready	315	270	230	195	165
STR-40 PISTOL	265	225	190	165	140

SHOTGUNS: O/U

	NIB	EXC	VG	G	F
CLASSIC MODEL	925	785	670	570	485
CONDOR FIELD	350	300	255	215	185
Condor Field Stainless	380	325	275	235	200
Condor Field Synthetic	320	270	230	195	165
CONDOR I SINGLE TRIGGER	450	385	325	275	235
CONDOR I SPECIAL	420	355	305	260	220
CONDOR COMPETITION	570	485	410	350	300
CONDOR LONGFOWLER	450	385	325	275	235
CONDOR OUTBACK	430	365	310	265	225

	NIB	EXC	VG	G	F
CONDOR SKEET	400	340	290	245	210
CONDOR SUPREME (DELUXE)	480	410	345	295	250
CONDOR YOUTH	420	355	305	260	220
DOUBLE DEFENSE	430	365	310	265	225

SHOTGUNS: SxS

	NIB	EXC	VG	G	F
COACH GUN MODEL	450	385	325	275	235
Coach Gun Model Deluxe	530	450	385	325	275
COACH GUN SILVERADO	480	410	345	295	250
COACH GUN SUPREME	480	410	345	295	250
DOUBLE DEFENSE	480	410	345	295	250
UPLANDER FIELD	450	385	325	275	235
Uplander Youth	450	385	325	275	235
UPLANDER LONGFOWLER	450	385	325	275	235
UPLANDER SPECIAL	340	290	245	210	180
UPLANDER SUPREME	450	385	325	275	235

SHOTGUNS: SEMI-AUTO

	NIB	EXC	VG	G	F
MODEL 2000	350	300	255	215	185
Model 2000 Slug	400	340	290	245	210
MODEL 3000	530	450	385	325	275
Model 3000 Compact	510	435	370	315	270
MODEL 3000 DEFENSE	350	300	255	215	185
Model 3000 Defense Freedom Series	545	465	395	335	285
MODEL 3000 M3K 3-GUN	610	520	440	375	320
Model M3K 3-GUN Freedom Series	625	530	450	385	325
MODEL 3000 R RIFLED SLUG	500	425	360	305	260
MODEL 3000 SPORTING	580	495	420	355	300
MODEL 3020	530	450	385	325	275
Model 3020 Compact	550	470	395	340	290
Model 3020 Defense	540	460	390	330	280
Model 3020 Upland Special	540	460	390	330	280
MODEL 3500	600	510	435	370	315
MODEL 3500 PREDATOR/TURKEY SPECIAL	795	675	575	490	415
M3500 SNOW GOOSE	830	705	600	510	435
MODEL 3500 WATERFOWL SPECIAL	750	640	540	460	390
ULTRA-LIGHT MODEL	295	250	215	180	155

SHOTGUNS: SINGLE BARREL, TRAP

	NIB	EXC	VG	G	F
THE GRAND	570	485	410	350	300

SHOTGUNS: SLIDE ACTION

	NIB	EXC	VG	G	F
P350	300	255	215	185	155
P350 DEFENSE	330	280	240	205	175
MODEL P3000	260	220	190	160	135
Model P3000 Camo	315	270	230	195	165
MODEL P3000 DEFENSE	275	235	200	170	145
Model P3000 Defense Freedom Series	330	280	240	205	175
Model P3000 Defense Freedom Series Supreme	390	330	280	240	205
MODEL P3500	330	280	240	205	175

STREET SWEEPER

	NIB	EXC	VG	G	F
STREET SWEEPER	1980	1685	1430	1215	1035

STRIKE INDUSTRIES

	NIB	EXC	VG	G	F
SENTINEL	800	680	580	490	415
SENTINEL ELITE	875	745	630	535	455

STURM, RUGER & CO., INC.

All Distributor Exclusive models are free to view online.

PISTOLS: SEMI-AUTO, RIMFIRE

	NIB	EXC	VG	G	F
"RED EAGLE" STANDARD MODEL	1150	980	830	705	600
"RED EAGLE" TARGET MODEL	5000	4250	3615	3070	2610
"BLACK OR SILVER EAGLE" STANDARD MODEL	310	265	225	190	160
"BLACK OR SILVER EAGLE" STANDARD MODEL	1500	1275	1085	920	780

	NIB	EXC	VG	G	F
"BLACK OR SILVER EAGLE" STANDARD MODEL	1500	1275	1085	920	780
"Black or Silver Eagle" Standard Model (Post Red	1400	1190	1010	860	730
"BLACK OR SILVER EAGLE" MARK I TARGET 5.5"	750	640	540	460	390
"BLACK OR SILVER EAGLE" MARK I TARGET 5.5" Bull	600	510	435	370	315
"BLACK OR SILVER EAGLE" MARK I TARGET 6.9"	750	640	540	460	390
"BLACK OR SILVER EAGLE" MARK I TARGET U.S. Marked	1250	950	700	500	425
MARK II STANDARD	280	240	200	170	145
Mark II Standard Stainless Steel	455	385	330	280	240
MARK II STANDARD 50TH ANNIVERSARY	490	415	355	300	255
MARK II TARGET	585	495	425	360	305
Mark II Target Stainless Steel	395	335	285	245	210
MARK II MODEL 22/45					
Mark II Model 22/45 Blue Finish	350	300	255	215	185
Mark II Model 22/45 Stainless	375	320	270	230	195
GOVERNMENT TARGET MODEL (MK678G)	370	315	265	225	190
Government Target Model (MK678G) Military "U.S."	800	680	580	490	415
Government Target Model (KMK678G) Stainless Steel	500	425	360	305	260
Government Target Model (KMK678GC) Competition	425	360	305	260	220
Blued Stainless (KMK512B or KMK512N) United States	5225	4440	3775	3210	2730
"FRIENDS OF NRA" MK6	610	520	440	375	320
"FRIENDS OF NRA" KMK6	595	505	430	365	310
KMK41K "ONE OF ONE THOUSAND"	580	495	420	355	300
MARK III STANDARD	380	325	275	235	200
MARK III TARGET	450	385	325	275	235
Mark III Target (KMKIII) Stainless	520	440	375	320	270
Mark III Target Government Competition	550	470	395	340	290
MARK III HUNTER	650	555	470	400	340
MARK III 22/45	300	255	215	185	155
Mark III 22/45 Threaded Barrel	400	340	290	245	210
Mark III 22/45 Stainless	370	315	265	225	190
Mark III 22/45 Hunter	550	470	395	340	290
Mark III 22/45 Hunter, Interchangeable Cocobolo Grips	550	470	395	340	290
22/45 LITE	540	460	390	330	280
MARK IV STANDARD	450	385	325	275	235
Mark IV Standard 70th Anniversary Special Edition	390	330	280	240	205
MARK IV COMPETITION	805	685	580	495	420
MARK IV HUNTER	880	750	635	540	460
MARK IV TACTICAL	620	525	450	380	325
MARK IV TARGET	560	475	405	345	295
Mark IV Target Stainless	670	570	485	410	350
MARK IV 22/45	440	375	320	270	230
MARK IV 22/45 LITE	600	510	435	370	315
MARK IV 22/45 TACTICAL	570	485	410	350	300
22 CHARGER	310	265	225	190	160
22 CHARGER (CURRENT MFG.)	350	300	255	215	185
22 Charger Takedown	445	380	320	275	235
SR-22	470	400	340	290	245

PISTOLS: SEMI-AUTO, CENTERFIRE

	NIB	EXC	VG	G	F
SR1911 75th Anniversary Model	1440	1225	1040	885	750
AMERICAN PISTOL	580	495	420	355	300
American Pistol Pro	580	495	420	355	300
AMERICAN PISTOL COMPACT	580	495	420	355	300
American Pistol Compact Pro	580	495	420	355	300
AMERICAN PISTOL COMPETITION	595	505	430	365	310
AR-556 PISTOL	900	765	650	555	470
EC9s	300	255	215	185	155
EC9s With IWB Holster	280	240	200	170	145
LC CHARGER	840	715	605	515	440
LCP (LIGHTWEIGHT COMPACT PISTOL)	260	220	190	160	135
LCP Stainless	270	230	195	165	140
LCP 10th Anniversary Limited Edition	300	255	215	185	155
LCP With American Flag	310	265	225	190	160

	NIB	EXC	VG	G	F
LCP With IWB Holster	260	220	190	160	135
LCP CUSTOM	230	195	165	140	120
LCP MAX	430	365	310	265	225
LCP II	325	275	235	200	170
LCP II LITE RACK	350	300	255	215	185
LC9	350	300	255	215	185
LC9s	480	410	345	295	250
LC9s Pro	385	325	280	235	200
LC9s Stainless	420	355	305	260	220
LC380	570	485	410	350	300
MAX-9	370	315	265	225	190
P85	495	420	360	305	260
KP85	300	255	215	185	155
P85 MARK II	300	255	215	185	155
KP85 Mark II	400	340	290	245	210
P89	475	405	345	290	245
KP89 STAINLESS	525	445	380	320	270
P90	350	300	255	215	185
KP90 STAINLESS	270	230	195	165	140
KP91 STAINLESS	360	305	260	220	185
P93 CHICAGO POLICE SPECIAL CONTRACT	Rarity Precludes Pricing				
KP93 STAINLESS	415	355	300	255	215
P93D BLUE	550	470	395	340	290
P94/KP94 w/Integral Tac-Star Laser Sight	795	675	575	490	415
KP94 STAINLESS	455	385	330	280	240
P94 BLUE	375	320	270	230	195
P95PR (P95)	275	235	200	170	145
KP95PR STAINLESS (KP95)	300	255	215	185	155
P97D	375	320	270	230	195
KP97 STAINLESS	350	300	255	215	185
P345PR (P345)	325	275	235	200	170
KP345PR (KP345)	455	385	330	280	240
P944	400	340	290	245	210
KP944 Stainless	460	390	330	280	240
PC CHARGER	700	595	505	430	365
RUGER-5.7	715	610	515	440	375
Ruger-5.7 Pro	740	630	535	455	385
SECURITY 9	390	330	280	240	205
Security-9 Compact	370	315	265	225	190
SECURITY-9 PRO	550	470	395	340	290
Security-9 Compact Pro	550	470	395	340	290
SECURITY-380	330	280	240	205	175
SR9	530	450	385	325	275
SR9C	325	275	235	200	170
9E	315	270	230	195	165
SR40	395	335	285	245	210
SR40C	420	355	305	260	220
SR45	400	340	290	245	210
SR1911	1000	850	725	615	525
SR1911 (Aluminum Frame)	630	535	455	385	325
SR1911 Commander	1010	860	730	620	525
SR1911 Competition	2000	1700	1445	1230	1045
SR1911 Lightweight Commander-Style	1055	895	760	650	555
SR1911 Officer-Style	1055	895	760	650	555
SR1911 Officer-Style Custom Shop Model	1455	1235	1050	895	760
SR1911 Target	1075	915	775	660	560

REVOLVERS: SINGLE ACTION, OLD MODELS

	NIB	EXC	VG	G	F
SINGLE SIX					
Single Six Flat Loading Gate	905	770	655	555	470
Single Six Round Loading gate 4.63"	1450	1235	1050	890	755
Single Six Round Loading gate 5.5"	495	420	360	305	260
Single Six Round Loading gate 9.5"	1275	1085	920	785	665
Spanish Engraved	30000	25500	21675	18425	15660

	NIB	EXC	VG	G	F
All Blue Engraved	25000	21250	18065	15355	13050
Standard Pattern	12000	10200	8670	7370	6265
SINGLE SIX .22 MAGNUM	700	595	505	430	365
SINGLE SIX CONVERTIBLE					
Single Six Convertible 5 1/2, 6 1/2 in. barrel	650	555	470	400	340
Single Six Convertible 4 5/8 or 9 1/2 in. barrel	690	585	500	425	360
LIGHTWEIGHT SINGLE SIX					
Lightweight Single Six Tri-Color	2550	2170	1840	1565	1330
Lightweight Single Six "Dual-Tone" w/S Marking	6000	5100	4335	3685	3130
Lightweight Single Six Blue Alloy	5000	4250	3615	3070	2610
Lightweight Single Six Blue Steel	3250	2765	2350	1995	1695
SUPER SINGLE SIX CONVERTIBLE 5.5"	700	595	505	430	365
SUPER SINGLE SIX CONVERTIBLE 4.63"	2650	2255	1915	1625	1380
SUPER SINGLE SIX CONVERTIBLE 6.5"	500	425	360	305	260
SUPER SINGLE SIX CONVERTIBLE 6.5" Nickel Plated	3200	2720	2310	1965	1670
OLD MODEL BEARCAT Resin/Rosewood Grips	650	555	470	400	340
OLD MODEL BEARCAT Alpha Prefix	800	680	580	490	415
OLD MODEL BEARCAT Walnut Grips	575	490	415	355	300
OLD MODEL BEARCAT Black Trigger Guard	2600	2210	1880	1595	1355
OLD MODEL SUPER BEARCAT	600	510	435	370	315
BLACKHAWK "FLATTOP" 4.6"	1100	935	795	675	575
BLACKHAWK "FLATTOP" 10"	4500	3825	3250	2765	2350
BLACKHAWK "FLATTOP" 6.5"	1795	1525	1295	1100	935
BLACKHAWK .30 Carbine	1000	850	725	615	525
BLACKHAWK .357 Magnum	745	635	540	460	390
BLACKHAWK .41 Magnum	1650	1405	1190	1015	865
BLACKHAWK .45 Colt (LC)	1200	1020	865	735	625
BLACKHAWK .357 Mag w/ Brass Frame	1750	1490	1265	1075	915
BLACKHAWK .41 Mag w/ Brass Frame, 6.5" Barrel	3500	2975	2530	2150	1830
BLACKHAWK .45 Colt (LC) w/ Brass Frame	1900	1615	1375	1165	990
BLACKHAWK .41 Mag w/ Brass Frame, 4.63" Barrel	4500	3825	3250	2765	2350
BLACKHAWK CONVERTIBLE .357/9mm	1000	850	725	615	525
BLACKHAWK CONVERTIBLE .45 cal.	1000	850	725	615	525
BLACKHAWK FLATTOP .44 MAGNUM 6.5"	1800	1530	1300	1105	940
BLACKHAWK FLATTOP .44 MAGNUM 7.5"	2700	2295	1950	1660	1410
BLACKHAWK FLATTOP .44 MAGNUM 10"	5995	5095	4330	3680	3130
SUPER BLACKHAWK	895	760	645	550	470
Super Blackhawk Early & Other Rare Variations					
Mahogany Cased	1500	1275	1085	920	780
Long Frame Cased	2850	2425	2060	1750	1490
White Box Cased	2585	2195	1870	1590	1350
6.5" Barrel (SN's 24300 to 27200)	1765	1500	1275	1085	920
Brass Frame, Prefix "S/N"	1650	1405	1190	1015	865
HAWKEYE SINGLE SHOT	3400	2890	2455	2090	1775
REVOLVERS: SINGLE ACTION, NEW MODELS					
SUPER SINGLE SIX "STAR" MODELS					
Blue 5.5" or 6.5" Barrel	680	580	490	420	355
Blue 9.5" Barrel (Rare)	1100	935	795	675	575
Blue 4.63" Barrel (Very Rare)	1400	1190	1010	860	730
Stainless 5.5" or 6.5" Barrel	670	570	485	410	350
Stainless 9.5" Barrel	850	725	615	520	440
Stainless 4.63" Barrel (Rare)	950	810	685	585	495
Super Single Six "Arrow" Model	660	560	475	405	345
NEW MODEL SINGLE SIX .17 HMR (SUPER SINGLE SIX	700	595	505	430	365
SINGLE SIX .17 HMR, STAINLESS STEEL	630	535	455	385	325
NEW MODEL SINGLE SIX CONVERTIBLE (SUPER	630	535	455	385	325
Single Six Convertible Stainless Steel	700	595	505	430	365
Super Single Six High Gloss Stainless	550	470	395	340	290
New Model Single Six Convertible w/Vaquero Sights	680	580	490	420	355
Single Six Convertible 50th Anniversary	600	510	435	370	315
Super Single Six Convertible Stainless Steel w/Vaquero	475	405	345	290	245
SUPER SINGLE SIX STAINLESS STEEL HUNTER	800	680	580	490	415
NEW MODEL SINGLE-SIX HUNTER (SUPER SINGLE	1250	1065	905	770	655

	NIB	EXC	VG	G	F
COLORADO CENTENNIAL SUPER SINGLE SIX	595	505	430	365	310
SUPER SINGLE SIX SSM	560	475	405	345	295
NEW MODEL SINGLE SIX .32 H&R MAG. W/VAQUERO	700	595	505	430	365
SINGLE NINE	750	640	540	460	390
SINGLE TEN	740	630	535	455	385
SUPER SINGLE SIX BISLEY MODEL .22 LR OR .32 H&R	625	530	450	385	325
Super Single Six Bisley Stainless Steel	575	490	415	355	300
SUPER SINGLE SIX BISLEY MODEL SHOOTIST	1900	1615	1375	1165	990
NEW BEARCAT	750	640	540	460	390
New Bearcat Stainless Steel	755	640	545	465	395
New Bearcat Convertible	1935	1645	1400	1190	1010
NEW BEARCAT 50TH ANNIVERSARY	670	570	485	410	350
NEW MODEL BLACKHAWK	670	570	485	410	350
New Model Blackhawk Bisley	725	615	525	445	380
New Model Blackhawk Stainless Steel	865	735	625	530	450
New Model Blackhawk High Gloss Stainless Steel	745	635	540	460	390
New Model Blackhawk Arizona Ranger Commemorative	700	595	505	430	365
NEW MODEL BLACKHAWK 50TH ANNIVERSARY	1300	1105	940	800	680
50 Years of .44 Magnum Blackhawk	795	675	575	490	415
50th Anniversary .357 Blackhawk 1 of 500 Special	900	765	650	555	470
NEW MODEL BLACKHAWK CONVERTIBLE	650	555	470	400	340
New Model Blackhawk Buckeye Special	1815	1545	1310	1115	950
BLACKHAWK-SRM .357 REM. MAXIMUM	1050	895	760	645	550
BLACKHAWK FLAT-TOP .44 SPL.	500	425	360	305	260
BLACKHAWK "FLAT-TOP" RUGER COLLECTORS	930	790	670	570	485
BLACKHAWK RUGER COLLECTORS ASSOCIATION .44	1395	1185	1010	855	725
BLACKHAWK "SHOOTISTS" BISLEY FLAT-TOP	1500	1275	1085	920	780
NEW MODEL SUPER BLACKHAWK	890	755	645	545	465
New Model Super Blackhawk 50th Anniversary	1300	1105	940	800	680
Ruger Owner's & Collector's Society 60th Anniversary	1250	1065	905	770	655
New Model Super Blackhawk Stainless Steel	825	700	595	505	430
New Model Super Blackhawk High Gloss Stainless	545	465	395	335	285
NEW MODEL SUPER BLACKHAWK STAINLESS	1025	870	740	630	535
NEW MODEL SUPER BLACKHAWK BISLEY STAINLESS	1040	885	750	640	545
VAQUERO	755	640	545	465	395
Vaquero High Gloss Stainless Steel	730	620	525	450	385
Vaquero "Friends of NRA" Special Production	750	640	540	460	390
Vaquero San Diego Sheriff's Association	800	680	580	490	415
Vaquero "Dealer Special"	750	640	540	460	390
Vaquero Class of 2003 West Point Commemorative	1495	1270	1080	920	780
Vaquero Bird's Head	730	620	525	450	385
BISLEY VAQUERO	890	755	645	545	465
Bisley Vaquero Stainless	890	755	645	545	465
NEW VAQUERO	800	680	580	490	415
New Vaquero High Gloss Stainless	810	690	585	495	420
New Vaquero Stainless Steel Engraved	1300	1105	940	800	680
New Model Vaquero Stainless Steel Engraved Matched	3450	2935	2495	2120	1800
New Vaquero Bisley High Gloss Stainless	875	745	630	535	455
NEW VAQUERO "FRIENDS OF NRA" MATCHED PAIR	1210	1030	875	745	635
NEW VAQUERO SASS PAIR	1655	1405	1195	1015	865
WRANGLER	210	180	150	130	110
SUPER WRANGLER	255	215	185	155	130
REVOLVERS: DOUBLE ACTION					
LCR	565	480	410	345	295
LCRX	605	515	435	370	315
LCRX Stainless Steel	690	585	500	425	360
SPEED SIX (MODELS 207, 208 & 209)	550	470	395	340	290
Speed Six Models 737 & 738	675	575	490	415	355
Speed Six Model 739	725	615	525	445	380
SECURITY SIX (MODEL 117)	745	635	540	460	390
Security Six Model 717	525	445	380	320	270
POLICE SERVICE SIX					
Police Service Six Model 107	425	360	305	260	220

Model	NIB	EXC	VG	G	F
Police Service Six Model 108	800	680	580	490	415
Police Service Six Model 109	800	680	580	490	415
POLICE SERVICE SIX STAINLESS STEEL					
Police Service Six Stainless Steel Model 707	335	285	240	205	175
Police Service Six Stainless Steel Model 708	320	270	230	195	165
GP-100	750	640	540	460	390
GP-100 Stainless Steel	800	680	580	490	415
GP-100 High Gloss Stainless Steel	940	800	680	575	490
GP-100 .22 LR	825	700	595	505	430
GP-100 7-ROUND	900	765	650	555	470
GP-100 MATCH CHAMPION	970	825	700	595	505
SUPER GP100	1550	1320	1120	950	810
SP101	760	645	550	465	395
SP101 MATCH CHAMPION	860	730	620	530	450
SP101 STAINLESS STEEL	750	640	540	460	390
SP101 Stainless Steel .22 LR	745	635	540	460	390
SP101 Stainless Steel High Gloss	695	590	500	425	360
REDHAWK	675	575	490	415	355
Redhawk Stainless Steel/Redhawk and Redhawk	1050	895	760	645	550
Redhawk .357 Magnum - 8 Shot	965	820	695	595	505
Redhawk (Dual Caliber)	785	665	565	480	410
Redhawk with Cold Hammer Forged Sleeve and Shroud	1080	920	780	665	565
SUPER REDHAWK STAINLESS	1185	1005	855	730	620
Super Redhawk Stainless Alaskan	1250	1065	905	770	655
Super Redhawk 10mm Auto	1160	985	840	710	605
RIFLES: BOLT ACTION, RIMFIRE					
MODEL 77/17 (CURRENT MFG.)	1000	850	725	615	525
MODEL 77/17	690	585	500	425	360
MODEL 77/22 (R/RS)	605	515	435	370	315
Model 77/17 Stainless	1150	980	830	705	600
Model 77/22-RP/RSP All-Weather Stainless	800	680	580	490	415
Model 77/22 Stainless (VBZ Varmint Stainless	600	510	435	370	315
MODEL 77/22-RM/RSM MAG.	750	640	540	460	390
Model 77/22-RMP/RSMP Mag. All-Weather Stainless	800	680	580	490	415
Model 77/22-VMBZ Mag. Varmint Stainless Laminated	585	495	425	360	305
MODEL 77/22 (CURRENT MFG.)	1025	870	740	630	535
AMERICAN RIMFIRE RIFLE	390	330	280	240	205
American Rimfire Compact Rifle	415	355	300	255	215
American Rimfire Wood Stock	460	390	330	280	240
American Rimfire Rifle Stainless	470	400	340	290	245
AMERICAN RIMFIRE GO WILD CAMO	510	435	370	315	270
AMERICAN RIMFIRE LONG-RANGE TARGET	600	510	435	370	315
AMERICAN RIMFIRE TARGET RIFLE	550	470	395	340	290
American Rimfire Target Stainless	585	495	425	360	305
American Rimfire Target With Thumbhole Stock	580	495	420	355	300
PRECISION RIMFIRE RIFLE	530	450	385	325	275
RIFLES: BOLT ACTION, CENTERFIRE					
Model K77RSP Mark II All-Weather Stainless (Boat	1575	1340	1140	965	820
MODEL 77/22-RH/RSH HORNET	750	640	540	460	390
Model 77/22 Matte Stainless/Green Mountain Laminate	1100	935	795	675	575
MODEL 77/357	1000	850	725	615	525
MODEL 77/44	1000	850	725	615	525
Model 77/44 Stainless	1000	850	725	615	525
MODEL 77R Common Calibers	550	470	395	340	290
MODEL 77R .250 Savage	775	660	560	475	405
MODEL 77R 6.5 RemMag, .284WIN, .350REM, .358WIN	1000	850	725	615	525
Model 77 RL	660	560	475	405	345
Model 77 RS Common Calibers	765	650	555	470	400
Model 77 RS .250 Savage	850	725	615	520	440
Model 77 RS Uncommon Calibers	1125	955	815	690	585
Model 77PL	650	555	470	400	340
Model 77ST	930	790	670	570	485
Model 77V Varmint	1030	875	745	635	540

	NIB	EXC	VG	G	F
Model 77 RS African	800	680	580	490	415
Model 77 RSC	1395	1185	1010	855	725
Model 77 RLS	900	765	650	555	470
Model 77 RSI	985	835	710	605	515
MODEL 77R MARK II SERIES					
Model 77R Mark II	550	470	395	340	290
Model 77LR Mark II	635	540	460	390	330
Model 77RL Mark II	625	530	450	385	325
Model 77RLFP Mark II Stainless	690	585	500	425	360
Model 77RS Mark II	725	615	525	445	380
Model 77CR Mark II Compact	600	510	435	370	315
Model 77CRBBZ Mark II Compact Stainless	575	490	415	355	300
Model 77FRBBZ Mark II Frontier	595	505	430	365	310
Model 77FRTG Mark II Frontier Stainless	725	615	525	445	380
Model 77RSI Mark II	895	760	645	550	470
Model 77RLS Mark II	900	765	650	555	470
Model K77RFP Mark II All-Weather Stainless	1225	1040	885	750	640
Model K77RSFP Mark II All-Weather Stainless	795	675	575	490	415
Model K77RP Mark II All-Weather Stainless (Boat	1825	1550	1320	1120	950
Model K77RBZ Mark II Satin Stainless	675	575	490	415	355
Model K77RSBZ Mark II	740	630	535	455	385
Model K77VT (VBZ) Mark II	760	645	550	465	395
Model KM77VTBBZ Mark II Target	805	685	580	495	420
Model 77LRBBZ Mark II Stainless	575	490	415	355	300
MODEL 77 COMPACT MAGNUM	890	755	645	545	465
Model 77 Compact Magnum Stainless	975	830	705	600	510
MODEL 77 RSM	2280	1940	1645	1400	1190
MODEL 77 RS EXPRESS	1295	1100	935	795	675
MODEL 77-GS GUNSITE SCOUT	1040	885	750	640	545
Model 77-GS Gunsite Scout Stainless	1240	1055	895	760	645
GUNSITE SCOUT .450 BUSHMASTER	1200	1020	865	735	625
GUNSITE SCOUT .350 LEGEND	1225	1040	885	750	640
MODEL HM77R HAWKEYE SERIES					
Hawkeye (Model HM77R)	710	605	515	435	370
Hawkeye All-Weather Stainless (Model HKM77RFP)	665	565	480	410	350
Hawkeye Laminated Stainless (Model HKM77RZ)	870	740	630	535	455
Model HM77RBH	500	425	360	305	260
Model HM77RCH	575	490	415	355	300
Hawkeye Alaskan (Model HM77R)	950	810	685	585	495
Hawkeye Alaskan (Current Mfg.)	1360	1155	985	835	710
Hawkeye African (Model HM77RS)	1000	850	725	615	525
Hawkeye African with Muzzle Brake (Model HM77RSB)	1220	1035	880	750	640
Hawkeye Compact (Model HM77-CR)	940	800	680	575	490
Hawkeye Compact Laminate Stainless (Model	1140	970	825	700	595
Hawkeye Ultra Light (Model HM77RL)	625	530	450	385	325
Hawkeye All-Weather Ultra Light (Model HM77RLFP)	515	440	370	315	270
Hawkeye International (Model HM77R)	825	700	595	505	430
Hawkeye Magnum Hunter (Model HKM77-MH)	895	760	645	550	470
Hawkeye Sporter (Model HKM77-RBBZ)	600	510	435	370	315
Hawkeye Tactical (Model HM77-VLEHFS)	935	795	675	575	490
Hawkeye Varmint Target	890	755	645	545	465
HAWKEYE GUIDE GUN	1255	1065	905	770	655
HAWKEYE HUNTER	1070	910	775	655	555
HAWKEYE FTW HUNTER	1350	1150	975	830	705
HAWKEYE LONG-RANGE HUNTER	1260	1070	910	775	660
HAWKEYE LONG-RANGE TARGET	1225	1040	885	750	640
HAWKEYE PREDATOR (MODEL HKM77R-Z)	1095	930	790	670	570
Hawkeye FTW Predator	1050	895	760	645	550
MODEL 77 50TH ANNIVERSARY M77 HAWKEYE	1265	1075	915	775	660
MODEL 77 50TH ANNIVERSARY M77 HAWKEYE	2250	1915	1625	1380	1175
AMERICAN RIFLE	435	370	315	265	225
American Rifle Compact	465	395	335	285	240
American Rifle Magnum	550	470	395	340	290

Model	NIB	EXC	VG	G	F
American Rifle Ranch (Standard or Compact Length)	520	440	375	320	270
American Rifle with Redfield Revolution Riflescope	570	485	410	350	300
American Rifle with Vortex Crossfire II Riflescope	640	545	460	395	335
AMERICAN RIFLE HUNTER	720	610	520	440	375
AMERICAN RIFLE PREDATOR	485	410	350	300	255
American Rifle Predator Camo	605	515	435	370	315
American Rifle Predator with Vortex Crossfire II	700	595	505	430	365
AMERICAN RIFLE ALL-WEATHER	475	405	345	290	245
American Rifle All-Weather Compact	500	425	360	305	260
PRECISION RIFLE	1500	1275	1085	920	780
Precision Rifle (Stainless Steel)	1870	1590	1350	1150	980
Precision Magpul MOE K2+	1775	1510	1280	1090	925

RIFLES/CARBINES: LEVER ACTION

Model	NIB	EXC	VG	G	F
MODEL 96 CARBINE	660	560	475	405	345

RIFLES/CARBINES: SEMI-AUTO, RIMFIRE

Model	NIB	EXC	VG	G	F
10/22 COLLECTOR'S SERIES SIXTH EDITION 60TH	485	410	350	300	255
10/22 SPORTER 75TH ANNIVERSARY MODEL	315	270	230	195	165
10/22 COLLECTOR'S SERIES FIRST EDITION	255	215	185	155	130
10/22 COLLECTOR'S SERIES SECOND EDITION	270	230	195	165	140
10/22 CARBINE COLLECTOR'S SERIES THIRD EDITION	360	305	260	220	185
10/22 COLLECTOR'S SERIES FOURTH EDITION, "VOTE"	370	315	265	225	190
10/22 COLLECTOR'S SERIES FIFTH EDITION	360	305	260	220	185
10/22 CARBINE WITH VIRIDIAN EON 3-9x40 SCOPE	400	340	290	245	210
10/22 CARBINE "ECONOMY" MODEL	310	265	225	190	160
10/22 COMPACT	310	265	225	190	160
10/22 COMPACT (CURRENT MFG.)	340	290	245	210	180
10/22 COMPETITION	765	650	555	470	400
10/22 STANDARD CARBINE	330	280	240	205	175
10/22 Standard Carbine Synthetic	320	270	230	195	165
10/22 Standard Carbine Stainless	360	305	260	220	185
10/22 Standard Carbine 40th Anniversary	310	265	225	190	160
10/22 Carbine GO WILD Camo Rock-Star (Model 31113)	330	280	240	205	175
10/22 STANDARD SPORTER	370	315	265	225	190
10/22 RIFLE	265	225	190	165	140
10/22 TAKEDOWN TD	450	385	325	275	235
10/22 Takedown with Mica Bronze Synthetic Stock	320	270	230	195	165
10/22 Takedown TDT (Ruger Model 11112)	455	385	330	280	240
10/22 Takedown Threaded (Ruger Model 21133)	660	560	475	405	345
10/22 TAKEDOWN BACKPACKER (MODEL 31152)	530	450	385	325	275
10/22 TAKEDOWN LITE (RUGER MODEL 21152)	700	595	505	430	365
10/22 TACTICAL (FS TACTICAL, RUGER MODEL 1261)	330	280	240	205	175
10/22 TACTICAL w/HEAVY BARREL	450	385	325	275	235
10/22 TARGET LITE	660	560	475	405	345
10/22-T TARGET MODEL	495	420	360	305	260
10/22 Target Model Stainless (K10/22-T)	480	410	345	295	250
K10/22-TNZ Target Model Stainless (Ruger Model 1147)	525	445	380	320	270
K10/22-T Target Tactical	650	555	470	400	340
10/22 FINGERGROOVE SPORTER w/o checkered stock	750	640	540	460	390
10/22 FINGERGROOVE SPORTER w/checkered stock	1200	1020	865	735	625
10/22 INTERNATIONAL (OLD PRODUCTION)	725	615	525	445	380
10/22RBI INTERNATIONAL (RECENT PRODUCTION)	470	400	340	290	245
K10/22RBI International (Recent Production) Stainless	350	300	255	215	185
10/22 MAGNUM	825	700	595	505	430
10/22 50TH ANNIVERSARY DESIGN CONTEST RIFLE	350	300	255	215	185
RUGER/REMINGTON CANADIAN CENTENNIAL	1200	1020	865	735	625
Ruger/Remington Canadian Centennial Matched No. 2	1200	1020	865	735	625
Ruger/Remington Canadian Centennial Matched No. 1	1500	1275	1085	920	780
10/22 CANADIAN CENTENNIAL	550	470	395	340	290
SR-22 RIFLE	625	530	450	385	325

RIFLES/CARBINES: SEMI-AUTO, CENTERFIRE

Model	NIB	EXC	VG	G	F
MODEL 44 STANDARD CARBINE	900	765	650	555	470
Model 44 Standard Carbine Deerstalker	1400	1190	1010	860	730
Model 44 Standard Carbine 25th Year Anniversary	1250	1065	905	770	655

	NIB	EXC	VG	G	F
MODEL 44RS	1575	1340	1140	965	820
MODEL 44 FINGERGROOVE SPORTER	1650	1405	1190	1015	865
MODEL 44 FINGERGROOVE SPORTER w/factory	1750	1490	1265	1075	915
MODEL 44 INTERNATIONAL	1200	1020	865	735	625
MODEL 99/44 DEERFIELD CARBINE	1100	935	795	675	575
MINI-14	800	680	580	490	415
Mini-14 Stainless	870	740	630	535	455
MINI-14 RANCH RIFLE	960	815	695	590	500
Mini-14 Stainless Ranch Rifle	990	840	715	610	520
MINI-14 TARGET RIFLE w/THUMBHOLE STOCK	870	740	630	535	455
MINI-14 TARGET RIFLE w/BLACK SYNTHETIC STOCK	1055	895	760	650	555
MINI-14 TACTICAL RIFLE FIXED STOCK	1050	895	760	645	550
MINI-14 TACTICAL RIFLE w/COLLAPSIBLE STOCK	1090	925	790	670	570
MINI-THIRTY	850	725	615	520	440
Mini-Thirty Stainless	1115	950	805	685	580
Mini-Thirty Tactical	1060	900	765	650	555
AR-556	820	695	590	505	430
AR-556 with B5 Bravo Stock	900	765	650	555	470
AR-556 with Monsterman Grip (Model 8513)	620	525	450	380	325
AR-556 MPR (MULTI-PURPOSE RIFLE)	900	765	650	555	470
AR-556 MPR (.223 Wylde)	1635	1390	1180	1005	855
AR-556 OPTICS CARBINE	645	550	465	395	335
LC CARBINE	830	705	600	510	435
RUGER CARBINE (FORERUNNER TO THE NAMED	675	575	490	415	355
PC CARBINE ("PISTOL CALIBER" CARBINE)	630	535	455	385	325
PC Carbine (Backpacker)	800	680	580	490	415
PC Carbine With AR Chassis	800	680	580	490	415
PC Carbine With Free Float Handguard	675	575	490	415	355
SFAR (SMALL FRAME AUTO RELOADING)	1200	1020	865	735	625
SR-556/SR-556 CARBINE	1310	1115	945	805	685
SR-556E	885	750	640	545	465
SR-556 TAKEDOWN	1545	1315	1115	950	810
SR-556VT	1375	1170	995	845	720
SR-762 CARBINE	1650	1405	1190	1015	865
XGI	Rarity Precludes Pricing				

RIFLES/CARBINES: SINGLE SHOT

	NIB	EXC	VG	G	F
NO. 1-A LIGHT SPORTER	1300	1105	940	800	680
NO. I-AB	1100	935	795	675	575
NO. 1-B STANDARD	1240	1055	895	760	645
NO. 1-H TROPICAL RIFLE Common Calibers	1230	1045	890	755	640
NO. 1-H TROPICAL RIFLE .404 Jeffrey	1850	1575	1335	1135	965
NO. 1-H TROPICAL RIFLE .45-70 Cal.	3050	2595	2205	1875	1595
NO. 1-RSI INTERNATIONAL	1200	1020	865	735	625
NO. 1-S MEDIUM SPORTER	1345	1145	970	825	700
No. 1-S Medium Sporter 50th Anniversary	2195	1865	1585	1350	1150
NO. 1-V VARMINTER	1020	865	735	625	530
NO. 1 K1-BBZ STAINLESS					
No. 1 K1-B-BBZ Stainless Standard	1355	1150	980	830	705
No. 1 K1-H-BBZ Stainless Tropical	1400	1190	1010	860	730
No. 1 K1-S-BBZ Stainless Sporter	1200	1020	865	735	625
No. 1 K1-V-BBZ Stainless Varminter	1200	1020	865	735	625
NO. 1 .450 BUSHMASTER	1400	1190	1010	860	730
NO. 1 .450 MARLIN	1475	1255	1065	905	770
NO. 1 50TH ANNIVERSARY RIFLE 1949-1999	1935	1645	1400	1190	1010
NO. 1 50TH ANNIVERSARY LIMITED EDITION	2300	1955	1660	1410	1200
NO. 3 CARBINE	900	765	650	555	470
RUGER/LYMAN 1878 CENTENNIAL RIFLE Grade II	1520	1290	1100	935	795

SHOTGUNS: O/U

	NIB	EXC	VG	G	F
RED LABEL (PREVIOUS MFG.)					
Red Label Standard Grade	1600	1360	1155	985	835
Red Label 20 Gauge Engraved "21 Club" Presentation	Rarity Precludes Pricing				
Red Label 20 Gauge Pre-Production With Stainless	Rarity Precludes Pricing				
Red Label All Weather Stainless	1500	1275	1085	920	780

	NIB	EXC	VG	G	F
Red Label Sporting Clays	1500	1275	1085	920	780
Red Label English Field	1400	1190	1010	860	730
Red Label Engraved (2001-2011 Mfg.)	1620	1375	1170	995	845
Red Label Hand Engraved (1997-2000 Mfg.)	2250	1915	1625	1380	1175
Red Label 50th Anniversary Engraved	1200	1020	865	735	625
WILDLIFE FOREVER SPECIAL EDITION	1595	1355	1150	980	835
RED LABEL "WOODSIDE"	2150	1830	1555	1320	1120
Red Label "Woodside" Engraved	2595	2205	1875	1595	1355
RED LABEL (RECENT MFG.)	1250	1065	905	770	655

SHOTGUNS: SxS

	NIB	EXC	VG	G	F
GOLD LABEL SxS	4200	3570	3035	2580	2195

SHOTGUNS: SINGLE BARREL

	NIB	EXC	VG	G	F
TRAP MODEL	3495	2970	2525	2145	1825

SUN DEVIL MANUFACTURING LLC

DOUBLE DEVIL TWIN AR	Pricing Unavailable				

SUPER SIX CLASSIC, LLC

	NIB	EXC	VG	G	F
BISON BULL	1375	1170	995	845	720

SUPER SIX LIMITED

	NIB	EXC	VG	G	F
GOLDEN BISON SERIES	3500	2975	2530	2150	1830
Golden Bison Series Centennial Limited Edition	3000	2550	2170	1840	1565

SUPERIOR ARMS

	NIB	EXC	VG	G	F
S-15 CARBINE	915	780	660	560	475
S-15 H-BAR RIFLE	800	680	580	490	415
S-15 M4 CARBINE	750	640	540	460	390
S-15 MID-LENGTH CARBINE	750	640	540	460	390
S-15 VARMINT RIFLE	825	700	595	505	430

SURVIVAL ARMS, INC.

	NIB	EXC	VG	G	F
AR-7 EXPLORER RIFLE	225	190	165	140	120
AR-20 SPORTER	195	165	140	120	100
AR-22/AR-25	190	160	135	115	100

SVENDSEN, ERL, F.A. MFG. CO.

	NIB	EXC	VG	G	F
LITTLE ACE	150	130	110	90	75
4-ACES	190	160	135	115	100

SWING

	NIB	EXC	VG	G	F
SWING BOLT ACTION	910	775	655	560	475

SWISS MILITARY

REVOLVERS

	NIB	EXC	VG	G	F
MODEL 1878 MILITARY ISSUE, WAFFENFABRIK BERN		3500	3150	2650	2255
MODEL 1882 WAFFENFABRIK NEUHAUSEN (SIG)		1500	1300	1100	935
MODEL 1882 COMMERCIAL ("P" PREFIX) AND		3000	2600	2000	1700
First Variation		1500	1300	1100	935
Second Variation		750	650	550	470
Third Variation		650	575	500	425
MODEL 1929 COMMERCIAL ("P" PREFIX) AND		550	475	400	340

RIFLES/CARBINES: BOLT ACTION

	NIB	EXC	VG	G	F
MODEL 1889	650	555	470	400	340
MODEL 1893 MANNLICHER CARBINE		1250	1000	850	725
MODEL 1908 MILITARY TEST RIFLES - Carbine		2000	1750	1500	1275
MODEL 1908 MILITARY TEST RIFLES - Rifle		1650	1300	1100	935
MODEL 1911, Rifle	625	530	450	385	325
MODEL 1911, Carbine	1200	1020	865	735	625

	NIB	EXC	VG	G	F
MODEL 1926 VATICAN AND BORDER PATROL		1750	1500	1300	1105
MODEL 1931 & VARIATIONS	900	765	650	555	470
K31/42 Sniper (Designation ZFK 31/42)		4000	3500	3000	2550
K31/43 Sniper (Designation ZFK 31/43)		4500	3750	3000	2550
K31 Experimental Snipers		8500	7500	6500	5525
K31/55 (Designation ZFK 31/55, Sometimes ZFK 55 Or		6500	5500	5000	4250
VETTERLI	960	815	695	590	500

SWORD INTERNATIONAL INC.

PISTOLS: SEMI-AUTO

	NIB	EXC	VG	G	F
MK-15 IDC PISTOL	1700	1445	1230	1045	890
MK-15 PATROL PISTOL	1600	1360	1155	985	835
MK-17 MOD 0 TYRANT 22	4000	3400	2890	2455	2085

RIFLES: SEMI-AUTO

	NIB	EXC	VG	G	F
MK-9 MOD 0 FALCATA	1315	1120	950	810	690
MK-15 IDC	2075	1765	1500	1275	1085
MK-15 IDC Garand Thumb Ed.	2875	2445	2075	1765	1500
MK-15 MOD 1 PURG-R	1650	1405	1190	1015	865
MK-16 MOD 1 JÄGER KARABINER	2125	1805	1535	1305	1110
MK-17 MOD 0 TYRANT 22	4000	3400	2890	2455	2085
MK-17 MOD 1 GUNGNIR	4000	3400	2890	2455	2085
MK-18 MOD 1 MJÖLNIR	6300	5355	4550	3870	3290

TACONIC FIREARMS, LTD.

	NIB	EXC	VG	G	F
TACONIC 98 ULTIMATE MOUNTAIN HUNTER	5595	4755	4040	3435	2920

TACTICAL SUPPLY

	NIB	EXC	VG	G	F
TS-KRG	1700	1445	1230	1045	890
TS-700	2300	1955	1660	1410	1200
TS-ASSAULT	1250	1065	905	770	655
TS-CADDY	2050	1745	1480	1260	1070

TALON ARMAMENT

TENGU TAR15	Contact Manufacturer for Pricing
GRYPHON GAR15	Contact Manufacturer for Pricing

TALON INDUSTRIES, INC.

	NIB	EXC	VG	G	F
T100	135	115	100	85	70
T200	100	85	70	60	50

TANFOGLIO, FRATELLI, SRL

PISTOLS: SEMI-AUTO

	NIB	EXC	VG	G	F
1911 CUSTOM	580	495	420	355	300
BULLS EYE	895	760	645	550	470
DEFIANT DOMINA	3710	3155	2680	2280	1940
DEFIANT DOMINA XTREME	4965	4220	3585	3050	2595
DEFIANT FORCE 22	470	400	340	290	245
DEFIANT FORCE COMBAT	725	615	525	445	380
Defiant Force Combat F/Combat F Optics Ready	690	585	500	425	360
DEFIANT FORCE COMPACT	685	580	495	420	355
Defiant Force P Compact F	615	525	445	380	325
DEFIANT FORCE ESSE	585	495	425	360	305
DEFIANT FORCE F (FT 9-7)	665	565	480	410	350
DEFIANT FORCE PLUS	625	530	450	385	325
DEFIANT FORCE PRO	590	500	425	360	305
DEFIANT GOLD MATCH	1550	1320	1120	950	810
DEFIANT GOLD MATCH XTREME	2325	1975	1680	1430	1215
DEFIANT LIMITED MASTER	1550	1320	1120	950	810
DEFIANT LIMITED MASTER XTREME	2500	2125	1805	1535	1305
DEFIANT LIMITED POLYMER	1060	900	765	650	555

Model	NIB	EXC	VG	G	F
DEFIANT LIMITED PRO	1115	950	805	685	580
DEFIANT MATCH	975	830	705	600	510
DEFIANT STOCK I	1080	920	780	665	565
DEFIANT STOCK II/STOCK II OPTIC READY (STOCK II)	1550	1320	1120	950	810
DEFIANT STOCK II XTREME	1880	1600	1360	1155	980
DEFIANT STOCK III (OLDER MFG.)	860	730	620	530	450
DEFIANT STOCK III (CURRENT MFG.)	975	830	705	600	510
DEFIANT STOCK MASTER	1390	1180	1005	855	725
DEFIANT STOCK MASTER XTREME	2085	1770	1505	1280	1090
GOLD CUSTOM ERIC	1840	1565	1330	1130	960
LIMITED CUSTOM ERIC	1270	1080	920	780	665
WITNESS 1911	555	470	400	340	290
WITNESS 1911 COMMANDER SINGLE STACK (OLDER	485	410	350	300	255
WITNESS 1911 FULL SIZE SINGLE STACK (OLDER	500	425	360	305	260
WITNESS 1911 OFFICER'S MODEL SINGLE STACK	500	425	360	305	260
WITNESS 1911 P	660	560	475	405	345
WITNESS 1911 P COMMANDER	580	495	420	355	300
WITNESS 1911 P OFFICER	580	495	420	355	300
WITNESS CARRY COMP GUN	630	535	455	385	325
WITNESS COMBO PACKAGE	610	520	440	375	320
Witness Combo Package (L) Compact	515	440	370	315	270
WITNESS DOMINA XTREME	4845	4120	3500	2975	2530
WITNESS EA 9 SERIES	395	335	285	245	210
Model EA 9 Stainless	420	355	305	260	220
Model EA 9 (L)	585	495	425	360	305
WITNESS EA 10 SUPER SERIES	450	385	325	275	235
Model EA 10 Stainless	510	435	370	315	270
Model EA 10 Carry Comp	415	355	300	255	215
Model EA 10 Compact	450	385	325	275	235
WITNESS EA 38 SUPER SERIES	675	575	490	415	355
Model EA 38 Stainless	430	365	310	265	225
Model EA 38 Compact	350	300	255	215	185
WITNESS EA 40 SERIES	595	505	430	365	310
Model EA 40 Stainless	430	365	310	265	225
Model EA 40 (L) Compact	550	470	395	340	290
WITNESS EA 41 SERIES	450	385	325	275	235
Model EA 41 Compact	495	420	360	305	260
WITNESS EA 45 SERIES	555	470	400	340	290
Model EA 45 Stainless	595	505	430	365	310
Model EA 45 (L) Compact	570	485	410	350	300
WITNESS ELITE MATCH	930	790	670	570	485
WITNESS ELITE STOCK I	1015	865	735	625	530
WITNESS ELITE STOCK II	1070	910	775	655	555
WITNESS ELITE STOCK III	1195	1015	865	735	625
WITNESS FCP	160	135	115	100	85
WITNESS GOLD TEAM	1770	1505	1280	1085	920
Witness Gold Team Elite	1910	1625	1380	1175	1000
Witness Gold Team Xtreme	3295	2800	2380	2025	1720
WITNESS HUNTER	1030	875	745	635	540
WITNESS LIMITED CLASS	950	810	685	585	495
Witness Limited Custom	1200	1020	865	735	625
Witness Limited Custom Xtreme	1820	1545	1315	1120	950
Witness Limited Elite	1300	1105	940	800	680
Witness Limited Pro	755	640	545	465	395
Witness Limited Xtreme	1820	1545	1315	1120	950
WITNESS MATCH	870	740	630	535	455
WITNESS MATCH XTREME	1650	1405	1190	1015	865
WITNESS MULTI-CLASS PISTOL PACKAGE	1450	1235	1050	890	755
WITNESS P CARRY	660	560	475	405	345
WITNESS P COMPACT	300	255	215	185	155
WITNESS P FULL SIZE	520	440	375	320	270
WITNESS P MATCH	815	695	590	500	425
Witness P Match Pro	725	615	525	445	380

	NIB	EXC	VG	G	F
WITNESS PAVONA COMPACT POLYMER SERIES	375	320	270	230	195
WITNESS SILVER TEAM	675	575	490	415	355
WITNESS SPORT	445	380	320	275	235
WITNESS SPORT LONG SLIDE	595	505	430	365	310
WITNESS STOCK II XTREME	1845	1570	1335	1135	965
WITNESS STOCK III XTREME	1800	1530	1300	1105	940
WITNESS TRI-CALIBER PACKAGE	975	830	705	600	510
RIFLES					
WITNESS APPEAL SEMI-AUTO	330	280	240	205	175

TANNER, ANDRÉ

	NIB	EXC	VG	G	F
300 METER MATCH RIFLE	3000	2550	2170	1840	1565
300 Meter Match Rifle UIT Standard	3000	2550	2170	1840	1565
SUPERMATCH MODEL 50 M	3600	3060	2600	2210	1880

TARA AEROSPACE & DEFENCE PRODUCTS AD

	NIB	EXC	VG	G	F
TM-9	400	340	290	245	210

TARHUNT CUSTOM RIFLES, INC.

	NIB	EXC	VG	G	F
SHOTGUNS: BOLT ACTION					
PROFESSIONAL MODEL RSG-12	4000	3400	2890	2455	2085
Professional Model RSG-12 Combo Slug Gun	1795	1525	1295	1100	935
RSG-12/RSG-20 10th Anniversary/Millennium 2000	3495	2970	2525	2145	1825
Profession Model RSG-12 Stainless Steel	2800	2380	2025	1720	1460
MATCHLESS MODEL RSG-12	2845	2420	2055	1745	1485
PEERLESS MODEL RSG-12/RSG-20	3300	2805	2385	2025	1720
ELITE MODEL RSG-16	2585	2195	1870	1590	1350
RSG 20 MOUNTAINEER MODEL	2850	2425	2060	1750	1490
RGS-20 Mountaineer Stainless Steel	3300	2805	2385	2025	1720
RSG-TACTICAL (SNIPER) MODEL	2195	1865	1585	1350	1150
BLOCK CARD MODEL	1775	1510	1280	1090	925
ENVY MODEL RSG-12/RSG-20	5375	4570	3885	3300	2805
SHOTGUNS: SLIDE ACTION					
DSG (DESIGNATED SLUG GUN)	600	510	435	370	315
DSG-12 REM. 870 EXPRESS/WINGMASTER	1275	1085	920	785	665
DTG-12 REM. 870 EXPRESS/WINGMASTER "BOSS-S"	1275	1085	920	785	665
DTG-12 REM. 870 SUPER MAG. EXPRESS/ "BOSS-C"	1275	1085	920	785	665

TAURUS INTERNATIONAL MFG., INC.

	NIB	EXC	VG	G	F
PISTOLS: SEMI-AUTO					
22 POLY (22 PLY)	250	215	180	155	130
25 PLY	275	235	200	170	145
CURVE	270	230	195	165	140
G2C	290	245	210	180	155
G2 MILLENNIUM	220	185	160	135	115
G2S	245	210	175	150	130
G3	255	215	185	155	130
G3 T.O.R.O.	350	300	255	215	185
G3C	285	240	205	175	150
G3C T.O.R.O.	350	300	255	215	185
G3 TACTICAL	470	400	340	290	245
G3X/G3XL	300	255	215	185	155
GX4	335	285	240	205	175
GX4 T.O.R.O.	335	285	240	205	175
GX4 CARRY T.O.R.O.	430	365	310	265	225
GX4XL	350	300	255	215	185
GX4XL T.O.R.O.	360	305	260	220	185
GX4XL T.O.R.O. Riton	430	365	310	265	225
PT-22	220	185	160	135	115
PT-24/7	330	280	240	205	175
PT-24/7 PRO FULL SIZE	350	300	255	215	185

Model	NIB	EXC	VG	G	F
PT-24/7 Pro Long Slide	380	325	275	235	200
PT-24/7 Pro Compact	415	355	300	255	215
PT-24/7 G2	330	280	240	205	175
PT-24/7 G2 Compact	290	245	210	180	155
PT-24/7 OSS	370	315	265	225	190
PT-25	265	225	190	165	140
PT-38S	495	420	360	305	260
PT-58	300	255	215	185	155
PT-58SS (Stainless Steel)	420	355	305	260	220
PT-58 HC PLUS	550	470	395	340	290
PT-91AF	425	360	305	260	220
92 (PT-92) (AF)	450	385	325	275	235
92 SS (Stainless Steel) (PT-92SS)	490	415	355	300	255
PT-92 Deluxe	515	440	370	315	270
PT-92AFC	395	335	285	245	210
PT-92AFC (Stainless Steel)	425	360	305	260	220
PT 92 BRAZILIAN WALNUT	Pricing Unavailable				
TAURUS PT-99 (AF)	400	340	290	245	210
PT-99SS (Stainless Steel)	415	355	300	255	215
PT-100	460	390	330	280	240
PT-100SS (Stainless Steel)	460	390	330	280	240
PT-100 Deluxe	490	415	355	300	255
PT-101	450	385	325	275	235
PT-101SS (Stainless Steel)	450	385	325	275	235
PT-111 MILLENNIUM	380	325	275	235	200
PT-111 Millennium Stainless	270	230	195	165	140
PT-111 Millennium Titanium	315	270	230	195	165
PT-111 MILLENNIUM PRO	380	325	275	235	200
PT-111 Millennium Pro Stainless	380	325	275	235	200
PT-111 Ti Millennium Pro Titanium	480	410	345	295	250
PT-132 MILLENNIUM	320	270	230	195	165
Model PT-132 Millennium Stainless	330	280	240	205	175
PT-132 MILLENNIUM PRO	380	325	275	235	200
PT-132 Millennium Pro Stainless	380	325	275	235	200
PT-138 MILLENNIUM	300	255	215	185	155
Model PT-138 Millennium Stainless	440	375	320	270	230
PT-138 MILLENNIUM PRO	380	325	275	235	200
PT-138 Millennium Pro Stainless	365	310	265	225	190
PT-140 MILLENNIUM	390	330	280	240	205
PT-140 Millennium Stainless	325	275	235	200	170
PT-140 MILLENNIUM PRO	365	310	265	225	190
PT-140 Millennium Pro Stainless	325	275	235	200	170
PT-145 MILLENNIUM	325	275	235	200	170
PT-145 Millennium Stainless	395	335	285	245	210
PT-145 MILLENNIUM PRO	370	315	265	225	190
PT-145 Millennium Pro Stainless	450	385	325	275	235
PT-400	515	440	370	315	270
PT-400 Stainless	425	360	305	260	220
PT-609/609TI-PRO	450	385	325	275	235
PT-638 PRO COMPACT	400	340	290	245	210
PT-709 SLIM	300	255	215	185	155
PT-709 Slim Stainless	400	340	290	245	210
PT-709 Slim Titanium	625	530	450	385	325
PT-709 G2 SLIM	395	335	285	245	210
PT-709 G2 Slim Stainless	415	355	300	255	215
PT-732 TCP (TAURUS COMPACT PISTOL)	300	255	215	185	155
PT-738 TCP (TAURUS COMPACT PISTOL)	250	215	180	155	130
PT-738 TCP W/WINGS (TAURUS COMPACT PISTOL)	260	220	190	160	135
PT-738FS	220	185	160	135	115
PT-740 SLIM	320	270	230	195	165
PT-740 Slim Stainless	340	290	245	210	180
PT-745 COMPACT MILLENNIUM PRO	400	340	290	245	210
PT-745 Compact Millennium Pro Stainless	315	270	230	195	165

Model	NIB	EXC	VG	G	F
PT-809	260	220	190	160	135
PT-809 Compact	285	240	205	175	150
PT-840	255	215	185	155	130
PT-840 Compact	285	240	205	175	150
PT-845	300	255	215	185	155
PT-908	300	255	215	185	155
PT-908D SS (Stainless Steel)	400	340	290	245	210
PT-909	450	385	325	275	235
PT-911 COMPACT	450	385	325	275	235
PT-911 Compact SS (Stainless Steel)	480	410	345	295	250
PT-911 Compact Deluxe	550	470	395	340	290
PT-917 COMPACT PLUS	410	350	295	250	215
PT-922	285	240	205	175	150
PT-938 COMPACT	495	420	360	305	260
PT-938 Compact SS (Stainless Steel)	530	450	385	325	275
PT-940	480	410	345	295	250
PT-940 SS (Stainless Steel)	445	380	320	275	235
PT-940 Deluxe	480	410	345	295	250
PT-945	510	435	370	315	270
PT-945 SS (Stainless Steel)	560	475	405	345	295
PT-945 Deluxe	605	515	435	370	315
PT-957	425	360	305	260	220
PT-957 SS (Stainless Steel)	540	460	390	330	280
PT-957 Deluxe	475	405	345	290	245
TAURUS 1911 (PT-1911)	560	475	405	345	295
PT-1911 Compact	480	410	345	295	250
Taurus 1911 Stainless (PT-1911 Stainless)	760	645	550	465	395
TAURUS 1911 COMMANDER	560	475	405	345	295
Taurus 1911 Commander Flag Limited Edition	535	455	385	330	280
TAURUS 1911 OFFICER	535	455	385	330	280
PT-1911FS	480	410	345	295	250
PT-1911B SERIES	705	600	510	435	370
PT-2011 DT INTEGRAL	570	485	410	350	300
PT-2011 DT Integral Stainless	590	500	425	360	305
PT-2011 DT HYBRID	450	385	325	275	235
PT-2011 DT Hybrid Stainless	590	500	425	360	305
PT-2045	450	385	325	275	235
SPECTRUM	245	210	175	150	130
TH9	320	270	230	195	165
TH9C COMPACT	380	325	275	235	200
TH40	330	280	240	205	175
TH40C COMPACT	350	300	255	215	185
TX22	235	200	170	145	125
TX22 Compact	335	285	240	205	175
TX22 Compact Riton	410	350	295	250	215
TX22 Competition	475	405	345	290	245
TX22 SCR "Steel Challenge Ready"	520	440	375	320	270

REVOLVERS: RECENT PRODUCTION

Model	NIB	EXC	VG	G	F
GAUCHO SA	365	310	265	225	190
RAGING HUNTER	900	765	650	555	470
MODEL 17C	275	235	200	170	145
Model 17C Ultra-Lite	455	385	330	280	240
Model 17CSS (Stainless Steel)	330	280	240	205	175
MODEL 17-IB (INSTANT BACKUP)	275	235	200	170	145
Model 17 Instant Backup Stainless	275	235	200	170	145
MODEL 17 TRACKER	530	450	385	325	275
MODEL 17-12 SILHOUETTE	625	530	450	385	325
MODEL 21T TRACKER	325	275	235	200	170
MODEL 22H SS RAGING HORNET	685	580	495	420	355
MODEL 30C SS RAGING THIRTY HUNTER	800	680	580	490	415
MODEL 30S SILHOUETTE/HUNTER	625	530	450	385	325
MODEL 44	495	420	360	305	260
Model 44SS (Stainless Steel)	525	445	380	320	270

Model	NIB	EXC	VG	G	F
Model 44 Silhouette	700	595	505	430	365
MODEL 44 TRACKER (44C)	460	390	330	280	240
MODEL 45-410 "THE JUDGE" (44-TEN TRACKER)	480	410	345	295	250
Model 45-410 The Judge Stainless (44-Ten Tracker)	520	440	375	320	270
Model 45-410 The Judge Ultra-Lite	495	420	360	305	260
MODEL 45-410 "THE JUDGE" PUBLIC DEFENDER	450	385	325	275	235
Model 45-410 "The Judge" Public Defender Ultra-Lite	590	500	425	360	305
Model 45-410 "The Judge" Public Defender Polymer	450	385	325	275	235
Model 45-410FS Polymer	470	400	340	290	245
JUDGE MAGNUM	500	425	360	305	260
Judge Magnum Stainless	500	425	360	305	260
MODEL 45 RAGING BULL	475	405	345	290	245
Model 45 .45 LC Raging Bull Stainless	450	385	325	275	235
MODEL 65	465	395	335	285	240
Model 65SS (Stainless Steel)	455	385	330	280	240
MODEL 66	470	400	340	290	245
Model 66SS (Stainless Steel)	505	430	365	310	265
Model 66 Silhouette/Hunter	500	425	360	305	260
Model 66 Silhouette/Hunter SS (Stainless Steel)	785	665	565	480	410
MODEL 73	300	255	215	185	155
MODEL 76	340	290	245	210	180
MODEL 80	250	215	180	155	130
Model 80SS (Stainless Steel)	300	255	215	185	155
MODEL 82 (SECURITY)	380	325	275	235	200
Model 82SS (Stainless Steel) Security	295	250	215	180	155
MODEL 83	350	300	255	215	185
Model 83SS (Stainless Steel)	570	485	410	350	300
MODEL 85	350	300	255	215	185
Model 85CH (Blue or Stainless)	280	240	200	170	145
Model 85SS (Stainless Steel)	350	300	255	215	185
Model 85 Titanium Ultra-Lightweight	445	380	320	275	235
Model 85PLYB2/Protector Ply	300	255	215	185	155
Model 85T	455	385	330	280	240
Model 85 Special Edition/Deluxe	320	270	230	195	165
Model 85 Ultra-Lite	320	270	230	195	165
Model 85SSUL Ultra-Lite Stainless	360	305	260	220	185
Model 85 Ultra-Lite Deluxe	400	340	290	245	210
MODEL 85FS SERIES	285	240	205	175	150
Model 85FS Stainless	295	250	215	180	155
Model 85FS Polymer	290	245	210	180	155
Model 85FS Polymer Stainless	285	240	205	175	150
Model 85FS Ultra-Lite	275	235	200	170	145
Model 85FS Stainless Ultra-Lite	310	265	225	190	160
MODEL 85 VIEW	305	260	220	185	155
MODEL 85 W/CONVERTIBLE HAMMER	200	170	145	125	105
MODEL 86 CUSTOM TARGET	200	170	145	125	105
MODEL 94	310	265	225	190	160
Model 94SS (Stainless Steel)	330	280	240	205	175
Model 94 Ultra-Lite	370	315	265	225	190
MODEL 96 TARGET SCOUT	200	170	145	125	105
MODEL 218 RAGING BEE	750	640	540	460	390
MODEL 218 SILHOUETTE/HUNTER	350	300	255	215	185
MODEL 327	320	270	230	195	165
MODEL 380 (IB)	400	340	290	245	210
Model 380 (IB) Stainless	420	355	305	260	220
MODEL 405	355	300	255	220	185
Model 405SS (Stainless Steel)	300	255	215	185	155
MODEL 415SS	510	435	370	315	270
MODEL 415T	625	530	450	385	325
MODEL 415SS TRACKER	450	385	325	275	235
MODEL 416 SS RAGING BULL	575	490	415	355	300
MODEL 425 SS TRACKER	530	450	385	325	275
MODEL 425T TRACKER	500	425	360	305	260

Model	NIB	EXC	VG	G	F
MODEL 431	395	335	285	245	210
Model 431SS (Stainless Steel)	420	355	305	260	220
MODEL 441	395	335	285	245	210
Model 441SS (Stainless Steel)	430	365	310	265	225
MODEL 444 RAGING BULL	600	510	435	370	315
Model 444 Raging Bull Stainless	690	585	500	425	360
Model 444 Multi Raging Bull Ultra-Lite	720	610	520	440	375
MODEL 445/MODEL 445CH (CONCEALED HAMMER)	375	320	270	230	195
Model 445 SS (Stainless Steel)/Model 445CHSS	400	340	290	245	210
Model 445 Ultra-Lite	400	340	290	245	210
Model 445 Ultra-lite Concealed Carry	525	445	380	320	270
MODEL 445T	600	510	435	370	315
MODEL 450	375	320	270	230	195
MODEL 450T	595	505	430	365	310
MODEL 454 RAGING BULL	825	700	595	505	430
Model 454 Casull Raging Bull Stainless	900	765	650	555	470
Model 454 Casull Raging Bull Silhouette	840	715	605	515	440
MODEL 455 TRACKER	475	405	345	290	245
Model 455 Tracker Titanium	425	360	305	260	220
MODEL 460 TRACKER	400	340	290	245	210
Model 460T Tracker	525	445	380	320	270
MODEL 465 RAGING BULL	715	610	515	440	375
MODEL 480 RUGER RAGING BULL	495	420	360	305	260
MODEL 500	865	735	625	530	450
MODEL 513 RAGING JUDGE MAGNUM	855	725	620	525	445
Model 513 Raging Judge Magnum SS	900	765	650	555	470
MODEL 513 RAGING JUDGE MAGNUM ULTRA-LITE	735	625	530	450	385
Model 513 Raging Judge Magnum Ultra-Lite SS	925	785	670	570	485
MODEL 590 TRACKER	490	415	355	300	255
Model 590 Tracker SS	490	415	355	300	255
MODEL 605/MODEL 605CH/MODEL 605 SS	330	280	240	205	175
Model 605T Titanium	535	455	385	330	280
Model 605 Protector (605PLYB2/Protector Ply)	350	300	255	215	185
Model 605 T.O.R.O.	420	355	305	260	220
MODEL 605 DEFENDER	400	340	290	245	210
MODEL 606/MODEL 606CH	330	280	240	205	175
Model 606SS (Stainless Steel)	250	215	180	155	130
MODEL 607	350	300	255	215	185
Model 607SS (Stainless Steel)	375	320	270	230	195
MODEL 608	465	395	335	285	240
Model 608SS (Stainless Steel)	700	595	505	430	365
MODEL 617	460	390	330	280	240
Model 617SS (Stainless Steel)	485	410	350	300	255
Model 617 ULT	475	405	345	290	245
Model 617T	590	500	425	360	305
MODEL 627 SS TRACKER	490	415	355	300	255
Model 627T Tracker	725	615	525	445	380
MODEL 650 CIA	405	345	295	250	215
Model 650 CIA SS (Stainless Steel)	445	380	320	275	235
MODEL 651 PROTECTOR (CIA)	385	325	280	235	200
Model 651T Protector	510	435	370	315	270
Model 651 Protector SS (CIA)	365	310	265	225	190
MODEL 669	350	300	255	215	185
Model 669SS (Stainless Steel)	360	305	260	220	185
MODEL 689	350	300	255	215	185
Model 689SS (Stainless Steel)	435	370	315	265	225
MODEL 692 TRACKER	630	535	455	385	325
Model 692 Tracker SS (Stainless Steel)	650	555	470	400	340
MODEL 731 SS ULTRA-LITE	365	310	265	225	190
Model 731T	480	410	345	295	250
MODEL 741	330	280	240	205	175
Model 741SS (Stainless Steel)	325	275	235	200	170
MODEL 761	300	255	215	185	155

	NIB	EXC	VG	G	F
MODEL 817 ULTRA-LITE	350	300	255	215	185
Model 817 Ultra-Lite Stainless	380	325	275	235	200
MODEL 827	215	185	155	130	110
Model 827 Stainless	300	255	215	185	155
MODEL 850 CIA	370	315	265	225	190
Model 850 CIA SS (Stainless Steel)	320	270	230	195	165
Model 850 CIA Ultra Lite	305	260	220	185	155
Model 850T CIA	560	475	405	345	295
MODEL 851 PROTECTOR (CIA)	320	270	230	195	165
Model 851 Protector SS (Stainless Steel)	335	285	240	205	175
Model 851 Protector Ultra-Lite	470	400	340	290	245
Model 851 Protector Ultra-Lite Aluminum/Titanium	340	290	245	210	180
Model 851 Protector Titanium	550	470	395	340	290
MODEL 856	395	335	285	245	210
Model 856SS	360	305	260	220	185
MODEL 856 (CURRENT MFG.)	335	285	240	205	175
Model 856CH (Concealed Hammer)	315	270	230	195	165
Model 856 Ultra-Lite	350	300	255	215	185
MODEL 856 DEFENDER	400	340	290	245	210
Model 856 Defender T.O.R.O.	415	355	300	255	215
MODEL 856 EXECUTIVE GRADE	540	460	390	330	280
MODEL 905	370	315	265	225	190
Model 905SS (Stainless Steel)	425	360	305	260	220
Model 905 Ultra-Lite	360	305	260	220	185
Model 905 Ultra-Lite Stainless	460	390	330	280	240
MODEL 941	350	300	255	215	185
Model 941 Ultra-Lite	380	325	275	235	200
Model 941SS (Stainless Steel)	450	385	325	275	235
MODEL 942	365	310	265	225	190
MODEL 970 TRACKER	355	300	255	220	185
MODEL 971 TRACKER SS (STAINLESS STEEL)	395	335	285	245	210
MODEL 980 SILHOUETTE/HUNTER SS (STAINLESS STEEL)	415	355	300	255	215
MODEL 981 SILHOUETTE/HUNTER SS (STAINLESS STEEL)	430	365	310	265	225
MODEL 990 TRACKER	420	355	305	260	220
Model 990 Tracker SS	450	385	325	275	235
MODEL 991 TRACKER	390	330	280	240	205
Model 991 Tracker SS	450	385	325	275	235
MODEL 992 TRACKER	490	415	355	300	255
Model 992 Tracker SS	610	520	440	375	320

RIFLES/CARBINES: LEVER ACTION

	NIB	EXC	VG	G	F
MODEL 62 LA RIFLE/CARBINE	400	340	290	245	210
Model 62 Rifle/Carbine Stainless	425	360	305	260	220

RIFLES: REVOLVING

	NIB	EXC	VG	G	F
CIRCUIT JUDGE	700	595	505	430	365

RIFLES/CARBINES: SEMI-AUTO

	NIB	EXC	VG	G	F
MODEL 63	350	300	255	215	185
Model 63 Stainless	475	405	345	290	245
MODEL 73	345	295	250	210	180
Model 73 Stainless	330	280	240	205	175
MODEL 173	325	275	235	200	170
Model 173 Stainless	350	300	255	215	185
CTG2	765	650	555	470	400
T4SA	1000	850	725	615	525

RIFLES/CARBINES: SLIDE ACTION

	NIB	EXC	VG	G	F
MODEL 62 RIFLE/CARBINE	300	255	215	185	155
Model 62 Rifle/Carbine Stainless	425	360	305	260	220
Model 62 Rifle/Carbine "Upstart" Youth/Adult Combo	350	300	255	215	185
MODEL 72 RIFLE/CARBINE	340	290	245	210	180
Model 72 Rifle/Carbine Stainless	585	495	425	360	305
MODEL 172 RIFLE/CARBINE	370	315	265	225	190
Model 172 Rifle/Carbine Stainless	330	280	240	205	175

	NIB	EXC	VG	G	F
THUNDERBOLT RIFLE/CARBINE	475	405	345	290	245
Thunderbolt Rifle/Carbine Stainless	520	440	375	320	270

TAYLOR, F.C. FUR CO.

.22 CAL. TAYLOR FUR GETTER		3500	2750	2350	2000
.38 CAL. TAYLOR FUR GETTER		2500	2000	1700	1445

TAYLOR'S & CO., INC.

DERRINGERS: REPRODUCTIONS

DEADWOOD DOUBLE DERRINGER	130	110	95	80	70

PISTOLS: SxS

DOUBLE BARREL HOWDAH PISTOL	1350	1150	975	830	705

PISTOLS: SEMI-AUTO

1911-A1 MODEL	475	405	345	290	245
1911-A1 Nickel	700	595	505	430	365
1911-A1 FS TACTICAL	590	500	425	360	305
1911 Compact Carry Tactical	570	485	410	350	300
1911 Custom FS/Compact Tactical	700	595	505	430	365
1911 Custom Hand Engraved	865	735	625	530	450
1911 FS/Compact Black Rock	590	500	425	360	305
1911 FS Tactical	550	470	395	340	290
1911 CHIAPPA .22 LR	270	230	195	165	140
M4 TACTICAL PISTOL	350	300	255	215	185

REVOLVERS: REPRODUCTIONS, CONVERSIONS

1858 REMINGTON CONVERSION	590	500	425	360	305
1851 NAVY (1871 C. MASON/1871 RICHARDS-MASON)	575	490	415	355	300
1860 ARMY (1871 C. MASON/1871 RICHARDS-MASON)	580	495	420	355	300
1871-1872 OPEN TOP CONVERSION EARLY/NAVY	555	470	400	340	290
1871-1872 OPEN TOP CONVERSION LATE/ARMY	535	455	385	330	280
THE HICKOK OPEN TOP LATE/ARMY	560	475	405	345	295
REMINGTON CONVERSION LAWDAWG	790	670	570	485	410

REVOLVERS: REPRODUCTIONS, SAA

1873 CATTLE BRAND REVOLVER	800	680	580	490	415
1873 CATTLEMAN STANDARD FINISH (1873	530	450	385	325	275
1873 Cattleman .22 LR (Uberti Single Action)	440	375	320	270	230
1873 Cattleman .44 Mag.	595	505	430	365	310
1873 Cattleman Antique Finish	655	555	475	400	340
1873 Cattleman Birdshead/Cattleman Sheriff Birdshead	435	370	315	265	225
1873 Cattleman Birdshead/Flat-Top Birdshead (Pietta)	500	425	360	305	260
1873 Cattleman Charcoal Blue Finish	685	580	495	420	355
1873 Cattleman Floral Engraved	675	575	490	415	355
1873 Cattleman Photo Engraved	895	760	645	550	470
1873 Cattleman Island Girl Quick Draw	595	505	430	365	310
1873 Cattleman Millenium	345	295	250	210	180
1873 Cattleman Nickel Finish	615	525	445	380	325
1873 Cattleman Old Model Frame (1873 Cattleman "Old	520	440	375	320	270
1873 Cattleman Stag Grips	460	390	330	280	240
1873 Cattleman Stainless Steel (The Outfitter)	775	660	560	475	405
1873 CATTLEMAN BISLEY	590	500	425	360	305
1873 CATTLEMAN DEVIL ANSE	600	510	435	370	315
1873 CATTLEMAN DRIFTER	545	465	395	335	285
1873 CATTLEMAN GUNFIGHTER	550	470	395	340	290
1873 CATTLEMAN OLD RANDALL	510	435	370	315	270
1873 CATTLEMAN RANCH HAND (1873 CATTLEMAN	565	480	410	345	295
1873 Cattleman Ranch Hand .22 LR (Uberti Single	530	450	385	325	275
1873 CATTLEMAN TAYLOR GAMBLER	585	495	425	360	305
1873 CATTLEMAN TAYLOR MARSHAL	660	560	475	405	345
1873 CATTLEMAN "TR" PRESIDENTIAL	565	480	410	345	295
1873 STALLION POCKET	545	465	395	335	285
1875 ARMY OUTLAW	560	475	405	345	295
1890 ARMY POLICE	730	620	525	450	385
CHIAPPA SINGLE ACTION	175	150	125	105	90

	NIB	EXC	VG	G	F
NEW VAQUERO "HANDLEBAR DOC SIGNATURE	595	505	430	365	310
New Model Blackhawk	575	490	415	355	300
OUTLAW LEGACY REVOLVER	650	555	470	400	340
Outlaw Legacy Nickel Engraved	700	595	505	430	365
QUICK DRAW REVOLVING CARBINE (REVOLVING	850	725	615	520	440
RUNNIN' IRON	635	540	460	390	330
Runnin' Iron Black Rock	845	720	610	520	440
Runnin' Iron Stainless	805	685	580	495	420
RUNNIN' REVOLVING CARBINE	785	665	565	480	410
SMOKE WAGON	590	500	425	360	305
Smoke Wagon Short-Stroke Competition Series	670	570	485	410	350

REVOLVERS: REPRODUCTIONS, SCHOFIELD

	NIB	EXC	VG	G	F
1875 NO. 3 NEW MODEL RUSSIAN	1100	935	795	675	575
NO. 3 FRONTIER SCHOFIELD	1200	1020	865	735	625
NO. 3 SECOND MODEL SCHOFIELD	1100	935	795	675	575

RIFLES/CARBINES: REPRODUCTIONS, LEVER ACTION

	NIB	EXC	VG	G	F
1860 HENRY RIFLE	1510	1285	1090	925	785
1860 HENRY TRAPPER RIFLE	1645	1400	1190	1010	860
1865 SPENCER CARBINE/RIFLE (160 SERIES)	2245	1910	1620	1380	1175
1866 RIFLE (1866 SPORTING RIFLE)	1275	1085	920	785	665
1866 TRANSITION	1160	985	840	710	605
1866 TRAPPER RIFLE	1400	1190	1010	860	730
1866 YELLOWBOY CARBINE	1190	1010	860	730	620
1873 CARBINE	1300	1105	940	800	680
1873 Compact Carbine	1675	1425	1210	1030	875
1873 COMANCHERO	1725	1465	1245	1060	900
1873 LADIES & YOUTH CARBINE	1175	1000	850	720	610
1873 Ladies & Youth Carbine Version II	1350	1150	975	830	705
1873 MAVERICK	1475	1255	1065	905	770
1873 RIFLE	1400	1190	1010	860	730
1873 RUNNIN' COMANCHERO CARBINE	1675	1425	1210	1030	875
1873 SPECIAL SPORTING RIFLE	1150	980	830	705	600
1873 SPECIAL SPORTING RIFLE DELUXE	1075	915	775	660	560
1873 SPORTING RIFLE	1000	850	725	615	525
1873 TAYLOR'S TRAPPER	1200	1020	865	735	625
1876 CENTENNIAL CARBINE/RIFLE (SPORTING)	1395	1185	1010	855	725
1883 BURGESS CARBINE	1370	1165	990	840	715
1883 BURGESS RIFLE	1370	1165	990	840	715
1886 CARBINE	Pricing Unavailable				
1886 RIDGE RUNNER RIFLE	1600	1360	1155	985	835
1886 RIFLE	1480	1260	1070	910	775
1886 SPORTING RIFLE	1825	1550	1320	1120	950
1886 TAKEDOWN CLASSIC	1830	1555	1320	1125	955
1886/71 BOARBUSTER RIFLE	1500	1275	1085	920	780
1886/71 PEDERSOLI CLASSIC RIFLE	1350	1150	975	830	705
1886/71 WILDBUSTER RIFLE	1485	1260	1075	910	775
1892 ALASKAN TAKEDOWN CARBINE/RIFLE	1385	1175	1000	850	725
1892 CARBINE	1370	1165	990	840	715
1892 RIFLE	1345	1145	970	825	700
1892 RIO BRAVO CARBINE	1500	1275	1085	920	780
1892 TAKEDOWN RIFLE	1440	1225	1040	885	750
1892 TAYLOR HUNTSMAN	955	810	690	585	495
TC86 TAKEDOWN	1715	1460	1240	1055	895
UBERTI SCOUT RIFLE	575	490	415	355	300

RIFLES/CARBINES: REPRODUCTIONS, SINGLE SHOT

	NIB	EXC	VG	G	F
1863 SHARPS CARBINE	1715	1460	1240	1055	895
1874 CAVALRY CARBINE	1465	1245	1060	900	765
1874 SHARPS BUSINESS	1370	1165	990	840	715
1874 SHARPS CAVALRY CARBINE	1750	1490	1265	1075	915
1874 SHARPS INFANTRY/BERDAN MODEL	2200	1870	1590	1350	1150
1874 SHARPS LIGHT	1365	1160	985	840	715
1874 SHARPS QUIGLEY DOWN UNDER	2600	2210	1880	1595	1355
1874 SHARPS QUIGLEY DOWN UNDER SPORT	2250	1915	1625	1380	1175

	NIB	EXC	VG	G	F
1874 SHARPS SPORTING RIFLE	1400	1190	1010	860	730
1885 HIGH WALL	990	840	715	610	520
1885 High Wall Checkered Pistol Grip	1255	1065	905	770	655
1885 LOW WALL	955	810	690	585	495
HALF-PINT SHARPS	1495	1270	1080	920	780
HALF-PINT SPORTING RIFLE	Pricing Unavailable				
HIGH WALL CLASSIC	2420	2055	1750	1485	1260
High Wall Sporting	2395	2035	1730	1470	1250
LITTLE BADGER	220	185	160	135	115
LITTLE SHARPS HUNTER	1390	1180	1005	855	725
LITTLE SHARPS TARGET	1465	1245	1060	900	765
ROLLING BLOCK BABY CARBINE	700	595	505	430	365
ROLLING BLOCK CREEDMOOR NO. 2	2320	1970	1675	1425	1210
ROLLING BLOCK JOHN BODINE	2290	1945	1655	1405	1195
ROLLING BLOCK MISSISSIPPI	1310	1115	945	805	685
SPRINGFIELD TRAPDOOR CARBINE	1800	1530	1300	1105	940
RIFLES/CARBINES: REPRODUCTIONS, SLIDE ACTION					
LIGHTNING SLIDE ACTION CARBINE/RIFLE	1310	1115	945	805	685
PREMIUM LIGHTNING	1485	1260	1075	910	775
STANDARD LIGHTNING	1300	1105	940	800	680
RIFLES: SEMI-AUTO					
M4 22	375	320	270	230	195
RIFLES/SHOTGUNS: O/U COMBINATIONS					
DOUBLE BADGER	350	300	255	215	185
X CALIBER SURVIVAL RIFLE	1100	935	795	675	575
SHOTGUNS: LEVER ACTION					
1887 "BOOTLEG"	1300	1105	940	800	680
1887 COWBOY HUNTER	1115	950	805	685	580
1887 LEVER ACTION SHOTGUN (STANDARD MODEL)	1450	1235	1050	890	755
1887 T-MODEL	1500	1275	1085	920	780
1887 ZOMBIE BLASTER	1050	895	760	645	550
SHOTGUNS: REPRODUCTIONS					
1878 COACH GUN	1000	850	725	615	525
DOUBLE BARREL HAMMER COACH GUN	1000	850	725	615	525
SxS MODEL	580	495	420	355	300
THE HUNTRESS (TAYLOR'S DOUBLE BARREL)	2050	1745	1480	1260	1070
TRIPLE CROWN	1615	1375	1165	990	840
TRIPLE THREAT	1570	1335	1135	965	820
WYATT EARP COACH GUN	1725	1465	1245	1060	900

TECHNO ARMS (PTY) LIMITED

	NIB	EXC	VG	G	F
MAG-7 SLIDE ACTION SHOTGUN	1600	1360	1155	985	835

TERRIER ONE

	NIB	EXC	VG	G	F
TERRIER ONE	160	135	115	100	85

TEXAS ARMS

	NIB	EXC	VG	G	F
DEFENDER	435	370	315	265	225

TEXAS GUNFIGHTERS

	NIB	EXC	VG	G	F
Shootist Edition Standard Model	500	425	360	305	260
Shootist Edition 1 of 100	900	765	650	555	470

TEXAS LONGHORN ARMS, INC.

	NIB	EXC	VG	G	F
SINGLE-ACTION	Rarity Precludes Pricing				

THE BAKER GUN & FORGING CO.

SHOTGUNS: CARTRIDGE SXS, BAKER GRADE, SIDELOCK, HAMMERLESS-DAMASCUS OR FLUID STEEL, MFG. 1890-1?

	NIB	EXC	VG	G	F
S GRADE		1500	1100	950	810
R GRADE		2400	1900	1500	1275

	NIB	EXC	VG	G	F
B GRADE		2000	1500	1100	935
A GRADE		3800	3200	2800	2380
PARAGON GRADE		2300	1900	1500	1275
KRUPP GRADE (N)		4000	3500	3000	2550
PIGEON GRADE (L)		5500	4500	3500	2975
EXPERT GRADE		6500	5000	4000	3400
DELUXE GRADE		12000	9000	7500	6375

SHOTGUNS: CARTRIDGE SXS, BAKER HAMMER-LONDON TWIST OR DAMASCUS, MFG. 1897-1916

	NIB	EXC	VG	G	F
MODEL "D" 1897		1500	1100	1000	850
NEW BAKER 1887-1896		1000	750	500	425

SHOTGUNS: CARTRIDGE SXS, BATAVIA GRADE, SIDELOCK, HAMMERLESS-DAMASCUS OR FLUID STEEL, MFG. 1898-

	NIB	EXC	VG	G	F
BATAVIA LEADER		1100	900	700	595
BATAVIA SPECIAL		1200	900	700	595
BLACK BEAUTY		1100	800	600	510
BLACK BEAUTY SPECIAL		1150	850	750	640

SHOTGUNS: SINGLE BARREL TRAP, BOXLOCK, HAMMERLESS, FLUID STEEL, MFG. 1909-1923

	NIB	EXC	VG	G	F
STERLING GRADE		1600	1200	800	680
ELITE GRADE		2400	2000	1700	1445
SUPERBA GRADE		4000	3300	2700	2295

THE BEST OF THE WEST

RIFLES: BOLT ACTION

	NIB	EXC	VG	G	F
ALTOPO AMBIDEXTROUS	9350	7950	6755	5740	4880
HUNTER ELITE/HUNTER ELITE LITE SERIES	5000	4250	3615	3070	2610
MOUNTAIN HUNTER SERIES	9350	7950	6755	5740	4880
Mountain Scout	7995	6795	5775	4910	4175
SIGNATURE SERIES	9350	7950	6755	5740	4880
Signature Tactical	8995	7645	6500	5525	4695

SHOTGUNS: BOLT ACTION

	NIB	EXC	VG	G	F
SLUG GUN SERIES	3050	2595	2205	1875	1595

THE ROBAR COMPANIES, INC.

PISTOLS: SEMI-AUTO

	NIB	EXC	VG	G	F
PolymAR-15P	1595	1355	1150	980	835

CARBINES/RIFLES: SEMI-AUTO

	NIB	EXC	VG	G	F
PolymAR-15C	1495	1270	1080	920	780
PolymAR-15L	1795	1525	1295	1100	935
PolymAR-15R	1795	1525	1295	1100	935
PolymAR-15SC	1795	1525	1295	1100	935
PolymAR-15TI	2295	1950	1660	1410	1200
PolymAR-15VF (VICKI FARNAM SIGNATURE MODEL)	1700	1445	1230	1045	890
QR2 COMPACT PRECISION RIFLE	3600	3060	2600	2210	1880
ROBAR PRECISION HUNTER	Pricing Unavailable				
SR21 PRECISION RIFLE	5000	4250	3615	3070	2610
SR21E PRECISION RIFLE	Pricing Unavailable				
SR60 PRECISION RIFLE	3495	2970	2525	2145	1825
SR90 PRECISION RIFLE	4295	3650	3105	2640	2245

THOMPSON

PISTOLS: SEMI-AUTO

	NIB	EXC	VG	G	F
1911 BOOTLEGGER PISTOL	1175	1000	850	720	610
1911 THOMPSON CUSTOM (1911TC)	530	450	385	325	275
THOMPSON 1927 A-1 DELUXE	1525	1295	1100	935	795

CARBINES: SEMI-AUTO

	NIB	EXC	VG	G	F
1927 A3 .22 CAL.	1200	1020	865	735	625
1927 A5 PISTOL/CARBINE	1000	850	725	615	525
BOOTLEGGER THOMPSON	2075	1765	1500	1275	1085
IWO JIMA THOMPSON	1545	1315	1115	950	810
THOMPSON M1 CARBINE (.45 ACP CAL.)	1415	1205	1020	870	740
Thompson M1- Lightweight Carbine	1275	1085	920	785	665

	NIB	EXC	VG	G	F
Thompson M1 "Tanker WWII Thompson"	1880	1600	1360	1155	980
THOMPSON M1 SBR "TOMMY GUN"	1995	1695	1440	1225	1040
THOMPSON 1927 A-1 COMMANDO	1430	1215	1035	880	750
THOMPSON 1927 A-1 DELUXE CARBINE 16 1/2 IN.	1685	1430	1215	1035	880
Thompson 1927 A-1 Deluxe Carbine 14 1/2 In.	1920	1630	1385	1180	1005
Thompson 1927 A-1 Deluxe Carbine SBR	2040	1735	1475	1255	1065
Thompson 1927 A-1 Deluxe Carbine Special Limited Ed.	1545	1315	1115	950	810
Thompson 1927 A-1 Deluxe Case Hardened	1920	1630	1385	1180	1005
Thompson 1927 A-1 Deluxe .22 LR Cal.	1100	935	795	675	575
Thompson 1927 A-1 Deluxe Hard Chrome	3550	3020	2565	2180	1855
Thompson 1927 A-1 Deluxe Semi-Auto "Bonnie & Clyde	1880	1600	1360	1155	980
Thompson 1927 A-1 Presentation Walnut Carbine	835	710	605	515	440
Thompson 1927 A-1 Titanium Gold	3580	3045	2585	2200	1870
THOMPSON 1927 A-1C LIGHTWEIGHT DELUXE	1150	980	830	705	600
DELUXE 1927 A-1 CARBINE/1911A-1 GI PISTOL	1500	1275	1085	920	780
"TRUMP THOMPSON" 1927 A-1 EDITION	2310	1965	1670	1420	1205

THOMPSON/CENTER ARMS CO., INC.

PISTOLS: SINGLE SHOT

CONTENDER

	NIB	EXC	VG	G	F
Contender Bull Barrel	415	355	300	255	215
Contender Armour Alloy II Bull Barrel	645	550	465	395	335
Contender Vent. Rib	425	360	305	260	220
Contender Armour Alloy Vent. Rib	595	505	430	365	310
Contender Stainless Steel	800	680	580	490	415
Contender Octagon Barrel	550	470	395	340	290
Contender Match Grade Barrel	420	355	305	260	220
CONTENDER SHOOTERS PACKAGE	650	555	470	400	340
CONTENDER SUPER (14 & 16 IN.)	550	470	395	340	290
Contender Super Stainless	525	445	380	320	270
Contender Super Armour Alloy II	645	550	465	395	335
G2 CONTENDER 50TH ANNIVERSARY	1220	1035	880	750	640
G2 CONTENDER	675	575	490	415	355
G2 Contender Stainless	650	555	470	400	340
CONTENDER HUNTER PACKAGE	685	580	495	420	355
CONTENDER 25TH ANNIVERSARY	1250	1065	905	770	655
Contender 25th Anniversary Cased Set	1850	1575	1335	1135	965
SUPER CONTENDER (14 & 16 IN.)	750	640	540	460	390
Super Contender Stainless	530	450	385	325	275
ENCORE	725	615	525	445	380
Encore Stainless	1350	1150	975	830	705
Encore Hunter Package	850	725	615	520	440
ENCORE PRO HUNTER	760	645	550	465	395
PRO-HUNTER	795	675	575	490	415

RIFLES: BOLT ACTION

	NIB	EXC	VG	G	F
COMPASS RIFLE	400	340	290	245	210
COMPASS II	580	495	420	355	300
Compass II Compact	580	495	420	355	300
COMPASS UTILITY	440	375	320	270	230
DIMENSION	750	640	540	460	390
ICON	825	700	595	505	430
ICON PRECISION HUNTER	940	800	680	575	490
ICON WARLORD	2700	2295	1950	1660	1410
PERFORMANCE CENTER T/C LRR	1210	1030	875	745	635
VENTURE WEATHER SHIELD	490	415	355	300	255
Venture Compact	435	370	315	265	225
VENTURE PREDATOR	490	415	355	300	255
VENTURE II	465	395	335	285	240

RIFLES: SEMI-AUTO

	NIB	EXC	VG	G	F
PERFORMANCE CENTER T/C R22 RIFLE	470	400	340	290	245
Performance Center T/C R22 Carbon Fiber	590	500	425	360	305
R-55 CLASSIC	595	505	430	365	310

	NIB	EXC	VG	G	F
R-55 CLASSIC BENCHMARK TARGET	455	385	330	280	240
R-55 SPORTER	675	575	490	415	355
R-55 Sporter Stainless	705	600	510	435	370
SILVER LYNX	295	250	215	180	155
T/C R22 RIFLE	330	280	240	205	175

RIFLES/CARBINES: SINGLE SHOT

	NIB	EXC	VG	G	F
ENCORE RIFLE	650	555	470	400	340
Encore Rifle Stainless	650	555	470	400	340
Encore Rifle Katahdin Carbine	720	610	520	440	375
Encore Rifle Hunter Package	750	640	540	460	390
PRO HUNTER RIFLE	775	660	560	475	405
ENCORE PRO HUNTER CENTERFIRE RIFLE	695	590	500	425	360
ENCORE PRO HUNTER PREDATOR	785	665	565	480	410
ENCORE PRO HUNTER KATAHDIN CARBINE	720	610	520	440	375
CONTENDER CARBINE	570	485	410	350	300
Contender Carbine Rynite	525	445	380	320	270
Contender Carbine Stainless	695	590	500	425	360
HUNTER RIFLE MODEL	760	645	550	465	395
Hunter Rifle Model Deluxe	995	845	720	610	520
Hunter Rifle Model Shotgun	500	425	360	305	260
TCR '83 ARISTOCRAT	910	775	655	560	475
HOTSHOT	240	205	175	145	125
G2 CONTENDER	650	555	470	400	340

SHOTGUNS: SINGLE SHOT

	NIB	EXC	VG	G	F
ENCORE SHOTGUN	705	600	510	435	370
Encore Shotgun Slug Gun	775	660	560	475	405
Encore Shotgun Turkey Gun	865	735	625	530	450
Encore Shotgun Katahdin Turkey Gun	590	500	425	360	305
ENCORE PRO HUNTER RIFLED SLUG GUN	975	830	705	600	510
ENCORE PRO HUNTER TURKEY GUN	780	665	565	480	410

THUNDER-FIVE

	NIB	EXC	VG	G	F
THUNDER-FIVE	600	510	435	370	315

TIKKA

COMBINATION GUNS: O/U

MODEL 512S/412S SHOOTING SYSTEM

	NIB	EXC	VG	G	F
Model 512S Field Grade	1150	980	830	705	600
Model 412ST Trap	1265	1075	915	775	660
Model 412ST Premium Grade Trap	1500	1275	1085	920	780
Model 512S Sporting Clays	1150	980	830	705	600
Model 512S Combination Gun	1550	1320	1120	950	810
Model 512S Double Rifle	2500	2125	1805	1535	1305

RIFLES: BOLT ACTION

	NIB	EXC	VG	G	F
NEW GENERATION RIFLE (MODELS 595/695)	725	615	525	445	380
PREMIUM GRADE MODEL	860	730	620	530	450
T1X MTR	600	510	435	370	315
T3 FOREST	825	700	595	505	430
T3 HUNTER	750	640	540	460	390
T3 Deluxe	900	765	650	555	470
T3 Lite	770	655	555	475	405
T3 Lite Stainless	675	575	490	415	355
T3 Lite Compact	750	640	540	460	390
T3 Camo Stainless	1050	895	760	645	550
T3 Laminated Stainless	900	765	650	555	470
T3 Scout CTR	830	705	600	510	435
T3 CTR	985	835	710	605	515
T3 CTR Stainless	1175	1000	850	720	610
T3 Big Boar Synthetic	650	555	470	400	340
T3 Varmint	805	685	580	495	420
T3 Super Varmint	1340	1140	970	825	700
T3 Tactical	1530	1300	1105	940	800

Model	NIB	EXC	VG	G	F
T3x CAMO STAINLESS	690	585	500	425	360
T3x COMPACT TACTICAL RIFLE (CTR)	1000	850	725	615	525
T3x Compact Tactical Rifle Stainless (CTR)	1250	1065	905	770	655
T3x FOREST	925	785	670	570	485
T3x HUNTER	940	800	680	575	490
T3x Hunter Stainless	1095	930	790	670	570
T3x LAMINATED STAINLESS	1055	895	760	650	555
T3x LITE	730	620	525	450	385
T3x Lite Compact	750	640	540	460	390
T3x Lite Roughtech	1030	875	745	635	540
T3x Lite Roughtech Stainless	1100	935	795	675	575
T3x Lite Stainless	800	680	580	490	415
T3x Lite Veil	1260	1070	910	775	660
T3x SPORTER	Pricing Unavailable				
T3x SUPER VARMINT	1340	1140	970	825	700
T3x TACT A1	1900	1615	1375	1165	990
T3x UPR (ULTIMATE PRECISION RIFLE)	1300	1105	940	800	680
T3x VARMINT	905	770	655	555	470
T3x Varmint Stainless	Pricing Unavailable				
CONTINENTAL VARMINT MODEL	840	715	605	515	440
CONTINENTAL LONG RANGE HUNTER	750	640	540	460	390
TARGET (SPORTER) MODEL	1000	850	725	615	525
VARMINT MODEL	950	810	685	585	495
WHITETAIL HUNTER/SYNTHETIC (BATTUE)	625	530	450	385	325
Whitetail Hunter/Synthetic Left Hand	800	680	580	490	415
Whitetail Hunter/Synthetic/Battue Stainless	745	635	540	460	390
Whitetail Hunter/Synthetic Stainless Laminate	700	595	505	430	365
Whitetail Hunter/Synthetic Deluxe	750	640	540	460	390

TIMBERWOLF

Model	NIB	EXC	VG	G	F
TIMBERWOLF, .357 MAG cal.	1320	1120	955	810	690
TIMBERWOLF, .44 MAG cal.	1400	1190	1010	860	730

TIPPMANN ARMORY

Model	NIB	EXC	VG	G	F
ROLLING BLOCK MODEL	900	765	650	555	470
GATLING GUN	4600	3910	3325	2825	2400
GATLING GUN W/16 IN. BARRELS	6000	5100	4335	3685	3130
GOLDEN GATLING GUN W/OAK CARRIAGE	Contact Manufacturer for Pricing				

TISAS TRABZON GUN INDUSTRY CORP.

Model	NIB	EXC	VG	G	F
1911 Night Stalker SF/1911 Night Stalker SF DS9	740	630	535	455	385
1911 NIGHT STALKER	590	500	425	360	305
1911 SERIES					
1911 Bantam	900	765	650	555	470
1911 Carry Series	490	415	355	300	255
1911 Duty Series	420	355	305	260	220
1911 Match	1050	895	760	645	550
1911 STINGRAY	470	400	340	290	245
1911 A1 AVIATOR	425	360	305	260	220
1911 A1 SERVICE	400	340	290	245	210
1911 A1 US Army	350	300	255	215	185
1911 A1 Tank Commander	375	320	270	230	195
1911 A1 Tanker	330	280	240	205	175
1911 D10	650	555	470	400	340
FATIH 13 (RECENT MFG.)	430	365	310	265	225
FATIH 13 (CURRENT MFG.) (FATIH 380)	385	325	280	235	200
R100 1911-A1	450	385	325	275	235
R200S	430	365	310	265	225
R350CR	385	325	280	235	200
REGENT BR9	530	450	385	325	275
Regent BR9 SS	600	510	435	370	315

	NIB	EXC	VG	G	F
REGENT B45	380	325	275	235	200
REGENT CC45	390	330	280	240	205
REGENT M9	499	425	360	305	260
REGENT P9	Pricing Unavailable				
REGENT P45 SERIES	390	330	280	240	205
REGENT SP1/REGENT SP2	370	315	265	225	190
REGENT T1/REGENT T2	Pricing Unavailable				
ZIG M 45	450	385	325	275	235
ZIG M 45 Custom Carry Package	600	510	435	370	315
ZIG PC 1911	535	455	385	330	280
ZIG PC 1911 Custom Tactical/Target Package	750	640	540	460	390
ZIG PCS 1911	600	510	435	370	315
ZIG PCS 9	515	440	370	315	270
ZIGANA FC	435	370	315	265	225
ZIGANA KC	315	270	230	195	165
ZIGANA F/ZIGANA K	375	320	270	230	195
ZIGANA PX-9/PX-9 G2	320	270	230	195	165
PX-9 GEN 3 (ZIGANA PX-9 GEN 3)	370	315	265	225	190

TOMPKINS

	NIB	EXC	VG	G	F
TOMPKINS PRECISION PISTOL	3275	2785	2365	2010	1710

TPS ARMS LLC

	NIB	EXC	VG	G	F
M6-100 TAKEDOWN/M6-120 TAKEDOWN	520	440	375	320	270
M6-130 TAKEDOWN/M6-140 TAKEDOWN	525	445	380	320	270
M6-150 TAKEDOWN	545	465	395	335	285
M6-160 TAKEDOWN	510	435	370	315	270

TRADEWINDS

RIFLES

	NIB	EXC	VG	G	F
HUSKY MODEL 5000	370	315	265	225	190
NORAHAMMER 900 SERIES	350	300	255	215	185
MODEL 311-A	300	255	215	185	155
MODEL 260-A	225	190	165	140	120

SHOTGUNS: SEMI-AUTO

	NIB	EXC	VG	G	F
MODEL H-170	430	365	310	265	225

TRAILBLAZER FIREARMS

	NIB	EXC	VG	G	F
LIFECARD	290	245	210	180	155
PIVOT	1535	1305	1110	945	805

TRENCH/RIOT SHOTGUNS

The following models were sold as Military Surplus onto the civilian firearms market after being

SHOTGUNS: MILITARY TRENCH, WWI

	NIB	EXC	VG	G	F
WINCHESTER 1897 TRENCH GUN		8500	7000	5250	4465
WINCHESTER 1897 TRENCH GUN with Military		9500	8000	6000	5100
REMINGTON MODEL 10 TRENCH GUN		15000	12750	4800	4080
REMINGTON MODEL 10 RIOT GUN		5000	3000	1200	1020

SHOTGUNS: MILITARY RIOT/TRENCH, WWII

	NIB	EXC	VG	G	F
ITHACA MODEL 37 Trench Gun		20000	15000	12500	10625
ITHACA MODEL 37 Riot Gun		6000	5000	3500	2975
ITHACA MODEL 37 Long Barrel		2500	1850	1500	1275
REMINGTON MODEL 31 Riot Gun		2800	1800	1000	850
REMINGTON MODEL 31 Long Barrel		1200	1000	650	555
REMINGTON MODEL 31 Trainer with Compensator		1300	1100	750	640
Remington Model 11 Military Shotgun Riot	2800	2380	2025	1720	1460
SAVAGE MODEL 720 Riot Gun		2800	2500	1850	1575
SAVAGE MODEL 720 Long Barrel		1000	800	750	640
STEVENS MODEL 620 Trench Gun		5500	4500	3150	2680
STEVENS MODEL 620 Riot Gun		1800	750	450	385

	NIB	EXC	VG	G	F
STEVENS MODEL 620 Long Barrel		700	600	400	340
STEVENS 520-30 Trench Gun		4500	3250	2150	1830
STEVENS 520-30 Riot Gun		2000	1000	750	640
STEVENS 520-30 Long Barrel		700	500	400	340
STEVENS SINGLE BARREL MILITARY SHOTGUN		750	600	400	340
STEVENS DOUBLE BARREL MILITARY SHOTGUN		1750	1450	1200	1020
WINCHESTER MODEL 97 Riot Gun with "WB" mark		2500	2000	1700	1445
WINCHESTER MODEL 97 Trench Gun with "WB" mark		10000	8500	6500	5525
WINCHESTER MODEL 97 Trench Gun with "GHD" mark		10000	8500	6500	5525
WINCHESTER MODEL 97 Long Barrel		2000	1500	1200	1020
Winchester Model 12 Trench Gun with "WB" mark, Blue		1000	8500	6500	5525
Winchester Model 12 Riot Gun, Blue Finish		2000	1850	1500	1275
Winchester Model 12 Long Barrel, Blue Finish		1500	1200	1000	850
Winchester Model 12 Trench Gun with "WB" mark,		10000	8500	6500	5525
WINCHESTER MODEL 37 MILITARY SHOTGUN		3500	2500	1500	1275

SHOTGUNS: MILITARY RIOT/TRENCH, VIETNAM

	NIB	EXC	VG	G	F
ITHACA MODEL 37 Riot Gun		3500	2500	1800	1530
ITHACA MODEL 37 Trench Gun		8500	7150	5750	4890
SAVAGE-STEVENS 77E Riot Gun		1800	1400	1200	1020
WINCHESTER MODEL 1200 Trench Gun		5000	4250	3400	2890

SHOTGUNS: RIOT/TRENCH GUN, COMMERCIAL SALES

	NIB	EXC	VG	G	F
WINCHESTER MODEL 12 RIOT		550	450	395	335
Winchester Model 97 Solid Frame Trench Gun		2000	1600	1100	935
Winchester Model 97 Solid Frame Riot Gun		3500	2750	2000	1700
Winchester Model 97 Takedown		1500	800	600	510
Winchester Model 97 Takedown					
REMINGTON MODEL 10		800	600	300	255
REMINGTON MODEL 11		700	575	450	385
MODEL 31R RIOT GUN		600	475	350	300
ITHACA MODEL 37 Trench Gun		1950	1750	1500	1275
ITHACA MODEL 37 Riot Gun		575	475	375	320

TRISTAR ARMS INC.

PISTOLS: SEMI-AUTO

	NIB	EXC	VG	G	F
C-100		375	320	270	230	195
T-100		375	320	270	230	195
L-120		345	295	250	210	180
P-100		410	350	295	250	215
P-120		395	335	285	245	210
S-120		420	355	305	260	220
T-120		380	325	275	235	200
TP-9C		400	340	290	245	210
TXI		295	250	215	180	155
Z-919		385	325	280	235	200

REPRODUCTIONS: REVOLVERS, SAA

REGULATOR		475	405	345	290	245
STALLION		600	510	435	370	315

REPRODUCTIONS: RIFLES

HENRY LEVER ACTION		1580	1345	1140	970	825
MODEL 1866 LEVER ACTION		1305	1110	945	800	680
MODEL 1873 SPORT LEVER ACTION		1100	935	795	675	575
MODEL 1885 SINGLE SHOT HIGH WALL		1060	900	765	650	555
MODEL 1874 SHARPS		1295	1100	935	795	675

RIFLES: BOLT ACTION

PEE-WEE .22		170	145	125	105	90
STRAIGHT PULL ACTION (SPA)		520	440	375	320	270

RIFLES: SEMI-AUTO

MK 22		430	365	310	265	225

SHOTGUNS: LEVER ACTION

LR 94		855	725	620	525	445
MODEL 1887		1350	1150	975	830	705

SHOTGUNS: O/U

	NIB	EXC	VG	G	F
MODEL 300	425	360	305	260	220
MODEL 333 FIELD GRADE	750	640	540	460	390
Model 333 Field Grade Sporting Clays	825	700	595	505	430
Model 333SCL Ladies Sporting Clays	825	700	595	505	430
MODEL 330	475	405	345	290	245
Model 330D	450	385	325	275	235
SILVER HUNTER	575	490	415	355	300
SILVER II	790	670	570	485	410
SILVER CLASSIC	800	680	580	490	415
SILVER SPORTING	880	750	635	540	460
WS/OU MAGNUM	650	555	470	400	340
HUNTER	550	470	395	340	290
Field Hunter	625	530	450	385	325
Hunter Lite	500	425	360	305	260
Hunter Gold Combo	875	745	630	535	455
HUNTER EX	560	475	405	345	295
HUNTER EX LT	585	495	425	360	305
HUNTER MAG. CAMO 3-1/2 IN.	730	620	525	450	385
Hunter Mag. Black 3-1/2 In.	640	545	460	395	335
HUNTER MAG II	760	645	550	465	395
SETTER MODEL	400	340	290	245	210
SETTER S/T MODEL (CURRENT MFG.)	505	430	365	310	265
SPORTING MODEL	725	615	525	445	380
TRINITY	715	610	515	440	375
TRINITY LT	650	555	470	400	340
TT-15 COMBO	1680	1430	1215	1030	875
TT-15 COMBO TRAP/CTA DELUXE DOUBLE COMBO	1985	1685	1435	1220	1035
TT-15 DTA	1360	1155	985	835	710
TT-15 DOUBLE TRAP	1500	1275	1085	920	780
TT-15 FIELD	860	730	620	530	450
TT-15 SPORTING	1135	965	820	695	590

SHOTGUNS: SxS

	NIB	EXC	VG	G	F
MODEL 311	535	455	385	330	280
Model 311R	360	305	260	220	185
MODEL 411	795	675	575	490	415
Model 411D	1500	1275	1085	920	780
Model 411F	1425	1210	1030	875	745
Model 411R Coach Gun	650	555	470	400	340
GENTRY	895	760	645	550	470
BRISTOL	1045	890	755	640	545
Bristol Silver	940	800	680	575	490
BRITTANY	1030	875	745	635	540
Brittany Classic	995	845	720	610	520
BRITTANY SPORTING	1295	1100	935	795	675
DERBY CLASSIC	1300	1105	940	800	680
YORK	525	445	380	320	270
PHOENIX	795	675	575	490	415
Phoenix Combo	1225	1040	885	750	640

SHOTGUNS: SEMI-AUTO

	NIB	EXC	VG	G	F
COMPACT	555	470	400	340	290
COMPACT BULLPUP TACTICAL	700	595	505	430	365
KRX TACTICAL	500	425	360	305	260
MATRIX	500	425	360	305	260
PHANTOM SERIES	265	225	190	165	140
RAPTOR	420	355	305	260	220
Raptor Camo	460	390	330	280	240
Raptor Youth	400	340	290	245	210
RAPTOR A-TAC	430	365	310	265	225
Raptor A-TAC Turkey	420	355	305	260	220
TEC12	550	470	395	340	290
TSA SERIES (DIANA SERIES)	380	325	275	235	200
TSA Black 3-1/2 In.	565	480	410	345	295
TSA Camo 3-1/2 In.	715	610	515	440	375

	NIB	EXC	VG	G	F
VIPER G2 SERIES					
Viper G2 Bronze	690	585	500	425	360
Viper G2 Camo	680	580	490	420	355
Viper G2 Silver	645	550	465	395	335
Viper G2 Synthetic	610	520	440	375	320
Viper G2 Wood	630	535	455	385	325
VIPER G2 PRO SERIES					
Viper G2 Pro Bronze	810	690	585	495	420
Viper G2 Pro Camo	690	585	500	425	360
Viper G2 Pro Silver	695	590	500	425	360
Viper G2 Pro Sporting	715	610	515	440	375
VIPER G2 YOUTH/COMPACT	635	540	460	390	330
Viper G2 Youth Camo	720	610	520	440	375
Viper G2 Youth Wood	625	530	450	385	325
VIPER G2 SPORTING	800	680	580	490	415
VIPER G2 SR/SRB SPORT	590	500	425	360	305
Viper G2 SR/SRB Youth	550	470	395	340	290
VIPER G2 TACTICAL	395	335	285	245	210
VIPER G2 TURKEY	685	580	495	420	355
VIPER MAX	675	575	490	415	355
Viper Max Camo	735	625	530	450	385
SHOTGUNS: SINGLE BARREL					
TT-09 TRAP	750	640	540	460	390
TT-15 MONO TRAP	1145	975	825	705	600
TT-15 TOP SINGLE/UNSINGLE	1435	1220	1035	880	750
SHOTGUNS: SLIDE ACTION					
DIANA SERIES	380	325	275	235	200
COBRA SERIES					
Cobra Field Black	265	225	190	165	140
Cobra Field Camo	330	280	240	205	175
Cobra Field Turkey	395	335	285	245	210
Cobra Field Youth	305	260	220	185	155
Cobra Force	335	285	240	205	175
Cobra Mag.	300	255	215	185	155
Cobra Marine	325	275	235	200	170
Cobra Tactical	250	215	180	155	130
COBRA SERIES II					
Cobra II Field Black	300	255	215	185	155
Cobra II Field Camo	335	285	240	205	175
Cobra II Field Youth	295	250	215	180	155
Cobra II Force	250	215	180	155	130
Cobra II Marine	275	235	200	170	145
Cobra II Tactical	270	230	195	165	140
COBRA III SERIES					
Cobra III Field	310	265	225	190	160
Cobra III Field Camo	380	325	275	235	200
Cobra III Field Youth	270	230	195	165	140
Cobra III Force	295	250	215	180	155
Cobra III Marine/Tactical	280	240	200	170	145

TRITON ARMS

PISTOLS: SEMI-AUTO

	NIB	EXC	VG	G	F
TR9 COMMANDER CAP4	2210	1880	1595	1355	1150
TR9 Commander Cap4 CASXS/Cap4 CAXS	1765	1500	1275	1085	920
TR9 COMMANDER CAP8	1875	1595	1355	1150	980
Osprey Cap 8 T1	2210	1880	1595	1355	1150
TAR15 COMMANDER CAP 8	1175	1000	850	720	610
TAR15 Commander Cap 8 CQD	1875	1595	1355	1150	980
TAR15 Commander CAP 8 CQD UG	2125	1805	1535	1305	1110
TAR15 PATROLMAN E.L.E.	1375	1170	995	845	720

RIFLES/CARBINES: SEMI-AUTO

	NIB	EXC	VG	G	F
TAR9 COMMANDER CSX3 CARBINE	1335	1135	965	820	695

	NIB	EXC	VG	G	F
TAR10 M2 TRIDENT	2945	2505	2130	1810	1540
TAR10 TRIDENT SASS	3740	3180	2700	2295	1950
TAR15 COMMANDER CARBINE	1150	980	830	705	600
TAR15 Commander 3G	2360	2005	1705	1450	1235
TAR15 Commander ATAC-ACT	1715	1460	1240	1055	895
TAR15 Commander Strike	1685	1430	1215	1035	880
TAR15 D SERIES					
TAR15 D Series Boatswain	950	810	685	585	495
TAR15 D Series Dunes/Dunes Tulies	1245	1060	900	765	650
TAR15 HARPOON II	1245	1060	900	765	650
TAR15 Harpoon II A5R	1050	895	760	645	550
TAR15 HARPOON V3	1350	1150	975	830	705
TAR15 PATROLMAN CARBINE/PATROLMAN CARBINE	1190	1010	860	730	620
TAR15 Viper Patrolman Carbine	1395	1185	1010	855	725

TROJAN FIREARMS

PISTOLS: SEMI-AUTO

	NIB	EXC	VG	G	F
TFA WALL ILAND	1650	1405	1190	1015	865
TFA RAZE ILAND	1650	1405	1190	1015	865

RIFLES: SEMI-AUTO

	NIB	EXC	VG	G	F
1776 (MPV2 "1776 EDITION")	1475	1255	1065	905	770
TFA-15 (MPV2)	1195	1015	865	735	625
TFA-HELEN (ULV1)	1500	1275	1085	920	780
TFA-Helen X	1675	1425	1210	1030	875
TFA-300 (BPV2)	1195	1015	865	735	625
TFA-NOS	1525	1295	1100	935	795
TFA-PCC9G (PRO9V1-G)	1400	1190	1010	860	730
TFA-PCC9M (PRO9V1-M)	1450	1235	1050	890	755
TFA RAZE	1325	1125	955	815	695
TFA-TROY	Contact Manufacturer for Pricing				
TFA WALL	1150	980	830	705	600

TROMIX CORPORATION

	NIB	EXC	VG	G	F
TR-15 SLEDGEHAMMER	1125	955	815	690	585
TR-15 TACKHAMMER	1125	955	815	690	585

TURNBULL RESTORATION CO., INC.

All info for Turnbull Restoration is free to view online.

U.S. ARMS COMPANY

	NIB	EXC	VG	G	F
ABILENE .357 MAG./ABILENE .357 MAG. STAINLESS	420	355	305	260	220
ABILENE .44 MAG./ABILENE .44 MAG. STAINLESS	425	360	305	260	220

U.S. ARMS COMPANY (USAC)

	NIB	EXC	VG	G	F
M4-UTAW (BASIC RIFLE)	1500	1275	1085	920	780
M4-UTAW CHAMPION (HIGH RIFLE)	2075	1765	1500	1275	1085
M4-UTAW PRO (MID RIFLE)	1875	1595	1355	1150	980

U.S. MILITARY LONG ARMS

The following models and values, aside from reworks, assume that all finishes and components

CARBINES: SEMI-AUTO

U.S. CARBINE, .30 CALIBER M1 "M1 CARBINE"

	NIB	EXC	VG	G	F
Reworks	See Online for Price Breakdowns				
Underwood	850	725	615	520	440
Saginaw	825	700	595	505	430
Quality Hardware	850	725	615	520	440
National Postal Meter	950	810	685	585	495
IBM	950	810	685	585	495
Standard Products	800	680	580	490	415

	NIB	EXC	VG	G	F
Inland	850	725	615	520	440
SG Grand Rapids	950	810	685	585	495
Winchester	1150	980	830	705	600
Irwin Pedersen	1700	1445	1230	1045	890
Rock-Ola	995	845	720	610	520
Plainfield	395	335	285	245	210
Commercial (other) manufacturers	350	300	255	215	185
M1 CARBINE TYPE 1 MODELS					
Underwood	2125	1805	1535	1305	1110
Saginaw	2250	1915	1625	1380	1175
Quality Hardware	2125	1805	1535	1305	1110
National Postal Meter	2375	2020	1715	1460	1240
IBM	2375	2020	1715	1460	1240
Standard Products	2000	1700	1445	1230	1045
Inland	2125	1805	1535	1305	1110
SG Grand Rapids	2375	2020	1715	1460	1240
Winchester	2875	2445	2075	1765	1500
Irwin Pedersen	4250	3615	3070	2610	2220
Rock-Ola	2500	2125	1805	1535	1305
M1 CARBINE TYPE 2 MODELS					
Saginaw	1825	1550	1320	1120	950
Quality Hardware	1875	1595	1355	1150	980
IBM	2100	1785	1515	1290	1095
Standard Products	1750	1490	1265	1075	915
Inland	1875	1595	1355	1150	980
SG Grand Rapids	2100	1785	1515	1290	1095
Winchester	2525	2145	1825	1550	1320
Irwin Pedersen	3750	3190	2710	2305	1960
Rock-Ola	2175	1850	1570	1335	1135
M1 CARBINE TYPE 3 MODELS					
Inland	1700	1445	1230	1045	890
Winchester	2300	1955	1660	1410	1200
M1 A1 PARATROOPER CARBINE					
M1 A1 Paratrooper Carbine Type I	5000	4250	3615	3070	2610
M1 A1 Paratrooper Carbine Type II	4500	3825	3250	2765	2350
M1 A1 Paratrooper Carbine Type III	3250	2765	2350	1995	1695
RIFLES: SEMI-AUTO					
M1 GARAND					
M1 Garand Reworks	1100	935	795	675	575
M1 Garand Early Type I		35000	30000	25000	21250
M1 Garand Type II	3750	3190	2710	2305	1960
M1 Garand Pre-WWII Winchester Mfg.	5000	4250	3615	3070	2610
M1 Garand Pre-WWII Springfield Mfg.	2790	2370	2015	1715	1460
M1 Garand WWII Mfg.	2995	2545	2165	1840	1565
M1-C Garand Sniper		4500	3400	2800	2380
M1-D Garand Sniper		10000	7500	6250	5315
M-1 Garand Post-WWII H & R, IHC, SA Mfg.	2600	2210	1880	1595	1355
M1 GARAND NATIONAL MATCH	3525	2995	2545	2165	1840

UBERTI, A. Srl

PISTOLS: REPRODUCTIONS, SINGLE SHOT

1871 ROLLING BLOCK TARGET PISTOL	510	435	370	315	270
REVOLVERS: DOUBLE ACTION					
INSPECTOR MODEL	480	410	345	295	250
REVOLVERS: REPRODUCTIONS, SA/SAA & VARIATIONS					
COLT 1851 NAVY CONVERSION	585	495	425	360	305
REMINGTON 1858 NEW ARMY CONVERSION	580	495	420	355	300
COLT 1860 ARMY CONVERSION	540	460	390	330	280
COLT 1871 RICHARDS/MASON CONVERSION	700	595	505	430	365
COLT 1871-1872 OPEN TOP EARLY/LATE MODEL	600	510	435	370	315
Buckhorn New Model Frame SAA	425	360	305	260	220
Buckhorn Buntline SAA	415	355	300	255	215

	NIB	EXC	VG	G	F
1873 CATTLEMAN FLAT-TOP SAA ("FIRST ISSUE")	435	370	315	265	225
1873 Cattleman SAA With Steel Grip Strap and Trigger	555	470	400	340	290
1873 Cattleman SAA With Brass Grip Strap and Trigger	585	495	425	360	305
1873 Cattleman SAA Polished Nickel New Model	610	520	440	375	320
1873 Cattleman SAA Stainless Steel	660	560	475	405	345
1873 Cattleman Stainless Engraved	1000	850	725	615	525
1873 Cattleman SAA Matched Set	900	765	650	555	470
1873 Cattleman SAA Engraved	1195	1015	865	735	625
1873 Cattleman SAA Target Model	650	555	470	400	340
1873 CATTLEMAN .22 REVOLVER	560	475	405	345	295
1873 CATTLEMAN U.S. SAA CAVALRY	515	440	370	315	270
1873 CATTLEMAN ARTILLERY SAA	720	610	520	440	375
1873 CATTLEMAN BIRD'S HEAD SAA	635	540	460	390	330
1873 CATTLEMAN BISLEY SAA	550	470	395	340	290
1873 Cattleman Bisley Flat-Top SAA	640	545	460	395	335
1873 CATTLEMAN BUNTLINE SAA	680	580	490	420	355
1873 Cattleman Buntline Carbine SAA	595	505	430	365	310
1873 CATTLEMAN CALLAHAN SAA	530	450	385	325	275
1873 CATTLEMAN CHARCOAL BLUE OLD MODEL	730	620	525	450	385
1873 CATTLEMAN CHISHOLM SAA	600	510	435	370	315
1873 CATTLEMAN CODY NEW MODEL SAA	920	780	665	565	480
1873 Cattleman Cody Limited Edition Set	1500	1275	1085	920	780
1873 CATTLEMAN COWBOY MOUNTED SHOOTER	680	580	490	420	355
1873 CATTLEMAN DESPERADO SAA	900	765	650	555	470
1873 CATTLEMAN EL PATROL	530	450	385	325	275
1873 CATTLEMAN EL PATRON SAA	640	545	460	395	335
1873 Cattleman El Patron Cowboy Mounted Shooter	545	465	395	335	285
1873 Cattleman El Patron Competition	700	595	505	430	365
1873 CATTLEMAN EL PATRON GRIZZLY PAW NEW	640	545	460	395	335
1873 CATTLEMAN FRISCO SAA	880	750	635	540	460
1873 CATTLEMAN GUNFIGHTER SAA	605	515	435	370	315
1873 CATTLEMAN HOMBRE SAA	530	450	385	325	275
1873 CATTLEMAN MILLENIUM SAA	360	305	260	220	185
1873 CATTLEMAN NEW MODEL SPECIAL EDITION	1100	935	795	675	575
1873 CATTLEMAN OLD WEST SAA	685	580	495	420	355
1873 CATTLEMAN SHORT STROKE COWBOY	610	520	440	375	320
1873 Cattleman Short Stroke CMS Kenda Lenseigne	740	630	535	455	385
1873 CATTLEMAN SHORT STROKE SASS PRO NEW	720	610	520	440	375
1873 Cattleman Short Stroke SASS Pro Nickel	750	640	540	460	390
1873 CATTLEMAN SHERIFF'S MODEL SAA	800	680	580	490	415
1873 CATTLEMAN SAA REVOLVER CARBINE	785	665	565	480	410
1873 CATTLEMAN STUD SAA	950	810	685	585	495
1873 CATTLEMAN II SAA MATCHED SET	1080	920	780	665	565
1873 CATTLEMAN II NEW MODEL BRASS	540	460	390	330	280
1873 CATTLEMAN II NEW MODEL STEEL	560	475	405	345	295
1873 STALLION COLT SAA	460	390	330	280	240
1873 Stainless Colt Stallion SAA	650	555	470	400	340
1873 STALLION STEEL GRIP STRAP/TG SAA	460	390	330	280	240
1873 Stallion Brass Grip Strap/TG SAA	580	495	420	355	300
1873 Stallion Bird's Head SAA OWD	625	530	450	385	325
1873 Stallion Conversion SAA	525	445	380	320	270
1873 CATTLEMAN .22 LR SAA	490	415	355	300	255
1873 HORSEMAN SAA	500	425	360	305	260
1875 REMINGTON ARMY/FRONTIER SA	590	500	425	360	305
1875 Remington SA Carbine	590	500	425	360	305
1890 REMINGTON POLICE SA	460	390	330	280	240
PHANTOM MODEL SAA	425	360	305	260	220
1874 SCHOFIELD RUSSIAN SA	650	555	470	400	340
1875 SCHOFIELD SA	875	745	630	535	455
RUSSIAN NEW MODEL NO. 3 SA	1115	950	805	685	580
1875 NO. 3 SECOND MODEL TOP BREAK SA	1280	1090	925	785	665
1875 No. 3 Second Model Top Break Nickel	1570	1335	1135	965	820
1875 No. 3 Second Model Top Break Premium	1800	1530	1300	1105	940

	NIB	EXC	VG	G	F
REVOLVERS: REPRODUCTIONS, OUTLAWS & LAWMEN SERIES					
1851 NAVY CONVERSION OUTLAWS & LAWMEN "WILD	805	685	580	495	420
1873 SINGLE ACTION CATTLEMAN NEW MODEL	830	705	600	510	435
1873 SINGLE ACTION CATTLEMAN OUTLAWS &	1170	995	845	720	610
1873 SINGLE ACTION CATTLEMAN NEW MODEL	870	740	630	535	455
1873 SINGLE ACTION CATTLEMAN NEW MODEL	840	715	605	515	440
1873 CATTLEMAN OUTLAWS & LAWMEN "TEDDY"	1250	1065	905	770	655
1875 NO. 3 2ND MODEL TOP-BREAK OUTLAWS &	1580	1345	1140	970	825
1875 SINGLE ACTION ARMY OUTLAWS & LAWMEN	950	810	685	585	495
RIFLES/CARBINES: REPRODUCTIONS, LEVER ACTION					
SILVERBOY RIFLE	550	470	395	340	290
1860 HENRY RIFLE/CARBINE	1300	1105	940	800	680
1860 Henry Carbine Trapper	1285	1090	930	790	670
1860 Henry Rifle/Carbine 1 of 1,000	1475	1255	1065	905	770
1866 YELLOWBOY CARBINE	1140	970	825	700	595
1866 Yellowboy Carbine Trapper	1040	885	750	640	545
1866 Yellowboy Carbine Indian	1255	1065	905	770	655
1866 Yellowboy Carbine Red Cloud Commemorative	955	810	690	585	495
1866 YELLOWBOY DELUXE RIFLE	1465	1245	1060	900	765
1866 YELLOWBOY SPORTING RIFLE	1180	1005	855	725	615
1866 Sporting Rifle Deluxe Uberti Model	1195	1015	865	735	625
1866 Sporting Rifle "L.D. Nimschke" Special Edition	1895	1610	1370	1165	990
1866 Sporting Rifle Yellowboy Indian Rifle	1350	1150	975	830	705
1866 YELLOWBOY SHORT RIFLE BRASS	1140	970	825	700	595
1866 FLATSIDE	1200	1020	865	735	625
1866 MUSKET	1080	920	780	665	565
1873 125TH ANNIVERSARY	1800	1530	1300	1105	940
1873 150TH ANNIVERSARY RIFLE	1470	1250	1060	905	770
1873 CARBINE	900	765	650	555	470
1873 Carbine Trapper	900	765	650	555	470
1873 COMPETITION RIFLE	1305	1110	945	800	680
1873 LIMITED EDITION SHORT RIFLE DELUXE	1730	1470	1250	1060	900
1873 MUSKET	800	680	580	490	415
1873 SPORTING RIFLE	1215	1035	880	745	635
1873 Special Sporting Rifle Steel	1280	1090	925	785	665
1873 Special Sporting Short Rifle Steel	1370	1165	990	840	715
1873 TRAPPER RIFLE	1150	980	830	705	600
1876 CENTENNIAL RIFLE	1335	1135	965	820	695
1883 BURGESS LEVER ACTION RIFLE/CARBINE	2850	2425	2060	1750	1490
1886 WINCHESTER HUNTER LITE	1870	1590	1350	1150	980
1886 WINCHESTER SPORTING	2060	1750	1490	1265	1075
RIFLES/CARBINES: REPRODUCTIONS, SINGLE SHOT					
1871 ROLLING BLOCK TARGET CARBINE/RIFLE	465	395	335	285	240
1871 ROLLING BLOCK HUNTER CARBINE	600	510	435	370	315
1871 ROLLING BLOCK HUNTER CARBINE RIMFIRE	690	585	500	425	360
1874 SHARPS CARBINE RIFLE	1560	1325	1125	960	815
1874 Sharps Buffalo Hunter	2835	2410	2050	1740	1480
1874 Sharps Deluxe Rifle	1685	1430	1215	1035	880
1874 Sharps Down Under	2650	2255	1915	1625	1380
1874 Sharps Extra Deluxe Rifle	4300	3655	3105	2640	2245
1874 Sharps Special Rifle	1935	1645	1400	1190	1010
SPRINGFIELD TRAPDOOR CARBINE/RIFLE	2110	1795	1525	1295	1100
1885 WINCHESTER HIGH WALL CARBINE	900	765	650	555	470
1885 Winchester High Wall Sporting Rifle	1100	935	795	675	575
1885 Winchester High Wall Special Sporting Rifle	1100	935	795	675	575
1885 WINCHESTER HIGH WALL BIG GAME RIFLE	965	820	695	595	505
1885 HIGH WALL COURTENEY STALKING RIFLE	1460	1240	1055	895	760
RIFLES/CARBINES: REPRODUCTIONS, SLIDE ACTION					
COLT LIGHTNING CARBINE/RIFLE	995	845	720	610	520
SHOTGUNS: SxS					
DOUBLE BARREL	625	530	450	385	325

	NIB	EXC	VG	G	F
UINTAH PRECISION					
UP-10	2025	1720	1465	1245	1060
UP-15	1700	1445	1230	1045	890
UP AR-15	1225	1040	885	750	640
ULTIMATE FIREARMS					
GAME BREAKER	2100	1785	1515	1290	1095
ULTRA LIGHT ARMS, INC.					
PISTOLS: BOLT ACTION					
MODEL 20 HUNTERS PISTOL	1350	1150	975	830	705
MODEL 20 REB	1500	1275	1085	920	780
RIFLES: BOLT ACTION					
ULTRA LIGHT RIFLE MODELS					
MODEL 20	2500	2125	1805	1535	1305
Model 20 RF	1350	1150	975	830	705
MODEL 24	3000	2550	2170	1840	1565
MODEL 28 MAGNUM	3250	2765	2350	1995	1695
MODEL 40 MAGNUM	3250	2765	2350	1995	1695
ULTRAMATIC/WOLF					
ULTRAMATIC PISTOL	1750	1490	1265	1075	915
UNDERGROUND TACTICAL					
PISTOLS: SEMI-AUTO					
HOOWEASEL	1600	1360	1155	985	835
WHISTLE PIG	1525	1295	1100	935	795
RIFLES: SEMI-AUTO					
APOCALYPTO/MAQUINA DE LA MUERTE LIMITED	9200	7820	6645	5650	4805
MUERTE	1525	1295	1100	935	795
STUPID CHICKEN	1800	1530	1300	1105	940
SWAMP DONKEY	1250	1065	905	770	655
UNIQUE-ARS					
TG20	1,495	1270	1080	920	780
UNIQUE AR-15	1,755	1490	1270	1080	920
Badlands	2700	2295	1950	1660	1410
Delta	1350	1150	975	830	705
UNITED STATES FIRE ARMS MFG. CO., INC./USFA					
PISTOLS: SEMI-AUTO					
1910 COMMERCIAL MODEL	1850	1575	1335	1135	965
1911 MILITARY MODEL	1650	1405	1190	1015	865
1911 SUPER 38	1750	1490	1265	1075	915
REVOLVERS					
SHOOTING MASTER	1350	1150	975	830	705
SPARROWHAWK	1350	1150	975	830	705
REVOLVERS: SAA					
COLT 1851 RICHARDS NAVY CONVERSION	1175	1000	850	720	610
THE SINGLE ACTION	1050	895	760	645	550
SINGLE ACTION ARMY PREMIUM GRADE	1000	850	725	615	525
SAA Flat-top Target	1650	1405	1190	1015	865
SAA U.S. Pre-War	1500	1275	1085	920	780
SAA New Buntline Special	2150	1830	1555	1320	1120
CUSTER BATTLEFIELD GUN	1600	1360	1155	985	835
PATRIOT SERIES	1125	955	815	690	585
GOVERNMENT INSPECTOR SERIES	1500	1275	1085	920	780
BISLEY MODEL SAA	1600	1360	1155	985	835

	NIB	EXC	VG	G	F
BIRDSHEAD MODEL SAA	1500	1275	1085	920	780
CHINA CAMP	1350	1150	975	830	705
SHERIFF'S MODEL	1050	895	760	645	550
RODEO	700	595	505	430	365
Rodeo II	750	640	540	460	390
COWBOY	925	785	670	570	485
Cowboy Convertible	1250	1065	905	770	655
GUNSLINGER	1250	1065	905	770	655
DOUBLE EAGLE	1225	1040	885	750	640
OLD ARMORY ORIGINAL	1895	1610	1370	1165	990
OMNI-POTENT SIX SHOOTER	1500	1275	1085	920	780
OMNI-POTENT SNUBNOSE	1450	1235	1050	890	755
PLINKER	1050	895	760	645	550
USFA 12/22	950	810	685	585	495
HUNTER	1000	850	725	615	525
JOHN WAYNE CENTENNIAL LTD. ED.	4500	3825	3250	2765	2350
JOHN WAYNE RED RIVER D CLASSIC	1725	1465	1245	1060	900
SHOT PISTOL	2000	1700	1445	1230	1045
RIFLES/CARBINES: REPRODUCTIONS, LEVER ACTION					
STANDARD LIGHTNING MAGAZINE RIFLE	1500	1275	1085	920	780
Standard Lightning Deluxe Rifle	2500	2125	1805	1535	1305
STANDARD LIGHTNING MAGAZINE CARBINE	1500	1275	1085	920	780
STANDARD LIGHTNING COWBOY RIFLE/CARBINE	1350	1150	975	830	705

UNIVERSAL FIREARMS

PISTOLS: SEMI-AUTO

	NIB	EXC	VG	G	F
MODEL 3000 ENFORCER PISTOL Blue Finish	600	510	435	370	315
MODEL 3000 ENFORCER PISTOL Nickel Plated	725	615	525	445	380
MODEL 3000 ENFORCER PISTOL Gold Plated	850	725	615	520	440
MODEL 3000 ENFORCER PISTOL Stainless Steel	775	660	560	475	405
RIFLES/CARBINES: SEMI-AUTO					
1000 MILITARY	550	470	395	340	290
MODEL 1003	550	470	395	340	290
Model 1010	575	490	415	355	300
Model 1015	600	510	435	370	315
1005 DELUXE	600	510	435	370	315
1006 STAINLESS	650	555	470	400	340
1020 TEFLON	600	510	435	370	315
1025 FERRET A	550	470	395	340	290
2200 LEATHERNECK	450	385	325	275	235
5000 PARATROOPER	650	555	470	400	340
5006 PARATROOPER STAINLESS	750	640	540	460	390
1981 COMMEMORATIVE CARBINE	800	680	580	490	415
RIFLES: SLIDE ACTION					
MODEL 440 VULCAN	450	385	325	275	235
SHOTGUNS					
MODEL 7312 O/U	1350	1150	975	830	705
MODEL 7412 O/U	1100	935	795	675	575
MODEL 7712 O/U	600	510	435	370	315
MODEL 7812 O/U	700	595	505	430	365
MODEL 7912 O/U	1350	1150	975	830	705
MODEL 7112 SxS	450	385	325	275	235
DOUBLE WING SxS	450	385	325	275	235
Double Wing SxS	500	425	360	305	260
MODEL 7212 SINGLE BARREL TRAP	1250	1065	905	770	655

USA TACTICAL FIREARMS

	NIB	EXC	VG	G	F
MODEL USA-15 PACKAGE A	1050	895	760	645	550
Model USA-15 Package B	1175	1000	850	720	610
Model USA-15 Package C	1100	935	795	675	575
MODEL USA-15 PACKAGE D	1200	1020	865	735	625

	NIB	EXC	VG	G	F
USAS 12					
USAS 12	5000	4250	3615	3070	2610
USFA/ZIP FACTORY, LLC					
ZIP .22	300	255	215	185	155
UTAS					
DAVIDSON'S UT9-M MINI	725	615	525	445	380
UT9-M	725	615	525	445	380
XTR-12	800	680	580	490	415
UTS-15/UTS-9	995	845	720	610	520
VALKYRIE ARMS LTD.					
PISTOLS: SEMI-AUTO					
M3A1 GREASE GUN	1,250	1065	905	770	655
STEN MKII	1065	905	770	655	555
RIFLES/CARBINES: SEMI-AUTO					
M3A1 GREASE GUN	1320	1120	955	810	690
STEN MKII CARBINE	1230	1045	890	755	640
DELISLE COMMANDO CARBINE	2125	1805	1535	1305	1110
VALMET, INC.					
RIFLES: SEMI-AUTO					
HUNTER MODEL	2000	1700	1445	1230	1045
M62/S	5500	4675	3975	3380	2875
M71/S	2800	2380	2025	1720	1460
MODEL 76	3750	3190	2710	2305	1960
MODEL 78	3600	3060	2600	2210	1880
MODEL 82 BULLPUP	4200	3570	3035	2580	2195
SHOTGUNS/RIFLES: O/U					
LION MODEL	800	680	580	490	415
MODEL 412 O/U SHOOTING SYSTEM					
Model 412S O/U Shooting System Field Grade	950	810	685	585	495
Model 412S O/U Shooting System Field and Target	850	725	615	520	440
Model 412ST O/U Shooting System Trap and Skeet	1150	980	830	705	600
Model 412ST O/U Shooting System Premium Grade	1475	1255	1065	905	770
Model 412S O/U Shooting System Combination Gun	1125	955	815	690	585
Model 412S O/U Shooting System Double Rifle	1175	1000	850	720	610
Model 412K O/U Shooting System Double Rifle	880	750	635	540	460
VALOR ARMS					
OVR-16	2100	1785	1515	1290	1095
VALTRO					
1998 A1 .45 ACP	6000	5100	4335	3685	3130
TACTICAL 98 SHOTGUN	650	555	470	400	340
PM5	1000	850	725	615	525
AM5	995	845	720	610	520
VARNER SPORTING ARMS, INC.					
VARNER FAVORITE HUNTER	400	340	290	245	210
Varner Favorite Hunter Deluxe	500	425	360	305	260
Varner Favorite Hunter Presentation Grade	600	510	435	370	315
PRESENTATION ENGRAVED Grade 1	1000	850	725	615	525
PRESENTATION ENGRAVED Grade 2	1250	1065	905	770	655
PRESENTATION ENGRAVED Grade 3	1500	1275	1085	920	780

	NIB	EXC	VG	G	F

VERITAS TACTICAL

PISTOLS: SEMI-AUTO

	NIB	EXC	VG	G	F
VT15 ASKARI ELITE 7P	2300	1955	1660	1410	1200
VT15 DUTY READY SERIES					
Duty Ready 10P/12P	1075	915	775	660	560
Duty Ready 45P/53P/53PS/55P/57P	1075	915	775	660	560
Duty Ready 75P/83P	1075	915	775	660	560

RIFLES: SEMI-AUTO

	NIB	EXC	VG	G	F
DUTY READY SERIES	1075	915	775	660	560

VICKERS LIMITED

	NIB	EXC	VG	G	F
JUBILEE SINGLE SHOT TARGET RIFLE	650	555	470	400	340
EMPIRE MODEL	600	510	435	370	315

VICTORY ARMS CO. LIMITED

MODEL MC5	No Production Data Available

VIGILANCE RIFLES INC.

RIFLES: BOLT ACTION

	NIB	EXC	VG	G	F
MODEL 12 WINDRUNNER	4000	3400	2890	2455	2085
MODEL 18 WINDRUNNER	4000	3400	2890	2455	2085

RIFLES: SEMI-AUTO

	NIB	EXC	VG	G	F
M14	17000	14450	12285	10440	8875
M20	2550	2170	1840	1565	1330
VR1	15300	13005	11055	9395	7985

VIRGIN VALLEY CUSTOM GUNS

SAFARI RIFLE	Custom Order Only

VLTOR WEAPON SYSTEMS

PISTOLS: SEMI-AUTO

	NIB	EXC	VG	G	F
VWS-IX DEFENDER AR PISTOL	1275	1085	920	785	665
VWS-IX WARRIOR AR PISTOL	1400	1190	1010	860	730
VWS-VII WARRIOR AR PISTOL	1400	1190	1010	860	730
VWS-XII DEFENDER AR PISTOL	1275	1085	920	785	665
VWS-XII WARRIOR AR PISTOL	1400	1190	1010	860	730

CARBINES: SEMI-AUTO

	NIB	EXC	VG	G	F
TS3 CARBINE	2200	1870	1590	1350	1150
XVI DEFENDER	1575	1340	1140	965	820
XVI WARRIOR	2175	1850	1570	1335	1135

VOLCANIC

PISTOLS: CARTRIDGE, LEVER ACTION

	NIB	EXC	VG	G	F
NAVY PISTOL NO. 1		20000	15000	8000	6800
NAVY PISTOL NO. 2		22500	15000	7000	5950
NAVY PISTOL NO. 3		35000	28700	25400	21590
NEW HAVEN NO. 1 3 1/2 IN.		15000	10000	6000	5100
NEW HAVEN NO. 1 6 IN.		16000	12000	8000	6800
NEW HAVEN NO. 2		22500	15000	10000	8500

CARBINES: CARTRIDGE, LEVER ACTION

	NIB	EXC	VG	G	F
NAVY CARBINE		25000	20000	15000	12750
NEW HAVEN PISTOL CARBINE		40000	30000	20000	17000
NEW HAVEN CARBINES					
16 in. Model		30000	20000	15000	12750
21 in. Model		30000	20000	15000	12750
25 in. Model		40000	30000	20000	17000

VOLQUARTSEN CUSTOM (LTD.)

	NIB	EXC	VG	G	F
PISTOLS: SEMI-AUTO					
MINI SCORPION	1260	1070	910	775	660
BLACK MAMBA	1230	1045	890	755	640
CHEETAH	825	700	595	505	430
CLASSIC PISTOL	1335	1135	965	820	695
ENV	1190	1010	860	730	620
MAMBA-TF (HABU)	1320	1120	955	810	690
MAMBA-TFX	1275	1085	920	785	665
MAMBA-X	1200	1020	865	735	625
MINI MAMBA	1225	1040	885	750	640
PREDATOR	1150	980	830	705	600
SCORPION	1230	1045	890	755	640
Scorpion .22 WMR Competition Pistol	1650	1405	1190	1015	865
Scorpion American Flag	1625	1380	1175	1000	850
Scorpion Battleworn	1575	1340	1140	965	820
Scorpion FTV Model	1225	1040	885	750	640
Scorpion Limited Model	1175	1000	850	720	610
Scorpion Open Model	1140	970	825	700	595
Scorpion MKIII LLV 4.5 In. Target	1125	955	815	690	585
Scorpion MKIII LLV 6 In. Target	1175	1000	850	720	610
Scorpion-X	1200	1020	865	735	625
V-10X	1025	870	740	630	535
RIFLES: BOLT ACTION					
SUMMIT RIFLE	1175	1000	850	720	610
RIFLES: SEMI-AUTO					
BATTLEWORN	1750	1490	1265	1075	915
CLASSIC 17 WSM	1460	1240	1055	895	760
CLASSIC STAINLESS	1375	1170	995	845	720
DELUXE STAINLESS	1495	1270	1080	920	780
EVOLUTION MODEL	2125	1805	1535	1305	1110
IF-5 STAINLESS	1525	1295	1100	935	795
INFERNO	1900	1615	1375	1165	990
FUSION TAKE DOWN MODEL	1725	1465	1245	1060	900
LIGHTWEIGHT	1450	1235	1050	890	755
OPEN SIGHT	1450	1235	1050	890	755
SF-1 STAINLESS	1525	1295	1100	935	795
SIGNATURE SERIES	2075	1765	1500	1275	1085
SUPERLITE	1335	1135	965	820	695
TF SERIES	1075	915	775	660	560
ULTRALITE	1275	1085	920	785	665
VF-ORYX/VF-ORYX S	1785	1515	1290	1095	930
VG-1	1450	1235	1050	890	755
VM-22 Rifle	1350	1150	975	830	705
VT2 TAKEDOWN	1925	1635	1390	1180	1005

VOLUNTEER ENTERPRISES

COMMANDO MARK III CARBINE	750	640	540	460	390
COMMANDO MARK 9	750	640	540	460	390

VOUZELAUD

MODEL 315 E	2000	1700	1445	1230	1045
MODEL 315 EL	2250	1915	1625	1380	1175
MODEL 315 EG	2750	2340	1985	1690	1435
MODEL 315 EGL-S	2950	2510	2130	1810	1540

VULCAN ARMAMENT, INC.

RIFLES: BOLT ACTION					
V50 SERIES	1725	1465	1245	1060	900
RIFLES/CARBINES: SEMI-AUTO					
V15 9MM CARBINE SERIES	745	635	540	460	390
V15 DISPATCHER SERIES	850	725	615	520	440

Model	NIB	EXC	VG	G	F
V15 M4 CARBINE SERIES	850	725	615	520	440
V15 POLYMER SERIES	595	505	430	365	310
V15 TARGET RIFLE	850	725	615	520	440
V15 VARMINATOR SERIES	850	725	615	520	440
V15 200 SERIES	915	780	660	560	475
V15 200 Piston Series	1050	895	760	645	550
V15 202 MODULAR CARBINE	785	665	565	480	410
V18 SERIES	765	650	555	470	400
V73 SERIES	1275	1085	920	785	665

WALTHER

PISTOLS: SEMI-AUTO, PRE-WAR & WWII MFG.

Model	NIB	EXC	VG	G	F
MODEL 1	1200	1020	865	735	625
MODEL 2	850	725	615	520	440
Model 2 Early	3000	2550	2170	1840	1565
MODEL 3	4500	3825	3250	2765	2350
MODEL 4	750	640	540	460	390
MODEL 5	650	555	470	400	340
MODEL 6	12500	10625	9030	7675	6525
MODEL 7	850	725	615	520	440
MODEL 8	750	640	540	460	390
MODEL 9 VEST POCKET	750	640	540	460	390
MODEL P38/P.38	Refer to P.38 & Vars. Section				
MODEL PP DOUBLE ACTION .22 LR	2000	1700	1445	1230	1045
MODEL PP DOUBLE ACTION .32 ACP	1150	980	830	705	600
MODEL PP DOUBLE ACTION .380 ACP	2300	1955	1660	1410	1200
Model PP .32 ACP Bottom Release Magazine	1750	1490	1265	1075	915
Model PP .380 ACP Bottom Release Magazine	3000	2550	2170	1840	1565
Model PP Pre-War Persian Contract	5500	4675	3975	3380	2875
Model PP Pre-War Verchromt .32 or .380 ACP cal.	3500	2975	2530	2150	1830
Model PP Pre-War Stoeger	2500	2125	1805	1535	1305
MODEL PP WARTIME PRODUCTION					
Model PP "Waffenampt" Proofed, .32 ACP	1550	1320	1120	950	810
Model PP "Waffenampt" Proofed .380 ACP	4000	3400	2890	2455	2085
Model PP "Eagle N" Proofed .32 ACP	900	765	650	555	470
Model PP "Eagle N" Proofed .22 LR	1500	1275	1085	920	780
Model PP "Eagle C & F" Marked (Nazi Police)	2300	1955	1660	1410	1200
Model PP RFV Marked	2750	2340	1985	1690	1435
Model PP RJ Marked	2500	2125	1805	1535	1305
Model PP SA Marked	3250	2765	2350	1995	1695
Model PP NSKK Marked	5500	4675	3975	3380	2875
Model PP RRZ Proofed	Rarity Precludes Pricing				
Model PP PDM Marked	2750	2340	1985	1690	1435
Model PP AC Marked	925	785	670	570	485
Model PP Czech. Contract	1500	1275	1085	920	780
Model PP Panagraph Slide	2000	1700	1445	1230	1045
Model PP Danish Rplt.	1500	1275	1085	920	780
MODEL PP LIGHTWEIGHT	1750	1490	1265	1075	915
MODEL PPK PRE-WAR PRODUCTION .22 LR	3000	2550	2170	1840	1565
MODEL PPK PRE-WAR PRODUCTION .25 ACP	18000	15300	13005	11055	9395
MODEL PPK PRE-WAR PRODUCTION .32 ACP	2250	1915	1625	1380	1175
MODEL PPK PRE-WAR PRODUCTION .380 ACP	5500	4675	3975	3380	2875
MODEL PPK WARTIME PRODUCTION					
Model PPK Commercial "Eagle N" Proofed .22 LR	3000	2550	2170	1840	1565
Model PPK Commercial "Eagle N" Proofed .32 ACP	1800	1530	1300	1105	940
Model PPK Commercial "Eagle N" Proofed .380 ACP	4500	3825	3250	2765	2350
Model PPK Waffenamt Proofed With High Polish Finish	3250	2765	2350	1995	1695
Model PPK "Eagle C" Marked	2600	2210	1880	1595	1355
Model PPK "Eagle F" Marked	3500	2975	2530	2150	1830
Model PPK RZM Marked	3750	3190	2710	2305	1960
Model PPK Party Leader	17000	14450	12285	10440	8875
Model PPK RFV Marked	3500	2975	2530	2150	1830

	NIB	EXC	VG	G	F
Model PPK PDM Marked	3500	2975	2530	2150	1830
Model PPK DRP Marked	3250	2765	2350	1995	1695
Model PPK Panagraph Slide	2250	1915	1625	1380	1175
Model PPK Verchromt	4500	3825	3250	2765	2350
Model PPK "K" Suffix	2500	2125	1805	1535	1305
Model PPK "W" Suffix	1500	1275	1085	920	780
Model PPK Early 90 Degree Safety	2300	1955	1660	1410	1200
Model PPK Early Bottom Release Mag.	3750	3190	2710	2305	1960
Model PPK 7-Digit Ser. No.	2250	1915	1625	1380	1175
Model PPK Dural Frame .32 ACP	2500	2125	1805	1535	1305
Model PPK Dural Frame .380 ACP	6000	5100	4335	3685	3130
Model PPK Dural Frame .22 LR	3500	2975	2530	2150	1830
Model PPK Czech Contract	2250	1915	1625	1380	1175
Model PPK Danish Rplt.	1750	1490	1265	1075	915
MODEL PPK LIGHTWEIGHT	Add 20% to .32cal				
MODEL 1925	2500	2125	1805	1535	1305
1932 OLYMPIA MODEL	3600	3060	2600	2210	1880
1936 OLYMPIA MODEL	3600	3060	2600	2210	1880
1936 OLYMPIA "JÄGERSCHAFTS" HUNTING MODEL	3250	2765	2350	1995	1695
OLYMPIA RAPID FIRE MODEL	3000	2550	2170	1840	1565
1936 OLYMPIA FÜNFKAMPF MODEL	3250	2765	2350	1995	1695

PISTOLS: SEMI-AUTO, POST-WAR

	NIB	EXC	VG	G	F
CCP (CONCEALED CARRY PISTOL)	445	380	320	275	235
CCP M2	470	400	340	290	245
CCP M2+	470	400	340	290	245
CREED	375	320	270	230	195
MODEL PP & VARIATIONS					
Model PP .380 ACP cal.	850	725	615	520	440
Model PP .32 ACP cal.	700	595	505	430	365
Model PP .22 LR cal.	900	765	650	555	470
Model PP Blue Engraved	1600	1360	1155	985	835
Model PP Chrome Engraved	1700	1445	1230	1045	890
Model PP Silver Engraved	1950	1660	1410	1200	1020
Model PP Gold Engraved	2150	1830	1555	1320	1120
Model PP Manurhin	800	680	580	490	415
Model PP 50th Anniversary Commemorative	1750	1490	1265	1075	915
Model PP "100 Jahre" 1886-1986 Plastic Grips	1200	1020	865	735	625
Model PP "100 Jahre" 1886-1986 Extended Wood Grips	1350	1150	975	830	705
Model PP Last Edition	1500	1275	1085	920	780
PP SPORT Manhurin Mfg.	1100	935	795	675	575
PP SPORT Mark II (1955-57)	1250	1065	905	770	655
PP SPORT Walther Mfg.	1400	1190	1010	860	730
PP Sport "C" Model C	1250	1065	905	770	655
MODEL PP SUPER	950	810	685	585	495
Model PP Super Ultra/Police	700	595	505	430	365
Model PP Super Super-Cutaway	850	725	615	520	440
MODEL PPK .32 ACP	775	660	560	475	405
MODEL PPK .22 LR	1200	1020	865	735	625
MODEL PPK .380 ACP	1200	1020	865	735	625
MODEL PPK Blue Engraved	1675	1425	1210	1030	875
MODEL PPK Silver Engraved	1950	1660	1410	1200	1020
MODEL PPK Gold Endgraved	2275	1935	1645	1395	1185
MODEL PPK LAST EDITION					
MODEL PPK LIGHTWEIGHT	995	845	720	610	520
MODEL PPK: 1980-CIRCA 1999 U.S. MFG.	750	640	540	460	390
MODEL PPK: 2001-2012 U.S. MFG.	450	385	325	275	235
MODEL PPK STAINLESS: 1996-CIRCA 1999 U.S. MFG.	750	640	540	460	390
MODEL PPK STAINLESS: 2001-2012 U.S. MFG.	475	405	345	290	245
MODEL PPK: 2019-CURRENT U.S. MFG.	870	740	630	535	455
MODEL PPK (RECENT MFG.)	565	480	410	345	295
Model PPK 75th Anniversary	875	745	630	535	455
MODEL PPK/E	525	445	380	320	270
MODEL PPK/S & VARIATIONS					

Model	NIB	EXC	VG	G	F
American Model PPK/S	450	385	325	275	235
Model PPK/S Stainless U.S. Mfg.	750	640	540	460	390
Model PPK/S Stainless U.S. Mfg.	450	385	325	275	235
Model PPK/S (Current Mfg.)	870	740	630	535	455
Model PPK/S First Edition	700	595	505	430	365
Model PPK/S German .380 ACP	650	555	470	400	340
Model PPK/S German .32 ACP	850	725	615	520	440
Model PPK/S German .22 LR	725	615	525	445	380
Model PPK/S .22 LR	390	330	280	240	205
American Model PPK/S Blue Engraved	950	810	685	585	495
American Model PPK/S Gold-Engraved	1100	935	795	675	575
West German Model PPK/S Blue Engraved	1600	1360	1155	985	835
West German Model PPK/S Chrome Engraved	1700	1445	1230	1045	890
West German Model PPK/S Silver Engraved	1950	1660	1410	1200	1020
West German Model PPK/S Gold Engraved	2150	1830	1555	1320	1120
MANURHIN PPK/S					
PD380	385	325	280	235	200
PDP (PERFORMANCE DUTY PISTOL)	650	555	470	400	340
PDP Compact	650	555	470	400	340
PDP F-Series	650	555	470	400	340
PDP Pro SD	800	680	580	490	415
PDP Compact Pro SD	800	680	580	490	415
PK380	400	340	290	245	210
PPS	600	510	435	370	315
PPS M2	450	385	325	275	235
PPS M2 RMSC	595	505	430	365	310
PPQ	525	445	380	320	270
PPQ M2 CLASSIC	550	470	395	340	290
PPQ M2 .45	730	620	525	450	385
PPQ M2	550	470	395	340	290
PPQ M2 .22 LR Cal.	400	340	290	245	210
PPQ M2 SD Tactical .22 LR Cal.	450	385	325	275	235
PPQ M2 5 INCH	625	530	450	385	325
PPQ M2 Q4 TAC	625	530	450	385	325
PPQ M2 Q5 MATCH	980	835	710	600	510
PPQ M2 Q5 MATCH SF	1750	1490	1265	1075	915
PPQ M2 Q5 MATCH SF PRO	1875	1595	1355	1150	980
PPQ NAVY	595	505	430	365	310
PPQ M2 SC (SUB-COMPACT)	550	470	395	340	290
PPX M1	450	385	325	275	235
MODEL TP	950	810	685	585	495
MODEL TPH	1750	1490	1265	1075	915
AMERICAN MODEL TPH	900	765	650	555	470
American Model TPH Stainless	650	555	470	400	340
MODEL P.38 & VARIATIONS	Refer to P.38s & Vars. Section				
Model P.38 (Recent Importation)	850	725	615	520	440
MODELS P1 & P4	Refer to P.38s & Vars. Section				
MODEL P5	1950	1660	1410	1200	1020
Model P5 Compact	2500	2125	1805	1535	1305
Model P5 Long	5000	4250	3615	3070	2610
Model P5 100th Year Commemorative	2650	2255	1915	1625	1380
MODEL P5 - L102A1	3500	2975	2530	2150	1830
P22	325	275	235	200	170
P22 Tactical	350	300	255	215	185
P22 Target	375	320	270	230	195
P22 Military	325	275	235	200	170
P22Q(D)	340	290	245	210	180
P22Q(D) Tactical	380	325	275	235	200
SP22-M1	400	340	290	245	210
SP22-M2	400	340	290	245	210
SP22-M3 Target	500	425	360	305	260
SP22-M4 Match Sport	750	640	540	460	390
P88 & VARIATIONS	1500	1275	1085	920	780

	NIB	EXC	VG	G	F
P88 Compact	2350	2000	1700	1445	1230
P88 Champion	4500	3825	3250	2765	2350
P88 Competition	3000	2550	2170	1840	1565
P88 Sport	2450	2085	1770	1505	1280
P99 AS	750	640	540	460	390
P99 AS (Current Mfg.)	800	680	580	490	415
P99 Compact	650	555	470	400	340
P99 QSA	900	765	650	555	470
P99 2000 Commemorative	950	810	685	585	495
P99 La Chasse DU Engraved	1000	850	725	615	525
P99 La Chasse Engraved	1750	1490	1265	1075	915
P99 Canada Edition	1000	850	725	615	525
P99 Malta Arms Act Special Edition	950	810	685	585	495
P990	650	555	470	400	340
Q4 STEEL FRAME/Q4 STEEL FRAME OR	1550	1320	1120	950	810
Q4 TAC M1/Q4 TAC M2	680	580	490	420	355
Q5 MATCH SF ARABESQUE	27000	22950	19510	16580	14095
Q5 MATCH SF BLACK DIAMOND	2975	2530	2150	1825	1550
Q5 MATCH SF BLACK TIE	2425	2060	1750	1490	1265
Q5 MATCH SF PATRIOT	3600	3060	2600	2210	1880
Q5 MATCH SF VINTAGE	3780	3215	2730	2320	1970
WMP (WALTHER MAGNUM PISTOL)	470	400	340	290	245
PISTOLS: SEMI-AUTO, TARGET					
MODEL GSP TARGET STANDARD	1350	1150	975	830	705
Model GSP Target Junior	1350	1150	975	830	705
Model GSP-C Target	1350	1150	975	830	705
Model GSP Target Expert	1850	1575	1335	1135	965
Model GSPC Target Expert	2275	1935	1645	1395	1185
Model GSP Target Atlanta	1800	1530	1300	1105	940
Model GSP Target 25th Year Commemorative Special	2500	2125	1805	1535	1305
Model GSP-C Target 25th Year Commemorative Special	1995	1695	1440	1225	1040
Model GSP Target Special Anniversary Pistol/Rifle	5000	4250	3615	3070	2610
Model GSP Target Rifle Conversion Kit	995	845	720	610	520
MODEL KSP 200	500	425	360	305	260
MODEL OSP	1500	1275	1085	920	780
MODEL SSP EXPERT	2150	1830	1555	1320	1120
WALTHER/HAMMERLI MODEL SP 20 RRS	1750	1490	1265	1075	915
FREE PISTOL	1850	1575	1335	1135	965
RIFLES: DISC.					
MODEL B	800	680	580	490	415
MODEL 1 AUTOLOADING	950	810	685	585	495
MODEL 2 AUTOLOADING	1050	895	760	645	550
MODEL V CHAMPION	700	595	505	430	365
MODEL DSM 34	1050	895	760	645	550
MODEL KKM INTERNATIONAL MATCH	1500	1275	1085	920	780
MODEL KKM-S	1650	1405	1190	1015	865
MODEL KKJ SPORTER	950	810	685	585	495
MODEL KKJ-MA	900	765	650	555	470
MODEL KKJ-HO	1000	850	725	615	525
MODEL KKW	2000	1700	1445	1230	1045
MODEL SSV VARMINT	750	640	540	460	390
MODEL UIT BV UNIVERSAL	1750	1490	1265	1075	915
MODEL UIT MATCH	1350	1150	975	830	705
Model UIT-E Match	1450	1235	1050	890	755
GX-1	2150	1830	1555	1320	1120
MODEL PRONE 400	850	725	615	520	440
MODEL KK/MS SILHOUETTE	1350	1150	975	830	705
RUNNING BOAR MODEL 500	1650	1405	1190	1015	865
MODEL WA-2000	35000	29750	25290	21495	18270
RIFLES: CURRENT/RECENT MFG.					
HAMMERLI TAC R1 22 C	450	385	325	275	235
MODEL G22 SEMI-AUTO	450	385	325	275	235
MODEL HK G36	525	445	380	320	270

	NIB	EXC	VG	G	F
MODEL KK100	3850	3275	2780	2365	2010
MODEL KK200	1250	1065	905	770	655
MODEL KK300	1500	1275	1085	920	780
MODEL KK CLUB SPORT RIFLE	525	445	380	320	270
MODEL GSP RIFLE	2400	2040	1735	1475	1255
SHOTGUNS: SxS					
MODEL WSF	900	765	650	555	470
MODEL WSFD	1150	980	830	705	600
SHOTGUNS: SEMI-AUTO					
WALTHER SEMI-AUTO	1000	850	725	615	525

WALTHER, FRENCH-MADE BY MANURHIN

	NIB	EXC	VG	G	F
MODEL PP	600	510	435	370	315
Model PP Collector	650	555	470	400	340
Model PP Presentation	800	680	580	490	415
Model PP Interarms Import	500	425	360	305	260
PP SPORT	1000	850	725	615	525
PP Sport-C	950	810	685	585	495
MODEL PPK	650	555	470	400	340
MODEL PPK/S	550	470	395	340	290
Model PPK/S Durgarde	600	510	435	370	315
Model PPK/S Collector	600	510	435	370	315
Model PPK/S Presentation	750	640	540	460	390
Model PPK/S Interarms Import	500	425	360	305	260

WARRIOR SYSTEMS MFG. INC.

	NIB	EXC	VG	G	F
WSM15 SERIES	1350	1150	975	830	705

WEATHERBY

	NIB	EXC	VG	G	F
DRILLINGS					
WEATHERBY DRILLING	2850	2425	2060	1750	1490
PISTOLS: BOLT ACTION					
SILHOUETTE PISTOL	3750	3190	2710	2305	1960
MARK V CFP (CENTERFIRE PISTOLS)	935	795	675	575	490
Mark V CFP Accumark	935	795	675	575	490
MARK V CFP (COMPACT FIRING PLATFORM)	1425	1210	1030	875	745
RIFLES: RIMFIRE					
MARK XXII CLIP MAG OR TUBE FEED SEMI-AUTO	875	745	630	535	455
MARK XXII BOLT ACTION	1400	1190	1010	860	730
RIFLES: BOLT ACTION, CUSTOM SHOP					
CHRIS KYLE LIMITED EDITION	3400	2890	2455	2090	1775
CROWN CUSTOM MODEL	8250	7015	5960	5065	4305
CUSTOM GRADE	4250	3615	3070	2610	2220
OUTFITTER CUSTOM	2650	2255	1915	1625	1380
OUTFITTER KREIGER CUSTOM	2995	2545	2165	1840	1565
TRCM (THREAT RESPONSE CUSTOM MAGNUM)	2325	1975	1680	1430	1215
RIFLES: BOLT ACTION, MARK V SERIES					
MARK V ACCUMARK (MAG. CALS.)	1950	1660	1410	1200	1020
Mark V Accumark (Reg. Cals.)	1950	1660	1410	1200	1020
MARK V ACCUMARK (CURRENT MFG.)	1875	1595	1355	1150	980
Mark V Accumark Limited	2200	1870	1590	1350	1150
MARK V ACCUMARK ELITE	2675	2275	1935	1645	1400
MARK V ACCUMARK PRO	2295	1950	1660	1410	1200
MARK V ACCUMARK RC (MAG. CALS.)	2385	2025	1725	1465	1245
MARK V ACCUMARK RC (REG. CALS.)	2385	2025	1725	1465	1245
MARK V ALTITUDE/ALTITUDE RC	2295	1950	1660	1410	1200
MARK V ARROYO/ARROYO RC	2385	2025	1725	1465	1245
MARK V BACKCOUNTRY	2125	1805	1535	1305	1110
Mark V Backcountry Ti	2850	2425	2060	1750	1490
MARK V BACKCOUNTRY 2.0	2295	1950	1660	1410	1200
Mark V Backcountry 2.0 Carbon	2800	2380	2025	1720	1460

Model	NIB	EXC	VG	G	F
Mark V Backcountry 2.0 Ti	2925	2485	2115	1795	1525
Mark V Backcountry 2.0 Ti Carbon	3275	2785	2365	2010	1710
MARK V CAMILLA DELUXE	2125	1805	1535	1305	1110
MARK V CAMILLA SUBALPINE	2295	1950	1660	1410	1200
MARK V CAMILLA ULTRA LIGHTWEIGHT	1750	1490	1265	1075	915
MARK V CARBONMARK	2250	1915	1625	1380	1175
MARK V CARBONMARK ELITE	3025	2570	2185	1860	1580
MARK V CARBONMARK PRO	2725	2315	1970	1675	1425
MARK V COWPOKE EDITION	2125	1805	1535	1305	1110
MARK V DGR (DANGEROUS GAME RIFLE) CUSTOM	2890	2455	2090	1775	1510
MARK V DELUXE					
Mark V Deluxe Short Action Cals.	2295	1950	1660	1410	1200
Mark V Deluxe .243 Win. or 6.5 Creedmoor Cal.	2200	1870	1590	1350	1150
Mark V Deluxe Wby. Mag. Cals.	2200	1870	1590	1350	1150
Mark V Deluxe .30-378 or .378 Wby. Mag. Cal.	2550	2170	1840	1565	1330
Mark V Deluxe .416 Wby. Mag. Cal.	2550	2170	1840	1565	1330
Mark V Deluxe .460 Wby. Mag. Cal.	2550	2170	1840	1565	1330
MARK V FIRST LITE/FIRST LITE RC	2200	1870	1590	1350	1150
MARK V HUNTER/MARK V HUNTER BRONZE	1275	1085	920	785	665
MARK V KCR/KCR RC (KRIEGER CUSTOM RIFLE)	3050	2595	2205	1875	1595
MARK V LAZERMARK	2385	2025	1725	1465	1245
Mark V Lazermark .378 Wby. Mag. or .416 Wby. Mag.	1850	1575	1335	1135	965
Mark V Lazermark .460 Wby. Mag. Cal.	2150	1830	1555	1320	1120
Mark V Lazermark Varmintmaster	1085	920	785	665	565
MARK V OUTFITTER/OUTFITTER RC	2385	2025	1725	1465	1245
MARK V ROYAL ULTRAMARK CUSTOM	5100	4335	3685	3130	2660
MARK V SAFARI GRADE CUSTOM	5875	4995	4245	3610	3070
MARK V SLS (STAINLESS LAMINATE SPORTER)	1125	955	815	690	585
MARK V SPM (SUPER PREDATORMASTER)	1375	1170	995	845	720
MARK V SPORTER (LONG ACTION)	1450	1235	1050	890	755
Mark V Sporter Standard Action	1000	850	725	615	525
MARK V SUBALPINE/SUBALPINE RC	2295	1950	1660	1410	1200
MARK V SVM (SUPER VARMINTMASTER)	1600	1360	1155	985	835
MARK V SVR (SPECIAL VARMINT RIFLE)	925	785	670	570	485
MARK V SVR (SPECIAL VARMINT RIFLE, MFG.	1025	870	740	630	535
MARK V TACMARK	3485	2960	2520	2140	1820
MARK V TACMARK ELITE	5350	4550	3865	3285	2790
MARK V TERRAMARK/TERRAMARK RC	2385	2025	1725	1465	1245
MARK V TRR CUSTOM MAGNUM	2385	2025	1725	1465	1245
MARK V TRR RC (RANGE CERTIFIED)	3575	3040	2585	2195	1865
MARK V TRR (THREAT RESPONSE RIFLE)	1400	1190	1010	860	730
MARK V ULTRA LIGHTWEIGHT	1950	1660	1410	1200	1020
MARK V ULTRA LIGHTWEIGHT RC	2000	1700	1445	1230	1045
MARK V ULTRAMARK (OLDER MFG.)	1125	955	815	690	585
MARK V ULTRAMARK (RECENT MFG.)	2675	2275	1935	1645	1400
MARK V WEATHERMARK	1450	1235	1050	890	755
Mark V Weathermark Bronze	1450	1235	1050	890	755
Mark V Weathermark LT	1785	1515	1290	1095	930
Mark V Weathermark Limited	2125	1805	1535	1305	1110
MARK V WYOMING GOLD EDITION COMMEMORATIVE	9000	7650	6505	5525	4695
MARK V WYOMING SILVER EDITION	5850	4975	4225	3595	3055
CLASSICMARK I	1075	915	775	660	560
Classicmark I .300 or .340 Wby. Mag. Cals.	1095	930	790	670	570
Classicmark I .378 Wby. Mag. Cal.	1125	955	815	690	585
Classicmark I .416 Wby. Mag. Cal.	1150	980	830	705	600
Classicmark I .460 Wby. Mag. Cal.	1250	1065	905	770	655
CLASSICMARK II	1525	1295	1100	935	795
Classicmark II .300 or .340 Wby. Mag. Cals.	1550	1320	1120	950	810
Classicmark II .378 Wby. Mag. Cal.	1700	1445	1230	1045	890
Classicmark II .416 Wby. Mag. Cal.	1875	1595	1355	1150	980
Classicmark II .460 Wby. Mag. Cal.	1925	1635	1390	1180	1005
Classicmark II Safari Classic	2300	1955	1660	1410	1200
EUROMARK	2000	1700	1445	1230	1045

	NIB	EXC	VG	G	F
Euromark .460 Wby. Mag. Cal.	1450	1235	1050	890	755
EUROSPORT	915	780	660	560	475
FIBERMARK	1195	1015	865	735	625
FIBERMARK (RECENT MFG.)	1275	1085	920	785	665
Fibermark Mark V Stainless	1075	915	775	660	560
SBGM (SUPER BIG GAME MASTER)	1375	1170	995	845	720
SYNTHETIC (MAG. CALS.)	1075	915	775	660	560
Synthetic (Standard Cals.)	1050	895	760	645	550
Synthetic Fluted	785	665	565	480	410
Synthetic Weathermark Alaskan Model	750	640	540	460	390
SYNTHETIC STAINLESS MODEL (MAG. CALS.)	1075	915	775	660	560
Synthetic Stainless (Standard Cals.)	975	830	705	600	510
Synthetic Fluted Stainless	1025	870	740	630	535
VARMINTMASTER	1075	915	775	660	560
WEATHERMARK	685	580	495	420	355
WHITETAIL	1150	980	830	705	600
1976 BICENTENNIAL MARK V	1495	1270	1080	920	780
1984 MARK V OLYMPIC COMMEMORATIVE	2000	1700	1445	1230	1045
MARK V 35TH ANNIVERSARY COMMEMORATIVE	2000	1700	1445	1230	1045
MARK V 40TH ANNIVERSARY COMMEMORATIVE	2000	1700	1445	1230	1045
MARK V 50TH ANNIVERSARY COMMEMORATIVE	2250	1915	1625	1380	1175
MARK V 70TH ANNIVERSARY COMMEMORATIVE	5450	4635	3940	3345	2845

RIFLES/CARBINES: BOLT ACTION, VANGUARD SERIES 1

	NIB	EXC	VG	G	F
VANGUARD	435	370	315	265	225
VANGUARD ALASKAN	625	530	450	385	325
VANGUARD AXIOM BIG GAME	875	745	630	535	455
VANGUARD AXIOM VARMINT	775	660	560	475	405
VANGUARD BACK COUNTRY CUSTOM	900	765	650	555	470
VANGUARD CARBINE	450	385	325	275	235
VANGUARD CLASSIC I	480	410	345	295	250
VANGUARD CLASSIC II	675	575	490	415	355
VANGUARD COMPACT	575	490	415	355	300
VANGUARD DELUXE	835	710	605	515	440
VANGUARD FIBERGUARD	500	425	360	305	260
VANGUARD PREDATOR	735	625	530	450	385
VANGUARD SAGE COUNTRY CUSTOM	575	490	415	355	300
VANGUARD SPORTER	595	505	430	365	310
VANGUARD SUB-MOA	865	735	625	530	450
Vanguard Sub-MOA TR	875	745	630	535	455
Vanguard Sub-MOA TRR Package	3350	2850	2420	2055	1745
VANGUARD SUB-MOA VARMINT	925	785	670	570	485
VANGUARD SYNTHETIC (RECENT MFG.)	450	385	325	275	235
Vanguard Synthetic HB-ST	560	475	405	345	295
VANGUARD THUMBHOLE LAMINATE	725	615	525	445	380
VANGUARD VARMINT SPECIAL	600	510	435	370	315
VANGUARD YOUTH	450	385	325	275	235
VANGUARD VGD	525	445	380	320	270
VANGUARD VGL	415	355	300	255	215
VANGUARD VGS	415	355	300	255	215
VANGUARD VGX DELUXE	625	530	450	385	325
VANGUARD WEATHERGUARD	440	375	320	270	230

RIFLES/CARBINES: BOLT ACTION, VANGUARD SERIES 2

	NIB	EXC	VG	G	F
VANGUARD SERIES 2 ACCUGUARD	935	795	675	575	490
VANGUARD SERIES 2 ADAPTIVE COMPOSITE (VAC)	1080	920	780	665	565
VANGUARD SERIES 2 BACKCOUNTRY	1025	870	740	630	535
VANGUARD SERIES 2 BADLANDS	765	650	555	470	400
VANGUARD SERIES 2 CAMILLA	765	650	555	470	400
VANGUARD SERIES 2 CAMILLA WILDERNESS	850	725	615	520	440
VANGUARD SERIES 2 CARBINE	550	470	395	340	290
VANGUARD SERIES 2 COMPACT HUNTER	650	555	470	400	340
VANGUARD SERIES 2 DELUXE	975	830	705	600	510
VANGUARD SERIES 2 DGR (DANGEROUS GAME	975	830	705	600	510
VANGUARD SERIES 2 FIRST LITE	935	795	675	575	490

	NIB	EXC	VG	G	F
VANGUARD SERIES 2 H-BAR RC	1175	1000	850	720	610
VANGUARD SERIES 2 HIGH COUNTRY	895	760	645	550	470
VANGUARD SERIES 2 HUSH EDITION	895	760	645	550	470
VANGUARD SERIES 2 LAMINATE H-BAR	1230	1045	890	755	640
VANGUARD SERIES 2 LAMINATE SPORTER	725	615	525	445	380
VANGUARD SERIES 2 LAZERGUARD	935	795	675	575	490
VANGUARD SERIES 2 LEUPOLD PACKAGE	895	760	645	550	470
VANGUARD SERIES 2 MEATEATER	850	725	615	520	440
VANGUARD SERIES 2 MODULAR CHASSIS	1300	1105	940	800	680
VANGUARD SERIES 2 RC	1100	935	795	675	575
VANGUARD SERIES 2 RC VARMINT	1025	870	740	630	535
VANGUARD SERIES 2 REALTREE XTRA	650	555	470	400	340
VANGUARD SERIES 2 SAFARI	935	795	675	575	490
VANGUARD SERIES 2 SELECT	475	405	345	290	245
VANGUARD SERIES 2 SPORTER	790	670	570	485	410
VANGUARD SERIES 2 SYNTHETIC	600	510	435	370	315
Vanguard Series 2 Synthetic Stainless	680	580	490	420	355
VANGUARD SERIES 2 SYNTHETIC COMPACT (YOUTH)	535	455	385	330	280
VANGUARD SERIES 2 TRR RC	1025	870	740	630	535
VANGUARD SERIES 2 TALON	1360	1155	985	835	710
VANGUARD SERIES 2 VARMINT SPECIAL	725	615	525	445	380
VANGUARD SERIES 2 WEATHERGUARD CARBINE	635	540	460	390	330
VANGUARD SERIES 2	680	580	490	420	355
VANGUARD SERIES 2 WEATHERGUARD BRONZE	700	595	505	430	365
VANGUARD SERIES 2 WEATHERGUARD H-BAR	675	575	490	415	355
VANGUARD SERIES 2 (WEATHERGUARD) MULTICAM	850	725	615	520	440
VANGUARD SERIES 2 WILDERNESS/WILDERNESS	765	650	555	470	400

RIFLES: BOLT ACTION, WBY-X SERIES

WBY-X SERIES

	NIB	EXC	VG	G	F
WBY-X Black Reaper TR	650	555	470	400	340
WBY-X Blaze	650	555	470	400	340
WBY-X GH2 (Girls Hunt 2)	650	555	470	400	340
WBY-X Hog Reaper	650	555	470	400	340
WBY-X Kryptek	650	555	470	400	340
WBY-X Kryptek H-BAR	650	555	470	400	340
WBY-X Kryptek TR	650	555	470	400	340
WBY-X Saratoga	650	555	470	400	340
WBY-X Typhon	650	555	470	400	340
WBY-X Typhon TR	650	555	470	400	340
WBY-X Volt	650	555	470	400	340
WBY-X Whitetail Bonz	650	555	470	400	340
WBY-X Whitetail Bonz Compact (Youth)	650	555	470	400	340

SHOTGUNS: O/U

	NIB	EXC	VG	G	F
REGENCY FIELD GRADE	1130	960	815	695	590
REGENCY TRAP GRADE	1080	920	780	665	565
OLYMPIAN STANDARD	805	685	580	495	420
OLYMPIAN SKEET	1000	850	725	615	525
OLYMPIAN TRAP	910	775	655	560	475
ATHENA GRADE III CLASSIC FIELD	2105	1790	1520	1295	1100
ATHENA D'ITALIA III	1800	1530	1300	1105	940
ATHENA GRADE IV FIELD	1775	1510	1280	1090	925
Athena Grade IV Field Skeet & Trap Models	1300	1105	940	800	680
Athena Grade IV Field Single Trap Model	1695	1440	1225	1040	885
Athena Grade IV Field Trap Combo	2100	1785	1515	1290	1095
Athena Grade IV Field Master Skeet Set	2540	2160	1835	1560	1325
ATHENA D'ITALIA IV	2300	1955	1660	1410	1200
ATHENA GRADE V CLASSIC FIELD	2250	1915	1625	1380	1175
ATHENA D'ITALIA V	3105	2640	2245	1905	1620
ORION UPLAND CLASSIC FIELD	1150	980	830	705	600
ORION I FIELD (OLDER MFG.)	1080	920	780	665	565
Orion I Field Ducks Unlimited	1100	935	795	675	575
ORION I FIELD (CURRENT MFG.)	902	765	650	555	470
ORION D'ITALIA I	1050	895	760	645	550

	NIB	EXC	VG	G	F
ORION II FIELD	785	665	565	480	410
Orion II Field Classic	1270	1080	920	780	665
ORION II FIELD/CLASSIC SPORTING	1270	1080	920	780	665
ORION D'ITALIA II	1375	1170	995	845	720
SUPER SPORTING CLAYS (SSC)	1635	1390	1180	1005	855
ORION D'ITALIA SC (SPORTING CLAYS)	1700	1445	1230	1045	890
ORION III FIELD	1575	1340	1140	965	820
Orion III Field Classic	1750	1490	1265	1075	915
Orion III Field English	1500	1275	1085	920	780
ORION D'ITALIA III	2195	1865	1585	1350	1150
ORION SPORTING	1040	885	750	640	545

SHOTGUNS: SxS

	NIB	EXC	VG	G	F
ORION	860	730	620	530	450
ORION D'ITALIA SBS	1550	1320	1120	950	810
ATHENA	1385	1175	1000	850	725
ATHENA D'ITALIA	2630	2235	1900	1615	1375
Athena D'Italia PG	2645	2250	1910	1625	1380
Athena D'Italia Deluxe	4700	3995	3395	2885	2450

SHOTGUNS: SEMI-AUTO

	NIB	EXC	VG	G	F
18i DELUXE	1665	1415	1205	1025	870
18i SYNTHETIC	1000	850	725	615	525
18i WATERFOWLER CAMO	1100	935	795	675	575
CENTURION FIELD GRADE	300	255	215	185	155
CENTURION TRAP GRADE	380	325	275	235	200
CENTURION DE LUXE	300	255	215	185	155
Centurion De Luxe DU	710	605	515	435	370
ELEMENT DELUXE	815	695	590	500	425
ELEMENT SYNTHETIC	540	460	390	330	280
ELEMENT TURKEY	655	555	475	400	340
ELEMENT UPLAND	725	615	525	445	380
ELEMENT WATERFOWLER CAMO (WATERFOWLER	615	525	445	380	325
MODEL 82	340	290	245	210	180
Model 82 Buckmaster	375	320	270	230	195
MODEL SAS FIELD	540	460	390	330	280
Model SAS Field Sporting Clays	800	680	580	490	415
Model SAS Field Synthetic	700	595	505	430	365
Model SAS Field Camo	540	460	390	330	280
Model SAS Field Slug Gun	666	666	480	410	350
SA-08 DELUXE	555	470	400	340	290
SA-08 ENTRE RIOS	475	405	345	290	245
SA-08 KRYPTEK COMPACT (PREVIOUS MFG.)	675	575	490	415	355
SA-08 UPLAND	595	505	430	365	310
SA-08 SYNTHETIC/SA-08 SYNTHETIC COMPACT	580	495	420	355	300
SA-08 WATERFOWLER	575	490	415	355	300
SA-08 Waterfowler Max-5 Compact	620	525	450	380	325
SA-459 BLACK REAPER TR	750	640	540	460	390
SA-459 TR	600	510	435	370	315
SA-459 TURKEY (PREVIOUS MFG.)	565	480	410	345	295
SA-459 TURKEY (RECENT MFG.)	510	435	370	315	270
WBY-X SA-08 KRYPTEK COMPACT (RECENT MFG.)	625	530	450	385	325
WBY-X SA-08 GH2 (GIRLS HUNT 2)	700	595	505	430	365
WBY-X SA-08 VOLT COMPACT	600	510	435	370	315

SHOTGUNS: SLIDE ACTION

	NIB	EXC	VG	G	F
PATRICIAN FIELD GRADE	230	195	165	140	120
PATRICIAN TRAP GRADE	230	195	165	140	120
PATRICIAN DE LUXE	485	410	350	300	255
MODEL 92	395	335	285	245	210
Model 92 Buckmaster	395	335	285	245	210
WBY-X PA-08 BLACK REAPER TR	225	190	165	140	120
PA-08 KNOXX STRUTTER X	350	300	255	215	185
PA-08 KNOXX HD	500	425	360	305	260
PA-08 UPLAND	340	290	245	210	180
PA-08 UPLAND SLUG GUN COMBO	500	425	360	305	260

	NIB	EXC	VG	G	F
PA-08 SYNTHETIC	310	265	225	190	160
PA-08 Synthetic Compact	240	205	175	145	125
PA-08 SYNTHETIC SLUG GUN COMBO	415	355	300	255	215
PA-08 SYNTHETIC WATERFOWLER	345	295	250	210	180
PA-08 TR	265	225	190	165	140
PA-08 TURKEY	355	300	255	220	185
PA-08 TYPHON TR	255	215	185	155	130
PA-08 WATERFOWLER MAX-5	345	295	250	210	180
PA-459 BLACK REAPER TR	450	385	325	275	235
PA-459 HOME DEFENSE	310	265	225	190	160
PA-459 TR	465	395	335	285	240
PA-459 Digital TR	425	360	305	260	220
PA-459 TURKEY	475	405	345	290	245
PA-459 TYPHON TR	395	335	285	245	210

WEAVER ARMS CORPORATION

	NIB	EXC	VG	G	F
NIGHTHAWK CARBINE	650	555	470	400	340
NIGHTHAWK PISTOL	800	680	580	490	415

WESSON & HARRINGTON

	NIB	EXC	VG	G	F
WESSON & HARRINGTON NWTF LONG TOM CLASSIC	300	255	215	185	155

WESSON, FRANK

PISTOLS: CARTRIDGE SINGLE SHOT

	NIB	EXC	VG	G	F
SMALL FRAME FIRST MODEL	755	640	545	465	395
SMALL FRAME SECOND MODEL	515	440	370	315	270
MEDIUM FRAME FIRST MODEL	550	470	395	340	290
MEDIUM FRAME SECOND MODEL	545	465	395	335	285

RIFLES: SINGLE SHOT

	NIB	EXC	VG	G	F
NO. 1 LONG RANGE	22500	19125	16255	13820	11745
NO. 2 HUNTING RIFLE	7950	6760	5745	4880	4150
NO. 1 SPORTING RIFLE		4400	4180	3850	3275
MODEL 1870 SMALL FRAME FIRST TYPE	910	775	655	560	475
MODEL 1870 SMALL FRAME SECOND TYPE	725	615	525	445	380
MODEL 1870 SMALL FRAME THIRD TYPE	785	665	565	480	410
MODEL 1870 MEDIUM FRAME FIRST TYPE	1030	875	745	635	540
MODEL 1870 MEDIUM FRAME SECOND TYPE	1575	1340	1140	965	820
MODEL 1870 MEDIUM FRAME THIRD TYPE	1610	1370	1165	990	840
MODEL 1870 LARGE FRAME FIRST TYPE	5445	4630	3935	3345	2845
MODEL 1870 LARGE FRAME SECOND TYPE	1410	1200	1020	865	735

RIFLES: SINGLE SHOT, TIP UP

	NIB	EXC	VG	G	F
SMALL FRAME TIP UP	650	555	470	400	340
MEDIUM FRAME TIP UP	610	520	440	375	320

WEST COAST WEAPONWORKS, LLC

	NIB	EXC	VG	G	F
WC-15	1100	935	795	675	575
WC-15 LIGHT	750	640	540	460	390
WC-15 SPORT II	600	510	435	370	315
WC-MK12 RETRO	1625	1380	1175	1000	850

WESTERN ARMS COMPANY

	NIB	EXC	VG	G	F
WESTERN LONG RANGE	350	300	255	215	185
WESTERN LONG RANGE	525	445	380	320	270

WESTLEY RICHARDS & CO. LTD.

RIFLES

FIXED LOCK (BOXLOCK) DOUBLE RIFLE
Fixed Lock Double Rifle (Current Mfg.)   Custom Order Only
Fixed Lock Double Rifle (Older & Recent Mfg.)   29500 25000 22000 18700
HAND DETACHABLE LOCK (DROPLOCK) DOUBLE

	NIB	EXC	VG	G	F
Hand Detachable Lock Double Rifle (Current Mfg.)	Custom Order Only				
Hand Detachable Lock Double Rifle (Older & Recent		40000	34000	29000	24650
SIDELOCK DOUBLE RIFLE	Custom Order Only				
BOLT ACTION MAGAZINE RIFLE					
Bolt Action Magazine Rifle (Current Mfg.)	Custom Order Only				
Bolt Action Magazine Rifle (Older & Recent Mfg.)		11000	9000	7750	6590

SHOTGUNS: PRE-WWII MFG.

	NIB	EXC	VG	G	F
OVUNDO O/U	18000	15300	13005	11055	9395
MODELE DE GRANDE LUXE - SxS	15000	12750	10840	9210	7830
MODEL DE LUXE - SxS	13995	11895	10110	8595	7305
HAMMERLESS EJECTOR PLAIN QUALITY - SxS	4500	3825	3250	2765	2350
"B" QUALITY EJECTOR - SxS	7500	6375	5420	4605	3915

SHOTGUNS: O/U, RECENT MFG.

	NIB	EXC	VG	G	F
BEST QUALITY O/U	Pricing Unavailable				

SHOTGUNS: SxS, RECENT & CURRENT MFG.

	NIB	EXC	VG	G	F
CONNAUGHT MODEL	10800	9180	7805	6635	5640
HAND DETACHABLE LOCK (DROPLOCK)					
Hand Detachable Lock (Droplock) Current Mfg.	Custom Order Only				
Hand Detachable Lock (Droplock) Older & Recent Mfg.		21000	17500	14250	12115
BEST QUALITY SIDELOCK					
Best Quality Sidelock Current Mfg.	Custom Order Only				
Best Quality Sidelock Older & Recent Mfg.		27500	24000	21500	18275

WHITNEY ARMS COMPANY

	NIB	EXC	VG	G	F
WHITNEY-KENNEDY LEVER ACTION MAGAZINE					
Whitney-Kennedy Lever Action Magazine Rifles Large		5200	4200	3500	2975
Whitney-Kennedy Lever Action Magazine Rifles Small		4200	3500	3000	2550
1878 BURGESS REPEATING RIFLE (MODEL 1878)		8000	7000	5200	4420

WHITNEY FIREARMS COMPANY

	NIB	EXC	VG	G	F
WOLVERINE	815	695	590	500	425
LIGHTNING	2500	2125	1805	1535	1305

WICHITA ARMS, INC.

PISTOLS

	NIB	EXC	VG	G	F
WICHITA INTERNATIONAL PISTOL (WIP)	500	500	425	300	305
WICHITA CLASSIC PISTOL	2000	1700	1445	1230	1045
Wichita Classic Pistol Engraved	4300	3655	3105	2640	2245
WICHITA SILHOUETTE PISTOL (WSP)	1350	1150	975	830	705
WICHITA MAGAZINE PISTOL	1250	1065	905	770	655
Wichita Magazine Pistol Classic	2975	2530	2150	1825	1550
WICHITA BENCH PISTOL	1875	1595	1355	1150	980

RIFLES: BOLT ACTION

	NIB	EXC	VG	G	F
WICHITA CLASSIC RIFLE (WCR)	2500	2125	1805	1535	1305
Wichita Classic Rifle Varmint (WVR)	1295	1100	935	795	675
Wichita Classic Rifle Silhouette (WSR)	2475	2105	1790	1520	1290
Wichita Classic Rifle Magnum	1725	1465	1245	1060	900

WIENER WAFFENFABRIK

	NIB	EXC	VG	G	F
LITTLE TOM, .25 Auto Cal.	675	575	490	415	355
LITTLE TOM, .32 Auto Cal.	1200	1020	865	735	625

WILD WEST GUNS

REVOLVERS

	NIB	EXC	VG	G	F
WOLVERINE	2250	1915	1625	1380	1175

RIFLES: BOLT ACTION

	NIB	EXC	VG	G	F
SUMMIT LITE	4500	3825	3250	2765	2350
PRO GUIDE	3650	3105	2635	2240	1905

RIFLES: LEVER ACTION

	NIB	EXC	VG	G	F
ALASKAN WWG COPILOT RIFLE	2980	2535	2155	1830	1555

	NIB	EXC	VG	G	F
Alaskan CoPilot Rifle Limited	3500	2975	2530	2150	1830
ALASKAN WWG COPILOT .44 MAG.	3995	3395	2885	2455	2085
ALASKAN GUIDE	3500	2975	2530	2150	1830
CUSTOM 49 ER COPILOT MODELS					
TIER I	4500	3750	3250	2750	2340
TIER II	6200	5100	4700	4200	3570
TIER III	9000	7000	6000	5500	4675
MASTER GUIDE	1900	1615	1375	1165	990
MODEL 04	1350	1150	975	830	705
RIFLE	1700	1445	1230	1045	890
WWG 1895 45/70 RIFLE	2000	1700	1445	1230	1045

WILDEY (NEW MFG.)

	NIB	EXC	VG	G	F
WILDEY SURVIVOR	2575	2190	1860	1580	1345

WILKINSON ARMS

CARBINES

	NIB	EXC	VG	G	F
LINDA CARBINE	1130	960	815	695	590
Linda Carbine L2 Limited Edition	Pricing Unavailable				
TERRY CARBINE	900	765	650	555	470

PISTOLS: SEMI-AUTO

	NIB	EXC	VG	G	F
DIANE MODEL	400	340	290	245	210
LINDA MODEL	745	635	540	460	390
SHERRY MODEL	400	340	290	245	210

WILKINSON TACTICAL

RIFLES: SEMI-AUTO

	NIB	EXC	VG	G	F
CR-12 RIFLE	1400	1190	1010	860	730

SHOTGUNS: SEMI-AUTO

	NIB	EXC	VG	G	F
CR-12 STANDARD	1700	1445	1230	1045	890
CR-12 PERFORMANCE	1995	1695	1440	1225	1040

WILLIAM DOUGLAS & SONS

	NIB	EXC	VG	G	F
EXPRESS RIFLE	12000	10200	8670	7370	6265
BOXLOCK EXPRESS RIFLE	10000	8500	7225	6140	5220
Boxlock Express Rifle Deluxe	13070	11110	9445	8025	6820
WILLIAM DOUGLAS BOXLOCK	6500	5525	4695	3990	3390

WINCHESTER

COMBINATION GUNS

	NIB	EXC	VG	G	F
SHOTGUN/RIFLE COMBINATION	2250	1915	1625	1380	1175

PISTOLS: CARTRIDGE SINGLE SHOT

	NIB	EXC	VG	G	F
SINGLE SHOT PISTOL	5250	4465	3795	3225	2740

RIFLES/CARBINES: BOLT ACTION

	NIB	EXC	VG	G	F
MODEL 1883 (HOTCHKISS REPEATER)					
Model 1883 First Style		3000	2600	2175	1850
Model 1883 Second Style		3000	2650	2200	1870
Model 1883 Third Style		2600	2175	1825	1550
LEE STRAIGHT PULL RIFLE					
Lee Straight Pull Rifle U.S.N. Military Musket		3350	2850	2425	2060
Lee Straight Pull Rifle Sporting		3650	3225	2725	2315
MODEL 43	1350	1150	975	830	705
MODEL 52 TARGET	925	785	670	570	485
MODEL 52 TARGET with aftermarket speedlock	700	595	505	430	365
Model 52A Target	875	745	630	535	455
MODEL 52A HEAVY BARREL	1100	935	795	675	575
MODEL 52-B TARGET	1300	1105	940	800	680
MODEL 52-B HEAVY BARREL	1400	1190	1010	860	730
MODEL 52-B BULL GUN	1800	1530	1300	1105	940
MODEL 52 SPORTER (SPORTING RIFLE)					

	NIB	EXC	VG	G	F
Model 52 Sporter	4000	3400	2890	2455	2085
Model 52A Sporter	3500	2975	2530	2150	1830
Model 52B Sporter	3300	2805	2385	2025	1720
Model 52B (1993 Re-issue) Sporter	1195	1015	865	735	625
Model 52C Sporter	4250	3615	3070	2610	2220
MODEL 52-C STANDARD TARGET	1250	1065	905	770	655
MODEL 52-C HEAVY TARGET	1300	1105	940	800	680
MODEL 52-C BULL TARGET	2250	1915	1625	1380	1175
MODEL 52-D TARGET	1350	1150	975	830	705
MODEL 52-D INTERNATIONAL MATCH	1500	1275	1085	920	780
MODEL 52-D PRONE	1395	1185	1010	855	725
MODEL 52-E TARGET	1675	1425	1210	1030	875
MODEL 52-E INTERNATIONAL PRONE	1495	1270	1080	920	780
MODEL 52-E INTERNATIONAL MATCH	1800	1530	1300	1105	940
MODEL 54 HIGH POWER SPORTER	1450	1235	1050	890	755
MODEL 54 CARBINE	1395	1185	1010	855	725
MODEL 54 IMPROVED SPORTER	1500	1275	1085	920	780
MODEL 54 CARBINE IMPROVED	2305	1960	1665	1415	1205
MODEL 54 SPORTING SNIPER'S RIFLE	2250	1915	1625	1380	1175
MODEL 54 SUPER GRADE	3775	3210	2725	2320	1970
MODEL 54 NATIONAL MATCH	2385	2025	1725	1465	1245
MODEL 54 SPORTING SNIPER'S MATCH		4750	4250	3850	3275
MODEL 56 SPORTER	1665	1415	1205	1025	870
MODEL 57 TARGET	1055	895	760	650	555
MODEL 69 & 69A	400	340	290	245	210
MODEL 72/72A	540	460	390	330	280
MODEL 75 TARGET	800	680	580	490	415
MODEL 75 SPORTER	1500	1275	1085	920	780
MODEL 131	275	235	200	170	145
MODEL 141	285	240	205	175	150
MODEL 320 RIFLE	525	445	380	320	270
MODEL 325 RIFLE	460	390	330	280	240
MODEL 670 RIFLE	375	320	270	230	195
MODEL 670 CARBINE	400	340	290	245	210
MODEL 670 MAGNUM	400	340	290	245	210
MODEL 697	2705	2300	1955	1660	1410
MODEL 770	385	325	280	235	200
MODEL 770 MAGNUM	495	420	360	305	260
MODEL 777	1795	1525	1295	1100	935
WILDCAT	220	185	160	135	115

RIFLES/CARBINES: BOLT ACTION - PRE-1964 MODEL 70

	NIB	EXC	VG	G	F
MODEL 70 PRE-WWII PRODUCTION STANDARD					
.30-06	1695	1440	1225	1040	885
.22 Hornet	4000	3400	2890	2455	2085
.220 Swift	3000	2550	2170	1840	1565
.257 Roberts	3250	2765	2350	1995	1695
.270 Winchester	1800	1530	1300	1105	940
.300 H&H	2555	2170	1845	1570	1335
.375 H&H	4500	3825	3250	2765	2350
7.57mm Mauser	6050	5145	4370	3715	3160
.250-3000 Savage	5500	4675	3975	3380	2875
MODEL 70 CARBINE (MFG. 1936-1946)					
MODEL 70 TRANSITION (MFG. 1946-1948)	Add 10% to Post-war				
MODEL 70 STANDARD GRADE (1946-1963)					
.30-06	2305	1960	1665	1415	1205
.22 Hornet	1600	1360	1155	985	835
.220 Swift	1300	1105	940	800	680
.243 Winchester	2150	1830	1555	1320	1120
.257 Roberts	1450	1235	1050	890	755
.264 Magnum (Westerner)	1200	1020	865	735	625
.270 Winchester	2825	2400	2040	1735	1475
.300 H&H	2400	2040	1735	1475	1255
.300 WinMag	2250	1915	1625	1380	1175

	NIB	EXC	VG	G	F
.338 WinMag	1350	1150	975	830	705
.375 H&H	1900	1615	1375	1165	990
MODEL 70 SUPER GRADE	5900	5015	4265	3625	3080
MODEL 70 SUPER GRADE AFRICAN	8500	7225	6140	5220	4435
MODEL 70 FEATHERWEIGHT					
.243 Winchester	1245	1060	900	765	650
.264 Magnum (Westerner)	1800	1530	1300	1105	940
.270 Winchester	1180	1005	855	725	615
.30-06	1200	1020	865	735	625
.308 Winchester	2395	2035	1730	1470	1250
.358 Winchester	1400	1190	1010	860	730
MODEL 70 SUPER GRADE FEATHERWEIGHT	4000	3400	2890	2455	2085
MODEL 70 NATIONAL MATCH	3250	2765	2350	1995	1695
MODEL 70 TARGET	Add 50% over Standard				
MODEL 70 BULL GUN	3750	3190	2710	2305	1960
MODEL 70 BULL GUN	4000	3400	2890	2455	2085
MODEL 70 VARMINT	1700	1445	1230	1045	890
MODEL 70 ALASKAN, .375 H&H cal.	1975	1680	1425	1215	1035
MODEL 70 ALASKAN .300 & .338 WinMag cal.	2375	2020	1715	1460	1240

RIFLES/CARBINES: BOLT ACTION - MODEL 70, 1964-2006 MFG.

	NIB	EXC	VG	G	F
MODEL 70 STANDARD, other cals.	705	600	510	435	370
MODEL 70 STANDARD, .225 Win cal	1100	935	795	675	575
MODEL 70 WESTERNER	750	640	540	460	390
MODEL 70 MAGNUM	870	740	630	535	455
MODEL 70 SUPER GRADE	1410	1200	1020	865	735
MODEL 70 DELUXE	795	675	575	490	415
MODEL 70 TARGET RIFLE 1964-1971	1200	1020	865	735	625
MODEL 70 1968 PALMA MATCH	Pricing Unavailable				
Model 70 1971 Palma Match	Pricing Unavailable				
Model 70 1976 Palma Match	Pricing Unavailable				
MODEL 70 INTERNATIONAL ARMY MATCH 1970-1979	1510	1285	1090	925	785
MODEL 70 MANNLICHER 1969-1971	1800	1530	1300	1105	940
MODEL 70A	600	510	435	370	315
MODEL 70A MAGNUM	650	555	470	400	340
MODEL 70 FEATHERWEIGHT	1090	925	790	670	570
MODEL 70 CLASSIC FEATHERWEIGHT	1090	925	790	670	570
Model 70 Classic Featherweight WSM	850	725	615	520	440
Model 70 Classic Featherweight Super Short WSSM	900	765	650	555	470
Model 70 Classic Featherweight BOSS	960	815	695	590	500
Model 70 Classic Featherweight Stainless (Recent Mfg.)	1000	850	725	615	525
Model 70 Classic Featherweight Stainless	995	845	720	610	520
Model 70 Classic Featherweight All-Terrain	910	775	655	560	475
Model 70 Classic Featherweight Win-Tuff Rifle	750	640	540	460	390
Model 70 Classic Featherweight Special	1010	860	730	620	525
MODEL 70 XTR EUROPEAN FEATHERWEIGHT	850	725	615	520	440
MODEL 70 LIGHTWEIGHT RIFLE	635	540	460	390	330
Model 70 Lightweight Rifle Win-Tuff	700	595	505	430	365
Model 70 Lightweight Rifle Win-Cam	650	555	470	400	340
MODEL 70 CARBINE/LIGHTWEIGHT CARBINE	675	575	490	415	355
MODEL 70 SPORTER	835	710	605	515	440
Model 70 Sporter Win-Tuff	725	615	525	445	380
MODEL 70 CLASSIC SPORTER III (LT)	925	785	670	570	485
Model 70 Classic Sporter Stainless	1095	930	790	670	570
Model 70 Classic Sporter BOSS	975	830	705	600	510
Model 70 Classic Sporter Laredo	1125	955	815	690	585
Model 70 Classic Sporter Safari Express	2000	1700	1445	1230	1045
Model 70 Classic Sporter Super Express Mag.	1600	1360	1155	985	835
MODEL 70 CLASSIC LAMINATED WSM	895	760	645	550	470
MODEL 70 DBM (DETACHABLE BOX MAGAZINE)	810	690	585	495	420
MODEL 70 CLASSIC DBM	1000	850	725	615	525
MODEL 70 CLASSIC DBM	2070	1760	1495	1270	1080
Model 70 Classic DBM-S	925	785	670	570	485
MODEL 70 STAINLESS	900	765	650	555	470

	NIB	EXC	VG	G	F
MODEL 70 CLASSIC STAINLESS	900	765	650	555	470
Model 70 Classic Stainless BOSS	1000	850	725	615	525
MODEL 70 CLASSIC LAMINATED STAINLESS	1055	895	760	650	555
Model 70 Classic Laminated Stainless Camo	800	680	580	490	415
MODEL 70 COYOTE STAINLESS LAMINATED	950	810	685	585	495
MODEL 70 COYOTE LAMINATED BLUE	900	765	650	555	470
MODEL 70 COYOTE OUTBACK STAINLESS	1125	955	815	690	585
MODEL 70 COYOTE LITE	1020	865	735	625	530
MODEL 70 CLASSIC SM (SYNTHETIC MATTE)	750	640	540	460	390
MODEL 70 CLASSIC SM BOSS	1000	850	725	615	525
MODEL 70 CLASSIC COMPACT	725	615	525	445	380
MODEL 70 VARMINT	850	725	615	520	440
Model 70 Varmint Heavy (HBV)	900	765	650	555	470
MODEL 70 SHB (SYNTHETIC HEAVY BARREL)	700	595	505	430	365
MODEL 70 WINLIGHT	875	745	630	535	455
MODEL 70 RANGER RIFLE	700	595	505	430	365
Model 70 Ranger Rifle Compact (Ladies/Youth)	450	385	325	275	235
MODEL 70 STEALTH	1030	875	745	635	540
MODEL 70 STEALTH II	900	765	650	555	470
MODEL 70 BLACK SHADOW	540	460	390	330	280
MODEL 70 CLASSIC/CAMO ULTIMATE SHADOW	800	680	580	490	415
MODEL 70 SUPER SHADOW	575	490	415	355	300
MODEL 70 SHADOW ELITE STAINLESS	890	755	645	545	465
Model 70 Shadow Elite Stainless Camo	905	770	655	555	470
MODEL 70 PRO SHADOW	660	560	475	405	345
Model 70 Pro Shadow Stainless	755	640	545	465	395
MODEL 70 CLASSIC SUPER GRADE III	1865	1585	1345	1145	975
Model 70 Classic Super Grade III RMEF	1185	1005	855	730	620
Model 70 Classic Super Grade III BOSS	1295	1100	935	795	675
MODEL 70 SUPER GRADE CENTENNIAL	1260	1070	910	775	660
MODEL 70 50TH ANNIVERSARY MODEL	2025	1720	1465	1245	1060
MODEL 70 TARGET (1972-1979 MFG.)	Pricing Unavailable				
MODEL 70 ULTRA MATCH	Pricing Unavailable				

RIFLES: BOLT ACTION - POST 1964 MODEL 70 CUSTOM GRADES

	NIB	EXC	VG	G	F
MODEL 70 CUSTOM GRADE	2425	2060	1750	1490	1265
MODEL 70 XTR FEATHERWEIGHT ULTRA GRADE "1	3500	2975	2530	2150	1830
MODEL 70 CLASSIC CUSTOM GRADE	2925	2405	2115	1795	1525
Model 70 Classic Custom Grade Featherweight	2450	2085	1770	1505	1280
Model 70 Classic Custom Grade Sharpshooter I/II	2000	1700	1445	1230	1045
Model 70 Classic Custom Grade Sporting Sharpshooter	1870	1590	1350	1150	980
Model 70 Classic Custom Grade Express	3000	2550	2170	1840	1565
MODEL 70 CUSTOM ULTIMATE CLASSIC	3190	2710	2305	1960	1665
MODEL 70 CLASSIC CUSTOM SHORT ACTION	2750	2340	1985	1690	1435
MODEL 70 CLASSIC CUSTOM FEATHERWEIGHT	2100	1785	1515	1290	1095
MODEL 70 CLASSIC CUSTOM CARBON	3350	2850	2420	2055	1745
MODEL 70 CLASSIC CUSTOM EXTREME WEATHER	2000	1700	1445	1230	1045
MODEL 70 CUSTOM EXTREME LIGHTWEIGHT	2360	2005	1705	1450	1235
MODEL 70 CUSTOM STAINLESS LAMINATE	2000	1700	1445	1230	1045
MODEL 70 CLASSIC CUSTOM MANNLICHER	2000	1700	1445	1230	1045
MODEL 70 CUSTOM MAPLE	1900	1615	1375	1165	990
MODEL 70 CUSTOM CONTINENTAL HUNTER	5400	4590	3900	3315	2820
MODEL 70 CLASSIC CUSTOM SAFARI EXPRESS	2750	2340	1985	1690	1435
MODEL 70 WSM CUSTOM NORTH AMERICAN BIG	4500	3825	3250	2765	2350
MODEL 70 CLASSIC CUSTOM AFRICAN EXPRESS	4000	3400	2890	2455	2085
MODEL 70 CLASSIC CUSTOM TAKE-DOWN	3595	3055	2595	2210	1880
MODEL 70 ULTRA GRADE	3600	3060	2600	2210	1880
MODEL 70 CUSTOM 100TH ANNIVERSARY .30-06	2500	2125	1805	1535	1305
MODEL 70 CUSTOM SPECIAL "70 YEARS OF THE	2545	2165	1840	1565	1330
MODEL 70 COLLECTOR GRADE	Custom Order Only				
MODEL 70 CUSTOM BUILT	Custom Order Only				
MODEL 70 EXHIBITION GRADE	2250	1915	1625	1380	1175

RIFLES: BOLT ACTION - MODEL 70, 2007-CURRENT MFG.

	NIB	EXC	VG	G	F
MODEL 70 ALASKAN	1400	1190	1010	860	730

	NIB	EXC	VG	G	F
MODEL 70 COYOTE LIGHT	1075	915	775	660	560
MODEL 70 COYOTE LIGHT, BLUED	785	665	565	480	410
MODEL 70 COYOTE LIGHT SR	1220	1035	880	750	640
MODEL 70 COYOTE LIGHT STAINLESS	750	640	540	460	390
MODEL 70 EXTREME HUNTER STRATA MB	1365	1160	985	840	715
Model 70 Extreme Hunter Tungsten MB/TrueTimberVSX	1555	1320	1125	955	810
MODEL 70 EXTREME WEATHER MB	1510	1285	1090	925	785
MODEL 70 EXTREME WEATHER SS	1160	985	840	710	605
MODEL 70 FEATHERWEIGHT (DELUXE)	1100	935	795	675	575
Model 70 Featherweight Compact	1065	905	770	655	555
MODEL 70 JACK O'CONNOR TRIBUTE	1995	1695	1440	1225	1040
Model 70 Jack O'Connor Custom Tribute	2000	1700	1445	1230	1045
MODEL 70 LONG RANGE MB	1485	1260	1075	910	775
MODEL 70 SAFARI EXPRESS	1575	1340	1140	965	820
MODEL 70 SPORTER (DELUXE)	805	685	580	495	420
MODEL 70 SUPER GRADE	1405	1195	1015	865	735
Model 70 Super Grade French Walnut	1890	1605	1365	1160	985
Model 70 Super Grade Maple	1515	1290	1095	930	790
MODEL 70 75TH ANNIVERSARY SUPER GRADE	1830	1555	1320	1125	955
MODEL 70 SUPER GRADE 150TH COMMEMORATIVE	1825	1550	1320	1120	950
MODEL 70 ULTIMATE SHADOW	895	760	645	550	470
Model 70 Ultimate Shadow SS	905	770	655	555	470
MODEL 70 ULTIMATE SHADOW HUNTER	885	750	640	545	465
Model 70 Ultimate Shadow Hunter SS	910	775	655	560	475

RIFLES: BOLT ACTION, MISC., 2015-CURRENT MFG.

	NIB	EXC	VG	G	F
XPERT	305	260	220	185	155
XPR	515	440	370	315	270
XPR COMPACT	550	470	395	340	290
XPR EXTREME HUNTER	675	575	490	415	355
XPR HUNTER CAMO	685	580	495	420	355
XPR HUNTER COMPACT MOSSY OAK BREAK-UP	550	470	395	340	290
XPR HUNTER HIGHLANDER	515	440	370	315	270
XPR HUNTER STRATA/HUNTER STRATA MB	615	525	445	380	325
XPR Hunter Strata Scope Combo	810	690	585	495	420
XPR RENEGADE LONG RANGE SR	1070	910	775	655	555
XPR SPORTER	625	530	450	385	325
XPR STEALTH SR (SUPPRESSOR READY)	650	555	470	400	340

RIFLES/CARBINES: CARTRIDGE, LEVER ACTIONS

Refer to *Blue Book of American Antique Firearms & Values* or in our online database for models,

RIFLES/CARBINES: LEVER ACTIONS - 1900-1964

	NIB	EXC	VG	G	F
MODEL 1894 RIFLE 1899-1929 MFG.		4400	3850	3300	2805
MODEL 1894 SADDLE RING CARBINE EASTERN		3000	2650	2350	2000
MODEL 1894 1940-1964 PRODUCTION CARBINE	890	755	645	545	465
MODEL 1895 MUSKET		7250	6350	5750	4890
MODEL 1895 NRA MUSKET		6400	5750	5000	4250
MODEL 1895 RUSSIAN MUSKET		9500	7500	5250	4465
MODEL 53 RIFLE		2300	2050	1775	1510
Model 53 Deluxe Rifle		5275	4825	4400	3740
MODEL 55 RIFLE					
Model 55 Rifle Standard Cals.		3000	2625	2250	1915
Model 55 Rifle .25-35 WCF Cal.		6000	5400	4800	4080
MODEL 64 RIFLE		1350	1200	1000	850
Model 64 Deluxe Rifle		2500	2150	1875	1595
MODEL 65 RIFLE		6000	5450	4850	4125
Model 65 Deluxe Rifle		9625	8525	7525	6395
MODEL 71 RIFLE		2300	2050	1800	1530
Model 71 Deluxe Rifle		3850	3025	2750	2340
MODEL 88 RIFLE, .308 WIN	1090	925	790	670	570
MODEL 88 RIFLE, .243 WIN	1250	1065	905	770	655
MODEL 88 RIFLE, .358 WIN	2500	2125	1805	1535	1305
MODEL 88 RIFLE, .284 WIN	2250	1915	1625	1380	1175

RIFLES/CARBINES: LEVER ACTION - POST 1964 PRODUCTION

	NIB	EXC	VG	G	F
MODEL 64 1972-1974 MODEL		715	610	515	440	375

	NIB	EXC	VG	G	F
MODEL 71 STANDARD	1395	1185	1010	855	725
MODEL 71 DELUXE	1675	1425	1210	1030	875
MODEL 88 RIFLE (1964-1973 MFG.) .308 WIN	910	775	655	560	475
MODEL 88 RIFLE (1964-1973 MFG.) .243 WIN	1150	980	830	705	600
MODEL 88 RIFLE (1964-1973 MFG.) .284 WIN	1900	1615	1375	1165	990
MODEL 88 CARBINE, .308 WIN	1100	935	795	675	575
MODEL 88 CARBINE, .243 WIN	1525	1295	1100	935	795
MODEL 88 CARBINE, .284 WIN	3195	2715	2310	1960	1665
MODEL 150	270	230	195	165	140
MODEL 250	350	300	255	215	185
Model 250 Deluxe	425	360	305	260	220
MODEL 255	500	425	360	305	260
Model 255 Deluxe	600	510	435	370	315
MODEL 1866 150TH COMMEMORATIVE	3330	2830	2405	2045	1740
MODEL 1866 SHORT RIFLE	1080	920	780	665	565
MODEL 1873 150TH COMMEMORATIVE	3290	2795	2375	2020	1715
MODEL 1873 CARBINE	1300	1105	940	800	680
MODEL 1873 COMPETITION CARBINE HIGH GRADE	1550	1320	1120	950	810
MODEL 1873 DELUXE SPORTING	2025	1720	1465	1245	1060
MODEL 1873 SHORT RIFLE	1345	1145	970	825	700
MODEL 1873 SPORTER RIFLE	1500	1275	1085	920	780
MODEL 1873 SPORTER PISTOL GRIP	1355	1150	980	830	705
MODEL 1886 GRADE I	985	835	710	605	515
Model 1886 High Grade	1685	1430	1215	1035	880
MODEL 1886 SADDLE RING CARBINE	1500	1275	1085	920	780
MODEL 1886 SHORT RIFLE	1285	1090	930	790	670
MODEL 1886 TAKEDOWN	1680	1430	1215	1030	875
MODEL 1886 EXTRA LIGHT GRADE I	1150	980	830	705	600
Model 1886 Extra Light High Grade	1300	1105	940	800	680
MODEL 1886 DELUXE RIFLE	1675	1425	1210	1030	875
MODEL 1892 DELUXE OCTAGON TAKEDOWN	2170	1845	1570	1335	1135
MODEL 1892 GRADE I	945	805	685	580	495
Model 1892 Grade I Short Rifle (2009-2012 Mfg.)	1100	935	795	675	575
Model 1892 Trapper	1275	1085	920	785	665
Model 1892 Trapper Takedown	1505	1280	1085	925	785
Model 1892 Case Hardened Sporter	1355	1150	980	830	705
Model 1892 High Grade	1995	1695	1440	1225	1040
MODEL 1892 CARBINE	1075	915	775	660	560
Model 1892 Large Loop Carbine	1300	1105	940	800	680
MODEL 1892 JOHN WAYNE HIGH GRADE	1740	1480	1255	1070	910
Model 1892 Grade I Short Rifle	1100	935	795	675	575
MODEL 1892 JOHN WAYNE CUSTOM GRADE	3000	2550	2170	1840	1565
MODEL 1892 SHORT RIFLE	1075	915	775	660	560
MODEL 1895 GRADE I (CURRENT MFG.)	1220	1035	880	750	640
MODEL 1895 GRADE I (RECENT MFG.)	1050	895	760	645	550
MODEL 1895 HIGH GRADE	1445	1230	1045	885	750
MODEL 1895 LIMITED EDITION	1500	1275	1085	920	780
Model 1895 Limited Edition High Grade	1885	1600	1360	1160	985
MODEL 1895 THEODORE ROOSEVELT 150TH ANNIVERSARY CUSTOM GRADE	2500	2125	1805	1535	1305
MODEL 1895 THEODORE ROOSEVELT 150TH ANNIVERSARY HIGH GRADE	1560	1325	1125	960	815
MODEL 1895 THEODORE ROOSEVELT SAFARI HIGH GRADE	1920	1630	1385	1180	1005
MODEL 1895 THEODORE ROOSEVELT SAFARI CUSTOM GRADE TWO GUN SET	3900	3315	2820	2395	2035
RIFLES/CARBINES: LEVER ACTION - MODEL 94, 1964-2006 MFG.					
MODEL 94 STANDARD MODEL	600	510	435	370	315
MODEL 94 TRADITIONAL (DELUXE WALNUT)	800	680	580	490	415
MODEL 94 LEGACY ROUND	670	570	485	410	350
Model 94 Legacy Round 26 In.	855	725	620	525	445
MODEL 94 LEGACY OCTAGON	975	830	705	600	510

	NIB	EXC	VG	G	F
MODEL 94 RANGER	510	435	370	315	270
Model 94 Ranger Compact	550	470	395	340	290
MODEL 94 TRAILS END	1000	850	725	615	525
Model 94 Trails End Takedown	1200	1020	865	735	625
Model 94 Trails End Octagon	950	810	685	585	495
MODEL 94 TRAILS END HUNTER ROUND	800	680	580	490	415
Model 94 Trails End Hunter Round Takedown	900	765	650	555	470
Model 94 Trails End Hunter Octagon	955	810	690	585	495
MODEL 94 SHORT HUNTER TAKEDOWN	885	750	640	545	465
MODEL 94 PACK RIFLE	515	440	370	315	270
MODEL 94 TIMBER CARBINE	1000	850	725	615	525
Model 94 Timber Carbine Scout	875	745	630	535	455
Model 94 Timber Carbine Scout Takedown	900	765	650	555	470
MODEL 94 WIN-TUFF RIFLE	450	385	325	275	235
MODEL 94 BLACK SHADOW	660	560	475	405	345
Model 94 Black Shadow Big Bore	580	495	420	355	300
MODEL 94 TRAPPER	805	685	580	495	420
Model 94 Trapper Compact	915	780	660	560	475
MODEL 94 BIG BORE	1000	850	725	615	525
MODEL 94 HERITAGE CUSTOM 1 OF 100	5500	4675	3975	3380	2875
MODEL 94 HERITAGE HIGH GRADE 1 OF 1000	2085	1770	1505	1280	1090
MODEL 94 CUSTOM LIMITED EDITION	2875	2445	2075	1765	1500
MODEL 94 NEW GENERATION CUSTOM	3360	2855	2430	2065	1755
MODEL 94 LIMITED EDITION CENTENNIAL					
Model 94 Limited Edition Centennial Grade I	1225	1040	885	750	640
Model 94 Limited Edition Centennial High Grade	2450	2085	1770	1505	1280
Model 94 Limited Edition Centennial Custom High	5500	4675	3975	3380	2875
MODEL 94 XTR	680	580	490	420	355
Model 94 XTR Deluxe	895	760	645	550	470
MODEL 94 .44 MAG. S.R.C.	780	665	565	480	410
MODEL 94 CLASSIC SERIES	700	595	505	430	365
MODEL 94 ANTIQUE CARBINE	665	565	480	410	350
MODEL 94 CARBINE	640	545	460	395	335
MODEL 94 WRANGLER	680	580	490	420	355
MODEL 94 WRANGLER IA	775	660	560	475	405
MODEL 94 WRANGLER II	850	725	615	520	440
MODEL 94 WRANGLER LARGE LOOP	690	585	500	425	360
MODEL 94 DU	1005	855	725	615	525
MODEL 94 DU GOLD	1450	1235	1050	890	755
MODEL 9417 TRADITIONAL	1150	980	830	705	600
MODEL 9417 LEGACY	1350	1150	975	830	705
MODEL 9422 XTR TRADITIONAL (STANDARD WALNUT)	825	700	595	505	430
MODEL 9422 XTR CLASSIC	1085	920	785	665	565
MODEL 9422 LEGACY	1060	900	765	650	555
MODEL 9422 CUSTOM TRIBUTE	3700	3145	2675	2270	1930
MODEL 9422 SPECIAL EDITION TRADITIONAL	1030	875	745	635	540
MODEL 9422 SPECIAL EDITION LEGACY TRIBUTE	1200	1020	865	735	625
MODEL 9422 HIGH GRADE TRADITIONAL TRIBUTE	1800	1530	1300	1105	940
MODEL 9422 HIGH GRADE LEGACY TRIBUTE	2000	1700	1445	1230	1045
MODEL 9422 TRAPPER	1200	1020	865	735	625
MODEL 9422 WIN-CAM	905	770	655	555	470
MODEL 9422 WINTUFF	700	595	505	430	365
MODEL 9422 HIGH-GRADE	1000	850	725	615	525
MODEL 9422 HIGH GRADE SERIES II	1075	915	775	660	560
MODEL 9422 25TH ANNIVERSARY GRADE I	1230	1045	890	755	640
MODEL 9422 25TH ANNIVERSARY HIGH GRADE	1875	1595	1355	1150	980

RIFLES/CARBINES: LEVER ACTION - MODELS 94 AND 1894, 2010-CURRENT

	NIB	EXC	VG	G	F
MODEL 1894 OLIVER WINCHESTER 200TH ANNIVERSARY CUSTOM GRADE	2120	1800	1530	1300	1105
MODEL 1894 OLIVER WINCHESTER 200TH ANNIVERSARY HIGH GRADE	1500	1275	1085	920	780
MODEL 94 CARBINE	1250	1065	905	770	655
MODEL 94 DELUXE SPORTING	2100	1785	1515	1290	1095

	NIB	EXC	VG	G	F
MODEL 94 SHORT RIFLE	1175	1000	850	720	610
MODEL 94 SPORTER	1375	1170	995	845	720
MODEL 94 TRAILS END TAKEDOWN	1360	1155	985	835	710
MODEL 94 125TH ANNIVERSARY CUSTOM	2745	2335	1985	1685	1430
MODEL 94 125TH ANNIVERSARY HIGH GRADE	2030	1725	1465	1245	1060
MODEL 94 150TH COMMEMORATIVE	2400	2040	1735	1475	1255

RIFLES: O/U

	NIB	EXC	VG	G	F
DOUBLE XPRESS RIFLE	3500	2975	2530	2150	1830

RIFLES/CARBINES: SEMI-AUTO

	NIB	EXC	VG	G	F
MODEL 1903		1925	1675	1275	1085
MODEL 1905		875	800	675	575
MODEL 1907		825	725	625	530
MODEL 1910		1050	900	775	660
MODEL 63	1250	1065	905	770	655
Model 63 with Grooved Receiver	2000	1700	1445	1230	1045
MODEL 63 GRADE I - RECENT PRODUCTION	725	615	525	445	380
Model 63 High Grade - Recent Mfg.	1100	935	795	675	575
MODEL 74	400	340	290	245	210
MODEL 77	350	300	255	215	185
MODEL 100 RIFLE PRE-1964 MFG.	855	725	620	525	445
MODEL 100 RIFLE	750	640	540	460	390
MODEL 100 CARBINE	950	810	685	585	495
MODEL 190 RIFLE	190	160	135	115	100
MODEL 290 DELUXE RIFLE	385	325	280	235	200
MODEL 490 RIFLE	350	300	255	215	185
SUPER X RIFLE GRADE I (SXR)	855	725	620	525	445
SUPER X RIFLE GRADE II (SXR)	605	515	435	370	315
MODEL SX-AR	1200	1020	865	735	625
WILDCAT	245	210	175	150	130
WILDCAT SPORTER/WILDCAT SPORTER SR	320	270	230	195	165
WILDCAT SR	250	215	180	155	130

RIFLES: CARTRIDGE, SINGLE SHOT

	NIB	EXC	VG	G	F
MODEL 1885					
Model 1885 Sporting Rifle Low Wall		2100	1850	1625	1380
Model 1885 Sporting Rifle High Wall		6000	5250	4500	3825
Model 1885 Schuetzen Rifle		11750	8500	6350	5400
Model 1885 Deluxe Sporting Rifle		13250	10500	8650	7355
Model 1885 High Wall Musket		1650	1475	1275	1085
Model 1885 Low Wall Musket (Winder Musket)		1700	1525	1325	1125
MODEL 1885 (RECENT MFG.)					
MODEL 1900 SINGLE SHOT		1100	900	675	575
MODEL 1902 SINGLE SHOT		725	575	450	385
THUMB TRIGGER MODEL 99		2300	2075	1825	1550
MODEL 1904 SINGLE SHOT		600	525	425	360
Model 1904-A Single Shot		600	525	425	360
MODEL 47	405	345	295	250	215
MODEL 52					
MODEL 55	200	170	145	125	105
MODEL 58 SINGLE SHOT	825	700	595	505	430
MODEL 59 SINGLE SHOT	1400	1190	1010	860	730
MODEL 60	325	275	235	200	170
MODEL 60A SPORTER	425	360	305	260	220
MODEL 60A TARGET	725	615	525	445	380
MODEL 67/67A, .22S, L & LR cals.	260	220	190	160	135
MODEL 67/67A, .22WRF cal.	1200	1020	865	735	625
MODEL 677	2500	2125	1805	1535	1305
MODEL 68 .22LR cal.	430	365	310	265	225
MODEL 68 .22WRF cal.	1400	1190	1010	860	730
MODEL 121 SINGLE SHOT RIFLE	125	105	90	75	65
MODEL 121Y SINGLE SHOT RIFLE	115	100	85	70	60
MODEL 121 DELUXE	125	105	90	75	65
MODEL 310 SINGLE SHOT	225	190	165	140	120
WINGO "ICE PALACE" RIFLE	2750	2340	1985	1690	1435

	NIB	EXC	VG	G	F
RIFLES: SINGLE SHOT, POST 1964 MFG.					
MODEL 1885 LOW WALL GRADE I .22 LR CAL.	975	830	705	600	510
Model 1885 Low Wall High Grade	1200	1020	865	735	625
MODEL 1885 LOW WALL	1000	850	725	615	525
MODEL 1885 LOW WALL HUNTER HIGH GRADE	1385	1175	1000	850	725
MODEL 1885 HIGH WALL	1280	1090	925	785	665
MODEL 1885 HIGH WALL, .325 & 7mm WSM cals.	1790	1520	1295	1100	935
MODEL 1885 BPCR	1525	1295	1100	935	795
MODEL 1885 HIGH WALL CENTENNIAL HUNTER	1470	1250	1060	905	770
MODEL 1885 HUNTER RIMFIRE	1245	1060	900	765	650
MODEL 1886 SADDLE RING CARBINE	Pricing Unavailable				
RIFLES: SLIDE ACTION					
MODEL 1890					
Model 1890 First Model Solid Frame		14000	11750	9000	7650
Model 1890 Second Model Takedown w/Case Colored		6000	5250	4500	3825
Model 1890 Second Model Takedown w/Blue Finish		3000	2500	2250	1915
Model 1890 Third Model Takedown w/Blue Finish		3000	2500	2250	1915
MODEL 1906		2600	2350	2000	1700
Model 1906 Expert		3975	3150	2975	2530
MODEL 61 HAMMERLESS	1150	980	830	705	600
Model 61 WRF	2995	2545	2165	1840	1565
Model 61 Octagon .22 LR	3000	2550	2170	1840	1565
Model 61 Octagon .22 WRF	3000	2550	2170	1840	1565
Model 61 Magnum	2175	1850	1570	1335	1135
Model 61 Octagon .22 Short	2750	2340	1985	1690	1435
Model 61 Smoothbore	3475	2955	2510	2135	1815
MODEL 62/62A VISIBLE HAMMER	1300	1105	940	800	680
MODEL 270	280	240	200	170	145
Model 270 Plastic Forearm Variation	180	155	130	110	95
Model 270 Deluxe	450	385	325	275	235
MODEL 275	295	250	215	180	155
Model 275 Deluxe	400	340	290	245	210
SHOTGUNS: CARTRIDGE 1879-1898					
BREECH LOADING SxS	5500	4675	3975	3380	2875
MODEL 1887 LEVER ACTION		5000	4250	3700	3145
Model 1887 Lever Action Deluxe		10500	8400	7000	5950
MODEL 1893 SLIDE ACTION		1400	1175	1025	870
MODEL 1897 SLIDE ACTION		1200	1000	850	725
MODEL 1897 TRAP		3300	2825	2425	2060
Model 1897 Trap Black Diamond Trap		2750	2425	2175	1850
MODEL 1897 PIGEON		14000	11000	9500	8075
SHOTGUNS: 1901-1965					
MODEL 1901		4650	4250	3800	3230
MODEL 1911 SL AUTOLOADER	950	810	685	585	495
MODEL 12 SLIDE ACTION, 12 Gauge	550	470	395	340	290
MODEL 12 SLIDE ACTION, 16 Gauge	660	560	475	405	345
MODEL 12 SLIDE ACTION, 20 Gauge	1075	915	775	660	560
MODEL 12 SLIDE ACTION, 28 Gauge		6900	5500	4500	3825
MODEL 12 FEATHERWEIGHT	580	495	420	355	300
MODEL 12 HEAVY DUCK GUN	1195	1015	865	735	625
Model 12 Heavy Duck Gun Vent. Rib	2500	2125	1805	1535	1305
MODEL 12 SKEET GUN, 12 Gauge	2300	1955	1660	1410	1200
MODEL 12 SKEET GUN, 16 Gauge	3350	2850	2420	2055	1745
MODEL 12 SKEET GUN, 20 Gauge	4895	4160	3535	3005	2555
MODEL 12 SKEET GUN, 28 Gauge	2500	2125	1805	1535	1305
MODEL 12 TRAP GUN	1500	1275	1085	920	780
MODEL 12 SUPER GRADE	1995	1695	1440	1225	1040
MODEL 12 "BLACK DIAMOND" TRAP GRADE	2450	2085	1770	1505	1280
MODEL 12 TOURNAMENT GRADE	1265	1075	915	775	660
MODEL 12 PIGEON GRADE	3995	3395	2885	2455	2085
MODEL 12 PIGEON GRADE, 28 Gauge		8000	6750	5500	4675
MODEL 20	1000	850	725	615	525
Model 20 Winchester Junior Trap Shooting Outfit	6000	5100	4335	3685	3130

	NIB	EXC	VG	G	F
MODEL 21, 12 Gauge	5500	4675	3975	3380	2875
MODEL 21, 16 Gauge	10250	8715	7405	6295	5350
MODEL 21, 20 Gauge	9250	7865	6685	5680	4830
Model 21 Skeet Gun	Add 10% to Standard Grade				
Model 21 Tournament Skeet Grade	Add 20% to Standard Grade				
Model 21 Trap Gun	Add 25% to Standard Grade				
Model 21 3 Inch Duck Gun	6995	5945	5055	4295	3650
Model 21 .410 Bore	37500	31875	27095	23030	19575
Model 21 28 Ga.	25000	21250	18065	15355	13050
MODEL 24 SxS, 12 Gauge	880	750	635	540	460
MODEL 24 SxS, 16 Gauge	990	840	715	610	520
MODEL 24 SxS, 20 Gauge	1200	1020	865	735	625
MODEL 25 SLIDE ACTION	325	275	235	200	170
MODEL 36 SINGLE SHOT		1700	1500	1300	1105
MODEL 37 SINGLE SHOT, 12 Gauge	300	255	215	185	155
MODEL 37 SINGLE SHOT, 16 Gauge	295	250	215	180	155
MODEL 37 SINGLE SHOT, 20 Gauge	245	210	175	150	130
MODEL 37 SINGLE SHOT, 28 Gauge	1850	1575	1335	1135	965
MODEL 37 SINGLE SHOT, .410 Bore	395	335	285	245	210
Model 37 Single Shot Youth/Boys/Red Dot		500	400	325	275
MODEL 40 SEMI-AUTO	900	765	650	555	470
MODEL 41 BOLT ACTION	500	425	360	305	260
MODEL 42 SLIDE ACTION					
Model 42 Slide Action Standard Grade, Plain Barrel	1600	1360	1155	985	835
Model 42 Slide Action Standard Grade, Solid Rib	2750	2340	1985	1690	1435
Model 42 Slide Action Skeet Grade, Plain Barrel	3000	2550	2170	1840	1565
Model 42 Slide Action Skeet Grade, Solid Rib	4500	3825	3250	2765	2350
Model 42 Slide Action Skeet Grade, Vented Rib	5195	4415	3755	3190	2710
Model 42 Slide Action Trap Grade/Trap Grade Skeet	16000	13600	11560	9825	8350
Model 42 Slide Action Deluxe Grade Solid Rib	12000	10200	8670	7370	6265
Model 42 Slide Action Deluxe Grade Vent. Rib (factory)	13500	11475	9755	8290	7045
Model 42 Slide Action Pigeon Grade	Consult with an expert.				
MODEL 50 SEMI-AUTO, Standard Model	495	420	360	305	260
MODEL 50 SEMI-AUTO, Trap or Skeet Model	1200	1020	865	735	625
Model 50 Semi-Auto Pigeon Grade	1060	900	765	650	555
MODEL 59 SEMI-AUTO	525	445	380	320	270
Model 59 Semi-Auto Pigeon Grade	2000	1700	1445	1230	1045

Shotguns: Post-1964, Lever Action

	NIB	EXC	VG	G	F
MODEL 9410 TRADITIONAL	1075	915	775	660	560
Model 9410 Traditional Semi-Fancy	1200	1020	865	735	625
Model 9410 Traditional Packer	1025	870	740	630	535
Model 9410 Traditional Ranger	900	765	650	555	470
Model 9410 Traditional TS Custom Case Colored	2200	1870	1590	1350	1150

Shotguns: Post-1964, Semi-Auto

	NIB	EXC	VG	G	F
MODEL 140 RANGER SEMI-AUTO	305	260	220	185	155
MODEL 1400 SEMI-AUTO	400	340	290	245	210
MODEL 1400 SEMI-AUTO, Vented Rib	425	360	305	260	220
NEW MODEL 1400 WALNUT	305	260	220	185	155
MODEL 1400 CUSTOM HIGH GRADE	1350	1150	975	830	705
MODEL 1400 SKEET GRADE	305	260	220	185	155
MODEL 1400 TRAP GRADE	390	330	280	240	205
MODEL 1400 DEER GUN	350	300	255	215	185
MODEL 1400 SLUG HUNTER	400	340	290	245	210
MODEL 1400 RANGER	310	265	225	190	160
MODEL 1500 XTR	500	425	360	305	260
SUPER X MODEL 1	395	335	285	245	210
SUPER X MODEL 1 SKEET	520	440	375	320	270
SUPER X MODEL 1 TRAP	520	440	375	320	270
SUPER X MODEL 1 CUSTOM TRAP OR SKEET	1100	935	795	675	575
Super X Model 1 Custom Trap or Skeet Engraved	2325	1975	1680	1430	1215
SUPER X2 3 IN. MAGNUM FIELD	650	555	470	400	340
Super X2 3 in. Magnum Field Light	700	595	505	430	365
Super X2 3 in. Magnum Field Sporting Clays	665	565	480	410	350

	NIB	EXC	VG	G	F
Super X2 3 in. Magnum Field Sporting Clays Signature	750	640	540	460	390
Super X2 3 in. Magnum Field Composite	750	640	540	460	390
Super X2 3 in. Magnum Field Rifled Deer	610	520	440	375	320
Super X2 2 3/4 in. Magnum Field Practical MK I	745	635	540	460	390
Super X2 3 in. Magnum Field Practical MK II	905	770	655	555	470
SUPER X2 3 1/2 IN. MAG. COMPOSITE	700	595	505	430	365
Super X2 3 1/2 In. Mag. Composite Universal Hunter	750	640	540	460	390
Super X2 3 1/2 In. Mag. Composite Greenhead	600	510	435	370	315
Super X2 3 1/2 In. Mag. Composite Turkey	705	600	510	435	370
Super X2 3 1/2 In. Mag. Composite Camo Turkey	775	660	560	475	405
Super X2 3 1/2 In. Mag. Composite Camo Waterfowl	850	725	615	520	440
SX3 (SUPER X3) 3 IN. MAGNUM WALNUT FIELD	750	640	540	460	390
SX3 (Super X3) Compact Field	900	765	650	555	470
SX3 (Super X3) 3 in. Magnum Classic Field	900	765	650	555	470
SX3 (Super X3) 3 in. Flanigun Exhibition/Sporting	1190	1010	860	730	620
SX3 (Super X3) 3 in. Magnum Field Composite	915	780	660	560	475
SX3 (Super X3) 3 in. Magnum Field Cantilever Deer	990	840	715	610	520
SX3 FIELD	870	740	630	535	455
SX3 Field Compact	770	655	555	475	405
SX3 BLACK SHADOW	820	695	590	505	430
SX3 CANTILEVER BUCK	880	750	635	540	460
SX3 COMPOSITE SPORTING	1230	1045	890	755	640
SX3 WATERFOWL HUNTER	920	780	665	565	480
SX3 ULTIMATE SPORTING ADJUSTABLE	1410	1200	1020	865	735
SX3 UNIVERSAL HUNTER	965	820	695	595	505
SX3 (SUPER X3) SPORTING	1135	965	820	695	590
SX3 (SUPER X3) 3 1/2 IN. MAGNUM COMPOSITE	850	725	615	520	440
SX3 (Super X3) 3 1/2 In. Magnum Composite Waterfowl	1080	920	780	665	565
SX3 (Super X3) 3 1/2 In. Magnum Composite All	1020	865	735	625	530
SX3 (Super X3) 3 1/2 in. Mag. NWTF Cantilever Extreme	1200	1020	865	735	625
SX3 (Super X3) 3 1/2 in. Mag. Gray Shadow	945	805	685	580	495
SX3 BLACK SHADOW 3 1/2 IN. MAG.	820	695	590	505	430
SX3 WATERFOWL HUNTER 3 1/2 IN. MAG.	990	840	715	610	520
SX3 UNIVERSAL HUNTER 3 1/2 IN. MAG.	965	820	695	595	505
SX3 (SUPER X3) NWTF CANTILEVER (EXTREME)	990	840	715	610	520
SX3 LONG BEARD	990	840	715	610	520
SX4 (SUPER X4)	720	610	520	440	375
SX4 CANTILEVER BUCK	920	780	665	565	480
SX4 COMPACT	810	690	585	495	420
SX4 FIELD	840	715	605	515	440
SX4 FIELD COMPACT	830	705	600	510	435
SX4 HYBRID	800	680	580	490	415
SX4 NWTF CANTILEVER TURKEY	980	835	710	600	510
SX4 UNIVERSAL HUNTER	975	830	705	600	510
SX4 UPLAND FIELD	1005	855	725	615	525
SX4 WATERFOWL HUNTER	880	750	635	540	460
SX4 WATERFOWL HUNTER COMPACT	855	725	620	525	445
SX4 WATERFOWL HYBRID HUNTER	825	700	595	505	430

Shotguns: Single Barrel, 1968-1980 mfg.

	NIB	EXC	VG	G	F
MODEL 370, 12 Gauge	120	100	85	75	65
MODEL 370, 16 Gauge	205	175	150	125	105
MODEL 370, 20 Gauge	200	170	145	125	105
MODEL 370, 28 Gauge	230	195	165	140	120
MODEL 370, .410 Bore	215	185	155	130	110
MODEL 370 YOUTH	235	200	170	145	125
MODEL 37A, 12 Gauge	195	165	140	120	100
MODEL 37A, 16 Gauge	260	220	190	160	135
MODEL 37A, 20 Gauge	180	155	130	110	95
MODEL 37A, 28 Gauge	200	170	145	125	105
MODEL 37A, .410 Bore	250	215	180	155	130
MODEL 37A YOUTH	175	150	125	105	90
MODEL 840	140	120	100	85	70
MODEL 1370 SLAGBLASTER	750	640	540	460	390

SHOTGUNS: SLIDE ACTION, 1964-CURRENT

	NIB	EXC	VG	G	F
MODEL 12 SUPER PIGEON GRADE	3695	3140	2670	2270	1930
MODEL 12 "Y" SERIES FIELD GRADE	515	440	370	315	270
MODEL 12 "Y" SERIES PIGEON GRADES	1250	1065	905	770	655
Model 12 "Y" Series Pigeon Grades 1A, 1B, & 1C	1500	1275	1085	920	780
Model 12 "Y" Series Pigeon Grade 2	1500	1275	1085	920	780
Model 12 "Y" Series Pigeon Grade 3	1875	1595	1355	1150	980
Model 12 "Y" Series Pigeon Grade 4	2200	1870	1590	1350	1150
Model 12 "Y" Series Pigeon Grade 5	2750	2340	1985	1690	1435
Model 12 "Y" Series Pigeon Grade 5 Three Barrel Set	4950	4210	3575	3040	2585
MODEL 12 SKEET GRADE	1165	990	840	715	610
MODEL 12 TRAP GRADE	1000	850	725	615	525
Model 12 Limited Edition Grade I 20 Ga.	850	725	615	520	440
Model 12 Limited Edition Grade IV 20 Ga.	1315	1120	950	810	690
MODEL 42 HIGH GRADE LIMITED EDITION	1825	1550	1320	1120	950
MODEL 120 RANGER	170	145	125	105	90
MODEL 1200 FIELD GRADE	205	175	150	125	105
MODEL 1200 FIELD GRADE, Vented Rib	300	255	215	185	155
MODEL 1200 FIELD GRADE, WinChoke	250	215	180	155	130
MODEL 1200 MAGNUM	290	245	210	180	155
MODEL 1200 MAGNUM, Vented Rib	335	285	240	205	175
MODEL 1200 SKEET GUN	425	360	305	260	220
MODEL 1200 TRAP GUN	550	470	395	340	290
MODEL 1200 TRAP GUN, WinChoke	515	440	370	315	270
MODEL 1200 DEER GUN	475	405	345	290	245
MODEL 1200 POLICE STAINLESS	325	275	235	200	170
MODEL 1200 DEFENDER	305	260	220	185	155
MODEL 1300 FEATHERWEIGHT	395	335	285	245	210
MODEL 1300 WALNUT FIELD	300	255	215	185	155
Model 1300 Walnut Black Shadow Field	240	205	175	145	125
Model 1300 Walnut Field Sporting	325	275	235	200	170
Model 1300 Walnut Field Advantage Camo	315	270	230	195	165
Model 1300 Walnut Field New Shadow Grass	350	300	255	215	185
MODEL 1300 UPLAND SPECIAL FIELD	320	270	230	195	165
MODEL 1300 WATERFOWL	280	240	200	170	145
MODEL 1300 TURKEY GUN	325	275	235	200	170
Model 1300 Turkey Cun Win-Cam	305	335	285	245	210
Model 1300 Turkey Gun Win-Cam Combo Pack	375	320	270	230	195
Model 1300 Turkey Gun Ladies-Youth Win-Cam Turkey	340	290	245	210	180
Model 1300 Turkey Gun Win-Cam NWTF Series I-IV	350	300	255	215	185
MODEL 1300 TURKEY - SYNTHETIC STOCK					
Model 1300 Turkey Synthetic Stock Black Shadow	300	255	215	185	155
Model 1300 Turkey Synthetic Stock Mossy Oak	460	390	330	280	240
Model 1300 Turkey Synthetic Stock RealTree/Advantage	325	275	235	200	170
MODEL 1300 UNIVERSAL HUNTER/TURKEY	330	280	240	205	175
MODEL 1300 NWTF TURKEY MODELS	395	335	285	245	210
MODEL 1300 LADIES-YOUTH	300	255	215	185	155
MODEL 1300 SLUG HUNTER	350	300	255	215	185
MODEL 1300 WALNUT DEER	295	250	215	180	155
Model 1300 Walnut Deer Black Shadow	305	260	220	185	155
Model 1300 Walnut Deer Ranger	260	220	190	160	135
Model 1300 Walnut Deer Full Advantage Camo	345	295	250	210	180
MODEL 1300 RANGER	280	240	200	170	145
Model 1300 Ranger Gloss	255	215	185	155	130
Model 1300 Ranger Gloss Compact	280	240	200	170	145
Model 1300 Ranger Ladies/Youth Model	350	300	255	215	185
Model 1300 Ranger Compact	310	265	225	190	160
MODEL 1300 CAMP DEFENDER	290	245	210	180	155
MODEL 1300 DEFENDER	290	245	210	180	155
Model 1300 Defender NRA	305	260	220	185	155
Model 1300 Defender Practical	300	255	215	185	155
Model 1300 Defender Practical NRA	300	255	215	185	155
Model 1300 Defender Stainless Coastal Marine	405	345	295	250	215

	NIB	EXC	VG	G	F
Model 1300 Defender Stainless Coastal Marine NRA	475	405	345	290	245
Model 1300 Lady Defender	200	170	145	125	105
SPEED PUMP FIELD	295	250	215	180	155
SPEED PUMP DEFENDER	250	215	180	155	130
SXP (SUPER X PUMP) FIELD	360	305	260	220	185
SXP Field Compact	350	300	255	215	185
SXP Field Micro (Youth Field)	330	280	240	205	175
SXP BLACK SHADOW DEER	425	360	305	260	220
SXP BLACK SHADOW (FIELD)	320	270	230	195	165
SXP DEFENDER	290	245	210	180	155
SXP EXTREME DEER	440	375	320	270	230
SXP EXTREME DEER HUNTER	355	300	255	220	185
SXP EXTREME DEFENDER	435	370	315	265	225
SXP HYBRID HUNTER	355	300	255	220	185
SXP LONG BEARD	450	385	325	275	235
SXP MARINE DEFENDER	350	300	255	215	185
SXP SHADOW DEFENDER	365	310	265	225	190
SXP SHADOW MARINE DEFENDER	410	350	295	250	215
SXP TRAP	400	340	290	245	210
SXP Trap Compact	415	355	300	255	215
SXP TURKEY	365	310	265	225	190
SXP TURKEY HUNTER	455	385	330	280	240
SXP ULTIMATE DEFENDER	420	355	305	260	220
SXP ULTIMATE MARINE DEFENDER	450	385	325	275	235
SXP UNIVERSAL HUNTER	380	325	275	235	200
SXP WATERFOWL HUNTER	385	325	280	235	200

SHOTGUNS: O/U

	NIB	EXC	VG	G	F
MODEL 91	1100	935	795	675	575
MODEL 96 XPERT FIELD GRADE	860	730	620	530	450
MODEL 96 XPERT SKEET GRADE	1005	855	725	615	525
MODEL 96 XPERT TRAP GRADE	800	680	580	490	415
MODEL 99	705	600	510	435	370
MODEL 101 FIELD VARIATION					
Model 101 Field Variation Older Production	1000	850	725	615	525
Model 101 Field Variation 25th Anniversary Model	4530	3850	3275	2780	2365
Model 101 Field Variation Special	1325	1125	955	815	695
Model 101 Field Variation Lightweight	1080	920	780	665	565
Model 101 Field Variation Waterfowl Model	1725	1465	1245	1060	900
Model 101 Field Variation Grade 2 Barrel Hunting Set	3100	2635	2240	1905	1620
Model 101 Field Variation Quail Special, 12 Gauge	2800	2380	2025	1720	1460
Model 101 Field Variation Quail Special, 20 Gauge	3100	2635	2240	1905	1620
Model 101 Field Variation Quail Special, 28 Gauge	4950	4210	3575	3040	2585
Model 101 Field Variation Quail Special, .410 Bore	4150	3530	3000	2550	2170
Model 101 Field Variation National Wild Turkey	2000	1700	1445	1230	1045
Model 101 Field Variation American Flyer Live Bird	2200	1870	1590	1350	1150
MODEL 101 MAGNUM	1200	1020	865	735	625
MODEL 101 SKEET VARIATION	1250	1065	905	770	655
MODEL 101 THREE GAUGE SKEET SET	3275	2785	2365	2010	1710
MODEL 101 TRAP VARIATION	1250	1065	905	770	655
MODEL 101 SINGLE BARREL TRAP	900	765	650	555	470
MODEL 101 PIGEON GRADE (XTR)					
Model 101 Pigeon Grade Lightweight Field Model, 12	1950	1660	1410	1200	1020
Model 101 Pigeon Grade Lightweight Field Model, 20	2595	2205	1875	1595	1355
Model 101 Pigeon Grade Lightweight Field Model, 28	2800	2380	2025	1720	1460
Model 101 Pigeon Grade Lightweight Field Model, 28	4495	3820	3250	2760	2345
Model 101 Pigeon Grade Lightweight Field Model, .410	2995	2545	2165	1840	1565
Model 101 Pigeon Grade Lightweight 1990s Mfg.	2500	2125	1805	1535	1305
Model 101 Pigeon Grade Lightweight Two Barrel Set	3500	2975	2530	2150	1830
Model 101 Pigeon Grade Three Barrel Set	4250	3615	3070	2610	2220
Model 101 Pigeon Grade Featherweight	1825	1550	1320	1120	950
Model 101 Pigeon Grade Skeet	1700	1445	1230	1045	890
Model 101 Pigeon Grade Trap (Disc.)	1395	1185	1010	855	725
Model 101 Pigeon Grade Super	4100	3485	2960	2520	2140

	NIB	EXC	VG	G	F
MODEL 101 PIGEON GRADE TRAP (RECENT)	2150	1830	1555	1320	1120
MODEL 101 PIGEON SPORTING	2025	1720	1465	1245	1060
MODEL 101 DIAMOND GRADE					
Model 101 Diamond Grade Standard Trap	1600	1360	1155	985	835
Model 101 Diamond Grade Unsingle Trap	1500	1275	1085	920	780
Model 101 Diamond Grade Oversingle Trap	1875	1595	1355	1150	980
Model 101 Diamond Grade Oversingle Combo	2750	2340	1985	1690	1435
Model 101 Diamond Grade Trap Combo	2325	1975	1680	1430	1215
Model 101 Diamond Grade Standard Skeet	1500	1275	1085	920	780
Model 101 Diamond Grade Four Gauge Skeet Set	3250	2765	2350	1995	1695
Model 101 Diamond Grade Sporting Clay	1995	1695	1440	1225	1040
MODEL 101 150TH COMMEMORATIVE	2550	2170	1840	1565	1330
MODEL 101 SPORTING - RECENT MFG. (SELECT)	2055	1745	1485	1260	1070
MODEL 101 FIELD - CURRENT MFG. (SELECT)	1555	1320	1125	955	810
MODEL 101 DELUXE FIELD (SELECT)	1200	1020	865	735	625
MODEL 101 LIGHT	1550	1320	1120	950	810
501 GRAND EUROPEAN	2700	2295	1950	1660	1410
501 Grand European Featherweight	2900	2465	2095	1780	1515
501 PRESENTATION GRADE	3250	2765	2350	1995	1695
MODEL 1001 FIELD GRADE	700	595	505	430	365
Model 1001 Field Grade Sporting Clays	1075	915	775	660	560
Model 1001 Field Grade Sporting Clays Lite	900	765	650	555	470
MODEL G5500 SPORTER	1700	1445	1230	1045	890
MODEL G6500 SPORTER	2295	1950	1660	1410	1200
SELECT FIELD (SUPREME)	1025	870	740	630	535
SELECT WHITE FIELD TRADITIONAL/EXTREME	1050	895	760	645	550
SELECT ELEGANCE (SUPREME)	1495	1270	1080	920	780
SELECT MIDNIGHT	1785	1515	1290	1095	930
SUPREME SELECT SPORTING	900	765	650	555	470
SELECT ENERGY SPORTING	1765	1500	1275	1085	920
SELECT ENERGY TRAP	1400	1190	1010	860	730
SELECT PLATINUM FIELD	1795	1525	1295	1100	935
SELECT PLATINUM SPORTING	1855	1575	1340	1140	970

SHOTGUNS: SxS - RECENT PRODUCTION

	NIB	EXC	VG	G	F
MODEL 21: RECENT MFG.					
Model 21 Custom Built	8500	7225	6140	5220	4435
Model 21 Custom Grade	9200	7820	6645	5650	4805
Model 21 Pigeon Grade	19000	16150	13730	11670	9920
Model 21 Grand American Grade	24500	20825	17700	15045	12790
Model 21 Grand American Small Gauge	28995	24645	20950	17805	15135
Model 21 Grand American ("1 of 8" set)	65000	45000			
Model 21 Grand Royal (2 barrel set)	Rarity Precludes Pricing				
MODEL 22	1050	895	760	645	550
MODEL 23 XTR					
Model 23 Grade 1	1600	1360	1155	985	835
Model 23 XTR Pigeon Grade	1850	1575	1335	1135	965
Model 23 XTR Pigeon Grade Lightweight	2000	1700	1445	1230	1045
MODEL 23 PIGEON GRADE DUCKS UNLIMITED	2550	2170	1840	1565	1330
MODEL 23 GOLDEN QUAIL SERIES, 12 Gauge	3025	2570	2185	1860	1580
MODEL 23 GOLDEN QUAIL SERIES, 20 Gauge	3225	2740	2330	1980	1685
MODEL 23 GOLDEN QUAIL SERIES, 28 Gauge	3500	2975	2530	2150	1830
MODEL 23 GOLDEN QUAIL SERIES, .410 Bore	3925	3335	2835	2410	2050
MODEL 23 LIGHT DUCK	2750	2340	1985	1690	1435
MODEL 23 HEAVY DUCK	2895	2460	2090	1780	1515
MODEL 23 CUSTOM 2 BARREL SET	5500	4675	3975	3380	2875
MODEL 23 GRANDE CANADIAN, Single Gun	2875	2445	2075	1765	1500
MODEL 23 GRANDE CANADIAN, Cased Set	5905	5020	4265	3625	3080
MODEL 23 CUSTOM	1860	1580	1345	1140	970
MODEL 23 CLASSIC SERIES, 12 Gauge	2450	2085	1770	1505	1280
MODEL 23 CLASSIC SERIES, 20 Gauge	3000	2550	2170	1840	1565
MODEL 23 CLASSIC SERIES, 28 Gauge	4995	4245	3610	3070	2610
MODEL 23 CLASSIC SERIES, .410 Bore	4295	3650	3105	2640	2245

	NIB	EXC	VG	G	F

WINDHAM WEAPONRY

PISTOLS: SEMI-AUTO

	NIB	EXC	VG	G	F
.223/5.56MM AR PISTOL	1175	1000	850	720	610
.300 BLACKOUT AR PISTOL	1250	1065	905	770	655
.450 THUMPER	1230	1045	890	755	640
5.56MM PISTOL (RP9SFS-7 PISTOL)	1045	890	755	640	545
7.62X39 PISTOL	1180	1005	855	725	615
9MM GMC PISTOL	1035	880	750	635	540

RIFLES/CARBINES: SEMI-AUTO

	NIB	EXC	VG	G	F
20 INCH GOVERNMENT RIFLE	1050	895	760	645	550
.300 BLACKOUT	1165	990	840	715	610
.300 BLACKOUT SRC	830	705	600	510	435
.308 CDI	1510	1285	1090	925	785
.308 HUNTER	1320	1120	955	810	690
.308 SRC TIMBERTEC CAMO	1400	1190	1010	860	730
.308 WITH FREE FLOAT FOREND	1490	1265	1075	915	780
.308 WITH MAGPUL ACCESSORIES (R20FFTM-308)	1400	1190	1010	860	730
.308 WOOD GRAIN	1610	1370	1165	990	840
.450 THUMPER	1180	1005	855	725	615
CARBON FIBER SRC	610	520	440	375	320
CDI CARBINE	1270	1080	920	780	665
CDI (R16M4SFSCT)	1400	1190	1010	860	730
DISSIPATOR M4/DISSIPATOR HVY. BBL.	955	810	690	585	495
HBC CARBINE	1000	850	725	615	525
MODEL R16SFST-308	1260	1070	910	775	660
MODEL R18FSFSM-308	1325	1125	955	815	695
MODEL R16FSFST-308/R18FSFST-308	1495	1270	1080	920	780
MPC CARBINE	950	810	685	585	495
MPC-RF Carbine	920	780	665	565	480
SRC CARBINE	875	745	630	535	455
SRC .308 Carbine (Older Mfg.)	1085	920	785	665	565
SRC .308 Carbine (Current Mfg.)	1130	960	815	695	590
SRC 7.62x39mm/7.62x39mm	875	745	630	535	455
SRC Camouflage	960	815	695	590	500
SRC Mid	810	690	585	495	420
VEX-SS STANDARD ("VARMINT EXTERMINATOR")	1175	1000	850	720	610
VEX-SS Camo Series	1145	975	825	705	600
VEX-SS Wood Grain	1180	1005	855	725	615
VEX-SS Wood Stocked Series	1170	995	845	720	610
WAY OF THE GUN PERFORMANCE CARBINE	1320	1120	955	810	690

WINSLOW ARMS COMPANY

WINSLOW SPORTING RIFLE MODELS

	NIB	EXC	VG	G	F
Commander Grade	1300	1105	940	800	680
Regal Grade	1500	1275	1085	920	780
Regent Grade	1900	1615	1375	1165	990
Regimental Grade	2600	2210	1880	1595	1355
Crown Grade	2250	1915	1625	1380	1175
Royal Grade	2500	2125	1805	1535	1305
Imperial Grade	3500	2975	2530	2150	1830
Emperor Grade	5000	4250	3615	3070	2610

WISEMAN, BILL AND CO.

PISTOLS

	NIB	EXC	VG	G	F
SILHOUETTE PISTOL	1295	1100	935	795	675

RIFLES: BOLT ACTION

	NIB	EXC	VG	G	F
HUNTER MODEL	4395	3735	3175	2700	2295
HUNTER DELUXE	6995	5945	5055	4295	3650
MAVERICK	1995	1695	1440	1225	1040
RAMPAGE	1999	1700	1445	1230	1045

	NIB	EXC	VG	G	F
VARMENTER	2395	2035	1730	1470	1250
TEXAS SAFARI RIFLE (TSR) SERIES					0
TSR I	2595	2205	1875	1595	1355
TSR II	2500	2125	1805	1535	1305
TSR III	1995	1695	1440	1225	1040
TSR TACTICAL (OLDER MFG.)	2795	2375	2020	1715	1460
TSR TACTICAL (RECENT MFG.)	Contact Manufacturer for Pricing				

WOODWARD, JAMES AND SONS

	NIB	EXC	VG	G	F
BEST QUALITY SxS SHOTGUN, 12 Gauge	16900	14365	12210	10380	8825
BEST QUALITY SxS SHOTGUN, 20 Gauge	40000	34000	28900	24565	20880
BEST QUALITY SxS SHOTGUN, 28 Gauge	60000	51000	43350	36850	31325
BEST QUALITY SxS SHOTGUN, .410 Bore	74875	63645	54095	45985	39085
BEST QUALITY O/U SHOTGUN	Custom Order Only				
Best Quality O/U Shotgun - 1996-Recent Mfg.	Custom Order Only				
Best Quality O/U Shotgun - Pre-WWII Mfg., 12 Gauge		42750	37450	33775	28710
Best Quality O/U Shotgun - Pre-WWII Mfg., 20 Gauge		61250	53595	48390	41130
Best Quality O/U Shotgun - Pre-WWII Mfg., 28 Gauge		140,000	122,500	110,600	94010
BEST QUALITY SINGLE BARREL TRAP GUN	12750	10840	9210	7830	6655

WRAITHWORKS

	NIB	EXC	VG	G	F
WARSCORP9	730	620	525	450	385
WAR 15	485	410	350	300	255
WARP15	495	420	360	305	260
WARSCORP9 CARBINE	830	705	600	510	435

WYOMING ARMS LLC

PISTOLS: SEMI-AUTO

	NIB	EXC	VG	G	F
WY-15 SERIES 5500 PISTOL	2650	2255	1915	1625	1380
WY-15 SERIES 6600 PISTOL	2650	2255	1915	1625	1380

RIFLES/CARBINES: SEMI-AUTO

	NIB	EXC	VG	G	F
WY-12 SERIES 6612	2900	2465	2095	1780	1515
WY-15 SERIES 4400	1825	1550	1320	1120	950
WY-15 SERIES 5500	2650	2255	1915	1625	1380
WY-15 Series 5500 LWT	2650	2255	1915	1625	1380
WY-15 SERIES 6600	2725	2315	1970	1675	1425
WY-15 Series 6600 LWT	2725	2315	1970	1675	1425
WY-15 Official Match Rifle Of The "Magpul Governor's	2725	2315	1970	1675	1425

WYOMING ARMS MFG. CORP.

	NIB	EXC	VG	G	F
STANDARD PISTOL	450	385	325	275	235
.357 MAG.	425	360	305	260	220

XN ARMS INDUSTRY AND TRADE CO.

	NIB	EXC	VG	G	F
EKSEN MKE 1919	590	500	425	360	305

YANKEE HILL MACHINE CO., INC. (YHM)

PISTOLS: SEMI-AUTO

	NIB	EXC	VG	G	F
YHM-9 9mm PISTOL	1090	925	790	670	570
YHM-G9 9mm GLOCK PISTOL w/TUBE	1025	870	740	630	535
YHM-G9 9mm GLOCK PISTOL w/BRACE	1290	1095	930	790	670
5.56mm PISTOL	1000	850	725	615	525
.300 BLK PISTOL	960	815	695	590	500
7.62 NATO PISTOL	1500	1275	1085	920	780

RIFLES/CARBINES: SEMI-AUTO

	NIB	EXC	VG	G	F
BLACK DIAMOND CARBINE/BLACK DIAMOND	1200	1020	865	735	625
BLACK DIAMOND SPECTER XL CARBINE	1300	1105	940	800	680
BLACK DIAMOND RIFLE	1280	1090	925	785	665
BURNT BRONZE SPECTER XL BILLET CARBINE	1715	1460	1240	1055	895
CUSTOMIZABLE CARBINE	1225	1040	885	750	640

	NIB	EXC	VG	G	F
CUSTOMIZABLE RIFLE	1195	1015	865	735	625
DESERT ENFORCER	1455	1235	1050	895	760
Tank Tough Desert Enforcer (OD Green SLR Specter	1600	1360	1155	985	835
ENTRY LEVEL CARBINE	1000	850	725	615	525
ENTRY LEVEL RIFLE	1000	850	725	615	525
HUNT READY CARBINE	1240	1055	895	760	645
HUNT READY RIFLE	1200	1020	865	735	625
KR7/MR7 SERIES CARBINE	1090	925	790	670	570
KR7/MR7 9mm	1210	1030	875	745	635
LIGHTWEIGHT CARBINE	1195	1015	865	735	625
LIGHTWEIGHT RIFLE	1195	1015	865	735	625
MODEL 57 BILLET CARBINE	1800	1530	1300	1105	940
MODEL 57 SPECTER XL BILLET CARBINE	1995	1695	1440	1225	1040
S.L.K. SPECTER CARBINE	1300	1105	940	800	680
S.L.R. SMOOTH SPECTER	1400	1190	1010	860	730
SLR Quad Specter	1325	1125	955	815	695
S.L.R. SPECTER SMOOTH CARBINE	1515	1290	1095	930	790
S.L.R. SMOOTH SPECTER XL	1390	1180	1005	855	725
SLR Quad Specter XL	1215	1035	880	745	635
SMOOTH CARBINE	1225	1040	885	750	640
SMOOTH RIFLE	1195	1015	865	735	625
SPECTER LIGHTWEIGHT CARBINE	1110	945	800	680	580
SPECTER XL LIGHTWEIGHT CARBINE	1115	950	805	685	580
SPORTSMAN SCOUT CARBINE	1150	980	830	705	600
SPORTSMAN SERIES RIFLE	1195	1015	865	735	625
TODD JARRETT COMPETITION SERIES CARBINE	1475	1255	1065	905	770

Z-B RIFLE

	NIB	EXC	VG	G	F
Z-B MAUSER VARMINT RIFLE	1500	1275	1085	920	780

Z-M WEAPONS

	NIB	EXC	VG	G	F
STRIKE PISTOL	2375	2020	1715	1460	1240
LR 300 & VARIATIONS	1700	1445	1230	1045	890

ZASTAVA ARMS

HANDGUNS: SEMI-AUTO

	NIB	EXC	VG	G	F
MODEL CZ99	495	420	360	305	260
MODEL CZ999	470	400	340	290	245
MODEL CZ999 SCORPION	400	340	290	245	210
MODEL CZ31	1000	850	725	615	525
MODEL CZ40	495	420	360	305	260
MODEL EZ9/EZ40	510	435	370	315	270
MODEL M57A	350	300	255	215	185
MODEL M70 (CZ M70)	300	255	215	185	155
MODEL M70AA	380	325	275	235	200
MODEL M88	440	375	320	270	230
MODEL ZPAP85	675	575	490	415	355
MODEL ZPAP92	710	605	515	435	370

RIFLES: BOLT ACTION

	NIB	EXC	VG	G	F
MODEL 07 AS	Contact Importer for Pricing				
MODEL CZ22	245	210	175	150	130
MODEL LK M85	650	555	470	400	340
MODEL LK M70	700	595	505	430	365
MODEL MP 22	430	365	310	265	225
M93 BLACK ARROW	7470	6350	5395	4590	3900

RIFLES: SEMI-AUTO

	NIB	EXC	VG	G	F
MODEL ZPAPM70 (M70)	875	745	630	535	455
MODEL ZPAPM90PS (M90)	1070	910	775	655	555
PAP M77/PAP M77 BATTLEWORN	Contact Importer for Pricing				
SNIPER RIFLE MODEL M91	2800	2380	2025	1720	1460

	NIB	EXC	VG	G	F
ZBROJOVKA BRNO					
COMBINATION GUNS					
COMBO RIFLE/SHOTGUN	1390	1180	1005	855	725
RIFLES: SINGLE SHOT					
EFFECT	1035	880	750	635	540
RIFLES: O/U					
STOPPER	3500	2975	2530	2150	1830
SHOTGUNS: O/U					
MODEL 801.1	2170	1845	1570	1335	1135
MODEL 801.2	2170	1845	1570	1335	1135
ZELENY SPORT s.r.o.					
HS SERIES	Pricing Unavailable				
ZEPHYR					
SHOTGUNS: SxS					
WOODLANDER II	510	435	370	315	270
UPLANDER (4E)	600	510	435	370	315
STERLINGWORTH II	815	695	590	500	425
VICTOR SPECIAL	330	280	240	205	175
UPLAND KING	1075	915	775	660	560
THUNDERBIRD	1000	850	725	615	525
DOWNLAND KING	1000	850	725	615	525
SHOTGUNS: SINGLE SHOT					
HONKER	240	205	175	145	125
VANDALIA TRAP	470	400	340	290	245
ZEV TECHNOLOGIES					
PISTOLS: SEMI-AUTO					
OZ9 V2 Elite Hyper Comp	Pricing Unavailable				
AR15 CORE ELITE PISTOL	1470	1250	1060	905	770
OZ9 ELITE (OZ9, O.Z-9)	1435	1220	1035	880	750
OZ9 Competition	1475	1255	1065	905	770
OZ9 Elite Covert (OZ9 Covert)	1300	1105	940	800	680
OZ9 Elite Dragonfly	1180	1005	855	725	615
OZ9c ELITE (OZ9c, O.Z-9 Compact)	1300	1105	940	800	680
OZ9c Combat X					
OZ9c Gray Prizefighter	1300	1105	940	800	680
OZ9c Hyper-Comp Pistol	1470	1250	1060	905	770
OZ9c X-Grip	1200	1020	865	735	625
OZ9 COMBAT	1150	980	830	705	600
Craighead OZ9	1700	1445	1230	1045	890
OZ9 V2 ELITE	1470	1250	1060	905	770
Z320 XCARRY	1000	850	725	615	525
Z320 XCOMPACT	1045	890	755	640	545
Z365	840	715	605	515	440
Z365XL	1050	895	760	645	550
RIFLES: SEMI-AUTO					
AR15 BILLET RIFLE	1785	1515	1290	1095	930
AR15 CORE DUTY RIFLE	1300	1105	940	800	680
AR15 CORE ELITE RIFLE	1510	1285	1090	925	785
LARGE FRAME BILLET RIFLE	2100	1785	1515	1290	1095
SMALL FRAME BILLET RIFLE	2250	1915	1625	1380	1175
ZOLI, ANTONIO					
COMBINATION GUNS					
COMBINATO	1500	1275	1085	920	780
Combinato Set	1695	1440	1225	1040	885
SAFARI DELUXE	2495	2120	1805	1530	1300

Model	NIB	EXC	VG	G	F
EXPRESS ELE3 SET	4990	4240	3605	3065	2605
RIFLES: BOLT ACTION					
AZ 1900C	900	765	650	555	470
MODEL AZ 1900M	725	615	525	445	380
AZ 1900 SERIES	Custom Order Only				
RIFLES: O/U					
EXPRESS	3200	2720	2310	1965	1670
EXPRESS EM	2300	1955	1660	1410	1200
Z EXPRESS	5550	4720	4010	3410	2900
Z EXPRESS SAFARI (AFRICAN)	9450	8035	6830	5805	4935
Z EXPRESS AMBASSADOR ELB	9450	8035	6830	5805	4935
Z SAFARI AMBASSADOR AFRICAN	13500	11475	9755	8290	7045
Z CUSTOM GRADE	Custom Order Only				
RIFLES: SxS					
SAVANA E	5700	4845	4120	3500	2975
Savana E Deluxe	7000	5950	5060	4300	3655
SHOTGUNS: O/U, CURRENT/RECENT PRODUCTION					
GOLDEN SNIPE	510	435	370	315	270
DELFINO	350	300	255	215	185
R.B. PERNICE	5995	5095	4330	3680	3130
RITMO HUNTING	425	360	305	260	220
RITMO PIGEON GRADE IV	1100	935	795	675	575
M85 RITMO TRAP OR SKEET	500	425	360	305	260
M85 Ritmo Trap Combination	895	760	645	550	470
SILVER FALCON	850	725	615	520	440
WOODSMAN	1200	1020	865	735	625
Woodsman Combo	1800	1530	1300	1105	940
MODEL Z-90 TARGET MODELS					
Model Z-90 Target Model Trap Gun	2100	1785	1515	1290	1095
Model Z-90 Target Model Mono Trap Gun	2100	1785	1515	1290	1095
Model Z-90 Target Model Combo Trap Set	2300	1955	1660	1410	1200
Model Z-90 Target Model Skeet Gun	2100	1785	1515	1290	1095
Model Z-90 Target Model Sporting Clays Gun	1550	1320	1120	950	810
KRONOS SPORT/COMPETITION	3990	3390	2885	2450	2085
KRONOS SKEET	3905	3320	2820	2400	2040
KRONOS DOUBLE TRAP	3750	3190	2710	2305	1960
KRONOS TOP SINGLE TRAP	4065	3455	2935	2495	2120
KRONOS SILVER	5565	4730	4020	3420	2905
EXPEDITION	3995	3395	2885	2455	2085
EXPEDITION EL	5270	4480	3810	3235	2750
Z EXTRA HR	7425	6310	5365	4560	3875
Z Extra HR Bilanx	7965	6770	5755	4890	4155
Z SPORT	5250	4465	3795	3225	2740
Z Sport Bilanx	6000	5100	4335	3685	3130
Z Sport Extra	6050	5145	4370	3715	3160
Z Sport Extra Bilanx	6480	5510	4680	3980	3385
Z SPORT HR	6195	5265	4475	3805	3235
Z Sport HR Bilanx	5740	4880	4145	3525	2995
Z SPORT FR	6480	5510	4680	3980	3385
Z SPORT MR	5740	4880	4145	3525	2995
Z TRAP HR COMBO	9200	7820	6645	5650	4805
Z AMBASSADOR ROUND BODY SPORTING	6850	5825	4950	4205	3575
Z AMBASSADOR EL SPORTING	9450	8035	6830	5805	4935
Z AMBASSADOR EL BILANX	7900	6715	5710	4850	4125
Z AMBASSADOR EL HUNTING	11475	9755	8290	7045	5990
Z AMBASSADOR SL HUNTING	14245	12110	10290	8750	7440
Z AMBASSADOR SUPER LUXUS (BILANX)	13500	11475	9755	8290	7045
SHOTGUNS: SxS, RECENT PRODUCTION					
UPLANDER	750	640	540	460	390
SILVER FOX	1400	1190	1010	860	730
ARIETE M3	550	470	395	340	290
EMPIRE	1035	880	750	635	540
VOLCANO RECORD	4100	3485	2960	2520	2140

	NIB	EXC	VG	G	F
Volcano Record ELM	10750	9140	7765	6600	5610
CUSTOM SERIES	58850	50025	42520	36140	30720
SHOTGUNS: SINGLE SHOT					
Z TRAP UNSINGLE HR	6000	5100	4335	3685	3130

ZRO DELTA

	NIB	EXC	VG	G	F
PISTOLS: SEMI-AUTO					
MISSION READY LVOA PISTOL	800	680	580	490	415
MODULUS COMPACT	680	580	490	420	355
THE ONE	500	425	360	305	260
RIFLES: SEMI-AUTO					
17.76 READY LVOA	845	720	610	520	440
GAME READY LVOA 18 IN.	1500	1275	1085	920	780
GAME READY LVOA 20 IN.	1460	1240	1055	895	760
RANGE READY LVOA	1240	1055	895	760	645
READY SERIES BASE RIFLE	500	425	360	305	260
VENATOR	4300	3655	3105	2640	2245